W0293042

Kohlhammer

Der Autor

Nach dem Studium der Orientalistik und Klassischen Philologie hat Prof. Dr. Udo Steinbach zur Zeitgeschichte und Politik des Vorderen Orients geforscht. 1976–2007 war er Direktor des Deutschen Orient-Instituts in Hamburg. Zu seinen Arbeitsschwerpunkten gehören der politische und gesellschaftliche Wandel in den arabischen Ländern, der Türkei und Iran, die Stellung religiöser und ethnischer Minderheiten in nahöstlichen Gesellschaften sowie die Stellung des Nahen Ostens im internationalen System.

Udo Steinbach

Tradition und Erneuerung im Ringen um die Zukunft

Der Nahe Osten seit 1906

Verlag W. Kohlhammer

Umschlagabbildung: Skyline von Tripolis. Foto: Mirko Keilbert.

1. Auflage 2021

Gesamtherstellung: W. Kohlhammer GmbH, Stuttgart

Print:
ISBN 978-3-17-031338-5

E-Book-Formate:
pdf: ISBN 978-3-17-031339-2
epub: ISBN 978-3-17-031340-8

Zusatzmaterial online:
https://dl.kohlhammer.de/978-3-17-031338-5

Inhaltsverzeichnis

Vorbemerkung

Gegenstand des Buches ist die Geschichte des Vorderen Orients im 20. Jahrhundert. Dabei handelt es sich um eine der ereignisreichsten und dramatischsten Epochen dieses Raumes seit der Zerstörung des Kalifats in Bagdad durch die Mongolen im Jahr 1258.

Politisch beginnt das 20. Jahrhundert des Vorderen Orients mit der Verfassungsrevolution in Persien im Jahr 1906. Bürgerliche Kräfte in einem breiten gesellschaftlichen Spektrum ringen dem Herrscher eine Verfassung ab. Sie definiert seine Machtausübung und stärkt die Gesellschaft ihm gegenüber. Zugleich suchen sich iranisch-nationalistische Kräfte auf diese Weise der Einmischung durch europäische Mächte zu entledigen. Dieses doppelte Ringen nach innen wie nach außen kann als Vorzeichen über der politischen Entwicklung der gesamten Region im 20. Jahrhundert verstanden werden.

Wesentliche Weichenstellungen aber waren bereits im vorangegangenen Jahrhundert vorgenommen worden; deshalb war es notwendig, in der Darstellung den Blick auf diesen Zeitraum auszuweiten. Und da das chronologische Ende des 20. Jahrhunderts nicht auch das Ende der politischen und ideologischen Dynamiken bedeutete, die dieses Jahrhundert bewegt haben, musste die Darstellung auf die ersten beiden Jahrzehnte des 21. Jahrhunderts übergreifen.

Geographisch wird der Vordere Orient verstanden als der Raum von Nordafrika bis an die Grenze zum indischen Subkontinent. Diese Zusammenschau ist durch zwei Perspektiven gerechtfertigt: Zum einen ergibt sich aus der Prägung durch die islamische Religion und aus der politischen Interaktion in der Neuzeit ein hohes Maß an Kohärenz. Zum anderen hebt sich dieser Großraum geographisch wie geschichtlich deutlich von benachbarten Räumen ab – dem europäischen, dem russisch-zentralasiatischen, dem indischen und dem subsaharisch-afrikanischen.

Die zeitliche Eingrenzung ergibt sich aus der Perspektive der Gegenwart. Unübersehbar sind die Staaten und Gesellschaften im Vorderen Orient in eine tiefe Krise geraten. Sie ist geprägt durch Instabilität politischer Systeme, zwischenstaatliche Konflikte und machtpolitische Rivalitäten, gesellschaftliche Verwerfungen, ethnische Gegensätze und aus der Religion abgeleitete Gewalt. Der Zerfall von Staaten, die nach dem Ende des Ersten Weltkriegs entstanden sind, wird nicht mehr ausgeschlossen. Die Missachtung staatlicher Souveränität ist geradezu ein Prinzip des außenpolitischen und militärischen Handelns regionaler und internationaler Akteure geworden.

Aus der Perspektive der Gegenwart ergibt sich somit die Frage nach der Ursache und den Triebkräften für den Verfall des vorderorientalischen Großraums in einen buchstäblich chaotischen Zustand. Der Blick fällt dabei auf den Beginn des

20. Jahrhunderts. Nach einem Jahrhundert von Reformprozessen und von Bemühungen, sich der unabweisbaren Tatsache europäischer politischer und wirtschaftlicher Überlegenheit und imperialistischer Aggressivität zu stellen, kam es 1906 mit der Verfassungsrevolution in Iran zu einem ersten tiefen Bruch in der traditional bestimmten Ausübung von Herrschaft. Ihr folgte die jungtürkische Revolution; und mit dem Ende des Osmanischen Reichs war die Zukunft des Vorderen Orients insgesamt geöffnet. Seine Geschicke traten in ein neues Stadium.

Seither ist die Geschichte des Vorderen Orients in ständiger Bewegung. Wirklich »revolutionär« im streng politikwissenschaftlichen Sinn[1] war sie wohl nur in wenigen Umbrüchen – so etwa im Falle der khomeinistischen Ablösung der iranischen Monarchie durch eine »Islamische Republik«. In vielen Fällen handelte es sich eher um Staatsstreiche unterschiedlicher Akteure, um Revolten im Sinne des Aufbegehrens gegen bestehende »Verhältnisse« oder um mehr oder minder gewalthafte Widerstands- und Befreiungsbewegungen. Gleichwohl – die Ablösung des Osmanischen Reichs durch die Gründung der Türkischen Republik, die Machtübernahme Nassers in Ägypten oder der *Ba'th*-Partei im Irak und in Syrien waren mehr als nur Staatsstreiche, führten sie doch zu einer nachhaltigen Ablösung überkommener Eliten und Machtstrukturen sowie zum Aufbau neuer Formen von Herrschaft und staatlicher Ordnung. Und selbst der kurzlebige marxistische Coup in Kabul (1978/79) war der Beginn eines langfristigen Prozesses politischen und gesellschaftlichen Wandels.

In der Selbstwahrnehmung der Akteure war ihr Tun eine »Revolution«. Ob »Revolution«, »Revolte«, »Staatsstreich«, »Widerstand«, »Aufbegehren« oder »Befreiung« – alle diese Ereignisse lassen die Geschichte des Vorderen Orients im 20. Jahrhundert als eine Abfolge bewegter Dramen auf der Suche nach einer neuen Ordnung erscheinen. Im Folgenden werden Begriffe wie »Revolution«, »Revolte« etc. nicht streng definiert (wenn das überhaupt möglich ist) oder gegeneinander abgegrenzt. Sie sind vielmehr Chiffren für einschneidende Ereignisse politischer und gesellschaftlicher Natur, von denen die neuere Geschichte des Vorderen Orients so erfüllt ist. Dass diese beständig von widerstreitenden geistig-kulturellen und religiösen Tatbeständen und Strömungen unterfüttert werden, ist eine Eigenheit dieses Raumes, in dem die Religion noch immer ein bestimmender Faktor des privaten und öffentlichen Lebens ist.

Als die Formel vom »Ende der Geschichte« nach dem Zerfall der Sowjetunion in die Welt gesetzt wurde, zeichnete sich bereits ab, dass es sich dabei um einen fundamentalen Irrtum handelte. Nicht nur im Vorderen Orient – aber eben gerade dort mit besonderer Heftigkeit – kam es zum Ausbruch gewalthaften Handelns mit der Folge bisher nicht gekannter Erschütterungen. Der Terrorismus war die Spitze dieses Eisbergs. Die »Geschichte« ging also weiter, und so stellt sich die Frage nach ihrer Richtung. Darauf zum gegenwärtigen Zeitpunkt eine konkrete Antwort zu geben, wäre ein verwegenes Unterfangen. Aber um in die Zukunft zu schauen, muss man die Geschichte und ihre Wirkkräfte kennen. Die Revolte, die ab 2011 auch den arabischen Raum zu verwandeln begonnen hat (drei Jahrzehnte nach der Revolution in Iran), lässt erste Eckpunkte des künftigen Geschehens erkennen: Ein enormer Druck wird von der Zivilgesellschaft ausgehen; von Männern und (vor allem) Frauen, die sich, was Bildung und Information betrifft, in globalisierten Räumen bewegen. Der Stellenwert der Religion, die zu politischem Missbrauch vielfältiger Art instrumentalisiert worden ist, innerhalb der politischen Systeme und gesellschaftlichen Ordnungen wird sich verändern. Verändern werden sich auch die Mechanismen wirtschaftlichen Handelns, die von Netzwerken sehr unterschiedlicher Natur, welche sich als überlebt und entwicklungshemmend erwiesen haben, zum eigenen Vorteil und zum Schaden der Gesellschaften bedient worden sind.

Über Jahrzehnte ist der Vordere Orient Gegenstand eines starken öffentlichen Interesses. An dieses richtet sich die hier vorgelegte Darstellung. Die geographische Ausdehnung des Raumes und die Vielfalt der Entwicklungen über ein Jahrhundert in ihm zwangen zu einer konzentrierten Darstellung. Deswegen wurde auf einen detaillierten Apparat von Anmerkungen und Erläuterungen verzichtet. Eine umfangreiche Online-Bibliographie (https://dl.kohlhammer.de/978-3-17-031338-5) soll Hilfestellung bei weiterreichendem Interesse leisten. Mit Blick auf den breiten Kreis der Interessenten wurde auf Literatur in den orientalischen Sprachen (und im Russischen) verzichtet. Zahlreiche der in die Bibliographie aufgenommenen Titel enthalten ausführliche Überblicke über Quellen und originale Dokumente.

Wie stets bei Arbeiten über den Nahen Osten stellte die Umschrift von Orts- und Eigennamen, Begriffen, Parteien und Organisationen, Buchtiteln und Zitaten eine Herausforderung eigener Art dar. In Betracht kamen Arabisch, Persisch, Osmanisch-Türkisch, Aserbaidschanisch-Türkisch, Hebräisch, Kurdisch und Paschtu sowie Russisch. Ein erheblicher Grundbestand an Namen und Begriffen entstammen der arabischen Sprache. Nun ist aber der Lautstand der Aussprache arabischstämmiger Wörter im Persischen und Osmanischen sehr unterschiedlich. So klafft zwangsläufig beständig eine Diskrepanz zwischen der wissenschaftlichen Umschrift nach den Grundsätzen der *Deutschen Morgenländischen Gesellschaft* und der tatsächlichen Aussprache im Persischen und Osmanischen. (Für das heutige Türkisch wurde die gängige türkische Orthographie verwendet.) Dies geht so weit, dass selbst bei der eigentlich korrekten Assimilierung des arabischen Artikels (al-) an bestimmte nachfolgende Konsonanten um der gesprochenen und gehörten Aussprache willen Unregelmäßigkeiten und Widersprüche in Kauf genommen wurden. Erwähnt werden muss schließlich auch, dass die Wiedergabe orientalischer Sprachen im Englischen und Französischen sehr unterschiedlich ausfällt. England und Frankreich aber waren über Jahrzehnte des vergangenen Jahrhunderts die Mächte, an deren Lautstände die Eliten die Umschrift ihrer Sprachen ausgerichtet haben. Auch hier wurde der dem Leser (etwa aus den Medien) vertrauten Schreibweise Vorrang vor wissenschaftlichem Purismus eingeräumt. Akronyme in allen Sprachen wurden in der Mehrheit nach großem Anfangsbuchstaben klein geschrieben, um das Schriftbild einheitlich zu gestalten (also: Uno, Nato, Hamas, Palmach etc.).

Berlin, im April 2021 Udo Steinbach

Einführung – ein wechselvolles Jahrhundert

Am Sonntag, dem 29. Juni 2014 und Beginn des Fastenmonats Ramadan, erging ein Manifest an die anderthalb Milliarden Muslime der Welt: Hiermit werde das »Kalifat« ausgerufen – »hier weht die Flagge des Islamischen Staates, die Flagge des Monotheismus. Ihr Schatten bedeckt das Land von Aleppo bis Diyala« (mithin von Nordwest-Syrien bis zur iranischen Grenze). Fortan sei Abu Bakr al-Baghdadi al-Quraischi »Kalif Ibrahim« der »Führer der Gläubigen«, dem qua Gottes Befehl alle Muslime Gefolgschaft zu schwören hätten. »Die Legalität aller Emirate, Staaten, Gruppen und Organisationen wird null und nichtig durch die Expansion der Autorität des Emirats und die Ankunft seiner Truppen«. Wenige Tage später, am 4. Juli, hatte der »Kalif« in der im 12. Jahrhundert erbauten Moschee des Nur ad-Din Zangi in Mossul seinen einzigen Auftritt: In der *khutba* (Freitagspredigt) verkündete er die Rückkehr zu Glanz und Größe des islamischen Gottesstaates, die Erfüllung des Versprechens Gottes.[2]

Dies war mehr als Polittheater, auch wenn bereits drei Jahre später mit der Eroberung von Mossul (bei der die fast tausend Jahre alte *Nuri*-Moschee weitgehend zerstört wurde) und Raqqa dem bizarren – aber brutalen – Treiben bereits wieder ein Ende gesetzt wurde. 1924 war das Kalifat der Osmanen per Beschluss des Parlaments der Türkischen Republik abgeschafft worden (▸ S. 183). Fragen nach der Rechtmäßigkeit des türkischen Schritts, nach dem Volk, aus dem das neue Kalifat hervorgehen sollte, und nach der Qualifikation des Kalifen waren auf islamischen Konferenzen – freilich ohne konkrete Ergebnisse – erörtert worden. Dann verschwand das Interesse daran; und der real existierende Nationalstaat, der gerade in Gestalt der jungen Türkischen Republik seine Lebenskraft überzeugend zu manifestieren schien, verkörperte die Staatlichkeit der Zukunft. Der Nationalstaat – und nicht mehr die islamische *umma* – war die politische Ordnung auch der Muslime. In ihr würden die Muslime den Herausforderungen der Zukunft erfolgreich begegnen.

In seiner Absurdität, in der aber zugleich ein Kern geschichtlicher Wahrheit, ein verblasster Traum muslimischer Sehnsüchte und Irritation über eine unbefriedigende Gegenwart zu erkennen sind, reflektiert das Konstrukt des Islamischen Kalifats die Widersprüche des Verlaufs der Geschichte des Vorderen Orients im 20. Jahrhundert. Tatsächlich ist dieses das wechselvollste Jahrhundert in der Geschichte der Völker Nordafrikas und des Nahen und Mittleren Ostens, soweit die Erinnerung zurückreicht. Die Dynamik der Brüche seit seinem Beginn erwächst aus der Verdichtung politischer, gesellschaftlicher, wirtschaftlicher und kultureller Prozesse durch das 19. Jahrhundert hindurch. Mit dem Zusammenbruch der alten Ordnungen am Ende des Ersten Weltkriegs bildet sich eine neue, tiefgreifend veränderte geopolitische, gesellschaftliche und kulturelle Landschaft aus. Neue Rechtfertigungen von Herrschaft werden gesucht und getestet. »Der Westen« ist die elementare politische und geistige Herausforderung; auf sie wird keine Antwort gefunden, die »Authentizität« und »Moderne« verbindet. Die gleichzeitigen Revolutionen in Iran (1906) und im Osmanischen Reich (1908) stehen am Anfang dieser langen Kette von Umbrüchen, die Totgeburt eines »Islamischen Kalifats« an seinem Ende.

Der Ausgang des Ersten Weltkriegs bedeutet eine tiefe Zäsur. Das gilt gleichermaßen für Europa und den Nahen und Mittleren Osten. Auf den Trümmern des Habsburgischen wie des Osmanischen Reichs entstehen neue Staaten und politische Ordnungen. Europa betreffend, wurden nicht zuletzt die in den Pariser Friedensverhandlungen 1919 getroffenen Entscheidungen mitursächlich für die Katastrophe, in die der Kontinent in den folgenden Jahrzehnten abgeglitten ist; sie gipfelte in den menschlichen, materiellen und kulturellen Zerstörungen des Zweiten Weltkriegs. Dessen Verwüstungen vor Augen, machten sich weitsichtige Persönlichkeiten daran, die Grundlagen einer neuen europäischen Ordnung zu legen. Das Bekenntnis zu Menschenrechten, Demokratie, Rechtsstaatlichkeit und gemeinsamer wirtschaftlicher Entwicklung wurde der Kern der Dynamik des Zusammenwachsens europäischer Staaten und Gesellschaften zu einer neuen Form der Gemeinschaft.

Den Vorderen Orient betreffend verliefen die Entwicklungen weniger eruptiv und dramatisch; sie zeigten aber auch dort schwere, bis in die Gegenwart nachwirkende Folgen. In indirekter oder direkter Herrschaft spannten europäische Mächte, geleitet von imperialistischen und kolonialistischen Zielen, einen Herrschaftsschirm über der Region zwischen Nordafrika und dem indischen Subkontinent auf. Unter ihm bestand zwar relative Stabilität. Aber die Auseinandersetzung mit dem europäischen Imperialismus band die politischen Energien der Eliten und verhinderte somit – von Ausnahmen abgesehen – politische und gesellschaftliche Erneuerung und wirtschaftliche Entwicklung, welche eigenständige und stabile neue Ordnungen hätten begründen können. Als der Wandel nach dem Ende des Zweiten Weltkriegs an Dynamik gewann, war er von gewalthaften Brüchen und Konflikten im Inneren der jungen Staaten wie im regionalen Zusammenhang gekennzeichnet. Die Auseinandersetzung mit dem Staat Israel, der 1948 ins Leben trat, sollte über Jahrzehnte für das politische Handeln insbesondere der arabischen Staatsführungen wesentlich bestimmend werden. Zugleich sahen sich die neuen Eliten, die mit der Erringung der Unabhängigkeit die Voraussetzung für eine umfassende Modernisierung ihrer politischen Institutionen und gesellschaftlichen Ordnungen zu schaffen suchten, erneut in eine globale Machtkonstellation verstrickt, die einer Entfaltung der politischen und wirtschaftlichen Potentiale und Eigenheiten entgegenstand, welche den Interessen und Ordnungsvorstellungen der neuen Regimes in Übereinstimmung mit dem Willen ihrer Völker entsprochen hätte. Die Reformdynamik kam an ihr Ende und machte einer lähmenden und stagnierenden Machtausübung Platz: Die Regimes begannen, sich auf klientelistische Netzwerke zu stützen; Herrschaft war auf den Erhalt ihrer Macht und auf die Verteilung der mit ihr verbundenen Profite ausgerichtet. Die Mitbestimmung der Bürger wurde zur Gefährdung des Machterhalts. Deren Wohlfahrt lag außerhalb des Ziels und Zwecks von Herrschaft.

Hinter der Tatsache von Stagnation und Fremdbestimmung begannen sich Kräfte zu formieren, die ihre Gesellschaften auf eine neue Grundlage zu stellen suchten. Sie schöpften ihren Anspruch auf Authentizität aus der islamischen Religion und der ihr innewohnenden Veränderungsdynamik. Im schiitisch geprägten Iran wurde Anfang 1979 das überkommene System der Monarchie gestürzt. Zeitgleiche Bestrebungen im Raum des sunnitisch geprägten Nordafrika und Nahen Ostens führten zu keinen nachhaltigen, stabilen Ergebnissen. In wachsendem Maße breitete sich diffuse Gewalt aus. Sie fand in den Terrorattentaten von New York und Washington am 11. September 2001 einen ersten Höhepunkt. Der fehlgeleitete Versuch der USA im Frühjahr 2003, durch eine militärische Intervention im Irak die Einrichtung demokratischer Institutionen zu erzwingen und damit die Voraussetzung für politische Stabilität zu schaffen, bedeutete schließlich das Fanal für die flächendeckende Ausbreitung vornehmlich religiös begründeter Gewalt im Nahen Osten und in Nordafrika, ja global und mit Ausläufern nach Europa.

Die Selbstverbrennung eines jungen Mannes im wirtschaftlich armen Herzen Tunesiens am 17. Dezember 2010 setzte weite Teile der arabischen Welt in Flammen. Die sich dramatisch ausbreitende Protestwelle von Millionen von Menschen im gesamten arabischen Raum vollzog sich im Zeichen des Rufs nach Respekt vor der Würde der Bürger seitens der Regierenden. Dieses Ideal war keiner spezifischen Weltanschauung, Ideologie oder Religion geschuldet. Im Mittelpunkt der Forderungen standen die Ausarbeitung von Verfassungen und die Durchführung von Wahlen.

Zahlreiche Widerstände und Fehlentwicklungen haben – von Tunesien abgesehen – die Revolte der Jahre 2011/12 erst einmal in der politischen Sackgasse enden lassen. Sie ist durch politische Restauration, Armut, Unterentwicklung und Bevölkerungsexplosion gekennzeichnet, begleitet von religiösem Fanatismus und politischem Radikalismus. Auswanderung und Flucht sind Symptome der Hoffnungslosigkeit. Auf der Suche nach einer neuen Ordnung hat sich vorerst Gewalt seitens unterschiedlichster Akteure und Ideologien krebsartig im Vorderen Orient ausgebreitet. Mit Blick auf die Dynamik zu Beginn dieser »dritten arabischen Revolte«[3] – nach der ersten (in den frühen zwanziger) und der zweiten (in den fünfziger und sechziger Jahren) – ist es statthaft, vorherzusagen, dass damit nicht das letzte Wort der Geschichte gesprochen ist.

Aus der Distanz (und aus der Perspektive europäischer selektiver Erinnerungskultur und Arroganz) betrachtet, erscheint vielen Europäern der Raum seiner islamischen Nachbarschaft als »hoffnungsloser Fall« mit Blick auf politische und gesellschaftliche Erneuerung, wirtschaftliche Entwicklung (jenseits von Öl und Gas) und stabile demokratische Institutionen. Demgegenüber lässt ein vorurteilsfreier, aber zugleich empathischer Blick auf die Geschichte das Engagement, ja den Enthusiasmus und die Ernsthaftigkeit der Anstrengungen hervortreten, mit welchen durch das 20. Jahrhundert hindurch die umfassende Erneuerung der Grundlagen von Staat und Gesellschaft angestrebt worden ist. Die mit diesen Erneuerungsbestrebungen untrennbar verbundene Frage, in welcher Weise Tradition, Religion und durch die Geschichte gewachsene Identitäten bewahrt werden könnten, bedeutete freilich eine zusätzliche Bürde auf diesem Weg. Die Gesellschaften Europas hatten in den geschichtlichen Umbrüchen seit der Französischen Revolution und zumal während des 20. Jahrhunderts im Guten und Bösen letztlich aus dem Fundus der eigenen Geschichte und ihrer geistigen und politischen Errungenschaften schöpfen können. Demgegenüber waren die Nachbarn Europas im Nahen Osten und Nordafrika unabweisbar gezwungen, sich mit Werten, Normen und geistigen Dynamiken auseinanderzusetzen, die in Europa, also außerhalb ihres historischen Orbits, ihren Ursprung hatten. Darüber hinaus waren sie seit dem 19. Jahrhundert zunehmend in politische und wirtschaftliche Abhängigkeit, mit dem Ende des Ersten Weltkriegs gar in Unterlegenheit geraten. Die Entstehung des auf europäische Werte gegründeten Staates Israel schließlich bedeutete eine weitere schwere politische und psychologische Bürde auf dem Weg insbesondere der arabischen Gesellschaften zu einer neuen und selbstbestimmten Definition ihres Platzes in der Welt.

Bereits vor dem Ende des Ersten Weltkriegs hatten in Iran und im Osmanischen Reich revolutionäre Kräfte die Grundlagen der Herrschaft erschüttert. 1906 sah sich der Schah gezwungen, der Einführung einer Verfassung zuzustimmen; zwei Jahre später setzte ein Putsch der »Jungtürken«, die sich auf Teile der Armee stützten, die Wiedereinsetzung der Verfassung von 1876 seitens des Sultans durch. Die kemalistische Revolution nach der 1923 erfolgten Gründung der Türkischen Republik markierte radikale Wegzeichen für die künftige Entwicklung des gesamten Nahen und Mittleren Ostens. Im benachbarten Persien bewunderte Reza Khan das kemalistische Experiment. Zwar machte er das Land 1925 nicht zu einer Republik, sondern erneuerte nach dem Ende der Qadscharen-Dynastie die Monarchie als Reza Schah Pahlawi. Aber die Türkei Atatürks war ihm Vorbild bei der Umwandlung Irans.

Der arabische Raum trat – nach Ansätzen in der Zwischenkriegszeit – mit der Revolution der Freien Offiziere in Ägypten 1952 in ein revolutionäres Zeitalter ein. Überkommene Regimes fielen oder gerieten unter starken Wandlungsdruck; in zahlreichen Staaten entstanden politische Systeme, die sich an europäischen Ordnungsvorstellungen orientierten. Alle arabischen Staaten, deren Eliten dies anstrebten, traten in die Unabhängigkeit ein – im Falle Algeriens nach einem blutigen Ringen mit der französischen Kolonialmacht.

Die Gründung des Staates Israel 1948 hat den Verlauf der Geschichte des Nahen Ostens nachhaltig beeinflusst. Die Haltung zum jüdischen Staat war Gegenstand innenpolitischer Kontroversen und Konflikte innerhalb der arabischen Staaten und unter ihnen (später auch in Bezug auf Iran und die Türkei). Die Herausforderung, die sich mit der Existenz Israels stellte, hat auch die Stellung der Staaten der Region im internationalen System mitgeprägt.

Die Revolution in Iran 1979 war ein einschneidendes Ereignis. Sie begann als Protest breiter Teile der Bevölkerung gegen soziale und wirtschaftliche Missstände, vom Frühjahr 1978 an stand sie zunehmend unter der Führung eines Geistlichen. Gestützt auf sein Charisma errichtete Ayatollah Khomeini eine »Islamische Republik«. Damit suggerierte er eine Synthese von politischer Moderne und Verwurzelung in (schiitisch) islamischer Tradition. Zugleich demonstrierte er die völlige Unabhängigkeit gegenüber der Einflussnahme auswärtiger Mächte, namentlich der USA.

Zeitgleich mit der Revolution in Iran, die zu einer »islamischen« umgemünzt wurde, fand im Nachbarland Afghanistan eine marxistisch-leninistische Revolution statt. Auch sie beendete die Monarchie, sie fand aber keine Akzeptanz in der Bevölkerung. Indem die Sowjetunion die Revolution durch eine militärische Intervention zu retten suchte, bewirkte sie einen nachhaltigen Zerfall des Landes. Mitte der neunziger Jahre übernahm eine islamistische Miliz die Herrschaft in Kabul. In ihrem Milieu nistete sich mit *al-Qa'ida* eine Terrororganisation ein, die am 11. September 2001 in New York und Washington zuschlug.

Die Bilder der brennend zusammenstürzenden Türme des *World Trade Center* waren das Fanal eines *war on terrorism*, der bald eine globale Dimension erhielt. An der Spitze der – nach ihrem Selbstverständnis – kriegführenden Parteien standen die USA; neben ihnen waren zahlreiche andere Staaten aus Europa, dem Nahen Osten, Asien und Afrika involviert. Gegner im »Krieg gegen den Terrorismus« waren wesentlich militante Gruppierungen, die auf der Grundlage eines zu einer totalitären Ideologie umgeschmiedeten »Islam« den *dschihad* gegen den Rest der – in ihren Augen »heidnischen« – Welt führten. Auf den Trümmern der bestehenden Gesellschaften sollte unter der »Souveränität Gottes« am Ende ein islamisches Kalifat entstehen.

Im Rückblick waren die – so unterschiedlichen – Revolutionen in Iran und Afghanistan in den Jahren 1978/79 das Vorspiel zu den Umbrüchen im arabischen Raum, die 2011 ein neues Kapitel in dessen Geschichte eingeleitet haben. Die Selbstverbrennung eines frustrierten und verzweifelten jungen Gemüsehändlers im zentraltunesischen Sidi Buzid am 17. Dezember 2010 wurde das Fanal der »dritten arabischen Revolte«. Die Forderung nach Würde, die Millionen von Jugendlichen zwischen Marokko und Jemen erhoben, einte sie für einen Augenblick. Nach ersten Erfolgen endete die Dynamik zunächst in der Sackgasse. Radikal islamistische Gruppen, von denen während der revolutionären Ereignisse selbst nichts zu hören gewesen war, kehrten auf die Bühne zurück und suchten das Vakuum, die Ratlosigkeit und die Verwirrung zu nutzen, ihre menschenverachtende Ideologie in die politische Wirklichkeit zu projizieren.

An diesem Tiefpunkt der Geschichte des Nahen und Mittleren Ostens stehen die Gesellschaften und ihre Führungseliten vor der Herausforderung, neue Ordnungen zu schaffen, die im 21. Jahrhundert Bestand haben, weil sie den elementaren Erwartungen der Menschen auf Bürgerrechte und Entwicklung entsprechen.

Die hier vorgelegte Darstellung hebt auf die vielfältige Dynamik in den Gesellschaften des Vorderen Orients und Nordafrikas ab. In dieser Wahrnehmung wendet sie sich gegen das in Deutschland verbreitete gleichsam essentialistische Klischee von notorischer Stagnation, Entwicklungsunfähigkeit, Modernisierungsunwilligkeit und Gewaltgeneigtheit; weithin werden diese mit »dem Islam« in Verbindung gebracht. Den langen Weg zu erkennen, den die Menschen und ihre Gesellschaften im Verlaufe des vergangenen Jahrhunderts gegangen sind, Entwicklungen, Veränderungen, ja zahlreiche Brüche und Rückschläge einzuordnen, negativ konnotiertem Defaitismus entgegenzutreten, ist aber die Voraussetzung, eine positive Perspektive auf den Weg aus der Sackgasse aufzutun, in der sich die Region zum Zeitpunkt der Abfassung dieses Buches befindet.

Es ist Mode geworden, die Krisen und Blockaden dieses Raumes der Einmischung auswärtiger Mächte – bis zum Ende des Zweiten Weltkriegs Europas und seither der USA – zuzuschreiben. Namentlich letzteren wird eine geradezu diabolische Entschlossenheit unterstellt, amerikanische politische und wirtschaftliche Interessen rücksichtslos durchzusetzen. Das ist keine vollständig unbegründete Einschätzung: Die ungeniert imperialistische Politik europäischer Mächte und später der USA hat den Gang der Dinge wesentlich bestimmt – und zugleich die Verschwörungstheorien und Abwehrreflexe genährt, die in den nahöstlichen Gesellschaften immer wieder zu gewalthaftem Aufbegehren geführt haben.

Ein unvoreingenommener Blick freilich kann nicht übersehen, dass die letzten Gründe für die Fehlentwicklungen in den nahöstlichen Gesellschaften selbst und namentlich im Versagen ihrer Eliten liegen, die Herausforderungen anzunehmen, die sich seit Beginn des 19. Jahrhunderts bis in die Gegenwart gestellt haben. Diese erst haben die Staaten so geschwächt, dass sie ein Spielball der Manipulation durch auswärtige Mächte werden konnten. Unumgängliche Reformen wurden aufgeschoben oder allenfalls halbherzig angegangen, die Machtpolitik einzelner Persönlichkeiten oder politischer Gruppen haben Energien vergeudet, die besser für Erneuerung und die Gewinnung breiter politischer und gesellschaftlicher Akzeptanz für diese Erneuerung hätten genutzt werden können.

Geographie und Geschichte haben die Räume, welche südlich und östlich an das Mittelmeer angrenzen, unauflöslich mit Europa verbunden. Diese Selbstverständlichkeit steht über der Geschichte, aber auch der Zukunft beider Räume. Die künftige Interaktion freilich muss von anderer Art sein, als dies durch das 19. und insbesondere auch durch das 20. Jahrhundert hindurch der Fall gewesen ist. Gesucht wird ein neues Ethos der Partnerschaft. Das bedeutet auf europäischer Seite einen Paradigmenwechsel: An die Stelle einer »exklusiven« Wahrnehmung, welche in der islamischen Nachbarschaft den Anderen oder das Andere gesehen hat, muss eine »inklusive« Wahrnehmung treten, d. h. das Bewusstsein, dass die Zukunft gemeinsam und auf Augenhöhe gestaltet wird. Vor dem Hintergrund eines globalen Systems der Mächte, das in einen tiefgreifenden Wandel eingetreten ist, wird die Stellung Europas darin wesentlich auch von der Qualität seiner Beziehungen zu seiner islamischen Nachbarschaft abhängen.

Vorstehende Skizze lässt das inhaltliche Spektrum und den geographischen Rahmen erkennen, die Gegenstand der Darstellung sind: der Raum zwischen Nordafrika und Afghanistan. Bei aller Diversität der Völker, Gesellschaften und staatlichen Ordnungen bestehen Interdependenzen geschichtlicher, kultureller, sprachlicher, religiöser und politischer Art. Die Darstellung bliebe unvollständig, wenn nicht auch Russland Aufmerksamkeit zuteilwürde. Im Zuge seiner territorialen Expansion in Richtung auf das Kaspische und das Schwarze Meer wurde das Zarenreich seit dem 18. Jahrhundert auch zu einem Akteur im Vorderen Orient. Bis zu dessen Ende rang es mit dem Osmanischen Reich um die Vorherrschaft im Raum des Schwarzen Meeres und der Meerengen zum Mittelmeer, mit dem britischen Empire in Persien und Afghanistan um die Abgrenzung von Macht- und Einflusszonen. Seit dem Vertrag von Küçük Kaynarca (1774; im Nordosten des heutigen Bulgarien gelegen) als Schutzmacht der orthodoxen Christen anerkannt, wetteiferte Russland mit anderen europäischen Großmächten um Mitbestimmung über das Schicksal des Osmanischen Reichs. In Zentralasien und im Kaukasus waren Millionen von Muslimen Bürger des russischen Reichs. Unter ihnen kam es im 19. Jahrhundert zu Erneuerungsbewegungen, die – nicht zuletzt über Aserbaidschan – in den benachbarten islamischen Raum ausstrahlten. Auch die bolschewistische Revolution vom Oktober/November 1917 und ihre Folgen haben ideologische und politische Kräfte freigesetzt, die über weite Strecken des 20. Jahrhunderts die Geschicke aller Völker des Nahen Ostens und Nordafrikas mitbestimmt haben. Die Türkei, Iran und Afghanistan waren die ersten Staaten, mit denen der junge Sowjetstaat 1921 Verträge abschloss. In Gestalt der Sowjetunion hat Moskau nach dem Ende des Zweiten Weltkriegs die machtpolitische Rolle des Zarenreichs im Nahen und Mittleren Osten fortgesponnen.

Der rote Faden der Darstellung ist die Frage nach den geschichtlichen Zusammenhängen und Abläufen, die in die komplexe Konfliktlage der Gegenwart mündeten. In immer dichterem Rhythmus und mit wachsender Zerstörungskraft treiben die Ereignisse seit den zeitgleichen Revolutionen in Teheran und Kabul (1978/79) den Vorderen Orient in den *show down*, der von der Ausrufung des »Islamischen Kalifats« (2014) markiert wird. Externe Interventionen in Afghanistan, im Irak, in Jemen, Syrien und Libyen verschärfen interne Konfliktkonstellationen.

Diese neueren Entwicklungen aber sind als Fortsetzung und Ergebnisse revolutionärer Umbrüche zu verstehen, die zu Beginn des 20. Jahrhunderts ihren Anfang nahmen. Das gilt für die Verfassungsrevolution in Iran (1906), das Vorspiel zu der Revolution, die siebzig Jahre später in der Errichtung einer »Islamischen Republik« mündete. Es gilt aber auch für die Revolution der »Jungtürken«, in der es ebenfalls um die (Wieder-)Einführung einer Verfassung ging. Sie konnte aber den Niedergang des Osmanischen Reichs nicht aufhalten, dessen Ende dann das Tor zu einer weitreichenden Neuordnung des Vorderen Orients öffnete. Diese freilich entsprach nur zum Teil den Vorstellungen und Wünschen der Völker, weshalb sich nach dem Ende des Zweiten Weltkriegs neue Eliten gegen sie auflehnten und nach Lösungen suchten, die im Einklang mit dem Willen und dem Selbstverständnis der Völker stehen würden.

1 Das 18. Jahrhundert – Vorabend der Neuzeit

Für den Nahen und Mittleren Osten bedeutet das 18. Jahrhundert einen Zeitraum des Übergangs. In ihm werden die Weichen für seinen Eintritt in die Neuzeit gestellt. Die beiden Mächte, die über Jahrhunderte die Geschichte geprägt haben, haben längst an Vitalität verloren. Das Safawidenreich erlischt 1722. Auf seinem Boden schaffen lokale »Condottieri« Staatswesen, die ihre Gründer kaum überleben. Erst gegen Ende des Jahrhunderts entsteht mit der Dynastie der Qadscharen ein dauerhafter und relativ stabiler iranischer Staat. Das Osmanische Reich ist mit der gescheiterten zweiten Belagerung von Wien (1683) in eine Epoche fortschreitender äußerer und innerer Schwäche eingetreten. Es verliert zunehmend an machtpolitischem Gewicht. Mit der »orientalischen Frage« verbindet sich der Ausgang des Ringens der europäischen Mächte um die Aufteilung des Erbes des Reichs. Unter den Vorzeichen dieses Ringens ist der Gang der Geschichte seit dem Ende des Jahrhunderts verlaufen.

Neben der politischen Macht ist zugleich die wissenschaftlich-technologische und wirtschaftliche Überlegenheit unabweisbar, welche die Grundlage der europäischen Expansion werden sollte. Damit ist für die islamisch geprägten Völker die Frage aufgeworfen, was die Gründe für die Unterlegenheit sind. Neben der Herausforderung zu politischer Selbstbehauptung stellt sich die Herausforderung der geistigen Modernisierung. Für die Menschen im Raum zwischen Marokko und dem Hindukusch beginnt die Suche nach einer Identität, in der die Tradition, und d. h. wesentlich die islamische Religion, und europäische geprägte Normen und Institutionen koexistieren. Diese Frage nach der Identität sollte über zwei Jahrhunderte unterschiedlich beantwortet werden und ist selbst in der Gegenwart noch die Wurzel für nicht nur geistig kulturelle, sondern auch für politische Konflikte.

Mit der Schwäche der politischen Ordnungen im Vorderen Orient und Nordafrika gehen der machtpolitische und wirtschaftliche Aufstieg europäischer Mächte in der Region und deren immer nachhaltigere Einflussnahme auf die Mächtekonstellation im Nahen Osten einher. Am Ende des Jahrhunderts lässt die napoleonische Expansion nach Ägypten (1798) die politische, militärische und wirtschaftliche Überlegenheit der europäischen Mächte über das Osmanische Reich erkennen. Zugleich beginnen sich Frankreich, England und Russland immer stärker in die Innen- und Außenpolitik Persiens einzumischen. Mit dem Friedensschluss von Küçük Kaynarca 1774 und der Festigung seiner Machtstellung im südlichen Kaukasus ist auch Russland zu einer Nahostmacht geworden.

1.1 Der lange Niedergang der Osmanen

Im September 1683 musste der osmanische Feldherr Kara Mustafa Pascha die Belagerung Wiens abbrechen. Noch einmal hatte sich Konstantinopel angeschickt, seine Machtposition auf dem Balkan zu konsolidieren und auszuweiten. Am 13. Juli begann die Belagerung von Wien. In der Schlacht am Kahlenberg am 11. September versetzte eine Allianz europäischer Armeen den osmanischen Belagerern eine vernichtende Niederlage. Das war der Beginn einer Kette von Rückschlägen; und gegen Ende des 18. Jahrhunderts war unübersehbar, dass die osmanischen Heere ihre Überlegenheit und das Osmanische Reich seinen Schrecken verloren hatten.

Die gescheiterte Belagerung brachte einige grundlegende Tatbestände auf den Punkt, die die Stärke des Reichs strukturell unterminiert hatten. Mit dem Tod Sultan Süleymans »des Prächtigen« (1520–1566) hatte es den Zenit seiner politischen Machtentfaltung, wirtschaftlichen Stärke und kulturellen Schöpferkraft erreicht. Ein innerer Niedergang setzte ein, auch wenn dieser freilich im 17. Jahrhundert wiederholt von politischer Erholung unterbrochen war. Mit den Entdeckungen der Seewege zu den östlichen Teilen der Erde durch europäische Seefahrer seit dem Ende des 15. Jahrhunderts hatten sich die Handelsströme zu verändern begonnen. Die klassischen Handelsrouten zwischen Europa und dem Mittelmeer im Westen und Asien im Osten verloren an Bedeutung. Die Schwächung der ökonomischen Grundlage hatte die Schwächung der Zentralgewalt und mithin die Stärkung zentrifugaler Kräfte im Reich zur Folge. Die Verstrickung der Prinzen und Sultane in die Intrigen des Hofes und des Harems bedeutete einen Verlust an Führungsstärke, der nur epochenweise durch kraftvolle Persönlichkeiten unter den Großwesiren aufgewogen werden konnte. Zunehmend gerieten die Sultane auch unter den Einfluss der Janitscharen, einer Truppe, die zeitweise zur Soldateska degenerierte, die kaum noch von der politischen oder militärischen Führung kontrolliert werden konnte.

Der Niedergang des Osmanischen Reichs im Verlauf des 18. Jahrhunderts war ebenso wenig ein linearer Prozess wie die Gestaltung seiner Beziehungen zu Europa. Gelegentliche militärische Siege und innere Reformen schienen den Bestand des Reichs zeitweilig zu konsolidieren. Auch werden die Beziehungen zu den europäischen Mächten keineswegs durch politische und militärische Konflikte hinreichend beschrieben. Denn in Europa eröffnete das Schwinden der »türkischen« Bedrohung neue Perspektiven auf die osmanische und islamische Kultur. Wenige Jahre nach der gescheiterten Belagerung von Wien eroberten die Erzählungen von *1001 Nacht* Europa im Sturm; 1704 erschien in Frankreich die erste Übersetzung in eine europäische Sprache. Denker und Dichter des 18. Jahrhunderts brachten ihre Kritik an den politischen und gesellschaftlichen Zuständen in Europa im Gegenbild »orientalischer« Zustände zum Ausdruck. In der berühmten Ringparabel in Lessings Drama »Nathan der Weise« schließlich werden Judentum, Christentum und Islam als gleichwertig beschrieben. Und in seinem »West-Östlichen Diwan« flüchtet sich der Dichter Goethe in den »reinen Osten, Patriarchenluft zu kosten«.

Auf der osmanischen Seite öffneten sich Hofkultur und Architektur europäischen Einflüssen. Die »Tulpenzeit« (*lale devri*) unter Ahmed III. (1703–1730) war gekennzeichnet durch einen kultiviert-verschwenderischen Lebensstil. Man vertrieb sich die

Tage mit Schach und Muschelspiel, ergötzte sich an Poesie und Musik. Zu den Glanzleistungen höfischer Selbstdarstellung zählte die Gartenbaukunst. Neue farbenprächtige Tulpenarten wurden gezüchtet. Wie auch im zeitgenössischen Europa wurden für Tulpenzwiebeln teilweise kleine Vermögen ausgegeben. Auch in die Architektur drangen europäische Stilelemente ein. Nach dem Muster von Versailles wurden märchenhafte Paläste und Gärten angelegt. Moscheen wurden durch europäisch-barocke Stilelemente geschmückt. 1727 wurde durch den ungarischen Renegaten Ibrahim Müteferrika offiziell der Buchdruck eingeführt. Die zahlreichen in der Folgezeit gedruckten Werke trugen nicht unwesentlich zu einem neuerlichen kulturellen Aufblühen des politisch niedergehenden Reichs bei. Aber diese lichten Momente im Prozess des Niedergangs konnten nicht darüber hinwegtäuschen, dass Kreativität und Originalität der osmanisch-islamischen Kultur der Vergangenheit angehörten.

Die Absetzung Ahmeds III. markiert das Ende sowohl der nach außen scheinbar so idyllischen Atmosphäre im Reich als auch der entspannten wechselseitigen Begegnung mit den europäischen Mächten. In den von zahlreichen Kriegen – vor allem gegen Russland und Österreich – gekennzeichneten Jahrzehnten danach hatte das Osmanische Reich trotz einiger Verluste seinen Bestand im Großen und Ganzen noch halten können. Erst mit dem Frieden von Küçük Kaynarca, der einen 1768 mit Russland ausgebrochenen Krieg beendete, musste es territoriale Einbußen und Demütigungen hinnehmen, die seinem Status als eine den europäischen Mächten ebenbürtige Großmacht ein unwiderrufliches Ende bereiteten. Die Hohe Pforte – so benannt nach dem Tor zum Sitz des Großwesirs in Konstantinopel – musste sich bereit erklären, das Khanat der islamischen Krimtataren in die »Unabhängigkeit« zu entlassen (womit es unter den Einfluss des Zarenreichs geriet). Unmittelbar nach diesem Ereignis fielen der Landstrich zwischen Bug und Dnjepr sowie mehrere Festungen (unter ihnen Asow) und ein großes Gebiet im nördlichen Kaukasus (die sog. Kabardei) unter russische Kontrolle. Dem Gesandten des Zaren in Konstantinopel wurde das Recht zugesprochen, bei der Pforte die Belange der Donaufürstentümer Moldau und Walachei zu vertreten. Ferner musste die osmanische Staatsführung Russland ein Schutzrecht für die orthodoxen Christen auf osmanischem Territorium einräumen. Ähnlich war bereits früher – in der »Kapitulation«[4] von 1740 – Frankreich die Schutzherrschaft über die Katholiken und die mit Rom unierten lokalen christlichen Religionen des Reichs zugestanden worden. Zu diesem Zweck erhielt Russland das Recht, überall im Osmanischen Reich Konsulate einzurichten. Russland durfte auf dem Schwarzen Meer eine Handelsflotte unterhalten, die die Meerengen Bosporus und Dardanellen ungehindert passieren konnte.

Angesichts der mit dem Friedenvertrag sichtbar werdenden Schwäche des Reichs schien dessen anhaltender Zerfall programmiert. Wenn sich dieser noch fast anderthalb Jahrhunderte hinzog, war das nicht zuletzt den Rivalitäten geschuldet, die zwischen den vier europäischen Großmächten: England, Frankreich, Österreich-Habsburg und Russland hinsichtlich der Verteilung des Fells des Bären bestanden. Die »orientalische Frage« war gestellt; um ihre Antwort sollte bis zum Ende des Reichs gerungen werden. Auf der anderen Seite aber hat die osmanische Staatsführung immer neue Anläufe unternommen, das Reich auf allen Gebieten zu modernisieren, die ihr mit Blick auf dessen Überleben gegenüber dem Andringen der

Abb. 1: Die »Hohe Pforte« (*Bab-ı ali*), der Eingang zum Amtssitz des Großwesirs in Konstantinopel, zur Zeit Mahmuds II

europäischen Mächte geboten erschienen. Insofern ist die Geschichte des Osmanischen Reichs zwischen 1774 und 1918 mehr als nur ein Abgesang. Sie lässt vielmehr erkennen, ein wie hohes Maß an Selbstbehauptungswillen sowie an Kraft zu Erneuerung und Veränderung in Staat und Gesellschaft noch steckten.

Mit dem Verlust der Herrschaft über die muslimischen Krimtataren begann die Staatsführung, die islamische Dimension in der Stellung des Großherrn aus der Familie Osman zu entdecken. Sie besann sich auf den Tatbestand, dass Selim I. (1512–1520) bei seiner Eroberung von Kairo (1517) die Würde des Kalifen, d. h. des geistig-religiösen Oberhaupts der Muslime, angenommen hatte. Nach der Eroberung Bagdads, der Hauptstadt des abbasidischen Kalifats, durch die Mongolen (1258) hatte ein Schattenkalifat in Kairo überlebt, das nun auf den neuen Herrscher überging. Zunächst sollte der Kalifenwürde in der Politik der Osmanen keine signifikante Bedeutung beigemessen werden. Mit dem Verlust immer weiterer muslimischer Teile des Reichs konnte über diese jedoch immerhin eine spirituelle Verbindung zu den ehemaligen Untertanen des Sultans aufrechterhalten werden. Wie noch darzustellen sein wird, ließ sich die Beschwörung des Kalifats instrumentalisieren, um politische Machtansprüche zu legitimieren. Die Entscheidung des Parlaments der Türkischen Republik im März 1924, das Kalifat abzuschaffen, unterstrich schließlich noch einmal den besonderen Stellenwert dieser Institution – auch wenn sie zu diesem Zeitpunkt kaum mehr war als eine leere Hülle in Gestalt einer historischen

Reminiszenz – in der Geschichte des Nahen Ostens im 20. Jahrhundert. Damit war definitiv die islamische Staatsidee durch europäisch-nationalstaatliche politische Ordnungsvorstellungen abgelöst.

1.2 Persische Wirren

Auch für Iran[5] ist das 18. Jahrhundert eine Epoche des Übergangs. »Persien auf dem Weg in die Neuzeit« hat Hans Robert Roemer seine »Iranische Geschichte von 1350–1750« überschrieben. 1501 hatte sich Isma'il (1487–1524) zum Schah über das Land – mit der Hauptstadt Täbris – erklärt. Er entstammte dem turksprachigen sufischen (d. h. islamisch-mystischen) Orden der *Safawiyya*[6] im aserbaidschanischen Ardabil, der sich im Laufe des 15. Jahrhunderts zunehmend der schiitischen Glaubensrichtung zugewandt hatte. Mit seiner Machtübernahme setzte Isma'il eine umfassende Schiitisierung des Landes ins Werk: Das Bekenntnis zur Zwölfer-Schi'a, dem Hauptstrom unter den Varianten des schiitischen Islams, sollte das bestimmende Merkmal der Identität der Untertanen des safawidischen Reichs werden. (Unterschiedliche Ausprägungen der türkischen Sprachfamilie blieben – von kurzen Perioden abgesehen – bis 1925, dem Ende der Qadscharen-Dynastie, die Sprache der herrschenden Dynastien.)

Mit der Dynastie der schiitischen Safawiden war den Osmanen nicht nur ein politischer Gegner, sondern auch ein religiöses und kulturelles Widerlager erwachsen. Namentlich unter den turkmenischen Nomaden in Ostanatolien hatte die junge Dynastie eine beträchtliche Anhängerschaft. Als die Aufstände und Unruhen dort für die osmanische Herrschaft bedrohlich zu werden begannen, holte Sultan Selim (1512–1520) zum Schlag gegen sie aus. Schah Isma'il eilte der bedrohten Anhängerschaft zu Hilfe. Am 23. August 1514 kam es bei der ostanatolischen Ortschaft Çaldıran zur Schlacht: Sie endete mit einer vernichtenden Niederlage für den iranischen Herrscher. Isma'il überlebte das Desaster und konnte bis zu seinem Tode seine Herrschaft konsolidieren. Als er starb, war Iran in etwa (von Teilen Aserbaidschans und Khorasans abgesehen) in der bis heute gegebenen territorialen Gestalt entstanden. Anders als die neue Staatenwelt des Nahen Ostens, die nach dem Ende des Osmanischen Reichs (1918) wesentlich von den europäischen Mächten vorgezeichnet worden ist, hat Iran eine jahrhundertelange Tradition der Staatlichkeit in den bestehenden Grenzen.

Als Ergebnis der Schlacht von Çaldıran waren die Grenzen auf dem anatolischen Hochland weitgehend abgesteckt. Zugleich aber war damit die Grundlage für eine religiös-»systemische« Rivalität gelegt: Das vom Sultan (Kalifen) regierte Osmanische Reich stand für die sunnitische »Katholizität«, die Herrscher Irans für den schiitischen Legitimitätsanspruch (welcher freilich seit seinen Anfängen im 7. Jahrhundert durch die Geschichte hindurch eher die Rolle des Herausforderers gespielt hatte). In der Geschichte des 19. und 20. Jahrhunderts hat das kaum eine Rolle gespielt. Erst mit der Gründung der Islamischen Republik Iran (1979) sollte diese religiöse Dichotomie die Politik im Nahen Osten gelegentlich wieder konfessionalistisch einfärben.

Nur einmal kam es in späteren Kriegen zu einer wesentlichen territorialen Verschiebung zwischen den beiden Staaten: 1534 eroberten die Osmanen Bagdad und das Zweistromland bis Basra. Zwar war es den Schiiten Irans gestattet, die Heiligtümer in Kerbela und Nadschaf, den nach Mekka und Medina heiligsten Plätzen ihres Glaubens, zu besuchen. Mit der osmanischen Herrschaft aber begann eine jahrhundertelange Ära der Marginalisierung der Schiiten im Zweistromland. Und auch noch die Briten setzten nach dem Ersten Weltkrieg auf die arabischen Sunniten als staatstragende politische und gesellschaftliche Schicht, obwohl sie im 19. Jahrhundert zu einer religiösen Minderheit geworden waren. Erst nach dem Sturz des Diktators Saddam Husain durch die amerikanische Intervention 2003 sollten die arabischen Schiiten die Macht in Bagdad übernehmen. (Damit wuchs auch wieder der Einfluss des schiitischen Iran im Zweistromland.)

Schah Sultan Husain (reg. 1694–1722) war der letzte Herrscher der Safawiden. Harte steuerliche Belastung namentlich der ländlichen Bevölkerung in Verbindung mit einer rigorosen Durchsetzung der Schi'a nicht zuletzt in den – sunnitischen – afghanischen Teilen des Reichs führten zu verbreiteten Unruhen. Der Todesstoß kam vonseiten des afghanischen Stammes der Ghilzai aus den Gebieten um Kandahar. Unter der Führung von Mir Mahmud eroberten sie 1722 Isfahan, seit Schah Abbas (1587–1629) Hauptstadt des safawidischen Reichs. Schah Sultan Husain wurde abgesetzt. Ein kurzes Interregnum sunnitischer Herrschaft setzte ein.

In der Ära der Safawiden sind weitreichende Weichenstellungen in der Geschichte Irans auf dem Weg in die Neuzeit vorgenommen worden. Die trostlosen Verhältnisse bei deren Untergang dürfen nicht darüber hinwegtäuschen, dass wichtige Voraussetzungen der Neuzeit Persiens auf sie zurückgehen: so das Persische als Amtssprache (während ein türkisches Idiom die Umgangssprache unter der Herrscherfamilie blieb), die heutigen Staatsgrenzen, das Bekenntnis zur Zwölfer-Schi'a, die bis 1979 bestehende monarchische Staatsform, das architektonische und städtebauliche Gesicht urbaner Zentren, der Zentralismus der staatlichen Verwaltung, die Symbiose der Persisch sprechenden Bevölkerung mit starken Minderheiten nichtpersischer, vor allem türkischer Zunge sowie das Bündnis zwischen der schiitischen Geistlichkeit und den Basarkaufleuten.

Tatsächlich ist die Zwölfer-Schi'a[7] unter Schah Isma'il, dem Begründer der safawidischen Dynastie, zur Staatsreligion Irans gemacht worden. Damit war der Grundstein für den starken Einfluss gelegt, den die schiitischen Theologen in der Folgezeit, namentlich auch im 19. Jahrhundert (und dann wieder im Gefolge der Machtübernahme Ayatollah Khomeinis in der Islamischen Republik, ▸ S. 445) ausüben sollten. Seit dem 13. Jahrhundert lag die Kernfunktion ihres Wirkens in der Befähigung zum *idschtihad*, d. h. in der selbstständigen Rechtfindung auf dem Weg rationaler Auslegung des Korans und der Prophetenüberlieferungen. (Der Titel eines zum *idschtihad* befähigten Geistlichen ist der diesem Begriff verwandte *mudschtahid*.) Der 12. Imam – als der noch verborgene Souverän – würde eines Tages als Erlöser (*mahdi*) eine endgültig gerechte und legitime Ordnung auf Erden errichten. Aber in der Zeit seiner Abwesenheit würde es eben an den Theologen sein, den Gläubigen in ihrem persönlichen wie öffentlichen Leben die rechte Leitung zu vermitteln. Solange die Safawiden selbst ihre Macht aus einer unmittelbar göttlichen Legitimation ableiteten, waren die Herrscher die höchste irdische Autorität. Unter Abbas I. hat die Macht der Safawiden als gottgesandtes Königtum ihren Höhepunkt erfahren. Mit seinem Tode setzte eine lange Phase der Schwäche der Herrscher ein; daraus resultierte die Stärkung des Einflusses der Geistlichkeit auf deren Entscheidungen. Unter den Qadscharen (1796–1925) sollten daraus zeitweilig politische Konflikte zwischen Teilen des Klerus und den Herrschern erwachsen.

Wie im Osmanischen Reich hatten sich auch in Persien seit dem Ende des 16. Jahrhunderts die kulturellen Kontakte zu Europa intensiviert. So erfahren wir von Gesandtschaften Ludwigs XIV. und Peters des Großen im Jahre 1708 und 1715. Auch Persien seinerseits entsandte diplomatische Missionen u. a. nach Frankreich. Mochten diese Unternehmungen auch in erster Linie Handelsinteressen entspringen, so hatten sie doch zugleich eine Bedeutung für die kulturelle, vor allem für die künstlerische Entwicklung des Landes. Mit ihnen kamen abendländische ästhetische Ideen nach Persien, auch Künstler und Handwerker. In der Malerei ist dies besonders augenfällig.

1722 endete die safawidische Ära. Die Herrschaft afghanischer Stämme, die ihr ein Ende bereitet hatten, sollte indessen nicht von langer Dauer sein. Nadir Khan, 1688 in der nordöstlichen Provinz Khorasan geboren, wurde der neue starke Mann in Iran. Ein militärischer Abenteurer – in heutiger Terminologie ein *warlord* (er hatte in den mächtigen Stamm der Afschar eingeheiratet) –, gab er zunächst vor, im Namen eines safawidischen Thronanwärters zu kämpfen – so nannte er sich zunächst Tahmasp quli Khan (»Sklave des [safawidischen] Tahmasp«). Auf diese Weise gelang es ihm, eine starke Streitmacht gegen die Invasoren zu mobilisieren. 1729 wurden die Afghanen aus Isfahan vertrieben. Osmanische Versuche, Teile Aserbaidschans zu besetzen, wurden zurückgeschlagen. 1736 gab Nadir den Vorwand auf, für die safawidische Sache zu kämpfen, und ließ sich selbst zum Schah ausrufen; Nadir Khan stieg zu Nadir Schah auf.

Nadirs Herrschaft war kriegerisch geprägt. In unablässigen Feldzügen eroberte er umfangreiche Gebiete in Afghanistan und im Nordwesten Indiens. Mit den militärischen Anstrengungen freilich gingen keine Bemühungen einher, die administrativen und finanzpolitischen Grundlagen für eine neue Staatsbildung zu schaffen. Die Ausgaben für seine riesige Armee wurden mit Einnahmen gedeckt, die aus dem Volk gepresst wurden. Willkürherrschaft und exzessive Besteuerung führten schließlich zu Unruhe unter der Bevölkerung. 1747 wurde er ermordet; damit war der rasche Zerfall seines Erbes eingeleitet.

Auch die folgende Herrschaft war nur von kurzer Dauer. Aus den Machtkämpfen ging 1758 Karim Khan Zand als Herrscher hervor – nach über siebenhundertjähriger turk- oder mongolischstämmiger Herrschaft zum ersten Mal wieder ein Herrscher persischer Herkunft. Karim Khan machte Schiraz zu seiner Hauptstadt. Auch er gab vor, für einen safawidischen Prätendenten zu kämpfen. So bezeichnete er sich auch nicht als Schah, sondern lediglich als *wakil* (»Stellvertreter«; auch *wakil ar-ra'aya*, Vertreter des Volkes). Nach den unruhigen und wirtschaftlich ruinösen Jahren der Herrschaft Nadirs konzentrierte er sich auf die materielle Entwicklung des Landes. Eine maßvolle Besteuerung und die Förderung der Landwirtschaft führten zu einer spürbaren Hebung des Lebensstandards der Untertanen. Unter seiner Herrschaft kam es auch zu weiteren Kontakten mit europäischen Handelsmächten, namentlich den Niederlanden und England. Mit seinem Tod 1779 endete die kurze friedliche Epoche: Unter seinen Brüdern und Verwandten brachen Machtkämpfe aus.

Karim Khan Zand freilich war es nicht erspart geblieben, seine Herrschaft gegen innere und äußere Gegner behaupten zu müssen. Unter ihnen waren die turksprachigen Qadscharen, deren Siedlungsgebiete sich in Mazandaran im Nordosten Persiens befanden. Aus den Kämpfen um die Nachfolge Karim Khans ging Agha Muhammad Khan Qadschar als Sieger hervor. Er wurde der Gründer einer Dynastie, mit deren Namen der Eintritt Persiens in die Neuzeit verbunden ist. Nach einem Jahrhundert von Zerfall, gefolgt von kurzlebiger Neugründung der zentralen Staatsmacht begründete Muhammad Khan 1796 eine Dynastie von beachtlicher Dauerhaftigkeit. Unter ihr sollte ein tiefgreifender Wandel von Staat und Gesellschaft einsetzen.

1.3 Afghanistan – ein neuer Staat entsteht

Die Anfänge der Staatlichkeit Afghanistans gehen auf die zweite Hälfte des 18. Jahrhunderts zurück. Freilich, die Erhebung der Ghilzai gegen die Safawiden kann noch nicht als eine Art erster Schritt in Richtung auf die Entstehung eines eigenständigen Staatswesens auf afghanischem Territorium gewertet werden. Dies geschah erst Jahrzehnte später. Durch die Geschichte war das Land am Hindukusch, für das im 19. Jahrhundert die Bezeichnung »Afghanistan« aufkam, abwechselnd der östliche Teil der einander ablösenden Staaten auf dem Boden Persiens, bzw. der westliche Teil zentralasiatischer Reiche oder das nordwestliche Glacis von auf indischem Boden errichteten Herrschaften gewesen. Stets aber befanden sich Teile des Landes in den Händen von mächtigen und selbstständigen Stämmen und Stammesverbänden. Wie auch noch in der Gegenwart bildeten unter ihnen die Paschtunen die größte Gruppe. Die Stammeskonföderationen der Abdali in Südwestafghanistan und der Ghilzai in Südostafghanistan vereinten jeweils mehrere der großen Stämme. Sie sind überwiegend Sunniten, Paschtu ist ihre Sprache. Die zahlenmäßig zweitgrößte Volksgruppe stellten die Tadschiken. Diese Bezeichnung wird bis heute für alle Persisch sprechenden Sunniten und jene Teile der Bevölkerung verwendet, die sich keiner ethnischen Kategorie zuordnen lassen. Weitere größere Gruppen waren die turko-mongolischstämmigen schiitischen Hazara sowie Usbeken, Turkmenen und Belutschen.

Die Kämpfe um die Nachfolge Nadir Schahs und die fortschreitende Schwäche der Mogulherrschaft in Indien ließen in Afghanistan ein politisches Vakuum entstehen. Damit war Raum für eine eigenständige Staatsgründung zwischen Iran, dem indischen Subkontinent und dem Kaleidoskop staatlicher Gebilde in Zentralasien entstanden. Noch im Jahr 1747 wählte die herkömmliche Versammlung paschtunischer Stämme, *loya jirga (dschirga)*, bei Kandahar Ahmad Khan (geb. 1722) zum ersten »König der Afghanen«. Er entstammte dem Zweig der Sado innerhalb der

Stammeskonföderation der Abdali. Unter Nadir Schah hatte er dessen Leibgarde befehligt und sich als Feldherr einen Namen gemacht. Seinen Beinamen, *durr-e daran* (»Perle der Ländereien«), den er während dieser *jirga* erhalten haben soll, soll er eigenmächtig in den Titel *durr-e durran* (»Perle unter Perlen«) umgewandelt haben. Damit habe er seine bescheidene Stellung als *primus inter pares* zum Ausdruck bringen wollen. Aus dieser Selbstbezeichnung sollte sich künftig der Name der ganzen Stammesföderation der Abdali ableiten: Durrani. Die *loya jirga* von 1747 gilt in der nationalafghanischen Geschichtsschreibung als der Beginn des afghanischen Staates. Andere Quellen freilich wissen nichts von einer *loya jirga*, sondern beschreiben die Machtübernahme Ahmad Khans als Ergebnis kühner Machtpolitik.

Ahmad Schah Durranis Herrschaft ist durch eine endlose Folge von Kämpfen und Kriegen gekennzeichnet. Als er 1772 starb, erstreckte sich »afghanisches« Territorium nahezu auf das gesamte Gebiet zwischen dem Amu-Darya und dem Indischen Ozean sowie zwischen Delhi und Nischapur. Er hatte keine verbindliche Regelung seiner Nachfolge getroffen, so dass unter seinen Söhnen ein Kampf um die Nachfolge entbrannte. Auch hinterließ er kein gefestigtes, zentral regiertes Staatswesen; sein »Reich« entsprach einem lockeren Herrschaftsverbund paschtunischer und nichtpaschtunischer Stämme, die er nur indirekt beherrschte. Timur Schah (1748–1793), einer seiner Söhne und sein Nachfolger, konnte das Reich nur notdürftig zusammenhalten. Er verlegte die Hauptstadt nach Kabul. An der Wende zum 19. Jahrhundert bestiegen gleich mehrere Herrscher wiederholt den Thron. Das Durrani-Reich zerfiel in einzelne Machtzentren wie Herat, Kandahar und Peschawar, die Kabul herausforderten.

1823 war die Herrschaft der Sadozai erloschen. An ihrer Stelle etablierte sich eine andere Linie der Durrani-Föderation: die Mohammedzai. Dost Mohammed (geb. 1793), der 1826 Kabul und die angrenzenden Gebiete eroberte, wurde ihr erster Herrscher. Es gelang ihm, die staatliche Gewalt wieder zu stabilisieren; 1834 erhielt er in Kabul den Titel Emir. Dann zogen dunkle Wolken in Gestalt des sich verschärfenden britisch-russischen Gegensatzes über dem Land auf. Davon wird weiter unten zu sprechen sein. Nach dem Scheitern der ersten Invasion der Briten (1839–1842, ► S. 71) übernahm Dost Mohammed 1843 abermals die Herrschaft. In zahlreichen Feldzügen unterwarf er sich Teile »Afghanistans«, die zum Teil seit dem Ende der Sadozai ein politisches Eigenleben geführt hatten. Bei seinem Tode im Jahre 1863 hatte er das Land wiedervereinigt. Erst nach einem Jahrhundert, das über weite Strecken durch äußere Einmischung und innere Machtkämpfe gekennzeichnet sein sollte, wurde der Herrschaft der Durrani 1973 ein Ende bereitet.

1.4 Russlands Eintritt in den Vorderen Orient

Der nordwestliche Rand des Nahen Ostens wird durch den Gebirgszug des Kaukasus markiert. Durch die Geschichte hindurch ist er Schauplatz machtpolitischen Ringens unter den großen Mächten im Vorderen Orient gewesen. Um die Zeitenwende kämpften Römer und Perser dort um die Vorherrschaft. Im 7. Jahrhundert brachten arabische Heere den Islam in einen Raum, in dem sich früh unterschiedliche Ausformungen des Christentums ausgebreitet hatten. Seit dem 11. Jahrhundert begannen seldschukische Türken in die Region einzudringen. Neben Georgiern und Armeniern wurden sie eine – bis in die Gegenwart präsente – dritte die Geschichte des südlichen Kaukasus bestimmende Ethnie. Seit dem 16. Jahrhundert rivalisierten das Osmanische und das Safawidische Reich um die Kontrolle der gebirgigen Region, die zugleich eine Brücke zwischen dem Vorderen Orient und Zentralasien darstellt. Neben dem georgischen Königreich war die politische Landschaft durch zahlreiche meist von muslimischen Kleinfürsten beherrschte »Khanate« gekennzeichnet.

Ende des 18. Jahrhunderts betrat mit Russland eine neue Großmacht die machtpolitische Bühne. Der Friede von Küçük Kaynarca (1774), der den fünften osmanisch-russischen Krieg beendete, hatte die Voraussetzung für die Annektierung der Krim und die Ausweitung der russischen Herrschaft über die nördliche Küste des Schwarzen Meeres unter Katharina II. (reg. 1762–1796) geschaffen. Damit aber war zugleich das Tor zum Kaukasus geöffnet worden. Zwar sollte dieser Raum – namentlich der südliche Kaukasus mit den heutigen Staaten Georgien, Armenien und Aserbaidschan – als solcher mit Blick auf das politische Geschehen im Nahen Osten kaum eine signifikante Rolle spielen, aber mit dem Vordringen Russlands dort wurde er ein Schauplatz, auf dem und über den die zaristische Macht ihren Anspruch anmeldete, ein Mitspieler im Nahen und Mittleren Osten zu sein. Früher als andere europäische Mächte, insbesondere England, Frankreich oder Habsburg, hat Russland, ausgehend von seinen Eroberungen im südlichen Kaukasus, territoriale Ansprüche auf Gebiete des Osmanischen Reichs und Persiens erhoben und durchgesetzt. Und auch unter dem Aspekt der geistig-kulturellen Entwicklung sollte der schrittweise vollzogenen Vereinnahmung der kaukasischen Region durch Russland eine Bedeutung für den angrenzenden Vorderen Orient zukommen: Von den Muslimen im Zarenreich – in Zentralasien und im Kaukasus, namentlich an der Wolga und im multiethnischen und multikulturellen Tiflis (Tbilisi) und Baku – sind Impulse der Modernisierung auf die nahöstliche Nachbarschaft im Osmanischen Reich und in Persien übergesprungen.

Mit der Gründung der Sowjetunion zu Beginn der 1920er Jahre war Moskau mit den Entwicklungen und Problemen im Inneren des sozialistischen Riesenreichs weitgehend absorbiert und seit 1941 auf den Krieg gegen Nazideutschland ausgerichtet. Nach dem Ende des Zweiten Weltkriegs aber begann die Kremlführung, wieder expansionistisch zu denken: Mit Blick auf den Nahen Osten war das gegenüber der Türkei, Iran und in den achtziger Jahren gegenüber Afghanistan der Fall. Die Politik des russischen Präsidenten Vladimir Putin (Beginn seiner ersten Präsidentschaft: 2000) in der Krise um Syrien nach 2011 kann man als Reflex der langen Tradition Russlands als Nahostmacht verstehen. Die Tatsache schließlich, dass die ideologischen Wurzeln nicht weniger Aktivisten der zionistischen Bewegung in linksrevolutionären Vereinigungen im Zarenreich des ausgehenden 19. bzw. frühen 20. Jahrhunderts lagen (dazu gehörten auch Teile Polens und Litauen), hat in Moskau zunächst Erwartungen genährt, den jungen Staat Israel in sowjetische Interessen im Nahen Osten einbinden zu können.

Im Rückblick muss wenigstens beiläufig an die Herrschaft der mongolischen *Goldenen Horde* seit 1237 erinnert werden, deren Territorium mit der Hauptstadt

Sarai an der unteren Wolga große Teile der südrussischen Steppe umfasste, deren Bevölkerung, namentlich der türkisch-tatarische Teil, sich zur islamischen Religion bekannte. Das Khanat, dem auch das Großfürstentum Moskau tributpflichtig war, hatte fast zweieinhalb Jahrhunderte Bestand. Im Verlauf des 15. Jahrhunderts spalteten sich die Khanate Kazan (1438), Krim (1441) und Astrachan (1485) von der Goldenen Horde ab. Diese selbst fand erst 1502 ihr definitives Ende. Die Eroberung von Kazan an der mittleren Wolga 1552 durch Ivan IV. (»der Schreckliche«, rus. *grozny*, 1530–1584) besiegelte die Unterwerfung des Khanats der Tataren unter die Herrschaft des Moskauer Reichs.

Mit Peter dem Großen (1672–1725) wurde der Zugang zum Kaspischen und Schwarzen Meer Ziel russischer Expansionspolitik. Dabei ging es zunächst vornehmlich um Handelsinteressen: Der Zar suchte eine Landverbindung zum indischen Subkontinent. Nach Lage der Dinge bedeutete das, dass Russland zunehmend in Gebiete vordrang, die zum Teil islamisch geprägt waren. Vor allem die westlich und nördlich an das Schwarze Meer angrenzenden Gebiete standen in teils engerer teils lockerer Anbindung an das Osmanische Reich. In den Gebieten östlich des Schwarzen Meeres und im Kaukasus rivalisierte das Zarenreich mit den Staatsbildungen auf persischem Boden. Die Eingliederung muslimischer Territorien im Zuge des Vordringens in Richtung auf das Schwarze Meer musste Russland mithin früher oder später in offenen Konflikt mit den muslimischen Herrschern bringen. Die erste Etappe auf dem Weg Russlands zum Schwarzen Meer war die osmanische Festung Asow: Zar Peter eroberte sie 1696. Seit 1714 wurden wiederholt Expeditionen, Gesandtschaften oder als Handelsreisen getarnte Erkundungsfahrten in den Raum des Kaspischen Meeres und nach Zentralasien unternommen. 1717 kam ein Handelsvertrag mit dem – noch safawidischen – Persien zustande. Nach Beendigung des Nordischen Krieges (1721) wurden diese ersten kommerziellen Kontakte militärisch ausgebaut und gefestigt. Dabei profitierte der Zar von den Turbulenzen im Gefolge des Endes der Safawiden-Herrschaft. Derbent fiel im August 1722; gegen Ende des Jahres wurde die Provinz Gilan besetzt, im Juli 1723 Baku erobert. In einem Vertrag, den der persische Unterhändler im September 1723 mit der russischen Regierung in St. Petersburg abschloss, wurden Derbent, Baku und die am südlichen Ufer des Kaspischen Meeres gelegenen Provinzen Gilan, Mazandaran und Astarabad Russland zugesprochen. Letztere war der Stammsitz der turkmenischen Qoyunlu, aus deren Mitte gegen Ende des Jahrhunderts die Dynastie der Qadscharen hervorgehen sollte (► S. 58). Einer weiteren Ausdehnung der russischen Macht stand bis auf Weiteres noch das Osmanische Reich entgegen. Tatsächlich hatte Russland seine Kräfte überdehnt. Der gleichzeitige Kampf gegen den osmanischen Einfluss und das unter Nadir Schah wiedererstarkte Persien überforderte die russischen Ressourcen. 1735 gab Russland die Eroberungen in Persien auf. Bis zum Ende des Jahrhunderts sollte das linke Ufer des Flusses Terek, genauer: die befestigte Linie nördlich des Kaukasus und der beiden Kabardeien, die russische Südgrenze in der Kaukasusregion bilden.

Unter Katharina II. erlebten die Expansionspläne eine Neuauflage. Bereits ein Jahr nach ihrer Thronbesteigung wurde die Festung Mozdok errichtet und die »Kaukasische Linie« durch neue Kosakensiedlungen erweitert. Der damit beschleunigte Prozess der Siedlungskolonisation im Nordkaukasus schuf zugleich Ausgangspunkte für zukünftige Expansionen und militärische Machtausübung in Kaukasien. Eine weitere Folge war der Krieg gegen die Osmanen von 1768–1774, in dessen Verlauf russische Truppen in Richtung Tiflis vorstießen. In dem bereits genannten Friedensvertrag von Küçük Kaynarca wurde der Fluss Kuban als Grenze zwischen Osmanischem und Russischem Reich festgelegt und das Krimkhanat – als wichtigster Verbündeter der Osmanen in der Region – russischer Herrschaft einverleibt. Dann stagnierte die Expansion. Nunmehr waren es wiederum die Perser, die den Druck auf Georgien erhöhten, was König Irakli II. (reg. 1744–1798, Kartli und Kachetien) bewog, sich unter russischen Schutz zu stellen. Im Vertrag von Georgievsk von 1783 verpflichtete er sich, das russische Protektorat anzuerkennen und seine Streitkräfte in den Dienst des Russischen Reichs zu stellen. Russland garantierte die territoriale Integrität des georgischen Königreichs und versprach militärische und politische Hilfe gegen Bedrohungen von außen. Der Vertrag garantierte zugleich den königlichen Status der georgischen Bagratiden-Dynastie.

In der Folgezeit kam Russland seinen Verpflichtungen nicht nach. Im November 1783 marschierten zwar zwei russische Bataillone mit vier Kanonen in Tiflis ein, aber damit waren weder der Schutz der Stadt noch die russischen Ansprüche abgesichert. Und Russland stand abseits, als qadscharische Truppen unter Agha Muhammad Khan im Mai 1795 Tiflis stürmten und die Stadt fast völlig zerstörten. St. Petersburg reagierte mit einer Kriegserklärung, doch der Tod Katharinas und der Machtantritt Pauls I. (reg. 1796–1801) im November 1796 unterbrachen den Feldzug. Über die Winkelzüge Fath Ali Schahs im Zusammenhang mit der von Napoleon vom Zaun gebrochenen internationalen Krise wird unten gesprochen (► S. 61). Die Aktivierung der russischen Außenpolitik in diesem Zusammenhang sollte sich auch in den südlichen Regionen Kaukasiens auswirken: Am 18. Januar 1801 unterzeichnete Zar Paul I. das »Manifest zur Errichtung der russischen Herrschaft über das georgische Königtum«. Sein Tod am 12. März 1801 führte zunächst zu neuen Diskussionen über die weitere Vorgehensweise. Nach einigem Zögern bekräftigte Alexander I. (1801–1825) am 12. September 1801 in Moskau die Entscheidung seines Vorgängers, Ostgeorgien zu annektieren. Es wurde russisches Gouvernement; 1811 erlosch die Königsherrschaft in Georgien. Giorgi XII. war der letzte König.

Ausgehend von dort, erfolgte in den nächsten zweieinhalb Jahrzehnten die systematische Unterwerfung und Eingliederung südkaukasischer Gebiete. Im Laufe des 1804 ausbrechenden russisch-persischen Krieges verlor der Schah eine Reihe der Khanate auf dem Boden des heutigen Aserbaidschan sowie weitere Gebiete Georgiens: Im Friedensvertrag von Gulistan vom Oktober 1813 musste er die Zugehörigkeit der Gebiete von Karabach, Gändschä, Schäki, Schirvan, Derbent, Quba, Baku, Talysch, Dagestan, Imeretien, Gurien, Mingrelien und Abchasien zum russischen Reich anerkennen. Die Bemühungen des Schahs, die verlorenen Gebiete zurückzuerobern, verliefen kontraproduktiv: Im zweiten russisch-persischen Krieg von 1826 bis 1828 folgte die Eingliederung der Khanate Eriwan und Nachitschewan. Im Vertrag von Turkmentschai im Februar 1828 musste Persien seiner Ansprüche auf alle Gebiete nördlich des Aras entsagen. Tiflis war der Sitz der kaukasischen Statthalterschaft und das kulturelle Zentrum des Südkaukasus.

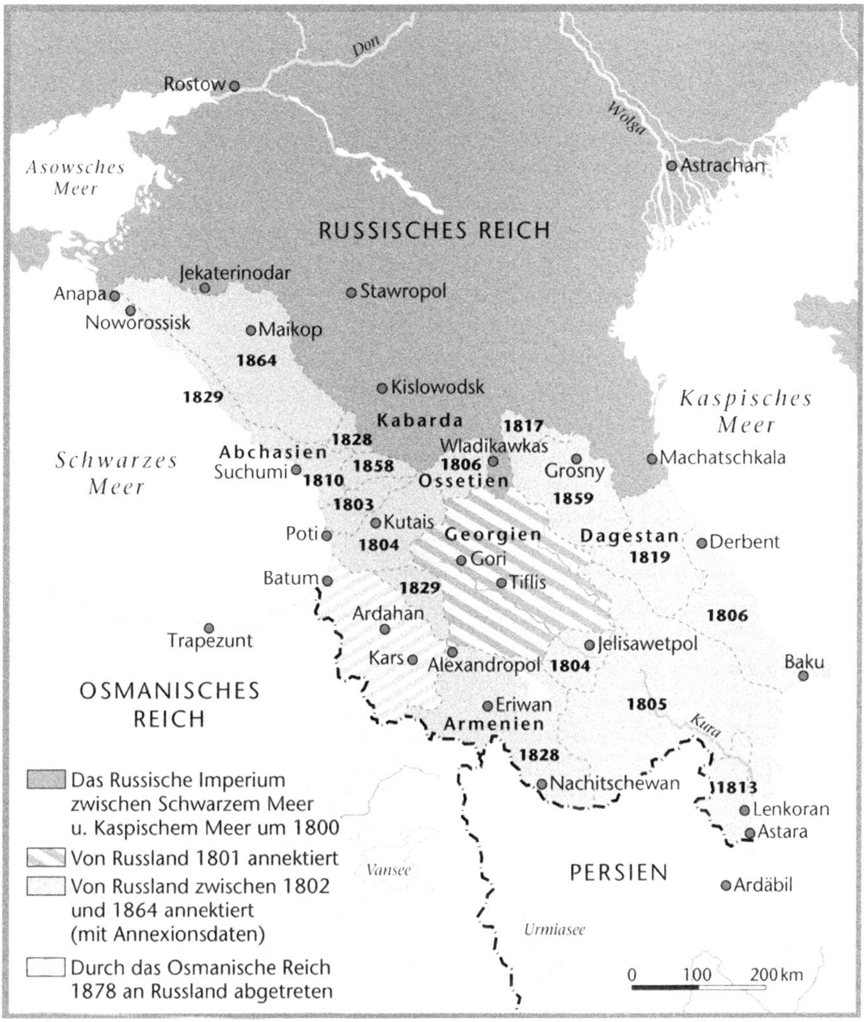

Abb. 2: Die russische Expansion im Kaukasus 1800–1864.

Die flächendeckende Beherrschung der transkaukasischen Gebiete machte schließlich auch die Unterwerfung des nördlichen Kaukasus und seines Vorlandes unumgänglich. Hatte man ursprünglich lediglich die Verbindung zwischen Tiflis und Russland in Gestalt der Georgischen Heerstraße, welche Ende des 18. Jahrhunderts gebaut worden war, sichern wollen, so begann 1817 die Unterwerfung der Völker des nördlichen Kaukasus zwischen dem Kaspischen und dem Schwarzen Meer. Sie sollte erst nach einem halben Jahrhundert zahlloser Feldzüge und einzelner militärischer Operationen abgeschlossen werden. Hintergrund des zähen Widerstands gegen die zahlen- und ausrüstungsmäßig überlegene russische Armee war die Tatsache, dass es zeitweise gelang, die ethnisch und sprachlich zersplitterten Bergvölker (rus. *gorzy*) zu gemeinsamem Handeln zusammenzuführen. Die »ideologische« Grundlage der Gemeinsamkeit war eine politisch und religiös militante Variante des *sufischen* Islam, wie er in den Gemeinschaften der *Naqschbandiyya* und *Qadiriyya* gepflegt wurde. Die *Muriden*, d. h. die »Eingeweihten«, sahen sich als verschworene Gemeinschaft jenseits der sie trennenden Unterschiede. Die gemeinsamen militärischen Operationen verstanden sie als *ghazawat*, als (islamische) Kriegszüge.

Unter den Führern ragt – neben anderen – Imam Schamil hervor. 1797 als Angehöriger des Stammes der Awaren in Dagestan geboren, hatte er eine herkömmliche islamisch-religiöse Ausbildung genossen. 1834 wurde er zum Imam unter den dagestanischen *Muriden* gewählt. Nach einer Reihe militärischer Erfolge begann er um 1840 mit dem Aufbau eines regelrechten Staatswesens, um dem Widerstand eine festere Grundlage zu geben. Das *Kaukasische Imamat* erhielt ein stehendes Heer, ein Postwesen, eine Steuerverwaltung und ein eigenes islamisches Gerichtswesen. Mit der Vernichtung eines gegen ihn entsandten großen russischen Heeres erlebte er 1845 den Höhepunkt seiner Macht. Dann sank sein Stern, nicht zuletzt auch deshalb, da Russland nach dem Ende des Krimkrieges (1853–1856) seine militärische Präsenz im Kaukasus stärken konnte. Im August 1859 ergab er sich einer russischen Übermacht. Nach Kaluga verbannt, unternahm er 1870 eine Pilgerreise nach Mekka und starb im März 1871 in der Nähe von Medina.

Nach dem Sieg über Schamil konnten die militärischen Anstrengungen im Nordwesten des Kaukasus verstärkt werden. Dort leisteten die Tscherkessen, Abchasen und andere kleinere Völker – außerhalb der muridischen religiös-politischen Struktur – weiterhin Widerstand. Hier nahm ein Krieg der verbrannten Erde besondere Grausamkeit an. 1860 fasste die russische Führung den Plan, einen Teil der Bevölkerung nach Kriegsende umzusiedeln bzw. ins Osmanische Reich zu vertreiben. Die Schätzung der von der Vertreibung Betroffenen schwankt stark: Die Zahlen liegen zwischen 500 000 und 1,5 Mio. Menschen, die in Anatolien, Syrien, Palästina, Ägypten, im Irak und anderswo angesiedelt wurden. Nach 1991 wurde der 21. Mai zum Gedenktag an die Vertreibungen: An diesem Tag des Jahres 1864 – nach dem alten julianischen Kalender – wurde der Krieg offiziell als beendet erklärt.

Zeitgleich mit den Kriegen im nördlichen Kaukasus vollzog sich die Expansion Russlands in Zentralasien. Ende des 19. Jahrhunderts hatte das Zarenreich eine gemeinsame Grenze mit dem gesamten Nahen und Mittleren Osten – von der Westküste des Schwarzen Meeres bis zur Nordostgrenze Afghanistans. Weiter nach Westen hin übte es zeitgleich – beginnend mit dem Freiheitskampf der Griechen in den zwanziger Jahren des 19. Jahrhunderts – einen erheblichen Einfluss auf das Streben der ethnisch slawischen bzw. religiös christlich-orthodoxen Völker auf dem Balkan nach Unabhängigkeit aus. Die Tatsache schließlich, dass Moskau seit dem 18. Jahrhundert die Rolle einer Schutzmacht der orthodoxen Christen reklamierte, ließ den Arm des Zaren bis tief in die arabischen Kerngebiete des Osmanischen Reichs hineinreichen. So war Russland im doppelten Sinn eine Nahostmacht geworden: Zum einen spielte es im Konzert der Großmächte einen gewichtigen Part, wenn es um Gebietsansprüche gegenüber den Nahostmächten bzw. um die Aufteilung politischer Einflusssphären ging. Zum anderen hat Moskau auch mit Blick auf innenpolitische Entwicklungen im Osmanischen Reich, in Iran und Afghanistan erheblichen Einfluss genommen. Bereits Mitte des 16. Jahrhunderts wurde mit den

Tataren ein muslimisches Volk in den russischen Staat aufgenommen. Mit den Eroberungen in Zentralasien und im Kaukasus verstärkte sich der Anteil der Muslime an der Gesamtbevölkerung des Zarenreichs. Der Prozess der Integration in die russische Gesellschaft, die weithin europäische Züge aufwies, beflügelte die Diskussion um die Modernisierung des Islams insgesamt. Diese wiederum strahlte auf die Muslime im Nahen Osten aus (► S. 132). Eine besondere Nähe zwischen Russland und der muslimischen Nachbarschaft ergab sich im südlichen Kaukasus. Die geistige Elite unter den aserbaidschanischen Türken (sowie Georgiern und Armeniern), die seit Beginn des 19. Jahrhunderts in Russland vereinnahmt wurden, nahm an den Bestrebungen um die Modernisierung Russlands in der zweiten Hälfte des Jahrhunderts teil. Dies blieb nicht ohne Auswirkungen auf die Elite in dem Teil Aserbaidschans, der zu Iran gehörte. Tiflis im Südkaukasus und Täbris in Persien wurden Zentren kultureller und politischer Kommunikation, deren Resonanz auch noch unter den türkischen Eliten in Konstantinopel feststellbar war. Das ist der Grund, weshalb der Kaukasus in die vorliegende Darstellung des Vorderen Orient aufgenommen worden ist.

2 Zwischen Diktat und Erneuerung – die europäische Herausforderung

Vorstehende Ausführungen haben den Nahen Osten geographisch und historisch abgesteckt, wie er sich an der Wende des 18. zum 19. Jahrhundert darstellte und Gegenstand dieses Buches ist. (Die Gebiete Nordafrikas waren zu dieser Zeit bis auf Marokko Teil des Osmanischen Reichs.) Mit der Herausforderung durch den europäischen Imperialismus konfrontiert, begann für den Raum zwischen dem Atlantischen Ozean und dem Hindukusch, dem Kaukasus/Zentralasien und dem Sudan ein neuer historischer Abschnitt. Die überkommenen politischen Ordnungen sollten ebenso unter den Druck des Wandels geraten wie die gesellschaftlichen Strukturen, die Lebensstile und kulturellen Identitäten der Menschen.

Im weitesten und allgemeinsten Sinn war die »orientalische Frage« gestellt. Diese aber war eine Frage aufseiten der europäischen Mächte – und darin sollte bis weit ins 20. Jahrhundert das Problem liegen: Wer würde vom Zerfall des Osmanischen Reichs und der Schwäche der übrigen politischen Ordnungen profitieren? Die Entwicklungen im Vorderen Orient würden weithin durch Konstellationen von Machtinteressen bestimmt werden, die außerhalb desselben lagen. Über die Jahrhunderte hatten zahllose Kontakte friedlicher und kriegerischer, politischer, wirtschaftlicher und kultureller Natur zwischen »Europa« und seiner islamisch geprägten engeren und weiteren Nachbarschaft bestanden. Reisende hatten die Kunde von Mächten, Menschen, Sitten und Gebräuchen mitgeteilt, die in Europa mit Staunen aufgenommen worden waren. Entdecker hatten bislang unbekannte Räume in den Orbit europäischer wirtschaftlicher und politischer Interessen gebracht. Im Raum zwischen Ostasien und dem Mittelmeer waren die Handelsverbindungen, die von Portugiesen, Spaniern, Holländern, Franzosen und Engländern geknüpft worden waren, durch Niederlassungen und Stützpunkte gefestigt worden. Aber im Verlauf des 18. Jahrhunderts hatte sich die Qualität der Kontakte und Beziehungen zwischen Asien und Europa zu verändern begonnen. Mehr und mehr wurden aus Kontakten auf Augenhöhe politische Überwältigung und wirtschaftliche Ausbeutung. Einem imperialistischen Design folgend, wurden Handels- und Wirtschaftsinteressen zunehmend militärisch abgestützt, drangen europäische Armeen ins Innere asiatischer Länder vor und richteten eigenständige Verwaltungen ein. Mit dem nüchternen, von Interessen geleiteten Kalkül ging – ein Nebenschauplatz der Aufklärung in Europa – die »Entzauberung Asiens«[8] einher.

Das Vordringen der britischen *Ostindien Kompanie* (*British East India Company*) auf dem indischen Subkontinent in der zweiten Hälfte des 18. Jahrhunderts sollte für den Nahen und Mittleren Osten unmittelbare Bedeutung haben. Bereits im 17. Jahrhundert hatte sie im Südosten und in Bengalen Handelsniederlassungen errichtet. Der Zerfall des Mogulreichs und das Entstehen zahlreicher kleinerer und größerer unabhängiger Herrschaften im 18. Jahrhundert erleichterten es, die lokalen Machthaber gegeneinander auszuspielen und britischem Einfluss zu unterwerfen. Das bedeutete nicht zuletzt die Einführung eines eigenen Steuer- und die Durchsetzung des britischen Rechtssystems. Auch griff die Company militärisch in die bewaffneten Konflikte ein. 1803 kam Delhi unter britische Oberhoheit und bis zum Ausbruch des »großen Aufstands« (*great mutiny*) gegen die britische Herrschaft, der 1857/58 weite Teile des Nordens Indiens erfasste, waren die Briten bis an jene natürlichen Grenzen des Subkontinents vorgestoßen, die seit 1947 Pakistan von Afghanistan trennen sollten. Nach der Niederschlagung des Aufstands wurde Indien der britischen Krone unterstellt. Damit erlosch das Mogulreich auch formal und Großbritannien übte nunmehr über große Teile des Subkontinents eine direkte Herrschaft aus; 1876 wurde Königin Victoria (1819–1901) zur »Kaiserin von Indien« ausgerufen. *Viceroy* war nunmehr der offizielle Titel des *Generalgouverneurs* mit Sitz in Kalkutta. Die britische Expansion in Südasien und das Vorstoßen Russlands in Zentralasien mündete in der zweiten Hälfte des 19. Jahrhunderts in das *great game*, in das Iran verstrickt und das bestimmend für die Entstehung Afghanistans werden sollte. Auf britischer Seite ging es in dem »Spiel« wesentlich darum, eine geopolitische Barriere gegen einen Vorstoß Russlands auf den indischen Subkontinent zu errichten.

Im geopolitischen Denken und Handeln der europäischen Mächte hatten das Mittelmeer und der Raum des Osmanischen Reichs, Persiens, des Kaukasus, Zentralasiens und Afghanistans einen hohen Stellenwert. Besondere strategische Brennpunkte waren die Meerengen von Bosporus und Dardanellen sowie der Suezkanal, der 1869 eröffnet wurde. Die Kontrolle Russlands über die türkischen Meerengen und dessen ungehinderter Zugang vom Schwarzen ins Mittelmeer würden die Machtverhältnisse im Mittelmeerraum zu Lasten Englands und Frankreichs, aber auch – mit Blick auf den Balkan – Österreichs verändern. Des Weiteren war die Kontrolle des Suezkanals für England mit Blick auf seine südasiatischen Besitzungen und fernöstlichen Handelsbeziehungen von essentieller Bedeutung. Der Erwerb Zyperns durch England im Jahr 1878 machte die Insel zu dessen militärischem Vorposten am Rande des Osmanischen Reichs. Eine von England dominierte Landbrücke zwischen dem Mittelmeer und dem indischen Subkontinent beflügelte die Phantasie der Politiker in London. Zugleich waren Persien und Afghanistan die Fortsetzung der geopolitischen Räume Zentralasiens und Nordwestindiens, in denen Russland und England im *great game* um Machtstellung und Territorien rivalisierten. Eifersüchtig wachten die beiden Mächte darüber, dass politischer und wirtschaftlicher Einfluss zwischen dem Mittelmeer und dem Indus-Tal nicht einseitig zum Vorteil des jeweils anderen gereichten.

Mit der Industrialisierung in Europa zu Beginn des 19. Jahrhunderts stieg die Dringlichkeit der Suche sowohl nach Rohstoffen als auch nach Absatzmärkten für europäische industrielle Produkte. Baumwolle, Rohseide sowie andere agrarische Erzeugnisse ließen die begehrlichen Blicke vor allem Englands, Frankreichs und Italiens auf Ägypten, die Levante und Nordafrika fallen. Vor diesem Hintergrund galt es, politische Rahmenbedingungen zu schaffen, die europäischen Produkten einen privilegierten Zugang zu den Märkten in der nah- und mittelöstlichen Nachbarschaft gewährleisten würden. Neben direkter und indirekter politischer und militärischer Einmischung war die wachsende Präsenz von Beratern in Verwaltung, Militärwesen und Wirtschaft ein Instrument, den Vorrang europäischer Interessen sicherzustellen. Außer Industrieprodukten und Handelswaren boten sich die Herrscher im Raum des Osmanischen Reichs auch als »Partner« für lukrative Banken- und Kapitalgeschäfte an. Damit aber war diesen eine Falle gestellt: Denn zunehmend gerieten sie in wirtschaftliche und politische Abhängigkeit, mit der eine wachsende finanzielle Verschuldung einherging. Ein Weg war beschritten, an dessen Ende die Kontrolle des gesamten Finanzwesens der Regierungen durch europäische Hauptstädte stehen sollte. Im Falle Algeriens im 19. und im 20. Jahrhundert sowie Libyens nach dem Ersten Weltkrieg wurden ganze Staaten siedlerkolonialistisch vereinnahmt. Algerien, dessen militärische Unterwerfung 1830 begonnen hatte, wurde 1848 zum französischen Staatsgebiet und die Provinzen Oran, Algier und Constantine zu *Départements* erklärt. Italien ging nicht ganz so weit; 1934 aber erklärte die faschistische Regierung in Rom Libyen zur Kolonie und zur »vierten Küste« (*quarta sponda*) Italiens. Auch der Unterstützung der zionistischen Bewegung durch England nach dem Ersten Weltkrieg lag – neben anderen – das geopolitische Interesse zugrunde, die Landbrücke zwischen dem Mittelmeer und dem indischen Subkontinent durch einen von Großbritannien abhängigen Stützpunkt abzusichern.

Die kolonialistischen Eliten Europas haben nicht versäumt, die zunehmende Einflussnahme zwischen Atlantik und Hindukusch (um nur bei dem hier zur Diskussion stehenden Raum zu bleiben) propagandistisch zu verbrämen. Es handle sich um eine »Mission«, eine selbstauferlegte Verpflichtung, so lautete der kolonialistische Diskurs weithin unter den europäischen Kolonialmächten. Diese *mission civilisatrice* würde unterentwickelten, politisch und kulturell zurückgebliebenen Völkern die Errungenschaften von – europäischem – Fortschritt und Aufklärung bringen. Im Extrem müssten überkommene, diesem »Fortschritt« entgegenstehende Traditionen abgeschafft, zumindest aber »modernisiert« werden. Wenn der Aktionismus der »Mission« auch nicht ausschließlich auf den von der islamischen Kultur geprägten Raum beschränkt war, so stand dieser doch ganz besonders im Fokus. Es entstand ein politischer und kultureller Anpassungsdruck, der das Verhalten der islamischen Gesellschaften und ihrer Eliten bis in die Gegenwart bestimmt.

Das Ende des Ersten Weltkriegs schien die Chance eines Neubeginns unter dem Banner der Selbstbestimmung der Völker zu eröffnen. Aber noch immer waren die europäischen Mächte vom Dünkel ihrer Überlegenheit verblendet und nicht bereit, ihre Beziehungen zu den Völkern im Nahen und Mittleren Osten auf eine neue Grundlage zu stellen. Die Wahnvorstellung von ihrer »Mission«, geleitet von ihren politischen und wirtschaftlichen Interessen, ließ sie ein System von »Mandaten« errichten, über das sie die Völker in die Zivilisation zu führen vorgaben. Das hat deren Entwicklung über die folgenden Jahrzehnte blockiert. Die neuen Eliten, die nach dem Ende des Zweiten Weltkriegs die Führung der Staaten und Gesellschaften in den ehemaligen Mandaten und Protektoraten in Nordafrika und im Vorderen Orient übernahmen, haben deshalb Wege beschritten, die auf die Loslösung von den, ja auf die Herausforderung der Paradigmen westlicher politischer, gesellschaftlicher, wirtschaftlicher und kultureller Entwicklung gerichtet waren. Dabei verloren sie freilich bald das Ziel der Wohlfahrt der Bürger ihrer Gesellschaften aus den Augen; sie verfingen sich in machtpolitischem Ehrgeiz sowie dem Streben nach persönlichem wirtschaftlichem Gewinn. So geriet der ganze Raum zwischen Nordafrika und Afghanistan in eine umfassende, von politischen Konflikten, weltanschaulicher Radikalität, sozialer und wirtschaftlicher Verelendung und schließlich von Flüchtlingsströmen gekennzeichnete Krise.

2.1 Fürsorgliche Vereinnahmung

Ein Graben war aufgerissen: zwischen der als überlegen propagierten europäischen Kultur, die durchaus auch nicht selten als »christlich« konnotiert wurde, auf der einen und der als rückständig herabgestuften Zivilisation, deren Unterlegenheit angeblich in einem als »mittelalterlich« abgewerteten Islam gründete, auf der anderen Seite. Europas Verantwortung würde es sein, Licht in den dunklen Teil der Menschheit zu bringen, die Last der Zivilisierung auf sich zu nehmen. »Take up the White Man's burden ...«, wie es in einem 1899 verfassten berühmten Gedicht von Rudyard Kipling (1865–1936) heißt. Und sein Zeitgenosse Evelyn Baring (1841–1917), der erste Generalkonsul in Kairo nach der Besetzung Ägyptens durch britische Truppen im Jahr 1882, verwehrte sich in seinem zweibändigen Bericht[9] gegen den Vorwurf, der »Englishman« sei als Eroberer gekommen: »He came not as a conqueror, but in the familiar garb of a saviour of society.« Das Werk Lord Cromers ist der Bericht einer »Rettungsaktion«. Und so bilanziert er nach einem Vierteljahrhundert seines Wirkens in Ägypten im letzten Absatz seiner Ausführungen:

> »Where once the seeds of true Western civilisation have taken root so deeply as is now the case in Egypt, no retrograde forces, however malignant they may be, will in the end be able to check germination and ultimate growth. The seeds which Ismail Pasha and his predecessors planted produced little but rank weeds. The seeds which have now been planted are those of true civilisation. They will assuredly bring forth fruit in due season. Interested antagonism, ignorance, religious prejudice, and all the forces which cluster round an archaic and corrupt social system, may do their worst. They will not succeed. We have dealt a blow to the forces of reaction in Egypt from which they can never recover, and from which, if England does her duty towards herself, towards the Egyptian people, and towards the civilised world, they will never have a chance of recovering.«

Ein Jahrhundert später liest der Leser diese Zeilen mit Fassungslosigkeit; ihm stellt sich eine ganz andere Wirklichkeit dar. Ja, die britische Verwaltung hatte Ägypten Fortschritte gebracht: auf dem Gebiet der Wirtschaft, aber auch der Entfaltung eines pluralistischen Spektrums von politischen und gesellschaftlichen Ideen sowie neuen Impulsen kultureller Kreativität. Welche Wege aber haben das Land und mit ihm weite Teile des Nahen Ostens in die Wirrnisse, ja das Chaos seit Beginn des 21. Jahrhunderts geführt? Vieleicht ging es den Briten und den anderen europäischen Kolonialmächten gar nicht um eine »zivilisatorische Mission«; vielleicht war die »true Western civilisation« nur ein Feigenblatt, das die Blöße der machtpolitischen und wirtschaftlichen Interessen bedecken sollte. Dieser Verdacht erscheint nach der Lektüre der Widmung Lord George N. Curzons, die er seinem 1892 erschienenen Buch über Persien und die persische Frage voranstellt, nicht unbegründet:

»To / The Officials, Civil and Military in India / Whose hands uphold / The noblest fabric yet heard / by the genius of a conquering nation / I dedicate this work / The unworthy tribute of the pen to a cause / which by justice or with the sword / it is their high mission to defend / But whose ultimate safegard is the spirit / of the British people«.[10]

Lord Curzon war u. a. als Vizekönig von Indien (1899–1905) und britischer Außenminister (1919–1924, d. h. in den für die Weichenstellungen im Nahen Osten entscheidenden Jahren) eine der einflussreichsten Persönlichkeiten in London, welche die britische koloniale und imperiale Politik der Zeit bestimmten.

Auch Deutschland kann von der Attitude dieses »fürsorglichen« Kolonialismus nicht freigesprochen werden. Carl Heinrich Becker (1876–1933) gilt als der Begründer der Islamwissenschaft in Deutschland. Mit der Gründung des Hamburger Kolonialinstituts im Jahre 1908 wurde er auf einen Lehrstuhl für das Studium des modernen Islams berufen. In den folgenden Jahren entstanden die meisten seiner – insbesondere auf Afrika als Schwerpunkt kolonialistischer Politik des Deutschen Reichs nach 1871 bezogenen – kolonialpolitischen Beiträge. Nach dem Krieg wurde er unter verschiedenen Reichskanzlern Kultusminister. Die »Zivilisierung« der kolonisierten Völker könne den Kolonialismus rechtfertigen und sei »Auftrag« der weißen Kolonialherren. Hauptsache sei, dass »die Zivilisation vordringt, und das ist doch schließlich die moralische Rechtfertigung der Kolonisation«.[11] Diese gebe schließlich »in kulturellen und materiellen Werten, die sie den Einheimischen bringt, einen moralischen Ersatz für das, was sie ihnen nimmt«. Und endlich sei die Kolonisation geradezu eine moralische Verpflichtung der Europäer, die sich »nach manchen Irrgängen des Idealismus ohne Selbstüberhebung ihrer Überlegenheit bewusst geworden [sind], die sie zu Vormündern und Erziehern der niederen Rassen prädestiniert«. Die »Islampolitik« sei für das Deutsche Reich das geeignete Mittel, seine Interessen in seinen von Muslimen bewohnten Kolonialgebieten durchzusetzen.

Noch das Mandatssystem, in dessen Rahmen die europäischen Mächte nach dem Ende des Ersten Weltkriegs die nationalistischen Bestrebungen der arabischen Völker ins Leere laufen ließen, war durch das Argument gerechtfertigt, diese gleichsam an die Hand nehmen und sie zu politischer Mündigkeit führen zu müssen (► S. 166). Ja, noch im Februar 2005 verabschiedete die französische Nationalversammlung ein Gesetz, in dem in Artikel vier festgehalten wurde, dass die Schulbücher künftig die positive Rolle Frankreichs in den Kolonien erwähnen müssen. Erst nach massiven Protesten in Frankreich selbst sowie aus den nordafrikanischen Ländern wurde dieser Artikel 2007 aus dem Gesetz gestrichen.

Neben der politischen hatte die Wahrnehmung des islamischen Orients in Europa auch eine kulturelle Dimension. Sie wird heute weithin als »Orientalismus« bezeichnet. Der »Orient« wird zum Raum einer gleichsam alternativen Lebensform; zum Raum einer Zuflucht für Menschen, die eine Auszeit aus der politischen, geistig-kulturellen, wissenschaftlich-technischen Wirklichkeit ihrer europäischen Gesellschaften suchen. Sie verschreiben sich einer »orientalischen« Lebensweise, die als antirationalistisch emotional und dumpf geheimnisvoll wahrgenommen wird. Gefühle, nicht zuletzt erotischer Natur werden ausgelebt. Der Europäer gibt sich Empfindungen, ja Ausschweifungen hin, die zu hegen, ja öffentlich zu machen in seinem heimischen Ambiente nicht mehr statthaft ist. Schon Goethe hatte sich –

freilich noch auf seine klassisch-luzide Art – in seinem 1819 erschienenen »West-Östlicher Diwan« auf eine »Hegire« begeben. Im ersten Gedicht dieser Sammlung spielt er damit auf die Auswanderung des Propheten Muhammad von Mekka nach Medina im Jahr 622 (arab. *hidschra*) an. »Nord und West und Süd zersplittern,/ Throne bersten, Reiche zittern,/ Flüchte du, im reinen Osten/ Patriarchenluft zu kosten«. Die folgenden Jahrzehnte des 19. Jahrhunderts sehen einen Strom von Malern und Fotographen, Dichtern und Literaten (namentlich Reiseschriftstellern), Intellektuellen und Forschern, die sich als Reisende in den »Orient« begeben. Sie haben auf ihren jeweiligen Gebieten zahllose Zeugnisse davon abgelegt. Die Welt des Orients fasziniert durch die Spuren des Zerfalls und zivilisatorische Rückständigkeit. Insbesondere die Malerei schwelgt in immer neuen Variationen der Schwüle des Harems.

In einem Buch, das bei seinem Erscheinen 1978 hohe Wellen nicht nur in der Fachwelt der Nahostexperten schlug, hat Edward Said (1935–2003) den kulturellen »Orientalismus« in die politische Dimension der europäischen Kolonisierung des islamischen Raumes gerückt.[12] Die zentrale These des Buches: »Orientalism. Western Conceptions of the Orient«, besagt, der »Westen« habe den »Orient« mithilfe seiner wissenschaftlichen, künstlerischen und theologischen »Orientalisten« vereinnahmt und erfunden, um vor dieser Folie die eigene Überlegenheit und Rationalität sowie den Anspruch auf weltweite kulturelle und politische Dominanz zu untermauern. »Orientalismus« versteht Said als ein kulturspezifisches System der Machtausübung. Der so geschaffene europäische Orient sei durch westliche Wissenschaft und Kunst in einer Weise bewahrheitet worden, dass er zwanghaft den »Orientalen« habe auferlegt werden können. So sei der Orient orientalisiert worden.

Die Dichotomie von Orient und Okzident sieht er tief in der Geschichte Europas verankert. Dementsprechend öffnet Said einen langen Rückblick, der ihn bis zu den Griechen des 5. Jahrhunderts vor Christus zurückführt: Die Vernichtung der Perser durch die Griechen wird bei dem Dramatiker Aischylos (525–456 v. Chr.) und dem Historiker Herodot (etwa 490–420 v. Chr.) als Strafe für die Überschreitung des Bosporus, der gottgesetzten Grenze zwischen Europa und Asien, verstanden. Im Zeitalter des Kolonialismus wird das unüberbrückbare Nebeneinander von Orient und Okzident von dem englischen Dichter Rudyard Kipling (1865–1936) bestätigt: »Oh, East is East, and West is West, and never the twain shall meet«, heißt es in seinem 1889 erschienenen Gedicht »The Ballad of East and West«. Die Orientalisierung des Orients aber ist nicht nur ein Produkt der Imagination; vielmehr ist die Beziehung zwischen Okzident und Orient auf Macht, Herrschaft und Hegemonie gegründet. Essentialistische Vorstellungen über den Orient gerinnen zu Sinnlichkeit, despotischer Machtausübung, abartiger geistiger Verfasstheit, Realitätsverweigerung und zivilisatorischer Rückständigkeit. So bereitet »Orientalismus« als Gemisch von Ideen, Vorstellungen, Klischees und Lerninhalten gleichsam den Boden und die Rechtfertigung für imperialistische Machtausübung. In dem Maße, in dem sich handfeste politische sowie handels- und finanzpolitische Interessen auf den Orient richteten, deckten sich die Erkenntnisse der Wissenschaft bzw. die Beschreibungen der Reisenden mit dem, was die Politiker für ratsam und angemessen hielten. Auf dem Höhepunkt des britischen Zugriffs auf den Orient, d. h. während des Ersten Weltkriegs und unmittelbar danach, wurde solche Expertise mit Blick auf imperialistische

Interessen im Nahen Osten geradezu zielgerichtet abgefragt und die Experten wurden zeitweise unmittelbar in den Machtapparat integriert. Ihre persönliche Sympathie mit, ja ihr Enthusiasmus für den Orient verband sich auf diese Weise mit einem Sendungsbewusstsein bei der Neugestaltung des Nahen Ostens nach dem Ende des Osmanischen Reichs. In diesem Sinn widmet Said im letzten Teil seines Buches neben anderen T. E. Lawrence, Gertrude Bell und St. John Philby (▶ S. 168) breitere Aufmerksamkeit.

Edward Saids Buch hat viel Kritik nicht zuletzt vonseiten der Nahostwissenschaftler in England und den USA erfahren. Die Wissenschaftler sahen sich unterschätzt und in der Integrität ihres wissenschaftlichen Ansatzes missverstanden. Daran ist aus deren Sicht natürlich viel Richtiges. Gleichwohl spiegelt sich in der Radikalität der Thesen Edward Saids jene Dynamik wider, die die imperialistische Attitüde der europäischen Mächte gegenüber dem Osmanischen Reich und der Nachfolgeordnung des Nahen und Mittleren Ostens nun einmal aufweisen sollte. Als Palästinenser, der von einer der Folgen dieser Ordnung, der Entstehung des Staates Israel und dem damit geschaffenen »Nahostkonflikt«, unmittelbar betroffen war, musste er diesbezüglich besonders sensibilisiert sein. Nach seinem eigenen Bekenntnis fühlte er sich in seinem amerikanischen Umfeld zeitlebens als Außenseiter (»out of place«). Diese Erfahrung verschärfte sich nach dem Sechs-Tage-Krieg (Juni 1967), der in den USA auch als Sieg des Westens über den arabischen Nationalismus gefeiert wurde. Als politischer Intellektueller trat Said für einen binationalen palästinensisch-jüdischen Staat ein. So war sein wissenschaftliches Denken in ähnlicher Weise politisiert, wie er es den »Orientalisten« unterstellte. Tatsächlich aber sollte die Niederlage von 1967 einen nachhaltigen Einfluss auf das geistige Klima in weiten Teilen der islamischen Welt ausüben (▶ S. 396).

Die von Said aufgerissene Dichotomie von Orient und Okzident, Morgenland und Abendland, islamische Welt und Westen sollte eine politische, militärische, wirtschaftliche und kulturelle Dimension haben. Die Art der Begegnung würde nicht dialogisch auf Augenhöhe erfolgen, sie würde konflikthaft ausgetragen werden: zwischen einem Akteur, der sich selbst als stark und überlegen sah, und einem Gegenüber, das als schwach und überlebt wahrgenommen wurde. Im Spannungsfeld zwischen Kompromiss, Synthese und Reform auf der einen und Konflikt auf der anderen Seite sollten seit der Mitte des 19. Jahrhunderts viele Varianten möglich sein. Der Auseinandersetzung um die und mit der Religion und deren Stellung in der politischen und gesellschaftlichen Ordnung würde ein besonderer Stellenwert zukommen. Gegen Ende des 20. Jahrhunderts löste die These vom *clash of civilizations* des amerikanischen Politikwissenschaftlers Samuel Huntington eine weltweite Debatte aus (▶ S. 537). Unter den *civilizations* war insbesondere die islamische angesprochen. Zwischen ihr und Europa sah Huntington eine »blutige Grenze«. Die – nicht selten emotional eingefärbte – Intensität, mit der die Debatte geführt wurde, ließ erkennen, dass auch am Ende des 20. Jahrhunderts die Frage nach der Qualität der Beziehungen zwischen dem Westen und der islamischen Welt offen war – und damit auch die Antwort auf die Frage nach dem Ergebnis des Prozesses der »Modernisierung« unter den vom Westen vorgegebenen Parametern.

2.2 Der Angriff auf Ägypten

Ein militärischer Angriff markiert die neue Qualität der Beziehungen zwischen Europa und seiner nahöstlichen Nachbarschaft. Er setzt zugleich tiefstgreifende Wandlungsprozesse im Raum zwischen Nordafrika und Persien in Gang. Am 1. Juli 1798 landete eine französische »Expedition« bei Alexandria auf ägyptischem Boden. Ihr Führer: General Napoleon Bonaparte, der im Auftrag des seit 1795 in Paris herrschenden *Direktoriums* handelte. Hinter dem Unternehmen stand ein imperialistisches Design: Der Rivale England sollte im Mittelmeer getroffen, sein Seehandel geschädigt und ihm der Landweg nach Indien, seinem reichsten Besitz, versperrt werden. Frankreich würde einen Stützpunkt für seine weitere Expansion im Orient gewinnen und eine neue Kolonie, die die kolonialen Verluste auf dem amerikanischen Kontinent wettmachen würde. Zwei Wochen nach der Landung bei Alexandria kam es an den Pyramiden bei Kairo zur Schlacht. Die kurze Ansprache, die Napoleon vor Eröffnung der Schlacht hielt, ist berühmt geworden; sie macht die Tragweite des Geschehens aus französischer Sicht deutlich:

> »Soldaten! Ihr seid in diesen Landstrich gekommen, um ihn der Barbarei zu entreißen, die Zivilisation in das Morgenland zu bringen und diesen schönen Teil der Welt dem Joch Englands zu entreißen. Wir werden kämpfen. Denkt daran, dass von diesen Monumenten 40 Jahrhunderte auf euch herabblicken.«

Die Schlacht dauerte nur wenige Stunden. Der Haufen der verrotteten mittelalterlichen »Mamluken« war kein ernst zu nehmender Gegner einer modernen europäischen Armee.

Dieses Ereignis ist in vieler Hinsicht bedeutsam für die Geschichte des Vorderen Orients insgesamt seither. Zunächst einmal bestätigte die militärische Unterlegenheit gegenüber einer europäischen Macht die Schwäche der politischen Herrschaft und ihrer Institutionen als solcher. Seit 1517 war Ägypten Teil des Osmanischen Reichs und seither hatte sich dort politisch nichts Grundlegendes verändert. Eine schmale turko-tscherkessische Militäraristokratie der »Mamluken« machte die Herrschaft unter sich aus; die Zeit der großen Mamlukensultane, die das Land am Nil seit der Mitte des 13. Jahrhunderts beherrscht und einer Epoche den Namen gegeben hatten, war lange vorbei. Die Hohe Pforte, d. h. die Regierung in Konstantinopel, überließ die ständig miteinander rivalisierenden politischen und militärischen Faktionen in Kairo weitgehend sich selbst, wenn nur die jährlichen Abgaben eingingen.

Neben der politischen und militärischen Schwäche war die Tatsache schockierend, dass der französische Vorstoß nicht mehr Randgebiete des Osmanischen Reichs betraf, von denen es in den vergangenen hundert Jahren, bereits zahlreiche verloren hatte – vor allem an Russland und Österreich. Der europäische Vorstoß zielte diesmal auf ein Kernland, das über Jahrhunderte dessen islamische Identität bestätigt hatte. Noch immer zog die theologische Lehrstätte der *Azhar* (gegründet 972) Studenten aus allen Teilen des Reichs an. In gewisser Weise war deshalb mit der Eroberung Kairos ein Teil der Legitimation des Sultans (und Kalifen) in Konstantinopel weggebrochen.

Abb. 3: Die »Schlacht bei den Pyramiden« am 21. Juli 1798. »Europa« stößt das Tor zum »Orient« auf.

Kennzeichnend für die Wahrnehmung, mit der Europa künftig seiner islamischen Nachbarschaft gegenübertreten sollte, war der »Stil«, in dem das militärische Unternehmen in Gang gesetzt, ja gleichsam inszeniert wurde. Dem Ego des kommandierenden Generals entsprach die Vorstellung, auf den Spuren Alexanders des Großen und Cäsars zu wandeln. Neben den etwa 25 000 Soldaten führte er einen Tross von Wissenschaftlern mit, unter denen sich bedeutende Orientalisten, aber auch Geographen und Statistiker befanden. Ihnen war die Aufgabe gestellt, den unbekannten Orient für die europäische Wissenschaft zu erschließen. Die Gründung des *Institut d'Egypte* (1798), der 1802 die Veröffentlichung der *Description de l'Egypte* folgte, die zu einem Markstein bei der entstehenden Orientalistik werden sollte, war Ausdruck eines Interesses, das über das politische hinausging, zugleich aber auch einer kulturellen Erhöhung Europas, das den Orient bereits als Objekt geistiger Vereinnahmung betrachtete.

Nach anfänglichen Erfolgen sollte die »Expedition« kläglich scheitern. Der weitere Vorstoß nach Syrien, bei dem die französischen Truppen auch brutale Grausamkeiten an osmanischen Soldaten begingen, kam an der Feste Akkon (Saint-Jean d'Acre) nach zwei Monaten vergeblicher Belagerung im Frühjahr 1799 zum Erliegen. Der Rückmarsch geschah unter großen Strapazen und war von der Tatsache überschattet, von der Heimat abgeschnitten zu sein, nachdem die Engländer unter Admiral Nelson bereits im August 1798 die französische Flotte bei Abukir in der Nähe von Alexandria vernichtet hatten. An diesem Ort ging im Juli 1799 auch ein osmanisches Entsatzheer mit 18 000 Soldaten an Land. Noch einmal sollten sich das militärische Genie Napoleons und die moderne europäische Kriegführung überlegen zeigen: 5000 Mann Infanterie und 1000 Mann Kavallerie bereiteten dem osmanischen Heer am 25. Juli eine vernichtende Niederlage. Eine geschickte Propaganda verklärte Napoleon in der Heimat zum Helden. Vom Direktorium zurückgerufen, ging er am 23. August heimlich an Bord. Am 9. Oktober landete er in Fréjus, wo er als Hoffnungsträger begeistert empfangen wurde. Am 9. November 1799 stürzte er durch einen Staatstreich das Regime des Direktoriums und öffnete den Weg, auf dem er »Konsul auf Lebenszeit« und 1804 »Kaiser der Franzosen« wurde. Seine in Ägypten im Stich gelassene Armee kapitulierte 1801 gegen ein englisches und osmanisches Entsatzheer und wurde – auf englischen Schiffen – nach Frankreich zurückgebracht.

Bonaparte verlor keine Zeit, am Nil eine französisch geprägte Zivilisation zu schaffen. Die Gründung des *Institut d'Egypte* war u. a. mit dem Auftrag verbunden, den Ägyptern das Licht der Aufklärung zu bringen. Zwei französische Blätter erschienen, welche die Vorzüge des Fortschritts und die Verdienste des Fortschrittsbringers priesen – aber nur von wenigen Einheimischen gelesen und verstanden wurden. Die Feudalordnung, die Napoleon auch hier zerschlagen wollte, war im Morgenland viel fester mit dem Islam verbunden als in Frankreich das *Ancien Régime* mit der Kirche. Auch wenn er einen Burnus (einen nordafrikanischen Kapuzenmantel) anlegte und sich »Ali Bounabardis« nennen ließ, blieb er ein Ungläubiger und ein Fremdling, auf den der Zorn Allahs herabgefleht wurde.

Das Dokument, das der Nachwelt die Schärfe des Zusammenstoßes zwischen dem Modernisierungsfuror Napoleons und seiner Umgebung auf der einen und der tiefen Verwurzelung der Ägypter in ihrer – nicht zuletzt religiösen – Tradition verdeutlicht, ist die Chronik des Historikers und Schriftstellers Abd ar-Rahman al-Dschabarti (1754–1829).[13] Napoleon war nicht nur als Vorkämpfer eines französischen Imperialismus im Mittelmeerraum oder als Mann, der seine politischen Ambitionen wissenschaftlich beflügelt wissen wollte, gekommen. Er kam ganz wesentlich auch als Propagandist der Werte der Französischen Revolution und damit einer Moderne, die den globalen Anspruch erhob, jene Ordnungen und Wertvorstellungen zu stürzen, die in der Wahrnehmung eines aufgeklärten Europäers keinen Bestand mehr hatten. Imperialistisches und propagandistisches Design gingen Hand in Hand. Nach dem Bericht al-Dschabartis hatte Napoleon bereits in einer Bekanntmachung nach der Landung in Alexandria verkündet, er sei gekommen, das Recht aus der Hand der Unrechttuer zu befreien – womit er *expressis verbis* die Herrschaft der Mamluken ansprach. Ausdrücklich verwahrte er sich gegen den Vorwurf, die Religion der Ägypter zerstören zu wollen; die Franzosen seien ebenfalls echte Muslime. Den Schluss dieser Bekanntmachung bildeten Befehle und Weisungen an die ägyptische Bevölkerung. Wie ein roter Faden durchzieht die tiefe Kluft zwischen der Besatzungsmacht und den Einheimischen den Bericht des Gelehrten. Auch wird immer wieder deutlich, wie wenig die Ägypter von den Segnungen der »modernen« französischen Verwaltung hielten. Die französische Kokarde als Zeichen des ihnen vonseiten des französischen Generals entgegengebrachten Respekts weisen sie zurück: »Doch unser Ansehen bei Gott und unseren Brüdern, den Muslimen, wird sinken«. Auch das Versprechen, die korrupte und verrottete osmanisch-mamlukische durch eine gute und gerechte Verwaltung zu ersetzen und für allgemeinen Wohlstand zu sorgen, konnte die Ägypter nicht versöhnlich stimmen. »Man sagte: ›Ein gesegnetes Jahr und ein glücklicher Tag, wenn die ungläubigen Hunde fortziehen!‹« Zwei Mal, im Oktober 1798 und im Juni 1800, kam es zu Erhebungen gegen die Besatzungsmacht. Dabei kam es auch zu Übergriffen gegen einheimische Christen, die der Kollaboration beschuldigt wurden. Am 14. Juni 1800 wurde General Kléber ermordet, den Napoleon als Oberkommandierenden zurückgelassen hatte. Für einen Augenblick taucht so etwas wie anerkennende Verwunderung über die Art und Weise auf, wie die Franzosen, »dieses Volk, das sich durch die Vernunft regiert und nicht von der Religion leiten lässt«, das Gerichtsverfahren durchführen: nämlich auf der Grundlage sorgfältiger Beweisaufnahme und eines differenzierten Urteils, das sogar einen der Verdächtigen freispricht.

2.3 Von Reformen zu Abhängigkeit und Einmischung

2.3.1 Der Weg in die Falle

Nach der Vertreibung der Franzosen aus Ägypten (1801) durch osmanische Truppen mit britischer Unterstützung war in Kairo ein Machtkampf ausgebrochen. Während die alten turko-tscherkessischen Seilschaften darum rangen, wieder die Macht zu übernehmen, suchte der Sultan in Konstantinopel genau das zu verhindern. Nach langem Ringen erkannte er Mehmet Ali als osmanischen Statthalter in Kairo an. Um 1770 in Kavala geboren und selbst von nicht eindeutig bestimmbarer ethnischer Zuordnung, war er Mehmet Ali der Führer des lokalen militärischen Kontingents gewesen, das dem Aufruf des Sultans zur Expedition nach Ägypten gegen die Franzosen gefolgt war. Dabei hatte es sich um etwa 300 Soldaten vornehmlich albanischer Herkunft gehandelt.

Mehmet Ali sollte zum ersten und zugleich umfassendsten Reformer auf dem Boden des Osmanischen Reichs und darüber hinaus im Vorderen Orient werden, der radikale Lehren sowohl aus der Schwäche des Reichs und seiner Provinzen als auch aus der Überlegenheit Europas zog, von welcher Ägypten soeben einen Vorgeschmack erhalten hatte. In seiner langen Regierungszeit (1805–1848) legte er die Grundlagen eines modernen, nach europäischem Vorbild aufgebauten Staates. Dennoch wurde Ägypten 1876 mit der Schaffung der *Caisse de la Dette Publique* unter europäische Finanzverwaltung gestellt: der erste Schritt in Richtung auf die vollständige Kontrolle des Landes, die mit der britischen Besatzung 1882 eingeleitet wurde. Wie konnte das geschehen?

Die Aufmerksamkeit Mehmet Alis galt in allererster Linie der Armee. Ohne grundsätzlich und formell die Oberhoheit des Sultans in Frage zu stellen, sollte sie die Sicherheit und außenpolitische Handlungsfähigkeit des jungen Staates, die durch eigene Interessen Ägyptens bestimmt sein würde, gewährleisten. Vor allem war sie das Instrument des Herrschers, ehrgeizige Pläne territorialer Expansion zu verwirklichen. Voraussetzungen dafür aber waren vom Staat forcierte wirtschaftliche, namentlich auch industrielle Entwicklung und technische Erneuerung. Zugleich übernahm der Staat die Kontrolle über die landwirtschaftliche Produktion und die daraus erzielten Einnahmen. Dafür freilich mussten die institutionellen Voraussetzungen geschaffen werden. Nach der Entmachtung der einheimischen Notabeln begann Mehmet Ali, eine auf Aushebung beruhende Armee nach europäischem Vorbild aufzustellen.

Wirtschaftliche Modernisierung und die Verwirklichung weitreichender politischer und militärischer Ziele waren nicht voneinander zu trennen. Der Aufbau von Fabriken vonseiten des Staates war zum einen an den militärischen Bedürfnissen orientiert. Darüber hinaus sollte sich die ägyptische Wirtschaft gegen wachsenden Druck insbesondere englischer Importe behaupten können. Um eine exportfähige Textilindustrie aufzubauen, bedurfte es der Zentralisierung der finanziellen Ressourcen des Staates. Sie wurde mit der Ausschaltung der mamlukischen Machtstrukturen, die wesentlich auf der Steuerpacht beruht hatten, erreicht.

Zur Durchsetzung seiner Ziele bedurfte Mehmet Ali europäischer Erkenntnisse und Produktionsmethoden. Unter den Experten, die er ins Land holte, dominierten die Franzosen. Sie standen an der Spitze der Ausbilder der Armee; man fand sie in den entstehenden Industriebetrieben und in der Verwaltung. In den Bereichen wie Technik, Medizin, Pharmazie, Veterinärmedizin, Landwirtschaft und Verwaltung entstanden Fachschulen, die von Ausländern geleitet wurden. Das Erlernen von Fremdsprachen, namentlich des Französischen, wurde besonders gefördert.

Zugleich wurden junge Ägypter zum Studium ins Ausland geschickt. Der ersten Studentenmission, die zum Studium technischer Fertigkeiten und Fachgebiete sowie der Sprache nach Frankreich geschickt wurde, war ein junger Mann beigeordnet, der in den kommenden Jahrzehnten in vielen Bereichen des Erziehungswesens und der Verwaltung eine nachhaltige Rolle spielen sollte: Rifa'a at-Tahtawi (1801–1873). Von ihm wird unten noch zu sprechen sein.

Parallel zu der Modernisierung im Inneren verfolgte der Herrscher in Kairo eine Außenpolitik, die imperialistische Züge trug. Sie hatte drei Stoßrichtungen: die Erschließung von Märkten, von Rohstoffquellen sowie die Kontrolle von Handelswegen. Mit dem Sieg über die Wahhabiten auf der Arabischen Halbinsel, der in der Zerstörung von Dir'iyya, dem Stammsitz der Familie Sa'ud gipfelte (1818), sicherte sich Mehmet Ali die Kontrolle über den Transithandel auf dem Roten Meer und dessen östliche Küste. Zwischen 1820 und 1823 wurde der Sudan erobert; damit kontrollierte er Teile des Afrikahandels. Einem Ersuchen des Sultans in Konstantinopel folgend (der *de iure* noch immer sein Oberherr war), entsandte er 1825 seine Armee nach Griechenland, um die osmanische Armee dort im Kampf gegen die aufständischen Griechen zu unterstützen. Auch dabei verfolgte er eigenständige Interessen: Bei einem Sieg würde er den Handel im östlichen Mittelmeer kontrollieren. Jetzt aber zogen europäische Mächte der ägyptischen Expansion eine rote Linie. Besonders in London wurden die wirtschafts- und handelspolitischen Ziele Kairos als Bedrohung eigener Wirtschaftsinteressen empfunden. Vor Navarino vernichtete im Oktober 1827 ein britisch-französisch-russischer Flottenverband die ägyptisch-türkische Flotte. Sie wurde von Ibrahim Pascha (1789–1848), einem Sohn Mehmets, kommandiert.

Damit aber war der Ehrgeiz des ägyptischen Herrschers nicht gebrochen. Seit langem hatte er ein Auge auf (Groß-)Syrien geworfen. Für seine Industrieprojekte benötigte er syrische Rohstoffe, namentlich Holz für den Schiffbau, darüber hinaus Seide und Öl für den Export. Unter einem letztlich belanglosen Vorwand ließ Mehmet Ali 1831 seine Truppen – wiederum unter dem Oberbefehl von Ibrahim Pascha – in Syrien einmarschieren. Die Truppen überschritten das Taurusgebirge und drangen tief nach Anatolien ein. Bei Konya fügten sie Ende 1832 der im Neuaufbau befindlichen Armee des Sultans eine schwere Niederlage zu. Noch nachhaltiger als im Falle Griechenlands sahen jetzt europäische Mächte ihre eigenen politischen, aber zunehmend auch wirtschaftlichen Interessen gefährdet. Mit einem geschwächten Osmanischen Reich ließ sich gut leben; eine neue starke Macht Ägypten im Vorderen Orient war in europäischen Hauptstädten nicht hinnehmbar. Über den Vorderen Orient hinaus hatte London auch seine Stellung auf dem indischen Subkontinent im Blick.

Ibrahim Pascha war gekommen, um zu bleiben. Das ließen die nach ägyptischem Vorbild in die Wege geleiteten drakonischen Maßnahmen forcierter wirtschaftlicher Entwicklung (aber auch die gesellschaftlichen Reformen – u. a. die Gleichstellung von Muslimen und Christen) erkennen. Die Aussicht, dass sich Ägypten dauerhaft in der Levante festsetzen würde, führte für einen Augenblick zu einem Schulterschluss zwischen Konstantinopel und London. Unter dem Druck beider Regierungen musste Mehmet Ali die eroberten Gebiete aufgeben, seine Armee wurde drastisch verkleinert und die Flotte aufgelöst. Politisch und militärisch geschwächt, musste er sich darüber hinaus einem Handelsabkommen unterwerfen (1841), das europäischen Mächten entschiedene Vorteile gegenüber den ägyptischen Konkurrenten einräumte. Seine wichtigsten Bestimmungen betrafen die Aufhebung der Monopole, das Verbot protektionistischer Maßnahmen und die Festlegung von Zollsätzen zugunsten europäischer Waren.

Damit war ein Experiment zum Scheitern gebracht, das dem einsetzenden europäischen Imperialismus im Vorderen Orient ein Gegengewicht hatte in die Waagschale werfen sollen. Für einen kurzen Zeitraum war »Arabien«, d. h. der Vordere Orient, als ein eigenständiger geopolitischer Raum in Erscheinung getreten. Und mit Blick auf Ägypten sollte sich eine dauerhafte Verschiebung der machtpolitischen Großwetterlage im Osmanischen Reich ergeben: Für die verbleibende Zeit des Fortbestehens des Osmanischen Reichs wurde Ägypten zunehmend zum Fokus bei der Durchsetzung vor allem britischer Interessen zwischen dem Mittelmeer und dem Indischen Ozean – ein Umstand, der mit der Eröffnung des Suezkanals (1869) an Bedeutung gewann. Zugleich bot Kairo eine alternative Bühne für die Entfaltung kultureller und intellektueller Erneuerung im Osmanischen Reich; dies namentlich während der Jahrzehnte der repressiven Herrschaft Abdülhamits II. (1876–1909). Mit dem Ausbruch des Ersten Weltkriegs wurde das Land am Nil zum Dreh- und Angelpunkt der militärischen Operationen gemacht, die darauf gerichtet waren, das Osmanische Reich zu Fall zu bringen.

Trotz des imperialistischen Diktats, das Mehmet Ali und Ibrahim Pascha hinzunehmen gezwungen waren, setzten die Nachfolger, Sa'id (reg. 1854–1863) und Isma'il (reg. 1863–1879) die Modernisierung Ägyptens fort. Unter den wachsamen Blicken aus Paris und London aber war das Land zugleich gezwungen, sich weiter den Einflüssen und Interessen europäischer Wirtschafts- und Finanzkreise zu öffnen. Der aufwendige Lebensstil der Herrscher sowie kostspielige Bauprojekte – nicht zuletzt der Suezkanal – führten zu einer wachsenden Verschuldung der Regierung; in den siebziger Jahren nahm sie dramatische Formen an. Immer tiefer geriet der Herrscher in Kairo in die Abhängigkeit von ausländischen Finanzinteressen. Das änderte sich auch nicht grundsätzlich, als England 1875 die Aktienanteile Ägyptens an der Suezkanalgesellschaft kaufte. 1876 gründeten die – privaten und staatlichen – Gläubiger die *Caisse de la Dette Publique*; Ägypten wurde unter Finanzverwaltung gestellt. Als Isma'il aufbegehrte – 1867 war ihm vom Sultan der Titel eines Khediven (Vizekönig) verliehen worden – setzten London und Paris in Konstantinopel 1879 seine Absetzung durch; er ging ins Exil.

Die verbreitete Proteststimmung fand insbesondere unter den mittleren Rängen des Offizierskorps Gehör. Oberst Ahmad Orabi (1839–1911) war der Wortführer derer, die die Losung »Ägypten den Ägyptern« verbreiteten, einer Allianz von Offizieren, politisch liberalen Kräften sowie religiösen und intellektuellen Persönlichkeiten. Ihre Forderung richtete sich auf die Einführung einer Verfassung. Die Aussicht aber auf eine Regierung, die auf Eigenständigkeit pochen und sich ausländischen Interessen weniger gefügig zeigen würde, ließ in Europa die Entscheidung reifen, sich militärisch einzumischen. Im Juli 1882 besetzten britische Soldaten Alexandria, im September rückten sie in Kairo und in die Suezkanalzone ein. Orabi wurde verhaftet und in die Verbannung nach Ceylon (heute: Sri Lanka) geschickt. Bis zur Entlassung des Landes in die – völkerrechtliche – Unabhängigkeit 1922 wurde Ägypten in einer Art der *indirect rule* von einem britischen Generalkonsul regiert. Erst 1956 sollten sich die britischen Soldaten – auf Druck wiederum eines ägyptischen Offiziers, Gamal Abd an-Nasirs (Nasser) – aus der Suezkanalzone endgültig zurückziehen.

2.3.2 Flächendeckende Unterwerfung

Bereits vor der Begründung der britischen Dominanz am Nil hatte auch Frankreich im Mittelmeerraum seine Macht zu Lasten der osmanischen Herrschaft ausgeweitet. 1830 hatte es begonnen, Algerien systematisch zu unterwerfen. Ausgehend von Differenzen in einem handelspolitischen Disput zwischen Paris und Algier hatte es einen regelrechten Krieg gegen den *Dey* (Titel des osmanischen Regenten in Algier) vom Zaun gebrochen. Am 5. Juli streckte dieser vor dem Expeditionsheer die Waffen. Danach setzte – gegen einen hartnäckigen Widerstand, der in den ersten Jahren mit dem Namen Abd al-Qadirs (1808–1883) verbunden war – Zug um Zug die schließlich flächendeckende Unterwerfung des Landes ein. Damit war zugleich ein Prozess der Landnahme durch vornehmlich französische Siedler verbunden. Bereits 1848 wurden Algerien zum französischen Staatsgebiet und die Provinzen Oran, Algier und Constantine zu *Départements* erklärt. Ein Beschluss des Senats in Paris von 1865 machte alle Bewohner Algeriens zu Franzosen. Sie unterstanden einem speziell geschaffenen muslimischen Rechtsstatut (*statut musulman*), das sie von öffentlichen Ämtern ausschloss und ihnen das Wahlrecht verweigerte – es sei denn, sie waren bereit, ihren muslimischen Rechtsstatus (besonders im Ehe- und Erbrecht) zugunsten des *Code Napoléon* aufzugeben. Mit der zugunsten der *colons* erfolgenden Verteilung weiter Ländereien nahm die französische Herrschaft den Charakter eines

Siedlerkolonialismus an. Bis zur Erreichung der Unabhängigkeit (1962) waren die muslimischen Algerier Bürger zweiter und dritter Klasse. Ihnen blieben elementare Bürgerrechte vorenthalten; so war das Französische alleinige Amts- und Unterrichtssprache. Lediglich in einer kleinen Zahl von staatlich beaufsichtigten Koranschulen war der Gebrauch des Arabischen erlaubt.

Mit der Festigung kolonialer Strukturen in Algerien war in Paris der Appetit geweckt: Nun bot sich Tunesien als nächster Schauplatz an, einverleibt zu werden. Wie Ägypten besaß auch Tunesien im Osmanischen Reich im 19. Jahrhundert ein hohes Maß an Selbstständigkeit. Ahmad Bey (1837–1855) war ein Reformer, der sich an Mehmet Ali in Ägypten orientierte. Diesem kam er in seinem Ehrgeiz, eine neue Armee aufzubauen, nahe. Mit Bezug auf Ausbildung und Ausrüstung wandte er sich vor allem an Frankreich. Dies sowie ehrgeizige Infrastruktur- und Bauvorhaben taten ein Übriges, auch Tunesien in die Schuldenfalle zu treiben. 1869 führte der Anstieg der Verschuldung zum Bankrott des Landes. Der Bey musste seine Souveränität an eine internationale Finanzkommission abtreten.

In den 1870er Jahren verständigten sich die europäischen Mächte über die Aufteilung von Gebieten des Osmanischen Reichs im Mittelmeerraum. Auf dem Berliner Kongress (1878) war schließlich diesbezüglich Einvernehmen erzielt worden. Nachdem Zypern unter britische Herrschaft geraten war (1878), suchte Frankreich, das seinen Einfluss im Mittelmeerraum zu stärken bemüht war, gleichsam eine Kompensation. Angesichts des ohnehin bestehenden Einflusses und der praktizierten Schuldenverwaltung lag es aus Pariser Sicht nahe, diese in Tunesien zu suchen. Dort tat der Bey zwar sein Bestes, seinen Verpflichtungen gegenüber den Gläubigern nachzukommen. Gleichwohl forderte ihn die Pariser Regierung 1879 auf, sein Land unter französisches Protektorat zu stellen. Als er sich weigerte, lief alles nach »bewährtem« Muster ab: Den Konkurs eines französischen Staatsangehörigen nahm der französische Konsul in Tunis zum Anlass, drastisch überhöhte Entschädigungsforderungen geltend zu machen. Als das nicht fruchtete, begann Frankreich mit der militärischen Besetzung des Landes. Am 12. Mai 1881 sah sich der Bey gezwungen, einen Vertrag zu unterzeichnen, in dem er seine Bindungen an das Osmanische Reich aufgeben und die Souveränität Tunesiens an Frankreich abtreten musste. Tunesien war unter Fremdherrschaft geraten. Anders als im Falle Algeriens, das als Siedlungskolonie Frankreich einverleibt wurde, behielten der Bey und seine Verwaltung Spielräume formaler Eigenständigkeit. Gleichwohl lag die eigentliche Macht bei dem französischen Generalresidenten.

Marokko war das nächste nordafrikanische Land, das ins Fadenkreuz europäischer kolonialistischer Ambitionen geriet. Über nahezu zwei Jahrzehnte feilschten Frankreich, England, Italien, Spanien und schließlich auch Deutschland um die Machtverteilung im westlichen Mittelmeer. Erst das im April 1904 zwischen London und Paris geschlossene Abkommen, das als *entente cordiale* in die Geschichte eingegangen ist, bestätigte den Anspruch Frankreichs, »vornehmlich weil es auf einer langen Strecke Marokkos Grenznachbar ist«, so das Abkommen, »über die Ruhe in diesem Land zu wachen und ihm bei allen Verwaltungs-, Wirtschafts-, Finanz- und Militärreformen, deren es bedarf, Beistand zu leisten.« Auch der marokkanische Sultan hatte gegen Ende des Jahrhunderts begonnen, das Land im Ausland zu verschulden; entsprechend verstärkte sich die europäische Einflussnahme. 1907 kam es zu Übergriffen gegen ausländische Unternehmen. Am Ende stand wieder die Anwendung militärischer Gewalt: In Fes musste Moulay Abd al-Aziz am 30. März 1912 einen Vertrag unterschreiben, der Marokko zu einem Protektorat Frankreichs erklärte. Zugleich gerieten der Norden sowie Teile im Süden des Landes unter spanische Kontrolle.

Zuvor war es bereits Italien gelungen, einen Teil seiner Ansprüche durchzusetzen. Im Ringen um den Mittelmeerraum hatte sich Rom zu kurz gekommen gefühlt. An Marokko hatte es kein Interesse gezeigt, jedoch hatte Paris die Zustimmung Roms zu seiner Marokko-Politik mit der Versicherung erkauft, einer italienischen Besetzung Libyens keinen Widerstand entgegen zu setzen. Dort unterhielt Konstantinopel nur eine relativ schwache militärische Präsenz. Sie hatte nicht zuletzt die Aufgabe, die Niederlassung namentlich italienischer Siedler zu unterbinden. Rom entschied sich nun für militärische Gewalt und erklärte den Osmanen im September 1911 den Krieg, den es angesichts des osmanischen Widerstands bald auf das östliche Mittelmeer ausdehnte. Im April/Mai 1912 besetzten die Italiener Rhodos und andere Inseln der Dodekanes. Um eine Ausweitung des Krieges zu verhindern, intervenierten die europäischen Mächte diplomatisch: Im Oktober 1912 wurde ein Friedensvertrag unterzeichnet; Libyen wurde wie Algerien unter direkte Verwaltung gestellt. Auch in der Levante wuchs der Einfluss der europäischen Mächte, namentlich Frankreichs und Englands. Während aber die Länder Nordafrikas flächendeckend unter unmittelbare europäische Herrschaft gerieten und – teils *de facto*, teils *de iure* – aus dem osmanischen Staat herausgelöst wurden, blieb der europäische Einfluss im Raum östlich des Mittelmeers, d. h. im Raum (Groß-)Syriens, namentlich im Libanon und Palästina, indirekter Natur. Als Folge der ägyptischen Eroberung 1831 und der zehnjährigen Verwaltung war die Koexistenz von christlichen Maroniten und Drusen im Libanon zusammengebrochen. Die Osmanen versuchten, ihre Stellung dort wieder zu festigen, was jedoch in Europa auf Widerstand stieß. Insbesondere Frankreich war bemüht, auf dem Boden des von Drusen dominierten Emirats im *Mont Liban* wieder ein eigenständiges maronitisches Fürstentum zu errichten. Die Spannungen zwischen Drusen und Maroniten gipfelten 1860 in Gewaltausbrüchen, deren blutigster Schauplatz Damaskus war. Jenseits der lokalen Dimension des Konflikts entlud sich darin auch der Widerstand gegen den wachsenden Einfluss von Nicht-Muslimen im Gefolge der osmanischen Reformdekrete (► S. 53). Die Regelungen, die künftig das Zusammenleben der verschiedenen Religionsgemeinschaften ordnen sollten, räumten Frankreich und England als Schutzmächten der Maroniten und Drusen breite Mitsprache ein. Immer nachhaltiger sah sich die Hohe Pforte herausgefordert, mit diesen um die Kontrolle der Levante zu rivalisieren.

Dabei hatte es Mitte des Jahrhunderts noch so ausgesehen, als könne das Osmanische Reich als politischer Akteur im Konzert der europäischen Mächte doch noch einen stabilen Platz finden. Über die Jahrzehnte hatte Russland erhebliche territoriale Gewinne zu Lasten des Osmanischen Reichs und Persiens erzielt. Damit war auch der Einfluss des Zaren auf die Politik des Sultans und des Schahs stärker geworden. Dies hatte in europäischen Hauptstädten die Sorge genährt, der russische Machtzuwachs könne eigenen politischen und wirtschaftlichen Interessen auf dem Balkan und im östlichen Mittelmeer entgegenstehen. Im Vertrag von Hünkâr Iskelesi (1833) waren das Osmanische Reich und Russland sogar ein Defensivbündnis für den

Fall eines Angriffs von dritter Seite eingegangen. Unter dem Motto: »Zurückdrängung Russlands hinter seine natürlichen Grenzen«, setzte ein Gegendruck europäischer Mächte ein, der schließlich im Krimkrieg seinen blutigen Höhepunkt erfuhr. Ausgangspunkt war 1853 ein Disput zwischen dem Zaren und dem Sultan über den Schutz der Christen Palästinas; hatte doch der Zar nichts Geringeres als ein Protektorat über alle Christen Palästinas gefordert, was der Sultan verweigert hatte. Nach dem Angriff Russlands auf die der lockeren Oberhoheit Konstantinopels unterstehenden Fürstentümer Moldau und Walachei Ende Juni 1853 erklärte der Sultan – durch England ermutigt – im Oktober Russland den Krieg. Neben London trat auch Paris an die Seite Konstantinopels; im Januar 1855 folgte das italienische Königreich Sizilien. Schon seit Dezember 1854 befand sich Österreich im Bunde mit den Westmächten, allerdings ohne die Verpflichtung zur aktiven Teilnahme an den militärischen Operationen. Lediglich Preußen stand abseits, hatte sich aber dem alliierten Ultimatum vom Februar 1854 angeschlossen, in dem die Integrität der Türkei und die Räumung der Donaufürstentümer durch Russland gefordert worden war.

Der Verlauf des Krieges konzentrierte sich schließlich auf die Belagerung von Sevastopol, die im Oktober 1854 begann und nahezu ein Jahr dauern sollte. Im September 1855 gaben die russischen Truppen die Festung auf. Bei den Friedensverhandlungen in Paris saßen alle kriegführenden Parteien sowie Österreich und Preußen am Verhandlungstisch. In dem Vertrag, der am 18. März 1856 geschlossen wurde, wurde das Osmanische Reich nun gewissermaßen offiziell in die Gemeinschaft der europäischen Mächte aufgenommen: Fortan durfte es an den Vorteilen und Regeln des in Europa geltenden internationalen öffentlichen Rechts teilhaben. Am Vorabend des Vertragsabschlusses hatte der Sultan ein weiteres Reformvorhaben verkündet, mit dem er den Forderungen und Erwartungen der europäischen Mächte entgegenzukommen bemüht war. Rückblickend freilich sollte das nicht viel bedeuten, lag doch die tiefere Ursache des Konflikts nicht in den Nöten der balkanischen und orientalischen Christen, sondern in der verlockenden Schwäche des Osmanischen Reichs. Das sollte sich nicht zuletzt auf dem Balkan zeigen. Die »orientalische Frage« hatte in Paris keine definitive Antwort erhalten.

Schien der Verfall des Osmanischen Reichs durch den Vertrag von 1856 noch einmal aufgehalten, so blieb doch der Balkan der Ort, an dem sich die »orientalische Frage« mit anhaltender Dringlichkeit stellte und wo sich die europäischen Mächte an ihrer Antwort darauf abarbeiteten. Das Jahrhundert zwischen dem serbischen Aufstand gegen die Osmanen von 1804 und der Unabhängigkeit Albaniens (1912) ist erfüllt von den Unabhängigkeitsbestrebungen der balkanischen Völker vom Osmanischen Reich. Dahinter zogen die europäischen Großmächte – namentlich Russland, Habsburg und England – in wechselnden Interessenkoalitionen die Fäden. Griechenland machte 1830 den Anfang: Die bereits erwähnte Seeschlacht von Navarino (20. Oktober 1827) war ein entscheidender Schritt in Richtung auf die Unabhängigkeit Griechenlands. Zug um Zug erkämpften die Serben die Unabhängigkeit. Dabei wurden sie insbesondere von Russland unterstützt, dessen Anteilnahme an den Entwicklungen auf dem Balkan auch der panslawistischen Bewegung unter der russischen Elite geschuldet war. Nach der schweren Niederlage des Osmanischen Reichs im zehnten Krieg zwischen Russland und der Türkei (1877/

78), der die russischen Truppen vor den Toren Konstantinopels sah, wurde auf dem Berliner Kongress (Juni/Juli 1878) das Fell des balkanischen Bären verteilt. In neu und künstlich gezogenen Grenzen wurde die Unabhängigkeit Serbiens, Montenegros und Rumäniens bestätigt. Auch der bulgarische Staat trat ins Leben, wenngleich eine eingeschränkte Oberhoheit des Sultans fortbestand. Bosnien-Herzegowina wurde der Verwaltung Habsburgs unterstellt, Zypern geriet unter britische Herrschaft. Die komplizierten territorialen Regelungen waren nicht zuletzt von dem Ziel Habsburgs und Englands geleitet, dem Einfluss Russlands auf dem Balkan entgegenzuwirken.

Der letzte Akt europäischer Aggression gegen das Osmanische Reich auf dem Balkan begann mit der Annektierung Bosnien-Herzegowinas durch Habsburg (1908). Jetzt aber war der Appetit der jungen Balkanstaaten selbst geweckt, die osmanische Herrschaft zu liquidieren. Bulgarien, Griechenland, Serbien und Montenegro schlossen sich im »Balkanbund« zusammen und entfesselten im Oktober 1912 den Ersten Balkankrieg. Die folgenden Friedensverhandlungen unter englischer Vermittlung führten zur Unterzeichnung des Londoner Vertrages vom 30. Mai 1913. Die Pforte musste auf alle europäischen Besitzungen bis auf das thrakische Hinterland von Istanbul verzichten; die albanische Unabhängigkeitserklärung vom November 1912 wurde bestätigt. Als Ergebnis des Zweiten Balkankriegs (1913) vermochte das Osmanische Reich lediglich, ganz Ostthrakien zurückzugewinnen.

Auch an den östlichen und nordöstlichen Rändern des Nahen und Mittleren Ostens hatten sich europäische Mächte festgesetzt. Soweit dies Persien und Afghanistan betrifft, wird es im Kontext des Geschichtsverlaufs in den beiden Ländern dargestellt. Zur russischen Expansion in Zentralasien und im Kaukasus ist vorstehend bereits einiges gesagt worden. Im osmanischen Mesopotamien gerieten die Provinzen Basra, Bagdad und Mossul zunehmend unter den wirtschaftlichen Einfluss Londons. Bereits 1839 hatte die *East India Company* Aden besetzt. Für das Königreich war die freie Schifffahrt im Persischen Golf, an der östlichen Küste der Arabischen Halbinsel sowie am Horn von Afrika und am Ausgang des Roten Meeres mit Blick auf den britischen Handel zwischen dem östlichen Mittelmeer und dem Indischen Ozean sowie den britischen Besitzungen auf dem indischen Subkontinent von größtem Interesse. Mit dem »Ewigen Waffenstillstand« von 1853, der jegliche feindselige Handlung auf See zwischen allen Staaten im Persischen Golf ächtete, begann die »Piratenküste« zur »Vertragsküste« (*Trucial Coast*) zu werden. Spätere Abkommen gingen noch weiter: So unterschrieb der Scheich von Bahrain im Jahr 1880 ein Abkommen, das *de facto* die auswärtigen Beziehungen seines Emirats unter britische Kontrolle stellte. Ähnliche Abmachungen mit anderen Scheichtümern folgten in den nächsten Jahren. Sie sollten nicht zuletzt sicherstellen, dass keine andere Macht, namentlich das Osmanische Reich, die britische Kontrolle gefährdete. 1899 bzw. 1916 traten Kuwait und Katar in ein Schutzverhältnis mit Großbritannien ein. Zu dem Interesse an ungestörtem Handel trat zunehmend das Interesse am Zugang zu den Ölressourcen der Region hinzu. 1907 begann die *Royal Navy* die Flotte von Kohle auf Erdöl umzustellen. Damit erfuhr die Region eine nachhaltige strategische Aufwertung.

3 Das Jahrhundert der Reformen

Der imperialistische Zugriff der europäischen Mächte auf den Nahen Osten seit Beginn des 19. Jahrhunderts hat einen langen Prozess tiefstgreifender politischer, gesellschaftlicher, wirtschaftlicher und geistig-kultureller Natur angestoßen. Man bezeichnet ihn verkürzend als Modernisierung. Die unübersehbare Tatsache, ja die für breite Teile der Gesellschaften schockierende Wirklichkeit europäischer Dominanz ließen zwangsläufig die Frage nach deren Ursache aufkommen. Was war falsch gelaufen? Die Antwort war komplex und facettenreich: Sie richtete sich auf die Institutionen des Staates; unabweisbar waren davon auch die überkommenen gesellschaftlichen Strukturen berührt. Und in allertiefster Dimension richtete sich auch auf die Tragfähigkeit der kulturellen und religiösen Grundlagen, auf denen die traditionellen Ordnungen beruht hatten. Nach Lage der Dinge war »Europa« die Messlatte und die zu erreichende Augenhöhe. Was wäre zu tun, um auf diese Augenhöhe zu kommen und dem europäischen Herrschaftsanspruch die Stirn bieten zu können? Damit war die Modernisierung zunächst gleichbedeutend mit Europäisierung. Am Beispiel Ägyptens unter Mehmet Ali war dieses Motiv vorstehend ja bereits angeklungen. Zugleich aber hatte das Beispiel Ägyptens deutlich werden lassen, dass die europäischen Mächte die Erneuerung nicht nur nicht förderten, sondern als Einfallstor für die Realisierung von Machtansprüchen und wirtschaftlichen Interessen instrumentalisierten.

Nicht zuletzt deshalb musste die Formel »Modernisierung gleich Europäisierung« von Anfang an umstritten sein; musste »Modernisierung« bis in die Gegenwart ein offenes Projekt bleiben. Dies gilt nicht nur für die Institutionen von Staat und Gesellschaft, sondern in besonderer Weise für die geistig-kulturellen Grundlagen derselben. Durch das 19. Jahrhundert hindurch verlief dieser Prozess zögerlich und widersprüchlich; die Eliten experimentierten mit zahlreichen Kompromissen. Mit dem Beginn des 20. Jahrhunderts suchten sie radikalere Lösungen. Zu Beginn des 21. Jahrhunderts ist unübersehbar, dass auf die Herausforderung der »Modernisierung« weithin noch immer keine Antwort gefunden worden ist. Die Herausforderung liegt darin, die Synthese zu finden, welche die Tradition mit den Gegebenheiten der Gegenwart verbindet, die von der Mehrheit der Bürger als legitim akzeptiert wird und eine Existenz auf Augenhöhe im Rahmen der internationalen Gemeinschaft gewährleistet.

3.1 Der »kranke Mann« am Bosporus

Mit dem syrischen Feldzug Mehmet Alis hatte ein Vasall des Sultans die Existenz des Osmanischen Reichs insgesamt bedroht. Es hatte der Intervention europäischer Mächte bedurft, das Reich zu erhalten. Tatsächlich war es neben der europäischen Pentarchie – also England, Frankreich, Österreich-Habsburg, Russland und Preußen – ein weiterer Spieler im Konzert der Mächte geworden. Auf dem Pariser Kongress waren nicht nur die territoriale Unabhängigkeit und Unverletzlichkeit des Reichs garantiert worden. Bestätigt wurde zugleich, dass jeder Akt und jedes Ereignis, das dessen Integrität in Frage stellte, als Angelegenheit von europäischem Interesse betrachtet würde. Und auf dem Berliner Kongress waren die Vertreter der Hohen Pforte als »Teilnehmer des europäischen Rechts und Konzerts« anerkannt.

So stand die osmanische Staatsführung unter Druck, Staat und Gesellschaft zu reformieren, was nach Lage der Dinge wesentlich bedeutete, europäischen Vorstellungen bezüglich der Institutionen des Staates und der Rechte der Bürger entgegen zu kommen. Deshalb war der Zeitpunkt der Verkündung des ersten großen Reformedikts, des »hohen Sendschreibens« (*Hatt-ı şerif*), durch Sultan Abdülmecit (reg. 1839–1861) am 3. November 1839 kein Zufall: Es war der Vorabend des gemeinsamen britisch-osmanischen Drucks auf Ägypten, die Truppen aus Syrien zurückzuziehen. Adressaten waren also wesentlich die europäischen Mächte; das Osmanische Reich präsentierte sich als würdiger Bündnispartner.

Mit der Verlesung des »hohen Sendschreibens« von Gülhane leitete der Sultan die Epoche der *Tanzimat-i Hayriyye* (»Wohltätige Verordnungen«) ein; sie gaben den folgenden Jahrzehnten als der *Tanzimat*-Epoche ihren Namen. Begonnen hatte der Reformprozess bereits Jahrzehnte zuvor. Die territorialen Verluste an die europäischen Mächte, insbesondere an Russland, sowie die nationalistischen Bestrebungen der zumeist christlichen Völker auf dem Balkan, deren Aufstände von Fall zu Fall von europäischen Mächten unterstützt wurden und zunächst in der Unabhängigkeit Griechenlands (1829) gipfelten, machten Reformen namentlich des Militärwesens erforderlich. Zusätzlicher Druck ging von den Wellen aus, die die Französische Revolution 1789 schlug und deren Ausläufer auch in Konstantinopel gespürt wurden. 1791/92 hatte Selim III. (reg. 1789–1807) bei hohen Würdenträgern in Konstantinopel Expertisen über die Ursache der Schwäche des Reichs und die Wege zu seiner Stärkung angefordert. Wenn auch das Militärwesen im Fokus der Reformüberlegungen stand, so wurden doch darüber hinausgehend die politischen, gesellschaftlichen und kulturellen Parameter deutlich, entlang derer sich die Diskussion um die Reform und die Modernisierung des islamisch geprägten Vorderen Orients in Zukunft bewegen sollte: der konservative Glaube an die Wiederherstellung »goldener Zeitalter«, reformerische Anpassung an die Bedingungen einer sich wandelnden Welt bei möglichst weitgehender Wahrung der eigenen Identität sowie schließlich die radikale Neuerung unter dem Banner eines universalen Fortschritts.

Das Militärwesen betreffend, entschied sich Sultan Selim für eine radikale Erneuerung. Wie später sein Nachfolger, Sultan Mahmud II. (reg. 1808–1839), und wie fast zeitgleich Mehmet Ali in Ägypten entschied sich Selim für eine tiefgreifende Reorganisation des Heerwesens. Im Mittelpunkt einer Reihe von Erlassen, die schon bald als die »neue Ordnung« (*Nizam-i dschadid*) bezeichnet wurden, stand die Aufstellung einer neuen Infanterie, die nach europäischem Muster ausgebildet und ausgerüstet wurde; europäische Offiziere traten als Militärberater in den Dienst des Sultans. Der Widerstand, namentlich aus dem Kreis der Janitscharen, die dabei waren, ihre privilegierte Stellung in den militärischen und politischen Institutionen des Reichs zu verlieren, war enorm. 1807 meuterten sie und zwangen den Sultan zum Rücktritt. Erst unter seinem Nachfolger freilich konnten die Reste der überkommenen Janitscharen-Truppe gewaltsam vernichtet werden (1826; in Kairo war Ähnliches bereits 1822 ins Werk gesetzt worden). Osmanische Kadetten und Studenten wurden nach Europa geschickt. Ein militärisches Sanitätswesen wurde ebenso aufgebaut wie eine Militärakademie nach dem französischen Vorbild von St. Cyr. Aus den Reihen des 1833 gegründeten Übersetzungsdienstes der Hohen Pforte und des diplomatischen Dienstes sollten Reformer hervorgehen, die das Reich in den folgenden Jahrzehnten zu erneuern bemüht waren.

Das war der innenpolitische Hintergrund, vor dem am 3. November 1839 Sultan Abdülmecit sein Reformedikt verkündete. Tatsächlich enthielt es Bestimmungen, die das Reich bis in seinen Kern verwandelten. Die revolutionärste Aussage – die Menschenrechtserklärung der Französischen Revolution war nicht zu verkennen – war das Postulat der Gleichheit aller vor dem Gesetz, d. h. die Gleichstellung von Muslimen und Nicht-Muslimen. Andere Bestimmungen betrafen die Sicherheit des Lebens, den Schutz der Ehre und des Vermögens, die Festlegung der Steuern, die Aushebung der Truppen und die Dauer des Militärdienstes. In den folgenden Jahren wurden mit einer Neuordnung der Verwaltung und des Straf- sowie des Handelsrechts weitere Reformschritte unternommen.

Am 18. Februar 1856 erließ der Sultan ein neuerliches »Majestätisches Handschreiben« (*Hatt-ı humayun*). Darin wurden die Grundlagen des *Hatt-ı şerif* bestätigt und die Gleichheit aller »Osmanen« noch deutlicher unterstrichen. Am Vorabend der Pariser Konferenz, die den Krimkrieg beendete, sollte den europäischen Mächten abermals ein Signal für den Reformwillen des Reichs gegeben werden. In Artikel 9 des Pariser Vertrages vom 30. März 1856 wird das »Majestätische Handschreiben« ausdrücklich zur Kenntnis genommen.

In den beiden dem Krimkrieg folgenden Jahrzehnten wurden weitere Rechts- und Verwaltungsreformen durchgeführt, die wesentlich tiefer gingen als während der ersten Phase der *Tanzimat*. Sie betrafen das Boden-, Straf-, Handels-, See-, Provinzialverwaltungs- und schließlich das Zivilrecht. Das Handels- und Seerecht sowie die Neugliederung der Provinzen folgten weitestgehend dem französischen Vorbild. Ein zwischen 1870 bis 1876 ausgearbeitetes bürgerliches Gesetzbuch, die berühmte *Medschelle*, ersetzte die herkömmlichen osmanischen Gesetzbücher und richtete sich nach europäischem Recht aus. Es transformierte islamisches und europäisches Recht zu einem modernen Codex.

Der Einfluss Europas war nicht auf die Institutionen und die Verwaltung des osmanischen Staates beschränkt, er hatte zugleich ideengeschichtliche Auswirkungen. Ein bürgerlicher Liberalismus war eine von ihnen: Eine Gruppe, die sich als »Junge Osmanen« (*Yeni Osmanlılar*) bezeichnete und sich liberalen Ideen Europas verbunden fühlte, begann diese dem Absolutismus der Sultane entgegenzustellen. In ihren Augen waren die *Tanzimat*-Erlasse unzureichend, ja hatten eher eine Festigung der despotischen Machtausübung des Sultans bewirkt. Ihnen bedeuteten Patriotismus, Reformwille und Liberalismus eine Einheit, die nur in einer Verfassung gewährleistet sein würde. Aus kleinen Anfängen war die Geheimgesellschaft auf 250 Mitglieder angewachsen, als sie 1867 aufgedeckt wurde. Die führenden Köpfe, unter ihnen der bekannte Dichter Namık Kemal (1840–1888), mussten nach Paris emigrieren. Hier gaben sie verschiedene Zeitschriften mit revolutionären Beiträgen heraus; die bekannteste unter ihnen wurde die Zeitung *Hürriyet* (»Freiheit«). Die Erfolge der Opposition im Exil hielten sich – fern vom Ort des Geschehens – freilich in Grenzen. 1870 konnten die meisten von ihnen nach Konstantinopel zurückkehren, wo sie sich durch publizistische Tätigkeit vor Ort für weitergehende Reformen einsetzten.

Reformer und ihre Gegner kämpften um Einfluss. Wie das Beispiel der »Jungen Osmanen« erkennen ließ, waren erstere ihrer Zahl nach eher eine Minderheit. Nicht zuletzt aber der Druck von außen verlieh ihnen zeitweise Rückenwind. Angesichts einer sich in den siebziger Jahren abzeichnenden neuerlichen Balkankrise wurde Ende 1876 eine internationale Konferenz mit den Botschaftern der wichtigsten europäischen Mächte zur Erörterung der Lage nach Konstantinopel einberufen. Um sich das Wohlwollen der Konferenzteilnehmer zu sichern, proklamierte der soeben in sein Amt gekommene Sultan Abdülhamit II. (reg. 1876–1909) kurz vor Verhandlungsbeginn die Abschaffung der absolutistischen Herrschaftsform und die Einführung eines parlamentarischen Systems. Treibende Kraft bei der Ausarbeitung einer konstitutionellen Staatsform (*meşrutiyet*) war Großwesir Midhat Pascha. Als junger Mann in die Verwaltungslaufbahn eingestiegen, hatte er einen Studienaufenthalt in Europa verbracht. Nach seiner Rückkehr war er in verschiedenen Positionen im Dienst des Sultans tätig gewesen. 1872 war er für kurze Zeit Großwesir, später hatte er andere Ministerposten in Istanbul inne. Das Grundgesetz (*kanun-u esasi*) bestätigte die bereits in den *Tanzimat* verkündeten Prinzipien, legte die Unteilbarkeit des Reichs fest und proklamierte den Islam als Staatsreligion. Zugleich wurde die Religionsfreiheit auch für Nicht-Muslime festgeschrieben; sie sollten dem muslimischen Bevölkerungsteil gleichgestellt sein. Amtssprache würde zwar auch künftig das Osmanisch-Türkische sein, zu den öffentlichen Ämtern sollten indessen auch Christen und Juden zugelassen sein, vorausgesetzt, dass sie des Türkischen mächtig wären. Im Übrigen orientierte sich das parlamentarische System am belgischen Vorbild: Während der Senat vom Herrscher berufen würde, sollten die Abgeordneten gewählt werden. 1876 wurde das erste Parlament gewählt: Eine Direktwahl des Unterhauses war nur für die Großstädte vorgesehen; im übrigen Reichsgebiet wählten die Stimmberechtigten örtliche Räte, die vorwiegend aus Beamten bestanden, welche ihrerseits die Abgeordneten benennen sollten. Darüber hinaus war die Vertretung sämtlicher anerkannter Religionsgemeinschaften im Parlament vorgesehen. Im März 1877 trat es zusammen; bereits elf Monate später wurde es aufgelöst. Erst 1908 sollte es wieder zusammentreten.

Der Hintergrund dieses Umschwungs war ein doppelter: Zum einen hatten alle Reformen und Veränderungen, mit denen die osmanische Führung nicht zuletzt den Erwartungen der europäischen Mächte hatte entgegenkommen wollen, die territoriale Erosion am Rande des Vielvölkerstaates und die Angriffe von außen nicht beenden können. Nach den Bestimmungen des im Juli 1878 geschlossenen Berliner

Friedens schieden Rumänien, Serbien und Montenegro aus dem osmanischen Staatsverband aus. Österreich besetzte Bosnien-Herzegowina. Im selben Jahr gelangte Zypern unter britische, 1881 Tunis unter französische und 1882 Ägypten wiederum unter britische Kontrolle. Der Entschluss Abdülhamits, das parlamentarische Experiment zu beenden, war also nicht zuletzt eine Reaktion auf den russisch-türkischen Krieg von 1877/78 und die Berliner Konferenz, auf der das Osmanische Reich nun definitiv zum »kranken Mann am Bosporus« geworden war. Abdülhamit regierte fortan als Alleinherrscher. Die Verfassung blieb im Großen und Ganzen in Kraft und verlieh so seiner Regierung ein konstitutionelles Mäntelchen – gleichsam zur Bestätigung seiner Legitimität gegenüber den europäischen Mächten.

Zum anderen hatte sich die wirtschafts- und finanzpolitische Lage des Reichs dramatisch zugespitzt. Hatten es »Kapitulationen« (Handelsverträge) den wirtschaftlich weiter entwickelten europäischen Ländern schon seit Jahrzehnten ermöglicht, ihre billigen Manufakturwaren ungehindert im Reich der Osmanen abzusetzen, so wurde nach dem Krimkrieg der osmanische Markt von europäischen Massenartikeln geradezu überschwemmt. Die 1838 zwischen England und der Pforte abgeschlossene »Kapitulation« hatte das Osmanische Reich dem überlegenen britischen Exporthandel weitgehend ausgeliefert. Die Ausweitung der Geltung der Kapitulationsbestimmungen auch auf andere europäische Länder hatte eine verheerende Wirkung auf die osmanische Wirtschaft: Der halbkoloniale Status des Reichs als Absatzmarkt für europäische Produkte war praktisch festgeschrieben.

Im Übrigen hatten sich auch sonst die finanziellen Nöte der osmanischen Regierung zunehmend verschärft. Der Hof und die Beamtenschaft lebten einen aufwendigen Lebensstil und bedienten sich aus der Staatskasse. Hinzu kam, dass die Modernisierungsbemühungen im Heer und die einander folgenden, beinahe permanenten bewaffneten Auseinandersetzungen und Kriege die osmanische Staatskasse schwer belasteten. Der Versuch, die Finanznot durch eine Manipulation mit ungedeckten Schuldverschreibungen (*kaime*), die in der Hauptstadt seit 1839 als Papiergeld zirkulierten, zu beheben, trug unter dem Strich ebenfalls zur Verschlechterung der Staatsfinanzen bei. Die Auslandsanleihen, die die Pforte seit 1854 bei England und Frankreich aufnahm – bis 1877 waren es sechzehn – wurden nicht zur Sanierung verwendet, sondern größtenteils wirkungslos vergeudet. In der ersten Hälfte der siebziger Jahre hatte der osmanische Fiskus rund 80 % der Gesamteinnahmen des Staates für die Tilgung der Auslandsanleihen und die Zinszahlung zu verwenden. Unter diesen Voraussetzungen musste die osmanische Pforte im Oktober 1875 den Staatsbankrott anmelden. Zur Lösung der Finanzmisere wurde 1881 eine internationale Staatsverschuldung, die *Dette Publique Ottomane* eingerichtet. Ihr trat die Pforte künftig zahlreiche fiskalische Einkünfte ab. Damit aber wurde das Eindringen europäischen Kapitals weiter forciert: Die Abhängigkeit des Reichs von europäischem Finanzkapital wurde faktisch vollkommen. Fünf Jahre zuvor war Ägypten Ähnliches widerfahren.

Während der folgenden drei Jahrzehnte regierte Abdülhamit II. autokratisch. In der Bewertung seiner Herrschaft durch die Historiker hat lange der repressive Charakter seiner Machtausübung im Vordergrund gestanden. Seiner misstrauischen Natur folgend, wurde ein Apparat umfassender Bespitzelung und Zensur eingesetzt. Viele kritische Geister gingen ins Ausland – nach Europa oder Ägypten, wo die britische Herrschaft seit 1882 liberalem Gedankengut Freiräume ließ. Die Bestrebungen politischer Zentralisierung führten nicht zuletzt in Anatolien zu Spannungen, insbesondere unter den christlichen Untertanen. Anstelle der Reformen im anatolischen Osten, zu denen sich die osmanische Regierung auf dem Berliner Kongress verpflichtet hatte, kam es zu gewalttätiger Unterdrückung insbesondere gegen die armenische Bevölkerung (► S. 114).

Dieser negativen Seite der Bilanz der Herrschaft Abdülhamits stellen neuere Arbeiten die Reformansätze seiner Herrschaft gegenüber: Der Bildungssektor wurde ausgebaut, Hoch- und Fachschulen nach europäischen Vorbildern gegründet. Aus der 1877 reorganisierten Zivilbeamtenschule (*Mekteb-i mülkiye*) gingen bis zur Ausrufung der Republik 1923 fast 1800 Kandidaten für den höheren Staatsdienst hervor. 1900 erfolgte die Gründung der *Darülfünun* (»Haus der Wissenschaften«), der Vorgängerin der späteren Universität Istanbul. An ihr wurden die bereits früher gegründeten medizinischen und juristischen Hochschulen zusammengefasst und um eine mathematisch-naturwissenschaftliche, literaturwissenschaftliche und theologische Fakultät ergänzt.

Als »modern« können auch die Bemühungen des Sultans gewertet werden, seiner Stellung als Herrscher eine quasi ideologische Rechtfertigung zu verleihen. Nach dem Grundgesetz war er der »Kalif und Hüter der islamischen Religion und Souverän aller osmanischen Untertanen«. War der Titel des »Kalifen«, den Sultan Selim (reg. 1512–1520) nach der Eroberung Kairos (1517) dem Hause Osman erworben hatte, über Jahrhunderte eher im Hintergrund verblieben, so wurde ihm nunmehr neue Bedeutung zuteil. Auf seine Stellung innerhalb der islamischen Welt zielend, unterstützte Abdülhamit die panislamische Bewegung. Er knüpfte Kontakte zu den Muslimen unter russischer und britischer Herrschaft sowie zu schiitischen Gelehrten in Iran. Über die Wallfahrt nach Mekka sowie transnationale Netzwerke sufischer Orden ließ er proosmanische Propaganda verbreiten und richtete ein System osmanischer Konsulate in muslimischen Ländern ein. Kontakte bestanden auch zu dem panislamischen Aktivisten Dschamal ad-Din al-Afghani (► S. 91).

Nach innen propagierte Abdülhamit die Ideologie des Osmanismus: Gegenüber den Nationalismen der einzelnen Völker des Reichs sollte er das Zusammengehörigkeitsgefühl aller osmanischen Staatsbürger fördern. Bereits das *Hatt-ı humayun* von 1856 hatte die volle Gleichheit der Bürger ungeachtet der Religion versprochen. Und das Nationalitätsgesetz von 1869 hatte eine gemeinsame osmanische Staatsbürgerschaft ungeachtet der religiösen und ethnischen Zugehörigkeit geschaffen. Damit wurde das *millet*-System, das insbesondere nicht-muslimischen religiösen Gruppen einen Sonderstatus im Reich verlieh, nicht abgeschafft. Aber bürgerliche Rechte und Pflichten sollten allen »Bürgern« gleichermaßen zukommen: Das bezog sich u. a. auf die Grundschulbildung, die Besteuerung und die Wehrpflicht. Nach dem Grundgesetz wurden alle Untertanen »ohne jede Ausnahme« Osmanen genannt.

Die vergleichsweise innere Ruhe im Reich während der letzten beiden Jahrzehnte vor der Jahrhundertwende sollte täuschen. Relativ leicht war es zwar gelungen, die Opposition seitens der »Jungen Osmanen« zu zerschlagen. Hinter der Oberfläche aber nisteten weiterhin Opposition und Widerstandsgeist gegen die despotische Amtsausübung durch den Sultan. Es sollte etwa bis zur Jahrhundertwende dauern, bis sich dieser Widerstand wieder politisch organisierte. Netzwerke politischer Opposition entstanden im Ausland, namentlich in Frankreich, aber auch in der Schweiz. Der Bazillus des Widerstands infizierte Teile der Armee. Als »jungtürkische« Bewegung befeuerte er schließlich die Forderung an den Sultan, den Modernisierungs- und Demokratisierungsprozess weiter voranzutreiben. Der »jungtürkische« Staatsstreich von 1908 sollte der zweite Anstoß zu tiefgreifenden Veränderungen im Nahen Osten des 20. Jahrhunderts werden. Vorangegangen war die Verfassungsrevolution, die ein bürgerliches Bündnis zwei Jahre zuvor in Persien ins Werk gesetzt hatte.

3.2 Irans Weg aus dem Mittelalter

Als sich Agha Muhammad Khan Qadschar 1796 zum Schah von Persien krönte, war dies das Ergebnis langer Kämpfe (► S. 26). Bereits sein Vater, Muhammad Hasan Khan, hatte – Jahrzehnte zuvor – Anspruch auf die Herrschaft erhoben. Dem turkmenischen Klan der Qoyunlu angehörend, hatte er von seinem Stammsitz in Astarabad aus, im heutigen Gurgan im Nordwesten Persiens, Nadir Schah herausgefordert. Dabei hatte er den Kürzeren gezogen und war aus Astarabad vertrieben worden. Bemühungen, nach Nadir Schahs Ermordung (1747) seine Herrschaft zurückzugewinnen, stießen auf den Widerstand Adil Schahs, eines Neffen des Ermordeten. Während Muhammad Hasan Khan der Verfolgung entkommen konnte, fiel sein ältester Sohn, Muhammad (geb. 1742), Adil Schah in die Hände. Um Muhammad – nach der Praxis seiner Zeit – für die Ausübung der Macht auf immer zu disqualifizieren, ließ Adil ihn im Alter von etwa sechs Jahren kastrieren: von daher sein Beiname »Agha« (Eunuch). Mit dem Tod Adil Schahs (1748) kehrte Agha Muhammad zu seinem Vater zurück und teilte während des folgenden Jahrzehnts dessen abenteuerliches Leben. Denn wie dieser sich zuvor gegen Nadir gewandt hatte, so kämpfte er nunmehr mit Karim Khan Zand um die Macht. Wieder unterlag er. Mit seinem Tod (1759) geriet sein Sohn, »Agha« Muhammad Khan, an den Hof der Zand in Schiraz. Dort hielt ihn Karim Khan während der nächsten zwei Jahrzehnte in einer – freilich sehr generös und respektvoll ausgeübten – Geiselhaft. So hatte er ausreichend Zeit, die politischen Umstände seiner Zeit zu studieren.

Mit dem Tod des Schahs im März 1779 entwich Agha Muhammad Khan, nunmehr 37-jährig, von Schiraz nach Mazandaran, seine Heimat. Planmäßig baute er in den folgenden Jahren seine Herrschaft aus. Bis 1785 festigte er seine Machtbasis im Norden und Nordwesten des Landes. Sein stärkster Gegner war dabei Ali Murad Khan Zand. Danach stieß er nach Zentralpersien, das Kernland der Zand, vor. Mit der grausamen Ermordung Lutf Ali Khan Zands, des Nachfolgers Karim Khans, der ihm durch Verrat in die Hände gefallen war, im November 1794 war er Herr über die Provinzen Fars und Kerman. Damit beherrschte er nunmehr in etwa jene Gebiete, die Teile des Reichs von Karim Khan Zand gewesen waren. Sein Ehrgeiz aber trieb ihn weiter: Es galt, das Reich der Safawiden wieder zu erneuern. Im Sommer 1795 drang er auf dem Weg nach Georgien in den Kaukasus ein. Im September fiel Tiflis; die Stadt wurde geplündert und verwüstet. 15 000 Georgier, zumeist Frauen und Kinder, wurden als Sklaven nach Persien deportiert.

Bislang hatte Agha Muhammad sich geweigert, den Titel des »Schah« anzunehmen – und tatsächlich fehlte ihm noch Khorasan, der Nordosten Persiens mit dem Zentrum Maschhad, um seine safawidischen Träume zu erfüllen. Auf dem Feldzug dorthin, im Winterlager in der Mughan Steppe, gab er dem Drängen seiner engsten Gefolgsleute nach und vollzog die Krönung im März 1796 – 60 Jahre, nachdem Nadir Khan diesen Schritt am gleichen Ort getan hatte. Indem er sich mit dem Schwert von Schah Isma'il I., dem Begründer der safawidischen Dynastie, umgürtete, machte er sichtbar, dass er seine Legitimation zu herrschen aus eben dieser Tradition ableiten würde. Mit der Einnahme von Maschhad im Mai 1796, das er – aus Respekt vor dem Heiligtum des Imam Reza – zu Fuß betrat, endete die Unterwerfung Irans. Agha Muhammad sollte die Erfüllung seines Lebenswerks nicht lange überleben. Denn am 16. Juni 1797 wurde er in Schuscha im Gebiet des heutigen Berg-Karabach ermordet, Opfer eines Anschlags zweier Diener, denen er, obgleich bereits zum Tode verurteilt, einen Tag Aufschub bis zu ihrer Hinrichtung gewährt hatte. Auch seine letzte Ruhestätte hatte Bezug zu den Safawiden: Der Leichnam wurde nach Nadschaf gebracht und dort am Heiligtum von Imam Ali in der Nähe von Schah Abbas I. bestattet.

Agha Muhammad Schah Qadschar gründete eine Dynastie, die immerhin bis 1925 überleben sollte. Unter ihrer Herrschaft vollzog sich der Übergang Persiens vom Mittelalter in die Neuzeit. 1786 hatte er Teheran, eine kleine Stadt von zwischen 15 000 und 30 000 Einwohnern, in der Nähe von Ray, dem antiken Raghes, gelegen, zu seiner Hauptstadt gemacht. Ihre Lage im Norden des Landes nahe den Siedlungsgebieten seines Stammes, sicherte ihm dessen Rückhalt. Die zivile Verwaltung des Staatsgebiets freilich blieb unter Agha Muhammad Schah rudimentär. Persönliche Hingabe und Loyalität ihm gegenüber waren die wichtigsten Kriterien bei der Besetzung von Schlüsselpositionen. Seinem Selbstverständnis als *Schahanschah* (»König der Könige«) gemäß sah er sich als die Quelle von Gerechtigkeit und als Beschützer der Armen. Das Land war weithin befriedet, die Gouverneure und Statthalter des Herrschers waren zu Mäßigung im Umgang mit den Untertanen angehalten; Verfehlungen freilich konnten auf das härteste bestraft werden.

Im Kern war das Leben Agha Muhammad Khans dasjenige eines Mannes gewesen, der aus dem Sattel regiert hatte. Nicht wirklich charismatisch, war er hartnäckig bei der Durchsetzung seiner Ziele. Zwar verstand er auch, politische Allianzen zu schmieden und den Treibsand der Loyalität der Stämme in die von ihm gewollte Richtung zu wenden – diesbezüglich hatte er in seinem zwanzigjährigen Aufenthalt am Hofe der Zand viel lernen können. Aber sein Heer war das wirkungsvollste und verlässlichste Instrument auf dem Weg der Neugründung Persiens. Von dem Zeitpunkt, da er den Hof der Zand verließ, bis zu seinem Tod hat er es unablässig im Einsatz gehalten. Was er an administrativer Weitsicht vermissen ließ, machte die Grausamkeit wett, mit der er unterlegene Feinde heimsuchte und für die er weithin berüchtigt war. Biographen schreiben sie auch der Tatsache seiner Kastration zu: Diese habe eine besonders brutale Rachsucht in ihm entstehen lassen.

Seiner körperlichen Verstümmelung als »Agha« geschuldet, hatte Muhammad Schah keine eigenen Kinder. Seit langem hatte er deshalb seinen Lieblingsneffen,

Fath Ali Khan, als Nachfolger designiert. Ein kurzes Ringen um die Macht mit potentiellen Prätendenten war bald beendet. Bereits im August 1797 ritt Fath Ali Khan (geb. 1772) in Teheran ein, wo er sich am 21. März 1798 zum Schah krönte. Der Ehrgeiz Agha Muhammad Schahs, die Qadscharen auf dem Thron der Safawiden zu verankern, hatte sich damit erfüllt – auch wenn er sich nicht alle Gebiete, die Teile des safawidischen Reichs gewesen waren, hatte untertan machen können. Das Zweistromland verblieb bei den Osmanen und die östliche Region des iranischen Hochlandes wurde Teil des in der zweiten Hälfte des 18. Jahrhunderts entstehenden afghanischen Staates.

Die Ausgangssituation der Herrschaft Fath Ali Schahs war eine andere als die seines osmanischen Zeitgenossen Selim III. (1789–1807) und dessen Nachfolgers Mahmud II. (1808–1839). Die Familie Osman herrschte seit Jahrhunderten über ein Großreich, ihre Legitimation stand nicht prinzipiell infrage. In ihrer Außenpolitik hatte sich die osmanische Zentralgewalt die diplomatischen Gepflogenheiten zu Eigen gemacht, wie sie auch im Verkehr der europäischen Mächte untereinander üblich geworden waren. Aber das Großreich war im 18. Jahrhundert unter Druck geraten und musste zunehmend um seinen territorialen Bestand ringen.

Der neue Herrscher in Teheran sah sich elementareren Herausforderungen gegenüber. Sein Onkel hatte das Staatsgebiet mit großer Gewalt zusammengefügt. Die Machtausübung im Zentrum des Staates und in den Provinzen war in höchstem Maße durch ihn und seine führenden Gefolgsleute personalisiert. Den Qadscharen fehlte also die jahrhundertealte Legitimation der Geschichte. Zugleich war die Ausgangssituation umso schwieriger, als sich Fath Ali Schah von Beginn an dem Andringen europäischer Mächte ausgesetzt sah, die an der persischen Landbrücke zwischen Vorderem Orient und dem südasiatischen Subkontinent geopolitisches und wirtschaftliches Interesse zu nehmen begannen. Persien geriet zwischen die Mühlsteine europäischen Vormachtstrebens: Das waren zu Beginn der Herrschaft Fath Ali Schahs Frankreich und England; sehr bald aber schied Frankreich aus dem Ringen aus und Russland trat an seine Stelle.

Während Staat und Gesellschaft im Osmanischen Reich (und in Ägypten) im Verlauf des 19. Jahrhunderts durch Reformen tiefgreifend verändert wurden, sollte der Prozess der Modernisierung in Persien schleppend und oberflächlicher verlaufen. Die Ausübung der Macht durch den Schah stand auf tönernen Füßen. Bereits bei der Regelung der Nachfolge Fath Ali Schahs im Jahr 1834 war die Hand Russlands unübersehbar. Und spätestens von diesem Zeitpunkt an sollten Russland und England über nahezu ein Jahrhundert um politischen und wirtschaftlichen Einfluss in Persien ringen. Beide Seiten waren am Erhalt der Dynastie interessiert: Sie war der Garant, zu verhindern, dass Persien vollständig unter die Kontrolle der einen oder anderen Macht fallen würde. Ohne diese »stabilisierende« Rivalität wäre das Schicksal der Dynastie möglicherweise früher besiegelt gewesen – und Russlands Einfluss hätte sich bis zum Persischen Golf ausgedehnt. Dem musste England mit Blick auf seine Interessen dort und insbesondere auf seine Besitzungen in Indien entschieden entgegentreten.

Seit langem hatten die Zaren ihren begehrlichen Blick auf den Kaukasus geworfen. Unter Katharina II. hatte das Zarenreich seine aktive Expansionspolitik im Kaukasus wieder aufgenommen; dabei war dem christlichen Georgien eine besondere Rolle zugefallen. Die Schwächung der persischen Zentralgewalt im Gefolge der Ermordung Agha Muhammad Schahs im südlichen Kaukasus hatte dem Einfluss Russlands insbesondere in Georgien Tür und Tor geöffnet. 1801 war es zum Protektorat erklärt und dem Zarenreich eingegliedert worden. In seinem Bemühen, das von seinem Onkel eben erst eroberte Land zurückzugewinnen, setzte Fath Ali Schah auf die europäischen Mächte. Der russisch-französisch-englische Machtpoker über die Landverbindung nach Indien schien ihm geeignet, Verbündete zu gewinnen, indem er die Mächte gegeneinander ausspielte. 1800 schickte London eine Delegation nach Teheran, um den Schah für sich zu gewinnen. 1801 kam ein Vertrag zustande, der weitgehende Handelsprivilegien umfasste. Solange freilich Napoleon gleichermaßen eine Bedrohung für England und Russland darstellte, war London nicht bereit, Teheran in einem militärischen Vorgehen gegen Russland im Kaukasus zu unterstützen. So kam Napoleon zum Zug. Nach seinem Scheitern in Ägypten hoffte er, die Briten in ihren Besitzungen in Indien treffen zu können. Im Mai 1805 traf eine französische Delegation in Iran ein, um für ein Bündnis zu werben. Zu einem solchen kam es tatsächlich zwei Jahre später im ostpreußischen Finckenstein: Frankreich signalisierte seine Unterstützung bei der Rückgewinnung Georgiens, im Gegenzug würde der Schah alle Briten aus Persien ausweisen und – vor allem in der Armee – durch Franzosen ersetzen. Der Abschluss des Friedens von Tilsit zwischen Napoleon und dem Zaren bereits am 7. Juli 1807 dämpfte den französischen Enthusiasmus, Teheran in Georgien gegen Russland zu unterstützen. Aus dem fortgesetzten Schaukelspiel ging schließlich England als Sieger hervor. Die Niederlage Napoleons gegen Russland schließlich (1812) warf Frankreich endgültig aus der Rivalität der Mächte um Persien. Künftig sollte diese zwischen Russland und England ausgetragen werden. Der geistige und zivilisatorische Einfluss Frankreichs, nicht zuletzt in Gestalt französischer Berater in zahlreichen Bereichen des öffentlichen Lebens, und die französische Sprache sollten aber – zumindest unter der Elite – weiterwirken.

Im Schaukelspiel zwischen den europäischen Mächten erscheint Iran eher als passiver denn als aktiver Spieler. Der Schah verfügte nicht über eine militärische Streitmacht, die ihn ebenbürtig an die Seite der anderen drei hätte treten lassen. Gleichwohl suchte er seit 1804, militärisch seine Ziele gegenüber Russland in Georgien zu erreichen. Solange Russland auf dem europäischen Kriegsschauplatz gebunden war, konnte der Zar seine militärischen Potentiale im Kaukasus nicht voll zur Wirkung bringen. Die Kämpfe zogen sich mit wechselnden Erfolgen hin. Nach dem Frieden von Tilsit (1807) bot der Zar dem Schah zwar Unterstützung gegen die Osmanen an, stellte Georgien aber nicht zur Disposition. 1810 erklärte Fath Ali Schah den Krieg zu einem »heiligen Krieg«. Zwar waren die Russen zahlenmäßig unterlegen, aber ihr Vorsprung in Strategie und Kriegstechnik zwang Iran im Oktober 1813 zur Kapitulation. In Gulistan unterzeichneten beide Seiten einen für den Verlierer erniedrigenden Friedensvertrag: Persien verlor alle Gebiete im Kaukasus nördlich des Flusses Kura, d. h. Derbent, Baku und Schirvan. Zugleich erhielt Russland das ausschließliche Recht, eine Kriegsflotte auf dem Kaspischen Meer zu unterhalten. Artikel 4 des Vertrages sicherte Russland eine Mitbestimmung bei der Designation des Kronprinzen zu. Verhängnisvoll für die politische und wirtschaftliche Entwicklung Irans sollten sich die Bestimmungen auswirken, die die wirtschaftlichen Beziehungen betrafen. Dabei handelte es sich um Vereinbarungen, die im Falle des Osmanischen Reichs – beginnend 1569 mit Frankreich und in der Folge fortgesetzt mit anderen europäischen Mächten – als »Kapitulationen« in die Geschichte eingegangen sind. Russen wurde das Recht eingeräumt, in Iran Eigentum zu erwerben und im Handel nur einen einzigen Wertzoll von fünf Prozent zu entrichten. Zwar waren ähnliche Vorteile bereits früher England vergeben worden, der Vertrag von Gulistan aber enthielt weiterreichende Konzessionen in der Außenhandelspolitik, als das vorher jemals der Fall gewesen war. Namentlich die Befreiung von Binnenzöllen, die russische Kaufleute innerhalb Persiens genossen, räumte ihnen gegenüber den einheimischen Kaufleuten, die nach wie vor diese Abgaben zu entrichten hatten, handfeste Vorteile ein.

Der Krieg hatte die Schwäche des Landes offenbart. Diese freilich lag nicht nur im militärischen Bereich; vielmehr war die militärische Schwäche Ausdruck der gesellschaftlichen Verhältnisse und der allgemeinen Unterentwicklung des Landes. Auch wenn sich der Herrscher als »König der Könige« (*schahanschah*) bezeichnete, war seine tatsächliche Macht beschränkt. Der die politische Loyalität der Untertanen grundlegend bestimmende Tatbestand war die tribale Gliederung der Gesellschaft. Die Stämme und Stammesverbände – so etwa die Turkmenen im Nordosten, die Qaschqai in der zentralen Provinz Fars, die Schahsevan in Aserbaidschan, die Kurden im Westen, die Lur sprechenden Bakhtiaris und die Luren zwischen den Kurden und Qashqai, die Araber im Südwesten, die Belutschen im Südosten – sie alle waren machtvolle gesellschaftliche und politische Verbände. Halbautonom in ihrem Status, verfügten sie zugleich über beträchtliche militärische Stärke, die jeweils von Fall zu Fall für die Interessen und Pläne der Zentralgewalt gewonnen werden musste. Unter einer Bevölkerung von fünf bis sechs Millionen Menschen waren etwa ein Zehntel Nomaden. Vor diesem Hintergrund erklärt sich das grundlegende Dilemma des Herrschers: Auf der einen Seite war er das Zentrum staatlicher Machtausübung, beständig bemüht, seine Stellung als »König der Könige« zu rechtfertigen und propagandistisch zu erhöhen. Auf der anderen fehlten ihm die Machtmittel, dies durch herrschaftliches Handeln im Gesamtinteresse des Staates in Erscheinung treten zu lassen. Militärisch relativ schwach, reichte sein herrscherlicher Arm in Teilen des 19. Jahrhunderts kaum über die Tore Teherans hinaus. So musste der Schah also indirekte Wege der Machtausübung beschreiten: oppositionelle Kräfte spalten, politische Rivalitäten schüren, Vergünstigungen anbieten und »Gäste«, sprich Geiseln machtvoller Stämme und Familien, am Hof halten.

Die Schwäche der Zentralgewalt und das Fehlen leistungsfähiger staatlicher Institutionen machten sich nicht zuletzt bei den Staatseinnahmen bemerkbar. Hohe Ämter – so auch die Gouverneursposten – wurden meistbietend versteigert. Das veranlasste die Amtsinhaber, aus ihren Posten in kürzester Zeit herauszuholen, was herauszuholen war. An einer langfristigen Entwicklungsperspektive der Staatsfinanzen bestand kein Interesse, galt es doch, für die nächste »Versteigerung« finanziell aussichtsreich vorgesorgt zu haben. Ein Großteil der Staatsdomänen musste in Form von Lehen als Gegenleistung für militärische Unterstützung vergeben werden. Diese aber wurden zum Teil erblich und genossen Steuerbefreiung. In der langen Periode ihrer Herrschaft haben die qadscharischen Herrscher – im Gegensatz zu den Osmanen über weite Epochen – keinen ernsthaften Versuch unternommen, Wege zu beschreiten, die kontinuierlich und langfristig auf eine Steigerung des allgemeinen wirtschaftlichen Wohlstands ausgerichtet gewesen wären. So blieb auch die Modernisierung insgesamt, d. h. die Anpassung von Staat, Gesellschaft, Wirtschaft und geistigem Leben an die Herausforderungen, die sich aus dem Zusammenstoß mit europäischen Nationen ergaben, Stückwerk. Häufig war sie das Werk von einzelnen Persönlichkeiten. Fielen diese beim Herrscher aus politischen oder persönlichen Gründen in Ungnade, erlosch die Dynamik der Erneuerung.

Die Aufwendungen Fath Ali Schahs (und seiner Nachfolger) für Hofhaltung und Herrschaftsstil standen in krassem Gegensatz zu dem Mangel an Entschlossenheit, Staat und Gesellschaft auf ein neues Fundament zu stellen. Der »König der Könige« war bemüht, den konkurrierenden Herrscher in Konstantinopel – ja »nur« ein Sultan – in den Schatten zu stellen. Hatten frühere Herrscher über Persien Isfahan und Schiraz geschmückt, so entstanden nunmehr aufwendige Bauten in Teheran. Zugleich sollten Theologen, Dichter und Schriftsteller das Zentrum der Macht zum »Musenhof« machen (an dem der Herrscher auch selbst dichterischen Ehrgeiz entfaltete). Zur Bekundung seines religiösen Eifers wurden Mittel für die goldenen Kuppeln der Gräber der schiitischen Imame – so in Qum und Maschhad – aufgebracht. Die – erfolglosen – militärischen Unternehmungen zur Rückgewinnung verlorener Territorien bedeuteten eine anhaltende Belastung des Staatshaushalts. Unsummen schließlich verschlang der persönliche Lebensstil Fath Ali Schahs: Legendär geworden ist sein Harem. Alles in allem soll er tausend Frauen umfasst haben, denen noch die Eunuchen hinzuzufügen sind. Von seinen zahlreichen Kindern haben ihn 60 männliche und 55 weibliche Nachkommen überlebt.

Zu Ansätzen einer Modernisierung von Verwaltung und Militär kam es in Täbris, der Hauptstadt Aserbaidschans. Dort herrschte als Gouverneur Abbas Mirza (1789–1833), ein Sohn Fath Ali Schahs. Er war von seinem Vater mit der Kriegsführung gegen Russland betraut. Auf die Niederlage von Gulistan sollte eine zweite folgen. 1825 hatte Russland Teile des heutigen Armenien besetzt. 1826 entschloss sich Abbas Mirza zum Krieg, der 1827 mit der Besetzung von Täbris durch russische Truppen endete. Der Friede von Turkmentschai (1828) war für Persien nicht weniger folgenschwer als sein Vorgänger in Gulistan. Nicht nur verlor das Land alle Gebiete nördlich des Aras, der nunmehr zur Grenze zwischen dem Zarenreich und Persien wurde. Persien musste hohe Reparationszahlungen leisten und Russland die umfassende extraterritoriale Jurisdiktion über russische Staatsburger einräumen. Die mit Russland getroffenen Vereinbarungen wurden später auf andere europäische Mächte, namentlich England, ausgedehnt. Immerhin weckten die in den Kriegen gemachten Erfahrungen in Abbas Mirza ein Bewusstsein für die Notwendigkeit von Reformen. Wie die Reformsultane in Konstantinopel begann er mit dem Heerwesen. Französische, englische und russische Ausbilder wurden ins Land geholt; umgekehrt wurden Perser zur Ausbildung ins Ausland geschickt. Mit der Produktion von Kanonen wurde ein erster Schritt in Richtung auf eine Industrialisierung gemacht. Die Verkehrsinfrastruktur wurde verbessert, erste Maßnahmen zur Stärkung der Verwaltung unternommen. Mit dem Tod von Abbas Mirza 1833 freilich verlosch das zarte Flämmchen erster Reformen bis auf Weiteres wieder. In seinen Bemühungen hatten ihm zwei außerordentliche Persönlichkeiten zur Seite gestanden: die »Großwesire« (*sadr-e a'zam*) Vater Isa (gest. 1822) und dessen Sohn Abu l-Qasim

Farahani Qa'im Maqam. Dessen Ende sollte nicht untypisch sein für das Schicksal einer Reihe von herausragenden Persönlichkeiten – sowohl vor, insbesondere aber nach ihm. Fath Ali Schah starb 1834, ein Jahr nach seinem für den Thron designierten Sohn Abbas Mirza. Nachdem es Abu l-Qasim Farahani gelungen war, im Schlangennest der Prätendenten den Sohn seines prinzlichen Dienstherrn als Muhammad Schah zum Nachfolger zu machen, fiel er einer Palastintrige zum Opfer: 1835 ließ ihn der neue Herrscher auf Anraten seines Beraters und Günstlings Mirza Aqasi erdrosseln.

Überzeugt, dass Herat im Nordwesten Afghanistans leichter zurückzugewinnen sein würde als Georgien, hatte Abbas Mirza 1833 einen Angriff auf die Stadt begonnen. Dabei stieß er freilich auf den Widerstand Englands, das seinerseits dabei war, Afghanistan seiner Kontrolle zu unterwerfen. Mit dem Tod seines Vaters (1833) und seines Großvaters (1834) übernahm Muhammad Schah (reg. 1834–1848) dieses schwierige Erbe. Die Armee und die Finanzen waren erschöpft. Nachdem bei der Regelung der Nachfolge Fath Ali Schahs auch England und Russland ihre Hände im Spiel gehabt hatten, musste die Belagerung Herats abgebrochen werden. Damit wuchs der Einfluss Englands nachhaltig an. In den Jahren 1836 bis 1841 schlossen London und Teheran Verträge ab, die England alle Vorrechte einräumten, die vorher bereits Russland innehatte. Die Meistbegünstigungsklausel, die im Vertrag mit England von 1841 enthalten war, sollte dann in späteren Abkommen Persiens auf andere fremde Mächte ausgedehnt werden.

Ein Vorfall vom Februar 1829 lässt schlaglichtartig deutlich werden, wie hoch einerseits die Abhängigkeit von Russland bereits war, wie erniedrigend andererseits diese auch im Volk empfunden wurde. Zur Umsetzung der Bestimmungen des Vertrages von Turkmentschai, namentlich der Zahlung von Reparationen und der Entlassung von Kriegsgefangenen, schickte der Zar Alexander Gribojedow (geb. 1795), Diplomat zugleich aber auch bekannter Schriftsteller, nach Teheran. Dessen arrogantes Auftreten war als solches bereits geeignet, bei seinen persischen Gesprächspartnern Unmut zu erregen. Dieser steigerte sich zum Volkszorn, als er Damen georgischer und armenischer Herkunft aus dem Harem des Großwesirs, die zum Islam übergetreten waren, in der russischen Vertretung Aufnahme bot. Die Mullas schürten das Gerücht, Gribojedow bekehre zwangsweise Muslime zum Christentum. Damit mobilisierten sie einen Mob, der schließlich in die russische Vertretung eindrang und bis auf einen das gesamte Personal – einschließlich Gribojedow – umbrachte. Ein halbes Jahr später, am 24. August, ließ der Zar in St. Petersburg eine persische Delegation zur Audienz vor. In ihr nahm er nicht nur die Entschuldigung des Schahs für den »Gribojedow-Vorfall«, sondern auch – zur Sühnung – üppige Geschenke an: eine Belastung mehr für eine Staatskasse, die ohnehin leer war.

Ansonsten war die Herrschaft Muhammad Schahs eher durch Stillstand gekennzeichnet. Nach der Ermordung Abu l-Qasim Farahanis auf Veranlassung Mirza Aqasis verliefen die folgenden Jahre im Wesentlichen friedlich. Mirza Aqasi war ein Anhänger des sufischen Islams, der Schah stand unter seinem Einfluss. Er ließ die Gräber bedeutender sufischer Dichter und Denker restaurieren; das geistige Klima öffnete sich für europäische Ideen. Die Stellung des offiziellen schiitischen Klerus war geschwächt.

Gerade im religiösen Raum aber vollzogen sich Entwicklungen von großer Tragweite. Sie gingen von der messianischen *Babi*-Bewegung aus, die sich später in veränderter Form als *Baha'itum* weit über die Grenzen Persiens hinaus ausbreiten sollte. Der Begründer der Bewegung, Seyyid Ali Muhammad, wurde 1819 als Sohn eines Kaufmanns in Schiraz geboren. Unter dem Einfluss einer Lehre innerhalb der Zwölfer-Schi'a, die verkündete, dass es immer einen Mann auf der Welt gegeben habe, der in Verbindung mit dem verborgenen zwölften Imam stand und so dessen Willen kundtun konnte, erklärte sich Seyyid Ali Muhammad 1844 selbst zu diesem »Tor« (*bab*) zum verborgenen Imam. Später ließ er durchblicken, dass er der Imam selbst sei, dessen eschatologische Wiederkunft die Schiiten erwarteten. Er verurteilte das Unrecht, das durch traditionelle Herrschaft und westliche Einmischung verursacht worden war. Zu seinen Forderungen gehörten soziale Gleichheit, die Besserstellung der Frauen, die Senkung der Steuern und die Milderung der Strafen. Diese fortschrittliche, von messianischem Eifer getragene religiöse Botschaft gewann in vielen Gegenden Persiens eine starke Anhängerschaft. Es kam zu vereinzelten offenen Revolten, die niedergeschlagen wurden. 1850 wurde der Bab in Täbris öffentlich hingerichtet. Auf ein Attentat seiner Anhänger gegen den neuen Schah Nasir ad-Din 1852 regierte dieser mit grausamer Verfolgung. Die Babis spalteten sich: Die Mehrheit folgte Mirza Husain Ali Nuri, später Baha'ullah (»Glanz Gottes«; 1817–1892) genannt, einem frühen Anhänger des Bab; eine Minderheit seinem Halbbruder Mirza Yahya Nuri, später als Subh-e Azal (»Morgen der Ewigkeit«; 1830–1912) bekannt. Ersterer gab der Bewegung, die heute als *Baha'i*-Religion eine weltweite Anhängerschaft hat, ihren Namen.

Für die Niederschlagung der *Babi*-Bewegung hatte der Schah die Rückendeckung des schiitischen theologischen Establishments, war doch durch die neue Lehre dessen Stellung herausgefordert. Nasir ad-Din Schah (1848–1896) teilte nicht die sufischen Neigungen seines Vaters. In dem Prozess gegen den Bab hatte er selbst den Vorsitz inne. Anders als sein Vater suchte er die Legitimation seitens der Theologen. Das lag schließlich in der Logik der geschichtlichen Entwicklung. Denn auch wenn sich der Machtanspruch, der Stil der Ausübung der Herrschaft und die territorialen Ansprüche der qadscharischen Herrscher an den Safawiden orientierten, konnten – anders als eben diese – der Gründer der Dynastie und seine Nachfahren (bis 1925) keine religiöse Legitimation für sich reklamieren. Mit dem Titel des »Großkönigs« (*schahanschah*) knüpften sie an die uralte, vorislamische Tradition des persischen Königtums an. Eine Absicherung gegenüber dem schiitischen Klerus war jedoch zur Stabilisierung ihrer Herrschaft unerlässlich, bestand doch die Gefahr, dass sich eine Opposition gegen die Dynastie – wie eben im Falle des Bab – religiöser Argumentation hätte bedienen können. Die *ulama* ihrerseits waren zu einer begrenzten Zusammenarbeit mit der Dynastie bereit, auch wenn tief eingewurzeltes Misstrauen der Institution der Monarchie gegenüber fortbestand. Mit einer allzu großen Nähe wollten sich viele nicht »verunreinigen«. Eine Parallele mit der Doktrin der »zwei Schwerter«, mit der mittelalterliche Staatstheoretiker das Verhältnis von Kaiser und Papst zu erfassen suchten, liegt durchaus nahe.

Seit dem 14. Jahrhundert war der hohen Geistlichkeit ein besonderer Stellenwert für die Auslegung der schiitischen Lehre zugewachsen. Nach einem langen Studium der religiösen Texte waren die Theologen schließlich zum *idschtihad* befähigt, d. h.

zur selbstständigen Rechtsfindung aufgrund rationaler Abwägungen. Damit waren sie *mudschtahids* und berufen, den Gläubigen in allen Fragen des individuellen, aber auch öffentlichen Lebens eine Weisung zu erteilen, die aus den Grundsätzen der islamischen Religion schöpfte. Unter den Qadscharen schließlich bildete sich der Klerus aus, der in der Staatstheorie Khomeinis später eine buchstäblich staatstragende Rolle spielen sollte. Zwar gab es noch nicht die Institutionalisierung der Stellung des »vorzüglichsten Gottesgelehrten«, der selbst berufen sein würde, an die Spitze eines islamischen Staatswesens zu treten (► S. 445). Aber eine Hierarchisierung geistlicher Ränge wurde durchaus Praxis. Der Ehrentitel eines *ayatollah* (»Zeichen Gottes«) war bereits zuvor in Gebrauch gekommen. Seit dem 19. Jahrhundert haben sich dann einzelne prominente *mudschtahids* aufgrund ihrer Fähigkeiten und ihrer Popularität den Rang allgemein anerkannter Autoritäten erworben. Sie wurden zu »Instanzen der Nachahmung« (*mardscha at-taqlid*), d. h. ihr Vorbild wurde weithin verbindlich, ihre Entscheidungen waren allgemein gefragt und wurden akzeptiert – weit über den lokalen oder regionalen Rahmen hinaus, in dem die Autorität eines *mudschtahid* gewöhnlich ihr Betätigungsfeld fand. Im Prinzip war (und ist bis heute) im Chor der *mudschtahids* Vielfalt angelegt, können doch die Auslegungen der religiösen Quellen durch die dazu Befähigten sehr unterschiedlich ausfallen. Ein Dogma der Unfehlbarkeit gibt es nicht. Auch verfällt die Gültigkeit der Entscheidungen mit dem Tod des *mudschtahid:* Geltung haben nur die Entscheidungen der lebenden Geistlichen.

Der Beginn der Herrschaft Nasir ad-Din Schahs stand im Zeichen von Reformen. Ihr Motor war sein Wesir (*sadr-e a'zam*, »Ministerpräsident«) Mirza Taqi Khan Amir Kabir (1807–1852). Aus kleinen Verhältnissen stammend, war er dem jüngeren Qa'im Maqam durch seine Intelligenz aufgefallen; dieser hatte ihm eine hervorragende Ausbildung angedeihen lassen. Ein Aufenthalt in Russland hatte ihn mit europäischem Geist in Militärwesen, Verwaltung, Gesellschaft und Kultur in Berührung gebracht. Im Verlauf eines vierjährigen Aufenthalts in der Türkei (1843–1847) wurde er Zeuge der Neuerungen in den Bereichen des Rechts, der Finanzen, der Verwaltung und des Militärs im Gefolge des 1839 von Sultan Abdülmecit proklamierten Edikts von Gülhane (► S. 53). Sie inspirierten ihn zu einem umfassenden Reformwerk, das er mit Antritt der Herrschaft Nasir ad-Din Schahs ins Werk setzte. Wie auch bei seinen Vorgängern galt sein Hauptinteresse zunächst der Reform des Militärs: Er organisierte die Armee nach westlichem Muster und verstärkte Ausbildung und Schulung. Um die angespannte finanzielle Lage des Staates zu verbessern, verringerte er die Zahl der Sinekuren und ersetzte eine Reihe von Lehen durch bescheidene Renten. Er rief die erste offizielle Zeitung ins Leben, die *Waqayi-e ittifaqiyye* (»Die Chronik der Ereignisse«). Weitere Reformen betrafen das Rechtswesen, einen besseren Schutz religiöser Minderheiten und die Landwirtschaft. Erste Schritte zur Industrialisierung wurden unternommen. Seine wichtigste und nachhaltigste Maßnahme aber war die Gründung der ersten Lehrstätte für höhere Bildung, die *Dar al-Funun* (»Haus der Techniken«) 1851 in Teheran. Auch hier standen Disziplinen im Vordergrund, die das Militärwesen berührten: Im weiteren Sinne gehörten dazu Medizin, Ingenieurwesen, Fremdsprachen und Musik. Große Teile des Lehrkörpers wurden aus Europa rekrutiert – neben England und Russland auch aus Frankreich. Auf diese Weise wurde die *Dar al-Funun* für die kommenden Jahrzehnte ein Tor der Modernisierung und des wachsenden kulturellen Einflusses Europas.

Naturgemäß stießen die Reformen auf den Widerstand jener, deren Privilegien davon negativ berührt waren. Solange der Kampf gegen die Babis angesagt war – Mirza Taqi Khan selbst war ein unerbittlicher Gegner der Bewegung –, war kein Raum, Unzufriedenheit und Opposition an den Tag zu legen. Mit der Unterdrückung der Bewegung aber formierte sich der Widerstand gegen den Wesir: Angeführt von der Königin Mutter kam es zu einer Palastintrige. Schließlich ließ sich der Schah überzeugen, dieser Emporkömmling verfolge noch höhere Ziele, ja wolle sich selbst auf den Thron setzen. Zunächst wurde Mirza Taqi Khan nach Kaschan ausgewiesen. Am 10. Januar 1852 wurde er dort ermordet: Man schnitt ihm die Adern der Gliedmaßen auf und ließ ihn verbluten – mit einem Knebel im Mund, um ihn am Schreien zu hindern.

In kürzester Zeit waren breite Impulse der Modernisierung angestoßen worden. Mit der frühen Ermordung ihres Urhebers aber kehrte erst einmal wieder Stagnation zurück. Einige der Reformen wurden zurückgenommen und unter der Leitung seines Wesirs Mirza Agha Khan Nuri ließ sich der Schah einmal mehr auf ein afghanisches Abenteuer ein. Der Umstand, dass Englands Kräfte im Krimkrieg gegen Russland gebunden waren, schien die Möglichkeit zu eröffnen, nun doch noch die Eroberung von Herat ins Werk zu setzen. In diesem Bestreben wurde er von Russland unterstützt. Das Kalkül erwies sich als falsch. Britische Truppen landeten in Buschehr und zwangen den Schah, das Vorhaben abzubrechen. Im Rahmen des Friedensvertrages von Paris (1856), der den Krimkrieg beendete, wurden auch die britisch-persischen Beziehungen geregelt: Der Schah musste seinen Anspruch auf Herat und das westliche Afghanistan ein für alle Mal aufgeben; für eine Reihe von Jahren geriet der persische Hof unter den vorherrschend englischen Einfluss. Der russische Vorstoß in Zentralasien führte im Norden zum Verlust persisch- und turksprachiger Gebiete, die in der Vergangenheit Teil des safawidischen Reichs gewesen waren.

Mit dem für Persien erniedrigenden Ausgang der Auseinandersetzung um Herat entließ der Schah 1858 seinen Großwesir. In der Folge experimentierte er mit diversen Formen der Regierungsbeteiligung – erst einem Kabinett mit mehreren Ministern, später einer Art von beratender Versammlung. Sein vorrangiges Interesse dabei bestand darin sicherzustellen, dass alle Fäden des Regierens bei ihm zusammenliefen. Konservative und eher für Reformen offene Kräfte wurden gegeneinander ausgespielt. Unter letzteren war Mirza Malkom Khan eine der schillerndsten und bemerkenswertesten Persönlichkeiten: 1833 in eine armenisch-christliche Familie geboren, erhielt er in Paris seine Ausbildung. Nach seiner Rückkehr nach Persien (1852) konvertierte er zum Islam und unterrichtete zunächst an der *Dar al-funun*. 1858 begründete er eine Art Freimaurerloge (*faramuschkhane*, »Haus des Vergessens«). Zunächst vom Schah darin unterstützt, musste er nach dessen Sinneswandel 1862 ins Exil gehen. Später begnadigt, kehrte er zurück und nahm in den folgenden Jahrzehnten unterschiedliche Posten in Regierung und Verwaltung sowie im diplomatischen Dienst wahr. In seiner Zeit als Botschafter in London (1872–1888) gab er die Zeitschrift *Qanun* (»Das Gesetz«) heraus. Diese und andere Veröffentlichungen sollten ihn zu einem der Väter der Verfassungsrevolution werden lassen, die er als Botschafter in Rom (bis zu seinem Tod 1908) miterleben sollte.

In eine neue Phase trat die Herrschaft Nasir ad-Din Schahs in den sechziger Jahren. Nicht zuletzt angeregt durch Malkom Khan und seinen Großwesir Mirza Husain

Khan, zeigte der Schah offenes Interesse für die Verhältnisse in Europa. Dies schlug sich in drei Reisen nieder, die er 1873, 1878 und 1889 unternahm. Zugleich trieben ihn die ständigen Finanznöte (die durch die erheblichen Aufwendungen für die Reisen verschärft wurden) dazu, sich Geld aus dem Ausland zu verschaffen. Das geschah durch Kredite sowie den Verkauf von Konzessionen an Teilen der persischen Wirtschaft an ausländische Geschäftsleute. Wieder kamen die Impulse von einer starken Persönlichkeit außerhalb des Hofes. Mirza Husain Khan Muschir ad-Daula war 1871 als Großwesir berufen worden. Er stand mit Reformern seiner Zeit in Russland und im Osmanischen Reich in Verbindung. In seiner Zeit als Botschafter in Tiflis hatte er Fath Ali Akhundov (▶ S. 133) und in Konstantinopel Malkom Khan getroffen.

Seine Reisen führten Nasir ad-Din Schah nach Russland, Polen, Preußen, Frankreich, die Schweiz, Italien, Österreich (1873 besuchte er in Wien die Weltausstellung) und in das Osmanische Reich. Er hat darüber ein Tagebuch verfasst, das zwar in Teilen auf skurrile Weise erkennen lässt, wie weit der zivilisatorische und kulturelle Abstand zwischen Persien und Europa war, zugleich aber offenbart es ein lebendiges Interesse des Herrschers an den europäischen Errungenschaften. Auch erwies sich der Schah als begeisterter Fotograph und hat als solcher eine reiche Ausbeute hinterlassen.

Den Auftakt der Konzessionen bildete um 1860 die Konzession an England zum Bau eines Telegraphennetzes. Das lag durchaus im beiderseitigen Interesse: Für England sollte der Telegraph zu einem wichtigen Strang der Kommunikation innerhalb des Empires, zwischen Südasien und London werden. Der Schah sah darin ein Instrument, über die Ereignisse und Zustände innerhalb Persiens kontinuierlich informiert zu werden; die autokratisch zentralistische Machtausübung konnte auf diese Weise weiter gefestigt werden. Die Konzessionen an den britischen Staatsangehörigen Baron Julius de Reuter waren wesentlich weitreichender: Sie gewährten dem Konzessionär nicht nur Exklusivrechte zum Bau von Eisen- und Straßenbahnen, sondern sie räumten ihm überdies besondere Rechte für den Betrieb fast aller Bergwerke, den Bau von Bewässerungsanlagen, die Gründung einer Nationalbank, der *Imperial Bank of Persia*, sowie für zahlreiche industrielle und landwirtschaftliche Betriebe ein – und das alles gegen Entrichtung relativ geringer Summen und bei bescheidener Gewinnbeteiligung des persischen Staates. Diese Politik schlug jedoch fehl. Nicht nur stieß sie auf den Widerstand Russlands; bei der Rückkehr von seiner ersten Europareise sah sich der Schah vielmehr einer Koalition patriotischer und antienglischer Beamter sowie der *ulama* gegenüber. Sie zwang ihn, Mirza Husain Khan zu entlassen und die Konzessionen an Reuter zu widerrufen. Als Antwort darauf instrumentalisierte die britische Regierung das Scheitern der Konzession mit dem Ziel, die Vergabe von Konzessionen an russische und andere ausländische Gesellschaften zu blockieren. 1879 erhielt gleichwohl eine russische Gesellschaft eine bedeutende Konzession für Fischereirechte im Kaspischen Meer. Und auch England sicherte sich in den folgenden Jahren durch weitere Konzessionen die Beteiligung an der Ausbeutung persischer Ressourcen.

Nicht zuletzt aufgrund seiner militärischen Schwäche war der Schah kaum in der Lage, sich den regionalen und lokalen Machthabern im Reich gegenüber als Zentralgewalt zu behaupten. 1879 stellte er einen nach russischem Vorbild organisierten

Verband (»Kosakenbrigade«) auf. Dieser gab ihm zwar eine kleine verlässliche Streitkraft an die Hand. Da er aber von russischen Offizieren befehligt wurde, bedeutete er zugleich eine weitere Stärkung des russischen Einflusses im Land.

Parallel zu der wachsenden politischen und wirtschaftlichen Abhängigkeit von äußeren Mächten hatten sich seit Mitte des Jahrhunderts nachhaltige innere gesellschaftliche Veränderungen vollzogen. Die Intensivierung der Handelsbeziehungen mit Europa hatte zwar die Nachfrage nach persischen Handwerksprodukten, namentlich Teppichen, anwachsen lassen. Davon aber hatten weniger die Erzeuger als die lokalen und westlichen Zwischenhändler profitiert. Zugleich bedrohte die Überflutung des persischen Marktes mit billigen europäischen Importgütern lokale Wirtschaftszweige, so etwa die handwerklich produzierenden Textilbetriebe, in ihrer Existenz. Die europäische Nachfrage nach persischen Agrarprodukten wie Baumwolle, Obst, Nüsse und Opium steigerte die Rendite von Investitionen in der Landwirtschaft. Als Folge davon begannen sowohl traditionelle Grundbesitzer als auch Angehörige der städtischen Mittelklasse und wohlhabendere Dorfbewohner, landwirtschaftliche Nutzflächen aufzukaufen. Auch vor dem Hintergrund der sich im internationalen Handel auftuenden Gewinnchancen steigerten sich der Druck und die Lasten, die die Bauern zu tragen hatten. Zug um Zug verlor die Bevölkerung auf dem Land und in den Dörfern überkommene Rechte und ihre Lebensgrundlage, war sie doch häufig nicht mehr in der Lage, ihre Schulden und sonstigen Verpflichtungen zu bedienen. Verschärft durch anhaltende Wasserknappheit und Missernten, führten die Veränderungen in der Struktur von Landwirtschaft und Handel zu Lasten der Bauern und der städtischen Unterschichten 1870/71 zu einer dramatischen Hungersnot. Schätzungen zufolge starb etwa ein Zehntel der Bevölkerung.

Vor diesem Hintergrund stellt sich die *Babi*-Bewegung als mehr denn nur eine religiöse Erneuerungsbewegung dar: Sie hatte zugleich eine gesellschaftliche und politische Dimension. Sie artikulierte den Protest jener Schichten, die Opfer der skizzierten Veränderungen waren: der Kaufleute, die auf dem von billigen europäischen Produkten überschwemmten Markt nicht mehr mithalten konnten, und der ländlichen Bevölkerung, die sich von der Öffnung der landwirtschaftlichen Produktion für den europäischen Markt marginalisiert sah. Aber auch in jenen Teilen der persischen Gesellschaft, die eine Modernisierung anstrebten, welche sich aber angesichts der politischen Machtverhältnisse nicht oder nur allzu zögerlich durchsetzen ließ, fand die aus der Protestbewegung des Bab hervorgehende Religion des Baha'ullah (Bahaismus) ihre Anhänger.

Im »Tabakprotest« von 1890 bis 1892 vereinigen sich brennpunktartig die für die politische, wirtschaftliche und geistig-kulturelle Lage Persiens signifikanten Fäden. Im März 1890 räumte der Schah einem britischen Staatsbürger ein Monopol für Anbau, Verkauf und Export des gesamten persischen Tabaks ein. Nach monatelanger Geheimhaltung begann die Zeitung *Akhtar* (»Der Stern«) – heute würde man sagen: die Presse – die Angelegenheit ans Licht zu bringen. Die Proteste zogen breite Kreise; in ihnen spielte Dschamal ad-Din al-Afghani, ein religiös-politischer Aktivist von dem noch zu sprechen sein wird (▸ S. 91), eine zentrale Rolle. Zugleich trat die schiitische Geistlichkeit auf den Plan. In einem Schreiben an den Schah protestierte Ayatollah Hadschi Mirza Muhammad Hasan Schirazi, ein im irakischen Samarra residierender hoch angesehener *mudschtahid* und *mardscha'-e taqlid*, gegen den Ausverkauf Persiens an die Europäer. Höhepunkt des Widerstands wurde eine ihm zugeschriebene religiöse Rechtsentscheidung (*fatwa*). Im Herbst 1891 befindet er: »Im Namen Gottes, des Gnädigen, des Barmherzigen! Ab heute wird der Genuss von Tabak in all seinen Formen als ein Krieg gegen den Imam der Zeit betrachtet ...«. Die Folge der *fatwa* ist ein weithin im Lande befolgter Boykott des Genusses von Tabak. Im Januar 1892 widerruft der Schah die Konzession. Erst jetzt erklärt Mirza Schirazi die Geltung der *fatwa* für beendet und am 26. Januar 1892 wird das Rauchen wieder gestattet. Der Wille des Schahs war an einer breiten Allianz des Volkes, der Geistlichkeit und der führenden Köpfe der liberalen Bewegung gescheitert. Die Folgen waren nicht nur eine weitere Erosion des Ansehens des Herrschers. Die Affäre brachte vielmehr dem Land eine dramatische Auslandsschuld ein, da die Tabakgesellschaft die exorbitante Entschädigungssumme von 500 000 Pfund forderte.

Im Rahmen der Jubiläumsfeierlichkeiten zum 50. Jahrestag seiner Regentschaft (nach islamischer Zeitrechnung) wurde Nasir ad-Din Schah nach dem Besuch des hoch verehrten Mausoleums von Schah Abd ol-Azim (Abd al-Azim) im Süden Teherans am 1. Mai 1896 ermordet. Der Täter, ein enger Vertrauter Dschamal ad-Din al-Afghanis, stammte aus dem *Babi*-Milieu. In seinen Motiven mischte sich persönliche Rache für Haft und Folter mit sozialem Protest gegen die Lebensbedingungen der unteren Schichten.

Der Nachfolger, Muzaffar ad-Din Schah, entsprach nicht der Präferenz des Ermordeten; er wurde im Einvernehmen von England und Russland auf den Thron gehoben. Zum allgemeinen Entwicklungsstand des Landes vermerkt der britische Orientalist Edward G. Browne, der 1887/88 Persien bereist hat, er habe »almost the last of what may fairly be called medieval Persia« gesehen.[14] Zehn Jahre nach seiner Krönung sollte sich Schah Muzaffar ad-Din revolutionären Forderungen nach der Beschränkung seiner Herrschaft durch eine Verfassung und durch den Willen eines gewählten Parlaments gegenübersehen.

3.3 Afghanistan – ein junger Staat gewinnt Konturen

Dass das Land, das seit dem Beginn des 19. Jahrhunderts den Namen »Afghanistan« trägt, durch die Geschichte in vielfältiger Weise mit Persien verbunden war, ist oben angedeutet worden. Das gilt auch für die neuere Epoche, die mit dem 19. Jahrhundert beginnt. Wiederholt haben die Herrscher in Teheran versucht, die westafghanische Stadt Herat unter ihre Gewalt zu bringen. Das hatte die um Persien rivalisierenden Mächte auf den Plan gerufen: Russland unterstützte Persiens Ansprüche auf die Stadt – zum einen um seine Position in Teheran zu festigen, zum anderen um Englands Stellung in Afghanistan, die als Bedrohung russischer Interessen in Zentralasien gesehen wurde, zu schwächen. Eben deshalb aber konnte England – bzw. die *British East India Company* – diesen Anspruch Persiens nicht hinnehmen. Eine Konfliktkonstellation baute sich auf, die die dramatische Bezeichnung des *great game* erhalten sollte. Das Ergebnis dieses »Spiels« sollte zu Beginn des 20. Jahrhunderts der Staat Afghanistan sein. Seine Eigenschaft als Puffer zwischen den Mächten an seinen Grenzen hat Afghanistan bis in die Gegenwart nicht verloren. Die sowjetische Invasion in den achtziger Jahren des 20. Jahrhunderts hat diesen Tatbestand einmal mehr augenfällig werden lassen.

Mit dem Vordringen russischer Truppen im Kaukasus im ersten Drittel des 19. Jahrhunderts und dem wachsenden Einfluss Russlands in Persien waren sich russische und britische Einfluss- und Herrschaftszonen immer nähergekommen. 1836 ermächtigte die Regierung in London den britischen Generalgouverneur in Indien, nach eigenem Ermessen zu entscheiden, auf welche Weise der russischen Bedrohung zu begegnen sei. Dieser hegte keinen Zweifel, dass Russlands Vormarsch nur abgewehrt werden könne, wenn Afghanistan unter britische Kontrolle geriete. Als sich Schah Dost Mohammed weigerte, der Forderung nachzugeben, die persischen und russischen Gesandten aus Kabul auszuweisen, erklärten die Briten ihn für abgesetzt und erhoben Schah Schodscha, einen Sohn des 1793 verstorbenen Schah Timur, der sich im indischen Exil aufhielt, zum »rechtmäßigen Herrscher Afghanistans«.

Im Dezember 1838 brach die sogenannte (britische) Indus-Armee in der Stärke von 20 000 Soldaten, 38 000 Trossangehörigen und 30 000 Kamelen auf. Ohne nennenswerte Gegenwehr erreichte sie am 7. August 1839 Kabul; Dost Mohammed floh über den Hindukusch nach Norden, während Schah Schodscha in Kabul den Thron bestieg (auf dem er von 1803 bis 1809 bereits einmal gesessen hatte). Die Ruhe erwies sich freilich als trügerisch. Unter Führung Mohammed Akbars, eines Sohnes Dost Mohammeds, erhob sich gegen Ende 1841 ein breiter bewaffneter Widerstand. Die Briten sahen sich zum Rückzug gezwungen. Bei eisiger Kälte setzte sich am 6. Januar 1842 ein Zug in Marsch, der aus nur noch 4500 Soldaten und 12 000 Trossangehörigen, darunter Frauen und Kindern, bestand. Nur ein Einziger von ihnen, ein Truppenarzt, erreichte am 13. Januar das rettende Dschalalabad – der restliche Zug war von angreifenden Afghanen getötet worden oder der Kälte erlegen. Der Nimbus der Unbesiegbarkeit der Briten war zerstört. Daran konnte auch eine Strafexpedition nichts ändern, in deren Verlauf ein Massaker an Zivilisten verübt und Teile von Kabul zerstört wurden. Nach der Ermordung Schah Schodschas im April 1842 und internen Machtkämpfen brachten die Briten Dost Mohammed wieder zurück auf den Kabuler Thron. In den 1850er Jahren dehnten sie ihr Herrschaftsgebiet auf das gesamte Territorium östlich und südlich der heutigen Grenze Afghanistans mit Pakistan aus. Afghanistan wurde zu einer Pufferzone, die sich zwischen dem russischen und dem britischen Imperium erstreckte.

1863 starb Dost Mohammed. Wieder brachen die üblichen Wirren und Kämpfe um die Nachfolge aus. Aus ihnen ging sein Sohn Schir Ali (reg. 1863–1866 und 1869–1879) als Sieger hervor. Unter seiner Herrschaft wurden erste Schritte einer inneren Modernisierung Afghanistans unternommen. Ein Kabinett nach europäischem Vorbild übernahm die Verwaltung; die Erneuerung im Militärwesen hatte das Ziel, Stammesloyalitäten durch zentralstaatliche Befehlsstrukturen zu ersetzen. Neben einer Militärakademie entstand eine zivile Schule für Angehörige der Stammesaristokratie. Das Steuersystem wurde von Naturalien auf Geldwirtschaft umgestellt. Auch erschien eine erste Monatszeitschrift, die »Sonne des Tages« (*Schams an-*

nahar). Britische Subventionen und Waffenlieferungen hatten ihren Anteil daran, dass die Herrschaft relativ gefestigt war. Sie waren zugleich ein Instrument anhaltender britischer Einflussnahme.

Diese allerdings erschien aus britischer Sicht unerlässlich. Denn Russlands Vormarsch in Mittelasien hielt unvermindert an. So hatte das Zarenreich 1860 Taschkent und 1868 Samarkand erobert sowie das Khanat von Buchara in seine Abhängigkeit gebracht; nunmehr bedrohten sie die Turkmenen in Merw. Das Klima zwischen England und Schir Ali verschlechterte sich, als dieser Anstalten machte, sich Russland anzunähern. Seine Weigerung, der Entsendung einer ständigen britischen Mission nach Kabul zuzustimmen, wurde Anlass eines zweiten britisch-afghanischen Krieges. Im November 1878 begannen die Briten ihren Vormarsch. Schir Ali floh aus Kabul und starb kurz danach am 21. Februar 1879 in Mazar-e Scharif. Sein Nachfolger konnte das britische Vordringen stoppen, indem er im Vertrag von Gandamak am 26. Mai 1879 allen Forderungen der Briten nachgab; sie betrafen nichts Geringeres als die Kontrolle über die Außenpolitik Afghanistans. Bald freilich schien sich das Szenario des ersten britisch-afghanischen Krieges zu wiederholen. Denn am 3. September wurden die Angehörigen der britischen Mission, die Ende Juli in Kabul eingezogen war, ermordet. Zwar gelang es einer neuerlichen britischen Militärmission bereits im Oktober, Kabul zu besetzen, doch sahen sie sich in den folgenden Monaten einem breiten militärischen Widerstand gegenüber. Britische Truppen entgingen nur knapp der völligen Vernichtung. Und noch am 27. Juli 1880 erlitten sie in der für Afghanen denkwürdigen Schlacht von Maiwand eine Niederlage. Kandahar wurde belagert. Erst nach der Entsendung eines Entsatzheeres konnte der Aufstand unterdrückt werden.

Mit der Proklamation von Abd ar-Rahman Khan, einem Enkel Dost Mohammeds, im Juli 1880 als Emir »Afghanistans« glaubten die Briten, eine ihren Interessen gefügige Marionette in der Hand zu haben. Tatsächlich hatte dieser zuvor den Verzicht auf Herat und Kandahar sowie auf eine eigenständige Außenpolitik (außer mit Großbritannien) bestätigt. Damit hatte er den Status seines Herrschaftsgebiets als halbautonomes Protektorat anerkannt. Im Gegenzug erreichte er den völligen Abzug britischer Diplomaten und Truppen aus Kabul. Zu diesem Zeitpunkt bestanden auf dem Gebiet Afghanistans drei Machtzentren: Neben Kabul waren dies Herat, das sich Ayub Khan, der zweite Sohn Schir Alis, von Persien aus unterworfen hatte, und Kandahar, wo die Briten das Sagen hatten.

In den zwei Jahrzehnten seiner Herrschaft gelang es Abd ar-Rahman, Afghanistan von einem lockeren Gefüge von Stämmen und einem Kaleidoskop ständig wechselnder Herrschaften von Stammesführern zu einem Staat im modernen Sinn zu machen. Nachdem das britische Parlament bereits 1891 beschlossen hatte, die Herrschaft über Kandahar zu beenden und das Gebiet Abd ar-Rahman zu übertragen, bedurfte es nur noch eines militärischen Vorstoßes, um Ayub Khan aus Herat zu vertreiben. In zahlreichen weiteren Feldzügen unterwarf er unbotmäßige Stämme, wehrte Ansprüche von Prätendenten ab und sicherte die Grenzgebiete für den neuen Staat – so 1895/96 das abgelegene Kafiristan an der südlichen Abdachung des Hindukusch. Eine Politik der Paschtunisierung, d. h. vor allem der Ansiedlung von Paschtunen außerhalb ihres eigentlichen Siedlungsgebiets, ging nicht zuletzt zu Lasten der – schiitischen – Hazara. Die Stärkung der Stellung der politischen Führung wurde auch gegen die islamische Geistlichkeit durchgesetzt: Indem er das Stiftungsland konfiszierte, diese zu staatlichen Angestellten machte und eine Vereinheitlichung der *Schari'a*-Gerichte durchsetzte, nahm er ihr die Selbstständigkeit. Er kompensierte diese Maßnahmen, indem er seiner Herrschaft eine religiöse Legitimation zuschrieb. Der Islam wurde zur Staatsreligion erhoben – ein weiterer Schritt in Richtung auf einen zentralisierten modernen Staat.

Während Abd ar-Rahman nach innen den Staat konsolidierte (und dafür erhebliche materielle Zuwendungen aus London erhielt), spielten die Akteure des *great game* ihre Partie zu Ende – mit dauerhaft schwerwiegenden Folgen für die regionale Stabilität in späteren Jahrzehnten. Drei Jahre nach der russischen Einnahme von Merv (1884) steckte eine russisch-britische Kommission die afghanische Nordgrenze ab. 1895 wurde der Amu-Darya als Staatsgrenze zwischen dem russischen Protektorat Bukhara und dem Nordosten Afghanistans festgelegt. Im Pamir Abkommen (1893) hatte Afghanistan zuvor mit dem Wakhan-Korridor eine Verbindung zu China erhalten. Im Britisch-russischen Abkommen von St. Petersburg 1907 wurden die Grenzziehungen bestätigt. Wie in zahlreichen anderen Fällen – nach dem Ersten Weltkrieg sollte dies besonders auch für den arabischen Nahen Osten gelten – wurde ausschließlich gemäß den Interessen der Kolonialmächte entschieden: Die russisch-britischen Abmachungen über die Nordgrenze Afghanistans durchschnitten die Siedlungsgebiete der Usbeken und Turkmenen.

Langfristig am folgenreichsten für die Geschicke Afghanistans war die Festlegung seiner Grenze zu den britisch beherrschten Gebieten im Nordwesten des indischen Subkontinents. 1893 wurde sie unter der Federführung Henry Mortimer Durands, des Außenministers der britisch-indischen Verwaltung, mit dem Emir Abd ar-Rahman »einvernehmlich« (doch ohne realistische Chance der Mitbestimmung der afghanischen Seite) vereinbart. Diese sogenannte *Durand-Linie* zog sich quer durch die Siedlungsgebiete vornehmlich der Paschtunen und Belutschen. Stämme wurden entzweit, hunderte Dörfer voneinander getrennt. Etwa ein Drittel des afghanischen Gebiets fiel an die Briten. Zum Gegenstand eines politischen Dauerkonflikts sollte das Gebiet mit der Staatsgründung Pakistans im Jahr 1947 werden. Die paschtunischen Gebiete wurden nun als *Northwest Frontier Province* mit der Hauptstadt Peschawar von Islamabad verwaltet. Paschtunen fanden sich auf beiden Seiten der Staatengrenze. Zwar erklärte die afghanische *loya jirga* 1949 die Durand-Linie für ungültig, da das ursprüngliche Abkommen mit den Briten und nicht mit der pakistanischen Regierung geschlossen worden sei. Das änderte aber nichts an der Tatsache, dass diese als *de-facto*-Grenze zwischen beiden Staaten Bestand hatte. Sie hat die politischen Beziehungen zwischen Afghanistan und Pakistan von Beginn an konflikthaft gestaltet: Kabul und Islamabad instrumentalisierten die »Paschtunistan-Frage« in der Absicht, ihren Nachbarn zu schwächen und zu destabilisieren. Im Kontext des Antiterrorkampfes nach den Anschlägen vom 11. September 2001 bewegten sich *Taliban*-Kämpfer und *al-Qa'ida*-Anhänger zeitweise weitgehend ungehindert über die Grenze und suchten Schutz in den autonomen Paschtunengebieten in Pakistan.

Ohne die üblichen Thronstreitigkeiten übernahm Abd ar-Rahmans Sohn Habibullah nach dem Tod seines Vaters 1901 die Herrschaft über das mit der Faust des »eisernen Emirs« befriedete Land. In der Innenpolitik gewannen die traditionellen

Führer einen Teil ihrer überkommenen Rechte zurück und nahmen wieder Einfluss auf die staatliche Politik. Eine Generalamnestie öffnete jenen den Weg zur Rückkehr, die unter Abd ar-Rahman das Land verlassen hatten. Dazu gehörte auch die Familie des Reformers Mahmud Tarzi, über den noch ausführlicher zu sprechen sein wird (▶ S. 121). Im Ersten Weltkrieg wahrte er die Neutralität des Landes – trotz des Drucks eines Teils der Stämme und der nationalistischen geistigen Elite, dem Aufruf des osmanischen Kalifen zu folgen, den *dschihad* (▶ S. 147) gegen das »ungläubige« Britisch-Indien zu führen. Auch das mit dem Osmanischen Reich verbündete Deutschland war bemüht, den afghanischen Emir auf die Seite der Achsenmächte zu ziehen. Die Missionen, die sich mit den Namen Oskar Ritter von Niedermayer und Werner Otto von Hentig verbinden, sollten die afghanischen Stämme zu einer allgemeinen Erhebung gegen die britischen Kolonialherren anstacheln. Zwar führte Habibullah Verhandlungen mit den Deutschen, ließ sich aber nicht zum Kriegseintritt an der Seite der Deutschen verleiten. Immerhin brachte der im Januar 1916 ausgehandelte deutsch-afghanische Vertrag dem Emir einen wichtigen politischen Erfolg: die Anerkennung der Unabhängigkeit seines Landes durch eine europäische Großmacht. Im Februar 1919 wurde Habibullah ermordet.

Wie angedeutet, waren unter Schir Ali erste Reformen in der Verwaltung und im Bildungssystem unternommen worden. Abd ar-Rahman hatte sich demgegenüber auf die Festigung seiner Macht und den inneren Zusammenhalt des von Stammesstrukturen geprägten Landes konzentriert. Demgegenüber öffnete sein Sohn Habibullah das Land den Reformbestrebungen, wie sie in Persien, vor allem aber im Osmanischen Reich in Gang gesetzt worden waren. Unter der Jugend erstarkten nationalistische Strömungen. Jungtürkische Einflüsse wirkten ansteckend auf eine Gruppe jugendlicher Intellektueller, die sich als »Jungafghanen« bezeichneten. Sie scharten sich um die Zeitung *Seradsch al-akhbar*, die von Mahmud Tarzi herausgegeben wurde. Afghanistan trat in eine Epoche des Umbruchs ein, der ab 1919 in König Amanullah, einem Sohn Habibullahs, seinen Protagonisten finden sollte.

4 Die Erneuerung in Kultur und Lebenswelten

Der militärische Zusammenstoß unter den Pyramiden 1798 und die zunächst nur kurze französische Besetzung Ägyptens markierten den Beginn einer umfassenden europäischen Dominanz im gesamten Raum Nordafrikas und des Nahen und Mittleren Ostens. Wie dies geschah und in welcher Weise die herrschenden Eliten vor dem Hintergrund ihrer jeweils unterschiedlichen politischen und gesellschaftlichen Traditionen darauf reagierten, ist vorstehend beschrieben worden. Die Herausforderung aber war nicht nur politischer Natur. Die europäische Überlegenheit stellte auch die geistigen Wurzeln und Grundlagen infrage, auf denen die politischen und gesellschaftlichen Ordnungen im Raum zwischen Marokko und Afghanistan (und darüber hinaus; aber das ist nicht unser Thema) beruhten. Bereits al-Dschabartis Geschichtswerk (► S. 43) zeugt von der Spannung, die das Geschehen im Bewusstsein eines Vertreters der geistigen Elite Ägyptens (als Teil des Osmanischen Reichs) erzeugte. Die militärische und mithin politische, bald auch wirtschaftliche Überlegenheit der europäischen Mächte warf die Frage nach den Ursachen auf. Sie sollte die Muslime bis in die Gegenwart umtreiben.

Von Beginn an freilich sahen sie sich in ihrer Antwort in einem fundamentalen Dilemma. In Europa war die Emanzipation des politischen Raumes aus der Vereinnahmung durch die Religion einer der wichtigsten Schritte im Prozess der mit der Neuzeit einsetzenden rasanten Dynamik auf den Gebieten von Politik, Gesellschaft, Kultur, Wissenschaft, Technik und auch Wirtschaft gewesen. Diesen Schritt nachzuvollziehen, war einem Muslim kaum möglich: Denn der Islam war der Referenzrahmen all seines persönlichen privaten und öffentlichen Handelns – unmöglich, ihn »außen vor« zu lassen. Die Religion beruhte auf dem ewigen Wort Gottes. Sie war seit ihrer Verkündigung durch den Propheten Muhammad die Grundlage, der *grandeur* des Erscheinungsbildes der *umma* in der Welt gewesen. Woher also der Niedergang, der sich jetzt so dramatisch offenbarte? Die Ursache würde bei den Gläubigen zu suchen sein; sie hatten den Pfad des rechten Glaubens verlassen. Nun würde dieser wieder zu suchen und neu zu beschreiten sein. Wie das zu geschehen hätte, war strittig: Unzählig sind die Stimmen der Muslime seither, die sich zu Wort gemeldet haben. Wie viel europäische Moderne würde zu übernehmen sein, um auf Augenhöhe mit Europa zu gelangen, ohne die Religion als Grundlage der persönlichen und öffentlichen Existenz über Bord zu werfen?

Der Untergang des Osmanischen Reichs mit dem Ende des Ersten Weltkriegs und die direkte Machtausübung europäischer Mächte »radikalisierten« Teile der Eliten und ließen in ihnen die Überzeugung reifen, dass der Weg zur Augenhöhe eben doch nur über eine scharfe Trennung des politischen Raums von der Religion führen würde. Diese Überzeugung spricht sich in dem Motto aus, das vor dem *Anıtkabir*, dem Mausoleum Mustafa Kemal Atatürks, auf einem Stein zu lesen ist: »*hakimiyet şartsız, kayıtsız milletindir*« (»Die Souveränität liegt bedingungs- und vorbehaltlos bei der Nation«). Damit aber war nicht das Ende der Geschichte eingeläutet. Zu Beginn des 21. Jahrhunderts kämpften radikale Gruppen unter den Muslimen für die Anerkennung der Souveränität (*hakimiyya*) Gottes. 2014 gründeten sie einen Staat, der eben darauf beruhte (► S. 480). Er sollte suggerieren, die Würde der Muslime wiederhergestellt und die Herausforderung durch den Westen erfolgreich bestanden zu haben. Ihren geistigen Nährboden fanden sie in der Bewegung der *Wahhabiyya*, einer islamischen Erneuerungsbewegung im 18. Jahrhundert.

4.1 Selbstvergewisserung im Islam

Tatsächlich ist diese eine erste eigenwüchsige Antwort auf die europäische Herausforderung. Ihr Kern liegt in der radikalen Zurückweisung »westlicher« Neuerungen und der Rückkehr zu einem »richtig« verstandenen Islam. In diesem Sinne stellte der Gründer der Bewegung, Muhammad ibn Abd al-Wahhab (ca. 1704–1792), die strikte Anwendung der *Schari'a* und das Bekenntnis zur absoluten Einheit Gottes (*tauhid*) in den Mittelpunkt von Lehre und Praxis des Islams. Er forderte ein wortgetreues Verständnis des Korans und der frühen Überlieferung des Propheten Muhammad (*sunna*). Radikal zurückgewiesen wurden alle »Neuerungen« (*bida'*) wie die Mystik, der Totenkult und die Heiligenverehrung. Damit schuf Abd al-Wahhab eine doppelte Frontstellung: Zum einen gegen diese selbst unter den sunnitischen Muslimen weit verbreitete Praxis der Glaubensausübung. (Die schiitische Variante des Islams, die mit der Verehrung der Imame, d. h. der unmittelbaren Abkommen des Propheten Muhammad, den Heiligen- und Gräberkult in den Mittelpunkt der religiösen Praxis stellt, galt Abd al-Wahhab und seiner Gefolgschaft dagegen schon prinzipiell als Abfall vom Glauben und als Vielgötterei [*schirk*], die es zu bekämpfen galt.) Die andere Front bestand in der Abwehr der europäischen politischen und kulturellen Einflüsse, die im Laufe des 18. Jahrhunderts im Osmanischen Reich fühlbar und sichtbar wurden. Die Arabische Halbinsel, der Ort des Wirkens Abd al-Wahhabs, war zu dieser Zeit Teil eben dieses Reichs. Grundlage der theologischen Erneuerung des Islams, die Ibn Abd al-Wahhab für sich beanspruchte, war die Ablehnung der kritiklosen Übernahme überkommener theologischer Überlieferungen (*taqlid*) und die Rückkehr zur eigenständigen Interpretation der Grundlagen des Islams durch die qualifizierten Theologen (*idschtihad*).

Die Lehre wäre wohl ein lokales Ereignis geblieben und hätte die Wüsten des Nadschd, seiner zentralarabischen Wirkungsstätte, nicht überschritten, hätte sie nicht eine signifikante politische Unterstützung erfahren. Muhammad ibn Sa'ud (gest. 1766), ein lokaler Stammesführer ebendort, machte sich nicht nur die Lehre zu eigen, sondern sah es zugleich als seine Aufgabe, sie zu verbreiten. Damit war ein wechselseitiges Interesse begründet: Der Reformer sah die Durchsetzung seiner Lehre durch ein weltliches Schwert und der Emir erhielt eine aus der Religion abgeleitete Legitimation seiner Führung. Auf dieser Grundlage, die als Bündnis zwischen der *Al* (»Familie«) *Sa'ud* und der *Al asch-Scheich* (des Begründers der *Wahhabiyya*) bis in die Gegenwart Bestand hat, verbreitete sich der erste saudische Staat über große Teile der Arabischen Halbinsel.

Auf die Geschichte des saudischen Staates kann hier nicht eingegangen werden. Die Bewegung der *Wahhabiyya* sollte einen starken Einfluss auch weit jenseits der Arabischen Halbinsel entfalten. Als Reaktion auf die Ausbreitung der europäischen politischen Dominanz und des kulturellen Einflusses fand sie Anhänger, wo immer Muslime dagegen Widerstand leisteten. Kernpunkt dieser Theologie des Widerstands war stets die Botschaft eines reinen, »unverfälschten« Islams, wie sie im Koran festgehalten und vom Propheten Muhammad und seiner frühen Gemeinde gelebt worden war. Beginnend etwa 1775 traten an sehr unterschiedlichen Teilen der islamischen Welt Bewegungen auf, die in diesem Sinne – nicht selten auch mit sufischem, d. h. islamisch-mystischem Hintergrund – sowohl zu einer Erneuerung der islamischen Religion als auch zum Widerstand gegen die voranschreitende europäische Dominanz aufriefen – so etwa in Westafrika, im Kaukasus, in Zentralasien und Südostasien.

In Indien hatte sich die britische Herrschaft in Gestalt der *East India Company* in der zweiten Hälfte des 18. Jahrhunderts kontinuierlich ausgedehnt. Inspiriert durch Schah Wali Allah ad-Dihlawi (1703–1762), einen Kommilitonen Muhammad ibn Abd al-Wahhabs aus gemeinsamen Studientagen in Medina, begann die Bewegung des »Weges Muhammads« (*Tariqa-ye muhammadi*) zu Beginn des 19. Jahrhunderts aktiven Widerstand gegen die Briten zu leisten. Ihr Begründer, Seyyid Ahmad Barelwi (1786–1831), zog durch Nordindien, um für seine Ideen zu werben und seine Anhänger zu organisieren. Etwa ab 1824 gingen diese daran, die Lehre in die Gestalt eines Staatswesens umzusetzen. Als Ort des Geschehens hatte man das Gebiet der Sikhs im Nordwesten Indiens gewählt. Angeblich unterdrückten die Sikhs die dort lebenden Muslime, und so sollten diese befreit werden. Anschließend würde ein wirklich islamisches Staatswesen geschaffen werden, um von jenem Kern aus die Macht über ganz Indien auszudehnen. Unter den gegebenen Bedingungen sei der *dschihad* zur Pflicht geworden. Nicht zuletzt, weil die örtlichen muslimischen Stämme sich der Bewegung verweigerten, hatten die Sikhs leichtes Spiel, die Bewegung 1831 zu besiegen.

Mit der Unterdrückung des großen Aufstands gegen die britische Kolonialherrschaft 1848 (*mutiny* oder *Sepoy*-Aufstand) kam die jahrhundertealte islamische Herrschaft der Mogul-Kaiser über Indien an ihr Ende. Die Gründung der theologischen Schule (*Dar al-ulum*) in Deoband, einer Kleinstadt im indischen Bundesstaat Uttar Pradesch, im Jahr 1866 ist in diesem Zusammenhang zu sehen: als Reaktion auf den britischen Kolonialismus und als Bastion gegen dessen – wie Teile der Geistlichkeit es sahen – zerstörerischen Einfluss auf den Islam. Ihr religiöser Puritanismus trägt wahhabitische Züge. In der indischen Unabhängigkeitsbewegung, der politischen Entwicklung Pakistans sowie im religiösen Rigorismus der *Taliban* hat die Schule von Deoband bis in die Gegenwart eine starke Ausstrahlung ausgeübt.

In Nordafrika findet sich wahhabitischer Einfluss in der Lehre und im Handeln von Muhammad ibn Ali as-Sanusi (1787–1859). Nahe dem algerischen Mostaganem geboren, legte er nach Jahren der Wanderung 1842 im nordlibyschen al-Baida den

Grundstein zu einem Gemeinwesen, das sich rasch ausbreitete und – namentlich unter seinem Sohn und Nachfolger als Oberhaupt des Ordens, Muhammad al-Mahdi as-Sanusi (1859–1902) – Züge eines theokratischen Staates annehmen sollte. Anders freilich als der wahhabitische Staat auf der Arabischen Halbinsel bestand dieser nicht in einem mit Waffengewalt zusammengefügten Territorium. As-Sanusis Islam war nachhaltig durch die Mystik geprägt und das Glaubensleben konzentrierte sich auf klösterliche Konvente (*zawiya*), die er im Lauf der Jahre gründete. Organisatorisch in hohem Maße eigenständig, waren sie gleichwohl in ihrer Glaubenspraxis dem Ordensgründer auf das Engste verbunden. Schwerpunkt dieser klösterlichen Ansammlung der »Brüder« (*ikhwan*) wurde die Cyrenaika, der Nordosten Libyens. Die osmanische Verwaltung, die sich auf die Küstenregion konzentrierte, anerkannte sie zwar – unter der Souveränität des Sultans – in einem *firman* von 1856 als Gemeinschaft an. Die religiösen Differenzen aber hatten zugleich anhaltenden politischen Druck auf den Orden zur Folge. Deshalb verlegte as-Sanusi 1856 das Zentrum der Bruderschaft von al-Baida in die etwa 500 km südöstlich gelegene Oase al-Dschaghbub.

Dem Wahhabismus vergleichbar, ist auch der Puritanismus as-Sanusis, der eine strenge Auslegung der Grundlagen des Islams mit mystischen Praktiken verschmolz, als Reaktion auf die doppelte Veränderung seiner Zeit zu verstehen: das Eindringen europäischer Einflüsse in die islamischen Gesellschaften nicht zuletzt im Rahmen des Osmanischen Reichs und das imperialistische Vordringen europäischer Mächte, in diesem Falle Frankreichs. As-Sanusi suchte sich mit seiner Gefolgschaft beidem zu entziehen, indem er sich tief in die Wüste zurückzog. Zu seinen Lebzeiten umfasste der Ordensstaat etwa 80 Klöster. In ihnen widmeten sich die *ikhwan* dem Hauptanliegen seines Gründers, der Läuterung des Islams. Vor äußeren Einwirkungen geschützt, sollten sie ihren Unterhalt selbst verdienen und betrieben zu diesem Zweck Ackerbau, Handel und Handwerk. Auf dem Höhepunkt der Bewegung umfasste das islamische Gemeinwesen der Sanusi etwa 150 klösterliche Gemeinschaften. Angesichts des anhaltenden Drucks, der zunehmend von der französischen Expansion in der Sahara ausging, ordnete Mahmud al-Mahdi 1895 den weiteren Rückzug des Zentrums der Sanusi nach Süden, in die Oase al-Kufra an.

Die nach der saudisch-wahhabitischen spektakulärste Gründung eines theokratischen Staates erfolgte gegen Ende des 19. Jahrhunderts im Sudan. Der Sanusi Mahmud trug zwar den Beinamen »al-Mahdi«, der auf den endzeitlichen Erlöser weist, aber er behauptete nie, dieser zu sein. Anders war es im Falle seines sudanesischen Zeitgenossen Muhammad Ahmad bin Abdallah (1844–1885); er gab sich in der Tat 1881 als der – von vielen Gläubigen erwartete – Mahdi aus. Auch in diesem Schritt kamen die Spannungen der Zeit zum Ausdruck, die bereits im Zusammenhang mit den anderen Erneuerungsbewegungen seit dem Auftreten Ibn Abd al-Wahhabs angedeutet wurden. Über Jahrhunderte war der Islam im Sudan in Gestalt eines breiten Stroms des Sufismus dahergekommen. Mit der ägyptischen Eroberung durch die Armee Mehmet Paschas nach 1821 und dem Aufbau einer türkisch-ägyptischen Verwaltung (die mit der britischen Besatzung Ägyptens 1882 noch stärker europäische Züge erhielt) wuchsen die Spannungen zwischen diesen auswärtigen Einflüssen und den überkommenen Traditionen der sudanesischen Völker. Zu den Umwälzungen in der sudanesischen Wirtschaft und der Infragestellung der traditionellen

Stammes- und Hierarchiestrukturen trat eine Religionspolitik, die bemüht war, die Stellung des sunnitischen Islams im Sinne der *al-Azhar* Universität in Kairo gegenüber den Vertretern der sufischen Bruderschaften zu stärken. Die Erwartung mahdistischer Erlösung war seit langem ein Bestandteil sufischer Lehre im Sudan, in der auch Muhammad Ahmad aufgewachsen war. Von seinem Lehrer ermächtigt, einen eigenen sufischen Weg (*tariqa*) zu predigen, ließ er sich 1871 auf der Aba-Insel im Weißen Nil südlich von Khartum nieder und baute dort eine Moschee. Seine Predigten, in denen er einen reformierten Islam der Rückkehr zu den Werten des Korans forderte, fanden dort eine breite Anhängerschaft. Kernpunkte seines politisch-religiösen Programms waren ein Leben in Austerität, die Rückkehr zum Islam des Propheten Muhammad und der *dschihad* gegen die Ungläubigen (gemeint war in erster Linie die türkisch-ägyptische Verwaltung).

1881 erklärte sich Muhammad Ahmad selbst zum Mahdi; nach dem islamischen Kalender war es das Jahr 1300, mithin der Beginn eines neuen Säkulums. Bereits in der Vergangenheit waren Jahrhundertwenden chronologische Einschnitte gewesen, zu denen Verkünder eschatologischer Botschaften aufgetreten waren (so geschah es auch ein Jahrhundert später wieder in Saudi-Arabien, ► S. 336). In einer Botschaft an die ägyptische Regierung erläuterte er seine Mission: Nicht nur der Sudan und Ägypten, sondern das gesamte Osmanische Reich sollten in einen islamischen Staat nach dem Vorbild der muslimischen Gemeinschaft des 7. Jahrhunderts umgewandelt werden. Vom Standpunkt europäischen Militärwesens beurteilt, war seine Gefolgschaft (die sich nach dem Vorbild der frühen Anhänger des Propheten als *ansar*, »Unterstützer«, bezeichnete), ein zusammengewürfelter Haufen: Neben Stämmen, die das religiöse Anliegen des Mahdi teilten, handelte es sich um mit der turko-ägyptischen Verwaltung Unzufriedene, berufsmäßige Sklavenhändler, denen die Engländer das Handwerk gelegt hatten, aber auch Abenteurer und Beutelustige. Die Bewaffnung bestand zu Beginn des Aufstands zumeist aus Speeren und Knüppeln; erst mit den militärischen Erfolgen modernisierte sie sich mit Gewehren und Kanonen. Die ägyptische Verwaltung, aber auch die Briten, die seit den siebziger Jahren ihre politische und militärische Stellung im Sudan ausgebaut hatten, unterschätzten die Schlagkraft der Truppe; die Folge war eine Reihe von Niederlagen. Im März 1884 hatten die Aufständischen Khartum eingeschlossen und begannen mit der Belagerung. Am 26. Januar 1885, wenige Tage bevor die britische Entsatztruppe die Stadt erreichte, wurde sie von 50 000 Mahdisten gestürmt. Dabei fand der britische Generalgouverneur Charles George Gordon den Tod. Der Mahdi erklärte Omdurman zur Hauptstadt. Er sollte seinen Triumph nicht lange überleben: Er starb am 22. Juni 1885.

Der Staat des Mahdi aber bestand fort. Unter drei Prätendenten setzte sich bald Abdullahi bin Seyyid Muhammad (1846–1899) durch. Er war der engste Vertraute des Mahdi gewesen und hatte die Armee bei der Belagerung von Khartum kommandiert. Nunmehr war er der *khalifa*, der Stellvertreter des Mahdi, in dessen Namen er den Auftrag, den islamischen Staat auszudehnen, fortzuführen suchte. Die Widerstände, die der »Kalif« unerbittlich niederschlug, waren zu stark und vielfältig. Auch fehlte dem Gottesstaat eine tragfähige wirtschaftliche Grundlage. Der Todesstoß aber kam von außen. Die Legende vom »Heldentod« Gordons in Khartum hatte weitergelebt; sie bedeutete zugleich einen schmachvollen Fleck auf den »ehrenhaften«

Zielen des kolonialistischen England, den es zu tilgen galt. Auch musste London fürchten, dass Frankreich, der kolonialistische Rivale im Nordosten Afrikas, sich mit dem Staat des Mahdi und Äthiopien gegen britische Interessen verbünden würde. 1896 wurde deshalb ein britisch-ägyptisches Expeditionskorps unter Lord Kitchener zur Rückeroberung in Marsch gesetzt. Diesem unterlag Abdullahi ibn Muhammad in der Schlacht von Omdurman am 2. September 1898. Er wich nach Süden aus. In der Schlacht von Umm Diwaykarat in der Provinz Kordofan unterlag er am 24. November 1899 und fand den Tod.

Die Sudan-Provinzen wurden künftig als gemeinsames anglo-ägyptisches Herrschafts- und Verwaltungsgebiet (*Kondominium*) regiert. Für viele Sudanesen aber wurde Abdullahi ibn Muhammad zu *Abu l-istiqlal*, dem »Vater der Unabhängigkeit«. Er hatte die Stämme des Sudan auf der Grundlage eines islamischen Gemeinschaftsgefühls geeint, fremde Herrscher vertrieben und die Grundlage für die Unabhängigkeit gelegt. Religiös erscheint er als *mudschaddid*: als »Erneuerer« der Religion nach dem Vorbild des Propheten Muhammad – und als endzeitlicher *Mahdi* (Erlöser) von einer korrupten und ungerechten Herrschaft.

Tatsächlich hat der Aufstand des Mahdi in den Geschichtsbüchern als erstes erfolgreiches Aufbegehren gegen den Kolonialismus in Afrika seinen Platz gefunden. Seine Durchschlagskraft hatte er aus einer Auslegung des Islams gewonnen, die im 20. Jahrhundert als »fundamentalistisch« bezeichnet worden ist. Seinen geistigen und politischen Ursprung sowie seine radikalste Ausformung hatte dieser »Fundamentalismus« in der wahhabitischen Bewegung auf der Arabischen Halbinsel seit der Mitte des 18. Jahrhunderts. Mit dem Ende des Mahdi-Staates (bei gleichzeitiger Auflösung des zweiten saudischen Staates) auf der Arabischen Halbinsel war eine Strömung in der Auseinandersetzung der Muslime mit Europa bis auf Weiteres an ihr Ende gekommen, die – bei allen religiösen und politischen Differenzierungen und Unterschieden – in der radikalen und puristischen Rückbesinnung auf den »reinen« Islam des Korans und die vorbildliche Lebensführung der muslimischen Gemeinde um den Propheten Muhammad den Ausgangspunkt des politischen Wiederaufstiegs der *umma* und der Beendigung der Vorherrschaft der europäischen Mächte sah. In den folgenden Jahrzehnten sollten andere Kräfte, Weltanschauungen und Ideologien das Erscheinungsbild der Staaten und Gesellschaften zwischen Marokko und Afghanistan prägen. Erst mit deren Schwächung, ja deren Scheitern traten wieder Persönlichkeiten und Bewegungen hervor, die ihre Strategie der »Renaissance« der islamischen Welt auf ein dem Wahhabismus angenähertes Islamverständnis gründeten. In diesem Zusammenhang sollte dieser eine enorme – destruktive – Wirkungsmacht entfalten.

4.2 »Wir sind ein Teil Europas«

Der dem Wahhabismus radikal entgegengesetzte Pol im Spektrum der »Erneuerung« im 19. Jahrhundert kann mit einem Ausruf des Khediven Isma'il, des Enkels des

Gründers des modernen Ägyptens, markiert werden: »Mein Land liegt nicht mehr in Afrika; wir sind ein Teil Europas geworden«.[15] Der Abschottung vor dem Einfluss Europas stand eine Politik weitestgehender Öffnung gegenüber. Das offenbarte sich etwa im Erscheinungsbild Kairos und Alexandrias: Das Vorbild Paris vor Augen, entstanden europäische Stadtviertel mit Boulevards, Gasbeleuchtung und Straßenbahnen. Investiert wurde in den Ausbau der Infrastruktur des Landes, d. h. der Wasserversorgung, Bewässerungskanäle, Straßen und Brücken, Eisenbahnen, Telegraphen, Leuchttürme und Hafenanlagen. Der Bau des Suezkanals sollte die Krönung dieser Anstrengungen sein, das Land auf den Kurs des Fortschritts zu bringen. Dem materiellen Fortschritt ging die kulturelle Europäisierung einher. So wurde zeitgleich mit dem Suezkanal in Kairo ein Opernhaus eröffnet. (Giuseppe Verdis »Aida« war dafür in Auftrag gegeben werden. Da der Maestro nicht rechtzeitig liefern konnte, gelangte bei der Eröffnung »Rigoletto« zur Aufführung, bei der europäische Prominenz reichlich vertreten war – unter ihr der habsburgische Kaiser Franz Joseph und Frankreichs Kaiserin Eugénie, Gattin Napoleons III. Mit zweijähriger Verspätung kam am 24. Dezember 1871 die Erstaufführung der »Aida« in Kairo – mit ungeheurem Erfolg – dann doch noch zustande.) Noch vor der Einweihung des Opernhauses war das »Théâtre de la Comédie« – ausschließlich für das französische Theater des leichteren Genres bestimmt – fertig geworden. Es hatte die Größe des Varieté-Theaters in Paris und war luxuriös ausgestattet. Die Haremslogen für den Hof hatten Drahtgitter zum Schutz vor neugierigen Blicken; der Khedive und seine Entourage verfügten über einen privaten Eingang. Dieses Theater wurde am 4. Januar 1869 mit »La Belle Hélène« von Jaques Offenbach feierlich eröffnet.[16]

Was hier für Ägypten gesagt wurde, gilt naturgemäß ebenso für die Hauptstadt des Osmanischen Reichs. Auch hier wurde das Stadtbild europäisiert. Für Fahrzeuge zugängliche Straßen durch die Enge des alten Konstantinopels durchzubrechen, war ein Hauptmotiv herrschaftlicher Ideologie und zugleich eine praktische Notwendigkeit. Der Bau solcher Straßen tangierte das Selbstgefühl, weil die Fortbewegung in Wagen und Kutschen zu einem Sinnbild von gehobenem Status – nicht zuletzt bei den Frauen – geworden war. Insbesondere die überkommenen Viertel der Europäer unterlagen einem rasanten Wandel. Geschäfte, Theater und Cafés reihten sich entlang der Grande rue de Péra (heute: Istiklal Caddesi). Wohlhabende muslimische Familien begannen, die neu errichteten Appartementwohnungen am nördlichen Stadtrand zu beziehen. Ausschlaggebend dafür war der Wunsch, von den neu eingeführten Dienstleistungen, wie etwa den beleuchteten Straßen und nahegelegenen Einkaufsmöglichkeiten, Gebrauch zu machen. Für die Frauen bedeutete der Umzug eine Erweiterung ihres Aktionsradius, denn die neuen Viertel boten wohlhabenden Frauen Gelegenheit, sich in der Öffentlichkeit zu zeigen.

Auch die Aneignung europäischer Lebensformen war eine Begleiterscheinung dieser Epoche des Aufbruchs. Die Oberschicht der Gesellschaft in Istanbul, Kairo, Alexandria sowie in den Städten der Levante und Nordafrikas begann, sich europäisch zu kleiden und europäischen Lebensformen zu folgen. Die Zusammensetzung der Bevölkerung war multiethnisch und multireligiös – in ihr fanden sich neben den Einheimischen vornehmlich Engländer, Franzosen, Italiener und Griechen. Große jüdische Kolonien spielten eine erhebliche Rolle im Wirtschaftsleben.

Vom Vordringen europäischer Macht und von der Notwendigkeit getrieben, die Ereignisse einem sich verbreiternden Publikum zu vermitteln, gingen starke Impulse auf das Entstehen des Druckerei- und Pressewesens aus. Im Osmanischen Reich hatte erst 1729 die erste Druckmaschine ihre Arbeit aufgenommen; in Ägypten 1821 und in Persien erst 1883. In der ersten Hälfte des 19. Jahrhunderts steckte das Druckereiwesen insgesamt also noch in den Kinderschuhen. Die ersten Zeitungen waren kaum mehr als offizielle Chroniken der Ereignisse und sozusagen »von oben« ins Leben gerufen worden. In der zweiten Hälfte des 19. Jahrhunderts aber setzte ein Prozess nachhaltiger Emanzipation des Pressewesens von der Kontrolle der Regierungen ein. Einzelne Persönlichkeiten oder Gruppen gründeten Zeitungen und Journale. Neben der Berichterstattung der Ereignisse entwickelten sich viele von ihnen zu Foren, auf denen Ideen und Programme zur Zukunft der nahöstlichen Gesellschaften in großer Breite und Freizügigkeit erörtert wurden. Wo die Herausgeber auf Unterdrückung seitens der Herrschenden stießen, verlegten sie den Erscheinungsort ins Ausland. London, Paris und Genf wurden Zentren oppositioneller osmanischer Veröffentlichungen. Diese konnten aber auch nach Kairo oder Beirut ausweichen, wo sie britischer bzw. französischer Einfluss der Verfolgung durch die Behörden des Sultans entzog. London – nach Beginn des Ersten Weltkriegs auch Berlin – wurde Erscheinungsort oppositioneller persischer Journale. Auch in Tiflis, dem geistigen Zentrum des von Russland 1813 annektierten Transkaukasus, sowie in Kalkutta, der Hauptstadt Britisch-Indiens, wurden oppositionelle Blätter gedruckt, die dann heimlich ins Bestimmungsland gebracht wurden. Wie weitreichend der Einfluss der Presse selbst in einem relativ traditionsverhafteten Land wie Afghanistan sein konnte, wird unten am Beispiel der Zeitung *Seradsch al-akhbar* dargestellt (► S. 121).

Periodisch erscheinende Journale waren auch Foren für die Erneuerung von Literatur und Kunst; dabei übten französische Vorbilder sowie die französische Sprache einen überwältigenden Einfluss aus. Die Lyrik orientierte sich an zeitgenössischen französischen Vorbildern. In der Prosa wurden die Erzählungen, insbesondere aber der Roman neue Genres im literarischen Schaffen. Letzterer ist bis in die Gegenwart das wirkungsmächtigste und aussagekräftigste literarische Genre geblieben, in dem sich die komplexen Herausforderungen an die Menschen und ihre Gesellschaften in der Gegenwart umfassend spiegeln.

Auch die Malerei erfuhr starke Impulse aus Europa. Bereits im 18. Jahrhundert hatte die osmanische und persische Malkunst europäische Einflüsse erkennen lassen. Aber erst mit dem 19. Jahrhundert konnte neben der überkommenen auch die europäische Kunsttradition umfassend praktiziert werden. Aber noch immer dominierten Angehörige christlicher Minderheiten, insbesondere Armenier, sowie von ausländischen Botschaften vermittelte europäische Maler den Kunstbetrieb. Für die Malerei im Osmanischen Reich bedeutete das Jahr 1870 einen Wendepunkt: Mit der Rückkehr Şeker Ahmet Paşas (1841–1907), Osman Hamdi Beys (1842–1910) und Süleyman Seyyids (1842–1913) von ihren Studienaufenthalten in Paris veränderte sich die Istanbuler Kunstwelt. Şeker malte hauptsächlich Landschaftsbilder, Osman widmete sich – unterstützt von der Fotographie – figürlichen Darstellungen und Süleyman bevorzugte Stillleben. 1873 und 1875 organisierte Şeker erste große Kunstausstellungen wichtiger zeitgenössischer osmanischer Maler in Istanbul. Sie hatten die mehr oder weniger höfische Kunst hinter sich gelassen. Ihre Bilder waren nunmehr zugleich kritische und provozierende künstlerische Reflexionen, die ihrer Generation den Weg einer neuen und freien Weltsicht öffnen sollten. 1882 gründete Osman Hamdi Bey den Vorläufer der heutigen Mimar Sinan Universität der Schönen Künste.

Auch Theater und Schauspiel unterlagen europäischer Einwirkung. Dabei konnte an traditionelle Formen der Darstellung angeknüpft werden: an das Schattenspiel (*karagöz*) in der türkischen und an die jährliche dramatische Vergegenwärtigung des Martyriums Imam Husains im Monat Muharram (*ta'ziyeh*) in der schiitischen Überlieferung. In Ägypten hatte das Theater im Volks- bzw. Straßentheater – oft derben und satirischen Inhalts – eine Art Vorläufer. Damit war der Boden bereitet für die Aneignung des europäischen Dramas, zuerst in Gestalt von Übersetzungen, wobei die französischen Dramatiker, etwa der Tragödienschreiber Racine (1639–1699) und der Komödienschreiber Molière (1622–1673) an der Spitze der Beliebtheitsskala standen. Seit dem letzten Drittel des 19. Jahrhunderts widmeten sich auch türkische, arabische und persische Autoren – unter ihnen auch Angehörige christlicher Minderheiten – der Abfassung von Bühnenstücken. Dass es nicht selbstverständlich war, Frauenrollen auch mit Frauen zu besetzen – das stieß nicht selten in konservativen Kreisen auf Proteste –, ist ein Indiz für die gesellschaftlichen Spannungen, unter denen sich der Prozess des kulturellen Aufbruchs unter europäischen Vorzeichen vollzog. Einen Großteil des Publikums stellten die in den Metropolen des Vorderen Orients ansässigen Kolonien europäischer Bürger. Unter den Einheimischen war die Teilnahme naturgemäß auf eine schmale städtische Oberschicht beschränkt. Die breite Öffentlichkeit in Gestalt sowohl der unteren Schichten in den Städten als auch der Bevölkerung auf dem Lande hatte daran keinen Anteil.

4.3 Auf der Suche nach einer Synthese

Zwischen den Extremen der theologisch rückwärtsgewandten Bewegung des Muhammad Ibn Abd al-Wahhab einerseits und der vorbehaltlosen Europäisierung des ägyptischen Khediven Isma'il andererseits tat sich ein breiter Raum auf, innerhalb dessen sich unterschiedliche Varianten von Reaktionen auf die europäische Herausforderung artikuliert haben. Sie waren von dem Bemühen gekennzeichnet, die Europa entlehnten Elemente des Fortschritts mit den eigenen Traditionen zu verschmelzen. Rifa'a Rafi at-Tahtawi verkörpert wie kein anderer diesen Typ des Modernisierers; und sein Werk ist signifikant für die – säkularen – Ansätze der Modernisierung im Raum zwischen Nordafrika (namentlich Tunesien und Ägypten) und Persien. 1801 im oberägyptischen Tahta in eine angesehene Familie geboren, hatte er eine klassische islamische Ausbildung erhalten. Nach ihrem Abschluss an der *al-Azhar* Universität hatte er dort eine Lehrtätigkeit aufgenommen; 1824 trat er als Geistlicher in einer der nach europäischem Vorbild ausgerichteten *Nizam*-Infanteriedivisionen in den Staatsdienst ein. Aufgrund seines Amtes und unterstützt durch seine Vorgesetzten wurde er für die prestigeträchtige Mission nach Paris ausgewählt, die dort die europäischen Wissenschaften studieren und nach ihrer Heimkehr die Erkenntnisse, die sie in Frankreich gewonnen hatte, bei der Reformierung ihres Heimatlandes einbringen sollte. Die Zusammensetzung dieser bunt zusammengewürfelten Gruppe von 44 Männern spiegelte die osmanische Vielfalt – noch immer war Ägypten staatsrechtlich Teil des Osmanischen Reichs – wider: Nur 18 ihrer Mitglieder waren arabischsprechende Einheimische. Der Rest sprach jenseits ihrer jeweiligen heimatlichen Idiome Türkisch; sie waren Türken, Griechen, Tscherkessen, Georgier und Armenier.

Abb. 4: Rifa'a Rafi at-Tahtawi. Vorkämpfer der *nahda* (Renaissance) und der Vereinbarkeit von wissenschaftlichem Fortschritt und islamischer Religion.

Fünf Jahre lang hielt at-Tahtawi in seinem Notizbuch fest, was er bemerkenswert fand. Keine Einzelheit schien ihm zu unwichtig, um sich nicht dafür zu interessieren: die Art wie die Franzosen ihre Häuser bauten, wie sie ihren Lebensunterhalt verdienten, wie sie ihre Religion praktizierten; ihre Transportmittel und die Funktionsweise ihres Finanzsystems; das Verhältnis zwischen Männern und Frauen; wie sie sich kleideten und wie sie tanzten.[17] Dabei lassen seine Reflexionen zu Frankreich den tiefen Spalt zutage treten: Als Muslim und als ägyptischer Osmane war er überzeugt von der Überlegenheit seines Glaubens und seiner Kultur. Er betrachtete Frankreich als ein Land des Unglaubens, wo »sich bislang kein einziger Muslim niedergelassen hatte« und dessen Einwohner »nur dem Namen nach« Christen waren. Doch aufgrund seiner persönlichen Beobachtungen bezweifelte er nicht, dass Europa in wissenschaftlicher und technologischer Hinsicht überlegen war. Daraus leitete er die Aufforderung ab, alles zu tun, diesen Vorsprung wieder aufzuholen.

Dies freilich würde nicht ohne eine tiefgreifende Änderung der Ausübung politischer Macht und der sie begründenden Institutionen möglich. Neben dem freien und unbefangenen Blick auf das Funktionieren europäischer Gesellschaften liegt im Nachdenken über die Verfasstheit eines modernen Gemeinwesens die Größe des Werkes Tahtawis. Wenn der Herrscher der Motor des Wandels sein wolle, so müsse er sich auf allen Gebieten beraten lassen. In diesem Zusammenhang maß er der Verfassung größte Bedeutung bei. In ihr liege der Kern der französischen Errungenschaften. Als ersten Schritt übersetzte er alle 74 Artikel der französischen Verfassung von 1814 und kommentierte sie. Zu den Artikeln, die ihn am meisten beeindruckten, gehörten jene, die die Gleichheit der Bürger vor dem Gesetz und die Wählbarkeit aller Bürger für jedes Amt, ohne Ansehen ihrer Stellung, gewährleisteten. Die Möglichkeit eines sozialen Aufstiegs würde die Menschen ermutigen, zu lernen und zu studieren. Auf diese Weise würde die gesellschaftliche Stagnation überwunden. In diesem Zusammenhang rühmte er das französische Recht auf Meinungs- und Redefreiheit. Indem er damit auf das Vorhandensein einer »Presse« hinwies, bereitete er einer neuen, bislang nichtexistierenden Form der Kommunikation innerhalb der Gesellschaft und der – auch kritischen – Interaktion zwischen dieser und den Machthabern den Weg.

Nach fünf Jahren intensiver und prägender Erfahrungen in Frankreich kehrte at-Tahtawi 1831 nach Kairo zurück; 1834 veröffentlichte er seine Aufzeichnungen. Unter der scheinbar nichtssagenden Erscheinungsform eines Reiseberichtes (und in eine ausführliche Lobrede auf den Herrscher Mehmet Ali verpackt) enthielt das Buch eine zwiefache Sprengkraft: Zum einen fanden sich für die gepriesenen politischen Neuerungen, namentlich die politischen Institutionen betreffend, keinerlei Referenzen im Koran oder der islamischen Überlieferung. Sie mussten also die konservativen Kreise unter den Theologen herausfordern. Zum anderen stellten sie geradezu einen Gegenentwurf zum autokratischen Regime unter Mehmet Ali – und seinen Nachfolgern – dar. Gleichwohl war die Veröffentlichung des Reiseberichts der Beginn einer Karriere, die at-Tahtawi zu einem wichtigen Erneuerer Ägyptens, namentlich in den Bereichen des kulturellen Lebens und des Bildungswesens, werden ließ. Seine große Stunde kam, als er im Januar 1837 zum Leiter der *Madrasat al-alsun* (»Schule der Sprachen«) ernannt wurde. Ihr Lehrplan umfasste – anders als der Name suggeriert – nicht nur Unterricht in Sprachen, sondern Geschichte, Geographie, Mathematik und islamisches und französisches Recht. Die Kombination von europäischem und einheimischem Wissen wurde künftig das Werk at-Tahtawis und machte die Schule zur einzigen Institution der damaligen Zeit, die nicht enges, auf Fachwissen ausgerichtetes Training, sondern wirkliche Bildung zu vermitteln vermochte. Sie brachte denn auch im Verlaufe ihres vierzehnjährigen Bestehens eine große Zahl von jungen Männern hervor, die als Lehrer und Übersetzer ihren Beitrag zur geistigen Erweckung des Landes leisteten und in der zweiten Hälfte des Jahrhunderts zur intellektuellen Elite des neuen Ägypten zählten. 1841 übernahm at-Tahtawi die Chefredaktion der *Waqa'i al-misriyya*, der ersten, 1928 gegründeten arabischen Gazette. Im selben Jahr wurde er zum Direktor der *Kutubkhanat Qasr al-Aini*, der europäischen Bibliothek in Kairo, ernannt. Nach der Unterbrechung seiner Laufbahn unter Abbas Pascha (reg. 1849–1854) – er wurde 1850 für vier Jahre als Leiter der neu gegründeten ägyptischen Schule nach Khartum geschickt – stieg sein Stern unter Sa'id Pascha (reg. 1854–1863) und dessen Nachfolger Ibrahim Pascha noch einmal auf. In unterschiedlichen Funktionen widmete er sich insbesondere der Fortsetzung seiner Übersetzungstätigkeiten. 1863 übertrug ihm der Khedive die Leitung einer neu eingerichteten Übersetzungsstelle für europäische Gesetzestexte, wo er u. a. den *Code Napoléon* ins Arabische übertrug. Die Übersetzung erschien 1876; ihr war 1868 seine Übersetzung des französischen *Code de Commerce* (*Qanun at-tidschara*) vorausgegangen. Nur wenige Monate vor seinem Tod erlebte er noch die Verwirklichung eines Gedankens, den er in seinem Buch: *Al-murschid al-amin fi tarbiyat al-banat wa-l-banin* (»Der treue Führer in der Erziehung von Mädchen und Jungen«), das 1873 in Kairo erschien, niedergelegt hatte: Im Januar 1873 wurde in Kairo die erste Schule für muslimische Mädchen eröffnet; die Lehrfächer waren Koran, Türkisch, Zeichnen, Handarbeit, Klavier und Wäschepflege.

Rifa'a Rafi at-Tahtawi starb am 29. Mai 1873. Dass der Rektor der theologischen *Azhar*-Universität sowie die geistliche und intellektuelle Prominenz der Hauptstadt an seinem Begräbnis teilnahmen, ist symptomatisch: Zwar war er (wie Gleichgesinnte) ein Apostel der Errungenschaften Europas gewesen, der durchaus dessen Überlegenheit anerkannt hatte. Doch er war kein Aktivist, der die religiösen Traditionen der ägyptischen Gesellschaft revolutionär infrage gestellt hätte. Aufklärung und Erneuerung würden als kontinuierlicher Prozess daherkommen; französische Verhältnisse auf die ägyptische Gesellschaft zu übertragen, lag außerhalb seiner Vorstellungswelt. Auch die politischen Machthaber sahen sich nicht bedrohlich herausgefordert. Zwar berief der Khedive Isma'il 1866 eine Versammlung von Notabeln ein; sie hatte aber nur beratende Funktion und keinen Einfluss auf seine Entscheidungen. Mit der britischen Besetzung Ägyptens 1882 und der Niederschlagung des Orabi-Aufstands (► S. 47) richtete sich die geistige und politische Elite im Schatten der britischen Verwaltung ein. Demgegenüber nahm der Prozess der Erneuerung im Osmanischen Reich und Persien mit dem letzten Drittel des 19. Jahrhunderts konflikthafte Züge an. Dort forderte die kritische Elite die Einhegung der Macht der herrschenden Dynastien und die Beteiligung der Untertanen an der Machtausübung. Zugleich war die Frage nach der Kompatibilität der aus Europa stammenden Ideen mit den überkommenen religiösen und kulturellen Traditionen gestellt.

Auch in anderen Teilen des Vorderen Orients begann in der zweiten Hälfte des 19. Jahrhunderts das Bildungswesen aus dem Schatten der Religion herauszutreten. Viele Reformer hatten selbst Erfahrungen in Europa gesammelt. Wie im Falle at-Tahtawis orientierten sich auch die Reformer in Konstantinopel und in Teheran an europäischen Curricula. Studenten wurden zu Studienaufenthalten nach Europa geschickt und europäische Lehrer an die neuen Bildungseinrichtungen berufen. In Teheran hatte Mirza Taqi Khan (Amir Kabir) 1851 mit dem *Dar al-Funun* eine Bildungseinrichtung gegründet, die zur Kaderschmiede der Reformer in Persien werden sollte (► S. 66). Fast zeitgleich geschah Ähnliches in Konstantinopel mit der Öffnung der Schule für Zivilbeamte (*Mülkiye*, 1859) und dem Kaiserlich-Osmanischen Lyzeum in Galatasaray (1868). Bereits 1847 war ein Erziehungsministerium eingerichtet worden, das den systematischen Schulaufbau in nach europäischem Vorbild eingerichteten Erziehungsstufen vorantrieb. 1900 öffnete das *Darülfunun* seine Tore, aus dem später die Istanbuler Universität hervorgehen sollte.

Neben dem Erziehungs- wurde das Rechtswesen ein signifikantes Feld der Modernisierung. Auch auf ihm ging es wesentlich um die Herauslösung aus islamischen Traditionen bzw. um deren Verbindung mit europäischem Recht. Hunderttausende von Europäern lebten in den Grenzen des Osmanischen Reichs, Ägyptens und Persiens und auf den Gebieten von Handel, Wirtschaft und Finanzen verschmolzen die Beziehungen zunehmend. Da die Europäer als Nicht-Muslime die Zuständigkeit der *Schari'a*-Gerichtshöfe nicht anerkannten, mussten neue Lösungen gefunden werden. So entstanden in den Bereichen des Zivil-, Straf- und Handelsrechts säkulare gemischte Gerichte, die für Muslime und Nicht-Muslime zuständig waren. Starke Impulse für eine Systematisierung des Zivilrechts gingen von der erwähnten Übersetzung des *Code Napoléon* durch at-Tahtawi aus. Hart umstritten war dabei die Frage, inwieweit französisches Recht unverändert übernommen bzw. mit herkömmlichem Recht zu einer Synthese verschmolzen werden solle. Auch die Zuständigkeit für die Rechtsreform blieb umkämpft: das säkulare Justizministerium oder das Amt des *Scheich al-islam* (*Şeyhülislam*), das für die religiösen Dinge am Hof des Kalifen zuständig war? Schließlich begann eine »wissenschaftliche Gesellschaft« (*Dscham'iyat-e ilmiyye*) – von anhaltenden Widerständen und Kontroversen begleitet – mit der Arbeit. 1876 war das Werk als *Mecelle-ye ahkam-e adliyye* (»Buch der gesetzlichen Bestimmungen«, Abk.: *Mecelle*) abgeschlossen. Tatsächlich präsentierte es sich als Synthese: Auf der einen Seite gründete es auf der *Schari'a*. Wie nachhaltig immer europäisches Recht die Gesetzgebung etwa im Bereich von Handel und Seefahrt bestimmen würde, im Bereich des Zivilrechts würde für die Bürger des Reichs das islamische Recht Geltung haben. Auf der anderen Seite waren Anordnung und Systematik des Stoffes der *Mecelle* von europäischem Rechtsdenken geprägt; ihre Durchsetzung wurde in die Hände des weltlichen Justizministeriums gelegt.

Im Prozess politischer, gesellschaftlicher und kultureller Reformen stand unabweisbar – ausgesprochen oder nicht – der Islam gleichsam als Referenzpunkt aller Erneuerung im Raum. Inwieweit waren die Maßnahmen mit diesem vereinbar? Wie war der Islam zu verstehen und zu leben? Was war zu tun, um ihn wieder zu einer Kraft zu machen, die Probleme der Gegenwart zu lösen und –vor allem – auf Augenhöhe mit den Nicht-Muslimen zu gelangen, die sich in Gestalt der europäischen Mächte immer intensiver und direkter in die Geschicke der Muslime einmischten? Die Antworten, die an den Rändern der islamischen Welt bzw. in den wüstenhaften Rückzugsgebieten auf der Arabischen Halbinsel von den Wahhabiten, in der nordöstlichen Sahara von den Sanusi und im Sudan von den Anhängern des Mahdi gegeben wurden, ließen sich nicht auf die Gesellschaften Nordafrikas, des Vorderen Orients oder Persiens übertragen. Ein Ausstieg aus der weltpolitischen Großwetterlage konnte keine Lösung für Gesellschaften sein, deren Kommunikation und Verflechtung mit Europa auf allen Gebieten von Jahr zu Jahr intensiver wurde. Die »Neuerungen« (*bida*, Sg. *bid'a*) zurückzuweisen, war keine zukunftweisende und erfolgversprechende Strategie. Vielmehr würde es darum gehen, diese als Ferment des dynamischen Wandels in einem islamischen Kontext fruchtbar zu machen.

Das Geschehen einer religiösen bzw. religiös-politischen Erneuerung musste sich mithin an den Zentren theologischer Forschung und Lehre und zugleich politischer Macht vollziehen. Im Vorderen Orient gelten gemeinhin zwei Persönlichkeiten als Schlüsselfiguren für die Auseinandersetzung mit dem Westen in religiöser bzw. religiöspolitischer Dimension: Muhammad Abduh und Dschamal ad-Din al-Afghani. Beide waren von unterschiedlichem Temperament; in ihrer Strategie, die islamische Welt politisch und geistig zu erneuern und auf die Höhe Europas zu führen, setzten sie unterschiedliche Schwerpunkte. Beide aber verband die starke Überzeugung, dass der Islam als Religion dieser Erneuerung nicht im Wege stehe. Der im Kern im Koran aufgezeigte rationale Weg, sich Gott und der Welt zu nähern, befähige die Muslime im Prinzip, sich der Elemente europäischer Moderne zu versichern, ohne ihre religiöse Identität aufzugeben. Abduh hat die theologische Erneuerung systematischer vollzogen als al-Afghani, der als politischer Agitator immer wieder Konzessionen machen, ja sich in Widersprüche verwickeln musste. Obwohl etwa ein Jahrzehnt jünger, und gerade als junger Mann von al-Afghani inspiriert sei Abduh seinem Mentor hier vorangestellt.

Muhammad Abduh wurde 1849 im Nildelta geboren. Sein Vater war Bauer von mittlerem Besitzstand, doch bestand in seiner Familie eine Tradition der religiösen Bildung. Nur zögerlich betrat er die Laufbahn des Theologen. Erst mit seinem Eintritt in die *Azhar*-Universität waren die Weichen gestellt. Die Begegnung mit al-Afghani 1871 war ein prägendes Erlebnis und der Beginn einer engen Verbindung. Als er 1877 seine Studien abschloss, war er über seinen Lehrer mit islamischer Philosophie, die im Lehrbetrieb der *Azhar* keinen Platz hatte, ebenso vertraut wie mit europäischer philosophischer und wissenschaftlicher Literatur. Es waren bewegte Zeiten und Abduh, der zum Mitherausgeber des Staatsanzeigers *Al-waqa'i al-misriyya* berufen worden war, konnte sich ihnen nicht entziehen. Ägypten war unter europäische Schuldenverwaltung gestellt worden und der auf Druck Londons eingesetzte Khedive Tawfiq Pascha (reg. 1879–1892) hatte al-Afghani des Landes verwiesen. Die Protestbewegung um Oberst Orabi und die britische Besetzung des Landes (1882) zogen auch Abduh in ihren Bann. Drei Jahre nach seinem Mentor wurde er 1892 ausgewiesen; nach einem Aufenthalt in Beirut schloss er sich 1894 al-Afghani in Paris an.

Die im gleichen Jahr gemeinsam herausgegebene Zeitschrift *Al-urwa al-wuthqa* (»Der stärkste Halt«; Koran 2.256 und 31.22) reflektiert die doppelte Botschaft: eine reformorientierte Neuinterpretation des Islams und den Aufruf zum Widerstand gegen die britische Kolonialmacht in Ägypten. Die Muslime sollten sich unter ihrer Religion gegen die Fremdherrschaft vereinen und zum ursprünglichen Islam der frommen Vorväter (*As-salaf as-salih*) finden. Die Zeitschrift erschien über sieben Monate in insgesamt achtzehn Ausgaben. In Ägypten und Indien wurde sie sofort verboten. Ende des Jahres 1884 ließ sich Abduh wieder in Beirut nieder; 1888 wurde seine Verbannung aufgehoben und er kehrte nach Ägypten zurück.

Damit nahm Abduh nicht nur von der Politik Abschied; mit Lord Cromer, dem britischen Generalkonsul, verband ihn sogar eine Freundschaft. Nach Jahren der Tätigkeit im Justizwesen wurde ihm 1899 mit der Bestallung zum *mufti* das höchste religiöse Amt in Ägypten übertragen. Im gleichen Jahr wurde er in den *Gesetzgebenden Rat* berufen, eine beratende Körperschaft, deren Mitglieder in der Mehrzahl von der Regierung ernannt wurden. Neben den Bemühungen, das System der religiösen Bildung und des Justizwesens zu erneuern, stand die Erneuerung des Islams

Abb. 5: *Al-Azhar* in Kairo, die älteste Universität der islamischen Welt (gegr. 970/71); Wissenschaft und Lehre nach traditionellen Inhalten. Postkarte um 1900.

selbst im Mittelpunkt seines Wirkens – dies in dem Sinne, wie er selbst und al-Afghani sie in ihrer Zeitschrift umrissen hatten: Es galt, die Vereinbarkeit traditioneller und moderner, säkularer Institutionen nachzuweisen und letztlich alle Aspekte eines modernen Lebens aus der Lehre des Islams heraus zu begreifen und mit ihr in Übereinstimmung zu bringen.

Die Forderung nach der Besinnung auf den Islam der Altvorderen beinhaltete naturgemäß zunächst, als Fehlentwicklungen und Missverständnisse gebrandmarkte Tatbestände zu beseitigen, die sich über die Jahrhunderte in die Auslegung und Praxis des Islams eingeschlichen hatten. Die Öffnung der Religion für den *idschtihad*, d. h. die selbstständige Auslegung der Quellen des Islams durch die Theologen, brachte Abduh zwar in die Nähe des wahhabitischen Purismus. Dies aber nicht als verengende Rückbesinnung auf die vergangenen Zustände der frühen Gemeinde; vielmehr sollte die Eliminierung »fremder« – nicht zuletzt auch *sufischer* – Elemente den Islam als einen rationalen Glauben befreien, innerhalb dessen die Errungenschaften einer europäischen Moderne ihren Platz finden würden. Zwischen der reinen Nachahmung Europas und dem unbeweglichen Beharren auf den Traditionen würde ein Mittelweg zu beschreiten sein: Der »wahre Islam« enthalte die Grundlage der neuen und nur scheinbar fremden Gesetze und Einrichtungen und die Werte der bürgerlichen Gesellschaft im Europa des 19. Jahrhunderts seien auch die Werte des modernen Islams.

Der Kernbegriff im Denken Abduhs war der »wahre Islam«. In diesem Zusammenhang konnte er sich der Diskussion der großen Themen seiner Zeitgenossen nicht verweigern: der Frage nach dem Verhältnis von Vernunft und Religion oder Wissenschaft und Religion. Zwar weisen seine Werke auf diesem Gebiet einen gewissen Eklektizismus auf, der sich auf ein breites Wissen auf den Gebieten der islamischen und europäischen Kultur gründet. Der rote Faden aber, der bei allem Eklektizismus seines Denkens sichtbar wird, ist die Übereinstimmung von Offenbarung und Vernunft. Der Islam sei eine Religion, die an die Vernunft appelliere, und der Koran ermahne den Menschen dazu, seinen Verstand zu gebrauchen. Wenn Aussagen der religiösen Quellen gelegentlich der Vernunft zu widersprechen scheinen, so seien die Texte symbolisch auszulegen. Einen zukunftweisenden Weg beschritt er auch in seinem Verständnis des Unterschieds zwischen den religiösen (*ibadat*) und jenen Pflichten der *Schari'a*, die sich mit den Beziehungen der Menschen untereinander befassen (*mu'amalat*). Während erstere in Koran und Überlieferung (*hadith*) klar und eindeutig niedergelegt seien, enthielten letztere nur allgemeine Grundsätze. Diese könnten den konkreten Umständen entsprechend so ausgelegt werden, dass sie gesellschaftlich und sittlich förderlich (*maslaha*) seien. Dies aber solle nach dem Ermessen der Vernunft geschehen. An dieser Stelle berührte sich die Kompetenz des Theologen mit den konkreten täglichen Entscheidungen, die er als Staatsmufti auf Anfragen zu treffen hatte. So machte Abduh in religiöser Dimension den Weg frei für eine umfassende Diskussion politischer und gesellschaftlicher Erneuerung vor dem Hintergrund des Drucks europäischer Mächte und wachsender Abhängigkeit der Staaten und Gesellschaften im Vorderen Orient von ihnen. Abduh starb im Juli 1905.

Abb. 6: Dschamal ad-Din al-Afghani – ein streitbarer Theologe gegen europäische Dominanz.

War Abduh nach seiner Rückkehr nach Ägypten zur theologisch-konzeptuellen Speerspitze der religiösen Erneuerung geworden, blieb Dschamal ad-Din al-Afghani, sein etwa zehn Jahre älterer Mentor und Mitstreiter in Paris bei der Arbeit an *Al-urwa al-wuthqa*, sein Leben lang eher ein politischer Agitator. Viele der Gedanken, die Abduh zu einem systematischen Gebäude zusammenzubringen bemüht war, sind bei al-Afghani eher Versatzstücke einer immer auch politischen Propaganda. Zu unterschiedlichen Gelegenheiten und vor unterschiedlichem Publikum vorgetragen, sind sie nicht frei von Widersprüchen. Ausdruck bewusster Mystifizierung ist bereits sein Beiname, der eine afghanische Herkunft suggerieren soll. Tatsächlich aber wurde er 1838 in Asadabad, in der Nähe der westiranischen Stadt Hamadan, also in einem schiitisch-persischen Milieu, geboren. Seine frühen Lehrjahre als Theologe sahen ihn in Qazwin, Teheran und ab 1852 in den Zentren der schiitischen Lehre im Irak (damals unter osmanischer Herrschaft). Mit Blick auf sein späteres Lebensziel, die Muslime zum aktiven Widerstand gegen die europäische, namentlich britische Dominanz aufzurütteln, schien ihm der schiitische Ruch hinderlich; »Afghani« sollte die Zugehörigkeit zum sunnitischen Mainstream suggerieren. In einem frühen Stadium seines rastlosen und umtriebigen Lebens hielt er sich in Afghanistan auf, wo er den Emir Schir Ali (▸ S. 119) zu einer antibritischen Politik zu bewegen versuchte.

Es ist schwer (und an dieser Stelle erlässlich), sein Itinerar nachzuzeichnen. Großräumlich liegen dessen Stationen zwischen Indien im Osten und London im Westen. 1889 taucht er auch in Russland auf, wo er den Zaren von einem Militärschlag gegen England (vergeblich) zu überzeugen sucht. Fruchtbar wird sein achtjähriger Aufenthalt in Kairo in den siebziger Jahren, bei dem das geistige Band zu seinem Schüler Abduh geknüpft wird. Hier tritt er übrigens der Freimaurerloge »Stern des Ostens« (*Kaukab asch-scharq*) bei, die zur angelsächsischen Großloge gehört. Als seine englandkritischen Umtriebe dort auf taube Ohren stoßen, verlässt er sie und richtet eine unabhängige, nationale Loge ein, in welcher auch politisches Engagement statthaft ist.

Unter britischem Druck wird er 1879 vom Khediven ausgewiesen – ein Geschick, das ihm bereits mehrfach zuteil geworden war und auch künftig werden sollte. Er geht nach Indien. Dort veröffentlicht er u. a. eine Abhandlung unter dem Titel: »Die Wahrheit über die Naychari-Sekte« (oder »Die Widerlegung der Materialisten«). Dabei handelt es sich im Kern um eine Polemik gegen den indischen Reformer Sir Sayyid Ahmad Khan (1817–1898), einen Bewunderer der Briten, der für eine vorbehaltlose Übernahme der europäischen Kultur und Zivilisation durch die Muslime eintritt. In Ahmad Khans Denken nimmt der Begriff der »Natur« (*nature*) einen zentralen Platz ein: Im Unterschied zur traditionellen islamischen Theologie, die keine Naturgesetze im Sinne europäischer Naturwissenschaften anerkennt, sondern diese als »Gewohnheiten Gottes« versteht, von denen er auch abweichen kann, vertritt Ahmad Khan die Auffassung, die Naturgesetze seien fest und unwandelbar. Vordergründig wendet sich al-Afghani gegen dessen Lehre (ohne freilich den Autor beim Namen zu nennen). Hintergründig sucht er Ahmad Khan als Ketzer zu brandmarken, in der Absicht, ihn unter den indischen Muslimen ins Zwielicht zu setzen.

1882 reist al-Afghani nach Europa. In Paris, London und St. Petersburg sucht er Unterstützung für seine – meist wirklichkeitsfremden – Pläne. Bemerkenswert an seinem Aufenthalt in Paris ist nicht nur die bereits erwähnte Zusammenarbeit mit Muhammad Abduh an der Zeitschrift *Al-urwa al-wuthqa*; auch kommt es zu einem berühmt gewordenen Gedankenaustausch mit dem französischen Philosophen Ernest Renan (1823–1892). Dieser hatte am 29. März 1883 an der Sorbonne einen Vortrag über das Verhältnis des Islams zur Wissenschaft gehalten. Darin hatte er den Islam für wesentlich unvereinbar mit der Wissenschaft erklärt; der »Muselmann« (so die zeitgenössische deutsche Übersetzung) hege »die tiefste Verachtung vor der Bildung, der Wissenschaft, vor Allem, was wir das europäische Geistesleben nennen«.[18] Des Weiteren leitete er daraus die Unterlegenheit der islamischen Welt gegenüber Europa ab. Mehr noch: Unverhohlen rassistisch hatte er insbesondere der »arabischen Rasse« die Befähigung zur Wissenschaft abgesprochen. Von einer »arabischen Wissenschaft« zu sprechen, sei irreführend; die meisten »arabischen« Wissenschaftler seien gar keine Araber gewesen.

Nachdem dieser Vortrag im *Journal des Débats* abgedruckt worden war, nahm ihn al-Afghani zur Kenntnis. Dort wurde auch dessen arabisch verfasste Antwort übersetzt ins Französische veröffentlicht. Im Tonfall äußersten Respekts vor dem französischen Denker räumte er zwar die europäische Überlegenheit ein, wollte aber eine essentielle Unfähigkeit »des Islams«, wissenschaftlich zu denken, nicht akzeptieren. Im Vergleich zum Christentum sei der Islam die jüngere Religion; mithin habe er die Chance, sein Verhältnis zur Wissenschaft noch zu verändern, wie das in Europa geschehen sei. »In Wahrheit hat die mahomedanische Religion die Wissenschaft zu ersticken und ihre Fortschritte zu hindern sich bemüht«, aber das sei auch im Raum der christlichen Religion geschehen. »Und die verehrten Häupter der katholischen Kirche haben meines Wissens die Waffen noch nicht niedergelegt.« Renan hat im *Journal des Débats* vom 18. Mai – ebenfalls mit größtem Respekt – darauf geantwortet. Die Denkweise des »aufgeklärten Asiaten« bringe ihn zu der »Überzeugung, dass wenn die Religionen die Menschen trennen, die Vernunft sie einander nähert, und dass es im Grunde nur eine und dieselbe Vernunft gibt«. Schließlich sei der »Scheik Djemmal Eddin ein Afghane, der von den Vorurtheilen des Islam völlig frei geworden; er gehört jenen kräftigen Rassen des oberen, an Indien grenzenden Iran an, in denen der arische Geist noch so energisch unter der dünnen Hülle des officiellen Islam fortlebt.« So frei und unverblümt konnte sich al-Afghani nur auf einem Forum äußern, von dem er annehmen konnte, dass es nur eingeschränkte Aufmerksamkeit im islamischen Raum erfahren würde. Vor der breiten Öffentlichkeit der Muslime, die er panislamisch zu inspirieren und mobilisieren suchte, musste er andere Töne anschlagen.

1889 von Nasir ad-Din Schah (reg. 1848–1896) nach Teheran eingeladen, kam es bald zum Konflikt: Wie üblich scharte al-Afghani eine Anzahl junger Intellektueller um sich, mit denen er nicht nur seine reformerischen und antibritischen Pläne schmiedete, sondern in diesem Falle auch Möglichkeiten erörterte, die Regierung des Schahs zu stürzen. Anfang 1891 wurde er außer Landes gebracht. 1892 setzte er von London aus seine Kampagne gegen den Schah fort; dabei blies er Wind in das Feuer der Proteste, die in Persien im Zusammenhang mit der Vergabe von Konzessionen an britische Unternehmer ausgebrochen waren (► S. 69). 1897 wurde der Schah von einem Anhänger al-Afghanis ermordet.

In London erhielt er eine Einladung des osmanischen Sultans Abdülhamit II., als sein Gast nach Istanbul zu kommen und dort zu bleiben. Al-Afghani hoffte wohl, der

Sultan wollte sich seiner Dienste versichern, um seine panislamische Außenpolitik zu verwirklichen. Dazu freilich ist es nie gekommen. Wahrscheinlich war es eher dessen Absicht, den umtriebigen Geistlichen besser unter Kontrolle zu haben. Seine letzten Jahre verbrachte dieser wie ein Gefangener. Trotz mehrerer Gesuche, ihm das Verlassen des Landes zu gestatten, ließ ihn der Sultan nicht gehen. Er ist 1897 in Istanbul gestorben.

Es fällt nicht leicht, die Lehre al-Afghanis zusammenzufassen. Zahlreich sind die Widersprüche und Umschwünge in seinen Äußerungen – ein Umstand, der eben nicht zuletzt der Tatsache geschuldet sein dürfte, dass er sich als Agitator und Propagandist jeweils dem Publikum und den Umständen anpassen musste, unter denen er handelte und sprach. In seinem vorstehend zusammengefassten Disput mit Renan konnte er sich freier äußern als vor einer muslimischen Öffentlichkeit. Klar tritt sein Bestreben zutage, die islamische Welt in die Lage zu versetzen, der kolonialen Expansion Europas Widerstand zu leisten. Mit Blick darauf galt es, auf die Einheit der *umma* hinzuwirken. Bereits darin aber lag ein Widerspruch: Denn auf der einen Seite bildeten die Muslime selbst diese Gemeinschaft, die ihr Geschick in die Hand zu nehmen hatte. Auf der anderen Seite waren nun einmal die Machthaber die bestimmenden Akteure – sowohl in der islamischen Welt als auch in Europa. Wie andere Reformer seiner Zeit zog es auch al-Afghani vor, im Zusammenwirken mit Regierungen und Eliten seine Ziele zu erreichen.

Neben dem Widerspruch in Strategie und Taktik tut sich eine Ambivalenz den Inhalt des Erneuerungsprozesses selbst betreffend auf. Al-Afghani hatte begriffen, dass die Quellen der Überlegenheit Europas ebendort zu suchen seien. Diese – so glaubte er – gründete auf Rationalität und Unternehmungsgeist – Tugenden, die zur Entwicklung der europäischen Wissenschaft und Technik geführt hätten. Wie Muhammad Abduh sah er diese Tugenden und Werte auch im Islam verankert: Der »wahre Islam« sei seinem Wesen nach eine Religion, die mit der menschlichen Vernunft nachvollziehbar ist und deren Gebrauch anregt. Durch die Ausübung des *idschtihad* und das erneute Durchleuchten der Quellen könne der Islam von unechten Auswüchsen befreit werden. Das Dilemma, das bereits im Falle von Strategie und Taktik des Handelns sichtbar wurde, zeigt sich auch an dieser Stelle: Die panislamische Ausrichtung seines politischen Denkens sollte seine Spielräume einschränken, tiefgreifende, ja radikale Reformen zu propagieren. Wollte er einen möglichst großen Teil der *umma* erreichen und politisch mitnehmen, musste er, um nicht unorthodox zu erscheinen, seine Argumente zur Neuauslegung des Islams verwässern. Tatsächlich hat das schillernde Erscheinungsbild seiner theologischen und politischen Positionen Zweifel an seiner Rechtgläubigkeit aufkommen lassen und ihn dem Vorwurf ausgesetzt, Agnostiker zu sein.[19]

Die Nachwirkung der beiden Reformer im arabischen Raum des 20. Jahrhunderts – und darüber hinaus – kann kaum hoch genug eingeschätzt werden. Al-Afghanis Aufruf zum Widerstand einer geeinten *umma* gegen den europäischen Kolonialismus sollte – zum Teil in simplistischer Reduktion (auch auf die Anwendung von Gewalt) – bei jenen Persönlichkeiten und Strömungen nachklingen, die in der politischen Emanzipation und der Befreiung von westlicher Dominanz die Voraussetzung einer umfassenden Erneuerung und eines dynamischen Wiederaufstiegs der islamischen Welt gesucht haben. Abduh hat jenseits der theologischen

Dimension auf vielen Feldern Anstöße zu politischer und gesellschaftlicher Erneuerung gegeben. Salafistische Kräfte verbündeten sich mit den jungen Nationalbewegungen. Bezeichnend dafür ist das Beispiel Algeriens, wo sich der Widerstand gegen die Kolonialmacht und deren Assimilierungspolitik mit dem Streben nach der Behauptung einer eigenen algerisch-islamischen Identität verband. Das Freilegen einer eigenständigen, vom Islam durchdrungenen Kultur – in der vom Reformislam geprägten Ausformung – entsprach den Bedürfnissen eines nicht unerheblichen Teils der gebildeten Muslime in Algerien. Zu den Persönlichkeiten, die die Ideologie der *Salafiyya*-Bewegung in Algerien verankerten, zählte Abd al-Hamid ibn Badis (1889–1940). Er gründete mit Gleichgesinnten 1931 die Vereinigung algerischer muslimischer Gelehrter (*Dscham'iyyat al-ulama al-muslimin al-dschaza'iriyyin*). Selbst wenn sich diese als rein religiös und kulturell definierte, entwickelte sie eine nachhaltige Dynamik in der nationalistischen Bewegung.

Ein weites Feld der gesellschaftlichen Erneuerung betraf die Stellung der Frau in den vom Islam geprägten Gesellschaften. Arabische Christen (und Christinnen) gaben erste Anstöße der Veränderung. Der Ägypter Rifa'a at-Tahtawi hatte in seinem Todesjahr (1873) anlässlich der Eröffnung der ersten staatlichen Mädchenschule in Kairo ein umfängliches Werk zu diesem Thema publiziert. Als erste muslimische Frau forderte die ägyptische Dichterin A'ischa Taimuriyya (1840–1902) seit 1892 in den jungen ägyptischen Zeitschriften und Zeitungen mehr Frauenbildung sowie die Reform familienrechtlicher Bestimmungen und Bräuche, die Frauen in das »häusliche Gefängnis« sperrten. Muhammad Abduh griff diese Impulse auf und suchte durch eine neue Interpretation der einschlägigen Verse des Korans den Weg der Frau in Richtung auf ein modernes (sprich von europäischen Vorbildern geprägtes) Verständnis ihrer Rolle in Familie und Gesellschaft zu öffnen.

Von Abduh beeinflusst war auch Qasim Amin (1863–1908), der zum bekanntesten Anwalt der Sache der Frauen um die Jahrhundertwende wurde. Während seines Rechtsstudiums in Montpellier von 1881 bis 1885 war mit Abduh in Kontakt getreten. In seinem Buch »Die Befreiung der Frau« (*Tahrir al-mar'a*, 1899) übte er heftige Kritik an den Zuständen in Ägypten. Für seine Reformvorschläge stützte er sich auf Abduhs Neuinterpretationen des Korans und der *Schari'a*. Der politische Despotismus im Vorderen Orient habe die jahrhundertelange Unterdrückung der Frau bewirkt; Mann und Frau seien gleich geschaffen. Amin forderte eine am praktischen Leben mit seinen Verantwortlichkeiten orientierte Mädchenbildung. Ein Volk könne sich nur progressiv entwickeln, wenn es Frauen nicht nahezu alle Bildungsmöglichkeiten und die Teilnahme am öffentlichen Leben versage.[20]

Im Überblick ist der Verlauf der Geschichte des Vorderen Orients im 19. Jahrhundert durch zwei zunächst gegensätzlich und widersprüchlich erscheinende Eckpunkte gekennzeichnet: die Überwältigung von außen auf der einen und die Erneuerung im Inneren auf der anderen Seite. In der zweiten Hälfte beschleunigten sich die Prozesse des politischen, gesellschaftlichen und kulturellen Wandels zwischen Nordafrika und dem Hindukusch; Ähnliches wird sich unten von den Ländern des Kaukasus, insbesondere dem islamisch geprägten Aserbaidschan sagen lassen. Den roten Faden in der Darstellung des Kapitels bildet eine Aufbruchsstimmung, in die die Gesellschaften im Vorderen Orient in der 2. Hälfte des 19. Jahrhunderts eingetreten waren. Die Araber haben dieser Epoche den Namen der »Erhebung« oder

»Wiedergeburt« (*an-nahda*) gegeben. Ihre Charakterisierung durch Sadik Dschalal al-Azm (1934–2016), einen der bedeutendsten arabischen Philosophen nach dem Zweiten Weltkrieg, trifft im Kern auf die gesamte Region zu: Das arabische Leben sei »von einer großen liberalen und freidenkerischen Reformbewegung erfasst« worden, für die sich »diverse Bezeichnungen eingebürgert haben: Erwachen, Renaissance (*an-nahda*), Reformation, liberales Experiment, islamischer Modernismus, liberales Zeitalter des modernen arabischen Denkens und so weiter. Und tatsächlich war diese Bewegung alles zugleich: eine theologisch-rechtliche Reformation, eine literarisch-intellektuelle Renaissance, eine rational-wissenschaftliche Aufklärung und ein politisch-ideologisches *Aggiornamento.*«[21] In vielfältiger – und durchaus kontroverser und widersprüchlicher – Weise wurden die Wurzeln für die politischen, gesellschaftlichen und kulturellen Auseinandersetzungen gelegt, die das Erscheinungsbild des Vorderen Orients und Nordafrikas durch das 20. Jahrhundert hindurch prägen sollten. Die Grundstimmung war optimistisch: Die Antwort auf die Frage, ob der Islam mit dem säkularen Humanismus oder der Moderne vereinbar sei, ist für al-Azm ein »bedenkenloses Ja«.

Von Anfang an aber war nicht zu übersehen, dass mit der Dynamik der Erneuerung eine kulturelle Dualität in der Gesellschaft der muslimischen Völker aufgebrochen war. Neben den neuen Gesetzbüchern und Gerichtshöfen bestanden die *Schari'a*-Gerichte fort und die neuen, nach europäischen Vorbildern eingerichteten Schulen ließen die klassische *madrasa* nicht verschwinden. Das blieb nicht ohne Folgen für die Gesellschaft, denn natürlich waren die modernen Absolventen im Vorteil, wenn es um die Besetzung der Posten in den Staatsapparaten ging, die sich ihrerseits neu aufstellten. Während die modernen Eliten in Politik, Gesellschaft und Kultur die Richtung bestimmten, fand sich der traditionelle Sektor zunehmend im Abseits.

Neben der politischen und kulturellen vertiefte sich auch die wirtschaftliche Kluft. Die ägyptischen Bauern erfuhren die gesellschaftliche Transformation in erster Linie als forcierte Einziehung in die Armeen Mehmet Alis oder in die Arbeitsbrigaden, die für die Durchführung der öffentlichen Arbeiten Isma'il Paschas aufgebracht wurden. Auch in den Kernländern des Osmanischen Reichs und in Iran drückten die Bauern Abgaben und wachsende Verschuldung. Vor dem Hintergrund der immer stärkeren Einbeziehung des Agrarsektors des Vorderen Orients in die Weltwirtschaft nahm die Zahl der Bauern zu, die gezwungen waren, ihr Land aufzugeben und sich für geringen Lohn dem wachsenden Heer derer anzuschließen, die als Landarbeiter auf den Gütern der neuen Schicht privater Großgrundbesitzer schufteten.

Die Gründe dafür, dass der geschilderte Aufbruch eben nur ein Aufbruch bleiben und nicht zu einer tiefgreifenden und stabilen Neuordnung des Vorderen Orients und Nordafrikas führen sollte, sind zahlreich. Entscheidend aber sollte hinzukommen, dass die Politik eines Europa, welches mit einer für die Eliten so anziehenden Kultur und mit so verheißungsvollen und vielversprechenden Idealen und Werten daherkam, im Zeitalter dieses Aufbruchs ausschließlich und brutal von eigenen ökonomischen und machtpolitischen Interessen geleitet war. Die Feindseligkeiten und Kriege gegen das Osmanische Reich hörten nicht auf. Europäische Mächte mischten sich in vielfältiger Weise in die inneren Angelegenheiten der nahöstlichen und nordafrikanischen Staaten ein; bewusst wurde ihnen die Schuldenfalle gestellt, die bald zuschnappte und die Regierungen zwischen Nordafrika und Iran einer europäischen Schuldenverwaltung unterstellte.

Die Umwälzungen in Iran und im Osmanischen Reich, die zu Beginn des 20. Jahrhunderts einsetzten, eröffneten den Gesellschaften neue Perspektiven, in modernen Ordnungen zu leben. Sie hätten den finalen politischen Ausdruck des Modernisierungsprozesses des vergangenen halben Jahrhunderts bedeuten können. Aber die Verfassungsrevolution in Iran (1906) wurde von England und Russland gewaltsam blockiert. Und die neuen Eliten, die mit der jungtürkischen Machtübernahme in Konstantinopel (1908) das verbliebene Reich auf eine neue Grundlage zu stellen entschlossen waren, wurden durch den europäischen Imperialismus, der nicht abließ, das Reich zu zerstören, delegitimiert und verführt, sich nach innen zu radikalisieren. Während des Ersten Weltkriegs, an dessen Ende wiederum die Chance eines Neubeginns bestanden hätte, teilten europäische Mächte den Nahen Osten nach eigenen politischen und wirtschaftlichen Interessen auf. Das Recht auf Selbstbestimmung, das insbesondere durch den amerikanischen Präsidenten Woodrow Wilson zur Grundlage eben dieser Neuordnung hätte gemacht werden sollen und auf das sich die nahöstlichen Führer beriefen, wurde durch sie unter den Teppich gekehrt. In den folgenden Jahrzehnten waren die Eliten in den Gesellschaften des Vorderen Orients dann mehr damit beschäftigt, sich der Fremdherrschaft zu erwehren als sich der drängenden Herausforderungen der politischen, gesellschaftlichen und wirtschaftlichen Erneuerung zu stellen.

So hat Europa wesentlich dazu beigetragen, dass die beharrenden und rückwärtsgewandten Kräfte, mit denen sich die Modernisierer seit dem 19. Jahrhundert auseinanderzusetzen hatten, nie von der Bildfläche verschwanden. Sie traten zeitweise weit in den Hintergrund, um sich umso nachdrücklicher wieder zu Wort zu melden, wenn ihnen die Schwäche der Modernisierer Freiraum dafür bot. Am Ende des 20. Jahrhunderts schließlich sollte der mittlerweile zu »dem Westen« mutierte Teil der Welt in einer Allianz mit den reaktionärsten Kräften des Vorderen Orients seinen Interessen am wirkungsvollsten gedient sehen. Damit stellte er eine der vielen Weichen für den Zusammenbruch der Ordnung im Nahen Osten zu Beginn des 21. Jahrhunderts.

5 Der Eintritt ins revolutionäre Jahrhundert

Gegen Ende des 19. Jahrhunderts hatte das kritische, auf umfassende politische Reformen drängende Potential in zahlreichen nahöstlichen Gesellschaften an Breite und Dynamik gewonnen. Der Graben zwischen den progressiven Ideen auf der einen und den Herrschaftssystemen auf der anderen Seite war unübersehbar. Viele Oppositionelle hatten aus Furcht vor Verfolgung ihre Heimatländer verlassen und vornehmlich in Europa (bzw. in von europäischen Mächten kontrollierten Städten wie Kairo, Beirut oder Tiflis) Zuflucht gesucht. Von hier aus agitierten sie politisch und publizistisch gegen die Herrschaft Abdülhamits II. und Muzaffar ad-Din Schahs. Deren Legitimation war nicht nur durch die autokratische und – namentlich in Iran – korrupte Ausübung ihrer Herrschaft beschädigt; vielmehr trugen die europäischen Mächte durch anhaltend aggressives Auftreten, kriegerische Gewalt und Einmischung in die inneren Angelegenheiten aller Staaten im Nahen Osten dazu bei, das Ansehen der Herrscher in den Augen der Eliten zu unterminieren. Auch der Ausverkauf der wirtschaftlichen und landwirtschaftlichen Potentiale sowie die Unterwerfung unter die wirtschaftlichen Interessen der europäischen Mächte waren Gegenstand der Kritik.

Nicht zuletzt von den politischen Erschütterungen in Russland im Jahr 1905 fühlten sich die auf Veränderung drängenden Kräfte ermutigt. Unter dem Druck einer breiten Öffentlichkeit hatte die russische Regierung bereits im Dezember 1904 Zugeständnisse in Sachen der Pressefreiheit, der Selbstverwaltung und des Justizwesens machen müssen. Im Januar 1905 kam es Massendemonstrationen. Sie wurden blutig niedergeschlagen; gewalthafte Proteste und Streiks hielten aber in den folgenden Monaten an. Am 17. Oktober schließlich sah sich Zar Nikolaus II. gezwungen, ein Manifest zu unterzeichnen, das die Einführung einer Verfassung verkündete; sie wurde am 23. April 1906 erlassen.

Noch folgenreicher in seiner Ausstrahlung auf die nahöstliche Nachbarschaft Russlands war ein militärisches Ereignis. Im Zuge seiner imperialistischen Expansion an den Pazifischen Ozean und auf der Suche nach konkurrenzarmen Märkten dort war die russische Orientpolitik fast zwangsläufig auf Japan gestoßen, das seinerseits mit Blick auf Korea und an das Gelbe Meer angrenzende Gebiete Chinas imperialistische und kolonialistische Pläne verfolgte. Ohne Kriegserklärung griff die japanische Marine im Februar 1904 den russischen Hafen Port Arthur an und löste damit einen russisch-japanischen Krieg aus. Zu dem Ereignis, das den Krieg zugunsten Japans entschied, wurde die Seeschlacht bei Tsushima im Mai 1905: Die in den Pazifik entsandte russische Baltische Flotte erlitt eine vernichtende Niederlage. In dem im September geschlossenen Friedensvertrag wurden die Halbinsel Liaotung sowie die Südhälfte der Insel Sachalin an Japan übertragen und Korea japanischer

Kontrolle unterstellt. Der japanische Sieg hatte nachhaltige Auswirkungen: In Russland selbst sah die Opposition gegen die Regierung darin weniger einen Sieg der Japaner als vielmehr eine Niederlage der Autokratie, was die Forderung nach einer Verfassung beflügelte. Im Vorderen Orient löste die Niederlage Russlands Begeisterung aus: In den Augen einer breiten Öffentlichkeit stand die Tatsache im Vordergrund, dass zum ersten Mal eine asiatische Macht einen militärischen Sieg über eine europäische Macht davongetragen hatte. Der Mythos der Unbesiegbarkeit Europas war beschädigt. Für die Modernisten war der japanische Sieg darüber hinaus die Bestätigung ihrer Forderung nach einer verfassungsmäßigen Ordnung: Hatte sich doch das einzige asiatische Land mit einer solchen – in Japan war 1889 eine Verfassung eingeführt worden – der einzigen europäischen Großmacht ohne eine Verfassung überlegen gezeigt. Dies gab der Euphorie Raum, Asien werde künftig in der Lage sein, dem allmächtigen Westen erfolgreich Widerstand zu leisten. Der modernistischen Bewegung insgesamt, insbesondere aber jenen in ihr, die die Einhegung der Macht des Herrschers und die Beteiligung des Volkes an der Regierung forderten, hatte ein starker Wind in die Segel geblasen. Hatte sich in Persien bislang hartnäckig die Überzeugung gehalten, Russland werde bei jedem Versuch, die bestehende Ordnung zu verändern, intervenieren, so schien nunmehr, da die russische Führung selbst mit dem Krieg und seinen innenpolitischen Folgen beschäftigt war, der Zeitpunkt gekommen zu handeln.

5.1 Die Mutter der Revolutionen – Iran 1906

Die Ermordung Nasir ad-Din Schahs (1896) hatte schlaglichtartig die Spannungen innerhalb der Gesellschaft Irans erkennen lassen. Die Tatsache, dass England und Russland an einem Strang gezogen hatten, um den 43-jährigen Muzaffar ad-Din (gegen geeignetere Kandidaten) zum Schah zu erheben, ließ erkennen, in welchem Ausmaß das Land von auswärtigen Mächten abhängig geworden war. Dies sowie die allgemeine wirtschaftliche Not und Unterentwicklung und die autokratische Machtausübung bei wachsender Verschuldung gegenüber dem Ausland verdichteten sich zu dem Sprengstoff, der schließlich in der 1905 einsetzenden revolutionären Bewegung zu einem Wandel des politischen Systems führen sollte.

Die Quellen, aus denen sich die Bewegung speiste, die schließlich der absoluten Herrschaft der Qadscharen ein Ende bereitete, sind zahlreich. Zu ihnen gehört nicht zuletzt das Wirken liberaler Persönlichkeiten, die mit europäischen Verhältnissen in Berührung gekommen waren. Orte, an denen das der Fall war, waren Paris, London, Kairo (seit 1882 unter britischer Dominanz), Kalkutta (der Hauptstadt Britisch-Indiens) und Konstantinopel (das sich mit den *Tanzimat* auf den Weg der Reformen gemacht hatte). Einige unter ihnen konnten ihre Erfahrungen in hohen politischen Ämtern, insbesondere als Großwesire, einbringen; nicht selten freilich war ihr Wirken von zeitlich kurzer Dauer und sie fielen Hofintrigen zum Opfer. Andere bewegten sich zwischen Aufenthalten in Persien und dem Exil, wieder andere wirkten vornehmlich im Ausland. Einen starken Einfluss übten die von dort ins Land geschmuggelten Presseorgane aus. Bereits Amir Kabir hatte in Persien mit den *Waqayi-e ittifaqiyye* (»Die Chronik der Ereignisse«) eine einheimische Zeitung begründet, die sich freilich vornehmlich noch als offizielles Sprachrohr verstand. Demgegenüber waren die kritischen Stimmen aus dem Ausland wirkungsmächtiger. Von Malkom Khan ist bereits die Rede gewesen. In Konstantinopel brachte er die Zeitung *Qanun* (»Das Gesetz«) heraus, von der 41 Nummern zwischen 1891 und 1898 erschienen. In ihr prangerte er die Korruption an und forderte die Einführung einer Verfassung. Sie wurde in London gedruckt und nach Persien geschmuggelt. Ebenfalls in Konstantinopel erschien die Zeitung *Akhtar* (»Der Stern«). Sie pries die europäische Zivilisation, namentlich die Bedeutung von Bildung, Wissen und Technik in ihr. Gleichzeitig bekannte sie sich zur Größe der iranischen Tradition und Geschichte als Grundlage einer nationalen Identität. Auch propagierte sie panislamische Bestrebungen, wie sie im Aktionismus von Dschamal ad-Din al-Afghani zutage traten. Weitere Zeitungen waren *Parvaresch* (»Erziehung«) und *Surayya* (»Die Plejaden«) – beide aus Kairo und *Habl al-Matin* (»Der feste Strick«) aus Kalkutta. Aus dem russisch beherrschten Transkaukasus, wo sich in Tiflis ein intellektuelles Zentrum entwickelt hatte, an dem auch aserbaidschanische Intellektuelle wirkten (▶ S. 33), kamen Stimmen, die im persischen Aserbaidschan Gehör fanden und das rückständige Regime in Teheran kritisierten oder satirisch auf die Hörner nahmen. Zu nennen sind unter anderen Mirza Fath Ali Akhundzadeh und Mirza Abd al-Rahim Talibi Najjar Tabrizi (russifiziert: Talibov; 1834–1911). Eine Kuriosität stellte das Buch »Hajji Baba of Isfahan« des britischen Diplomaten und Landeskenners James Morier (1782–1849) dar. Ins Persische übersetzt, reihte es sich unter die kritischen und satirischen Veröffentlichungen persischer Autoren ein, die die politischen und zivilisatorischen Verhältnisse im Land gegen Ende des Jahrhunderts aufs Korn nahmen.

Eine weitere gesellschaftliche Gruppe, die starken Einfluss auf die kommenden politischen Entwicklungen nehmen sollte, war die Geistlichkeit. Zwar standen die *ulama* der Übernahme europäischer Ideen ablehnend gegenüber, noch stärker aber war ihre Empörung über die Willfährigkeit des Herrschers und seiner Umgebung gegenüber England und Russland. Im Lauf des 18. Jahrhunderts hatten sich zahlreiche hochrangige Geistliche an den heiligen Stätten der Schiiten im osmanisch beherrschten Irak niedergelassen. Unter den frühen Qadscharen waren sie mit großen Ländereien und finanziellen Privilegien in Persien ausgestattet worden. Dies sowie die Tatsache, dass sie außerhalb des iranischen Machtbereichs lebten, verlieh den führenden *ulama* ein hohes Maß an Autonomie gegenüber dem Herrscher in Teheran. Da sie das Bildungswesen und die Justiz weitgehend beherrschten, bekämpften sie jede Reform, die ihren Einfluss darauf zu schmälern drohte. Gleichzeitig aber konnten sie, die den ständigen Zuwachs des Einflusses des Westens fürchteten, zu einflussreichen Gegnern der Konzessionspolitik des Schahs und seiner Unterwürfigkeit gegenüber ausländischen Mächten werden. Nicht wenige unter ihnen stammten aus bürgerlichen und kleinbürgerlichen Familien und unterhielten enge Verbindungen zu den städtischen Basaren und Gilden. Auf diese Weise wurden sie zu Wortführern der städtischen Bevölkerung, die sich durch den wachsenden Einfluss des Westens auf den Handel und im Bankensektor in ihrer Stellung bedroht fühlten. Sie stellten also eine nationale Kraft dar, wenn es darum ging, westlichen Vorstößen entgegen zu treten, wirkten aber zugleich reaktionär gegen alle Reformmaßnahmen, die ihre eigene Position gefährden konnten. Im Kampf gegen die Tabakkonzession (► S. 69) war die erstere Dimension hervorgetreten. In der heraufziehenden Revolution sollte die Ambivalenz ihrer politischen und gesellschaftlichen Rolle den Gang der Ereignisse mitbestimmen. Dies wiederholte sich später im Zusammenhang der Ablösung der Qadscharen durch die Pahlavi-Dynastie (1925) und der Frage nach der politischen Ordnung in Iran nach dem Sturz des zweiten Pahlavi-Schahs (1979).

Muzaffar ad-Din wollte sich europäischen Einflüssen nicht entgegenstellen. Zu weit hatte sich ihnen das Land bereits unter seinem Vater – wenn auch weniger umfassend als Ägypten und das Osmanische Reich – geöffnet. Neuerungen hatten sich in den Künsten gezeigt; wissenschaftliche und literarische Publikationen waren aus europäischen Sprachen übersetzt worden. Europäische Missionsgesellschaften hatten Schulen und Kliniken gegründet. Muzaffar ad-Din setzte diesen Kurs fort: Europäisch ausgerichtete höhere Bildungseinrichtungen, nach osmanischem Vorbild *Ruschdiyye* genannt, wurden eröffnet. Zum Verhängnis wurde ihm seine Finanzpolitik. Um seine drei zwischen 1900 und 1905 unternommenen extrem aufwendigen Auslandsreisen zu finanzieren, sah sich Großwesir Amin as-Sultan gezwungen, mehrere Anleihen in Russland aufzunehmen. Sie waren mit strikten, weithin als erniedrigend empfundenen Auflagen verbunden, die nicht zuletzt auch darauf gerichtet waren, den Einfluss Englands in Iran zurück zu drängen. 1902 wurde ein neues Zollabkommen unterzeichnet, das für wichtige russische Güter einen Vorzugszoll vorsah, der noch unter dem ohnehin schon geringen gängigen fünfprozentigen Wertzoll lag. Bereits 1898 war eine Kommission berufen worden, die sicherstellen sollte, dass auch über die Zolleinnahmen die Bedienung der Anleihen an Russland garantiert sein würde. Sie bestand aus belgischen Staatsbürgern, geleitet von Joseph Naus. Das Wirken der Naus-Kommission – Naus war zugleich Minister für Finanzen und Postwesen – wurde mit den Jahren ein immer größer werdender Stein des Anstoßes. Das Argument, der Schah finanziere sein privates Vergnügen aus öffentlichen Mitteln und habe die Staatseinnahmen an das Ausland verpfändet, hatte mobilisierende Wirkung. Oppositionelle Geheimgesellschaften verbreiteten zündende Pamphlete. Eine neue Koalition zwischen führenden Köpfen der *ulama*, Angehörigen des Hofes und weltlichen Progressiven konzentrierte ihre Polemik auf den Großwesir Amin as-Sultan, der 1903 zurücktreten musste. Als »Häretiker« verkaufe er das Land an die Ungläubigen, lautete der gegen ihn erhobene Vorwurf. Inmitten dieser Unruhe zog auch England, das seinerseits an der Schwächung des russischen Einflusses interessiert war, seine Fäden. Die Proteste unter der Elite wurden durch soziale Spannungen verschärft. In Maschhad, Isfahan, Kerman, Yazd und an anderen Orten kam es zu Protesten einer verarmenden Landbevölkerung gegen das Horten von Getreide und steigende Preise.

Ein Vorfall von relativ geringfügiger Bedeutung wurde zum Ausgangspunkt, an dem sich die angespannte und konfliktgeladene Stimmung zu einer breiten Protestbewegung entlud, die schließlich zur Einrichtung eines Parlaments und zur Verabschiedung einer Verfassung führen sollte. Auf Anordnung des Gouverneurs von Teheran wurden zwei Kaufleute unter dem Vorwurf, Zucker zu überhöhten

Preisen zu verkaufen, der Bastonade (d. h. Stockschlägen auf die Fußsohlen) unterzogen. Die Antwort darauf war die Schließung des Basars. Am 14. Dezember 1905 formierte sich ein Protestmarsch aus Kaufleuten und Geistlichen, dem sich weitere Bürger anschlossen. Ihr Ziel: das Heiligtum von Schah Abd al-Azim in Ray, wo sie Asyl suchten (pers. *bast*). Zwei Geistliche waren die prominentesten Führer: Ayatollah Abdullah Mudschtahid Behbahani und Ayatollah Seyyid Muhammad Tabataba'i. Gefordert wurden die Einrichtung eines »Hauses der Gerechtigkeit« (*adaletkhane*), die Absetzung des Gouverneurs von Teheran und die Entlassung Naus.

Beeindruckt von den Streiks und der breiten Unterstützung durch die Bevölkerung, machte der Schah Zugeständnisse, doch in den ersten Monaten des Jahres 1906 geschah wenig. Im Juli nahmen die Entwicklungen eine blutige Wende: Nach dem Tod eines jungen Demonstranten kam es bei einem Protestzug zu Zusammenstößen mit Sicherheitskräften, bei denen etwa 70 Menschen getötet wurden. Eine doppelte Bewegung kam ins Rollen: Angeführt von Ayatollah Behbahani wandten sich die einen in Richtung auf Qum, wo sich eines der bedeutendsten schiitischen Heiligtümer in Iran befindet. Auf dem etwa 100 km weiten Weg schlossen sich ihnen mehrere tausend Menschen an. Zeitgleich suchten in Teheran vom 17. Juli an Protestierende *bast* (Asyl) auf dem Gelände der britischen Botschaft. Bis Anfang August wuchs diese Gruppe von 14 Kaufleuten auf über 13 000 Personen unterschiedlichen Standes und Berufes an. In den größeren Städten wurden die Basare geschlossen.

Nur zögerlich war der Schah bereit, den Forderungen der Demonstranten nachzugeben. Als er Wahlen zu einem Parlament versprach, beendeten diese ihre Proteste in Qum und in Teheran. Am 6. Oktober 1906 wurde die konstituierende Sitzung des Parlaments (dessen Mitglieder sich freilich auf Teheran, Täbris und ein paar andere Großstädte beschränkten) abgehalten.

Diesem ersten Erfolg folgte der zweite, denn jetzt ging es tatsächlich um die Ausarbeitung einer Verfassung (*maschruteh*), in der die Rechte und Pflichten der Abgeordneten, die Prozeduren der Gesetzgebung sowie die Geschäftsführung des Parlaments und des noch einzurichtenden Senats festgelegt werden sollten. Wenige Tage vor seinem Tod unterzeichnete Muzaffar ad-Din Schah am 30. Dezember 1906 ein Grundgesetz mit 51 Artikeln. Im Wesentlichen folgte es europäischen Vorbildern – der belgischen, bulgarischen und der russischen Verfassung von 1906. Sie sah zwei Kammern vor: Beim Unterhaus (*madschlis*) lag das Recht auf Gesetzesinitiative und auf Billigung des Haushalts sowie der internationalen Verträge, Anleihen und Konzessionen; außerdem ein eingeschränktes Recht, einzelne Minister einzubestellen. Der Senat, zur einen Hälfte vom Schah berufen, zur anderen gewählt, würde die Gesetze ratifizieren. Unter den Bürgerrechten waren die Meinungs- und Pressefreiheit sowie die rechtstaatliche Behandlung aller Bürger garantiert. (Rechte von Frauen und religiösen Minderheiten fanden keine Erwähnung.)

Am 7. Januar 1907 verstarb der Schah. Sein Sohn und Nachfolger, Muhammad Ali Schah (geb. 1872), ließ von Beginn an keinen Zweifel daran, dass er bemüht sein würde, die Uhr zurückzudrehen. Dass er die Mitglieder des Parlaments nicht zu seiner Krönungsfeier einlud, war eine Kampfansage. Zunächst freilich zeigte er sich kompromissbereit. Dabei kam ihm eine Verwerfung innerhalb der Verfassungsbewegung zupass, die sich als folgenreich herausstellen sollte: zwischen dem säkular-liberalen Flügel, der eine Verfassung nach europäischem Vorbild anstrebte – sie

Abb. 7: Hart erkämpft. Abgeordnete des ersten iranischen Parlaments (*madschlis*) in Teheran, 1906.

würde die persische Bezeichnung *maschruteh* tragen –, und dem religiös-konservativen Establishment (welches der Schah unterstützte), das eine religiös geprägte Verfassung auf der Grundlage des islamischen Rechts (*schari'a*) anstrebte – ein Projekt, dessen persische Bezeichnung *maschru'e* sein würde. Jetzt zeigte sich, dass die Unterstützung der Verfassungsbewegung durch die Geistlichkeit mehr dem Protest gegen die Einmischung auswärtiger Mächte als dem Wunsch auf Einhegung der autokratischen Machtausübung des Schahs entsprungen war. Nach heftigen und zum Teil gewalttätigen Auseinandersetzungen in der Öffentlichkeit nahm das Parlament am 7. Oktober neben der Verfassung eine Ergänzung von 107 Artikeln an. Neben der Aufzählung der Grundrechte der Bevölkerung der iranischen Nation, der Gewaltenteilung sowie der Feststellung der Rechte der Abgeordneten, des Monarchen und der Minister war in ihr auch das Recht der Geistlichkeit festgeschrieben, alle Gesetzesvorlagen auf ihre Vereinbarkeit mit dem islamischen Recht zu prüfen.

Am 11. November 1907 schwor Muhammad Ali Schah im Parlament auf die Verfassung. In Wirklichkeit aber tat er alles, sie wieder außer Kraft zu setzen. Der Konflikt zwischen Anhängern und Gegnern wurde auf die Straße getragen und in Teheran und Täbris kam es zu blutigen Zusammenstößen. Die Abgeordneten dachten nicht daran aufzugeben. Nun setzte der Schah auf die Kosakenbrigade, seine festeste militärische Stütze. Am 23. Juni 1908 begann der Beschuss des Parlaments; die Abgeordneten mussten das Gebäude verlassen. Einige ihrer führenden Persönlichkeiten wurden hingerichtet; die konstitutionelle Epoche schien an ihr Ende gekommen. Am 22. November erklärte der Schah, dass ein Parlament grundsätzlich gegen das islamische Gesetz verstoße.

Schon vor den Ereignissen in der Hauptstadt hatte der Schah begonnen, die Flamme der Revolution außerhalb Teherans auszutreten. Das galt vor allem für das aserbaidschanische Täbris. Seit langem war die Stadt ein Zentrum der Verbreitung moderner Ideen. Ihre politische und geistige Elite stand in engem Kontakt mir den aufmüpfigen Köpfen im vom Zaren beherrschten südlichen Kaukasus, namentlich in Tiflis, damals das multiethnische und multikulturelle Zentrum dieser Region. Diese einheimische Elite wiederum stand mit russischen Intellektuellen und Oppositionellen in Verbindung. Vor diesem Hintergrund hatte die konstitutionelle Bewegung in Täbris eine besonders engagierte und hartnäckige Anhängerschaft. Oppositionelle Vereinigungen (*andschuman*) waren bereits gegen Ende des Jahrhunderts entstanden. Und früh schon waren auch Vorkehrungen getroffen worden, den reaktionären Bestrebungen gegebenenfalls bewaffneten Widerstand entgegenzusetzen.

Der Angriff der Zentralmacht erfolgte Anfang Juli 1908. Monatelang dauerten die Kämpfe mit wechselndem Kriegsglück. Russland unterstützte militärisch die konterrevolutionären Kräfte und hatte zeitweise Teile von Täbris unter Kontrolle. Dort wurde heftiger Widerstand geleistet; dabei taten sich nicht zuletzt Angehörige der unteren Schichten der Bevölkerung hervor. Anfang Oktober befand sich die Stadt wieder vollständig unter der Kontrolle der Konstitutionalisten. Durch den heldenhaften Widerstand beeindruckt setzte sich ein Marsch der Unterstützer der Verfassung aus den nördlichen und nordwestlichen Teilen des Landes auf Teheran in Bewegung. Von Süden marschierte eine aus dem Stamm der Bakhtiari rekrutierte Truppe nach Norden. Am 13. Juli 1909 zogen die vereinigten konstitutionellen Streitkräfte in Teheran ein; der Schah suchte in der russischen Botschaft Zuflucht. Ein aus der Mitte der Konstitutionalisten gebildeter Hoher Rat erklärte dessen Absetzung; zu seinem Nachfolger wurde sein zwölf Jahre alter Sohn Ahmad (1897–1930) ernannt, für den bis zu seiner Volljährigkeit ein Regent die Geschäfte führen würde. Muhammad Ali Schah begab sich nach Odessa ins Exil. Während die Revolutionäre gegenüber dem Schah und seiner Entourage Milde walten ließen, traf es andere hart: So wurde Ayatollah Fazlollah Nuri (1843–1909), die geistliche Speerspitze der Gegner der *maschruteh*, gehängt. Im Oktober fanden die Wahlen zum zweiten Parlament statt, das sich am 15. November konstituierte.

Damit schien sich die konstitutionelle Bewegung durchgesetzt zu haben. Dass gleichwohl die kommenden Jahre einen streckenweise chaotischen Verlauf nehmen sollten, hatte eine Reihe von Gründen. Auf die ambivalente Rolle der Geistlichen ist bereits hingewiesen worden. Ein tiefer Graben trennte auch die Liberalen und Säkularen unter den Anhängern der Verfassungsbewegung. Ein konservativer Flügel sah mit der Verfassung das Ziel der Bewegung erfüllt; ihm gehörten Mitglieder der herrschenden Familie, hohe Funktionäre in den politischen Institutionen, ein Teil der Kaufmannschaft und die Großgrundbesitzer an. Andere hatten sich sehr viel weiterreichende Ziele der politischen und gesellschaftlichen Umgestaltung gesetzt. Zwar waren diejenigen eine Minderheit, die auf die Abschaffung der Monarchie hinarbeiteten, aber eine starke Gruppe – erwachsend aus einem Mittelstand von Beamten, Lehrern, Übersetzern, Schriftstellern und Intellektuellen, Ärzten, Kaufleuten und Handwerkern – suchte soziale Reformen, darunter nicht zuletzt die Reform der Besitzverhältnisse auf dem Land, die Einführung eines europäischen Bildungssystems und die Verdrängung der Religion aus dem öffentlichen Raum. Die Gegensätze zwischen der *Demokratischen Partei* (*Hizb-e dimukrat*) und der *Moderaten Partei* (*Hizb-e i'tidal*) legten nicht nur die Arbeit des Parlaments lahm; sie boten auch England und Russland Ansatzpunkte zu einer nahezu ständigen Einmischung.

In welchem Ausmaß Persien zu deren Spielball geworden war, hatte sich 1907 gezeigt. Besorgt über die immer selbstbewusster ausgreifende Politik Deutschlands, die ausgehend von seiner starken politischen, militärischen und wirtschaftlichen Stellung im Osmanischen Reich auch an den Persischen Golf vorzudrängen schien, hatten beide Mächte im Vertrag von St. Petersburg ihre Einflusszonen in Zentralasien, Afghanistan und Persien festgelegt. In dem Abkommen vom 31. August 1907 war Persien in eine russische, britische und eine neutrale Zone aufgeteilt worden: Die russische Zone umfasste das Gebiet nördlich der Linie Kermanschah–Yazd–Sarakhs; die britische den südöstlichen Teil des Landes. Alle persischen Zölle der russischen Zone würden an die zuvor als Zweigstelle der russischen Staatsbank in Teheran gegründete *Banque d'Escompte et des Prêts de Perse* abzuführen sein und für die Bedienung der Darlehen, die Russland dem Schah gewährt hatte, zur Verfügung stehen. Im Gegenzug sollten alle Zölle der Provinz Fars und der persischen Golfprovinzen sowie sämtliche Einnahmen aus der Fischerei im Persischen Golf wie im Kaspischen Meer und die Einnahmen des Post- und Telegraphenwesens der in Teheran zuvor gegründeten britischen *Imperial Bank of Persia* zur Bedienung der englischen Darlehen zugeführt werden. Vertreter Persiens selbst waren bei der Konferenz nicht anwesend gewesen; die Regierung in Teheran war am 16. September über den Inhalt des Vertrages informiert worden. Das hatte heftige Proteste in der Öffentlichkeit ausgelöst.

Der Vertrag war nicht nur die Grundlage der nachfolgenden russischen und englischen Einflussnahme in Persien. Am 26. Mai 1908 war die britische *Burmah Oil* auf dem Boden der Konzession von William Knox d'Arcy in Masdschid-e Sulaiman auf Öl gestoßen. Um es zu fördern, zu verarbeiten und zu vermarkten, war im April 1909 die *Anglo-Persian Oil Company* gegründet worden. Angesichts der rasch wachsenden Bedeutung des Öls, nicht zuletzt für die militärische Verwendung, hatten die Briten – wie die Russen auf ihre Weise – ein überwältigendes Interesse an der vollständigen Kontrolle ihrer Einflusszone. Nach dem Scheitern der Konterrevolution verblieben russische Truppen weiterhin in Teilen des Nordens. Auch unterstützte Russland den in der 2. Hälfte des Jahres 1911 unternommenen Versuch des vertriebenen Schahs Muhammad Ali, sich gestützt auf eine turkmenische Truppe auf den Thron zurück zu putschen. Er scheiterte im Oktober am entschlossenen Widerstand einer kleinen Truppe, die von Yeprem Khan Davidian, dem Polizeichef Teherans, befehligt wurde. Mit dem Argument, die unsichere Lage im Süden mache es notwendig, mit eigenen Kräften für Ruhe und Ordnung zu sorgen, hatte England seinerseits ein Jahr zuvor, im Oktober 1910, Schiraz (das nicht in der britisch kontrollierten Zone lag) besetzt.

Unter diesen Voraussetzungen war es der konstitutionellen Regierung nahezu unmöglich, den Aufbau einer funktionierenden Verwaltung voran zu treiben. Dies umso weniger, als London und St. Petersburg beständig bemüht waren, der Stärkung der Position der jeweils anderen Seite in Teheran entgegen zu arbeiten. Das bedeutete insbesondere, sich gegenseitig bei der Gewährung von Darlehen zu blockieren. All das geschah auf dem Rücken der iranischen Regierung, die ohne eine finanzielle Grundlage handlungsunfähig war. In ihrer Not wandte sich diese an die USA. Von dort erhielt sie zwar keine unmittelbare finanzielle Unterstützung, aber immerhin die Zusage, einen fähigen Finanzbeamten nach Persien zu entsenden, der sie beraten würde, ein funktionierendes Steuersystem aufzubauen. Im Frühjahr 1911 traf der US-Amerikaner Morgan Shuster (1877–1960) in Teheran ein. Er sollte das Amt des Schatzkanzlers für drei Jahre übernehmen. Am 13. Juli 1911 verabschiedete das Parlament ein von ihm entworfenes Finanzgesetz, wonach sämtliche staatliche Einnahmen und Ausgaben vom Schatzkanzleramt zentral verwaltet würden. In kurzer Zeit erreichte er eine Neuordnung der Staatsfinanzen.

Es versteht sich fast von selbst, dass diese Wendung der Dinge den Interessen Englands und Russlands auf persischem Boden diametral entgegenlief. St. Petersburg, das sich besonders herausgefordert sah, ergriff die Initiative, Shuster zu Fall zu bringen. Am Ende wurde dies durch den Einsatz militärischer Mittel erreicht. Im November 1911 rückten russische Truppen von Bandar Anzali aus Richtung Teheran vor. Ein russisches Ultimatum, Shuster bis zum 24. Dezember zu entlassen, wies das Parlament zurück. Gegen den Willen des Parlaments verfügte jedoch der Regent am 11. Dezember Shusters Entlassung. Am 20. Dezember löste sich das Parlament selbst auf. Erst im Juni 1914 sollte ein neues Parlament gewählt werden.

Russland, das sich jetzt einem verbreiteten Widerstand gegenübersah, ging daran, das konstitutionelle Pflänzchen mit der Wurzel auszureißen. Täbris und Maschhad, Zentren des Widerstands, wurden Schauplätze russischer Aggression. Am 30. März 1912 erfuhr sie ihren Höhepunkt: Der Schrein des Imam Reza in Maschhad, einer der heiligsten Plätze der Schiiten, wurde bombardiert. Bei dem gleichzeitigen Vorgehen gegen Demonstranten fanden mehr als 500 Menschen den Tod. Dieses Ereignis hat sich tief in das kollektive Gedächtnis der Iraner eingegraben. Auch im Süden des Landes gab es Widerstand – in diesem Fall gegen die britische Besatzung. Er beschränkte sich aber auf den Boykott englischer Produkte.

Sechs Jahre nach ihrem Beginn schien die Verfassungsrevolution an ihr Ende gekommen. Als positives Vermächtnis dieser bewegten Jahre ist zu konstatieren, dass dem politischen ein geistiger Aufbruch einhergegangen war. Auch er hatte seine Ursprünge in der zweiten Hälfte des 19. Jahrhunderts und er hat sich durch das 20. Jahrhundert zu einem breiten Strom verstärkt. Dabei sollte freilich die Ambivalenz der Erfahrungen mit Europa nachwirken, hatte man doch auf europäische Vorbilder gesetzt und war gleichwohl auf einen so entschlossenen Widerstand europäischer Mächte gestoßen, liberale Werte in die Praxis umzusetzen. Während die einen den Weg der Modernisierung, verstanden als Verwestlichung und Europäisierung, fortzusetzen entschlossen waren, machten sich andere auf die Suche nach einem eigenen Weg, der der Wahrung von Tradition und Religion größeres Gewicht geben würde. In der Revolution von 1978/79 sollte diese Spannung wieder aufscheinen.

Der Ausbruch des Ersten Weltkriegs sah Iran in einem Zustand extremer Schwäche. Die Regierung in Teheran war handlungsunfähig, das Parlament zerrissen zwischen Angehörigen widerstreitender politischer, gesellschaftlicher und weltanschaulicher Kräfte. Teile des Landes wurden von England und Russland unmittelbar kontrolliert; zugleich mischten sich diese, über ihre Parteigänger miteinander rivalisierend, in die inneren Angelegenheiten des Landes ein.

5.2 Sonnenuntergang oder Morgenröte? – Die »Jungtürken« an der Macht

In Russland (1905/06) und in Iran (1906) hatten konstitutionelle Kräfte der autokratischen Machtausübung ihrer Monarchen Grenzen zu setzen gesucht. Noch hatten die herrschenden Dynastien überlebt. In der Perspektive des sich anschließenden Jahrhunderts aber bedeutete das Jahr 1906 für beide Länder eine Zäsur.

Auch der Sultan in Konstantinopel konnte sich den Zeichen der Zeit nicht entgegenstellen. Mit der Schließung des Parlaments in Konstantinopel (1878) war eine »bleierne Zeit« eingeleitet worden; alle Regungen von Opposition im Lande wurden unterdrückt. Liberale politische und geistige Kräfte konnten sich nur als Geheimzellen organisieren oder im Ausland überleben und von dort aus ins Reich hineinwirken. Im Jahr 1889 fand sich an der militärmedizinischen Akademie in Istanbul unter der Bezeichnung *Gesellschaft für Osmanische Einheit* (*Ittihad-i Osmani Cemiyeti*) eine als Geheimzelle organisierte Oppositionsgruppe zusammen. Anders als im Falle vorangegangener Reform- und Putschversuche, die von Offizieren bzw. Geistlichen (*ulema*) getragen waren, gaben diesmal Studenten den Ton an. Bald fanden sie an anderen Militärschulen Nachahmer. Unter der Bezeichnung »Jungtürken« sollten in den kommenden Jahren höchst unterschiedliche Gruppen und Denkrichtungen zusammengefasst werden, die gegen das Regime von Abdülhamit II. opponierten. Unter dessen Druck sahen sich nicht wenige unter ihnen gezwungen, das Land zu verlassen. In Paris trafen sie auf dort lebende Exilanten; zusammen gründeten sie das – zunächst bescheidene – *Komitee für Einheit und Fortschritt* (*Ittihat ve Terakki Cemiyeti*). In der in türkischer und französischer Sprache erscheinenden Zeitschrift *Meşveret* (»Beratung«) propagierten sie ab 1895 ihre zentralen Ziele: die Wiedereinsetzung der Verfassung und Wahlen zu einem neuen Parlament.

Nur langsam erholte sich die Bewegung von einem gescheiterten Putschversuch 1896, doch gelang es trotz der Wachsamkeit der Spitzel des Sultans, die Aktivitäten im Lande zu verstärken. Die Bewegung spaltete sich jetzt in zwei programmatisch unterschiedliche Flügel: in einen zentralistisch-säkularen und einen eher liberal-pluralistischen. Ein Kongress in Paris 1902 ließ diese Spaltung zutage treten. Der Führer der Liberalen, Prinz Sabahettin (1879–1948), der osmanischen Familie entstammend, gründete 1906 die Gesellschaft für *Private Initiative und Dezentralisierung* (*Teşebbüs-ü Şahsi ve Adem-i Merkeziyet Cemiyeti*). Führer des zentralistischen Flügels der Bewegung war demgegenüber Ahmet Rıza (1858–1930), bis zu seinem Gang ins Exil Beamter in der osmanischen Verwaltung. Er stand mit der *Osmanischen Freiheitsgesellschaft* (*Osmanlı Hürriyet Cemiyeti*) in Verbindung, die 1906 von Bürokraten und Offizieren in Salonika (heute Thessaloniki) gegründet wurde. Eine aktive Rolle spielte hierbei Mehmet Talat, Beamter am dortigen Post- und Telegraphenamt. Ein zweiter »Jungtürken-Kongress« führte 1907 noch einmal die wichtigsten Exilvertreter zusammen. In einer gemeinsamen Erklärung forderten sie den Sturz des Sultans, die Wiedereinsetzung der Verfassung und die Öffnung beider Kammern des Parlaments.

Die Initiative zu handeln aber war zu diesem Zeitpunkt bereits auf Offiziere der im europäischen Teil des Reichs stationierten Dritten (Makedonischen) und Zweiten (Thrakischen) Armee übergegangen, die dem *Komitee für Einheit und Fortschritt* verbunden waren. Im Mai 1908 brachten sie den ausländischen Konsulaten in Salonika gegen den Sultan gerichtete Flugschriften zur Kenntnis. Das Treffen des Zaren Nikolaus II. mit dem englischen König Edward VII. in Reval (heute Talinn) im Juni beschleunigte die Aktion des Militärs, weil man weitere Aufteilungspläne durch die europäischen Mächte fürchtete. Kurz darauf kam es zur offenen Meuterei in Makedonien. In der Dritten Armee schloss sich eine Einheit nach der anderen den jungen Offizieren an. Der Sultan reagierte mit der Entsendung von in Kleinasien stationierten Truppen zur Niederschlagung des Aufstands; dies erwies sich als Fehlschlag. Albanische Truppenteile, in der Vergangenheit eine solide Unterstützung des Regimes in Konstantinopel, versagten die Gefolgschaft. Am 24. Juli erklärte Abdülhamit II. unter dem Druck der Aufständischen die Suspendierung der Verfassung für beendet.

Erste Reaktionen darauf waren überwältigende Erleichterung und offen ausgetragener Jubel auf den Straßen Konstantinopels. Das »bleierne Zeitalter« schien beendet. Der Weg zu einem neuen Miteinander der verschiedenen Völker und Religionen auf der Grundlage der Verfassung und im Rahmen eines Parlaments, in dem alle wesentlichen (männlichen) Gruppen der Gesellschaft vertreten sein würden, schien geöffnet.

Das neu gewählte Parlament hatte 288 Sitze. In der ersten vierjährigen Legislaturperiode waren Türken (147), Araber (60), Albaner (27), Griechen (26), Armenier (14), Juden (4) und Slawen (vor allem Bulgaren) vertreten. Fast alle Abgeordneten standen dem *Komitee* nahe. Die einzige Gruppierung, die sich daneben noch zu behaupten und in Erscheinung zu treten vermochte, war die von Prinz Sabahettin gegründete *Partei der Osmanischen Liberalen* (*Osmanlı Ahrar Fırkası*). Sie gewann nur einen Sitz. Die überwältigende Mehrheit im Parlament kontrollierte in der Folgezeit die Regierung. Jenseits aber dieser politischen Dominanz von *Ittihat ve Terakki* war ein hohes Maß an Freiheit und Vielfalt der Meinungsäußerung gegeben; es kam zu einem geradezu explosionsartigen Erscheinen gedruckter Publikationen jeglicher *couleur*. Das soeben noch erstarrte Reich erschien von neuem vielfältigem Leben erfüllt.

Die Aufbruchsstimmung ließ verkennen, dass die neue Ordnung doch auf recht tönernen Füßen stand. Von Beginn an sollte die alleinige Machtausübung durch das *Komitee* und seinen säkular-zentralistischen Flügel einen Schatten auf die Zustimmung zu der Revolution werfen. Die liberalen Elemente unter den Jungtürken fühlten sich marginalisiert. Auch waren die überkommenen politischen Kräfte und Machtstrukturen nicht überwunden. Der Sultan war nicht nur weiterhin an der Macht. Es gelang ihm auch, die Wiedereinsetzung der Verfassung als eine Gnade seinerseits gegenüber dem Volk der Osmanen darzustellen – mithin hatte er sich also eine gewisse Popularität bewahren können. Breite Kreise unter den Religiösen schließlich – insbesondere unter dem niederen Klerus – machten Stimmung gegen die »unislamischen« Freiheiten unter dem neuen Regime, darunter nicht zuletzt das freizügigere Erscheinungsbild der Frauen in der Öffentlichkeit.

Gleichwohl bedeutete der Putschversuch vom 12. April 1909 eine Überraschung. Mit der Forderung der Rückkehr zum Islam und zur *Schari'a* und begleitet von *Softas* (Studenten an den traditionellen Medresen, den religiösen Schulen) marschierten dem Sultan ergebene Truppenteile zum Parlament. Zu ihren Forderungen gehörten auch die Entlassung des Großwesirs und anderer Mitglieder des Kabinetts sowie der Rücktritt des dem *Komitee* nahestehenden Parlamentspräsidenten (Ahmet Rıza). Darüber hinaus kam es zu Übergriffen gegen dem *Komitee* nahestehende Personen. Nach anfänglichen Erfolgen und – geringfügigen – Konzessionen seitens des Sultans wurde der Aufstand am 24. April niedergeschlagen. Eine aus Teilen der Dritten Armee und Freiwilligenverbänden zusammengesetzte Truppe, als »Aktionsarmee« (*Hareket ordusu*) deklariert, besetzte Istanbul, ohne auf nachhaltigen Widerstand zu stoßen. Drei Tage später beschlossen beide Kammern des Parlaments die Absetzung Abdülhamits. Es ist zweifelhaft, dass er wirklich die treibende Kraft hinter der Restauration gewesen ist. Größer war wohl der Anteil der *Ahrar*, eben jener durch das *Komitee für Einheit und Fortschritt* machtpolitisch marginalisierten liberalen Elemente unter den Jungtürken. Dem abgesetzten Sultan folgte sein jüngerer Bruder Mehmet V. Reşat (1844–1918). Unter ihm sollte das Sultanat nur noch ein Schatten seiner selbst sein.

Der Versuch der Restauration hatte die noch immer gegebene breite Unterstützung für die Opposition und mithin eine Schwäche hervortreten lassen, die die Herrschaft des an der Macht befindlichen Flügels des jungtürkischen Regimes gefährden konnte; er blieb auch in der Folgezeit eine traumatische Erfahrung. Folgerichtig lag die faktische Macht in den kommenden Jahren in der Hand der Armee, namentlich ihres charismatischen Generalstabschefs, Mahmud Şevket Pascha (1856–1913). Auf der anderen Seite gestattete es die nunmehr gegebene Stabilität, die Reformen zu verwirklichen, die das *Komitee* für unverzichtbar hielt, um das Überleben des Reichs zu sichern. Im Zentrum einer im August 1909 durchgeführten Verfassungsreform stand die Neuverteilung der Macht zwischen dem Parlament und der Regierung. Dem Sultan blieb nur noch das Recht, den Großwesir und den *Şeyhülislam* (die höchste religiöse Autorität) zu berufen. Die Auflösung des Parlaments wurde an Bedingungen geknüpft; die Gesetzgebung lag ausschließlich ebenso bei diesem wie die Ratifizierung von Verträgen. Die Ausgaben für den Hof wurden um zwei Drittel gekürzt. Die Zentralregierung wurde gestärkt – freilich auf Kosten individueller und kollektiver Freiheiten wie des Vereins- und Versammlungsrechts, des Streik- und Presserechts.

Nach ihrer Unterdrückung im Zuge der Wiederherstellung der Macht des *Komitees* im April 1909 erholte sich die Opposition relativ rasch. Bis 1911 entstanden eine Reihe neuer Parteien. Vor dem Hintergrund des Beginns der italienischen Besetzung Libyens vereinigten sich diverse oppositionelle Gruppierungen im November in der *Partei für Frieden und Verständigung* (*Hürriyet ve Itilaf Fırkası*). Durch nichts anderes geeint als die gemeinsame Gegnerschaft zum *Komitee*, gelang es ihr, in einer Nachwahl in Istanbul dessen Kandidaten zu schlagen. Das *Komitee* erzwang nun die Auflösung des Parlaments. Die Neuwahlen im Frühjahr 1912 sind unter der Bezeichnung *sopalı seçim*, die »Wahl mit dem Stock«, in die Geschichte eingegangen: Angesichts von Einschüchterung und Manipulation seitens der Regierung vermochte nur eine Handvoll Kandidaten der Opposition, einen Sitz zu erringen. Der anschließende Machtkampf zwischen dem *Komitee*, dem Parlament, der Regierung, der Opposition und dem Militär sollte schließlich im Herbst 1912 mit dem Ausbruch des »Balkankrieges«, der schlimmsten außenpolitischen Katastrophe seit 1876, sein Ende finden.

In einem kritischen Moment seiner Existenz war das Reich wieder einmal Opfer einer neuerlichen Aggression von außen – diesmal vonseiten seiner Nachbarn, hinter denen aber die Interessen europäischer Mächte unübersehbar waren. Als sich die Jungtürken 1908 daran gemacht hatten, die Wiedereinsetzung der Verfassung zu erzwingen, waren sie auch von der Erwartung geleitet, dem Regime in Konstantinopel eine neue Legitimation und die Anerkennung seitens der liberalen Staaten Westeuropas zu verschaffen. England war ihr politisches Vorbild. So mussten sie mit Enttäuschung konstatieren, dass London nicht seine Stimme erhob, als Österreich-Ungarn im Jahr der jungtürkischen Revolution Bosnien-Herzegowina (das bereits seit 1878 unter der Verwaltung Habsburgs gestanden hatte) annektierte. Enttäuschend war auch, dass die ethnischen Unruhen unter den – noch – osmanischen Völkern auf dem Balkan anhielten, waren die führenden Persönlichkeiten des *Ittihat ve Terakki* doch überzeugt, im Namen aller osmanischen Völker gehandelt zu haben. Besonders schockierend waren die Aufstände der Albaner 1910 bis 1912; Angehörige dieser Volksgruppe hatten in der osmanischen Geschichte bis in die jüngste Zeit herausragende Funktionen innegehabt. Seit 1904 schließlich befand sich der Jemen im Aufstand, der erst 1911 beendet werden konnte.

Die europäischen Mächte ließen keineswegs erkennen, dass sie von der jungtürkischen Intervention beeindruckt gewesen wären. Rücksichtslos spielten sie das Spiel des 19. Jahrhunderts fort, sich am Territorium des Reichs schadlos zu halten, wenn die Mächtekonstellation es gestattete. Vergeblich hatten die Sultane Reformmaßnahmen durchgeführt, um in europäischen Hauptstädten Anerkennung zu finden und eine stabile Neuordnung der Mächtekonstellation zu befördern. Diesmal ging es darum, Ansprüche Italiens zu honorieren. Gegenüber der machtpolitischen Ausdehnung Englands, Frankreichs, Habsburgs und Russlands – im letzten Jahrzehnt aber auch des Deutschen Reichs – im Mittelmeerraum und auf dem Balkan fühlte sich Italien benachteiligt. Nun erhob Rom Ansprüche auf Tripolitanien (im heutigen Libyen), den letzten Teil des Südufers des Mittelmeers, der noch nicht von England und Frankreich beherrscht wurde.

1911 hatte sich Italien der Zustimmung Frankreichs, Englands und Russlands (aber auch der Neutralität Deutschlands und Österreichs) versichert, um seine Ansprüche zu verwirklichen. Am 28. September 1911 konfrontierte Rom die osmanische Regierung mit einem Ultimatum: Sie solle der Besetzung Tripolitaniens zustimmen, da dort italienische Bürger durch fanatische Muslime bedroht würden.

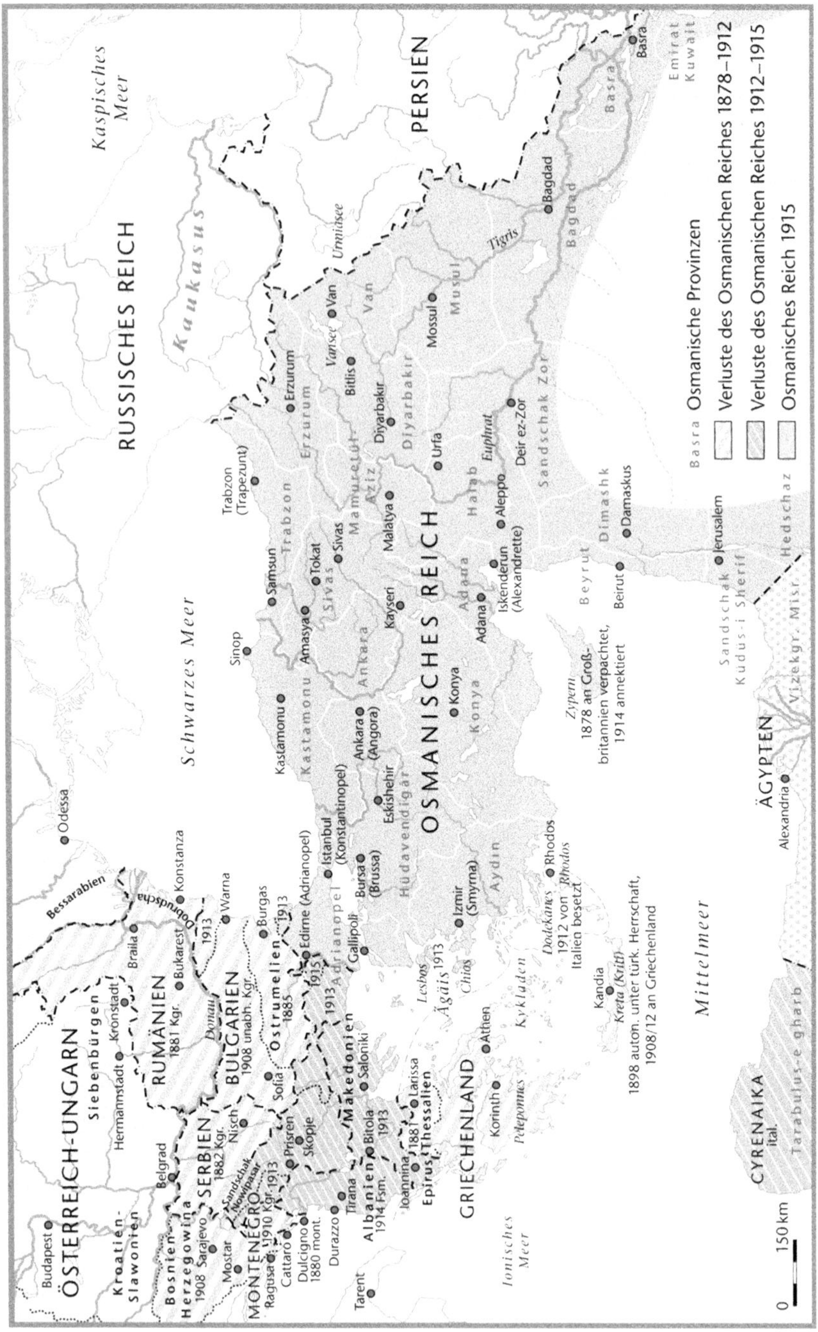

Abb. 8: Der Untergang des Osmanischen Reiches im 19. und 20. Jahrhundert.

Am nächsten Tag begann der italienische Überfall. Obwohl die osmanische Armee auf einen solchen Akt nicht vorbereitet war, gelang es, einen wirkungsvollen Widerstand zu organisieren. Daraufhin weiteten die Italiener die Kriegshandlungen aus und besetzten im Mai 1912 die Anatolien vorgelagerte Inselgruppe der Dodekanes. Nicht zuletzt angesichts einer neuerlichen Bedrohung auf dem Balkan sah sich die osmanische Regierung im Oktober 1912 gezwungen, Libyen und die Dodekanes Italien zu überlassen.

Die Regierungen der jungen Staaten auf dem Balkan waren ihrerseits entschlossen, die Osmanen vollständig von dort zu verdrängen. Wenn diesbezüglich Konsens bestand, war andererseits doch umstritten, in welcher Weise das Fell des Bären verteilt werden würde. Zwischen März 1911 und Oktober 1912 aber schien sich diesbezüglich zwischen Serbien, Bulgarien, Griechenland und Montenegro eine Übereinkunft abzuzeichnen. Am 2. Oktober stellten sie der Hohen Pforte ein Ultimatum: Gefordert wurden weitreichende Reformen in Mazedonien unter der Kontrolle auswärtiger Mächte. Diese erklärte sich zwar zu Reformen bereit, widersetzte sich aber dem Verlust an Souveränität. Am 8. Oktober erklärte Montenegro, gefolgt von den anderen, den Krieg. Die militärische Niederlage des Reichs war praktisch programmiert. Als Ergebnis einer nach London einberufenen Konferenz sollte das Reich alle europäischen Besitzungen bis auf Istanbul und die Meerengen verlieren. Ein unabhängiger albanischer Staat sollte entstehen, Edirne an Bulgarien fallen.

Das Ergebnis der Konferenz hatte schockartige Wirkung: Als die Nachricht davon nach Konstantinopel übermittelt wurde, kam es am 23. Januar 1913 zum Putsch seitens des Komitees der Jungtürken. Angesichts der Erniedrigung sollte es nun nicht mehr um die Herrschaft einer Partei, einer politischen Gruppierung oder des Parlaments gehen, vielmehr schrieben die Putschisten die Rettung der nationalen Ehre auf ihre Fahnen. Sechs Offiziere der Unionisten drangen in den Sitz der Regierung ein, wo gerade das Kabinett tagte. Dort erschossen sie den Kriegsminister und nahmen mehrere andere Regierungsmitglieder fest. Mahmud Şevket Pascha (1856–1913) wurde Großwesir und Kriegsminister.

Unmittelbar danach setzten die Balkanstaaten den Krieg fort. Wieder war das Kriegsglück den Osmanen nicht hold. Am 16. April wurde ein Waffenstillstand geschlossen. Der am 10. Juni geschlossene Vertrag sah den Verlust aller Gebiete nördlich und westlich einer Linie von Enoz an der Ägäis nach Midye am Schwarzen Meer vor. Das schloss auch Edirne, die frühe Hauptstadt des jungen Osmanischen Reichs, ein. Jetzt brach unter den Vieren (plus Rumänien, das an dem Krieg nicht teilgenommen hatte) der Streit über die Verteilung der territorialen Gewinne aus. Unterstützt vom *Komitee* nutzten junge Offiziere den chaotischen Streit, Edirne zurückzuerobern. Im Friedensvertrag von Konstantinopel (29. September 1913) musste sich Bulgarien bereit erklären, die Provinz Edirne zurückzugeben. In dieser militärischen Kampagne hatte sich ein charismatischer Offizier, Enver Pascha, besonders ausgezeichnet. Er sollte bis zum Ende des Reichs eine zentrale Rolle spielen.

Trotz dieses spektakulären Unternehmens – Edirne hatte als erste Hauptstadt des jungen Osmanischen Reichs einen besonderen Stellenwert im öffentlichen Bewusstsein – kann das Desaster der osmanischen Verluste in seiner politischen, wirtschaftlichen, menschlichen und kulturellen Dimension kaum überschätzt werden. Das Reich hatte fast alle seine europäischen Territorien – alles in allem über 60 000

Quadratmeilen mit ungefähr vier Millionen Bewohnern – verloren. Die Provinzen Makedonien, Albanien und Thrakien waren über 500 Jahre Teile des Reichs gewesen und sie gehörten zu seinen wohlhabendsten und am meisten entwickelten Provinzen. Ein unverhältnismäßig großer Teil der Elite hatte dort ihren Ursprung; Salonika war die Wiege des *Komitees für Einheit und Fortschritt* gewesen. Konstantinopel war von Flüchtlingen überschwemmt, die alles verloren hatten.

Mit dem Staatsstreich hatte das *Komitee für Einheit und Fortschritt* wieder die vollständige Kontrolle über die Lage im Inneren erlangt. Die Ermordung von Großwesir Mahmud Şevket Pascha am 15. Juni 1913 wurde der Auslöser einer heftigen Verfolgung der Opposition. Jetzt entstand das »Triumvirat«, das die Geschicke des Reichs bis zu seinem Untergang bestimmen sollte. Talat (1874–1921) trat als Innenminister in das Kabinett ein; nach wie vor verfügte er über beträchtlichen Einfluss im *Komitee*. Im Verlauf des Krieges sollte er die zentrale Persönlichkeit des politischen Geschehens werden. Enver (1881–1922), zweimal befördert, wurde General und Kriegsminister und übte in dieser Funktion die Kontrolle über die Armee aus. Dritter im Bunde war Cemal Pascha (1872–1922); als Militärgouverneur der Hauptstadt war er zugleich für die Politik der Regierung gegenüber den Minderheiten, namentlich den Arabern, verantwortlich.

Im Lichte der Geschichte des Reichs bis zum Ende des Ersten Weltkriegs ist offensichtlich, dass die Jungtürken es nicht vermocht haben, dieses auf eine neue Grundlage zu stellen, auf welcher es dauerhaft als stabiler Staat hätte fortbestehen können. Viel ist darüber diskutiert worden, wo die Ursachen dafür zu suchen sind. Nicht zuletzt liegen sie natürlich auch bei den handelnden Akteuren selbst: Die Richtungskämpfe unter ihnen und ihre Neigung zu autokratischer Machtausübung haben ihre Fähigkeit geschwächt, die auseinanderstrebenden Strömungen politischer und gesellschaftlicher sowie religiöser und kultureller Natur zu versöhnen und staatliche Institutionen zu schaffen, die allgemeine Anerkennung und Legitimität – gerade auch unter den nichttürkischen und nicht-muslimischen Untertanen – hätten erfahren können. Unbestreitbar aber ist auch, dass auswärtigen Mächten ein hohes Maß an Verantwortung dafür zuzuschreiben ist. In gewisser Weise wiederholte sich das Szenario, das bereits im Zeitalter der *Tanzimat* sichtbar geworden war: Hatten die Reformen des Sultans das Wohlgefallen der europäischen Mächte erringen und so die Voraussetzungen schaffen sollen, das Osmanische Reich zu einem Mitglied des europäischen Konzerts der Mächte zu machen, so erwies sich das als eine Fehlkalkulation. Diese ließen vielmehr nicht ab, den territorialen Bestand des Reichs gemäß ihren Interessen aufzuteilen. Und eben dieses Szenario wiederholte sich auch nach 1908. Wieder standen weitreichende Reformen auf der Agenda. Angesichts der Aggressivität der Großmächte sowie der von ihnen abhängigen neu entstandenen regionalen Mächte kamen die führenden Personen innerhalb des *Komitees für Einheit und Fortschritt* bald zu der Überzeugung, dass das Reich nur mit harter Hand zusammenzuhalten sein würde. Damit aber vertieften sie die Verwerfungen, die sich in den Jahrzehnten der Herrschaft Abdülhamits II. aufgetan hatten. Der Erste Weltkrieg, in den Konstantinopel nur nach einigem Zögern eintrat, wurde zum Entscheidungskampf: Die Mächte der *Entente* verständigten sich auf die definitive Aufteilung des Reichs.

Mit der jungtürkischen Intervention 1908 war auch die Diskussion über die Identität des Reichs in einer Breite und Intensität angefacht worden wie nie zuvor.

Zeitungen und Zeitschriften, deren Zahl in den letzten Jahren Sultan Abdülhamits auf kaum ein Dutzend geschrumpft war, vervielfältigten sich in dem Jahr nach seinem Sturz auf das dreißigfache. Die Jungtürken selbst – und mit ihnen andere nicht-türkische Völker des Reichs – sahen die Zukunft des gemeinsamen Zusammenlebens in »osmanischer« Perspektive, d. h. in einer Union, die die verschiedenen Gemeinschaften um den osmanischen Thron versammelte. Die (Pan-)Islamisten ihrerseits beschworen die Solidarität der islamischen *umma* (türk. *ümmet*). Aber für einen Augenblick schien dem Osmanismus die Zukunft zu gehören: Alle Untertanen, unabhängig von ihrem Glauben, ihrer Sprache oder ihrer ethnischen Zugehörigkeit würden im Rahmen einer konstitutionellen Ordnung loyale Bürger mit gleichen Rechten sein. Amtssprache im Parlament wäre das osmanische Türkisch.

Die Euphorie sollte indes nicht von langer Dauer sein: Spätestens der Ausbruch der Balkankriege und das unverhohlene Streben der nicht-türkischen und nicht-arabischen Völker nach dem Austritt aus dem Reich haben diesen Optimismus des Neubeginns fundamental erschüttert. Von nun an schien die Türkisierung der nicht-türkischen Untertanen die einzige Strategie, das Reich zusammen zu halten. Zugleich begann ein türkischer Nationalismus Platz zu greifen. Ein Bewusstsein von der Eigentümlichkeit der ethnischen Türken im Unterschied zu den Osmanen war erst in den letzten beiden Jahrzehnten der Herrschaft Abdülhamits II. entstanden. Man entdeckte gleichsam Anatolien als das Herzland der Türken und idealisierte die Kultur der türkischen Landbevölkerung. Seine volle und umfängliche Wirkung sollte der türkische Nationalismus nach dem Ende des Reichs entfalten (► S. 216). Diese Hinwendung zum Türkentum als der staatstragenden Ethnie war zeitweilig von einer panturkischen Perspektive begleitet. Angesichts des Bestrebens der nicht-türkischen Völker, das Reich zu verlassen, sollte die osmanische Herrschaft vonseiten der Turkvölker jenseits Anatoliens, namentlich im Kaukasus, im Wolga-Ural Gebiet, auf der Krim und in Zentralasien, eine neue Rechtfertigung erfahren. Der Traum von der Einheit der turksprachigen Völker unter osmanischer Flagge war geboren.

Die Machtübernahme durch das Triumvirat 1913 war nicht zuletzt auch mit dem Abfall bzw. den zentrifugalen Bestrebungen der nicht-türkischen Völker im Reich gerechtfertigt worden. Eine autokratische, alle ethnischen und religiösen Differenzen jenseits der türkisch-islamischen »Staatsideologie« unterdrückende Herrschaftsausübung sollte zugleich alle inneren Ressourcen gegen die Aggression vonseiten äußerer Mächte mobilisieren. Das Schicksal der Armenier (und anderer Christen auf anatolischem Boden) sollte der konsequenteste und zugleich brutalste Ausdruck dieser Entschlossenheit werden, das Reich unter einem neuen Vorzeichen zu erhalten.

Es entbehrt nicht der Tragik, dass der Nationalismus, der die Jahrzehnte nach dem Ende des Ersten Weltkriegs im Nahen Osten und in Nordafrika endgültig prägen sollte, bereits in seiner frühen Phase mit dem Streben nach ethnischer (und häufig auch religiöser) Einheitlichkeit einherging. »Einheit« war eines der Schlagworte der Jungtürken gewesen. Nach dem Strohfeuer der Begeisterung von 1908 sollte sich bald erweisen, dass diverse ethnische und religiöse Gruppen unterschiedliche Auffassungen davon hatten, wie diese »Einheit« zu verwirklichen sei. Vor dem Hintergrund der äußeren Bedrohung zeigte sich das *Komitee* entschlossen, die Einheit im Sinne einer Zentralisierung von oben gegebenenfalls gewaltsam durchzusetzen.

»Einheit« erhielt eine türkisch-nationalistische Einfärbung, die in wachsendem Maße alle nicht-türkischen Völker des Reichs, besonders aber die nicht-muslimischen, entfremdete. Von den arabischen Völkern wird unten zu sprechen sein. An dieser Stelle sei das Schicksal der Armenier ausführlicher dargestellt.

Die armenische Tragödie, die im Völkermord von 1915 ihre extreme und tragische Zuspitzung erfuhr, ist im größeren Zusammenhang der Ausbreitung und Radikalisierung nationalistischer Gedanken, Projekte und Bewegungen zu sehen. Die christliche Bevölkerung unterschiedlicher Denominationen stellte einen erheblichen Anteil an der Bevölkerung in den ostanatolischen Provinzen dar. Angaben über ihre Anzahl variieren. Für die Armenier als zahlenmäßig stärkste christliche Gemeinschaft dürfte 1,5 Mio., d. h. etwa 10 % der anatolischen Bevölkerung, eine realistische Schätzung sein. Bereits gegen Ende des 19. Jahrhunderts hatten sich die Spannungen zwischen Armeniern und ihrem muslimischen Umfeld – Türken, aber auch Kurden – bisweilen pogromartig entladen. Das hatte komplexe Hintergründe, deren Wurzeln bis zu den Reformedikten der Sultane zurückreichten. Die Gleichstellung von Muslimen und Nicht-Muslimen hatten einen starken Entwicklungsschub unter den Christen Anatoliens in Gang gesetzt. Das Wirken europäischer und amerikanischer Missionare und »Entwicklungshelfer« unter den anatolischen Christen hatte Verbesserungen auf den Gebieten des Erziehungswesens, der medizinischen Versorgung, der Infrastruktur und der allgemeinen wirtschaftlichen Lage in den von Christen bewohnten Gebieten mit sich gebracht. Damit waren Gräben zu den muslimischen, nicht zuletzt kurdischen Nachbarn aufgetan. Unter der extrem konservativen muslimischen Bevölkerung verbanden sich Neid und Missgunst mit dem Gefühl, Opfer einer auswärtigen Einmischung mit dem Ziel der Aufteilung des Reichs zu sein. Der Entwicklungsvorsprung der »Ungläubigen« stand zudem in Widerspruch zu der tief verinnerlichten Überzeugung von der Überlegenheit der islamischen Religion und ihrer Bekenner über die Nicht-Muslime. Die Spannungen begannen sich in bewaffneten Zusammenstößen und Pogromen zu entladen; bereits in den 90er Jahren wurden Zehntausende Armenier getötet.

Aus dieser diffusen Konfliktlage erwuchs ein armenisches Nationalgefühl. Tiflis war damals nicht nur ein Schmelztiegel unterschiedlicher Völker und Religionen. Es war auch das geistige und kulturelle Zentrum für den Austausch »moderner« Ideen und Strömungen unter den südkaukasischen Völkern. 1890 war dort die *Armenische Revolutionäre Föderation* (abgekürzt: *Daschnakzutyun*, oder *Daschnaken*) gegründet worden. Sie verstand sich zunächst zwar wesentlich als Strömung innerhalb der reformerisch eingestellten sozialistischen Bewegung in Russland. Gegen Ende des Jahrhunderts aber und nicht zuletzt als Reaktion auf die antiarmenischen Pogrome im Osten Anatoliens entwickelten sich die *Daschnaken* zu einer Partei, die nach einem autonomen Status für die Armenier im russisch beherrschten südlichen Kaukasus und im osmanischen Ostanatolien – und ab 1917 nach eigener Staatlichkeit – strebte. Zwar hatten die *Daschnaken* noch auf ihrem achten Parteitag im Juli 1914 in Erzurum angesichts des heraufziehenden Krieges beschlossen, die Armenier sollten sich gegenüber den jeweiligen Regierungen in Konstantinopel und Moskau neutral verhalten, doch hatten viele von ihnen offen mit Moskau sympathisiert. 1915 schlugen sich dann Tausende unter ihnen auch militärisch auf die Seite der Anfang 1915 nach Nordostanatolien vordringenden Russen. Hinter den Linien kam es zu

Abb. 9: Die Gedenkstätte Zizernakaberd in Jerewan erinnert an den Völkermord an den Armeniern im Osmanischen Reich 1915.

Desertionen armenischer Soldaten aus der osmanischen Armee und zu armenischen Guerillaaktivitäten. Vor diesem Hintergrund fasste die osmanische Führung, gestützt auf einen Teil des *Komitees* und angeführt von Innenminister Talat Pascha, den radikalen Plan, die armenische Bevölkerung im Osten Anatoliens umzusiedeln. Ziel der Umsiedlung (*techir*) sollte Deir az-Zor in der Syrischen Wüste sein. Die Aktion der »Umsiedlung« begann mit der Verhaftung von über 200 prominenten Armeniern in Konstantinopel am 24. April 1915. Nach diesem Fanal wurden in Anatolien Maßnahmen ergriffen, die von Beginn den Charakter einer ungeordneten und von brutaler Willkür an der dortigen Bevölkerung begleiteten Vertreibung hatten. Sie waren gekennzeichnet von Plünderungen und gewalttätigen Übergriffen bis hin zu Massenmorden. Über die Zahl der Opfer liegen naturgemäß keine genauen Zahlen vor; die Schätzungen liegen zwischen 600 000 und 800 000 Menschen. Für die Deportationen und Massenmorde hat sich international der Begriff des Völkermords (Genozid) durchgesetzt. Diese Bezeichnung ist mit der von den Historikern diskutierten Frage nach der Verantwortung der osmanischen Staatsführung verbunden: Gab es einen zentral gefassten und systematisch durchgesetzten Plan zur Vernichtung der Armenier oder waren die »Ausschreitungen« – wie es die Türkei bis heute offiziell behauptet – den allgemeinen Zuständen im Osten Anatoliens zuzuschreiben, die der Kontrolle der Zentralregierung zum Teil entzogen warten?

Die Mehrheit unter den Historikern spricht heute von einer planmäßigen Vernichtung. Talat Pascha kommt in dieser Lesart die Rolle des zentralen Akteurs zu. Das Ergebnis der »Maßnahmen« war die fast vollständige Ausrottung der armenischen Bevölkerung in Anatolien. Sie waren ein trauriges Vorspiel zu dem Bevölkerungsaustausch, der 1923/24 auf der Grundlage eines im Januar 1923 in Lausanne unterzeichneten Abkommens zwischen der im Entstehen begriffenen Türkischen Republik und Griechenland vollzogen wurde. Nach der Vertreibung und Flucht von Griechen aus Anatolien und Türken aus dem Balkan seit den Balkankriegen 1912/13, nach dem Genozid an den Armeniern (auch unter syrisch-orthodoxen [»assyrischen«] Christen hatte es zahlreiche Opfer gegeben) und nach den Vertreibungen im Zusammenhang mit dem türkischen Befreiungskrieg 1919–1922 wurden im Rahmen des Bevölkerungsaustauschs weitere Hunderttausende Menschen (insgesamt über eine Million) zwangsumgesiedelt. In dem Abkommen war freilich nicht von »Griechen« und »Türken« die Rede; »ausgetauscht« wurden »orthodoxe Bürger der Türkei« und »muslimische Einwohner Griechenlands«.

Gleichsam überlagert war das Ringen um eine Antwort auf die Frage nach der Identität des Reichs von einer anderen grundlegenden Frage: der nach der Haltung zum »Westen«, d. h. zu den politischen, zivilisatorischen und kulturellen Grundlagen der europäischen Mächte. Die Positionen reichten von der völligen Aufgabe der osmanisch-islamischen Zivilisation und der vorbehaltlosen Hinwendung zu Europa auf der einen zu der nachdrücklichen Zurückweisung westlicher Techniken, Institutionen und Ideen auf der anderen Seite. Die Anhänger der letzteren Position waren eine Minderheit. Eine Mehrheit unter der Elite votierte für eine Übernahme der aus osmanischer Perspektive »nützlichen« Elemente europäischer Zivilisation. Sie waren von der bereits von Namık Kemal (► S. 55) gestellten Frage geleitet: Auf welche Weise würde eine Synthese zwischen den Elementen der europäischen und der islamisch-osmanischen Zivilisation hergestellt werden können?

Ungeachtet der schwierigen Lage des Reichs im Inneren und Äußeren wurden vonseiten der jungtürkischen Staatsführung – seit Februar 1917 stand Talat Pascha als Großwesir an ihrer Spitze – eine Reihe von Reformen und Weichenstellungen in Angriff genommen, die auf den Staat weisen, der nach dem Ende des Osmanischen Reichs als Türkische Republik gegründet werden sollte. Dies gilt namentlich für jene Maßnahmen, die als säkularistisch die Trennung von Staat und Religion in der Verfassung der Republik vorweggenommen haben. Dazu gehörten die Unterstellung der religiösen Gerichtshöfe unter das Justizministerium (1915) und eine Reform des Familienrechts, bei der erstmals die Formen der Eheschließung für die drei stärksten Religionsgemeinschaften (Muslime, Christen, Juden) in einer Verordnung zusammengefasst wurden. Im Bereich des Erziehungswesens wurden die religiösen Schulen Istanbuls in einem Zentralinstitut konzentriert, an dessen Spitze eine moderne theologische Akademie stand. Vergleichbare Konzentrationsbemühungen gab es bei den sufischen Bruderschaften, die durch einen Zentralrat von Ordensscheichen kontrolliert und deren Mitglieder zu erzieherischen und wohltätigen Aufgaben angeleitet werden sollten. Weitere Reformen betrafen den Ausbau der Universität und die Ausweitung von Betätigungsfeldern für Frauen in der Öffentlichkeit.

Der Eintritt in den Krieg schließlich hatte auch Auswirkungen auf das Wirtschaftsleben. Große Teile der Wirtschaft lagen in der Hand von Unternehmen, deren

Regierungen sich jetzt mit dem Reich im Kriegszustand befanden. Im Übergang zu einer Kriegswirtschaft wurden die »Kapitulationen«, im Rahmen derer Ausländern und lokalen religiösen Minderheiten eine dominante wirtschaftliche Stellung ermöglicht worden war, nach Eintritt in den Krieg gekündigt. Schutzzölle wurden eingeführt, ausländische Unternehmen unter osmanische Kontrolle gebracht und Steuern erhoben. Aufträge der Regierung wurden an türkisch-muslimische Unternehmer vergeben, die teilweise erhebliche Profite machen konnten. Daraus entstand zwar noch keine neue türkisch-muslimische Bourgeoisie; in dem Maße aber, in dem sich Vorteile und Chancen der Europäer und ihrer lokalen christlichen Geschäftspartner eintrübten, verbesserten sich die Investitionsbedingungen für muslimische Geschäftsleute.

Die jungtürkische Bewegung und namentlich das *Komitee für Einheit und Fortschritt*, das seit 1913 als einzige organisierte politische Kraft quasi als Einheitspartei die Politik des Osmanischen Reichs prägte, hat die Vorzeichen für jene radikale Revolution gesetzt, die nach 1923 als »kemalistisch« bezeichnet werden sollte. In diesem Sinne kann Talat Pascha als Vorläufer Mustafa Kemals gesehen werden.[22] Sein Staatsverständnis war – nur gelegentlich getrübt von dem Zeitgeist geschuldeten politischen Schwankungen – türkisch nationalistisch. Der Regierung sollte die politische Verantwortung zufallen, die »Einheit« des Staatsvolkes durch zentralisierende Maßnahmen zu gewährleisten. Wie das Schicksal der Armenier und anderer christlicher Minderheiten deutlich macht, war diesbezüglich auch die ethnische Säuberung eine Strategie der Politik. Wie später auch für Mustafa Kemal gab es zu einer Ausrichtung auf Europa als Orientierung der Prozesse der Modernisierung keine Alternative. Die Träume Envers, des zweiten Mannes im Triumvirat, das Osmanische Reich als großtürkisches Imperium fortleben zu lassen, hat Talat nicht mitgeträumt. Umgekehrt haben sowohl Enver als auch Talat einen außenpolitischen Kurs der Unabhängigkeit, wie er schließlich von Mustafa Kemal konsequent gesteuert wurde, abgelehnt. An dem Bündnis mit Deutschland hat die Regierung des *Komitees* – wenn auch nicht ohne Schwankungen – bis zum gemeinsamen Ende festgehalten. Umgekehrt fand es die politische und militärische Führung in Berlin nicht opportun, die Maßnahmen der Verfolgung und Vernichtung der Minderheiten, namentlich der Armenier, über die man über viele Kanäle informiert war, zu kritisieren und an die Öffentlichkeit zu bringen. Nichts durfte von offizieller Seite gesagt oder getan werden, was das Bündnis des Deutschen und des Osmanischen Reichs hätte gefährden können.

Zeitgleich mit dem Abschluss des Waffenstillstands von Mudros (auf der Ägäis-Insel Limnos) am 30. Oktober 1918 verließen die Mitglieder des Triumvirats Istanbul; ein deutsches U-Boot brachte sie nach Sewastopol auf der Krim. Von dort gelangten sie nach Berlin. Sie hatten sich der Justiz der Sieger entzogen. Ihre nach der Flucht unternommenen Aktivitäten ließen noch einmal die unterschiedlichen Stränge jungtürkischer Außenpolitik der vergangenen Jahre erkennen. Enver und Cemal Pascha waren entschlossen, ihren Kampf gegen England fortzusetzen. Der eine – Enver – verschrieb sich schließlich dem Ziel der Schaffung eines turkstämmigen Emirats in Zentralasien; er starb im August 1922 in einem Gefecht mit sowjetischen Truppen nahe der tadschikischen Hauptstadt Duschanbe. Der andere – Cemal – unterstützte als Militärberater der afghanischen Armee den erfolgreichen Unabhängigkeitskrieg König Amanullahs gegen Großbritannien (► S. 124). Im Juli 1922 wurde er in Tiflis von Angehörigen eines geheimen armenischen Kommandos erschossen. Talat nahm seinen Wohnsitz in Berlin. Von dort hielt er Kontakt mit Mustafa Kemal. Die Korrespondenz zwischen beiden lässt erkennen, wie eng sich ihre staatspolitischen Konzeptionen berührten. Talat wurde bereits am 15. März 1921 in Berlin ermordet – auch er von einem Armenier, der seine Tat als Rache für die Vernichtung seines Volkes während des Weltkriegs verstand.

Mit dem Waffenstillstand war das Osmanische Reich *de facto* an sein Ende gekommen. Anders freilich als im Falle Deutschlands und Österreich-Ungarns, wo mit dem Ende des Krieges die Herrscherhäuser stürzten und sich demokratische Revolutionen vollzogen, blieb der osmanische Herrscher an der Macht, eine innenpolitische Revolution also fand zunächst nicht statt. Freilich, in Gestalt der Waffenstillstandslinien verblieb ihm nur noch ein Restterritorium in Anatolien und Ostthrakien und auch dieses hätte nach dem Willen der Sieger weiter aufgeteilt werden sollen. Ein Übergang zu einer neuen Ordnung setzte ein, der 1923 mit der Anerkennung der Türkischen Republik im Vertrag von Lausanne abgeschlossen sein sollte. Während damit der Status der Völker Anatoliens staatsrechtlich geklärt war und sich die Türkische Republik selbst bestimmte, wurden die anderen Teile des Osmanischen Reichs zwischen Nordafrika und Jemen dem politischen Willen der europäischen Mächte, insbesondere Englands, Frankreichs und Italiens unterworfen. Das hat ihr Schicksal bis in die Gegenwart bestimmt. Während die Geschichte der Türkischen Republik im Jahrhundert nach ihrer Gründung – bei allen Veränderungen in der Gesellschaft, Fortentwicklungen des politischen Systems und enger Anpassung an die internationale Ordnung – im Großen und Ganzen kontinuierlich verlaufen ist, weist die Geschichte der ehemals arabischen Untertanen des osmanischen Kalifen vielfältige Brüche und Konflikte auf.

5.3 Die »Jungafghanen« und die Modernisierung Afghanistans

Der Auf- und Umbruch zu Beginn des 20. Jahrhunderts, der sich nach vielfältigem Vorspiel im vorangegangenen Jahrhundert in Iran und im Osmanischen Reich vollzog, war auch in Afghanistan zu spüren. Die Veränderungen dort wurden jedoch nicht in so großer Breite, Tiefe und Vielfalt wirksam wie in den beiden genannten Staaten. Die Kräfte, die in Afghanistan nach Veränderungen strebten, waren auf Teile der städtischen Elite namentlich in Kabul und Herat beschränkt. Die traditionellen gesellschaftlichen Strukturen und politischen Herrschaftsverhältnisse blieben weitgehend intakt. Sie bildeten eine starke Barriere gegen die Verbreitung »westlicher« Werte und Institutionen über weitere Teile des Landes. Gleichwohl ist auch in dem

Land am Hindukusch zu Beginn des 20. Jahrhunderts das Wetterleuchten einer neuen Zeit sichtbar. Erste Weichenstellungen werden vorgenommen, die als Vorspiel zu den Entwicklungen verstanden werden können, die das Land in den siebziger Jahren des 20. Jahrhunderts genommen hat und die schließlich in eine marxistisch-leninistische Revolution, zu russisch-sowjetischer Besetzung, anschließendem Bürgerkrieg und auf seinem Boden geführten *war on terrorism* geführt haben.

Wie oben ausgeführt (▶ S. 71), lassen sich die ersten Schritte in Richtung auf an Europa orientierte Reformmaßnahmen in die Zeit der Herrschaft Schir Alis zurückverfolgen. 1873 bis 1879 erschien die erste Zeitung: *Schams an-nahar* (»Die Sonne des Tages«). Ansätze zu industrieller Produktion wurden unternommen. Zwischen Kabul und Peshawar wurde ein regelmäßiger Postverkehr eingerichtet; die ersten afghanischen Briefmarken kamen 1870 in Umlauf. Eine öffentliche Schule mit Kursen in englischer Sprache für Offiziere und Beamte wurde gegründet. Schir Ali führte ein neues Steuer- und Währungssystem ein. Er schuf den Vorläufer einer Regierung nach europäischem Vorbild und berief einen Staatsrat. Die besondere Aufmerksamkeit galt der Verbesserung des Zustands der Armee.

Priorität der Politik seines Nachfolgers, des Emirs Abd ar-Rahman, war es, seine Herrschaft nach innen und nach außen abzusichern. Die Zeit seiner Regierung ist gekennzeichnet durch unablässige Feldzüge gegen unbotmäßige Stämme, um die Macht der Zentralgewalt durchzusetzen und zu festigen. Ergänzt wurden sie durch einen Apparat der Repression und des Spitzelwesens, für das ihm sein Nachbar, der Emir von Buchara, wirkungsvolle Vorbilder bot. Stets musste er auch der territorialen Begehrlichkeiten Russlands gewahr sein; das hatte ein diplomatisches Schaukelspiel zwischen diesem und dem mächtigen Rivalen England zur Folge. Eine Annäherung an europäische Ideen musste unter diesen Bedingungen ein Risiko bedeuten. Wenn seine Machtausübung eines Mäntelchens der Legitimation bedurfte, setzte er eher auf die konservative Geistlichkeit. Sympathien zeigte er für den Panislamismus: In der Solidarität der islamischen Völker, die auch in Konstantinopel – nicht zuletzt bei Sultan Abdülhamit II. selbst – Fürsprecher hatte, sah er eine Stärkung seiner Bemühungen, sich des Zugriffs auswärtiger Mächte zu erwehren.

1881 kam es zu einem Vorfall, der bezeichnend war für den Umgang des Emirs mit Persönlichkeiten, von denen ihm eine Gefahr für seine Machtausübung auszugehen schien: Gemeint ist die Verbannung von Ghulam Muhammad Khan Tarzi. 1830 in Kandahar geboren, entstammte er dem angesehenen paschtunischen Clan der Mohammedzai. Im zweiten Anglo-Afghanischen Krieg hatte er sich als militärischer Führer ausgezeichnet. Zugleich machte er sich als Dichter und Philosoph über die Grenzen Afghanistans hinaus einen Namen. (Den Beinamen [*nom de guerre*] »Tarzi«, der »Stilbewusste«, hatte er sich selbst beigelegt.) Der Emir verdächtigte ihn der Intrige und verhängte deswegen seine Ausweisung. Er ließ sich schließlich in Istanbul nieder. Afghanistan hat er nicht wiedergesehen, auch wenn er in späteren Jahren den Kontakt mit Abd ar-Rahman wieder aufgenommen hat. Er starb 1900 in Damaskus. Mit seinem Sohn, Mahmud Tarzi, sollte eine neue Epoche in der Geistesgeschichte Afghanistans eingeleitet werden. Dieser hatte seine prägenden Einflüsse in den zwei Jahrzehnten des Exils im geistigen Milieu seiner Zeit im Osmanischen Reich erfahren.

Abb. 10: Mahmud Tarzi, Vater der geistigen und kulturellen Öffnung Afghanistans zu Beginn des 20. Jahrhunderts.

Aber nicht dem Panislamismus, also der Solidarität der islamischen Völker und Staaten gegen den andringenden Westen, sollte die Zukunft gehören. Die Aktivitäten al-Afghanis (► S. 91) verpufften ohne nachhaltige Wirkung. Der Nationalismus begann, die wirkmächtigste geistige und politische Kraft der Zeit zu werden. Wie unter den Eliten im Osmanischen Reich und in Iran hinterließ auch unter der schmalen geistigen Elite Afghanistans der Sieg Japans über Russland von 1905 einen starken Eindruck. Eine Gruppe kritischer Jugendlicher fühlte sich zu europäischen Ideen hingezogen. Nicht die Solidarität der islamischen Völker würde dem Land Unabhängigkeit und Entwicklung bringen. Vielmehr galt es, aus der Nation heraus die Kräfte zu mobilisieren, die das Land voranbringen und das hieß nicht zuletzt: von europäischer, also insbesondere britischer und russischer Bevormundung befreien würden. Die führenden Köpfe unter ihnen wurden – wie eben Ghulam Muhammad Khan – von Abd ar-Rahman verbannt. Von seinem Sohn und Nachfolger, Habibullah, amnestiert, kehrten sie 1902 nach Afghanistan zurück. Sein Sohn, Mahmud Beg Tarzi, sollte in dem kommenden Vierteljahrhundert für die geistige und politische Entwicklung des Landes eine bestimmende Rolle spielen.

Die Bewegung der Jungtürken, die 1908 die Wiedereinsetzung der Verfassung erzwang, war das Ergebnis eines Stromes der Erneuerung, der in der zweiten Hälfte des 19. Jahrhunderts kontinuierlich an Breite gewonnen hatte. Und in Iran wurde die Verfassungsbewegung von Kräften getragen, die in dem Streben nach der Beschränkung der Macht des Herrschers und nach der Unabhängigkeit von auswärtiger Einmischung eine Grundlage gemeinsamen Handelns hatten. Auch in Afghanistan waren Impulse der Modernisierung spürbar. Sie sollten in der Person von Mahmud Beg Tarzi einen kräftigen Schub erhalten.

1865 in Ghazni geboren, hatten ihn die Jahre des osmanischen Exils geprägt, wohin sein Vater mit der Familie gezogen war. Weit gereist und vielsprachig (neben seiner Muttersprache Paschtu beherrschte er Dari, Urdu, Arabisch und Türkisch), war er mit den nationalistischen und panislamischen Ideen in Berührung gekommen, die insbesondere im Osmanischen Reich, aber auch im benachbarten Persien propagiert wurden. In Konstantinopel war er Dschamal ad-Din al-Afghani begegnet. Nach dem Tod seines Vaters folgte er der Einladung des Nachfolgers des »eisernen Emirs«, nach Afghanistan zurückzukehren. Als Beamter der Regierung war er fortan vor allem mit der Übersetzung von Texten aus europäischen Sprachen betraut. Zugleich verfasste er eigene Schriften und Dichtungen.

Mit der Herausgabe der Zeitschrift *Seradsch al-akhbar* (»Lampe der Nachrichten«) erreichte Mahmud Tarzi im Zeitraum zwischen 1911 und 1918 seine breiteste Ausstrahlung. Durch sie wurde er nicht nur zum Vater des Journalismus in Afghanistan; zweiwöchig erscheinend wurde die Zeitschrift das zentrale Forum der programmatischen Diskussion um die Modernisierung des Landes. Tarzi und die ihm verbundenen *Jungen Afghanen* gaben dem afghanischen Nationalismus seinen Inhalt. Dieser sollte zwar im Kern paschtunisch eingefärbt sein – das bezog sich nicht zuletzt auf die Landessprache. Zugleich aber überwölbte die afghanische Nationalität die zahlreichen subnationalen tribalen und ethnischen Identitäten. Das »Vaterland« (*watan*), die Nation (*millat*) und die Religion (*din*) waren die konstituierenden Elemente einer nationalen afghanischen Identität.

Nach der Analyse der Autoren in *Seradsch al-akhbar* lagen Uneinigkeit und Konflikte unter den Stämmen sowie ein falsches Verständnis von Freiheit ebenso an der Wurzel der Unterentwicklung wie eine erstarrte Interpretation des Islams.[23] Nicht der Islam an sich, sondern die Muslime selbst hätten die Kraft der Religion durch Aberglauben, falsche Praxis und konservative Erstarrung zu einem Hindernis der Erneuerung gemacht. Die Autoren räumten ein, dass die Überlegenheit Europas auch durch dessen Errungenschaften auf den Gebieten der Kultur, der Wirtschaft und der Industrie begründet seien. Vor diesem Hintergrund war das Bekenntnis zur Wissenschaft eines der Leitthemen der Zeitschrift. Die Religion, wie sie von den Mullas praktiziert werde, dürfe den Weg zur Wissenschaft nicht verstellen. Andererseits dürfe auch die Wissenschaft der Religion nicht feindselig begegnen. Dass beide einander nicht ausschlössen, zeigten die Errungenschaften der islamischen Kultur in der Vergangenheit. Wissenschaft und Kenntnis, auch wenn sie von außen kämen, ließen sich mit einer neuen Interpretation des Islams vereinbaren. Diese sei die gemeinsame Aufgabe einer aufgeklärten geistlichen Führung, der afghanischen Gelehrten und der politischen Elite.

In der geistigen Öffnung zur Welt sahen die Autoren des *Seradsch* einen ersten Schritt der Erneuerung. Deshalb trat Mahmud Beg Tarzi nachdrücklich für das Erlernen von Fremdsprachen ein, um die grundlegenden Werke der modernen Wissenschaft, Naturwissenschaft, Medizin, Technik, Geographie, des internationalen Rechts etc. zur Kenntnis zu nehmen. Überhaupt waren Bildung und Erziehung ein weiterer Schwerpunkt des Modernisierungsprogramms Tarzis und seiner Mitstreiter. In der Veröffentlichung einer den *Seradsch al-akhbar* ergänzenden Zeitschrift, *Seradsch al-atfal* (»Die Lampe der Kinder«), suchte Mahmud der Erziehung und Bildung der afghanischen Jugend Publizität zu verschaffen; diese könne durch moderne Schulen und Curricula erreicht werden. Er selbst übersetzte – oder veranlasste ihre Übersetzung – einschlägige Werke aus europäischen Sprachen, die geeignet waren, Neugierde auf die moderne Welt außerhalb Afghanistans zu wecken.

Unermüdlich unterstrich er seine These, dass Nationalismus und Modernisierung zwei Seiten einer Medaille seien. Patriotismus sei im Islam ausdrücklich eine religiöse Pflicht. Nur durch die Erneuerung könne sich das Land gegen die äußeren Feinde behaupten bzw. von ihnen befreien, beruhe doch deren Überlegenheit auf eben den Elementen der Moderne. Zwar gehöre dazu auch eine moderne Armee. Aber richtig verstandener Patriotismus gehe über die rein physische Verteidigung hinaus: Ein wahrer Patriot fördere Lernen und Erziehung. Die elementare Voraussetzung freilich für Befreiung und Fortschritt sei die nationale Einheit.

Jenseits der Reform nach innen propagierten Tarzi und sein Kreis den Panislamismus im Sinne der Solidarität der islamischen Völker auf dem Weg zu Befreiung und Unabhängigkeit. Wie al-Afghani sahen sie im europäischen Imperialismus eine auf die Schwächung des Islams gerichtete Bewegung. Dem Bündnis zwischen dem Osmanischen Reich, Iran und Afghanistan als den letzten in der Welt unabhängig gebliebenen Völkern in der islamischen Welt maßen sie eine besondere Rolle auf deren Weg zu Befreiung und Gleichstellung mit Europa bei. Angesichts der gemeinsamen Herausforderung müsste auch die Kluft zwischen der sunnitischen und schiitischen Welt eingeebnet werden. In Verlängerung der panislamischen Vision wurde schließlich auch eine Solidarität der islamischen mit den nicht-islamischen Völkern Asiens auf dem Weg in die Unabhängigkeit angedacht.

Nach Lage der Dinge konnte der *Seradsch* nur eine relativ beschränkte Leserschaft erreichen. Die Sprache der Veröffentlichungen war in den meisten Fällen Persisch (in seiner afghanischen Variante), die Sprache der politischen und intellektuellen Oberschicht. Die große Mehrheit der Afghanen waren Analphabeten; einen breiten Mittelstand, der die Ideen hätte wirkungsvoll umsetzen können, gab es nicht. So setzten Tarzi und sein Kreis auf die neu entstehenden staatlichen Einrichtungen des Erziehungswesens als Foren der Verbreitung – und damit auf den Emir Habibullah. Tatsächlich stand dieser den Ideen offen gegenüber, auch wenn er in seinem politischen Handeln nur kleine Schritte unternahm. Erst gegen Ende des Ersten Weltkrieges kam es zu Spannungen zwischen ihm und den Jungafghanen, so dass die Zeitschrift Ende 1918 geschlossen werden musste.

Um das Banner Mahmud Tarzis scharte sich der Kern der *Jungen Afghanen* (*Dschawanan-e afghan*), d. h. ein Kreis junger städtischer Vornehmer und Intellektueller. Bis zum Ausbruch des Krieges diskutierten und agitierten sie öffentlich. Das änderte sich von da an. Die Entscheidung Emir Habibullahs, Afghanistan neutral zu halten – seine Gegner sahen darin eine pro-britische Einstellung –, trieb viele von ihnen in den Untergrund. Der Konflikt spitzte sich zu, als Anfang Oktober 1915 eine deutsch-türkische Mission in Kabul eintraf. Angeführt von Oskar Niedermayer und Kazim Bey sollten sie den Emir bewegen, die Briten in Indien anzugreifen, um deren Kräfte dort zu binden. In Kabul bildete sich nunmehr die »Kriegspartei«: Sie bestand aus den Jungafghanen (darunter Tarzi und Amanullah, der spätere König) sowie aus konservativen antibritischen und protürkischen Gruppen und der Mehrheit der Geistlichkeit. Für die Neutralität bzw. Parteinahme für die Briten traten demgegenüber neben dem Emir selbst, sein Halbbruder Inayatullah und führende Persönlichkeiten der Regierung ein. Die Spannungen zwischen den Jungafghanen und dem Emir stiegen, als diese ihn in einem Brief aufforderten, mit den Briten zu brechen und Reformen einzuleiten. Ein Attentatsversuch auf den Emir führte 1918 zum offenen Bruch: Sein Urheber war ein Student am Habibiya Kolleg, der von Emir Habibullah 1905 gegründeten höheren Schule des Landes, an dem die Jungafghanen einen starken Einfluss ausübten.

Tatsächlich hatte Tarzis Agenda der Modernisierung nach Lage der Dinge zunächst auf tiefsitzende Vorbehalte, ja hartnäckigen Widerstand stoßen müssen. Den nicht-paschtunischen Teilen der Gesellschaft gegenüber galt es, den Verdacht abzubauen, sein afghanischer Nationalismus verschleiere nur die Entschlossenheit, die Dominanz der Paschtunen weiter zu festigen. Der Emir musste überzeugt werden, dass wirtschaftliche und gesellschaftliche Reformen nicht die Schwächung seiner Herrschaft, ja die Stärkung auswärtigen Einflusses bedeuten, sondern dass vielmehr die Stellung der Zentralgewalt gefestigt würde. Der sunnitischen Geistlichkeit galt es zu vermitteln, dass Modernisierung und Säkularisierung keinen Angriff gegen den Islam darstellten. Im Falle der Schiiten musste der Argwohn überwunden werden, dass damit nicht eine weitere Schwächung ihrer ohnehin nicht starken gesellschaftlichen Stellung verbunden sei. Und den Stammesführern schließlich galt es zu vermitteln, dass die Modernisierung nicht ihre Stellung unterminieren und ein Ende der überkommenen Stammestraditionen einleiten würde.

Außenpolitisch waren die Reformen Teil der Bestrebungen, die Unabhängigkeit zu erringen. Die Anfänge des jungafghanischen Erwachens waren in die Jahre nach dem Abschluss des Abkommens von Gandamak (1879, ► S. 72) gefallen; in ihm hatte Afghanistan praktisch seine Eigenständigkeit in außenpolitischen Entscheidungen an England abgegeben. 1893 hatte Emir Abd ar-Rahman die Durand-Linie anerkennen müssen und damit die von Paschtunen bewohnten Gebiete östlich von dieser an Britisch-Indien verloren.

Emir Habibullah war bemüht gewesen, Afghanistan aus dem Ersten Weltkrieg herauszuhalten. Über die Spannungen zu den Jungafghanen, die für ein militärisches Eingreifen aufseiten des Osmanischen Reichs gegen England eingetreten waren, ist vorstehend berichtet worden. Zu den einflussreichsten unter ihnen gehörten Amanullah (1892–1960), ein Sohn des Emirs, und Mahmud Tarzi. Ende 1918 hatte *Seradsch al-akhbar* sein Erscheinen eingestellt. Am 12. Februar 1919 wurde Habibullah bei einem Jagdausflug ermordet. Unter den Spekulationen über die Hintergründe der Tat brachte eine Variante Amanullah mit ihr in Verbindung. Nach einem kurzen Machtkampf mit seinem Onkel Nasrallah, dem Bruder des Ermordeten, wurde Amanullah am 27. Februar 1919 zum neuen Herrscher gekrönt. Für Tarzi sollte sich damit ein Tor öffnen, seine Ideen und die seines jungafghanischen Kreises in Politik und Gesellschaft umfassend umzusetzen. Im April wurde er zum Außenminister ernannte. Bereits zuvor hatte der neue Herrscher Soraya, eine Tochter Tarzis, geehelicht.

Abb. 11: Amanullah Schahs politische und gesellschaftliche Reformen scheiterten im konservativen Milieu von Stammesführern und Mullas.

Sei es, um den dunklen Schatten über seinem Machtantritt zu zerstreuen, sei es unter dem Druck antibritischer Kräfte, die nunmehr zum Zuge kamen, rief Amanullah zum *dschihad* gegen die Briten auf: Dieser Kampf sei nicht nur Angelegenheit der Afghanen, sondern aller Muslime Südasiens. Der Dritte afghanisch-britische Krieg, der am 3. Mai 1919 begann, sollte nur von kurzer Dauer sein. Zwar errangen die Briten unschwer die militärische Oberhand. Politische Unruhen in Indien aber und – eine Folge des Ersten Weltkriegs – die Kriegsmüdigkeit und wirtschaftliche Schwäche in England ließen die Kämpfe bald in Friedensverhandlungen übergehen. Der Friede von Rawalpindi im August 1919 brachte dem Land die Souveränität; zwei Jahre später bestätigten England und Russland im Vertrag von Kabul die vollständige Unabhängigkeit Afghanistans. Nach vierzigjähriger Abhängigkeit von England wurde das Land wieder zu einem selbstständigen Staat. Dies schloss auch die Eigenständigkeit außenpolitischer Entscheidungen und sowie das Recht ein, mit anderen Ländern in zwischenstaatliche Beziehungen zu treten. Der neue Titel des Staatsoberhaupts wurde »Padischah« (König). Ein Schatten freilich sollte über dem Abkommen liegen: Amanullah musste die Durand-Linie als Grenze anerkennen.

Mit der Selbstständigkeit trat Afghanistan in die Neuzeit ein. Die Modernisierung von Staat und Gesellschaft wurde zur Herausforderung an die politischen und geistigen Eliten, die sich langsam zu verbreitern begannen. In diesem Prozess sollte der Zusammenstoß von überkommenen Traditionen der Stämme mit den Erfordernissen eines modernen Staates eine schicksalhafte Dimension erhalten. Er gestaltete sich umso komplizierter, als die Interessen der Nachbarn im Norden und Westen sowie – nach dem Rückzug Großbritanniens aus Indien (1946) – im Osten nicht zuletzt auf dem Staatsgebiet Afghanistans ausgetragen werden sollten, eines Landes also, das im 19. Jahrhundert als »Pufferstaat« entstanden war.

Zumindest über das Jahrzehnt der Herrschaft König Amanullahs hat sich die Entwicklung Afghanistans mit denen in der Türkei und Iran eng berührt. Im Unterschied freilich zu diesen beiden Ländern, die nach dem Ersten Weltkrieg tiefgreifende und nachhaltige Modernisierungsschübe erfuhren, blieb die politische, gesellschaftliche und geistig-kulturelle Umgestaltung Afghanistans zunächst eine kurze Episode. Sie war auf die Herrschaft Amanullahs beschränkt. Nach seiner Flucht ins Exil (1929) blieb das Land zwar mit seinen Nachbarn in Kontakt und in einigen Bereichen waren Impulse selektiver Erneuerung wirksam. Doch waren diese eher lokal und oberflächlich: An der überlieferten Gesellschaftsordnung, die vor allem die paschtunischen Stämme seit eh und je geprägt hatte, änderte sich wenig.

Amanullah hatte den Briten die vollständige Souveränität des Landes abgetrotzt. Damit hatte die schmale Schicht nationalistisch denkender Erneuerer ein erstes wichtiges – nach außen gerichtetes – Etappenziel erreicht. Daran sollte sich die innere Umgestaltung anschließen. Ihr sollten wesentlich jene Ideen zugrunde liegen, die unter den *Jungen Afghanen* diskutiert und über ein Jahrzehnt in der »Laterne der Nachrichten« verbreitet worden waren. Es verwundert deshalb nicht, dass Mahmud Beg Tarzi bei der anstehenden Umgestaltung eine erhebliche Rolle zukommen sollte. Er wurde ein enger Berater Amanullahs und diente ihm zwischen 1919 und 1928 mehrfach als Außenminister sowie als Botschafter in London und Paris. Seine Tochter Soraya wurde nicht nur Ehefrau Amanullahs, sondern engagierte sich – namentlich mit Blick auf die Stellung der Frauen – auch gesellschaftspolitisch.

Kernstück der zahlreichen Reformansätze Amanullahs war die Verkündung einer Verfassung im April 1923. Nach dem Vorbild der laizistischen Türkei unter Mustafa Kemal sah Amanullah seine Herrschaft nicht durch göttlichen Willen oder seine Abstammung, sondern allein durch den Willen der »ehrenwerten Nation Afghanistans« legitimiert. Eckpunkte der Verfassung waren die Festschreibung von Bürgerrechten, das Verbot der Sklaverei, die Einberufung einer Nationalversammlung (*Schura-ye milli*) und die Einführung der Schulpflicht. An vielen Punkten haben sich die Reformen Amanullahs (inspiriert von Tarzi) an seinen Zeitgenossen Atatürk und Reza Schah orientiert. Das gilt nicht zuletzt für die Stellung der Frauen in der Gesellschaft. Im ganzen Land wurden Schulen auch für Mädchen gegründet; junge Afghaninnen wurden zum Studium in die Türkei geschickt. Die Verschleierung wurde zwar nicht verboten und es kam auch nicht zu radikalen Übergriffen seitens der Behörden wie in der Türkei und Iran. Aber das Gebot, den Schleier in der Öffentlichkeit zu tragen, wurde aufgehoben. Reformen im Rechtswesen waren darauf gerichtet, dieses zu säkularisieren und den Einfluss der Geistlichkeit zurückzudrängen; auch wurde ihr die Kontrolle über die religiösen Stiftungen vom Staat genommen.

Es war unvermeidlich, dass die Neuerungen Widerstände hervorriefen. Nicht nur der Geistlichkeit waren Privilegien entzogen worden; die paschtunischen Stammesführer sahen sich durch Eingriffe in die Bodenbesitzverhältnisse geschädigt. Gesetze zur Land- und Viehbesteuerung trafen die Bauern hart. Proteste und Aufstände wurden mit harter Hand niedergeschlagen. Neuerlicher Widerstand erhob sich, als sich Amanullah 1927/28 auf eine Europareise begab. Sie führte ihn über

Indien und Ägypten nach Italien, Frankreich, Deutschland, England, die Sowjetunion und zurück über die Türkei und Iran. In Europa stieß der orientalische Herrscher auf großes Interesse. Dort wurden seine Reformen mit Beifall aufgenommen. Das freilich beeindruckte die Opposition im eigenen Lande keineswegs. Dass seine Frau ihren Gatten unverschleiert begleitete, erregte vielmehr Proteste. Auch wurde daheim kolportiert, Amanullah nehme Alkohol zu sich und esse Schweinefleisch, ja, er sei nach einer Audienz beim Papst zum Christentum übergetreten. Den König aber befeuerte die Reise nur in seiner Entschlossenheit zu weiteren Reformen. Auf einer im August 1928 einberufenen *loya jirga*, der traditionellen Versammlung der Stämme, setzte er weitere Reformen durch: Sie betrafen unter anderem das Tragen westlicher Kleidung, die allgemeine Schulpflicht und die Polygamie.

Die Erhebung des paschtunischen Stammes der Schinwari 1929 war das Fanal für einen Volksaufstand, der im Sturz des Königs endete. Der Abfall weiter Teile der Gesellschaft ließ erkennen, wie schmal seine Machtbasis gewesen war. Die europäisch inspirierten und von oben durchgesetzten Reformen hatten außerhalb von Kabul keine positive Resonanz gefunden. Die Armee befand sich noch im Aufbau und konnte – anders als in der Türkei Atatürks und dem Iran Reza Schahs – den Herrscher nicht stützen. Die Maßnahmen, welche die Zentralgewalt hatten stärken und das Stammeswesen schwächen sollen, provozierten die Stämme und Ethnien. Hinzu kam die Geistlichkeit: Sie opponierte nicht nur gegen die »westlichen« Einflüsse; sie sah auch ihre Stellung in der afghanischen Gesellschaft bedroht. Amanullah stand ihr für den Inbegriff des fehlgeleiteten Herrschers, der seinem Anspruch als »Hüter der Religion« nicht gerecht wurde.

Die Berater des Königs, so namentlich auch Mahmud Beg Tarzi, hatten die Stimmung in der Gesellschaft falsch eingeschätzt. Letzterer freilich hat sich mit den Jahren politisch vom König zu distanzieren gesucht: dies wohl in der – auch in seinen Veröffentlichungen geäußerten – Erkenntnis, dass Reformen, deren Inspiration wesentlich aus Europa stammten, den gesellschaftlichen und kulturellen Gegebenheiten im Lande würden Rechnung zu tragen haben. Folgerichtig ging er nach der Flucht des Königs (von der unten zu sprechen sein wird, ▸ S. 234) nach Istanbul ins Exil – in jene Stadt, in der er seit den Tagen der Jungtürken so viele Inspirationen erhalten hatte. Dort ist er 1933 gestorben.

Seine Ideen haben ihn überlebt. Die Bewegung der *Wesh zalmayan*, der »Erwachten Jugend«, die nach dem Ende des Zweiten Weltkriegs bestrebt war, die politischen Institutionen des Landes unter den Vorzeichen von Demokratisierung und bürgerlichen, ja sozialen Rechten zu verändern, ist ohne die Inspirationen Tarzis nicht denkbar (▸ S. 237). Und ein halbes Jahrhundert später sollte den stürmischen Reformen der *Kommunistischen Partei* und ihrer Protagonisten in Kabul ein noch dramatischeres Scheitern beschieden sein als König Amanullah. Ende des Jahres 1979 intervenierten sowjetische Truppen, um das Regime der *Kommunistischen Partei* zu retten.

Die revolutionären Ereignisse in Iran, dem Osmanischen Reich und – mit Abstrichen – in Afghanistan zu Beginn des 20. Jahrhunderts haben ein doppeltes Gesicht: Auf der einen Seite knüpfen sie an die Prozesse des Aufbruchs und der Modernisierung in den vergangenen Jahrzehnten an. In ihnen scheint der Gordische

Knoten aus ungelösten sozialen Spannungen, fragwürdig werdender Herrschaftslegitimation, widersprüchlichen Konzepten kultureller Erneuerung und antiimperialistischen Reflexen durchschlagen zu sein. Das Licht aber, das aufzugehen scheint, kommt über eine Morgenröte nicht hinaus. Es kündigt eine neue Ära an, der neue Tag jedoch lässt auf sich warten. Die inneren und äußeren Widerstände sind zu stark, um diese revolutionären Ereignisse zu wirklichen Zäsuren in der Geschichte der Länder werden zu lassen.

Gleichwohl weisen sie in die Zukunft. Es zeichnet sich ab, dass die Welt des alten Vorderen Orients im Untergang befindlich ist. Das gilt für die Herrscher und Dynastien, die Konzepte und Konstrukte, mit denen sie ihre Herrschaft gerechtfertigt haben, die Eliten, auf die sie ihre Herrschaft gestützt haben, die gesellschaftlichen Strukturen und Schichtungen derer, die ihre Untertanen waren, und auch für die Kultur, die, stark religiös unterfüttert, den Zusammenhalt von Herrscher und Beherrschten sicherstellte. Ein neuer Weg tut sich auf, andere Wegmarken sind erkennbar. Sie weisen nicht nur auf veränderte innere Ordnungen: Das Ende des osmanischen Vielvölkerstaats, dessen Zerfall sich unter den europäischen Untertanen des Sultans/Kalifen bereits seit einhundert Jahren vollzog, würde auch im Vorderen Orient eine neue politische Landkarte entstehen lassen. Und schließlich war in den Umbrüchen zugleich auch ein Streben nach Emanzipation aus überkommenen äußeren Herrschafts- und Abhängigkeitsverhältnissen offenkundig. Vor diesem Hintergrund würde es nach Lage der Dinge ein langer Weg sein – und auch kein gerader Weg, sondern eine Strecke voller Umwege. Am Ende des 20. Jahrhunderts werden neue Revolutionen, Revolten, Staatsstreiche und Gewaltakte stehen, die Verheißungen, die zu seinem Beginn gegeben zu sein schienen, endlich einzulösen.

5.4 Der kurze Frühling im Kaukasus

Das Ende des Ersten Weltkriegs war mit einem umfassenden und tiefgreifenden Zusammenbruch gleich mehrerer politischer Ordnungen in Europa und Asien verbunden. Drei multiethnische und multireligiöse Großreiche wurden erfasst: Das Habsburgische Kaiserreich, das Reich des osmanischen Sultans/Kalifen und das Zarenreich der Romanow. Bei dem vierten in diesem Zusammenhang, dem Deutschen Reich, handelte es sich im Unterschied zu den Genannten um ein national, religiös und kulturell relativ homogenes Staatswesen. Mit dem Zusammenbruch der drei Erstgenannten waren zwangsläufig Staatenbildungsprozesse verbunden, die Teile dreier Kontinente erfassten. Die Folgen des Zusammenbruchs des Deutschen Reichs blieben auf Mitteleuropa beschränkt.

Im März 1917 dankte Zar Nikolaus II. ab; damit kam die jahrhundertlange Herrschaft der Romanow an ihr Ende. Nach der von Wladimir Iljitsch Lenin (1870–1924) angeführten bolschewistischen »Oktoberrevolution« schloss die neue Führung Anfang Dezember 1917 einen Waffenstillstand mit den Mittelmächten und trat damit *de facto* aus dem Krieg aus. Zugleich veröffentlichte sie die Geheimverträge, welche die zaristische Regierung mit den Regierungen der Entente-Mächte die Zukunft der Kriegsgegner betreffend geschlossen hatte.

Bereits am 7. Dezember 1917 veröffentlichte das neue Regime eine von Lenin und Josef Wissarionowitsch Stalin (1878–1953) unterzeichnete »Botschaft an alle werktätigen Muslime in Russland und des Orients«. Sie sollte zeigen, dass die neue Führung im Unterschied zur zaristischen Regierung den unmittelbaren Zusammenhang von nationaler und religiöser Frage erkannt hatte und bereit war, ihm politische Rechnung zu tragen. »Fortan werden Euer Glaube und Eure Bräuche, Eure nationalen und kulturellen Institutionen als frei und nicht verletzlich erklärt«, hieß es darin. »Baut Euer nationales Leben frei und unbehindert auf. Das ist Euer Recht«.[24] Darin lag das Zugeständnis eines eigenen Weges der »Völker des Orients« zu einer sozialistischen Ordnung auf der Grundlage ihrer jeweiligen kulturellen und gesellschaftlichen Traditionen.

Ihre Botschaft rasch öffentlich zu machen, hatten die beiden bolschewistischen Führer neben dem inhaltlichen Programm auch einen politisch-strategischen Grund: Denn die politischen Führungen im südlichen Kaukasus waren nicht bereit, den undemokratischen bolschewistischen Coup einfach hinzunehmen. Vielmehr sahen sie damit den Zeitpunkt gekommen, eigene Wege zu gehen, die zu Autonomie, am Ende gar zum Austritt aus dem russischen Imperium und zu Unabhängigkeit und eigenstaatlicher Existenz führen würden. Bereits am 24. November wurde in Tiflis das *Transkaukasische Kommissariat* ausgerufen, das die Funktion einer provisorischen Regierung ausüben sollte. Es bestand aus georgischen Sozialdemokraten (*Menschewiki*), der armenischen *Daschnaktzutyun*- und der aserbaidschanischen *Müsavat*-Partei. Aus ihm ging am 23. Januar 1918 ein regionales Parlament, der *Sejm*, hervor. Am 22. April erklärte er die Unabhängigkeit Transkaukasiens und die Gründung der *Transkaukasischen Republik* mit der Hauptstadt Tiflis (Tbilisi). Amtssprachen waren Georgisch, Armenisch und Aserbaidschanisch.

Zu diesem Zeitpunkt aber waren bereits tiefe Verwerfungen zwischen den beteiligten Parteien aufgebrochen, die sowohl ordnungs- und gesellschaftspolitische als auch ethnische Triebkräfte erkennen ließen. Die Spannungen reichten von Divergenzen über das Verhältnis zum Osmanischen Reich (dessen Führung in der Transkaukasischen Republik in erster Linie einen Puffer zu Russland sah) und zu Deutschland (das ein wachsendes Interesse an den Ölvorkommen der Region nahm) bis zu Konflikten über die Zukunft der politischen und gesellschaftlichen Systeme im Südkaukasus. Ende März hatte eine Allianz von Bolschewiken und vornehmlich armenischen Daschnaken in Baku ein Massaker verübt, dem etwa 10 000 muslimische Aserbaidschaner zum Opfer gefallen waren. Als am 26. Mai 1918 3000 deutsche Soldaten im georgischen Hafen Poti landeten – gemäß einer Vereinbarung mit den Georgiern, diese gegen territoriale Ansprüche der osmanischen Regierung zu verteidigen, war das Schicksal der Transkaukasischen Republik besiegelt. Noch am selben Tag folgte die Unabhängigkeitserklärung Georgiens und die georgische Delegation verließ den Sitzungssaal des *Sejm*. Ihr folgten am 28. Mai die aserbaidschanische und die armenische Delegation. Der *Sejm* war aufgelöst; auf transkaukasischem Boden entstanden drei unabhängige Republiken.

Damit war eine in geschichtlicher Perspektive neuartige Lage entstanden. Die Armenier sind zwar ein uraltes kaukasisches Volk mit einer epochenweise starken staatlichen, ja imperialen Tradition; ein eigenstaatliches Armenien aber hatte es seit dem 14. Jahrhundert nicht mehr gegeben. Die turksprachigen Völker, aus denen auch das aserbaidschanische Volk hervorging, waren erst im 11. Jahrhundert in den vorderorientalischen Raum Anatoliens und des iranischen Hochlands eingedrungen und hatten dort ihre eigene Staatlichkeit errichtet. Zwar war auch die Dynastie der Safawiden, die mit Schah Isma'il 1501 an die Macht kam, türkisch-aserbaidschanischen Ursprungs (der Sufi-Orden, dem sie entstammte, hatte in Ardabil seinen Sitz). Der safawidische Iran aber, dem mit der Verbreitung des schiitischen Islams eine eigene Identität verordnet wurde, verstand sich als persischer – nicht aber als aserbaidschanischer – Staat (▸ S. 24). Als er im 18. Jahrhundert zerfiel, entstanden auf seinem Boden eine Vielzahl von lokalen türkisch-muslimischen »Khanaten«, deren Mehrheit – zum Teil mit starken armenischen Bevölkerungsanteilen – in den ersten Jahrzehnten von Russland vereinnahmt wurde. Lediglich Georgien hat – wenn auch in unterschiedlicher Ausdehnung und immer wieder von fremden Mächten bedroht und/oder beherrscht – bis zu seiner Eingliederung in Russland 1801 ein starkes eigenstaatliches – gleichsam »nationales« – Profil.

Vor diesem Hintergrund war mit der Gründung der drei südkaukasischen Republiken 1918 eine neue Lage entstanden. Die Fäden sehr unterschiedlicher geschichtlicher Entwicklungen sowie kultureller und religiöser Gegebenheiten waren zu nationalstaatlichen Gebilden verwoben. Die Herausforderung an die herrschenden Eliten war eine doppelte: ihre Herrschaft nach innen zu konsolidieren – das bedeutete, durch die Zustimmung sehr unterschiedlicher gesellschaftlicher, ethnischer und religiöser Gruppen zur Ausübung der Macht innerhalb der neuen Grenze legitimiert zu werden – und nach außen sich zugleich der machtpolitischen und territorialen Gelüste jener Mächte zu erwehren, die durch die Geschichte der vergangenen Jahrhunderte hindurch um die Vorherrschaft im südlichen Kaukasus gerungen hatten. Angesichts der Schwäche Irans und der Auflösung des Osmanischen Reichs hatte die Führung in Moskau am Ende die besseren Karten. Nach der Revolution noch selbst in einem Zustand der Schwäche agierend, sollte es ihr unter dem Bruch von Versprechungen der ersten Stunde insbesondere Lenins gelingen, die sozialpolitischen Verwerfungen, die von bolschewistischen Parteigängern ausgenutzt und zugespitzt wurden, mit den machpolitischen Zielen Moskaus in Übereinstimmung zu bringen. Deshalb war den jungen Staaten im Kaukasus wie anderen, insbesondere muslimischen Regionen in Zentralasien nur kurze Lebensdauer beschieden. Erst mit dem definitiven Ende des sozialistischen Nachfolgestaates des Zarenreichs sollten die Rahmenbedingungen für eine dauerhafte Neuordnung der politischen Landkarte im südlichen Kaukasus und in Zentralasien entstehen.

Die Geschichte des Weges, den die kaukasischen Völker und Gesellschaften von 1801 bis 1917 gegangen sind, kann im Rahmen unserer Darstellung nur in signifikanten Schlaglichtern erzählt werden. Unübersehbar aber verbindet sie sich an vielen Punkten mit den Entwicklungen im Vorderen Orient im 19. und 20. Jahrhundert, die Gegenstand des Buches sind. Erinnert sei an die armenische Frage und an die Auswirkungen der geistigen und gesellschaftlichen Entwicklungen im Zarenreich auf die Modernisierungsbestrebungen der Eliten im Osmanischen Reich und im Staat der iranischen Qadscharen – den muslimischen Aserbaidschanern im russisch beherrschten Südkaukasus kommt dabei ein besonderer Stellenwert zu. Erinnert sei weiter an die religiösen Modernisierungsbestrebungen unter den Muslimen im Zarenreich (*Dschadidismus*), die insbesondere auf die Muslime des Osmanischen Reichs weitergewirkt haben, und schließlich an die panturkischen Bestrebungen, die gegen Ende des Ersten Weltkriegs in der osmanischen Kriegsführung erkennbar waren und in deren Strategie Aserbaidschan ein hoher Stellenwert zukam. Erinnert sei aber auch daran, dass die Erdölwirtschaft auf der Baku benachbarten Halbinsel Abscheron seit dem letzten Viertel des 19. Jahrhunderts weltwirtschaftliche Dimensionen anzunehmen begann. Am Vorabend des Ersten Weltkriegs wurden 80 % der Erdölproduktion des Zarenreichs und 15 % der Welterdölproduktion hier gefördert. Erdölbarone aus vieler Herren Länder rivalisierten um fabelhaften Reichtum, zugleich waren die Ölarbeiter empfänglich für sozialpolitische Mobilisierung – seit dem Beginn des 20. Jahrhunderts seitens der radikalen Linken. Gegen Ende des Ersten Weltkriegs richteten sich internationale Begehrlichkeiten, namentlich des postrevolutionären Russlands, Englands und Deutschlands auf die Ölressourcen Aserbaidschans.

Mit den russischen Eroberungen im südlichen Kaukasus vollzog sich dort eine erhebliche Bevölkerungsverschiebung, die besonders von einem starken Zuwachs des armenischen Bevölkerungsanteils gekennzeichnet war. Die christlichen Armenier mit ihren einflussreichen Gemeinden im gesamten Nahen Osten, auf dem Balkan, in Westeuropa und Russland verfügten über Bildungstraditionen, Handwerkerzünfte und ein fast weltweit agierendes Netzwerk von Kaufleuten. Armenische Handwerker und Händler waren von dem georgischen König Irakli II. (reg. 1762–1798) angeworben worden. Katharina II. hatte 1768 dem Katholikos von Etschmiadzin, dem Oberhaupt der Armenischen Apostolischen Kirche, Schutzbriefe für reisende Kaufleute ausgestellt, die ein Bindeglied zwischen den nahöstlichen, südkaukasischen und zentralasiatischen armenischen Gemeinden darstellten. Mit den beiden russisch-persischen Kriegen stieg der armenische Anteil an der Bevölkerung in den Gebieten nördlich des Aras an. Fast 50 000 Armenier machten zwischen 1828 und 1830 von den besonderen Einwanderungsrechten für Christen Gebrauch. Nach dem Ende des russisch-türkischen Krieges 1828/29 erhielt auch die christlich-armenische Bevölkerung der russisch besetzten Gebiete des Osmanischen Reichs diese Privilegien: Etwa 90 000 Menschen aus Ebenen von Erzurum und Agrı begleiteten die russische Armee auf ihrem Rückzug aus Ostanatolien. Umgekehrt verließen zahlreiche muslimische Familien die Gebiete nördlich des Aras in Richtung Persien und Osmanisches Reich. Weitere Einwanderungswellen folgten später: als Ergebnis des russisch-türkischen Krieges 1877–1879, antiarmenischer Pogrome im Osmanischen Reich ab 1890 und des Genozids von 1915. Lebten 1846 in Südkaukasien ungefähr 200 000 Armenier, so waren es 1915 etwa 1 680 000.[25] Zugleich dehnte sich in der zweiten Hälfte des Jahrhunderts der Landbesitz der Armenier weiter aus, die ebenfalls einen relativ hohen Anteil an den städtischen Bildungsschichten stellten.

Die Ansiedlung christlicher Armenier hatte nicht zuletzt das Ziel, ein ethnisches Gegengewicht zu der muslimischen Bevölkerung zu schaffen. Das trug zu einer anhaltenden Verschärfung konfessioneller Spannungen bei, machte aber die Armenier über Jahrzehnte zu loyalen Untertanen des Zaren und seiner Regierung. Gegen Ende des Jahrhunderts hatte eine armenische Mittelschicht vor allem wohlhabender Kaufleute Zugang zu Verwaltung und Armee gefunden. Zugleich aber befeuerte nicht zuletzt die von Ausgrenzung, Verfolgung und seit den 1890er Jahren von Pogromen gekennzeichnete schwierige Lage der Armenier im benachbarten Osmanischen Reich ein nationales Erwachen und ließ im Russischen Reich eine armenische Nationalbewegung entstehen. Sie strebte nicht nur nach größerer Eigenständigkeit innerhalb des Zarenreichs, sondern wandte sich im Streben nach einem starken, verteidigungsfähigen Nationalstaat auch gegen die Nachbarvölker wie die »Türken« Aserbaidschans, mit denen die Armenier teils territorial überschneidend siedelten. Im Übergang zu der kurzlebigen Staatlichkeit nach der bolschewistischen Oktoberrevolution war die 1890 in Tiflis gegründete armenische nationalistische Partei *Allianz der Revolutionäre* (*Daschnakzutyun*) eine bestimmende Kraft. Über deren Rolle im Zusammenhang mit dem Genozid an den Armeniern im Osmanischen Reich 1915/16 ist oben bereits gesprochen worden (► S. 114). Insgesamt also waren über der Zukunft der Beziehungen zwischen »Türken« (Aserbaidschanern) und Armeniern dunkle Wolken aufgezogen, als sich die Kaukasusvölker Ende 1917 in Gestalt der *Transkaukasischen Föderation* auf den Weg der Unabhängigkeit begaben.

Während die Armenier als ethnisch-religiöse Gemeinschaft ohne eigenständige staatliche Struktur über das gesamte Gebiet des Südkaukasus verbreitet siedelten, wies Georgien durch die Geschichte erhärtete staatliche Konturen auf. Die Annexion vonseiten Russlands 1801 vereinigte dauerhaft die verschiedenen Regionen des Landes, die in der Geschichte teilweise ein Eigenleben geführt hatten. Dieser Umstand sollte im Lauf des 19. Jahrhunderts den nationalen Gedanken unter der georgischen Elite beflügeln. Zunächst freilich artikulierte sich Widerstand gegen die russische Macht. Die eigenständige (»autokephale«) *Orthodoxe und Apostolische Kirche von Georgien* geriet unter die Aufsicht der Russisch-Orthodoxen Kirche; der Kleinadel, seit jeher die Stütze des Staates und der Armee, sah sich in seiner wirtschaftlichen Existenz bedroht. Erst nach Jahrzehnten der Aufstände und des Widerstands begannen sich die Institutionen des zaristischen Staates und die gesellschaftlichen Traditionen der Georgier miteinander zu versöhnen. Sowohl die adligen Familien als auch wohlhabende Bürger schickten ihre Söhne auf die russischen, später auch deutschen und französischen Universitäten. Von dort brachten sie liberale Ideen nach Hause, die sie mit der Forderung nach der »Wiedergeburt der Heimat« verknüpften. Unter dem Banner: »Heimat, Sprache und Glaube«, suchten sie das nationale Selbstbewusstsein zu wecken und riefen zu einer Wiedergeburt der georgischen Kultur und zum Kampf gegen das Analphabetentum auf. Später traten Forderungen nach einer Modernisierung der Wirtschaft, namentlich der Landwirtschaft, hinzu. Für eine radikale soziale Umwälzung, für die der 1878 im georgischen Gori geborene Iosseb Bessarionisdse (Josef Wissarionowitsch) Dschughaschwili, der 1912 den Namen Stalin annahm, kämpfte, gab es in Georgien keinen Nährboden. Innerhalb der *Sozialdemokratischen Arbeiterpartei Russlands* gehörten die georgischen Vertreter mehrheitlich dem Flügel der sozialdemokratischen *Menschewiki* an. Als die revolutionären *Bolschewiki* unter der Führung Lenins im November 1917 die Macht übernahmen, entschied die politische Führung in Tiflis, den russischen Staatsverband zu verlassen.

Im Untertitel ihres magistralen Werkes *Muslim – Untertan – Bürger* über gesellschaftliche Transformationsprozesse spricht Eva-Maria Auch eben nicht von »Aserbaidschan« als dem Gegenstand der Analyse, sondern von den »muslimischen Ostprovinzen Südkaukasiens«. Damit deutet sie das Fehlen einer festen übergreifenden staatlichen Struktur »der Aserbaidschaner« zum Zeitpunkt der russischen Eroberung und danach an. Die aserbaidschanische Ethnie lag damit etwa zwischen der georgischen und der armenischen: Wie vorstehend festgestellt, verfügten die Georgier des beginnenden 19. Jahrhunderts über eine lange und bis in die Gegenwart kontinuierliche staatliche Tradition, während die Armenier als an zahlreichen Plätzen verstreute Volksgemeinschaft ohne eine gefestigte politische Struktur siedelten. Mit der Eroberung turksprachiger – »aserbaidschanischer« – Gebiete im ersten Drittel des 19. Jahrhunderts wurde nach den armenischen und georgischen Christen eine islamisch geprägte Bevölkerung des südlichen Kaukasus Teil des Russischen Reichs. Im Unterschied zu Georgiern und Armeniern, die sich durch die Geschichte der vergangenen Jahrhunderte hindurch als religiöse und kulturelle Inseln in einem Meer der Muslime behauptet hatten, waren die lokalen aserbaidschanischen Herrschaften Teile großräumiger islamischer Staatenbildungen gewesen, die sich ihrerseits wiederum der islamischen Gemeinschaft (*umma*) verbunden sahen. Aus dem aserbaidschanischen Ardabil stammte die turksprachige Dynastie der Safawiden, die seit dem Beginn des 16. Jahrhunderts das iranische Hochland und das Gebiet des südlichen Kaukasus beherrscht hatte. Auf die Schiitisierung des safawidischen Staates (einschließlich Aserbaidschans) ist bereits hingewiesen worden (► S. 24).

Nach dem Abschluss der südkaukasischen Eroberungen durch Russland verblieb ein Teil Aserbaidschans, nicht zuletzt dessen traditionsreiches politisches und kulturelles Zentrum Täbris, auf persischem Staatsgebiet. Daraus ergab sich eine anhaltende Verbundenheit der russisch-aserbaidschanischen Elite mit der persischen Kultur. Nur langsam begann diese sich unter dem Einfluss der kulturellen und geistigen Entwicklung Russlands und Europas von den persischen Traditionen zu emanzipieren. Gegen Ende des 19. Jahrhunderts schließlich sollten Anstöße politischer, gesellschaftlicher und kultureller Modernisierung von Russisch-Aserbaidschan auf die aserbaidschanischen und darüber hinaus auf die persischen Persönlichkeiten ausstrahlen, die unter den qadscharischen Herrschern die Modernisierung Irans voranzutreiben bemüht waren. An der Verfassungsrevolution in Iran seit 1906 haben intellektuelle und politische Kreise in Täbris großen Anteil. Die Zugehörigkeit zur türkischen Sprach- und Kulturgemeinschaft schließlich hat die aserbaidschanischen Modernisierer mit Gleichgesinnten in Konstantinopel und unter den tatarischen und zentralasiatischen muslimischen Turkvölkern in Verbindung gebracht.

Zunächst freilich war die wirtschaftliche und kulturelle Lage des muslimischen Ostens der von Russland eroberten Gebiete des südlichen Kaukasus von Stagnation gekennzeichnet. Nicht nur erschwerte die mangelhafte Infrastruktur eine engere Verbindung zu den Entwicklungen im übrigen Russland. Vielmehr verfügte die russische Verwaltung über keinerlei Konzept im Umgang mit einer islamisch geprägten Bevölkerung, für welche wiederum die Unterwerfung unter eine nichtmuslimische Herrschaft befremdlich und nur schwer annehmbar war. Dies umso mehr als die russische Unterwerfung der muslimischen Glaubensbrüder des Nordkaukasus in vollem Gange war. Das politische und geistig-kulturelle Zentrum war Tiflis. Dort befand sich die russische zivile und militärische Verwaltung des Südkaukasus; zugleich begegneten sich dort die Vertreter der politischen und kulturellen Strömungen, die das Zarenreich bewegten.

Die infrastrukturelle und wirtschaftliche Erschließung des islamischen Südkaukasus erfolgte erst in der zweiten Hälfte des 19. Jahrhunderts. Von besonderer Bedeutung für Aserbaidschan sollte die Tatsache werden, dass sich Baku zu einem Zentrum der Erdölproduktion entwickelte. Mit dem Erwerb von Erdölkonzessionen strömte ab 1872 russisches und ausländisches Kapital in die Region. Der Bau der 1883 eröffneten Eisenbahn vom Kaspischen Meer über Tiflis bis zum Schwarzen Meer und die Herstelljung von stabilen Telegraphenverbindungen machten Baku zu einem wichtigen Bindeglied zwischen Europa und Asien und die Stadt selbst zu einer multiethnischen Metropole mit europäischem Kolorit. Auch in der muslimischen Gesellschaft Südkaukasiens entstand eine neue politische und kulturelle Elite. Die entscheidenden Impulse für ein nationales Erwachen ging von den staatlichen Schulen und Lehrerbildungsstätten sowie der Hochschulbildung an russischen Universitäten aus. Die Modernisierungsschritte der russischen Regierung öffneten traditionellen Gemeinschaften breitere Kommunikationsräume. Darüber hinaus verlangte die expandierende Industrie des Erdölstandortes Baku nach mobilen, kulturell und vor allem sprachlich standardisierten Arbeitskräften.

Bildung und Aufklärung unter einer noch weithin traditionellen Mustern verhafteten muslimischen Gesellschaftsordnung wurden die zentralen Anliegen der neuen aserbaidschanischen Elite. Einen wichtigen Schritt in Richtung auf das Erwachen einer Identität, die selbstbewusst die aserbaidschanisch-iranisch-islamische Tradition mit den Strömungen der politischen, gesellschaftlichen und kulturellen Modernisierung im russischen Reich verband, bedeutete die Gründung der Zeitung *Äkinchi* (*Ekinçi*, »Der Sämann«) 1875 in Baku. In aserbaidschanischer Sprache verfasst, trug sie nicht nur zum Entstehen einer einheitlichen Sprache bei: Mit der Propagierung eines säkularen Entwicklungsmodells suchten die Autoren den Weg zur Übernahme moderner Wertbegriffe frei zu machen. Ihr Gründer war Häsänbäy Zärdabi (1842–1907). Sein Lebenslauf kann als typisch für die Karrieren zahlreicher anderer aserbaidschanischer Reformer der zweiten Hälfte des 19. Jahrhunderts gesehen werden: In einem Dorf nahe Baku geboren, besuchte er russische weiterführende Schulen in Schamakhi und Tiflis, bevor er zum Studium der Mathematik und Physik an der Universität Moskau zugelassen wurde. Nach dem Abschluss war er in der öffentlichen Verwaltung und der Justiz in Tiflis und Quba tätig. Zwar musste *Äkinchi* sein Erscheinen bereits nach zwei Jahren einstellen – gleichermaßen kritisch beäugt von der russischen Zensur wie von rückwärtsgewandten einheimischen Kreisen, nicht zuletzt der Geistlichkeit, war es der Zeitung verwehrt, eine breitere Leserschaft zu erreichen, wodurch sie in finanzielle Schwierigkeiten geriet. Aber ein Anfang war gemacht und in den folgenden Jahrzehnten entfaltete sich eine lebhafte publizistische Landschaft.

Unter den Reformern ragt Mirzä Fätäli Akhundov (Mirza Fath Ali Akhundzadeh, 1812–1878) heraus. In seinem Elternhaus zunächst für eine geistliche Karriere bestimmt, wandte er sich bald literarischem Schaffen zu. Nahezu sein gesamtes Leben verbrachte er in Tiflis – als Übersetzer und Dolmetscher des russischen Statthalters und als Lehrer an verschiedenen Schulen. Sein literarisches Schaffen leitete eine Wende in der aserbaidschanischen Literatur ein. Waren die modernen Literaturgattungen wie Drama, Prosa oder Literaturkritik bis dahin unter muslimischen

Abb. 12: Fath Ali Akhundzadeh (russ. Akhundov) befruchtete die aserbaidschanisch-persische Tradition mit russisch-europäischer Moderne.

Kaukasiern weitestgehend unbekannt, waren seine Werke – vor allem Theaterstücke, Novellen und Rezensionen – die erste Gelegenheit für diese, sich mit jener Art von westlicher Literatur vertraut zu machen, und veränderten die verbreiteten Vorstellungen über Literatur nachhaltig. Literatur wurde zu einem Spiegel des gesellschaftlichen Lebens, zugleich wirkte sie auf dieses zurück. Erstmals übte Literatur Kritik an den bestehenden Verhältnissen und erlangte Einfluss auf die künftige Gestaltung der aserbaidschanischen Gesellschaft. Auch als Intellektueller und Philosoph hatte Akhundov großen Anteil an der Entstehung einer Aufklärungsbewegung, die sich kritisch mit überkommenen Traditionen, der gesellschaftlichen Stellung des Islams und der Frau sowie der russischen Herrschaft in Aserbaidschan auseinandersetzte. In einer Gesellschaft mit einer hohen Analphabetenrate dienten namentlich seine Theaterstücke deren Aufklärung. In der folgenden nur wenige Jahrzehnte umfassenden Schaffensperiode aserbaidschanischer Aufklärer sollte eine Welle der Erneuerung durch das islamisch geprägte Land gehen.

Mit dem Beginn des 20. Jahrhunderts begann die intellektuelle Elite unter den Aserbaidschanern, sich auch politisch aufzustellen. Dies geschah zum Teil als Antwort auf die armenische Nationalbewegung, die unter der Führung der Daschnaken bereits in den neunziger Jahren des 19. Jahrhunderts politische Forderungen zu erheben begonnen und sich entschlossen gezeigt hatte, diese gegebenenfalls mit Gewalt durchzusetzen. In breiterer Perspektive betrachtet aber vollzog sich die Politisierung der aserbaidschanischen *Intelligenzija* im Kontext der politischen, sozialen und kulturellen Spannungen, Proteste und Konflikte, die die Gesellschaft im Zarenreich insgesamt erschütterten. Hinzu kamen Besonderheiten der Lage im Südkaukasus. Dort hatte die Erdölwirtschaft auf der Halbinsel Apscheron der Stadt Baku nicht nur eine Explosion seiner Bevölkerung beschert (zwischen 1863 und 1898 wuchs die Bevölkerung von 14 000 auf 200 000 Einwohner); auch die sozialen Spannungen hatten zugenommen. Sozialrevolutionäre Bewegungen waren aktiv, nicht zuletzt die *Russische Sozialdemokratische Arbeiterpartei* – seit ihrer Spaltung 1903 unter Führung Lenins. Die Rolle des jungen Georgiers Dschughaschwili in den sozialen Protesten und Streiks der Ölarbeiter wurde vorstehend bereits angedeutet. Zwar gab sich die Linke als eine die ethnischen Zugehörigkeiten übergreifende Bewegung; hinter der Fassade aber nisteten gleichwohl ethnische Spannungen, namentlich zwischen Armeniern und Aserbaidschanern. Die Mitte der neunziger Jahre verübten Pogrome an Armeniern in den ostanatolischen Teilen des Osmanischen Reichs, die Zehntausende das Leben kosteten, belasteten auch das Zusammenleben von Armeniern und »Türken« (Aserbaidschanern) in Südkaukasien. Das Ausbrechen der ersten russischen Revolution im Jahr 1905, die schließlich zur Einführung einer Verfassung im Zarenreich führen sollte, bildete den Hintergrund, vor dem sich der soziale Konflikt in der Region nicht nur in Streiks auf den Erdölfeldern in Baku, sondern auch in den Dörfern entladen sollte. Die Vergrößerung des armenischen Bevölkerungsanteils bei begrenzter landwirtschaftlicher Nutzfläche, Wasserknappheit und geringen Wohn- und Arbeitsmöglichkeiten bot zunehmend Zündstoff für armenisch-aserbaidschanische Zusammenstöße. Diese gipfelten 1905 und 1906 in Massakern, denen etwa 10 000 Menschen zum Opfer fielen.

Ob es sich bei der politischen Gruppierung, die sich 1904 unter dem Namen *Hümmät* (»Energie«/»Anstrengung«) konstituierte, um eine eigenständige politische Partei oder einen Ableger der *Russischen Sozialdemokratischen Arbeiterpartei* handelte, die 1900/01 aus 15 illegalen marxistischen Zirkeln in Baku gegründet worden war, ist zwar umstritten, suchte sie doch in ihren ersten politischen und publizistischen Aktivitäten, in denen sie zum Einsatz für politische und soziale Grundrechte aufrief, den Schulterschluss mit russischen und armenischen Organisationen. Zugleich aber waren spezifisch türkisch-islamische Töne unüberhörbar.[26] Nach den armenisch-aserbaidschanischen Massakern von 1905/06 verstärkte sich die nationalistische Grundstimmung. Die neugegründete Gruppe mit der Bezeichnung *Difa'i* hatte die »Verteidigung« (der Aserbaidschaner gegen die armenischen *Daschnakzutyun*) bereits im Namen. Neben dem militärischen Schutz propagierte sie die Organisation von Bildung und Aufklärung und forderte, eine faktische Selbstverwaltung durch die Übernahme kommunaler und juristischer Belange in städtischen und ländlichen Kommunen einzurichten. 1911 wurde die *Müsavat*-Partei (»Gleichheitspartei«) gegründet. Sie war die erste im umfänglichen Sinn politische Partei unter den muslimisch-türkischen Aserbaidschanern im russisch beherrschten Südkaukasus. Auch wenn ihre Gründer weit davon entfernt waren, separatistische Forderungen zu stellen, nahmen Einheit und Wiederherstellung der Unabhängigkeit aller muslimischen Völker doch einen sichtbaren Platz in ihrem Programm ein.

Unter den Initiatoren der Parteigründung befand sich eine Persönlichkeit, die sich zum Zeitpunkt des Geschehens gar nicht im Lande, sondern in Konstantinopel aufhielt. Wie die erwähnten Lebensläufe Zärdabis und Akhundovs weist auch die Biographie Mähämmäd Ämin Räsulzadäs (1884–1955) für die aserbaidschanische kulturelle Elite der Zeit bezeichnende Züge auf. Auch er kam aus einer religiös konservativen Familie, hatte russische Schulen besucht, war aufklärerisch und journalistisch aktiv sowie sozialpolitisch – zeitweise in der Nähe der *Bolschewiki* – engagiert. Besonders bemerkenswert ist seine Teilnahme an der Verfassungsrevolution in Iran, wo er in Täbris, der Hauptstadt Iranisch-Aserbaidschans, an der Gründung der *Demokratischen Partei* (▸ S. 221) Anteil hatte und als Chefredakteur der Zeitschrift *Iran-e nou* (»Der neue Iran«) tätig war. Nach der Niederschlagung der Revolution durch russische Truppen wich er 1911 nach Konstantinopel aus; dort trat er in engen Kontakt mit panturkischen Kreisen des jungtürkischen Regimes und schrieb für die Zeitschrift *Türk yurdu* (»Die türkische Heimat«). Erst 1913 kehrte er im Zusammenhang mit einer Amnestie anlässlich des dreihundertsten Jubiläums des Herrschaftsantritts der Romanow-Dynastie nach Baku zurück.

Die muslimische *Intelligenzija* Südkaukasiens hatte sich zu einer kosmopolitischen Gemeinschaft entwickelt, die mit Tiflis, Baku und Täbris ebenso verbunden war wie mit St. Petersburg und Konstantinopel. Über ihre engere Heimat hinaus suchte sie eine Brücke zu schlagen zwischen den reformerischen Ideen im Zarenreich und der islamischen, namentlich der turksprachigen Welt. Das bedeutete zugleich die Suche nach einer Synthese zwischen der Moderne und der türkisch-islamischen Tradition. Die revolutionären Entwicklungen in Russland 1905 und die zeitgleich ausgetragenen Massaker zwischen Armeniern und Aserbaidschanern waren der Weckruf, den Kampf für die Gleichstellung von Muslimen im Zarenreich zu intensivieren. Einer vierten Persönlichkeit muss in diesem Zusammenhang gedacht werden, die zu einem Vorkämpfer in dieser Sache wurde: Älimärdan bäy Topçubaşov (1863–1934). Am 15. März 1905 trafen sich in seinem Haus Vertreter der aserbaidschanischen *Intelligenzija* und des liberalen Bürgertums. In einem an den Zaren gerichteten Memorandum formulierten sie eine Reihe von Forderungen, darunter die nach lokaler Selbstverwaltung im ganzen Südkaukasus, nach vollständigen gleichen politischen und sozialen Rechten für alle Muslime im südlichen Kaukasus und die nach Verteilung von Boden an landlose Bauern. Diesem Treffen folgten am 28. August 1905 der erste *Allrussische Kongress der Muslime* sowie 1906 die Gründung der ersten politischen Partei der Muslime in Russland unter dem Namen *Ittifaq al-Muslimin* (»Bündnis der Muslime«). Zu ihren Forderungen gehörten die Einführung einer konstitutionellen Monarchie sowie die Gleichstellung der Religionen. Unter ihren Gründern und führenden Politikern befand sich neben Wolga- und Krimtataren auch Topçubaşov. In der ersten russischen Staatsduma (1906) wurde er Vorsitzender der muslimischen Fraktion.

Das zunehmende politische Selbstbewusstsein der südkaukasischen Muslime ging Bemühungen einher, die islamische Religion, d. h. ihre privaten und gesellschaftlichen Werte, das aus ihr abgeleitete Rechtswesen und die Grundlagen der politischen Ordnung mit den Erneuerungsbestrebungen zu verbinden, die in der russischen Gesellschaft als ganzer diskutiert und politisch eingefordert wurden. Zugleich berührten sich die Bestrebungen der aserbaidschanischen Erneuerer in gewisser Weise sowohl mit den theologischen Erneuerungsbestrebungen im islamischen Raum insgesamt (▸ S. 87) als auch mit einer Bewegung, die vornehmlich die Muslime im ural-wolga-tatarischen und im krimtatarischen Raum erfasst hatte.

Der *Dschadidismus* machte sein Anliegen, die »Erneuerung«, bereits in seinem Namen kund: In ihren Anfängen in den 1870er Jahren bezog sich die »neue Methode« (*al-usul al-dschadida*) zunächst nur auf die phonetische Vermittlung der im Wolgaraum gesprochenen türkischen Sprache; in Kasan lagen die Ursprünge der Bewegung. Die Erneuerung der Sprache unter den turksprachigen Muslimen in Russland sollte die Voraussetzung für eine Verbesserung der Stellung der muslimischen Völker im Reich werden. Diese ursprünglich bescheidenen Ziele weiteten sich in den nachfolgenden Jahrzehnten zu einer Reformbewegung aus, die eine nationalistische »tatarische« Ideologie auf der Grundlage des Islams als identitätsstiftendem Merkmal anbot. Anders als im Falle der großen zeitgenössischen arabischen Reformer ging es nicht um eine umfassende theologische Erneuerung. Das Anliegen war vielmehr, die Muslime Russlands aus ihrer Rückständigkeit und Unterlegenheit herauszuführen und sie in den Stand zu versetzen, in Wissenschaft, Technik und Kultur einen der russischen Gesellschaft ebenbürtigen Platz einzunehmen. Die *dschadidistischen* Reformer setzten auf die individuelle Urteilskraft, nicht zuletzt auch in Hinsicht auf das Verhältnis von Glauben und rationaler Beurteilung. Während der Islam auf die kulturelle Sphäre beschränkt wurde, wurden Modernität und Rationalismus zu Grundkriterien des *Dschadidismus*. In der Forderung nach der Überwindung der sozialen Kluft und der Gleichstellung der Geschlechter zeigte er zugleich auch eine starke gesellschaftspolitische Komponente.

Auch in seiner Blütezeit freilich blieb der *Dschadidismus* das Anliegen einer nur schmalen Elite unter den Turkvölkern. Unter seinen Aktivisten ist der Krimtatar Ismail Bej Gasprinski (auch: Ismail Gaspıralı, 1851–1914) aufgrund seiner umfassenden sowohl theoretischen als auch praktisch-politischen und pädagogischen Tätigkeiten der bemerkenswerteste. Sie lagen zunächst auf dem Gebiet der Sprache: Da er Muslime und Turkvölker Russlands gleichsetzte, schwebte ihm als Mittel zur Verständigung eine neuentwickelte gemeinsame Turksprache vor. Eine solche würde der Schlüssel zur Schaffung eines modernen Bildungswesens nach europäischem Vorbild werden. Dieses wiederum wäre eine feste Grundlage, auf welcher innerhalb Russlands eine Emanzipation im Sinne der Gleichberechtigung der Muslime als Volk und Staatsbürger erreicht werden könne. Eine breitere Öffentlichkeit sprachen er und seine Mitstreiter über die zweisprachige Zeitschrift *Tärdžeman/Perevodčik* (auch *Tercuman*, »Der Übersetzer«) an, die er 1883 gründete und die bis 1918 erschien. Sämtliche Themen und Anliegen Gasprinskis – Emanzipation, rechtliche Gleichstellung, Schulreform und Sprachproblematik – wurden aufgegriffen und von Lesern kommentiert und kritisiert. Bis 1905 sollte der *Tärdžeman* die einzige Zeitung der Muslime im europäischen Russland bleiben.

Seinem Wesen nach hatte die Bewegung des *Dschadidismus* eine »panturkische« Dimension. »Pan«-Ideologien hatten in der zweiten Hälfte des 19. Jahrhunderts Konjunktur. Im multiethnischen und multireligiösen Reich des Zaren fanden sich die muslimischen Turkvölker vonseiten des Panslawismus unter Druck. Wie dessen Anhänger die Vereinigung aller slawischen Völker forderten – was die muslimischen Gemeinschaften unter ihnen zu Menschen zweiter Klasse hätte werden lassen – begannen muslimische Intellektuelle von einer »turkischen Welt« zu träumen, die sich vom Balkan bis nach Westchina erstrecken sollte. Auch *Dschadidisten* vom Schlage Gasprinskis hatten bei ihren Erneuerungsbemühungen die Turkvölker insgesamt im Blick, dies aber im Sinne ihrer geistig-kulturellen Erneuerung im russischen Reich. Daran änderte sich bis 1917 wenig. In ihrer Beschränkung auf die kulturelle Gemeinsamkeit unterschieden sich die *Dschadidisten* von panturkischen Ideologen und Organisationen im Osmanischen Reich, welche tatsächlich die Forderung nach einer politischen Vereinigung aller Turkvölker erhoben. Die panturkische Dimension in der osmanischen Kriegsführung Enver Paschas im Ersten Weltkrieg wurde bereits erwähnt, näher dazu unten (► S. 152).

Die Ereignisse des Jahres 1905, die Verschärfung der Spannungen zwischen Armeniern und Aserbaidschanern sowie das Ringen um eine Verfassung im Zarenreich, hatten eine spürbare Politisierung der nationalen Bewegungen im Südkaukasus zur Folge. Auf die Forderungen der muslimischen *Intelligenzija* aber antwortete die zaristische Regierung mit Unterdrückung. Mit dem Ende der alten Ordnung, das mit dem Sturz des Zaren Nikolaus II. am 18. März 1917 eingeläutet war, begann die Suche nach einer neuen inneren Ordnung des russischen Staates, in der alle Völker gleiche Rechte haben würden. An ihr beteiligten sich auch die muslimischen Völker des Reichs. Am 27. März 1917 versammelten sich Delegierte der muslimisch-nationalen Konzile. Unter den gewählten Mitgliedern eines Zentralkomitees befanden sich auch prominente aserbaidschanische Persönlichkeiten (u. a. Ämin Räsulzadä und Älimärdan Topçubaşov). Auf eine einheitliche Strategie aber konnten sich die muslimischen Völker des Reichs nicht verständigen. In Aserbaidschan schloss sich im Juni 1917 die *Müsavat*-Partei mit der nationaldemokratischen *Partei der Türkischen Föderalisten* zusammen. Damit wurde die Organisation zur wichtigsten muslimischen Interessenvertretung im Kaukasus, die nationale, territoriale und kulturelle Autonomie für die Muslime des Russischen Reichs forderte. In den Wahlen zur russischen Konstituierenden Versammlung im November 1917 siegten im gesamten Kaukasus die nationalistischen Parteien: in den georgischen Gouvernements die *Menschewiki*, im östlichen Transkaukasus die *Daschnaken* und in Aserbaidschan die *Müsavat*. Sowohl die *Bolschewiken* als auch die *Sozialrevolutionäre* wurden weit abgeschlagen. Insgesamt gaben mehr als 84 % der Menschen im Transkaukasus ihre Stimme einer nationalen, nicht-russischen Partei.[27] Mit der gewaltsamen Unterdrückung der Konstituierenden Versammlung durch die Bolschwiken Lenins schlugen die Völker des südlichen Kaukasus den Weg der Selbstständigkeit ein: Am 23. Januar 1918 schlossen sich die in die konstituierende Versammlung gewählten armenischen, georgischen und aserbaidschanischen Abgeordneten zu einem eigenständigen Parlament, dem transkaukasischen *Sejm* zusammen.

Dass der neue Staat von Beginn an unter einem ungünstigen Stern stand, ist bereits zu Beginn des Kapitels berichtet worden. Nachdem der transkaukasische *Sejm* am 26. Mai seine Auflösung verkündet hatte, erklärte noch am selben Tag die Demokratische Republik Georgien ihre Unabhängigkeit. Am 28. Mai entstanden die Demokratische Republik Aserbaidschan sowie die Demokratische Republik Armenien. Auch einige der Völker des Nordkaukasus strebten nach Unabhängigkeit: Dagestanische und tschetschenische Widerstandskämpfer griffen zu den Waffen, um in der Tradition des 19. Jahrhunderts die als drückend empfundene russische Herrschaft abzuschütteln. Ein unabhängiges »Imamat der Bergvölker« scheiterte 1918, die »Nordkaukasische Föderative Republik« ein Jahr später. Auf der Krim entstand eine kurzlebige (Dezember 1917–Februar 1918) »Volksrepublik«.

Die kurze Epoche der Unabhängigkeit der drei südkaukasischen Staaten kann an dieser Stelle nicht dargestellt werden. Ein Versuch, die vielfältigen machtpolitischen

Verflechtungen in dem Raum gegen Ende des Ersten Weltkriegs und danach anzudeuten, wurde in den Kapiteln unternommen, die der Kriegführung des Osmanischen Reichs, dem Übergang Persiens von der Verfassungsrevolution bis zur Machtübernahme durch Reza Khan und dem türkischen Befreiungskrieg gewidmet sind. Die Jahre 1917 bis 1921 sind – nach den Massakern an den anatolischen Christen 1915/16 – von teilweise extrem blutigen sozialen und ethnisch-religiösen Konflikten gekennzeichnet. In ihnen haben Russen und Türken, aber auch Engländer und Deutsche je nach ihrer Interessenlage mitgemischt. In der Region, die geopolitisch an den Rändern sowohl des Vorderen Orients als auch Zentralasiens gelegen ist, haben durch die Geschichte hindurch die großen Mächte von Süden und Norden, Osten und Westen um Vormacht gekämpft. Dass die drei Völker, von denen die Georgier und Armenier seit unvordenklichen Zeiten und die Aseri-Türken immerhin seit mehr als eintausend Jahren im Südkaukasus leben, in einer Phase der Schwäche der benachbarten Reiche der osmanischen Türken, Russen und Perser zu eigener Staatlichkeit gelangen konnten, kann man als historisches Wunder verstehen. Man kann darin aber auch eine politische Kraft und Dynamik erkennen, die im Schatten machtpolitischer Überlagerung und Fremdbestimmung unter den Menschen und ihren Kulturen fortgewirkt hat.

Von besonderem Interesse war – im Rahmen unserer Darstellung – das Geschick der muslimischen Aseri-Türken zwischen der russischen Eroberung des südlichen Kaukasus im ersten Drittel des 19. Jahrhunderts und dem Ende des Ersten Weltkriegs. Zu Beginn ihrer Eingliederung in das Zarenreich schienen sie – als Muslime in einem christlichen Imperium – von den politischen, wirtschaftlichen und kulturellen Entwicklungen in Russland abgehängt zu sein. In der zweiten Hälfte des Jahrhunderts haben sie unter den obwaltenden politischen und kulturellen Rahmenbedingungen einen Wandlungsprozess in Gang gesetzt, der schließlich zur Entstehung eines modernen Staates geführt hat. Der Weg dahin ist in mehrfacher Weise bemerkenswert: Zum einen gelang es, eine Antwort auf die fundamentale Herausforderung zu finden, der sich alle muslimischen Gesellschaften des Vorderen Orients (im Weiteren alle Muslime überhaupt) seit der militärischen Übernahme Ägyptens durch die Truppen Napoleons stellen mussten: aus dem Status einer alle Bereiche des Lebens berührenden – politischen, wirtschaftlichen, wissenschaftlich-technologischen und kulturellen – Unterlegenheit auf die gleiche Augenhöhe mit Europa aufzusteigen und zugleich den Kern einer muslimisch-türkischen Identität zu wahren. Mit Blick darauf hat die aserbaidschanische intellektuelle Elite in fruchtbaren Kontakten mit anderen reformerischen Persönlichkeiten unter den muslimischen Völkern des Russischen Reichs einen eigenen Weg gefunden. Zugleich sind von Russisch-Aserbaidschan über die Grenze zu Persisch-Aserbaidschan hinweg Impulse der Modernisierung übergesprungen, die auch die Revolution in Persien seit 1906 befeuerten. Als Türken haben sie schließlich in engem Kontakt mit den vielfältigen und facettenreichen politischen und kulturellen Strömungen in Konstantinopel und anderswo im Osmanischen Reich einen fruchtbaren Austausch gepflegt. In seinen Erzählungen, autobiographischen und historischen Schriften hat der in Baku geborene Jude Lew Abramowitsch Nussimbaum alias der Muslim Mohammed Essad Bey alias Kurban Said (1905–1942) der Epoche des Aufbruchs, Umbruchs und letztendlichen Scheiterns der Demokratischen Republik Aserbaidschan in ihren inneren Verhältnissen und äußeren zeitgeschichtlichen Bezügen ein literarisches Denkmal gesetzt.

Nach der kurzlebigen Volksrepublik Krim (und noch vor der Tripolitanischen Republik, ► S. 246) war die *Demokratische Republik Aserbaidschan* das erste selbstständige demokratische muslimische Staatswesen der Nachkriegsordnung im Vorderen Orient. Das erste Parlament wurde am 5. Dezember 1918 eröffnet: Es umfasste 120 Sitze, ethnisch aufgeteilt in 80 Aseri, 21 Armenier, 10 Russen, je einen für Juden, Deutsche, Polen und Georgier sowie fünf an die allgemeinen Gewerkschaften sowie die Gewerkschaft der im Ölsektor Beschäftigten. Die stärkste Fraktion stellte die *Müsavat*-Partei. Mit Blick auf die Zukunft des Staates spannte sich das Spektrum der Programme der anderen Parteien von vollständiger Unabhängigkeit bis zum Verbleib in Russland. Mit der Einführung des Frauenwahlrechts war die Demokratische Republik Aserbaidschan der erste mehrheitlich muslimische Staat, in dem Frauen und Männer über gleiche Rechte verfügten. Unter der Führung der politischen Protagonisten, deren einige vorstehend genannt worden sind, begann der Aufbau staatlicher Strukturen, der Verwaltung und einer nationalen Armee. Die neu gegründete Universität Baku wurde die erste moderne Universität des Landes.

Die Tatsache, dass zwischen dem Anfang und dem Ende der Aserbaidschanischen Republik fünf Kabinette die Regierung bildeten, lässt freilich ihre innere Fragilität erkennen. Tatsächlich vollzog sich der Aufbau des Staates unter schwierigen Rahmenbedingungen. Erste Hauptstadt war Gändschä, da Baku noch immer von einer revolutionären Kommune regiert wurde, die sich bereits im November 1917 an die Macht gebracht hatte. Dort war es Ende März 1918 zu den erwähnten schweren Massakern an Muslimen gekommen. Erst nach der Befreiung Bakus durch die »Islamische Armee« Enver Paschas (die wiederum mit Massakern an Tausenden von Armeniern verbunden war) im September zog die Regierung nach Baku um. Die Wirtschaft des jungen Staates lag darnieder; namentlich auf dem Lande war die Lage dramatisch. Um die Rote Armee zu schwächen, behinderte England den Export aserbaidschanischen Öls, was die finanziellen Probleme der Regierung verschärfte. Territoriale Dispute mit den gleichfalls jungen Staaten Georgien und Armenien schwächten die Regierung. Während mit Georgien ein vertraglicher Ausgleich zustande kam, eskalierte der Konflikt mit Armenien. Hartnäckig forderte die Regierung in Jerewan die Abtretung weiterer aserbaidschanischer Gebiete. Um Blutvergießen zwischen Aserbaidschanern und Armeniern im Lande selbst zu verhindern und lokale Unruhen niederzuschlagen, rückten am 7. November noch einmal britische Soldaten in Baku ein. Wenige Tage zuvor, am 30. Oktober 1918, war das Osmanische Reich mit dem Waffenstillstand von Mudros aus dem Ersten Weltkrieg ausgeschieden und hatte seine Truppen auch aus dem Kaukasus zurückgezogen.

Im August 1919 verließen die britischen Truppen nunmehr definitiv das Land. Damit verschärften sich die inneren und äußeren Konflikte. Die Konzentration auf den Konflikt mit Armenien und das Ausbleiben staatlicher Einnahmen hatte schwere innenpolitische Auswirkungen. Außerstande die soziale und wirtschaftliche Not zu lindern, musste sie die Agitation radikaler prosowjetischer Gruppen hinnehmen, die das Land zu destabilisieren suchten – mit dem Ziel, es auf die Machtübernahme russisch-sowjetischer Truppen vorzubereiten. Noch freilich war die Rote Armee durch die letzte Phase des Bürgerkrieges gegen die Weiße Bewegung gebunden. So begnügten sich prosowjetische Aktivisten zunächst damit, soziale Unruhen anzuheizen. Die endgültige Niederlage der Weißen gegen die Rote Armee zu Beginn 1920 veränderte die Ausgangslage: Jetzt wurden militärische Kräfte frei, die sich daranmachen konnten, den Südkaukasus – beginnend bei Aserbaidschan – zurückzuerobern. Offenkundig hatte sich Lenins Erwartung, die nicht-russischen Völker des ehemaligen Zarenreichs würden sich auf der Grundlage einer eigenständig erlangten sozialistischen Ordnung dem Mutterland der Revolution anschließen, nicht erfüllt. Auch war das Interesse der sowjetischen Führung an der Ölversorgung aus Baku bestimmend. Anfang 1920 entstand in Aserbaidschan eine *Kommunistische Partei* (AKP).

Die internationale Gemeinschaft, d. h. auch die in Paris versammelten Staatsoberhäupter, hatte bis dahin dem Kaukasus geringe Aufmerksamkeit entgegengebracht. Woodrow Wilson hatte eine aserbaidschanische Delegation bereits im April 1918 – wenn auch ohne großes Interesse und erkennbare Nachwirkungen – empfangen. Angesichts der sich abzeichnenden Entwicklungen aber versammelten sich am 11. Januar 1920 die Staatsoberhäupter und die Außenminister der führenden Siegermächte (Frankreich, England und Italien) sowie die Botschafter der USA und Japans, um die Lage in den Kolonien des zerfallenen Zarenreichs in Asien – darunter Aserbaidschan – zu beraten. Im Ergebnis entschieden sie, Georgien und Aserbaidschan als faktisch bestehende Staaten im Kaukasus anzuerkennen. Diese *De-facto*-Anerkennung sollte vor allem die Position dieser Länder gegenüber Sowjetrussland auf dem diplomatischen Parkett gewissermaßen immun machen und zum Widerstand gegen eine Invasion vonseiten Sowjetrusslands in den Kaukasus ermuntern.

Diese Entscheidung sollte die Führung in Moskau nicht beeindrucken. Am 21. April 1920 – Aserbaidschan befand sich zu diesem Zeitpunkt bereits im Krieg mit Armenien um Karabach – wurde von der Heeresleitung der *Bolschewiki* im Kaukasus die Operation zur Einnahme von Baku gebilligt. Drei Tage später wurden auf Befehl des Zentralkomitees der AKP all ihre Mitglieder und der gesamte Parteiapparat in den militärischen Notstand versetzt. Sie organisierten sich in kleinen bewaffneten Gruppen, die in der Nacht vom 26. auf den 27. April die aserbaidschanisch-russische Grenze bei Dagestan überquerten und sich auf Baku zubewegten. Ein *Vorläufiges Komitee für die Revolution* stellte der Regierung ein Ultimatum: Darin wurden die Übergabe der Regierung und die Anerkennung der Sowjetmacht gefordert. Die Regierung sah sich zu schwach, Widerstand zu leisten; deshalb akzeptierte sie das Ultimatum und löste sich auf. Das *Revolutionäre Komitee Aserbaidschans* übernahm die Macht in Baku. Mitte Mai wurde das gesamte Territorium der »Volksrepublik Aserbaidschan« – mit Ausnahme der Territorien an der armenischen Grenze (wegen des noch andauernden Krieges) – sowjetisiert.

Ermutigt durch den Vertrag von Sèvres (▸ S. 157), in dem der Republik Armenien große Teile Ostanatoliens zugesprochen wurden (die in Brest-Litowsk an das Osmanische Reich gefallen waren), machten sich armenische Truppen daran, diese Gebiete militärisch zu besetzen. Nach anfänglichen Erfolgen erlitten sie eine vernichtende Niederlage. Im Vertrag von Alexandropol (heute Gümrü) am 2. Dezember musste Armenien auf seine Ansprüche verzichten. Zu einer Ratifizierung des Vertrages durch das armenische Parlament sollte es nicht mehr kommen, denn bereits am 6. Dezember riefen armenische Bolschewiken die *Armenische Sozialistische Sow-*

jetrepublik aus. Damit aber war nicht mehr die Regierung eines unabhängigen demokratischen armenischen Staates, sondern eine von Moskau abhängige Regierung in Jerewan der künftige Verhandlungspartner in Sachen der Grenzziehung zwischen der im Entstehen begriffenen neuen Türkei und den südkaukasischen Gebieten des ehemaligen Zarenreichs. Am 11. Februar 1921 schließlich marschierten Verbände einer »Arbeiter- und Bauernarmee« in Georgien ein und nahmen am 25. Februar die Hauptstadt Tiflis ein; noch am selben Tag wurde die *Georgische Sozialistische Sowjetrepublik* ausgerufen.

So waren staatliche Gebilde entstanden, die zwar formal zunächst noch als unabhängige Staaten fortbestanden, faktisch aber den Richtlinien aus Moskau unterworfen waren; dort wurden auch die das Schicksal ihrer Länder betreffenden Verträge abgesegnet. Seit dem 12. März 1922 bildeten die drei Republiken gemeinsam die *Transkaukasische Sozialistische Föderative Sowjetrepublik.* Mit der Gründung der *Union der Sozialistischen Sowjetrepubliken* (UdSSR) am 30. Dezember 1922 wurde diese Teil eines neuen, russisch dominierten Vielvölkerstaates mit einer föderalen Unionsverfassung. Faktisch verloren Georgien, Armenien und Aserbaidschan jedoch endgültig ihre Unabhängigkeit. Erst mit dem Zusammenbruch der Sowjetunion 1991 sollte das Großreich, das als zaristisches 1917/18 untergegangen und in der Folge als sowjetisches wieder auferstanden war, für immer von der Landkarte verschwunden sein. Neue Staaten entstanden; im Kaukasus konnten ihre Gründer auf die kurze staatliche Tradition der Jahre zwischen 1918 und 1921 zurückblicken. Zum Unglück der Völker aber sollten die alten Konflikte – verschärft durch in der Sowjetzeit getroffene weitere Maßnahmen und Entscheidungen – wiederaufleben.

Nach erfolgter Einverleibung der drei südkaukasischen Republiken im Jahr 1921 fixierte Russland zugleich seine Grenze zu seinen drei vorderorientalischen Nachbarn. Am 16. März 1921 wurde in Moskau ein Freundschaftsvertrag mit der kemalistischen Bewegung geschlossen, der im Vertrag von Kars im Oktober bestätigt werden sollte (► S. 218). Bereits am 26. Februar war ein Freundschaftsvertrag mit Persien zustande gekommen (► S. 221). Ihm folgte zwei Tage später ein ähnliches Abkommen mit Afghanistan. Es war der erste völkerrechtliche Schritt dieser Art seit seiner Unabhängigkeit von England. Dass damit der Dynamik der Südexpansion Russlands kein definitives Ende gesetzt war, sollten die Türkei 1945, Iran 1945/6 und Afghanistan im Jahrzehnt nach 1979 erfahren.

Nahe der afghanischen Grenze entschied sich auch das persönliche Schicksal Enver Paschas, der als Kriegsminister der osmanischen Kriegführung einen Hauch von Panturkismus verliehen hatte. An seinen irrlichternden Aktivitäten nach seiner Flucht von Konstantinopel nach Berlin können die Verwicklungen und Triebkräfte im Kaukasus und Zentralasien – nicht zuletzt unter dem Aspekt panturkischer Ideen wie in einem Brennglas nachvollzogen werden. Nach dem Waffenstillstand von Mudros musste sich die von Enver befehligte »Islamische Armee« aus dem Kaukasus zurückziehen; eine britische Truppe sollte bis auf Weiteres das Vakuum füllen und für Stabilität sorgen. In Berlin hatte das gestürzte Triumvirat alte deutsche Freunde getroffen. Unter den Netzwerken sollten die Beziehungen zwischen Enver Pascha, Ex-Kriegsminister des Osmanischen Reichs, und Hans von Seeckt, seit Dezember 1917 dessen Generalstabschef, in besonderer Weise aktiv werden. Im Zusammenspiel mit deutschen Kommunisten reiste Enver 1919 im Auftrag von Seeckts nach Moskau, um die Möglichkeiten einer deutsch-sowjetrussischen Militärkooperation zu sondieren. Zugleich suchte er die Bolschewiken von einem antiimperialistischen Bündnis mit den türkischen Nationalisten gegen Großbritannien zu überzeugen. Diese Pläne mündeten schließlich in der Idee einer »grünen bolschewistischen Armee«, einer islamischen Streitmacht, die sich mit Einheiten der Roten Armee vereinen sollte, um die Türkei von der alliierten Fremdherrschaft zu befreien. Dabei propagierte Enver im russischen Exil einen panturkischen Staat, der vom Balkan bis nach Ostasien reichen und islamische und sozialistische Elemente vereinen sollte.

Während derartige Pläne noch auf dem *Kongress der Völker des Ostens*, der im September 1920 in Baku stattfand und auf dem auch die Muslime Russlands noch um einen Weg der Entwicklung im Spannungsfeld zwischen Sozialismus und eigenständiger kultureller Identität rangen (Enver hatte an der Veranstaltung teilgenommen), einen Hauch von Machbarkeit gehabt haben mögen, mussten sie ein Jahr später als Utopie erscheinen: Mustafa Kemal hatte die Pläne Envers kategorisch zurückgewiesen (das Verhältnis der beiden war ohnehin stets von Abneigung und Widerspruch gekennzeichnet gewesen) und in der bolschewistischen Führung hatten sich diejenigen durchgesetzt, die entschlossen waren, bei der Wiedererrichtung des Imperiums auf Gewalt zu setzen. Dagegen hatte sich in Turkestan ein Widerstand erhoben, der sich aus sehr unterschiedlichen Verlierern der Revolution zusammensetzte. Er war nicht übergreifend organisiert, sondern einzelne Gruppen kämpften verstreut in Turkestan, in Buchara und im Fergana Tal. Mangels eines konsistenten Programms waren sie als *basmači* (»Räuber«) gebrandmarkt. Im November 1921 tauchte Enver in Turkestan auf. In Moskau erwartete man von ihm, er werde die versprengten Gruppen der islamischen Nationalisten sammeln und in einer in Moskau gegründete *Liga der islamischen revolutionären Gesellschaften* (*Islam ihtilal cemiyetleri ittihadı*) zusammenschließen können. Es war für Enver unschwer zu erkennen, dass man sich in Moskau seiner zu entledigen bzw. ihn zu instrumentalisieren suchte. Er wechselte die Fronten: Im Mai 1922 wurde er von den *basmači* als »Oberster Führer der Armeen von Buchara, Chiwa und Turkestan« anerkannt und soll sich nun selbst zum Emir von Turkestan, ja sogar zum Vertreter des Propheten Muhammad ausgerufen haben.[28] Am 4. August 1922 wurde Enver während eines Feuergefechts mit sowjetischen Soldaten zwischen Buchara und Duschanbe getötet.

Damit war der panturkische Traum nicht endgültig ausgeträumt. Nach dem Ende der Sowjetunion (1991) sollte er – unter turkischen Politikern – wieder geträumt werden. Substantielle politische Ergebnisse waren freilich nicht zu verzeichnen. Er blieb ein in kleinen Netzwerken umgehendes Gespinst; aber selbst in Zeiten von Staats- und Regierungschef Erdoğan ist er nicht ausgeträumt.

6 Figuren auf dem Schachbrett von Machtpolitik

6.1 Erster Weltkrieg und europäisches Design

Der Eintritt des Osmanischen Reichs in den Weltkrieg leitete das letzte Kapitel seiner Geschichte ein. Die späteren Siegermächte (und Russland) begannen, sich über die Aufteilung seines Territoriums zu verständigen. Dabei lag der Entscheidung zum Eintritt an der Seite Deutschlands durchaus kein Automatismus zugrunde. Nach dem verheerenden Ergebnis der Balkankriege 1912/13 war die jungtürkische Regierung entschlossen, das Reich unter den Schutz einer europäischen Großmacht zu stellen, die ihm gegen weitere Angriffe Beistand leisten und seinen Fortbestand sichern würde. Nach Lage der Dinge waren das Deutschland, England und Frankreich. Noch Mitte 1914 aber hatte sich in keiner der Hauptstädte dieser drei Mächte ein diesbezüglicher Enthusiasmus gezeigt. Auch in Berlin, das vor allem in Gestalt der preußischen Militärmission über die stärkste Stellung in Konstantinopel verfügte, galt das Osmanische Reich als zu unattraktiv und schwach, sich seinetwegen gegebenenfalls in bündnispolitische Risiken zu begeben.

Es bedurfte – noch vor Kriegsausbruch – einer persönlichen Intervention Kaiser Wilhelms II., der Regierung nahezulegen, das Bündnisersuchen der Türkei ernsthaft zu prüfen. Mit Kriegsausbruch änderte sich die Einschätzung der deutschen Regierung nachhaltig. Insbesondere mit der Eröffnung einer zweiten Front gegen Russland würde dem Osmanischen Reich eine erhebliche strategische Bedeutung zukommen. Doch in Konstantinopel ging in der Frage des Kriegseintritts ein Riss durch die herrschende Klasse. Prinz Said Halim, der Großwesir und Außenminister, war strikt dagegen, Cemal Pascha, Marineminister und Mitglied des herrschenden Triumvirats, hatte bislang eine Neigung zu einer Anlehnung an Frankreich erkennen lassen und Talat Pascha, Innenminister und ebenfalls Triumvir, hatte sich die Optionen offen gelassen, tendierte aber zu einer Allianz, wenn klar würde, welche Gewinne das Reich daraus ziehen würde. Nur Enver Pascha, Kriegsminister und der dritte im Triumvirat, plädierte für einen Beitritt an der Seite Deutschlands – allerdings sprach auch er sich dafür aus, mit der finalen Entscheidung abzuwarten, bis sich der Kriegsverlauf klarer abzeichnen würde. Immerhin wurde am 2. August 1914 ein geheimes Abkommen geschlossen: In ihm erklärte die osmanische Führung ihre grundsätzliche Bereitschaft zum Kriegseintritt unter bestimmten Bedingungen. Umgekehrt verpflichtete sich das Deutsche Reich zum Schutz des osmanischen Territoriums für den Fall einer äußeren Bedrohung. Am Tage der Unterzeichnung des geheimen Abkommens begann die Regierung mit der Mobilisierung der osmanischen Armee; zugleich aber erklärte sie nach außen ihre Neutralität in diesem europäischen Konflikt.

Abb. 13: Enver Pascha als Kriegsminister – Alliierter des Deutschen Reiches und Vollstrecker panturkischer Träume.

Die Ereignisse der nächsten Wochen verschoben die Kräftekonstellation in Konstantinopel langsam zugunsten der prodeutschen Seite. Ende Juli, also zeitgleich mit dem offenen Ausbruch des Kriegs in Europa hatte Marineminister Winston Churchill zwei in England im Auftrag der osmanischen Regierung gebaute Kriegsschiffe, die zur Auslieferung anstanden, beschlagnahmen lassen. In einer starken Geste der Solidarität mit der Türkei waren demgegenüber am 10. August zwei von Konteradmiral Wilhelm Souchon befehligte deutsche Kriegsschiffe, die »Goeben« und die »Breslau«, trotz britischer Verfolgung in die Dardanellen eingefahren, wo sie samt der Besatzung in die türkische Flotte eingestellt wurden. Das war Wasser auf die Mühlen der deutschfreundlichen Faktion in Konstantinopel gewesen. In dieselbe Richtung wirkten beträchtliche Zahlungen aus Berlin für die Ausrüstung der osmanischen Armee. Innerhalb der osmanischen Regierung veränderten sich Machtverhältnisse zugunsten von Enver Pascha. Auch warfen die spektakulären Siege des deutschen Heeres an der Ostfront gegen Russland in Konstantinopel die Frage auf, wo man im Falle eines deutschen Sieges im Krieg stehen und welchen Gewinn das Osmanische Reich für diesen Fall gegenüber Russland daraus ziehen würde. Die weiteren Entwicklungen zeigen gleichwohl, wie wenig entschlossen die osmanische Führung noch immer war. Da nach Lage der Dinge in Konstantinopel eine osmanische Kriegserklärung an Russland kaum zu erwarten war, war Enver darauf aus, eine solche von russischer Seite zu provozieren. Gemeinsam mit Cemal Pascha befahl er Admiral Souchon – nach wie vor Kommandeur über die jetzt in »Yavuz Sultan Selim« und »Midilli« umbenannten deutschen Kriegsschiffe – ins Schwarze Meer auszulaufen und russische Schiffe anzugreifen. Souchon ging darüber hinaus und beschoss am 29. Oktober die russischen Schwarzmeerhäfen Sewastopol und Odessa. Noch immer suchte die politische Führung in Konstantinopel den Vorgang herunterzuspielen und gab eine Entschuldigungserklärung gegenüber Russland ab. Das Spiel aber war entschieden: Am 2. November 1918 erklärte Russland dem Osmanischen Reich den Krieg; die Kriegserklärungen Englands und Frankreichs folgten auf dem Fuße

Damit war die osmanische Staatsführung an der Seite Deutschlands in den Krieg eingetreten. Er wurde der tragische Abgesang überkommener Ordnungen und das Vorspiel eines Neubeginns – gleichermaßen für Europa und für die Völker auf dem Gebiet des untergehenden Osmanischen Reichs. Für die Nachkriegszeit hatten die verschiedenen Akteure sehr unterschiedliche Vorstellungen. Die europäischen Kriegsgegner Deutschlands und des Osmanischen Reichs – bis zur Revolution von 1917 auch Russland – waren entschlossen, dessen Konkursmasse unter sich aufzuteilen. Viele Araber des Fruchtbaren Halbmonds und des Hedschaz sahen eine Chance, über ihre Zukunft selbst bestimmen zu können, ja ggf. die Unabhängigkeit zu erlangen. Die Ägypter strebten das Ende der britischen Besatzung an, libanesische Christen setzten auf die Schaffung eines französisch protegierten Staates Libanon und die Zionisten arbeiteten auf ein Bündnis mit den wahrscheinlichen Siegern hin, um ihre Pläne in Palästina verwirklichen zu können. In Anatolien, dem Kernland des Reichs, begann mit dem Ende des Krieges der Kampf um einen nationalen Staat für die dort lebenden Völker.

Auch jenseits des osmanischen Territoriums standen die Zeichen auf Neubeginn. In Russland sahen sich die Revolutionäre vom Oktober/November 1917 vor der Notwendigkeit, die Beziehungen zu ihrer südlichen Nachbarschaft auf eine neue Grundlage zu stellen. Im südlichen Kaukasus erlangten Georgien, Armenien und Aserbaidschan eine – freilich nur kurzlebige – Selbstständigkeit. Afghanistan trotzte einem geschwächten England 1919 seine Selbstständigkeit ab. Und in Iran suchte mit dem Ende der Qadscharen-Dynastie eine nationale Führung, das Land von russischer und britischer Bevormundung zu befreien und einen Neuanfang als selbstbestimmter Nationalstaat zu machen.

Der Verlauf und das Ergebnis des Krieges sollten für die Völker, die 1912 (dem Jahr, in dem Libyen an Italien verloren ging) noch Teile des Osmanischen Reichs waren, also schicksalhafte Bedeutung haben. Der lange Prozess der Schwächung des Reichs, bereits seit dem 18. Jahrhundert von europäischen Mächten in unterschiedlichen Konstellationen betrieben, wurde finalisiert. Die Nachwirkungen davon sollten das Verhalten der politischen Elite der 1923 gegründeten Türkei bis in die Gegenwart bestimmen. Die ehedem arabischen Untertanen wurden Opfer einer Täuschung von historischem Ausmaß, deren Nachwirkungen die Entwicklung der arabischen Völker durch das ganze 20. Jahrhundert geprägt und schließlich zu der dramatischen Krise beigetragen haben, die weite Teile des arabischen Raumes am Beginn des 21. Jahrhunderts erfasst hat. Diese Feststellung soll nicht das Versagen der arabischen Führungen im Ringen um die Gestaltung ihrer Gesellschaften verschleiern. Aber die kolonialistische Unterdrückung der arabischen Pläne, mithin die Vorenthaltung der Selbstbestimmung der Araber für die Zeit nach dem Ende des Osmanischen Reichs, haben die Spielräume für eine eigenständige Gestaltung der

Zukunft und somit auch des Wandels der Eliten mit Blick auf die Erfordernisse der politischen und gesellschaftlichen Modernisierung entscheidend blockiert.

Ägypten wurde bei Kriegsbeginn zum britischen Protektorat erklärt: der »Khedive« mutierte zum »Sultan«. Anfang 1916 nahm das *Arab Bureau* in Kairo seine Arbeit auf; bis zum Ende des Krieges war es die Schaltstelle der britischen Aufklärung und Logistik sowie der politischen Aktivitäten, die die Kriegführung Englands im Nahen Osten begleiteten. Zeitweise waren bis zu 400 000 britische Soldaten im Lande stationiert und 1,5 Mio. Ägypter zu Zwangsarbeit verpflichtet. Für die Bevölkerung bedeutete der Krieg eine schwere wirtschaftliche Belastung.

Hatte die britische Regierung zunächst gehofft, durch eine Entscheidungsschlacht an den türkischen Meerengen eine rasche Beendigung des Krieges gegen das Osmanische Reich herbeiführen und die dort gebundenen Kräfte an den Fronten in Europa einsetzen zu können, so sah sie sich durch die Entwicklungen getäuscht. Die »Dardanellenschlacht« begann mit Landungsoperationen der Briten und ihrer Alliierten auf der Halbinsel Gallipoli im April 1915; im Januar 1916 wurde sie nach verheerenden Verlusten auf alliierter wie auf osmanischer Seite abgebrochen. Auf dem irakischen Kriegsschauplatz verzeichnete die osmanische Armee zunächst einen Erfolg, als sie die britisch-indischen Truppen im April 1916 bei Kut al-Amara zur Kapitulation zwang. Erst in einer neuerlichen Offensive konnten diese am 1. März 1917 in Bagdad einmarschieren. Damit begann die Epoche der jahrzehntelangen britischen Vorherrschaft im Irak. Vom Suezkanal aus schließlich begannen die Briten 1915 ihren Vorstoß nach Palästina; im Dezember 1917 besetzten sie Jerusalem. Für ihr weiteres Vorrücken hatten sie die Unterstützung vonseiten französischer Truppen sowie der von Thomas Edward Lawrence (nach Kriegsende »Lawrence von Arabien«) beratenen arabischen Freischärler unter dem Kommando des Emirs Faisal, eines Sohnes des Scherifen von Mekka, Husain ibn Ali. Am 1. Oktober 1918 ritt eine Abordnung des Scherifen begleitet von Lawrence in Damaskus ein. Damit war der Krieg an der nahöstlichen Front beendet. Am 30. Oktober unterzeichnete die Regierung des Sultans den Waffenstillstand in Mudros auf der griechischen Insel Limnos.

Die Allianz zwischen England und dem Herrscher des Hedschaz mit den heiligen Stätten in Mekka und Medina beruhte auf wechselseitigen Interessen: Zwischen dem Scherifen und dem Sultan in Konstantinopel, seinem Souverän, war es über die Jahre zu politischen Differenzen gekommen; seine Absetzung durch die jungtürkische Regierung war beschlossene Sache. Deswegen sondierte er bereits vor Ausbruch des Krieges beim britischen Hochkommissar in Kairo, ob London eine Unabhängigkeit des Hedschaz vom Reich unterstützen würde. Bis zum Eintritt des Reichs in den Krieg lag dies nicht im britischen Interesse. Aber immerhin – ein Gesprächsfaden war gesponnen. Und als Großbritannien nach erfolgtem Kriegseintritt des Osmanischen Reichs seinerseits noch im Herbst 1914 von Kairo aus sondierte, ob der Scherif zur Unterstützung im Krieg bereit sei, stieß es in Mekka auf eine vorsichtig formulierte Zustimmung. Für London war der Abkömmling der altehrwürdigen Familie der Haschemiten, jenes Stammes also, welchem der Prophet Muhammad entstammte, für den Fall wichtig, dass der Herrscher in Konstantinopel, der in seiner Eigenschaft als Kalif ja auch über eine geistliche Würde verfügte, die religiöse Karte im Krieg ausspielen würde. Tatsächlich geschah dies mit der – freilich alles in allem eher unerheblichen – gegen England gerichteten Proklamation des *dschihad* bereits im November 1914. Als sich in der zweiten Jahreshälfte 1915 das Scheitern Großbritanniens an den Dardanellen abzeichnete – womit auch der Hoffnung auf ein schnelles Kriegsende im Nahen Osten ein Ende gesetzt war –, hatte die Suche nach einem Verbündeten im Nahen Osten erhöhte Dringlichkeit. Nunmehr freilich waren die Bedingungen Husains für einen Kriegseintritt hoch: Er forderte die Errichtung eines arabischen Kalifats in einem unabhängigen Staat im Raum zwischen dem Mittelmeer und dem Indischen Ozean. Die entsprechenden Verhandlungen zwischen ihm und dem britischen Hochkommissar in Kairo Sir Henry McMahon im Zeitraum zwischen Juli 1915 und März 1916 sind als Husain-McMahon-Korrespondenz in die Geschichte eingegangen. Wenn sich Husains anfängliche Vorstellungen bald auch als zu weitreichend herausstellten, musste er am Ende doch zu der Überzeugung kommen, London werde der Errichtung eines arabischen Staates wenigstens auf einem eingeschränkteren Territorium zustimmen.

Wenn sich England gegenüber dem Scherifen nicht auf eindeutige Vereinbarungen einlassen wollte, dann auch deswegen, weil es die Planungen seiner Verbündeten, namentlich Frankreichs und Russlands, zur Zukunft des Nahen Ostens nach dem Ende des Krieges in Betracht ziehen musste. Dabei war Russland zunächst die treibende Kraft, denn bereits im März 1915 hatte der russische Außenminister Sergej Sasonow England eine historische Wende seiner Türkeipolitik abgerungen. Seit der Annektierung der Krim durch Katharina II. und dem Aufstieg des Zarenreichs zu einer Macht am Schwarzen Meer war es das Ziel aller russischen Regierungen gewesen, die Kontrolle über die Meerengen von Bosporus und Dardanellen zu erlangen und mithin eine ungehinderte Verbindung zwischen dem Schwarzen und dem Mittelmeer zu gewährleisten. Mit der gleichen Entschlossenheit hatte sich England diesen Bestrebungen bei allen Verhandlungen zwischen Russland und dem Osmanischen Reich entgegengestellt. Nach britischer Auffassung hätte eine unkontrollierte Öffnung der Meerengen eine Schwächung, ja Bedrohung der Interessen Londons im Mittelmeerraum bedeutet. Da nun der Flottenaufmarsch vor den Dardanellen bereits begonnen hatte (und London die Hoffnung hegte, Russland werde durch einen Angriff auf die türkische Nordküste die Alliierten entlasten), vollzog die britische Regierung eine vollständige Kehrtwende: In einem Notenwechsel zwischen St. Petersburg, London und Paris gab sie der Forderung Sasonows nach, nach dem Sieg über das Osmanische Reich die Kontrolle über die Meerengen und die angrenzende Region auszuüben. Damit war der Startschuss erfolgt, über die Aufteilung des Osmanischen Reichs insgesamt zu verhandeln. (Gegenüber den drei Großen war Italien in der Folgezeit nur ein Juniorpartner.)

Diese Verhandlungen also gingen dem Briefwechsel zwischen Husain und McMahon einher. Als der französische Diplomat François Georges-Picot im Dezember 1915 an die Themse reiste, war seine Regierung bereits von britischer Seite über die laufenden Verhandlungen mit dem Scherifen Husain informiert worden. Gesprächspartner Georges-Picots auf britischer Seite war Mark Sykes, der Nahost-Beauftragte der Regierung in London. Das Ergebnis der Verhandlungen war ein englisch-französisches Geheimabkommen. Am 16. Mai 1916 geschlossen, trug es künftig den Namen der beiden Protagonisten und ist als »Sykes-Picot-Abkommen« in die Geschichtsbücher eingegangen. Diese Bezeichnung ist insofern irreführend, als sie den dritten im Bunde, Sasonow, unterschlägt. In einem offiziellen Schriftstück vom 13. März 1916, also zwei Monate vor dem britisch-französischen Vertragsabschluss – hatte dieser noch einmal die russische Position festgehalten: Danach sollten nicht nur die Meerengen, sondern »Türkisch Armenien« und »Kurdistan« unter russische Kontrolle geraten. Damit war eine Landmasse gemeint, die vom östlichen Schwarzen Meer bzw. vom Kaukasus den gesamten Nordosten und Osten Anatoliens umfassen würde. Die russischen Forderungen waren in London und Paris akzeptiert.

Die britischen und französischen Planungen schlugen sich auf einer Landkarte nieder. Auf ihr war die arabische Welt zwischen den Küsten des östlichen Mittelmeers und des Persischen Golfs / Indischen Ozeans in eine rote und eine blaue Zone aufgeteilt. Die rote umfasste die Provinzen von Bagdad und Basra; in ihr würden die Briten – unter dem Status eines Protektorats – eine direkte oder indirekte Verwaltung und Kontrolle errichten. Die blaue Zone umfasste Kilikien und die Gebiete der (groß-)syrischen Küste; dort würde Frankreich dieselben Rechte und Vollmachten genießen. Palästina sollte unter internationale Verwaltung gestellt werden; über den abschließenden Status sollte zu einem späteren Zeitpunkt entschieden werden. Darüber hinaus markierten beide Seiten weitere territoriale Interessen: London beanspruchte eine Zone informeller Kontrolle über den nordarabischen Raum von Kirkuk im Irak bis Gaza. Paris reklamierte die Kontrolle über den Raum im Dreieck von Damaskus, Aleppo und Mossul. Im Übrigen sollte die Bucht von Haifa als britische Enklave einen Sonderstatus erhalten.

Dass der russische Anteil an den Planungen im Verlauf der Entwicklungen im Nahen Osten in den nächsten Jahren weitgehend mit Schweigen übergangen worden ist, ist wesentlich der Tatsache geschuldet, dass Russland mit der bolschewistischen Revolution im November 1917 aus der Verschwörung ausgestiegen ist. Die Geschichte Anatoliens, des russischen Löwenanteils an dieser Verschwörung, ist damit anders verlaufen als 1916 angenommen. Nach dem Ende des Krieges traten dort neue Akteure in Erscheinung und bestimmten das Geschehen bis zum Abschluss des Vertrags von Lausanne 1923, in dem die Existenz eines neuen Staates, der Türkischen Republik, bestätigt wurde. Die bolschewistische Regierung in Petrograd hat die von der zaristischen Diplomatie geschlossenen Geheimverträge umgehend öffentlich gemacht; für die hinters Licht geführten arabischen Akteure, die gemäß den britischen Versprechungen auf Unabhängigkeit hofften (und seit Mitte 1916 an der Seite Englands gegen die Osmanen kämpften) kamen diese Enthüllungen zu spät, um alternative politische Wege einzuschlagen. Auch mit Blick auf die Vereinbarungen zwischen England und Frankreich ist die Nachkriegsentwicklung vielfach anders verlaufen als in dem Abkommen niedergelegt. Aus höherer Warte betrachtet, bedeutet der Vertragsabschluss deshalb eine Episode in einem breiten Panorama des Übergangs von den Balkankriegen zu den Mandaten und der Türkischen Republik.[29] So ist »Sykes-Picot« weniger ein Dokument, das konkrete Entscheidungen fixiert, als eine Formel, die für die Entschlossenheit europäischer Mächte steht, den Nahen Osten imperialistisch nach eigenen Interessen zu gestalten. Das sollte sich nach Kriegsende nicht nur im arabischen Raum, sondern auch im Ringen um Anatolien und den Kaukasus erweisen.

Eine dritte die Nachkriegszeit betreffende Absprache sollte nicht weniger wirkungsmächtig werden als das Sykes-Picot-Abkommen: die »Balfour-Erklärung«. Am

2. November 1917 hatte der britische Außenminister Lord Balfour, nach dem sie benannt ist, in einem Schreiben an Lord Lionel Walter Rothschild, den Präsidenten der Zionistischen Föderation in Großbritannien, erklärt: »Die Regierung seiner Majestät betrachtet die Errichtung einer nationalen Heimstätte für das jüdische Volk in Palästina mit Wohlwollen und wird keine Mühe scheuen, um die Erreichung dieses Ziels zu erleichtern.« Dieser positiven Unterstützung fügt das Schreiben dann aber einschränkend hinzu: »wobei allerdings von der Voraussetzung ausgegangen wird, dass dabei nichts geschieht, was die bürgerlichen und religiösen Rechte der in Palästina bestehenden nicht-jüdischen Gemeinden [...] beeinträchtigen könnte.«[30] Über die Hintergründe und den Anlass zu diesem überraschenden Schritt ist viel spekuliert worden. Ganz allgemein war dem Zeitgeist – namentlich in England – eine »evangelikale« christlich-zionistische Betrachtungsweise des endzeitlichen Heilsprozesses nicht fremd: Danach erfülle sich jetzt die alttestamentliche Verheißung, dass die Juden am Ende der Zeiten nach Palästina zurückkehren würden. Konkreter bezog sich die Erklärung einerseits auf die gegenwärtige Kriegführung: Die pro-zionistischen Signale sollten die russischen Juden mobilisieren, nach dem Sturz des Zaren die Entschlossenheit der russischen Führung zu bestärken, den Krieg gegen Deutschland fortzusetzen. Andererseits hatte sie auch die britischen Interessen für die Nachkriegszeit im Visier: Denn bereits am 1. Mai hatte das Kriegskabinett in London entschieden, dass Palästina mit Blick auf die britische Präsenz in Ägypten und am Suezkanal unter allen Umständen unter alleinige Kontrolle Großbritanniens gebracht werden sollte. In diesem Sinne hatte Chaim Weizmann, ein anderer führender zionistischer Aktivist, die Regierung mit dem Argument bestärkt, dass eine jüdische Heimstätte dieser britischen Interessenlage besser entsprechen würde als irgendein Bündnis mit arabischen Partnern. Auch mag man in London gehofft haben, amerikanische Juden mit Einfluss auf Präsident Woodrow Wilson zu überzeugen, die britische Kontrolle über Palästina nach dem Krieg zu akzeptieren.

Unter den drei Absprachen war die erste für den Verlauf des Krieges unmittelbar relevant. Kontakte seines Sohnes Faisal zu Vertretern arabisch-nationalistischer Organisationen namentlich in Damaskus hatten den Scherifen Husain zu der Überzeugung gebracht, dass ein Aufstand von einer breiten arabischen Nationalbewegung unterstützt würde. Am 5. Juni 1916 rief er die Araber auf, sich gegen die osmanische Herrschaft zu erheben. Mekka fiel am 12. Juni an die haschemitischen Truppen; das osmanische Kontingent in Dschedda kapitulierte vier Tage später.

Mit Blick auf das Geschehen im weiteren Verlauf des Krieges ist der Beitrag der von Faisal ibn Husain angeführten arabischen Truppen eher marginal geblieben. In der Taktik von Freischärlern konnten sie der osmanischen Präsenz im Hedschaz, in Transjordanien und in Syrien kaum mehr als Nadelstiche beifügen. Zu dem erwarteten umfassenden Aufstand der Araber in Syrien und im Irak ist es nie gekommen; der Gedanke einer arabischen Nation und eines arabischen Staates außerhalb des Osmanischen Reichs konnte breitere Teile der Bevölkerung nicht mobilisieren. Noch war die die Idee des Osmanismus also nicht vollständig gestorben. Zahlreiche Araber Groß-Syriens und des Irak blieben bis zum Ende des Krieges Offiziere in der osmanischen Armee und hatten hohe Positionen in der osmanischen Verwaltung inne; sie waren auch im Parlament in Konstantinopel vertreten. Zwar entwickelten arabische Vereinigungen offen und geheim Pläne für den Platz der Araber im Reich nach dem

Ende des Krieges (▶ S. 186) und es regte sich Widerstand nicht zuletzt gegen die Politik der Türkisierung vonseiten der jungtürkischen Regierung. Aber flächendeckende Aufstände wie etwa unter den Völkern auf dem Balkan im vergangenen Jahrhundert blieben aus. Lokaler Widerstand in Syrien wurde von der osmanischen Verwaltung teilweise hart unterdrückt und im Irak herrschten seit 1917 die Briten.

Überhöht wurde die »arabische Revolte« in der Öffentlichkeit durch Thomas Edward Lawrence (1888–1936), einen britischen Berater Faisals. Als Archäologe hatte er jahrelang im arabischen Raum gearbeitet. Mit den sozialen Gegebenheiten und der Mentalität der Araber sowie mit der arabischen Sprache vertraut, wurde er im Dezember 1914 als Nachrichtenoffizier in das britische Büro in Kairo entsandt. Bei Ausbruch der Revolte wurde er in den Stab Faisals, mit dem ihn bald eine persönliche Freundschaft verband, abkommandiert. Mit seinem Buch: »Die sieben Säulen der Weisheit« (1926), in dem er seine Rolle fantastisch-literarisch überzeichnet, prägte er als »Lawrence von Arabien« wesentlich die Mythenbildung um den »arabischen Aufstand in der Wüste«. Kriegsentscheidend an der arabischen Front des Osmanischen Reichs waren die etwa 8 000 Mann, die gegen Ende des Krieges Faisal folgten, indes nicht. Erst nachdem sie sich im Spätsommer 1918 mit den britischen Truppen vereinigt hatten, konnte Damaskus erobert werden. Am 3. Oktober trafen General Allenby, der britische Oberkommandierende und Faisal zusammen. In Gegenwart des französischen Generals Chauvel – ein französisches Kontingent hatte die Briten militärisch unterstützt – ließ Allenby Faisal wissen, dass Frankreich die künftige Schutzmacht Syriens sei. Stellvertretend für seinen Vater könne er, Faisal, daher das Land – allerdings unter Ausschluss des Libanon und Palästinas – unter der Kontrolle und mit der Unterstützung Frankreichs verwalten.

Ganz überraschend konnte diese Wendung der Dinge für die Führer der »arabischen Revolte« nicht kommen. Wie oben angedeutet, war bereits Ende 1917 das Sykes-Picot-Abkommen von der kommunistischen Führung, die sich im November in Russland an die Macht geputscht hatte und aus dem Krieg mit Deutschland ausgestiegen war, öffentlich gemacht worden. Auch Scherif Husain war irritiert, aber für eine Beendigung der Allianz mit Großbritannien, das in Palästina gegen die osmanischen Truppen immer weiter vorrückte, war es zu spät. Scheinheilig waren London und Paris bemüht, die Araber von der Fortgeltung der Verabredungen mit dem Scherifen zu überzeugen. Nach der osmanischen Kapitulation am 30. Oktober 1918 richteten sich Briten und Franzosen in einer Proklamation am 9. November an die arabischen Völker. Obwohl die Weichen bereits in andere Richtungen gestellt waren, bekannten sich beide Mächte darin u. a. noch einmal zur Befreiung der Araber von dem türkischen Joch und zur Schaffung unabhängiger nationaler Regierungen.

Nach dem Scheitern bei Gallipoli war der arabische Raum zwischen Ägypten und dem Irak der zentrale Schauplatz des Ersten Weltkriegs im Nahen Osten. Die stärkste europäische Kriegspartei dort war England; Frankreich hatte an den militärischen Entwicklungen keinen kriegsentscheidenden Anteil. Dessen Herrschaft in Nordafrika war vom Kriegsgeschehen nur insofern berührt, als Hunderttausende Araber und Berber aus den Maghreb-Staaten (sowie Afrikaner aus Westafrika) in der Rüstungsproduktion in Frankreich und als Soldaten an verschiedenen Kriegsschauplätzen eingesetzt waren. Italien hatte 1911 mit der Besetzung Libyens begonnen und 1912 die Inselgruppe der Dodekanes in der östlichen Ägäis vor der türkischen Küste besetzt. Als der Erste Weltkrieg ausbrach war die Eroberung Libyens nicht nur noch nicht abgeschlossen; vielmehr wurden weite Teile des Landes von den Osmanen zurückerobert. Italien musste sich auf wenige Teile des Küstenstreifens zurückziehen. Erst nach dem Ende des Krieges konnte es die Unterwerfung Libyens fortsetzen. In einem geheimen Abkommen in London vom 26. April 1915 war Italien u. a. die Herrschaft über Libyen zugesprochen worden.

Im Kaukasus hatten russische Truppen bereits Anfang November 1914 die Offensive eröffnet: Sie operierten an der nordöstlichen Grenze und drangen auf anatolisches Gebiet vor. Kriegsminister Enver Pascha reagierte mit dem Plan, die russischen Truppen in einer groß angelegten Zangenbewegung in Richtung Russisch- und Iranisch-Aserbaidschan anzugreifen. Zugleich sollte die turksprachige Bevölkerung dort aufgewiegelt werden, sich gegen Russland zu erheben. Der Feldzug, der im Dezember 1914 unter winterlichen Bedingungen begann, endete in einem Fiasko für die türkischen Truppen. Ohne Täbris und Baku erreicht zu haben, mussten sie nach der Schlacht von Sarıkamış (Ende Dezember 1914 bis Mitte Januar 1915) unter verheerenden Verlusten den Rückzug antreten. In der Folge stießen die Russen tief auf osmanisches Gebiet vor und setzten sich in den armenisch besiedelten Gebieten Nordostanatoliens fest. Die Tatsache, dass sie vonseiten armenischer Nationalisten politische und erhebliche militärische Unterstützung erfuhren, sollte wenig später die osmanische Staatsführung in ihrer Entschlossenheit bestärken, die Armenier aus ihren anatolischen Siedlungsgebieten zu vertreiben (▸ S. 114).

Der Kaukasus blieb auch in der Folgezeit Schauplatz kontinuierlicher russisch-türkischer Kriegshandlungen. Eine neue Dimension erhielt er, als sich die russischen Truppen mit dem Ausscheiden Russlands aus dem Krieg im Dezember 1917 von dort zurückzuziehen begannen. An den Friedensverhandlungen in Brest-Litowsk hatte die osmanische Führung am Verhandlungstisch gesessen. In dem am 3. März 1918 geschlossenen Friedensvertrag waren die Gebiete von Kars, Ardahan und Batumi wieder dem Osmanischen Reich zugesprochen worden. Dieser »Gewinn« hatte in Konstantinopel der Hoffnung frische Nahrung gegeben, der Krieg werde nun doch noch zu gewinnen sein. Die Umsetzung der Abmachungen von Brest freilich konnte sich nicht mehr von selbst verstehen. Denn mittlerweile war im Transkaukasus eine neue Lage entstanden. Der im Dezember 1917 in Tiflis gegründete transkaukasische *Sejm* setzte dem Vorrücken der Türken zunächst Widerstand entgegen. Die drei im Mai 1918 entstandenen unabhängigen Staaten gingen in ihrer Politik unterschiedliche Wege: Während sich Armenien nicht zuletzt aufgrund seiner Gebietsansprüche gegenüber Georgien und Aserbaidschan politisch isolierte und schließlich den territorialen Forderungen der Türken zu beugen hatte, unterstellte sich Georgien dem Schutz Deutschlands. Berlin aber wollte den Kaukasus nicht allein türkischer Vorherrschaft überlassen, ging es doch dabei wesentlich um den Zugriff auf die aserbaidschanischen Ölquellen. Je länger sich der Krieg hingezogen hatte, umso dramatischer war die Knappheit an Öl zur Achillesferse der Kriegführung Deutschlands geworden. Die Türken ihrerseits waren bestrebt, Aserbaidschan möglichst rasch unter ihre Kontrolle zu bekommen, um von dort ihren Einfluss unter den Turkvölkern Zentralasiens zu verstärken. Ein Riss zwischen Berlin und Konstantinopel begann sich aufzutun. Noch immer war Baku von prorussischen Kräften besetzt

(▸ S. 140, die Regierung Aserbaidschans hatte sich nach Gändschä abgesetzt) und um die Herrschaft über die Stadt rivalisierten neben lokalen – nicht zuletzt bolschewistischen und armenisch-nationalistischen – Kräften Deutsche, Osmanen und – von Persien aus – Engländer. Erst am 14. September 1918 fiel die Stadt in die Hände der von Enver Pascha geführten »Islamischen Armee«, einer aus Türken, Aserbaidschanern und anderen Muslimen zusammengewürfelten Truppe. Wie bereits zu Beginn des Krieges bei Sarıkamış schien sich für einen Augenblick ein Fenster für die Verwirklichung panturkischer Träume zu öffnen. Mit dem Ende des Krieges am 30. Oktober war dieses definitiv geschlossen; die türkischen Truppen zogen sich aus dem Kaukasus ebenso zurück wie die deutschen.

Hinter den Kampfhandlungen im Kaukasus zu Beginn und gegen Ende des Krieges tritt ein geopolitisches Design hervor, das auf weiterreichende Visionen panturkisch motivierter Einflussnahme der Türkei unter den Turkvölkern Zentralasiens schließen lässt. Eine geopolitische Dimension wird auch in den militärischen und diplomatischen Aktivitäten Deutschlands in Persien und Afghanistan erkennbar. Im Abkommen von St. Petersburg (1907) hatten Russland und England ihre Interessensphären in Zentralasien festgeschrieben. Persien war dabei in eine russische (nördliche) und britische (südliche) Einflusszone geteilt worden (▸ S. 104). Mit dem Ausbruch des Krieges besetzten beide Mächte die von ihnen kontrollierten Teile des Landes. Vor allem in Berlin – die türkische Beteiligung daran war marginal – hegte man Pläne, die britische Vorherrschaft im Raum zwischen Persien und Indien zu destabilisieren. Kern der Operationen waren Militärmissionen in die Region mit dem Ziel, antibritische Kräfte zu mobilisieren. In Südpersien suchte der deutsche Diplomat Wilhelm Wassmuss (1880–1931) die dortigen Stämme aufzuwiegeln. Bekannter noch wurde die Mission, die Oskar von Niedermayer (1885–1948) und Werner Otto von Hentig (1886–1984) 1915/16 unter abenteuerlichen Bedingungen durch Persien nach Kabul führte. Dabei hatten sie zwei Ziele im Auge: zum einen, die Regierung in Teheran zu bewegen, im Krieg gegen England und Russland an die Seite Deutschlands zu treten, zum andern, den Emir Habibullah zu ermutigen, Afghanistan in den vom osmanischen Sultan ausgerufenen Heiligen Krieg zu führen und Aufstände in Britisch-Indien zu schüren. Keines der Ziele wurde erreicht. Die Anführer der prodeutschen Fraktion in Teheran mussten sich bald nach Kriegsbeginn aus der Hauptstadt zurückziehen und fanden sich schließlich in Berlin wieder (▸ S. 219). Und der Emir in Kabul ließ sich auch nach langen Verhandlungen nicht in ein antibritisches Abenteuer verwickeln; Afghanistan blieb neutral. Immerhin erreichte er den Abschluss eines Freundschaftsabkommens zwischen dem Deutschen Reich und Afghanistan im Januar 1916. Das bedeutete die Anerkennung von dessen Unabhängigkeit durch eine europäische Großmacht.

Der Waffenstillstand von Mudros war nicht das Ergebnis von Verhandlungen; vielmehr besiegelte das Dokument eine militärische Niederlage und enthielt weitreichende Forderungen. Damit zeichnete sich bereits in Mudros ab, was sich wenig später in Villa Giusti (mit Österreich-Ungarn) und Compiègne (mit Deutschland) wiederholen sollte: Die Waffenstillstände kamen mit ihren detaillierten Bedingungen vollständigen Kapitulationen sehr nahe und sie schufen vollendete Tatsachen, welche die Grundlagen für die nachfolgenden Friedenskonferenzen werden sollten. Im Fall des Osmanischen Reichs legten die Alliierten eine Demarkationslinie fest, welche das Gebiet, in dem die Regierung des Sultans noch Anspruch auf Souveränität erheben konnte, gegenüber dem ursprünglichen Territorium des Osmanischen Reichs drastisch beschnitt. Diese Regelungen orientierten sich – im Großen und Ganzen – an den im Sykes-Picot-Abkommen vom Mai 1916 getroffenen Vereinbarungen zur Aufteilung von Interessenzonen im Nahen Osten zwischen England und Frankreich. Bevor überhaupt Verhandlungen begonnen hatten, verwirklichten London und Paris auf diese Weise ihre Ansprüche auf die eroberten arabischen Gebiete, die den heutigen Irak, Syrien, Jordanien, den Libanon und Palästina umfassen sollten. Tatsächlich marschierten weitere britische und französische Truppen in die vorgesehenen Besatzungszonen im Nahen Osten ein. Das »befreite« Arabien wurde vom Kerngebiet des Osmanischen Reichs, Anatolien und den restlichen Besitzungen auf europäischem Boden, abgetrennt. Aus der Perspektive britischer Interessen enthielt dieses Vorgehen insofern eine wichtige geopolitische Komponente, als es dem britischen Militär den Weg frei machte, die als strategisch wichtig angesehenen Erdölgebiete von Mossul zu besetzen. Noch vor einem formalen Friedensvertrag wurde das Gebiet einer alliierten Militärverwaltung unterstellt.

Das Gebiet Anatoliens betreffend, sah Artikel 1 des Waffenstillstandsabkommens die sofortige Öffnung der Meerengen und die Unterstellung aller militärischen Anlagen in diesem Gebiet unter die Kontrolle der Siegermächte vor. Gemäß Artikel 5 und 6 musste die Regierung des Sultans die eigenen Streitkräfte weitgehend demobilisieren und die Flotte übergeben, die unter alliierter Aufsicht in türkischen Häfen interniert wurde. Der Einschränkung der militärischen Macht ging eine Begrenzung der Souveränität des Sultans einher: In Artikel 7 behielten sich die Alliierten das Recht vor, jederzeit und überall zu intervenieren, wenn sie die Sicherheit bedroht sahen. Tatsächlich wurde Konstantinopel zwar erst im März 1920 von britischen Truppen besetzt; aber die sichtbare Präsenz britischer, französischer, amerikanischer, griechischer und italienischer Truppen in der Hauptstadt nach Abschluss des Waffenstillstands musste insbesondere unter den muslimischen Bewohnern den Eindruck erwecken, unter ausländischer Besetzung zu stehen.

Anders als im Falle Deutschlands und Österreich-Ungarns war das Ende des Krieges nicht unmittelbar mit einem radikalen Macht- und tiefgreifenden Systemwechsel in der Hauptstadt verbunden gewesen. Formal bestand die Herrschaft des osmanischen Sultans (der zugleich die geistliche Würde des Kalifen innehatte) fort. Tatsächlich aber war mit dem Verschwinden der führenden Akteure der Jungtürken ein politisches Vakuum entstanden: Der Sultan, Mehmet VI. Vahideddin (reg. 1918–1922), war eine schwache Persönlichkeit und eine Marionette in der Hand der Sieger. Die Unsicherheit, was letztlich die Ziele der Sieger sein würden, war deshalb weit verbreitet. Wenn nach Lage der Dinge ein Widerstand nicht in der Hauptstadt zu organisieren sein würde, dann würde man aber außerhalb derselben Vorbereitungen dazu treffen können. Es war diese Option, die Mustafa Kemal Pascha vorschwebte, als er sich am 20. April 1919 in Konstantinopel einschiffte, um im Herzen Anatoliens den Widerstand einzuleiten. Damit begann eine vierjährige Zeit des Umbruchs, die 1922/23 mit der Abschaffung der osmanischen Dynastie und der Entstehung der Türkischen Republik ihren Abschluss finden sollte.

Von außen betrachtet war das Osmanische Reich seit dem 18. Jahrhundert in einem nahezu kontinuierlichen Niedergang begriffen. Der »kranke Mann am Bosporus« schien nur solange zu überleben, als sich die europäischen Mächte über sein Erbe nicht verständigen konnten. Diese Einschätzung aber ist nur zum Teil zutreffend; sie ist auch von Parteilichkeit gefärbt und reflektiert eine europäische Wahrnehmung. Sie verschweigt zum einen den anhaltend aggressiven und kolonialistischen, gegen den Bestand des Reichs überhaupt gerichteten Charakter der Politik der europäischen Mächte. Zwar wurde in Paragraph 7 des Pariser Vertrages, der 1856 den Krimkrieg beendete, das Osmanische Reich in das System der europäischen Mächte aufgenommen und seine staatliche Unabhängigkeit von den Unterzeichnern garantiert. Aber bereits 1877 kam es erneut zu einem russisch-türkischen Krieg, der Russland 1878 bis an die Tore Konstantinopels führte. Auch als die Jungtürken 1908 mit der Wiedereinführung der Verfassung das Reich auf eine neue Grundlage zu stellen suchten, bedeutete dies nicht das Ende aggressiver Akte europäischer Hauptstädte, sich am territorialen Bestand des Osmanischen Reichs zu bedienen. Konstantinopel erhielt also durch das 19. Jahrhundert hindurch nicht wirklich eine faire Chance, als gleichberechtigter Spieler im europäischen Konzert der Mächte aufzutreten und sich zu bewähren. Zum anderen lässt die abschätzige Bewertung des Osmanischen Reichs als eines »kranken Mannes« das Ausmaß an innerer Veränderung übersehen, die sich im 19. Jahrhundert vollzogen hatte. Davon war das private Leben der Bürger ebenso betroffen wie das öffentliche Leben in allen Bereichen der Politik, Gesellschaft, Kunst, Kultur und Zivilisation. Davon war auch die Rolle der Religion im Staat nicht unberührt geblieben; in weiten Teilen des politischen und gesellschaftlichen Lebens hatte ein Prozess der Säkularisierung eingesetzt. Das Osmanische Reich war in hohem Maße europäisch geworden.

Zu Beginn des Ersten Weltkriegs umfasste das Reich noch immer weite Teile des Vorderen Orients. Muslimische Völker bildeten die große Mehrheit der Bürger: Türken, Kurden und Araber. Die christlichen Völker waren Armenier und andere christliche Denominationen sowie Griechen. Die Zusammensetzung des osmanischen Parlaments 1908 bildete diese Vielfalt ab (▶ S. 107). Nach der Vernichtung der Armenier Anatoliens und der Vertreibung anderer nicht-muslimischer Völker war das Reich am Ende des Krieges auf seine muslimischen Untertanen geschrumpft. Der »arabische Aufstand« hatte keineswegs die Araber insgesamt erfasst. Die Elite unter den verbliebenen Türken, Kurden und Arabern teilten in vielerlei Hinsicht gemeinsame Erfahrungen: Sie hatten an den gleichen zivilen und militärischen Einrichtungen ihre Ausbildung erhalten. Ihre Karrieren in Verwaltung und Armee hatten sich vielfältig berührt. In dieser Hinsicht hat das Osmanische Reich fortgelebt. In den nunmehr entstehenden Staaten sollten Angehörige der arabischen zivilen und militärischen Elite, die bis zum Schluss osmanische Bürger geblieben waren, wichtige Funktionen ausüben. Die Historiker müssen sich der Frage: »Was wäre, wenn …?«, nicht stellen. Was aber wäre, wenn das Osmanische Reich nicht in den Krieg eingetreten wäre (wofür nicht wenige Persönlichkeiten in der Führung votierten) und wenn die Staatsführung nicht entschieden hätte, einen Teil seiner christlichen Untertanen zu vernichten. Angesichts des Chaos im Vorderen Orient einhundert Jahren nach dem Ende des Reichs erscheint das Osmanische Reich manchem als eine positiv besetzte Fata Morgana.

6.2 Die neue politische Landkarte

Über das Osmanische Reich hinaus markiert das Ende des Ersten Weltkriegs den Zusammenbruch einer überkommenen Ordnung auch in weitesten Teilen Europas. Bereits 1917 war mit dem Rücktritt Zar Nikolaus' II. (reg. seit 1894) die Dynastie der Romanow, die seit 1613 in Russland geherrscht hatte, an ihr Ende gekommen. Zum Zeitpunkt des Kriegsendes befand sich das Land im Bürgerkrieg; über der Zukunft des Vielvölkerstaats stand ein großes Fragezeichen. Der Rücktritt von Karl I. als Kaiser von Österreich (bzw. Karl IV. als König von Ungarn, seit 1916) am 11. bzw. 13. November 1918 beendete die Herrschaft des Hauses Habsburg, dessen Anfänge auf das Jahr 1273 zurückgingen, in dem Rudolf I. (1218–1291) als erster Habsburger zum König des Heiligen Römischen Reichs gewählt worden war. Von seinem Vorfahren, dem habsburgischen »römisch-deutschen« Kaiser Karl V. (reg. 1519–1555) hatte es geheißen, dass in seinem Reich (das die lateinamerikanischen Kolonien einschloss) die Sonne nicht untergehe. Die Abdankung des letzten Kaisers der Dynastie musste jenseits von Österreich Konsequenzen für die Gebiete zwischen dem Balkan und Mitteleuropa haben. In Istanbul war mit dem Kriegsende völkerrechtlich zwar noch nicht das Ende der osmanischen Dynastie gekommen. Aber nachdem der Balkan und Nordafrika bereits durch das 19. Jahrhundert hindurch tiefgreifende Neuordnungen erfahren hatten, stand nunmehr eine Neuordnung auch des von den Osmanen beherrschten Vorderen Orients an. Anders als im Falle der drei multiethnischen Imperien waren zwar das Ende des Krieges und die Abdankung Kaiser Wilhelms II. am 9. November 1918 in Deutschland zunächst zuvorderst ein nationales Ereignis. Aber die territorialen Veränderungen, die von den Pariser Friedensverhandlungen im Gefolge des Waffenstillstands namentlich im Verhältnis zu Frankreich und Polen beschlossen wurden, trugen – jenseits von Deutschland – zu den Erschütterungen des Staatensystems in Europa bei.

Bereits im 19. Jahrhundert war das Osmanische Reich als Teilnehmer am europäischen Konzert der Mächte anerkannt worden. Diese Zusage war aber von Russland, Österreich-Ungarn, England und Frankreich nicht wirklich respektiert worden, die sich weiterhin politisch und wirtschaftlich an dem »kranken Mann am Bosporus« schadlos gehalten hatten. Das Bündnis aber, welches das Deutsche und das Osmanische Reich zu Beginn des Krieges eingegangen waren, bestätigte noch einmal die europäische Dimension des Osmanischen Reichs im internationalen System. Die Kriegsschauplätze in Europa und im Vorderen Orient waren aufs Engste miteinander verflochten; auf europäischen und vorderasiatischen Schlachtfeldern kämpften die Truppen derselben Mächte. Die Waffenstillstandsvereinbarungen wurden in demselben zeitlichen Rahmen abgeschlossen. Die Verhandlungen um die Nachkriegsordnung (bzw. die Diktate der Sieger) fanden an demselben Ort, der französischen Hauptstadt, statt. Dort entschieden dieselben Herren über die Zukunft der kriegführenden Parteien, der Sieger wie der Verlierer, der europäischen Mächte ebenso wie des Osmanischen Reichs.

Die in Paris gefällten Entscheidungen – sowohl die europäischen wie die nahöstlichen Völker betreffend – entsprangen demselben Geist, der in den Hauptstädten der europäischen Siegermächte noch immer vorherrschte. Dieser war zum einen gekennzeichnet durch die Dominanz machtpolitischen Kalküls und wirtschaftlicher Interessen und zum andern durch den Dünkel der Überlegenheit der europäischen Völker und Kulturen. Bereits der Frieden von Brest-Litowsk, der im März 1918 zwischen den Mittelmächten und Russland geschlossen wurde und zum Ausscheiden Russlands aus dem Krieg geführt hatte, war von den Interessen der Sieger beherrscht: Der Erwerb von möglichst umfangreichen Territorien galt als Zuwachs von politischer Macht und bedeutete zugleich den kontrollierten Zugang zu wirtschaftlichen Ressourcen und Rohstoffen. Der Frieden von Brest-Litowsk galt als Präzedenzfall für die in den Vororten von Paris 1918/19 ausgehandelten – bzw. diktierten – Friedensschlüsse zwischen der Entente und den Mittelmächten. Neue Staaten wurden geschaffen, in ihnen Völker nach Willkür zusammengefasst. Bestehenden Staaten auf der Siegerseite wurden Völker der Verliererseite zugeordnet. Die drastischsten Beispiele sind der später »Jugoslawien« genannte Staat der Serben, Kroaten und Slowenen sowie die Tschechoslowakei. Ungarn verlor zwei Drittel seiner Bevölkerung an Rumänien. Über Reparationen und Demontagen suchten sich einige Sieger für die Kriegskosten zu entschädigen.

Auch mit Blick auf die osmanische »Beute« ließen sich die Siegermächte von ihren geopolitischen, strategischen und wirtschaftlichen Interessen leiten. Neue Staaten entstanden innerhalb von Grenzen, die nach Gutdünken gezogen wurden. Der Vertrag von Sèvres sah des Weiteren die Aufteilung Anatoliens und die Schaffung eines auf dessen zentrale Teile reduzierten türkischen Staates vor. Vom Libanon mit seinen konfessionalistischen Besonderheiten abgesehen, dominierten in den neu geschaffenen Staatswesen ethno-nationalistische – arabisch-muslimische – Mehrheiten. Schutzrechte für die zahlreichen religiösen und ethnischen Minderheiten traten nicht ins Blickfeld der Verhandlungsführer. Von den Kurden, dem zahlenmäßig viertstärksten Volk im Vorderen Orient, wurde weder mit Blick auf Anatolien noch auf die jungen »arabischen« Staaten Notiz genommen. Unter den wirtschaftlichen Interessen der Siegermächte kam bereits bei Ende des Krieges dem Zugang zu Erdöl eine hohe Bedeutung zu. Das galt insbesondere für Großbritannien.

Neben der machtpolitischen trat die Dimension der kulturellen Arroganz aufseiten der Siegermächte mit Blick auf die islamischen Gesellschaften im Vorderen Orient einmal mehr zutage. An der selbst auferlegten Verpflichtung einer *mission civilisatrice*, die den europäischen Kolonialismus seit dem 18. Jahrhundert geleitet und gerechtfertigt hatte (▶ S. 36), hatte sich nicht nur nichts verändert; vielmehr gestattete es die Auflösung des Osmanischen Reichs nunmehr, die politischen und wirtschaftlichen Interessen mit dem Mäntelchen der Fürsorge für die Völker des Nahen Ostens im Rahmen eines international abgesegneten Friedenswerkes zu umhüllen. Im Rahmen des 1919/20 in Paris gegründeten Völkerbundes wurde ein System von »Mandaten« geschaffen: Europäische Mächte – mit Blick auf den post-osmanischen Raum waren dies England und Frankreich – würden für die Völker dieses Raumes gleichsam eine Art Vormundschaft übernehmen, um sie an die fortgeschrittenen Nationen heranzuführen (▶ S. 166). Winston Churchill, der zu Beginn des Krieges das Amt des Marineministers innehatte und für die schließlich verlorene Schlacht an den Dardanellen (1915/16) entscheidend verantwortlich war, hatte sich anderthalb Jahrzehnte zuvor diesbezüglich unverblümt zum britischen Imperialismus bekannt. Als Kriegsberichterstatter war er 1899 Zeuge des Massakers gewesen,

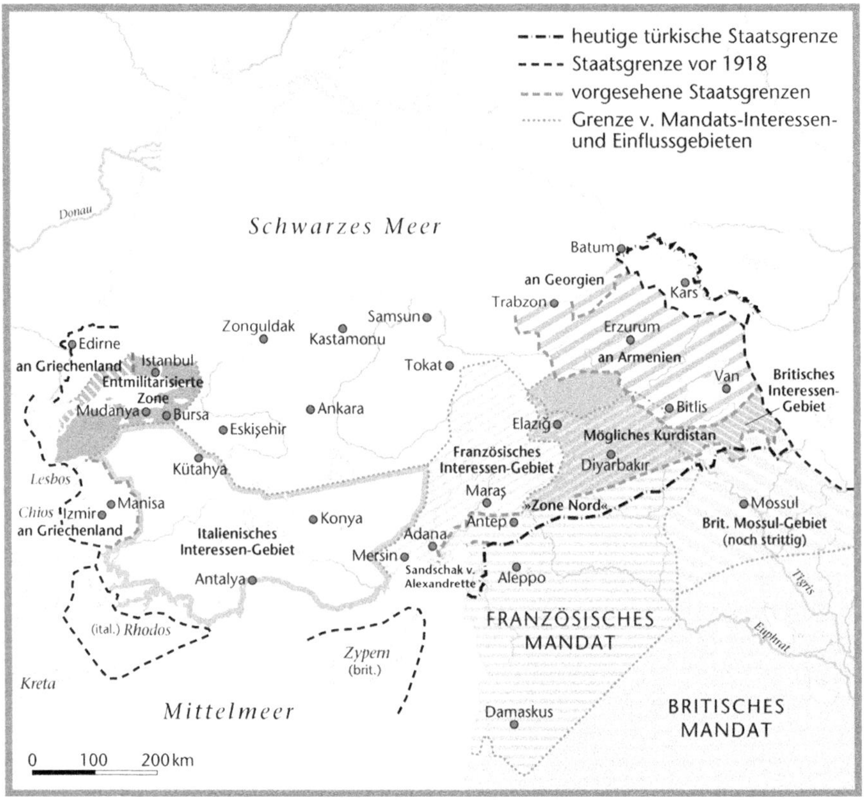

Abb. 14: Der Aufteilungsplan von Sèvres 1920.

das die englischen Truppen unter Lord Kitchener in der Schlacht von Umm Diwaykarat an den Truppen des Mahdi angerichtet hatten (► S. 79). Nach seinen Worten seien die von britischen Maschinengewehren niedergemähten Soldaten wilde Leute, die ihre Barbarei nicht kennten; sie leisteten Widerstand mit Raserei gegen die menschenfreundlichen Eindringlinge (*philanthropic invaders*) und gingen zu Tausenden zugrunde, bevor sie sich ihrer Fehler bewusst würden. Churchill stellt die Werte und Verdienste einer aufgeklärten Gesellschaft, der britischen, der »Barbarei der Wilden« gegenüber. Welches »Unternehmen« (*enterprise*) einer aufgeklärten Gesellschaft sei, so fragt er, edler und nutzbringender als die Urbarmachung fruchtbarer Regionen und die Verbesserung der Barbarei? Er gibt sich selbst die Antwort: kriegerischen Stämmen Frieden zu bringen; Recht walten zu lassen, wo Gewalt herrschte; die Ketten der Sklaven zu zerschlagen; Wohlstand aus dem Boden zu holen; den Samen des Handelns und der Erziehung einzupflanzen, um ganzen Völkern die Fähigkeit zur Freude und die Aussicht auf eine Minderung ihrer Schmerzen zu vermehren – welch schöneres Ideal oder wertvollere Belohnung könne menschliches Bemühen inspirieren?[31]

Im politischen und diplomatischen Gerangel zwischen den europäischen Mächten auf der »Friedenskonferenz« sind die Ideen einer neuen Weltordnung zerrieben worden. Vater derselben war vor allem der amerikanische Präsident Woodrow Wilson (1856–1924; reg. 1913–1921). Vor dem Hintergrund der Verhandlungen zwischen Russland und den Mittelmächten, die aufseiten der letzteren von herkömmlichem machtpolitischem Denken geprägt waren – im März 1918 wurden sie mit dem Frieden von Brest-Litowsk abgeschlossen –, hatte Wilson ein halbes Jahr nach dem Kriegseintritt der USA gegen Deutschland am 8. Januar 1918 vor beiden Häusern des Kongresses die Grundlagen für eine Neuordnung der Welt nach dem Ende des Krieges nach seinen Vorstellungen skizziert. Unter den 14 Punkten sollten die Punkte 5, 12 und 14 eine unmittelbare Bedeutung auch für den Nahen Osten enthalten: die freie, weitherzige und unbedingt unparteiische Schlichtung aller kolonialen Ansprüche (Punkt 5), die Wahrnehmung eines Selbstbestimmungsrechts der Völker (Punkt 12) und die Gründung eines allgemeinen Verbandes der Nationen zum Zweck gegenseitiger Bürgschaften für die politische Unabhängigkeit und die territoriale Unverletzbarkeit kleiner wie großer Staaten (Punkt 14). Damit hatte der Präsident immense Hoffnungen unter den kolonisierten Völkern weltweit verbreitet. Aber das galt auch für die kriegsmüde europäische Öffentlichkeit. Als er am 13. Dezember 1918 im französischen Brest eintraf, waren die Erwartungen teilweise ins Messianische gesteigert. Als er Europa nach Abschluss der Konferenz verließ, waren die Umrisse und die Perspektiven der Neuordnung des Nahen Ostens (aber auch Europas) weit von den Erwartungen entfernt, die ihm bei seiner Ankunft entgegengebracht worden waren.

Das freilich traf nicht nur auf die Völker des Nahen Ostens zu. Auch in Europa war die Neuordnung nach den Prinzipien und Gepflogenheiten gestaltet, die seit eh und je das Verhältnis von Siegern und Besiegten bestimmt hatten (und wie es die Mittelmächte in Brest-Litowsk soeben noch selbst praktiziert hatten). Die politische Ordnung im Europa der Pariser Verträge war von vornherein durch politische, territoriale und wirtschaftliche Konflikte geprägt. Getrieben schließlich von Deutschland, glitt Europa innerhalb der nächsten zwei Jahrzehnte in die größte Katastrophe seiner Geschichte. Damit aber ist angedeutet, in wie hohem Maße Europa und der Vordere Orient in denselben politischen Kontext gestellt werden müssen. Im 19. Jahrhundert war das Osmanische Reich Teil des europäischen Konzerts der Mächte geworden; die Schlachtfelder des Ersten Weltkriegs lagen zwischen dem Atlantik und dem Indischen Ozean. Die Friedensordnung von Paris umfasste Europa und den Vorderen Orient. Es wurden die gleichen Fehler gemacht. Die nachhaltigsten waren: realitätsfremde Staatsgründungen, willkürliche Grenzziehungen und wirtschaftliche Ausbeutung.

Die Nachwirkungen des »überforderten Friedens«[32] freilich sind zeitverschoben, in beiden Fällen aber gravierend negativ. Europa stürzte innerhalb von zwei Jahrzehnten in den Zweiten Weltkrieg. Danach aber wurden mit den Römischen Verträgen von 1957 die Grundlagen einer Europäischen Union gelegt, die sich alles in allem als eine politisch stabile und wirtschaftlich erfolgreiche Ordnung erwiesen hat. Die arabischen Völker des Nahen Ostens waren zunächst fremdbestimmt und der Kampf um Unabhängigkeit und Selbstbestimmung stand über die Jahrzehnte nach dem Pariser »Friedensschluss« im Mittelpunkt der politischen Bestrebungen ihrer Eliten. Erst mit dem Ende des Zweiten Weltkriegs konnte begonnen werden, die Gesellschaften und staatlichen Institutionen auf der Grundlage selbstbestimmter

Entscheidungen aufzubauen. Dieser Prozess hat sich unter schwierigen inneren und äußeren Rahmenbedingungen vollzogen, auf die einzugehen sein wird. Anders als im Europa der EU freilich – auch wenn diese immer wieder Gefährdungen ausgesetzt zu sein scheint – sind die Völker und Staaten im Vorderen Orient von einer stabilen neuen Ordnung weit entfernt. Aber auch in diesem Stadium bleiben Europa und der Vordere Orient schicksalhaft aufeinander bezogen – die Flucht zahlreicher Menschen aus dem Vorderen Orient nach Europa ist nur eines, wenn auch ein trauriges Symptom dafür.

6.3 Das Drama der Pariser Friedensverhandlungen

Die Bühne, auf der die Geschicke des post-osmanischen Raumes entschieden wurden, war Europa, genauer gesagt Paris und seine Vororte. Ebenso wie im Falle des Habsburgerreichs war auch mit Blick auf das Osmanische Reich unter den Führern der Siegemächte die Entscheidung gefallen, das multiethnische Imperium zu beenden. Umstritten war, in welcher Weise und auf der Grundlage welcher Grundsätze eine Neuordnung der Völker und Gebiete vorzunehmen sein würde. Grundlegende Divergenzen bestanden von Beginn an zwischen den Führungen in London, Paris und Rom auf der einen und dem amerikanischen Präsidenten Woodrow Wilson auf der anderen Seite. Das Schicksal des 14-Punkte-Plans des amerikanischen Präsidenten, ja sein persönliches Geschick während seines Auftretens auf der Pariser Konferenz lassen die Tiefe des Grabens erkennen, der sich zwischen dem imperialistischen Design der Europäer und den idealistischen Visionen des Amerikaners auftat. Die für die Zukunft der Konkursmasse des Osmanischen Reichs einschlägigen Punkte sind vorstehend bereits angesprochen worden. Tatsächlich hatte der Präsident damit starke Hoffnungen und hohe Erwartungen geweckt – nicht nur in einer breiten arabischen Öffentlichkeit und unter ihren Führern, die für die Selbstbestimmung der Araber und die Errichtung eigenständiger arabischer Staatswesen eintraten. Auch die Völker im Kaukasus, die sich von auswärtigen Mächten bedrängt sahen, sowie die Kurden hatten Delegationen nach Paris geschickt und suchten mit Wilson das Gespräch. Wie sehr Wilson die Neuordnung des internationalen Systems am Herzen lag, zeigt sich daran, dass er sich persönlich nach Paris aufgemacht und dort – mit Unterbrechungen – nahezu ein halbes Jahr verbracht hat, um seinem Plan durch seine Gegenwart Gewicht zu verleihen. Er hat diese Neuordnung nur zum Teil – insbesondere in Gestalt der Gründung des Völkerbunds – verwirklichen können. In der Frage des Selbstbestimmungsrechts standen ihm die Interessen der europäischen Siegermächte entgegen.

Nur scheinbar hatte Wilson dabei einen Gleichgesinnten in der bolschewistischen Führung in Moskau. Bereits einen Monat nach der Machtübernahme im November 1917 hatte diese die Abmachungen des Sykes-Picot-Abkommens (das auch von der zaristischen Regierung unterschrieben war) öffentlich gemacht. Für London und Paris waren das peinliche Enthüllungen. Auch Moskau trat nach der Revolution für das Selbstbestimmungsrecht der Völker ein – allerdings im Kontext eines revolutionären sozialistischen Wandels in den ehemals unterdrückten Völkern. Solange der Krieg dauerte, war man in beiden Hauptstädten bemüht, die Bedeutung der Abmachungen herunterzuspielen und die Fortgeltung der dem Scherifen Husain gemachten Versprechungen zu unterstreichen. Insbesondere musste ein Stimmungsumschwung unter den schockierten arabischen Nationalisten zugunsten der Osmanen verhindert werden. Nach dem Ende des Krieges gingen sie dann umgehend zur lange vorbereiteten Tagesordnung über. Nun waren die nach Paris angereisten Delegationen aus den ehemals osmanischen Ländern kaum mehr als lästige Statisten. Und auch der amerikanische Präsident war im Prinzip ein Hindernis bei der Durchsetzung der Pläne der Siegermächte – für Europa, den Nahen Osten und für die Kolonien in Afrika und Asien, die es neu zu verteilen galt. Als Wilson im Juni 1919 Paris verließ und endgültig nach Washington zurückkehrte, nahm er eine gemischte Bilanz mit: Auf der positiven Seite war die Gründung des Völkerbundes zu verzeichnen, auf der negativen das Versagen, eine neue selbstbestimmte Ordnung der Völker und Staaten durchzusetzen.

Mit Blick auf den Nahen Osten sahen sich die im Januar 1919 in Paris zusammentretenden führenden Vertreter der Siegermächte zwei grundlegenden Problemstellungen gegenüber: der militärischen Besetzung von großen Teilen des Nahen Ostens und der Implementierung der während des Krieges eingegangenen Vereinbarungen. Die Besetzung betreffend, war die Region in drei Teile gegliedert: die arabischen Länder, Anatolien und Iran. Iran kann an dieser Stelle ausgeblendet werden (► S. 220); das Land befand sich zwar unter britischer Militärkontrolle, doch da es nicht zu den kriegführenden Staaten gehört hatte, war es in Paris auch nicht Teil der Agenda. Unter den arabischen Ländern standen Mesopotamien, Syrien und Palästina unter britischer Besetzung – wobei die Briten zunächst noch die Verantwortung für die Entscheidungen über die Zukunft mit ihrem arabischen Verbündeten, dem Emir Faisal, teilten. Dieser hatte sich – in Absprache mit General Allenby – in Damaskus eingerichtet. Das von ihm kontrollierte Gebiet firmierte offiziell als *Occupied Enemy Territory Administration* (O.E.T.A.). Auch Beirut und die syrische Küste befanden sich unter britischer Kontrolle. Teile der Türkei, d. h. im Wesentlichen Anatoliens, schließlich waren von den Alliierten insgesamt besetzt: Die Briten waren zunächst nach Kilikien und Adana vorgedrungen, überließen diese Gebiete aber dann den Franzosen. Italienische Truppen waren in Antalya gelandet. Konstantinopel stand unter gemeinsamer alliierter Kontrolle. Insgesamt hatten die Briten den größten Anteil an der Besetzung des Osmanischen Reichs. Sie hatten auch die Hauptlast des Krieges im Orient getragen. Die militärische Vormachtstellung im Vorderen Orient verschaffte ihnen bei den Verhandlungen in Paris eine starke Position.

Die während des Krieges getroffen Abmachungen und Verträge standen in offenkundigem Widerspruch zueinander. Das ganz grundlegende und zugleich schwerwiegendste Problem lag in der Unvereinbarkeit der imperialistischen Intentionen und Planungen mit den nationalen Aspirationen der lokalen Bevölkerungen. Mindestens sechs einander widersprechende Ansprüche lagen auf dem Tisch:

(1) Die Revision des Sykes-Picot-Abkommens zwischen England und Frankreich: Bereits im Vorfeld hatten sich beide Seiten darauf verständigt, die Region von Mossul, die

unter britischer Militärkontrolle stand, gegen eine Kompensation England zu überlassen. Zu weiteren Zugeständnissen war Paris nicht bereit.

(2) Die Ansprüche der Araber: Emir Faisal trat auf der Konferenz als Delegierter des Königreichs Hedschaz (in Vertretung seines Vaters, des Scherifen Husain – der Titel eines »Königs von Arabien«, den er sich im November 1916 selbst zugelegt hatte, war jenseits der Grenzen des Hedschaz nicht anerkannt) und oberster Wortführer der arabischen Sache auf. Bevor er auf der Konferenz erschien, hatte er Paris und London einen Staatsbesuch abgestattet. Das Ergebnis war für ihn ernüchternd: In ersterem war er auf die unbeugsame Entschlossenheit der Franzosen gestoßen, in Syrien die Herrschaft auszuüben; in letzterem hatte man ihm bedeutet, sich bezüglich seiner Rolle in Damaskus mit den Franzosen und den Zionisten ins Benehmen zu setzen. Im diplomatischen Milieu nicht zu Hause, bestand er hartnäckig und auf der Unabhängigkeit Arabiens.

(3) Die Ansprüche der Zionisten: Diese konnten zwar nicht ein etabliertes Staatswesen vertreten, hatten jedoch gleichwohl eine von Chaim Weizmann (ab 1921 Präsident der *Zionistischen Weltorganisation*) angeführte Delegation nach Paris entsandt. Ihr dringendstes Anliegen war, eine internationale Bestätigung der Balfour-Erklärung zu erhalten und sicherzustellen, dass diese in die Texte einschlägiger Friedensverträge aufgenommen würde. Insbesondere waren sie bemüht zu verhindern, dass Palästina Teil eines arabischen Staates würde. Sie begrüßten eine britische Oberhoheit über Palästina.

(4) Die Ansprüche Griechenlands: Athen war spät und nicht ohne Druck der Entente-Mächte in den Krieg eingetreten. Ohne sich genau festzulegen, hatten diese erkennen lassen, dass sie zu einer Kompensation auf Kosten der Türkei bereit wären. Jetzt reklamierte die griechische Delegation das Recht, Smyrna (Izmir) und die angrenzenden Gebiete zu besetzen. Begründet wurde dieser Anspruch mit dem Argument, die Bevölkerung sei mehrheitlich griechisch, und mit dem Verweis auf die geschichtlichen ethnischen, wirtschaftlichen und kulturellen Beziehungen zwischen dem westlichen und östlichen Ufer des Ägäischen Meeres. Damit fanden die Griechen bei der britischen Delegation und insbesondere Premierminister Lloyd George offene Ohren.

(5) Die Ansprüche Armeniens: Nach dem Ausscheiden Russlands aus dem Krieg erlebte Armenien (wie auch Georgien und Aserbaidschan) eine kurze Phase der Unabhängigkeit. In Paris forderte die armenische Delegation die Eingliederung des sogenannten »Türkisch-Armenien«: der sechs östlichen Provinzen Anatoliens. Der Anspruch gründete sich auf historische Argumente. Von Beginn an stieß die Forderung auf gemischte Resonanz: Zwar wurde – nach dem Völkermord – dem armenischen Volk eine wohlwollende Stimmung entgegengebracht, gleichwohl schienen die Ansprüche als übertrieben und mit geschichtlichen und demographischen Gegebenheiten nicht vereinbar.

(6) Die Erwartungen der USA: Washington war erst spät in den Krieg eingetreten und an den diversen Absprachen der europäischen Mächte unbeteiligt. Punkt 12 der Erklärung Wilsons hatte sich spezifisch auf die Türkei bezogen: Darin war den türkischen Teilen des Reichs »unbedingte Selbstständigkeit« (*secure sovereignty*) zugesprochen worden. Für die übrigen Nationen unter türkischer Herrschaft wurde eine »zuverlässige Sicherheit des Lebens und eine völlig ungestörte Gelegenheit zu selbstständiger Entwicklung« gefordert. Die Unvereinbarkeit dieses amerikanischen

Programms mit den Zielen der europäischen Mächte lag also auf der Hand. Präsident Wilson weigerte sich, die entsprechenden Abmachungen zum Gegenstand von Verhandlungen zu machen. Hätte er sich durchgesetzt, hätte allenfalls das britisch-arabische Abkommen Bestand haben können. Nach Lage der Dinge aber stand der amerikanische Präsident allein: Nicht nur die Pläne der Briten, sondern auch der Franzosen, Italiener, Griechen und Zionisten gingen in eine andere Richtung.

Faisal war über London nach Paris angereist. Für das britische Außenministerium hatte er am 4. Januar sein Konzept skizziert. Es lief auf ein Herrschaftsgebiet hinaus, das neben dem Hedschaz einen großsyrischen Staat mit den heutigen Gebieten Syriens, des Libanon, Palästinas und Jordaniens umfassen sollte. Dabei hatte er im Blick, dass eine Maximallösung im Sinne der von den Briten gemachten Versprechungen nicht realistisch war. Deshalb konzentrierte er sich auf das Ziel, eine eigene arabische Verwaltung in den von ihm kontrollierten Teilen Syriens aufzubauen, um auf diese Weise schon einmal erste Schritte in Richtung auf einen unabhängigen arabischen Staat zu unternehmen. Mit Blick auf Palästina war seine Position pragmatisch: Er akzeptierte eine britische Verwaltung im Rahmen Groß-Syriens, um die Beziehungen zwischen Arabern und Juden zu regeln. Das übergeordnete Ziel blieb die Schaffung einer arabischen Nation auf der Grundlage eines unabhängigen Staates.

Der persönliche Auftritt Faisals vor dem »Rat der Zehn«, dem obersten Leitungsgremium der Verhandlungen, am 6. Februar 1919 beeindruckte die Politiker und Diplomaten. Seine auf Arabisch vorgetragene Ansprache wurde von T. E. Lawrence konsekutiv übersetzt, der als Berater Faisals auftrat. (In seiner Kleidung als britischer Offizier, den Kopf bedeckt mit einer arabischen *Keffiye* samt *Aqal*, den Schnüren rund um den Kopf, galt er als der bunteste Vogel unter den Anwesenden aus vieler Herren Länder.) Faisal berief sich auf die historische Größe der arabischen Völker und erinnerte an die seinem Vater gemachten Versprechungen, die im Laufe des Krieges – nicht zuletzt noch nach der Veröffentlichung des Sykes-Picot-Abkommens durch die russischen Revolutionäre – wiederholt worden waren. Mit besonderem Nachdruck stellte er die Araber als souveränes Volk heraus. Detailliert führte er die Kriterien auf, um diesen Anspruch zu begründen: eine geteilte Geschichte und eine gemeinsame Sprache, natürliche Grenzen des angestrebten Staatsgebiets, natürliche Ressourcen, die dem künftigen Staat zur Verfügung stünden, sowie eine zunehmend verbesserte Infrastruktur des Verkehrs und der Kommunikation, die das Zusammenwachsen der einzelnen Regionen gewährleistete. Er ließ Kompromissbereitschaft auf dem Weg zur Verwirklichung des letzten Status von Staatlichkeit erkennen und räumte politische Defizite ein, für deren Überwindung eine temporäre Unterstützung von außen akzeptiert werden könne. Als ersten Schritt aber forderte er einen Staat, der aus Groß-Syrien und dem Hedschaz bestehen sollte. Der Bezug aber zu den 14 Punkten Woodrow Wilsons machte klar, dass am Ende des Prozesses die selbstbestimmte Existenz eines Staates stehen werde, der vom Taurusgebirge bis zum Golf von Aden reichen würde.[33]

Faisal hatte seine Zuhörer beeindruckt. Aber er hatte die Entschlossenheit insbesondere Englands und Frankreichs unterschätzt, ihre Planungen bezüglich des arabischen Raums durchzusetzen. Falsch eingeschätzt hatte er auch das Gewicht und die Handlungsspielräume des amerikanischen Präsidenten im Kreis der Siegermächte. Wilson vertrat seine Position nicht mit genügend Nachdruck; bald verließ er

Abb. 15: Faisal ibn Husain (vorne) und Lawrence »von Arabien« (2. v. r.) in Versailles 1919 – vor dem Scheitern ihrer Träume.

auch physisch zeitweise den Ort des Geschehens und reiste ab. Ohne ihn fehlten Faisal und seinen arabischen Mitstreitern das Rückgrat, ihre Positionen zu behaupten. Freilich, vollständig ignorieren konnten die Europäer den Amerikaner nicht. So wurde im März 1919 eine Kommission eingesetzt, die – nach Auffassung Wilsons – die arabische Unabhängigkeit Schritt für Schritt vorbereiten sollte. Sie ist nach ihren beiden Vorsitzenden in die Geschichte eingegangen: Henry Churchill King, der Leiter des *Oberlin College* (Ohio), und dem Chicagoer Geschäftsmann Charles R. Crane.

Als die King-Crane-Kommission ihre Arbeit aufnahm, hatte Faisal bereits begonnen, von Damaskus aus die Grundlage für eine eigene arabische Staatlichkeit zu legen. Dabei war er sich bewusst, dass eine weitreichende Auslegung der britischen Zusagen gegenüber seinem Vater, wie sie in der McMahon-Korrespondenz gegeben war, nach Lage der Dinge nicht zu erreichen sein würde. Nach ihrer Rückkehr aus Paris riefen Faisal und seine Berater ein provisorisches Parlament ein, den *Syrischen Nationalkongress* – ein erster Schritt in Richtung einer vom modernen Europa vorgezeichneten Verfassungsordnung. Nicht alle Abgeordneten, die im Wesentlichen nach dem von den Osmanen übernommenen Wahlsystem nominiert waren, erreichten rechtzeitig Damaskus, als die King-Crane-Kommission am Ende ihrer Rundreise am 25. Juni 1919 dort eintraf. Die anwesenden Delegierten legten ihr eine Entschließung vor, welche die politischen Eckpunkte der künftigen Existenz des

Landes benannte: Gefordert wurde die vollständige Unabhängigkeit für das Land zwischen der Türkei, dem Irak, dem Hedschaz und Ägypten. Der Emir Faisal würde den Staat als konstitutioneller Monarch regieren. Ein Mandat im Sinne der Satzung des Völkerbundes wurde ebenso abgelehnt wie die Abtrennung des Libanon und Palästinas. Der zionistischen Einwanderung nach Palästina wurde eine Absage erteilt.

In ihrem Gutachten war die Kommission bemüht, diesen Forderungen Rechnung zu tragen und zugleich britischen und französischen Vorstellungen entgegen zu kommen. Vergebliche Liebesmüh, denn die Verständigung zwischen London und Paris lief auf eine umfassende europäische Herrschaft hinaus. Der Bericht verschwand sang- und klanglos in den Akten; erst 1923 wurden seine Ergebnisse bekannt. Im November 1919 zogen sich die britischen Truppen aus Syrien zurück und machten den Weg für die Machtübernahme durch Frankreich frei. Alarmiert suchte der *Syrische Nationalkongress* seinerseits Fakten zu schaffen: Am 8. März 1920 proklamierte er die Unabhängigkeit Syriens – einschließlich des Libanon und Groß-Palästinas (diesseits und jenseits des Jordan) – und rief Faisal zum König aus. Nach der gleichzeitig verkündeten Verfassung war Syrien eine konstitutionelle Monarchie; sie garantierte die Gleichheit vor dem Gesetz, die individuelle Gleichstellung der Bürger sowie die Freiheit der Glaubensausübung. Davon unbeeindruckt rückten französische Truppen in Syrien ein. Nach der Niederschlagung des eilig und schlecht organisierten militärischen Widerstands am 24. Juli bei Maysalun begann die Herrschaft Frankreichs, die ein Vierteljahrhundert dauern sollte. Am 7. August 1920 verließ Faisal Damaskus. Seine Stellung unter den arabischen Nationalisten war mittlerweile erschüttert. Vielen war der Mann aus dem Hedschaz ohnehin immer ein Fremdkörper in Syrien gewesen. Anderen hatte er in Paris zu viele Konzessionen an Briten und Franzosen (und die Zionisten) gemacht. Festzuhalten aber bleibt, dass eine überwältigende Mehrheit der arabischen Öffentlichkeit in der Ablehnung der europäischen Herrschaftskonzepte über den arabischen Raum ebenso übereinstimmte wie im Wunsch nach Unabhängigkeit. Übereinstimmung bestand auch in der Ablehnung der britischen Pläne für Palästina, namentlich der jüdisch-zionistischen Einwanderung in das Land.

Der arabische Osten wurde Teil eines Herrschaftssystems, das als »Mandate« in die Nachkriegsgeschichte des Ersten Weltkriegs eingegangen ist. Sie sind Teil des Völkerbunds (*League of Nations*), der nach den Intentionen des amerikanischen Präsidenten die Grundlage der neuen Friedensordnung werden sollte. Bereits im Januar 1919 erarbeitete Wilson einen ersten Entwurf für eine Satzung. Sie sollte drei Grundelemente aufweisen: internationale Friedenssicherung durch gegenseitige Anerkennung staatlicher Souveränität und territorialer Integrität, hohe Hürden für Grenzrevisionen auf der Basis einer Dreiviertelmehrheit in der Generalversammlung sowie die Verantwortung des Völkerbundes für die Gebiete der Habsburger Monarchie, des Osmanischen Reichs und für die deutschen Kolonien. Damit setzte jede postkoloniale Neuordnung zwingend die Einschaltung des Völkerbundes voraus. Am 25. Januar brachte der britische Premierminister David Lloyd George eine gemeinsame amerikanisch-britische Resolution für die Schaffung des Völkerbundes in die zweite Plenarsitzung der Konferenz ein. Erwartungsgemäß stieß diese bei zahlreichen Führern der anwesenden Vertreter der Staaten, die ihre Interessen und Rechte, ja ihre Souveränität gefährdet sahen, auf Widerstand. Selbst in Washington, wohin Wilson zwischenzeitlich zurückgekehrt war, hatte sich Widerstand erhoben. Das hartnäckige Ringen endete am 29. April 1919: An diesem Tag wurde die vielfach revidierte Verbundakte dem Plenum präsentiert und verabschiedet.

Mit der Verabschiedung der Satzung war naturgemäß die Frage nach der Glaubwürdigkeit der Prinzipien gestellt, auf denen der Völkerbund beruhte. Dies traf auf die Zukunft der europäischen Ordnung ebenso zu wie auf die Zukunft der ehemals deutschen Kolonien in Afrika und Asien sowie der Territorien des Osmanischen Reichs. Immerhin hatte der fünfte von Wilsons vierzehn Punkten eine »freie, weitherzige und unbedingt unparteiische Schlichtung aller kolonialen Ansprüche« in Aussicht gestellt. Dabei sollten die Interessen der Bevölkerungen sowie die »berechtigten Forderungen der Regierungen« gleichermaßen in Betracht gezogen werden.

Zur Lösung des Dilemmas wurde das System von »Mandaten« gefunden. Es ist in Artikel 22 der Satzung ausformuliert. Der Völkerbund würde »fortgeschrittenen« Nationen die Vormundschaft über solche Völker einräumen, die einstweilen noch nicht imstande seien, sich selbst »richtig« zu regieren. »Gewisse Gemeinwesen, die ehemals zum Türkischen Reiche gehörten, haben eine solche Entwicklungsstufe erreicht, dass sie in ihrem Dasein als unabhängige Nationen vorläufig anerkannt werden können, unter der Bedingung, dass die Ratschläge und die Unterstützung eines Mandatars ihre Verwaltung bis zu dem Zeitpunkt leiten, wo sie imstande sein werden, sich selbst zu leiten.«[34] Auch wenn der letzte Satz der die osmanischen Provinzen betreffenden Abmachungen in Artikel 22 feststellt, dass bei der Wahl des Mandatars in erster Linie die Wünsche jener Gemeinwesen zu berücksichtigen seien, ist der Rekurs auf das koloniale Denken des 19. Jahrhunderts unübersehbar. Die Erteilung des Mandats reflektiert die arrogante Einstellung von einem Zivilisationsgefälle zu »Völkern, die noch nicht imstande sind, sich unter den besonders schwierigen Bedingungen der heutigen Welt selbst zu leiten«. Wenn es heißt, ihr Wohlergehen und ihre Entwicklung bildeten »eine heilige Aufgabe der Zivilisation«, so klingt darin die Überzeugung von der *mission civilisatrice* an, von der oben gesprochen wurde (▶ S. 36). Auch die Worte Winston Churchills, welche vorstehend zitiert worden sind, bestätigen den noch in breiten Kreisen der politischen Klasse europäischer Mächte fortwirkenden Dünkel. In der Folge sollte Winston Churchill eine bestimmende Rolle bei den Weichenstellungen der Zukunft des Nahen Ostens zufallen.

Am 10. Januar 1920 nahm der Völkerbund in Genf seine Arbeit auf. Damit waren die institutionellen Voraussetzungen geschaffen, die Mandate zu verteilen. Das geschah am 19. April 1920. An diesem Tag trat der »Oberste Rat« der Alliierten in San Remo ein weiteres Mal zusammen. Oben auf der Agenda stand die Vorbereitung eines Friedensvertrages mit dem Osmanischen Reich. Nach Versailles mit Deutschland, Saint-Germain mit Österreich, Trianon mit Ungarn und Neuilly-sur-Seine mit Bulgarien sollte dieser schließlich im August 1920 in Sèvres abgeschlossen werden. Bezüglich der Verteilung der osmanischen Territorien hatte es durch das ganze vorangegangene Jahr hindurch zahlreiche – teilweise kontroverse – Beratungen gegeben. Sie hatten sich sowohl auf Anatolien selbst als auch auf die außeranatolischen, vornehmlich arabischen Gebiete bezogen. England und Frankreich, aber auch Italien und Griechenland hatten gegenläufige Interessen und Intentionen, die ausgeräumt werden mussten, bevor man der osmanischen Regierung einen Vertrag diktieren konnte. Die Regierung des Sultans war an den »Verhandlungen« nicht beteiligt.

Bevor sich die Mitglieder des »Obersten Rats« in San Remo einfanden, hatten zwei Ereignisse erkennen lassen, wie wenig die geplanten Abmachungen den Bestrebungen, Interessen und Gefühlen der Völker entsprachen: An die Ereignisse in Damaskus im März 1920 ist vorstehend bereits erinnert worden. Zuvor, am 17. Februar, hatte das Repräsentativkomitee der von Mustafa Kemal geführten Nationalbewegung in Ankara den »Nationalpakt« als offizielles Aktionsprogramm angenommen (▸ S. 211). Als die Nachricht von der Besetzung Istanbuls durch britische Truppen am 16. März in Ankara eintraf, lud Mustafa Kemal die Parlamentarier ein, nach Ankara zu kommen und ihre Sitze in einer »Nationalversammlung« einzunehmen. So wurde die *Große Nationalversammlung* (*Büyük millet meclisi*) konstituiert, die am 23. April – also noch während der »Oberste Rat« in San Remo tagte – zum ersten Mal zusammentrat. Von diesen Bekundungen der anatolischen und arabischen Völker unberührt wurden in San Remo die Mandate verteilt: Syrien und der Libanon wurden Frankreich, der Irak und Palästina England zugeteilt. Die Balfour-Erklärung vom November 1917 wurde Teil des Mandats über Palästina. Diese Abmachungen wurden zugleich Bestandteil des geplanten »Friedensabkommens« mit der osmanischen Führung.

Während Frankreich im Juli 1920 mit der militärischen Besetzung von Damaskus und der Vertreibung Faisals die direkte französische Herrschaft über die künftigen Mandatsgebiete antrat, stellten sich in London die Entscheidungen über die Zukunft der britischen Präsenz im Nahen Osten komplexer dar. Zunächst stand die Frage nach der administrativen und politischen Zuständigkeit für das Mandat über den Irak im Raum. Seit Beginn des Krieges war es zwischen der britischen Regierung Indiens in Delhi und dem *Arab Bureau* in Kairo zu Differenzen bezüglich der Zukunft Mesopotamiens gekommen. Aus der Sicht Delhis war das Land mit Blick auf die Handels- und Rohstoffinteressen des Empire unverzichtbar. Dies würde durch die unmittelbare Kontrolle, ja die Einbeziehung Mesopotamiens in den indischen Herrschaftsbereich am ehesten gesichert. Im Unterschied zu Kairo hielt man in Delhi nichts von der Unterstützung eines arabischen Aufstands gegen den Sultan und islamischen Kalifen in Konstantinopel. Eine solche würde nicht nur die Muslime Indiens den Briten entfremden, sondern könnte als Präzedenzfall eines Kampfes um Unabhängigkeit auch auf Indien eine mobilisierende Wirkung ausüben. Die militärischen Operationen von der Besetzung Basras zu Kriegsbeginn über die britische Niederlage bei Kut al-Amara 1915 bis zur Eroberung Bagdads 1917 waren wesentlich von Indien und indisch-stämmigen Truppen ausgeführt worden. Von dort kam auch ein Großteil des Personals, das nach der Eroberung Mesopotamien verwaltete. Der antibritische Aufstand aber von 1920 (▸ S. 244) hatte gezeigt, wie stark nationalistische Bestrebungen waren und wie entschlossen der Widerstand gegen die britische Unterwerfung auftrat. Die damit aufgeworfene Frage nach der Zukunft der britischen Herrschaft verband sich mit der wirtschaftlichen Schwäche und Erschöpfung des Königreichs im Gefolge des Krieges, das bei seinem Ende noch über eine Million Soldaten im Nahen Osten zu unterhalten hatte. Die Überlegungen tendierten deshalb in die Richtung einer relativ »billigen« Lösung: d. h. einer eher indirekten Herrschaft Londons, die dem Irak – so von nun an der Name des neuen politischen

Gebildes – ein hohes Maß an Eigenständigkeit zugestehen würde bei Wahrung der für London essentiellen politischen, wirtschaftlichen und militärischen Interessen. Nicht also mit umfassender britischer Herrschaft, sondern mit einer auf selektiver vertraglich abgesicherter militärischer Präsenz – nicht zuletzt auch der *Royal Airforce* – wäre diesem Ziel nach Lage der Dinge am effizientesten gedient.

Die Entwicklungen nach San Remo machten also eine letzte »Adjustierung« der Planungen in London erforderlich. Dies umso mehr, als im Herbst 1920 Abdallah bin Husain, ein Bruder Faisals, in Transjordanien auf der Bildfläche erschienen war – offenbar in der Absicht, Druck auf die Briten auszuüben, den Anspruch Faisals auf den Thron in Damaskus doch noch durchzusetzen. Abdallahs Anwesenheit östlich des Jordan berührte aber zugleich die Frage nach dem Geltungsbereich der britischen Unterstützung der zionistischen Bewegung bei der Errichtung einer »jüdischen Heimstätte« in Palästina. So war zu klären, für welche Teile Palästinas – lediglich den westlichen oder die auf beiden Seiten des Jordan gelegenen – die Balfour-Erklärung Geltung haben würde.

Die offenen Fragen wurden auf einer Konferenz geklärt, die am 12. März 1921 in Kairo begann. Unter Leitung des – erst seit Februar – für koloniale Angelegenheiten zuständigen Ministers Winston Churchill nahm an ihr teil, wer in England in Sachen Naher Osten Rang und Namen hatte und seit Beginn des Krieges in Politik und Kriegführung in unterschiedlichen Funktionen Verantwortung getragen hatte. Die Beschlüsse der Konferenz, an der die arabische Seite selbst nur marginal beteiligt war, waren weitreichend: Der Haschemit Faisal sollte für den Verlust der Herrschaft in Damaskus mit dem Thron in Bagdad entschädigt werden. Eine »haschemitische Lösung« sollte es auch für Transjordanien geben: Das bedeutete, den Weg für die Machtübernahme Abdallahs in Amman zu ebnen. Voraussetzung für die Umsetzung des Plans war, das Mandat über Palästina zu teilen: Im Ostjordanland würde der Haschemit Abdallah ein unter britischer Kontrolle stehendes Emirat errichten; im Westjordanland –und nur dort – würden die Zionisten mit Unterstützung der Briten eine »jüdische Heimstätte« aufbauen können.

Im Rückblick über ein Jahrhundert erscheinen Verlauf und Ergebnis der Konferenz in Kairo in einer Art Zwielicht. Noch einmal erweist sich – einerseits – der europäische Imperialismus als eine unwiderstehliche Kraft: Politiker, Militärs, Kolonialbeamte und Wissenschaftler ziehen am selben Strick und verteilen das Fell des Bären nach Gutdünken. Die einheimischen Eliten werden in keiner Weise konsultiert. Besonders auffallend im Kreise derer, die in Kairo am Tisch saßen, war ein Typus von Wissenschaftler, den man als »Gelehrten-Verwalter« (*scholar-administrator*) bezeichnet hat. Diese Bezeichnung bringt die Rolle dieses Typs Wissenschaftler auf den Punkt, ihre Kapazitäten für ein Wirken in Politik und Verwaltung zur Verfügung zu stellen. Zwei von ihnen, die seit Kriegsbeginn im Nahen Osten in Erscheinung getreten waren, waren auch in Kairo dabei: Thomas Edward Lawrence und Gertrude Bell. 1888 geboren, hatte Lawrence Archäologie studiert und bereits als junger Wissenschaftler Syrien und Palästina bereist, wo er zur Architektur der Kreuzfahrerburgen geforscht hatte; später war er an Ausgrabungen in Karakemisch am oberen Euphrat beteiligt. Dabei erlernte er nicht nur die arabische Sprache, sondern gewann auch tiefe Einblicke in Kultur, Denkweise und Verhalten insbesondere der Beduinen. 1914 an den britischen Nachrichtendienst des *Arab Bureau* in Kairo abkommandiert, wurde er mit Beginn der »arabischen Revolte« 1916 dem Emir Faisal als Berater an die Seite gestellt. Wie oben berichtet, trat er in Paris 1919 als Berater und Übersetzer Faisals auf. Seine bei dieser Gelegenheit getragene exotische Aufmachung, eine britische Offiziersuniform mit arabischer Kopfbedeckung, mag als signifikant für die Gespaltenheit seiner Psyche, aber auch seines politischen Programms gedeutet werden: für die arabische Sache Faisals und seines Vaters, des Scherifen von Mekka, erfolgreich gekämpft zu haben, zugleich aber ein kleines Rad im Getriebe des britischen Imperialismus zu sein, dessen Nachkriegsplanungen ihm in groben Zügen bekannt waren. Als er in Kairo am Tisch saß, hatte er für sich seinen Frieden mit den Realitäten gemacht: Faisal würde als König im Irak immerhin einen Bruchteil seiner Pläne verwirklicht haben; zugleich aber reflektierten die Abmachungen die Interessen Großbritanniens, denen er sich als Bürger und Soldat verbunden sah. Zu diesem Zeitpunkt freilich hatte schon seine Karriere als öffentlich gefeierter heroischer Star, »Lawrence von Arabien«, begonnen, den die Medien aus ihm machten. Glücklich geworden ist er damit nicht. Seit 1923 wurde er unter falschem Namen als einfacher Soldat der *Royal Airforce* geführt. 1935 kam er bei einem Motorradunfall ums Leben; die Vermutung ist nicht abwegig, dass es sich um einen Selbstmord gehandelt hat.

Abb. 16: Eine andere »Schlacht unter den Pyramiden«. Gruppenfoto u. a. mit G. Bell, T. E. Lawrence und W. Churchill auf der Konferenz in Kairo, 1921. Auf ihr legten sie letzte Hand an den post-osmanischen Nahen Osten.

Die 1868 geborene Gertrude Bell entstammte einer wohlhabenden Familie eines englischen Kohle- und Stahlmagnaten. Nach dem Abschluss ihres Geschichtsstudiums war sie zum ersten Mal in den Orient gereist. Wie Lawrence, den sie bei einer Grabung persönlich kennenlernte, erwarb sie in der Archäologie intensive Kenntnisse der Sprache und von Land und Leuten, die sie auf Reisen in Groß-Syrien und auf der Arabischen Halbinsel vertiefte. Seit November 1915 galt sie im *Arab Bureau* in Kairo als Expertin für arabische Stämme. Mit dem Beginn der Verhandlungen in Paris begann ihre Stimme in britischen Nahostkreisen Gehör zu finden. Sie plädierte für die Schaffung eines arabischen Staates in Mesopotamien. Die große Stunde *al-Khatuns* (»der Lady«), wie sie von ihren Bewunderern genannt wurde, schlug auf der Konferenz in Kairo im März 1921. Nach der Vertreibung Faisals aus Damaskus durch die Franzosen und dem Erscheinen seines Bruders Abdallah in Transjordanien trat sie – Winston Churchills grundsätzliches Votum für eine »kostengünstige« britische Herrschaft unterstützend – für eine »haschemitische Lösung« ein. Haschemiten – mit ihrer Wurzel im Hedschaz – würden in enger Abstimmung mit britischen Interessen in Bagdad und in Amman herrschen. Während mit Blick auf andere Krisenregionen des britischen Empires, etwa Indien, in der Zwischenkriegszeit die Einschätzung vorherrschte, für eigenständige souveräne Regierungen sei die Zeit noch nicht gekommen, nahm Bell eine eher liberale Haltung ein. Mit Eindrücken von der Pariser Friedenskonferenz 1919 im Gepäck hielt sie eine kontrollierte Selbstverwaltung durch die Araber für durchaus realistisch, solange das imperiale Mandatssystem nicht angetastet würde. In Kairo gelang es ihr, dieses System einer indirekten Herrschaft einem zunächst eher skeptischen Winston Churchill schmackhaft zu machen. In den sich anschließenden Beratungen hat sie nicht zuletzt auch mit Blick auf die Grenzziehungen eine nicht zu überschätzende Rolle gespielt. Nach der Thronbesteigung Faisals im August 1921 wurde sie dessen enge Beraterin. Mit den Jahren aber sank ihr Stern. In der Nacht vom 11. auf den 12. Juli 1926 starb sie an einer Überdosis von Schlaftabletten. Wie im Falle Lawrences hält sich auch bei ihr der Verdacht auf Selbstmord.

Das nach außen intakt erscheinende Gewand der Konferenz von Kairo offenbart bei genauerem Blick jedoch eine Reihe von Schadstellen und verschlissenen Blößen. Die *indirect rule* über den Irak war eher eine Mangelverwaltung durch ein Land, das zwar als Sieger, aber zugleich wirtschaftlich stark geschwächt aus dem Krieg hervorgegangen war. Eine Diskrepanz zwischen arrogantem Auftreten und tatsächlichen Potentialen war auch unter den anderen »Siegermächten« erkennbar, die sich über das Fell des Bären im Vorderen Orient und Nordafrika hergemacht hatten. Zwischen Libyen und dem Irak widersetzten sich die Völker den aufgezwungenen Regelungen und in Anatolien waren zum Zeitpunkt der Konferenz in Kairo England (und Griechenland), Frankreich und Italien dabei, ihr Spiel krachend zu verlieren.

Im Schatten der vorstehend skizzierten Ereignisse – und nicht völlig losgelöst von diesen – vollzogen sich auf der Arabischen Halbinsel Entwicklungen von erheblicher Tragweite: die Entstehung eines Staates, der sich ab 1932 als Königreich Saudi-Arabien bezeichnen sollte. 1902 hatte Abd al-Aziz ibn Abd ar-Rahman Al Sa'ud, der Sohn des letzten Herrschers des gegen Ende des 19. Jahrhunderts zerfallenen zweiten saudischen Staates, von Kuwait aus Riyadh zurückerobert. Nach siegreichen Zügen gegen die Banu Raschid im Qasim, alte Rivalen der saudischen Dynastie im Herzen der Halbinsel, hatte er den Osmanen 1913 die ostarabische Region al-Hasa abgenommen. Damit empfahl er sich den Briten, als diese im November 1914 in den Krieg gegen das Osmanische Reich eintraten. Andererseits bedrohte die neue und militärisch schlagkräftige Macht das fein gesponnene Netz britischer Einflussnahme im geopolitischen Umfeld des jungen Staates. Ein britisch-saudischer Vertrag von

1915 sollte sicherstellen, dass der saudische Emir nichts unternehmen würde, was britischen Interessen und vertraglichen Verpflichtungen mit anderen Staaten und den Scheichtümern am Rande der Arabischen Halbinsel zuwiderlaufen würde. Waffenlieferungen und britische Geldzahlungen sollten das Fundament des Vertrages erhärten. Diese Regelungen bezogen sich naturgemäß nicht zuletzt auf den haschemitischen Scherifen Husain in Mekka, dessen arabischer Aufstand seit Mitte 1916 ein Faktor britischer Kriegführung im Vorderen Orient war.

Die Ära des Stillhaltens des saudischen Emirs war beendet, als sich das Ende des Krieges abzeichnete. Die Ambitionen Husains, des Scherifen von Mekka und Vaters Faisals – 1916 hatte er sich den Titel »König von Arabien« zugelegt –, Herrscher eines großarabischen Reichs zwischen der Arabischen Halbinsel und dem Mittelmeer zu werden, waren für Ibn Sa'ud (wie er abkürzend genannt wird) Rechtfertigung, eine finale Auseinandersetzung mit dem Rivalen im Hedschaz zu suchen. Sie begann im Mai 1918 mit einem Krieg um Khurma, eine Ansiedlung im Grenzgebiet zwischen Nadschd und Hedschaz. Den Briten freilich kam der Angriff ungelegen, denn noch waren sie bemüht, Husain – allenfalls freilich als »König« des Hedschaz – in das Netzwerk von Abmachungen und vollendeten Tatsachen einzubauen, das während des Krieges und unmittelbar danach geknüpft worden war. Die Verhandlungen zogen sich bis 1923 hin. Mit seiner kompromisslosen Weigerung, die Realitäten anzuerkennen, verspielte der Scherif den Rest britischen Wohlwollens. Der Weg, die eingefrorene Konfrontation fortzusetzen, wurde für Ibn Sa'ud nunmehr frei. Dass sich Husain nach der Abschaffung des Kalifats durch die Kemalisten in der Türkei im März 1924 selbst zum Kalifen proklamierte, war für Abd al-Aziz eine weitere Provokation, die einen Krieg rechtfertigte. Im Oktober 1924 rückte er in Mekka ein; im November 1925 ergaben sich nach längerer Belagerung Dschedda und Medina. Zuvor hatten ihn die Briten ihrer Neutralität versichert. Am 22. Dezember 1925 übergab der Scherif Ali, der älteste Sohn Husains, die Herrschaft an den saudischen Emir. Husain ging nach Zypern ins Exil; 1931 starb er in Amman. London anerkannte die Realität: 1927 schlossen beide Seiten einen Vertrag, der das Abkommen von 1915 ersetzte. Die saudische Unabhängigkeit und Souveränität wurden ohne Einschränkungen anerkannt. Nach weiteren Eroberungen auf der Halbinsel ließ sich Abd al-Aziz am 18. September 1932 zum Herrscher des Königreichs Saudi-Arabien ausrufen.

Auch die Entstehungsgeschichte Saudi-Arabiens steht letztlich in einem Zusammenhang mit dem britisch-französischen Arrangement im Vorderen Orient im Gefolge des Ersten Weltkriegs und des Endes des Osmanischen Reichs. Auch nach der Gründung des Königreichs musste er auf britische Interessen und Befindlichkeiten Rücksicht nehmen, auch waren die Staatsfinanzen von nicht unerheblichen Zuwendungen aus London abhängig. So war die europäische Machtausübung über den arabischen Raum flächendeckend. Am Persischen Golf und Indischen Ozean – zwischen Kuwait und Aden – war Großbritannien entweder unmittelbar präsent (Aden als Kronkolonie) oder kontrollierte durch Verträge die Politik der Scheichtümer und Emirate. Die arabische Welt des Maschrek hatten Briten und Franzosen aufgeteilt und übten eine direkte oder indirekte Herrschaft aus; Ägypten war mit Ausbruch des Krieges zum Protektorat erklärt worden. Im Maghreb war Frankreich die dominierende Macht: Algerien wurde als Teil Frankreichs, Marokko und Tunesien als französische Protektorate verwaltet. Italien und Spanien hatten ihre Ansprüche auf Libyen bzw. Teile von Marokko durchgesetzt.

Es liegt in der Logik der Entwicklungen, dass auch Anatolien, das Kernstück des Osmanischen Reichs, Teil der in Paris ausgehandelten Nachkriegsordnung war. Als besiegte Macht freilich war die Regierung des Sultans – wie auch die Deutschlands – an den Beratungen nicht beteiligt. In Punkt zwölf der Erklärung von Präsident Wilson war zwar den türkischen Teilen des Osmanischen Reichs »unbedingte Selbstständigkeit« zugestanden worden; eine Festlegung von Grenzen war damit aber nicht verbunden gewesen. Und bald zeigte sich, dass die in Paris anwesende armenische Delegation die Eingliederung erheblicher Teile Ostanatoliens (die im Zusammenhang mit dem Sykes-Picot-Abkommen seinerzeit Russland zugesprochen worden waren) in den jungen Staat forderte. Eine nach Kleinasien entsandte Kommission empfahl im Oktober 1919 die Einrichtung eines Mandats über die Türkei und Transkaukasien. Der Vorschlag freilich, die USA mögen dieses Mandat übernehmen, fand nicht die Zustimmung Präsident Wilsons; so kam es nicht zustande.

Der Vertrag von Sèvres, in dessen Zentrum die imperialistische Regelung der Zukunft der Kerngebiete des Osmanischen Reichs, d. h. Thrakiens und Anatoliens, stand, war das letzte Ergebnis des langen Schacherns um das Erbe des Osmanischen Reichs in Paris und San Remo. Am 11. Mai 1920 wurde der Vertragsentwurf der Regierung des Sultans überreicht. Im Großen und Ganzen bedeutet er die Fortsetzung der verschiedenen geheimen Abkommen über die Aufteilung des Reichs aus den Weltkriegsjahren – nunmehr Anatolien und Thrakien betreffend. In ihm sind die Alliierten noch weit über die Pariser Vorortverträge mit Deutschland (Versailles), Deutsch-Österreich (St.-Germain-en-Laye), Bulgarien (Neuilly) und Ungarn (Trianon) hinausgegangen. Der Vertrag mit der Türkei diktierte einen weitgehend auf die Hochfläche des westlichen und mittleren Anatoliens reduzierten Staat, dessen Hauptstadt – freilich auf Abruf – Istanbul bleiben sollte. Nach einer vorübergehenden lokalen Autonomie sollten die Kurden über die Loslösung von der Türkei entscheiden. Die nach dem US-Präsidenten benannten, erst am 22. November 1922 publizierten »Wilson-Grenzen« sahen u. a. die Abtretung von 42 000 km^2 anatolischen Territoriums an die am 28. Mai 1918 gegründete Republik Armenien vor. Besonders demütigend für die Türkei waren die Bestimmungen über Izmir. Die inzwischen von griechischen Truppen besetzte Stadt sollte vorerst türkischer »Souveränität« unterstellt werden. Freilich sollten sich die Rechte der Türkei darauf beschränken, *eine* Staatsflagge auf *einem* von den Alliierten noch zu bestimmenden, *außerhalb* der Stadt gelegenen Fort zu hissen. Zum Zeitpunkt des Vertragswerks durch die Alliierten waren die Weichen der Politik in Anatolien bereits in eine Richtung gestellt, es obsolet zu machen. Die nationale Widerstandsbewegung hatte mit dem Nationalpakt ihre eigenen Vorstellungen dem imperialistischen Design der Siegermächte entgegengestellt. Bis in die Gegenwart aber steht »Sèvres« aus türkischer Sicht für spätosmanische Willfährigkeit, armenisch-griechische territoriale Ansprüche und imperialistische Arroganz.

Mit dem Vertrag von Lausanne 1923, der die Unabhängigkeit, Souveränität und Grenzen der Türkischen Republik bestätigte, hat die politische Nachkriegsordnung des Nahen Ostens definitive Gestalt angenommen. Die Grenzen waren gezogen – ungelöst blieb die Frage nach dem Staatsvolk innerhalb der Grenzen der neuen

Staaten. Das Osmanische Reich hatte für die zahllosen ethnischen und religiösen Gemeinschaften – große wie kleine – einen *modus vivendi* gefunden: Über Jahrhunderte hatten sie – wenn auch nicht immer ohne Probleme – zusammengelebt. Muslime gleich welcher Volkszugehörigkeit waren als Muslime Staatsbürger im vollen Sinne. Nicht-Muslime waren nicht im vollen Sinne Staatsbürger, genossen aber im Rahmen des *millet*-Systems ein hohes Maß an Selbstverwaltung. Erst das Eindringen des Nationalismus im europäischen Sinne hatte das Gefühl einer osmanischen Zusammengehörigkeit Zug um Zug erodieren lassen – zuerst bei nichtmuslimischen, später auch bei muslimischen Untertanen des Sultans. Das Schicksal der Armenier und anderer christlicher Konfessionen Anatoliens während des Krieges markiert das Ende einer relativ geregelten Koexistenz unterschiedlicher Konfessionen. Der von den Briten geschürte »arabische Aufstand« seit 1916 bedeutete zwar noch keine allgemeine arabische Erhebung gegen den osmanischen Staat. Gleichwohl aber war darin erkennbar, dass auch unter den muslimischen Arabern andere Loyalitäten als die islamisch-osmanische ihre Wirkung zu entfalten begonnen hatten. Die Aufteilung der osmanischen Konkursmasse durch die Sieger hatte nunmehr neue staatliche Gebilde entstehen lassen, in denen unterschiedliche ethnische und religiöse Gemeinschaften zusammengebracht waren. Was würde die Grundlage ihres Zusammenlebens sein? Wie würden insbesondere der Bestand und die Rechte der kleineren Gemeinschaften als »Minderheiten« gesichert werden? Der von den Franzosen dominierte Libanon nahm insofern eine Ausnahmestellung ein, als die unterschiedlichen Konfessionen der Christen, Muslime und Drusen nach innen ein in hohem Maße eigenständiges Leben führten.

Aber insbesondere in Syrien, dem Irak und der Türkei, aber auch in Nordafrika mit seinem starken Anteil an berberischer Bevölkerung, stellte sich Frage nach der Teilhabe von Minderheiten an Regierung und Verwaltung und der geschützten Freiheit der Ausübung ihrer Sprachen sowie kulturellen und religiösen Traditionen. In einigen Fällen verkomplizierte die Politik der Mandats- bzw. Protektoratsmächte gezielt das Zusammenleben der unterschiedlichen Volks- und Religionsgemeinschaften und bereitete den Boden für spätere Konflikte: Dem Motto »teile und herrsche« (*divide et impera*) folgend, werteten die Franzosen in Syrien kleine religiöse Gemeinschaften, namentlich die Alawiten, zu Komplizen ihrer Machtausübung auf. Im Irak stützten sich die Engländer auf die arabischen Sunniten, die bereits in osmanischer Zeit Träger der Verwaltung gewesen waren: dies, obwohl – oder gerade weil – die Führer der arabischen Schiiten, der Mehrheitsbevölkerung in Mesopotamien seit dem 19. Jahrhundert, im Aufstand gegen England 1920 eine führende Rolle gespielt hatten. Im Vertrag von Lausanne, der die Souveränität der Türkischen Republik begründete, waren zwar Schutzbestimmungen für Minderheiten eingebaut. Aber zum einen galten diese nur für nicht-muslimische religiöse, nicht aber ethnische Minderheiten, zum anderen wurde ihre Verletzung vom Völkerbund nicht öffentlich gemacht oder sanktioniert. In der Frage nach der künftigen Beziehung von Mehrheiten zu Minderheiten, von stärkeren zu weniger starken Teilen der Gesellschaft, waren mithin Spannungen angelegt, die sich im weiteren Geschichtsverlauf immer wieder auch blutig entladen haben. Mit dem Zusammenbruch bzw. der dramatischen Schwächung der staatlichen Zentralgewalten in Teilen des Vorderen Orients im Gefolge der arabischen Revolte seit 2011 sind daraus bürgerkriegsartige

Konflikte erwachsen. Zahlreiche Konfliktlinien verlaufen seither entlang konfessionalistischer bzw. ethnischer Abgrenzungen.

Unter den »Minderheits«-Konflikten ist derjenige um die »kurdische Frage« der älteste und über die Jahrzehnte folgenreichste geworden. Diese stellte sich in dem Augenblick, da die Siegermächte in Paris darangingen, die Nachfolgeordnung des Osmanischen Reichs zu beraten. Dem Trend der Zeit folgend, traten auch unter Kurden Bestrebungen zutage, eine kurdische Identität zum Ausdruck zu bringen. Um 1900, einer Zeit strenger Zensur im Osmanischen Reich, gründeten kurdische Intellektuelle die ersten kurdischen Zeitungen (*Kürdistan*, 1898) im Ausland (Ägypten, England, Schweiz). In ihnen wurde der kurdische Dialekt des *kurmancı* zum ersten Mal in gedruckter Form als Umgangssprache verwendet. Die Zeitungen entwickelten sich zu Foren für die Artikulierung kurdischer Belange und initiierten eine intensive Kommunikation unter ihren Lesern. Eine politische Dimension hatte diese Diskussion noch nicht: Für die meisten Kurden stand außer Frage, dass sie in erster Linie Muslime, dann Osmanen und erst an dritter Stelle Kurden waren. Die kurdische Studentenvereinigung *Hivi* (»Hoffnung«) ging immerhin so weit, zur Schaffung einer kurdischen Nation aufzurufen.

Verbanden sich mit der jungtürkischen Revolution 1908 und der Rückkehr der kurdischen Exilanten Hoffnungen auf eine neue Form der Gemeinsamkeit, führte die vom *Komitee für Einheit und Fortschritt* bald verfolgte Politik der Türkisierung auch unter den Kurden zu ersten Signalen einsetzender Entfremdung. Angeregt durch die 14 Punkte Woodrow Wilsons, setzten Diskussionen über die politische Zukunft der Kurden ein, in denen auch die Schaffung eines kurdischen Staates nicht mehr tabu war. Die im Dezember 1918 gegründete *Gesellschaft für den Aufstieg Kurdistans* (*Kürt teali cemiyeti*) spaltete sich 1920 über die Frage, ob man Autonomie oder Unabhängigkeit den Vorzug geben sollte. Einer kurdischen Delegation unter Führung des ehemals osmanischen Diplomaten Scherif Pascha (Şerif Paşa) ist es zu danken, dass die kurdische Frage im März 1919 auf die Agenda der Pariser Konferenz kam. Von Anfang an aber stand es nicht zum Besten um die Anliegen der Kurden: Zum einen fehlte der Delegation eine breite Legitimation, für »die Kurden« zu sprechen, zum anderen hatten zahlreiche Konferenzteilnehmer angesichts der Rolle der Kurden am Völkermord an den Armeniern politische und emotionale Vorbehalte diesen gegenüber. So fielen die die Zukunft der Kurden betreffenden Regelungen im »Friedensvertrag« von Sèvres nur vage aus. In Artikel 64 wurde ihnen unter vielen Wenns und Abers ein unabhängiger Staat in Aussicht gestellt.

Die Geschichte der folgenden Jahre ist über diese Regelungen hinweggegangen. Unter den Kurden selbst fanden sie wenig Unterstützung: Viele stießen sich an den Kompromissen, die mit den Armeniern in Ostanatolien eingegangen worden waren. Auch die Idee eines kurdischen Staates war vielen fremd, denn noch immer galt ihre Loyalität dem Sultan/Kalifen in Istanbul und einer doch irgendwie islamischen Ordnung. England und die USA verloren ihr Interesse an einer eigenständigen Rolle der Kurden bei der Neuordnung der Region. Vor allem aber machten die Erfolge der von Mustafa Kemal angeführten Widerstandsbewegung die Regelungen des Sèvres-Vertrags bald zu Makulatur. Im Dezember 1920 war der Traum von einem armenischen Staat auf anatolischem Boden ausgeträumt, nachdem große Teile der ostanatolischen Gebiete von Truppen Kemals besetzt worden waren. Und der Sieg über die Griechen sicherte der Bewegung die Kontrolle über nahezu das gesamte Territorium Anatoliens. Dieser Krieg war von Kemal als ein Kampf zur Befreiung der Völker Anatoliens und des Sultans/Kalifen von fremder Bevormundung geführt worden. Daran hatte sich auch die Mehrheit der Kurden guten Gewissens beteiligen können. Schon im Sommer 1919 war es ihm gelungen, sich der Unterstützung einflussreicher Kurdenführer zu versichern. Dass sich ihm diese nicht versagt hatten, war aus ihrer Sicht klar: Kemal war der Kopf der Bewegung, welche die Macht in Anatolien innehatte und diese auf Stammesführer und Scheichs übertrug. In das Parlament der Nationalisten in Ankara zogen denn auch zahlreiche kurdische Notabeln ein.

Mit dem Abschluss des Vertrags von Lausanne im Juli 1923 fanden sich die Kurden Anatoliens schlagartig in einer veränderten Situation. Während Griechen und Armenier mit Minderheitenrechten ausgestattet wurden, waren die Kurden mit keinem Wort erwähnt: Sie wurden als Teil der muslimischen Mehrheitsbevölkerung angesehen. Die Kurden, die in den Kriegswirren nach Westanatolien geflohen waren, durften nicht zurückkehren. Maßnahmen der Türkisierung ignorierten die Identität, Sprache und Kultur der Kurden. Das galt insbesondere für die Gleichschaltung des Unterrichtswesens in türkischer Sprache. Die forcierte Säkularisierung und die Zurückdrängung des Islams verletzten die religiösen Gefühle einer noch zutiefst konservativen, vornehmlich ländlichen Bevölkerung. Die Abschaffung des Kalifats im März 1924 – für welches ja nach Kemals Propaganda der Befreiungskampf geführt worden war – zerschnitt dann aber ein wichtiges Bindeglied zwischen Türken und Kurden. Der erste Aufstand gegen den kemalistischen Staat brach im Februar 1925 aus. Sein Anführer, Scheich Said aus Palu, war nicht nur ein religiöser Führer des Naqschbandi-Ordens; er verstand sich auch als kurdischer Nationalist. Der Aufstand, den er anführte, war ein nationalistischer Protest in religiösem Gewand. Er wurde blutig niedergeschlagen; im Juni wurden Scheich Said und zahlreiche andere Köpfe des Aufstands zum Tode verurteilt. Damit aber war der kurdische Widerstand nicht erloschen. Erst mit der Niederschlagung der Erhebung von Dersim 1937/38 kehrte in Sachen Kurden Grabesruhe in der Türkei ein. Das Wort »Kurden« geriet in Acht und Bann; im inoffiziellen Sprachgebrauch wurden sie als »Bergtürken« (*dağlı Türkler*) marginalisiert. Erst 1984 sollte die kurdische Frage – dann in Gestalt eines mit terroristischen Strategien geführten bewaffneten Kampfes – wieder auf die Agenda der türkischen Politik zurückkehren.

Im neu geschaffenen »Irak« ließen die Briten die Antwort auf die kurdische Frage erst einmal offen. Sie stießen hier auf die Ansprüche der türkischen Nationalbewegung, die im »Nationalpakt« (*Misak-ı millî*) die »südkurdischen« Gebiete der Provinzen (*vilayet*) Aleppo und Mossul zum Territorium eines künftigen türkischen Staates erklärt hatte. Dabei war die britische Politik in der Angelegenheit wesentlich von den Erdölinteressen Londons geleitet. Bei der Suche nach einem willfährigen lokalen Partner einer weitgehenden Selbstverwaltung der kurdischen Region unter britischer Aufsicht war ihr Auge auf Scheich Mahmud Barzandschi (1878–1956) gefallen, einen kurdischen Führer aus der Gegend von Sulaimaniya. Dieser freilich war unter den Kurden nicht unumstritten; auch trieb ihn sein Ehrgeiz, sich gegen die Engländer aufzulehnen und eine eigene Herrschaft zu errichten. 1919 nach Indien verbannt, wurde er 1922 zurückgeholt, nicht zuletzt, um kemalistischen Aktivitäten entgegen zu wirken. Als Mahmud sich freilich im Oktober zum König von Kurdistan ausrief, wurde er abgesetzt und sein »Königreich« in den Irak eingegliedert.

Die Mossul-Frage wurde nun Gegenstand der Friedensverhandlungen in Lausanne. Zu tief aber waren die Divergenzen zwischen den Forderungen der türkischen Nationalbewegung und den britischen Interessen, und so wurde die Angelegenheit an den Völkerbund verwiesen. Eine von diesem 1925 nach Mossul entsandte Kommission befand, dass die meisten Bewohner der kurdischen Gebiete den Schutz durch Großbritannien türkischer Herrschaft vorzogen – eine Reaktion nicht zuletzt auf die Entwicklungen in der Türkei, insbesondere die Abschaffung des Kalifats und die Niederschlagung des Aufstands von Scheich Said. Der Völkerbund sprach Mossul dem Irak zu, womit das Schicksal Süd-Kurdistans besiegelt war. Unter Zusicherung von Garantien bezüglich kultureller und administrativer Selbstregierung akzeptierten die Kurden – vorerst – ihre Integration in den irakischen Staat. Zu Spannungen kam es im Zusammenhang mit dem britisch-irakischen Vertrag von 1930. Dieser beinhaltete keinerlei Garantien kurdischer Rechte. Die Folge waren Unruhen unter den Kurden, die auf britischen Schutz vertraut hatten. In einer Petition an den Völkerbund empörten sie sich, dass sie »der Gnade der Araber« ausgeliefert seien, und forderten einen eigenen kurdischen Staat unter dem Mandat Großbritanniens oder einer anderen Macht.

Im Unterschied zur kemalistischen Türkei waren die Kurden im Irak als ethnische Gemeinschaft weitgehend anerkannt; sie konnten sich kulturell und sprachlich (in der *sorani*-Variante der kurdischen Sprachgruppen) frei ausdrücken und entfalten. Politisch verfügten sie über eine gewisse Repräsentation in der Hauptstadt, mochten die Einflussmöglichkeiten auch begrenzt sein. Während aber in der Türkei die kurdische Frage über Jahrzehnte verstummte, haben sich die Kurden im Irak immer wieder auflehnt und für Autonomie bzw. Unabhängigkeit gekämpft. Die herausragende Führungspersönlichkeit der *Peschmerga* (frei: »die dem Tod ins Auge sehen«) wurde Mulla Mustafa Barzani (1903–1979). Von dem 1943 angezettelten Aufstand bis zu seinem Tod zieht sich eine Kette von Kämpfen gegen die Zentralregierung in Bagdad. An der Gründung der kurzlebigen *Kurdischen Republik von Mahabad* in Iran 1945 (▸ S. 296) hatte er als Verteidigungsminister Anteil. Nach deren Ende gründete er die *Demokratische Partei Kurdistans* (Irak); 1946 floh er ins sowjetische Exil. Die Revolution von 1958 machte den Weg für seine Rückkehr frei; bald aber überwarf er sich mit dem neuen Machthaber in Bagdad, General Abd al-Karim Qasim. Auch nach der Machtübernahme durch die *Ba'th*-Partei 1968 gingen die Kämpfe weiter. 1975 wurde ein weiterer Aufstand niedergeschlagen, nachdem Muhammad Reza Schah Pahlawi nach einem Abkommen mit dem irakischen Diktator Saddam Husain seine Unterstützung für den Kampf der irakischen Kurden eingestellt hatte. Nach Ausbruch des irakisch-iranischen Krieges (1980–1988) ergriffen Teile der Kurden für Iran Partei. Das Regime in Bagdad rächte sich mit brutaler Unterdrückung. Hunderttausende Kurden wurden umgesiedelt; die grausamste Maßnahme wurde der Einsatz von Giftgas in Halabdscha im März 1988; 5 000 Menschen starben.

Im Rückblick auf die Geschichte seit dem Ende des Osmanischen Reichs wurde das Jahr 1991 zum Wendepunkt der Geschicke der Kurden im Irak. Nach der militärischen Niederlage des Diktators Saddam Husain im zweiten Golfkrieg, der zu Beginn des Jahres zur Befreiung Kuwaits geführt wurde, wurde der kurdische

Abb. 17: Mustafa Barzani gilt auch heute noch vielen Kurden als Held ihres Kampfes für Freiheit.

Norden des Landes in Gestalt einer Flugverbotszone unter den Schutz der internationalen Gemeinschaft gestellt. Die großen kurdischen Parteien – neben der *Demokratischen Partei* war 1975 die *Patriotische Union Kurdistans* gegründet worden – begannen, ihre Streitigkeiten beizulegen und das Land auf der Grundlage der ihnen aus dem Ölexport zur Verfügung stehenden Einnahmen aufzubauen. Noch größere Freiräume für ihre Bestrebungen, staatsähnliche Strukturen zu schaffen, erwuchsen den Kurden nach dem Sturz Saddam Husains durch eine von den USA geführte militärische Allianz im April 2003, die sie unterstützten. Der Traum aber von eigener souveräner Staatlichkeit wurde weiter geträumt. Ausdruck dessen war das Referendum, zu dem Mas'ud Barzani (geb. 1946), der Sohn des legendären Mustafa Barzani und zu diesem Zeitpunkt noch Präsident der *Autonomen Region Kurdistan*, am 25. September 2017 aufrief. Bei einer Beteiligung von 70 % der Kurden votierten 92 % für eine Unabhängigkeitserklärung. Die irakische Zentralregierung in Bagdad hatte bereits zuvor die Abstimmung für verfassungswidrig erklärt. In der internationalen Gemeinschaft fanden das Referendum und sein Ergebnis nirgendwo Anerkennung.

Die Geschicke der Kurden in der Türkei und dem Irak seit dem Beginn der zwanziger Jahre sind auch für Syrien und Iran symptomatisch. Sie sollen hier nicht vertieft werden. Unter der französischen Mandatsmacht erfuhren die Kurden in Syrien, wo sie eine relativ kleine ethnische Minderheit bildeten, eine politische Aufwertung. Der Politik des »teile und herrsche« der Franzosen entsprechend, wurden sie ein Gegengewicht gegen die nach Unabhängigkeit strebenden arabischen Nationalisten. Mit der Machtübernahme der *Arabisch-Sozialistischen Ba'th*-Partei und vor dem Hintergrund ihrer Politik der systematischen Arabisierung seit den sechziger Jahren wurden die Kurden in Syrien politisch und gesellschaftlich marginalisiert. Erst mit der Schwächung der Zentralgewalt in Damaskus im Zuge des 2011 ausbrechenden Aufstands konnte sie sich zeitweilig eine Art Autonomie erkämpfen. In Iran fanden sie sich mit den Maßnahmen der Zentralisierung und Sesshaftmachung der Nomaden konfrontiert, die Reza Schah Pahlawi nach seiner Machtergreifung 1925 implementierte. Mit dessen Absetzung durch England 1941 und der Übernahme der Kontrolle über das Land durch die Sowjetunion und England entstand ein Machtvakuum in Teilen des Landes. Aserbaidschanische und kurdische Nationalisten begannen, von Moskau unterstützt auf die Gründung eigenständiger Gemeinwesen hinzuarbeiten. Im Dezember 1945 wurden fast zeitgleich die *Autonome Republik Aserbaidschan* und die *Volksrepublik Kurdistan* (*Kurdische Republik Mahabad*) ausgerufen. Sie standen unter dem Schutz von Truppen der Roten Armee. Nachdem sich diese im Verlauf des folgenden Jahres aus Iran zurückgezogen hatte, rückte die iranische Armee in beide Republiken ein. In Gestalt von Provinzen wurden sie wieder in den iranischen Staat eingegliedert. Unter der Asche aber glomm die nationalistische Glut fort. Das sollte sich nach der Revolution von 1979 zeigen. Die kurdischen Führer in Iran hatten sie begrüßt und begannen, mit der revolutionären Führung um einen autonomen Status und die Anerkennung des Kurdischen als offizieller Sprache in den kurdischen Gebieten zu verhandeln. Khomeini schickte schließlich die soeben gegründete Truppe der Revolutionsgarden (*pasdaran*), die Bewegung gewaltsam zu unterdrücken. Für wie bedrohlich das Regime die offene kurdische Frage hielt, sollte sich zeigen, als es kurdische Führer im Juli 1989 in Wien bzw. im September 1992 in Berlin ermorden ließ.

Die kurdische Frage hat die Dimension der ebenfalls unbeantworteten palästinensischen Frage: Über die Köpfe beider Völker wurde in Paris entschieden. Beiden Völkern wird anhaltend eigene Staatlichkeit verweigert. Diese Verweigerungen haben translokalen Charakter und berühren die politischen Entwicklungen im Vorderen Orient insgesamt, ja haben eine internationale Dimension. Die internationale Gemeinschaft sah und sieht sich nicht bereit, in ihrem Falle die Erfüllung des seit 1918 so hoch gehaltenen Rechts der Völker auf Selbstbestimmung aktiv zu betreiben. Bei der Gründung der Nachkriegsordnung in den Pariser Friedensverhandlungen ließen sich die Kolonialmächte sowohl im Falle Palästinas als auch Kurdistans von ihren eigenen Interessen leiten. Auch noch die Verweigerung der Anerkennung des Referendums im irakischen Teil Kurdistans im September 2017 ist in diesem Zusammenhang bezeichnend.

Es griffe aber zu kurz, das Scheitern der kurdischen Bewegung seit 1919 nur in der Perspektive der internationalen Interessenlage zu sehen. Anders als die Türken, Araber und Perser sind »die Kurden« im Erscheinungsbild der Völker des Vorderen Orients durch die Geschichte der letzten tausend Jahre wenig sichtbar geworden. Der letzte Kurde von historischer Statur war Sultan Saladin (Salah ad-Din, 1138–1193), der Begründer der kurdischen Dynastie der Ayyubiden (1171–1252). Die Kultur der Kurden war wesentlich eine mündliche – in ihren jeweiligen kurdischen Dialekten überliefert. Zum gewaltigen Korpus der »islamischen Kultur« in ihren vielfältigen

Facetten haben sie relativ wenig beigetragen. In Paris war man auch deswegen wenig bemüht, sich der kurdischen Frage anzunehmen, weil sich kurdische Stämme im Zusammenhang mit dem Genozid an den Armeniern höchst unrühmlich hervorgetan hatten. Von »den Kurden« zu sprechen, war schließlich auch deswegen schwierig, da die kurdischen Völker insgesamt durch die Geschichte und weit ins 20. Jahrhundert hinein in schwer zu überschauender Form politisch und gesellschaftlich zersplittert aufgetreten sind. Ihr Denken und Handeln war – und ist es zum Teil in der Gegenwart noch immer – durch die Bezüge in Stämmen, Clans und Familien bestimmt. In der Geschichte der letzten hundertfünfzig Jahre bis in die Gegenwart haben ihre Führer in unterschiedlichen Lagern gestanden, ja sich gegenseitig bekämpft. Die neuere Geschichte der Kurden ist auch eine Geschichte der Instrumentalisierung durch Mächte und Führer mit in den Nahen Osten ausgreifenden politischen Zielen gewesen. Deren Kette reicht von Mustafa Kemal bis zu Muhammad Reza Schah Pahlawi, den Briten, Amerikanern, Sowjets und Israelis.

Der kurdische Nationalismus, der sich seit der Wende vom 19. zum 20. Jahrhundert herausbildete, war das Anliegen einer schmalen Schicht von Intellektuellen, Politikern und osmanischen Offizieren. Diese hatten keine überzeugende kurdische Agenda, als zwischen 1919 und 1923 die Weichen für die Zukunft des Nahen Ostens gestellt wurden. Viele kämpften für den Erhalt einer souveränen osmanischen Ordnung – kalifisch-religiös eingefärbt und auch sonst der Tradition verhaftet. Als sie gewahr wurden, dass die Zukunft dem modernen, zentralistisch verwalteten, nationalistisch legitimierten Staat gehören würde, war es zu spät. Der Aufstand Scheich Saids von Palu hatte eine nationale Dimension. Mit seinem Aufstand ging es ihm aber zugleich um den Erhalt einer Ordnung, die den traditionellen kurdischen Führern – zum Teil gestützt auf religiöse Traditionen – ihre Eigenständigkeit gegenüber dem Staat wahren würde. Auch Scheich Mahmud, auf den die Briten setzten, um ihre Interessen im Irak abzusichern, hatte, wenn er Widerstand leistete und nach Eigenständigkeit strebte, in erster Linie eigene, auf seinen Clan gerichtete Interessen.

Tiefgreifende ideologische Verwerfungen führen auch in der Gegenwart noch zu offenen Konflikten zwischen kurdischen Führern und ihrer Gefolgschaft und verhindern es, die Formulierung einer gemeinsamen »kurdischen« Agenda der Schaffung eines unabhängigen kurdischen Staates wirksam voranzutreiben. »Linke« Weltanschauungen haben seit den vierziger Jahren auch unter kurdischen Intellektuellen und Studenten eine Anhängerschaft gefunden. Einen sowohl systematischen als auch politisch schlagkräftigen marxistisch-leninistischen Ansatz hat Abdullah Öcalan entwickelt (▶ S. 282). 1978 gründete er die *Arbeiterpartei Kurdistans* (*Partiya Karkerên Kurdistanê*, PKK). Mit der Aufnahme des terroristisch geführten bewaffneten Kampfes 1984 hat er einen starken Beitrag dazu geleistet, die kurdische Frage nicht nur in der Türkei wieder auf die Agenda zu bringen. Auch in anderen Ländern, namentlich in Syrien (wo der Kurde Khalid Bakdasch [1912–1995] – oft der »Dean des arabischen Kommunismus« genannt – von 1936 bis zu seinem Tod die *Kommunistische Partei Syriens* führte und 1954 als erstes Mitglied einer *Kommunistischen Partei* überhaupt in ein arabisches Parlament gewählt wurde), hat eine von Öcalan inspirierte und der PKK nahestehende kommunistische kurdische Bewegung an Dynamik gewonnen. Am 17. März 2016 rief eine Versammlung von kurdischen, assyrisch-aramäischen, arabischen und turkmenischen Delegierten eine autonome *Demokratische Föderation – Rojava* (»Sonnenuntergang«, entspricht »Westkurdistan«) – aus. Die führende und politisch dominierende »demokratische« Kraft in diesem Bündnis ist die *Partei der Demokratischen Union* (*Partiya Yekitîya Demokrat*, PYD). Es bedarf fast keiner Erwähnung, dass die linke Bewegung unter den Kurden – Öcalan bekennt sich offen zum Atheismus – im religiösen und konservativen Milieu auf Ablehnung stößt. Das ist nicht nur ein weltanschaulicher Tatbestand. In der Führung der *Autonomen Region Kurdistan* auf dem Staatsgebiet des Irak ist ihr geradezu der weltanschauliche und (gesellschafts-)politische Antipode erwachsen. Führende Kraft in der Hauptstadt Erbil ist – trotz einer Aufsplitterung des Spektrums der politischen Parteien in den letzten Jahren – noch immer die *Kurdische Demokratische Partei*. 1946 von Mustafa Barzani gegründet, ist sie bis heute fest in der Hand der Stammesführer aus dem Ort Barzan. Deren soziale Ordnung ist noch immer feudalistisch. Nichts ist ihr fremder als der Marxismus der PKK und ihrer Schwesterorganisationen, der diese feudalistischen Relikte überkommener kurdischer Ordnungen ausdrücklich bekämpft. Dieser Gegensatz hat der leidigen Tradition auswärtiger Einmischung in die kurdische Politik wieder Tür und Tor geöffnet: Nach dem Motto: »der Feind meines Feindes ist mein Freund«, haben sich zeitweise der türkische Präsident Recep Tayyip Erdoğan und der irakisch-kurdische Führer Mas'ud Barzani einander angenähert. Die politische Grundlage dieser Annäherung war der gemeinsame »Kampf gegen den Terrorismus«; gemeint sind die politischen Bestrebungen der PKK und ihrer Schwesterorganisationen vornehmlich in der Türkei und in Syrien.

Im Rückblick ist festzustellen, dass der Geist der Neuordnung, der die Staatsmänner in Paris beflügelte – von Präsident Woodrow Wilson abgesehen, dessen Visionen aber wenig Unterstützung fanden –, eher die Fortsetzung eines alten denn den Beginn eines neuen politischen Denkens markierte. Nach einem verlustreichen Widerstand gegen die Pläne der Siegermächte in Anatolien proklamierte das von den türkischen Nationalisten dominierte Parlament in Ankara am 1. November 1922 die Abschaffung des Sultanats; im Juli 1923 errang die *Türkische Republik* mit dem Vertrag von Lausanne die internationale Anerkennung ihrer Souveränität und Unabhängigkeit. Den Arabern verweigerten die europäischen Mächte, noch immer imperialistischen und kolonialistischen Instinkten verhaftet, die Selbstbestimmung und übten in den folgenden Jahrzehnten eine direkte oder indirekte Herrschaft über den Raum von Marokko im Westen bis Oman und Jemen im Osten aus. Dies aber führte zu dauerhaften Konflikten mit den arabischen Nationalisten unterschiedlicher Couleur. Mit dem Ende des Zweiten Weltkriegs befand sich nahezu die ganze arabische Welt auf dem Weg in die Unabhängigkeit. In Palästina waren die Briten nicht länger Herr der Lage und reichten den Konflikt zwischen Arabern und Zionisten an die Vereinten Nationen weiter. In Iran glaubten die Briten, eine Art von Protektorat errichten zu können. Sie stießen schon während des Krieges auf Widerstand in Teilen der Bevölkerung. In dem »Kosakenoberst« Reza sahen sie ein willfähriges Werkzeug für die Umsetzung ihrer Pläne; der freilich suchte das Land aus der Abhängigkeit zu befreien, nachdem er seine Macht konsolidiert hatte. In Afghanistan schließlich zettelte der Emir Amanullah einen dritten afghanisch-englischen Krieg an, der dem Land bereits 1919 die Unabhängigkeit bescherte. Nur die drei Völker im südlichen Kaukasus, die 1918 in eine kurzlebige staatliche Unabhängigkeit eingetreten waren, blieben in einen sowjetischen Staat eingeschmolzen, der sich als Siegermacht im Zweiten Weltkrieg als noch stabiler zeigte als in den Jahrzehnten zuvor.

Von Anfang an also ruhte die Neuordnung der Region auf tönernen Füßen. Aber die Auseinandersetzungen der politischen Eliten mit ihren jeweiligen europäischen Vormächten sollten einen hohen Preis fordern. Die Selbstbehauptung nach außen bedeutete eine anhaltende Belastung für den Prozess der Modernisierung nach innen. Auch hatten die dominierenden europäischen Mächte wenig Interesse an umfassender wirtschaftlicher Erneuerung ihrer Klienten. Die Ansätze zu Demokratisierung stagnierten, nicht zuletzt da London und Paris den Pluralismus politischer Kräfte instrumentalisierten, um ihre eigenen wirtschaftlichen und sicherheitspolitischen Interessen zu wahren. Die Rechte von Minderheiten zu schützen, war keiner der politischen Kräfte ein Anliegen. Nur langsam und unzulänglich vollzog sich der Aufbau von Bildungssystemen, die Voraussetzung der Entstehung eines pluralistischen gesellschaftlichen Neben- und Miteinander innerhalb von zum Teil extrem unlogischen Grenzziehungen. Damit waren die vielfältigen inneren Umbrüche und äußeren Konflikte programmiert, die zahlreiche Staaten der Region nach dem Zweiten Weltkrieg erfahren sollten.

Bei allen Revolutionen, Revolten, Putschen, Erhebungen und Kriegen hat sich die nach dem Ersten Weltkrieg entstandene Staatenordnung im Sinne der Grenzziehungen im Großen und Ganzen als stabil erwiesen. Nur in wenigen Fällen kam es zu territorialen Veränderungen, die meist auf dem Verhandlungsweg erreicht wurden. Die Brisanz freilich der von der zionistischen Bewegung betriebenen jüdischen Einwanderung in das britische Mandatsgebiet Palästina sollte sich erst nach der Staatsgründung Israels im Jahr 1948 erweisen. Der Konflikt um Palästina sollte – als »der Nahostkonflikt« – auf die inneren und äußeren Entwicklungen des arabischen Raumes nachhaltigen Einfluss ausüben.

Folgenreiche kriegerische Konflikte um Territorien gab es lediglich am Persischen Golf. Unter anderem mit dem Ziel, arabisch besiedelte Gebiete in Iran, die im Persischen »Khuzistan«, im Arabischen »Arabistan« genannt werden, dem Irak einzuverleiben, griff der irakische Diktator Saddam Husain im Herbst 1980 Iran an, was in einen achtjährigen ergebnislosen Krieg (1980–1988) mündete. Dessen Überfall auf Kuwait im August 1990 führte im Januar/Februar 1991 zu einem kurzen Krieg zur Wiederherstellung der kuwaitischen Souveränität. Die nach der Unabhängigkeit von Großbritannien entstandene »Demokratische Volksrepublik Jemen« (Südjemen) vereinigte sich 1990 mit dem jemenitischen Norden (»Arabische Republik Jemen«). Eine – bis heute ungelöste – vorwiegend diplomatische Hängepartie entwickelte sich nach der Unabhängigkeit Marokkos mit Bezug auf die Zukunft der ehemaligen »Spanischen Sahara«. Offen bleibt – ebenfalls bis in die Gegenwart – eine Antwort auf die »kurdische Frage«.

Die tiefgreifende Erschütterung des Vorderen Orients, die von der US-geführten Invasion des Irak 2003 und der arabischen Revolte seit 2011 ausgelöst wurde, hat Fragen nach einer politischen Neuordnung, die auch eine teilweise territoriale Neuordnung einschließen würde, aufgeworfen. Die Ausrufung eines Kalifat-Staates durch die dschihadistische Terrororganisation *Islamischer Staat im Irak und Syrien* im

Sommer 2014 (► S. 480) war freilich eher kurzlebig. Seine Vernichtung durch eine Koalition unterschiedlicher regionaler und internationaler Kräfte sollte am Ende die Forderung untermauern, eine Neuordnung der politischen Landschaft im Vorderen Orient auf der Grundlage bestehender Grenzen zu vollziehen.

7 Signale des Aufbruchs – das säkulare Paradigma

Die Niederlage des Osmanischen Reichs bedeutete nicht nur das Ende eines Imperiums als einer politischen Ordnung und Institution. Es bedeutete auch den Schlusspunkt einer Ordnungsidee im Sinne der Begründung von Herrschaft. Das Osmanische Reich hatte im Kern auf einer islamischen Staatsidee gegründet. Mit seinem Niedergang seit dem Ende des 18. Jahrhunderts war die religiöse Dimension der Legitimität des Sultans als des »Kalifen« verstärkt in den Vordergrund gerückt worden. Noch Sultan Abdülhamit II. (reg. 1876–1909) hatte im Sinne des Panislamismus islamische Völker vom Balkan bis Indonesien gegen den europäischen Imperialismus zu mobilisieren versucht. Die Berufung auf eine islamische Identität seiner Bürger sollte das Reich nach innen festigen und nach außen gegen die anhaltende Einmischung der europäischen Mächte widerstandsfähiger machen. Damit aber beschleunigte sich der Prozess der Entfremdung zwischen dem osmanischen Staat und den im Reich verbliebenen nicht-muslimischen Minderheiten. Noch im Ersten Weltkrieg versuchte die osmanische Staatsführung – freilich mit geringem Erfolg –, den Panislamismus zur Unterstützung der Mittelmächte gegen die Entente zu instrumentalisieren. Anfang des 20. Jahrhunderts hatte sich für einen kurzen Augenblick der Osmanismus als attraktivere Ideologie erwiesen, um aber bald von einem auf ethnische Zugehörigkeit gründenden Nationalismus abgelöst zu werden. Ohne nachhaltige Auswirkungen konnten die türkischen Nationalisten unter der Führung Mustafa Kemals per Parlamentsbeschluss im März 1924 das Kalifat abschaffen. Bis in die dreißiger Jahre unternommene Versuche, dem Panislamismus noch einmal Leben einzuhauchen und die Kalifatsidee auf die politische Agenda zu setzen, scheiterten. Die 1969 gegründete *Organisation der Islamischen Konferenz*, deren Mitglieder religiös, kulturell und historisch ganz oder teilweise vom Islam geprägt waren (25 Gründungs-, gegenwärtig 56 Mitgliedstaaten, ► S. 330), ist nur ein schwacher Nachklang der Idee der Verbundenheit der islamischen Völker in der *umma*.

Weit über die Türkei hinaus signalisierte die Abschaffung des Kalifats eine radikale Absage an Herrschaftsformen und Legitimationsmuster, die jahrhundertelang das politische Erscheinungsbild des Raumes zwischen Nordafrika und Südasien bestimmt hatten. Die Staatenwelt auf der nunmehr entstehenden neuen politischen Landkarte würde nicht mehr auf religiösen Grundlagen beruhen. Die – zu einem großen Teil neuen – Grenzen würden »Nationen« umgreifen, die sich durch ihre Sprache und Kultur sowie jeweils eigene politische und wirtschaftliche Interessen voneinander abgrenzen bzw. miteinander in Beziehungen treten würden. Nur unter sehr spezifischen Rahmenbedingungen würde der Islam noch in je unterschiedlicher Weise eine auch politische und gesellschaftliche Bedeutung haben: So auf der geographisch isolierten Arabischen Halbinsel im schiitisch-zaiditischen Imamat des Jemen und auch in dem Staat, der seit 1932 als Königreich Saudi-Arabien in die Geschichte eintrat und in dem die wahhabitische Variante des sunnitischen Islams Staatsreligion ist. In Algerien wiederum, dessen Bevölkerung einem rigiden Druck der kulturellen Assimilierung an Frankreich ausgesetzt war, wurde der Islam als Element einer algerischen Identität Bestandteil einer Politik der Emanzipation, später der Befreiung von Frankreich. In Marokko kam dem Sultan als »Beherrscher der Gläubigen« (*Amir al-mu'minin*) auch eine religiöse Autorität zu. In den anderen arabischen Gesellschaften aber sowie in der Türkei, Iran und – zeitweilig – in Afghanistan beschritten die Eliten den Weg der weitgehenden Trennung des politischen Raums von der Religion. Das im Großen und Ganzen säkulare und bürgerlich-liberale Paradigma bestimmte das politische und gesellschaftliche Leben – insbesondere in den Städten.

Ein Jahr nach der Abschaffung des Kalifats erschien 1925 in Ägypten die Schrift des streitbaren Gelehrten Ali Abd ar-Raziq (1888–1966): »Der Islam und die Grundlagen der Herrschaft«. In ihm legte dieser nicht nur dar, dass es im Koran keinerlei Hinweise auf eine spezifisch »islamische« Herrschaftsform gebe, er warb vielmehr auch für eine aus dem Islam gerechtfertigte Trennung religiöser und staatlicher Institutionen. Vier Jahre nach der Abschaffung des Kalifats wurde die Organisation der *Muslimbruderschaft* gegründet (► S. 466). Ihr Bestreben aber, den Islam wieder als konstituierende Kraft in Politik und Gesellschaft zurückzubringen, sollte erst 40 Jahre nach ihrer Gründung zu einem breiteren Strom im Gang der politischen Entwicklungen werden. Und erst 1979 legte ein schiitischer Geistlicher die Grundlage für ein auf der Religion gegründetes politisches System. Bis dahin sollten die stärksten Impulse auf die Geschichte des Vorderen Orients und Nordafrikas von politischen und gesellschaftspolitischen Ideen und Ideologien ausgehen, die aus Europa stammten. Besonders nachhaltig wirkte der Nationalismus in seinen unterschiedlichen Varianten; das gilt für nahezu alle Länder unabhängig von der Verfasstheit ihrer politischen Systeme. Nach dem Zweiten Weltkrieg hatten »linke« Entwicklungskonzepte einen starken Anteil an politischen und gesellschaftlichen Veränderungen, die zum Teil revolutionäre Züge trugen.

7.1 Das Ende des Kalifats – es lebe die Nation

Der Nationalismus war die dominierende geistig-politische Orientierung der Eliten, als es darum ging, den Nahen und Mittleren Osten sowie Nordafrika nach dem Ersten Weltkrieg neu zu gestalten. Das war ein zutiefst europäisches Paradigma, das bis zum Ende des 19. Jahrhunderts außerhalb der Ordnungsvorstellungen der muslimischen geistigen und politischen Eliten gelegen hatte. Das Osmanische Reich beruhte auf dem Konzept der »Gemeinschaft der Muslime« (*umma*): Nicht-muslimische Gemeinschaften waren zwar Teil des Reichs und hatten dem Sultan die vereinbarten (bzw. auferlegten) Abgaben zu zahlen, sie genossen aber als *milletler* (Sg.

millet, unzureichend übersetzt mit »Nation«) ein hohes Maß an Selbstständigkeit in Religionsausübung, Verwaltung, Rechtspraxis und Lebensweise. Es war also kein Zufall, dass die Idee des Nationalismus unter den nicht-muslimischen Untertanen des Sultans wesentlich früher Anhänger fand als unter den muslimischen. Auf dem Balkan hatten verschiedene *milletler* während des 19. Jahrhundert nach »nationaler« Unabhängigkeit gestrebt.

7.1.1 Der Weg zu den Wurzeln des Arabertums

Unter den nicht-balkanischen Untertanen des Sultans waren es syrische – genauer gesagt: im libanesischen Teil Groß-Syriens, namentlich in Beirut als geistigem Zentrum, lebende – Christen, die von der »nationalen« Idee als erste angezogen waren. Unter ihnen ragen die Namen von Nasif al-Yazidschi (1800–1871) und Butros al-Bustani (1819–1883) hervor. Ihr Wirken war auf die Erneuerung der arabischen Sprache, die Wiederbelebung der arabischen Kultur und die Erweckung eines Bewusstseins von der Größe der arabischen Kultur und Geschichte gerichtet. Al-Bustani wünschte sich (Groß-)Syrien gestärkt und innerlich geeint, um den beiden großen Gefahren zu begegnen, die er voraussah: religiösen Fanatismus und europäischen Expansionismus. Auch wenn er weit davon entfernt war, die Errichtung eines Nationalstaats zu fordern, legte er die Grundlage für einen (groß-)syrischen Nationalismus.

Tatsächlich ist der starke Anteil der Christen an den Anfängen der arabischen Renaissance und damit des arabischen Nationalismus bemerkenswert. Nicht nur beobachteten sie aufmerksam die nationalistischen Bewegungen in den christlich geprägten Teilen des Reichs, namentlich unter den Völkern auf dem Balkan. Vielmehr öffnete ihnen der Reformprozess im Rahmen der *Tanzimat* im Osmanischen Reich geistige Räume, eine Identität zu entdecken, die nicht deckungsgleich war mit der offiziellen, auf dem Konzept der islamischen *umma* beruhenden Reichsidee. Von besonderer Bedeutung schließlich waren die zunehmenden Aktivitäten europäischer und amerikanischer, katholischer wie protestantischer Missionen auf dem Boden des Reichs. Von ihnen gegründete Bildungseinrichtungen – eine der bekanntesten unter ihnen ist die 1866 als *Syrian Protestant College* gegründete *American University Beirut* – sprachen naturgemäß zunächst die christlichen Gemeinschaften der Untertanen des Sultans an.

In den langen Jahrzehnten der repressiven Herrschaft Sultan Abdülhamits II. verlagerte sich das Zentrum intellektueller Diskussionen nach Kairo, wo insbesondere nach der Besetzung Ägyptens durch Großbritannien 1882 der Arm des Sultans kaum einzugreifen vermochte. Dort begann ein ägyptischer Nationalismus eine politische Dimension anzunehmen; es meldeten sich Stimmen zu Wort, die Ägypten jenseits der Zugehörigkeit zur *umma* als eigenständige Nation verstanden. Ahmad Lutfi as-Sayyid (1872–1963), Herausgeber der einflussreichen Zeitschrift *al-Dscharida* (»Die Zeitung«), war überzeugt, dass jedes Volk – unabhängig von der Religion – einen nationalen Charakter habe, d. h. eine spezifische Konstitution, nicht weniger ausgeprägt als eine physische. Zum politischen Repräsentanten eines neuen Typs von Nationalisten wurde Mustafa Kamil (1874–1908). Im Unterschied zu vielen seiner

Zeitgenossen hatte er nicht die religiös geprägte Ausbildung an der *al-Azhar* genossen, sondern war durch das neue, vom Khediven Isma'il geschaffene Bildungssystem gegangen. So wurde er zum Sprecher einer säkularistischen Strömung. Anders als ägyptische Politiker und Intellektuelle (unter ihnen auch Ahmad Lutfi as-Sayyid), die mit England zu einem Kompromiss zu kommen suchten, forderte er die Beendigung der britischen Herrschaft. Die Zeitschrift *al-Liwa* (»Die Fahne«) wurde zum Sprachrohr der Verbreitung seiner Ideen.

Insgesamt aber blieb im faktisch von Konstantinopel unabhängigen Ägypten eine Bewegung, die auf »nationale« Eigenständigkeit des Nillandes gerichtet gewesen wäre, bis zum Ausbruch des Krieges rudimentär. Stattdessen beteiligten sich die arabischen Eliten zwischen Kairo und Bagdad an den Diskussionen darüber, auf welcher Grundlage die Fortexistenz des Reichs gerechtfertigt sein könnte. Die meisten Anhänger unter den Arabern hatten »osmanistische« Vorstellungen: Danach sollten die Untertanen auf dem Boden des Osmanischen Reichs ohne Unterschiede der ethnischen und/oder religiösen Zugehörigkeit als gleichberechtigte Bürger zusammenleben. Nach der Machtübernahme durch das *Komitee für Einheit und Fortschritt* (1908) und der Wiedereröffnung des Parlaments keimten diesbezügliche Hoffnungen auf (► S. 107). Als die Jungtürken aber bald darangingen, die arabischen Teile des Reichs, Groß-Syrien und den Irak, in Verwaltung und Erziehungswesen zu türkisieren, d. h. den Gebrauch der türkischen Sprache durchzusetzen und verstärkt Türken in öffentliche Positionen zu bringen, begannen arabische Eliten, eigene Pläne für die Zukunft der Araber und der arabischen Teile des Reichs zu schmieden.

Damaskus wurde das Zentrum einer nationalen arabischen Bewegung. Die Geistesverwandten trafen sich in Klubs, deren Träger und Mitglieder vor allem Intellektuelle, Publizisten, Offiziere und Studenten waren. In ihren Diskussionen ging es durchaus nicht ausschließlich um die Unabhängigkeit der arabischen Gebiete. Kontrovers diskutiert wurde vielmehr deren Status innerhalb des – in seinen Institutionen freilich tiefgreifend zu verändernden – Osmanischen Reichs. Viele der Mitglieder dieser Vereinigungen, zivile Persönlichkeiten wie Offiziere der osmanischen Armee, fanden sich nach dem Ende des Krieges in unterschiedlichen politischen Gruppierungen und meist kurzlebigen politischen Parteien in den jungen Staaten wieder. Befeuert durch die Erklärung Präsident Wilsons und in der – allerdings rasch schwindenden – Hoffnung auf die Gründung eigenständiger arabischer Staatswesen, suchten sie auf die Verhandlungen in Paris 1919 Einfluss zu nehmen – vergeblich, wie sich zeigen sollte, denn sie wurden nicht gehört. Viele von ihnen befanden sich in der Gefolgschaft König Faisals zunächst in Syrien und später im Irak. Einer der bedeutendsten dieser osmanisch-arabischen Nationalisten war Nuri Pascha as-Sa'id. 1888 geboren, bekleidete er als strammer Gefolgsmann Englands bis zu seiner Ermordung beim Putsch General Qasims im Juli 1958 insgesamt vierzehn Mal das Amt des irakischen Ministerpräsidenten.

Nach dem Eintritt des Osmanischen Reichs in den Krieg radikalisierten sich antiosmanische Kräfte unter den Arabern – nicht zuletzt eine Folge davon, dass die türkischen Behörden jede Form von Widerstand gegen die Politik des Triumvirats in Konstantinopel und namentlich seines Vertreters in Damaskus, Cemal Pascha, mit Gewalt unterdrückten. Bei seinem Besuch in Damaskus im Mai 1915 traf Emir Faisal, der Sohn des Scherifen von Mekka, auf eine veränderte Stimmung. Zwei der großen nationalistischen arabischen Bünde, *al-Ahd* (»Der Bund«) und *al-Fatat* (»Die Jungen«), zeigten sich nunmehr bereit, Großbritannien im Krieg gegen die Türkei zu unterstützen. In einem Protokoll formulierten sie die Bedingungen und Forderungen für diesen Fall. Faisal wurde gebeten, über seinen Vater in Kairo ausloten zu lassen, ob dessen Inhalt als Grundlage für ein gemeinsames Vorgehen akzeptiert würde. Darin wurden auch die Grenzen jenes arabischen Staates festgelegt, die der Scherif wenig später in seinem ersten Brief an McMahon niederlegte (▸ S. 147).

7.1.2 Der Kemalismus als radikale Alternative

Mit dem Ende des Ersten Weltkriegs war für die gesamte Nahostregion eine neue Lage entstanden. Der Nationalismus, der bis dahin vornehmlich Gegenstand intellektueller Diskussion gewesen war, wurde zu einer Bewegung, die besonders in den Städten breitere Teile der Bevölkerung mobilisieren konnte. Unter allen Nachfolgestaaten des Osmanischen Reichs fand er in der Türkei seine erste und zugleich radikalste Ausformung. Hatte Mustafa Kemal, der Anführer der anatolischen Befreiungsbewegung seine Absichten zunächst noch verschleiert und vorgegeben, den Kampf zur Befreiung des Kalifats von fremder Herrschaft zu führen, so ließ er die Maske fallen, als er am 1. November 1922 das Parlament aufrief, die Abschaffung des Sultanats zu beschließen. Was dieses Verständnis von Nation in der Türkischen Republik für die Kurden bedeutete, ist oben bereits ausgeführt worden (▸ S. 175). Historisch war der türkische Nationalismus eine Spätgeburt unter den sich im Reich ausprägenden nationalistischen Konzepten. Der ungarische Orientalist Hermann (Arminius) Vámbéry (1832–1913), der jahrelang in Konstantinopel lebte, berichtet, er habe dort unter den Türken keine einzige Person getroffen, die sich mit der Frage des türkischen Nationalismus oder den Turksprachen ernsthaft beschäftigte.[35] Ziya Gökalp (1875–1924), geistiger Vater des türkischen Nationalismus, begann erst 1896, Interesse für die frühe türkische Geschichte zu entwickeln, nachdem er Werke darüber von Léon Cahun (1841–1900), einem französischen Schriftsteller, Journalisten und Orientalisten, gelesen hatte. Noch bis in die ersten Jahre des 20. Jahrhunderts wurde an osmanischen Bildungseinrichtungen nichts über »türkische« Geschichte gelehrt. Nur langsam und unter europäischem Einfluss entdeckten die Türken gegen Ende des Jahrhunderts ihre eigene »nationale« Identität – unabhängig vom osmanischen Staat, dem sie als »Osmanen« weiterhin angehörten. Erst nachdem die kemalistische Revolution der türkischen Nation ihren politischen Ausdruck gegeben hatte, bezeichnete sich das ganze Volk selbst mit dem Namen »Türken« und den Staat als »Türkische Republik«. Damit freilich ignorierten und provozierten »die Türken« zugleich andere »Nationen« auf dem Boden der »Türkei«, namentlich naturgemäß die Kurden.

Ziya Gökalp wurde in die multiethnische und multilinguale Atmosphäre des ostanatolischen Raums (Diyarbakır) hineingeboren, in dem Türken, Kurden (in seiner Abstammung findet sich tatsächlich eine kurdische Linie) und Armenier zusammenlebten. 1896 kam er nach Konstantinopel; hier schloss er sich der oppositionellen Bewegung der »Jungtürken« an. Angesichts der sich vertiefenden Verwerfungen mit den nicht-türkischen Teilen der osmanischen Gesellschaft forderte er die

Entwicklung eines eigenständig »türkischen« Selbstbewusstseins. Im Mittelpunkt seiner Interpretation von Nationalismus stand die Gegenüberstellung von »Kultur« und »Zivilisation«. Innerhalb des weiteren Begriffs der Zivilisation unterschieden sich einzelne Kulturen durch einen Katalog spezifischer Werte, Normen und Institutionen. So seien die Türken zwar Teil der islamischen Zivilisation gewesen, doch hätten sie darin Züge einer eigenen Kultur bewahrt. Auch mit dem Übergang aus dem Kreis der »östlichen« in den der »westlichen« Zivilisation würden sie als eigene Nation in Erscheinung treten. In diesem Prozess würden jene Elemente des Islams, die genuin Teil der türkischen Kultur seien, als spirituelle Kraft erhalten bleiben. Die Verwestlichung sollte so weit vorangetrieben werden, wie es gelingen würde, die Zivilisation der Moderne mit der eigenen Kultur und dem Glauben der Türken zu verschmelzen.

Wie auch im Fall des arabischen sollte auch der türkische Nationalismus eine – wenn auch schwächer ausgeprägte – »Pan«-Dimension erhalten. Auch Gökalp geriet zeitweise in das Fahrwasser des Panturkismus. In seinem 1911 veröffentlichte Gedicht »Turan« heißt es: »Für den Türken bedeutet ›Vaterland‹ weder die Türkei noch Turkestan; Vaterland ist ein weites und ewiges Land: Turan.« Der Panturkismus strebte die Vereinigung aller Turkvölker an. Bereits Sultan Abdülhamit hatte seine Verbreitung unter den Türken des zaristischen Reichs gefördert; auf diese Weise sollte russischen Aktivitäten auf dem Balkan entgegengewirkt werden. Bestimmt wurde dieses »Pan-Gefühl« durch die Gemeinsamkeit der Sprachfamilie (innerhalb einer weiten Bandbreite von Turksprachen) und die Erinnerung an die gemeinsame Abkunft aus dem zentralasiatischen Raum. Nicht zuletzt turkstämmige Intellektuelle unter den Untertanen des Zaren traten als Protagonisten des Panturkismus auf: Der in Simbirsk, dem heutigen Uljanowsk, an der mittleren Wolga geborene Yusuf Akçura (1876–1933) war wohl der bekannteste unter ihnen. Über den Krimtataren Ismail Bej Gasprinski, der panturkische Visionen mit den Ideen des *Dschadidismus*, einer religiösen Erneuerungsbewegung in Russland, verband, ist oben bereits gesprochen worden (▶ S. 137). Unter den Jungtürken hatten panturkische Gedankenspiele Konjunktur – am ausgeprägtesten wohl bei Enver Pascha, einem Mitglied des seit 1913 herrschenden Triumvirats und Kriegsminister des Osmanischen Reichs. Die von ihm verantworteten militärischen Operationen im Kaukasus während des Ersten Weltkriegs lassen das Bemühen erkennen, einen politischen Verbund der Turkvölker als Gegengewicht zum Russischen Reich (und zum britischen Einfluss) zu organisieren. Panturkische Strömungen sind bis in die Gegenwart hinein aktiv gewesen. Nach dem Zusammenbruch der Sowjetunion 1991 haben ihre Visionen neue Nahrung erhalten. Auf die reale Politik der Türkei bzw. der turksprachigen Staaten haben sie allenfalls marginalen Einfluss gehabt.

Atatürk, der »Vater der Türken«, hat als Gründer der »neuen Türkei« den (türkischen) Nationalismus besonders nachhaltig verankert, indem er ihm eine (pseudo-) wissenschaftliche Grundlage zu geben suchte. 1931 wurde die *Gesellschaft zum Studium der Türkischen Geschichte* (*Türk tarihi tetkik cemiyeti*, später *Türk tarih kurumu*) ins Leben gerufen. In diesen Jahren hatte die Vorgeschichtsforschung auf anatolischem Gebiet bedeutende Fortschritte gemacht. Auch die türkische Geschichtskommission beteiligte sich nun an Grabungen und stieß in Alaca Hüyük auf aufsehenerregende Funde aus der Frühzeit der Hethiter. Diese Entdeckungen östlich von Ankara regten die historische Phantasie zu kühnen Höhenflügen an. Gelang es, eine Verwandtschaft zwischen Türken und den Trägern jener alten Kulturen nachzuweisen, so waren die Türken auf anatolischem Gebiet nicht späte Einwanderer und Erben einer alten Kultur, sondern vielmehr Autochthone, anatolischem Boden entsprossen. Mithilfe einer oberflächlichen Etymologie nahm man aber auch die sumerische Kultur in Mesopotamien, ja sogar die ägyptische, griechische, etruskische und keltische als Produkte türkischer Volksgruppen an, die durch die Austrocknung der innerasiatischen Steppengebiete zu Wanderungen in alle Randländer gezwungen gewesen wären. Zwar hat sich diese »türkische Geschichtstheorie«, die 1932 zum ersten Mal verkündet wurde, nicht lange gehalten und musste schnell revidiert werden. Für einen Augenblick aber wurde sie – sogar vom Staatsgründer selbst – propagiert.

Auch der türkischen Sprache galt es, ein »Bürgerrecht« in der Türkei zu verschaffen. Im Osmanischen Reich waren unter den türkischen Untertanen praktisch drei Sprachen in Gebrauch: Arabisch als Sprache der Religion, Osmanisch-Türkisch (Hochosmanisch) als Amts- und Literatursprache der Gebildeten und die türkische Umgangssprache. Dazu kam noch Persisch als häufig gebrauchte Sprache der Literatur. Bereits die Jungtürken hatten die osmanische Sprache zu entrümpeln und eine »nationale« Sprache zu fordern begonnen. Aber erst die Gründung des türkischen Nationalstaates gab einer durchgreifenden Sprachreform die entscheidenden Impulse. Das Gesetz zur Reform des türkischen Alphabets, welches das arabische ablöste, wurde 1928 angenommen; der praktische Übergang zur neuen – lateinischen – Schrift setzte 1929 ein. Die lateinische Schrift wurde als die »türkische« bezeichnet und damit gegenüber der abgeschafften »arabischen« gleichsam national vereinnahmt. Parallel zur Geschichtskommission wurde die *Türkische Sprachkommission* (*Türk dil kurumu*) gegründet, die zum wissenschaftlichen Zentrum für das Studium und die Erneuerung der türkischen Sprache wurde. Die türkische Sprache wurde einer »Säuberung« von den zahlreichen arabischen und persischen Wörtern unterzogen. An ihre Stelle setzte man Wörter aus alten turksprachigen Texten; auch schuf man künstlich neue Wörter auf der Grundlage älterer türkischer Wurzeln.

Wie die Geschichte der Türken wurde auch ihre Sprache durch eine Theorie überhöht. Nach der 1935 verkündeten Theorie der »Sonnensprache« (*Güneş dil teorisi*) sollen alle Sprachen von einer einzigen, in Zentralasien gesprochenen Ursprache abgeleitet sein. Dieser Sprache sei das Türkische am nächsten und nur durch das Türkische hindurch hätten sich alle Sprachen aus der Ursprache heraus gebildet. Trotz ihrer wissenschaftlichen Fragwürdigkeit genoss die Theorie eine Zeitlang politische Unterstützung von allerhöchster Stelle.

Die politische und die kulturelle Revolution sind zwei Seiten ein und derselben Medaille. Vor dem Hintergrund dieser komplexen Gemengelage von Ideen und fundamentalen geistig-politischen Veränderungen seit dem Beginn des 20. Jahrhunderts kann der *Kemalismus* als der erste Versuch gewertet werden, einen »eigenen Entwicklungsweg« für ein islamisch geprägtes Volk abzustecken. In der vorbehaltlosen Hinwendung der Modernisierung zu Europa, zugleich aber gleichsam im Vollzug der Ideen Ziya Gökalps (auf den er sich freilich nicht ausdrücklich bezieht) liegt dem Kemalismus ein umfassendes Verständnis von Gesellschaft und Politik zugrunde, das von den Angelegenheiten der Innenpolitik, der internationalen Beziehungen und der Wirtschaft über das Erziehungswesen bis hin zur Rolle der Religion in Staat und Gesellschaft und zur Stellung der Geschlechter reicht. Sechs Prinzipien konstituieren den Kemalismus:

- Nationalismus (*milliyetçilik*): Konstituierung eines türkischen Nationalstaates. Dies beinhaltete gleichzeitig die Absage an osmanistische und panturkische Aspirationen;
- Säkularismus (*lâiklik*): Trennung von Staat und Religion. Dies bedeutete auch den Austritt der Türkei aus dem islamischen Vielvölkerverbund und die Aufgabe der islamischen Reichsidee;
- Republikanismus (*cumhuriyetçilik*): Gründung eines vom Volk getragenen Regimes. Damit war die Entschlossenheit bekundet, der Wiedereinführung einer Sultanats- oder Kalifatsherrschaft entgegen zu wirken;
- Populismus (*halkçılık*): Gleichheit der Bürger ohne Ansehen von Rasse, Sprache, Glauben und Geschlecht. Darin war die Forderung impliziert, den »Willen des Volkes« als konstitutives Element der ganzen türkischen Gesellschaft anzuerkennen;
- Reformismus (*inkilâpçılık*): Dies steht als Abkürzung für den permanenten dynamischen Prozess der Transformation von Staat und Gesellschaft;
- Etatismus (*etatism*): Darin wird die bestimmende Rolle des Staates im Prozess der wirtschaftlichen Entwicklung festgeschrieben.

Damit waren die Koordinaten der inneren und äußeren Entwicklung abgesteckt, zwischen denen die Zukunft der Türkischen Republik verlaufen sollte. Sie wurden in das Programm der von Mustafa Kemal gegründeten Staatspartei *Republikanische Volkspartei* aufgenommen. Die Prinzipien übergreifend, war als programmatische Parole formuliert: »Friede daheim, Friede in der Welt« (*yurtta sulh, cihanda sulh*).

In der weiteren islamischen Welt hat der Kemalismus eine gemischte Reaktion erfahren: In der breiten Öffentlichkeit ist die Radikalität der Reformen, namentlich die Marginalisierung der Religion (und die Abkehr vom islamischen Kulturraum, die sich in der Einführung des lateinischen Alphabets 1928 manifestierte) auf Ablehnung gestoßen. Diese vertiefte sich noch, als sich die Türkei nach dem Zweiten Weltkrieg sicherheitspolitisch dem Westen annäherte und 1952 der Nato beitrat. Denn zu diesem Zeitpunkt verweigerten sich die arabischen Nationalisten der Vereinnahmung seitens der USA im Rahmen des »Kalten Krieges«. Auf der anderen Seite haben die Reformen Mustafa Kemals durchaus auch Zustimmung und Nachahmung gefunden: so bei seinen Zeitgenossen Reza Schah in Iran (▶ S. 230) und König Amanullah in Afghanistan (▶ S. 125). Auch Habib Bourguiba, der Tunesien 1956 in die Unabhängigkeit führte, hat sich am Kemalismus orientiert. Aber nirgendwo ist die Transformation einer islamischen Gesellschaft so radikal erfolgt, nirgendwo hat sie so langanhaltende Wirkung entfaltet wie in der Türkei. Angesichts der tiefgreifenden Veränderungen in dem Land selbst und in der Welt nach dem Zweiten Weltkrieg hat der Kemalismus schließlich seine Dynamik verloren und sich zunehmend verhärtet und verknöchert. Die zivile und militärische Staatsklasse, die sich als Sachwalter des Kemalismus betrachtete, sah sich in wachsendem Maße in der Defensive gegen neue politische und gesellschaftliche Kräfte. Mehrfach sah sich das

Militär herausgefordert, im Namen des Kemalismus zu putschen. Vor diesem Hintergrund wurden die Reformen, die mit der Machtübernahme der *Partei für Gerechtigkeit und Entwicklung* unter Recep Tayyip Erdoğan ab 2003 eingeleitet wurden, weithin als Befreiung empfunden. Aber selbst noch als dieser ab etwa 2011 die Türkei im Inneren wie im Äußeren in eine Art post-osmanischen Raum zurückzuführen suchte, konnte er nicht darauf verzichten, gelegentlich unter überlebensgroßen Bildern des Staatsgründers aufzutreten und so dessen Charismas teilhaftig zu werden und seinen Entscheidungen in den Augen der breiten Öffentlichkeit Legitimität zu verleihen.

7.1.3 Iran, »Land der Arier« – Nationalismus zwischen historischem Stolz und schiitischem Sonderweg

Die Entwicklung *Irans* im 20. Jahrhundert weist – bei allen Unterschieden – Ähnlichkeiten und Parallelen zu dem seinem Ende entgegen gehenden Osmanischen Reich und der auf seinen Trümmern entstehenden Türkischen Republik auf. Der »jungtürkischen« Opposition vergleichbar, formierte sich eine oppositionelle Bewegung, die im Falle Irans von Intellektuellen, der Kaufmannschaft, Angehörigen des Hofes sowie Teilen der Geistlichkeit getragen wurde. Liberales Gedankengut mischte sich mit iranisch-nationalistischen Bestrebungen. Über die daraus entstehende Verfassungsrevolution – zwei Jahre vor der erzwungenen Wiedereinsetzung der osmanischen Verfassung durch die Jungtürken (1908) – ist oben ausführlicher gesprochen worden. Wie sich die Jungtürken in der Folgezeit zunehmend einem türkischen Nationalismus verschrieben, sollte auch in Iran nationalistisches Gedankengut entstehen. Nach dem Ende der osmanischen (1922) und der qadscharischen (1925) Dynastien rechtfertigten die Gründer der neuen – modernen – Ordnungen in Gestalt der Türkischen Republik und des kaiserlichen Iran der Pahlawi-Dynastie ihr politisches Handeln als Ausdruck des Willens »der Nation«.

Der iranische Nationalismus speist sich aus zwei Quellen, die sich in der Geschichte teils gegenseitig gestützt und ergänzt, teils widerspruchsvoll artikuliert haben: zum einen dem Bewusstsein von und der Erinnerung an die große Geschichte der »Perser«. Sie beginnt im späten 6. Jahrhundert mit den Achämeniden (bis spätes 4. Jahrhundert v. Chr.) und findet ihr Ende mit der arabisch-islamischen Eroberung des iranischen Hochlandes und dem Tod des letzten Herrschers der Dynastie der Sassaniden (224–651 n. Chr.). Der Dichter Abu l-Qasim Firdausi (940–1020) hat in seinem monumentalen *Schahnameh* (»Königsbuch«) diese Geschichte Irans episch dargestellt. Die andere Quelle des iranischen Nationalbewusstseins ist die schiitische Strömung im Islam. Sie wurde unter Isma'il I. (1501–1524), dem Begründer der Dynastie der Safawiden (bis 1722, ► S. 23), nahezu flächendeckend innerhalb des Territoriums des safawidischen Reichs – also im heutigen Iran plus der heutigen Republik Aserbaidschan – durchgesetzt. Der schiitisch geprägte safawidische Iran hatte auf diese Weise eine quasi-»nationale« Eigentümlichkeit erhalten, die ihn insbesondere von dem angrenzenden sunnitisch geprägten Osmanischen Reich unterschied. Noch die Qadscharen pflegten seit Muhammad Agha und Fath Ali Schah ihre doppelte Legitimation: als »König der Könige« (*schahanschah*), womit sie an die

Titulatur der Achämeniden anknüpften, und als Nachfolger der Safawiden, was sie nicht zuletzt mit dem Bau und der Ausschmückung der großen schiitischen Heiligtümer – auch in Nadschaf und Kerbela, also außerhalb ihres Herrschaftsbereichs – zum Ausdruck brachten. Während freilich die Safawiden über das Prestige der Nachkommenschaft des Propheten Muhammad verfügten (und somit sich dem Einfluss der Geistlichkeit weitgehend entziehen konnten), war dies den Qadscharen nicht mehr gegeben, mit der Folge, dass sie gegen Ende des 19. Jahrhunderts zunehmend in Konflikte mit der hohen Geistlichkeit gerieten.

Der Nationalismus Reza Schahs, der 1925 die Herrschaft antrat, schöpfte aus der Beschwörung der Größe der Vergangenheit. War er noch mit Unterstützung der Geistlichkeit, um die er anfangs geworben hatte, an die Macht gebracht worden, so war er in den folgenden Jahren bemüht, ihren Einfluss – nicht ohne Anwendung von Zwang – Zug um Zug zurückzudrängen. Bereits der Name, den er seiner »Dynastie« gab (Pahlawi), war beredt, da er auf die mittelpersische Sprache der Dynastie der Sassaniden anspielt. Das war begleitet von dem Hinweis auf die Zugehörigkeit der Perser zur »arischen« Rasse; der offizielle Titel des Herrschers lautete *schahanschah-e Iran aryamehr* (»König der Könige, Licht der Arier«). 1935 ordnete Reza Schah an, dass im offiziellen Verkehr das Land nur noch als *Iran* (»Arierland«) bezeichnet werden dürfe. Firdausi wurde zum Nationaldichter. Der altpersischen Bauart nachempfundene Stilelemente fanden in die Architektur der Städte Eingang. Das 1937 eröffnete *Museum des Alten Iran* wurde der repräsentative Ort, der die Transformation Irans in einen Nationalstaat sichtbar machen sollte (► S. 415). Die Ruinen von Persepolis waren nicht nur eine Erinnerung an alte Zeiten, sondern auch ein Versprechen künftiger Größe. Im Nationalgefühl der Pahlawi war kein Raum für religiöse Bezüge. Der offiziellen nationalistischen Ideologie ging eine radikale Säkularisierung einher, die von den Maßnahmen Mustafa Kemal Atatürks inspiriert war.

Auch in der Außenpolitik waren Reflexe des iranischen Nationalismus erkennbar. Die Zusammenarbeit mit dem nationalsozialistischen Deutschland, in dessen Rassentheorie die Zugehörigkeit zum Ariertum ebenfalls eine zentrale Rolle spielte, war eng (► S. 230). Und auch die Auseinandersetzungen mit England Anfang der dreißiger Jahre um die Verbesserung der Konditionen für die *National Iranian Oil Company* waren mit nationalistischen Emotionen unterfüttert. Wie einst im Falle des Tabakprotests 1890 hat auch Muhammad Mosaddeghs Konfrontation mit England zu Beginn der 1950er Jahre um die Verstaatlichung der Ölindustrie nationalistische Emotionen geweckt, die von einer breiten Öffentlichkeit und einem Teil der Geistlichkeit geteilt wurden. Als sich nach 1953 seine Position zu festigen begann, hat Muhammad Reza Schah die Politik seines Vaters aufgenommen. Mit großen Gesten verkündete er, Iran in die *tamaddun-e buzurg* (»große Zivilisation«) führen zu wollen. 1971 wurde die Feier zum 2 500. Jubiläum der Gründung der persischen Monarchie durch Kyros »den Großen«, zu dem die Großen der Welt nach Persepolis eingeladen waren, zu einer spektakulären Selbstdarstellung.

Vor diesem Hintergrund sollte die Revolution von 1979 einen tiefen Einschnitt bedeuten: Das Paradigma von Kerbela und der dortige Märtyrertod des Imam Husain, das Schlüsselereignis der Schiiten, sollte das Paradigma von Persepolis ablösen. Radikale Kräfte unter den Revolutionären traten sogar für die Zerstörung der alten persischen Hauptstadt ein. Straßennamen wurden geändert: So wurde u. a. die

Straße *Takht-e dschamschid* (der persische Name für Persepolis) nach Ayatollah Taleqani benannt. Hatte sich der persische Nationalismus großspurig nicht zuletzt von Arabern und Türken als geringeren Kulturen und Zivilisationen abzusetzen gesucht, so wandten sich die nunmehr dominierenden Geistlichen – etwa im Erziehungswesen – wieder den Arabern als den Vorkämpfern des Islams zu. Der achtjährige Krieg aber, der der Islamischen Republik durch den Überfall des Irak unter Saddam Husain, einem Vorkämpfer des säkularen arabischen Nationalismus, 1980 aufgezwungen wurde, ließ eine abermalige Neubestimmung der Grundlagen iranischer Identität angezeigt erscheinen: Die schiitische Opferbereitschaft paarte sich mit dem Stolz der – als überlegen wahrgenommenen – iranischen Nation. Kerbela von der Unterdrückung durch den »ungläubigen« irakischen Diktator zu befreien, war zugleich eine religiöse wie nationale Aufgabe. Nach dem Krieg gegen den arabischen Aggressor (der auch von anderen arabischen Regierungen unterstützt worden war) war der Enthusiasmus für das Arabische (der in der breiten Öffentlichkeit ohnehin kaum aufgekommen war) deutlich gedämpft. Persepolis als Symbol nationaler iranischer Größe wurde wieder aufgewertet. Neben zahllosen Besuchern werden seither täglich Hunderte von Jugendlichen durch die Ruinenfelder geschickt. Ihr Stolz auf die Größe der Geschichte des Landes soll sie in der Auseinandersetzung mit den Gegnern der Islamischen Republik Iran nationalistisch beflügeln und festigen.

7.1.4 Der »arabische Nationalismus« – Theorie und Wirklichkeit

Der Nationalismus in den *arabischen Ländern* hat durch die Jahrzehnte unterschiedliche Varianten erfahren. Ägypten wurde das erste arabische Land, das – bereits 1922 – seine völkerrechtliche Unabhängigkeit erhielt (auch wenn die britische Herrschaft faktisch in der Innen- und Außenpolitik sowie in der Wirtschaft bis zum Ende des Zweiten Weltkriegs erhalten blieb). Immerhin bestanden unter der britischen Besatzung (seit 1882) relativ breite Freiräume für intellektuelle Debatten und neben dem unter starkem französischem Einfluss stehenden Beirut war Kairo ein geistig-kulturelles Zentrum der arabischen Welt. Auch die Debatten um den »arabischen« Nationalismus wurden hier mit besonderer Intensität geführt. Wie Mustafa Kemal in der Türkei wurde Sa'd Zaghlul (1863–1927) in Ägypten zu einem prägenden Vertreter dieser Generation. Mittelpunkt seines Denkens (und politischen Handelns) war Ägypten als historische und politische Einheit. Der Geist des frühen *Wafd* – die »Gesandtschaftspartei« hat die ersten Jahre nach der Unabhängigkeit politisch geprägt – war der einer »heiligen Union«, eines nationalen Bundes, innerhalb dessen Unterschiede in der Religion nicht zählten. Die Demokratie war die bevorzugte Form der Herrschaft; die Regierung sollte der Wohlfahrt des Einzelnen wie der Gesellschaft insgesamt dienen. Insgesamt freilich war Zaghlul weniger ein Denker als ein politischer Praktiker, dessen Handeln zuvorderst auf die Erringung und den Ausbau der Unabhängigkeit gerichtet war. Wenn er auch besondere Popularität gewann, erstanden doch in anderen Teilen der arabischen Welt, vornehmlich im syrisch-irakischen Raum, zahlreiche nationale Führungspersönlichkeiten, die ähnliche Ziele verfolgten.

In den dreißiger Jahren entstand eine neue Bewegung, die dem arabischen Nationalismus eine breitere inhaltliche Dimension gab. Bereits um 1900 hatte Abd ar-Rahman al-Kawakibi (1849–1903) für die Wiederherstellung eines arabischen Kalifats plädiert: Nur die Araber könnten die islamische Welt vor dem Verfall retten, und zwar aufgrund der Bedeutung der arabischen Sprache für die islamische Religion und der mit Blick auf die *umma* zentralen Lage der heiligen Stätten der Muslime auf der Arabischen Halbinsel. Ein arabischer Kalif aus dem Stamme der Quraisch, dem Stamm des Propheten Muhammad, sollte von Vertretern der *umma* gewählt werden. Raschid Rida (1865–1935) und sein Kreis gingen so weit, einerseits ein starkes arabisches Nationalgefühl zum Ausdruck zu bringen, zugleich aber jeder nationalistischen Bestrebung, die aus der *umma* herausführen würde, eine Absage zu erteilen. Dieser Ansatz freilich, der den Islam als Religion zu einem konstituierenden Faktor der arabischen Identität erklärte, stieß naturgemäß bei säkularistischen Denkern auf Vorbehalte. Sie suchten das Verhältnis zwischen Arabismus und Islam zu harmonisieren, indem sie den Islam nicht mehr vornehmlich mit dem religiösen Gesetz verbanden, sondern primär als Kultur verstanden. Anders als Rida betrachteten sie den arabischen Nationalismus nicht mehr als einen unverzichtbaren Schritt auf dem Weg zur Wiederbelebung des Islams, sondern als den Kern der arabischen Nation, den konstituierenden Gehalt ihrer Kultur und das Medium ihres kollektiven Stolzes.

Abd ar-Rahman al-Bazzaz (1913–1973) steht für diese Umkehr des Wertigkeitsgefühls von Islam und Arabischem Nationalismus. Für ihn ist der Islam eine nationale Religion: Der wirkliche Islam sei ein arabischer Islam gewesen. Aus dem Kern des Arabertums heraus entwickelt, sind seine moralischen Ideale identisch mit den moralischen Grundlagen des Arabertums. Da die islamische Kultur der Ausdruck der arabischen Sprache ist, folgt, dass jeder, der Arabisch spricht, sich die islamische Geschichte als arabische Geschichte zu eigen machen kann. Damit ist eine Brücke zu jenen Arabern geschlagen, die keine Muslime sind. Qustantin Zuraiq (1909–2000), in Damaskus in eine griechisch-orthodoxe Familie hineingeboren, hat diesen Ansatz weiterentwickelt. In einem 1939 erschienenen Buch »Das nationale Bewusstsein« (*al-wa'y al-qaumi*) fordert er ein neues Zusammengehörigkeitsgefühl aller Araber, dessen Grundlage nur der Nationalismus sein könne. Dessen konstituierendes Element müsse der Islam sein. Zuraiq unterscheidet zwischen dem »religiösen Geist« (*ar-ruh ad-diniyya*) und »konfessioneller Solidarität« (*al-asabiyya at-ta'ifiyya*): Ersterer enthalte ein und denselben Kern an Wahrheit, der allen Menschen zugänglich sei. Die darin eingeschlossenen moralischen Prinzipien der Religion seien es, auf denen notwendigerweise eine stabile und gesunde Gesellschaft beruhe. Die Symbole, in denen diese Prinzipien zum Ausdruck gebracht werden, unterscheiden sich zwar von einer Religion zur anderen, aber dieser Unterschied sei eher von kultureller und intellektueller Bedeutung. In diesem Sinne bestehe eine essentielle Verbindung zwischen den Arabern und dem Islam. Muhammad war der Schöpfer einer arabischen Kultur, auf deren Grundlage er die Araber einte.

Die klarste, umfassendste und kompromissloseste Darlegung der Doktrin des arabischen Nationalismus und die deutlichste Markierung der Trennlinie zwischen diesem und dem Islam kam indessen von dem Muslim Sati al-Husri (1879–1968). Syrischen Ursprungs und mit der religiösen Oberschicht Aleppos verwandt, war er in Konstantinopel aufgewachsen und türkisch erzogen worden. Unter den Theoretikern des arabischen Nationalismus ist er derjenige, der am stärksten durch die deutsche Romantik, namentlich Johann Gottlieb Fichte (1762–1814) beeinflusst war. Den Nationalismus sah er als die zentrale Wirkkraft bei der Gründung von Staaten und der Erweckung patriotischer Gefühle an. Das »Vaterland« sei für den Einzelnen der Raum, in dem er mit anderen Individuen gleicher Nationalität zusammenlebe, und der Anspruch des Staates auf seine Loyalität gründe sich darauf, dass der Staat den Willen der Nation verkörpere. Was aber ist die Nation? Ihr Fokus sei wesentlich die Sprache und die arabische Nation bestehe aus allen, die Arabisch als ihre Muttersprache sprechen. Die Religion könne zur Erweckung einer Einheit in den Gefühlen hilfreich sein. Andererseits aber könne sie sich nur durch das Medium nationaler Gefühle ausbreiten. Jede Religion habe eine enge Beziehung mit einer spezifischen Sprache, in der die Heiligen Schriften verfasst sind und verkündet werden. Die Existenz einer Nation gehe derjenigen einer religiösen Gemeinde voraus; eine Nation sei also nicht notwendig an eine Religion gekoppelt. Wenn auch die Entwicklung der arabischen Nation eng mit dem Islam verbunden ist, so seien die Araber doch nicht wesentlich eine islamische Nation. Arabisch sprechende Christen seien deshalb in eben derselben Weise Araber wie die Muslime und sie können Araber sein, ohne irgendetwas von ihrer religiösen Tradition aufzugeben oder Muslime zu werden.

Al-Husri widerspricht gleichermaßen sowohl islamischen Nationalisten, die die Loyalität der Araber zu der islamischen *umma* fordern, als auch denen, deren Nationalismus sich aus einem regional eingegrenzten oder geschichtlich begründeten Selbstverständnis nährt. Er wird nicht müde mit Nachdruck zu betonen, dass auch Ägypten Teil der arabischen Nation sei. Dabei hatte er nicht zuletzt diejenigen Ägypter im Blick, die in den dreißiger Jahren einen eigenen Nationalismus vertraten, der sich aus dem Bezug zu den Pharaonen (Pharaonismus) und der vorislamischen Kultur Ägyptens ableitete. Andere Ägypter – besonders nachdrücklich Taha Husain (► S. 402) – ordneten sich in ihrem Selbstverständnis vor allem dem Raum des Mittelmeers zu. Eine Sicht, die sie mit vielen maronitischen Christen im Libanon teilten. Diese konstruierten ihre Identität durch den Bezug zu den Phöniziern, die sich ausgehend von der Küste des Libanon über den ganzen Raum des Mittelmeers verbreitet hatten. Auf diese Weise suchten sie dem »Makel«, eine bloße Minderheit im Ozean einer sich auf den Islam gründenden arabischen Nation zu sein, entgegen zu wirken. Einen großsyrischen Nationalismus vertrat Antun Sa'ada (1904–1949) mit der von ihm gegründeten *Syrischen Nationalen Sozialen Partei* (*Al-hizb as-suri al-qaumi al-idschtima'i*), einer Bewegung, die aber marginal blieb. Das Werk al-Husris selbst fand nach dem Zweiten Weltkrieg gleichsam panarabische Anerkennung: Mit der Gründung der *Arabischen Liga* 1945 wurde er zum Direktor des ihr verbundenen *Instituts für Arabische Studien* ernannt.

Tatsächlich ist die panarabische Variante des arabischen Nationalismus nach dem Zweiten Weltkrieg zu einer politischen Ideologie von erheblicher emotionaler und politischer Mobilisierungskraft geworden. In Gestalt der *Ba'th*-Partei und über ihre vom nasseristischen Kairo medial ausstrahlende propagandistische Verbreitung über den in der ganzen arabischen Welt gehörten Sender »Stimme der Araber« (*Saut al-Arab*) hat sie zahlreiche Araber zwischen Nordafrika und Jemen in ihren Bann gezogen. Für Michel Aflaq (1910–1989), einen griechisch-orthodoxen Christen und Mitbegründer der Bewegung der arabischen »Erweckung« (*ba'th*), war die Erfahrung, Araber zu sein, von nahezu mystischer Unmittelbarkeit. Sie hatte im Wesentlichen die Einheit der arabischen Nation als Trägerin einer »unsterblichen Botschaft« (*risala khalida*) zum Inhalt. Für alle, deren Muttersprache Arabisch ist und die in einem arabischen Land leben, könne es nur eine Identifikation geben: die als Araber. Jede andere »nationale« Bindung – zumal an geographisch enger verstandene Identitäten – erklärte er für abwegig. Dabei wurde in der Frühphase der Bewegung durchaus das islamische Element im arabischen Nationalismus unterstrichen. Der Islam sei Träger der »nationalen Kultur« der Araber. Er vermittle ihnen jenes Erbe, das den zentralen Teil des Selbstbewusstseins des sich zum Arabertum bekennenden Einzelnen ausmache. Der besondere Charakter des Panarabismus im Verständnis der Gründer der *Ba'th*-Bewegung war dessen revolutionäre Kraft: Die Revolution sei der einzige Weg, über den sich die Araber selbst erneuern und geistige Erfüllung finden würden. Die gesellschaftliche – sozialistische – Umgestaltung der arabischen Region war für den *Ba'th* mit dem arabischen Nationalismus untrennbar verbunden; und tatsächlich ist diese dort, wo die offiziell 1946 gegründete *Ba'th*-Partei die Macht übernahm (Syrien 1963, Irak 1968), betrieben worden.

Abb. 18: Gamal Abd an-Nasir (Nasser, hier 1961) war eine Persönlichkeit von charismatischer Ausstrahlung. Trotz seines Scheiterns umgibt ihn in der Erinnerung vieler Araber auch heute noch die Aura des Heilsbringers.

Der wirkungsmächtigste Panarabist aber sollte nicht aus den Reihen der *Ba'th*-Partei hervorgehen. Für einen kurzen Zeitraum der neueren arabischen Geschichte – etwa 1956 bis 1967 – wurde der Ägypter Gamal Abd an-Nasir (Nasser, 1918–1970) zum Hoffnungsträger vieler Araber. Ein panarabisch-nationalistischer Weckruf wurde sein politischer Triumph im Konflikt mit Großbritannien in der Krise um den Suezkanal 1956 (► S. 324). Dass er nach der Verstaatlichung der Suezkanal-Gesellschaft dem britisch-französisch-israelischen Angriff widerstand, machte ihn zum Helden weitester Teile der arabischen Öffentlichkeit. Mit der Vereinigung Ägyptens und Syriens zur *Vereinigten Arabischen Republik* (VAR, 1958) schien ein erster konkreter Schritt in Richtung auf die Vereinigung der arabischen Völker getan. Zugleich unterstützte er den Befreiungskampf der Algerier gegen Frankreich. Die zur Revolution gegen die bestehenden – namentlich monarchischen – konservativen Ordnungen aufrufende Propaganda der »Stimme der Araber« führte zu einer tiefen Verwerfung innerhalb der arabischen Welt. Angesichts der »Anfälligkeit« breiter arabischer Öffentlichkeiten für die revolutionäre Propaganda aus Kairo verschärften die konservativen Regimes nicht nur die Repression, sondern riefen auch auswärtige militärische Unterstützung, namentlich seitens Großbritanniens und der USA ins Land. Gleichwohl vollzogen sich tiefgreifende Regimewechsel, in denen der Arabismus bzw. Panarabismus als mobilisierende bzw. identitätsstiftende Kraft in Erscheinung trat: Noch der Hauptmann Mu'ammar al-Qadhafi, der 1969 – zu einem Zeitpunkt, als Nasser selbst bereits seine Strahlkraft verloren hatte – die Monarchie in Libyen stürzte, war ein enthusiastischer Panarabist und Gefolgsmann Nassers. Seine in den siebziger Jahren unternommenen Einigungsbestrebungen freilich stießen zu diesem Zeitpunkt weder in der arabischen Öffentlichkeit noch bei den Regierungen mehr auf Gegenliebe.

Tatsächlich standen sich die Panarabisten von Anfang an selbst im Wege. Zum einen verwickelte sie ihr panarabischer Furor sehr bald in gegenseitige Rivalitäten, ja offene Konflikte. Bereits 1961 scheiterte die VAR an machtpolitischen Gegensätzen zwischen Nasser in Ägypten und den selbstbewusst gewordenen Ba'thisten in Damaskus. Nach der endgültigen Machtübernahme der *Ba'th*-Partei in Bagdad (1968) und in Syrien (1970) bekämpften sich die jeweiligen lokalen Führungen der Partei zeitweise bis auf's Messer. Zum anderen verband sich der politische Panarabismus der fünfziger und sechziger Jahre mit der Forderung nach einer tiefgreifenden Revolution der politischen Systeme und ihrer gesellschaftlichen Grundlagen. Dieser Verbindung von Panarabismus und Sozialismus erwuchs seit den fünfziger Jahren eine Gegnerschaft vonseiten der konservativen, auf den Wurzeln arabisch-islamischer Herrschaftstraditionen beruhenden Regimes in Nordafrika und auf der Arabischen Halbinsel.

7.1.5 Die zionistische Bewegung

Die bis hierher dargestellte nationale Bewegung unter Türken (und Kurden), Iranern und Arabern artikulierte sich unter Völkern, die seit eh und je – im Falle der Türken seit eintausend Jahren – im Vorderen Orient ihre angestammten Wohnsitze hatten und die Träger der Geschichte gewesen waren. Anders verhielt es sich mit dem

Zionismus, einem Nationalismus, der unter Juden in Europa seinen Ursprung hatte. Unter Bezug auf die Geschichte jüdischer Staatlichkeit in Palästina, die mit der Eroberung Jerusalems durch den römischen Feldherrn und späteren Kaiser Titus (reg. 79–81 n. Chr.) im Jahr 70 an ihr Ende gekommen war, reklamierte der Zionismus die Rückkehr der Juden nach Palästina und die Wiedererrichtung eines jüdischen Staates.

Bis zur Eroberung Jerusalems durch britische Truppen am 11. Dezember 1917 war Palästina Teil des Osmanischen Reichs. Auf Druck der europäischen Mächte hatten sich die ägyptischen Truppen, die die osmanische Herrschaft über den groß-syrischen Raum herausgefordert hatten, 1840 zurückziehen müssen (▶ S. 46). Seither waren sowohl das politische wie das religiöse Interesse an Palästina, das jahrhundertelang im Schatten der Weltpolitik gelegen hatte, deutlich gestiegen. Europäische Mächte verstärkten ihre politische und diplomatische Präsenz. Religiöse Gemeinschaften aus Europa begannen, in Palästina zu siedeln. Der Anspruch Russlands, ein Protektorat über alle Christen im Heiligen Land auszuüben, wurde nicht nur von der Hohen Pforte bestritten, sondern stieß auch in europäischen Hauptstädten auf Widerstand; er wurde zu einem der Auslöser des Krimkrieges. Auch unter den europäischen Juden stieg die Aufmerksamkeit für Palästina. Vereinzelt machten sich fromme Juden dorthin auf und gründeten neue jüdische Gemeinden. Dass daraus aber schließlich ein starker Strom und eine organisierte Bewegung werden sollte, war den Lebensumständen der Juden insbesondere in Osteuropa geschuldet. Namentlich in der Ukraine und in Russland war die Lage der jüdischen Gemeinden prekär. Wiederholt, besonders grausam 1881/82, war es zu antisemitisch motivierten Pogromen gekommen, denen zahlreiche Juden zum Opfer gefallen waren. Die Folge war nicht nur die Auswanderung von Juden in die Städte Mittel- und Westeuropas. Bald sollte diese menschlich diffuse Reaktion durch ein ideologisch ausgearbeitetes Programm der »Rückgewinnung« des von Gott verheißenen »Landes der Väter« auf eine gefestigte Grundlage gestellt werden.

Als Vorläufer des Zionismus gelten Moses Hess (1812–1875) und Leon Pinsker (1821–1891). In ihren Schriften konstatierten sie nicht nur eine jüdische Nation, sondern forderten auch die Schaffung eines jüdischen Staates. Die Gefährdungen, denen sich die Juden Europas ausgesetzt sahen, würden sich erst durch ihr Selbstverständnis als Nation und – schließlich – als Staatsvolk eines eigenen Staates überwinden lassen. Theodor Herzl (1860–1904) wurde der Mann, mit dem die Entstehung des politischen »Zionismus« – erst in den neunziger Jahren sollte dieser Begriff die Bewegung kennzeichnen – untrennbar verbunden ist. Der Wiener Jude, der sich bis zu seiner »Berufung« seiner jüdischen Eigentümlichkeit kaum bewusst war, wurde in seiner Zeit als Korrespondent der *Neuen Freien Presse* seit 1891 in Paris Zeuge antisemitischer Vorfälle, die ihn schlagartig zu der Überzeugung hatten kommen lassen, dass ein friedliches Leben für Juden in einem Europa nicht länger gesichert wäre, das durch ausgrenzenden Nationalismus in Verbindung mit wachsendem Antisemitismus gekennzeichnet war. Nur in der Schaffung eines eigenen jüdischen Staates würde das Überleben der Juden gewährleistet werden können. Literarisch und programmatisch entfaltete er sein Konzept in einer Schrift, die im Februar 1896 erschien: *Der Judenstaat – Versuch einer modernen Lösung der Judenfrage.* Darin heißt es im ersten Satz: »Der Gedanke, den ich in dieser Schrift ausführe, ist ein uralter, es ist die Herstellung des Judenstaates«. Auf Herzls Betreiben kamen die Protagonisten des jüdisch-nationalen, aber säkularen Zionismus im August 1897 zu ihrem ersten Kongress in Basel zusammen. Die 204 Delegierten, deren Mehrheit aus Osteuropa stammte, verabschiedeten eine Resolution, in der es heißt: »Der Zionismus erstrebt die Schaffung einer öffentlich-rechtlich gesicherten Heimstätte in Palästina für diejenigen Juden, die sich nicht anderswo assimilieren können oder wollen an«.[36]

Zahlenmäßig waren die Anfänge der zionistischen Bewegung eher unscheinbar. Unter der großen Mehrheit der Juden in Europa fand die Bewegung nur geringen Widerhall. Für viele unter ihnen, die in die europäischen Gesellschaften integriert waren, konnte eine jüdische Selbstausgrenzung nur eine Verstärkung antisemitischer Gefühle, die zwar wahrgenommen, aber noch nicht weithin als bedrohlich empfunden wurden, zur Folge haben. Die Protagonisten aber bauten beharrlich, wenn auch zunächst nur langsam am Gebäude der jüdischen Heimstätte. Ein wichtiger Beitrag war die Wiederbelebung der hebräischen (Kult-)Sprache zu einer modernen Mutter- und Umgangssprache durch Eliezer Ben-Yehuda (1858–1922). Ab 1910 erschien sein *Hebräisches Wörterbuch*, Grundlage des modernen *Ivrit*. 1922 konnte er Herbert Samuel, den Hochkommissar des britischen Mandats Palästina, überzeugen, Hebräisch neben Arabisch und Englisch zur offiziellen Amtssprache zu erheben. Kern des Programms des Aufbaus der »Heimstätte« waren die Ansiedlung europäischer Juden in Palästina und die Bebauung des Bodens durch die Siedler. Der *Kibbuz* (Pl. *Kibuzzim*) wurde die Zelle, aus der die Siedlergemeinschaft erwuchs. Dabei handelte es sich um eine genossenschaftliche Siedlung gleichberechtigter Mitglieder, in der es kein Privateigentum geben und das tägliche Leben kollektiv organisiert werden sollte. Als erster Kibbuz wurde Degania im Oktober 1910 von einer zionistischen Gruppe aus Weißrussland gegründet. Die aktive Mehrheit unter den sich nach dem Ersten Weltkrieg programmatisch differenzierenden zionistischen Gruppierungen entstammten linken Bewegungen, die im Zarenreich und anderswo in Osteuropa aktiv gewesen waren.

Der Zionismus war aber nicht die einzige Bewegung, die den Juden in Europa einen neuen Status zu geben bemüht war. Nur wenige Wochen nach dem Basler Kongress kamen am 7. Oktober 1897 in Vilnius osteuropäische jüdische Sozialisten zusammen, um eine Organisation namens *Algemeyner Yidisher Arbeter Bund in Polyn un Rusland* (abgekürzt: *Bund*) zu gründen. Für sie war die »Judenfrage« vor allem eine soziale und wirtschaftliche, weniger eine politische Angelegenheit. Ihr konkretes Ziel war es, alle jüdischen Proletarier zu vereinigen, die sich bereits seit den späten achtziger Jahren in lokalen Gruppen zu organisieren begonnen hatten. Auch innerhalb des Zionismus bestanden unterschiedliche Auffassungen davon, was dieser inhaltlich bedeute. In Herzls *Judenstaat*, dem er in seinem 1902 erschienenen utopischen Roman *Altneuland* (in der hebräischen Übersetzung Nachum Sokolows [1859–1936]: *Tel Aviv*) literarisches Leben verlieh, lebte eine durch und durch europäisch geprägte Gesellschaft; in ihr spielt die Religion keine besondere Rolle. Mit dieser extrovertierten »europäischen« Einstellung aber wollte sich eine Gruppe von Persönlichkeiten nicht einverstanden erklären, die als »Kulturzionisten« bezeichnet worden sind. Für den nahe Kiew geborenen Ascher Ginsberg (1856–1927, bekannt als Achad Ha'am) war die Vorstellung, dass das kleine Palästina die fünfzehn Millionen Juden der Welt aufnehmen könnte, lächerlich. Daher sollte die Aufgabe des Zionismus vor allem darin bestehen, für die in der Diaspora verbleibende Mehrheit ein geistiges Zentrum aufzubauen. Während Herzl nur das Problem der Juden zu lösen suchte, wollte Achad Ha'am auch das Problem des Judentums lösen. Man benötige keinen Judenstaat, sondern einen jüdischen Staat bzw. ein geistiges jüdisches Zentrum. Auch der in einem Schtetl in Weißrussland geborene bekannte Historiker Simon Dubnow (1860–1941) plädierte für den Verbleib der Juden in Osteuropa und forderte dort ihre Rechte als nationale Minderheit mit eigener Sprache und Kultur ein. Eine Gruppe mittel- und westeuropäischer Intellektueller organisierte sich 1925 im *Friedensbund* (*Brit Schalom*); sie machten sich eine jüdisch-arabische Verständigung im Rahmen des zionistischen Ziels der Schaffung einer jüdischen Gemeinschaft in Palästina zur Aufgabe. Ein bekannter Vertreter des *Friedensbundes* war der Philosoph Martin Buber (1878–1965).

Theodor Herzls Vorstellung vom Judenstaat war eine vollständig säkulare. Darin folgten ihm die aus der sozialistischen Bewegung hervorgegangenen Gruppierungen sowie bürgerlich liberale Kreise. Religiöse Juden hatten damit ein Problem. Ihr ultraorthodoxer Flügel lehnte den Zionismus vehement ab: Nach dem Ende des jüdischen Staates im Jahr 70 n. Chr. einen neuen jüdischen Staat zu gründen, erschien ihnen geradezu als Gotteslästerung: Erst mit dem Erscheinen des Messias würde dieser beruhend auf dem religiösen Gesetz entstehen. Während die ultraorthodoxen Juden erst nach der Erfahrung des Holocaust einen – prekären – Frieden mit dem Zionismus und dem Staat Israel machten, bildete sich bereits früh ein national-religiöser Flügel heraus, dessen Vertreter überzeugt waren, in einem jüdischen Staat würden Juden ihr Leben streng nach dem religiösen Gesetz und unbeeinflusst durch assimilatorische Tendenzen gestalten können. Religiöse Parteien wie der 1902 gegründete *Misrachi* und später die *Nationalreligiöse Partei* suchten dementsprechend der Religion einen zentralen Stellenwert im künftigen Staat zu verschaffen. Säkular, aber zugleich in scharfer Opposition zum Arbeiterzionismus, und in seinen territorialen Ansprüchen über den Hauptstrom des Zionismus hinausgehend, entstand Mitte der zwanziger Jahre eine konservativ-militante bzw. extremnationalistische Gruppierung, die einen jüdischen Staat zu beiden Seiten des Jordan anstrebte. Als ihr geistiger Vater gilt Wladimir Zeev Jabotinsky (1880–1940), der Begründer der *Revisionistischen Partei*.

Die jüdische Katastrophe des Holocaust hat der Gründung des Staates Israel nach dem Zweiten Weltkrieg als Erfüllung der zionistischen Ideologie entscheidende Impulse verliehen. Im Verlauf der Geschichte Israels seither sind die erwähnten ideologischen Komponenten politisch hervorgetreten (► Kap. 9.5). Sie haben die Innenpolitik ebenso bestimmt wie die Außenpolitik, namentlich in Gestalt des Konflikts mit den palästinensischen Arabern. Immer neue Allianzen wurden geschmiedet und tiefgreifende Veränderungen der Kräfteverhältnisse haben sich ergeben. Wellen von Einwanderern aus dem islamischen Raum und der untergegangenen Sowjetunion haben die europäischen Wurzeln der zionistischen Bewegung und des Staates überlagert. Jenseits des Konflikts um Palästina ist der jüdische Staat bis in die Gegenwart ein Fremdkörper geblieben. Das Ziel Theodor Herzls und seiner zahlreichen Mitstreiter und Gefolgsleute, ein Gemeinwesen zu errichten, in dem Juden in Sicherheit und frei von Gefährdungen würden leben können, ist kaum erreicht worden.

7.2 Attraktiv und umstritten – der »linke« Weg der Entwicklung

In der Entstehung des ursprünglichen Zionismus als des jüdischen Nationalismus hat der Sozialismus einen hohen Stellenwert. Auch der arabische Nationalismus ist in seiner konkreten politischen Ausgestaltung mit Versatzstücken des Sozialismus verschmolzen worden. Nach einer Reihe – nicht zuletzt arabisch-christlicher – Vorgänger wurde der koptische Ägypter Salama Musa (1887–1958) eine Art geistiger Vater und Vordenker des Sozialismus im arabischen Raum. Das Ziel des Sozialismus sei, die Bedingungen für soziale Gerechtigkeit im wirtschaftlichen Handeln herzustellen. Befreit von den Fesseln, die sich aus den Unterschieden in Besitz und Gewinn ergäben, müsse jeder sein Einkommen auf der Grundlage gesellschaftlicher Gleichheit erwirtschaften können. In einer sozialistischen Gesellschaft dürfe nur der Staat über die Produktionsmittel verfügen; der Einzelne erhalte sein Einkommen aus der geleisteten Arbeit, bei welcher jeder gleiche Chancen haben solle. Dabei räumt Musa ein, dass die Einkommenschancen aufgrund unterschiedlicher Voraussetzungen und Fähigkeiten differierten.

Nach dem Ende des Ersten Weltkriegs ist der Sozialismus im Nahen Osten eine organisierte Bewegung geworden. Dabei unterschied sich der »arabische« oder »islamische« Sozialismus wesentlich von seiner europäischen Spielart. Seine Prinzipien knüpften an vor-nationale Strömungen an. Nicht zuletzt waren seine Ideologen und Vorkämpfer bemüht, ihn aus ethischen und moralischen Prinzipien des Islams herzuleiten. Betont wird soziale Gerechtigkeit im herkömmlichen islamischen Sinne: Dem Klassenkampf wird die Aufhebung der gesellschaftlichen Unterschiede in der Harmonie der »demokratischen kooperativen Gesellschaft« gegenübergestellt. Ohne einen ideologischen Überbau beschränkt sich der »Arabische Sozialismus« auf »sozialistische« Maßnahmen wie eine Bodenreform durch Umverteilung (jedoch nicht Abschaffung) des Bodenbesitzes sowie auf die Ausweitung der Rolle des Staates in der nationalen Volkswirtschaft, insbesondere die Einführung eines zentralen Planungssystems und die Verstaatlichung von Schlüsselindustrien und Banken. Begleitend dazu war etwa Nasser bemüht, durch religiöse Gutachten aus der *Azhar*-Universität die Vereinbarkeit von Arabischem Sozialismus und Islam bestätigen zu lassen. Algerien sollte nach der Unabhängigkeit unter Staatschef Houari Boumedienne (reg. 1965–1978) einen eigenen Weg des Sozialismus einschlagen. In Libyen ging Mu'ammar al-Qadhafi nach einem nasseristischen Vorspiel in den siebziger Jahren zu einem eigenen Entwicklungsweg egalitärer Entscheidungsstrukturen über, den er in seinem *Grünen Buch* niederlegte.

In der Türkei Atatürks bestand kaum Raum für die Entstehung »linker« sozialistischer Parteien; die offizielle *Republikanische Volkspartei* deckte jenes Ausmaß an Sozialismus ab, das man glaubte, dem Zeitgeist entgegenbringen zu müssen. Strategisches Zentrum bei der Umsetzung des kemalistischen Prinzips des *etatism* war die staatliche Planung der wirtschaftlichen Entwicklung. Mit der Liberalisierung des politischen Lebens nach dem Zweiten Weltkrieg entstanden zwar zahlreiche »sozialistische« Parteien, doch ist es nicht zur Entwicklung einer eigenständigen Variante des »türkischen Sozialismus« gekommen. Auch die Positionierung »links von der Mitte« (*ortanın solu*), die sich Bülent Ecevit (1925–2006), der 1974 zum ersten Mal Ministerpräsident wurde, auf die Fahne geschrieben hatte, ist über einen Slogan nicht hinausgekommen.

In Iran breitete sich sozialistisches Gedankengut seit dem Beginn des 20. Jahrhunderts vom russisch beherrschten Südkaukasus aus. Namentlich in Tiflis und Baku fanden sozialistische Ideen, die unter Teilen der politischen Opposition in Russland propagiert wurden, Gehör. Von hier aus sprangen sie über die Grenze nach Iranisch-Aserbaidschan hinüber, wo sie sich während des Ersten Weltkriegs mit lokalen Widerstandsbewegungen verbanden (► S. 223). Nach der russischen Revolution vom November 1918 suchten bolschewistische Agitatoren und Angehörige der Roten Armee die revolutionäre Bewegung in Iran zu verbreiten. Unter Reza Schah waren »linke« Organisationen der Verfolgung ausgesetzt. Erst nach seinem Sturz (1941) und der Besetzung Nordirans durch sowjetische Truppen konnten linke Kräfte wieder agitieren; einmal mehr verbanden sie sich mit nationalen Aspirationen: nunmehr insbesondere unter Aserbaidschanern und Kurden. In dem Maße, in dem sich nach dem Ende des Zweiten Weltkriegs die Herrschaft Muhammad Reza Schahs konsolidierte, kehrte dieser zu der repressiven Politik seines Vaters zurück. Die »Linke« trat nunmehr durch radikale, terroristisch operierende Gruppierungen in Erscheinung, die eine eher marxistische Revolution und islamisch-religiöse Versatzstücke zu verbinden suchten.

Im Staatenbildungsprozess, der nach dem Ende des Ersten Weltkriegs die politische Landkarte des Nahen Ostens entstehen ließ, sind viele religiöse und ethnische Gruppen in einem politisch und rechtlich ungesicherten Zustand an den Rand gedrängt worden. Von den Kurden wurde vorstehend bereits gesprochen; sie sind den Weg des Widerstandes gegangen. Anderen erschien es erfolgversprechender und wirkungsvoller, die Entwicklung des zentralistisch regierten Nationalstaates durch Forderungen nach politischen und gesellschaftlichen Reformen zu begleiten und auf diese Weise den eigenen Anspruch offensiv zu vertreten. Auffallend ist jedenfalls, dass die prägenden Ideologien, der Nationalismus und der Sozialismus (aber auch der Kommunismus, von dem unten gesprochen wird) aus den jeweiligen Randgruppen der neu entstandenen Staaten überdurchschnittlich großen Zulauf erhalten haben: So unterstützten ägyptische Kopten traditionell die *Wafd*-Partei, Kurden und Aleviten in der Türkei namentlich in den siebziger Jahren die verschiedenen Organisationen der radikalen Linken, syrische Alawiten, Drusen und Ismailiten die *Ba'th*-Partei. Die algerische Nationalbewegung schließlich wurde bis in die Mitte der fünfziger Jahre maßgeblich durch Berber geprägt. Die *Kommunistischen Parteien* der Region haben sich in ihrer Entstehung in erheblichem Maße aus Randgruppen rekrutiert: in Syrien aus Kurden und Griechisch-Orthodoxen, im Irak aus Chaldäern, Kurden und Schiiten (die zwar zahlenmäßig eine Mehrheit bilden, aber politisch über weite Teile der neueren Geschichte des Irak marginalisiert wurden), in Iran aus Azeris, Armeniern und Assyrern. Und die einflussreichsten Führer der marxistisch inspirierten Gruppen innerhalb der *Palästinensischen Befreiungsorganisation* (*Palestine Liberation Organisation*, PLO), der *Popular Front for the Liberation of Palestine* und der *Democratic Front for the Liberation of Palestine* waren christliche Mittelschicht-Intellektuelle.

Das spektakulärste Beispiel für den Aufstieg einer minoritären Religionsgemeinschaft über eine säkularistische arabisch-sozialistische Partei sind die syrischen Alawiten (nicht zu verwechseln mit den Aleviten in der Türkei), die spätestens seit der Machtergreifung Hafiz al-Asads (1970) die entscheidenden Machtpositionen in Syrien kontrollierten. Für diese ursprünglich ärmliche, räumlich, ökonomisch wie politisch marginalisierte und diskriminierte aus dem schiitischen Islam hervorgegangene Sekte, die sich vorwiegend in den bäuerlichen Gebieten der Provinz Latakia konzentrierte, war die Entstehung moderner staatlicher Institutionen (Armee, Bürokratien, Parteien, öffentliche Bildungseinrichtungen) nach dem Ersten Weltkrieg gleichbedeutend mit der Öffnung neuer Aufstiegskanäle jenseits der von Sunniten und Griechisch-Orthodoxen beherrschten privaten Wirtschaft. In Schulen, Kasernen und Militärakademien konnte sich eine neue alawitische Mittelschicht herausbilden, die sich dank ihrer energischen Mitarbeit in der *Ba'th*-Partei nach dem Zweiten Weltkrieg allmählich im syrischen Staatsapparat, vor allem in der Armee, nach oben arbeitete.

An den Rändern der »linken« Strömung sind zwei radikale Ideologien auffällig, welche die bestehenden Ordnungen tiefgreifend zu revolutionieren getrachtet haben: die islamistische und die marxistisch-kommunistische. Erstere ist in der Revolution in Iran und in der Gründung der »Islamischen Republik« (1979, ▸ Kap. 11.2) sowie in der Ausrufung eines »Islamischen Kalifats« (2014) in Erscheinung getreten. Über sie wird weiter unten gesprochen (▸ Kap. 11.3). Demgegenüber hat der Kommunismus – trotz einer zeitweilig beträchtlichen Anhängerschaft und propagandistischer Unterstützung vonseiten der Sowjetunion und ihrer Vasallen – keine nachhaltigen Veränderungen gezeitigt.

Auf die kommunistischen Umtriebe in den südkaukasischen Ländern (▸ S. 138) und den an Russland grenzenden nördlichen Landesteilen Irans wurde bereits hingewiesen. Im arabischen Raum entstanden in den zwanziger Jahren kommunistische Gruppierungen. Den besonderen Umständen, d. h. der zionistischen Einwanderung aus osteuropäischen Ländern geschuldet, hatte sich die *Palästinensische Kommunistische Partei* bereits 1923 konstituiert – ihre Gründer waren ausnahmslos Juden. Nicht-Muslime, namentlich Christen, hatten auch an der Gründung kommunistischer Parteien im Libanon und in Syrien einen starken Anteil. Die Bedingungen der Mandatszeit machte es einer kommunistischen Partei nicht eben leicht, sich auf der Grundlage eines marxistischen Programms revolutionärer Wandlung zu betätigen. Dies nicht nur wegen des streckenweisen Verbots seitens der Mandatsmächte. Vielmehr stand nicht die Errichtung der klassenlosen Gesellschaft, sondern das Streben nach Unabhängigkeit an der Spitze der politischen Agenden – und die Protagonisten dieses Strebens waren in der Zwischenkriegszeit eher traditionelle Eliten und bürgerliche Kräfte. Auch bot der Stand der wirtschaftlichen, namentlich industriellen Entwicklung nur unzureichende Voraussetzungen für die Weckung eines revolutionären Bewusstseins unter den breiten Massen. Die Unterstützung gewerkschaftlicher Organisationen war noch die signifikanteste Maßnahme eines klassenkämpferischen Programms.

Von marxistischen oder gar leninistischen Vorstellungen aber war die Masse arabischer Kommunisten weit entfernt. Wiederkehrende Themen in den programmatischen Einlassungen kommunistischer Autoren waren eher allgemeine Missstände wie das soziale Elend und die Ungerechtigkeit sowie die Forderung nach Gleichheit und Brüderlichkeit. Wo die kommunistischen Parteien nicht unterdrückt waren, schien es diesen opportun, die nationalistischen Kräfte zu unterstützen. Das aber zwang sie zu einem auf die Dauer schmerzhaften Spagat zwischen der nationalistischen, auf die Unabhängigkeit eines Landes gerichteten und der vom Marxismus inspirierten internationalistischen Perspektive. Schließlich wurden die ohnehin schwierigen Bedingungen der kommunistischen Agitation innerhalb der Gesellschaften durch die wechselnden Vorgaben vonseiten der *Kommunistischen Internationale* nicht gerade erleichtert: Ab 1928 gingen diese in Richtung einer Radikalisierung der sozialen Revolution, die den Klassenkampf in den Vordergrund stellte; nach 1935 leitete sie demgegenüber eine »Volksfront«-Politik ein, die auf das Zusammenstehen der Klassen im Kampf gegen den Hauptfeind, den Faschismus im Weltmaßstab und die Kolonialherrschaft in den abhängigen Ländern, abhob.

Nach dem Ende des Zweiten Weltkriegs war das Geschick der kommunistischen Parteien im Nahen Osten wesentlich durch zwei Faktoren bestimmt: die Konstellationen im Ost-West-Konflikt und die Rivalität zu anderen »linken«, zugleich aber nationalistischen Strömungen. Bis zum Beginn der siebziger Jahre haben kommunistische Parteien und Bewegungen vielerorts in Nordafrika und im Nahen Osten in unterschiedlichen Kontexten und mit wechselnden Geschicken politisch agiert. In den Machtkämpfen mit den Nationalisten waren sie am Ende des Tages aber unterlegen. Sowohl Nasser als auch die Ba'thisten suchten den taktischen Schulterschluss mit den Kommunisten, solange es um den Kampf gegen den jeweiligen gemeinsamen Gegner ging. War das Ziel der Machtergreifung erreicht, wurden sie verfolgt oder politisch neutralisiert. Nasser nahm den ägyptischen Kommunisten den Wind aus den Segeln, indem er einräumte, dass die gesellschaftlichen Probleme Ägyptens eine auf klassenmäßigen Unterschieden beruhende Dimension hatten. So konnten diese nicht umhin, »linke« Maßnahmen wie die Landreform und die Verstaatlichung von Industrieunternehmen und Banken zu unterstützen. Aber mit ihren ideologischen Vorstellungen vom Klassenkampf mit dem Ziel der Errichtung der klassenlosen Gesellschaft waren sie zum Scheitern verurteilt. So wurden die Kommunisten streckenweise ebenso verfolgt wie die Muslimbrüder. In Syrien wurde der Führer der *Kommunistischen Partei*, Khalid Bakdasch (1912–1995), 1954 der erste kommunistische Abgeordnete, der in freien Wahlen in ein arabisches Parlament gewählt wurde. Als die *Ba'th*-Partei mit der Diktatur Hafiz al-Asads 1970 definitiv die Alleinherrschaft angetreten hatte, wurde die *Kommunistische Partei* als Mitglied der 1972 gegründeten, von der *Ba'th*-Partei angeführten *Progressiven Nationalen Front* politisch faktisch entmündigt.

Im südjemenitischen Aden rief die kommunistische *National Liberation Party* 1967 die *Demokratische Volksrepublik Südjemen* aus; sie wurde der einzige kommunistisch regierte arabische Staat. Hinter ihr kam die *Irakische Kommunistische Partei* (KPI) der Machtübernahme am nächsten. Ihre Anfänge gingen auf die frühen 1920er Jahre zurück. Mit der Förderung von Erdöl war im Irak die sozio-ökonomische Ausgangslage für die Partei günstiger als in anderen, vornehmlich agrarisch bestimmten arabischen Ländern. Außenpolitisch begünstigt durch die Allianz Großbritanniens und der Sowjetunion, hatte sie im Zweiten Weltkrieg die probritische Regierung unterstützt, was ihr einen relativ großen innenpolitischen Spielraum verschafft hatte.

Nach eigenen Angaben soll sie 1944 11 000 Mitglieder gehabt haben. Im Zeichen des »Kalten Krieges« war sie nach dem Krieg verboten und teilweise blutig verfolgt worden. Mit dem Ende der Monarchie durch den Militärputsch von General Abd al-Karim Qasim (1958) erhielt sie starken Zulauf – nicht zuletzt von Angehörigen unterprivilegierter Gruppen, insbesondere auch Schiiten und Kurden. Angesichts des Drucks panarabisch-nationalistischer und pro-nasseristischer Kräfte, die den Anschluss an die *Vereinigte Arabische Republik* (► S. 325) forderten, suchte Qasim die Rückendeckung seitens der *Kommunistischen Partei*, die an einer panarabischen Politik des neuen Regimes nicht interessiert war. Mit 20 000 Mitgliedern, zwei Parteimilizen sowie den ihr angeschlossenen Organisationen von Frauen, Jugendlichen und Bauern sowie einer starken Stellung unter den Gewerkschaften befand sie sich 1958/59 auf dem Höhepunkt ihres Einflusses. Das Parteiorgan *asch-Scha'b* (»Das Volk«) hatte eine tägliche Auflage von 23 000 Exemplaren, wovon die übrigen Zeitungen mit Auflagen von nicht mehr als 2 000 Exemplaren weit entfernt waren. Zeitweilig stellten die Kommunisten die Minister für Wirtschaft, Erziehung, Landwirtschaft und Justiz.

Im Unterschied zu anderen Gruppierungen, namentlich den Ba'thisten, die – aus einer erheblich schwächeren Ausgangslage heraus – vor Putschversuchen nicht zurückschreckten, hat die *Irakische Kommunistische Partei* nicht aktiv nach der Macht gegriffen. Dafür gab es zwei Gründe: Zum einen bestanden innerhalb der Führungsriege selbst Zweifel am Erfolg eines solchen Schritts. Zum anderen kam aus Moskau kein grünes Licht für einen Putsch. Dort hatte man sich ideologisch auf eine Linie der Zusammenarbeit der *Kommunistischen Parteien* mit »nationalen Demokraten« – etwa vom Schlage Nassers und Qasims – als Agenten des Übergangs auf dem »nicht-kapitalistischen Entwicklungsweg« in eine sozialistische Ordnung festgelegt. Damit aber ist das Dilemma vieler arabischer Kommunisten angesprochen: In entscheidenden Augenblicken in den revolutionären fünfziger und sechziger Jahren setzte Moskau vor dem Hintergrund des Ost-West-Konflikts realpolitisch auf die Kräfte, welche die Macht in Händen hielten und eine antiimperialistische Linie verfolgten.

Nach den Putschversuchen 1959 im Irak, hinter denen mal panarabische, mal ba'thistische Kräfte steckten, begann Qasim, zu der *Kommunistischen Partei* auf Distanz zu gehen. Gleichwohl blieb sie auch in den folgenden Jahren der erratischen politischen Winkelzüge Qasims eine starke Kraft in der irakischen Politik. Ihre Warnung vor einem neuerlichen ba'thistischen Putsch schlug dieser in den Wind. Zu dem Zeitpunkt, da er dann tatsächlich erfolgte, am 8. Februar 1963 (am Tag darauf wurde Qasim erschossen), war die *Kommunistische Partei* noch immer die Gruppierung mit der weitaus größten Zahl an Anhängern. Bis zuletzt brachte die *Ba'th*-Partei bei öffentlichen Aufmärschen nur etwa ein Drittel des Massenaufgebots zusammen, das die KPI zu mobilisieren vermochte. Mit dem Putsch setzte eine brutale Säuberung ein, der Tausende von Kommunisten zum Opfer fielen. Als diese nach dem Ende des ba'thistischen Zwischenspiels (November 1963) wieder das Haupt heben konnten, war die Macht ihrer Partei gebrochen. Nach dem Vorbild Nassers nahm das jeweilig herrschende Regime mit seinen »revolutionären« wirtschafts- und gesellschaftspolitischen Maßnahmen den Kommunisten den Wind aus den Segeln.

Wie bereits bemerkt, gelang es der kommunistischen Bewegung im arabischen Raum nur in Aden und seinem südjemenitischen Hinterland, eine kommunistische

Ordnung zu errichten. Dort war der gesellschaftliche Boden für eine marxistische Agitation günstiger als anderswo in den arabischen Ländern. Die Eröffnung des Suezkanals 1869 und der Ausbau der Dampfschifffahrt seit den 1870er Jahren hatten die Bedeutung des Handelsplatzes kontinuierlich wachsen lassen. Mit der Ausbaggerung des Hafens 1895 war Aden definitiv ein Knotenpunkt des regionalen und internationalen Handels geworden. Die Stadt selbst veränderte sich dynamisch. Allein die Militärbasis beschäftigte 1955 20 000 lokale Arbeiter; die Bevölkerungszahl war auf 140 000 angewachsen. Die Ausweitung des Bildungssystems seit Anfang der 1950er Jahre, die Verbreitung von Medien sowie die Gründung gewerkschaftlicher Organisationen bereiteten den Boden für radikale gesellschaftspolitische Agitation. In den 1950er Jahren erhielten die Spannungen zunehmend eine antikolonialistische Stoßrichtung. Trägerin der Proteste wurde die im Februar 1963 gegründete *National Liberation Front* (NLF), zu deren Strategien auch der bewaffnete Kampf gehörte. In den Protektoraten im Hinterland Adens gelang es ihr, lokale tribale Revolten zu nutzen und zu steuern.

Stand die Führung zunächst unter starkem nasseristischem Einfluss, radikalisierte sie sich Anfang 1966 unter dem Einfluss junger marxistisch geschulter Kader. Im Verlauf des Jahres 1967 setzte sich die NLF politisch und militärisch in den Protektoraten, danach auch in Aden durch. Noch am 30. November, dem Tag, an dem die britische Herrschaft endete, wurde die *Demokratische Volksrepublik Südjemen* proklamiert. In den inneren Kämpfen während der nächsten zwei Jahre wurden die Sultane vertrieben; die traditionellen Gesellschaftsstrukturen wurden zugunsten einer sozialistischen Ordnung aufgelöst. In den Machtkämpfen errang der marxistische Flügel der NLF die Oberhand. Die Verfassung von 1970 besiegelte diese Entwicklung: Danach war die *Demokratische Volksrepublik Jemen* eine politische Ordnung, in der die Gewalt von der Arbeiterklasse ausging. Grundlage der Politik war der »wissenschaftliche Sozialismus«. An der sozialistischen Umgestaltung in den folgenden Jahren hatten die Sowjetunion und die Deutsche Demokratische Republik großen Anteil.

Neben den Kämpfen um die politische und gesellschaftliche Ordnung im Jemen hatte der britische Rückzug aus Aden auch Hoffnungen auf die Vereinigung aller Gebiete des Jemen aufkommen lassen. So näherten sich der Norden und der Süden in dem Maße an, in dem in den achtziger Jahren die Attraktivität des sozialistischen Modells zu verblassen begann. Am 30. November 1989 unterschrieben der Präsident der *Arabischen Republik Jemen*, Ali Abdallah Salih, und der Generalsekretär der *Jemenitischen Sozialistischen Partei*, Ali Salim al-Baid, eine Roadmap, die auf die schrittweise Vereinigung beider Jemen hinführte. Am 22. Mai 1990 wurde die *Jemenitische Republik* in Aden proklamiert. Wie zeitgleich in Deutschland (und Europa) war damit auch im Nahen Osten (und darüber hinaus) das Ende des marxistisch-leninistischen Entwicklungsweges besiegelt. Die Sowjetunion war dabei zu zerfallen. Das Scheitern ihrer Intervention in Afghanistan (1980–1989) mit dem Ziel, das bizarre Abenteuer der kommunistischen Revolution 1978/79 in Kabul (▸ Kap. 13.5) zu retten, hatte wesentlich dazu beigetragen. Hatten noch in den siebziger Jahren marxistisch inspirierte Befreiungsbewegungen, insbesondere die – von Südjemen unterstützte – *Popular Front for the Liberation of Oman and the Arab Gulf* (Pfloag), unter den konservativen Regimes der erdölfördernden Staaten (und westlichen

Konsumenten) die Sorge vor einem Umsturz geweckt, betraten Anfang der neunziger Jahre bereits andere Bewegungen die politische Bühne. Mit den Marxisten teilten sie die antiimperialistische Zielsetzung, doch sollte der Weg nicht mehr über die klassenlose Gesellschaft, sondern über die Wiederherstellung der »Souveränität Gottes« (*hakimiyyat Allah*) führen (► S. 469).

Dramatisch und geradezu exemplarisch haben die Jahre 1978/79 das finale Ende der linken Bewegung im Nahen Osten erkennen lassen. Die kommunistische Revolution vom April 1978 in Afghanistan war bereits ein Jahr später gescheitert. In Iran war die Linke jahrzehntelang unterdrückt worden. In vielen Teilen der Welt, namentlich in Europa, hatten Angehörige linker Organisationen im Exil auf ihre Stunde gewartet. Diese schien mit der Welle des Widerstands und Protests, die seit Anfang 1978 ins Rollen kam und mit dem Abgang des Schahs im Januar 1979 ihre Erfüllung fand, gekommen. Hatten dieser Protest und die Revolution nicht insofern eine linke Dimension, als der charismatische Revolutionsführer, ein Geistlicher, für die Sache der »Unterdrückten« (*mustaz'afan*) Partei ergriff? Die Linken aller couleur strömten nach Iran zurück. Die Volksabstimmung über die Einführung einer »Islamischen Republik« war ein erstes Warnsignal. Und in der Tat wurde spätestens Anfang 1980 klar, dass das neue System alles andere als eine Ordnung war, in deren – säkularem – Rahmen das Gemeinwohl der Bürger auf der Grundlage der sozialen Gerechtigkeit, wie immer diese verstanden wurde, organisiert werden würde. Zwei weitere Jahre hofften die Linken auf das Scheitern der religiösen Kräfte und auf die Übernahme des Staates durch sie. Dann waren auch sie als letzte Bastion des Widerstands gegen die »Islamische Republik« ausgelöscht. Die fortan unbestrittene Machtausübung durch Ayatollah Khomeini ließ erkennen, welche Richtung der Weg revolutionären Wandels eingeschlagen hatte. Nicht wenige unter den »Linken« der sozialistischen bzw. marxistischen Variante haben sich – aus Enttäuschung über deren Scheitern – in der Folge Spielarten der islamistischen Ideologie angeschlossen (► S. 425). Von einem in die Koordinaten der islamischen Religion gestellten revolutionären Konzept der Durchsetzung einer neuen gesellschaftlichen und politischen Ordnung erwarteten sie eine breitere Unterstützung der Massen. Für ein »gottloses« sozialistisches, ja marxistisches System war diese offensichtlich nicht zu gewinnen gewesen.

8 Zwischen Emanzipation und Fremdbestimmung

Mit dem Ende des Osmanischen Reichs und der Aufteilung von dessen territorialer Hinterlassenschaft in Herrschaftsgebiete und Einflusszonen europäischer Staaten beginnt für die Völker im Raum zwischen Marokko und Afghanistan eine neue Ära. Aber auch wenn sich die politischen Rahmenbedingungen in diesem Großraum – sowohl die inneren Dynamiken als auch die außenpolitischen Beziehungsgeflechte betreffend – neu darstellen, so bilden die Entwicklungen seit dem Beginn des 19. Jahrhunderts doch den Hintergrund und den Schlüssel zum Verständnis der geschichtlichen Abläufe im 20. Jahrhundert. Trotz des historischen Bruchs, der mit dem Ende des Ersten Weltkriegs gegeben ist, muss die Nachkriegsgeschichte des Nahen Ostens auch als Fortsetzung des 19. und beginnenden 20. Jahrhunderts gelesen werden.

Das gilt definitiv für die Geschichte der jungen *Türkischen Republik*, die ohne das Endspiel des Osmanischen Reichs im Zeichen von *Ittihat ve Terakki*, d. h. der jungtürkischen Ära, nicht verstanden werden kann. Die revolutionäre Dynamik, die von den Jungtürken in vielfältiger Weise angestoßen worden war, fand in der kemalistischen Revolution ihre Fortsetzung und Vollendung. In *Iran* schien der Schub der Modernisierung, der zur Einsetzung der Verfassung und zur Gründung eines Parlaments geführt hatte, seit 1911 zwar gebrochen. Aber nach dem Krieg strebte das Parlament wieder eine Mitbestimmung über den Gang der Dinge an, was nach dem Ende der autokratischen Herrschaft Reza Schahs (1941) auch eindrucksvoll erreicht wurde. Eine intellektuelle iranische Elite suchte während des Ersten Weltkriegs und danach die Flamme der politischen, gesellschaftlichen und kulturellen Modernisierung – zum Teil vom Ausland aus, so auch von Berlin in Gestalt der Zeitschrift *Kaveh* – am Leben zu halten. In *Afghanistan* setzte König Amanullah die Reformideen seines Schwiegervaters Mahmud Tarzi in revolutionäre Schritte um, die trotz seines Scheiterns langfristig weiterwirkten. Die *Arabischen Völker* waren zwar durch das System von Protektoraten und Mandaten in ihrer politischen Entfaltung behindert; gleichwohl suchten ihre Eliten, verbunden mit dem Kampf um Unabhängigkeit und Selbstbestimmung, Antworten auf die zahlreichen Fragen politischer, gesellschaftlicher und kultureller Natur, die sich im Zusammenhang mit dem zu Ende gehenden Osmanischen Reich, dem sie über Jahrhunderte angehört hatten, stellten. Die *Völker des südlichen Kaukasus* schließlich traten nach dem Zusammenbruch der zaristischen Ordnung 1917 aus dem geschichtlichen Schatten des Zarenreichs von mehr als einem Jahrhundert und legten die Grundlagen für eigenständige Staatlichkeit vor dem Hintergrund von Ideen und Werten, die ihre Eliten mit den auf Modernisierung drängenden Kräften der russischen Gesellschaft geteilt hatten.

Dass in der Darstellung dieser Entwicklungen die Türkei an den Beginn gestellt wird, hat gute Gründe: Anders als in den arabischen Teilen des Osmanischen Reichs gelang es den Völkern Anatoliens – in der Hauptsache Türken und Kurden –, die politischen Planungen der europäischen Mächte zu durchkreuzen und 1923 auf anatolischem Boden einen selbstständigen und souveränen Staat zu errichten. Mit dieser Staatsgründung stellten sich zugleich die zentralen Fragen, mit denen sich auch die um ihre Unabhängigkeit ringenden Eliten im arabischen Raum sowie in den Ländern außerhalb des osmanischen Raums konfrontiert sahen:

- nach der Identität des Staates im Spannungsfeld von Nation, Tradition und Religion;
- nach dem Verhältnis von Staat und Gesellschaft – eine Frage, die untrennbar mit der Frage der Staatsform und der Verfassung verbunden war;
- nach dem Entwicklungsweg: ob dieser im Wesentlichen in der Nachahmung europäischer Paradigmen verlaufen oder mit eigenen Traditionen und Werten in Beziehung zu setzen sein würde.

Die Antwort der türkischen Elite war radikal europäisch, staatsorientiert autoritär und zentralistisch. Das Motto auf einem großen Stein auf den Stufen zum dem *Anıtkabir*, dem Mausoleum Atatürks in Ankara: »*hakimiyet kayıtsız, şartsız milletindir*« (»Die Souveränität liegt bedingungs- und vorbehaltlos bei der Nation«), wurde die weitestreichende, wirkungsmächtigste, zugleich aber umstrittenste Maxime der Politik und des politischen Denkens im Nahen Osten seither. Wer würde »das Volk« (die Nation) sein; wer würde die Nation definieren? Wer würde sie vertreten? Mustafa Kemal und der schmale Kreis seiner Anhänger verstanden sich selbst als die Vertreter im Sinne der Avantgarde der Nation. Sie definierten deren Identität von oben herab und aus dem neuen Zentrum der Macht in Ankara heraus. So wurde diese Weichenstellung zwar über Jahrzehnte die Grundlage eines hohen Maßes an Stabilität der Türkischen Republik. Ihre Definition der »türkischen Nation« aber wurde in dem Maße herausgefordert, in dem sich nach dem Ende des Zweiten Weltkriegs Ansätze eines demokratischen Pluralismus ausbildeten und divergierende Strömungen in der Gesellschaft der Türkei in ethnischer, kultureller und religiöser Dimension einen Anspruch auf die Definition der Identität der Türkei erhoben.

Das kemalistische Paradigma erwies sich als ansteckend. Der »Pahlawi«-Herrscher in Iran und König Amanullah von Afghanistan ließen sich auf dem Weg politischer und gesellschaftlicher Reformen davon inspirieren. Auch die politischen Eliten in den arabischen Staaten, die nach der Gewinnung ihrer Unabhängigkeit im Gefolge des Zweiten Weltkriegs an die Macht kamen, machten sich anheischig, »das Volk« bzw. »die – arabische – Nation« zu führen. Iran und Afghanistan gerieten in den siebziger Jahren in revolutionäre Umbrüche (unter jeweils anderen Vorzeichen). Und mit dem Beginn der arabischen Revolte 2011 begaben sich die arabischen Völker neuerlich auf den Weg, ihre Identität zu bestimmen. Auf diesen verschlungenen Pfaden der Suche der Völker des Nahen Ostens und Nordafrikas nach dem angemessenen Ausdruck ihrer Souveränität und dem Inhalt ihrer Identität meldeten sich in der zweiten Hälfte des 20. Jahrhunderts Kräfte zu Wort, die das Konzept der »Souveränität des Volkes« radikal infrage stellten. Sie forderten stattdessen die Wiederherstellung der *hakimiyyat Allah*, der Souveränität Gottes.

Abb. 19: Anıtkabir. Auch nach fast einem Jahrhundert der Gründung der Türkischen Republik ist das Mausoleum Atatürks in Ankara Mittelpunkt aller wichtigen staatlichen Zeremonien und Ziel der politischen Pilgerschaft zahlreicher türkischer Bürger unterschiedlicher politischer Überzeugungen und gesellschaftlicher Stellung.

8.1 Die Türkische Republik – ein historischer Beginn

Die Gründung der Türkischen Republik, die mit dem Abschluss des Vertrages von Lausanne im Juli 1923 ihre internationale Anerkennung fand, war – mit Blick auf die gesamte hier darzustellende Region des Vorderen Orients und Nordafrikas – ein Ereignis von besonderer Tragweite und Bedeutung. Die Türkische Republik wurde (neben Saudi-Arabien mit Einschränkungen) der einzige Staat auf dem Boden des untergegangenen Osmanischen Reichs, der sich nach innen wie nach außen weitgehend selbst zu bestimmen vermochte. Mit dem »Kemalismus« folgte die Türkei zudem als einer der ersten Staaten in der später sogenannten »Dritten Welt« einem eigenständigen Entwicklungskonzept.

Nicht nur die außeranatolischen Gebiete des Osmanischen Reichs, das sich 1911 noch von Libyen bis zum Indischen Ozean erstreckt hatte, waren unter den Siegermächten aufgeteilt worden. Auch weite Teile Anatoliens selbst sollten unter die

Herrschaft europäischer Mächte bzw. ihrer Verbündeten kommen. Über den Weg zu dem Abkommen von Sèvres, das dem Sultan im Mai 1920 diktiert und am 10. August von einer osmanischen Delegation unterschrieben wurde, ist oben kurz berichtet worden (► S. 172). Es sah die Ausdehnung Armeniens auf große Gebiete Ostanatoliens und – unter vage definierten Bedingungen – perspektivisch die Gründung eines kurdischen Staates vor. England, Frankreich und Italien reklamierten die Kontrolle über weitere Teile Anatoliens. Mit der Unterstützung Englands besetzten griechische Truppen im Mai 1919 vom »Brückenkopf« Smyrna aus Teile der kleinasiatischen Westküste und drangen geleitet von der »großen Idee« (*megali idea*) ins Landesinnere vor. Ihr Ziel war es, die von Griechen besiedelten Gebiete des westlichen Anatolien und des Schwarzmeerraumes Griechenland anzugliedern.

Bereits seit 1919 hatten sich in Anatolien unterschiedliche politische Organisationen, Reste der osmanischen Armee und lokale Freischärler zum Widerstand gegen die Pläne der Alliierten und die ausländische, namentlich britische militärische Präsenz in Istanbul erhoben. Die Landung Mustafa Kemal Paschas, eines charismatischen Generals der osmanischen Armee, in Samsun am 19. Mai 1919 gilt als der Beginn des Befreiungskrieges (und ist bis heute ein nationaler Feiertag). Vom Sultan (den die Nationalisten als politisches Instrument in den Händen der Briten betrachteten) nach Anatolien geschickt, um die dortigen verbliebenen Verbände der osmanischen Arme und die lokalen Widerstandsgruppen zu demobilisieren, tat er genau das Gegenteil: Er organisierte eine militärische und zivil-politische Widerstandsbewegung, die in einem opfervollen Krieg die Pläne der Alliierten durchkreuzte. Als sich die griechische Armee nach ihrer definitiven Niederlage im August 1922 aus Anatolien zurückzog – die europäischen Mächte hatten ihre Ansprüche bereits zuvor weitgehend aufgegeben –, waren die Voraussetzungen für die Schaffung eines neuen türkischen Staates auf anatolischem Boden geschaffen.

Mit der Unterschrift unter das Dokument von Sèvres hatte Sultan Mehmet VI. auch das Geschick des Hauses Osman besiegelt. Bereits aus den Wahlen vom Dezember 1919 – noch bestand das osmanische Parlament fort – waren die Nationalisten um Mustafa Kemal als stärkste Fraktion hervorgegangen. Im Januar 1920 verabschiedeten sie mit dem »Nationalpakt« (*Misak-ı millî*) ein Dokument, das die Grundlage der nationalen Bestrebungen der Widerstands- und Befreiungsbewegung werden sollte. In ihm wurden die Waffenstillstandsgrenzen von Mudros als nicht verhandelbar festgelegt. Innerhalb derselben, d. h. auf dem Boden Anatoliens und Ostthrakiens, würde die Souveränität der osmanisch-islamischen Bevölkerung die Grundlage jeder Nachkriegsordnung sein mussen. Bemerkenswert war, dass der Nationalpakt nicht die nationale Souveränität »der Türken«, sondern aller »muslimischen Osmanen« forderte. Im Wesentlichen waren das Türken und Kurden.

Ankara wurde zunehmend der lokale und politische Mittelpunkt der nationalen Bewegung. Als britische Truppen am 16. März 1920 Konstantinopel besetzten, forderte Mustafa Kemal die Parlamentarier auf, von Istanbul nach Ankara zu kommen. Dort konstituierte sich am 23. April 1920 die türkische Nationalversammlung. Sie war der Ort, an dem sich der »nationale Wille« (*irâde-i Milliye*) verkörpern sollte. Mit der Unterschrift unter das Dokument von Sèvres wenige Monate später hatte die Herrschaft des Sultans nur noch nominell Bestand. Am 1. November 1922 beschloss das Parlament die Abschaffung des Sultanats; zwei Wochen später verließ der Sultan türkischen Boden. Dem Nachfolger, seinem Neffen Abdülmecit II. (1868–1944), blieb nur noch die Würde des Kalifen.

Mit dem Abkommen von Lausanne im Juli 1923 zwischen der Regierung in Ankara und den ehemaligen Siegermächten war die vollständige Souveränität der Türkischen Republik in ihren anatolischen und europäischen Grenzen bestätigt. Die »Kapitulationen« und konsularischen Sonderrechte für Ausländer waren abgeschafft. Nur die entmilitarisierten Meerengen unterlagen der Kontrolle einer internationalen Kommission. In der Frage um Mossul hatten sich die türkischen Verhandlungsführer nicht gegen die britischen Interessen durchsetzen können (dafür übergab die französische Mandatsmacht über Syrien 1938 die Provinz Antakya an die Türkei). Jetzt schien es Mustafa Kemal, dem nunmehr starken Mann in Ankara, an der Zeit, einen letzten Schritt zur vorbehaltlosen nationalen Souveränität zu tun: Am 3. März 1924 beschloss das Parlament auf seinen Antrag hin die Abschaffung des Kalifats. Damit war auch die letzte Bindung der Türkei – und sei sie nur noch symbolisch-religiös – an die Gemeinschaft der Muslime (*umma*, türk. *ümmet*) gelöst. Abdülmecit begab sich ins Exil. Die Gründung der Republik bedeutete zugleich eine Absage an panturkische Phantasien, die hier und da noch ihre Anhänger hatten.

Im Inneren war die Lage des jungen Staates komplizierter als es eine Betrachtungsweise, die auf Mustafa Kemal als zentralen Akteur fokussiert ist, erwarten lässt. Politische Gegner fanden sich auf der Linken, die mit dem sowjetischen Modell liebäugelten. Auf der anderen Seite suchte eine romantisch-panturkische Strömung, die sich um Enver Pascha als Gallionsfigur gruppierte, Anatolien in einen breiteren Kontext mit den Turkvölkern Zentralasiens einzuspannen. Die nachhaltigste Herausforderung aber sollte von jenen Persönlichkeiten ausgehen, die zunächst zwar das Ziel der Verteidigung Anatoliens gegen die europäischen Besatzer teilten, die aber für eine weniger radikale Ablösung von der überkommenen Ordnung eintraten. Ihre Vorstellungen gingen in Richtung auf eine konstitutionelle, dezentralisierte und auf islamischen Werten basierende Ordnung. Neben der »ersten«, der kemalistischen Gruppe, waren sie als »zweite« Gruppe im ersten Parlament vertreten. Mit der am 20. April 1924 verabschiedeten Verfassung wurden die Weichen definitiv in Richtung auf einen »kemalistischen« Entwicklungsweg gestellt. Die Auseinandersetzung aber zwischen diesem und den Anhängern einer eher konservativen Richtung der Entwicklung sollte – unter unterschiedlichen Rahmenbedingungen im Verlauf des 20. Jahrhunderts – bis in die Gegenwart ausgetragen werden. Als im Sommer 1926 ein gegen Mustafa Kemal gerichtetes Komplott bekannt wurde, wurden die Anhänger dieser Opposition, teilweise enge Weggefährten Kemals über viele Jahre, blutig unterdrückt.

In der *Republikanischen Volkspartei* (*Cumhuriyet Halk Partisi*, CHP) schuf sich Mustafa Kemal im November 1924 ein weltanschauliches und politisches Sammelbecken zur Verbreitung und Durchsetzung der »kemalistischen« Revolution. Sein Herrschaftsstil war autokratisch. Zwei Versuche, gelenkte »Oppositionsparteien« zu gründen, wurden abgebrochen, als sie begannen, abweichende Ordnungsvorstellungen zu propagieren.

Zunächst aber lagen das Land und seine Bevölkerung am Boden. Von Anfang 1915 bis zum Abschluss des Befreiungskrieges im Herbst 1922 war Anatolien Kriegsschauplatz gewesen. 2,5 Mio. Muslime verloren ihr Leben, hinzu kamen die Opfer der Verfolgung der Armenier und anderer Christen sowie die Vertreibung von

300 000 ethnischen Griechen aus Westanatolien und dem Gebiet des Schwarzen Meeres (Pontos). Insgesamt war die Bevölkerung Anatoliens um 20 % gesunken; in den Kriegszonen waren die Verluste deutlich höher. Hunger und Epidemien hatten ein Übriges bewirkt. Eine weitere Herausforderung stellten Wanderungsströme dar: Die Kriege Russlands im Kaukasus Mitte des 19. Jahrhunderts und die Balkankriege 1912/13 hatten dazu geführt, dass Hunderttausende Angehörige von turksprachigen und anderen muslimischen Völkern nach Anatolien geflohen waren. Auf der Grundlage der im Januar 1923 in Lausanne abgeschlossenen Konvention zum Bevölkerungsaustausch waren über die bereits Geflohenen hinaus weitere 1,2 Mio. Griechen gezwungen, die Türkei zu verlassen. Umgekehrt musste das Land ca. 400 000 in Griechenland ansässige Türken aufnehmen – nach den »Umsiedlungen« von Armeniern ein weiterer Fall von »ethnischen Säuberungen«, für die das 20. Jahrhundert so unrühmlich bekannt werden sollte. Alles in allem umfasste die junge Republik etwa 14 Mio. Menschen. Anatolien, das vor den Kriegen zu etwa 80 % muslimisch gewesen war, hatte nun einen muslimischen Bevölkerungsanteil von rund 98 %. Ethnisch und sprachlich waren nur zwei große Völker zurückgeblieben: Türken und Kurden. Daneben gab es ein halbes Dutzend kleinerer Gruppen: Reste der Griechen, Armenier und Surianisch sprechender syrisch-orthodoxer Christen, Spanisch sprechende Juden, Tscherkessen und andere Kaukasusvölker, Lasen sowie Araber.

Auch die wirtschaftlichen Auswirkungen der Kriege waren nachhaltig. Zwar hatte es nur wenige Industrieanlagen gegeben, die hätten zerstört werden können. Erhebliche Schäden aber hatte die Infrastruktur, namentlich Eisenbahnen und Brücken, davongetragen. Noch schwerer wog die Tatsache, dass das Land mit den Griechen und Armeniern zugleich einen großen Teil seiner unternehmerischen Elite und wirtschaftlich aktiven Bevölkerung verloren hatte.

Die Umgestaltung des politischen, gesellschaftlichen und kulturellen Erscheinungsbildes der Türkei kann nicht anders als revolutionär bezeichnet werden. Modernisierung wurde gleichbedeutend mit Verwestlichung und Europäisierung. Kaum ein Bereich des privaten und öffentlichen Lebens blieb unberührt: Die Kleidung, das tägliche Leben, das Bildungswesen und das Rechtssystem wurden nach europäischem Vorbild gestaltet. Die Gleichstellung der Geschlechter – die Frauen erhielten das aktive und passive Wahlrecht – war eine andere der weitreichenden Maßnahmen. Von besonderem Symbolgehalt waren die Abschaffung der osmanisch-arabischen Schrift und die Einführung des lateinischen Alphabets. Eine eigens geschaffene Institution, die »Sprachgesellschaft« (*Dil kurumu*), betrieb die »Reinigung« der türkischen Sprache; Ziel war es, ein »reines Türkisch« (*öz türkçe*), frei von arabischen und persischen Wortbeständen, zu schaffen.

Neben der Erziehung der Gesellschaft zur türkischen Nation galt der Stellung des Islams in Staat und Gesellschaft die größte Aufmerksamkeit. Zwar suggerierte das (zusammen mit dem Nationalismus, *milliyetçilik*) im Kontext des Kemalismus wichtigste Prinzip des Laizismus (*layiklik*) die Trennung von Staat und Religion nach französischem Vorbild. In Wirklichkeit aber übernahm der Staat die Kontrolle des religiösen Lebens in seiner Gesamtheit. Dafür zuständig wurde das beim Amt des Ministerpräsidenten angesiedelte *Präsidium für religiöse Angelegenheiten* (*Diyanet işleri bakanlığı*), dessen Mitarbeiter vom Staat bezahlt wurden (und werden). Das Erziehungswesen, traditionell in weiten Bereichen in den Händen der

Abb. 20: Mitstreiterin im Befreiungskrieg, türkische Nationalistin, Mitbegründerin der Frauenbewegung, Kritikerin Atatürks und bedeutende Literatin: Halide Edip – hier noch gemeinsam mit Mustafa Kemal Pascha – auf dem Bahnhof in Gebze (Januar 1923).

Geistlichkeit, wurde umfassend dem Erziehungsministerium des säkularen Staates unterstellt.

Die Staatsgründung war die Tat einer – vor allem städtischen – Elite. Nunmehr würde es darum gehen, die breite Bevölkerung (die zur großen Mehrheit auf dem anatolischen Lande lebte) im Sinne der als »modern« betrachteten Prinzipien zu erziehen. Die Gründer der Republik handelten in der Überzeugung, dass der neue Staat nur auf diese Weise einen respektierten Platz in der Staatengemeinschaft gewinnen könne. Die Gesellschaft würde sich der kollektiven Aufgabe unterziehen müssen, die Würde des Staates, der die stolze »türkische Nation« verkörpere, in Erscheinung treten zu lassen. Abweichungen von der elitären Norm sollten sanktioniert werden. Der Staat war zu einer gleichsam »heiligen« Größe geworden. *Ne mutlu Türküm diyene* (»Was für ein Glück ist es zu sagen: Ich bin ein Türke«), war der Kern des Bekenntnisses des Bürgers zu seinem »türkischen« Staat.

Stärker und militanter als die Opposition vonseiten traditionalistischer Kreise aus dem Umfeld der »zweiten Gruppe« war der Widerstand der Kurden. Nach Vernichtung, Vertreibung und Umsiedlung der Armenier und Griechen stellten sie die einzige größere nicht-türkische ethnische Gemeinschaft in dem neuen Staat dar. Sie hatten im Befreiungskrieg Seite an Seite mit den Türken gekämpft. Die »kemalistische« Türkische Republik war freilich nicht die Art von Staatswesen, für die die Mehrheit unter den kurdischen Führern gestritten hatte. Sie waren einer islamisch geprägten Ordnung eng verbunden geblieben. Hinzu kam, dass die laizistische Regierung in Ankara schon bald die Schließung der Derwisch-Orden (*zâviye* und *tekke*) betrieb, in denen sie einen Hort des Aberglaubens sah. Diese aber prägten in hohem Maße das gesellschaftliche und religiöse Leben der Kurden. Nicht selten waren religiöse zugleich auch politische Führer ihrer Anhängerschaft.

Auch politisch bedrohte der zentralistische Staat die kurdischen Gemeinwesen, die im Osten und Südosten des Landes herkömmlich in Stämmen und Clans mit einem hohen Maß an Eigenständigkeit und Selbstverwaltung organisiert waren. Der »türkische Nationalismus« schließlich, nunmehr die Grundlage des neuen Staates, wollte ethno-nationalistische Identitäten nicht mehr akzeptieren. Was zählte, war das Bekenntnis zum Türkentum. Apodiktisch hieß es in Artikel 88 der Verfassung vom 20. April 1924: »Die Einwohner der Türkei heißen ohne Ansehen der Religion und Rasse ›Türke im Sinne der Staatsangehörigkeit‹.« Bezeichnungen wie Kurde, Lase, Tscherkesse etc. wurden zwar nicht per Gesetz, aber durch einen Runderlass des Erziehungsministeriums 1925 verboten. Die Sanktionsmaßnahmen des Staates reichten von der Erziehung im Geiste der neuen, »nationalen« Werte über das Verbot religiöser, gesellschaftlicher und politischer Institutionen bis zur Unterdrückung durch die Sicherheitskräfte.

So ließ die Erhebung von Kurden nicht lange auf sich warten (► S. 175). Ihr Anführer im Februar 1925 war Scheich Sa'id, der örtliche Führer der *Nakşibendiyya*, eines auch unter den Kurden einflussreichen volksislamischen Ordens in Dersim (türk. Tunceli). Nach seiner Hinrichtung im April desselben Jahres setzte sich die Bewegung von Aufständen bis 1938 fort. Der türkische Staat antwortete unter anderem mit Zwangsumsiedlungen und kultureller Unterdrückung. Die Kurden wurden zu »Bergtürken«. Die Existenz eines kurdischen Volkes wurde systematisch geleugnet, der Gebrauch ihrer Sprache(n) verboten. In den achtziger Jahren flammte der Konflikt wieder auf und hat bis in die Gegenwart keine Lösung gefunden.

Uniformität war auch im religiösen Bereich angesagt. Die Aleviten, eine religiöse Minderheit von ca. 20 % der Bevölkerung Anatoliens, die als Andersgläubige im sunnitisch geprägten Osmanischen Reich marginalisiert, ja verfolgt worden waren, genossen im laizistisch-kemalistischen Staat im Prinzip zwar die Bürgerrechte. Aber eine öffentliche Anerkennung als Religionsgemeinschaft erfuhren sie nicht. Über viele Jahrzehnte blieben sie politisch und gesellschaftlich nahezu unsichtbar. Erst in den siebziger Jahren begannen sie, sich ihrer Identität wieder bewusst zu werden; eine offizielle Bestätigung als Religionsgemeinschaft erfolgte bis in die Gegenwart nicht. Im *Diyanet*, dem Präsidium für religiöse Angelegenheiten, sind sie so wenig vertreten wie die christlichen und jüdischen Bürger der Türkei. Die Christen unterschiedlicher Denomination unterlagen, obwohl zum Teil durch den Vertrag von Lausanne geschützt, erheblichen Beschränkungen bei der Ausübung ihres Glaubens und der institutionellen Organisation ihrer Gemeinschaften. Bis auf geringe Reste – die Zahl der Armenier liegt bei etwa 70 000 – sind sie ausgewandert.

Jenseits der angedeuteten Verwerfungen aber begann sich der junge türkische Staat rasch zu konsolidieren. Die »Erziehungsdiktatur«, die in den 1920er Jahren noch ihr blutiges Gesicht gezeigt hatte, wich in den 1930er Jahren einer relativ liberalen und offenen Führung seitens Mustafa Kemals und seiner Partei. Als ihm im Zuge der »Namensrevolution« das türkische Parlament 1935 den Namen »Vater der Türken« (Atatürk) verlieh, stand dies durchaus im Einklang mit der Bewunderung und Zuneigung, aber auch dem distanzierten Respekt der Mehrheit der Bürgerinnen und Bürger der noch jungen Türkei für ihren Führer.

Nationalismus und Laizismus wurden die beiden Säulen der politischen, gesellschaftlichen, rechtlichen und kulturellen Entwicklung der Republik. In der Weltwirtschaftskrise der frühen dreißiger Jahre kam der »Etatismus« hinzu: Die Entwicklung der türkischen Wirtschaft würde auf zentralistischen Planungen des Staates beruhen. Ergänzt durch drei weitere Prinzipien (Republikanismus, Populismus und revolutionärer Reformismus) wurde der »Kemalismus« 1937 in die Verfassung aufgenommen. Als »sechs Pfeile« sind sie noch immer Teil des Emblems der CHP.

Der Weg vom osmanischen Endspiel zur Gründung der Republik ist nicht nur mit innenpolitischem Gespür für die richtige Entscheidung im richtigen Augenblick und militärischem Genie begangen worden. Es bedurfte auch eines klugen außenpolitischen Umgangs mit den Siegermächten, die das Land unter sich bzw. ihren jeweiligen Verbündeten (Griechen und Armeniern) aufgeteilt hatten. Zwei Mächten mit sehr unterschiedlichen Interessen kam in diesem Zusammenhang eine besondere Bedeutung zu: Großbritannien und Russland. Frankreich und Italien, durch den Krieg geschwächt, erkannten bald, dass es zu kostspielig sein würde, an ihren im Sykes-Picot-Abkommen mit Blick auf Anatolien getroffenen Abmachungen festzuhalten. Paris und Rom sollten in den zwanziger Jahren hinreichend damit beschäftigt sein, ihre Funktion als Mandats- bzw. Protektoratsmächte in den arabischen Staaten des Vorderen Orients (Frankreich in Syrien und im Libanon) sowie in Nordafrika (Italien in Libyen) wahrzunehmen. Beginnend im März 1921 verständigten sich beide Länder mit der kemalistischen Bewegung Zug um Zug auf einen Rückzug aus Anatolien.

Verglichen mit den beiden genannten, war England als stärkste europäische Macht im Nahen Osten aus dem Krieg hervorgegangen. Wie berichtet, hatte sich Kolonialminister Winston Churchill aber in der Konferenz in Kairo im März 1921 angesichts der wirtschaftlichen Schwäche Englands für eine nur *indirect rule* im Irak entscheiden müssen. Im Rahmen der weitgespannten Pläne Premierminister Lloyd Georges (reg. 1916–1922) einer britisch kontrollierten Landbrücke vom Suezkanal bis zum indischen Subkontinent kam der von den Zionisten angestrebten Heimstätte in Palästina als Spielfeld des machtpolitischen Schachbretts des Nahen Ostens ein umso höherer Stellenwert zu. Mit Blick auf Anatolien würde Griechenland in ähnlicher Weise die Rolle eines Garanten geopolitischer britischer Interessen wahrnehmen können. In Ministerpräsident Elephtherios Venizelos (reg. mit Unterbrechungen 1910–1932) fand Lloyd George einen Partner bei der Umsetzung dieser Vision. Nachdem das Land in den Balkankriegen sein Territorium hatte verdoppeln können, hatte die *megali idea*, die Vision einer Wiederherstellung griechischer

Staatlichkeit in Teilen Anatoliens, Gestalt angekommen. Von England unterstützt begannen griechische Truppen im Mai 1919 erste Landeoperationen in Izmir (Smyrna). Nach anfänglichen Erfolgen gerieten sie im Herbst 1921 in die Defensive und England suchte nach einer Verständigung mit der türkischen Nationalbewegung, die es gestatten würde, sich gesichtswahrend aus der Affäre zu ziehen. Dazu aber war Mustafa Kemal nicht mehr bereit; auch hofften die Griechen weiterhin, ihre politischen und militärischen Ziele erreichen zu können. 1922 veränderte sich das Kriegsglück definitiv zugunsten der türkischen Seite. Am 26. August begann der letzte Akt des Dramas: Auf breiter Front durchbrachen türkische Truppen vier Tage später die griechischen Stellungen. Die griechischen Truppen strömten – eine verbrannte Erde hinterlassend – in Richtung Smyrna zurück; dort wurden sie von britischen Kriegsschiffen aufgenommen. Die Stadt selbst ging in Flammen auf. Noch immer war der Krieg nicht beendet; jetzt ging es noch um die Meerengen, die von den Siegermächten kontrolliert wurden. Als Frankreich und Italien ihre Truppen am 22. September von dort zurückzogen, fanden sich die Briten allein gelassen. Lloyd George, der bis zuletzt überzeugt war, den Krieg mit der Unterstützung Griechenlands doch noch gewinnen zu können, blieb am Ende keine Wahl als einem Waffenstillstrand zuzustimmen. Am 11. Oktober 1922 einigten sich die Entente-Mächte und die Kemalisten in Mudanya (nordwestlich von Bursa am Marmarameer) auf einen Kompromiss: Neben der Zusicherung, dass neue Friedensverhandlungen zu führen seien, wurde Ostthrakien von den Griechen zugunsten der Türkei geräumt, während die Meerengen vorerst neutralisiert blieben.

War Großbritannien unter Premierminister Lloyd George der hartnäckigste Gegner der Türken auf ihrem Weg zu einem politischen Neubeginn, so war Lenin, der Führer des jungen postrevolutionären sowjetischen Staates, am ehesten bereit, mit einer neuen Türkei Seite an Seite zu leben. Das osmanische und das russische Reich befanden sich im Umbruch und niemand hätte mit Sicherheit voraussagen können, wie die innenpolitischen Kämpfe ausgehen würden. Auswärtige Mächte mischten sich in die inneren Kämpfe ein; ein gemeinsamer Gegner der türkischen Nationalisten und der Bolschewiken war England, das in Russland die Truppen der Weißen unterstützte und in Anatolien – wie soeben dargestellt – die Griechen im Kampf gegen die Nationalisten instrumentalisierte. Woher eine konkrete Gefahr aus dem Norden drohte, wurde sehr bald klar: Kaum hatten die Briten im April 1919 ihre geringfügige Truppenpräsenz aus dem Kaukasus zurückgezogen, besetzten armenische Truppen Kars und bereiteten sich auf eine weitere Expansion vor. Zugleich unterstützte die von den *Daschnaken* geführte Regierung in Jerewan die Truppen der Weißen. So war eine gemeinsame Interessenlage gegeben, als Mustafa Kemal im November seinen »Außenminister« zu ersten Kontakten nach Moskau schickte. Mit der Niederlage der Weißen Armee im Winter 1919/20 begann die Rote Armee, ihren Druck auf die jungen kaukasischen Staaten zu erhöhen; davon ist oben berichtet worden (► S. 141). Zwar wuchs damit die Gefahr einer Isolierung der Regierung in Jerewan, aber im Vertrauen auf London machte sie sich nun daran, die Gebiete, die Armenien im Vertrag von Sèvres zugestanden worden waren, militärisch zu besetzen. Damit steigerte sich das Dilemma für Mustafa Kemal, denn im Westen setzten die Griechen ihren Vormarsch in Anatolien fort. Noch während die russisch-türkischen Gespräche ohne definitive Fortschritte geführt wurden, befahl Mustafa Kemal den Angriff zur Rückeroberung von Kars. Der Sieg der türkischen Armee war vollständig. Im Vertrag von Gümrü (Alexandropol) vom 2. Dezember 1920 musste die Regierung in Jerewan auf alle Forderungen aus dem Vertrag von Sèvres verzichten. Der Vertrag wurde das erste Abkommen, das die Nationalversammlung in Ankara mit einem Staat schloss. Für die Regierung in Jerewan war er das letzte Abkommen, denn vier Tage später besetzte die Rote Armee die armenische Hauptstadt und beendete die Unabhängigkeit des Landes. Über die Außenbeziehungen Armeniens wurde künftig in Moskau entschieden.

Moskau war auch Schauplatz der weiteren Verhandlungen. Ein erstes Ergebnis war der am 16. März 1921 zwischen der Republik Türkei und der Russischen Sozialistischen Föderalistischen Sowjetrepublik (RSFSR) unterschriebene Vertrag über Freundschaft und Bruderschaft. Er bestand aus insgesamt 16 Punkten und widmete sich den verschiedenen Aspekten des bilateralen Verhältnisses. Bezüglich des Kaukasus wurde vereinbart, dass die Gebiete Kars, Iğdır und Ardahan entlang der anatolisch-kaukasischen Grenze zur Türkei gehören würden. Dafür verpflichtete sich die Türkei, ihre Truppen aus Batum abzuziehen und die Stadt an Georgien abzutreten. Hinsichtlich Nachitschewan (auch Nachiçevan und Naxçıvan) wurde vereinbart, dass die Türkei dieses Gebiet an Aserbaidschan abtreten solle.

Für die militärisch bedrängten türkischen Nationalisten kaum weniger wichtig als der politische war der materielle Teil des Verhandlungsergebnisses, der in einem geheimen Notenwechsel bestand: Danach verpflichtete sich Moskau zur Lieferung von 10 Mio. Goldrubel, Waffen, Munition und Ausrüstungen für die Waffenproduktion.

Auf der Grundlage der Vereinbarungen von Moskau wurden am 13. Oktober 1921 abschließende Vereinbarungen mit den drei Sowjetrepubliken selbst getroffen. Dem Abschluss des Vertrags folgte der Abzug der türkischen Truppen aus dem Kaukasus. Damit waren die türkisch-sowjetischen Grenzen endgültig festgelegt und die Türkei erkannte den Kaukasus als Einflussgebiet Moskaus an. Dafür erhielt sie großzügige materiell-finanzielle Unterstützung, um ihren Befreiungskrieg gegen den gemeinsamen Gegner, die Entente-Mächte fortzuführen. Dafür hatte Moskau freie Hand, unter dem Deckmantel der Integration der Sowjetrepubliken den ganzen Kaukasus in das sowjetische Imperium einzugliedern.

Nach den Kriegen um die Grenzen des Staates und dem Abschluss des Vertrags von Lausanne wurden das Motto »Friede daheim, Friede in der Welt« (*yurtta sulh cihanda sulh*) und die Richtlinie einer »vollständigen Unabhängigkeit« (*tam bağımsızlık*) die Grundlagen der der Außenpolitik Ankaras. Das bedeutete nicht zuletzt die Absage an jede Form von Einmischung in den Nachbarländern, die einst zum Osmanischen Reich gehört hatten; sie war – nach dem Urteil des Staatsgründers – eine der Ursachen von dessen Untergang gewesen. Im »Balkanpakt« von 1934 (mit Griechenland, Jugoslawien und Rumänien) sowie dem Pakt von Saadabad (mit Iran und Afghanistan) nahm diese Außenpolitik konkrete Gestalt an. Der Vertrag von Montreux vom Juli 1936 schließlich gab der Türkei die volle Souveränität über die Dardanellen, das Marmarameer und den Bosporus zurück.

Atatürk hat aus dem zerfallenden Imperium einen gefestigten modernen Nationalstaat gemacht. Seine autokratische Regierungsführung war nach den Umständen seiner Zeit kein Makel; er passte in ein Europa, das zwischen Lissabon und Athen weithin autokratisch regiert wurde. Erst als die Türkei nach dem Zweiten Weltkrieg den Anschluss an ein Europa suchte, das sich tiefgreifend zu verändern begonnen hatte, sollte der Kemalismus zum Problem werden. Atatürk starb am 10. November 1938 um 9:05 Uhr im Dolmabahçe-Palast in Istanbul. Alle Uhren wurden angehalten und auf seine Todeszeit eingestellt. Bis in die Gegenwart wird zu diesem Zeitpunkt eine Trauerminute eingelegt, zu der landesweit Sirenen ertönen. Auch Präsident Recep Tayyip Erdoğan, der immer wieder den Slogan von einer »neuen Türkei« im Munde führt, kann nicht umhin, dem Staatsgründer Reverenz zu erweisen. Er regiert unter einem monumentalen Konterfei Atatürks; ein Abglanz von dessen Charisma soll auch Teil seiner Legitimation sein.

8.2 Iran unter seiner letzten Dynastie

Im Juli 1934 reiste der iranische Herrscher Reza Schah Pahlawi zu einem Staatsbesuch nach Ankara. Damit machte der Gast aus Teheran dem von ihm bewunderten Nachbarn seine Aufwartung. Ein neuer Iran hatte begonnen, Konturen anzunehmen; dabei hatten die Entwicklungen in der Türkischen Republik Pate gestanden.

Bis dahin aber hatte das Land seit dem Ausbruch des Ersten Weltkriegs über zwei Jahrzehnte einen langen Weg von Unruhen, Wirren und Gewalt zurückgelegt. Die Feierlichkeiten zur Krönung Ahmad Schahs hatten eine Woche vor Kriegsausbruch stattgefunden. Die folgenden vier Jahre sollten für die Menschen leidvoll werden und den iranischen Staat zeitweise am Rand seiner Existenz sehen. Zwar erklärte die Regierung ihre Neutralität. Aber was zählten Verlautbarungen einer Regierung ohne wirkliche Macht, ohne eine finanzielle Grundlage und ohne Armee. Truppen Englands, Russlands und der Türkei operierten auf iranischem Boden. Zugleich zeigte Deutschland – auch ohne Truppen – eine starke politische Präsenz. Als Land, das keine imperialistische Vergangenheit in Iran hatte, genoss es starke Sympathien in Teilen der Bevölkerung und der politischen Führung. Eine deutsche Mission nach Teheran sollte prodeutsche Kräfte im Land bestärken und motivieren, sich an die Seite Deutschlands und des Osmanischen Reichs im Krieg gegen England und Russland zu stellen. Und im Süden suchte Konsul Wilhelm Wassmuss, ein »deutscher Lawrence«, die Stämme zur Erhebung gegen die Briten aufzuwiegeln. Der dritte *Madschlis*, das iranische Unterhaus, das noch 1914 gewählt worden war, wurde bereits 1915 unter dem Druck der im Norden vorrückenden Russen aufgelöst.

Eine Gruppe von prodeutschen Abgeordneten entzog sich dem britischen und russischen Druck in Teheran und verließ die Hauptstadt. Organisiert als *Komitee für nationale Verteidigung* (*Komita-ye defa'-e milli*), suchte sie zunächst von Qum aus einen nationalen Widerstand auf die Beine zu stellen. Nachdem ihre schwachen militärischen Kräfte von den Briten aufgerieben worden waren, wichen sie nach Kermanschah nahe der Grenze zum Irak aus, zu diesem Zeitpunkt noch Teil des mit Deutschland verbündeten Osmanischen Reichs. Nach der Einnahme Bagdads durch englische Truppen 1917 verlor das Komitee die Unterstützung aus Berlin und löste sich auf. Seine Mitglieder setzten sich nach Istanbul und nach Deutschland ab. Dort hielt sich seit 1916 Seyyid Hasan Taqizadeh (1878–1970) auf. Er hatte bereits in der Verfassungsbewegung eine führende politische und geistige Rolle gespielt und trat publizistisch für die Trennung von Politik und Religion sowie eine Modernisierung Irans nach dem Vorbild Europas und der USA (wo er sich zeitweilig aufhielt) ein. Im Januar 1917 gründete er mit anderen Exil-Iranern die Deutsch-Persische Gesellschaft. Bereits 1916 waren – mit finanzieller deutscher Unterstützung – die ersten Hefte der Zeitschrift *Kaveh* (nach einer altiranischen mythischen Gestalt) erschienen. In ihr forderte er nicht nur die Aufgabe der Neutralität Irans im Krieg und unterstützte propagandistisch das *Komitee für die nationale Verteidigung*; bis zu ihrer Einstellung 1922 wurde die Zeitschrift vielmehr vor allem zu einem Sprachrohr derer, die für die Modernisierung eines von auswärtiger Einflussnahme befreiten neuen Irans eintraten.

Die kriegsbedingte Unterbrechung der Verkehrswege im Land und Missernten führten zu Hungersnöten unter der Bevölkerung. Räuberbanden machten das Reisen im Land unsicher. Zugleich mangelte es der Zentralregierung mit ihren rasch wechselnden Kabinetten an Autorität, die Integrität des Landes durchzusetzen. Lokale und tribale Akteure schalteten und walteten nach eigenem Gutdünken und Interesse und kümmerten sich nicht um Regierungen, deren Arm nicht über Teheran hinausreichte. Tatsächlich verfügten diese kaum über wirksame militärische und polizeiliche Kräfte. Die »Kosakenbrigade« stand unter russischer Kontrolle; die wenigen Tausend Mann Gendarmerie wurden von schwedischen Offizieren geführt, die mit den Deutschen sympathisierten.

England und Russland hatten sich über ihre unmittelbare militärische Präsenz in ihren Zonen verständigt. Englands oberstes Interesse galt dem Schutz seiner Öleinrichtungen in Abadan. Über die im englisch-russischen Vertrag von 1907 vereinbarten Einflusszonen hinaus hatten britische Truppen bei Kriegsausbruch auch die mittlere – neutrale – Zone besetzt. Russland kontrollierte neben Teilen Iranisch-Aserbaidschans und der Südküste des Kaspischen Meeres ein Territorium entlang der iranisch-afghanischen Grenze. Im Süden hatten die Briten mit den *South Persia Rifles* eine eigene Truppe aufgestellt. Zugleich verteilten sie Waffen und Geld an die Bakhtiar- und arabischen Stämme.

Mit der bolschewistischen Revolution im November 1917 und dem Ausscheiden Russlands aus dem Krieg veränderte sich die strategische Situation noch einmal zu Gunsten Englands. Die russischen Truppen zogen sich aus Iran zurück und die Briten füllten das Vakuum im Norden des Landes. Bis zum Ende des Krieges blieben sie im gesamten Land die politisch und wirtschaftlich dominierende Macht. Mehr noch: Von Iranisch-Aserbaidschan aus waren sie in die Lage versetzt, die Regierung der benachbarten Republik Aserbaidschan, die sich 1918 vom Zarenreich abgespalten hatte, zu unterstützen, sollte sich dies als notwendig erweisen. Dabei hatten sie die Ölquellen von Baku im Blick. Unter diesem Aspekt rivalisierten sie mit Deutschland, das seit 1917 eine militärische Präsenz in Georgien unterhielt, die nach dem Abschluss des Friedensvertrags von Brest-Litowsk im März 1918 verstärkt wurde.

Mit dem Ende des Krieges und mit dem Ausscheiden Russlands und Deutschlands aus dem Machtpoker am Kaukasus auf dem Höhepunkt seiner Einflussnahme angelangt, suchte London seine dominierende Stellung in Teheran auf eine vertragliche

Grundlage zu stellen. Eine atemberaubende Vision schien Wirklichkeit zu werden: die Vision einer Zone der Unterwerfung unter den Einfluss Londons, die vom östlichen Ufer des Mittelmeers mit seinen Wasserstraßen des Suezkanals und des Bosporus und der Dardanellen über Anatolien und den ganzen Vorderen Orient und Mittleren Osten – mit seinen Ölfeldern im Irak und in Iran – bis nach Indien reichen würde. Zwar hatte auch die iranische Regierung 1919 eine Delegation zu den Friedensverhandlungen nach Paris geschickt, um ihre Interessen und Forderungen, nicht zuletzt die nach politischer Unabhängigkeit, vorzutragen. Mit dem Argument aber, Iran habe ja seine Neutralität erklärt, sah sich diese Delegation auf dem Abstellgleis. Im Bewusstsein, auf diesem Wege nicht weiter zu kommen, verhandelte Ministerpräsident Wusuq ad-Daula 1919 zeitgleich mit England über ein bilaterales Abkommen. Unverblümt suchte London seine Interessen durchzusetzen. Was am Ende als Vertrag herauskam, war eine Kapitulation Irans: Obwohl »unabhängig«, würde das Land einen einem Protektorat ähnlichen Status erhalten. Ausländische Berater und Offiziere, Kommunikations- und Transportmittel sowie finanzielle Anleihen sollten ausschließlich britischen Ursprungs sein. Zölle und Abgaben sollten zugunsten Großbritanniens neu geregelt werden, um sicherzustellen, dass die Anleihen und Kredite auch zurückgezahlt würden. Am 9. August 1919 wurde der Vertrag vom Ministerpräsidenten selbst unterschrieben.

Der Vertrag löste einen Sturm der Entrüstung aus. Die USA und Frankreich protestierten. Die politische Opposition im Lande stellte klar, dass nach der Verfassung kein Vertrag ohne die Zustimmung des Parlaments Gültigkeit haben würde. Die *Demokratische Partei (Iranisch-)Aserbaidschans* unter ihrem Führer Scheich Muhammad Khiabani setzte eine eigene Regierung in Täbris ein und wies die Vertreter der Zentralregierung aus der Stadt. Im Kampf mit der russischen Weißen Armee landeten im Frühjahr 1920 bolschewistische – rote – Truppen in Anzali am Kaspischen Meer; die neu gegründete *Kommunistische Partei Irans* koalierte mit der *Dschangal*-Bewegung Kutchek Khans (► S. 223) und im Juni wurde die *Sozialistische Sowjetrepublik Iran* ausgerufen.

Angesichts dieses Widerstands (und durch Korruptionsvorwürfe im Zusammenhang mit dem Vertragsabschluss belastet) trat der englandfreundliche Wusuq ad-Daula im Juni 1920 zurück. Sein Nachfolger, Fathollah Akbar Sardar Mansur Sepahdar, erklärte – obwohl ebenfalls probritisch (er unterstellte die Kosakenbrigade britischen Offizieren) –, er werde der Verfassung gemäß den Vertrag dem soeben neu gewählten Parlament vorlegen. In der – realistischen – Einschätzung, in der aufgebrachten antibritischen Stimmung werde er dort abgelehnt, nahm er Abschied von dem Vertragsprojekt. Anfang 1921 gaben auch die Briten ihren Druck in der Angelegenheit auf. Sie zogen nunmehr andere Wege in Erwägung, Iran gegen revolutionäre Bewegungen resistent zu machen und Gesetz und Ordnung unter britischer Ägide wiederherzustellen.

Während die Regierung in Teheran die Briten hinzuhalten bemüht war, verhandelte sie mit der bolschewistischen Regierung in Moskau um eine Neuregelung der bilateralen Beziehungen. Der iranisch-sowjetische Vertrag wurde am 26. Februar 1921 geschlossen. Waren die Briten bemüht gewesen, Iran britischen Herrschaftsinteressen zu unterwerfen, war der Vertrag mit den Sowjets anderer Natur: Die Regierung in Moskau strich alle Schulden und widerrief die Konzessionen und sonstigen Privilegien, die Iran im Laufe der vergangenen Jahrzehnte hatte einräumen müssen. Eine Ausnahme bildete die Konzession, im Kaspischen Meer Fischerei zu betreiben, die vor allem mit Blick auf die Kaviarproduktion gewinnbringend gewesen war. Iran verzichtete auf die Rückforderung der im 19. Jahrhundert an Russland abgetretenen Gebiete im südlichen Kaukasus; dafür erkannte Moskau die territoriale Integrität des iranischen Staatsgebiets an. Allerdings behielt Moskau sich das Recht auf Intervention vor, falls eine dritte Macht von iranischem Territorium aus die sowjetischen Grenzen bedrohen würde. Nach dem Ende des Zweiten Weltkriegs sollte Moskau auf diese Abmachung, gerichtet auf die Präsenz amerikanischer Truppen im nördlichen Iran – allerdings folgenlos – zurückkommen.

Es war freilich nicht mehr Ministerpräsident Sepahdar, der diesen Vertrag mit Moskau unterschrieb. Wenige Tage zuvor, am 21. Februar, war die Regierung durch einen Coup gestürzt worden, der von der Kosakenbrigade – zu diesem Zeitpunkt ca. 4 000 Mann – ausging, dem einzigen einsatzbereiten militärischen Verband in Iran. Seit dem Rückzug des revolutionären Russlands aus dem Land war er unter britischen Einfluss geraten. Zum Zeitpunkt des Coups wurde er von Oberst Reza Khan kommandiert. Als Ministerpräsident wurde Seyyid Zia ad-Din Tabataba'i eingesetzt. Über den Anteil Großbritanniens an dem Geschehen sind zahlreiche Vermutungen angestellt worden. Heute sind die Zusammenhänge nachvollziehbar. Der Oberbefehlshaber der britischen Streitkräfte im Norden Irans, General Edmund Ironside, hatte die Fäden gezogen. Nach dem Scheitern der Verhandlungen um den iranisch-britischen Vertrag, der die Kontrolle Londons über die Angelegenheiten Irans hätte sicherstellen sollen, lag das britische Interesse nunmehr in einer starken probritischen Regierung in Teheran. Reza Khan schien dafür der richtige Mann; die politischen Geschäfte würde Zia führen, ein Publizist, der den Briten seit langem durch eine englandfreundliche Gesinnung aufgefallen war. Die Dynastie der Qadscharen würde weiterhin Bestand haben, um ein demokratisches Chaos, in dem englandfeindliche Kräfte an die Macht kommen würden, zu vermeiden.

Der Coup leitete den Aufstieg Reza Khans zum Pahlawi-Herrscher ein. Denn bald sollten die Dinge anders laufen, als es die Briten sich vorgestellt hatten. Bereits wenige Tage nach dem Coup schloss Seyyid Zia den iranisch-russischen Vertrag, zugleich kündigte er endgültig das iranisch-britische Vertragsvorhaben. Aber schon nach drei Monaten kam es zum Bruch mit Reza Khan und Seyyid Zia ging in ein Exil, das über zwei Jahrzehnte dauern sollte. Der – ebenfalls probritische – Qawam as-Saltana übernahm das Amt des Ministerpräsidenten; Reza Khan war Kriegsminister und der starke Mann in der Regierung. Zu seinen ersten Maßnahmen gehörte die Zusammenführung von Kosakenbrigade, Gendarmerie und den Resten der regulären Armee zu einer schlagkräftigen Truppe. Mit ihr ging er daran, die Aufstände und zentrifugalen Bewegungen, die – zum Teil bereits während des Krieges – in verschiedenen Teilen des Landes ausgebrochen waren, niederzuschlagen. Damit festigte er nicht nur seine Position, auch schuf er auf diese Weise die Voraussetzung, sich Zug um Zug aus der britischen Umarmung zu lösen. Getragen durch ein wachsendes öffentliches Ansehen und gestützt auf die neue Armee, übernahm er im Oktober 1923 selbst das Amt des Ministerpräsidenten.

Tatsächlich waren die Jahre des Krieges und der unmittelbaren Nachkriegszeit durch Turbulenzen gekennzeichnet, die zeitweise die Einheit des Landes gefährdet erscheinen ließen. Ursachen dieser lokalen Aufstände war in erster Linie das angedeutete willkürliche Schalten und Walten fremder Mächte, namentlich Englands und Russlands, auf iranischem Boden: Die rasch einander abwechselnden Zentralregierungen zeigten sich nicht in der Lage, die Souveränität des Landes zu verteidigen. So sahen sich regionale Notabeln herausgefordert, den Widerstand in die eigenen Hände zu nehmen. Die Provinzen Gilan und Aserbaidschan wurden Schauplätze der hartnäckigsten und anhaltendsten unter diesen Protestbewegungen. Sie wurden ideologisch befeuert durch das Überspringen der Funken der Revolution aus Russland.

Die dichten Wälder auf der Nordseite des Elburs Gebirges zum Kaspischen Meer hin gaben der Bewegung in Gilan ihren Namen: *dschangal* (»Wald«). Bereits 1911 hatte die russische Besetzung den einheimischen Widerstand dort herausgefordert; er wurde ab 1915 zum offenen Krieg. Unter der Führung von Mirza Kutchek Khan (1878–1921), einem lokalen Geistlichen, unternahmen die *Dschangali* (*nehzat-e dschangal*, »Wald-Bewegung«) bewaffnete Operationen, die sich gegen die russischen Besatzer, aber auch gegen lokale Feudalherren richteten. Damit hatten sie eine nationale, zugleich aber auch antifeudale, sozialrevolutionäre Stoßrichtung. 1917 begannen die *Dschangali*, sich in Rascht als quasi eigenständiger Staat mit einer eigenen Verwaltung, Postwesen und Schulen zu organisieren. Gleichzeitig aber betonte Kutchek Khan, dass es darum gehe, »die Rechte der Iraner zu verteidigen und das Denken der Muslime zu erhellen«.[37] Mit der bolschewistischen Revolution vom November 1917 suchte England seinen Einfluss auszudehnen und verbündete sich mit den Resten der Weißen Armee auf dem Boden des nördlichen Iran. Es war nicht zuletzt diese Allianz, die zu einer Annäherung zwischen Kutchek Khan und den Bolschewiken führte. Auch bestärkten letztere die antifeudalistischen Elemente im Programm der *Dschangali*. Umgekehrt sahen Teile der *Dschangali* in der bolschewistischen Revolution ein Modell der Lösung der politischen und gesellschaftlichen Gegensätze. Die Verlautbarung der bolschewistischen Führung, man erkläre alle ungleichen Abmachungen zwischen Russland und Iran für null und nichtig, erhöhte die Anziehungskraft der neuen russischen Führung.

1920 verband sich der Aufstand in Gilan mit den revolutionären Entwicklungen in Russland. Bis dahin hatte Kutchek Khan dem Druck des revolutionären Flügels der Bewegung widerstanden, die *Dschangali* in ein bolschewistisches sozialrevolutionäres Fahrwasser zu steuern. Angesichts der eigenen militärischen Schwäche war er zeitweise sogar Kompromisse mit den Briten und der Regierung in Teheran eingegangen. Aber als im Frühjahr 1920 tausende sowjetischer Rotarmisten im kaspischen Hafen Anzali anlandeten, wurde eine Allianz mit der revolutionären Bewegung unausweichlich. Am 20. April 1920 schloss er ein Abkommen mit den roten Kräften: Darin suchte der iranische Nationalist zwar, der vollständigen sowjetischen Umarmung zu entgehen; die Ziele der Bewegung jedoch waren nunmehr auf die Abschaffung der Monarchie und die Umwandlung Irans in eine »sowjetische Republik« (*Dschumhuriyat-e schurawi*) gerichtet. Kutchek Khan geriet zunehmend in die Isolierung: Indem er im Juli 1920 Rascht verließ, überließ er die Bewegung radikaleren Kräften; zugleich wies er die zur Versöhnung ausgestreckte Hand Teherans zurück. Dort aber hatte man begonnen, bilateral und direkt mit Moskau über ein Abkommen zu verhandeln, das am 26. Februar 1921 unterzeichnet wurde. Im Herbst desselben Jahres schlug dann die iranische Armee den Aufstand vollständig nieder. Die Kampagne war einer der ersten militärischen Erfolge des Kriegsministers Reza Khan, auf denen aufbauend er später seinen Anspruch auf die Gründung einer neuen Dynastie erheben sollte. Kutchek Khan wurde auf der Flucht aufgegriffen und am 2. Dezember 1921 in Rascht enthauptet. Trotz seines schmählichen Endes bleibt er eine bemerkenswerte Persönlichkeit. Er vereinigte drei programmatische Facetten in sich, die für viele seiner Zeitgenossen in Iran (aber auch andernorts in der im Umbruch befindlichen islamischen Welt) kennzeichnend waren: Panislamismus, Nationalismus und Volksnähe.

Tatsächlich hatten die Protestbewegungen in Gilan und andernorts in Nordiran durch das Überspringen des Funkens der bolschewistischen Revolution in Russland eine neue Dynamik erhalten. Bereits 1917 war mit der Gründung der *Adalet*-Partei (»Gerechtigkeitspartei«) in Baku (d. h. in Russisch-Aserbaidschan) eine linke Gruppierung entstanden. Aus dem Zusammenschluss mit anderen Gruppierungen entstand 1920 – angeführt von Dscha'far Pischewari (1893–1947) – die *Kommunistische Partei Iran*. Trotz der erwähnten Vorbehalte Kutchek Khans gegen die Bolschwiken kam es im Sommer 1920 zur Bildung einer Einheitsfront der *Dschangali* mit der KP, die mit militärischer Unterstützung von 2 000 Rotgardisten und der sowjetischen Kaspischen Flotte am 5. Juni 1920 Rascht eroberte und dort die *Sozialistische Sowjetrepublik Iran* (*Dschumhuri-ye schurawi-ye susialisti-ye Iran*, auch bekannt als *Sowjetrepublik Gilan*) ausrief. Die Einheitsfront zerbrach, als sich am 21. Juli 1920 der radikale Flügel an die Macht putschte. Während Kutchek Khan die Stadt verließ, unternahm dessen radikalerer bolschewistisch inspirierter Rivale, Ehsanullah Khan, mit seiner persischen »Roten Armee« mehrere Versuche, Teheran militärisch anzugreifen und die Revolution in die Hauptstadt zu tragen. Erst im Mai 1921 kam es zu einer Neuauflage der linken Einheitsfront, nachdem es der von den Briten wieder aufgebauten Kosakenbrigade Ende 1920 vorübergehend gelungen war, Rascht zurückzuerobern. Noch einmal entstand dort im August eine kurzlebige Sowjetrepublik. Sie wurde von den Truppen des Kriegsministers Reza Khan im Herbst 1921 militärisch liquidiert; am 2. November fiel Rascht in ihre Hände. Zu diesem Zeitpunkt hatte Moskau der Bewegung nicht nur seine Unterstützung entzogen, sondern bereits einen bilateralen Vertrag mit Teheran geschlossen.

Die Erhebung der *Dschangali* war die hartnäckigste Widerstandsbewegung auf dem Boden Irans im Kontext des Ersten Weltkriegs und der Nachkriegszeit. Der weitgehende Verlust der Selbstbestimmung des Landes, der sich im Entwurf des britisch-iranischen Vertrags widerspiegelte, die einander abwechselnden militärischen Besetzungen durch fremde Mächte, insbesondere Osmanen und Briten, sowie durch Truppen der weißen und roten russischen Armeen, gaben aber auch in anderen Teilen Nordirans nationalistisch motiviertem Widerstand Nahrung. Dessen Führer hatten sich bereits in der Verfassungsbewegung engagiert und erneuerten nunmehr die Forderung nach der Geltung der Verfassung und dem Rückzug aller ausländischen Kräfte von iranischem Boden. Einer unter ihnen, Scheich Muhammad Khiabani (1880–1920), hatte bereits im August 1917 die *Demokratische Partei Aserbaidschans* gegründet, eine Neuauflage der Partei aus den Tagen der Verfassungsbewegung in Täbris. Als Protest gegen die Unterzeichnung des britisch-iranischen Vertrags übernahm er im März 1920 mit Unterstützung des militärischen Kommandanten der Stadt im Namen der *Demokraten* die Kontrolle über die Verwaltung und die Polizei. In einem Aufruf in der von ihm und einigen Gesinnungsgenossen gegründeten Zeitschrift *Tadschaddud* (»Die Erneuerung«) vom 9. April 1920 erklärte er die Wiederherstellung des Respekts vor der Verfassung als das zentrale Ziel der Bewegung. Zugleich bekannten sich die Autoren zu weitreichenden sozialen Reformen; auch forderten sie, dass die aserbaidschanische Sprache gleichberechtigt an die Seite der persischen Sprache treten sollte. Das von ihm gegründete Gemeinwesen nannte Khiabani *Azadistan* (»Land der Freien«). Dies nicht in der Absicht, darin die Trennung von Iran zum Ausdruck zu bringen. Vielmehr wollte er damit den Status freier Bürger im Unterschied zu Iran markieren, das mit dem Abkommen mit Großbritannien in Abhängigkeit und Unterwerfung geraten zu sein schien. Zugleich grenzte er sich von der *Sowjetrepublik Gilan* ab, in der zeitgleich im April 1920 die Bolschewiken die Macht übernommen hatten. Der Aufstand war nur von geringer Tragweite und Dauer, denn bereits im September wurde er niedergeschlagen. Khiabani wurde am 14. September ermordet. Nicht anders erging es dem Widerstand in Khorasan, der nordöstlichen Provinz des Landes. In Maschhad, der Hauptstadt der Provinz, rief Muhammad Taqi Khan Pesyan, Kommandeur der Gendarmerie, am 2. April 1921 die *Autonome Regierung von Khorasan* aus. Pesyan hatte im Ersten Weltkrieg zu einer Gruppe von Nationalisten gehört, die Widerstand gegen die russische Besetzung Nordirans geleistet hatte. Als dieser im August 1916 endgültig gebrochen worden war, hatte er sich zusammen mit anderen nach Deutschland abgesetzt. Dort war er in die deutsche Luftwaffe eingetreten und sogar ausgezeichnet worden. Nach seiner Rückkehr wurde er 1920 Kommandeur der Gendarmerie in Khorasan. Antibritische nationalistische Gefühle leiteten ihn bei der Proklamation der Autonomie Khorasans. Im Auftrag des Premierministers unterdrückte der Kriegsminister Reza Khan die Bewegung; Pesyan wurde am 3. Oktober 1921 hingerichtet. Doch war damit die Ära der lokalen Aufstände nicht beendet. In den kurdischen Gebieten an der iranisch-türkischen Grenze strebte Isma'il Agha Simko nach Errichtung eines kurdischen Staates; 1922 trieb ihn die Armee Reza Khans ins Exil in den Irak. Als hartnäckiger noch erwies sich der Konflikt mit dem arabischen Lokalfürsten Scheich Khaz'al (1881–1936). In Muhammara (heute Khorramschahr) am Schatt al-Arab residierend, gelang es ihm mit britischer Unterstützung, die Bakhtiari und andere Stämme im Süden des Landes hinter sich zu bringen. Seine politischen Ziele blieben unklar, auch wenn er 1924 den Völkerbund anrief, die Loslösung Khuzistans von Iran anzuerkennen. Er verlor die Unterstützung Englands; 1924 wurde er entmachtet, sein Besitz konfisziert und er selbst für den Rest seines Lebens (bis 1936) in Teheran unter Hausarrest gestellt.

Insbesondere die Niederschlagung der Aufstandsbewegungen im Norden Irans, die sich nicht zuletzt als Protest gegen die Anwesenheit miteinander rivalisierender fremder Truppen gebildet hatten, waren Beginn und Grundlage des Aufstiegs Reza Khans, der in das Ende der Qadscharen- und in die Gründung der Pahlawi-Dynastie münden sollte. Bis 1923 blieb er unter einer Kette einander rasch folgender Ministerpräsidenten Kriegsminister. Im Oktober ernannte ihn Ahmad Schah zum Ministerpräsidenten; im November verließ dieser letzte Qadschare Iran in Richtung Paris. Er sollte nicht mehr nach Iran zurückkehren.

Reza war 1878 in der entlegenen Region Savad Kuh im nordiranischen Mazanderan geboren. Er entstammte einfachsten Verhältnissen. Nachdem er früh seine Eltern verloren hatte, verbrachte er seine Kindheit bei einem Onkel in Teheran, einem Unteroffizier in der Kosakenbrigade. Dieser ließ ihn 1891 in die Kosakenbrigade einschreiben und in ihr hat er seine Laufbahn gemacht. Eine formale Schulausbildung hat er nicht bekommen. Im Ersten Weltkrieg bekleidete er den Rang eines Oberst. Nach der Oktoberrevolution bot sich die Chance eines weiteren Aufstiegs: Auf Veranlassung Englands wurden alle russischen Offiziere entlassen und Reza Khan zum Oberkommandierenden ernannt. Nun begann er, die vakanten Positionen mit iranischen Offizieren zu besetzen. Seine antibolschewistische Haltung brachte ihn in Konflikt mit den linken Gruppierungen, die zu dieser Zeit in Gilan und Mazanderan aktiv waren. So erschien er den Briten, die nach dem Scheitern des britisch-iranischen Abkommens in Teheran ein stabiles, antibolschewistisches und zugleich von London zu kontrollierendes Regime zu etablieren suchten, als der richtige Mann. Sein Putsch vom 21. Februar 1921 wurde von ihnen unterstützt.

Mit der Abreise Ahmad Schahs aus Teheran im November 1923 begann sich das Ende der Herrschaft der Qadscharen abzuzeichnen. Es war nicht die erste Abwesenheit des Schahs; ohnehin stand er im Ruf, das gute Leben in Europa den Beschwerlichkeiten der Herrschaft in Teheran vorzuziehen. Im türkischen Nachbarland hatten sich zeitgleich fundamentale Veränderungen ergeben: Am 1. November 1922 hatte das Parlament in Ankara das Sultanat abgeschafft; im März 1924 sollte das Kalifat das gleiche Schicksal erleiden. Die Türkei war eine Republik geworden, die sich 1924 eine säkulare Verfassung gab. Reza Khan hatte bereits in der Vergangenheit aus seiner Bewunderung für die Jungtürken kein Hehl gemacht und die Entwicklungen seit 1919 in der Türkei hatte er mit Sympathie verfolgt. In Iran hatte nicht zuletzt die Entmachtung Khaz'al Khans seinen Ruf als Vorkämpfer für die nationale Einheit und mithin auch seine innenpolitische Stellung weiter gefestigt. So wurde der Stein ins Wasser geworfen, als im Januar 1924 in einer türkischen Zeitung auch für Iran die Einführung einer republikanischen Staatsform gefordert wurde. In einer Rede im Parlament nahm Reza Khan dieses Thema auf und forderte die Ablösung der Monarchie durch eine Republik.

Damit war das Fanal für eine Auseinandersetzung um die Macht in Teheran gegeben, die zwei Jahre andauern sollte. Die hohe Geistlichkeit ließ erkennen, dass sie gegen die Einführung einer Republik Widerstand leisten würde, musste sie doch – in der Logik der Entwicklungen in der Türkei – um ihre politische, aber auch wirtschaftliche Machtstellung fürchten. Ahmad Schah suchte von Paris aus, den gefährlichen Aufrührer loszuwerden, indem er ihn als Ministerpräsidenten entließ. Aber ein Beschluss des Parlaments, der mit überwältigender Mehrheit seine Wiedereinsetzung forderte, ließ ihn am 8. April 1924 in sein Amt zurückkehren. Jetzt war die Stimmung gegen den abwesenden Herrscher umgeschlagen; offen wurde in der politischen Elite die Machtübernahme durch Reza Khan diskutiert. Er selbst gab der Diskussion Nahrung und begann, insbesondere die Geistlichkeit zu umwerben. Zugleich setzte der nunmehr auf der Grundlage einer breiten Zustimmung handelnde Ministerpräsident erste weitreichende Reformen ins Werk – der abwesende Schah spielte dabei keine Rolle mehr; die Dynastie der Qadscharen hatte sich selbst überlebt. Am 31. Oktober 1925 beschloss das Parlament die Absetzung der Qadscharen-Dynastie, die Einrichtung einer provisorischen Regierung und die befristete Ernennung Reza Khans zum neuen Staatsoberhaupt. Drei Tage später legte Reza Khan den Amtseid ab und wurde neuer Herrscher in Iran. In einer ersten Erklärung versicherte er der schiitischen Geistlichkeit, dass der Wechsel an der Staatsspitze den wahren Inhalten des Islams folge. In einem vorletzten Akt des Dramas trat am 6. Dezember eine gewählte verfassungsgebende Versammlung zusammen und beschloss nach sechs Tagen der Beratung mit überwältigender Mehrheit eine Verfassungsänderung, mit der Reza Khan als neues Staatsoberhaupt und seine männlichen Nachkommen in direkter Linie als seine Nachfolger festgeschrieben wurden. Der letzte Akt stand im Zeichen der Krönungszeremonie am 25. April 1926. Bereits zuvor hatte Reza Khan seinen Titel *Sardar-e sepah* (»Oberbefehlshaber der Armee«) abgelegt und den »bürgerlichen Namen« Pahlavi angenommen. Jetzt setzte er sich die eigens für ihn angefertigte Pahlavi-Krone aufs Haupt.

Die Herrschaft Reza Schah Pahlavis von 1925 bis zu seiner Absetzung 1941 bedeutet eine Epoche tiefgreifenden Wandels in Iran. Viele seiner – in der Regel von oben verordneten – Reformen waren zwar im Prozess der Veränderungen im Land in den vergangenen Jahrzehnten herangereift. Aber unter seiner Herrschaft gewann die Umgestaltung eine neue Dynamik; Iran erhielt ein tiefgreifend verändertes Gesicht. Das Land emanzipierte sich von der Rolle eines Bauern auf dem geopolitischen Schachbrett Englands und Russlands (auch wenn es unter den Bedingungen des Zweiten Weltkriegs zeitweise wieder seine Unabhängigkeit verlor). Die Abschaffung der »Kapitulationen« 1928 war nicht zuletzt eine symbolische Geste, um das Ende von politischer und wirtschaftlicher Abhängigkeit, ja der Unterwerfung unter den Willen äußerer Mächte zu bekunden. Die problematische Seite der Herrschaft Reza Schahs freilich sollte darin liegen, dass er es nicht verstand, die iranische Gesellschaft als Ganze ins Boot zu holen. Als die Briten ihn 1941 von der Macht ablösten, hatte sich zwischen ihm und einer schmalen Schicht von Militärs, Aristokraten und Großgrundbesitzern, die sich bedenkenlos bereichert hatten, auf der einen und der breiten Masse der Bevölkerung, namentlich auf dem Lande, auf der anderen Seite eine tiefe Kluft aufgetan. Die Umgestaltung zahlreicher Bereiche von Staat und Gesellschaft hatte nicht zu nationaler Integration geführt. Der staatlichen Elite als den Gewinnern der Modernisierung trat die breite Masse derjenigen gegenüber, die nicht nur nichts gewannen, sondern – wie die Landbevölkerung – die Modernisierung sogar mitfinanzierten. In den sechziger Jahren sollte der Sohn Reza Schahs, Muhammad Reza Schah, mit seiner Landreform diese Kluft zu überwinden suchen.

Bereits im letzten Jahr seiner Amtszeit als Ministerpräsident hatte Reza Khan Reformen angestoßen. Der fünfte *Madschlis*, der sich im Januar 1923 konstituiert hatte, hatte auf seinen Druck hin die Einführung der allgemeinen Wehrpflicht beschlossen. Mit den Einnahmen aus neuen Steuern sollte der Bau von Eisenbahnen finanziert werden. Maße und Gewichte wurden landesweit vereinheitlicht und der vorislamische iranische Kalender eingeführt. Der Staat begann, die Geburten zu registrieren, und jeder Bürger musste einen Vornamen nach europäischem Vorbild annehmen. Die der qadscharischen Epoche entstammenden Rang- und Ehrentitel wurden abgeschafft.

Hatte sich Reza durch die Niederschlagung lokaler Aufstände und zentrifugaler Bewegungen die Aura eines Vorkämpfers der iranischen nationalen Einheit erworben, so erhoben doch auch nach seinem Herrschaftsantritt mächtige Stammesführer ihre Häupter. Ursachen dafür waren nunmehr neue Strategien der Besteuerung und – für die Stämme noch einschneidender – der staatliche Druck, sesshaft zu werden. Dieser griff tief in die herkömmliche Lebensweise der nomadischen Bevölkerung ein. Besonders heftige Herausforderungen gingen von den Erhebungen der Bakhtiari- und Qaschqai-Stammesverbände aus. Suchte der Schah ihnen erst durch Verhandlungen zu begegnen, ging er bald zu militärischer Gewalt über; erst 1932 waren die meisten Aufstände niedergeschlagen. Die Anführer wurden hingerichtet oder ins Exil geschickt. Ihr Eigentum fiel an den Staat – was in vielen Fällen bedeutete: an den Herrscher und seine Klientel.

Voraussetzung für die Durchsetzung zentralstaatlicher Autorität war nicht zuletzt der systematische Ausbau der Infrastruktur. Straßen und Eisenbahnen wurden gebaut. Sie verbanden das riesige Land mit den Häfen. Jahrzehntelang war der Bau von Eisenbahnen von England und Russland systematisch verhindert worden, die in der Stärkung der Zentralgewalt eine Schwächung ihrer lokalen Interessen im Lande gesehen hatten. Der Bau der Eisenbahn wurde nunmehr bewusst aus eigenen staatlichen Mitteln und ohne Inanspruchnahme ausländischer Kredite finanziert. Aber auch sonst lag mangels privaten Kapitals die Initiative beim Aufbau der Wirtschaft, namentlich bei der einsetzenden Industrialisierung, zunächst beim Staat. Staatsmonopole wurden gegründet: so etwa bei der Produktion und Verarbeitung von Tabak, der Energieerzeugung und Zementherstellung. Erst gegen Ende der Herrschaft Reza Schahs waren die Grundlagen für das Entstehen auch privater Unternehmen, u. a. von Zucker- und Textilfabriken, gelegt. Der neuen Schicht der Unternehmer war der schnelle Profit wichtiger als die Umsetzung langfristiger Strategien eines systematischen Aufbaus der Wirtschaft. Ein wachsendes Heer von Bürokraten, staatlichen Inspektoren, Informanten und Polizisten machte Diskussionen über Gewerkschaften und Arbeiterrechte bereits im Ansatz obsolet. Sie waren ebenso verboten wie die *Kommunistische Partei*, die gezwungen war, im Untergrund zu überleben.

Eine nachhaltige Veränderung erfuhr die Stellung der Geistlichkeit (*ulama*) in der Gesellschaft. Die ausgeprägte Frontstellung Reza Khans England gegenüber sowie sein Einschwenken auf einen monarchischen Kurs hatten zunächst die Unterstützung der Geistlichkeit gefunden. Die Ausweitung aber des säkularen Erziehungswesens, die Verstärkung der Kontrolle über die religiösen Schulen, die Zurückdrängung der Geltung der *Schari'a*, die Ausweitung der Entscheidungsbefugnis des Staates über die Suspendierung von Theologen vom Militärdienst, die staatliche Übernahme der Kontrolle über die religiösen Stiftungen (*auqaf*) sowie die Einrichtung der theologischen Fakultät als einer der vier Grundfakultäten der 1935 gegründeten, säkular orientierten Universität Teheran führten zur Entfremdung zwischen dem Regime und einem Teil der Geistlichkeit.

Die inneren Dynamiken waren begleitet von einer tiefgreifenden Veränderung des Erscheinungsbildes Irans. Die schwierigen Lebensbedingungen auf dem Land ließen Teile der anwachsenden Bevölkerung ihr Heil in den Städten suchen, allen voran in Teheran. Das Erscheinungsbild der Städte aber wandelte sich nicht nur quantitativ. Das neue Regime, das den dynastischen Namen Pahlavi angenommen hatte, suchte die ruhmvolle vorislamische Epoche insgesamt zu instrumentalisieren, den Persern eine neue Identität zu vermitteln. 1935 wurde *Iran*, »Land der Arier«, der offizielle Name des Landes. Dies war eine mehr nach außen gerichtete Maßnahme, hatten die Iraner selbst doch seit eh und je ihr Land als Iran bezeichnet. Im europäischen Ausland hatte sich die Wahrnehmung »Persiens« mit Teppichen, Poesie und großen Epen, archäologischen Zeugnissen sowie einem exotischen Erscheinungsbild verbunden. Mit der gewandelten Bezeichnung sollte der Blick auf ein modernes Land, auf die Ölproduktion, die Industrialisierung und die Offenheit zur Welt gelenkt werden. Der neue Nationalismus fand in der Architektur der Städte seinen Niederschlag, die sich von den Stilelementen der vorislamischen Ruinenstädte, nicht zuletzt Persepolis, inspirieren ließ. Die Geschichtsbücher wurden umgeschrieben, um die Kontinuität der Geschichte von den Achämeniden bis in die Gegenwart zu »beweisen«. Versuche, die Sprache zu iranisieren (in Anlehnung an die Türkei, wo ein »reines Türkisch« [*öztürkçe*] im Entstehen war, ► S. 213), erwiesen sich demgegenüber als kurzlebig.

Auch die verordnete westliche Kleidung veränderte das Erscheinungsbild der Städte. Der neue iranische Mann trug europäische Kleidung; das war Vorschrift für jeden, der eine – auch nur im weitläufigsten Sinne – offizielle Funktion innehatte. Im Falle der Frauen sollte westliche Kleidung zugleich Ausdruck einer revolutionären Veränderung von deren Stellung in der iranischen Gesellschaft sein. Das Gesetz vom Januar 1936, welches das Tragen des Schleiers im öffentlichen Raum untersagte – es wurde zum Teil auf drakonische Weise durchgesetzt – war der radikalste Schritt, die Frauen aus dem überkommenen Dasein am Rande der Gesellschaft herauszuführen. Es stellte den Abschluss einer Entwicklung dar, die zuvor mit der Öffnung der säkularen Schulen und Hochschulen für Frauen und dem – wenn auch zögerlichen – Eintritt von Frauen in öffentliche Ämter begonnen hatte. Die Maßnahmen stießen auf Widerstand und Proteste; diese wurden – so etwa in Maschhad 1935 – zum Teil blutig unterdrückt.

Die Außenpolitik Reza Schahs war zunächst von der Tatsache überschattet gewesen, dass der Coup vom Februar 1921 von England unterstützt worden war. Den Ruch loszuwerden, eine Marionette Londons zu sein, war also ein Gebot der Stunde. Dies verband sich mit dem Ehrgeiz, nach fast anderthalb Jahrhunderten der Unterwerfung Irans unter ausländische Interessen nationale Selbstbestimmung zurückzugewinnen. Die Erweckung eines nationalen Bewusstseins sollte nach innen die Einheit des Landes beflügeln und nach außen eine Identität als selbstständiger Akteur auf der internationalen Bühne sichtbar machen. Die Beziehungen zum nördlichen Nachbarn Sowjetunion waren durch den Freundschaftsvertrag von 1921 im Großen und Ganzen geregelt, auch wenn Spannungen wirtschaftlicher Natur, nicht zuletzt über den Fischfang im Kaspischen Meer, nicht ausblieben. Der politische Ausgleich mit England blieb demgegenüber eine ständige Herausforderung. Zwar verstand man in London, dass eine allzu unverblümte Einmischung in die inneren Angelegenheiten Irans destabilisierend wirken würde. Auf der anderen Seite hatten die Ölförderung und -verarbeitung auf den südiranischen Feldern für England einen Jahr für Jahr wachsenden wirtschaftlichen (und sicherheitspolitischen) Stellenwert. Für Teheran auf der anderen Seite waren die Erdöl-Einnahmen angesichts der ambitionierten Entwicklungspläne der Regierung nicht weniger unverzichtbar. In den dreißiger Jahren machten die *royalties*, die die *Anglo-Persian Oil Company* (APOC) zahlte, 25–30 % der Staatseinnahmen aus. Diese widerstreitenden Interessen eskalierten nach dem Einbruch infolge der Weltwirtschaftskrise in den Jahren von 1929 bis 1931 im Verlaufe des Jahres 1932: Auf Anordnung des Schahs widerrief Finanzminister Taqizade im November 1932 die Konzession. Die folgenden Verhandlungen, die auch vor dem Internationalen Gerichtshof in Den Haag und beim Völkerbund geführt wurden, brachten Teheran freilich eher marginale Erfolge. Sie wurden im April 1933 vertraglich besiegelt. Neben Vereinbarungen, welche die Konzession selbst und den Umfang des Konzessionsgebiets betrafen, wurden die Einnahmen Irans nur unwesentlich gesteigert.

Im Bemühen um die Diversifizierung der Außenpolitik Irans war Frankreich seit jeher eine feste politische Größe. Franzosen waren als Berater der Armee und im Rahmen des Ausbildungs- und Erziehungswesens im Land. Vor allem aber die Beziehungen mit Deutschland, die sich bereits während des Ersten Weltkriegs gefestigt hatten, erhielten neue Impulse. Dies gilt nicht zuletzt für die Wirtschaftsbeziehungen: Ende der dreißiger Jahre lag der Anteil Deutschlands an den iranischen Exporten bei 42 %. Vor dem Ausbruch des Zweiten Weltkriegs steigerte Deutschland den Export von Rüstungsgütern begleitet von Experten und Beratern. Aber trotz eines auf beiden Seiten gepflegten Nationalismus und der »Arier«-Romantik sowie eines virulenten Antikommunismus in Berlin und Teheran blieben die politischen Beziehungen eher verhalten. In Teheran war man sich bewusst, dass Moskau und London die iranisch-deutschen Beziehungen argwöhnisch betrachteten, und man wollte keinen Vorwand für eine neuerliche Intervention liefern.

Die Beziehungen mit dem benachbarten Irak waren nicht nur durch den starken Einfluss Englands in Bagdad überschattet. Belastend wirkte sich auch der jahrelange Disput über die Hoheit über den Schatt al-Arab aus, den Zusammenfluss von Euphrat und Tigris, der zugleich die Grenze zwischen beiden Ländern markiert. 1937 kam es zu einem für Iran eher nachteiligen Kompromiss in dieser Frage, der nach dem Zweiten Weltkrieg die iranisch-irakischen Beziehungen immer wieder belasten sollte. Das Verhältnis zu dem Nachbarn im Westen, der Türkei, war nahezu brüderlich. Reza Schah bewunderte Mustafa Kemal, dessen Konzept der Modernisierung für ihn geradezu Modellcharakter hatte. Der Staatsbesuch in Ankara – übrigens die einzige Auslandsreise Reza Schahs nach einer kurzen Pilgerfahrt nach Kerbela – war von gegenseitiger Sympathie gekennzeichnet. Politisch gab er den Anstoß, dass sich Vertreter der drei unabhängigen nicht-arabischen Staaten Türkei, Iran und Afghanistan – nach dem Abschluss des iranisch-irakischen Grenzvertrags auch des Irak – am 8. Juli 1937 im Palast Sa'adabad im Norden Teherans zum Abschluss des gleichlautenden Vertrages zusammenfanden. Er galt der Bestätigung der jeweiligen Grenzen. Zugleich vermittelten die Vertragspartner ihre Entschlossenheit zu einer selbstbestimmten Politik zwischen den Einflusssphären der großen europäischen Mächte.

Unübersehbar weist die Entwicklung Irans in der Zwischenkriegszeit starke Parallelen zu derjenigen der Türkei auf. Zwar war der Widerstand gegen die Abschaffung der Monarchie in der Endphase der Qadscharen-Dynastie hinreichend stark gewesen, um den Übergang in eine Republik zu verhindern. Auch für den Monarchen Reza Schah Pahlawi aber blieb der von Mustafa Kemal seit 1923 im Nachbarland beschrittene Weg anziehend und in Vielem nachahmenswert. Beide Protagonisten entstammten kleinen Verhältnissen und waren in der Armee – Reza Khan in der Kosakenbrigade – aufgestiegen. Beide fanden ihre Staaten bei Ende des Ersten Weltkriegs in Trümmern und quasi als Beute europäischer Mächte. Beide hatten es sich zur Aufgabe gemacht, ihre Gesellschaften aus innerem Chaos und äußerer Einmischung in stabile und selbstbestimmte Ordnungen zu führen, deren Eigenständigkeit von der internationalen Gemeinschaft anerkannt sein würde. Beide sahen keine Alternative zu einer umfassenden Umwandlung und Entwicklung, die einem europäischen Paradigma folgen würde. Beide sahen in der Schaffung eines einheitlichen Nationalgefühls das Kernstück politischer Stabilität und wirtschaftlichen Aufschwungs. Beide waren bemüht, die Religion aus dem politischen und gesellschaftlichen Raum zu verdrängen. Und beide teilten schließlich die Überzeugung, dass die Neuausrichtung ihrer Gesellschaften nur auf dem Weg autoritärer Herrschaftsausübung möglich sein würde.

Abb. 21: Reza Schah zu Besuch bei Atatürk, 1934. Der iranische Herrscher war ein Bewunderer des Gründers der Türkischen Republik.

Gleichwohl sind die Unterschiede unübersehbar und wurden für den Geschichtsverlauf konstitutiv. Im Gegensatz zu Reza Khan, der nur über eine rudimentäre Schulbildung verfügte, hatte Mustafa Kemal eine höhere Bildung genossen; er las die Denker der Aufklärung in Französisch. Anders als Reza Schah, der die Grenzen Irans nur zwei Mal – nach Kerbela und nach Ankara – verlassen hatte, war Mustafa Kemal in Europa gereist und bewunderte den Kontinent. Mustafa Kemals Herrschaft beruhte wesentlich auf seinem Charisma als Offizier, der sich bereits auf den Schlachtfeldern des Ersten Weltkriegs, vor allem in der Dardanellenschlacht 1915 ausgezeichnet hatte. Als Führer der Befreiungs- und Unabhängigkeitsbewegung nach dem Krieg konnte er sich dem »nationalen Willen« (*irâde-i Milliye*) verbunden wissen. Auch wenn an den entscheidenden Wendepunkten der Entwicklung die grundsätzlichen Entscheidungen über den einzuschlagenden Weg im Inneren bereits gefallen waren, war es das Parlament, das den Weg absteckte, den zu gehen »die Nation« entschlossen war. Nach der Gründung der Republik trug die von ihm gegründete *Republikanische Volkspartei* als Verkörperung des Volkswillens die als notwendig erkannten Maßnahmen der Veränderung in die Öffentlichkeit. Die autokratische Realität und die Fassade einer Legitimation aus dem Volk waren untrennbar. Als ihm 1934 vom Parlament der Beiname *Atatürk* (»Vater der Türken«) angetragen wurde, war dies eine Auszeichnung, die in weiten Teilen der Bevölkerung auf Zustimmung stieß. Vor diesem Hintergrund konnten unter den veränderten Rahmenbedingungen der Zeit nach dem Zweiten Weltkrieg die bestehenden Ansätze von Demokratie vertieft werden. Außenpolitisch war das Programm der »vollständigen Unabhängigkeit« (*tam bağımsızlık*) mehr als nur ein Slogan. Das sollte sich im Zweiten Weltkrieg erweisen, als es der türkischen Staatsführung gelang, trotz erheblichen auswärtigen Drucks sowohl der Achsenmächte als auch der Alliierten die Neutralität zu wahren.

Demgegenüber konnte Reza Schah die Aura eines Emporkömmlings nicht vergessen machen. Bis zum Ende seiner Herrschaft (1941) blieb er mehr ein Despot, als dass er zu einem durch das Volk – ganz zu schweigen von »der Nation« – legitimierten Herrscher geworden wäre. Das Charisma, die Grundlage der im Großen und Ganzen unumstrittenen Regierung Atatürks, fehlte ihm völlig. Die Machtübernahme zunächst als Kriegs-, später als Premierminister verdankte er nicht zuletzt britischer Unterstützung. Zwar schlug er die namentlich im Norden des Landes seit dem Krieg aktiven Protestbewegungen und separatistischen Kräfte nieder und stellte Ruhe und Ordnung im Lande wieder her. Aber es war eben der Kampf gegen Teile des eigenen Volkes – und nicht gegen ausländische Besatzungsmächte –, über den er sich den Weg zur Herrschaft bahnte. Das Parlament bedeutete nichts; die Mehrheit der Abgeordneten bestand aus handverlesenen Unterstützern. In seiner Amtsführung als Schah musste er sich auf wechselnde politische und gesellschaftliche Allianzen stützen; eine weithin nationale Akzeptanz und Legitimation vermochte er aber nicht zu schaffen. Deshalb stieß die Durchführung der Reformen auf größeren Widerstand als in der Türkei. Auch fehlte ihm ein systematisches Programm, von dem sich sein türkischer Amtsbruder Schritt für Schritt hat leiten lassen. Die von ihm ergriffenen Maßnahmen hatten eher einen *ad hoc* Charakter und mussten zum Teil mit Gewalt durchgesetzt werden. Der Beiname »der Große« wurde ihm auf Initiative seines Sohnes, nicht aber des Parlaments verliehen. Auch die britischen Geister, die er gerufen bzw. die ihn zunächst zu instrumentalisieren versucht hatten, vermochte er nicht wirklich zu bannen. In der Auseinandersetzung mit der *Anglo-Persian Oil Company* musste er 1933 Kompromisse machen. Als er im Zweiten Weltkrieg einer engen britisch-sowjetischen militärischen Zusammenarbeit im Wege zu stehen schien, erklärten ihn die Briten 1941 für abgesetzt und schickten ihn ins Exil.

Dennoch: Unter der Herrschaft Reza Schahs sind die Grundlagen für einen modernen Staat gelegt worden. Bis zu ihrem Ende hatte die Herrschaft der Qadscharen einem Treibsand immer neuer tribaler Arrangements und kommunaler Manipulation geglichen. Demgegenüber hat Reza Schah den Staat auf drei Säulen gestellt: eine stehende Armee, eine moderne Bürokratie und ein extensives Netzwerk von Patronage, in dessen Mittelpunkt der Hof des Herrschers stand. Gerade letzteres aber war am Ende der fragwürdigste Teil seiner Reformen. Denn Patronage und persönliche Bereicherung Reza Schahs waren nicht zu trennen. Auf diese Weise wurden die sozialen Gegensätze verschärft. Die Landwirtschaft und die Lage der Landbevölkerung blieben das schwächste Glied in der Kette von Reformmaßnahmen. Eine verfehlte Gesetzgebung bezüglich der Registrierung von ländlichem Eigentum in Verbindung mit Korruption seitens der mächtigen Grundbesitzer ließ diese noch reicher und die Bauern noch ärmer werden. Dabei hat sich Reza Schah nicht selbst vergessen: Im Zuge der Entmachtung politischer Gegner wurde in zahlreichen Fällen deren Grundbesitz eingezogen und an Günstlinge – nicht zuletzt unter den hohen Rängen der Armee – vergeben; oder eben vom Schah selbst requiriert. Auch die Sesshaftmachung der nomadisierenden Stämme hatte schwerwiegende soziale Folgen. Unter dem Druck der Armee wurde ihnen ein Territorium zur Besiedlung zugewiesen. Seiner Weiden beraubt, starb ein großer Teil des Viehbestands mit katastrophalen Auswirkungen auf die Lebensbedingungen von Teilen der Landbevölkerung. Im Falle der Stammesführer kam es zu massiven Enteignungen; und auch davon profitierten der Herrscher und seine Netzwerke. Am Ende seiner Herrschaft war Reza Schah, aus kleinsten Verhältnissen aufgestiegen, der größte Grundbesitzer und reichste Mann im Land. Auch die Einnahmen aus dem Ölgeschäft, die – am Staatshaushalt vorbei – ebenfalls in hohem Maße an die höfische Klientel verteilt wurden, haben maßgeblich dazu beigetragen.

Das geistige Leben seiner Zeit ist durch die Diktatur und die Einschränkung der freien Meinungsäußerung geprägt. Das Zurückdrängen der Geistlichkeit gab einem radikalen Flügel in ihr Nahrung, der sich politisierte und eine religiöse Alternative zu der bestehenden Herrschaft zu suchen begann. Hier liegen auch die Anfänge Khomeinis. Andere nutzten den Freiraum, der durch die Säkularität des Regimes geschaffen wurde, und waren bemüht, das schiitische Glaubenssystem theologisch zu reformieren. Die Linke, deren Ursprünge in die konstitutionelle Revolution zurückreichten und die eine starke Strömung in den Widerstandsbewegungen in Nordiran gegen Ende des Ersten Weltkriegs dargestellt hatte, unterstützte zunächst den antibritischen Kurs Reza Khans. Nach der Machtübernahme 1926 wurden die 1920 gegründete *Kommunistische Partei* und andere linke Organisationen verboten. Sie überlebten teils im Untergrund, teils gingen ihre Protagonisten ins europäische Ausland, nicht zuletzt nach Berlin. Öffentlicher war der Strom derer, die in Reza zunächst eine Chance eines nationalen Wiedererwachens sahen. Nach Jahrhunderten der Herrschaft Türkisch sprechender Dynastien war der Pahlawi-Schah der erste Herrscher persischer Zunge. Die – nicht selten militant antiklerikalen – Forderungen richteten sich auf eine wirtschaftliche Entwicklung und die Errichtung eines umfassenden und einheitlichen, die unterschiedlichen ethnischen und sprachlichen Traditionen aufgebenden Bildungssystems als Grundlage einer iranischen Nation. Dabei sollten europäische Entwicklungskonzepte Pate stehen; deutliche Spuren faschistischer und nationalsozialistischer Provenienz wurden erkennbar. Das Gefühl nationaler *grandeur*, das der Schah zu wecken versuchte, wurde von einer breiten Schicht vor allem städtischer Jugendlicher mitgetragen. In der Gründung des Archäologischen Nationalmuseums (1937) fand es ebenso seinen Ausdruck wie in den Feierlichkeiten zum 1000-jährigen Jubiläum von Firdausis *Schahnameh* (»Königsbuch«), aus Anlass dessen Reza Schah im nordostiranischen Tus, dem Geburtsort des Nationaldichters, 1934 ein Monument errichten ließ.

8.3 Afghanistans spannungsvoller Übergang

Auf der *loya jirga* von 1928 hatte König Amanullah sein Reformprogramm (► S. 125) zwar durchsetzen können; etwa 1 000 Vertreter der Stämme sowie der ländlichen und städtischen Gebiete hatten daran teilgenommen. Gleichwohl hatten die angekündigten Maßnahmen die konservativ gestimmten Teilnehmer schockiert. Mit dem Aufstand der Schinwari im November 1928 begannen einflussreiche Stammesführer von ihm abzufallen. Gleichzeitig stellten die Mullas weitreichende Forderungen nach Rücknahme zahlreicher Reformen. Die Antwort des Königs bestand in einer Mischung aus diplomatischer Beschwichtigung und dem Einsatz der Armee. Diese freilich erwies sich als wenig geeignet, seine Gegner zum Schweigen zu bringen. Die selektiven Bombardierungen trugen vielmehr zur Ausweitung des Aufstands bei. Immerhin gelang es, einen Waffenstillstand zu erreichen und so die Eroberung von Dschalalabad durch die Rebellen Ende Dezember zu verhindern.

An dieser Stelle beginnt ein bizarres Zwischenspiel im Übergang der Thronfolge. Ein tadschikischer Rebell, nach Einschätzung von Beobachtern eine Art afghanischer Robin Hood, betrat die politische Bühne. Habibullah Kalakani, allgemein bekannt als *Bache-ye saqqao* (»Sohn des Wasserträgers«) hatte es verstanden, sich in den Gebieten nördlich von Kabul eine Hausmacht zu verschaffen. Durch die paschtunischen Stämme bedrängt, entschloss sich der König, den Rebellen auf seine Seite zu ziehen. Nach Intrigen und Finten auf beiden Seiten scheiterte dieser Versuch. Die Eroberung der Garnison von Kuh-e Daman am 10. Dezember verschaffte dem Rebellen weiteren Zulauf vornehmlich tadschikischer Krieger. Nun traten auch die Mullas wieder auf den Plan und bezichtigten den König der Verletzung der *Schari'a*. Weitere Feinde rückten auf Kabul vor. In einer chaotischen Situation drangen die Haufen Habibullahs am 17. Januar 1929 als erste unter den Gegnern des Königs in Kabul ein. Amanullah verzichtete auf den Thron zugunsten seines Halbbruders Inayatullah und floh nach Dschalalabad. Noch aber gab er den Kampf nicht auf. Seine Bemühungen, neue Koalitionen der Stämme zu seinen Gunsten zu schmieden, scheiterten. Im Mai musste er seine Niederlage hinnehmen. Von Bombay aus trat er mit seiner Familie den Weg ins europäische Exil an. Er lebte zunächst in Rom, später in Zürich. Dort ist er 1960 gestorben.

Amanullah ist nicht nur an dem Gegensatz zwischen seinen – europäischen – Ideen der Modernisierung Afghanistans und dem entschlossenen Festhalten eines Großteils der afghanischen Gesellschaft an den durch Tradition und Religion geheiligten Verhältnissen gescheitert. Hinzukam seine geringe Bereitschaft, die Stämme und die Geistlichkeit durch Überzeugungsarbeit und Anpassungsfähigkeit mitzunehmen. Seine Modernisierung kam von oben, sein barscher und gelegentlich aufbrausender Charakter ertrug keinen Widerspruch. Darin kam er seinem türkischen Vorbild, Mustafa Kemal, nahe, ohne freilich über dessen Charisma (und eine starke Armee) zu verfügen.

Auch die internationale Konstellation, welche die Spielräume der Entscheidungen und Handlungen eines Herrschers in Afghanistan seit dem Beginn des 19. Jahrhunderts determiniert hatte, hat den Gang der Dinge beeinflusst. Das Land verdankte seine Entstehung seiner geopolitischen Lage zwischen zwei Giganten:

Russland und England. Darüber ist oben berichtet worden. Der Großvater Amanullahs, Abd ar-Rahman hatte seine Außenpolitik im Dreieck von nationaler Eigenständigkeit, Isolationismus und Manövrieren zwischen Russland und England ausgerichtet. Sein Vater, Emir Habibullah, hatte das Land behutsam europäischen Einflüssen geöffnet; zugleich aber schien ihm die Anlehnung an England die beste Strategie, die Sicherheit des Landes zu gewährleisten. Das schien umso geratener, als Russland mit den revolutionären Wirren von 1917 bis auf Weiteres mit inneren und äußeren Herausforderungen konfrontiert war, die die Aufmerksamkeit Moskaus von Zentralasien und Afghanistan abwandten. Amanullah, der den Jungafghanen nahestand und ein Bewunderer Tarzis war, war von seiner Jugend an von einem antibritischen Reflex infiziert. Deshalb entwickelten sich die Beziehungen mit Moskau zunächst positiv. Lenin selbst und öffentliche Proklamationen der Bolschewiken hatten unter den nicht-russischen Völkern des Zarenreichs die Hoffnung auf Unabhängigkeit geweckt. Auf dem *Kongress der Völker des Ostens*, den die *Kommunistische Internationale* (Komintern) im September 1920 nach Baku einberufen hatte, war zum *dschihad* gegen die Unterdrücker aufgerufen worden. Im Bürgerkrieg kämpften etwa 250 000 Muslime aufseiten der Roten gegen die Weißen. In dieser Phase hatte die Führung in Moskau jedes Interesse an guten Beziehungen zu seinen südlichen Nachbarn – so auch zu Afghanistan. Am 28. Februar 1921 wurde ein Freundschaftsvertrag geschlossen; zwei Tage zuvor war ein ähnliches Abkommen mit Iran zustande gekommen und einen Monat später (am 16. März) sollte ein solches mit der kemalistischen Bewegung in der Türkei folgen. Materielle Zuwendungen aus Moskau sollten jeweils dazu beitragen, die Beziehungen zu festigen.

Mit der Eingliederung auch der muslimischen Völker in die Sowjetunion gingen diese Flitterwochen zu Ende. Tausende von Zentralasiaten flohen auf afghanisches Gebiet. Damit verflüchtigten sich britische Befürchtungen, Afghanistan könne unter Amanullah allzu tief in den sowjetischen Orbit geraten und Moskau somit einen destabilisierenden Einfluss auf die Lage in Britisch-Indien ausüben. Vor diesem Hintergrund ist die Frage erörtert worden, ob England einen wie immer gearteten Einfluss auf die Auseinandersetzungen König Amanullahs mit seinen Gegnern genommen habe. Wenn es auch für eine aktive britische Unterstützung keine Beweise gibt, so ist andererseits doch unübersehbar, dass London keinerlei Anstrengungen unternommen hat, den afghanischen König in seinen Reformbestrebungen – oder im Kampf gegen seine inneren Gegner – zu unterstützen.

Der *Bache-ye saqqao* hatte sich im Januar 1929 von einem angesehenen Geistlichen als Habibullah II. zum neuen Emir von Afghanistan krönen lassen. Die geistliche Weihe hatte seine Herkunft verschleiern sollen. Erstmals seit fast 200 Jahren lag die Herrschaft in Kabul in der Hand eines Nicht-Paschtunen. Sie sollte freilich nicht von langer Dauer sein. Zwar machte er die »radikalsten« Maßnahmen seines Vorgängers – u. a. die Schulpflicht für Mädchen sowie die Abschaffung der Verschleierungspflicht – wieder rückgängig. Aber ansonsten war seine Machtausübung chaotisch: Es fehlten ihm politische Erfahrung und Bildung – er selbst war wie die Hälfte seines Kabinetts Analphabet. Da es nicht gelang, Steuern einzutreiben, war der Staat bald bankrott. Nadir Schah, einem Mohammedzai aus einer Nebenlinie der Herrscherfamilie, gelang es, paschtunische Stämme gegen ihn aufzuwiegeln und ihn nach neunmonatiger Herrschaft zu entmachten. Viele Tadschiken Afghanistans aber betrachten den »Sohn des Wasserträgers« als legitimen Monarchen; für sie ist er als Habibullah II. in die Geschichte eingegangen.

Nadir Schah stützte seine Herrschaft (1930–1933) auf seine engste Familie; ihren Anspruch auf den afghanischen Thron ließ er 1931 in der Verfassung festschreiben. Auch wurde darin der Islam wieder zur Staatsreligion erhoben. Nur Sunniten würden in die höchsten Ämter gelangen können. Hatte Amanullah in der *loya jirga* ein anachronistisches Übel gesehen, wertete sie Nadir Schah wieder zur höchsten politischen und rechtlichen Instanz auf. Zugleich aber setzte er die Nationalversammlung (*Schura-ye milli*) wieder ein, eine Art von Parlament, dessen Einrichtung auf Amanullah zurückging. Im Rückblick erscheint Nadirs Erbe ambivalent: Neben einer autokratischen und stark islamisch geprägten Machtausübung sind Maßnahmen insbesondere im Bereich des Erziehungswesens bemerkenswert. In den vier Gymnasien, die Amanullah gegründet und für die er ausländische Partner gefunden hatte, durfte weiterhin unterrichtet werden. Als erste moderne afghanische Hochschulinstitution wurde 1932 eine medizinische Fakultät eingerichtet. Um sie herum siedelten sich in den folgenden Jahren die juristische, naturwissenschaftliche und die Literaturfakultät an; 1946 wurden die vier Fakultäten zur Universität Kabul vereint.

Nach und nach gelang es auch, die staatlichen Institutionen des Landes zu stärken. Kabul ernannte Gouverneure und Bürgermeister, baute Überlandstraßen und begann, wenigstens in den größeren Ortschaften Schulen zu errichten. Im Großen und Ganzen freilich änderte sich nur wenig an der Rückständigkeit des Landes: Afghanistan blieb bitterarm. Die Infrastruktur auf dem Land war unzureichend entwickelt, Industrien fehlten und die große Mehrheit der Bevölkerung konnte weder lesen noch schreiben. Aus den Konflikten in der Nachbarschaft Afghanistans hielt sich Nadir Schah heraus. So verweigerte er dem Unabhängigkeitskampf der Paschtunen in Britisch-Indien ebenso seine Unterstützung wie der Bewegung der Basmatschi (► S. 143) in Mittelasien. Die Beziehungen mit Deutschland, deren Grundstein bereits unter Amanullah gelegt worden war, begannen sich zu intensivieren. Am 8. November 1933 wurde Nadir Schah Opfer eines Attentats, als er der von Deutschland gegründeten *Nedschat*-Oberschule (»Befreiung«) einen Besuch abstattete.

Sein Sohn Zahir Schah (reg. 1933–1973) folgte ihm nach; er sollte der letzte afghanische Herrscher aus dem Stamm der Mohammedzai werden. Zum Zeitpunkt der Ermordung seines Vaters war er erst 18 Jahre alt. Nach einer Entscheidung des Familienrats wurde er deshalb zwar als König Staatsoberhaupt. Die politische Führung aber lag – nicht ungewöhnlich nach paschtunischer Tradition – zunächst in den Händen seiner Onkel, der Brüder seines Vaters: denen Muhammad Haschim Khans bis 1946 und im Anschluss bis 1953 denen Schah Mahmud Khans. Haschim, der bereits 1929 zum Ministerpräsidenten ernannt worden war, setzte im Inneren die autoritäre Politik Nadir Khans fort. Nach außen vertiefte sich die Verflechtung des Landes mit der internationalen Gemeinschaft: 1934 nahm Kabul diplomatische Beziehungen mit den USA auf; im selben Jahr trat das Land dem Völkerbund bei. Bis zum Ausbruch des Zweiten Weltkriegs wurden die Deutschen die einflussreichste Gruppe unter den Ausländern. Deutschland engagierte sich im Bau von Hydroelektroanlagen, Dämmen und Brücken. Die Frucht der ersten Annäherung an die USA war das »Helmand-Projekt«: über ein System von Staudämmen am unteren Helmand Fluss sollte die Region landwirtschaftlich entwickelt werden.

Nach 1946 leitete Schah Mahmud Schritte einer Demokratisierung ein. Aus relativ freien Wahlen ging 1949 ein beachtlich liberales Parlament hervor: Von den 120 Abgeordneten wurden 40 bis 50 den Reformern zugerechnet. Sie forderten eine Stärkung der Rolle des Parlaments bei politischen Entscheidungen; Regierungsmitglieder wurden zur Rechenschaft einbestellt. Unabhängige Zeitungen entstanden, die sich in einem relativ freien innenpolitischen Klima kritisch zu Wort meldeten und offen auch Fälle von Korruption anprangerten. Politische Gefangene wurden freigelassen. Im Rückblick sollten diese Jahre später als »erste demokratische Epoche« Afghanistans erscheinen.

Die politischen Reformbestrebungen erhielten ein Pendant im Raum des intellektuellen Diskurses, der Literatur und des Journalismus: 1947 konstituierte sich die Gruppe »Erwachte (oder: Informierte) Jugend« (*Wesh zalmayan*). In ihrem Anspruch, eine geistige Avantgarde zu sein, erinnerte sie an die Bewegung der *Jungen Afghanen* (► S. 122). Unübersehbar war sie von dem politischen und gesellschaftlichen Denken Mahmud Tarzis inspiriert. In ihren Veröffentlichungen beklagten sie die Rückständigkeit des Landes und forderten Reformen, namentlich im Bereich des Rechtswesens. Dieses »rückständigste Land unter den Nationen der Welt« – so ihre Selbstbezichtigung – müsse sich in Wissenschaft und Kunst, Industrie, Handel, Landwirtschaft und Technologie zumindest am Standard seiner Nachbarn orientieren. Während Elemente westlicher Zivilisation die Wohlhabenden erreicht hätten, würde die Masse der einfachen Bevölkerung in »mittelalterlichen Verhältnissen« leben. Wie bei Tarzi hatte die Forderung nach nationaler Einheit einen hohen Stellenwert. Ab 1948 nahm die *Wesh zalmayan* konkretere politische Züge an: Gefordert wurden nun die Einführung einer konstitutionellen Monarchie, die Trennung der Gewalten, freie Wahlen und bürgerliche Freiheiten. Bald weitete sie ihre Aktivitäten über die Grenzen Kabuls auf Dschalalabad, Kandahar und Farah aus.

An diesem Punkt wurden Friktionen nahezu unvermeidlich. Trotz des Rufes nach »nationaler« Einheit hatte die Bewegung eine unverhohlen paschtunische Schlagseite. Bereits 1948 setzten sich deshalb tadschikische (und schiitische) Mitglieder von ihr ab. Der paschtunisch-sunnitische harte Kern der Gruppe tat 1950 einen entscheidenden Schritt, indem er sich als politische Partei konstituierte, die erste in der Geschichte Afghanistans, welche sich ausdrücklich als solche bezeichnete. Tatsächlich wurden paschtunische Anliegen, so die Forderung nach der Gründung eines »Paschtunistan«, zentrale Punkte des Programms. 1951 hatte die Partei etwa 800 Mitglieder.

Bald konstituierten sich zwei weitere Parteien: die *Vaterlandspartei* (*Hizb-e watan*) und die *Volkspartei* (*Hizb-e khalq*). Beide forderten eine nationale Regierung, freie Wahlen und die Zulassung genuiner politischer Parteien. Letztere ergänzte ihr Programm durch die Forderung nach sozialer Gerechtigkeit und Kampf gegen Ausbeutung. Eine offizielle Anerkennung durch den König blieb ihnen versagt. In den Wahlen 1949 zogen fünf Kandidaten der *Wesh zalmayan* in das Unterhaus des Parlaments ein. Nach dem Vorbild Muhammad Mosaddeghs im benachbarten Iran nannten sie sich *Nationale Front* (*Dschabhe-ye milli*); bald fanden sie Unterstützung bei weiteren Abgeordneten. Grundlage des Bündnisses waren weitgehende Forderungen der Demokratisierung des Systems, namentlich auch nach der Freiheit der Presse. Der Fortbestand der Monarchie und der Islam als Grundlage der Gesellschaft wurden zunächst nicht infrage gestellt. Es war jedoch nur folgerichtig, dass sich in der Folgezeit aus der eher amorphen *Wesh zalmayan* politische Strömungen herauskristallisierten, deren Vertreter immer präzisere Vorstellungen über den einzuschlagenden Weg entwickelten. Insbesondere unter den Studenten der Universität Kabul fand sie zahlreiche Anhänger.

Diese demokratische Phase währte jedoch nur kurz. Die Kritik radikaler Liberaler hatte schließlich auch vor der Religion nicht haltgemacht; das brachte ihnen den Widerstand namentlich religiöser Kreise ein, die Einfluss auf eine breite Öffentlichkeit ausübten. Die Toleranzschwelle der Regierung überschritt die demokratische Opposition, als sie 1951 deren Absetzung forderte. In der Nationalversammlung, die 1952 einberufen wurde, wurden die oppositionellen Abgeordneten nicht nur an einer Kandidatur gehindert, viele von ihnen wurden verhaftet, die kritischen Medien geschlossen. Damit fand die erste Demokratisierungsperiode Afghanistans ihr Ende.

Mit Unterstützung seitens der Armee und Mitgliedern des königlichen Hauses löste Prinz Muhammad Da'ud, ein Vetter des Königs, seinen Onkel Schah Mahmud ab, der am 6. September 1953 seinen Rücktritt erklärte. Das Streben nach einer umfassenden Modernisierung Afghanistans, dessen Anfänge über ein halbes Jahrhundert zurücklagen, war unterbrochen; es sollte – wenn auch auf konflikthafte Weise – fortgesetzt werden. Nicht zuletzt aber die Frage nach dem Verhältnis von Moderne und Tradition, die seit den Anfängen der Jungafghanen über Mahmud Tarzi, König Amanullah und die *Wesh zalmayan* unterschiedliche Antworten erhalten hatte, sollte ihre Sprengkraft bis in die Gegenwart nicht verlieren.

8.4 Die arabischen Völker vor der imperialistischen Herausforderung

8.4.1 Die Ausbildung der Staatenwelt

Mit dem Zusammenbruch des Osmanischen Reichs ist auch für die arabischen Völker im Nahen Osten und in Nordafrika eine neue Ära angebrochen. Über vier Jahrhunderte hatte das Osmanische Reich – wenn auch mit unterschiedlicher Intensität – über die arabischen Gebiete (mit Ausnahme Marokkos) geherrscht. Der Hof des Sultans in Konstantinopel war der alles beherrschende Mittelpunkt der Macht, der Kultur und der Zivilisation im Reich gewesen. Bis im 19. Jahrhundert Kairo und Beirut als politische bzw. geistige Zentren einer arabischen Erweckung (wieder) in Erscheinung traten, war die gesamte arabische Welt »Provinz« geblieben. Nunmehr eröffnete sich die Perspektive einer tiefgreifenden und weitreichenden Bestimmung des Platzes der arabischen Völker in einer vollständig veränderten internationalen Ordnung.

Letzteres muss mit Blick auf den zeitgenössischen europäischen Beobachter ins Gedächtnis gerufen werden. Allzu gern, gleichwohl ahistorisch, erhebt dieser seine heile und geordnete Welt der Gegenwart über die chaotischen Zustände im Nahen

Osten am Beginn des 21. Jahrhunderts. Aber 1918 war nicht nur das Osmanische Reich zusammengebrochen. Gleiches war mit dem Habsburgischen Reich und dem russischen Zarenreich seit der bolschewistischen Revolution vom November 1917 geschehen – beides Vielvölkerstaaten. Der europäische und der vorderasiatische Kriegsschauplatz waren in hohem Maße interdependent gewesen. Die Frage nach der Neuordnung der politischen Landschaft war in Europa also kaum weniger weitreichend und radikal gestellt als im Falle des Nahen Ostens und Nordafrikas. Schließlich war am selben Ort, nämlich in Paris über die Zukunft Europas und des Nahen Ostens entschieden worden. In Europa wie im Nahen Osten war die Neuordnung auf Widerstand gestoßen.

Im Lichte der chaotischen Situation zu Beginn des 21. Jahrhunderts auf dem Gebiet des ehemaligen Osmanischen Reichs sind Beobachter geneigt, den politischen Akteuren dort eine besondere Unfähigkeit zu unterstellen, stabile und durch die Gesellschaft legitimierte politische Ordnungen und rationale Wirtschaftsstrukturen aufzubauen. Dies ist eine verengte Sicht. Denn auch in Europa ist es nicht gelungen, unmittelbar an das Desaster von 1918 anschließend eine finale Neuordnung zu schaffen. Vielmehr ist der Kontinent durch die größte Tragödie seiner Geschichte gegangen: Dutzende Millionen von Menschen wurden im Zweiten Weltkrieg getötet; viele weitere Millionen wurden Opfer menschenverachtender Ideologien und ihrer Heilsversprechungen. Selbst am Ende des 20. Jahrhunderts haben die Kriege auf dem Balkan gezeigt, wie fragil die Staatenordnung noch immer war, wo früher osmanische, habsburgische und russische Interessen zusammenstießen. Europa hat schließlich im Prozess der Entstehung einer Europäischen Union einen ermutigenden Weg beschritten. Dass dieser nicht ungefährdet ist, haben die Krisen in der EU zu Beginn des 21. Jahrhunderts erkennen lassen. Mit diesem Hinweis auf Europa ist angedeutet, dass im Nahen Osten nicht zu erwarten war, dass dieser große geographische und politisch wie gesellschaftlich vielfältige Raum nahtlos zu einer neuen Ordnung und zu politischer Stabilität finden würde. Anders freilich als in Europa haben die Entscheidungen in Paris wie ein schleichendes Gift gewirkt. Es wäre unzulässig, die Ursachen der Krisen des Nahen Ostens, namentlich zahlreicher arabischer Länder, ausschließlich auf die Pariser Beschlüsse zu verengen. Aber sie bedeuteten Weichenstellungen, aufgrund derer nach dem Ende der Kolonialzeit die Züge der Entwicklung in die Irre gefahren, entgleist oder gar zusammengestoßen sind.

Am Ende des Ersten Weltkriegs von einer »arabischen Welt« zu sprechen, würde den Tatsachen nur in sehr eingeschränktem Maße gerecht. Außer der arabischen Hochsprache, der islamischen Religion der großen Mehrheit der Araber und der Erinnerung an eine teilweise gemeinsame Geschichte war nach dem Ende des abbasidischen Kalifats (1258) nicht zu erkennen, worin die Gemeinsamkeit einer »arabischen Welt« gelegen hätte. In der ersten Hälfte des 16. Jahrhunderts waren der arabische Vordere Orient und Nordafrika Zug um Zug unter osmanische Herrschaft geraten. Erst mit dem Vordringen europäischer Mächte, das mit der napoleonischen Expedition 1798 begann und sich im 19. Jahrhundert fortsetzte, sowie der Entwicklung Ägyptens zu einem faktisch eigenständigen Staat waren arabische Länder wieder aus dem Dunkel hervorgetreten, in dem sie über Jahrhunderte osmanischer Herrschaft gestanden hatten. Über die Wiederentdeckung einer arabischen Identität, die den Rückzug des osmanischen Einflusses begleitet hatte, ist oben berichtet worden (▶ Kap. 7.1.1). 1919 waren die strukturellen Gegebenheiten unter den arabischen Gesellschaften und politischen Ordnungen zwischen dem Atlantik und Indischen Ozean bzw. Persischen Golf sehr unterschiedlich; und so ist die Geschichte der arabischen Völker von Land zu Land unterschiedlich verlaufen. Zutreffend ist freilich auch, dass die Vision einer »arabischen Welt« lebendig geblieben ist und das Handeln der Eliten zeitweilig nicht unwesentlich mitbestimmt hat.

Am Ende des Ersten Weltkriegs befanden sich die nordafrikanischen Länder Marokko, Algerien und Tunesien fest in der Hand Frankreichs (der Norden Marokkos wurde von Spanien beherrscht). In Libyen hatte Italien zwar Teile des bis zum Ausbruch des Krieges eroberten Territoriums aufgeben müssen, doch war Rom entschlossen, seine Herrschaft dort wieder zu festigen. Ägypten war mit Beginn des Krieges zum britischen Protektorat erklärt worden. Mit der Eroberung Bagdads hatte Großbritannien 1917 die Herrschaft im Irak übernommen. Die Ränder der Arabischen Halbinsel und der Persische Golf – zwischen Aden und Kuwait – waren bereits im 19. Jahrhundert unter britische Kontrolle geraten. Im Herzen der Arabischen Halbinsel hatte der Stammesführer Abd al-Aziz ibn Sa'ud begonnen, die Herrschaft seiner Familie, die Ende des 19. Jahrhunderts verloren gegangen war, wieder zu erneuern. Im *Bilad asch-Scham*, d. h. Groß-Syrien, rangen politische Führer um die Zukunft eines Raumes, auf dessen Boden in den zwanziger Jahren die Staaten Syrien, Libanon und Transjordanien sowie das Mandatsgebiet Palästina entstehen sollten.

Die neue politische Landkarte der Staaten und Grenzen ist in hohem Maß das Ergebnis eines Diktats der europäischen Mächte. Das gilt zumindest für die arabischen Völker. Als Erben des osmanischen Imperiums hatten die Türken ein Gespür für die Legitimität eines starken Staates; es leitete sie in dem Befreiungskrieg zu der Republik von Ankara. Atatürk, der den jungen Staat von seinem Zentrum aus mit harter Hand führte, wurde nicht müde zu betonen, dass er im Namen der Nation handle. In Iran, seit 1925 unter der Herrschaft Reza Schah Pahlawis, betrug der Anteil der Persisch (*farsi*) Sprechenden nur etwa 50 % der Gesamtbevölkerung. Aber die Völker Persiens (Irans) teilten nicht nur eine lange, bis auf die Safawiden zurückweisende gemeinsame Geschichte; sie teilten auch die Zugehörigkeit zu einer eigenständigen persischen Erscheinungsform der Kultur im Rahmen der Geschichte des Islams insgesamt. Afghanistan war im 19. Jahrhundert als Pufferstaat zwischen den Interessen Russlands und Englands entstanden. Solange die Politik der Herrscher von der grundsätzlichen Akzeptanz dieses Tatbestands geleitet war, konnte er mit militärischen Zwangsmaßnahmen von Kabul aus das Land zusammenhalten. Die arabischen Völker waren demgegenüber in einer schwierigeren Ausgangslage. Staaten wie Syrien, den Irak etc. hatte es auf keiner Landkarte gegeben. Die großräumigen Gliederungen der arabischen Geschichte wie der *Bilad asch-Scham* waren in Paris verworfen worden. Woraus würde sich politische Führerschaft legitimieren? Der Verfassungsstaat, ob liberale Demokratie oder konstitutionelle Monarchie, in dem politische Parteien die Politik auf der Grundlage von Wahlen gestalten würden, war fast als Selbstgänger – ohne eine vertiefte Diskussion von Alternativen – durchgegangen und prägte künftig das Erscheinungsbild des Vorderen Orients zwischen Kairo und Bagdad. Der arabische Nationalismus war vorerst noch eine diffuse Idee – jedenfalls klaffte eine Lücke zwischen den jungen Staatsgebieten innerhalb der neu gezogenen Grenzen und konkreten Inhalten des Nationalismus. Dieses Vakuum wurde im Libanon durch die Schaffung des *Gran Liban* geradezu institutionalisiert, in dem 18 Religionsgemeinschaften anerkannt sind, die in ihren inneren, vor allem zivilrechtlichen und kulturellen Angelegenheiten in hohem Maße Eigenständigkeit genießen. So waren die arabischen Staaten in ihrer Staatlichkeit zunächst relativ schwache Gebilde; dies umso mehr, als die Stellung ethnischer und religiöser Minderheiten weithin ungeregelt war (► S. 172). Bis zum Erreichen der Unabhängigkeit nach dem Zweiten Weltkrieg suchten die europäischen Mächte ihre politischen, wirtschaftlichen und sicherheitspolitischen Interessen gegenüber den schwachen Regierungen durch Verträge zu sichern. Die neuen – zum Teil militärischen – Eliten, die in den fünfziger und sechziger Jahren an die Macht kamen, sollten ein sehr viel schärferes Bild des Nationalismus vor Augen haben und sich entschlossen zeigen, die »nationale« Identität ihrer Bürger nach innen mit Nachdruck durchzusetzen und nach außen zu behaupten.

Anders als die Türkei vermochten sich die arabischen Eliten auch nicht dem Diktat der europäischen Mächte zu entziehen. Dabei hatten sich zwischen der Zukunft Anatoliens und Palästinas zunächst durchaus Parallelen erkennen lassen: Die türkischen Nationalisten sahen sich mit einer Landnahme Griechenlands im Westen Anatoliens konfrontiert, die sich auf historische Ansprüche gründete (*megali idea*) und von Großbritannien aus machtpolitischen Gründen unterstützt wurde. Den Völkern Anatoliens aber gelang es schließlich, diese militärisch zurückzuweisen und damit den Grundstein für die Unabhängigkeit zu legen. Eine ähnliche Entwicklung vermochten weder die palästinensischen Führer für sich allein noch die arabischen politischen und gesellschaftlichen Eliten gemeinsam herbeizuführen: Das von England unterstützte Projekt der zionistischen Bewegung, die Schaffung einer »jüdischen Heimstätte«, welches ebenfalls politische Ansprüche aus der Vergangenheit ableitete, nahm bereits in den frühen zwanziger Jahren Gestalt an und führte schließlich zur Gründung eines Staates, der über viele Jahrzehnten ein Fremdkörper unter den autochthonen Gesellschaften bleiben sollte. Es ist müßig zu spekulieren, welche Entwicklung die arabische Welt, ja der ganze Nahe und Mittlere Osten – mit Auswirkungen auf die weltpolitische Großwetterlage – genommen hätte, wäre den Arabern Selbstbestimmung eingeräumt worden oder hätten sie sich diese erkämpft. Die anhaltende Einmischung der Kolonialmächte – auch in den Staaten, die vor und während des Zweiten Weltkriegs völkerrechtlich formal in die Unabhängigkeit eintraten – verhinderte eine umfassende eigenständige politische und gesellschaftliche Erneuerung. Und die auf der Grundlage des britischen Mandats über Palästina sich gegen den Willen einer überwältigenden Mehrheit der Araber vollziehende Einwanderung europäischer Juden war insbesondere nach der Staatsgründung Israels 1948 nicht nur Quelle und Ursache vielfältiger Formen von Gewalt – von Guerillaoperationen bis zu regelrechten Kriegen. Im Verhältnis der arabischen Staaten und ihrer Führungen untereinander hat die Israelfrage aus der Kolonialherrschaft resultierende Rivalitäten, Spaltungen und Konflikte vertieft und verschärft. Die Kolonialherrschaft und die Auseinandersetzung mit Israel liegen an der Wurzel der Dauerkrise, die dem Maschrek und dem Maghreb seit dem Ende des Zweiten Weltkriegs zu der Bezeichnung »Pulverfass« verholfen hat. Freilich haben sich die arabischen Führungen selbst bei zahlreichen Gelegenheiten als unfähig erwiesen, das Wohl ihrer Gesellschaften ihrem persönlichen Ehrgeiz und ihren machtpolitischen Rivalitäten überzuordnen und sich so aus den Fängen von Fremdbestimmung und auswärtigen Interessen zu befreien.

Zwischen Widerstand und Kooperation

Die »arabische Welt« – zerrissen und konflikthaft, wie sie sich zu Beginn des 21. Jahrhunderts darstellt – ist das Ergebnis eines langen Prozesses. Über die Entwicklungen, die unmittelbar nach dem Ende des Ersten Weltkriegs zur Aufteilung des arabischen Raums in europäische Interessenzonen führten, ist oben berichtet worden (► Kap. 6.2). Naturgemäß stand die Unabhängigkeit in den folgenden Jahrzehnten im Mittelpunkt der politischen Bestrebungen der arabischen Eliten. Dieser Prozess folgte keinem einheitlichen Muster, sondern erwuchs aus den jeweiligen eigentümlichen Bedingungen der Gesellschaften zwischen Marokko und dem Persischen Golf. Gegen Ende des Zweiten Weltkriegs, am 22. März 1945, gründeten sieben unabhängige arabische Staaten die Arabische Liga: Ägypten, Syrien, Libanon, Transjordanien, der Irak, Saudi-Arabien und (Nord-)Jemen. Der Krieg hat auch in Nordafrika die Kräfte beflügelt, die nach Unabhängigkeit strebten. Bis 1956 hatten alle nordafrikanischen Staaten (und Sudan) bis auf Algerien (1962) dieses Ziel erreicht. Vor dem Hintergrund der siedlungskolonialistischen Vereinnahmung Algeriens durch Frankreich war hier der Kampf um die Unabhängigkeit besonders hart und opfervoll. Auch spielten in ihn bereits die innerarabischen politischen Rahmenbedingungen sowie die globale Konstellation des Ost-West-Konflikts hinein, die sich Anfang der fünfziger Jahre auszuprägen begonnen hatte.

In anderer Weise vollzogen sich die Entwicklungen auf der Arabischen Halbinsel. Mit der Ausnahme Südjemens ist dort die Unabhängigkeit nicht wie in den anderen Teilen der arabischen Welt politisch oder gar militärisch erkämpft worden. Saudi-Arabien und Nordjemen hatten seit dem Ende des Ersten Weltkriegs ihre politische Eigenständigkeit bewahren können, auch wenn der britische Einfluss naturgemäß stark blieb. Die Gründung des saudischen Königreichs im Jahr 1932 erfolgte nach einem Jahrzehnt territorialer Expansion, in deren Verlauf Abd al-Aziz ibn Sa'ud Mekka und Medina erobert, der Dynastie der Haschemiten im Hedschaz ein Ende bereitet und den Hedschaz seinem »Sultanat Nadschd« einverleibt hatte. In San'a konnte Imam Yahya nach dem Ende der osmanischen Herrschaft die Unabhängigkeit des nördlichen Jemen wahren, wenn auch die Provinz Asir 1934 an Saudi-Arabien verloren ging.

Die Küsten des Arabischen Meeres und des Persischen Golfs waren die letzte Subregion der »arabischen Welt«, die in die Unabhängigkeit eintrat. Dort war die britische Herrschaft über anderthalb Jahrhunderte fest etabliert. 1839 hatte sich England in Aden festgesetzt und in der Folge – namentlich nach der Öffnung des Suezkanals 1869 – den Hafen zu einem Knotenpunkt der Schifffahrt auf dem Weg von und nach Süd- und Südostasien ausgebaut. Die Sultane des Hinterlands standen unter starkem englischem Einfluss. Erst im November 1967 gab London dem Druck der – vor allem linken – Befreiungsbewegung nach und räumte Aden, wo in Verbindung mit dem Hinterland die *Demokratische Volksrepublik Südjemen* entstand

(► S. 321). 1990 vereinigte sich diese mit der *Arabischen Republik Jemen* (Nordjemen) zur *Jemenitischen Republik*. Zugleich begannen 1967 Vorbereitungen, die britische Herrschaft »East of Suez« vollständig aufzugeben. Das bedeutete, dass für die Emirate der Region, mit denen London seit dem 19. Jahrhundert durch Verträge verbunden war (von daher auch die Bezeichnung »Vertragsküste«, *Trucial Coast*), die politische Unabhängigkeit gleichsam eingerichtet werden musste. Nachdem Kuwait bereits 1961 unabhängig geworden war, traten Bahrain, Katar, Oman und ein Zusammenschluss von sieben Emiraten als Vereinigte Arabische Emirate 1971 in die Unabhängigkeit ein.[38]

Seit 1948 schließlich gehört Israel zur Staatenwelt des Nahen Ostens. Nicht einmal Umrisse dieses Staates waren zu erkennen, als nach dem Ende des Ersten Weltkriegs die Landkarte des Nahen Ostens neugestaltet wurde. Der jüdische Staat war lediglich eine Idee und ein Ziel in den Köpfen zionistischer Politiker, denen es während des Krieges gelungen war, Großbritannien für die Unterstützung des Projekts einer »jüdischen Heimstätte« zu gewinnen. Nicht zuletzt die »westliche« Erscheinungsform israelischer Kultur und Zivilisation sowie die Unterstützung, die die zionistische Bewegung vor der Staatsgründung durch England und die USA sowie der Staat Israel nach seiner Proklamation vonseiten der USA und eines breiten Spektrums der internationalen Staatengemeinschaft erfuhr, haben die Stellung Israels in der gesamten Region geprägt und der Auseinandersetzung um die Existenz des jüdischen Staates zeitweilig eine schicksalhafte Dimension für die Araber verliehen.

Die Geschichte der arabischen Völker seit dem Ersten Weltkrieg kann im Rahmen dieses Buches nicht im Einzelnen nachgezeichnet werden. Das ist an anderer Stelle geschehen.[39] Die Darstellung beschränkt sich auf signifikante Tatbestände und Entwicklungen, die mit Blick auf das Verständnis der Gegenwart relevant sind. Der erste dieser Tatbestände ist der Widerstand, auf den die von den europäischen Mächten eingerichtete Ordnung von Anfang stieß. Arabische Zeithistoriker haben diese Jahre des Widerstands als die »große arabische Revolte« (*ath-thaura al-arabiyya al-kubra*) bezeichnet. Im Überblick über den gesamten Zeitraum bis in die Gegenwart sollen diese Proteste als »erste arabische Revolte« bewertet werden.

Ägypten war mit Ausbruch des Ersten Weltkriegs zum Protektorat erklärt worden. In den Kriegsjahren war dem Land eine Schlüsselrolle in der britischen Kriegführung »East of Suez« zugefallen. Anfang 1916 hatte in Kairo das *Arab Bureau* seine Arbeit aufgenommen, eine Schaltstelle der britischen Aufklärung, Logistik und politischen Aktivitäten im Zusammenhang mit der Kriegführung Englands im Nahen Osten. Für die Wirtschaft des Landes und das Leben der Ägypter hatte das enorme Belastungen bedeutet. Die für die britische militärische Präsenz erforderlichen menschlichen Ressourcen waren unter den Ägyptern ausgehoben worden; am Ende des Krieges waren anderthalb Millionen Ägypter zu Zwangsarbeit verpflichtet. Nicht zuletzt beflügelt durch die 14 Punkte Woodrow Wilsons, erhoben ägyptische Politiker gegenüber dem britischen Hochkommissar die Forderung, eine Delegation (*wafd*) nach London reisen zu lassen, um dort mit der britischen Regierung über das Ende des Protektorats und die Unabhängigkeit des Landes zu verhandeln. Der Hochkommissar lehnte ab und ließ im März 1919 die führenden Köpfe dieser Agitation verhaften und nach Malta deportieren. Diese Entscheidung war das Fanal zu einer Revolte, die auf ihrem Höhepunkt breite Teile der ägyptischen Bevölkerung erfasste. Streiks sollten britische Wirtschaftsinteressen treffen; Anschläge auf öffentliche Einrichtungen wurden verübt, die als Symbole britischer Machtausübung galten. Die geistlichen Führer von Muslimen und Kopten befeuerten den Aufstand.

Die Briten waren von der Wucht des Aufstands überrascht und gaben nach. Bereits im April kehrten die Verbannten, unter ihnen Sa'd Zaghlul (1859–1927) als die zentrale Persönlichkeit, zurück und begannen Verhandlungen um die Unabhängigkeit. Das Ergebnis war ein Kompromiss: Ägypten wurde zwar am 28. Februar 1922 in die Unabhängigkeit entlassen. In einigen Punkten aber sicherte Großbritannien seine anhaltenden Interessen in dem Land; dazu gehörte insbesondere die Kontrolle der Wege, die über Ägypten das britische Imperium zwischen Mittelmeer und Indischem Ozean verbanden. In den folgenden Jahrzehnten wurde der Kampf gegen diese Einschränkungen ihrer Souveränität zur zentralen politischen Agenda der ägyptischen Nationalisten.

Auch im *Irak* erhob sich Widerstand gegen die Briten. Der neue Staat war aus der Zusammenlegung der ehemals osmanischen Provinzen Bagdad, Basra und Mossul entstanden. Hatte sich Großbritannien bezüglich seiner Pläne zur Zukunft des Landes zunächst bedeckt gehalten, so war dies mit Ende des Krieges nicht länger möglich. Sehr bald standen sich die britischen Interessen und die Bestrebungen irakischer Nationalisten nach einem unabhängigen Staat gegenüber. Der zunächst friedliche Protest, der im Mai 1920 ausbrach, radikalisierte sich, als britische Truppen mit Gewalt reagierten. Stammes- und religiöse Führer sowie nationalistische Organisationen brachten die britischen Truppen unter Druck, so dass sie zeitweise Teile des Landes aufgeben und sich auf Bagdad zurückziehen mussten. Im Mittelpunkt der Mobilisierung stand die Geistlichkeit in den den Schiiten heiligen Stätten Nadschaf und Kerbela sowie eine 1919 gegründete und insbesondere von Schiiten getragene Organisation: die *Hüter der Unabhängigkeit* (*Haras al-istiqlal*). Im Oktober hatten die Briten ihre militärische Präsenz auf 100 000 Soldaten aufgestockt und gingen mit großer Härte daran, den Aufstand niederzuschlagen. Am Ende spielte Sir Percy Cox, der Hohe Kommissar, die verschiedenen Akteure des Widerstands gegeneinander aus. Indem er dem vornehmlich sunnitischen *Irakischen Bund* (*Al-ahd al-iraqi*) die Aufhebung des Ausnahmezustands und die Bildung einer Regierung anbot, positionierte er sich gegen die Schiiten. Am 20. November erklärten die letzten Führer des Aufstands die Einstellung der Kämpfe. Die Schiiten, die dem Widerstand Breitenwirkung gegeben hatten, waren somit ausmanövriert. Ein Teil der hohen Geistlichkeit zog vom Irak ins iranische Qum um und trug so zum Aufstieg des Ansehens des dortigen Heiligtums unter den Schiiten bei. Die Kurden fanden sich von Beginn an in der Lage einer ethnischen Minderheit, der die von arabischen Nationalisten dominierte politische Führung allenfalls eine Außenseiterrolle zubilligte.

Hartnäckiger noch als im Irak hielt sich der Widerstand in *Syrien*. (Groß-)Syrisch gesinnte Nationalisten hatten sich der Machtübernahme der Franzosen am Ende auch militärisch widersetzt; erst nach ihrem Sieg bei Maysalun am 23. Juli 1920 war der Weg nach Damaskus für sie frei. Mit Waffengewalt war Faisal, der Aspirant auf die syrische Krone, vertrieben worden. Noch im selben Jahr sah sich die Mandatsmacht mit Forderungen lokaler Gruppen nach Autonomie konfrontiert. In den Siedlungsgebieten der Alawiten und Drusen, aber auch in Aleppo, entstanden selbstverwaltete Regionen. In Damaskus hielt der auf die Vertreibung der Franzosen gerichtete Widerstand an. Er wurde im April 1922 unterdrückt. 1925 wurden die Gebiete von Damaskus und Aleppo einer gemeinsamen Regierung unterstellt. Im Juli eben dieses Jahres begann die »große Revolte«. Sie hatte ihren Ausgangspunkt in den drusischen Gebieten, wo die Unzufriedenheit mit der französischen Verwaltung besonders ausgeprägt war. Im Laufe der nächsten Monate breitete sich der Aufstand jenseits der drusischen Gebiete aus. Am 4. Oktober fiel Hama vorübergehend in die Hände der Aufständischen. Am 18. Oktober hatte der Widerstand Damaskus erreicht. Die »große Revolte« befand sich auf ihrem Höhepunkt. Die Franzosen reagierten mit Härte: Flächenbombardements durch Artillerie und Luftwaffe richteten große Schäden an; in den Angriffen starben etwa 1 500 Menschen. Am 1. Oktober 1926 sahen sich die beiden Anführer des Aufstands, der Druse Sultan Pascha al-Atrasch (1891–1982) und der syrische Nationalist Abd ar-Rahman Schahbandar (1879–1940), zur Flucht nach Transjordanien gezwungen. Doch erst 1927 hatten die Franzosen alle Teile des Landes wieder unter ihrer Kontrolle.

In *Palästina* erfuhr die zionistische Besiedlung nach dem Krieg mit der dritten Einwanderungswelle (*aliyah*) ihre Fortsetzung (▸ Kap. 7.1.5). Ein im Februar 1919 nach Jerusalem einberufener arabisch-palästinensischer Kongress forderte: »Der Bezirk Südsyrien oder Palästina soll nicht von der unabhängigen arabisch-syrischen Regierung abgetrennt werden.«[40] Noch ging es also um die Zukunft Palästinas im Rahmen eines groß-syrischen Staates. Das änderte sich mit der Vertreibung Faisals aus Damaskus und der Einrichtung des französischen Mandats über Syrien. Bereits zuvor war es im April in Palästina zu Unruhen gekommen, die im folgenden Jahr eskalierten. Darüber wird unten ausführlich berichtet (▸ Kap. 8.4.2).

Auch im *Maghreb* erhob sich Widerstand gegen die Fortsetzung der europäischen Herrschaft und Besatzung. Zwar gab es nach dem Krieg im Maghreb keine flächendeckende Erhebung, aber lokale Aufstände ließen erkennen, dass der europäische Herrschaftsanspruch nicht einfach hingenommen wurde. Die größte Herausforderung an Frankreich erwuchs aus dem Widerstand, den die Berber des Rif-Gebirges – also auf dem Gebiet des spanischen Protektorats – leisteten. Unter Führung von Abd al-Karim al-Khattabi, bekannt als Abd al-Krim, begann 1921 ein Aufstand, der in den folgenden Jahren Zehntausende spanische Soldaten das Leben kostete. Getragen von islamischen Reformideen, die auch im übrigen Maghreb Verbreitung gefunden hatten, strebte Abd al-Krim Selbstbestimmung und die Errichtung eines eigenen Staates an. Im Februar 1923 nahm er den Treueschwur der Stämme entgegen. Die Eroberung der Stadt Chaouen im Herbst 1924 stellte den Höhepunkt der Erhebung dar. Das Kriegsglück wendete sich, als sich die Truppen der *Rifi* – so ihre gängige Bezeichnung – im April 1925 nach Süden wandten und in die französische Zone eindrangen. Damit forderten sie nicht nur Frankreich unmittelbar heraus. Als Abd el-Krim Anspruch auf das Sultanat über ganz Marokko erhob, begann auch die Unterstützung religiöser Kreise zu bröckeln. Vor den Mauern von Fes kam sein Aufstand im Juni 1925 zum Stehen. Im Mai 1926 wurde das Rif von französischen Truppen besetzt. Abd el-Krim wurde in die Verbannung auf die Insel Réunion geschickt. Nach seiner Flucht von dort im Jahr 1947 lebte er bis zu seinem Tod 1963 in Kairo. Der Nimbus des heldenhaften »arabischen« (nicht berberischen) Widerstandes beflügelte Nationalisten auch in anderen Teilen der arabischen Welt.

So auch in *Libyen*. Dort hatten italienische Truppen im September 1911 mit der Besetzung des Landes begonnen. Im Frieden von Ouchy im Oktober hatte die osmanische Führung Tripolitanien, die Cyrenaika (und die Inselgruppe der Dodekanes) an Italien abgetreten. Im Ersten Weltkrieg waren viele der besetzten Gebiete in Libyen von den Osmanen zurückerobert worden. Lediglich an der Küste konnte Italien seine Positionen halten. Im November 1918 war die »Tripolitanische Republik« (► S. 246) ausgerufen worden, eine der ersten Republiken im Vorderen Orient (nur die Aserbaidschanische Republik war früher). Die Nationalisten traten mit Italien in Verhandlungen ein, die kurzfristig zu einem »Grundgesetz« für Tripolitanien führten (1. Juni 1919). Darin wurde Arabern wie Italienern eine gemeinsame Staatsbürgerschaft zuerkannt. Die Führer der *Tripolitanischen Republik* akzeptierten schließlich die italienische Oberhoheit, im Rahmen derer sie sich in einer *Nationalen Reformpartei* (*Hizb al-islah al-watani*) organisierten. Aus Gründen, die teils von Italien selbst teils von den lokalen Machthabern zu verantworten waren, wurden die Vereinbarungen aber nicht in politische Wirklichkeit umgesetzt. Auch scheiterten Bemühungen, die Cyrenaika und Tripolitanien unter der Herrschaft der Sanusi zu vereinigen. Mit der Machtübernahme durch die Faschisten unter Mussolini im Oktober 1922 wendete sich das Blatt auch in Libyen.

Ende 1922 waren Tripolitanien und Fezzan wieder italienischer Herrschaft unterworfen. Demgegenüber hielt sich in der Cyrenaika ein hartnäckiger Widerstand. Nachdem sich Seyyid Idris as-Sanusi, seit 1916 amtierendes Oberhaupt des religiösen Ordens der *Sanusiyya*, im Dezember 1922 ins ägyptische Exil abgesetzt hatte, übernahm 1923 Omar al-Muchtar (geb. 1858) dessen Führung. Der Sanusi-Familie nahestehend, hatte er eine Erziehung zum Religionsgelehrten genossen, sich aber bereits während des Ersten Weltkriegs dem Widerstand gegen Italien angeschlossen. Nach seiner Rückkehr aus Kairo 1923, wohin er zunächst Seyyid Idris gefolgt war, entfesselte er einen Guerillakrieg im Gebiet des Jebel (Dschebel) Akhdar, auf den die italienische Seite mit großer Härte antwortete. Erst im Januar 1931 konnten die Italiener die Oase Kufra erobern. Am 11. September fiel ihnen Omar in die Hände. Fünf Tage später wurde er gehängt. Omar al-Mukhtar wird bis heute in Libyen als Nationalheld verehrt.

Kein arabischer Staat (außer – mit Einschränkungen – Saudi-Arabien und Jemen) hatte die Ära nach dem Ersten Weltkrieg in Unabhängigkeit und vollständiger Souveränität betreten. Die vorstehend dargestellten Entwicklungen nach dem Ende des Ersten Weltkriegs markieren die *erste arabische Revolte*. Arabische Eliten erwarteten die Entlassung in die Unabhängigkeit, die ihnen – für die Länder des Maschrek – während des Krieges versprochen worden war. So wenigstens hatten die arabischen Nationalisten des Ostens die – freilich nie zweifelsfrei eindeutigen – Ausführungen in der Korrespondenz zwischen Husain ibn Ali, dem Scherifen von Mekka, und Sir Henry McMahon, dem britischen Hochkommissar in Ägypten, verstanden. So schien es auch – in ihrer Lesart – in dem 14-Punkte-Programm des amerikanischen Präsidenten Woodrow Wilson festgehalten. Sie sahen sich getäuscht. Das Mandatssystem war Teil einer Strategie, europäische politische und wirtschaftliche Interessen durchzusetzen. Dagegen standen sie auf; ihre Revolte wurde niedergeschlagen. Nach dem Ende des Zweiten Weltkriegs sollte – unter tiefstgreifend veränderten Rahmenbedingungen – die *zweite Revolte* folgen; auch sie sollte – aus anderen Gründen – scheitern. Der eruptive Auf- und Umbruch seit 2011 kann als deren Fortsetzung – wiederum unter veränderten Rahmenbedingungen – in einer *dritten Revolte* verstanden werden.

So stellt sich die im Gefolge des Ersten Weltkriegs im Vorderen Orient und Nordafrika entstandene Konstellation als Paradox dar: In dem Augenblick, da die europäischen Mächte ihre Neuordnung der arabischen Welt abgeschlossen wähnen, sind die Gegenkräfte, die bestrebt sind, das imperialistische Design abzuwerfen und sich selbst zu bestimmen, bereits lebendig. Hinter der Fassade der neuen Ordnung ist deren Scheitern bereits erkennbar. Auch jenseits der niedergeschlagenen offenen Erhebungen lassen sich inhärente Spannungen zwischen den Vorstellungen der Eliten der arabischen Völker auf der einen und dem institutionalisierten und international aufgezwungenen Machtgefüge auf der anderen Seite konstatieren. Die folgenden Jahrzehnte stehen im Zeichen des Strebens der arabischen Völker nach Unabhängigkeit.

Auf verschlungenen Wegen zur Unabhängigkeit

Ägypten wurde 1922, der Irak 1932 unabhängig. In beiden Fällen war das ein wichtiger erster Schritt, aber eben nur ein erster. Denn Großbritannien behielt sich strategische Rechte vor, die die Souveränität weiterhin einschränkten. Sie betrafen vor allem die Kontrolle der Verkehrs- und Verbindungswege (im Falle Ägyptens des Suezkanals) und die Verteidigung gegen direkte oder indirekte Einmischung oder Angriffe von außen. Das bedeutete nicht nur eine anhaltende ausländische militärische Präsenz im Lande. Die Vorbehalte waren vielmehr so vage und allgemein formuliert, dass sie der ständigen Einmischung Englands in die Innenpolitik Tür und Tor öffneten.

Auch in den französischen Mandatsgebieten Syrien und Libanon strebten nationalistische Kräfte nach Unabhängigkeit. Dort freilich zeigte sich die Mandatsmacht weniger pragmatisch und weniger geneigt, den Nationalisten entgegen zu kommen. Ein im Sommer 1928 in Damaskus vorgelegter Verfassungsentwurf war für Frankreich inakzeptabel – nicht zuletzt deswegen, da er noch immer von der Entstehung eines groß-syrischen Staates ausging. Die Machtübernahme der Volksfrontregierung unter Léon Blum in Paris im Juni 1936 gab in Syrien – wie auch anderswo in von Frankreich beherrschten Gebieten – der Hoffnung auf Unabhängigkeit neue Nahrung. Der Sturz Blums ein Jahr später machte sie zunichte. Erst im Verlauf des Zweiten Weltkriegs erfüllten sich die Aspirationen der syrischen (und libanesischen) Nationalisten. Am 28. September 1941 bestätigte der französische Hochkommissar – im Namen der Regierung des von General Charles de Gaulle vertretenen *Freien Frankreich* – die Unabhängigkeit Syriens, verkündete aber zugleich erhebliche kriegsbedingte Einschränkungen der Souveränität. In der Folgezeit zeigte Paris keine Eile bei der Umsetzung der Versprechungen. Zwar wurden im Februar 1942 die autonomen Gebiete der Drusen und Alawiten per Dekret dem syrischen Staatsgebiet wieder einverleibt. Das harte Ringen mit den Nationalisten aber sollte bis Kriegsende andauern. Dabei kam es 1945 sogar noch einmal zu gewalttätigen Auseinandersetzungen, in deren Verlauf 500 Menschen den Tod fanden. Es wurde ein Pyrrhussieg der Franzosen; ihre Position war unhaltbar geworden. Im April 1946 verließen die letzten französischen Soldaten Syrien. Bereits zuvor, im März 1945, war Syrien – wie auch der Libanon – Gründungsmitglied der Arabischen Liga geworden.

In den arabischen Ländern des Maghreb hatte der Widerstand gegen die Fremdherrschaft – wie oben beschrieben – teilweise gewalthafte Formen angenommen. Daneben begannen sich nationalistische Kräfte zu regen, die auf eine friedliche Neuordnung des Verhältnisses ihrer Länder zu den Kolonialmächten hinarbeiteten. Deren Programme und Strategien waren keineswegs von Beginn an auf die Unabhängigkeit ausgerichtet. Den meisten ging es zunächst einmal um die Aufwertung des Status ihrer Gesellschaften gegenüber den Kolonialmächten. Noch als die Unabhängigkeit bereits erklärtes politisches Ziel war, wurde die Frage kontrovers beantwortet, wie und mit welchen Mitteln – und ob im Konsens mit den oder im Konflikt gegen die Franzosen – diese zu erreichen sei. Auf dem Weg in die Unabhängigkeit haben die Eliten in den Ländern des Maghreb unterschiedliche Wege beschritten.

In *Marokko* nahm die nationale Bewegung in den dreißiger Jahren Fahrt auf. Auslöser war ein Dekret der französischen Behörden (*dahir*), das als *Berber-Dahir* in die Geschichte des Landes eingegangen ist. In ihm erhielten die Berberstämme Marokkos einen Sonderstatus in der Rechtsprechung. Die in der Verfügung zum Ausdruck gebrachte Spaltung des marokkanischen Volkes in berbero- und arabophone Volksgruppen wurde weithin als Provokation empfunden. Anhänger der *Salafiyya*-Bewegung, traditionalistische islamische Kreise im Umfeld der *Qaraouiyine*-Moschee, der traditionsreichen theologischen Lehrstätte in Fes, Anhänger des Panarabismus, Angehörige des städtischen Bürgertums und liberale Kräfte begannen sich in einer Protestbewegung zu verbünden. Dass sich Sultan Mohammed an die Spitze der Nationalbewegung stellte, sollte dieser eine besondere Durchschlagskraft verleihen. Mit der Gründung der *Unabhängigkeitspartei* (*Parti de l'Istiqlal*, arab. *Hizb al-istiqlal*) 1943, der ersten wirklich nationalistischen Partei, radikalisierten sich die Forderungen. In einem im Januar 1944 veröffentlichten Manifest standen die vollständige Unabhängigkeit, die Wiederherstellung der »historischen« Grenzen Marokkos und freie Wahlen zu einer Nationalversammlung auf der Agenda.

In *Tunesien* kamen in der Gründung der Gruppe der *Jungen Tunesier* (*Jeunes Tunisiens*) erste nationalistische Impulse zum Ausdruck. Aus ihrem Umfeld entstand 1919 die *Parti Tunisien*. Aus ihr ging wenig später die *Parti Libéral Constitutionnel Tunisien* (arab. *Al-hizb ad-dusturi al-hurr at-Tunisi*) hervor. In den politischen Entwicklungen der folgenden Jahre wurde sie abgekürzt als *Dustur*-Partei (»Verfassungspartei«) bekannt. Speerspitze der Bewegung wurde die junge Garde um Habib Bourguiba. Unter dem Namen *Parti Neo-Dustur* gründete diese 1934 eine Organisation, in deren Programm nun auch offiziell die Forderung nach Unabhängigkeit aufgenommen wurde. Die neue Partei trug die Proteste auf die Straße. Die Franzosen reagierten mit Härte. Am 9. April 1938 kamen bei Zusammenstößen zahlreiche Menschen ums Leben. Mehr als 700 Aktivisten, darunter die ganze Führung der *Neo-Dustur*, wurden verhaftet und der Ausnahmezustand ausgerufen. Erst 1943 sollten Bourguiba und seine Mitstreiter aus der Haft entlassen werden.

Auch in *Algerien* wurden Funken nationalistischen Denkens sichtbar. Der Widerstand gegen Frankreich war niemals – auch nicht im Ersten Weltkrieg – wirklich vollständig erloschen. Vor dem Hintergrund des besonderen Status Algeriens als Teil Frankreichs und der systematischen Unterdrückung einer muslimisch-algerischen Identität verlief der Prozess der Loslösung von Frankreich anders als in Marokko und Tunesien. Nicht die Unabhängigkeit, sondern die Gleichstellung der muslimischen Algerier als »Franzosen« einerseits und die ausdrückliche Respektierung ihrer kulturellen Eigenart andererseits standen lange im Mittelpunkt »nationalistischer« Bestrebungen. Es entsprach der Logik des französisch-algerischen Verhältnisses, dass die Gründung des *Nordafrikanischen Sterns* (*Etoile Nord-Africaine*, ENA), der ersten organisierten Zelle des algerischen Nationalismus, 1925 in Frankreich erfolgte.

In dem Bewusstsein, Algerien fest dem Mutterland eingegliedert zu haben, feierte Frankreich 1930 mit pompösem Aufwand den 100. Jahrestag des Beginns der Eroberung Algeriens. Der Pomp ließ übersehen, dass der Widerstand gegen die Herrschaft der Franzosen bereits begonnen hatte. An die Seite prominenter algerischer Stimmen, die noch die Gleichstellung, ja die Assimilierung der muslimischen Algerier im »Mutterland« forderten, traten Stimmen aus dem Milieu des *Nordafrikanischen Sterns* sowie der islamischen Reformbewegung um Abd al-Hamid Ben Badis (1889–1940), die die Eigenständigkeit der algerischen Geschichte, der religiösen und sprachlichen Einheit, der eigenen Kultur, Sitten und Gebräuche unterstrichen. Aber auch Ben Badis forderte – noch – nicht die Unabhängigkeit Algeriens. Separat, aber den Franzosen gleichgestellt sollte der Status der muslimischen Algerier sein. Nach dem Ende der Hoffnungen auf die Volksfrontregierung unter Léon Blum 1937 hatte die Stunde der Nationalisten geschlagen. Ihre Forderungen gingen nunmehr in Richtung auf Selbstbestimmung und Unabhängigkeit. Sie waren auch ein Nachklang der Ermutigung des Unabhängigkeitsstrebens vonseiten des amerikanischen Präsidenten Franklin D. Roosevelt anlässlich der Konferenz von Casablanca im Januar 1943 (► S. 273).

Von der politischen und geistigen Dynamik, die die Räume des Fruchtbaren Halbmondes, Ägyptens und Nordafrikas durchwehte, war auf der Arabischen Halbinsel wenig zu spüren. Mit dem Segen Großbritanniens war auf der Konferenz von Kairo im März 1921 (► S. 168) die Entstehung des Emirats Transjordanien unter dem Haschemiten Abdallah ibn Husain, einem Bruder Faisals, bestätigt worden. Abdallah hatte die Pläne arabischer Nationalisten unterstützt, Faisal zum König eines (groß-)syrischen Staates zu machen. Angesichts der politischen – und finanziellen – Abhängigkeit von England aber hatte er diese Pläne aufgeben und sich mit der Wirklichkeit abfinden müssen, wie sie von London und Paris diktiert worden war. Dem Herrscher in Amman waren die Hände gebunden: Jedes Engagement, sei es für die Nationalisten in Syrien im Zusammenhang mit der »großen Revolte« oder in Sachen Palästina in den dreißiger Jahren, wurde von den Briten argwöhnisch betrachtet. In den für die Briten unruhigen Zeiten vor dem Ende des Zweiten Weltkriegs wurde der Emir Abdallah zum treuesten Vasallen im Vorderen Orient. Ein Brite, General John Bagot Glubb (Glubb Pascha), kommandierte seit 1939 die *Arabische Legion*, eine Elitetruppe, die sich vornehmlich aus Beduinen rekrutierte. Sie kam auch 1941 an der Seite der Alliierten im Irak bei der Niederschlagung eines Aufstands deutschfreundlicher Putschisten zum Einsatz. Am 25. März 1946 wurde das Emirat Transjordanien zum Königreich Jordanien erhoben. Nach den Turbulenzen in Palästina, aus denen im Mai 1948 der unabhängige Staat Israel entstanden war, beschloss eine gemeinsame jordanisch-palästinensische Abgeordnetenkammer am 24. April 1950 die Vereinigung der palästinensischen Gebiete westlich des Jordan mit dem Königreich Jordanien zu einem einzigen Staat, dem »Haschemitischen Königreich Jordanien«. Der neue Staat verdankte sein Entstehen nicht einem genuin jordanischen Nationalismus; er war vielmehr ein letztes Ergebnis jenes von westlichen Interessen geleiteten *state building*, welches das geopolitische Erscheinungsbild des Vorderen Orients seit dem Beginn der zwanziger Jahre geprägt hatte.

Auch die Entstehung des Königreichs *Saudi-Arabien* war nicht aus einem saudischen Nationalismus erwachsen. Und wenn auch das Wiedererstehen des saudischen Staates ein Prozess von drei Jahrzehnten (1902–1932) und in einzelnen Phasen mit der britischen Interessenlage abgestimmt war, so war das Königreich am Ende doch nicht das Resultat eines nationalen Befreiungskrieges. Zug um Zug hatte sich Abd al-Aziz ibn Sa'ud, der Gründer des Staates, pragmatisch gegen lokale Rivalen durchgesetzt. Der handstreichartigen Rückeroberung Riyadhs (in unmittelbarer Nachbarschaft des zerstörten Familiensitzes Dir'iyya) 1902 war die Konsolidierung des Staatsgebietes im Herzen der Arabischen Halbinsel und an der Küste des Persischen Golfs gefolgt. In einem Vertrag von 1915 hatten die Briten sichergestellt, dass der saudische Emir nichts unternehmen würde, was ihren Interessen zuwiderlief. Mit der Besetzung der wohlhabenden osmanischen Provinz al-Hasa verfügte Ibn Sa'ud über Einnahmen, mit denen er in den Jahren des Weltkriegs, in denen sich die Aufmerksamkeit auf andere Schauplätze richtete, den Aufbau seiner Streitmacht vorantreiben konnte. Die Schlagkraft des beduinischen Heeres lag nicht zuletzt in einer religiösen Indoktrinierung der notorisch unzuverlässigen und undisziplinierten Beduinen. 1911/12 als *ikhwan* (»Brüder im Geiste«) in landwirtschaftlichen Ansiedlungen (*hudschar*) zusammengeführt, wurden sie einer intensiven Indoktrinierung seitens wahhabitischer Theologen unterzogen. In ihr nahmen die Verdienste im *dschihad* gegen die Nicht-Wahhabiten einen besonderen Stellenwert ein.

Mit seinem hartnäckigen Festhalten an den im Krieg – wie er sie verstand – getroffenen Vereinbarungen verspielte Husain, der Scherif von Mekka, britisches Wohlwollen. Diese setzten nunmehr auf den wahhabitischen Machtfaktor. Der Weg, die eingefrorene Konfrontation (► S. 171) fortzusetzen, wurde für Ibn Sa'ud frei. Dass sich Husain – nach der Abschaffung des Kalifats durch die Kemalisten in der Türkei im März 1924 – selbst zum Kalifen proklamierte, war für Abd al-Aziz eine Provokation, die einen Krieg rechtfertigte. Ibn Sa'uds Feldzug gegen den Hedschaz begann im September 1924 mit der Eroberung von Ta'if. Als der Scherif Ali, der älteste Sohn Husains, nach einer Kette von Niederlagen am 22. Dezember 1925 die Herrschaft über den Hedschaz dem saudischen Emir übergab, waren die Machtverhältnisse auf der Arabischen Halbinsel grundlegend neu geordnet. 1927 erkannte England in einem Vertrag mit dem saudischen Herrscher die neue Realität an. Weitere Eroberungen folgten, bevor sich am 18. September 1932 Abd al-Aziz zum Herrscher des Königreichs Saudi-Arabien ausrufen ließ.

In weiten Teilen der islamischen Welt wurde der neue Staat zunächst mit Argwohn und Misstrauen beäugt. Wie würde sich das wahhabitische Verständnis des Islams auf die Verwaltung der Heiligen Stätten in Mekka und Medina auswirken? Schon Anfang des 19. Jahrhunderts hatten die Wahhabiten diese einmal in ihre Gewalt gebracht. Damals hatte der Sultan/Kalif in Konstantinopel, *de iure* der Souverän über den Hedschaz, seinen Statthalter in Kairo, Mehmet Ali, aufgefordert, die Wahhabiten aus dem Hedschaz zu vertreiben, was denn auch dessen Sohn Ibrahim Pascha gründlich getan hatte: 1818 hatte dieser sogar Dir'iyya, den Stammsitz der saudischen Emire, zerstört und damit dem ersten saudischen Staat ein Ende bereitet. Aus ihrer besonderen Feindseligkeit gegen die Schiiten hatten die Wahhabiten seit der Gründung des zweiten saudischen Staates Anfang der 1820er Jahre kein Hehl gemacht. Nach der Eroberung des Hedschaz und der Gründung des dritten saudischen Staates hatte Abd al-Aziz nicht verhindern können, dass wahhabitische Fanatiker im April 1926 den Friedhof *Dschannat al-baqi'* mit den zahlreichen Gräbern der Nachkommen Alis, des Vetters und Schwiegersohns des Propheten Muhammad und ersten *Imams* der Schiiten, verwüstet hatten. Die Erinnerung an diese Barbarei entfesselt auch heute noch zornige Reaktionen aufseiten der Schiiten gegen die Wahhabiten und Saudi-Arabien. Eine weitere Wahhabisierung Saudi-Arabiens konnte Abd al-Aziz verhindern; zu wichtig waren die Einnahmen aus dem Geschäft der Pilgerfahrt nach Mekka und Medina.

Seit der Proklamation des Königreichs aber ist Saudi-Arabien in seiner Außenpolitik ein Akteur geworden, der seinen Platz in der sich ausbildenden arabischen Mächtekonstellation gesucht hat. Finanziell zunächst noch auf schwachen Füßen stehend, war das Land von britischen Zuwendungen abhängig. In den dreißiger Jahren dann begannen amerikanische Unternehmen, die sich 1944 zur *Arabian-American Oil Company* (Aramco) zusammenschlossen, nach Erdöl zu suchen. Die Einnahmen aus dessen Export sollten nach dem Zweiten Weltkrieg für die innen- und außenpolitische Entwicklung des Landes höchste Bedeutung erlangen. 1945 gehörte das Land zu den sieben Gründungsstaaten der Arabischen Liga.

Weitgehend unberührt von den Entwicklungen in der arabischen Welt der Nachkriegszeit blieben die östlichen Ränder des arabischen Raums entlang der Küsten des Persischen Golfs und Indischen Ozeans. *Jemen* hatte bis zum Ausbruch des Krieges *de iure* unter osmanischer Herrschaft gestanden. Mit dessen Ende errichtete Imam Yahya Hamid ad-Din (1869–1948) eine unabhängige Herrschaft. Das Gebiet des neuen Staates erhielt erst in kriegerischen Auseinandersetzungen mit dem expandierenden Saudi-Arabien und im Konflikt mit Großbritannien feste Konturen. Mitte der 1930er Jahre hatte das Herrschaftsgebiet die Ausdehnung der späteren *Arabischen Republik Jemen* (Nordjemen). Der südliche Jemen, d. h. Aden und das Hinterland der britischen Kolonie, nahmen eine eigenständige Entwicklung. Aden wurde 1936 zur Kronkolonie erklärt. Mit den Sultanen, den Herrschern im südjemenitischen Hinterland, wurden Verträge geschlossen; es blieb bis in die 1940er Jahre weitgehend von der Stadt Aden abgeschottet.

Auch in den *Emiraten* zwischen Kuwait und Oman war Großbritannien die dominierende Macht. Im Verlauf des 19. Jahrhunderts hatte es sich mit allen durch Verträge verbunden. Ihr Kern bestand in der Abmachung, dass die Herrscher außenpolitisch keine Schritte und Maßnahmen vornehmen würden, ohne sich mit London abgestimmt zu haben. Auf diese Weise war der Primat britischer politischer und handelspolitischer Interessen abgesichert. Finanzielle Zuwendungen Londons an die Herrscher taten ein Übriges, sich diese geneigt zu machen. So nimmt es nicht Wunder, dass in keinem der Emirate eine Bewegung entstand, die sich ernsthaft und nachdrücklich der Loslösung aus der britischen Herrschaft verschrieben hätte. Als diese dann zu Beginn der siebziger Jahre anstand, verlief sie weitgehend friedlich und pragmatisch auf beiden Seiten.

Gleichwohl haben sich im Zeitraum zwischen den Weltkriegen in einigen der Emirate Entwicklungen vollzogen, die durchaus die Ausgangssituation der späteren Unabhängigkeit geprägt haben. Das gilt für Bahrain: Die Insel wurde nach dem Ersten Weltkrieg der wichtigste imperiale Stützpunkt »East of Suez«; seit 1935 verfügten die Briten dort auch über eine Flottenbasis. Bereits 1932 hatte die Förderung von Erdöl eingesetzt; in deren Folge entstanden Ansätze einer organisierten Arbeiterschaft. 1938 kam es zu einem ersten Streik der Arbeiter. Die Briten modernisierten die Verwaltung und legten den Grundstein für staatliche Bildungseinrichtungen. Auch das schärfte das Selbstbewusstsein eines Teils der Öffentlichkeit. Die Tatsache freilich, dass die politische Macht in den Händen der Familie (*Al*) Khalifa lag, die als Sunniten einer schiitischen Mehrheit der Bevölkerung gegenüberstand, blieb die Grundlage der Abhängigkeit der herrschenden Kreise von der britischen Präsenz auf der Insel. In Kuwait baute unter britischem Schirm die Familie Sabah eine unbeschränkte Herrschaft auf. Nur kurzlebig war ein *Gesetzgebender Rat*, der auf Druck der Kaufmannschaft und einer »jungkuwaitischen« Bewegung 1938 gewählt wurde. Großbritannien vermittelte auch in Gebietsstreitigkeiten zwischen Kuwait und dem aufstrebenden saudischen Staat. Auf dem Staatsgebiet des späteren Oman rivalisierten zur Wende vom 19. zum 20. Jahrhundert die Imame von Nizwa, dem Zentrum des ibaditischen Islams im Inneren des Landes, und Maskat, dem Sitz des Sultans. Ab 1913 kam es zu anhaltenden Zusammenstößen, aus denen keine Seite als Sieger hervorging. 1920 vermittelte Großbritannien im Abkommen von Sib einen Kompromiss. Die Briten stießen auch erste zaghafte Reformen des extrem abgeschotteten Sultans in Maskat an. Schließlich stärkten sie diesem den Rücken, als Saudi-Arabien in den fünfziger Jahren, unterstützt von dem amerikanischen Ölunternehmen Aramco, Anspruch auf die Oase Buraimi erhob. Deren Rückgewinnung durch die britisch geführten *Trucial Oman Levies* im Oktober 1955 war zugleich der Beginn eines langen militärischen Konflikts des Sultans mit dem Imamat in Nizwa. 1959 konnte – wiederum mit britischer militärischer Unterstützung – dessen Eingliederung in den omanischen Staat vollzogen werden.

Grundlagen und Strukturen der politischen Ordnungen

So sehr die Interessen und Ordnungsvorstellungen der arabischen Nationalisten und der europäischen Mächte kollidierten, waren – von den Gesellschaften der Arabischen Halbinsel abgesehen – die europäischen politischen Institutionen im Großen und Ganzen gleichsam Modelle im Prozess der grundlegenden Neugestaltung des gesamten hier dargestellten Raums nach dem Ende des Osmanischen Reichs. Dem politischen und wirtschaftlichen Erstarken bürgerlicher Kräfte in den Städten Nordafrikas und des Vorderen Orients sowie dem Druck europäischer Mächte hatten bereits im Verlauf des 19. Jahrhunderts einige Herrscher nachgegeben; über die Verfassungen in Tunesien, Ägypten und – vor allem – im Osmanischen Reich ist bereits berichtet worden. Die osmanische Verfassung von 1876 war in der jungtürkischen Revolution 1908 wieder in Kraft gesetzt worden. Nahezu zeitgleich mit den

»Jungtürken« führte auch in Persien die Verfassungsbewegung zur Verabschiedung einer Verfassung durch den Schah.

Unter den arabischen Eliten, die nach dem Krieg, der die Beendigung der jahrhundertelangen osmanischen Herrschaft bedeutet hatte, nunmehr mit den europäischen Mächten um ihre Unabhängigkeit rangen, stand die Schaffung republikanisch- bzw. monarchisch-konstitutioneller Ordnungen im Mittelpunkt ihrer Bestrebungen. Ausnahmen waren Algerien (das als Teil des französischen Mutterlandes verwaltet wurde) sowie die Gesellschaften auf der Arabischen Halbinsel, die – wie angedeutet – nicht an der Unabhängigkeitsbewegung teilhatten, die weite Teile der arabischen Welt erfasst hatte. Ein erster – freilich kurzlebiger – Schritt in Richtung auf einen modernen, republikanisch verfassten Staat wurde im tripolitanischen Teil Libyens getan. Am 16. November 1918 hatte der (libysch-)berberische Journalist und ehemalige Abgeordnete im osmanischen Parlament, Sulaiman al-Baruni (1870–1940) die »Tripolitanische Republik« mitbegründet. In der Unabhängigkeitserklärung heißt es, »die tripolitanische Nation« habe »beschlossen, ihre Unabhängigkeit durch die Ausrufung einer republikanischen Regierung zu krönen.«[41] Wahlen zu einem tripolitanischen Parlament wurden abgehalten; ein Staatsrat wurde gewählt, der seine Arbeit mit der Ausrufung der Republik begann. Nach der Proklamation der Republik nahmen die Nationalisten Verhandlungen mit der italienischen Regierung auf, die kurzfristig zu einem »Grundgesetz« für Tripolitanien führten (1. Juni 1919). Dieses war insofern eine Besonderheit, als Arabern, Berbern und Italienern eine gemeinsame Staatsbürgerschaft zuerkannt und das islamische Recht als Zivilrecht anerkannt wurde. Bald aber übernahmen die Italiener die vollständige Regierungsgewalt und nach der Ermordung eines ihrer führenden Köpfe ging die gesamte politische Führung der Republik in den Untergrund. Auch in Marokko konnte sich eine »republikanische« Gründung nicht halten. Wie oben berichtet, hatten sich die Berber im Norden des Landes unter der Führung Muhammad Abd al-Krims gegen die spanische Besatzungspolitik erhoben. In der kleinen Stadt Ajdir (arab. Adschdir) nahe Al Hoceima gründete er eine unabhängige *Berberische Republik*. Sein 1921 verkündetes Ziel, »ganz Marokko« zu befreien, suchte er 1923 mit dem Einmarsch in das französische Protektoratsgebiet in die Tat umzusetzen. Wie berichtet ist er damit im Mai 1926 einer französischen militärischen Übermacht unterlegen.

Eindrucksvoll war das Signal, das mit der Gründung des *Allgemeinen Syrischen Nationalkongresses* am 3. Juni 1919 gesendet wurde. Während in Paris das Fell des Bären zwischen England und Frankreich verteilt wurde und Faisal sich mehr oder weniger auf die Rolle eines Statisten beschränkt sah, unterstrich der Kongress wirkungsvoll den breiten repräsentativen Charakter der arabischen Bewegung. Er betrachtete sich als Anwalt der politischen Anliegen der Araber im Fruchtbaren Halbmond. Viele der Anwesenden hatten dem osmanischen Parlament angehört, waren in der osmanischen Verwaltung tätig gewesen oder hatten sogar in der osmanischen Armee am Krieg teilgenommen. Während der Kongress in London und Paris allenfalls geringe Beachtung fand, wurde dessen Legitimität von der amerikanischen Seite anerkannt, die die Nachkriegsordnung auf der Grundlage des von Präsident Woodrow Wilson verkündeten Selbstbestimmungsrechts der Völker aufzubauen bemüht war. Dies wurde dadurch unterstrichen, dass die King-Crane-Kommission zur Untersuchung der arabischen politischen Bestrebungen und Ansprüche den Kongress zur Anhörung aufsuchte. Die Unabhängigkeitserklärung durch den Kongress am 7. März 1920 stieß dann freilich auf taube Ohren. Am 24. Juli besetzten französische Truppen Damaskus. Das bedeutete nicht nur das Scheitern des Bestrebens, in einem groß-syrischen Staat eine konstitutionelle Monarchie zu errichten. Die gewaltsame Beendigung des syrischen Königreichs durch die Franzosen war zugleich eine Katastrophe für die arabische Unabhängigkeitsbewegung und die Entwicklung einer selbstbestimmten politischen Ordnung insgesamt.

Unter den nunmehr veränderten Bedingungen des französischen Mandats war das Ringen um eine Verfassung zugleich Teil des Strebens nach der Unabhängigkeit Syriens. Nach der Niederschlagung der »großen Revolte« waren die syrischen Nationalisten und die französische Mandatsmacht bereit, aufeinander zuzugehen. Der von der verfassungsgebenden Versammlung im Sommer 1928 vorgelegte Verfassungsentwurf orientierte sich an europäischen Vorbildern: Er sah eine parlamentarische Republik vor mit einer Kammer, die in allgemeiner Wahl für vier Jahre gewählt werden sollte. Woran freilich der Hohe Kommissar Frankreichs Anstoß nahm, war insbesondere die Erklärung in Artikel 2, nach der das syrische Staatsgebiet – ausdrücklich auch den Libanon, Transjordanien und Palästina umfassend – eine unteilbare politische Einheit darstelle. Auch sollte die syrische Regierung befugt sein, eine eigene nationale Arme aufzustellen. Da keine Einigung erzielt werden konnte, setzte der Hohe Kommissar einseitig einen eigenen Entwurf in Kraft. Erst im Zweiten Weltkrieg erfüllten sich die Aspirationen der syrischen (und libanesischen) Nationalisten. Noch bis zum endgültigen Abzug der Franzosen im April 1946 kam es wiederholt zu bewaffneten Zusammenstößen. Von Groß-Syrien freilich war nicht mehr die Rede; Transjordanien und Palästina nahmen eine eigenständige Entwicklung.

Während sich die Verfassungsentwicklung in Syrien gleichsam von unten nach oben vollzog – dergestalt, dass die Einführung einer Verfassung eine zentrale Forderung der Nationalisten auf dem Weg Syriens in die Unabhängigkeit darstellte –, führte der Weg zur Verfassung und damit zur Unabhängigkeit im Irak von oben nach unten. Mit der Inthronisierung Faisals als König im August 1921 glaubten die Briten, sich eine Marionette geschaffen zu haben, über die sie die Umsetzung ihrer politischen, sicherheitspolitischen und wirtschaftlichen Interessen garantiert sahen. Dies umso mehr, als Faisal, ein Spross der Haschemiten aus dem Hedschaz, im Lande nur über eine schwache Legitimation verfügen und damit auf britisches Wohlwollen angewiesen sein würde. Ein Vertrag zwischen Großbritannien und Faisal sollte die Grundlage der künftigen Beziehungen zwischen beiden Seiten sein. Sein Kernpunkt war die Bestimmung, dass der König des Irak einwillige, sich in allen wichtigen Angelegenheiten, welche die internationalen und finanziellen Verpflichtungen und Interessen Seiner Britischen Majestät betreffen, während der gesamten Vertragsdauer von dem Ratschlag Seiner Britischen Majestät leiten zu lassen, der ihm von dem Hochkommissar angeboten werde.[42] Die Dauer des Vertrages sollte auf 20 Jahre ausgelegt sein. Der Unterzeichnung am 10. Oktober 1922 waren intensive Manipulationen der innenpolitischen Kräfteverhältnisse im Irak vorausgegangen. Indem in ihm die Stellung des Hohen Kommissars als höchste Instanz festgeschrieben wurde, bestätigte der Vertrag die Oberhoheit Großbritanniens in der irakischen Politik. Während in Syrien Frankreich die Macht direkt ausübte, suchten die Briten im Irak ihre Interessen auf dem Weg der indirekten Machtausübung zu sichern.

Nachdem London über den Vertrag seinen Einfluss festgeschrieben hatte, war es jetzt an der Zeit, über eine Verfassung die »demokratische« Legitimation dieses weithin abgelehnten Vertragswerks zu erwirken. Britische Experten arbeiteten einen Entwurf aus; er sah ein Zwei-Kammer-System vor. Die Wahlen im März 1924 waren gelenkt und brachten nur Anhänger Großbritanniens in das Hohe Haus. Dennoch erhielt der Vertrag bei der Abstimmung im Oktober nur eine knappe Mehrheit. Immerhin war es in der Zwischenzeit gelungen, ein Zusatzprotokoll zu verhandeln, das die Aufhebung des gesamten Vertrags zu dem Zeitpunkt vorsah, da der Irak seine Unabhängigkeit erhalten würde. In den folgenden Jahren sahen sich die Briten mit anhaltendem Widerstand konfrontiert. Er mündete nach langen Verhandlungen in einem neuen Abkommen: Am 30. Juni 1930 wurde ein »Freundschaftsvertrag« geschlossen; er sah die Aufnahme eines unabhängigen Irak in den Völkerbund vor. Aber die politischen Kosten blieben hoch: Großbritannien hatte sich auch diesmal noch zahlreiche Privilegien gesichert, das Amt des Hohen Kommissars war zwar abgeschafft, an seine Stelle trat der britische Botschafter. Zu wichtigen Entscheidungen würde er zu konsultieren sein. Auch sicherte sich das Königreich militärische Rechte und behielt sich die Kontrolle über den Ölsektor im Lande vor.

Mit der Errichtung eines arabischen Emirats auf dem Boden Transjordaniens (► S. 168) im Jahr 1921 war eine weitere haschemitisch regierte Monarchie in der Nachbarschaft des Irak entstanden. Wie im Falle Bagdads wurden die Regeln des Spiels, die der Emir Abdallah zu beachten haben würde, durch Großbritannien geschrieben. In einem Vertrag von 1923 erkannte London das Emirat Transjordanien als selbstständigen Staat mit der Hauptstadt Amman an. Für die innere Sicherheit war die unter britischem Befehl stehende *Arabische Legion* zuständig. Freilich war auch hier die Legitimation der Herrschaft des landfremden Haschemiten lange nicht unumstritten. In dem Land seiner Herkunft, dem Hedschaz, herrschte seit 1924 der Saudi-Araber Abd al-Aziz. So hatte Abdallah keine Alternative, als sich dem Willen Londons zu beugen. 1928 war seine Herrschaft genug gefestigt, diese auf eine verfassungsmäßige Grundlage zu stellen. Im *Organic Law* vom Februar 1928 waren ein Exekutiv- und ein in Wahlen zu besetzender Legislativrat verankert. In wichtigen Bereichen der Politik – Außenpolitik, Haushalt, Bergbau und Rechtsprechung über Ausländer – behielt sich England in Gestalt seines Residenten die letzte Entscheidungsgewalt vor.

Auch in Ägypten hatte sich das Ende des Krieges mit Hoffnungen auf die Unabhängigkeit verbunden. Die Enttäuschung über die Fortschreibung des Protektoratsstatus hatte 1919 zu schweren Unruhen geführt. Wie im Falle Syriens und des Irak war nach den Ausbrüchen von Widerstand und Ablehnung gegenüber der Fremdherrschaft ein *business as usual* nicht mehr möglich. Ein Ausweg aus der Sackgasse musste gefunden werden: Er konnte nur in einem Kompromiss zwischen England und den Nationalisten bestehen. Den Machtverhältnissen entsprechend, musste er den Anliegen der ägyptischen Nationalbewegung zwar entgegenkommen, zugleich aber eine britische Präsenz im Lande erhalten. Am 22. Februar 1922 verkündete der Hohe Kommissar einseitig das Ergebnis: Das Protektorat werde beendet und Ägypten würde künftig ein unabhängiger und souveräner Staat sein. Unter den gleichwohl fortbestehenden Einschränkungen der Souveränität waren der Unterhalt von Stützpunkten auf ägyptischem Boden und die Kontrolle des Suezkanals besonders herausfordernd.

Im jahrzehntelangen Kampf der Nationalisten gegen die *Erklärung* war zunächst die Proklamation einer Verfassung im April 1923 ein wichtiger Schritt in Richtung auf die Gestaltung eines eigenständigen politischen Lebens. Sie war die Grundlage des nunmehr entstehenden Mehrparteiensystems. In ihr wurden politischer Pluralismus, regelmäßige Wahlen zu einer Legislative mit zwei Kammern, das uneingeschränkte Wahlrecht (für Männer) und eine freie Presse eingeführt. Auf der anderen Seite freilich gewährte sie dem Monarchen, der sich fortan als »König« bezeichnete, umfassende Machtbefugnisse: Über sie wurde dieser ermächtigt, der Autorität von Parlament und Regierung Schranken zu setzen. Für die nächsten Jahrzehnte wurde die *Wafd*-Partei die stärkste Kraft im Spektrum der politischen Parteien.

Wie in der Türkei, in Iran und Afghanistan waren die zentralen Bausteine der neuen politischen Ordnungen, welche die lokalen Eliten nach dem Ende des Ersten Weltkriegs zu errichten bemüht waren, europäischer Provenienz. Sie waren signifikante Meilensteine auf dem Weg zu Eigenständigkeit, nationaler Identität und – am Ende des Prozesses – Unabhängigkeit. Politische Parteien waren die Akteure, das politische Leben zu gestalten. Dabei waren die Wege der Entwicklung, die Erscheinungsformen des politischen und gesellschaftlichen Lebens sowie die prägenden politischen Institutionen von Land zu Land sehr unterschiedlich. Sie reichten von einer Ein-Partei-Herrschaft (in der Türkischen Republik) über konstitutionelle Monarchien mit einem relativ differenzierten Parteienspektrum wie in Ägypten und im Irak bis zu einer autokratischen Machtausübung des haschemitischen Herrschers in Amman und des Pahlawi-Monarchen in Iran. Auch die Art und Weise, wie die neuen Ordnungen entstanden waren, war unterschiedlich: die Türkische Republik ging aus einem opfervollen Befreiungskampf hervor. Die Pahlawi-Monarchie war das Ergebnis einer unblutigen und durch das Parlament gebilligten Machtübernahme eines Offiziers nach dem Ende der Qadscharen-Dynastie. In den arabischen Staaten rangen lokale nationalistische Eliten mit den Interessen der europäischen Mächte um einen Ausgleich. Auf der Arabischen Halbinsel, im »Königreich« Saudi-Arabien und im Imamat Jemen, legitimierten spezifische Ausrichtungen des Islams, die sunnitische Wahhabiyya und die schiitische Zaidiyya, die Herrschaft.

An der Entstehung der postosmanischen Staatenwelt haben – außerhalb der Arabischen Halbinsel – islamische Kräfte kaum einen Anteil. In der Türkei und in Iran dominierten dezidiert säkularistische Ordnungsprinzipien. Mit der Abschaffung des Kalifats per Beschluss des türkischen Parlaments im März 1924 war das letzte Band zerschnitten, das die islamischen Völker, wenn auch kaum mehr als symbolisch, verbunden hatte. Es ist bemerkenswert, wie schwach die Reaktionen auf diesen historischen Schritt der Kemalisten geblieben sind. Zwar hat es Unruhen und Proteste – selbst unter den Muslimen Süd- und Südostasiens – gegeben und der glücklose Scherif von Mekka und »König« des Hedschaz, Husain ibn Ali, ergriff die Gelegenheit und erklärte sich selbst zum Kalifen. (Die Antwort war die Vertreibung der Haschemiten aus dem Hedschaz durch Abd al-Aziz ibn Sa'ud.) Aber Bemühungen, ein Einverständnis unter den Muslimen über das Kalifat und einen legitimen Amtsinhaber zu erzielen, verliefen im Sande. 1925 veröffentlichte Ali Abd ar-Raziq (1888–1966), ein Gelehrter an der altehrwürdigen islamischen Universität *al-Azhar* in Kairo, eine Schrift mit dem Titel: »Der Islam und die Grundlagen der Herrschaft«. Darin führte der Autor aus: Weder die beiden Hauptquellen des islamischen Rechts, der Koran und die Sunna, noch der Konsens der Gelehrten (*idschma*) noch die Vernunft (*aql*) verlangten die Herrschaft eines Kalifen oder Imams. Auch die Erfahrung lehre, dass das Kalifat den Muslimen und dem Islam nur Unheil gebracht habe. Gerade durch die Trennung von Staat und Religion werde die Religion vor politischem Missbrauch geschützt. Auch wenn der Autor nicht explizit macht, für welche Form des politischen Systems er plädiert, waren einige seiner Interpreten überzeugt, dass er zu einer humanistischen, liberalen und demokratischen Ordnung geneigt habe. Zwar war die Empörung unter seinen Kollegen erheblich und Abd ar-Raziq wurde aus dem Kollegium der *Azhar* ausgeschlossen, aber er hatte theologisch eine Lehre begründet, die den Zeitgeist beherrschte: die Trennung von Religion und Politik.

Auch der arabische Nationalismus trat zunächst nicht als gesamtarabische Ordnungskraft in Erscheinung. Nicht das Gefühl einer »arabischen« Schicksalsgemeinschaft bestimmte das Handeln der politischen Eliten. Vielmehr drohte seine Entwicklung in der Region des Fruchtbaren Halbmonds und vor allem in Groß-Syrien, mitten im Übergang von einer osmanischen Reform- und Sezessionsbewegung zu einer arabischen Einigungsbewegung in Nationalitätenkonflikten oder in antieuropäischen Ressentiments stecken zu bleiben. Die gewaltsame Beendigung der konstitutionellen Monarchie in Syrien durch die Franzosen war ein schwerer Schlag für die arabische Unabhängigkeitsbewegung und die Entwicklung einer selbstbestimmten politischen Ordnung. Der Widerstand gegen die von auswärtigen Mächten getroffene Neuordnung blieb Ausdruck des beschränkten Handlungsspielraums im Angesicht der Vormundschaft der miteinander rivalisierenden europäischen Mandatsmächte. Kleinere Volksgruppen meldeten ihrerseits eigene »nationale« Ansprüche an: So forderten die Maroniten, aufbauend auf den Fundamenten ihrer langjährigen Autonomie im Mont Liban sowie eines kontinuierlichen französischen Interesses an der Levante, die Einbeziehung nicht-maronitischer und nicht-christlicher Teile der syrischen Küstenregion in den neuen Staat Libanon. Im Irak, wo der aus Syrien vertriebene Faisal von London auf den Thron gehoben wurde, arrangierten sich die arabischen Nationalisten zunächst mit den britischen Mandatsbehörden.

Erst im Verlauf der dreißiger Jahre trat die Entwicklung des arabischen Nationalismus im Fruchtbaren Halbmond in ein neues Stadium. Dies war nicht zuletzt eine Folge der Weltwirtschaftskrise, der die Mandatsstaaten im arabischen Osten sowie in Ägypten in besonderer Weise ausgesetzt waren. Mehr als 60 % der Bevölkerung waren im Landwirtschaftssektor beschäftigt. Der rapide Verfall der Weltmarktpreise für Getreide und Baumwolle traf vor allem die Bauern und Händler. Besonders schlimm gestaltete sich die Lage auf dem Baumwoll- und Textilsektor für einheimische Produzenten und Basarhändler. Der Preisverfall, der durch die Dumping-Praxis insbesondere der Japaner noch beschleunigt wurde, brachte einen beträchtlichen Teil des Basarhandels an den Rand des Zusammenbruchs. Die Verarmung der ländlichen Bevölkerung sowie die Landflucht ließen die Masse der Arbeitslosen in den Städten dramatisch anschwellen. Massenunruhen und Streiks waren an der Tagesordnung. Auch die Arabische Halbinsel, obwohl wirtschaftlich anders strukturiert, war betroffen: Die Pilger blieben aus, was das Geschäft der alljährlichen Wallfahrt nachhaltig drückte. Innerhalb von drei Jahren nach Ausbruch der Krise (1930) sank die Zahl der Pilger auf weniger als ein Fünftel. In Saudi-Arabien entspannte sich die finanzielle Lage erst wieder, als sich zahlungskräftige amerikanische Ölunternehmen seit 1933 für das Land zu interessieren begannen.

Die Honoratioren, die die politischen Parteien in der Zeit der Unabhängigkeits- und Verfassungsbewegung getragen hatten, zeigten sich überfordert, den Herausforderungen gerecht zu werden. Neue Bewegungen entstanden, die die soziale Frage in den Vordergrund stellten. Manche lehnten sich an gesellschafts- und verfassungspolitische Modelle der südeuropäischen autoritären oder gar faschistischen Regimes an. Auch das nationalsozialistische Deutschland fand – vornehmlich bedingt durch die politische Gegnerschaft zu den Diktatmächten des Versailler Vertrags – Bewunderer im Nahen Osten.

Die Entwicklungen im Irak, der als erster Mandatsstaat 1932 die Unabhängigkeit erlangte, können als paradigmatisch für politische Trends gesehen werden, die nach dem Zweiten Weltkrieg die arabische Welt weithin bestimmen sollten. Linke Positionen organisierten sich in der jungen *Irakischen Kommunistischen Partei* (KPI) und in der vornehmlich von jugendlichen Schiiten getragenen Bewegung *Das Volk* (*Al-ahali*). Von politischen und gesellschaftlichen Forderungen geprägte Unruhen wurden – mit britischer Unterstützung – niedergeschlagen. Im Oktober 1936 kam es zu einem Schulterschluss zwischen Offizieren der jungen irakischen Armee und sozialrevolutionären Politikern. Die Putschisten forderten die Entlassung des Ministerpräsidenten und die Einsetzung einer der Armee genehmen Persönlichkeit. Damit war ein Präzedenzfall geschaffen, der nach dem Zweiten Weltkrieg über Jahrzehnte Nachahmung finden sollte: die führende Rolle des Militärs in der Politik zahlreicher arabischer Staaten. Die nationalen Armeen wurden Sammelbecken, in denen Angehörige der mittleren und unteren Schichten der Gesellschaften aufsteigen konnten. Dort bereitete sich nicht nur die Ablösung der traditionellen Eliten als Zentrum der Machtausübung vor; in den Armeen fanden auch die neuen Paradigmen der politischen und gesellschaftlichen Entwicklung Eingang, vor allen anderen Nationalismus und Sozialismus. Im Irak der dreißiger Jahre bedeutete diese Allianz zugleich ein Bündnis im Kampf gegen die Fesseln des einseitigen britischen Bündnisvertrags von 1930. Als Befreiungskampf gegen fremde Herrschaft und Bevormundung hatte dieser zugleich eine panarabische Dimension.

Die Perspektive auf tiefgreifende Veränderungen im Nahen Osten nach dem Ende des Zweiten Weltkriegs und die einsetzenden Planungen für die Nachkriegszeit berührten auch das künftige Verhältnis der arabischen Staaten – soweit sie bereits unabhängig waren bzw. ihr Eintritt in die Unabhängigkeit absehbar war – zueinander. Im Februar 1943 ließ die britische Regierung ihre Sympathie für die Bildung einer arabischen Föderation verlauten. In dem diplomatischen Prozess, der auf die britische Initiative hin einsetzte und schließlich zur Gründung der Arabischen Liga führte, sollte Ägypten eine besonders aktive Rolle spielen.

In Kairo war mit der Unabhängigkeit die *Wafd*-Partei zur bestimmenden Kraft aufgestiegen, die freilich ihre Machtposition ständig sowohl gegen den Machtanspruch des Königs als auch gegen Londons Bemühungen zu verteidigen hatte, seine Interessen durchzusetzen, die nicht zuletzt in der Vier-Punkte-Erklärung vom Februar 1922 festgeschrieben waren. Die Weltwirtschaftskrise brachte weitere Belastungen des ohnehin nur holperig funktionierenden demokratischen Anlaufs. Der

Verfall der Preise für Baumwolle und andere landwirtschaftliche Produkte führte zur Verschuldung vieler Bauern. Andererseits sahen die zwanziger und dreißiger Jahre erste Schritte in Richtung auf eine Industrialisierung. Im August 1936 trat ein neuer Bündnisvertrag mit England in Kraft. Abermals war sein Inhalt zwiespältig: Auf der einen Seite war Ägypten jetzt insbesondere im Bereich der Außenpolitik souverän; 1937 wurde es als zweites arabisches Land nach dem Irak in den Völkerbund aufgenommen. Auf der anderen Seite aber sicherte der Vertrag Großbritannien eine militärische Präsenz im Lande zu, namentlich in der Suezkanalzone.

Gemeinsam oder allein? – Ansätze arabischer Integration

Auf gesamtarabischer Ebene – d. h. hier im Raum Ägyptens und des Fruchtbaren Halbmonds – sahen die dreißiger Jahre eine Stärkung arabischen Einheitsstrebens und des arabischen Nationalismus. Der anhaltende Kampf der Ägypter gegen die britische Vorherrschaft, der 1936 in die Neufassung des britisch-ägyptischen Vertrag mündete, die Unabhängigkeit des Irak im Jahre 1932, die Radikalisierung des palästinensischen Widerstands gegen die zionistische Einwanderung sowie die in Paris geführten Verhandlungen über die Unabhängigkeit der französischen Mandate Libanon und Syrien gaben Ideen einer Neuordnung der Beziehungen unter den Staaten des ostarabischen Raums Aufwind. Die Initiative dazu ging zunächst vom irakischen Ministerpräsidenten Nuri as-Sa'id aus. Dieser versuchte, den jordanischen Emir Abdallah für eine Vermittlungsmission in Palästina zu gewinnen, die auf eine Föderation Groß-Syriens – einschließlich Palästinas, Jordaniens und des Libanon – mit dem Irak hinauslaufen sollte. Auch Saudi-Arabien trat jetzt auf die diplomatische Bühne: Freundschaftsverträge mit dem Irak und Ägypten signalisierten, dass die Arabische Halbinsel, die Region des Fruchtbaren Halbmonds und das Niltal ein dynamisches arabisches Dreieck bildeten.

Das zarte Pflänzlein eines arabischen Nationalismus sollte sich freilich nicht zu einem starken Baum auswachsen. Der ägyptisch-britische Vertrag war nicht geeignet, die auf vollständiger Unabhängigkeit und Souveränität bestehenden ägyptischen Nationalisten zu befriedigen, die Aufstände in Palästina wurden niedergeschlagen und in Paris weigerte sich das Parlament nach dem Fall der Regierung unter Léon Blum, die ausgehandelten Verträge zu ratifizieren. Gleichwohl sah sich Ägypten Ende der dreißiger Jahre innerhalb des arabischen Lagers gestärkt. Die Einberufung eines arabischen parlamentarischen Kongresses nach Kairo im Jahr 1938 und der Beschluss, Ägypten den Vorsitz der arabischen Verhandlungsdelegation zur Londoner Palästinakonferenz im darauffolgenden Jahr zu übertragen, untermauerten erstmals – auch international – die ägyptische Führungsstellung im arabischen Raum. Ägypten hatte am Vorabend des Zweiten Weltkriegs die politischen Wegmarken sowohl einer vorrangig mittelmeerischen Orientierung als auch einer primär islamischen Identität hinter sich gelassen und war zum Anwalt gesamtarabischer Anliegen und zum Garanten arabischen Durchsetzungswillens geworden. Die Einrichtung des *Middle East Supply Centre* (MESC, ▸ S. 272) in Kairo (1941) verlieh Ägypten für die Kriegführung der Alliierten, namentlich Großbritanniens und der USA, im Raum zwischen Libyen, Iran und dem Horn von Afrika erhebliches internationales Gewicht.

Vor diesem Hintergrund ist die besonders aktive Rolle der ägyptischen Diplomatie zu sehen, die Kairo als Reaktion auf die Initiative Londons zur Gründung einer »arabischen Föderation« im Februar 1943 spielen sollte. Die Idee, einen Verbund arabischer Staaten zu schaffen, stand sehr wohl im Einklang mit einem – wenn auch noch diffusen – panarabischen Zeitgeist. Das Ziel der Initiative war nicht die Schaffung eines einheitlichen arabischen Nationalstaates. Angestrebt wurde vielmehr ein Kompromiss zwischen einem solchen und der entstandenen Vielstaaterei (an der die europäischen Mächte wesentlichen Anteil hatten), der es gestatten würde, die Politik der einzelnen arabischen Hauptstädte untereinander abzustimmen. Über einen föderalen Verbund sollten die arabischen Staaten zur Durchsetzung einer gemeinsamen Ordnungspolitik im Nahen Osten befähigt werden. Das Interesse auf britischer Seite war in mehrfacher Hinsicht einleuchtend: als Argument in der Propaganda Londons gegen die Versuche der Achsenmächte, die arabischen Staaten gegen ihre Kolonial- beziehungsweise Mandatsherren auszuspielen; als Rahmen für eine wirkungsvollere ökonomische und politische Integration des Vorderen Orients in die Maßnahmen der alliierten Kriegsbewirtschaftung sowie in die längerfristige britische Nachkriegsplanung für den Nahen Osten; schließlich als politische Konzession an die arabische Seite im Konflikt um die zionistischen Bemühungen, das restriktive britische Weißbuch von 1939 (▶ S. 266) – das Ergebnis der Londoner Palästinakonferenz – zu revidieren.

Die britische Initiative setzte eine arabische Diplomatie in Gang, die – offen oder verdeckt – von persönlichen Interessen und unterschiedlichen Ordnungsvorstellungen arabischer Politiker geleitet war. War einerseits im Prinzip die Einsicht in die Notwendigkeit verbreitet, die Araber aus politischen wie wirtschaftlichen Gründen näher aneinander heranzuführen, erschwerten andererseits persönliche und politische Differenzen und Eifersüchteleien ihre Umsetzung. So kam die erste Reaktion auf die Initiative aus London von dem irakischen Premierminister Nuri as-Sa'id, einem bewährten Parteigänger der Briten. In einem »Blaubuch« skizzierte er einen Zwei-Stufen-Plan, der eine Föderation des Irak mit dem historischen Groß-Syrien vorsah. Erst zu einem späteren Zeitpunkt sollten die Staaten der Arabischen Halbinsel und schließlich auch Ägypten der Föderation beitreten. Der Plan Nuris freilich war zum Scheitern verurteilt: Von Saudi-Arabien, dem Emir Abdallah in Transjordanien sowie den politischen Führungen in Syrien und im Libanon erhob sich Widerstand. So ging die politische Initiative fast zwangsläufig auf Kairo über. Ägypten war am Ende das einzige arabische Land, das über genügend Handlungsspielraum verfügte, um die arabische Einigungsbewegung anzuführen.

Ministerpräsident Mustafa an-Nahhas setzte sich gleichsam als ehrlicher Makler an die Spitze des diplomatischen Geschehens. 1943/44 wurde Kairo zum Treffpunkt aller an dem Projekt beteiligten arabischen Staatsmänner. Neben politischen Schritten wurden Perspektiven arabischer Zusammenarbeit auf wirtschaftlichem Gebiet geprüft; auch die alliierte Kriegsbewirtschaftungsbehörde in Kairo schaltete sich ein. Am 25. September 1944 berief an-Nahhas eine *Allgemeine Arabische Konferenz* nach Alexandria ein. Da mit Ausnahme Ägyptens kein arabisches Land Nordafrikas unabhängig war, beschränkten sich die anreisenden Delegationen auf die ostarabischen Länder Irak, Syrien, Libanon und Transjordanien. Saudi-Arabien und Jemen zögerten, entsandten dann aber etwas später doch noch Vertreter. Auf deren Drängen wurde auch noch ein Vertreter Palästinas geladen. Am 7. Oktober 1944 wurde mit dem »Alexandria-Protokoll« das Gründungsdokument der Arabischen Liga unterzeichnet. Die Gründungskonferenz selbst wurde am 8. Februar 1945 in Kairo eröffnet. Auch jetzt trafen die Vertreter Saudi-Arabiens und Jemens erst mit mehrtägiger Verspätung ein. Die Satzung sah den »Rat« als Exekutivorgan vor; nur unabhängige Staaten hatten Stimmrecht. Die künftige Außenpolitik der Mitgliedstaaten sollte sich im Einklang mit der Satzung bzw. den nationalen Zielen der Liga befinden. In der Schlussklausel wurde festgeschrieben, dass sich die Mitgliedstaaten für die Verwirklichung eines unabhängigen arabischen Palästina einsetzen würden.

Nur langsam haben die politischen Führungen der Araber im Zeitraum zwischen den Weltkriegen vermocht, sich aus der Umarmung der europäischen Mächte zu befreien. Auf dem Weg in die Unabhängigkeit waren Ägypten und der arabische Osten (Maschrek) den Staaten des arabischen Westens und dem Sudan voraus. Noch immer wurde das politische Geschehen weitgehend von den überkommenen Eliten – Notabeln, Großgrundbesitzern und hoher Geistlichkeit – bestimmt. Von der Arabischen Halbinsel abgesehen, gingen die Bestrebungen dahin, konstitutionelle Formen der Machtausübung einzurichten. Islamische Varianten der Neuordnung von Staat und Gesellschaft wurden zwar diskutiert, dies insbesondere nach der Abschaffung des Kalifats 1924. Und mit der Gemeinschaft der *Muslimbrüder* in Ägypten trat eine Bewegung in die Öffentlichkeit, die eine radikale islamistische Alternative zu den – alles in allem säkularen – Ordnungsvorstellungen der politischen Führer anstrebte. Zu erkennbarer politischer Bedeutung sollte sie freilich erst nach dem Ende des Zweiten Weltkriegs gelangen.

Insbesondere im Irak aber waren Symptome des Wirkens neuer politischer und gesellschaftspolitischer Ordnungsvorstellungen erkennbar, die in Europa ihren Ursprung hatten. Bereits in den zwanziger Jahren wurde eine *Kommunistische Partei* aktiv. In ihr und in der *Ahali*-Gruppe fanden sozialpolitische Forderungen ein Forum; 1944 wurden Gewerkschaften zugelassen. Die dreißiger Jahre sahen eine weitere Veränderung machtpolitischer Natur. Die Verschleppung sozialer Reformen führte zu Unruhen und Aufständen insbesondere unter den Schiiten der Unterschicht. 1935 wurden sie von der Armee mit britischer Unterstützung niedergeschlagen. Im Oktober 1936 griff die Armee abermals ein; diesmal in Form eines unverblümten Putsches. Damit schuf die irakische Armee einen Präzedenzfall, der nach dem Ende des Zweiten Weltkriegs über Jahrzehnte in zahlreichen arabischen Staaten Nachahmung finden sollte: die Machtübernahme durch das Militär.

Auf der Arabischen Halbinsel hatte sich mit dem Königreich Saudi-Arabien eine Macht etabliert, die zwar durch die starke Stellung des wahhabitischen religiösen Establishments eine Sonderstellung in der Region einnahm. Die Notwendigkeit aber, die jährliche Pilgersaison zu organisieren, ließ eine pragmatische Handhabung der Außenbeziehungen ebenso geraten erscheinen wie die sich vertiefende Einbindung des Königreichs in die zunehmend globale Erdölwirtschaft. Mit Blick auf den Weg zur Gründung der Arabischen Liga hatte König Abd al-Aziz alles getan, um zu verhindern, dass es dabei zu einer haschemitischen Allianz (zwischen Bagdad und Amman) kommen würde, die seinen Anspruch auf den Hedschaz infrage stellen könnte. Am Ende aber gehörte das Königreich zu den Gründern. Auch in der Palästinafrage suchte das Land seine Politik sowohl innerarabisch als auch gegenüber England zu koordinieren.

8.4.2 Palästina – Vorspiel zu einem Weltkonflikt

Der Entwicklung in Palästina muss an dieser Stelle eine gesonderte Darstellung gewidmet werden. Denn die Entstehung der post-osmanischen politischen Landschaft im Vorderen Orient ist untrennbar mit der »Palästinafrage« verbunden, die sich bis zum Ende des Zweiten Weltkriegs mit wachsender Schärfe stellen sollte. Ihr Kern lag in der von der zionistischen Bewegung vorangetriebenen jüdischen Einwanderung und der Frage, welchen Platz das sich ausweitende jüdische Gemeinwesen nach dem Auslaufen des britischen Mandats in Palästina einnehmen würde. Die Festigung des *Yischuv* (des jüdischen Gemeinwesens in Palästina vor der Gründung des Staates Israel) nach dem Ende des Ersten Weltkriegs war der Beginn eines Konflikts, der mit der Staatsgründung Israels 1948 als »der Nahostkonflikt« eine Art von – leidvollem – Markenzeichen des Nahen Ostens insgesamt werden sollte. Auch in der internationalen Politik hat er bis in die Gegenwart nachhaltige Auswirkungen gezeitigt.

Das am 24. Juli 1922 vom Völkerbund verabschiedete britische Mandat nahm in der Präambel ausdrücklich Bezug auf die Balfour-Erklärung (► S. 149). Dass die Umsetzung zuvorderst eine Angelegenheit zwischen Großbritannien und der zionistischen Führung sein würde, erwies sich von Beginn an als Illusion. Auf die Proteste in Palästina selbst wurde bereits hingewiesen. Auch in London herrschte bei vielen politisch Verantwortlichen kein Zweifel daran, dass das Zusammenwirken mit den Zionisten Großbritannien in einen ständigen Konflikt mit den Zielen und Interessen bringen würde, die es in Bezug auf den arabischen Vorderen Orient hegte. Aber weder waren die Araber stark genug, Druck auf die britische Regierung auszuüben, die vagen Versprechungen gegenüber den Zionisten mit den Bestrebungen der arabischen Bevölkerung Palästinas in einen Ausgleich zu bringen. Noch waren die zionistischen Führer bereit, bei ihrem Ziel, in Palästina eine jüdische Heimstätte zu errichten, in welcher die arabische Bevölkerung weder über Mitbestimmung noch Mitsprache verfügen würde, Abstriche zu machen. Die vor und zu Beginn des Zweiten Weltkriegs unternommenen Bemühungen der Briten, den arabischen Positionen in der Frage entgegen zu kommen, wurden während des Krieges von der Dramatik des Schicksals der europäischen Juden überrollt.

Die jüdischen Stimmen, die auf die Tatsache einer arabischen Bevölkerung in Palästina hinwiesen, blieben ohne Einfluss. Es waren nur wenige, die für ein jüdisch-arabisches Zusammenleben plädierten. 1925 formierte sich die Gruppe *Brit Schalom* (Friedensbund). Ihre Angehörigen, die »Binationalisten«, forderten, dass Juden und Araber in einem Gemeinwesen mit gleichen Rechten zusammenleben sollten. Judah Magnes (1877–1948), der erste Präsident der Hebräischen Universität, gehörte zu ihnen. Und auch der Philosoph und Theologe Martin Buber, der 1938 nach Jerusalem übersiedelte, befand, die jüdische »Rückkehr« nach Palästina dürfe kein fremdes Recht beeinträchtigen. Im Übrigen ging es ihm wesentlich um die geistige Erneuerung des jüdischen Volkes, worauf der Begriff »Kulturzionismus« Anwendung fand. Die Mehrheit der Einwanderer und zionistischen Protagonisten schloss vor der arabischen Wirklichkeit die Augen oder nahm eine den Arabern feindselige Haltung an.

Die seit Ende der zwanziger Jahre unternommenen Bemühungen der Briten, zu Kompromissen zu kommen, offenbarten in erster Linie die Ohnmacht Londons gegenüber den politischen Führern auf arabischer wie jüdischer Seite. Die politischen Eliten in Jerusalem, Kairo, Damaskus, Bagdad, Amman und Riyadh waren mit ihren inneren Problemen und ihren eigenen komplizierten Beziehungen zu den europäischen Mächten beschäftigt. Namentlich die haschemitischen Herrscher in Bagdad und Amman, da von Londons Gnaden an der Macht, verfügten nur über geringe Spielräume, in Palästina die »arabische Sache« – ggf. gegen die Briten – zu vertreten. Eine eigene Agenda verfolgte der Emir – seit März 1946 König – Abdallah in Transjordanien, der sich bereit zeigte, über Palästina einen Ausgleich mit den Zionisten zu suchen. Er hat das 1951 mit dem Leben bezahlt. Mit der Staatsgründung Israels (1948) und dem Eintritt weiterer arabischer Staaten in die Unabhängigkeit sollte die palästinensische Frage einen zentralen Platz in der Politik der arabischen Führungen nach innen wie nach außen einnehmen.

Für den Hauptstrom der zionistischen Bewegung hatte ihr Führer, Chaim Weizmann (1874–1952), 1919 vor der Pariser Friedenskonferenz die Ziele dargelegt: Die Bewegung verstehe unter einer jüdischen nationalen Heimstätte die Schaffung solcher Bedingungen in Palästina, die es ermöglichten, 50 000 bis 60 000 Juden jährlich ins Land zu bringen und dort anzusiedeln. Man wolle dahin wirken, dass schließlich Palästina genauso jüdisch sei, wie Amerika amerikanisch und England englisch. Auch wenn Weizmann den konkreten völkerrechtlichen Status des jüdischen Gemeinwesens noch offen ließ, war gleichwohl die Gründung eines jüdischen Staates das angestrebte Ziel. Der Weg dorthin würde über den Erwerb von Land führen, um es neu zu besiedeln – und zwar mit Juden.

Die Einwanderung von Juden aus Europa und die Sammlung finanzieller Mittel zu deren Ansiedlung waren Kernpunkte der zionistischen Bestrebungen, die jüdische Gemeinschaft in Palästina zu verbreitern. Tatsächlich standen die ehrgeizigen politischen Ziele der Zionisten in keinem realistischen Verhältnis zur Größe der in Palästina ansässigen jüdischen Gemeinschaft. Bis zur Eroberung Jerusalems durch britische Truppen im Dezember 1917 war Palästina Teil des Osmanischen Reichs – allerdings ein eher vernachlässigter Hinterhof desselben. Zu Beginn der ersten Einwanderungswelle (*aliyah*, Pl. *aliyot*) im Jahr 1882 lag die Einwohnerzahl Palästinas – ein Gebiet von 26 320 km^2, etwa die Größe Mecklenburg-Vorpommerns – bei nicht einmal einer halben Million. Rund 442 000 waren Araber (400 000 Muslime, 42 000 zumeist griechisch-orthodoxe Christen), zwischen 13 000 und 20 000 waren Juden. 1914, am Ende der zweiten *Aliyah*, lebten 722 000 Menschen auf dem Territorium Palästinas, davon 602 000 Muslime, 81 000 Christen und 39 000 Juden. Mit dem Ende des Ersten Weltkriegs erfuhr die Besiedlung Palästinas mit der dritten *Aliyah* ihre Fortsetzung. Nach der Machtübernahme durch die Nationalsozialisten in Deutschland stieg die Zahl der Einwanderer in der fünften *Aliyah* (1932–1938) dramatisch an. 1945 betrug der Anteil der Juden an der Bevölkerung Palästinas 33 %.

Die *Jewish Agency for Palestine* als politische Vertretungskörperschaft des *Yischuv* mit Hauptsitz in Jerusalem erhielt ihre Satzung auf dem 16. Zionistischen Weltkongress in Zürich im August 1929. Sie kontrollierte den *Nationalfonds* und steuerte den Transfer der gesammelten Gelder in den *Yischuv*. Unter der Kontrolle der Mandatsmacht regelte sie die Einwanderung nach Palästina und die dortige Kolonisierung sowie den Aufbau eines eigenen Erziehungs-, Sozial- und Gesundheitswesens durch den 1920 gegründeten Gewerkschaftsbund *Histadrut* und die lokale jüdische Verwaltung. Für den Landerwerb und die Bebauung arabischen Bodens war bereits 1908 die *Palestine Land Development Corporation* gegründet worden. Zumeist veräußerten arabische Großgrundbesitzer ihr Land an die zionistischen Käufer. Etwa 40 % von ihnen lebten außerhalb Palästinas. Leidtragende der Veräußerungen waren die arabischen Fellachen, die ihre Existenzgrundlage verloren. Von 1882 bis 1947 entstanden 277 jüdische landwirtschaftliche Siedlungen.

Zug um Zug entwickelten die jüdischen Siedler in Palästina eine eigenständige Gemeinschaft: arbeitsteilig, mit eigenen Gesellschaftsstrukturen und politischen Parteien. Unter ihnen prägten diejenigen mit sozialreformerischen Entwicklungskonzepten das Gemeinwesen. Die sogenannten »Arbeiterparteien« verknüpften mit unterschiedlichen Programmen zionistisches und sozialreformerisches Gedankengut. Vor dem Hintergrund der Auswirkungen der Weltwirtschaftskrise auf Palästina vereinigten sich im Januar 1930 die linken *Achdut ha-Avoda* und *ha-Poel ha-Za'ir* zur *Mapai* (*Arbeiterpartei Palästinas*). Der liberal-konservative Block reichte von den Verfechtern einer jüdisch-arabischen Verständigung über die *Allgemeinen Zionisten* Weizmanns, die sich 1922 in Palästina als Partei konstituierten, bis hin zu den seit 1925 auftretenden extrem nationalistischen Kräften. Auf der rechten Seite des politischen Spektrums bildeten die *Revisionisten* einen eigenständigen Flügel innerhalb des politischen Zionismus. Mit ihrer Forderung nach einem Judenstaat, der auch Transjordanien umfassen und, falls notwendig, gewaltsam durchgesetzt werden sollte, gingen sie über den Hauptstrom der zionistischen Bewegung hinaus. Als Wladimir Jabotinski, die charismatische Führerfigur des Revisionismus, am 4. August 1940 starb, hatte er sein Ziel, die Führung der zionistischen Bewegung zu übernehmen, freilich nicht erreicht. Der Revisionismus blieb jedoch eine Traditionslinie im politischen Zionismus. Nach der Staatwerdung Israels sind Elemente davon Kernstück des politischen Programms des *Likud*-Blocks (▶ S. 351) geworden, der viele Jahre in Opposition zur dominierenden *Arbeiterpartei* stand. Mit Menachem Begin (1913–1992), der 1977 diese Partei an die Macht brachte, und seinen Nachfolgern ist die Groß-Israel-Ideologie, insbesondere in Gestalt der Siedlungsbewegung, zur wirkungsmächtigsten politischen Position bezüglich des Verhältnisses Israels zu den Palästinensern und zum umstrittensten Parameter einer Lösung des israelisch-palästinensischen Konflikts geworden. Im religiösen Parteienlager entstand 1921 in Jerusalem *ha-Poel ha-Misrachi* (»Der *Misrachi*-Arbeiter«), die eine Synthese von Religion, Sozialismus und Nationalismus anstrebte und mit der Losung »Thora und Arbeit« auftrat. 1923 wurde die Partei *Poalei Agudat Yisrael* (*Arbeiterbund Israels*) als Interessenvertreter orthodoxer Arbeiter gegründet.

Als Selbstverwaltungsorgan des *Yischuv* fungierte der *Nationalrat* (*Wa'ad le'umi*). Er besaß ein begrenztes Steuereinnahmerecht auf lokaler Ebene und hatte die Aufsicht über das jüdische Schulsystem, die Rabbinate sowie das Sozial- und Gesundheitswesen. Seine Zusammensetzung ging aus Wahlen hervor, an denen sich die politischen Parteien sowie ethnischen Gruppierungen des Zionismus beteiligten. Dabei entstand eine Kräftekonstellation zwischen den Parteien, die im Wesentlichen auch nach der Staatsgründung Bestand hatte und bis 1977 das politische Gesicht Israels prägte: Die sozialdemokratischen Arbeiterparteien erlangten die Mehrheit (1931: 53,1 %); daneben behaupteten sich die liberal-konservativen Parteien (30,2 %) und ein religiös-zionistischer Block (8,1 %).

Der Widerstand der Palästinenser gegen die Pläne der Zionisten und ihrer britischen Förderer ist oben bereits angedeutet worden. An dieser Stelle müssen dem ein paar Einzelheiten hinzugefügt werden. Bereits im April 1920 war es in Palästina zu Unruhen gekommen; sie eskalierten im folgenden Jahr: Im Mai 1921 wurden bei Protesten in Jaffa 47 Juden und 48 Araber getötet. Nur vorübergehend wurde die Einwanderung gestoppt. Ihre Fortsetzung ließ weitere gewaltsame Proteste entstehen. Im August 1929 erreichte eine neuerliche Welle der Gewalt ihren Höhepunkt. Diesmal brach sie in Jerusalem aus und richtete sich auch gegen die britische Schutzmacht der Zionisten. Bald hatte sie weite Teile des Landes erfasst. Auf arabischer wie jüdischer Seite waren je mehr als 100 Tote zu beklagen; Hunderte wurden verletzt.

In den dreißiger Jahren ging der Widerstand auf radikalere Kräfte über. Eine von Izz ad-Din al-Qassam gegründete Kampforganisation setzte auf militante Aktionen gegen jüdische Siedlungen. Sie wurde im November 1935 von den Briten aufgerieben. Bemühungen palästinensischer und anderer arabischer Führer, die Kontrolle über die Widerstandsbewegung zu gewinnen, waren nur teilweise erfolgreich. Ein im April 1936 ausgerufener Generalstreik wurde blutig niedergeschlagen. Der Vorschlag einer von den Briten eingesetzten Kommission, Palästina zu teilen, war das Fanal für den neuerlichen Ausbruch des palästinensischen Aufstands im September 1937. Er sollte erst 1939 sein Ende finden. Die britische Truppenpräsenz wurde auf 25 000 Soldaten aufgestockt. Die Unterdrückungsmaßnahmen waren drakonisch; von 1937 bis zum Frühjahr 1939 wurden über 100 Araber im Zentralgefängnis von Akko gehängt. Bis zur Niederschlagung des Aufstands wurden nach offiziellen Zahlen insgesamt 1 700 Araber getötet; die tatsächliche Anzahl liegt möglicherweise deutlich darüber. Unter Juden und Briten gab es 292 bzw. 77 Opfer.

Auf der politischen Ebene lehnte der *Dritte Palästinensische Nationalkongress*, der im Dezember 1920 in Haifa zusammentrat, das bestehende britische Regime ab. Er forderte die Bildung einer einheimischen Regierung, die einer repräsentativen Körperschaft verantwortlich sein würde, gewählt von der arabischsprechenden Bevölkerung, die bereits vor dem Krieg im Lande ansässig war. Im Dezember 1931 fand in Jerusalem ein *Allgemeiner Islamischer Kongress* statt; anwesend waren 130 Delegierte aus 22 Ländern. Sie verurteilten den Imperialismus in allen seinen Formen und wandten sich gegen den Zionismus. Freilich, weiterreichende Auswirkungen hatte dies nicht; das verhinderten nicht zuletzt innerpalästinensische und innerislamische Rivalitäten.

Bewaffnete Gewalt und Terror waren Begleiterscheinungen im Prozess des Entstehens und der Ausdehnung des *Yischuw*. 1920 stellten die zionistischen Siedler die *Haganah* auf, zunächst eine militärische Untergrundorganisation, die sich selbst als eine Art Armee verstand. Aus ihren Reihen wurde im Mai 1941 eine besonders kampfstarke Truppe, *Palmach* (*Plugot machaz*, »Einsatztruppen«), aufgestellt. Extremisten, vornehmlich Revisionisten, hatten bereits 1937 die *Haganah* verlassen und die *Irgun* (*Irgun zwa'i le'umi*, »Nationale Militärorganisation«; später als *Ezel* bekannt) gegründet. 1940 war die *Lechi* (*Lochamei cherut Yisrael*, »Kämpfer für die Freiheit Israels«), nach ihrem Gründer Abraham Stern auch *Stern-Gruppe* genannt, als eine Abspaltung aus der *Irgun* hervorgegangen.

Mit der Eskalation der Gewalt nahmen Pläne Gestalt an, Palästina zu teilen. Zu diesem Ergebnis kam der Bericht, den 1937 eine Kommission vorlegte, die nach Lord

Robert Peel benannt wurde, dem für den abschließenden Bericht Verantwortlichen. »Die trennende Macht der Umstände in Palästina wächst von Jahr zu Jahr«, heißt es dort. »Da jede Gemeinschaft überdies anwächst, vertieft sich die Rivalität zwischen beiden.«[43] Auf den jüdischen Staat würden etwa 20 % Palästinas, fruchtbares Land im Norden, entfallen; ein größerer Teil mit dem Negev und dem Hügelland im Inneren sollte den Arabern zugesprochen werden, Jerusalem und Umgebung unter britischer Kontrolle verbleiben. Mit den Empfehlungen der Peel-Kommission war ein Durchbruch vollzogen: die Auseinandersetzungen um eine eigene jüdische Staatlichkeit erhielten nun eine neue Qualität.

Die Zionisten beurteilten den Plan unterschiedlich: Die *Revisionisten* lehnten ihn ab. Die zionistische Führung machte zwar Vorbehalte geltend, freundete sich insgesamt jedoch mit dem Gedanken an eine Teilung Palästinas an, rückte doch seine Verwirklichung den jüdischen Staat, das strategische Ziel, in greifbare Nähe. David Ben-Gurion (1886–1973), neben Weizmann eine weitere führende Persönlichkeit des Zionismus, nannte im Mai 1937 den Teilungsplan »das erste Dokument seit dem Mandat, das unsere moralische und politische Stellung stärkt [...]. Er gibt uns die Kontrolle über die Küste Palästinas; eine umfangreiche Einwanderung; eine jüdische Armee; eine systematische Kolonisation unter staatlicher Kontrolle.«[44] Auf dem 20. Zionistenkongress, der vom 3. bis 17. August 1937 in Zürich stattfand, brachen die Meinungsverschiedenheiten auf: Eine mit Stimmenmehrheit angenommene Resolution bezeichnete den Teilungsplan zwar als unannehmbar, ermächtigte jedoch die Exekutive, Verhandlungen aufzunehmen, um die genauen Bedingungen der Regierung seiner Majestät für die vorgeschlagene Errichtung eines jüdischen Staates festzustellen.

Die arabische Seite lehnte den Teilungsplan kategorisch ab. Das *Arabische Hohe Komitee,* 1936 als zentrales politisches Organ der Araber im Mandatsgebiet Palästina gegründet, ließ verlauten, die Probleme des Weltjudentums könnten nicht dadurch gelöst werden, dass man Palästina oder einen Teil davon annektiere. Dem arabischen Volk von Palästina müsse in seinem eigenen Land volle Unabhängigkeit gegeben werden. Anfang September 1937 erklärten vierhundert in Bludan (Syrien) versammelte arabische Delegierte: Palästina ist Teil des arabischen Heimatlandes. Dort hatte der bewaffnete Widerstand der Palästinenser besonders heftige Formen angenommen. Mittlerweile aber hatte sich in Europa die politische Lage zugespitzt; ein Krieg warf seine Schatten voraus und England würde die Araber als Bündnispartner brauchen. So ließ London den Teilungsplan fallen.

Damit freilich war das Dilemma Großbritanniens in Palästina nicht gelöst. 1939 suchte London die Vertreter der arabischen wie der zionistischen Seite an den Verhandlungstisch zu bringen. Als dies ergebnislos blieb, kam die britische Regierung den Arabern einen großen Schritt entgegen. In einem Weißbuch, das sie im Mai 1939 veröffentlichte, schlug sie vor, innerhalb von zehn Jahren einen unabhängigen palästinensischen Staat zu schaffen. Araber wie Juden hätten sich die Regierung des neuen Staates so zu teilen, dass die wesentlichen Interessen jeder Seite Berücksichtigung fänden. Die jüdische Einwanderung dürfe nicht allein von der wirtschaftlichen Aufnahmefähigkeit Palästinas abhängig gemacht werden. Unter Berücksichtigung arabischer Belange sollten in nächsten fünf Jahren nicht mehr als 75 000 Menschen einwandern dürfen. Die Fortführung der Einwanderung sollte von der

Einwilligung der Araber abhängig gemacht sein. Die Veräußerung von arabischem Land an Juden sollte eingeschränkt werden.

Wieder war Ablehnung die Antwort der arabischen Seite – auch wenn das Weißbuch ihr weiter entgegenkam als in der Vergangenheit von britischer Seite abgegebene Erklärungen. Man bestand auf einem unabhängigen, einseitig palästinensischen Staat. Ferner forderten die Araber, die jüdische Einwanderung sowie die Veräußerung von arabischem Land an Juden vollständig zu beenden. Auch die Zionisten zeigten sich empört. Ben-Gurion schlug den Delegierten des 21. Zionistenkongresses, der im August 1939 in Genf zusammentrat, ein Programm der Verweigerung der Zusammenarbeit mit der britischen Regierung vor. Angesichts der nationalsozialistischen Kampagnen gegen die Juden in Deutschland war der Strom der Einwanderung nach Palästina bereits in den Jahren zuvor angeschwollen. Nach dem Beginn der Vernichtungsmaßnahmen in Europa sollte er weiter zunehmen. Für die Dauer des Krieges hat Ben-Gurion schließlich das Verhältnis zu England auf den Punkt gebracht: »Wir werden gemeinsam mit England gegen Hitler kämpfen, als gäbe es kein Weißbuch, und wir werden das Weißbuch bekämpfen, als gäbe es keinen Krieg«.[45] In den folgenden Jahren sollten die Auseinandersetzungen zwischen Zionisten und Briten um die Einreise der aus Deutschland und Europa flüchtenden Juden zu teilweise dramatischen und menschlich erschütternden Begebenheiten führen.

Mit dem Ende des Krieges, das auch das Ende des osteuropäischen Judentums bedeutete, stellte sich die Frage nach dem Verbleib der aus den Konzentrationslagern befreiten, aus Europa geflüchteten und sich noch auf der Flucht befindlichen Juden in dramatischer Weise. Die Zionisten beanspruchten ihre Alleinvertretung und gingen in die Offensive. Die von den Faschisten heraufbeschworene jüdische Tragödie mache den Judenstaat zwingend. Eine entsprechende Forderung wurde auf der Weltzionistenkonferenz, die im August 1945 in London zusammentrat, erhoben. Gegenargumente schienen sich von vornherein moralisch zu disqualifizieren. Zur Durchsetzung dieses Ziels aber würden sich die Zionisten – wie 1917 – der Unterstützung vonseiten einer politischen Großmacht versichern müssen. Nach Lage der Dinge war dies nicht mehr Großbritannien; sie mussten nunmehr auf die USA setzen.

Bereits die amerikanisch-zionistische Konferenz, die im Mai 1942 im Hotel Biltmore in New York zusammengetreten war, hatte diese politische Neuausrichtung erkennen lassen. Zum Abschluss ihrer Beratungen hatten die 600 Delegierten das sogenannte Biltmore-Programm beschlossen. Es enthielt drei Forderungen: 1) Die Tore Palästinas werden für die jüdische Einwanderung geöffnet. 2) Die *Jewish Agency* ist mit der Kontrolle der Einwanderung zu betrauen und mit den für den Aufbau des Landes notwendigen Vollmachten auszustatten, die auch die Erschließung unbesiedelter und unentwickelter Böden umfassen. 3) Palästina wird ein jüdisches Gemeinwesen (*Jewish Commonwealth*), das ein Teil der neuen demokratischen Welt sein wird. Über die Grenzen des geforderten Staates war nichts gesagt. In der Folgezeit wuchs der amerikanische Einfluss in der zionistischen Bewegung; über 60 Organisationen engagierten sich in den USA für ihre Sache.

Über die Haltung der USA zu der zionistischen Bewegung ist in Washington intensiv und kontrovers gerungen worden. Absehbar war, dass sich die USA nach dem Krieg im Nahen Osten würden stärker engagieren müssen; dies nicht zuletzt angesichts der wachsenden Abhängigkeit vom Öl auf der Arabischen Halbinsel. Hatten die Aktivitäten der amerikanischen Ölkonzerne in der Region seit den dreißiger Jahren in deren eigenen Händen gelegen, so machte der Kriegsverlauf es mehr und mehr notwendig, amerikanische Ölinteressen in der Region politisch abzusichern. Der Ausbruch des Konflikts mit der Sowjetunion unmittelbar nach Kriegsende steigerte die Dringlichkeit. Damit fiel den Beziehungen zu den arabischen Staaten und den Kräften, die nach Unabhängigkeit strebten, erhöhte Bedeutung zu. Vor diesem Hintergrund votierte die Mehrheit der Nahostexperten in Washington, die Forderung nach der Gründung eines zionistischen Staates nicht zu unterstützen. Für den amerikanischen Präsidenten standen demgegenüber innenpolitische Überlegungen im Vordergrund; für ihn stellten die amerikanischen jüdischen Wähler ein beträchtliches Potential dar. Bereits im Februar 1937 hatte Franklin D. Roosevelt (reg. 1933–1945) einer amerikanisch-jüdischen Palästina-Konferenz, die in Washington tagte, eine Botschaft gesandt, in der er seine Sympathie für die zionistische Kolonisation in Palästina ausdrückte. Am 9. März 1944 erklärte er, dass die amerikanische Regierung nie das britische Weißbuch von 1939 gebilligt habe. Am 15. Oktober 1944 versprach er Hilfe bei der Umwandlung Palästinas in ein freies und demokratisches jüdisches Gemeinwesen. Wie sehr Roosevelt um die Quadratur des Kreises bemüht war, zeigt sein Treffen mit dem saudischen König Abd al-Aziz ibn Sa'ud bei seiner Rückkehr von der Konferenz in Jalta am 14. Februar 1945 an Bord des amerikanischen Kriegsschiffs USS Quincy im Großen Bittersee des Suezkanals. Roosevelt schilderte Ibn Sa'ud das Leid, das den Juden durch die Nazis zugefügt worden war, und suchte dessen Zustimmung, in Palästina eine neue Heimat aufzubauen. Mit Entschiedenheit lehnte der saudische König eine weitere jüdische Einwanderung und die Gründung eines jüdischen Staates dort ab. Nach arabischem Brauch habe derjenige für ein Verbrechen zu sühnen, der es begangen habe. Roosevelt versprach, nichts zu tun, ohne sich zuvor mit der jüdischen und arabischen Seite beraten zu haben. Sein Nachfolger, Harry S. Truman (reg. 1945–1953), sollte von diesem Kurs Abschied nehmen und der Teilung Palästinas gegen das Votum der arabischen Staaten (auch Saudi-Arabiens) zustimmen.

Auch in London war man bemüht, in der Frage nach der Zukunft Palästinas Position zu beziehen. Großbritannien gehörte zwar zu den Siegern des Krieges, doch seine Stellung als Weltmacht war schwer erschüttert. Ab 1943 waren Gutachten erstellt worden, hatten sich Kommissionen konstituiert und waren Expertisen eingeholt worden, die eine Fülle widersprechender »Lösungen« vorgeschlagen hatten. Derweil erhöhten die Zionisten den Druck – nicht zuletzt durch terroristische Anschläge gegen britische Soldaten und Einrichtungen in Palästina. Am 22. Juli 1946 sprengten sie den Südflügel des King David Hotels in Jerusalem, in dem sich die Hauptverwaltung der britischen Mandatsbehörde befand. Dabei fanden 91 Menschen den Tod. Die Terrorgruppe *Irgun* (unter Führung von Menachem Begin) übernahm die Verantwortung. *Irgun*-Angehörige waren es auch, die im Mai 1947 die Festung Akko stürmten, um dort gefangen gehaltene Gesinnungsgenossen zu befreien. Wenige Monate später erhängten sie zwei britische Unteroffiziere. Die politischen Positionen der Briten sowie der Vertreter der Palästinenser und der Zionisten waren unvereinbar. Schließlich sah London nur einen Ausweg: Es schaltete die Uno

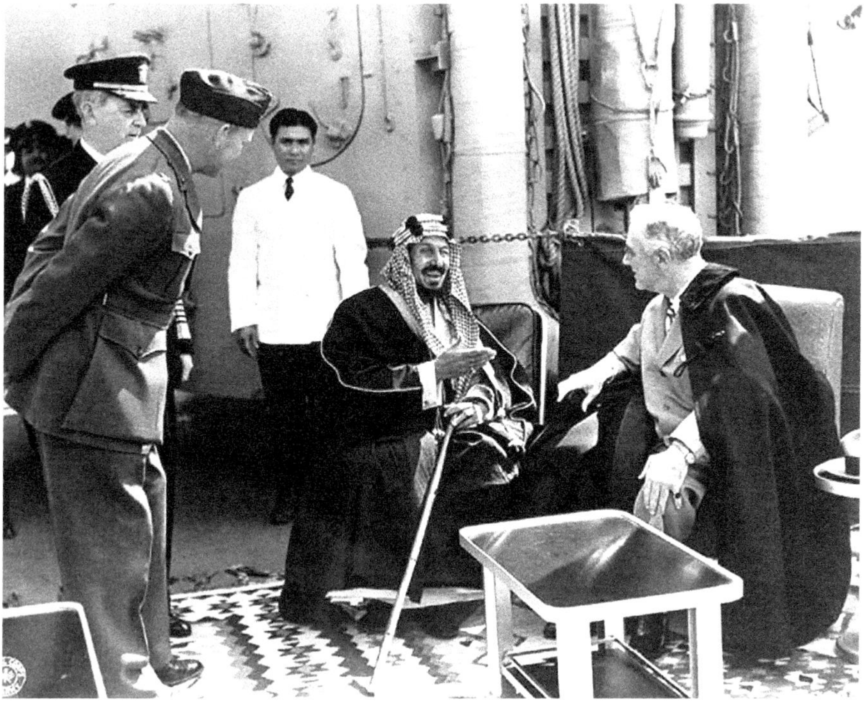

Abb. 22: Das Treffen zwischen Franklin D. Roosevelt und Abd al-Aziz ibn Sa'ud auf der USS Quincy begründete eine jahrzehntelange wirtschaftliche, politische und militärische Zusammenarbeit der USA mit Saudi-Arabien.

ein. Am 14. Februar 1947 gab die britische Regierung diesen Entschluss bekannt. Die Vollversammlung trat am 28. April zu einer Sondersitzung zusammen; im Mai setzte diese mit 45 gegen 7 Stimmen (bei einer Enthaltung) einen Sonderausschuss ein, das *United Nations Special Committee on Palestine* (Unscop). Ihm gehörten Vertreter von elf Staaten an: Australien, Guatemala, Indien, Iran, Jugoslawien, Kanada, Niederlande, Peru, Schweden, Tschechoslowakei und Uruguay. Unscop sollte, ausgestattet mit entsprechenden Vollmachten, dem Generalsekretär bis zum 1. September 1947 einen Bericht vorlegen.

Während das *Arabische Hohe Komitee* am 13. Juni offiziell eine Zusammenarbeit mit Unscop ablehnte und – weiterhin – eine Linie des Alles oder Nichts verfolgte, zeigte sich die politische Führung der Zionisten kooperativ: »Wir sehen ein, dass wir nicht ganz Palästina haben können«, ließ sich Chaim Weizmann vernehmen.[46] Ende August legte Unscop seinen Bericht vor. 1 200 000 Araber und 600 000 Juden beanspruchten, Rechte und Interessen in Palästina zu haben, hieß es darin. Es sei unhaltbar, alle Ansprüche der einen auf Kosten der anderen Seite zu erfüllen. Deshalb empfahl das Komitee, Palästina zum frühestmöglichen Zeitpunkt in die Unabhängigkeit zu entlassen; zugleich sprach sich die Mehrheit dafür aus, Palästina zu teilen. In den folgenden Debatten standen die Anhänger der Teilung denen des arabisch-jüdischen Einheitsstaates gegenüber. Am 29. November 1947 stimmte die Uno-

Vollversammlung ab. In der Resolution 181 akzeptierte sie die Unscop-Mehrheitsentscheidung. Das britische Palästinamandat sollte so bald wie möglich, jedoch nicht später als bis zum 1. August 1948 beendet werden. In Palästina sollten ein arabischer und ein jüdischer Staat sowie ein internationales Sonderregime für die Stadt Jerusalem geschaffen werden. Von den 56 Uno-Mitgliedern sprachen sich, bei 10 Enthaltungen, 33 für und 13 gegen die Resolution aus. Dafür stimmten die USA und die Sowjetunion, viele europäische sowie die meisten lateinamerikanischen Staaten. Großbritannien enthielt sich der Stimme. Die Delegierten von Saudi-Arabien, Syrien, dem Irak und Jemen erklärten, dass der Teilungsbeschluss nicht rechtmäßig sei und ihre Regierungen nicht binde. Gleiche Erklärungen gaben in der Folge Ägypten, der Libanon und Pakistan ab.

Der arabische Staat sollte nach dem Beschluss 11 000 km^2, d. h. 42 % des Territoriums Palästinas, umfassen. Für den jüdischen Staat waren 14 900 km^2, d. h. 56 %, für das internationalisierte Gebiet von Jerusalem knapp 2 % des Gesamtterritoriums vorgesehen. Die Teilungsgrenzen berücksichtigten die zu diesem Zeitpunkt vorhandene Besiedlung. So lebten in dem Gebiet, das dem arabischen Staat zugesprochen wurde, 725 000 Araber und 10 000 Juden, in dem für den jüdischen Staat vorgesehenen Gebiet 498 000 Juden und 407 000 Araber sowie in Jerusalem 105 000 Araber und 100 000 Juden. Zionisten und nichtzionistische Juden feierten den Teilungsbeschluss als Erfolg. Die arabische Seite blieb bei ihrer Ablehnung einer Teilung Palästinas; in arabischen Städten kam es zu Protesten. Mit dem Beschluss der Uno war ein Konflikt vorgezeichnet, der über das Territorium Palästinas hinaus bis in die Gegenwart die Geschichte des gesamten Nahen Ostens überschatten sollte.

Die Gründer der Arabischen Liga hatten in der Schlussklausel des Gründungsdokuments den Mitgliedstaaten ausdrücklich die Verwirklichung eines unabhängigen arabischen Palästina auferlegt. Über dem Beginn des politischen Wirkens der Liga liegt – aus arabischer Sicht – somit der Schatten, dieser Herausforderung nicht gerecht geworden zu sein. Die sieben Gründerstaaten stimmten in der schicksalhaften Sitzung der Vollversammlung der Uno gegen die Teilung Palästinas; sie wurden überstimmt. In den folgenden Monaten, die dem Auslaufen des britischen Mandats vorangingen, unternahmen sie bilateral und kollektiv Bemühungen, die beschlossene Gründung des jüdischen Staates zu verhindern. Sie scheiterten. Die politischen Führungen der arabischen Staaten konnten ihre Rivalitäten nicht überwinden; auch hatte sich die internationale politische Konstellation abermals zu ihren Ungunsten entwickelt. Davon wird unten zu berichten sein. Einen Tag vor dem Auslaufen des britischen Mandats, am 14. Mai 1948, proklamierte David Ben-Gurion die Gründung des Staates Israel. Für die Palästinenser markierte dieses Datum »die Katastrophe« – *an-nakba.*

8.5 Der Zweite Weltkrieg

Der Zweite Weltkrieg bedeutete für Nordafrika sowie den Nahen und Mittleren Ostens einen tiefen Einschnitt. In von Land zu Land durchaus sehr unterschiedlicher

Weise wurden die Weichen für die Entwicklungen gestellt, welche die Staaten und Gesellschaften in den Jahrzehnten nach dem Ende des Krieges nehmen sollten. Für keinen Staat freilich war das Kriegsende eine Stunde Null. Überall blieben die roten Fäden sichtbar, die seit dem Ende des Ersten Weltkriegs geflochten worden waren.

Die Türkei hatte sich aus dem Krieg herauszuhalten vermocht. Gegen den Druck sowohl der Achsenmächte als auch der Alliierten, sich ihnen anzuschließen, hatte Ankara seine Neutralität gewahrt. Erst sechs Wochen vor Kriegsende erklärte die Türkei Deutschland den Krieg; dafür saß sie im Juni 1945 in New York am Tisch, als dort die Vereinten Nationen gegründet wurden. Über die wirtschaftlichen und gesellschaftlichen Veränderungen in der Kriegszeit, die nach dem Krieg neue politische Dynamiken entstehen ließen, wird unten berichtet (▸ S. 278).

Iran war zu Kriegsbeginn von Russland und England besetzt worden. Beide Staaten hatten das Land unter sich aufgeteilt. Prodeutscher Neigung bezichtigt, war Reza Schah im August 1941 abgesetzt und ins Exil geschickt worden. Sein Sohn Muhammad Reza folgte ihm, ohne jedoch – als Herrscher von Englands Gnaden – zunächst über wirklich eigenständige Macht zu verfügen. Über iranisches Gebiet lief ein Teil insbesondere des amerikanischen militärischen Nachschubs für die sowjetische Kriegführung. Auch darüber wird unten berichtet werden.

Afghanistan stand im Schatten der weltpolitischen Ereignisse. Trotz enger handelspolitischer Beziehungen zu Deutschland, Italien und Japan hatte Zahir Schah zu Beginn des Krieges die Neutralität des Landes erklärt.

Der arabische Raum war an drei Punkten unmittelbar von Kriegshandlungen betroffen: in Nordafrika, in Syrien und im Irak. Dem Überfall und der Annexion Albaniens durch Italien im Jahre 1939 sollte – ausgehend von dem besetzten Libyen, der *quarta sponda* (»vierten Küste«) – im Herbst 1940 die Eroberung Ägyptens folgen. Den italienischen Truppen aber hatten die Engländer im Dezember 1940/Januar 1941 bei Sidi Barani eine vernichtende Niederlage beigebracht. Eher gegen seine Intention musste sich Hitler entschließen, den italienischen Feldzug zu unterstützten. Bereits im Herbst 1940 war die deutsche Luftwaffe eingesetzt worden, um von Sizilien aus die britischen Verbindungs- und Nachschubwege zu stören. Die Niederlage der Italiener aber machte einen direkten militärischen Einsatz erforderlich. Als die deutschen Truppen im Februar 1941 nahe Tripolis landeten, war damit eine zweite Front gegen England eröffnet. Der Vorstoß zum Suezkanal sollte die britische Position im Nahen Osten und als Folge davon in Südasien erschüttern. Der Überfall auf die Sowjetunion im Juni 1941 ließ die Kriegführung in Nordafrika freilich bald in den Schatten eines Krieges treten, dessen militärische und politische Dimension den Schauplatz Nordafrikas bei weitem überragte.

Mit der Niederlage des deutsch-italienischen Expeditionskorps in der Schlacht von al-Alamain im Oktober 1942 war das Ende des Feldzugs in Nordafrika eingeleitet. Mitte November landeten anglo-amerikanische Truppen in Marokko und Algerien. Am 13. Mai 1943 kapitulierten die deutschen und italienischen Truppen bei Tripolis. Zur selben Zeit gerieten auch in Tunesien die letzten deutschen Soldaten in die Gefangenschaft der Alliierten.

Deutlich marginaler als der Feldzug in Nordafrika waren Kriegshandlungen in Syrien und im Irak. Die frühe Kapitulation Frankreichs im Juni 1940 und die Kollaboration des Vichy-Regimes hatten Deutschland die Perspektive eröffnet, in Syrien einen strategisch bedeutsamen nahöstlichen Brückenkopf zu errichten. Zwar hatte Berlin die Kontrolle über die Waffenstillstandsauflagen für das von Vichy verwaltete Syrien dem Italien Mussolinis überlassen, das Syrien als Einflussgebiet beanspruchte. Die militärischen Rückschläge Italiens in der Cyrenaika aber und der Abschluss der deutschen Besetzung Griechenlands ließen Berlin Chancen für eine deutsche Hegemonie im Nahen Osten wittern. Vorbereitungen wurden getroffen, Syrien zu einer Etappe für deutsche Flieger auf dem Weg in den Irak zu machen. London war alarmiert. Vor der libanesisch-syrischen Küste errichteten die Briten eine Seeblockade. Am 8. Juni 1941 folgte die Invasion Libanons und Syriens durch hauptsächlich australische, britische und indische Truppen sowie einige französische Einheiten des »Freien Frankreich« General de Gaulles. Mitte Juli kapitulierten die Truppen des von der Vichy-Regierung eingesetzten französischen Gouverneurs.

Auch im Irak wurde unübersehbar, wie gering das Potential Deutschlands war, die politischen Interessen Berlins gegebenenfalls mit militärischen Mitteln durchzusetzen. Überzeugt, dass Deutschland den Krieg gewinnen würde, hatten zugleich panarabisch und prodeutsch eingestellte Kräfte am 1. April 1941 in einem Putsch in Bagdad die Macht übernommen. Die neue »Regierung der Nationalen Verteidigung« unter Führung des achsenfreundlichen Raschid Ali al-Kailani erhielt die Anerkennung aus Berlin. Auch wenn dieser bemüht war, Großbritannien nicht zu provozieren, war London über die nationalistischen und prodeutschen Töne der neuen Regierung beunruhigt. Entschlossen, den in den Augen der britischen Regierung verfassungswidrigen Zustand zu beenden, und unter Berufung auf den britisch-irakischen Vertrag von 1930, begann Großbritannien, seine Truppen im Irak zu verstärken. Ende 1941 brachen Kämpfe aus; bereits einen Monat später marschierten die britischen Truppen in Bagdad ein. Raschid Ali und andere Mitglieder seiner Regierung flohen aus dem Land. Vergeblich hatte er einen Hilferuf an Berlin gerichtet. Zwar war Berlin im Prinzip bereit, diesem nachzukommen. Aber die tatsächlich zur Verfügung stehenden militärischen Kräfte waren sehr bescheiden. Die symbolisch abkommandierte Fliegerstaffel blieb im Libanon mangels Treibstoff am Boden; sie wurde von der *Royal Airforce* zerstört, ohne im Irak zum Einsatz gekommen zu sein.

Nachhaltigere Auswirkungen als von dem Kriegsgeschehen selbst gingen von zwei anderen, nicht unmittelbar militärischen Entwicklungen aus: der Gründung des *Middle East Supply Centre* (MESC) in Kairo und der stetig wachsenden politischen, militärischen und wirtschaftlichen Präsenz der USA im Nahen und Mittleren Osten. Der Verlauf des Krieges auf den europäischen Schauplätzen, namentlich die Unterbrechung der Verbindungs- und Versorgungsrouten im Mittelmeer ließ in London die Überzeugung reifen, dass der Krieg nur auf der Grundlage globaler Mobilisierung und effizienter Koordinierung aller für die Kriegführung und die Logistik notwendigen Ressourcen würde gewonnen werden können. Diesem Zweck diente die im April 1941 erfolgte Gründung des MESC. In der Ära seiner größten Ausdehnung fielen 1943 die Länder Ägypten, Sudan, Libyen, Palästina, Transjordanien, Malta, Zypern, Syrien, Libanon, Irak, Iran, Saudi-Arabien, Jemen, die Scheichtümer im Arabisch-Persischen Golf, sowie Äthiopien, Somalia und das Protektorat Aden in seine Zuständigkeit. Einige der hier als »Länder« titulierten geographischen Einheiten sollten erst nach dem Krieg ihre Unabhängigkeit bzw. ihre staatlichen Grenzen erhalten. Mit oft drakonischen Maßnahmen wurde die Region auf wirtschaftliche Rationierung und Selbstversorgung ausgerichtet.

In den vier Jahren seines Bestehens diktierte die jeweils wechselnde Kriegslage die Schwerpunkte der Aktivitäten des MESC. In zahlreichen Ländern aber hatte die verordnete Zwangsbewirtschaftung erhebliche Auswirkungen auf die Lebensbedingungen der Menschen. Die Rationierung von Lebensmitteln, die Preiskontrollen sowie die Zwangsbewirtschaftung der Transportkapazitäten führten zu Versorgungsengpässen und inflationärer Geldentwicklung. Während die Produzenten von Agrarprodukten und die Händler profitierten, verschärfte sich die Kluft zu breiten Kreisen der Bevölkerung. Der Boden für soziale Konflikte war damit bereitet.

Nachdem die USA im Dezember 1941 in den Krieg eingetreten waren, erfolgte im März 1942 der Beitritt Washingtons zum MESC. Dieser Schritt war nicht zuletzt ein Indiz dafür, wie nachhaltig die Region des Nahen Ostens im Verlauf des Krieges bereits in die Planungen der Wirtschaftsbeziehungen der USA in der Nachkriegszeit einbezogen war. In den kommenden Jahren sollte sich die amerikanische wirtschaftliche Durchdringung Westasiens beschleunigen. Bereits am 11. März 1941 – also vor dem offiziellen Eintritt der USA in den Krieg – war das Leih- und Pachtgesetz (*Lend-Lease Act*) in Kraft getreten.[47] Danach war der amerikanische Präsident ermächtigt, jeder Nation, deren Verteidigung er für die Vereinigten Staaten für lebenswichtig hält, jede Art von Kriegsnachschub, Dienstleistungen und technische Informationen zukommen zu lassen. Das Gesetz galt zunächst nur für Großbritannien und die Staaten des Commonwealth. Nach dem deutschen Überfall auf die Sowjetunion wurde es im Zeichen der Anti-Hitler-Koalition seit November 1941 auch auf Iran ausgeweitet. Für den weiteren Verlauf des Krieges sollte das Land als Korridor zur Sowjetunion einen besonderen Stellenwert erhalten (► S. 295). Ihren besonderen Namen erhielten die Lieferverträge, weil sie auf Kreditbasis abgeschlossen wurden. Die Rückzahlung brauchte erst nach dem Ende des Krieges zu erfolgen. In einer geographisch erweiterten Auslegung des Gesetzes sollten im Verlauf des Krieges auch die meisten nahöstlichen Länder zu seinen Nutznießern gehören.

Vom Kriegseintritt Washingtons an bis zum endgültigen Sieg über das Afrika-Korps, an dem amerikanische Lieferungen von Rüstungsgütern an die britischen Truppen einen hohen Anteil hatten, hatten England und die USA noch am selben Strang gezogen. Dann aber begann sich ein Konkurrenzverhältnis auszuprägen. In Washington hatte man – über die kriegsnotwendigen Ausgaben hinaus – die Förderung langfristiger amerikanischer Außenhandelsbeziehungen ausdrücklich zu einem politischen Programm erklärt: Im Fall der vergünstigten Lieferungen aus dem Leih- und Pachtsystem sollte für eine rechtzeitige Rückkehr zur kaufmännischen Geschäftsgrundlage Sorge getragen werden. Die *US Commercial Company* (USCC) sollte bei der Herstellung von Kontakten zwischen amerikanischen Exporteuren und nahöstlichen Händlern behilflich sein. Auch von dem amerikanischen Vertreter beim MESC wurde erwartet, dass er sich für eine Steigerung der Einfuhren ziviler Güter aus Amerika verwenden würde. Lobbyisten setzten sich aktiv für die Verwirklichung dieser Ziele ein. In ihren kühnsten Träumen sahen sie die Zukunft des Nahen Ostens unter amerikanischer Vormundschaft. Wo es gern gehört wurde, bekundeten die amerikanischen Emissäre auch die Unterstützung der USA für die

Pläne arabischer Nationalisten zur Unabhängigkeit ihrer Länder für die Zeit nach dem Krieg. Auch der Präsident selbst trat diesbezüglich in Erscheinung: Anlässlich eines Essens, das der marokkanische Sultan Mohammed für Franklin D. Roosevelt am Rande der Konferenz von Casablanca (14.–26. Januar 1943) gab, soll unter anderem die Befreiung von der Kolonialherrschaft thematisiert worden sein. Auch die Palästinafrage wurde im Licht politischer und wirtschaftlicher Interessen der USA im Nahen Osten heftig – wenn auch kontrovers – diskutiert.

Eine besondere Bedeutung für das Vordringen des amerikanischen politischen und wirtschaftlichen Einflusses im Nahen Osten kam Saudi-Arabien zu. Seit 1933 waren amerikanische Erdölunternehmen in dem Königreich tätig. 1944 wurden diese in der *Arabian-American Oil Company* (Aramco) zusammengefasst. Bis 1943 war die Ölproduktion in Saudi-Arabien strikt geschäftsmäßiger Natur gewesen. Angesichts der kriegsbedingten Schwierigkeiten, das Öl zu den Märkten zu transportieren, und der damit verbundenen Einnahmeverluste für das Land begann die US-Regierung, umfängliche Wirtschaftshilfe zu leisten. Damit war ein erster Schritt in Richtung auf die enge Allianz getan, die sich mit dem Ausbruch des »Kalten Krieges« und dessen weiterem Verlauf im Nahen Osten zwischen Saudi-Arabien und den USA herausbildete. Das Treffen Präsident Roosevelts mit König Abd al-Aziz am 15. Februar 1945 war ein sichtbares Zeichen für die sich verändernde Qualität der Beziehungen.

Die Kriegsjahre haben die unter der Ägide des MESC stehenden Länder nachhaltig verändert. In einigen unter ihnen wurden in dieser Zeit die Weichen für die politischen, gesellschaftlichen und wirtschaftlichen Entwicklungen gestellt, die nach dem Krieg einsetzen sollten. Die erzwungene Selbstversorgung Ägyptens und schließlich des gesamten Nahen Ostens, zu der die Versorgung der in der Region stationierten Behörden und Streitkräfte mit zivilen Gütern hinzutrat, hatte ihren Preis. Die bisweilen tiefgreifenden Veränderungen in herkömmlichen Produktionsstrukturen sowie Handelsbeziehungen erschienen einerseits durchaus vielversprechend, brachen sie doch Entwicklungsblockaden aus der Vorkriegszeit auf. Andererseits bereiteten sie den Boden für Konflikte im Schnittfeld von Gesellschaft und Herrschaft.

Angesichts der erzwungenen Abschottung vom Welthandel wurden landwirtschaftliche Anbauflächen erweitert und die Palette der Produkte diversifiziert. Nicht nur musste die einheimische – rasch wachsende – Bevölkerung ernährt werden, die Versorgung des auswärtigen zivilen und militärischen Personals bedeutete auch eine erhebliche Belastung der begrenzten Ressourcen. Unter dem Zwang der Importsubstitution beschleunigte sich die Industrieproduktion. Die Strukturveränderungen in der Wirtschaft konnten freilich nicht verhindern, dass sich die soziale Lage breiter Schichten verschlechterte. Insbesondere im Bereich der Ernährung kam es zu Engpässen. Während Händler, Großgrundbesitzer und Unternehmer von der Lage profitierten, erschwerte namentlich auch die Inflation die Lebensbedingungen der Unter- und Mittelschicht.

Die schwierigen Lebensbedingungen der Weltwirtschaftskrise und des Zweiten Weltkriegs waren Katalysatoren bei der Formierung neuer sozio-politischer und ideologischer Bewegungen in Ägypten und im Fruchtbaren Halbmond. Gewerkschaften entstanden und es kam zu Streiks. Politische und gesellschaftliche Gruppierungen nahmen sich in wachsendem Maße sozialer Fragen an; auf die *Ahali*-Bewegung im Irak wurde bereits hingewiesen (► S. 258). Bereits Ende der zwanziger

Jahre entstanden *Kommunistische Parteien*. Diese und andere linke Kräfte hatten nicht nur ein soziales Anliegen; namentlich auch für Angehörige ethnischer und religiöser Minderheiten – im Irak auch für die marginalisierte religiöse Mehrheit der Schiiten – waren sie attraktiv. Der Einfluss des italienischen und deutschen Faschismus auf die nahöstlichen Gesellschaften war zwar nicht prägend, gleichwohl unübersehbar. Leitbildern des europäischen Faschismus folgte die 1933 gegründete *Jungägyptische Vereinigung* (*Dscham'iyyat Misr al-fatat*). Ihr paramilitärischer Drill und ihre straffe Organisation wurden durch die Uniformierung in der Öffentlichkeit, das Tragen grüner Hemden, unterstrichen. Im Libanon ist sie der von dem griechisch-orthodoxen Christen Antun Sa'ada gegründeten *Syrischen Volkspartei* (*Al-hizb al-qaumi as-suri*) vergleichbar. Sie gründete ihren radikalen Nationalismus in einem »phönizischen« Groß-Syrien. Auch die im November 1936 erfolgte Gründung der *Phalangistischen Bewegung* (*Munazzamat al-kata'ib al-lubnaniyya*) erklärt sich aus der Zeit heraus: Die von der Weltwirtschaftskrise hart getroffene untere Mittelschicht der Maroniten brauchte ein wirkungsvolleres soziales Netz oder Patronagesystem, als es die Feudalherren des vormaligen Mont Liban anbieten konnten.

An dem Prozess der Veränderung der arabischen Gesellschaften und politischen Systeme sollten auch islamische Gruppierungen einen wachsenden Anteil haben. Die Abschaffung des Kalifats 1924 hatte religiöse Kräfte mobilisiert, eine politische Alternative zu suchen. Dabei lagen die Befürworter einer islamischen Restauration mit Protagonisten eines islamischen Reformismus im Streit. Neben lokalen – und am Ende kurzlebigen – Vereinigungen sollte der 1928 von dem ägyptischen Dorfschullehrer Hasan al-Banna gegründeten *Muslimbruderschaft* (*Dscham'iyyat al-ikhwan al-muslimin*) über die Grenzen Ägyptens hinaus eine besondere Bedeutung zukommen (► S. 466). Als ländlich-populistisches Pendant komplementierte sie – und absorbierte sie am Ende – gewissermaßen die urbane intellektuelle Bewegung, wie sie etwa im *Verein muslimischer junger Männer* (*Dscham'iyyat asch-schubban al-muslimin*) 1927 in Ägypten gegründet worden war. Die Zahl ihrer Mitglieder wuchs lawinenartig; ihre Verzweigungen reichten über den Fruchtbaren Halbmond und die Arabische Halbinsel hinaus bis nach Indien und Nordwestafrika. Ideologisch gesehen war die Bruderschaft restaurativ im Sinne einer religiösen Erweckungsbewegung; politisch jedoch eher arabisch-islamisch fokussiert als an einem transnationalen Islam orientiert. Ihre große Gefolgschaft dürfte die Bruderschaft u. a. der engagierten Sozialarbeit in den Krisen der weltwirtschaftlichen Depression und des Zweiten Weltkriegs verdankt haben. In den vierziger Jahren führte sie einen erbitterten Kampf gegen die sozialistischen Tendenzen Marx'scher Provenienz in der ägyptischen Arbeiterbewegung, die mit dem Problem steigender Arbeitslosigkeit konfrontiert war.

Die sich in den Staaten des arabischen Ostens während des Krieges verschärfende soziale Frage polarisierte die politischen Eliten in wachsendem Maße. Dahinter trat die Frage nach der künftigen Gestaltung der innerarabischen Beziehungen zurück. Am Ende eines langen Weges wurde mit der Gründung der Arabischen Liga im Frühjahr 1945 ein Kompromiss erzielt: Neben der politischen Dimension der innerarabischen Beziehungen sollte es künftig in besonderer Weise auch darum gehen, sich der sozialen und wirtschaftlichen Nachkriegsprobleme der arabischen Region anzunehmen.

9 Der Nahe Osten nach dem Zweiten Weltkrieg

Die Frage, ob mit dem Ende des Zweiten Weltkriegs eine neue Epoche in der Geschichte des Nahen Ostens und Nordafrikas begonnen hat, muss deutlich positiv beantwortet werden. Zwar waren seit dem Ersten Weltkrieg in vielfältiger Weise Weichenstellungen politischer, gesellschaftlicher, kultureller und wirtschaftlicher Art vorgenommen worden, die zunächst auch weiterhin bestimmend auf den Gang der Entwicklungen einwirken sollten. Auch blieben ja die traditionellen Eliten, die auf die Unabhängigkeit hingewirkt hatten, zunächst an der Macht. Aber während des Weltkriegs traten auch soziale und ideologische Spannungen zutage, auf die vorstehend ansatzweise bereits hingewiesen wurde. Dies und die Tatsache, dass sich mit der Unabhängigkeit der arabischen Staaten zwischen Marokko und Oman (sowie der Entstehung Israels) eine neue geopolitische Ordnung ankündigte und der Ost-West-Gegensatz über Jahrzehnte die gesamte Region überwölbte, haben der Geschichte aller Völker und Gesellschaften der Großregion zwangsläufig neue Dynamiken verliehen. Innere politische und gesellschaftliche Gegensätze, ideologisch begründete Konflikte, divergierende, ja konfligierende machtpolitische Interessen sowie fallweise eingegangene globale Allianzen sind prägende Erscheinungen im Gesamtbild der Region geworden. Sie heben sich deutlich von der relativ stabilen und kontinuierlich verlaufenden Epoche der Zwischenkriegszeit ab. Es entstand kein neuer in sich stabiler Großraum, sondern ein Kaleidoskop konflikthafter innen- wie außenpolitischer Konstellationen.

Mit dem Ende der Sowjetunion schien nach 1991 eine neue Großwetterlage gegeben. Aber die *pax Americana* erwies sich als Fata Morgana: Washington hatte keine Vision, den mehrheitlich muslimischen Völkern einen neuen und akzeptablen Weg zu Entwicklung und Freiheit zu eröffnen – vielmehr war herkömmliche Machtpolitik angesagt. Auch waren im Nahen Osten bereits Kräfte erwachsen, die aus dem Islam heraus nach Alternativen zu aus dem Westen kommenden Paradigmen von Staat und Gesellschaft suchten: In Iran übernahmen nach dem Sturz des Pahlavi-Regimes Anfang 1979 religiöse Kräfte die Führung, die als »Islamische Republik« einen eigenen Entwicklungsweg einschlugen (dessen Bausteine der schiitischen Variante des Islams entnommen waren). Ausgehend von Afghanistan waren Kräfte wirksam geworden, die politische Ordnungsvorstellungen aus einer radikalen Interpretation des sunnitischen Islams abzuleiten suchten. Sie trugen erhebliche Schuld daran, dass der Nahe und Mittlere Osten an der Schwelle vom 20. zum 21. Jahrhundert in einen Zustand von Gewalt und Instabilität, ja Chaos abgeglitten ist, wie ihn die Region in der Neuzeit noch nicht erlebt hat. Einige Staaten sind dabei an den Rand des Scheiterns geraten.

9.1 Die Türkei und die europäische Chimäre

Bis in die jüngste Zeit hat sich die Türkei als eines stabilsten Länder des Vorderen Orients erwiesen. Innenpolitisch vollzog sich ein – relativ kontinuierlicher – Wandel vom autoritären Regime Atatürks in eine streckenweise funktionierende Demokratie. Die Mitgliedschaft in der Nato und das Bestreben, Teil des europäischen Einigungsprozesses zu werden, verliehen der Außenpolitik Berechenbarkeit. Die Nachfolge Mustafa Kemal Atatürks, des Gründers der Türkischen Republik, der am 10. November 1938 gestorben war, verlief konfliktfrei. Auch dies war ein Indiz dafür, wie gefestigt der junge Staat 15 Jahre nach seiner Gründung dastand. Das Amt des Staatspräsidenten übernahm Ismet Inönü (1884–1973). Er war ein jahrzehntelanger Weggefährte des Verstorbenen; insbesondere der Befreiungskrieg und die Gründung der Republik hatten sie eng verbunden. Als Inönü sein Amt antrat, zeichnete sich der Ausbruch eines neuerlichen Krieges in Europa bereits am weltpolitischen Horizont ab. Vor diesem Hintergrund trat Frankreich die von Ankara beanspruchte nordwestliche Provinz (Hatay) seines Mandatsgebiets Syrien im Juli 1939 der Türkei ab. Damit verband Paris die Hoffnung, die Türkei werde sich auf die Seite der Allianz gegen Hitler schlagen. Dies freilich war nicht der Fall. Ankara schaukelte zwischen den Kriegsparteien, die das Land jeweils auf ihre Seite zu ziehen bestrebt waren; die Türkei wahrte ihre Neutralität. Erst sechs Wochen vor Kriegsende trat sie aufseiten der Alliierten in den Krieg ein; einen Schuss musste sie bis zu seinem Ende nicht mehr abgeben. Aber Ankara saß zusammen mit 50 anderen Staaten am Tisch, als am 26. Juni 1945 in San Francisco die Charta der Vereinten Nationen unterzeichnet wurde.

Hatte Inönü 1938 auch ein gefestigtes Regime übernommen, dessen Gründer in breiten Kreisen der Öffentlichkeit Verehrung oder zumindest Respekt entgegengebracht wurde, so hatten die Veränderungen der Kriegsjahre doch tiefgreifende Frustrationen mit dem Regime, ja Ablehnung der Regierung heranreifen lassen. Die kemalistische Elite war ein städtisches Phänomen; in der gebildeten Mittelschicht hatte es seine breiteste Gefolgschaft. Seine tragenden Säulen waren Offiziere und Bürokraten, die muslimischen Händler in den Städten sowie die Großgrundbesitzer. Auf dem weiten Land, wo die überwältigende Mehrheit der damals 20 Mio. Menschen lebten, hatte der Kemalismus nicht Wurzel geschlagen; die Bevölkerung blieb der Religion und ihren Gesetzen sowie den überlieferten kulturellen Traditionen eng verbunden. Allenfalls in kleinsten Schritten war die neue Elite bemüht gewesen, die Bevölkerung durch die Entwicklung der ländlichen Regionen für sich zu gewinnen. Das Straßennetz war unterentwickelt und noch am Ende des Krieges war nur ein verschwindender Teil der 40 000 Dörfer mit Elektrizität versorgt. Der Staat war weit entfernt und, wo er in Gestalt von Gendarmen und Steuereintreibern in Erscheinung trat, verhasst. Eine Industriearbeiterschaft – auch Handwerksbetriebe wurden darunter subsumiert – war bestenfalls im Entstehen; Streiks und gewerkschaftliche Aktivitäten waren verboten.

Die anhaltenden Kriege um den Bestand des Osmanischen Reichs während der letzten Jahrzehnte und die Erfahrungen des Befreiungskrieges hatten ein verbreitetes Gefühl der Bedrohung entstehen lassen, das es geraten erscheinen ließ, eine starke

Armee zu unterhalten. Die Kosten für ihren Unterhalt ließen die Inflation wachsen. Dies sowie eine rigide Besteuerung verschärften die ohnehin prekäre wirtschaftliche und gesellschaftliche Lage breiter Teile der Bevölkerung. Davon waren auch die Beamten und Angestellten der Verwaltung betroffen, ansonsten Unterstützer des kemalistischen Systems. Auch weitere wirtschaftspolitische Maßnahmen der Regierung wie Preiskontrollen, eine Vermögenssteuer (*varlık vergisi* – sie betraf vornehmlich die nicht-muslimische Geschäftswelt, trug aber zur Beunruhigung der Bourgeoisie bei), die erzwungene Niedrigpreispolitik für landwirtschaftliche Erzeugnisse sowie das Landverteilungsgesetz vom Januar 1945 unterminierten die Koalition der Kräfte, auf denen das kemalistische System beruhte.

Darüber hinaus hatte sich die gesellschaftliche und politische Differenzierung unter den spezifischen wirtschaftlichen Bedingungen des Krieges beschleunigt. Der private Sektor war stärker geworden, und die Landwirtschaft hatte sich zwangsläufig weiter kommerzialisiert. Dies hatte zur Verselbstständigung unternehmerischer Gruppen in den Städten und zur Entstehung neuer einflussreicher Kräfte auf dem Lande geführt. Sie begannen, das Herrschaftsmonopol der Bürokraten infrage zu stellen. Und die zwar langsame, aber stetige Industrialisierung ließ eine Industriearbeiterschaft entstehen, die ihrerseits Druck ausübte, das System zu öffnen.

Die Bedrohung durch die Sowjetunion (▶ S. 508) machte sehr bald eine fundamentale Kursänderung in der Außenpolitik erforderlich. Die »vollständige Unabhängigkeit« des Staatsgründers, die sich auch noch im Krieg bewährt hatte, musste einer raschen Annäherung an die USA weichen. Auch mit Blick darauf sah sich die Regierung unter Zugzwang, Schritte in Richtung auf innenpolitische Öffnung und die Aufgabe der Alleinherrschaft der *Republikanischen Volkspartei* (CHP) zu unternehmen.

Im Januar 1946 kam es zur Gründung der *Demokratischen Partei* (*Demokrat Parti*, DP) sie bedeutete eine Wende von epochaler Bedeutung für die künftige Entwicklung des Landes. Ihre führenden Persönlichkeiten waren Celal Bayar (1883–1986) und Adnan Menderes (1899–1961), letzterer ein Großgrundbesitzer aus Aydın; beide waren zuvor aus der *Republikanischen Volkspartei* ausgeschlossen worden. Im Mittelpunkt ihres Programms stand die Forderung nach einer Demokratisierung von Staat und Gesellschaft, insbesondere nach einem stärkeren Schutz der persönlichen Freiheiten, sowie nach weiterreichender privatwirtschaftlicher Öffnung. Grundsätzlich gesprochen, standen nunmehr den Modernisierern, die eine vom Staat als zentralem Akteur ausgehende durchgreifende Erneuerung der Gesellschaft von oben anstrebten, liberalere Kräfte gegenüber, die politische Erneuerung auch aus der Gesellschaft selbst heraus – unter Wahrung überkommener Traditionen – in Gang zu bringen suchten. Die Nachkriegsgeschichte sollte bis in die Gegenwart von dieser Dichotomie nachhaltig geprägt sein.

Am 14. Mai 1950 wurden die ersten wirklich freien Wahlen abgehalten. Sie sollten zeigen, wie tief die Entfremdung zwischen der schmalen Staatselite und weiten Teilen der Bevölkerung reichte. Die Niederlage der CHP war dramatisch. Von den 487 Sitzen im Parlament konnte sie nur 69 gewinnen; die restlichen – mit Ausnahme von zehn, die an unabhängige Kandidaten gingen – errang die DP. Celal Bayar wurde Staats-, Adnan Menderes Ministerpräsident. Der Übergang von der herkömmlichen Machtelite, die sich hauptsächlich aus den Städten im Westen des Landes rekrutiert hatte, zu neuen, in Anatolien verwurzelten Eliten hatte begonnen.

Den Herausforderungen, die sich aus den tiefgreifenden weltwirtschaftlichen und innergesellschaftlichen Veränderungen im folgenden Jahrzehnt ergaben, zeigte sich Menderes nicht gewachsen. Dies gilt nicht zuletzt für das sich beschleunigende Wachstum der Bevölkerung und die Proletarisierung der Gesellschaft, ein Ergebnis des Wanderungsprozesses vom Land in die Städte vor allem im Westen und Südosten der Türkei. Die Antwort der Regierung der DP auf die entstehenden Spannungen und Proteste war eine zunehmende Unterdrückung. Am 27. Mai 1960 machte die Armee der DP-Regierung durch einen Putsch ein Ende.

Es war nicht das erste Mal nach der Gründung der Republik, dass die Armee direkt in die Politik eingriff. Und es sollte bis zum Ende des Jahrhunderts noch häufiger geschehen. Von außen gesehen ging es dabei wesentlich um die Wiederherstellung der inneren Stabilität. Die Wirklichkeit war komplexer. Die Republik war von Generälen gegründet worden. Mit der Übernahme politischer Ämter hatten sie zwar die Uniform ausgezogen, aber die Armee fühlte sich dem Vermächtnis der Staatsgründer tief verpflichtet und sie empfand sich als das Rückgrat der kemalistischen Türkei. In den zwanziger und dreißiger Jahren wurde sie eingesetzt, um die Aufstände der Kurden niederzuschlagen. War die Existenz der jungen Republik von innen oder außen gefährdet, so galt ihre Loyalität einem starken, zentralistisch regierten Staat als der Garantie des Überlebens der »türkischen Nation« (wie die Staatsführung sie verstand). Nach dem Tod von Atatürk (bis zur Regierung von Recep Tayyip Erdoğan) war sie ein geschlossener Körper, der sich nach innen in hohem Maße selbst verwaltete und sich der Kontrolle der Regierung weitgehend entzog. Mit einem üppig ausgestatteten Pensionsfonds (*Ordu yardımlaşma kurumu*, OYAK) verbanden sich eine relative Besserstellung der Berufssoldaten und erhebliche wirtschaftliche Interessen.

Die Armee hat den Aufstieg der anatolischen Teile der türkischen Gesellschaft, der mit der Regierungsübernahme der DP begonnen hat, mit Misstrauen verfolgt. Wie weit sie sich als selbst ernannte Ordnungsmacht von der sich wandelnden Gesellschaft zu entfernen begonnen hatte, lässt die Tatsache erkennen, dass Menderes und zwei seiner Minister in einem juristisch zweifelhaften Verfahren verurteilt und hingerichtet wurden. Erst in den achtziger Jahren wurde Menderes rehabilitiert. Aber zu diesem Zeitpunkt hatte sich die Türkei innen- und gesellschaftspolitisch bereits erheblich verändert

Die Väter der neuen Verfassung, die 1961 in Kraft gesetzt wurde, machten den Versuch, politische Freiheiten des Bürgers und die Stabilität des Staates in Einklang zu bringen: So wurden die bürgerlichen Rechte verankert und zugleich dem Militär über einen »Nationalen Sicherheitsrat« eine mehr als indirekte Mitsprache in der Politik eingeräumt. Eine dauerhafte Stabilisierung der Türkei war damit freilich nicht erreicht. Der soziale Wandel, namentlich der Prozess der Verstädterung, beschleunigte sich; an den Rändern der Städte entstanden Armutsviertel. Der schrittweise Übergang von einer staatszentrierten (das kemalistische Prinzip des *etatism*) zu einer liberalen, markt- und weltmarktorientierten Wirtschaft ließ wachsende soziale Gegensätze entstehen. Das Spektrum der politischen Parteien verbreiterte sich. Unter ihrem Generalsekretär Bülent Ecevit rückte die CHP nach links; kommunistisch orientierte Gruppen entstanden, nicht zuletzt auch unter den Gewerkschaften. Auf der Rechten organisierten sich extrem nationalistische Kräfte. Und zum ersten Mal betraten islamische Kräfte mit einer Partei die politische Bühne. Ihr historischer Führer wurde Necmettin Erbakan.

Nachfolgerin der DP wurde die *Gerechtigkeitspartei* (*Adalet Partisi*). Ihr Vorsitzender, Süleyman Demirel (1924–2015), der ab 1965 das Amt des Ministerpräsidenten innehatte, setzte die Politik von Menderes fort. Als er die zunehmend auf der Straße ausgetragenen Konflikte nicht zu beenden vermochte, griff erneut das Militär ein – diesmal per »Memorandum«. Dem daraufhin zurückgetretenen Demirel folgte 1971 ein Technokratenkabinett. Die ab 1973 wieder eingesetzten Parteien zeigten sich nicht in der Lage, zu politischer Stabilität zurückzukehren. Während die Politiker um Koalitionen schacherten – so kam u. a. eine Koalition zwischen Ecevits »linker« CHP und Erbakans islamistischer *Nationaler Heilspartei* (*Milli Selamet Partisi*, MSP) zustande –, verfiel das Land gegen Ende der siebziger Jahre in bürgerkriegsähnliche Zustände. Als es dem Parlament 1980 über sechs Monate nicht gelang, einen neuen Staatspräsidenten zu wählen, griff das Militär am 12. September 1980 ein weiteres Mal direkt ein.

Nicht nur von einer breiten Öffentlichkeit in der Türkei wurde der Putsch mit Erleichterung aufgenommen. Erleichtert waren auch die Verbündeten des Landes. 1952 war die Türkei Mitglied der Nato geworden; seither wurde dem Land in seiner geopolitisch wichtigen Position ein hoher Stellenwert für die westliche Sicherheit eingeräumt. Die innere Instabilität sowie ein sich verschärfender Antiamerikanismus schienen das Land in wachsendem Maße zu einem unsicheren Kandidaten werden zu lassen. 1963 war die Mitgliedschaft in der Nato um einen Assoziierungsvertrag mit der Europäischen Wirtschaftsgemeinschaft (später Europäische Gemeinschaft) ergänzt worden, der die Mitgliedschaft darin vorsah, sollten die Bedingungen erfüllt sein. Auch dieser Schritt war darauf gerichtet, die Türkei fest im westlichen Bündnis zu verankern. Die kemalistische Staatselite sah darin eine Bestätigung, dass die Türkei ein Teil Europas sei. In dem mehr als halben Jahrhundert seither ist diese Perspektive von unterschiedlichen politischen, gesellschaftlichen und weltanschaulichen Gesichtspunkten aus auf die Probe gestellt worden. Davon wird noch zu sprechen sein.

Während sich in dem Coup vom März 1980 zwischen dem türkischen Militär und der Nato ein Schulterschluss vollzog, waren in den Jahrzehnten zuvor im Konflikt um Zypern Verwundungen entstanden, die bis in die Gegenwart die Beziehungen der Türkei zum Westen, namentlich zur EU, belasten. 1571 war die Insel unter osmanische Herrschaft gelangt; 1878 hatten die Briten die Kontrolle übernommen. Als sich Mitte der fünfziger Jahre das Ende der britischen Herrschaft abzeichnete, entbrannte ein Kampf um die Zukunft der Insel: Die griechische Mehrheit (620 000 Menschen) wünschte die Vereinigung mit dem griechischen Mutterland (*enosis*); die türkische Minderheit (120 000) bestand auf der Unabhängigkeit. Ab 1955 kam es zu Gewalttätigkeiten zwischen beiden Seiten und ersten Vertreibungen aus den Dörfern. Nach intensiven Verhandlungen zwischen Großbritannien, der Türkei und Griechenland wurden im Februar 1959 (Zürich) und Dezember 1959 (London) Verträge geschlossen, auf deren Grundlage die Insel 1960 unabhängig wurde. Die drei Vertragsstaaten waren als Garantiemächte anerkannt.

Bereits drei Jahre später änderte Staatspräsident Makarios die Verfassung Zyperns in einer Weise, die das Ende des bikommunalen Charakters der Insel bedeutete und die Inseltürken in den Status einer Minderheit versetzte – ein Schritt, der für die

Türken sowohl auf der Insel wie auf dem Festland unannehmbar war. Als am 8./9. August 1964 die ersten türkischen Bomben auf Zypern fielen, markierte dies einen tiefen Einschnitt in der Außenpolitik des Landes seit dem Ende des Zweiten Weltkriegs. In dieser für die Türken hochemotionalen Situation stellte der amerikanische Präsident Lyndon B. Johnson (reg. 1963–1969) in einem Brief an den türkischen Ministerpräsidenten Inönü im Juni 1964 fest, die Türkei könne nicht selbstverständlich mit dem Schutz der Nato rechnen, falls ihre Intervention auf Zypern zu einem Konflikt mit der Sowjetunion führen würde. Eine Entfremdung war eingeleitet. Auf Anstiftung der in Athen herrschenden Militärjunta wurde Makarios im Juli 1974 gestürzt. Ziel war es, die Vereinigung der Insel mit dem griechischen Mutterland zu vollziehen. Nunmehr intervenierte die Türkei in ihrer Funktion als Garantiemacht militärisch. Als die Waffen schwiegen, hatte das türkische Militär 34 % der Insel besetzt; die griechische Bevölkerung im Norden war zum größten Teil geflohen oder vertrieben. Im November 1983 erklärten die Inseltürken ihre Unabhängigkeit und riefen die *Türkische Republik Nordzypern* aus. Während die Uno die Unabhängigkeitserklärung für rechtlich ungültig erklärte, blieb die Türkei das einzige Land, das diese anerkannte. Seither sollte sich die ungelöste Zypernfrage im griechisch-türkischen Verhältnis, aber auch mit Blick auf die Beziehungen der Türkei zur EU als Stein des Anstoßes erweisen.

Die von den Generälen 1982 zu einem Referendum vorgelegte neue Verfassung der Türkei reflektierte deren Überzeugung, dass sich die politische Stabilität zuallererst auf der Geltung der Prinzipien des Kemalismus, zuvorderst der Forderung nach staatlicher Einheit und ethnischer Homogenität gründe. Zwar wurde sie mit überwältigender Mehrheit angenommen und gleichzeitig der Anführer des Putsches, Kenan Evren, als Staatspräsident eingesetzt. Doch bereits die Wahlen vom November 1983 bedeuteten eine Abkehr vom Kurs der Generäle. Schwebte ihnen ein Zwei-Parteien-System vor, innerhalb dessen sich die politischen und gesellschaftlichen Kräfte säuberlich würden sortieren lassen, verhieß der Sieg der kurz vor den Wahlen gegründeten *Mutterlandspartei* (*Anavatan Partisi*, AnaP) einen wirklichen demokratischen Neubeginn. Ihr Gründer, der Ingenieur Turgut Özal (1927–1993), entpuppte sich in seiner Zeit zunächst als Minister-, seit 1989 als Staatspräsident als wirtschaftsliberaler Kopf, der mit der Öffnung zur Marktwirtschaft auch die Liberalisierung von Politik und Gesellschaft zu verbinden suchte. Özal begann nicht bei null. So chaotisch die zwei Jahrzehnte zwischen 1961 und 1980 auch geendet hatten, sie bildeten doch einen wichtigen Abschnitt in der politischen, wirtschaftlichen und gesellschaftlichen Entwicklung der Türkei. Als durchaus positive Ergebnisse sind u. a. das rasche wirtschaftliche Wachstum und die sich beschleunigende Industrialisierung zu nennen. Hinzuweisen ist auch auf die zunehmende Freiheit der Presse sowie ein Klima geistiger Vielfalt und Offenheit. Eine große Zahl von Verbänden, Interessengruppen und zivilgesellschaftlichen Organisationen quer durch alle Berufsgruppen und gesellschaftlichen Akteure war gegründet worden. Das pluralistische Parteienwesen, das sich nach und nach herausgebildet hatte, entsprach der gesellschaftlichen Wirklichkeit. Özal hat daran angeknüpft und bis zu seinem plötzlichen Tod im April 1993 der Türkei ein neues Gesicht gegeben. Zwei grundlegende Problemfelder, die die türkische Innenpolitik seit der Gründung der Republik offen oder latent bestimmt haben, sind unter ihm unwiderruflich an die Oberfläche getreten: die Kurdenfrage und Rolle des Islams in Staat und Gesellschaft.

Als im August 1984 eine bis dahin in der Öffentlichkeit unbekannte Organisation, die *Arbeiterpartei Kurdistans* (*Partiyya Karkerên Kurdistan*, PKK) die Verantwortung für einen Terrorakt im östlichen Anatolien übernahm, war nicht länger zu verbergen, dass fortan die »kurdische Frage« die Geschicke der Türkei maßgeblich bestimmen würde. Jahrzehntelang war die Existenz einer kurdischen Ethnie auf dem Boden der Republik geleugnet worden. Über die Aufstände der Kurden in den ersten anderthalb Jahrzehnten nach der Staatsgründung war oben berichtet worden (► S. 175). Die Kurden waren als »Bergtürken« vom türkischen Nationalismus vereinnahmt worden. Angehörige der kurdischen Elite im Osten und Südosten, also Großgrundbesitzer, Clanoberhäupter, Notabeln etc., die im politischen Raum tätig werden wollten (und derer gab es zahlreiche), mussten ihre kurdische Identität verbergen und konnten nur als »Türken« von den etablierten politischen Parteien ins Parlament geschickt werden. Die PKK unter ihrem historischen Führer Abdullah Öcalan (geb. 1948) bekannte sich als kurdische Organisation. Ihr Ziel war die Errichtung eines eigenständigen kurdischen Staates; ihre Strategie schloss terroristische Gewalt ein. In den Schriften Öcalans wird der Marxismus als ideologische Grundlage zur Überwindung der zahlreichen Verwerfungen in der kurdischen Gesellschaft herausgestellt.

Die Tatsache, dass Turgut Özal, seit 1989 der oberste Repräsentant des türkischen Staates (er hatte kurdische Wurzeln), die Existenz einer »kurdischen Frage« anerkannte, hat die Qualität der Beziehungen zwischen dem türkischen Staat und den Kurden für die nächsten Jahrzehnte bestimmt. Die Mehrheit der politischen Elite war nur zögerlich bereit, ihm zu folgen. Insbesondere das Militär sah in der Unterdrückung aller, die sich als Kurden bezeichneten, und im bewaffneten Kampf gegen die PKK die einzige Strategie, eine »Frage« zu »lösen«, die es nicht als kurdisch, sondern nur als terroristisch verstand. Politische Parteien, die sich ausdrücklich als kurdisch verstanden, wurden immer wieder verboten. Im Februar 1999 wurde Abdullah Öcalan, der sich seit 1998 auf der Flucht befand, nachdem ihm das syrische Regime des Diktators Hafiz al-Asad auf Druck der Türkei seine Unterstützung entzogen hatte, in einer Geheimdienstaktion in Nairobi festgenommen und in die Türkei verschleppt. Das war bereits nahe an der Zeitenwende, die sich 2002/3 in der Türkei vollzog. Die nunmehr an die Macht gekommene *Partei für Gerechtigkeit und Entwicklung* räumte die Existenz einer kurdischen Ethnie in der Türkei ein und zog daraus Konsequenzen. Eine der ersten Reformschritte bestand 2003 in der Abschaffung der Todesstrafe. So konnte Öcalan, den eine große Mehrheit in der türkischen Gesellschaft als Anführer einer »Terrororganisation, die für den Tod Zehntausender von Menschen verantwortlich ist«, gern hätte hängen sehen, als Gefangener auf der Gefängnisinsel Imralı bis in die Gegenwart überleben.

Ein zweites grundlegendes Problemfeld, das in der Ära Özal stärker öffentlich wurde, verband sich mit dem »politischen Islam«, d. h. mit einer Bewegung, die mit dem Anspruch auftritt, den Islam in der Türkei und darüber hinaus wieder zu einem politischen Ordnungsfaktor zu machen. Was das genau beinhalten würde, wurde auch von Necmettin Erbakan (1926–2011), dem führenden Kopf der Bewegung in der Türkei, nie eindeutig offengelegt. Die Bewegung verstand sich als »national«, wobei der türkische Begriff für »national«, *milli*, eine religiöse Konnotation hat. Das offizielle Programm hatte die Errichtung einer »gerechten Ordnung« (*adil düzen*) zum Ziel. Nach der Rückkehr des Landes zur Demokratie gründete sich die Bewegung in den siebziger Jahren als *Wohlfahrtspartei* (*Refah Partisi*, RP) neu und mit der Rückkehr der von den Militärs 1980 gebannten Politiker in die politische Arena übernahm Erbakan 1987 erneut den Vorsitz. Nach dem Tod Özals im April 1993 wurde die Wirtschaftsprofessorin Tansu Çiller (geb. 1946) als erste Frau in der Geschichte des Landes in das Amt als Ministerpräsidentin berufen. Ihre glücklose Amtsführung war von einem sich beschleunigenden Vormarsch der RP begleitet. In den Kommunalwahlen vom März 1994 konnte diese die Anzahl ihrer Stimmen verdoppeln und die Posten der Bürgermeister in Ankara und Istanbul besetzen; in den Parlamentswahlen vom Dezember 1995 wurde sie mit 158 Sitzen stärkste Kraft.

Die neue Koalitionsregierung mit Erbakan als Regierungschef suchte sich nach innen und nach außen ein islamisches Profil zu geben. Das brachte das laizistische Establishment gegen ihn auf; im Februar 1997 nahm die Auseinandersetzung die Form eines Machtkampfs an. Im Mittelpunkt dessen, was später als »postmoderner Coup« bezeichnet wurde, stand eine vom *Nationalen Sicherheitsrat* verordnete Schulreform. Ihr Ziel war es, den Zugang zu den islamischen Schulen zur Ausbildung von Vorbetern und Predigern (*imam-hatip-okullari*) zu erschweren. Koranschulen privater islamischer Einrichtungen wurden dem Erziehungsministerium unterstellt bzw. geschlossen. Der Staatsdienst wurde nach Mitgliedern religiöser Vereinigungen durchforstet; einer islamischen Gesinnung Verdächtige zudem entlassen. Am 30. Juni 1997 reichte Erbakan seinen Rücktritt ein. Als er nach dem Verbot der RP und einem fünfjährigen Politikverbot 2003 als Vorsitzender der *Partei der Glückseligkeit* (*Saadet Partisi*) noch einmal in die Politik zurückkehrte, hatten seine politischen »Söhne« mit der *Partei für Gerechtigkeit und Entwicklung* (*Adalet ve Kalkınma Partisi*, AKP) den Platz einer islamischen Bewegung besetzt. Er starb – von einer breiten Öffentlichkeit betrauert – im Februar 2011.

Auch auf dem Gebiet der Außenpolitik hat Turgut Özal Akzente gesetzt. Mit dem Militärputsch von 1980 wurden die Verhandlungen um eine Mitgliedschaft der Türkei in der Europäischen Gemeinschaft (EG) – wieder einmal – auf Eis gelegt; die einsetzende politische Repression war mit den politischen Werten, auf denen die EG beruhte, nicht vereinbar. Nach der Rückkehr zu demokratischer Herrschaft suchte Özal den Gordischen Knoten zu durchschlagen. 1987 reichte er in Brüssel einen Antrag auf Mitgliedschaft ein. Zwei Jahre nahm sich die Kommission Zeit, diesen zu prüfen. 1989 beschied sie, dass die Türkei wirtschaftlich und politisch noch nicht die Kriterien einer Aufnahme erfülle. Immerhin war wieder Dynamik in die Beziehungen gekommen. Und 1995 wurde zwischen beiden Seiten ein Vertrag über die Mitgliedschaft der Türkei in der Europäischen Zollunion geschlossen. Er wurde noch im selben Jahr von den Parlamenten in Ankara und Straßburg ratifiziert und trat am 1. Januar 1996 in Kraft. Nach weiteren – auch von gelegentlichen Rückschlägen begleiteten – Verhandlungen wurde der Türkei auf der Sitzung des Europäischen Rats im Dezember 1999 in Helsinki der Status eines Beitrittskandidaten verliehen.

Unter Turgut Özal begann sich die Türkei auch gegenüber ihrem regionalen Umfeld zu öffnen. Innenpolitisch heftig umstritten war die Entscheidung im Herbst

1990, sich an die Seite der Allianz zu stellen, die zu diesem Zeitpunkt eine militärische Operation gegen den irakischen Diktator Saddam Husain vorbereitete, der im August das Nachbarland Kuwait überfallen und besetzt hatte. In breiten Teilen der Öffentlichkeit und der Armee wurde diese Entscheidung als unvereinbar mit der Politik Atatürks gesehen, sich nicht wieder in die Konflikte in der Nachbarschaft einzumischen. Zum selben Zeitpunkt öffnete der Zerfall der Sowjetunion den Blick auf den Kaukasus und Zentralasien. Von Aserbaidschan bis Kirgistan waren die Turkvölker dabei, sich aus der zum Teil jahrhundertelangen russischen Unterwerfung zu lösen und eigene Staatswesen zu errichten. Auch die Türkeitürken hatten dort ihren Ursprung; sprachlich waren sie mit diesen Völkern – den einen mehr, den anderen weniger – verwandt. Der Panturkismus war in der Schlussphase des Osmanischen Reichs eine Variante unter den Alternativen zu den politischen Ordnungen nach dessen möglichem Ende gewesen. Atatürk hatte dem eine Absage erteilt; insbesondere aber auf die Anhänger nationalistischer Parteien hatten panturkische Perspektiven eine anhaltende Faszination ausgeübt. Bald freilich musste Ankara erkennen, dass die politischen Führungen in den jungen Staaten in Zentralasien wenig Neigung verspürten, sich einmal mehr einem neuen »großen Bruder« in die Arme zu werfen, nachdem sie den alten losgeworden waren. Gleichwohl wurden in Reden bisweilen gewaltige geopolitische Visionen projiziert und auch Özal ließ sich dazu hinreißen, von einer Türkei zu sprechen, die nicht mehr vom Bosporus bis Iğdır (an der iranischen Grenze), sondern vom Adriatischen Meer bis zur Chinesischen Mauer reiche.

Von einem grundlegenden Wandel der Außenpolitik Ankaras in seiner Nachbarschaft wird man bis zum Beginn der Herrschaft der AKP (2002/03) nicht sprechen können. Immerhin aber begannen in der Ära Özal sich der türkischen Außenpolitik neue Perspektiven und Herausforderungen zu eröffnen. Ankara zeigte sich bereit, sie anzunehmen und aus dem Bannkreis des Ost-West-Konflikts herauszutreten. Vieles blieb noch beim Alten; darunter die Beziehungen zum post-revolutionären Iran. Ideologisch standen das laizistische System der Türkei und das islamistische der »Islamischen Republik« einander diametral gegenüber. Aber während der Dauer des irakisch-iranischen Krieges (1980–1988) war die Türkei als Landbrücke für die Versorgung Irans mit zivilen und militärischen Gütern von überlebenswichtiger Bedeutung. Ein Schwanken zwischen ideologischen Spannungen und pragmatischer, vor allem wirtschaftlicher Zusammenarbeit blieb auch in den folgenden Jahren kennzeichnend für die Qualität der Beziehungen. Angespannt blieb das Verhältnis zu Syrien. Ursache dafür waren nicht zuletzt Differenzen über die Zuteilung des Wassers des Euphrat. Damaskus war beunruhigt über die Pläne Ankaras, an den Oberläufen von Euphrat und Tigris in Ost- und Südostanatolien umfangreiche Staudammsysteme zu errichten. Namentlich der große Stausee des Euphrat bei Raqqa, der für die Energieerzeugung und die Landwirtschaft Syriens eine zentrale Bedeutung hat, wäre dadurch gefährdet gewesen. Um Druck auf Ankara auszuüben, unterstützte der syrische Diktator Hafiz al-Asad deshalb die kurdische PKK, deren Führungsstrukturen und Ausbildungslager sich auf syrischem und von Syrien kontrolliertem libanesischen Boden befanden. Erst 1997 entzog Asad auf Druck des türkischen Militärs der PKK die Unterstützung. Zeitgleich setzte das Militär eine nachhaltige Verbesserung der Beziehungen zu Israel durch. Es begann ein Jahrzehnt intensiver wirtschaftlicher, aber insbesondere auch militärischer Zusammenarbeit zwischen beiden Ländern.

Im Rückblick stellt sich die Regierungszeit Turgut Özals janusköpfig dar. Auf der einen Seite trägt sie noch immer Züge der Republik, wie sie von Atatürk 1923 gegründet und von Inönü nach dem Zweiten Weltkrieg weiterentwickelt worden war. Auf der anderen Seite lassen sich in der Innen- wie in der Außenpolitik Ansätze einer neuen Ausrichtung erkennen. Die Durchsetzung der Marktwirtschaft, die Fortentwicklung der Demokratie, die Zurückdrängung des politischen Einflusses des Militärs, die Abschaffung des Informationsmonopols des staatlichen Rundfunks und Fernsehens sowie schließlich eine realistische Reaktion auf die »kurdische Frage« waren Schritte auf dem Weg eines tiefgreifenden Umbaus der Türkischen Republik. Nach dem gescheiterten Experiment des Islamisten Necmettin Erbakan bekam der Sozialdemokrat Bülent Ecevit (1925–2006) im April 1999 noch einmal eine Chance als Regierungschef. Zwei Jahre später wurde er durch eine dramatische Finanz- und Wirtschaftskrise hinweggefegt. In ihr wurde sichtbar, in welchem Ausmaß sich die politische Klasse, nicht zuletzt über das staatliche Bankensystem, zum eigenen Vorteil bedient hatte. Das BIP fiel um 9,5 %. Die Zeit für einen nachhaltigen Wandel in der türkischen Politik schien gekommen. In den vorgezogenen Parlamentswahlen am 3. November 2002 scheiterten außer der CHP (19,3 % der Stimmen, 178 Sitze) alle Parteien der bisherigen Regierungskoalition an der Zehn-Prozent-Hürde. Eine neue Partei, die sich die *Partei für Gerechtigkeit und Entwicklung* (*Adalet ve Kalkınma Partisi*, AKP) nannte – in der Selbstbezeichnung auch *Ak parti* (»Weiße Partei«) –, fuhr mit 34,4 % der Stimmen (363 Sitze von 550) einen überwältigenden Wahlsieg ein.

Wie im Falle des Urnengangs von 1950, der mit dem Sieg der *Demokratischen Partei* von Adnan Menderes einen politischen und gesellschaftlichen Wandel einleitete, wurde bald deutlich, dass das Wahlergebnis von 2002 das Gesicht der Türkei nachhaltig verändern würde. Offensichtlich suchte der türkische Wähler eine Alternative zu den alten Gesichtern, die das Land nach dem Aufbruch von Özal wieder hatten in Stagnation verfallen lassen – eine Alternative auch zur dauernden Blockade des Wandels durch eine Staatsklasse, die durch Verbote seitens der Justiz bzw. offene Bevormundung durch das Militär unter der Fahne eines versteinerten Kemalismus gesellschaftliche Kräfte blockierte, die längst als Teil der türkischen Gesellschaft hervorgetreten und sichtbar geworden waren.

Die Gründer der AKP im Jahr 2001 waren eine Gruppe von Männern mittleren Alters, die sich im Dunstkreis von Necmettin Erbakan, der Gallionsfigur des politischen Islams in der Türkei, bewegt hatten. Sie sollten in den kommenden Jahren in der Politik des Landes führende Positionen einnehmen. Spätestens mit dem »postmodernen« Putsch des Militärs vom Februar 1997 hatten sie verstanden, dass eine Islamisierung des politischen Systems und seiner Institutionen in der Türkei nach Lage der Dinge nicht durchsetzbar sein würde, dass sich vielmehr die vielfältigen Spannungen, die sich in der türkischen Gesellschaft über Jahrzehnte aufgestaut hatte (einschließlich der kurdischen Frage und der Frage nach der Stellung des Islams), nur im Rahmen einer umfassenden Demokratisierung würden lösen lassen.

Einer unter ihnen, Recep Tayyip Erdoğan, hatte die Rigidität des Systems am eigenen Leib erfahren. 1994 bis 1998 war er für die 1998 verbotene *Wohlfahrtspartei* Erbakans Bürgermeister von Istanbul gewesen. 1998 wurde er vom Staatssicherheitsgericht Diyarbakır wegen »Missbrauchs der Grundfreiheiten und -rechte« (Artikel 14 der Verfassung) zu zehn Monaten Gefängnis und lebenslangem Politikverbot verurteilt. Auf einer Konferenz im ostanatolischen Siirt hatte er aus einem Gedicht Ziya Gökalps (► S. 187), des einflussreichsten Theoretikers des türkischen Nationalismus, zitiert: »Die Moscheen sind unsere Kasernen. Die Minarette unsere Bajonette, die Kuppeln unsere Helme und die Gläubigen unsere Soldaten«. Im März 1999 hatte er die Strafe angetreten und vier Monate davon verbüßt. Im Lichte der Entwicklungen in der Türkei seit 2013 erhält der Text eine besondere Bedeutung.

Mit der Übernahme des Amtes des Ministerpräsidenten durch Erdoğan im März 2003 erfuhr der Prozess der »Anatolisierung« oder besser der Ablösung der westtürkisch-städtischen durch eine anatolisch-östliche Elite, der mit dem Wahlsieg der *Demokratischen Partei* 1950 begonnen hatte, seinen Höhepunkt. Damit hatten sich endgültig die »schwarzen« über die »weißen« Türken erhoben. Diese Feststellung weist noch auf eine weitere Facette der Veränderungen über die Jahrzehnte nach dem Zweiten Weltkrieg hin: den Prozess der Verstädterung, d. h. der Wanderungsbewegung vom Land in die Stadt in Verbindung mit einem raschen Anwachsen der Bevölkerung. Lebten 1960 etwa ein Drittel der damals 32 Mio. Einwohner in Städten, so sind es 2020 75,5 % von einer Gesamtzahl von etwa 81 Mio. Die Familie Erdoğans reflektiert diese Entwicklungen: Sie stammt aus Rize am Schwarzen Meer, aber geboren (1954) und aufgewachsen ist Recep Tayyip im Istanbuler Stadtteil Kazımpaşa, einem Viertel der kleinen Leute. Sich mit Härte durchzusetzen, wurde eine Erfahrung seines frühen Lebensweges. Geistig geprägt durch die Ausbildung an einer religiösen Schule (*imam-hatip-lisesi*), wurden die einander folgenden (weil immer wieder verbotenen) Parteien seines Ziehvaters Necmettin Erbakan seine politische Heimat.

Von Anfang an war die Politik der AKP von der Einsicht geleitet, dass für die Umsetzung ihres Konzepts der Erneuerung der türkischen Politik die weitere Annäherung an die EU essentiell sein würde. So war die Regierung bemüht, den Prozess innerer Reformen, der in der Endphase der Vorgängerregierung unter Bülent Ecevit begonnen hatte, mit dem Ziel fortzusetzen, die Gesellschaft gemäß den Vorgaben der von der EU gesetzten »Kopenhagener Kriterien« zu verändern. Ein Reformpaket nach dem anderen wurde im Parlament zwischen 2003 und 2005 verabschiedet. Schwerpunkte waren der Schutz von Menschen- und Minderheitenrechten, der Meinungs- und Versammlungsfreiheit sowie der Kampf gegen die Folter. Die Todesstrafe, die bereits zuvor im Falle Öcalan ausgesetzt worden war, wurde abgeschafft. Besondere Aufmerksamkeit galt der Stärkung der zivilen Kontrolle über das Militär. Geradezu spektakulär war die Wende in der Kurdenfrage. Die Existenz eines kurdischen Teils der Gesellschaft wurde nicht länger bestritten oder vertuscht. Nach und nach wurde der Gebrauch der kurdischen Sprache in ihren Dialekten in den Medien (einschließlich des türkischen Staatsfernsehens), in den Schulen und vor Gericht eingeräumt. 2005 kam es zu einem ersten Waffenstillstandsabkommen mit der PKK. Ab 2010 wurde der auf der Gefängnisinsel Imralı einsitzende Kurdenführer Abdullah Öcalan in einen Versöhnungsprozess einbezogen. Kurdische Abgeordnete zogen als unabhängige Kandidaten, später über kurdische politische Parteien ins Parlament ein. Mit der *Demokratischen Partei der Völker* (*Halkların Demokratik Partisi*, HDP) gelang in den Wahlen vom Juni 2015 zum ersten Mal einer erklärtermaßen kurdischen Partei der Sprung über die Zehn-Prozent-Hürde.

Spektakulär vollzog sich der Aufschwung der türkischen Wirtschaft. Turgut Özal hatte begonnen, sie von der Zwangsjacke staatlicher Planung zu befreien. Auf diesen Ansätzen aufbauend, setzte ein stetes Wachstum ein. Die Inflation wurde würde eingedämmt, der Staatshaushalt saniert. Gleichzeitig wurden durch die Privatisierung von Staatsunternehmen und die Restrukturierung des Bankensektors die institutionellen Grundlagen der Marktwirtschaft gestärkt. Davon profitierte nicht zuletzt eine Unternehmerschaft in Anatolien. In zunehmendem Maße auf dem Binnenmarkt präsent, wuchs zugleich ihr Anteil an den Exporten der Türkei. Eine nachhaltige Verbesserung der Infrastruktur bis in die hintersten Landesteile erleichterte den Zugang zu den Märkten.

Nicht zuletzt die neuen Ansätze in der Kurdenfrage und – mehr noch – die unübersehbare Islamisierung des Erscheinungsbildes der Türkei mussten die kemalistische Staatselite herausfordern. Die Jahre 2007 bis 2011 sind von diesem Konflikt gekennzeichnet. Er erreichte einen ersten Höhepunkt, als die AKP Außenminister Abdullah Gül – ebenfalls aus Anatolien, nämlich aus Kayseri stammend – als Kandidaten für die 2007 anstehenden Präsidentschaftswahlen nominierte: Seine Ehefrau trägt ein Kopftuch. Die Perspektive, eine Frau mit Kopftuch in den Palast des Staatspräsidenten, den Hort türkisch-national-laizistisch-staatlicher Machtausübung seit der Gründung der Republik, einziehen zu sehen, mobilisierte die herkömmliche Elite, namentlich das Militär und die Justiz. In der Auseinandersetzung wurden 2007/8 auf beiden Seiten alle Register gezogen. Während die Gegner bis zur Androhung eines Putsches und zur Klage des Verbots der AKP gingen, setzte die Regierung auf die Zustimmung durch das Volk. Der Wahlsieg der AKP im Juli 2007 mit knapp 47 % übertraf das Ergebnis von November 2002. Gestützt auf diese nunmehr überwältigende Mehrheit wurde Gül in das höchste Staatsamt gewählt.

Der Umbau von Staat und Gesellschaft erschütterte überkommene Machtstrukturen. Dies machte namentlich ein Gerichtsverfahren deutlich, das sich mit dem Namen »Ergenekon« (ein Begriff aus der mythischen Vergangenheit der Türken in Zentralasien) verband. Seit 2007 ermittelten die Behörden gegen ein subversives Netzwerk, dessen Ziel die Verbreitung von Unruhe und Terror sowie schließlich der Sturz der Regierung von Ministerpräsident Erdoğan durch das Militär gewesen sein soll. Unter den Verhafteten befanden sich neben prominenten Persönlichkeiten des nationalistischen und kemalistischen Establishments aus Politik, Sicherheitsapparat, Justiz und Medien auch Angehörige der Armee bis in die höchsten Dienstgrade. Tatsächlich gelang es dem Ministerpräsidenten im Zuge der Ermittlungen, bis 2011 die Kontrolle der Regierung in Angelegenheiten der Armee zu erringen, die bis dahin zu den Interna der militärischen Führung gehört hatten.

Das spektakuläre Gerichtsverfahren vollzog sich vor einem Hintergrund, der nur nach und nach der Öffentlichkeit einsichtig wurde. Im März 2011 erregte das Manuskript eines noch ungedruckten Buches erhebliches öffentliches Aufsehen. Unter dem Titel »Die Armee des Imams« (*Imamın ordusu*) enthüllte der Journalist Ahmet Şık ein Netzwerk von Anhängern des volksreligiösen Predigers Fethullah Gülen, insbesondere in den Institutionen der Justiz, der Polizei und der Bildung. 1941 in der Nähe des ostanatolischen Erzurum geboren, wurde er nach einem theologischen Studium und nach einer Tätigkeit als Imam in den achtziger Jahren Gründer einer schließlich nach ihm benannten volksislamischen Bewegung. Wiederholt wurde ihm vorgeworfen, die politischen Institutionen unterwandern und schließlich eine auf dem Islam beruhende Ordnung errichten zu wollen. Bei allen diesbezüglichen Widersprüchen seiner Lehre über die Jahrzehnte, stand die Förderung von Bildung und eines auf Wissen beruhenden und in der modernen Welt dialogfähigen Islams im Mittelpunkt seines Wirkens. Vor diesem Hintergrund kam es mit Beginn ihrer Herrschaft 2002/3 zu einer Allianz zwischen der AKP und der Bewegung, die sich nach ihrem eigenen Verständnis dem *hizmet*, dem »Dienst« an der Gesellschaft, verschrieben hatte. So erklärt sich die Tatsache, dass »Gülenisten« mit Wissen und Förderung der AKP nach und nach wichtige Stellen im Staatsapparat besetzen konnten. Dies machte auch die aufgeregte Reaktion auf die Enthüllungen von Ahmet Şık auf dem Höhepunkt des *Ergenekon*-Prozesses verständlich. Der Autor verschwand für ein Jahr im Gefängnis. Das Ergebnis der Wahlen vom Juni 2011 sah die AKP und ihren Führer auf ihrem auf demokratischem Weg erreichten Höhepunkt. Beide Seiten schienen ihre Ziele erreicht zu haben: Die AKP war mit Unterstützung der Gülen-Bewegung ihre politischen Gegner losgeworden und diese hatte sich in breiten Teilen der Gesellschaft mit ihren Bildungseinrichtungen eingenistet. Tatsächlich hat das türkische Bildungswesen unter der Regierung der AKP auf allen Ebenen eine bis dahin nicht vorhandene Breite erfahren.

Mit dem Wahlsieg der AKP von 2011 zerbrach die Allianz zwischen der Gülen-Bewegung und der AKP; nun ging es um die ganze, die ungeteilte Macht. Höhepunkt des Machtkampfes, der ab 2013 in aller Öffentlichkeit ausgetragen wurde, war ein Putschversuch des Militärs, der bereits nach wenigen Stunden am 15. Juli 2016 scheiterte. Auf massive Korruptionsvorwürfe gegen das persönliche Umfeld Erdoğans bereits im Dezember 2013 hatte dieser mit der Gängelung der Justiz und mit Maßnahmen geantwortet, die darauf gerichtet waren, die finanzielle Grundlage der Gülen-Bewegung zu zerstören. Die Polarisierung der Gesellschaft insgesamt war unübersehbar; Zug um Zug wurden die Presse- und Meinungsfreiheit eingeschränkt und die Medien namentlich der Gülen-Bewegung unterdrückt. Im August 2014 war Erdoğan als Nachfolger Abdullah Güls zum Staatspräsidenten gewählt worden. Entgegen der geltenden Verfassung begann er, am Kabinett vorbei und allein zu regieren. Für die Durchsetzung seines Projekts einer »neuen Türkei« forderte er mit wachsendem Nachdruck eine neue – präsidiale – Verfassung.

Davon freilich war er nach den Parlamentswahlen vom Juni 2015 weit entfernt: Mit 40,9 % hatte die AKP die absolute Mehrheit deutlich verfehlt. Zum ersten Mal in der Geschichte der türkischen Demokratie hatte mit der HDP eine kurdisch geprägte Partei die Zehn-Prozent-Hürde zu überschreiten vermocht (13,2 %) und war in das Parlament eingezogen. Im Übrigen war dieses Parlament auch sonst – d. h. nach der Breite der vertretenen gesellschaftlichen Gruppen – die repräsentativste Volksvertretung in der Geschichte der Türkischen Republik. Da Erdoğan aber eine Koalitionsregierung ablehnte, wurden für den 1. November 2015 Neuwahlen angesetzt. Während der Wahlkampf in Gang kam, war der Konflikt mit der kurdischen PKK wieder eskaliert. Der Staatspräsident hatte den Versöhnungsprozess mit Vertretern der Kurden, den er selbst über Jahre propagiert hatte, ausgesetzt. Mit einer militanten Rhetorik stilisierte er sich selbst zum Garanten der Sicherheit der Bürger. Er hatte richtig kalkuliert: Das Wahlergebnis fiel mit 49,5 % diesmal günstiger aus; allein, zu einer zwei Drittel Mehrheit der Abgeordneten für die Verabschiedung einer neuen Verfassung reichte es noch immer nicht.

Nach der gescheiterten Allianz mit der Gülen-Bewegung und mitten in einem Machtkampf mit dieser wechselte Präsident Erdoğan die Seiten und wandte sich dem kemalistisch-nationalistischen Lager unter den politischen Parteien und in der Gesellschaft sowie in der Armee zu, das er über Jahre bekämpft hatte. Im April 2016 kassierte das oberste Berufungsgericht alle im Zusammenhang mit dem *Ergenekon*-Verfahren ergangenen Urteile. Sie waren im August 2013 – also vier Monate vor dem im Dezember ausbrechenden Machtkampf mit der Gülen-Bewegung – verhängt worden. Die Ereignisse eskalierten in der Nacht vom 15. auf den 16. Juli 2016: Teile der Armee unternahmen einen Putschversuch. Seine Durchführung war von Beginn an dilettantisch und schlecht vorbereitet. Bereits am nächsten Morgen war er (mit erheblichen Opfern auch in der Zivilbevölkerung) gescheitert. Doch bereits in der Nacht hatte der Staatspräsident, dem es gelungen war, von seinem Ferienaufenthalt in Marmaris nach Istanbul zu entkommen, die Gülen-Bewegung als Schuldigen und Drahtzieher ausgemacht. Eine breite Öffentlichkeit wurde nicht nur gegen die Putschisten, sondern gegen die »Terrororganisation Fethullah Gülen« mobilisiert. Sie als »Krebsgeschwür« zu bekämpfen, sollte in den kommenden Jahren bedeuten, jede kritische Opposition gegen den Staatspräsidenten zu unterdrücken. Der genaue Hergang des Putsches liegt noch im Halbdunkel und wird je nach dem politischen Standpunkt des Betrachters unterschiedlich interpretiert. Das Spektrum der Einschätzungen reicht von der Überzeugung, Erdoğan selbst habe den Putsch vom Zaun brechen lassen, um eine Handhabe zu besitzen, mit seinen Gegnern abzurechnen, bis zu der Vermutung, dass es tatsächlich in der Armee eine Allianz der Gegner des Staatspräsidenten gegeben habe. Dass neben den Gülenisten dazu auch kemalistisch gesinnte Offiziere gehörten, würde nach den Jahren der Erniedrigung der Armee durch die AKP nicht verwundern. Aus Angst, der Putsch könne verraten werden, sei er dann vor der Zeit in Gang gesetzt worden.

Auch in der Außenpolitik wurden in der AKP-Ära neue, weitreichende Weichenstellungen vorgenommen. Bereits vor dem Ende des Ost-West-Konflikts hatte sich Ankara Moskau angenähert. Während der ersten Jahre der Regierung der AKP stand die Annäherung an die EU mit der Perspektive der Mitgliedschaft an der Spitze der außenpolitischen Agenda. Über innenpolitische Reformen sollte der Weg zu Verhandlungen frei gemacht werden. Auch Zugeständnisse in der Zypernfrage waren als Geste in Richtung EU zu verstehen: Um diese Hypothek loszuwerden, forderte die Regierung in Ankara die türkische Bevölkerung auf der Insel auf, im Referendum über einen von Uno-Generalsekretär Kofi Annan (im Amt 1997–2006) vorgelegten Vermittlungsplan am 24. April 2004 mit »Ja« zu stimmen. (Während seinerzeit 65 % der Zyperntürken dieser Empfehlung folgten, votierten 76 % der Zyperngriechen dagegen.) Nach diesen politischen Vorleistungen wurden am 3. Oktober 2005 Verhandlungen zwischen beiden Seiten aufgenommen.

Das Ergebnis der Verhandlungen blieb über die Jahre eher ärmlich und namentlich für die türkische Seite enttäuschend. Die EU verwickelte sich in den Widerspruch, zwar um die Mitgliedschaft zu verhandeln (und damit der Türkei einen tiefgreifenden inneren Wandlungsprozess zuzumuten), im gleichen Atemzug aber zu versichern, dass selbst nach abgeschlossenen Verhandlungen ein automatischer

Beitritt zur EU nicht gewährleistet sei. In der Regierung, den Medien und der Öffentlichkeit wuchsen Frustration und die Entschlossenheit, nach Alternativen zu suchen.

Mit der Berufung Ahmet Davutoğlus (geb. 1959), eines Professors der Politikwissenschaft und langjährigen Beraters von Ministerpräsident Erdoğan, zum Außenminister (2009) erhielt die Außenpolitik der Türkei eine neue konzeptuelle Grundlage. Die Türkei sei kein Peripheriestaat Europas, des Nahen Ostens oder Zentralasiens, sondern ein geopolitischer Schlüsselstaat, der durch die Verfolgung nationaler Interessen und unter Ausnutzung der geographischen Lage und historischen Sonderbeziehungen zur einflussreichen Ordnungsmacht aufsteigen könne – so die zentrale Aussage im »Konzept der strategischen Tiefe«, das der Minister 2001 als Professor veröffentlicht hatte. Als Konsequenzen daraus empfahl Davutoğlu eine gutnachbarschaftliche Politik zur Lösung bilateraler Probleme (»Null-Problem-Politik«) und die Ausgestaltung einer multidimensionalen Außenpolitik angesichts des Entstehens einer multipolaren Weltordnung.

Jenseits einer sich global orientierenden Diplomatie sowie Wirtschafts- und Entwicklungspolitik war damit insbesondere der Boden für eine Aktivierung der Beziehungen im unmittelbaren Umfeld der Türkei in einem Radius von 360° bereitet: Dazu gehörten neben dem arabischen Raum der Balkan, Russland sowie der Kaukasus (einschließlich Armenien), Zentralasien und Iran. Dieser von Beobachtern bald als »neo-osmanisch« bezeichnete Ansatz führte den Ministerpräsidenten und seinen Außenminister in intensiver Reisediplomatie zu den Nachbarn. Auffallend waren Erdoğans Bemühungen um die russische Staatsführung und die arabischen Führer. Geradezu familiär freundschaftlich gestaltete sich das Verhältnis zur Familie Asad in Damaskus. Syrien wurde fast ein Teil des türkischen Wirtschaftsraumes. In wie hohem Maß die Außenpolitik auch innenpolitisch orientiert war, zeigt beispielhaft das Verhältnis zu Israel. Nicht zuletzt auf Betreiben des türkischen Militärs waren die Beziehungen zwischen Ankara und Jerusalem in den Jahren nach 1996 vor allem im militärischen und wirtschaftlichen Bereich sehr eng geworden. In dem Maße, in dem die Gesellschaftspolitik der AKP islamisch-konservative Werte in den Vordergrund rückte und sich die Außenpolitik »neo-osmanisch« stärker auf die islamische Nachbarschaft ausrichtete, verschlechterten sich die Beziehungen dramatisch. Eine dezidiert feindselige öffentliche Rhetorik und eine demonstrative Hinwendung zu israelfeindlichen islamistischen Gruppierungen – unter ihnen die palästinensische *Hamas* – stießen in einer breiten Öffentlichkeit auf Zustimmung.

Die »Null-Problem-Politik« fand mit dem 2010/11 einsetzenden Umbruch im arabischen Raum (▸ Kap. 12) ein jähes Ende. Eine Reihe der Potentaten, Stützen dieser Politik Ankaras, wurden bald von der politischen Bühne verjagt. Die enge Kooperation mit dem syrischen Diktator Baschar al-Asad, auf dessen baldigen Sturz Ankara spekuliert hatte, schlug in offene Feindseligkeit um. Als die internationale Gemeinschaft keine Anstalten machte, Asad aktiv aus dem Amt zu werfen, begann Ankara islamistische Gruppierungen zu unterstützen, die Asad zu bekämpfen vorgaben. Die Vorwürfe, die Türkei kollaboriere auch mit der Terrororganisation »Islamischer Staat«, die seit Mitte 2014 auf irakischem und syrischem Boden eine Schreckensherrschaft errichtet hatte, wollten bis 2016 nicht verstummen. Zu diesem Zeitpunkt schien der türkischen Außenpolitik der Kompass abhandengekommen.

Auch das Verhältnis zu den USA und der EU begann unter dem Druck der Innen- und Außenpolitik Ankaras, Belastungen ausgesetzt zu werden.

Wie erratisch außenpolitische Reflexe geworden waren, ließen die Beziehungen zu Russland erkennen. Ab 2005 hatten sich Ankara und Moskau zunehmend angenähert. Grundlage dafür waren wirtschaftliche Interessen, die vom Tourismus über Handelsbeziehungen bis zu Planungen einer langfristigen Zusammenarbeit im Bereich der Energieversorgung Europas reichten. Das gemeinsame wirtschaftliche Interesse überstieg auch noch politische Differenzen, die im Zusammenhang mit der Krise in Syrien seit 2011 entstanden. Die Annektierung der Krim durch Russland im Frühjahr 2014 wurde in Ankara hingenommen, obwohl damit auf den Anspruch der Türkei, Schutzmacht der Krimtataren zu sein, ernsthafte Schatten fielen. Erst die Verstärkung der militärischen Präsenz Russlands in Syrien zur Bekämpfung der Gegner Asads im September 2015 ließ die Stimmung kippen. Am 24. November kam es zum Abschuss eines russischen Kampfjets, der kurz zuvor türkischen Luftraum überflogen haben soll. Die anschließend seitens Moskaus verhängten Wirtschaftssanktionen trafen die Türkei hart. International nun weitgehend isoliert, entschloss sich Präsident Erdoğan pragmatisch zu der von Moskau geforderten Entschuldigung. Seine Reise nach Moskau am 8. August 2016 sollte die Voraussetzung schaffen, an die Qualität der Beziehungen vor der Krise anzuknüpfen.

Die Beziehungen mit der EU wurden mit dem gescheiterten Putschversuch vom 15./16. Juli 2016 und die anschließenden repressiven Maßnahmen Ankaras gegenüber der innenpolitischen Opposition weiter belastet. Der sich 2015 auf das Territorium der EU – vor allem nach Deutschland – ergießende Strom von Flüchtlingen aus dem Nahen Osten, insbesondere aus Syrien, verlieh der Türkei eine große Bedeutung bei dessen Steuerung. Als Ergebnis langer und komplizierter Verhandlungen war schließlich ein »Deal« gefunden worden, der den Interessen beider Seiten, der EU und der Türkei, entgegenkam. Angesichts der sich zuspitzenden Situation im Bereich der Menschen- und Bürgerrechte bereits vor dem Putschversuch in der Türkei war es namentlich in Deutschland zu Kritik an den Absprachen gekommen. Die Verschlechterung der Menschenrechtslage im Lande nach dessen Niederschlagung verschärfte das Dilemma zwischen Interessen- und Realpolitik auf der einen und einer auf politische Werten gründenden Politik, wie sie die EU für sich in Anspruch nimmt, auf der anderen Seite.

Die Niederschlagung des Putschversuchs war das Fanal zu einer »Säuberung« aller Bereiche der Justiz, der Verwaltung, des Sicherheitsapparats, des Militärs, der Medien, der Universitäten, des Erziehungswesens sowie unter Intellektuellen und Künstlern von Personen, die mit dem Putschversuch direkt oder indirekt in Verbindung gebracht wurden – d. h. mit einem Wort: von tatsächlichen oder eingebildeten Oppositionellen. Besonders nachhaltig und umfassend traf es vor allem zwei Gruppen: die Anhänger Fethullah Gülens und die Kurden. Erstere wurden als *Fethüllahçı terör örgütü* (»Fethullahistische Terrororganisation«, FETÖ) pauschal gebrandmarkt. Als Anhänger der FETÖ mit dem Putschversuch unmittelbar in Verbindung gebracht, wurden Zehntausende Menschen entlassen, viele von ihnen vor Gericht gebracht und verurteilt. Zahlreiche Verfolgte flohen ins Ausland. Nach dem verpassten Wahlsieg der AKP im Juni 2015 war der alte Konflikt zwischen dem türkisch-nationalistischen Staat und der kurdischen Volksgruppe wieder entfacht worden. Vor allem die HDP und ihr charismatischer Co-Vorsitzender, Selahattin Demirtaş (geb. 1973), waren zu einem ernstzunehmenden Hindernis auf dem Weg des Staatspräsidenten zu einer »neuen Türkei« geworden. Nicht nur brach der bewaffnete Kampf zwischen der Armee und der PKK wieder auf, auch die HDP wurde unter Druck gesetzt. Nach dem Putschversuch wurde die Immunität zahlreicher Abgeordneter aufgehoben, Demirtaş im November 2016 verhaftet und der Unterstützung einer terroristischen Organisation angeklagt. In den folgenden Jahren wurden Hunderte gewählter Bürgermeister kurdischer Städte und Gemeinden ihrer Ämter enthoben und durch von der Regierung ernannte Verwalter ersetzt. Im April 2017 stimmte eine knappte Mehrheit der Bürger (51,4 %) für die von Präsident Erdoğan gewünschten Verfassungsänderungen: Der Präsident konnte nunmehr per Dekret regieren, den Ausnahmezustand beschließen, das Parlament auflösen und Minister entlassen.

Weniger als halbherzig hat sich Ankara am Krieg gegen den »Islamischen Staat« (► S. 484) beteiligt. Als sich im Herbst 2014 dessen Krieger und syrische Kurden in und um Kobanê eine erbitterte Schlacht lieferten, standen türkische Truppen unbeteiligt an der türkisch-syrischen Grenze und beobachteten das Geschehen, ohne einzugreifen. Nach einem Diktum des türkischen Präsidenten bekämpften sich dort zwei »Terrororganisationen«. Tatsächlich waren die kurdischen Kämpfer Angehörige der *Volksverteidigungseinheiten* (*Yekîneyên Parastina Gel*, YPG), des bewaffneten Arms der *Partei der Demokratischen Union* (*Partiya Yekîtiya Demokrat*, PYD), der stärksten politischen Organisationen in Rojava, der aus drei Teilen bestehenden, 2014 selbst ernannten »Autonomen Föderation« im Norden und Nordosten Syriens – ideologisch der PKK nahe stehend. Bereits 2016/17 hatte türkisches Militär Ziele in Nordsyrien angegriffen. Zeitlich im Vorfeld der Parlaments- und Präsidentschaftswahlen vom Juni 2018 besetzten türkische Truppen zwischen Januar und März das Gebiet um Afrin, den westlichen Teil von Rojava. Im Oktober 2019 begann eine dritte Offensive, entlang nahezu der gesamten syrischen Nordostgrenze.

Die Tatsache, dass die Operation auf Druck Russlands bereits nach zwei Wochen abgebrochen werden musste, ließ das Dilemma der türkischen Außenpolitik erkennen: In dem Maße, in dem sich die Distanz der Türkei zu ihren herkömmlichen Partnern vergrößert hatte, war die Abhängigkeit von Russland gewachsen. Die Kette der Ursachen dieser Entwicklung hatte viele Glieder; sie reichten von der jahrelangen Unterstellung einer »westlichen« Verschwörung seitens des türkischen Präsidenten bis zum Kauf sensibler russischer Waffensysteme gegen die Warnungen der Nato. Hinter der Fassade eines harmonischen Verhältnisses zwischen den Präsidenten Putin und Erdoğan ließen sich tiefgreifende Meinungs- und Interessengegensätze kaum verbergen: Mit Blick auf Syrien betrafen sie insbesondere die Zukunft des Regimes unter Präsident Asad und den Status der kurdischen Gebiete des Landes. Mit der militärischen Unterstützung Aserbaidschans im Krieg gegen Armenien um Nagorny Karabach im Herbst 2020 ist die Türkei politisch tief in ein Gebiet eingedrungen, das Moskau als sein Einflussgebiet reklamiert. In seiner Rede anlässlich der »Siegesfeier« in Baku am 10. Dezember 2020 hat der türkische Präsident den Geist Enver Paschas, eines engagierten Panturkisten im jungtürkischen Triumvirat (► S. 188) beschworen. In Moskau dürfte das die kritische Aufmerksamkeit gegenüber Ankara verstärkt haben.

Die vollmundigen Visionen einer »neuen Türkei«, an deren Spitze er stehen möchte, wenn die Türkische Republik im Jahr 2023 den hundertsten Jahrestag ihrer Gründung begeht, sind zurückgenommen worden. Aber es ist anzunehmen, dass Erdoğan der Türkei gern ein anderes Gesicht geben würde als das des laizistischen Staates, der sich auf den Weg nach Europa begeben hat. Seit seinem Amtsantritt als Ministerpräsident 2003 sind die Stimmen derer nicht verstummt, die Zweifel geäußert haben, dass er überhaupt jemals eine demokratische Agenda verinnerlicht habe. Der von ihm zitierte Gökalp-Vers, für den er 1999 vier Monate im Gefängnis verbrachte, wird durch einen kolportierten Vergleich ergänzt, nach dem die Demokratie eine Straßenbahn sei, aus der man aussteige, wenn man am Ziel angekommen ist. Zu kritisieren ist freilich auch die Politik der EU: Sie verhandelte zwar mit der Türkei um eine Mitgliedschaft; zugleich aber ließen führende Politiker, darunter die deutsche Bundeskanzlerin und der französische Präsident, verlauten, dass eine solche auch nach einem Abschluss der Verhandlungen nicht in den Karten sei. Nach dem Scheitern der Allianz Erdoğans mit der Gülen-Bewegung und angesichts der Gefährdung seiner Alleinherrschaft – eine Folge nicht zuletzt der Verschlechterung der Wirtschaftslage – ist innenpolitisch der nationalistisch staatszentrierte Kemalismus wiederauferstanden. Da Erdoğan in Wahlen aus eigener Kraft keine Mehrheiten mehr für seine Politik zusammenbringen kann, ist er ein Wahlbündnis mit der radikal-nationalistischen *Partei der Nationalistischen Bewegung* (*Milliyetçi Hareket Partisi*, MHP) eingegangen, die seine Politik wesentlich mitbestimmt. Die noch immer starke öffentliche Rhetorik kann immer weniger seine zunehmende politische Schwäche verschleiern.

Außenpolitisch wird zwar verbal am Ziel der Mitgliedschaft in der EU festgehalten. Konkret politisch aber sind die Beziehungen zwischen der Türkei und der Gemeinschaft, namentlich mit Deutschland, auf das Zurückhalten von Flüchtlingen in der Türkei reduziert, das als »Deal« 2016 zwischen beiden Seiten vereinbart worden ist. Insbesondere durch ihre militärische Verwicklung in Syrien aber und die politische Unterstützung islamistischer Kreise, namentlich der Muslimbruderschaft, hat sich die Türkei Erdoğans weit von der Politik des Staatsgründers entfernt. Dieser hatte die Lehre aus der Geschichte des untergehenden Osmanischen Reichs gezogen und dem neuen Staat verordnet, sich aus den Konflikten der angrenzenden Regionen herauszuhalten. Gegen Ende des ersten Jahrhunderts ihres Bestehens läuft die Türkei Gefahr, im Treibsand eben dieser Konflikte den Halt zu verlieren – dies vor allem im Nahen Osten. Aber auch das Ausgreifen in den Mittelmeerraum, wo die türkische Führung Interessen an der Förderung von Öl und Gas reklamiert, birgt Gefahren politischer und militärischer Konfrontationen, die das Land weiter in die Isolation treiben könnten.

So bleibt die Mitgliedschaft in der EU eine Chimäre. Mehr als ein halbes Jahrhundert ist es her, dass sie der Türkei im Rahmen des Assoziierungsabkommens in Aussicht gestellt wurde. Von wenigen kurzen Episoden abgesehen, ist sie nie mit Nachdruck und politischer Aufrichtigkeit auf beiden Seiten verfolgt worden. Sowohl die politischen Eliten in der Türkei – ob kemalistisch oder postkemalistisch – als auch in Europa hatten eigene Agenden, wenn sie über die Mitgliedschaft der Türkei in der EU sprachen oder verhandelten. Für die Türkei aber gibt es keine Alternative zu einer engen Anbindung an Europa. Und für die EU bleibt das Land am Bosporus ein unverzichtbarer Partner seiner Sicherheit an der Schnittstelle von Europa, dem Nahen Osten und Russland. Deshalb sind die Turbulenzen, in die Präsident Erdoğan die türkisch-europäischen Beziehungen geführt hat, nicht das letzte Wort der Geschichte.

9.2 Iran – vom Kaisertum zur Revolution

Der Ausbruch des Zweiten Weltkriegs sollte erkennen lassen, auf wie tönernen Füßen das Gebäude des unter Reza Schah errichteten neuen Irans noch stand. Anders als die zeitgleich gegründete neue Türkei, der es gelang, die Neutralität zu wahren, wurde Iran dem politischen Willen und den Interessen der Anti-Hitler-Allianz unterworfen, namentlich Großbritanniens, der USA und der Sowjetunion. Wie auch zu Beginn des Ersten Weltkriegs erklärte Iran zwar seine Neutralität. Wie seinerzeit aber auch, wurde diese Erklärung international nicht respektiert. Es klingt nach einem Treppenwitz der Geschichte: England hatte 1921 dem Oberst in der Kosakenbrigade, Reza Khan, zur Machtübernahme verholfen; er sollte das Land im Interesse Londons stabilisieren. Zwei Jahrzehnte später arrangierte London seine Absetzung. Angesichts des Kriegsverlaufs sah die britische Regierung in seiner Herrschaft ihre Interessen, allen voran ihre Ölinteressen, im Nahen Osten gefährdet.

Über die Nähe Irans zu Deutschland, welche in den dreißiger Jahren entstanden war, ist oben berichtet worden (► S. 230). Die Anzahl deutscher Staatsbürger an unterschiedlichen Orten im Lande und in unterschiedlichen Funktionen zum Zeitpunkt des Kriegsausbruchs werden (nach Interessen gefärbt) widersprüchlich beziffert; 1 700 bis 2 000 dürfte realistisch sein. Bereits 1939 hatten die Alliierten die iranische Regierung gedrängt, die Deutschen nach Hause zu schicken. Mit dem Überfall Hitlers auf die Sowjetunion im Juni 1941 und dem Vordringen der Wehrmacht auch in Richtung auf den Kaukasus verband sich eine handfeste Bedrohung der Ölinteressen sowohl der Sowjetunion als auch Englands: Eine Besetzung der Ölfelder Bakus durch deutsche Truppen würde die Sowjetunion von den wichtigsten Quellen ihrer Ölversorgung abschneiden, was sich als kriegsentscheidend erweisen könnte. England musste befürchten, dass die Deutschen weiter in Richtung der iranischen Ölfelder vorrücken bzw. Iran an der Seite Deutschlands in den Krieg eintreten würde.

Im Juli 1941 verständigten sich Churchill und Stalin, in Iran militärisch zu intervenieren. Das geschah am 25. August und war mit einem Ultimatum verbunden, die Deutschen binnen dreier Tage des Landes zu verweisen. Die iranische Regierung reagierte hinhaltend, die Alliierten verstärkten den Druck. Am Morgen des 16. September unterzeichnete Reza Schah seine Abdankungserklärung zugunsten seines Sohnes Muhammad Reza (1919–1980). Dieser schwor am Nachmittag vor dem Parlament den Treueid auf den Koran und übernahm am folgenden Tag die Amtsgeschäfte. Was nach außen als eine Abdankung hatte erscheinen sollen, war in Wirklichkeit eine Absetzung. Seine letzten Jahre verbrachte Reza Schah Pahlawi im

Exil im südafrikanischen Johannesburg, wo er im Juli 1944 starb. Das Mausoleum, das ihm sein Sohn, der ihn als Reza Schah »der Große« in die iranischen Geschichtsbücher eingehen ließ, errichtete, wurde während der Revolution, die der Pahlawi-Dynastie ein Ende bereitete, zerstört.

Es folgten Jahre der Besetzung, die der Souveränität des Landes weitestgehend ein Ende bereitete. Ihre Grundlage war ein Vertrag, den Iran, England und Russland am 29. Januar 1942 in Teheran abschlossen. Wieder wurde das Land in Interessenzonen aufgeteilt. Im Norden standen Truppen der Roten Armee, im Süden die Briten. Beide Seiten verständigten sich, ihre Truppen in einem Zeitraum von sechs Monaten nach dem Ende des Krieges aus Iran zurückzuziehen. Im Dezember 1941 waren die USA in den Krieg eingetreten. Vor dem Hintergrund des Vorrückens der Wehrmacht auf den Kaukasus schickten die USA 30 000 Soldaten nach Iran; ihren Generalstab richteten sie in der Nähe von Teheran ein. Aufgabe der Truppe war es im Wesentlichen, den Transport von Waffen, Gerät und Versorgungsgütern über iranisches Gebiet in die Sowjetunion zu sichern. Die transiranische Eisenbahn, unter Reza Schah gebaut, wurde unter diesen Umständen zu einer wichtigen Lebensader der sowjetischen Truppen. Am Sieg der Sowjetunion in Stalingrad, wo die deutsche 6. Armee im Februar 1943 kapitulierte, hatte sie einen erheblichen Anteil. Josef Stalin, Franklin D. Roosevelt und Winston Churchill wählten Anfang Dezember 1943 Teheran als ersten Ort jener Reihe von Gipfeltreffen, auf denen über die europäische Nachkriegsordnung entschieden wurde. Iran betreffend, bestätigten sie die Abmachungen vom Januar 1942, namentlich die Unabhängigkeit und territoriale Integrität des Landes nach Kriegsende. Im Übrigen aber wurde mit dem massiven Engagement der USA der Grundstein für deren dominierende Stellung nach Kriegsende gelegt. Neben der Unterstützung für die sowjetische Kriegführung kümmerten sich amerikanische Berater um die Verbesserung des Militär-, Verwaltungs- und Finanzwesens in Iran.

So paradox es scheint, erlebten die Iraner die Zeit der anglo-sowjetischen Besatzung innenpolitisch als Befreiung. Die Zensur wurde aufgehoben, Kritik an dem gestürzten Schah konnte geäußert werden. Die Geistlichen traten wieder mit Turban in die Öffentlichkeit und die Frauen trugen nach Gutdünken Kopftuch oder Schleier auf der Straße. Das parlamentarische Leben, von Reza Schah gegängelt und manipuliert, begann sich wieder zu entfalten; es entstand ein pluralistisches Parteienspektrum. Politiker, die z. T. Jahrzehnte im Exil verbracht hatten, kehrten zurück. Auch radikale Gruppierungen traten ins Leben: Junge Geistliche gründeten mit den *Fida'iyan-e Islam* (»die sich für den Islam opfern«) eine radikal-islamische Bewegung. Die Kommunisten verließen die Gefängnisse; 1941 wurde die kommunistische *Tudeh*-Partei (*Hizb-e tude-ye Iran*, »Partei der Massen Irans«) gegründet. Sie stieß auf ein breites Echo in der Öffentlichkeit und eine engagierte Gefolgschaft unter zahlreichen Intellektuellen.

Der Übergang zur Nachkriegszeit gestaltete sich dornig. Grund dafür waren zentrifugale, ja separatistische Bewegungen in den aserbaidschanischen und kurdischen Landesteilen im Westen und Nordwesten des Landes. Der Vertrag vom Januar 1942 hatte Iran für die Zeit nach Kriegsende die Rückkehr zu Souveränität und die Gewährleistung der Integrität seines Territoriums zugesichert. Während sich England und die USA vertragsgemäß in Etappen zurückzogen, verblieben Truppen der

Roten Armee in ihren Besatzungsgebieten, wo sie eben diese zentrifugalen Kräfte unterstützten. In Aserbaidschan, dessen politische Elite sich seit dem Beginn des 20. Jahrhunderts ohnehin sozialrevolutionären Ideen immer besonders offen gezeigt hatte, gründete Dscha'far Pischevari (1892–1947) die *Demokratische Partei Aserbaidschans* (*Firqe-ye dimukrat-e Aserbaidschan*). Sie war ein Ableger der *Tudeh*; Pischevari war bereits auf dem linken Flügel der *Dschangal*-Bewegung (▸ S. 223) aktiv gewesen. Die Forderungen, denen sie im August 1945 mit gewalttätigen Übergriffen auf öffentliche Gebäude in Täbris Nachdruck verlieh, richteten sich auf einen autonomen Status Aserbaidschans und die Anerkennung des Aserbaidschanisch-Türkischen als offizieller Sprache. Am 12. Dezember 1945 proklamierte die Parteiführung die Autonomie Aserbaidschans und begann mit der Aufstellung einer »nationalen« Armee. Das Vorrücken der von der Zentralregierung entsandten Truppen wurde bei Zandschan von sowjetischen Einheiten gestoppt. Während nunmehr die USA über den Sicherheitsrat der Uno Druck auf die Sowjetunion ausübten, ihren vertraglichen Verpflichtungen nachzukommen, trat die Regierung in Teheran mit Moskau in Verhandlungen. In einem Abkommen vom 24. März 1946 wurde ein für alle gesichtswahrendes Ergebnis erzielt. Zu dessen für Moskau wichtigsten Bestandteilen gehörte das Versprechen, eine Ölkonzession im Norden des Landes an die Sowjetunion zu vergeben. Moskau begann, seine Truppen aus Iran abzuziehen.

Auch die Kurden suchten die Schwäche der Zentralregierung unter den Bedingungen des Krieges zu nutzen, Eigenständigkeit zu erlangen. Ebenfalls unterstützt von der sowjetischen Besatzungsmacht (wenn auch weniger ideologisch links orientiert), war bereits 1942 die *Organisation für die Erneuerung Kurdistans* (*Komala-ye dschiyan-e Kurdistan*) gegründet worden. Wie in Aserbaidschan wurde diese 1945 in eine politische Partei, die *Demokratische Partei Kurdistans* umgewandelt. Ihr führender Kopf war in diesem Fall Qadhi (Ghazi) Muhammad (1893–1947). Einer bekannten geistlichen Familie entstammend, hatte er sich auch als Intellektueller und Schriftsteller einen Namen gemacht. Die Kurden forderten Verwaltungsautonomie, kurdischsprachigen Unterricht in der Schule und ein lokales Parlament. Am 22. Januar 1946 wurde in Mahabad die *Kurdische Republik* ausgerufen.

Mit dem vereinbarten Abzug der Roten Armee aus Iran war die Lage der Führungen in Täbris und Mahabad unhaltbar geworden. Am 13. Dezember 1946 besetzten Regierungstruppen die aserbaidschanische Hauptstadt. Vier Tage später ereilte Mahabad das gleiche Schicksal. Die Abrechnung der Zentralregierung mit den Separatisten war brutal. Während sich Pischewari in die Sowjetunion absetzen konnte, wurde Qadhi Muhammad gefangen genommen und am 31. März 1947 hingerichtet. Zu der vereinbarten Ölkonzession an die Sowjetunion ist es nicht mehr gekommen; es fand sich dafür keine Mehrheit im Parlament. Die traumatische Erfahrung des Abfalls zweier Völkerschaften und Landesteile aber hat unter jeder Form von iranischer Staatsführung nachgewirkt. Das galt für das Regime von Schah Muhammad Reza und gilt weiterhin für die Islamische Republik. Als die Kurden nach der Machtübernahme Ayatollah Khomeinis im Herbst 1979 Autonomie forderten, wurde Iranisch-Kurdistan der erste Schauplatz eines militärischen Einsatzes der neu aufgestellten Revolutionsgarden. Bis in die Gegenwart genießen ethnische Minderheiten weder die gleichen politischen noch kulturellen Rechte wie die persische Mehrheit.

Die Niederschlagung der separatistischen Bewegungen in Aserbaidschan und Kurdistan bedeutete zugleich den Beginn einer Neuverteilung der innenpolitischen Macht. Als Oberbefehlshaber der Armee hatte der Schah diese gleichsam für sich reklamieren können; er stand für die Einheit der Nation. Zug um Zug sollte er in der Folgezeit die Zügel der Regierung in die Hand nehmen. Unter den Bedingungen des Krieges und der Besatzung hatte er eher ein Schattendasein geführt. Damit hatten sich Freiräume für demokratische Prozesse geöffnet. Auf dem Territorium der russischen Besatzung war 1941, wie erwähnt, die *Tudeh*-Partei gegründet worden, die Nachfolgeorganisation der 1931 verbotenen *Kommunistischen Partei.* Auf dem rechten Spektrum entstanden eine Reihe von Gruppierungen, aus denen 1946 die *Demokratische Partei Irans* (*Hizb-e dimukrat-e Iran*) hervorging. An den Rändern des weltanschaulichen und innenpolitischen Spektrums traten jedoch auch radikale Gruppen durch spektakuläre Anschläge in Erscheinung. Die erste unter ihnen waren die *Fida'iyan-e Islam.* 1945 gegründet, hatten sie sich 1946 durch die Ermordung Ahmad Kasrawis (1890–1946) unrühmlich hervorgetan. Als revolutionäre Gruppe, die die Einführung der *Schari'a* auf ihre Fahnen geschrieben hatte, hatte sie eine Persönlichkeit ins Visier genommen, die als Philosoph und Rechtswissenschaftler, Historiker und politischer Publizist vehement für die Trennung der Politik vom Einfluss der (schiitischen) Geistlichkeit eingetreten war. Einen Attentatsversuch auf den Schah im Februar 1949, der ebenfalls den *Fida'iyan* zugeschrieben wurde, nahm die Regierung zum Anlass, die *Tudeh* zu verbieten. Gleichwohl sollte diese in den kommenden Jahren, die im Zeichen der Persönlichkeit Muhammad Mosaddeghs (1882–1967) standen, einen nicht unwichtigen Anteil am politischen Geschehen haben.

Die Stunde Mosaddeghs schlug Ende 1949. Er war kein Neuling in der Politik. Dem engsten Kreis der qadscharischen Familie angehörend, hatte er nach einem Studium in Paris und der Schweiz noch zu Zeiten der Dynastie hohe Ämter bekleidet. In der Auseinandersetzung um das Ende der Qadscharen hatte er gegen die Erhebung Reza Khans zum Schah gestimmt. Nach dessen Absetzung durch die Briten nahm er unter seinem Sohn seine politische Laufbahn als Abgeordneter wieder auf. Als dieser das Attentat vom Februar 1949 zu nutzen suchte, seine Macht weiter zu festigen, kam es zum Konflikt. Der Schah löste das Parlament auf; die Neuwahlen im Oktober suchte er zu manipulieren und zu verhindern, dass oppositionelle Abgeordnete aus Teheran ins Parlament einziehen würden. In den Protesten fand sich eine Gruppe von Politikern unterschiedlicher Couleur zusammen, die sich künftig als *Nationale Front* (*Dschabhe ye milli*) verstanden. Zu ihren Forderungen gehörten Neuwahlen in Teheran, die Freiheit der Presse sowie die Aufhebung des Kriegsrechts, das nach dem gescheiterten Attentat verhängt worden war.

Neben Mosaddegh sollte Ayatollah Abu l-Qasim Kaschani (1882–1962) in dieser Zeit die Politik Irans prägen. Wie jener war auch Kaschani eine widerspruchsvolle Persönlichkeit. In den zwanziger Jahren hatte er zunächst Reza Khan auf dem Weg zur Macht unterstützt. Der Widerstand gegen die britische Vorherrschaft über Iran blieb das bestimmende Motiv seines politischen Kampfes durch die Jahrzehnte. Das Ziel der Islamisierung Irans brachte ihn die Nähe der *Fida'iyan-e Islam*, als deren geistlicher Führer er galt. Nach dem Attentat auf den Schah war er ins Exil geschickt worden; nun kehrte er als Abgeordneter nach Teheran zurück. Mosaddegh fühlte er sich nahe, als dieser – säkulare – Politiker nach seiner Wahl in den *Madschlis* die Forderung erhob, die Ölproduktion zu verstaatlichen.

Am 7. März 1951 wurde Ministerpräsident Ali Razmara ermordet, eine Tat, für die die Regierung wiederum die *Fida'iyan-e Islam* verantwortlich machte. Razmara war für einen Ausgleich mit den Briten und eine faire Teilung der Gewinne eingetreten. Jetzt war der Damm gebrochen und eine Woche später stimmte das Parlament dem Antrag der *Nationalen Front* zu, die Ölindustrie zu verstaatlichen. Dem starken öffentlichen Druck nachgebend, ernannte der Schah Mosaddegh zum Ministerpräsidenten. Das Gesetz zur Verstaatlichung der *Anglo-Iranian Oil Company* (AIOC), die zuvor in *National Iranian Oil Company* (NIOC) umbenannt worden war, trat am 1. Mai in Kraft.

Mosaddegh und die *Nationale Front* wurden von einer Woge nationaler Zustimmung getragen. So sah er sich bestärkt, eine Politik des Alles oder Nichts zu verfolgen. Die Angelegenheit wurde zunächst vor den Internationalen Gerichtshof in Den Haag getragen; dort erwirkte Großbritannien Anfang Juli eine Status-quo-Verfügung, die Iran ablehnte. Großbritannien entschloss sich zu einem vollständigen Embargo: Kader und Spezialisten wurden abgezogen, iranische Konten gesperrt. Nun setzte der Ministerpräsident seine Hoffnungen auf die USA; ein amerikanischer Kredit würde helfen, die Engpässe zu überwinden. Die Einstellung in Washington aber war gespalten. Zwar suchte Präsident Truman (reg. 1945–1953) noch die Rolle eines Vermittlers zu spielen; zu einer wirkungsvollen Unterstützung Irans aber konnte er sich nicht durchringen. Aus den Wahlen im Frühjahr 1952 ging Mosaddegh gestärkt hervor; er riskierte den Machtkampf mit dem Schah. Als dieser sich weigerte, ihm auch das Kriegsministerium zu unterstellen, trat er zurück. Aber eine breite Protestbewegung brachte ihn am 22. Juli wieder an die Macht. Über die Sache selbst, für die er eintrat, hinaus sicherte ihm sein ungewöhnlicher Politikstil eine breite Aufmerksamkeit. Die Bilder von Mosaddegh, der im Pyjama im Bett liegend Journalisten empfing und Interviews gab, gingen um die Welt.

In der Folge verschlechterten sich die Rahmenbedingungen. Die Allianz mit Ayatollah Kaschani bröckelte. Enttäuscht über die aus seiner Sicht mangelnde Erkenntlichkeit des Ministerpräsidenten für seine Unterstützung bei der Mobilisierung der Massen, wechselte er in das Lager der Gegner. Als Reaktion darauf näherte sich Mosaddegh der *Tudeh*-Partei an. Sie war zwar offiziell verboten, agitierte aber unter den Ölarbeitern und hatte unter der antibritisch aufgeheizten Öffentlichkeit zahlreiche Sympathisanten. In Washington wuchs die Besorgnis, Mosaddegh könnte sich um Unterstützung an die Sowjetunion wenden. Die schwierig werdende wirtschaftliche Lage in Iran freilich begann den Glanz von dessen Politik in der Öffentlichkeit zu überschatten; die Stimmung schlug um. In London und Washington wurden Putschpläne geschmiedet. Dabei würde der Person des Schahs und der Armee eine zentrale Rolle zukommen; so nahm die »Operation Ajax« ihren Lauf.

Mosaddegh war gewarnt, doch noch immer fühlte er sich unangreifbar. Angesichts des wachsenden Widerstands auch im Parlament wurde der Stil seines Regierens zunehmend selbstherrlich und autokratisch. Ein erster Versuch, ihn abzusetzen, scheiterte am 16. August 1953; daraufhin verließ der Schah das Land Richtung Bagdad und Rom. Die Tumulte auf den Straßen ließen das Gespenst einer kommunistischen Machtübernahme erscheinen. In diesen Turbulenzen hatten vom CIA gesteuerte Provokateure ihre Hand im Spiel. Als die Armee am 19. August im Namen des kaiserlichen Regimes auf den Straßen in Erscheinung trat, um die Ordnung wiederherzustellen, wurde sie begeistert begrüßt. Die Geistlichkeit hatte an der Mobilisierung Anteil. Mosaddegh wurde verhaftet. Am 22. August kehrte der Schah zurück; Putschgeneral Fazlollah Zahedi wurde zum Ministerpräsidenten ernannt. Einer Allianz von Militärs, Großgrundbesitzern, Unternehmern und Geistlichen im Einklang mit den Interessen der USA und Großbritanniens hatte der Schah die Rückkehr zu verdanken.

In der Sache, für die Mosaddegh gestritten hatte, war für Iran kein wirklicher Durchbruch erzielt worden. Ab 1954 floss das Öl wieder; es blieb verstaatlicht, aber europäische und amerikanische Gesellschaften teilten sich im Rahmen eines internationalen Konsortiums die Anteile an der iranischen Ölförderung. Auf die NIOC entfielen 50 % des Gewinns; das war im Kern das Ergebnis, das bereits Ministerpräsident Razmara ausgehandelt hatte und das von der AIOC akzeptiert worden war. Den politischen Gewinn des Konflikts aber konnten die USA einfahren. Nicht nur hatten sie den Fuß in die Tür der iranischen Ölindustrie gesetzt und damit das britische Monopol gebrochen. In der machtpolitischen Auseinandersetzung mit der Sowjetunion hatten sie nunmehr – nach der Türkei – in deren südlicher Nachbarschaft einen Pflock einschlagen können. Der Niedergang der beherrschenden Stellung der europäischen Mächte, der sich in Iran andeutete, sollte bald in Algerien mit dem Beginn des Befreiungskrieges von Frankreich (1954) und in Ägypten mit der Verstaatlichung des Suezkanals (1956) bestätigt werden. (In Asien war die Niederlage Frankreichs in der Schlacht von Dien Bien Phu [1954] das Menetekel, das das Ende der europäischen Kolonialherrschaft anzeigte.) Ganz umsonst also hatte sich Mosaddegh nicht mit den großen Mächten angelegt: Unter veränderten internationalen Rahmenbedingungen sollte der Schah die Früchte ernten, als er zu Beginn der siebziger Jahre die vollständige Nationalisierung der Ölindustrie Irans vorantrieb.

Tagespolitisch hatten Mosaddegh und die *Nationale Front* eine Niederlage erlitten. Die Konfrontation mit Großbritannien und der internationalen Gemeinschaft, die hinter den Briten stand, aber hatte das Gefühl nationaler Zusammengehörigkeit gestärkt. Das sollte sich in der Revolution von 1978/79 zeigen. Für den Augenblick freilich war der Schah wieder zur zentralen Figur des politischen Systems aufgestiegen. Zugleich wurde er der Angelpunkt eines umfassenden Einflusses der USA im Lande; in gewisser Weise traten diese an die Stelle Großbritanniens. Mit der politischen Nähe des Regimes von Muhammad Reza Schah zu den USA war zugleich eine tiefgreifende gesellschaftliche und kulturelle Amerikanisierung der Elite, die sich in dessen Umfeld konstituierte, verbunden. Darin war ein Prozess der Isolierung des Herrschers angelegt. Sie sollte sichtbar werden, als schließlich ein Geistlicher an die Spitze einer Massenbewegung trat, die 1979 das Regime der Pahlawi stürzte und Iran eine – scheinbar rückwärtsgewandte – religiöse Ausrichtung verordnete. So widerspruchsvoll, ja erratisch die Allianzen auf dem jahrzehntelangen politischen Weg Ayatollah Kaschanis gewesen sein mochten, so sollte das zeitweilige Zusammengehen von Teilen der Geistlichkeit mit Mosaddegh einen alternativen Weg zu nationaler Unabhängigkeit und Eigenständigkeit erkennen lassen, falls die säkularen Eliten angesichts ihrer Differenzen und Eigeninteressen nicht in der Lage sein würden, ihn zu beschreiten.

Der Beginn der Ära nach dem Sturz Mosaddeghs war zunächst durch die Abrechnung mit der Opposition gekennzeichnet. Mosaddegh selbst kam mit einem relativ milden Urteil davon und blieb nach Verbüßung einer Gefängnisstrafe bis zu seinem Lebensende 1967 unter Hausarrest. Besonders hart traf es die Anhänger der *Tudeh*-Partei: Viele wurden verhaftet und gefoltert, viele verließen das Land und gingen ins Exil, darunter in die beiden Teile Deutschlands. Sie sollten erst nach dem Sturz des Schahs zurückkehren. Repressive Maßnahmen trafen aber auch die *Nationale Front.* Ihr politisches Erbe ging auf andere Gruppierungen und Persönlichkeiten über, die ihr – vor allem im religiösen Lager – nahegestanden hatten. Mit der Geistlichkeit suchte sich der Schah auf Kosten der religiösen Gemeinschaft der *Baha'i* zu arrangieren: Die Polizei stand abseits, als sich, aufgehetzt durch die Mullas, 1955 ein Mob daran machte, das zentrale Heiligtum in Teheran zu zerstören. Im Übrigen aber stand bis 1961 mit Großayatollah Borudschirdi (1875–1961) ein Mann an der Spitze der geistlichen Hierarchie, der jede Einmischung der *ulama* in die Politik ablehnte. 1957 wurde der Geheimdienst Savak (»Organisation für Informationen und die Sicherheit des Landes«) aufgebaut. Er sollte bald zum berüchtigten Inbegriff einer auch brutalste Methoden der Verfolgung nicht scheuenden Einrichtung des Herrschaftssystems werden.

Im Übrigen war der Schah bemüht, seine Herrschaft im breiteren Rahmen der Tradition von Herrschaft in Iran zu verorten. In seiner 1961 erschienenen Autobiographie »Mission für mein Land« (*Ma'muriyat bara-ye vatanam*) sah er sich von einer religiösen Berufung legitimiert. 1967 zelebrierte er eine kaiserliche Krönung (die bei seiner Einsetzung im August 1941 den Umständen entsprechend unterblieben war). Das bei dieser Gelegenheit entstandene Foto (▸ Abb. 23), welches ihn, die Kaiserin Farah Diba und den Kronprinzen Reza zeigt, erhielt einen offiziellen kultischen Status. Die offizielle Bezeichnung des Herrschers war »König der Könige, Sonne der Arier, Marschall der Armee« (*Schahanschah aryamehr bozorg-e arteschtaran*). Den Höhepunkt der Selbstinszenierung bildeten die Feierlichkeiten im Oktober 1971 in den Ruinen von Persepolis, der alten achämenidischen Hauptstadt, zum Gedenken der Gründung der iranischen (achämenidischen) Dynastie durch Kyros II. (reg. 559–530 v. Chr.) 2500 Jahre zuvor. Während sich zahlreiche führende Persönlichkeiten aus allen Teilen der Welt in den fünfzig Prunkzelten in luxuriösem Ambiente zusammenfanden, wurden die Untertanen des Kaisers von dem Geschehen ferngehalten. Mit Bezug auf das Jubiläum schließlich erfolgte 1976 die Einführung eines neuen Kalenders. Er hatte als Beginn der Zeitrechnung nicht die *hidschra* Muhammads (d. h. die Auswanderung des Propheten von Mekka nach Medina 622 n. Chr.), sondern eben die Krönung von Kyros II. (den Großen). Bereits sein Vater hatte den iranischen Sonnenkalender mit iranischen Monatsbezeichnungen als offiziellen Kalender eingeführt, allerdings die Jahreszählung mit der *hidschra* beginnen lassen. Im Laufe der Jahre war es so zu unterschiedlichen Jahresangaben gegenüber dem islamischen Mondkalender gekommen. Zwar wurde nach nur einem Jahr die neue Jahreszählung rückgängig gemacht; die Kalenderreform Reza Schahs aber hat bis heute Bestand. Der Traum des Schahs von der »großen Zivilisation« (*Tamaddun-e buzurg*) konkretisierte sich in der Vision, in den Kreis der fünf größten Industrienationen der Welt aufzusteigen. Den Visionen des Schahs entsprachen die kulturellen Aktivitäten seiner Frau, Schahbanu Farah Pahlavi: Im Schiraz-Kunstfestival, das von 1967 bis 1977 in den Ruinen von Persepolis stattfand, wurde der Bogen von der vorislamischen Kultur der Achämeniden bis zur modernen westlichen Kultur gespannt.

Abb. 23: Krönung des »Königs der Könige, Sonne der Arier, Marschall der Armee«, 1967.

Auf umfassende Weise wurden die USA zur Stütze des Regimes. In der Öffentlichkeit festigte sich der Eindruck, dass in Iran nichts geschehe ohne die Zustimmung aus Washington. Um die autokratische Ein-Mann-Herrschaft zu verschleiern, bestand Washington darauf, politische Parteien zuzulassen. So entstanden zwei offizielle Gruppierungen: Die *Milliun* (»Nationalisten«) unterstützten die Politik der Regierung; die *Mardum*-Partei (»Volkspartei«) spielte die Rolle der Opposition. Außenpolitisch wurde der Schah ein verlässlicher Gefolgsmann amerikanischer Politik im Nahen Osten. Während sich die jungen arabischen Regimes dem Ansinnen widersetzten, sich in ein westliches Bündnissystem gegen die Sowjetunion einbinden zu lassen, trat Iran 1955 dem Bagdad-Pakt und 1959 dem Cento-Bündnis bei (► S. 517). Eng waren die Beziehungen mit Israel. Der jüdische Staat unterhielt eine diplomatische Mission in Teheran. Nicht zuletzt auf den Gebieten des Nachrichtenwesens und der Geheimdienste verband Teheran und Jerusalem eine enge Zusammenarbeit.

Nach dem britischen Rückzug aus der Golfregion Anfang der siebziger Jahre beanspruchte Iran die Rolle einer Vormacht am Persischen Golf. Provozierend betonte der Schah den »persischen« Charakter des Golfs und schickte Soldaten auf die Arabische Halbinsel, wo sie sich u. a. am Kampf gegen linke Befreiungsbewegungen beteiligten. Sein hartnäckigster außenpolitischer Widersacher in jener Zeit war der starke Mann in Bagdad, Saddam Husain. Als sich 1974 die Kurden gegen diesen erhoben, wurden sie durch eine gemeinsame Aktion Irans und Israels unterstützt. Der Schah ließ die Kurden fallen, als er sich 1975 auf einer Konferenz in Algier mit Saddam auf die Festlegung der Talweglinie als Grenze zwischen Iran und dem Irak auf dem Wasserweg des Schatt al-Arab verständigte (► S. 230). Die Annektierung Bahrains, auf das der Schah 1971 Anspruch erhob, wurde von Washington verhindert. Ungehindert aber besetzten iranische Truppen eine Reihe von kleinen Inseln im Golf, auf die das Emirat Schardscha einen historischen Anspruch erhob. In der Meerenge von Hormus gelegen, können von ihnen aus die Öltransportwege kontrolliert werden. Als nach dem vierten arabisch-israelischen Krieg im Oktober 1973 (*Yom-Kippur-Krieg*) Bewegung in das ägyptisch-israelische Verhältnis kam, war der Schah bemüht zu vermitteln. Mit Präsident Anwar as-Sadat entstand eine persönliche Freundschaft. Nicht zufällig wurde Kairo nach seiner Flucht aus Teheran am 16. Januar 1979 auf dem Weg durch das Exil seine erste und – schließlich auch – letzte Station. Dort starb er am 27. Juli 1980; dort ist er auch beigesetzt.

Angesichts der engen Verflechtung der Politik des Schahs mit, ja Abhängigkeit von der politischen Großwetterlage in Washington konnte der Regierungsantritt des Demokraten John F. Kennedy (reg. 1961–1963) nicht ohne Auswirkungen auf Teheran bleiben. Auf der politischen Agenda trat die Bedeutung des Kampfes gegen den Kommunismus zurück; der Schwerpunkt der Politik verlagerte sich mehr auf soziale und wirtschaftliche Reformen. Eine Verbreiterung der Akzeptanz der Herrschaft des Schahs war auch umso dringlicher, als sich die wirtschaftliche Lage für weite Teile der Bevölkerung verschlechtert hatte und es zu Protesten kam. An der Spitze der Protestbewegung standen zwar Lehrer und Studenten, ihnen schlossen sich aber Teile der unteren Schichten an: Unter den Demonstranten fanden sich kleine Händler, abhängig Beschäftigte unterschiedlicher Berufe, Arbeitslose, aber auch Vertreter der niederen Geistlichkeit.

Vor diesem Hintergrund sah sich der Schah zwei Herausforderungen gegenüber: Zum einen galt es, den Prozess der Industrialisierung zu beschleunigen; zum anderen, die Lage der Menschen auch auf dem Land nachhaltig zu verbessern und so die Bevölkerung dort für das Regime zu mobilisieren. Entwicklungspläne sollten in den nächsten anderthalb Jahrzehnten die Industrialisierung befeuern und den Finanz- und Bankensektor stärken. Der Erfolg wurde messbar: Bereits 1968 lag das Wirtschaftswachstum mit jährlich 15 % – nur hinter Südkorea und Singapur – weltweit auf dem dritten Platz.

Ein Durchbruch zu einer rasanten Industrialisierung erfolgte im Zusammenhang mit der Revolutionierung des Ölsektors. Ende der sechziger Jahre hatten die revolutionären arabischen Regimes begonnen, die Ölindustrie zu nationalisieren. 1972 schloss sich der Schah diesem Trend an und machte die NIOC zum alleinigen Besitzer der Anlagen im Land. Zwar blieb die lukrative Vermarktung des iranischen Öls auch weiterhin in den Händen des westlichen Erdölkonsortiums von British Petroleum, Shell und Co. Als Oberhaupt aber des zweitgrößten Förderlandes der *Organization of Petroleum Exporting Countries* (Opec) gewann er großen Einfluss und entwickelte sich in der Preispolitik zu einem »Falken«, der für einen möglichst hohen Ölpreis eintrat. Dessen Entwicklung im Herbst 1973 markierte die neuen Machtverhältnisse in der Ölwirtschaft: am 16. Oktober wurde der Preis von 2,59 US-Dollar pro Fass (ein *barrel* umfasst 159 Liter) auf 5,12 US-Dollar angehoben – ein Preis, der bereits am 22. Dezember noch einmal verdoppelt wurde. Damit standen der Regierung enorme Mittel für die Einfuhr von Gütern für die zivile und militärische Entwicklung des Landes zur Verfügung.

Neben der Industrialisierung wurde die Land- und Bodenreform der zweite Schwerpunkt der Modernisierungspolitik des Schahs. Bereits nach dem Staatsstreich von 1953 hatte er begonnen, eigenen Besitz an Boden und Dörfern (den sein Vater erworben hatte) an die Bauern zu verkaufen. Aber noch 1960 waren mehr als die Hälfte der Bevölkerung, d. h. etwa 20 Mio. Menschen, in der Landwirtschaft beschäftigt. Dabei lagen 56 % des bebaubaren Bodens in den Händen von 1 % der Bevölkerung. In diesem Jahr verordnete ein Gesetz eine erhebliche Einschränkung des Landbesitzes. Aber angesichts des überwältigenden Einflusses der Großgrundbesitzer im Parlament – die Wahlen zum *Madschlis* waren in der Regel in hohem Maße manipuliert – zeitigte dies kaum Auswirkungen auf die reale Lage der Bauern. Auf Druck aus Washington berief der Schah 1961 Ali Amini (1905–1992) zum Ministerpräsidenten. Qadscharischer Abkunft und selbst Großgrundbesitzer, war er gleichwohl seit langem für eine Landreform eingetreten. Der Pahlawi-Dynastie brachte er wenig Sympathie entgegen. Das Parlament wurde aufgelöst und das Gesetz von 1960 weiter verschärft. Erlaubt war künftig nur noch der Besitz eines einzigen Dorfes; ausgenommen wurden Ländereien, die mit modernen Maschinen und vom Besitzer selbst bearbeitet wurden. Damit war mit einer feudalen Tradition gebrochen, die die die Bauern seit unvordenklichen Zeiten an die Scholle gebunden und zum Eigentum des Besitzers gemacht hatten. Nunmehr würden sie das Land, das sie bearbeiteten, selbst erwerben können; die notwendigen Kredite würden zur Verfügung gestellt. Die Gründung agroindustrieller Betriebe sollte diejenigen auffangen, die selbst nicht zu Eigentümern von Land geworden waren.

Die Reaktion auf das Gesetz war gespalten: Während weite Teile der politischen Klasse ablehnend reagierten – auch die *Nationale Front*, die sich nach ihrer Unterdrückung seit Anfang der sechziger Jahre wieder konstituierte, stand im Lager der Reformgegner –, wurden die Maßnahmen in einer breiten Öffentlichkeit positiv aufgenommen. Bestrebt, den Erfolg zu nutzen, um seine Position zu festigen, sowie angesichts des Widerstands aus dem sozialpolitisch konservativen Lager, entließ der Schah den Ministerpräsidenten und suchte die Zustimmung unmittelbar vom Volk. Am 26. Januar 1963 stimmten 98 % der Befragten einem Reformpaket zu, das in der Folge als »Weiße Revolution« in die Geschichte eingehen sollte. Dabei waren die Landreform und die Abschaffung der Leibeigenschaft nur eine Facette von Reformmaßnahmen; besonders bemerkenswert waren das Wahlrecht für Frauen und die Aufstellung einer »Armee des Wissens« zur Durchsetzung der Schulpflicht auf dem Land. Indem sich der Schah jetzt selbst an die Spitze eines scheinbar tiefgreifenden Prozesses der Modernisierung stellte, war er überzeugt, die Herzen der breiten Bevölkerung zu gewinnen und sich über Widerstand und Opposition – ggf. mit Maßnahmen der Unterdrückung – hinwegsetzen zu können. Die offizielle Bezeichnung der Erneuerung wurde die »Revolution von Schah und Volk« (*Inqilab-e schah o millat*).

Mit der Entlassung Ali Aminis, der Auflösung des Parlaments im Vorfeld des Referendums und der Wahl eines neuen – manipulierten – *Madschlis*, in dem nunmehr Unterstützer der Maßnahmen des Schahs die Mehrheit stellten (69 % der Abgeordneten waren Staatsbeamte), war wohl die letzte Chance vertan, die Modernisierung Irans im Rahmen der Verfassung und ihrer Institutionen voranzubringen. Der immer selbstherrlichere Stil seiner Herrschaft hat dem Schah nicht nur den Widerstand immer breiterer Kreise der Bevölkerung erwachsen lassen; er hat ihn schließlich nahezu vollständig isoliert, so dass er die Probleme und die Anliegen des Volkes nicht mehr wahrgenommen hat.

Naturgemäß stießen die – in ihrem Ansatz radikalen – Direktiven der Revolution auf Reaktionen sehr unterschiedlicher Natur. Tricks der von den Enteignungen Betroffenen sowie Schlupflöcher in den Gesetzen und Ausführungsbestimmungen gestatteten es den traditionellen Feudalherren, auch nach der Aufgabe eines Großteils ihrer Ländereien, ihre wirtschaftliche Vormachtstellung auf dem Land zu behaupten bzw. schrittweise wiederherzustellen. Anstatt die aus dem Verkauf erlösten Gewinne in arbeitsintensive Unternehmen zu investieren, wanderten diese zu einem beträchtlichen Teil in Spekulationen mit städtischem Grund und in Immobilien. Die Arbeitskräfte, die auf dem Land nicht mehr gebraucht wurden und dort auch keine Beschäftigung fanden, wanderten in die großen Städte, nicht zuletzt nach Teheran, an deren Rändern sie in wachsendem Maße ein Subproletariat zu bilden begannen. Auch bei der Schicht der Bevölkerung also, die in den Genuss der Umverteilung des Landes hatte kommen sollen, entstand ein Potential an Frustration.

Die wirtschaftlichen und sozialen Entwicklungen und Veränderungen ließen den politischen Raum nicht unberührt. Das Spektrum der politischen und gesellschaftlichen Kräfte begann sich zu differenzieren; den Unterstützern und Gefolgsleuten standen Persönlichkeiten und Gruppen gegenüber, die für alternative Konzepte der Modernisierung des Landes eintraten. Für eine wirkliche politische Opposition aber (die die Monarchie keineswegs infrage gestellt hätte) waren in dem zunehmend von der absoluten Herrschaft des Schahs dominierten System nur enge Grenzen gezogen. Lediglich regimekonforme »Parteien« wurden zugelassen: Die 1963 gegründete Partei des *Neuen Iran* (*Iran-e novin*) trat an die Stelle der *Nationalen* (*Milliun*); in ihr sammelte sich die prowestliche Generation technokratischer Politiker. Sie wurde – trotz Fortbestehens der *Volkspartei* (*Mardom*) – im folgenden Jahrzehnt zum Sammelbecken, aus dem sich die politische Führungsriege rekrutierte. Liberale, islamische und linke Intellektuelle organisierten sich in eigenständigen Organisationen, die allenfalls toleriert, in zahlreichen Fällen aber auch unterdrückt wurden. Unter ihnen war es die *Bewegung für die Freiheit* (*Nehzat-e azadi*), der, angeführt von dem betont religiösen Ingenieur Mehdi Bazargan (1907–1995) und dem »linken« Ayatollah Mahmud Taleqani (1911–1979), nach der Revolution kurzzeitig die Aufmerksamkeit der Öffentlichkeit zufallen sollte.

Auf Kritik und Widerstand stießen nicht nur einzelne Maßnahmen des Modernisierungsprogramms des Schahs. Eine tiefergehende Dimension der Kritik lag in der immer stärkeren Bindung des Herrschers an die USA. Deren wirtschaftlicher Einfluss wuchs kontinuierlich und nahm Formen einer Überwältigung an, als sich mit Beginn der siebziger Jahre die Einnahmen aus dem Verkauf von Öl dramatisch erhöhten. Nicht nur wurden die USA der größte Lieferant von Industriegütern; auch die Armee wurde umfassend amerikanisch ausgerüstet. Verbunden damit waren eine kulturelle Verwestlichung und die Verbreitung eines amerikanischen Lebensstils, die in breitesten Kreisen der Öffentlichkeit als »erschlagend« empfunden wurden. Der einer geistlichen Familie entstammende, zeitweise kommunistische Intellektuelle Dschalal Al-e Ahmad (1923–1969) hatte dafür bereits 1962 den Begriff *gharbzadegi*, das »Geschlagensein durch den Westen« geprägt. In diesen Jahren entstanden auch militante Gruppen, die u. a. mit terroristischer Gewalt Anstöße zur Veränderung der Gesellschaft zu geben versuchten. Ihre Programme waren teils marxistisch-leninistisch inspiriert; teils suchten sie linkes Gedankengut mit einer revolutionären Interpretation des Islams zu verbinden. Ihre Selbstbezeichnungen verrieten ihre ideologischen Affinitäten: Die beiden bekanntesten wurden die *Organisation der kämpfenden Guerilleros des Volkes Irans* (*Sazman-e tscharikha-ye fida'i-ye khalk-e Iran*) und die *Organisation der Mudschahidin* (*»Glaubenskämpfer«*) *des Volkes Irans* (*Sazman-e mudschahidin-e khalq-e Iran*). Letztere, die Ayatollah Taleqani nahestand, sollte über die Revolution hinaus eine gewisse Rolle spielen. Einen wirklichen Einfluss auf den Gang der Dinge sollten die radikalen Organisationen jedoch ebenso wenig haben wie die große Zahl vornehmlich linker Intellektueller und Aktivisten, die sich mit den Jahren in den USA, nicht zuletzt aber auch in Europa (auch West- und Ost-Deutschland) zusammengefunden hatten und – am Ende vergeblich – auf ihre Stunde warteten.

Vor dem Hintergrund der wachsenden Präsenz amerikanischer »Berater« (im weitesten Sinn des Wortes) in Iran setzten die USA Oktober 1964 ein Gesetz im iranischen Parlament durch, in dem amerikanische Staatsangehörige im Falle von Straffälligkeit von der Strafverfolgung durch iranische Gerichte ausgenommen wurden. Dies war – einmal mehr – ein Gegenstand vehementer Kritik vonseiten eines Geistlichen, der bereits zuvor mit seinem Widerstand gegen die »Weiße Revolution« an die Öffentlichkeit getreten war. Er sollte 1977/78 zu einem Rufer werden, der die Stimmen der sehr unterschiedlichen Opposition gegen den Schah für einen Augenblick zusammenbringen und dessen Sturz herbeiführen sollte. Sein Name war Ruhollah Musawi Khomeini.

Von Beginn an hatte die Geistlichkeit der Landreform ablehnend gegenübergestanden. Selbst Großayatollah Burudschirdi, der ansonsten dafür eintrat, dass sich die Geistlichkeit aus der Politik heraushalte, hatte an den ersten Maßnahmen der Bodenverteilung Kritik geübt, bildeten doch religiöse Stiftungen (*auqaf*, Sg. *waqf*) in Gestalt von Großgrundbesitz das Rückgrat der Einkünfte der Geistlichkeit und die Grundlage ihrer Unabhängigkeit. Nach seinem Tod aber war der Weg frei für die aktive Einmischung der Geistlichkeit auch in politische und gesellschaftliche Fragen. Ruhollah Musawi wurde 1902 (das genaue Datum ist umstritten) in dem zentraliranischen Dorf Khomein geboren – von daher der Name, unter dem er gemeinhin genannt werden sollte: Khomeini. Im Alter von 16 Jahren war er zur theologischen Ausbildung nach Arak und später nach Qum gegangen, wo er 1943 den geistlichen Rang eines *Hodschatoleslam* (*hudschdschat al-islam*, »Zeuge des Islams«) erhielt. Sein frühes Eintreten für eine Regierung, die auf göttlichem Recht beruhen würde, brachte ihn nach dem Zweiten Weltkrieg in die Nähe der *Fida'iyan-e islam*. Mit dem Beginn der »Weißen Revolution« trat er an die Öffentlichkeit. Am 21. März 1963, dem iranischen Neujahrsfest und zugleich dem Todestag des 6. Imam, Dscha'far as-Sadiq (702–765), einem Anlass, der viele Pilger in Qum versammelte, rief er in einer Predigt zum Widerstand auf. Er wurde verhaftet, bald aber wieder frei gelassen. Nach seiner Rede am 3. Juni, dem schiitischen Trauertag *Aschura* im islamischen Monat *Muharram*, griff er den Schah persönlich an, was zu Tumulten führte, die blutig unterdrückt wurden. Zwei Tage später wurde er wieder verhaftet; der Todesstrafe entging er nur, als eine Reihe führender Geistlicher ihn als »Großayatollah« bestätigte, also als jemand, der von den Gläubigen als »Instanz der Nachahmung« (*mardscha'-e taqlid*), wie es Burudschirdi gewesen war, anerkannt werden müsse. Damit war er für die Justiz praktisch unberührbar geworden; gleichwohl blieb er unter Hausarrest. Die landesweiten Unruhen wurden unter einer hohen Zahl von Opfern niedergeschlagen, der Ausnahmezustand wieder angeordnet. Auch wenn die Theologen nicht geschlossen als Gefolgschaft der radikalen Ansichten Khomeinis betrachtet werden konnten, war doch das Tischtuch zwischen der Geistlichkeit und dem Schah zerschnitten. Im April 1964 aus dem Hausarrest entlassen, nahm Khomeini die Gesetzgebung in Sachen der Straffreiheit der Amerikaner zum Anlass, am 27. Oktober einmal mehr öffentlich vor Pilgern in Qum die Regierung und den Schah anzugreifen. Diesmal machten die Behörden kurzen Prozess: Eine Woche später wurde er des Landes verwiesen. Nach einigen Monaten in der Türkei ließ er sich 1965 im irakischen Nadschaf nieder. Dort wartete er auf die Stunde seiner Rückkehr – nicht freilich, ohne in seinen Predigten und Veröffentlichungen die religiös-politischen Grundlagen für eine neue Ordnung in Iran zu erarbeiten.

Hintergrund der positiven Aufnahme der Kritik Khomeinis war eine tiefsitzende Ablehnung der Regierungsführung des Schahs in einer breiten Bevölkerung, insbesondere in den unteren städtischen Schichten. Wie auch später in der zweiten Hälfte der siebziger Jahre sollte sich diese aus sehr unterschiedlichen Quellen speisen. Die enge Anlehnung an die USA, deren sichtbare Präsenz auf iranischem Boden sowie nicht zuletzt auch die damit verbundene »Amerikanisierung« des Lebensstils der neuen Oberschicht waren eine. Die Geistlichkeit als gesellschaftliche, aber zugleich auch wirtschaftliche Interessengruppe musste die Landreform als Bedrohung ihres Standes wahrnehmen: Neben aristokratischen Großgrundbesitzern waren von ihr, wie erwähnt, auch zahlreiche religiöse Stiftungen sowie einige Kleriker unmittelbar persönlich betroffen. Ein weiterer – großer – Stein des Anstoßes in Kreisen der Geistlichkeit waren die Maßnahmen, welche die Veränderung der Stellung der Frau in der iranischen Gesellschaft betrafen: So wurde das weibliche Heiratsalter von neun Jahren abgeschafft und das aktive und passive Wahlrecht der Frauen eingeführt. Tatsächlich hat sich der Schah in den kommenden Jahren sehr weit von den islamischen Gesetzen bezüglich der Stellung der Frau entfernt: 1975 wurde ein neues Familienrecht mit einer weitgehenden Gleichstellung von Mann und Frau, der faktischen Abschaffung der Polygamie, einem gleichen Scheidungsrecht für Frauen, verpflichtenden Unterhaltsleistungen für Frau und Kind bei Scheidung sowie der Sorgerechtszuweisung für gemeinsame Kinder an die Witwe beim Tod des Ehegatten verfügt.

Nach außen erscheint das Jahrzehnt nach der Niederschlagung der Proteste von 1964 als eine Ära wirtschaftlicher Entwicklung und politischer Stabilität. Wirtschaftshilfe von außen, staatliche und private Investitionen sowie Investitionen aus dem Westen generierten ein kräftiges Wachstum; der Lebensstandard eines Teils der Bevölkerung, nicht zuletzt der Mittelschicht, wuchs. Außenpolitisch wurde der Schah zu einer tragenden Säule politischer Stabilität in der Golfregion, was jede auswärtige Kritik an seinem autokratischen Herrschaftsstil verstummen ließ. Die dramatische Steigerung der Öleinnahmen einer- und der britische Rückzug »East of Suez« andererseits steigerten mit Beginn der siebziger Jahre noch einmal die Attraktivität des Herrschers im westlichen Ausland. In der Strategie Washingtons war der Schah ausersehen, das Sicherheitsvakuum zu füllen, das der britische Rückzug zu hinterlassen drohte – eine Rolle, die dieser nur zu gern annahm. Sie machte ihn zugleich zu einem begehrten Kunden westlicher Rüstungskonzerne. Mit den steigenden Einnahmen setzte ein Boom von Importen auch ziviler Güter ein; Iran wurde ein Markt der unbegrenzten Möglichkeiten. Bald aber erwies sich die Infrastruktur als überlastet; Schiffe stauten sich vor den Häfen am Golf und warteten teilweise monatelang auf Abfertigung. Das Heer ausländischer Berater wuchs kontinuierlich; allein die Zahl der in Iran lebenden US-Amerikaner lag 1977 bei ca. 40 000.

Hinter der Fassade megalomaner Träume aber erwuchsen der Masse der Iraner nach und nach spürbare wirtschaftliche Schwierigkeiten. Sie bestanden in steigenden Preisen, der Verknappung von Lebensmitteln und Gütern des täglichen Lebens, in Wohnungsnot, wachsender Arbeitslosigkeit und Abwanderung in die Städte; in Teheran hatten sich Slums zu bilden begonnen. Ein Land, dessen Herrscher davon träumte, es zu einer der führenden Industrienationen der Welt zu machen, musste Getreide einführen, um seine Bevölkerung zu ernähren. Die Visionen überstiegen die Kapazitäten und Ressourcen des Landes. Zugleich ließ die Verwirklichung der Großprojekte – viele unter ihnen von fragwürdigem Nutzen – Netzwerke der Korruption innerhalb der Führungsschicht entstehen.

Die Weichenstellungen, die der Schah 1975 vornahm, lassen erkennen, wie sehr er den Kontakt mit dem Volk verloren hatte und wie falsch er die Stimmung in der Öffentlichkeit einschätzte. Indem der zum Marsch in Richtung auf die »große Zivilisation« (*tamaddun-e buzurg*) aufrief, führte er – wie oben berichtet – 1975 einen »kaiserlichen« Kalender ein, der weithin auf Ablehnung stieß und bereits nach einem Jahr widerrufen werden musste. Um die Führung des »Königs der Könige« auch institutionell zu manifestieren, löste er die beiden politischen Parteien auf und ersetzte sie durch eine Einheitspartei, die *Partei des Aufbruchs* (*Rastakhiz*). Sie sollte das Symbol für den Schulterschluss von Kaiser und Volk, für eine umfassende Mobilisierung aller Schichten sein. Der Enthusiasmus freilich hielt sich Grenzen. Nicht zuletzt die Aussicht auf Ämter wurde zum Anreiz, der neuen Partei beizutreten.

Wieder einmal – wie nach 1961, dem Amtsantritt John F. Kennedys – sollte ein Machtwechsel in Washington Einfluss auf die Entwicklungen in Iran haben. Am 20. Januar 1977 trat der Kandidat der *Demokratischen Partei*, Jimmy Carter (geb. 1924), seine Präsidentschaft an. Jetzt trat zu Tage, dass mit dem Beifall der Regierenden im Westen zugleich ein Unbehagen und eine kritische Einstellung gegenüber dem Herrscher einhergegangen waren. Es hatte mit der Tatsache begonnen, dass der Schah unter den erdölfördernden Ländern die Rolle eines Vorreiters der Nationalisierung der Ölindustrie spielte und sich die Einmischung ausländischer Mächte in die Öl- und Ölpreispolitik verbat. Nunmehr wurde der Duktus in der Berichterstattung der westlichen Medien eher kritisch. In den USA und Europa, nicht zuletzt in den beiden Teilen Deutschlands, lebten zahlreiche – meist links orientierte – Iraner, Opfer der Repression; sie fanden unter der kritischen europäischen Jugend des Endes der sechziger Jahre offene Ohren. Jimmy Carter, auf dessen Agenda der Einsatz für Menschen- und Bürgerrechte sowie für sozialen Ausgleich hoch oben angesiedelt war, konnte das nicht ignorieren. Der aus Washington kommenden – freilich noch behutsamen – Kritik vermochte sich auch einer der engsten Getreuen der USA nicht zu entziehen. Schließlich konnte man im Westen nicht die Augen vor den politischen, gesellschaftlichen und wirtschaftlichen Problemen verschließen, die sich in Iran zuspitzten. Der Schah musste reagieren: Die Zensur wurde gelockert; die Tätigkeit des Savak eingeschränkt. Im kulturellen Leben kamen wieder Ideen und Autoren zu Wort, die lange zum Schweigen verdammt gewesen waren. Anlässlich des Besuchs des Schahs in Washington zum Jahreswechsel 1977/78 bekundeten beide Führer einmal mehr die Verbundenheit ihrer Länder. Aber in Washington hatte man begonnen, Überlegungen zu Alternativen zu dem in Teheran herrschenden Regime anzustellen. Bereits im November war das Gerücht kolportiert worden, Mustafa Khomeini, der Sohn des Ayatollah, sei vom Savak heimtückisch ermordet wurden (in Wirklichkeit war er einem Herzinfarkt erlegen). Als es in einigen Städten daraufhin zu Demonstrationen kam, waren Unzufriedenheit und Opposition auf die Straße getragen worden.

Am Ende des Tages sind Verlauf und Ergebnis der Anfang 1978 anlaufenden revolutionären Woge von einem militanten Geistlichen und seinem im Exil entworfenen Konzept einer »islamischen Herrschaft« bestimmt worden. Dies freilich sollte nicht übersehen lassen, dass hinter der Fassade der auf westliche Vorbilder ausgerichteten Entwicklung des Schahs ein durchaus vielfältiges und facettenreiches geistiges Schaffen Platz gegriffen hatte. Unter den im Ausland lebenden iranischen Intellektuellen standen sozialistische und marxistische Konzepte hoch im Kurs. Im Lande selbst aber war das Denken sehr viel stärker von Diskursen geprägt, die um Religion, Tradition und Identität kreisten. Nach dem Tod von Ayatollah Burudschirdi (1961) begannen junge Theologen, ihrerseits politische und gesellschaftliche Alternativen zum System des Schahs zu diskutieren. Viele von ihnen befanden sich im Umfeld von Khomeini, ohne aber am Ende die Linie zu kopieren, die dieser mit seinen Vorlesungen in Nadschaf gezogen hatte. Religiös geprägt, suchten sie gleichwohl stärker eine Synthese mit europäischen philosophischen und staatsrechtlichen Konzepten herzustellen. Es sollte sich als tragisch erweisen, dass einige wichtige Köpfe unter ihnen dem gewalthaften Chaos der Zeit unmittelbar nach der Revolution zum Opfer gefallen sind.

Der Denker und Agitator, der zeitweilig das größte öffentliche Interesse auf sich zog, war Ali Schari'ati (1933–1977). Seine Familie hatte einen religiösen Hintergrund. Sein persönliches Interesse aber galt den Sozialwissenschaften, vor allem in den Jahren seines Studiums an der Pariser Sorbonne (1959–1964). Zwischen dem

»reinen und authentischen« und dem »korrumpierten« Islam der Ära von den Safawiden bis zu dem geistlichen Establishment der Gegenwart unterscheidend, stellte er den schiitischen Märtyrerkult als den einzigen Weg zu Wahrheit und Gerechtigkeit heraus und rief zum Tyrannenmord auf. Trotz der Tatsache, dass er schließlich seinen Frieden mit dem Schah-Regime machte (was zu einem beträchtlichen Ansehensverlust führte), wurde er nach seinem Tode von vielen als Märtyrer auf dem Weg zur Revolution verehrt. Jenseits einer religiösen Referenz schließlich übten Soziologen und Philosophen Kritik an dem politischen und gesellschaftlichen System der herrschenden Monarchie. Im Zuge der Lockerung der Zensur veranstaltete das Goethe-Institut in Teheran im Oktober 1977 im Garten des Iranisch-Deutschen Kulturvereins eine zehntägige Sequenz von Lesungen Dutzender zeitgenössischer iranischer Dichter und Schriftsteller (»Nächte der Poesie«), die bis dahin nicht hatten öffentlich auftreten dürfen. Von Lesung zu Lesung wuchs die Zahl der Hörer; am Ende waren es Tausende. Über Lautsprecher wurden die Vorträge nach außen übertragen. Viele der Texte waren politisch aufgeladen. Manchen gilt dieses Ereignis als der Beginn der Revolution.

Der unmittelbare Auslöser des revolutionären Marathons ist auf den 7. Januar 1978 zu datieren. Unter dem Titel »Iran und der schwarze und rote Kolonialismus« erschien an diesem Tag in der Zeitung *Ettela'at* ein Artikel, in dem Khomeini – und mit ihm Teile der Geistlichkeit – als Agenten des britischen Imperialismus denunziert wurden. Auch seien sie Handlanger für alle, die gegen die Revolution des Schahs opponierten – Großgrundbesitzer wie Kommunisten. Bei anschließenden Protestdemonstrationen kamen vier Menschen ums Leben. Und nun nahm die Eskalation ihren Lauf. Bei den – namentlich unter den Schiiten üblichen – Gedenkritualen 40 Tage nach den tödlichen Vorfällen kam es erneut zu Demonstrationen mit Opfern. Noch waren die Forderungen moderat: Respektierung der Verfassung, Freiheit der Rede und das Ende der Zensur, Entlassung politischer Gefangener und Auflösung der *Rastakhiz*-Partei. Der Schah und die Sicherheitskräfte waren verunsichert. Dies nicht nur aus Besorgnis um die Reaktion in Washington; auch war der Schah bereits im Frühjahr 1978 wohl so krank, dass er zu einer entschlossenen Reaktion nicht mehr in der Lage war. Bald wurden die Forderungen radikaler; dabei fand die Stimme Ayatollah Khomeinis von Nadschaf aus als Agitator zunehmend Gehör: Unversöhnlicher als die meisten Demonstranten forderte er die Abdankung des Schahs. Die Moscheen boten ihm die Foren, über die er sich weithin Gehör verschaffen konnte. Mit dem Ramadan (5. August bis 4. September 1978) eskalierte die Gewalt. Am 19. August kamen beim Brand eines Kinos in Abadan 400 Menschen ums Leben; die Tragödie wurde als Provokation des Savak propagandistisch ausgeschlachtet. Am 8. September, dem »Schwarzen Freitag«, starben mehrere hundert Menschen im Feuer der Sicherheitskräfte. Die Masse der Hunderttausenden, die sich den Demonstrationen anschlossen, entstammten jenem Subproletariat entwurzelter Menschen, die im vergangenen Jahrzehnt vom Land in die Städte gezogen waren. Verarmt und ohne eine Perspektive auf Besserung ihrer Lage, fanden sie sich in den Ansprachen und Aufrufen wieder, die Khomeini an die *mustadh'afan* (*mustaz'afan*, »die Unterdrückten«) richtete. Nach dem »Schwarzen Freitag« hatten sie die Furcht vor den Sicherheitskräften verloren. Die Demonstrationen auf den Straßen wurden von

Streiks begleitet, die Teile der Wirtschaft, nicht zuletzt die Ölindustrie schwer trafen.

Inzwischen hatte Khomeini auf Druck der irakischen Regierung Nadschaf verlassen und sich in Absprache mit der französischen Regierung am 8. Oktober in Neauphle-le-Château nahe Paris niedergelassen. Während es um den Schah immer einsamer zu werden begann, strömte alle Welt in den kleinen Ort, um Khomeini zu interviewen. So wurde er in der Weltöffentlichkeit zunehmend als Revolutionsführer wahrgenommen. Hinter dem charismatischen Geistlichen blieben andere Akteure der Opposition im Schatten.

Als der Schah am 28. Dezember Schapur Bakhtiyar zum Ministerpräsidenten machte, war es zu spät. Dafür, dass Bakhtiyar, ein jahrzehntelanger Gegner der Pahlawi, das Amt annahm, wurde er aus der *Nationalen Front* ausgeschlossen; die meisten Politiker hatten sich bereits mit Khomeini arrangiert. Am 16. Januar 1979 verließ der Schah mit seiner Familie das Land. Vergeblich bemühte sich Bakhtiyar, über Mittelsmänner die Anerkennung seiner Regierung von Khomeini zu erhalten. Am 1. Februar kehrte dieser nach Teheran zurück; bei seiner Ankunft bereiteten ihm Millionen von Menschen einen triumphalen Empfang. Die Landung seines Flugzeugs war nicht mehr zu verhindern gewesen, da Teile der Armee Bakhtiyar ihre Unterstützung versagten. Am 11. Februar trat Bakhtiyar zurück, nachdem militante Gruppen begonnen hatten, auch die Kasernen zu besetzen. Sein Rücktritt beendete eine Epoche in der Geschichte Irans.

9.3 Afghanistan am Scheideweg

Die Herrschaft Zahir Schahs (1933–1973) verknüpft die Geschicke Afghanistans vor und nach dem Zweiten Weltkrieg. Bei Kriegsende freilich lag die tatsächliche Regierung noch nicht in seiner Hand; sein Onkel, Schah Mahmud Khan, führte die Regierungsgeschäfte. Neben innenpolitischen Turbulenzen war dem Land ein außenpolitisches Problem erwachsen, das über die folgenden Jahrzehnte die Politik Afghanistans in innen- wie regionalpolitischer Dimension überschatten sollte: die Paschtunistan-Frage. Diplomatische Bemühungen seitens der afghanischen Regierung, die Ostgrenze des Landes, die seit dem Ende des 19. Jahrhunderts in Gestalt der Durand-Linie Bestand hatte, mit dem Ziel zu revidieren, die paschtunischen Gebiete geschlossen einzugliedern, waren ohne Ergebnis geblieben. Als Pakistan 1946 ins Leben trat, hatten beide Länder in eben dieser künstlichen britischen Grenzziehung, welche namentlich die paschtunischen Gebiete willkürlich durchschnitt, eine gemeinsame Grenze.

In der Paschtunistan-Frage machte sich Kabul zum Anwalt aller Paschtunen. 1949 erklärte eine *loya jirga* das Grenzabkommen mit den Briten für null und nichtig und vertrat die Auffassung, dass Afghanistan ein Recht habe, sich für die Selbstbestimmung der Paschtunen jenseits der Durand-Linie einzusetzen.

Vor diesem Hintergrund beschloss der Familienrat im September 1953, Muhammad Da'ud Khan (1909–1978) als Ministerpräsidenten und neuen starken Mann an die Macht zu bringen. Da'ud war ein Vetter von Zahir Schah und hatte bereits unter Schah Mahmud den Posten des Kriegsministers innegehabt. Ganz oben auf der Agenda des neuen Ministerpräsidenten standen die Wiederherstellung der innenpolitischen Stabilität, die er durch die Forderungen der liberalen Opposition gefährdet sah (▶ S. 237), und die Überwindung der wirtschaftlichen Stagnation. Am intensivsten aber war er mit der Paschtunistan-Frage befasst. Wiederholt kam es in den fünfziger Jahren zu Konflikten mit Pakistan. Dabei saß Islamabad freilich am längeren Hebel. Die Sperrung der Grenze vonseiten der pakistanischen Regierung erwies sich insofern als wirksames Druckmittel, als fast der gesamte Außenhandel Afghanistans über den Hafen von Karachi abgewickelt wurde. Als Da'ud 1961 afghanische Stammesmilizen nach Pakistan schickte, um die Stämme auf der anderen Seite der Grenze aufzuwiegeln, schloss Pakistan einmal mehr die Grenze, diesmal für 19 Monate. Beide Länder bewegten sich am Rande eines Krieges. Die Blockade brachte den Handel zum Erliegen und hatte unmittelbare schwerwiegende Auswirkungen auf das wirtschaftliche Leben und die herkömmliche grenzüberschreitend nomadische Lebensweise der Stämme. Die Lage entspannte sich erst, als Da'ud Khan 1963 von seinem Amt zurücktrat.

Jenseits der Paschtunistan-Frage aber war Da'ud Khan eine wirkungsmächtige Persönlichkeit – etwa vom Schlage nationalistischer Führer seiner Zeit und Nachbarschaft wie Muhammad Mosaddegh in Iran oder Gamal Abd an-Nasir (Nasser) in Ägypten. Im breiteren Kontext der »Dritten Welt« kann er mit Nehru in Indien und Sukarno in Indonesien verglichen werden. Die Ausübung seiner Herrschaft war autokratisch. Im Mittelpunkt seines politischen Programms stand die Forcierung der Modernisierung des Landes. Außenpolitisch positionierte er Afghanistan zwischen den beiden Lagern der internationalen Politik, bemüht, aus dieser Konstellation umfängliche wirtschaftliche und militärische Unterstützung herauszuholen.

1959 wurde der Zwang zur Verschleierung der Frauen in der Öffentlichkeit aufgehoben. Es spricht für die Stabilität des Landes zu diesem Zeitpunkt – aber auch für das gesellschaftliche Bewusstsein in Teilen der afghanischen städtischen Bevölkerung nach Jahrzehnten eines behutsamen Wandels –, dass die Maßnahme auf keinen nennenswerten Widerstand traf. Nun konnten die Frauen aus ihrer traditionellen Abschließung heraustreten. Zunächst in Kabul, später in anderen Städten des Landes begann eine Emanzipationsbewegung, angeführt von den oberen Schichten der Gesellschaft. Unter Schülern und Studenten wuchs der weibliche Anteil. Frauen wurden in verschiedenen Berufen aktiv: unter anderem als Industriearbeiterinnen, Lehrerinnen, Beamtinnen und Richterinnen. Auch in den Kabinetten der Regierung waren sie vertreten.

Anfang der fünfziger Jahre hatte das Interesse der USA an dem Land am Hindukusch spürbar nachgelassen; stattdessen begann Washington stärker auf Pakistan zu setzen. Da'ud weigerte sich, amerikanischem Druck zu folgen und dem Bagdad-Pakt beizutreten. Während Islamabad 1955 diesen Schritt tat (Pakistan war zugleich Mitglied der *Southeast Asia Treaty Organisation*, Seato) und sich zunehmend in den amerikanischen Orbit begab, vertieften sich die Beziehungen Afghanistans mit der Sowjetunion. Dies nicht nur auf den Gebieten der Entwicklungs- und Militärhilfe sowie der finanziellen, wirtschaftlichen und kulturellen Zusammenarbeit; auch für ihre Position in der Paschtunistan-Frage erhielt die Regierung in Kabul Unterstützung aus Moskau. Das freilich hinderte Da'ud nicht, auch anderweitig um Unterstützung nachzusuchen. Und nach der Logik des Ost-West-Konflikts engagierten sich tatsächlich auch andere – westliche – Regierungen. Ausländische Geldgeber finanzierten zu Beginn der sechziger Jahre etwa 40 % der öffentlichen Aufträge. Dies hatte soziale Ungleichheiten zur Folge, denn Beamte, Lehrer, Bauern, Tagelöhner und kleine Händler profitierten so gut wie nicht von den Geldern aus dem Ausland. Am Ende der fünfziger Jahre geriet die Wirtschaft in die Stagnation; der Staatshaushalt schrumpfte. Als sich die wirtschaftliche Krise durch die Schließung der afghanisch-pakistanischen Grenze durch Islamabad weiter verschärfte, hatte Da'ud Khan sein letztes politisches Pulver verschossen. Im März 1963 trat er zurück.

Jetzt erst nahm Zahir Schah die Regierungsgeschäfte in eigene Hände. Im Gegensatz zu seinem autokratischen Vetter setzte er stärker auf demokratische Legitimation. Der von ihm vorgelegte Entwurf einer neuen Verfassung erhob den Anspruch, demokratisch und liberal zu sein. Er sah Bürgerrechte und ein säkulares Rechtssystem vor, in das die *Schari'a* eingebettet war. Für beide Kammern des Parlaments waren alle männlichen Bürger sowie Frauen, die des Lesens und Schreibens kundig waren, aktiv und passiv wahlberechtigt. Der Begriff »Afghane« wurde explizit auf alle Bewohner des Landes ausgedehnt. Im September 1964 wurde die Verfassung von einer *loya jirga* angenommen. In den Parlamentswahlen von 1965 wurden zum ersten Mal in der Geschichte Afghanistans auch vier Frauen als Abgeordnete gewählt. Hinter der demokratischen Fassade freilich behielt Zahir Schah selbst die Zügel in der Hand. Nur er konnte den Ministerpräsidenten und das Kabinett berufen und absetzen; ihm waren Streitkräfte und Zivilverwaltung unterstellt.

Die neue Verfassung öffnete Freiräume für die Gründung politischer und weltanschaulicher Bewegungen. Auf der Linken entstanden vor allem kommunistische Gruppierungen unterschiedlicher Couleur; ihnen entsprachen auf der Rechten islamische Gruppen, die – ebenfalls in unterschiedlichen Nuancen – die Zukunft Afghanistans auf der Grundlage der *Schari'a* zu gestalten suchten. Den Kern dieser Aktivitäten bildeten jeweils nicht mehr als einige hundert Intellektuelle, die, zum Teil aus der Provinz stammend, in Kabul Schule und Universität besuchen konnten. Gemeinsam war ihnen das Ziel, die Rückständigkeit des Landes zu überwinden. Persönlichkeiten wie Gulbuddin Hikmatyar, Ahmad Schah Mas'ud und Hafizullah Amin traten in Erscheinung; sie sollten bald zu bestimmenden Akteuren werden.

Als führende Gruppierung auf der Linken trat ab 1965 die marxistisch-leninistische *Demokratische Volkspartei Afghanistans* (DVPA) hervor. Den Titeln ihrer programmatischen Parteiorgane folgend, spaltete sie sich 1966 in zwei Flügel: *Khalq* (»Volk«), der radikalere unter ihnen, rekrutierte sich vornehmlich aus paschtunischen Studenten Süd- und Ostafghanistans. Seine Führer, Muhammad Taraki (1917–1979) und Hafizullah Amin (1929–1979), waren beide Ghilzai-Paschtunen und stammten aus ländlichen Regionen. *Parcham* (»Flagge«), der gemäßigtere Flügel, war überwiegend im traditionellen Kabuler Establishment verwurzelt. Sein Führer, Babrak Karmal (1929–1996), war Sohn eines Generals und gehörte der Kabuler Herrschaftselite an. Unter den anderen kommunistischen Gruppen ist insbesondere die maoistische *Scho'leh-ye dschawid* (»Ewige Flamme«) zu nennen. Sie stand der DVPA zeitweise an Popularität kaum nach und war namentlich unter Intellektuellen in der Hauptstadt verbreitet.

Die islamistischen Gruppierungen waren weniger straff organisiert. Ihre führenden Persönlichkeiten hatten meist im Ausland studiert und lehrten an der Theologischen Fakultät der Universität Kabul. Ein Sammelbecken islamistischer Bestrebungen war die *Organisation der Muslimjugend* (*Sazman-e dschawanan-e Musalman*), in der sich Studenten aus dem urbanen Kleinbürgertum zusammenfanden. Sie strebten einen islamischen Staat an und fühlten sich der *umma*, der islamischen Gemeinschaft, verpflichtet. Mit ihren sozialradikalen und fundamentalistischen Ansätzen befanden sie sich im Gegensatz zur traditionellen, eher spirituellen Auffassung des Islams. Viele islamistische Führer, die in den kommenden Jahren innenpolitischer Wirren eine Rolle spielten sollten, stammten aus ihren Reihen. 1976/77 spaltete sich auch die islamistische Bewegung in zwei Flügel. Uneinigkeit bestand über die Frage des *takfir* (der Erklärung anderer Muslime zu Ungläubigen), also darüber, in welcher Weise die islamische Revolution vorangetrieben werden sollte. Während die *Hizb-e islami* die radikalere Position vertrat, nahm die *Dscham'iyat-e islami* die gemäßigtere Haltung ein. In ähnlicher Weise wie bei der DVPA vollzog sich diese Spaltung entlang ethnischer Grenzen. So waren zwei Drittel des Führungskaders der *Hizb-e islami* Paschtunen. In der *Dscham'iyat-e islami* stellten Tadschiken aus Nordwest-Afghanistan und Herat sogar drei Viertel der Führungsriege.

Bevor diese Gruppierungen und Strömungen aber ins Rampenlicht der Geschichte traten, kehrte Da'ud Khan noch einmal auf die politische Bühne zurück. Die innenpolitische Lage war angespannt; sie war nicht zuletzt durch anhaltende Proteste von Studenten gekennzeichnet. Die Frustration über ihre berufliche Zukunft ebenso wie die sich vertiefenden politischen und ideologischen Spaltungen und Gegensätze trieben sie auf die Straße. Eine Hungersnot, bedingt durch eine Dürreperiode zwischen 1969 und 1972, enthüllte nicht nur die Handlungsunfähigkeit der Regierung, sondern auch das Ausmaß an Korruption bei der Durchführung der Hilfsmaßnahmen. Bis zu 100 000 Menschen sollen der Katastrophe zum Opfer gefallen sein.

Während sich König Zahir in Rom aufhielt, kam es in Kabul zum Machtwechsel: in einem unblutigen Putsch übernahm Da'ud Khan wieder die Macht. Gestützt auf in der Sowjetunion ausgebildete Offiziere und auf Mitglieder insbesondere der *Parcham*-Fraktion, putschte er am 17. Juli 1973. Lediglich einige hundert Soldaten, angeführt von einer Handvoll Offiziere, stürmten den Palast und besetzten strategische Orte in der Hauptstadt. Die »Republik Afghanistan« wurde ausgerufen; die Monarchie war damit beendet. Der König (von dem gesagt wird, er habe den Putsch billigend hingenommen) wählte Rom als den Ort seines langen Exils; er sollte erst 2002 wieder nach Kabul zurückkehren. Da'ud Khan erklärte sich zum Präsidenten, zugleich übernahm er die Ämter des Ministerpräsidenten, Außen- und Verteidigungsministers.

Bald aber war erkennbar, dass auch Da'ud Khan kein Konzept hatte, das Land wieder politisch zu stabilisieren, gesellschaftlich zu modernisieren und wirtschaftlich voranzubringen. 1977 verabschiedete die *loya jirga* eine neue Verfassung. Sie schrieb ein Ein-Kammer-System basierend auf einer Einparteiherrschaft fest. Der *loya jirga* würde die Rolle der »höchsten Verwirklichung der Macht und des Willens des Volkes« zufallen. Da'ud, der zuvor mit der *Partei der Nationalen Revolution* (*Hizb-e inqilab-e milli*) eine eigene Partei gegründet hatte, wurde für eine Präsidentschaft von sechs Jahren gewählt. Er sollte freilich die Kräfte nicht mehr bannen können, mit denen er den Machtwechsel in Kabul herbeigeführt hatte. Der Versuch, mit einer Bodenreform überkommene Eigentumsrechte anzutasten und neue Ideen in die Dörfer zu tragen, stieß die alte Oberschicht vor den Kopf und löste bei der Landbevölkerung erbitterten Widerstand aus. In der Außenpolitik entfremdete er sich der Verbündeten und Helfer seines Landes sowohl in Washington als auch in Moskau – dies zu einem Zeitpunkt, zu dem die Leistungsbilanz des Landes chronisch defizitär war. Um das Loch zu schließen, hatte sich das Land – nicht ohne Abstimmung mit Washington – Iran angenähert.

Seinen Unterstützern in Moskau wie auch in der afghanischen Linken schien der Machthaber deshalb zunehmend geneigt, das Land dem amerikanischen Lager anzunähern. Auch wuchsen Entfremdung und Opposition in dem Maße, in dem sich Da'ud Khan entschlossen zeigte, sich seiner linken Mitverschwörer in der *Parcham*-Fraktion zu entledigen. Gleichwohl wäre es verfehlt, die kommenden Ereignisse, d. h. den Sturz Da'uds und die Machtübernahme der DVPA, als das Ergebnis Moskauer Intrigen zu interpretieren. Vielmehr war der Putsch der Höhepunkt eines Machtkampfs zwischen Da'ud und Mitgliedern der DVPA, entsprang also wesentlich einer innenpolitischen Dynamik. Die Beerdigung Mir Akbar Khybars, des am 17. April 1978 ermordeten Chefideologen von *Parcham*, war von Massendemonstrationen begleitet, die Da'ud niederschlagen ließ. Die politische Führung der Partei befand sich nun im Gefängnis. Sympathisanten in der Armee traten in Aktion: Am 27. April rückten Truppen – freilich nur ein kleiner Teil der Armee – in das Zentrum der Stadt vor, zugleich übernahmen sie den nahe Kabul gelegenen Flugplatz Bagram. Bei der Beschießung des Präsidentenpalasts, in den sich Da'ud zurückgezogen hatte, kamen er selbst und seine Familie ums Leben. Die *Saur*-Revolution (»Aprilrevolution«) war eingeleitet. Die Tragödie Afghanistans hatte begonnen.

9.4 Die arabischen Völker – revolutionäre Hochzeit und Ernüchterung

Für die arabischen Völker taten sich mit dem Ende des Zweiten Weltkriegs widersprüchliche Perspektiven auf. Der Beobachter mag sie wie den Zustand des berühmten Glases lesen: Optimistisch sieht er es als halbvoll, pessimistisch als halbleer. Die optimistische Betrachtung stellt heraus, dass sieben arabische Staaten ihre Unabhängigkeit erlangt und sich in der Arabischen Liga mit der Aussicht auf gemeinsame Entwicklung und abgestimmtes Handeln vernetzt hatten. Weitere Staaten, namentlich im Maghreb, aber auch der Sudan, hatten sich in Richtung Unabhängigkeit auf den Weg gemacht. England, Frankreich und Italien, die europäischen Mächte, welche die Geschicke der arabischen Völker über ein Vierteljahrhundert bestimmt hatten, waren geschwächt. Mit den USA hatte eine neue auswärtige Macht begonnen, politische und wirtschaftliche Ordnungsfunktionen wahrzunehmen.

Noch immer klangen die Visionen Präsident Wilsons in den Ohren arabischer Nationalisten, die seinerzeit – bei Ende des Ersten Weltkriegs – Selbstbestimmung und Unabhängigkeit verheißen hatten. In Paris war seinerzeit der amerikanische Präsident ins Leere gelaufen; aber jetzt war Washington der mächtigste Spieler geworden. Und der setzte nicht mehr auf Paschas, Scheiche und ausgemusterte Generäle, sondern auf die neuen Eliten, die in den kommenden Jahren ihre jungen Staaten zu Akteuren auf der Bühne der internationalen Politik machen würden. Darauf, wie sehr die arabischen Gesellschaften in Bewegung geraten waren, war oben hingewiesen worden (► S. 274).

Die pessimistische Betrachtung konstatiert das Scheitern des zunächst wichtigsten gemeinsamen Projekts der unabhängigen arabischen Staaten: die Entstehung eines selbstständigen zionistischen Staates zu verhindern. Damit aber war zugleich angezeigt, wie schwach, ja verrottet die politischen Führungen waren. Sie hatten sich als unfähig erwiesen, einem nationalen Willen Ausdruck und diesem politisch und gegebenenfalls militärisch Glaubwürdigkeit zu verleihen. Mit der Staatsgründung Israels sollten sie jede Legitimität verlieren. Die Machtablösung durch neue Eliten wurde fällig. Diese aber sollten bald in Autokratie nach innen und Macht- und Richtungskämpfe nach außen verfallen. Und waren die USA zunächst auf der Seite eben dieser neuen Eliten, so wandelten sie sich im Zuge des sich ausbildenden Ost-West-Konflikts zu einer Großmacht, die ggf. mit Druck und Drohung ein »Lager« aufzubauen bemüht war – und jene bestrafte, die sich weigerten, diesem beizutreten.

9.4.1 Die arabische Einheit – eine Fata Morgana

Tatsächlich war die Staatsgründung Israels ein Ereignis, das bis in die Gegenwart seine Schatten über die politischen Entwicklungen im arabischen Raum (und darüber hinaus) geworfen hat. Zwar ist sie keine erschöpfende Erklärung des Scheiterns der zweiten arabischen Revolte, die mit der Revolution in Ägypten 1952 beginnen sollte; die politischen, gesellschaftlichen und wirtschaftlichen Fehlleistungen der Regimes in zahlreichen arabischen Ländern haben ihren Anteil daran. Gleichwohl ist es statthaft, festzustellen, dass die Geschichte der arabischen Völker anders verlaufen wäre, wenn die palästinensische Frage eine andere Lösung gefunden hätte als die einseitige zionistische Staatsgründung.

Mit der Verabschiedung der Teilungsresolution im November 1947 begann die kriegerische Auseinandersetzung zwischen Arabern und Israelis um die Zukunft Palästinas. Zunächst sporadische Anschläge auf jüdische Siedlungen weiteten sich rasch auf das ganze Land aus. Bald zeigte sich, dass die arabische Seite einer umfassenden Kriegführung noch aus dem Wege zu gehen suchte. Die Operationen lagen zu diesem Zeitpunkt in den Händen einer Truppe irregulärer Freiwilliger – mit Hauptquartier in Damaskus –, die im Februar 1948 von der Arabischen Liga aufgestellt wurde. Bis zum Krieg, der nach der Ausrufung des Staates zwischen Israel und den arabischen Nachbarn ausbrach, litt diese hochtrabend als *Arabische Befreiungsarmee* bezeichnete Truppe nicht nur am Mangel von Bewaffnung und Ausrüstung, sondern – gravierender noch – an dem Fehlen politischer Weitsicht, militärischer Geschlossenheit und strategischer Führung.

Dem gegenüber war die jüdische Seite militärisch besser vorbereitet und hoch motiviert. Den Teilungsplan der Uno vor Augen, verfügte sie über ein räumlich-strategisches Ziel, auf das die militärischen Operationen ausgerichtet waren. Im März 1948 gingen *Haganah*, *Palmach* und *Irgun* in die Offensive. Sie richtete sich zunächst auf die Straße von Tel Aviv nach Jerusalem; später wurden die Küstenebene und die nordöstlichen Teile Palästinas erobert, die gemäß Teilungsplan jüdisches Staatsgebiet werden sollten. Der territorialen Ausdehnung ging die Terrorisierung der arabischen Bevölkerung einher. Diese sollte unter Druck gesetzt werden, ihre Wohngebiete zu verlassen. Über Jahrzehnte hat das israelische politische Establishment den Mythos verbreitet, die arabischen und palästinensischen Führer hätten die Bevölkerung aufgerufen, ihre Wohnungen und Ortschaften aufzugeben. Auf diese Weise habe ein Druckpotential geschaffen werden sollen, das im anstehenden Krieg mit Israel als menschliche Speerspitze instrumentalisiert werden könne. Demgegenüber haben israelische Historiker auf der Grundlage von Dokumenten ermittelt, dass die systematische Vertreibung der einheimischen arabischen Bevölkerung aus den für den künftigen Staat zu gewinnenden Gebieten Palästinas Teil eines Plans der zionistischen Führung war, ein Staatsgebiet vorzubereiten, auf dem eine möglichst geringe Zahl von Arabern leben würde. Die Umsetzung dieses »Plans *Dalet*« (der bereits im Dezember 1947 ausgearbeitet worden war) begann am 1. April 1948. Die dabei anfallende Schmutzarbeit zu leisten, war der Part insbesondere jener jüdischen Kampforganisationen, die zugleich einen terroristischen Krieg gegen die Briten führten. Mit Wissen des *Haganah*-Kommandos drangen am 9. April Abteilungen der *Irgun* in das Dorf Deir Yasin ein, das zur Internationalen Zone von Jerusalem gehören sollte. Sie richteten ein Blutbad an, dem 354 Menschen zum Opfer fielen; die Hälfte von ihnen waren Frauen und Kinder. Es gilt als trauriger Meilenstein auf dem Weg zur Gründung des israelischen Staates. Vergeltungsaktionen palästinensischer Freischärler trugen zur weiteren Eskalation bei. Der Schrecken, der sich in der arabischen Bevölkerung ausbreitete, verstärkte die bereits begonnene Massenflucht und zersetzte die Moral der kämpfenden arabischen Einheiten.

So muss die Ausrufung des Staates Israel am 14. Mai 1948 aus zwei Perspektiven gesehen werden: der Erfüllung des zionistischen Traumes auf der einen und der »Katastrophe« (*nakba*) der Palästinenser auf der anderen Seite. Während die Briten ihre Fahne einholten und sich aus der Region insgesamt davon machten, hinterließen sie den Völkern im Nahen Osten ein Problem, das ihre politische, gesellschaftliche und kulturelle Entwicklung bis in die Gegenwart geprägt hat. Zahllose politische Entscheidungen der arabischen Staatsmänner seither waren eher der Besorgnis geschuldet, sich in den Augen der »arabischen« Öffentlichkeit in Sachen Palästina nicht wirkungsvoll genug zu engagieren, als dass sie das Wohl ihrer eigenen Völker im Blick gehabt hätten.

Die Proklamation vom 14. Mai war das Fanal an die benachbarten arabischen Regierungen, welche die Teilung Palästinas abgelehnt hatten, die unmittelbare militärische Auseinandersetzung mit Israel zu suchen. Am Tage nach dem Abzug der Briten zogen die Armeen Ägyptens, Transjordaniens, Syriens, des Libanon und des Irak gegen den jüdischen Staat zu Felde – angeblich, um Palästina zu verteidigen. Wieder freilich zeigte sich, wie wenig sie zu koordinierter Kriegführung in der Lage waren. Unterbrochen durch mehrere Waffenstillstandsvereinbarungen (die Israel jeweils zur Verbesserung seiner militärischen Schlagkraft nutzte) zogen sich die Kämpfe bis ins Jahr 1949 hin; zwischen Februar und April kam es schließlich zu Waffenstillstandsverträgen zwischen den Kriegsparteien. Die irakischen Truppen hatten sich bereits zuvor von transjordanischem Boden zurückgezogen. Am Ende gab es zwei Gewinner: nämlich Israel, das sich nunmehr auf 78 % des Bodens Palästinas ausgedehnt hatte, und Jordanien, das seine zu Beginn des Krieges gemachten Gewinne auf der »Westbank« (also am Westufer des Jordan) hatte verteidigen können. Jerusalem, dem im Teilungsbeschluss der Uno als *corpus separatum* ein Sonderstatus eingeräumt worden war, war zwischen beiden Gewinnern aufgeteilt. Als Israel am 4. Januar 1950 (West-)Jerusalem zu seiner Hauptstadt erklärte, annektierte König (seit März 1946) Abdallah von Jordanien das von seinen Truppen, der britisch geführten *Arabischen Legion*, eroberte Westjordanland und (Ost-)Jerusalem; damit war das »Königreich Jordanien« geschaffen. Für die Palästinenser hatte sich die »Katastrophe« weiter verschärft: Etwa 750 000 waren zu Flüchtlingen geworden. Sie suchten in den arabisch gebliebenen Gebieten Palästinas, der Westbank und dem Gazastreifen, sowie im Libanon, in Syrien, in Transjordanien und in Ägypten Aufnahme. Um sie kümmert sich seit dem 1. Mai 1950 bis in die Gegenwart das Flüchtlingshilfswerk der Vereinten Nationen (Unrwa: *United Nations Relief and Works Agency for Palestine Refugees in the Near East*). In ihrer Sitzung am 11. Dezember 1948 hatte die Uno-Generalversammlung in Resolution 194 das Recht der Flüchtlinge auf Rückkehr festgestellt.

Das beschämende Scheitern der arabischen Staaten, die Entstehung des Staates Israels zu verhindern, wirft den Blick nicht nur auf den beklagenswerten Zustand der arabischen Regimes, die bald hinweggefegt werden sollten. Es rückt auch die Arabische Liga als Forum politischer Koordinierung arabischer Interessen in ein schiefes Licht. Aber was hatte man an wirksamer koordinierter Aktion von Staaten und Regierungen erwarten können, die schlecht oder gar nicht von den europäischen Kolonialmächten auf die Unabhängigkeit vorbereitet worden waren. Nahezu überall hatten sich diese nachhaltig in deren Angelegenheiten eingemischt; zum Teil waren die politischen Eliten am Gängelband ihrer europäischen Vormunde gelaufen. Gerade in der Palästinafrage waren sie von den Briten mit widersprüchlichen politischen Volten konfrontiert worden; deren letzte war schließlich gewesen, das Schicksal Palästinas den Vereinten Nationen zu überlassen. Dort verfügten die Araber über keinerlei Lobby, während die Sache der zionistischen Bewegung starke Unterstützung erfuhr.

Tiefer, ja tragischer als die genannten Unzulänglichkeiten und Fehlleistungen erscheint im Lichte der Niederlage im ersten arabisch-israelischen Krieg das Spannungsgefüge zwischen einem wie immer ausgeprägten Gefühl der Gemeinsamkeit des »Schicksals« der arabischen Völker auf der einen und der Entschlossenheit, partikulare Interessen des jeweiligen Regimes durchzusetzen, auf der anderen Seite. Das Gefühl einer »Schicksalsgemeinschaft« ist mehr (oder weniger) als Panarabismus. Es ist vielmehr eine Grundstimmung, die aus der Tiefe gemeinsamer Quellen schöpft: aus der arabischen Sprache (die im Koran die Sprache Gottes ist) und aus der seit dem Beginn der islamischen Ära gemeinsamen Geschichte der Gründung einer islamischen *umma*, für welche den Arabern eine besondere Verantwortung zukommt. Arabische Historiker, Politikwissenschaftler, Philosophen und Publizisten haben dies seit der Endzeit des Osmanischen Reichs thematisiert, wenn sie über dessen Zukunft nachdachten und ein »Arabisches Kalifat« forderten (► S. 194).

So stellt sich die Geschichte der Araber von 1946 bis in die Gegenwart – hinter der Fassade hartnäckig verfolgter Interessenpolitik eines jeden Regimes – zugleich als ein Kaleidoskop sich ständig verändernder Bezüge arabischer Befindlichkeiten dar. Ein solches Kaleidoskop bedeutete eine Politik der ständigen Widersprüche und Brüche; er generierte im Normalfall ein anhaltendes Unbehagen über den Status quo, im extremen Fall Konflikte, ja Kriege. Verglichen mit der Türkei, Iran und Israel, die einem klar definierten nationalen Interesse folgten, in diesem Sinne handelten, Allianzen eingingen und ggf. Kriege führten, zogen die arabischen Regimes fast immer den Kürzeren. Auf der Bühne der Weltpolitik blieb ihnen die Rolle eines wirkungsmächtigen Spielers versagt. Ihr politisches Verhalten wurde als »irrational« wahrgenommen; es wurde an Messlatten gemessen, die von externen Mächten angelegt wurden – vor allem ihr »Verhältnis« zu Israel. Beachtung wurde ihnen im Wesentlichen nur als Öl- und Gas-Produzenten geschenkt – aber auch dann blieben ihre Führungen wenig respektvoll »die Scheiche«.

Extreme Manifestationen panarabischer Dimensionen politischen Handelns waren – auf friedliche Weise – die Gründung der Vereinigten Arabischen Republik durch Ägypten und Syrien 1958 sowie – auf militärische Weise – die gewaltsame Vereinnahmung Kuwaits durch den Irak im Herbst 1990. Erstere löste sich drei Jahre nach ihrer Gründung auf – nicht ohne heftige Verwerfungen und Kontroversen auch in anderen arabischen Ländern über die Frage eines Beitritts zu ihr gezeitigt zu haben. Die Annektierung Kuwaits wurde bereits zu Beginn 1991 durch eine internationale Allianz unter der Führung der USA militärisch beendet; auch dieses Ereignis hinterließ tiefe Risse zwischen den arabischen Staaten.

Der Konflikt mit Israel war ein ständiger Kristallisationspunkt panarabisch stilisierter politischer Weichenstellungen. Nassers provokative Entscheidungen im Vorfeld des Ausbruchs des Sechs-Tage-Krieges im Juni 1967 hatten auch das Ziel, sein angekratztes Ansehen als »arabischer« Führer aufzubessern. Auch den Entscheidungen der politischen Führungen in Damaskus und Amman, eine militärische Allianz mit Nasser einzugehen (die sie dann in den Krieg und die katastrophale Niederlage führte), lag wesentlich das Kalkül zugrunde, ihre innenpolitische Position zu stabilisieren. Als umgekehrt Nassers Nachfolger Anwar as-Sadat einen verhandelten Ausgleich mit Israel suchte und 1979 einen Friedensvertrag mit Israel schloss (► S. 372), machte eine »Ablehnungsfront«, ba'thistischer und nationalistisch-palästinensischer Kräfte gegen Ägypten mobil (denen sich auch die konservativen Regimes nicht entgegenstellen konnten), suchte Ägypten zu isolieren und betrieb den Umzug der Arabischen Liga von Kairo nach Tunis.

Auch Nachklänge des Schicksals der Haschemiten sind gelegentlich zu vernehmen gewesen. Mitte der zwanziger Jahre hatte Abd al-Aziz ibn Sa'ud, der Herrscher über den Nadschd im Herzen der Arabischen Halbinsel, die haschemitische Dynastie aus dem Hedschaz vertrieben und diesen dem 1932 gegründeten Königreich Saudi-Arabien einverleibt. Zuvor hatte England den von Frankreich vom syrischen Thron gestürzten Haschemiten Faisal mit der Herrschaft über den Irak entschädigt und seinen Bruder Abdallah als Emir in Amman bestätigt. Seither herrschte in Riyadh die

Besorgnis, die Haschemiten könnten eine dominierende Rolle im arabischen Raum, ja sogar ihre Rückkehr in den Hedschaz anstreben. Tatsächlich hatte ein nach dem – verlorenen – ersten arabisch-israelischen Krieg 1948/49 aus Damaskus in Bagdad eingegangenes Angebot eines Militärbündnisses hier Überlegungen ventiliert, den Irak und Syrien in einer von dem haschemitischen König geführten Föderation zusammenzubringen. Das war in England auf eine wohlwollende Reaktion gestoßen, von Saudi-Arabien aber (unterstützt durch Frankreich und die USA) hintertrieben worden. Als Antwort auf die Gründung der *Vereinigten Arabischen Republik* (VAR) im Februar 1958 haben die haschemitisch beherrschten Staaten Irak und Jordanien die *Arabische Föderation* gegründet (die freilich nach der Auslöschung der Haschemiten im Putsch Qasims im Juli 1958 gegenstandslos geworden war). Der Überfall des irakischen Diktators Saddam Husain auf Kuwait im August 1990 schließlich war in Amman (wohl, aufgrund der engen bilateralen Wirtschaftsbeziehungen) von Beifall begleitet. In Riyadh sah man demgegenüber darin eine Neuauflage einer Art von haschemitischer Allianz; auf viele Jahre war dadurch das saudisch-jordanische Verhältnis belastet.

Erratisch waren die Vorstöße zu arabischer Vereinigung vonseiten des libyschen Diktators Mu'ammar al-Qadhafi, eines glühenden Bewunderers Nassers, in den siebziger und achtziger Jahren. Keine von ihnen hatte Bestand. Bereits zwei Jahre nach seiner Machtübernahme ergriff al-Qadhafi 1971 die Initiative zur Gründung einer *Föderation Arabischer Republiken* (Libyen, Ägypten, Syrien); sie wurde bereits 1973 aufgelöst. Unter den regional fokussierten Zusammenschlüssen sind zwei zu nennen: die *Union du Maghreb Arabe* (*Union des arabischen Maghreb*, Uma). Sie wurde im Februar 1989 von Marokko, Algerien, Tunesien, Libyen und Mauretanien gegründet, sollte aber insbesondere aufgrund des Konflikts zwischen Marokko und Algerien über die Zukunft der »Spanischen Sahara«, die 1975 aus spanischer Kolonialherrschaft entlassen und unmittelbar danach von Marokko besetzt worden war, bis in die Gegenwart keinerlei Bedeutung entfalten. Demgegenüber ist der *Golf-Kooperationsrat* (*Gulf Cooperation Council*, GCC) der einzige arabische Zusammenschluss unterhalb der *Arabischen Liga*, der eine gewisse politische und wirtschaftliche Bedeutung entfaltet hat. Er wurde 1981 zwischen den sechs Golf-Monarchien gegründet, als der erste Golfkrieg zwischen dem Irak und Iran die Sicherheit auch der konservativen arabischen Golfstaaten zu bedrohen schien. Neben der Kooperation auf den Feldern der Verteidigung und Sicherheit sahen die Gründungsdokumente das schrittweise Zusammenwachsen der Volkswirtschaften – bis hin zu einer Währungsunion – vor. Aber auch in diesem Falle sind die Bäume nicht in den Himmel gewachsen. Rivalitäten, Eifersüchteleien und unterschiedliche politische und wirtschaftliche Schwerpunktsetzungen haben den Fortschritt behindert. Zwar fanden sich die sechs Regierungen zusammen, die Proteste in Bahrain, die im Kontext der arabischen Revolte 2011 ausgebrochen waren, durch die Truppen des GCC niederzuschlagen. Die Krise aber, die 2017 mit der Blockade Katars vonseiten Saudi-Arabiens, Bahrains und der Vereinigten Arabischen Emirate ausgebrochen war, brachte den Zusammenschluss zeitweise an den Rand seiner Existenz.

9.4.2 Konturen einer »arabischen Staatenwelt«

Das für die arabische Seite desaströse Ergebnis des ersten arabisch-israelischen Krieges 1948/49 sollte zum Fanal des tiefgreifenden Wandels werden, der bald darauf in Teilen der arabischen Welt einsetzte. Die Offiziere, die sich von ihren politischen Führungen allein gelassen und verraten fühlten, hatten begonnen, sich politischen Konzepten und gesellschaftlichen Ideologien zu verschreiben, die auf dem Sturz der alten Ordnungen und dem Ende der herkömmlichen Führungsschichten aufbauten. Die Ermordung von König Abdallah (20. Juli 1951) und die Militärputsche in Syrien (1949), Ägypten (1952) und im Irak (1958) sind auch im Zusammenhang der arabischen »Katastrophe« zu sehen. Der Konflikt um Palästina wurde zu »dem Nahostkonflikt«. Er hat viele der anderen Konflikte und Verwerfungen überlagert und überschattet, die in der Region bis in die Gegenwart hinein ausgetragen worden sind. Dabei waren die vier offenen Kriege (1948, 1956, 1967 und 1973) nur die Spitzen des Eisbergs von Gewalt in lokaler, regionaler, und internationaler Dimension, die mit dem Nahostkonflikt bis in die Gegenwart verbunden ist.

Jenseits der Erschütterungen, die von dem Geschehen in Palästina ausgingen, waren es zunächst vor allem die Unabhängigkeitsbewegungen, die das Bild des arabischen Raumes bestimmten. In den Staaten Nordafrikas waren mit dem Ende des Krieges die Weichen auf Unabhängigkeit gestellt. Hatten sich die Führer der nationalistischen Bewegungen und Parteien während des Krieges politisch zurückgehalten – die meisten unter ihnen hatten auch der Versuchung widerstanden, sich auf die Seite der Achsenmächte zu schlagen –, so war mit Kriegsende die Frage nur noch, wann und wie die Unabhängigkeit zu erreichen sein würde. In Marokko, Tunesien und Algerien suchte sich Frankreich dieser Entwicklung politisch oder mit den Instrumenten der Repression zu widersetzen. Vergeblich: In Marokko hatte sich Sultan Mohammed (1909–1961) selbst an die Spitze der Bewegung gestellt. In Tunesien war die von dem charismatischen Anwalt Habib Bourguiba (1903–2000) geführte *Neo-Destour*-Partei die treibende Kraft. Beide Länder traten 1956 in die Unabhängigkeit. Dramatischer war der Kampf um die Unabhängigkeit in Algerien. Das Land war verfassungsmäßig ein Teil Frankreich. Siedlungskolonialistisch in hohem Maße durchdrungen und wirtschaftlich als Agrarproduzent vollständig vom »Mutterland« abhängig, mündete die Unabhängigkeitsbewegung in einen Krieg, der 1954 begann und mit großer Brutalität auf beiden Seiten geführt wurde. Auf algerischer Seite wurde der *Front de Libération Nationale* die führende Kraft, die auch nach der Unabhängigkeit 1962 jahrzehntelang die Geschicke des Landes bestimmt hat. Libyen war nach dem Rückzug der deutschen und italienischen Truppen 1943 unter britische und französische Verwaltung gestellt worden. Auch in Tripolitanien und der Cyrenaika waren nationalistische Kräfte tätig geworden. Während England, Frankreich und Italien (das mit der Rückkehr in sein ehemaliges Protektorat liebäugelte) eine Verlängerung des Patronats wünschten, insistierten die USA auf der Unabhängigkeit des Landes. Die Sache Libyens wurde schließlich der Uno übergeben. Am 21. November 1949 entschied die Vollversammlung die Schaffung eines geeinten unabhängigen libyschen Staates. Dieser trat am 24. Dezember 1951 unter seinem konstitutionellen König Idris, dem Führer des Ordens der *Sanusiyya*, ins Leben.

Abb. 24: Märtyrer-Monument in Algier. Der Krieg zur Befreiung Algeriens von Frankreich war besonders grausam.

In besonderer Weise gestaltete sich die antikolonialistische Bewegung an der Süd-west-Ecke der Arabischen Halbinsel. Seit 1839 war die Hafenstadt Aden zu einem Knotenpunkt des Schiffsverkehrs zwischen Europa und Asien geworden; seit 1936 war sie britische Kronkolonie. Im Hinterland hatte London über die dort herrschenden Sultane einen indirekten Einfluss ausgeübt. Die Aktivitäten von Gewerkschaften und sozialistischen Kräften unter der Arbeiterschaft des Hafens ließen die Unabhängigkeitsbewegung seit den fünfziger Jahren zunehmend einen politisch und gesellschaftspolitisch linken Kurs annehmen. Ihr Protagonist wurde seit 1963 die *National Liberation Front* (NLF), zu deren Strategie auch der bewaffnete Kampf gehörte. Bis 1967 setzte sie sich sowohl in Aden selbst als auch in den Sultanaten des Hinterlandes durch. Mit der Schließung des Suezkanals im Gefolge des Juni-Krieges 1967 schwand das Interesse Londons an der Kontrolle des Eingangs zum Roten Meer. Am 30. November 1967 beendete es seine Präsenz und noch am selben Tag proklamierte die NLF die *Demokratische Volksrepublik Südjemen*. Ihre Verfassung von 1970 erklärte sie zur Volksdemokratie, in der die Gewalt von der Arbeiterklasse ausgehe. Grundlage ihrer Politik würde der »wissenschaftliche Sozialismus« sein. Südjemen wurde der einzige Ort, an dem die arabische Unabhängigkeits- und antikolonialistische Bewegung in einen kommunistisch verfassten Staat mündete. Erst im Mai 1990 vereinigten sich Nord- und Südjemen zur Republik Jemen. Die Entwicklungen im Südjemen ließen erkennen, wie stark marxistisch orientierte Kräfte streckenweise im Prozess der politischen Formation des Nahen und Mittleren Ostens nach dem Zweiten Weltkrieg waren. In einigen Staaten wurden sie zu einer ernstzunehmenden Herausforderung der bürgerlich-nationalistischen (und der islamisch-konservativen) Kräfte, unter deren Vorzeichen sich wesentlich die politischen Wandlungsprozesse vollzogen haben. Jenseits des arabischen Raumes gilt dies auch für die Türkei, Iran und Afghanistan.

Fast wie ein spätes Nachspiel erscheint der Eintritt der Emirate am östlichen Rand des arabischen Raums in die Unabhängigkeit. Seit dem 19. Jahrhundert waren sie durch Verträge (von daher auch die Bezeichnung als *Trucial Coast*) Großbritannien verbunden gewesen, die auf die Sicherung der britischen Schifffahrts- und Handelsinteressen ausgerichtet gewesen waren. Nennenswerte nationalistische Bewegungen hatte es nicht gegeben. Bereits im Zusammenhang mit dem Rückzug aus Aden hatte die Regierung in London angekündigt, die britischen Positionen »East of Suez« zu räumen. Die Suche nach einer neuen staatlichen Ordnung am Persischen Golf und den angrenzenden Gewässern mündete Anfang der siebziger Jahre schließlich in die Gründung der Kleinstaaten Bahrain, Katar, Vereinigte Arabische Emirate und Oman; das britische Protektorat Kuwait war bereits 1961 unabhängig geworden. Grundlage der politischen Systeme waren die überkommenen tribalen und familialen Strukturen. Das wirtschaftliche Fundament bildeten zunächst die Einnahmen aus dem Export von Erdöl und Erdgas. Nach dem militärischen Rückzug Großbritanniens traten die USA als Schutzmacht und Garant der Sicherheit der jungen Kleinstaaten in Erscheinung. Damit war die politische Landkarte des arabischen Raums abgesteckt. Alle arabischen Staaten (und Palästina) waren Mitglieder der Arabischen Liga geworden. (Die Staaten am Rande der arabischen Welt, Mauretanien, Somalia, Dschibouti und die Komoren können im gegebenen Zusammenhang außer Betracht bleiben.)

9.4.3 Kairo 1952 – die Revolution in Ägypten und ihre Folgen

Die Unabhängigkeitsbewegung unter den arabischen Völkern in den zwei Jahrzehnten nach dem Zweiten Weltkrieg ist von den dramatischen und tiefgreifenden politischen, gesellschaftlichen und weltanschaulichen Erschütterungen und Verwerfungen nicht zu trennen. Die Krise der alten Ordnungen weithin im arabischen Raum war bereits bei Kriegsende unübersehbar. Als Folge der Weltwirtschaftskrise nach 1929 hatte im Raum zwischen Ägypten und dem Irak ein Prozess sozialer Differenzierung begonnen. Die soziale Frage und die Bestrebungen nach nationaler Unabhängigkeit waren zunehmend interdependent geworden. Mit Kriegsende begann sich der Wandel der Gesellschaften und ihrer Eliten zu beschleunigen. Die herkömmlichen Führungsschichten in den Städten, die Notabeln, Kaufleute, Feudalherren und z. T. auch die Geistlichkeit, die bislang die Träger des Widerstands gegen die Kolonialmächte gewesen waren, verloren Zug um Zug die Macht an die neuen Protagonisten der Unabhängigkeit sowie des politischen und sozialen Wandels: namentlich Militärs und Bürokraten, Technokraten und Manager, die im Zuge der Ausweitung des öffentlichen Sektors kooptiert wurden. Der Prozess der Differenzierung sozialer Schichten ließ einen neuen Mittelstand ebenso entstehen wie ein Proletariat an den Rändern zahlreicher Städte. Die mit den Jahren gegründeten politischen Parteien gingen teilweise ein Bündnis mit einem Militär ein, dessen Angehörige sich nicht zuletzt aus der unteren Mittelschicht rekrutierten – so im Fall der *Ba'th*-Regimes im Irak und in Syrien sowie der *Front de Libération Nationale* (FLN) in Algerien. Im Ergebnis bildeten sich »Staatsklassen« heraus, die den Staatsapparat, die wichtigsten Produktionsmittel und die Finanzierungspotentiale kontrollierten. Mit ihrer sozialen Basis – städtische Mittelschichten, reformbegünstigte Bauern, mittlere Grundbesitzer – waren die Staatsklassen über weitverzweigte Klientelnetze verbunden. Institutionen der Demokratie wurden entweder vollständig abgeschafft oder hatten nur noch kosmetischen Charakter.

Der »arabische Sozialismus« ergänzte als Integrationsideologie der Unabhängigkeitsbewegungen den älteren Nationalismus. Mit dem Ziel, einen eigenen, von West und Ost unabhängigen Entwicklungsweg zu beschreiten, sollte er die Legitimität der neuen Regimes konsolidieren. In seinen vom marxistischen Begriff des Sozialismus weit entfernten Harmonievorstellungen, die der *Arabische Sozialismus* Nassers mit dem *Algerischen Sozialismus* Houari Boumediennes, dem *Destour Sozialismus* in Tunesien oder auch mit al-Qadhafis *Dritter Universaltheorie* teilte, drückten sich auch islamische Traditionsbestände aus, die zur Rechtfertigung der »Revolution« herangezogen wurden. In den konservativen Staaten der Arabischen Halbinsel standen mit den frühen 1950er Jahren die Einnahmen aus der Produktion und Vermarktung von Erdöl und Erdgas als »Rente« zur Verfügung, mit der die Machthaber sich der Anhängerschaft breiter Teile ihrer Gesellschaften zu versichern bemüht waren.

Die arabische Niederlage im Krieg gegen Israel versetzte den alten Ordnungen einen schweren Schlag. Drei zum Teil blutige Staatsstreiche in Syrien im Jahr 1949 waren gleichsam das Vorspiel zu der Revolution in Ägypten, die am 23. Juli 1952 König Faruq (herrschte seit 1936) stürzte und einer Dynastie ein Ende setzte, die ihre Wurzeln in der mittelalterlichen Dynastie der Mamluken hatte. Im Zentrum des Geschehens stand eine Gruppe, die sich als »Freie Offiziere« bezeichnete. Als ihr führender Kopf sollte sich bald Oberst Gamal (Dschamal) Abd an-Nasir (Nasser) erweisen. Er entstammte der unteren Mittelschicht. Wie auch anderswo in der arabischen Welt – hier sei vor allem an Syrien erinnert – hatte ihm die Armee eine Chance des sozialen Aufstiegs eröffnet, den er in der ägyptischen Gesellschaft sonst nicht hätte vollziehen können. Seine Erfahrungen im Krieg gegen Israel hatten ihm und vielen seiner Kameraden die Erkenntnis vermittelt, wie verrottet die an der Macht befindliche Klasse war.

In seiner Schrift »Die Philosophie der Revolution« (1952/53) hat der charismatische Offizier (geb. 1918) eine Ortsbestimmung Ägyptens vorgenommen; dabei benennt er drei Kreise: den arabischen, den afrikanischen und den islamischen. Mit dieser geopolitischen Perspektive war der Anspruch angesagt, die politische Erneuerung – Voraussetzung der Befreiung von kolonialistischer und imperialistischer Dominanz – in panarabischer Dimension zu verwirklichen. Zum ersten Mal war der Panarabismus nicht mehr nur ein theoretisches Konstrukt, sondern ein politisches

Programm. Zugleich sollte die Revolution als umfassende soziale und wirtschaftliche Erneuerung in Gang gesetzt werden. Deren zentrale Bausteine wurden – wenn auch weniger radikal – dem sozialistischen Paradigma entlehnt, wie es in der Sowjetunion und anderen »sozialistischen« Staaten verwirklicht worden war. Mit der Verbindung von sozialistischem Entwicklungsweg und arabisch-islamischer Identität sollte ein Modell geschaffen sein, das im Gefolge der nasseristischen Revolution von anderen arabischen Erneuerungsbewegungen nachgeahmt werden sollte – so etwa in der *Ba'th*-Partei, in dem algerischen Weg Boumediennes, dem Sudan an-Numairis und der *Dritten Universalen Theorie* al-Qadhafis in Libyen. Komponenten dieses Modells waren die Kontrolle des Staates über die Wirtschaft in Verbindung mit der Verstaatlichung zentraler Wirtschaftszweige, Boden- und Landreformen sowie eine forcierte Industrialisierung. Auch die mit Blick darauf notwendigen politischen Maßnahmen Nassers sollten Vorbildcharakter haben: Parlament und Parteien wurden aufgelöst, politische Rivalen verfolgt. Nach Lage der Dinge waren dies insbesondere die Kommunisten und die Muslimbrüder. Über die *Nationale Union* (1956 gegründet) und seit 1962 über die Einheitspartei *Arabische Sozialistische Union* sollten die Bevölkerung mobilisiert und dem gesellschaftlichen Umgestaltungsprozess Impulse gegeben werden. Bis Mitte der 1960er Jahre wuchs die Wirtschaft ständig. Der Anteil der Industrieprodukte an den Exporten stieg bis 1970 auf 30 %.

Mit der nasseristischen Revolution in Ägypten begann die zweite arabische Revolte. Über fast zwei Jahrzehnte sollte sie den arabischen Raum tiefgreifend verändern. Ihre Stoßrichtung waren die Befreiung von äußerer Einflussnahme und Dominanz sowie die Befolgung eines eigenen Entwicklungswegs, der die arabischen Völker zu den westlichen (und östlichen) Industriestaaten aufschließen lassen würde. Die zentralen Akteure der Revolution waren nunmehr die Armeen. Nach ägyptischem Vorbild sich »freie Offiziere« nennend, übernahmen sie die Macht im Irak (1958), im Sudan (1958), in Nordjemen (1962) und in Libyen (1969). In Syrien, wo es bereits 1949 zu einer Putschserie gekommen war, ergriff nach einem zivilen Zwischenspiel 1963 die Armee erneut die Macht und bereitete der *Ba'th*-Partei den Weg zu ihrer bis in die Gegenwart anhaltenden Herrschaft. Auch die Geschicke Algeriens, das 1962 nach einem blutigen Krieg seine Unabhängigkeit erreicht hatte, wurden in Gestalt des *Front de Libération Nationale* (FLN) von der Armee bestimmt.

Die nasseristische Umwälzung in Ägypten erhielt durch ein außenpolitisches Ereignis zusätzliche Dynamik: den britisch-französisch-israelischen Angriff im Oktober/November 1956. Am 26. Juli hatte Nasser in einer dramatischen Geste die Verstaatlichung der Suezkanal-Gesellschaft verkündet und den Abzug der britischen Truppen aus der Kanalzone gefordert; seit der Besetzung Ägyptens durch Großbritannien 1882 unterhielten die Briten am Kanal eine Militärbasis. Die einseitige Maßnahme Nassers erschien in London als willkommene Gelegenheit, den »Hitler am Nil« wie er dort (und in Paris) genannt wurde, loszuwerden. Im Bündnis mit Frankreich, dem Nassers Unterstützung für die algerische Befreiungsbewegung ein Dorn im Auge war, und mit Israel, das die von ägyptischem Boden operierenden palästinensischen Guerillagruppen auszuschalten suchte und über die sowjetischen Waffenlieferungen an Ägypten beunruhigt war, wurde ein politisches und militärisches Komplott in Gang gesetzt, an dessen Ende der Sturz Nassers stehen sollte. Am 29. Oktober begann der Angriff. Dieser freilich stieß in Washington, das in die Planungen nicht eingeweiht war, auf Ablehnung. Noch immer hatte man dort die Hoffnung nicht aufgegeben, Nasser und andere progressive Kräfte im Nahen Osten auf die Seite des Westens ziehen, ja diese in ein antisowjetisches Bündnissystem, den »Bagdad-Pakt«, einbeziehen zu können. Internationaler, namentlich amerikanischer Druck zwang die Angreifer, ihre Operationen einzustellen und sich aus den besetzten Gebieten zurückzuziehen. Nasser machte daraus einen politischen Triumph; in Siegerpose wurde er der Held der arabischen Straße – weit über die ägyptischen Grenzen hinaus. Sein Charisma und die panarabische Ausstrahlung paarten sich mit der Hoffnung weiter Teile der arabischen Öffentlichkeit auf Unabhängigkeit, Selbstbestimmung und einen geachteten Platz im internationalen System.

Die revolutionäre Verbindung von Panarabismus und Sozialismus, zumal in der Gestalt des charismatischen und auf einer dominanten Stellung Ägyptens bestehenden Nasser, hat letztlich freilich einer umfassenden Neuordnung des arabischen Raumes eher im Wege gestanden als diese befördert. Die konservativen politischen Systeme in Marokko, Jordanien und Saudi-Arabien fühlten sich bedroht. Die machtvolle *Stimme der Araber* (*Saut al-Arab*) von Radio Kairo rief zu ihrem Sturz auf. Die Einmischung kam nicht nur aus dem Äther, sondern hatte auch eine durchaus handfeste politische und militärische Dimension. Nasser unterstützte oppositionelle politische Gruppen in den konservativ beherrschten Staaten, ja entsandte Truppen, wenn das angesagt war, so etwa im Nordjemen, wo die Revolution von 1962 in einen Bürgerkrieg mit den Truppen des gestürzten Imams mündete. Die bedrohten Regimes antworteten mit Repression; Saudi-Arabien entsandte seinerseits Truppen in den Jemen.

Aber nicht nur die konservativen Regimes standen dem ägyptischen Revolutionär fern. Auch politische Kräfte, die im Prinzip den Kurs der arabischen Befreiung und der gesellschaftlichen Umgestaltung teilten, gingen zur Person Nassers und seiner Politik auf Distanz. 1958 trugen arabisch-nationalistische Kräfte in Syrien Nasser die Vereinigung mit Ägypten an. Nach kurzem Zögern willigte dieser ein und am 1. Februar 1958 trat die *Vereinigte Arabische Republik* (VAR) ins Leben. Bereits drei Jahre später erzwangen Teile der syrischen Armee deren Auflösung; das Militär und die politische Klasse Syriens fühlten sich durch den nasseristischen Führungsanspruch frustriert und marginalisiert. Auch in Bagdad, wo am 14. Juli 1958 *Freie Offiziere* der Armee in einem blutigen Coup die Macht übernommen hatten, bildete Nasser einen Stein des Anstoßes: Während Abd al-Karim Qasim, der eine der beiden Anführer des Putsches, für einen irakisch-nationalistischen Kurs des neuen Regimes eintrat, forderte sein Co-Revolutionär, Abd as-Salam Arif, den Beitritt zur VAR. Damit wurde er nicht nur zum politischen Gegner Qasims, sondern auch zur Speerspitze eines machtvollen oppositionellen Lagers. Bereits im November 1958 wurde er von Qasim entmachtet.

Zu den Ursachen des Scheiterns der zweiten arabischen Revolte gehört die Tatsache, dass es ihre Protagonisten nicht vermocht haben, eine Grundlage für gemeinsames Handeln zu finden. Die Gründe dafür sind komplex: Sie reichen von persönlichem Ehrgeiz und den damit verbundenen Animositäten bis zu machtpolitischen Interessen der Staaten und ihrer Regimes. Der jeweilige Anspruch auf die Deutung des Panarabismus und auf die Führerschaft auf dem Weg zur arabischen Einheit wurden Steine des Anstoßes, die eine breite politische Gemeinsamkeit blockierten. Nicht selten waren sie Auslöser persönlicher und blutiger Konflikte. Dem nasseristischen Anspruch trat seit dem Scheitern der VAR der Anspruch der in Syrien immer einflussreicher werdenden *Ba'th*-Partei gegenüber, Motor der arabischen Erneuerung zu sein. Inspiriert durch nationalistisches Gedankengut in Europa, war die Bewegung der »arabischen Wiedergeburt« (*ba'th*) in den dreißiger Jahren von einer Gruppe syrischer Studenten in Paris gegründet worden. Unter dem Eindruck der Herrschaft europäischer Mächte über die arabischen Völker standen die Vereinigung aller Araber und ihre Rückkehr zu historischer Größe im Mittelpunkt ihres Programms. 1947 wandelte sich die Bewegung zu einer politischen Partei. Die zentralen Schlagworte waren – basierend auf striktem Säkularismus – (arabische) »Einheit«, »Freiheit« und »Sozialismus«. Diesen Zielen entsprechend gründete sie 1948 Ableger in Jordanien, 1949 im Libanon und 1950 im Irak sowie in Saudi-Arabien, Jemen und Libyen. In Syrien gewann sie den 1950er Jahren insbesondere bei jungen Offizieren aus den Unter- und unteren Mittelschichten zunehmend an Attraktivität. Dort stellte der konfessionelle Faktor eine Besonderheit in der Machtausübung der Partei dar: Ein Teil des Offizierskorps und der Unteroffiziersdienstgrade gehörten der religiösen Sekte der Alawiten an.

In Bagdad hatten am 8. Februar 1963 ba'thistische Offiziere einen Putsch unternommen, bei dem Qasim ermordet wurde. Dadurch ermutigt, übernahm einen Monat später, am 8. März, ein *Nationaler Revolutionärer Kommandorat* die Macht in Damaskus und setzte eine von der *Ba'th*-Partei geführte Regierung ein. Eigentliches Machtzentrum war ein geheimes Komitee ba'thistischer Offiziere, das in der Folge zielstrebig seine Basis in den Streitkräften ausbaute. Nach zum Teil blutigen internen Macht- und Richtungskämpfen machte sich im November 1970 General Hafiz al-Asad zum Alleinherrscher und festigte die Machtausübung der *Ba'th*-Partei über Syrien. Nach seinem Tod am 10. Juni 2000 setzte sein Sohn Baschar die Herrschaft der *Ba'th*-Partei über Syrien fort. Die Proteste dagegen mündeten im Verlauf des Jahres 2011 in den Bürgerkrieg, der das Land in weiten Teilen zerstörte (► S. 502).

In ihrer ideologischen und entwicklungspolitischen Ausrichtung war die *Ba'th*-Partei nicht nur ein politischer Rivale Nassers. Nachdem sie mit dem Putsch vom 17. Juli 1968 in Bagdad die Macht dauerhaft an sich gerissen hatte (dem Putsch von 1963 war ein zunächst nur kurzlebiges ba'thistisches Regime gefolgt), war – neben Damaskus – ein zweites Machtzentrum der Partei entstanden. Welcher Flügel würde nun die »reine Lehre« vertreten? Die politischen Führer in beiden Hauptstädten (d. h. die »regionalen Führungen«, *Al-qiyada al-qutriyya*) erhoben den Anspruch, »nationale«, d. h. gesamtarabische Führungen (*Al-qiyada al-qaumiyya*) zu sein. In Damaskus herrschte mit Hafiz al-Asad der militärische Flügel der Partei. In Bagdad ging spätestens mit der Alleinherrschaft von Saddam Husain die Machtausübung auf den zivilen Flügel über. Wie dramatisch die Auseinandersetzung um die Macht in der *Ba'th*-Partei zeitweise war, zeigten die Ereignisse vom 16. Juli 1979: Zu diesem Zeitpunkt trat General Ahmad Hasan al-Bakr, ein Onkel Saddam Husains und nominell Staatspräsident und Vorsitzender des *Revolutionären Kommandorats*, von allen Ämtern zurück; Saddam wurde umgehend als sein Nachfolger vereidigt. Dieser Machtwechsel war in der Partei freilich nicht unumstritten, und es wurden Bedenken gegen die Machtfülle eines einzigen Mannes geäußert. So wurde die Säuberung der Parteiführung Saddams erste Tat als Diktator. Unter dem Vorwurf einer Verschwörung, in die auch Saddams Erzrivale, der ba'thistische Diktator Syriens, General Hafiz al-Asad, verwickelt sei, wurden am 28. Juli 22 führende Parteigenossen zum Tode verurteilt und umgehend hingerichtet. Damit stand nicht nur die Zukunft des Irak unter dem Vorzeichen totalitärer Machtausübung; auch war zwischen Damaskus und Bagdad eine Todfeindschaft entstanden, die sich künftig immer wieder auch regionalpolitisch auswirken sollte. Als sich Saddam 1980 in einen achtjährigen Krieg mit der Islamischen Republik Iran verstrickte, trat Damaskus an die Seite Teherans. Und im zweiten Golfkrieg, der 1991 zur Befreiung Kuwaits von irakischer Besatzung geführt wurde, war Syrien Teil der von den USA geführten internationalen Allianz.

Die bestimmenden Kräfte der zweiten arabischen Revolte waren weltanschaulich keinem gängigen Schema zuzuordnen. Ihr Nationalismus gründete in hohem Maße in einer arabischen Identität. Der Islam und die arabische Geschichte – mit der Geschichte des Islams untrennbar verbunden – waren konstituierender Teil dieser Identität. Mit Blick aber auf die Grundlagen des Staates und seiner Institutionen waren die Kräfte der zweiten Revolte säkular. Das war die Voraussetzung dafür, dass sich arabische Christen mit den Nationalisten in hohem Maße solidarisieren konnten. Natürliche Konkurrenten und zeitweise erbitterte Gegner waren links von ihnen kommunistische und rechts von ihnen islamische Kräfte.

Trotz der Spaltungen und Konflikte untereinander hat man – vereinfachend – von einem »progressiven« Lager gesprochen; ihm wurde das »konservative« Lager gegenübergestellt. Es bestand im Wesentlichen aus den Monarchien im Nahen Osten und Nordafrika: Marokko, Jordanien, Saudi-Arabien, den Emiraten am Golf, dem Sultanat Oman. Bis zu seinem Sturz 1979 war auch der Schah von Persien Teil des konservativen Lagers. Die institutionellen und machtpolitischen Strukturen der Monarchien waren alles andere als einheitlich. Ihre Legitimation bezogen sie aus unterschiedlichen Quellen. Der kleinste gemeinsame Nenner, der das konservative Lager zusammenhielt, war die Bedrohung von außen, d. h. vonseiten der »linken« panarabisch-sozialistischen Kräfte. Nach dem Sturz der haschemitischen Monarchie in Bagdad 1958 stand insbesondere die haschemitische Monarchie in Amman in Gestalt von König Husain, einem Enkel König Abdallahs, im Brennpunkt des Kampfes um die Selbsterhaltung der Herrscher. Im Jemen unterstützten ägyptische und saudische Kräfte die revolutionären bzw. royalistischen Parteien des Bürgerkriegs. Und der Schah von Persien trat militärisch an die Seite des Sultans von Oman, als in den siebziger Jahren linksrevolutionäre Gruppen die Revolution, die 1967 zur Errichtung eines marxistischen Regimes in Aden geführt hatte, auf die Arabische Halbinsel zu tragen suchten. Neben der regionalen hatte der innerarabische »Kalte Krieg« eine internationale Dimension: Denn die rivalisierenden Kräfte erhielten propagandistische, wirtschaftliche und militärische Unterstützung aus jener politischen und weltanschaulichen Klientel, deren Gravitationszentren Moskau bzw. Washington waren. Auf dem Höhepunkt des Konfliktgeschehens kam es zu Interventionen von außen: Im Juli 1958 schickte Washington 15 000 Soldaten in den Libanon. Damit wollten die USA nicht nur das prowestliche Regime in Beirut stärken; mit Blick auf den Sturz des haschemitischen Königshauses in Bagdad zur gleichen Zeit war die Intervention eine Geste, welche die Entschlossenheit Washingtons demonstrieren sollte, »westliche« sicherheitspolitische Interessen in der Region – nicht zuletzt auch in Jordanien – zu wahren. Darüber, welchen Stellenwert die palästinensische Sache in diesem Zusammenhang eingenommen hat, wird unten zu sprechen sein.

Dass der Libanon das erste Land im Vorderen Orient war, in dem die USA direkt intervenierten, ist nicht nur für die west-östliche Großwetterlage signifikant. Es lässt auch die Veränderungen erkennen, die sich in dem Land im vergangenen Jahrzehnt vollzogen hatten. Im Unterschied zu anderen arabischen Staaten hatte der »Zedernstaat« zu den Gewinnern des Zweiten Weltkriegs gehört. Libanesische Geschäftsleute hatten von der starken Präsenz der Briten und Franzosen im nahöstlichen Kriegsgebiet profitiert. Die Beziehungen, die die christliche und sunnitische Oberschicht nach Europa und zu den USA unterhielt, sowie das zurückfließende Kapital der im Ausland lebenden Libanesen waren gute Voraussetzungen nicht zuletzt für die Entwicklung des Bankensektors. Während dieser Jahre sprach man vom Libanon als der »Schweiz des Nahen Ostens«. In den fünfziger Jahren hatte sich dann die politische Landschaft zu verändern begonnen: Die vor allem linke Opposition gegen Präsident und Regierung sollte sich organisieren. Mit der Wahl von Camille Chamoun (1900–1987) wurde 1952 ein starker Parteigänger der USA Präsident des Libanon. In den Jahren eines virulenten Nasserismus, der auch im Libanon eine wachsende Anhängerschaft hatte, polarisierten sich die politischen Kräfte; es kam zu offener Konfrontation. Als Chamoun die im Februar 1958 gegründete Vereinigte Arabische Republik der Einmischung in innerlibanesische Angelegenheiten bezichtigte und am 14. Juli die Monarchie im Irak gestürzt wurde, war Washington nur allzu bereit, dem Hilferuf aus Beirut zu folgen.

Die künftigen Entwicklungen des Nahen Ostens haben das fragile politische System des Libanon weiter belastet. Der dritte Nahostkrieg im Juni 1967 spülte eine neue Welle von Flüchtlingen in das Land. Nach ihrer Vertreibung aus Jordanien 1971 fand die PLO in Beirut ein neues Hauptquartier; damit rückte der Libanon in den Fokus des Konflikts um Palästina. Kontinuierliche militärische Interventionen Israels schwächten die Zentralgewalt ebenso wie die Flucht der Bevölkerung aus dem Süden in die Städte, namentlich nach Beirut, und die Polarisierung der Gesellschaft in pro- und antipalästinensische Kräfte. Zugleich hatte dieser Prozess eine starke religiös-konfessionalistische Dimension, weil die Mehrheit unter den Muslimen zu ersteren, die Mehrheit unter den Christen, namentlich die Maroniten, zu letzteren gehörte. So baute sich das Konfliktpotential auf, das sich vom April 1975 an in einem Bürgerkrieg entlud, der erst 1990 durch einen Kompromiss beendet werden sollte. Dieser freilich änderte nichts Wesentliches an der konfessionalistischen Grundstruktur der politischen Ordnung. Die machtpolitischen Gewichte aber hatten sich insofern tiefgreifend verändert, als mit der schiitischen Miliz *Hizbollah* (*hizb Allah*, »Partei Gottes«) in den achtziger Jahren eine schlagkräftige Truppe entstanden war, die nicht nur die Innenpolitik bestimmen sollte, sondern außenpolitisch eng mit der Islamischen Republik Iran verbunden war. Damit aber geriet der Libanon einmal mehr in den Strudel nahöstlich-regionaler Verwerfungen: den iranisch-israelischen, iranisch-saudischen und – nach 2011 – den facettenreichen innersyrischen Konflikt.

9.4.4 Nach dem Sechs-Tage-Krieg (Juni 1967) – Stagnation im Zeichen von Religion und Autokratie

Der dritte Nahostkrieg (nach den Kriegen 1948/49 und 1956) im Juni 1967 hat nicht nur die vielgestaltige Widersprüchlichkeit der innerarabischen Machtkonstellation sichtbar gemacht; er leitete zugleich eine neue Epoche in der Geschichte des arabischen Raums nach dem Zweiten Weltkrieg ein. Auslöser war ein israelischer Militärschlag, der am 5. Juni nahezu die gesamte ägyptische Luftwaffe am Boden vernichtete. Die israelische Führung hat ihn als Präventivschlag gegen einen als bevorstehend eingeschätzten Angriff einer militärischen Allianz zwischen Ägypten, Syrien, Jordanien und dem Irak gerechtfertigt. Tatsächlich hatte das Geschehen einen längeren Vorlauf, dessen Komplexität hier nur angedeutet werden kann.[48] Nach dem Scheitern der Vereinigten Arabischen Republik (1961) hatte Nassers Stern zu verblassen begonnen, während in Damaskus die *Ba'th*-Partei seit 1963 ihre Machtausübung zunehmend festigte. Nasser fühlte also Handlungsbedarf. Vor dem Hintergrund innerparteilicher Macht- und Richtungskämpfe in Damaskus hatten der dort herrschende linksradikale Flügel der *Ba'th*-Partei und Nasser im November 1966 einen Militärpakt geschlossen. In der Propaganda aus Kairo und Damaskus lag dessen Rechtfertigung nicht zuletzt in der Stärkung der Schlagkraft palästinensischer Guerillaoperationen gegen Israel und in der Widerstandskraft der Armeen beider Länder für den Fall israelischer Gegenschläge. Meldungen israelischer Truppenbewegungen an der syrischen Grenze setzten in der Folge politische Schritte Nassers in Gang, die ihn als Spitze des Widerstands und heldenhaften Anwalt der palästinensischen Sache erscheinen lassen sollten. In dieser aufgeheizten Stimmung konnte sich auch der jordanische König Husain der »arabischen Sache« nicht entziehen. Am 30. Mai schloss Jordanien ein Verteidigungsbündnis mit Ägypten (am 4. Juni kam ein solches auch zwischen Ägypten und dem Irak zustande). Am 2. Juni beschloss die israelische Führung jenen Präventivangriff, der drei Tage später zur Ausführung kam. Für Ägypten, Syrien und Jordanien endete der Krieg in einem Desaster: Bis zum 10. Juni besetzten israelische Truppen die Sinai-Halbinsel, den Gazastreifen, das Westjordanland mit der Altstadt von Jerusalem und das syrische Gebiet der Golanhöhen. 350 000 Araber wurden vertrieben, über eine Million Palästinenser gerieten unter israelische Herrschaft.

Damit war nicht nur dem Ansehen Nassers ein Ende gesetzt (er starb drei Jahre später am 28. September 1970). Dass sich Oberst Mu'ammar al-Qadhafi, der am 1. September 1969 den Sanusi-Herrscher in Libyen stürzte und panarabische Visionen verkündete, auf ihn berief, war ein eher bizarres Wetterleuchten aus einer vergangenen Zeit. Der Panarabismus hatte seine Attraktivität verloren, auch wenn die Regimes in Damaskus und Bagdad ihn zur Legitimation ihrer Machtausübung weiterhin beschworen. Das Zeitalter eines arabischen Aufbruchs war verpufft, ohne dass es gelungen wäre, in den einzelnen Ländern stabile, dem Volkswillen entsprechende und von diesem getragene politische Systeme zu etablieren und zukunftsfähige gesellschaftliche und wirtschaftliche Ordnungen zu schaffen. Wo Wahlen abgehalten wurden – und das war in zahlreichen Ländern der Fall –, waren diese ohne nachhaltige politische Bedeutung. Die Arabische Liga, im Prinzip Symbol des

Verlangens der Araber nach Respekt und Stärke in Gemeinsamkeit, war für machtpolitische Ziele einzelner Mitglieder instrumentalisiert worden. Auch in den folgenden Jahrzehnten sollte sie als Akteur keine Rolle spielen.

Dem panarabisch, sozialistisch, säkularen Paradigma sollten nun andere Kräfte folgen: Zum einen sollte der Religion in den Institutionen der Staaten und im gesellschaftlichen Klima eine größere Bedeutung erwachsen, zum anderen verfestigte sich in nahezu allen arabischen Ländern die autokratische Machtausübung der politischen Führungen. Die Wirtschaftspolitik orientierte sich an liberalen Ordnungsvorstellungen. Für zahlreiche arabische Staaten und deren Regimes – »konservative« wie »progressive« – wurde die Tatsache ausschlaggebend, dass sie über Einnahmen aus dem Verkauf von Rohstoffen, insbesondere Erdöl verfügten. Diese – in der Wissenschaft so bezeichnete – »Rente« gab ihnen eine zu verteilende Masse an die Hand, um ihre Gesellschaften ruhig zu halten und ohne deren politische Teilhabe autokratisch zu regieren.

Hatte Saudi-Arabien als religiös-konservativer Widerpart der »progressiven« Kräfte eine bis dahin eher defensive Politik verfolgt, die auf den Erhalt der konservativen Regimes gerichtet war, so gewann Riyadh nunmehr auf der gesamtarabischen Ebene an Einfluss und übernahm in wachsendem Maße eine führende Rolle. Religiöse Institutionen und Stiftungen des Königreichs sowie wohlhabende Bürger unterstützten auf vielfältige Weise humanitäre Aktivitäten und islamische Bewegungen und Strömungen; zugleich öffneten sie damit der wahhabitischen Lehre Raum in den arabischen Gesellschaften. An die Stelle des panarabischen Strebens trat die Stärkung des Gefühls einer Zusammengehörigkeit auf der Grundlage der islamischen Religion. König Faisal (reg. 1964–1975) hatte die Federführung, als im Mai 1970 in Dschedda die *Organisation der Islamischen Konferenz* (*Islamic Conference Organization*, ICO) gegründet wurde.

Mit der Niederlage Nassers 1967 war auch der Einfluss der Sowjetunion im Nahen Osten gesunken. Die USA und Saudi-Arabien begründeten nunmehr eine enge politische Partnerschaft; in der Unterstützung konservativer Kräfte konvergierten ihre politischen und wirtschaftlichen Interessen. Der Konflikt mit Israel blieb rhetorisch zwar weiterhin auf der Agenda, die meisten Machthaber aber arrangierten sich mit der Existenz des israelischen Staates. Mit der stürmischen Erhöhung des Ölpreises und der Explosion der Einnahmen der Ölproduzenten Anfang der siebziger Jahre erhielt die saudische Politik eine starke materielle Grundlage. Ihren Höhepunkt erfuhr die saudisch-amerikanische Allianz während der Besetzung Afghanistans durch die Sowjetunion in den achtziger Jahren. Mit saudischem Geld und amerikanischem militärischem Knowhow wurde der Widerstand organisiert und finanziert, dessen Schlagkraft sich nicht zuletzt aus einer islamisch-fundamentalistischen Glaubensüberzeugung speiste (▸ Kap. 13.5). Mit der von Washington geförderten Ausbreitung eines Islams wahhabitischer Prägung sowohl im arabischen Raum wie darüber hinaus, nicht zuletzt in Afghanistan und Pakistan, wurde der Boden für eine Radikalisierung islamischer Kräfte bereitet, die im Terrorakt in New York am 11. September 2001 gipfelte. Der Geist der aus dem Islam gerechtfertigten Radikalität und Brutalität war aus der Flasche. Er sollte die Welt weit über den Nahen Osten hinaus in den folgenden Jahrzehnten heimsuchen (▸ Kap. 11.3).

Die Niederlage von 1967 setzte der »zweiten arabischen Revolte« auch insofern ein Ende, als sie in eine bleierne Ära von Autokratie, ja Despotie überging. Das Anliegen der Herrschenden war nicht länger von den Visionen des Panarabismus geleitet. Im Wesentlichen ging es um die Sicherung der Herrschaft über die existierenden Staaten und – wie im Falle des irakischen Diktators Saddam Husain – um den Versuch, im politischen Umfeld machtpolitischen Einfluss auszuüben. Die Langlebigkeit der Machthaber im physischen, durchaus aber auch im politischen Sinne ist ein Charakteristikum dieser Epoche, der erst durch die dritte arabische Revolte (seit 2010/11) ein Ende bereitet worden ist. In Ägypten trat Anwar as-Sadat (1918–1981), ein Kamerad aus den Tagen der »Freien Offiziere«, 1970 die Nachfolge Nassers an. Das Motto seiner Regierung lautete nun: »Ägypten zuerst«. Das kam in der Änderung des Staatsnamens zum Ausdruck: Aus der »Vereinigten Arabischen Republik« wurde die »Arabische Republik Ägypten«. Politische Parteien wurden wieder zugelassen, sie hatten aber keine reale politische Bedeutung. Das sozialistische Experiment wurde beendet, die Wirtschaft auf eine neoliberale Grundlage gestellt. Am 6. Oktober 1981 wurde Sadat von einem Militärangehörigen ermordet. Zum ersten Mal erfuhr bei diesem Anschlag eine breitere Öffentlichkeit von der Existenz eines auch zum Töten entschlossenen »Islamismus«. Sein Nachfolger Husni Mubarak (reg. 1981–2011), ein ehemaliger Kommandeur der Luftwaffe, machte die *Nationaldemokratische Partei* zur Staatspartei, hinter der aber auch andere Parteien ein Schattendasein führen durften.

Im Sudan, einem Land, das Ägypten seit der Unterwerfung durch Mehmet Ali und durch das anglo-ägyptische Kondominium (seit 1899) eng verbunden war, setzten sich nach der Unabhängigkeit (1956) und unterbrochen durch Phasen der Demokratie autokratische Kräfte im Militär durch. 1969 putschte sich der »Nasserist« Dscha'far an-Numairi an die Macht. Der von ihm eingeschlagene arabisch-sozialistische Weg der Entwicklung verschlechterte die sozioökonomische Lage der Bevölkerung. Um die Proteste aufzufangen, trieb er seit 1983 die umfassende Islamisierung des sudanesischen Staates voran. Damit vertiefte sich die Kluft zum Südsudan, der sowohl durch lokale Religionen als auch durch das Christentum geprägt ist. Seinen Sturz im Jahr 1985 konnte Numairi durch diesen Kurswechsel vom Nasserismus zum Islamismus nicht aufhalten. Nach einer vorübergehenden Rückkehr zu ziviler Herrschaft (1985) setzte sich 1989 das Militär endgültig durch. Generalleutnant Omar Hasan al-Baschir wurde unumschränkter Herrscher in einem System, das – wie im Ägypten Mubaraks oder dem Libyen al-Qadhafis – zwar demokratische bzw. volksdemokratische Elemente aufwies, sich im Wesentlichen aber als eine islamische Herrschaft im Sinne der Muslimbruderschaft verstand. Trotz großer Brutalität in seiner Kriegführung gelang es al-Baschir nicht, den Aufstand im Süden zu besiegen. Nach langen Verhandlungen, die von der internationalen Gemeinschaft begleitet wurden, trat der Süden 2011 in die Unabhängigkeit. Die sozialen und politischen Konflikte in anderen Teilen des Landes, namentlich in der Region Darfur, blieben ungelöst. Erst 2019 musste Baschir nach Massenprotesten – ein weiterer Schritt im Rahmen der arabischen Revolte, die 2010/11 eingesetzt hatte – zurücktreten und sich vor Gericht verantworten.

Auch im Maghreb waren autoritäre Herrschaftsstrukturen angesagt, die freilich sehr unterschiedliche institutionelle Ausformungen annahmen. In Marokko repräsentierte König Hassan II. (reg. 1961–1999) eine Monarchie, die auf einer Verfassung beruhte, welche die absolute Machtausübung des Königs absicherte. Die lange Herrschaft der alawidischen Monarchie, die bis ins 17. Jahrhundert zurückführt, und die religiöse Funktion des Herrschers als *Amir al-mu'minin* (»Führer der Gläubigen«) waren zusätzliche Faktoren der Stabilität. Seit 1975 versuchte Hassan zudem, durch den Anspruch auf die ehemalige Kolonie der *Spanischen Sahara* (*Saqiya al-Hamra*) seine Popularität im Volk zu unterfüttern. Sein Sohn hat als Mohammed VI. (seit Juli 1999) das als *Hassan'sche Demokratie* charakterisierte System seines Vaters ohne tiefergreifende Veränderungen fortgeführt.

In Tunesien wurde mit der Unabhängigkeit die Monarchie abgeschafft. Aber die charismatische Persönlichkeit von Habib Bourguiba, dem Architekten der Unabhängigkeit, verlieh dem System absolutistische Züge. Der *Parti Neo-Destour* (ab 1964 *Parti Socialiste Destourien*) war sein Werkzeug, andere politische Parteien (und die Gewerkschaften) zu unterdrücken. Im November 1987 wurde er durch einen unblutigen Putsch des Ex-Generals und amtierenden Ministerpräsidenten Zine El Abidine Ben Ali abgesetzt (1936–2019). Am Stil und der Substanz der Machtausübung änderte sich wenig. In Libyen berief sich Oberst Mu'ammar al-Qadhafi auf Nasser – seine panarabischen Ideale und den von Nasser praktizierten »arabischen Sozialismus« –, nachdem er im September 1969 das Königshaus der Sanousi gestürzt hatte. Ab 1973 begann er, das sozialistische System in Richtung auf eine Basisdemokratie fortzuentwickeln, deren Grundzüge, *Dritte Universale Theorie* genannt, er in seinem »Grünen Buch« niederlegte. Alle Macht sollte von »Volkskomitees« ausgehen und die letztliche Entscheidung bei einer alle zwei Jahre gewählten »Basisvolkskonferenz« liegen. Das System hatte sogar eine eigentümliche arabische Bezeichnung: Der Begriff der *dschamahiriyya* ist eine Pluralbildung von *dschumhuriyya:* Republik – eine künstliche Sprachschöpfung, die den hierarchielosen Volkscharakter des Systems zum Ausdruck bringen sollte. In Wirklichkeit liefen alle Fäden der Herrschaft beim »Revolutionsführer« zusammen, der gestützt auf »Revolutionsgarden« eine totalitäre Diktatur ausübte.

In Algerien schließlich hatte das Militär als die Speerspitze der *Nationalen Befreiungsfront* (*Front de Libération Nationale*, FLN) seit der Unabhängigkeit (1962) das Sagen. In den 13 Jahren seiner Herrschaft (1965–1978) verfolgte Oberst Houari Boumedienne eine zweigleisige politische und wirtschaftliche Entwicklungsstrategie: Zum einen setzte er ein Industrialisierungsprojekt in Gang, das die von den französischen Kolonialherren verordnete Ausrichtung auf die Landwirtschaft überwinden und Algerien in die Weltwirtschaft einbinden sollte. Zum anderen galt es, eine arabisch-islamische Identität zu festigen, auf deren Grundlage die Masse der Bevölkerung für das ehrgeizige »nationale« Projekt würde mobilisiert werden können. Mit dem Tod Boumediennes trat das Scheitern dieses Konzepts zutage; seit 1988 kam es zu sozialen Unruhen und Protesten. Deshalb sahen sich seine Nachfolger genötigt, das System demokratisch zu öffnen. In den Wahlen im Dezember 1990/Januar 1991 zeichnete sich ein erdrutschartiger Sieg der radikal-islamischen *Islamischen Heilsfront* (*Front Islamique du Salut*, FIS) ab; der FLN drohte bedeutungslos zu werden. In dieser Situation kehrte das Militär am 11. Januar in einem Putsch an die Macht zurück. Der Abbruch der Wahlen war zugleich das Fanal zu einem fast zehnjährigen Bürgerkrieg zwischen dem militärischen Establishment und militanten islamistischen Organisationen, der von beiden Seiten mit äußerster Grausamkeit geführt wurde. Aziz Bouteflika – auch er hatte eine Karriere im FLN gemacht – war seit seiner Wahl zum Staatspräsidenten im April 1999 zwar bemüht, das Land zu versöhnen. Ansonsten aber waren seine vier weiteren Amtszeiten von politischem und gesellschaftlichem Stillstand sowie anhaltender wirtschaftlicher Not breiter Kreise der – vor allem jugendlichen – Bevölkerung gekennzeichnet. An seiner Wiederwahl für eine vierte Amtszeit im April 2014 konnte er nur im Rollstuhl und des Sprechens nahezu unfähig teilnehmen. Im Hintergrund zogen weiterhin das Militär, die Sicherheitskräfte sowie ein einflussreiches wirtschaftliches Netzwerk die Fäden.

Auch im Maschrek war die innenpolitische Lage der Staaten nach dem Verlöschen des kurzen Aufbruchs in den fünfziger Jahren und namentlich nach dem dritten Nahostkrieg (1967) von autokratischer Herrschaft und Stagnation gekennzeichnet. Bis zur militärischen Intervention der USA im Irak 2003 prägte die machtpolitische Rivalität zwischen den beiden Diktaturen in Damaskus und Bagdad die politische Landschaft. Zentrum der Macht war in beiden Hauptstädten die *Ba'th*-Partei. Ihr Slogan: »Einheit, Freiheit, Sozialismus«, hatte die Araber zum Aufbruch in eine neue Ära aufrufen sollen. Mit den Jahren wurde die Bezeichnung *ba'th* (»Wiedergeburt«, »Renaissance«) zum Markenzeichen besonders brutaler und diktatorischer Machtausübung. In Syrien hatte seit 1970 die Diktatur von General Hafiz al-Asad die Herrschaft der *Ba'th*-Partei dauerhaft gefestigt. Formal bestanden neben dieser Partei wenige andere Parteien fort, doch waren sie ohne jeden Einfluss und hatten sich deren Führung unterzuordnen. Der harte Kern der syrischen *Ba'th*-Partei entstammte der religiösen Sekte der Alawiten, einer Minderheit mit etwa 12 % Anteil an der Gesamtbevölkerung. Nicht zuletzt um den – in der Wahrnehmung der sunnitischen Orthodoxie – häretischen Charakter ihres Glaubens zu verbergen, aber auch um ihre Machtbasis zu verbreitern, kooptierte die herrschende Clique Angehörige der sunnitischen Mehrheit der Bevölkerung (ca. 73 %) sowie der christlichen Gemeinschaften (ca. 10 % der Gesamtbevölkerung). In der zweiten Hälfte der siebziger Jahre erwuchs dem Regime eine politische Herausforderung aus den Reihen der *Muslimbruderschaft*, die seit dem Ende des Zweiten Weltkriegs in Syrien Fuß gefasst hatte und in ihrem Widerstand gegen das als häretisch und gottlos beschuldigte Regime auch vor Terrorakten nicht zurückschreckte. Das Regime schlug zurück: Im Februar 1982 kam es in Hama zu einem Blutbad, bei dem zwischen 10 000 und 20 000 Menschen getötet wurden. Bis zu seinem Tode am 10. Juni 2000 brauchte Asad keine innenpolitische Herausforderung mehr zu fürchten. Sein Sohn Baschar übernahm die Position seines Vaters. Von seiner Ausbildung her Augenarzt (mit einer Ausbildung u. a. in London, wo er auch seine Frau, Tochter eines arabischen Diplomaten, gefunden hatte), hatte er bis dahin eher im Schatten seines Vaters gestanden. Nachdem in aller Schnelle die verfassungsmäßigen Voraussetzungen für seine Amtsübernahme geschaffen worden waren, ruhten die Augen vieler Syrer in der Hoffnung auf ihm, er werde die Korruption der herrschenden Netzwerke bekämpfen, das Land öffnen und zu demokratischen Institutionen zurückkehren. Tatsächlich ist ihm ersteres im Zeitraum bis 2004 teilweise gelungen; an der wirtschaftlichen Liberalisierung hatten breitere Teile der Bevölkerung Anteil. Die politische Öffnung freilich ist über sporadische und halbherzige Anläufe, die aber bald wieder abgeblasen wurden, nicht hinausgekommen. Ob dies Baschar selbst anzulasten ist oder ob ihm der verkrustete, von seinem Vater überkommene Machtapparat in den Arm gefallen ist, ist schwer zu entscheiden. Im Mittelpunkt der Außenpolitik standen die Bemühungen um die Wiedergewinnung der 1967 von Israel besetzten Golanhöhen sowie die politische Rivalität mit dem ba'thistischen »Bruder«-Regime in Bagdad. Über diesen Konflikt ist oben schon berichtet worden.

Im Irak hatte sich 1968 die Partei über die Armee an die Macht geputscht; bald aber übernahm der zivile Flügel dauerhaft die Führung. Von Beginn an war Saddam Husain (1937–2006) eine der führenden Figuren. Aus kleinen Verhältnissen im sunnitischen Tikrit stammend, war er seit seiner frühen Jugend Parteisoldat des *Ba'th* gewesen. Nach der Machtübernahme der Partei in Bagdad überließ er die nominelle Führung des Staates zunächst seinem Onkel General Ahmad Hasan al-Bakr. Nach dessen Rücktritt von seinen Ämtern schwang Husain sich 1979 in einem innerparteilichen Coup zu totalitärer Machtstellung im Irak auf. Der Anspruch auf Vorherrschaft in seiner arabischen und nicht-arabischen Nachbarschaft verstrickte ihn auf mehreren Ebenen in dauerhafte Konflikte. Im Inneren war die Auseinandersetzung mit der kurdischen Nationalbewegung (► S. 174) Auslöser eines anhaltenden Konflikts. Als arabisch-nationalistische Bewegung tat sich die *Ba'th*-Partei mit gleichen Rechten für nicht-arabische Teile der Bevölkerung schwer. (Das war auch in Syrien der Fall, wo die Kurden nahezu rechtlos waren; allerdings stellten sie mit etwa 9 % der Bevölkerung nur eine relativ kleine Gruppe.) Die Führer der Kurden, die immerhin ca. 20 % der Gesamtbevölkerung im Irak vertraten, forderten politische Autonomie. Gelegentliche Bemühungen um politischen Ausgleich zwischen ihnen und der Zentralregierung in Bagdad waren nicht von langer Dauer. Berüchtigter »Höhepunkt« der dauerhaften Kämpfe war der Einsatz von Giftgas seitens der irakischen Luftwaffe im März 1988 in der kurdischen Stadt Halabdscha; etwa 4 000 Menschen fanden den Tod.

Die irakischen Kurden waren auch Bauern auf dem Brett, auf dem die *Ba'th*-Partei und Iran ihre Rivalität um Vorherrschaft am Golf austrugen, den Iran den »Persischen«, die *Ba'th*-Partei aber den »Arabischen« nannte. Bis 1975 unterstützte der Schah aufständische Kurden im Irak. Nach dessen Sturz im Januar/Februar 1979 ging diese machtpolitische Rivalität auf die »Islamische Republik« über. Zugleich erhielt sie jetzt eine religiöse Dimension im Ringen zwischen einem säkularen und einem theokratischen politischen System, das sich anzuschicken schien, seine Revolution in den benachbarten arabischen Raum, namentlich die Arabische Halbinsel zu exportieren (► S. 449). Mit dem Angriff auf Iran im September 1980 verband Saddam Husain eine doppelte Erwartung: Das gefürchtete islamische Regime in Teheran zu stürzen und zugleich in dem benachbarten Khuzistan, von den Arabern »Arabistan« genannt, territoriale Gewinne zu erzielen. Der Angriff mündete in einen Krieg, der – streckenweise ein »vergessener Krieg« – erst 1988 durch einen Waffenstillstand beendet wurde. In Sorge vor der Ausbreitung der islamischen Revolution unterstützten die arabischen Nachbarn die irakische Kriegführung vor allem finanziell. Eine Ausnahme machte das ba'thistische »brüderliche« Regime in Syrien: Mit Saddam Husain in erbittertem Machtkampf verstrickt, stellte sich Hafiz al-Asad, der Diktator in Damaskus, auf die Seite Irans. Ausgehend von dieser Parteinahme entstand eine politische Achse zwischen Damaskus und Teheran. Sie sollte über Jahrzehnte Bestand haben, den Sturz Saddam Husains 2003 überdauern und zu einer wirkungsvollen politischen und militärischen Unterstützung Teherans für Baschar al-Asad führen, als das ba'thistische Regime in Syrien ab 2011 einen Kampf um sein Überleben führte (► S. 555).

1990 wurde der irakische Diktator schließlich der einzige arabische Herrscher nach dem Zweiten Weltkrieg, der gewaltsam innerarabische Grenzen zu verändern suchte. (Differenzen über territoriale Grenzziehungen sind unter arabischen Staaten in der Regel diplomatisch ausgetragen worden.) Am Ende des achtjährigen Krieges gegen Iran war die irakische Staatskasse leer und das Land namentlich bei seinen ölreichen Nachbarn stark verschuldet. Als diese Bagdad zur Rückzahlung der Schulden aufforderten, verschärfte sich der Ton insbesondere gegenüber Kuwait: Das Emirat habe während des Krieges aus einem vom Irak beanspruchten Ölfeld Erdöl gefördert und sich somit zu Lasten des Irak bereichert. Tatsächlich dürfte Mitte 1990 in Bagdad der Entschluss gefasst worden sein, Kuwait zu annektieren. Der Überfall erfolgte am 2. August; am 8. August erklärte Saddam Husain Kuwait zur 19. Provinz des Irak.

Ansprüche Bagdads auf das benachbarte Emirat hatten eine lange Tradition. Die Briten als Vormacht in der Region hatten sie immer wieder zurückgewiesen und das Emirat, ihr ehemaliges Protektorat, geschützt. Jetzt ergriff Washington die Initiative zu seiner Befreiung. Gestützt auf eine Resolution des Sicherheitsrats der Uno, vertrieb eine von den USA geführte Koalition im Januar/Februar 1991 die irakischen Besatzer aus Kuwait. Der Vorstoß nach Bagdad freilich unterblieb und so konnte sich der Diktator an der Macht behaupten. Das Regime aber und damit die ganze arabische Mehrheit der Iraker wurden unter ein scharfes Sanktionsregime gestellt. (Der kurdische Norden genoss unter internationalem Schutz Autonomie und konnte sich politisch und wirtschaftlich getrennt vom Rest des Landes entwickeln.) Der Terrorakt in New York vom 11. September 2001 führte zu einem Umdenken in Washington. George W. Bush, der Sohn des amerikanischen Präsidenten, der die Befreiung von Kuwait in Gang gesetzt hatte, war von der Idee besessen, die Ursache für Terror und Gewalt in dem und aus dem Nahen Osten sei die diktatorische Machtausübung der Regimes, die – gegebenenfalls mit militärischen Mitteln durchzusetzende – Demokratie sei die Voraussetzung für Frieden. Unter bewusster Vorspiegelung falscher Tatsachen, die den Diktator als Unterstützer des internationalen Terrorismus erscheinen lassen sollten, wurde die militärische Intervention gerechtfertigt, die im März/April 2003 zum Sturz Saddam Husains und zum Ende der Herrschaft der *Ba'th*-Partei im Irak führte. Die von Washington aufgezwungene neue Ordnung freilich sollte neue Probleme schaffen. Sie werden im Zusammenhang mit dem Auf- und Umbruch der dritten arabischen Revolte seit 2011 erörtert (▶ Kap. 12).

Auf der Arabischen Halbinsel war die Lage seit Beginn der siebziger Jahre von stürmischer wirtschaftlicher Umgestaltung auf der einen und dem Beharren in überkommenen politischen und gesellschaftlichen Strukturen auf der anderen Seite gekennzeichnet. 1971 traten die Emirate, die seit dem 19. Jahrhundert unter britischer Schutzherrschaft gestanden hatten, in die Unabhängigkeit: Bahrain, Katar, die Vereinigten Arabischen Emirate und Oman wurden als selbstständige Staaten Mitglieder der Arabischen Liga und der Vereinten Nationen (Kuwait hatte bereits 1961 seine Unabhängigkeit erklärt). Wie in Saudi-Arabien waren die traditionell herrschenden Familien auch die neuen Herrscher der nunmehr unabhängigen Staaten. Die seit 1970 rasant steigenden Einnahmen aus der Produktion und dem Verkauf von Erdöl und Erdgas waren die Grundlage einer tiefstgreifenden Umgestaltung der Lebenswelten der Golfaraber. Die ärmlichen traditionellen Lehmbauten wichen mit den Jahrzehnten einer modernen, zum Teil atemberaubenden städtischen Architektur, die ihre Inspiration aus den USA und Europa bezog. Die Lebensweise der Menschen verband – scheinbar widerspruchsfrei – herkömmliche und westliche Elemente. Die Bedürfnisse des Arbeitsmarktes führten zu einer gewaltigen Wanderungsbewegung in drei Dimensionen: einer arabischen Dimension, da sich zahlreiche Menschen aus ärmeren arabischen Ländern (auch Palästinenser) in Richtung Golf auf den Weg machten, und einer asiatischen Dimension mit Millionen von Migranten u. a. aus Pakistan, Indien und den Philippinen. In einigen der kleinen Golfstaaten bilden die Einheimischen nur noch eine Minderheit (z. B. in Katar 14 %) der Gesamtbevölkerung. Und schließlich gab es eine westliche Dimension: Europäer und Amerikaner fanden sich in den oberen Etagen der Verwaltung sowie des Finanz- und Geschäftslebens. Zugleich transferierten sie Ableger ihres Gesundheitswesens, ihres Bildungswesens und ihres Kulturbetriebs (u. a. Museen) in die boomenden Ölstaaten am Persischen Golf.

Auch nach den nasseristischen Turbulenzen sahen sich die Herrscher der Staaten am Golf gelegentlich ernsten politischen Herausforderungen gegenüber. Die Legitimation der Herrscherfamilien wurzelte in erster Linie in der Geschichte. In Saudi-Arabien wurde die seit dem 18. Jahrhundert bestehende Allianz des Hauses Sa'ud mit den Nachkommen des Gründers der »wahhabitischen« Lehre (Muhammad ibn Abd al-Wahhab) nicht infrage gestellt. Drohte das Königreich nach dem Tod des Staatsgründers Abd al-Aziz ibn Sa'ud in der zweiten Hälfte der fünfziger Jahre in den Sog der panarabischen Propaganda Nassers zu geraten, so gelang es König Faisal ibn Abd al-Aziz (reg. 1964–1975), die Herrschaft des Königshauses wieder auf einer konservativen Grundlage zu festigen. Zugleich trug die Ausbreitung des rigorosen *Wahhabismus* in den Nahen Osten sowie in weitere Kreise in Afrika und Asien (insbesondere auch Zentralasien nach dem Zerfall der Sowjetunion Anfang der neunziger Jahre) zur Entstehung eines konservativen politischen und gesellschaftlichen Klimas bei. Linke Paradigmen unterschiedlicher Spielart wurden von konservativ bis radikal islamischen Strömungen konterkariert. 1962 war in Mekka die *Islamische Weltliga* (*Rabitat al-alam al-islami*) gegründet worden. Sie hat seither Aktivitäten islamischer Organisationen und Bewegungen weltweit (auch in Europa) unterstützt und ein breites Umfeld von Sympathisanten mit der konservativen saudisch-wahhabitischen Auslegung des Islams zu schaffen gesucht. König Faisal ist aber auch als ein Reformer hervorgetreten – etwa in der Erziehungs- und Bildungspolitik. Gegen den Widerstand der Theologen setzte er u. a. die Einrichtung von Mädchenschulen durch. Er wurde am 25. März 1975 von einem Neffen ermordet – wohl ein Racheakt innerhalb der saudischen Familie.

Die Reformansätze vonseiten des Königshauses mussten das Lager dogmatischer Wahhabiten herausfordern. Von ihm kam denn auch eine der stärksten Erschütterungen des saudischen Systems. Am 20. November 1979 (also im Jahr der islamischen Revolution in Iran) besetzte eine Gruppe fanatischer militanter Parteigänger der *Wahhabiyya* die Große Moschee in Mekka und nahm mehrere hundert Pilger als Geisel. Ihr Anführer, Dschuhaiman al-Utaibi, behauptete, einer seiner Gefährten, Muhammad ibn Abdallah al-Qahtani, sei der erwartete Mahdi, mithin stehe der Jüngste Tag bevor. Der Familie Sa'ud warf er vor, sie sei korrupt, führe ein ausschweifendes Leben, unterdrücke das Volk und schließe Bündnisse mit den Ungläubigen. Erst als ein Rechtsgutachten vorlag, das den Einsatz von Waffengewalt auf dem Gelände der Moschee erlaubte, gingen die Sicherheitskräfte mit Unterstützung einer französischen Spezialeinheit gegen die Besetzer vor.

Hatte Saudi-Arabien im irakisch-iranischen Krieg (1980–1988) Saddam Husain unterstützt, so stellte es sich bei der Befreiung Kuwaits von irakischer Besetzung, dem zweiten Golfkrieg (1990/91), auf die Seite der von den USA angeführten militärischen Allianz. Deren Aufmarsch vollzog sich wesentlich auf saudischem Boden. Die »Entweihung des Bodens, auf welchem die heiligen Städte Mekka und Medina liegen«, rief radikale islamistische Kräfte im Kampf gegen das saudische Regime auf den Plan. Noch vor den Terroranschlägen in den USA am 11. September 2001 kam es in Saudi-Arabien zu Terrorakten gegen Einrichtungen des Staates und der Wirtschaft, namentlich aber auch der Amerikaner im Lande. Usama bin Laden, Gründer der Terrororganisation *al-Qa'ida* und Planer des Anschlags vom 11. September, entstammte einer hoch angesehenen saudischen Unternehmerfamilie (mit jemenitischen Wurzeln); 15 der 19 Mitglieder des Terrorkommandos, das den Schlag in New York führte, waren saudische Bürger. Die Ambivalenz des saudischen Staates und der saudischen Gesellschaft – über die Ölwirtschaft einem enormen Druck materieller und zugleich politisch-geistiger Modernisierung ausgesetzt, zugleich aber in den Rahmen einer rückwärtsgewandten, modernisierungsfeindlichen und antiwestlichen Religion eingespannt – war darin dramatisch augenfällig geworden. Auch das saudisch-amerikanische Verhältnis war unter Druck geraten; die intensiven Untersuchungen der Ursachen, Hintermänner und Hintergründe des Terrorakts ließen das Ausmaß erkennen, in dem vermögende saudische Bürger, private Stiftungen sowie offizielle und halboffizielle saudische Organisationen in die Finanzierung islamistischer Netzwerke involviert waren.

Immerhin gewann die Öffnung des politischen Systems für eine breitere Teilhabe aus der Gesellschaft heraus an Fahrt. Bereits 1993 war eine *Beratende Versammlung* (*Madschlis asch-schura*) eingerichtet worden; bis 2003 wuchs sie auf 120 (männliche) Mitglieder an. Im August 2005 wurde Abdallah (1924–2015) König, ein weiterer Sohn des Staatsgründers Abd al-Aziz. Er hatte bereits über Jahre die Geschäfte für seinen kranken Bruder Fahd geführt. Abdallah stärkte die Befugnisse der *Beratenden Versammlung*; 2013 nominierte er zum ersten Mal 30 Frauen unter den mittlerweile 150 Mitgliedern. In einigen Regionen wurde Wahlen zu Volksvertretungen durchgeführt. An den Kommunalwahlen im Dezember 2015 konnten zum ersten Mal Frauen als Wählerinnen und Kandidatinnen teilnehmen. Auch wurde der Einfluss der wahhabitischen Geistlichkeit in Erziehungswesen und Justiz zurückgedrängt.

Wie in Saudi-Arabien beruht auch das Herrschaftssystem in den jungen Emiraten auf den Einnahmen der Öl- und Gaswirtschaft. Wissenschaftler haben die erdölproduzierenden Staaten als »Rentierstaaten« bezeichnet. Über den Export von Erdöl und Erdgas würden die Herrschenden über eine externe Einnahmequelle verfügen, Erdöl-»Renten« eben, die sie von den politischen und gesellschaftlichen Gegebenheiten im Inneren unabhängig machten. Rentierstaaten seien infolgedessen von einer ausgedehnten Staatsklasse beherrscht, autoritär und außerhalb des Energiesektors wirtschaftlich schwach entwickelt. Namentlich mit Blick auf die politischen Systeme bieten – neben Saudi-Arabien – die kleinen Golfstaaten Belege für diese Theorie. Nur im Falle Kuwaits hat sich auf der Grundlage einer Verfassung ein parlamentarisches Leben entwickelt, das diese Bezeichnung verdient. Die Flucht der

Herrscherfamilie bei dem irakischen Angriff im August 1990 und der Verzicht auf jegliche Gegenwehr haben die Stellung der Al Sabah nach ihrer Rückkehr im Frühjahr 1991 gegenüber dem Parlament geschwächt. An ihrer insgesamt noch immer dominanten Rolle hat das wenig geändert.

In den anderen Emiraten ist die Beteiligung der einheimischen Bevölkerung auch nach der Unabhängigkeit nur schwach geblieben. Im Sinne der »Renten«-Theorie wurden diese politischen Defizite durch die Beteiligung der einheimischen Bevölkerung an den Einnahmen kompensiert. So ist das Pro-Kopf-Einkommen der Qataris zum höchsten in der Welt aufgestiegen. Zu verbreiteten politischen Unruhen ist es nur in Bahrain gekommen. Bereits in den dreißiger Jahren wurde auf der Insel Öl gefördert, so dass es dort zu Ansätzen einer organisierten Arbeiterschaft kam, die ihren Forderungen gelegentlich durch Protest Nachdruck verlieh. Das größte Problem freilich, das bis in die Gegenwart nicht gelöst wurde und mithin zu permanenter Spannung und Unruhe führt, liegt in der Tatsache, dass die Mehrheit der Bürger Bahrains dem schiitischen Zweig des Islams angehört, während die Macht bei der sunnitischen Familie der Khalifa liegt. Aus der religiösen Verwerfung ergab sich eine politische, gesellschaftliche und wirtschaftliche Marginalisierung. Die Gründung eines schiitischen Staatswesens in Gestalt der *Islamischen Republik Iran* in der unmittelbaren Nachbarschaft des Inselstaates hat das Selbstbewusstsein und die Protestbereitschaft der schiitischen Bevölkerung gestärkt.

Vor dem Hintergrund der sich verschlechternden Sicherheitslage am Persischen Golf schlossen sich die sechs rohstoffreichen Monarchien im Mai 1981 zum *Golf-Kooperationsrat* (*Gulf Cooperation Council*, GCC) zusammen. Sowohl die beiden jemenitischen Staaten als auch der Irak, der sich im Krieg mit Iran befand, blieben ausgeschlossen. Die Ziele waren zugleich wirtschafts- und sicherheitspolitischer Natur. Eine Freihandelszone, ein gemeinsamer Markt und schließlich eine Zollunion (2008) sollten den Fluss von Waren und Dienstleistungen zwischen den ähnlich strukturierten Vertragspartnern erleichtern. Nach außen, nicht zuletzt auch in den Verhandlungen mit der EU über ein Freihandelsabkommen, sollte das gemeinsame Auftreten die Position der Golfstaaten stärken. Sicherheitspolitisch richtete sich der Zusammenschluss auf die Abwehr destabilisierender Einwirkungen im Inneren und von außen. Zwar sind die Bäume der Errungenschaften des GCC nicht in den Himmel gewachsen: So wurde die angestrebte Währungsunion bis in die Gegenwart nicht erreicht und die Krise um Kuwait etwa ein Jahrzehnt nach der Gründung des GCC sollte zeigen, dass die Abwehr ernsthafter äußerer Bedrohungen eines Mitglieds ohne die Unterstützung insbesondere der USA eine Illusion bleiben würde. Allein die Tatsache aber, dass das Bündnis trotz vieler Differenzen unter den Mitgliedern über nahezu vier Jahrzehnte Bestand hat, verleiht dem Slogan der arabischen Gemeinsamkeit eine gewisse positive Signalwirkung. Eine fragwürdige, im Sinne der Gründer aber plausible Maßnahme war die Intervention einer Truppe des GCC im März 2011, um die Proteste gegen die Herrschaft der Al Khalifa, die wesentlich von der schiitischen Mehrheit auf der Insel ausgingen, zu unterdrücken.

Die Gründung eines kommunistischen Staates in Gestalt der *Demokratischen Volksrepublik Jemen* (Südjemen, 1967) mit der Hauptstadt Aden hat sich auf die Stabilität der Arabischen Halbinsel nur marginal ausgewirkt. Marxistisch inspirierte »Befreiungsbewegungen« wurden in den frühen siebziger Jahren durch eine Allianz des Schahs von Persien, der konservativen arabischen Regimes und der USA niedergeschlagen. Die *Popular Front for the Liberation of Oman and the Arabian Gulf* hat es nicht vermocht, breitere Kreise der Bevölkerung zu mobilisieren. Die westliche Wahrnehmung aber, die Sowjetunion könnte versucht sein, über Aden hinaus ihren Einfluss auf der Halbinsel auszudehnen (tatsächlich hat sie auf der Südjemen vorgelagerten Insel Sokotra einen Flottenstützpunkt unterhalten), hat zu einer massiven amerikanischen Militärpräsenz geführt. Die »Carter-Doktrin« (▸ S. 526), eine Reaktion auf die Umbrüche in Iran und Afghanistan 1978/79, hat die arabischen Staaten der Golfregion zu tragenden Säulen amerikanischer Sicherheitspolitik werden lassen. In Bahrain sind das Hauptquartier der 5. US-Flotte, in Katar die *US Central Command's Forward Headquarters and Combined Air Operations* eingerichtet. Auch in den anderen Emiraten unterhalten die USA zum Teil erhebliche militärische Einrichtungen.

9.4.5 1989 – das verpasste Schicksalsjahr

Das Ende der siebziger Jahre, das durch die Revolutionen in Iran, Afghanistan und Äthiopien gekennzeichnet war, ließ auch die Frage nach der Zukunft der arabischen Regimes laut werden. Die Besetzung der großen Moschee von Mekka im November 1979, eine Protestaktion radikaler Wahhabiten gegen die Herrschaft der Familie Sa'ud, schien *eine* Richtung anzuzeigen, aus welcher ein Sturm des Wandels erwachsen würde: eine radikal-fundamentalistische Interpretation des Islams. Die Ermordung des ägyptischen Präsidenten Anwar as-Sadat im Oktober 1981 durch eine dieser Interpretation geistesverwandte Terrororganisation sowie die Angriffe von Angehörigen der Muslimbruderschaft auf das ba'thistische Regime in Damaskus zu Beginn der achtziger Jahre erhärteten diese Einschätzung. Und in der Tat war nach der erfolgreichen schiitisch geprägten Revolution in Iran die Frage unabweisbar, ob auch der sunnitisch geprägte Raum einen Weg revolutionären Wandels einschlagen würde.

Das Gesamtbild der Krise der Region aber war breiter. In weiten Teilen des arabischen Vorderen Orients waren die Volkwirtschaften nicht mehr in der Lage, die Bedürfnisse ihrer Bürger zu befriedigen. Damit war der dem politischen und gesellschaftlichen Leben zugrunde liegende Gesellschaftsvertrag zwischen Machthabern und Bürgern brüchig geworden. In ihm hatten jene Stabilität und Teilhabe am Wohlstand versprochen, wofür diese bereit sein würden, autokratische Herrschaftsausübung hinzunehmen und auf politische Teilhabe weitgehend zu verzichten. Die Herrschenden hatten Grundversorgung, soziale Dienstleistungen sowie weitreichende Beschäftigungsmöglichkeiten im aufgeblähten staatlichen Sektor gesichert. Dies änderte sich infolge der zunehmenden Verschuldung vieler Länder. Sozialistische Experimente waren gescheitert und Missmanagement und Korruption zeigten ihre Wirkungen. Die ressourcenarmen Staaten verfügten nicht mehr über ausreichende Mittel, um sich das Stillhalten der Öffentlichkeit zu erkaufen. Als Gegenleistung für Hilfen und Kredite internationaler Institutionen waren sie gezwungen, die Wirtschaft zu liberalisieren und Strukturanpassungsmaßnahmen vorzunehmen.

Im Zuge dieses Prozesses verstärkte sich die sozioökonomische Ungleichheit: Eliten im Umfeld der Herrscher konnten sich profitable Teile der Wirtschaft zu Vorzugsbedingungen aneignen; demgegenüber verschlechterte sich die Lage der Unter- wie auch der Mittelschicht durch Preisanstieg und Lohnverfall, Rücknahme von Subventionen, Kürzung staatlicher Dienstleistungen und Wegfall von staatlichen Arbeitsplätzen. In den nordafrikanischen Staaten zwischen Marokko und Ägypten kam es zu Brotunruhen und Protesten. In Algerien war mit dem Tod Houari Boumediennes (1978) auch das Konzept einer Industrialisierung um jeden Preis gescheitert. Die Suche nach einer neuen politischen und gesellschaftlichen Ordnung eskalierte 1988 zu Unruhen, bei deren Niederschlagung etwa 800 Menschen getötet wurden. Auch in Tunesien war das Ende der Ära Habib Bourguibas von Protesten begleitet. Im November 1987 wurde er von seinem Innenminister Zine Al Abidine Ben Ali abgesetzt und unter Hausarrest gestellt. In Jordanien wurde im Herbst 1989 zum ersten Mal seit 1967 ein neues Parlament gewählt. In Kuwait gingen im Frühjahr 1990 Menschen auf die Straße, um von der herrschenden Familie die Rückkehr zum Parlamentarismus zu fordern Das libysche Regime Mu'ammar al-Qadhafis sah sich seit 1987 auf der Grundlage des Vorwurfs der Produktion von Chemiewaffen internationalen Sanktionen ausgesetzt. Der irakische Diktator Saddam Husain hatte sich 1980 in einen teuren Krieg mit dem revolutionären Iran verstrickt, an dessen Ende das Land finanziell bankrott und bei seinen Nachbarn hoch verschuldet dastand.

In dieser Epoche schwindenden Ansehens der Herrschenden bei den Bürgern, des Scheiterns ihrer gesellschafts- und wirtschaftspolitischen Strategien der vergangenen Jahre, sinnloser Kriege und teurer regionaler und internationaler Konfrontationen öffnete sich mit dem Fall der Berliner Mauer am 9. November 1989 schlagartig eine neue Perspektive auf die Zukunft auch Nordafrikas und des Nahen Ostens. Regimes im »sozialistischen Lager«, die fest wie Zement erschienen waren, ließen plötzlich erkennen, dass sie auf Sand gebaut waren. Sie brachen zusammen wie Kartenhäuser. Eine versteinerte Diktatur wie diejenige in Rumänien wurde innerhalb weniger Stunden physisch liquidiert. Der urplötzliche Fall des Diktators fand einen starken Widerhall. Wo würde sich ein solches Ereignis in der arabischen Welt wiederholen? Die Bilder der Berliner Mauer, auf der jubelnde Menschen sitzen, im Hintergrund das Bandenburger Tor, war in Stuben und Büros zu sehen, wo sich politischer Protest artikulierte. Das alles war möglich geworden, da sich das politische Machtzentrum in Moskau nicht mehr willens und imstande zeigte, das Imperium um jeden Preis weiter zusammenzuhalten. Die Völker gingen ihre eigenen Wege. Nicht zuletzt das Scheitern der sowjetischen Invasion in Afghanistan am Widerstand der Menschen dort im vergangenen Jahrzehnt hatte die Vergeblichkeit dieser Variante der Machtausübung offenbart. Auch im südlichen Kaukasus und im Baltikum widersetzten sich die Bürger der gewaltsamen Einmischung. Der Nagel, an dem die Diktaturen in Europa seit dem Ende des Zweiten Weltkriegs gehangen hatten, war aus der Wand gebrochen.

Der Eindruck, den diese Entwicklungen im Raum zwischen Nordafrika und dem Persischen Golf machten, war ebenso stark wie flüchtig. Mit Faszination und Erwartung beobachteten die kritischen und nach Erneuerung strebenden oppositionellen Eliten das Geschehen im Herbst 1989 in Europa. Insbesondere auch in

Nordafrika hatten sich die Symptome des Wandels gemehrt: In Algerien war im Februar 1989 eine neue Verfassung in Kraft getreten, die Freiräume für demokratischen Pluralismus und für Wahlen eröffnete. In Tunesien hatte der neue Herrscher 1988 nach einer Änderung der Verfassung weitere politische Parteien zugelassen. In Marokko sah sich der König anhaltenden sozialen Unruhen gegenüber, denen er mit einer Mischung von Unterdrückung und behutsamer Öffnung begegnete. In diesem Klima diffuser Erwartungen an einen politischen Wandel schufen die revolutionären Veränderungen in Europa seit dem Fall der Berliner Mauer eine konkrete Perspektive des Wandels auch in den arabischen Gesellschaften. Gebannt folgten die politischen Eliten dem Geschehen.

Aber bevor es zu einer Nagelprobe kommen konnte, schlugen die Mechanismen der Repression zu. Nach Lage der Dinge war unübersehbar, dass von Parteien mit einem islamisch eingefärbten Programm die stärkste Anziehungskraft ausgehen würde. Das bestätigte sich am eindrucksvollsten in Algerien, wo, wie erwähnt, die *Nationale Heilsfront* (*Front Islamique du Salut*, FIS) sowohl aus den Gemeinderatswahlen im Juni 1990 als auch aus dem ersten Durchgang der Parlamentswahlen im Dezember 1991 als stärkste Kraft hervorging. Zu einem zweiten Wahlgang sollte es nicht mehr kommen; am 11. Januar 1992 putschte die Armee. Präsident Chadli Bendjedid wurde zum Rücktritt gezwungen; die FIS wurde aufgelöst, ihre führenden Köpfe verhaftet. Algerien stürzte in Jahre des Bürgerkriegs. In Tunesien hatten bereits die ersten Präsidentschafts- und Parlamentswahlen nach der Machtübernahme Ben Alis im April 1989 Zweifel an der Glaubwürdigkeit des neuen Präsidenten und seiner Partei (*Rassemblement Constitutionnel Démocratique*) aufkommen lassen. Beharrlich wurde der islamischen *Partei der Wiedergeburt* (*Hizb an-nahdha*; *Ennahda*) die Legalisierung verweigert; 1991 wurde die islamistische Studentenorganisation verboten. In der Folge war eine brutale Unterdrückung der Bewegung angesagt. Auch in Ägypten standen die neunziger Jahre im Zeichen der Konfrontation zwischen dem Regime Husni Mubaraks, des Nachfolgers as-Sadats, und islamistischen Gruppen, die es mit terroristischen Methoden bekämpften. Terroranschläge unter anderem in Ägypten und Saudi-Arabien sowie in afrikanischen Hauptstädten, die auf die Regimes, aber auch auf westliche Bürger zielten, machten in den neunziger Jahren in der Wahrnehmung von Regierungen und Öffentlichkeit im Westen den radikalen politischen Islam zur größten Herausforderung für die Stabilität der Region. Diese Wahrnehmung schien sich zu bestätigen, als im September 1996 die *Taliban* in Kabul die Macht übernahmen. Die in Afghanistan geplanten und am 11. September 2001 in den USA ausgeführten Terrorschläge ließen den Alptraum Wirklichkeit werden.

So war die europäische Revolution an Nordafrika und dem Vorderen Orient vorbeigegangen. An die Stelle eines demokratischen Wandels trat die Gewalt zwischen den Machthabern und Organisationen, die im Namen »des Islams« eine theokratische Ordnung herbeizuführen suchten. Von einer sunnitischen Variante einer »Islamischen Republik«, wie sie zehn Jahre zuvor unter schiitischen Vorzeichen in Iran errichtet worden war, waren sie weit entfernt. Aus dem Westen war den demokratischen Kräften keine Unterstützung zuteil geworden. Zwar war der amerikanische Präsident George Bush (senior, reg. 1989–1993) nicht müde geworden, eine »neue Weltordnung« zu beschwören, in deren Namen eine internationale Truppe im Januar/Februar 1991 die irakischen Besatzer aus Kuwait vertrieb; aber einen Regimewechsel in Bagdad hatte er nicht herbeigeführt. Und als die Menschen im Südirak – ermutigt durch die Entwicklungen in Europa und vage Versprechungen aus Washington – selbst aufstanden, sich von dem Diktator zu befreien, wurden sie allein gelassen. Nur den Kurden wurden durch eine Flugverbotszone die Voraussetzungen für eine quasi unabhängige Entwicklung geschaffen. Ein Gefühl der Verbitterung blieb zurück: Europa hatte in seinem eigenen Haus den epochalen Umbau des Kontinents wirkungsvoll bewältigt; den demokratischen Kräften war jede Unterstützung zuteil geworden. »In Bezug auf die arabische Welt heuchelte Europa [...]. Es verhandelte lieber mit Diktatoren als mit deren Opposition.«[49]

Diese Allianz zwischen Europa und den arabischen Diktatoren sollte sich in dem Maße verstärken, in dem islamistischer Terror das Erscheinungsbild des Vorderen Orients prägte und die säkulare und demokratische Opposition unsichtbar machte. Neue Bedrohungsszenarien entstanden; aus ihnen erwuchs eine Konvergenz der Interessen von Sicherheit und Stabilität aufseiten der an der Macht befindlichen Regimes auf der einen und westlicher Mächte, namentlich der USA und Europas, auf der anderen Seite. Die Revolution in Iran, die von den neuen Machthabern bald als »islamische« propagiert worden war, schien das Potential einer Ausbreitung in die benachbarten Staaten zu haben. Und die kommunistische Revolution im Nachbarland Afghanistan ließ das westliche Horrorszenario der Wirklichkeit näher kommen, die Sowjetunion könne ihren Einfluss bis an die ölreiche Region des Persischen Golfes ausdehnen – eine Region, die mit den Veränderungen in der Ölwirtschaft seit dem Beginn der siebziger Jahre für die Wirtschaft der westlichen Staaten einen dramatisch gesteigerten Stellenwert erhalten hatte. Hatte bis dahin der Konflikt um Palästina die größte Wirkungsmacht auf die politischen Entwicklungen in der Region und im internationalen Kontext entfaltet, so trat dieser umso mehr in den Hintergrund, als er mit den palästinensisch-israelischen Verhandlungen in den neunziger Jahren einer Lösung näher gekommen zu sein schien.

Die Wahrnehmung, mit Blick auf die islamistische Bedrohung in demselben Boot zu sitzen, hat die arabischen Regimes und die westlichen Mächte im Zeichen eines gemeinsamen Interesses an Stabilität und Sicherheit zusammenrücken lassen. Selbst diejenigen Machthaber, die bis dahin eine den Westen ablehnende oder ihm gegenüber distanzierte Haltung eingenommen hatten, suchten schließlich im Kampf gegen den Terror einen – wenn auch nicht offen kommunizierten – Schulterschluss: so etwa Hafiz al-Asad in Damaskus, Mu'ammar al-Qadhafi in Tripolis und Omar al-Baschir in Khartum. (Der Irak war nach der Vertreibung seiner Truppen aus Kuwait unter amerikanisches *containment* gestellt worden.) Der Preis, den die Machthaber für die Zusammenarbeit im Kampf gegen die gemeinsame Bedrohung forderten, war die Nichteinmischung in ihre inneren Angelegenheiten. Zwar ließen sie hier und da das Volk zu Wahlen an die Urnen gehen. Diese Wahlgänge aber waren in einer Weise kontrolliert, die den Ausgang sicherstellte.

Hinter der Fassade des Kampfes um politische Stabilität wurde der eskalierenden wirtschaftlichen Krise und dem demographischen Faktor nur geringe Aufmerksamkeit zuteil: 2011 waren 70 % der arabischen Bevölkerung jünger als 35 Jahre. Die Zahl der arbeitslosen Jugendlichen stieg signifikant; darunter fanden sich auch viele Jugendliche mit Abitur bzw. Studienabschluss. Eine starke Protestwelle war 2008 in Tunesien und Ägypten ins Rollen gekommen. Schließlich wirkten nicht-manipulierbare globale Faktoren zum Jahreswechsel 2010/11 konfliktverschärfend. Die Getreidepreise waren bereits in der Vergangenheit in die Höhe geschnellt; in diesem Jahr ließen verstärkte Käufe Chinas diese erneut explodieren. In Syrien hatte eine langandauernde Dürre Menschen vom Land in die Städte getrieben; dort waren sie mehr oder weniger sich selbst überlassen.

In einem Klima angestauter Wut verbrannte sich am 17. Dezember 2010 ein zorniger und verzweifelter junger Mann im Herzen Tunesiens. Das Feuer wurde das Fanal einer umfassenden Protestwelle in der ganzen arabischen Welt. Wenn auch mit von Land zu Land unterschiedlichem Rhythmus und unterschiedlichen Ergebnissen setzte die Suche nach neuen politischen Ordnungen ein, die der Forderung nach »Würde« entsprechen würden. Machthaber stürzten, andere suchten durch materielle Zuwendungen oder oberflächliche Reformen den Zorn der Bürger zu besänftigen. Während sich an einigen Orten alte Kräfte mit verändertem Personal wieder an die Macht brachten, setzten andernorts Zerfallsprozesse ein, welche die bestehende Staatlichkeit an den Rand des Zusammenbruchs gelangen ließen. Davon wird unten ausführlicher zu berichten sein (▸ Kap. 12).

9.5 Israel – von der »jüdischen Heimstätte« zur regionalen Supermacht

Für die Geschichte des Nahen Ostens ist die Gründung des Staates Israel im Mai 1948 ein Akt von weitestreichender Bedeutung. Für die Juden stellt sie sich als Erneuerung jüdischer Staatlichkeit nach der Zerstörung des jüdischen Staates durch die Römer im Jahre 70 n. Chr. dar. Nach der endlosen Kette von Ausgrenzung und Pogromen sowie der weitgehenden Auslöschung des europäischen Judentums im Holocaust würden sie in ihrem Staat nun sich selbst bestimmend und verteidigend leben können. Für die palästinensischen Araber bedeutete die Staatsgründung eine Katastrophe (*nakba*) – den Verlust eines großen Teils des Territoriums, auf dem in der Logik der Entwicklung der arabischen Gesellschaften nach dem Ende des Osmanischen Reichs ein arabischer bzw. palästinensischer Staat hätte entstehen sollen. Für die große Mehrheit der Araber sollte die ständige Visualisierung ihres Unvermögens, die Entstehung Israels zu verhindern, ein Dorn im Fleische des arabischen Selbstbewusstseins sein. Zugleich wurde der Umgang mit der Realität der Existenz des Staates Israel ein Schwarzer Peter im konfliktreichen Spiel um die Legitimität politischen Handelns und des Anspruchs auf Vorherrschaft innerhalb der »arabischen Nation«. Für die Muslime in weiten Teilen der Welt bedeutet sie eine schmerzliche Erinnerung an die politische und zivilisatorische Überlegenheit des Westens und einen Bestandteil ihres Gefühls, dessen »Arroganz« zu unterliegen. Für die internationale Gemeinschaft wurde der nun beginnende »Nahostkonflikt« eine stets präsente Größe im regional- und weltpolitischen Kalkül der Staaten und Großmächte.

Ein Abriss der Geschichte Israels muss zwei – nicht zu trennende – Ebenen berühren: diejenige des Staates Israel selbst, seiner Innen- und Außenpolitik, und die Ebene des Konflikts um Palästina mit seinen mannigfaltigen Akteuren.

Grundlegende politische Weichenstellungen mit Blick auf die künftige Gestalt des Staates Israels waren bereits im *Yischuv* in den Jahrzehnten zwischen den Weltkriegen vorgenommen worden; auf sie ist oben eingegangen worden (▸ Kap. 7.1.5). Nachdem der letzte britische Hochkommissar den *Union Jack* am 14. Mai 1948, einem Freitag, hatte einholen lassen, traten noch am Nachmittag 37 Mitglieder des jüdischen »vorläufigen Nationalrats« im Museum in Tel Aviv zu einer öffentlichen Sitzung zusammen. Flankiert von der Flagge der *Zionistischen Weltorganisation* – jetzt Israels – und mit seinen künftigen zwölf Ministerkollegen zur Seite, verlas David Ben-Gurion die Unabhängigkeitserklärung. Der umfängliche Text rekapituliert noch einmal die historische Dimension jüdischer Staatlichkeit in Palästina und den Weg der zionistischen Bewegung; auf den Punkt gebracht: »Aufgrund unseres selbstverständlichen und historischen Rechts und aufgrund des Beschlusses der Vereinten Nationen erklären wir hiermit die Gründung eines jüdischen Staates im Lande Israel, den Staat Israel.« Eine in ihrem Vorfeld kontrovers diskutierte Entscheidung blieb offen: die Festlegung der Grenzen des neuen Staates. »Wir kennen sie nicht«, schrieb Ben-Gurion in seinen Tagebüchern und *Irgun*-Führer Menachem Begin erklärte am Tage nach der Staatsgründung im Rundfunk: »Es sind die jüdischen Waffen, die über die Grenzen des jüdischen Staates entscheiden«.[50] Vierzig Jahre später sollte Palästinenserführer Yasir Arafat die Unabhängigkeitserklärung Palästinas verlesen. Ihr Text lehnte sich an die israelische an; sie blieb bis heute ein symbolischer Akt. Zu diesem Zeitpunkt hatte Israel tatsächlich bereits sein Territorium weit auf die palästinensischen Gebiete des Teilungsplans ausgedehnt. Eine Verständigung über die Grenzen ist bis in die Gegenwart nicht zustande gekommen.

Neben den Grenzen des Staates waren weitere grundlegende Entscheidungen zu treffen. Nach Lage der Dinge hatte die Aufstellung einer einheitlichen nationalen Armee hohe Priorität. Noch im Mai wurde eine Verordnung zur Aufstellung der *Israelischen Verteidigungsarmee* (hebräisches Akronym: *Zahal*) erlassen. Ihren Kern bildete die *Haganah*, in den folgenden Monaten wurden die anderen militärischen Organisationen im *Yishuv* in diese eingegliedert. Im September entschied der *Provisorische Staatsrat*, dass die verabschiedeten Gesetze auch für die von *Zahal* besetzten Gebiete gelten sollten. Auf diese Weise war noch vor den Waffenstillstandsabkommen das Staatsgebiet ausgeweitet worden. Der nächste grundlegende Schritt betraf die Ausarbeitung einer Verfassung. Im Februar 1949 traten im Januar gewählte Volksvertreter zur Verfassunggebenden Versammlung zusammen und verabschiedeten zunächst ein »Übergangsgesetz«, das die Funktion von Parlament, Regierung und Staatspräsident regelte. Die Verfassunggebende Versammlung konstituierte sich auf dieser Grundlage zum ersten Parlament und gab sich den Namen *Knesset* (Versammlung). Die Diskussion über die Verfassung selbst wurde kontrovers geführt. Während die kleineren säkularen Parteien für eine solche eintraten, argumentierten die religiösen Parteien, nur die *Thora* könne als Verfassung gelten. Ein »Kulturkampf« schien angesagt: Da alle zionistischen Parteien entschlossen waren, in der Verfassung die »grundlegenden Werte des jüdischen Volkes« zu verankern, war zu erwarten, dass eine Einigung zwischen Sozialisten, Liberalen und Religiösen kaum

Abb. 25: Die zionistische Bewegung am Ziel. Unter dem Bild von Theodor Herzl verliest Davin Ben-Gurion die Unabhängigkeitserklärung Israels.

möglich sein würde. Schließlich gab auch die sozialdemokratische *Arbeiterpartei* (*Mapai*) nach, musste sie doch fürchten, über eine Verfassung in ihrer Handlungsfreiheit eingeschränkt zu werden. So endete die Debatte im Juni 1950 mit einem Kompromiss: Eine Reihe von »Grundgesetzen« sollten die grundlegenden Einrichtungen und Angelegenheiten des Staates regeln. Bis in die Gegenwart hat die Knesset zwölf Grundgesetze zu verschiedenen Aspekten des Staatswesens verabschiedet: Sie betreffen u. a. die Knesset (1958), den Landbesitz (1960), den Staatspräsidenten (1964), die Regierung (1968), den Staatshaushalt (1975), die Streitkräfte (1976), den Status Jerusalems als Hauptstadt Israels (1980), die Menschenwürde und Freiheit (1992) sowie Israel als »jüdischen Staat« (Nationalstaatsgesetz, 2018).

Dringlichkeit war auch in Angelegenheiten der Religion geboten. Zwar war der Hauptstrom des Zionismus säkular, aber der Zionismus als jüdischer Nationalismus gründete in der Zugehörigkeit zur jüdischen Religion. Auch hatten religiöse Gruppen (*Misrachi*-Bewegung) von Beginn an ihren Platz in der zionistischen Bewegung. Nicht zuletzt aber galt es, der orthodox-religiösen *Agudat Yisrael* einen Platz im Staat zu sichern. Die 1912 gegründete Vereinigung verstand sich als antizionistische Kraft: Im Zionismus sah sie eine Gotteslästerung, denn die Rettung des jüdischen Volkes, d. h. die Beendigung des Exils würde nur ein Werk Gottes und nicht der Menschen sein. Unter dem Eindruck der nationalsozialistischen Judenverfolgung beschloss sie, mit den zionistischen Parteien – bedingt – zusammenzuarbeiten. Bereits im Juni

1947 hatten David Ben-Gurion und andere führende zionistische Persönlichkeiten der *Agudat Yisrael* zugesichert, dass im künftigen Staat die religiösen Vorschriften für den Sabbat, für Eheschließung und -scheidung, für die Speisegesetze sowie für die Erziehung beachtet würden. Entsprechende Verordnungen wurden in der Folgezeit erlassen. Institutionalisiert wurde die Verbindung zwischen Staat und Religion einerseits durch das Oberrabbinat – dessen geistliche Richter zwar Staatsbeamte, aber nur dem religiösen Recht verpflichtet sind – und andererseits durch das Ministerium für religiöse Angelegenheiten.

Neben der Symbiose von zionistischen und nicht-zionistischen Juden sollte das Zusammenleben von Juden und Arabern – Muslimen wie Christen – eine der anhaltenden Herausforderungen an Politik und Gesellschaft in Israel werden. Etwa 60 % der arabischen Bevölkerung waren während der Kämpfe, die zur Staatsgründung geführt hatten, geflohen. 156 000 aber waren geblieben und nunmehr Bürger in Israel. Sie fanden sich als nationale Minderheit wieder. Ende 1948 wurden die arabisch besiedelten Gebiete unter Militärverwaltung gestellt. Der militärische Befehlshaber war ermächtigt, die Bewegungsfreiheit des Einzelnen zu begrenzen, ihm bestimmte Aufenthalts- oder Arbeitsbeschränkungen aufzuerlegen, Deportationen anzuordnen und Personen bis zu einem Jahr unter Polizeiaufsicht zu stellen. Militär und Polizei konnten jede Art Durchsuchung, Beschlagnahmung und Kontrolle sowie Verhaftungen vornehmen. Erst 1966 wurde die Militärverwaltung aufgehoben. Zwar verbesserte sich der materielle Lebensstandard der arabischen Israelis im Vergleich zu der osmanischen und britischen Verwaltung: Straßen wurden gebaut, Wasserleitungen und Elektrizität in die Dörfer gebracht und die Städte an das Kanalisationsnetz angeschlossen. Die Anzahl der Schulen stieg nachhaltig; Ende der sechziger Jahre begann der Ausbau eines höheren Schulwesens. Aber diese Verbesserungen bedeuteten keine Angleichung an den Lebensstandard der jüdischen Bevölkerung des Landes. Die Schwerpunkte der Entwicklungspolitik der Regierung waren so gesetzt, dass die Industrialisierung in den arabischen Gebieten hinter dem jüdischen Sektor zurückblieb. Da es an Arbeitsplätzen mangelte, verdingten sich viele Araber als Landarbeiter in den *Kibbuzim* und *Moschavim* oder als Bauarbeiter.

Nach der Verteidigung der Existenz des jungen Staates im ersten Krieg (1948/49) mit den arabischen Nachbarn hing dessen künftige Konsolidierung nicht zuletzt von der Bevölkerungsentwicklung, d. h. der Aufnahme und Integration von Juden ab. Würde das Problem des Volks ohne Staat nun der Staat ohne Volk werden? So wurden mit der Staatsgründung die Tore für eine massive Einwanderung von Juden aus aller Welt geöffnet. Sie veränderte über die Jahre und Jahrzehnte das politische, gesellschaftliche und kulturelle Gesicht Israels. Auch wurde damit das Fundament für die politische und wirtschaftliche Stellung gelegt, die Israel in der Folgezeit im regionalen wie internationalen Kontext erringen sollte. Am 5. Juli 1950 verabschiedete die Knesset das »Rückkehrgesetz«. Es bestimmte, dass jeder Jude das Recht habe, nach Israel einzuwandern. Das Gesetz über die Staatsbürgerschaft vom April 1952 ergänzte darüber hinaus, dass jeder Jude nach der Einwanderung als Staatsbürger zu betrachten sei. Seine Grundlage war das Abstammungsprinzip; auf die arabischen Bewohner Palästinas, die nach 1948 auf dem Territorium Israels lebten, wurde demgegenüber das Prinzip des Bodens angewandt: Demnach wurde die Staatsbürgerschaft nur denjenigen Nichtjuden erteilt, die bis zum 14. Juli 1952 – dem Tag des

Inkrafttretens des Gesetzes – in Israel gelebt haben. Eine Rückkehr der vertriebenen bzw. geflohenen arabischen Palästinenser hat Israel demgegenüber bis in die Gegenwart abgelehnt. Zwar akzeptierte die Regierung die Resolution der Uno, die diesen das Recht auf Rückkehr zusichert – dies vor allem, um die Aufnahme in die Weltorganisation zu gewährleisten. Entsprechende Schritte sind aber nicht erfolgt.

Von 1948 bis 1951 wuchs die Bevölkerung von ungefähr 680 000 auf etwa 1,3 Mio. Menschen. Bei etwa der Hälfte der Neueinwanderer handelte es sich um Juden, die im Zusammenhang mit Krieg und Verfolgung ihre Heimat verloren hatten (*displaced persons*) und nun in Israel Aufnahme fanden. Die andere Hälfte entstammte Ländern des Nahen Ostens und Nordafrikas. Mit der Verschärfung der Spannungen im Vorfeld der Staatsgründung war die Stellung der jüdischen Gemeinden in ihrem jeweiligen arabischen Umfeld prekärer geworden. Bereits im Juni 1941 war es im Irak zu einem Pogrom gekommen, wie ihn die arabische Welt noch nicht erlebt hatte – dies in einem Land, in dem Juden seit Jahrtausenden ansässig gewesen waren. Mit dem Ausbruch des ersten israelisch-arabischen Krieges hatte das Gefühl existenzieller Bedrohung in vielen jüdischen Gemeinden zugenommen. Als potentielle Verbündete Israels betrachtet, waren sie auch tatsächlich verstärkter Diskriminierung ausgesetzt und wurden nicht selten zum Verlassen ihrer Heimatländer gezwungen. Manche ließen sich von zionistischen Gefühlen religiöser oder weltlicher Art leiten. Nicht alle kamen aus freien Stücken: Israelische Agenten bewogen sie zur Auswanderung und regelten die Formalitäten auf Staatskosten, in direktem Kontakt mit den Regierenden der Länder, die ihre Juden loswerden wollten. Einige Staaten verlangten von Israel ein Kopfgeld pro Ausreisegenehmigung. Der Transfer nach Israel und die Aufnahme wurden mit Hilfe der *Jewish Agency* organisiert. Am bekanntesten wurden die »Operation Zauberteppich«, mit der 1949 etwa 55 000 Juden aus dem Jemen eingeflogen wurden, und die »Aktion Esra und Nehemia«, im Volksmund »Operation Ali Baba« genannt, die 1950/51 annähernd 113 000 Juden aus dem Irak nach Israel holte. Daneben stammten die Juden aus anderen alten jüdischen Gemeinden in Ägypten, Tunesien, Marokko und Libyen sowie Syrien, der Türkei und Iran. Nachdem – aufgrund wirtschaftlicher Probleme in Israel – der Zustrom von Neueinwanderern 1952–1954 drastisch abnahm, kam es in den Jahren 1955–1957 (Suezkrise) erneut zu einer Masseneinwanderung, die 165 000 Juden, insbesondere aus Nordafrika, ins Land brachte.

Die Neueinwanderer trafen auf zum Teil katastrophale Bedingungen ihrer Unterbringung und Lebenshaltung. Sie wurden zunächst in zahlreichen während des ersten Nahostkrieges verlassenen arabischen Dörfern sowie in den etwa 75 000 aufgegebenen arabischen Wohnungen der Städte angesiedelt. Später entstanden Übergangslager. Bildungs- und Ausbildungsgrad der Einwanderer, die aufgrund der unterschiedlichen sozialen Stellung der Juden in den Herkunftsländern stark differierten, wirkten sich zwangsläufig auf die Eingliederung und die soziale Schichtung aus. Den Einwanderern aus dem arabischen Raum blieben vor allem die ungelernten und angelernten Beschäftigungen in Landwirtschaft, öffentlichem Dienstleistungssektor und Bauwesen. Demgegenüber fiel es den Immigranten aus Europa und Amerika wesentlich leichter, in der israelischen Gesellschaft, die sich nach dem Vorbild einer westlichen Industriegesellschaft zu entwickeln begann, Fuß zu fassen. Die aschkenasischen, europäisch-stämmigen Juden machten kein Hehl aus ihrem Dünkel gegenüber ihren zurückgebliebenen sephardischen Brüdern und Schwestern aus dem Orient. Daraus erwuchsen Spannungen gesellschaftlicher und politischer Natur, die sich im Verlauf der kommenden Jahrzehnte, insbesondere nach 1967 – auch mit Blick auf den Konflikt mit den Palästinensern – auswirken sollten.

Über Jahrzehnte war das Parteiensystem in Israel durch jene drei Lager gekennzeichnet, die sich bereits im *Yischuw* herausgebildet hatten. Mit der Staatsgründung hatten die beiden herausragenden Persönlichkeiten der zionistischen Bewegung, Chaim Weizmann und David Ben-Gurion, die Ämter des Staats- bzw. Ministerpräsidenten übernommen. Aus den ersten Wahlen zur Verfassungsgebenden Versammlung/Knesset im Januar/Februar 1949 waren die linken Parteien als dominierende Kraft hervorgegangen. Über Jahrzehnte sollte die *Mapai* die staatlichen Machtpositionen wie Regierung, Verwaltungsapparat und Armee beherrschen. Als stärkste Fraktion in der Knesset vereinigte sie bis 1961 stets zwischen 32 und 38 % der Wählerstimmen auf sich, ab 1965 im Bündnis mit anderen Parteien sogar bis zu 46 %. Ihre Mitglieder waren Arbeiter, *Kibbuz*- und *Moschaw*-Angehörige, Staatsangestellte, Akademiker, Angehörige des Mittelstands und private Unternehmer. (Die *Kommunistische Partei Israels* [*Maki*], 1948 als Zusammenschluss der seit 1923 bestehenden jüdisch dominierten antizionistischen *Kommunistischen Partei Palästinas* und in Israel zurückgebliebenen arabischen Kommunisten gegründet, hat nur eine marginale Rolle zu spielen vermocht. Auch war sie über die Jahre mit innerparteilichen Querelen und Richtungskämpfen in hohem Maße mit sich selbst beschäftigt.)

Angesichts der starken Stellung der Linken sahen sich die »liberal konservativen Parteien« der Herausforderung gegenüber, sich nachdrücklicher als Alternative zu profilieren. Die *Allgemeinen Zionisten* fusionierten mit den linksliberalen *Progressiven* zur *Liberalen Partei*. Hinter ihr standen die Organisationen der Industriellen, der Im- und Exporteure, der Privatbanken und der Besitzer der Zitrusplantagen. Ihre Wählerschaft bestand vornehmlich aus städtischem Bürgertum und Angestellten der höheren Einkommensklassen. 1965 ging sie ein Bündnis mit der rechts von ihr stehenden *Cherut*-Bewegung (»Freiheitsbewegung«) ein. Diese 1948 von Menachem Begin – seit 1942 Führer der Terrororganisation *Ezel* – gegründete Partei stellte die stärkste politische Gruppe am rechten Flügel des Parteienspektrums dar. Sie führte den nationalistischen Kurs der Revisionisten fort; ihre Wirtschaftspolitik entsprach in wesentlichen Zügen den Auffassungen der Liberalen. Bis 1967 ständig in der Opposition, zog die *Cherut* viele mit dem bestehenden Regime Unzufriedene an. Anklang fand sie unter anderem bei den in ihrem Fortkommen gehinderten Neueinwanderern oder bei den über die hohe Besteuerung empörten Mittelschichten. Ihre nationalistische, antisozialistische Propaganda fand besonders bei afroasiatischen Einwanderern Gehör, denen die von den zionistischen Arbeiterparteien vermittelten Werte der europäischen Arbeiterbewegung fremd waren.

Die religiösen Parteien bildeten zur ersten Knessetwahl 1949 eine *Vereinigte Religiöse Front*. Aufgrund ideeller und politischer Gegensätze löste sich diese jedoch bald wieder auf. Das so entstandene Vakuum füllte 1955 die Gründung der *Nationalreligiösen Partei* (*Miflagah Datit Le'umit*, Mafdal). Sie vertrat die Interessen der traditionell-religiösen bürgerlichen Schichten. Ihre Wählerbasis stellten neben religiös gebundenen Einwanderern aus Osteuropa vornehmlich afroasiatische Einwanderer mit ihrer streng patriarchalischen Lebensweise und ihren tief verwurzelten religiösen Traditionen dar. Die Gesetze des Staates sollten dem religiösen Gesetz, der *Thora*, nicht zuwiderlaufen. Stets unterstützten die Nationalreligiösen auch in der Regierung eine Politik der Stärke gegenüber den Arabern. Auch die religiös-orthodoxen Parteien, *Agudat Yisrael* und *Poale Agudat Yisrael*, beteiligten sich an den Wahlen; sie vereinigten vier bis fünf Prozent der Wählerstimmen auf sich. Hatten sie auch ihre ursprüngliche generelle Ablehnung eines jüdischen Staates aufgegeben, so blieb doch die Forderung nach einem theokratischen Staat und nach der strengsten Beachtung der religiösen Gesetze in allen Bereichen des staatlichen und öffentlichen Lebens bestehen. Ethnische, insbesondere arabische Parteien spielten nach der Staatsgründung zunächst nur eine marginale Rolle. Der Wehrdienst der Frauen, das Wiedergutmachungsabkommen mit der Bundesrepublik Deutschland sowie Fragen des Schulwesens (insbesondere der religiösen Schulen) und der Identität (»Wer ist Jude?«) waren zentrale Themen der innenpolitischen Auseinandersetzungen. Mit seinem Rücktritt Juni 1963 endete die Ära Ben-Gurion.

In der auswärtigen Politik standen die Belange der Verteidigung an der Spitze der politischen Agenda. Die Armee sah sich in einen Kleinkrieg gegen palästinensische Gruppen verwickelt, die hauptsächlich von den Territorien der arabischen Nachbarstaaten aus operierten. Die harten israelischen Gegenschläge machten jede Bemühung illusorisch, die Waffenstillstandsverträge von 1949 in Friedensverträge auszuweiten. Im Unabhängigkeitskrieg für Israel lebenswichtige Waffen waren über die Tschechoslowakei aus der Sowjetunion gekommen. Danach traten insbesondere Frankreich, England und die Bundesrepublik Deutschland als Lieferanten von Waffen hervor. Nicht zuletzt mit Blick auf ihre Öl- und strategischen Interessen gegenüber den Arabern verfolgten die USA gegenüber Israel bis zum Beginn der sechziger Jahre eine zurückhaltende Politik. Das erklärt auch die Spannungen, zu denen es im Gefolge des zweiten Nahostkrieges 1956 gekommen ist (▸ S. 518). Erst nach dem Sechs-Tage-Krieg vom Juni 1967, genauer gesagt: nach der Verhängung des Waffenembargos gegen Israel durch Präsident de Gaulle, bildete sich jene intensive militärische Partnerschaft zwischen den USA und Israel aus, die bis in die Gegenwart fortbesteht. Sie sollte nicht zuletzt auch auf den Fortgang des Nahostkonflikts nachhaltige Auswirkungen haben.

Demgegenüber fielen die Beziehungen Israels zur Sowjetunion bald in eine Eiszeit, die bis zum Beginn der *Perestroika* von Michail Gorbatschow anhalten sollte. Zwar hatte Moskau dem Teilungsplan der Uno zugestimmt und nach der Unabhängigkeitserklärung umgehend diplomatische Beziehungen aufgenommen. Vor dem Hintergrund der sehr komplexen – und durchaus widersprüchlichen – Beziehungen zwischen der sozialistischen Bewegung im russischen Imperium, der Rolle der Juden in ihr und der zionistischen Bewegung mag man in Moskau erwartet haben, Israel sowjetischen Interessen im Nahen Osten dienstbar machen zu können. Das erwies sich bald als Illusion. Die Spannungen verschärften sich in der Endphase der Ära Stalins; 1953 kam es zu einem vorübergehenden Abbruch der Beziehungen. Die sowjetische Führung begann, ihre Politik im Nahen Osten auf Ägypten und Syrien als Partner auszurichten. Das wurde 1955 öffentlich, als Moskau und Kairo der Weltöffentlichkeit mitteilten, dass tschechoslowakische, sprich sowjetische Waffen nach Ägypten geliefert werden würden.

Neben den USA war es Frankreich, auf dessen Unterstützung die israelische Regierung in ihrer Außen- und Sicherheitspolitik setzen konnte. Diese – bis 1967 – sehr enge Zusammenarbeit gipfelte im Aufbau einer israelischen Nuklearindustrie. 1957 war ein – zunächst geheim gehaltenes – Abkommen zum Bau eines Atomreaktors in Dimona geschlossen worden. Ab 1959 lieferte Frankreich Uran an Israel. Die Befürchtungen, dass Israel spaltbares Material nicht nur für friedliche Zwecke produzierte, wurden erhärtet, als israelische Militärs 1964 an den französischen Atomtests in der Sahara teilnahmen. Unter dem Druck insbesondere der USA erklärte Ministerpräsident Eschkol (1895–1969), der Nachfolger Ben-Gurions als Ministerpräsident, im Mai 1966 in der Knesset, Israel besitze keine Nuklearwaffen und werde nicht als erster Staat solche Waffen im Nahen Osten einsetzen. Jahrzehntelang hat Jerusalem die internationale Gemeinschaft im Zweifel über seine Nuklearrüstung gehalten. Die diesbezügliche Ambivalenz war sowohl ein Teil des sicherheitspolitischen Kalküls Israels gegenüber seinen Nachbarn als auch ein Druckmittel gegenüber Washington, Israel mit einem konventionellen militärischen Potential zu versorgen, das seine militärische Überlegenheit gewährleisten würde.

Auch die Beziehungen zwischen Israel und der Bundesrepublik Deutschland hatten eine militärische Komponente. Das Wiedergutmachungsabkommen vom 10. September 1952 zwischen Bonn und Jerusalem war die Grundlage des Ausbaus der bilateralen Beziehungen, die sich bald auch auf die rüstungspolitische Zusammenarbeit erstreckte. Sie wurde schließlich zum Katalysator der Herstellung diplomatischer Beziehungen zwischen beiden Seiten. Seit Oktober 1964 erschienen Berichte über geheime westdeutsche Waffenlieferungen an Israel in der internationalen Presse. Auf arabische Proteste hin sah sich Bundeskanzler Ludwig Erhard im Februar 1965 gezwungen, diese einzustellen, bot aber zugleich Israel die Aufnahme weiterreichender entwicklungspolitischer Zusammenarbeit und diplomatischer Beziehungen an. Nach heftigen Debatten billigte die Knesset diesen Schritt; er wurde am 12. Mai 1965 getan. Daraufhin brach die Arabische Liga die diplomatischen Beziehungen mit der Bundesrepublik ab; zugleich öffnete sie den Weg zur Anerkennung der Deutschen Demokratischen Republik.

Das Ergebnis des Krieges vom Juni 1967 bedeutete eine tiefe Zäsur für die Entwicklung von Politik, Gesellschaft und Wirtschaft Israels. Auch der Ort des jüdischen Staates in weltpolitischer Dimension sollte sich verändern. Soweit dies den Konflikt mit den Palästinensern betraf, wird unten darauf eingegangen. Im Folgenden geht es um den Stellenwert des Krieges für die innere Entwicklung Israels.

Verteidigungsminister Moshe Dayan (1915–1981) setzte die Vorzeichen zu künftigen Entwicklungen, als er am 9. August 1967 erklärte: »Wir werden niemals zu den Vereinbarungen und zu den Grenzen von 1948 zurückkehren … Es gibt nicht mehr die Grenzen von 1948, sondern die Realität der Landkarte von 1967.«[51] Umfangreiche Baumaßnahmen im Osten Jerusalems, die Verlegung fast sämtlicher Ministerien nach Jerusalem sowie die Anlage erster Siedlungen, insbesondere im Jordantal, bestätigten bald Dayans Erklärung. Die staatliche *Israel Land Authority* und der *Jüdische Nationalfonds* der *Zionistischen Weltorganisation* kauften arabischen Grund und Boden auf. Dabei konnten sie sich die vor 1967 bestehenden Bodenbesitzverhältnisse zunutze machen, die im Westjordanland noch auf Regelungen aus der Zeit der osmanischen Herrschaft fußten. Nur etwa ein Drittel des privat bewirtschafteten Landes war registriert. Umfangreiche über Jahrhunderte hinweg privat genutzte Ländereien waren nicht in den Katasterämtern erfasst. Da die arabischen Bewohner somit keine amtlichen Dokumente vorweisen konnten, wurde das »herrenlose« Land zu Staatseigentum erklärt. Darüber hinaus beschlagnahmte die israelische Regierung umfangreiche Ländereien, deren Besitzer 1967 geflohen und nicht zurückgekehrt waren. Weitere Enteignungen erfolgten im Rahmen von Strafmaßnahmen oder aus Sicherheitsgründen. Neben der Landnahme begannen israelische Firmen mit der Ausbeutung der Naturressourcen – Boden, Wasser, landwirtschaftliche Erzeugnisse – in der Westbank und Gaza sowie der Bodenschätze auf der Sinai-Halbinsel. Demgegenüber stagnierte die wirtschaftliche Entwicklung in den nunmehr von Israel besetzten Gebieten der Westbank. Zunehmend sahen sich die Palästinenser gezwungen, ihre Arbeitskraft billig in den Siedlungen und in israelischen Unternehmen anzubieten.

Der vierte Nahostkrieg im Oktober 1973 beschleunigte den Aufstieg der Parteien des rechten Spektrums, namentlich *Cherut* und *Liberale*. Nationalistische Tendenzen, nicht zuletzt auch mit Blick auf die Palästinenser und die besetzten Gebiete, erhielten im politischen Diskurs wachsende Anziehungskraft. Geschickt verstanden es die rechten Parteien, daraus bei Teilen der Arbeiterschaft, des Mittelstands und unter den entwurzelten und verarmten Schichten Kapital zu schlagen. Im Juli 1973 schlossen sich *Cherut* und andere Parteien des rechten Lagers zum *Likud*-Block (»Einigungsblock«) zusammen. Immer deutlicher zeichnete sich das Entstehen zweier Lager ab, die sich vor allem in ihrer Haltung zur Palästinenserfrage unterschieden. Hatte bis zu diesem Zeitpunkt der Schwerpunkt der innerisraelischen Debatten auf der Sozial- und Wirtschaftspolitik gelegen, so konzentrierten sich die Auseinandersetzungen ab 1967 auf die politische und territoriale Gestaltung Israels, die Zukunft der besetzten Gebiete und die Politik gegenüber den Palästinensern. Während der liberal-konservative Flügel und die religiösen Parteien die Angliederung der Territorien an den Staat Israel befürworteten, vertraten die sozialistischen Parteien Varianten des territorialen Kompromisses, so unter anderem die sogenannte »Jordanische Option«. Diese sah die Rückgabe strategisch weniger wichtiger Gebiete an Jordanien sowie die Regelung des Palästinenserproblems durch die Bildung eines jordanisch-palästinensischen Staates vor. Über die genannten Parteien hinaus traten neue politische Gruppen an die Öffentlichkeit, die insbesondere das expansionistische Lager stärkten. Zu nennen sind einerseits die Organisation *Bewegung für Groß-Israel* (*Tnuah lemaan Erez Yisrael ha-schlemah*) und der *Block der Treue* (*Gusch emunim*), der sich im Februar 1974 formierte. Beide Bewegungen forderten die Annexion der besetzten Gebiete sowie eine flächendeckende Anlage jüdischer Siedlungen. Während die Groß-Israel-Bewegung zunächst als Bürgerinitiative tätig war und Mitglieder umfasste, die aus verschiedenen Parteien kamen, standen die *Gusch-emunim*-Aktivisten in ihrer Mehrzahl der *Nationalreligiösen Partei* nahe.

Ein Ergebnis des Krieges vom Oktober 1973 war der weitere Machtzuwachs des liberal-konservativen Flügels. In den Wahlen zur 9. Knesset am 16. Mai 1977 schließlich wurde der *Likud*-Block mit einem Stimmenanteil von 33,4 % und 43 Sitzen stärkste Fraktion. Die Mehrheit seiner Wähler kam aus den Armenvierteln der großen Städte sowie aus den Entwicklungsstädten, die zur Aufnahme der Zuwanderer angelegt worden waren. Aufgrund der Verschlechterung ihrer sozialen Lage mit der

Regierungspolitik unzufrieden, hatten sich im Verlauf der siebziger Jahre viele Orientalen vom *Ma'arach* (dem »Zusammenschluss« der zwei stärksten Parteien des sozialistischen Spektrums), den sie mit dem Establishment schlechthin gleichsetzen, abgewendet. Die Mehrzahl der orientalischen Juden hatten relativ geringe Bildungs- und damit auch unzureichende berufliche Entwicklungschancen. Sie sahen insbesondere in der *Cherut*-Partei einen Gegenspieler zum Arbeiterblock. Zugleich neigte, beeinflusst vom militärischen Erfolg und der anhaltenden Besetzung fremder Territorien, ein Teil der Bevölkerung nach 1967 zu verstärkt nationalistischen Auffassungen. Die Positionen rechtsextremer Kräfte, welche die Angliederung der okkupierten Gebiete forderten und offen antiarabische Propaganda betrieben, fanden in breiten Schichten und ethnischen Gruppen Eingang.

Cherut-Chef Menachem Begin war nunmehr mit der Regierungsbildung betraut. 1913 in Brest-Litowsk in einer orthodox-jüdischen Familie geboren, war er 1929 der revisionistischen Jugendorganisation *Betar* (Akronym für »Hebräischer Jugendbund Josef Trumpeldor«) beigetreten. 1942 wanderte er nach Palästina aus, wo er bereits zwei Jahre später Kommandeur des *Ezel* wurde; zu seiner Ergreifung setzten die Mandatsbehörden eine Kopfprämie von 10 000 £ aus. 1948 gehörte er zu den Gründern der *Cherut*. Weltanschaulich und politisch war er von den großzionistischen Ideen Jabotinskis geprägt. Programmatisch betonte der *Likud* die Bindung zwischen jüdischem Volk und Land Israel. Nicht in der Besitznahme des Landes durch eigene Arbeit, sondern in der göttlichen Verheißung suchten die Anhänger Begins die Legitimation des zionistischen Projekts Israel. »Das Recht des jüdischen Volkes auf das Land Israel ist ewig und unbestreitbar [...]. Judäa und Samaria werden daher nicht einer ausländischen Verwaltung übergeben; zwischen dem Mittelmeer und Jordanien wird es nur eine israelische Oberhoheit geben«,[52] hatte es in der Wahlplattform des *Likud* geheißen. Neben dem *Likud* gehörten die *Nationalreligiöse Partei* sowie weitere kleine Gruppierungen der Regierung Begin an. Die orthodox-religiöse *Agudat Yisrael* lehnte zwar einen Beitritt zum Kabinett ab, stimmte aber dem Zusammengehen mit der Regierung in grundsätzlichen Fragen zu.

Der Machtwechsel von 1977 markiert eine tiefe Zäsur in der Geschichte Israels: Nicht nur war die Dominanz des mit der zionistischen Bewegung eng einhergehenden säkularen sozialistischen Aufbaus von Gesellschaft und Staat definitiv an ihr Ende gekommen. Auch grundsätzlich reflektierte der Machtwechsel einen Wandel im Verhältnis von Staat und Religion. Seit der Staatsgründung war die Entwicklung durch die Herausbildung einer modernen Industriegesellschaft gekennzeichnet. Die Erwartung war weit verbreitet, dass das säkulare Gewicht des Staates sich langsam, aber stetig verbreiten werde. Der überwältigende Sieg im Sechs-Tage-Krieg von 1967 aber schuf mit der Eroberung Ost-Jerusalems und ganz Palästinas, wahrgenommen als Rückkehr in weitere Teile des biblischen *Erez Yisrael*, eine neue Realität. Religiöse Kräfte deuteten den Sieg und die Ausdehnung des Territoriums als Zeichen Gottes, das ernst zu nehmen sein würde und aus dem politische Folgerungen zu ziehen wären. Konkreter Ausdruck der neuen politischen Gegebenheiten waren die Zunahme kompromissfeindlicher Tendenzen innerhalb des nationalreligiösen Lagers und die Entstehung der militanten Siedlerbewegung.

Der Beginn der neuen Ära in der Geschichte Israels war von einem außenpolitischen Erfolg gekennzeichnet, den zu erreichen den linken Vorgängern Begins wohl schwerer gefallen wäre: der Abschluss eines Friedensvertrages mit Ägypten. Am 19. November 1977 hatte der ägyptische Präsident Anwar as-Sadat israelischen Boden betreten und in der Knesset seine Bereitschaft zu einem Friedensschluss bekundet. Nach langen Verhandlungen war schließlich im amerikanischen Camp David (► S. 372) ein Durchbruch gelungen. Der Preis war die Rückgabe der Sinai-Halbinsel an Ägypten (einschließlich der Zerstörung von Siedlungen); nur ein konservativer Ministerpräsident konnte ihn wohl zahlen. Zum ersten Mal war die Formel »Land für Frieden« wirksam geworden. Dem Drängen as-Sadats aber, ein umfassendes Abkommen abzuschließen, das auch Palästina, also die 1967 besetzten Gebiete einbeziehen würde, hatte Menachem Begin nicht nachgegeben.

Auch in der Wirtschaftspolitik wurde ein nachhaltiger Kurswechsel vollzogen. Bereits im Oktober 1977 kündigte die Regierung seine grundlegende Richtung an: Die Rolle des Staates sollte drastisch eingeschränkt und das Gewicht des staatlichen und gewerkschaftseigenen Sektors zugunsten des privaten Unternehmertums zurückgefahren werden. Ein erster konkreter Schritt betraf die Kontrolle des Staates über die Wechselkurse; israelischen Bürgern war es erstmals erlaubt, Devisenkonten einzurichten. Hinzu kamen Maßnahmen, die vor allem die Industriezweige förderten, die für den einheimischen Markt produzierten. Schließlich sollten staatliche Betriebe verkauft und der Staatshaushalt durch die Reduzierung von Subventionen entlastet werden. Zwar war damit die Lage der unteren und mittleren Einkommensschichten nicht nachhaltig verbessert, aber das freiere Investitionsklima zog in wachsendem Maße ausländische Investoren an. Hinzu kamen die Folgen der verstärkten Siedlungstätigkeit: Vor allem in den neu angelegten urbanen Zentren wurden zahlreiche mittlere und kleinere Industriebetriebe als Tochterunternehmen israelischer Firmen gegründet. Sie boten den Siedlern Beschäftigungsmöglichkeiten.

Die Anlage der Siedlungen erfolgte planvoll. Nach den Vorstellungen von Industrieminister Ariel Scharon (1928–2014) sollte dies namentlich in den dicht von Arabern bewohnten Gebieten geschehen; palästinensische Ortschaften sollten auf diese Weise eingekreist, Siedlungsachsen angelegt und strategische Schlüsselpunkte besetzt werden. 1979 erließ die Regierung eine Verordnung, die alle Ländereien zu »Staatsbesitz« erklärte, die nicht im Katasteramt eingetragen waren und deren Besitzer nicht binnen 21 Tagen den Eigentumsnachweis erbringen konnten. 1980 wurden alle Flächen, die von jordanischer Seite nicht erfasst worden waren, als »Staatsland« deklariert. Bestanden 1977 auf der Westbank und in Gaza 83 Siedlungen mit 8 000 Bewohnern, gab es 1984 bereits 114 neu gegründete Ortschaften mit 42 000 Bewohnern. Die jüdische Bevölkerung Ostjerusalems wurde zu Ende der zweiten Legislaturperiode des *Likud* (1984) mit 60 000 beziffert.

Nach dem Abschluss des ägyptisch-israelischen Friedensabkommens wurden der Ausbau der Siedlungen und die Zukunft der besetzten Gebiete zunehmend zu Themen, die die innenpolitischen und weltanschaulichen Verwerfungen in Israel markierten. Den Befürwortern einer weitgehenden Aufgabe der »Gebiete« – dabei ging es vornehmlich um eine »jordanische Lösung« – standen diejenigen gegenüber, die – offen eingestanden oder nicht – deren Annektierung forderten. Wie oben erwähnt, markierte dieser Streit zugleich einen bedeutenden Unterschied zwischen dem »progressiven« und dem »konservativ« rechten Lager: Für die Aufgabe stand der *Ma'arach*, für die Annektierung der *Likud*. Parteiübergreifende Einigkeit bestand in der Frage Ostjerusalems: Am 30. Juli 1980 stimmte die Knesset einer von der rechtsradikalen *Techiyah*-Partei (»Auferstehung«) eingebrachten Vorlage zum Grundgesetz zu: »Das vereinte Jerusalem ist in seiner Gesamtheit die Hauptstadt Israels«. Diese Vorlage fand auch die Zustimmung der Mehrheit der Abgeordneten des *Ma'arach*. (Im Dezember 1981 erfolgte die Annektierung der syrischen Golanhöhen durch einen Beschluss der Knesset.)

Die militärische Invasion im Libanon im Jahr 1982 (► S. 373) verschärfte die Polarisierung in der israelischen Gesellschaft. Eine breite Friedensbewegung entstand, die ihre Proteste auf die Straße trug. Einen ersten Höhepunkt fand sie in den Demonstrationen vom 25. September 1982 in Tel Aviv; sie wurde nach Bekanntwerden der Massaker in den Flüchtlingslagern Sabra und Schatila von der Bewegung *Peace Now* (*Schalom achschaw*) organisiert. An ihr beteiligten sich nach Angaben der Veranstalter 400 000 Menschen, d. h. jeder fünfte erwachsene Israeli. Die Folgen waren gravierend: Verteidigungsminister Ariel Scharon wurde im Februar 1983 von seinem Amt entbunden; im August zog Ministerpräsident Menachem Begin die Konsequenzen aus den Protesten und trat zurück. Sein Nachfolger wurde Yitzchak Schamir. Die vorgezogenen Wahlen vom 23. Juli 1984 ergaben ein Patt zwischen den beiden Lagern. Ministerpräsident in der Koalitionsregierung der »nationalen Einheit« wurde zunächst der Chef der *Arbeitspartei* (*Avoda*), Schimon Peres; zur Halbzeit der Legislaturperiode sollte das Amt an seinen *Likud*-Konkurrenten übergehen. Bei der in den Koalitionsverhandlungen besonders heftig umstrittenen Frage, ob die Besiedlung der besetzten Gebiete fortgesetzt werden solle oder nicht, einigten sich beide Seiten auf die Errichtung einer begrenzten Anzahl von Siedlungen. Vor dem Hintergrund der künftigen Entwicklungen muss diese Entscheidung als Entgegenkommen an die Vertreter eines »Groß-Israel« gewertet werden. Auch das wachsende Gewicht kleinerer religiöser Parteien war dem Patt der großen geschuldet. Für ihre Unterstützung der einen oder anderen Fraktion in der Regierung forderten sie Konzessionen in religiös gegründeten gesellschaftlichen Fragen. 1984 war mit der Gründung der *Schas*-Partei (Schas ist ein Akronym für *Schomrei Torah Sfaradim*, »Sephardische Thora-Wächter«), einem Flügel von *Agudat Yisrael*, eine Kraft in die politische Arena eingetreten, die vorwiegend die Belange orthodoxer orientalischer Juden vertrat. Der palästinensische Aufstand seit 1987 (*intifada*, ► S. 374), vor allem aber der politische Richtungswechsel der PLO 1988 bedeuteten nachhaltige Herausforderungen an die israelische Politik. Während sie die *Intifada* mit großer Härte zu unterdrücken bemüht war, konnte sie der Frage nach der politischen Zukunft Palästinas nicht länger ausweichen. Diese ergab sich nicht nur aus der Anerkennung Israels seitens der PLO und der Abkehr von Gewalt und Terror. Auch die internationale Gemeinschaft machte nunmehr Druck, zu einer Verhandlungslösung zu kommen. Dies umso mehr, als die Gewaltmaßnahmen der israelischen Armee gegen unbewaffnete Zivilisten dem Ansehen Israels in der Weltöffentlichkeit nachhaltig zu schaden begannen. Mit dem Ende der Sowjetunion schließlich veränderte sich auch der Stellenwert Israels im internationalen System.

Aber nicht nur von externen Faktoren ging Druck auf das innenpolitische Gefüge Israels aus. Ein interner Faktor veränderte die Prioritäten auf der Agenda israelischer Politiker: die Herausforderung, Hunderttausende jüdische Einwanderer aus der zerfallenen Sowjetunion zu integrieren. Zwischen 1990 und 1993 suchten insgesamt etwa 530 000 jüdische Zuwanderer eine neue Heimat in Israel; der Hauptteil der sowjetischen Immigranten stammte aus Russland (29,5 %), der Ukraine (27,1 %) und aus Zentralasien (13,9 %). Die Eingliederung der Immigranten stellte die Regierung vor erhebliche Probleme: Im Zeitraum von zwei bis drei Jahren mussten für eine halbe Million Menschen Wohnungen, Arbeitsplätze, Gesundheitsfürsorge und Ausbildungsplätze – zunächst zum Erlernen der hebräischen Sprache – geschaffen werden. Die berufliche Eingliederung war mit besonderen Komplikationen verbunden. Fast zwei Drittel der Einwanderer im berufsfähigen Alter waren Akademiker, Ingenieure, Lehrer und Ärzte, deren Ausbildung z. T. nicht den israelischen Anforderungen entsprach. Auch wenn Israel zu Beginn der neunziger Jahre über bessere materielle und organisatorische Voraussetzungen verfügte als unmittelbar nach der Staatsgründung, war die Belastung für den Haushalt enorm. Auswärtige finanzielle Hilfestellung war unerlässlich.

Ohne Enthusiasmus hatte die von Yitzchak Schamir geführte Regierung an den im Herbst 1990 anlaufenden Verhandlungen zur Zukunft Palästinas teilgenommen. Frustriert über die israelische Hinhaltetaktik in Madrid, hatte Washington die Gewährung einer Kreditbürgschaft in Höhe von zehn Milliarden Dollar vom Ende der Siedlungspolitik abhängig gemacht. Während der *Likud* auf der Forcierung der Siedlungsaktivitäten bestand, setzte die *Arbeitspartei* auf einen territorialen Kompromiss in Übereinstimmung mit den Resolutionen des Uno-Sicherheitsrats, freilich bei gleichzeitiger Ablehnung eines Rückzugs auf die Grenzen von 1967. Auch versprach der Siedlungsstopp frei werdende Mittel, die für die Lösung sozialer Probleme im Lande genutzt werden könnten. Zugleich würde eine solche Entscheidung zur Verbesserung des getrübten Verhältnisses zu den USA, dem wichtigsten Verbündeten, beitragen.

Aus den Wahlen vom Juni 1992 ging die *Arbeitspartei* als stärkste Kraft hervor. Yitzchak Rabin war der Wahlsieger und bildete eine neue Regierung. Wie 15 Jahre zuvor Menachem Begin, der – ein militanter Zionist – ein Friedensabkommen mit Ägypten aushandelte, war auch Rabin zunächst ein politischer Hardliner. Im Junikrieg 1967 war er Generalstabschef gewesen und als Verteidigungsminister hatte er gedroht, den palästinensischen Aufstand mit »eiserner Faust« niederzuschlagen. Dieser Hintergrund mag ihm die Legitimation verliehen haben, einen Ausgleich mit den Palästinensern zu suchen. Als im Verlauf des Jahres 1993 publik wurde, dass Palästinenser und Israelis in Oslo in – allerdings noch informelle – Friedensgespräche eingetreten waren, war er mutig genug, diesen eine offizielle Wendung zu geben. Yitzchak Rabin und Yasir Arafat schufen die Voraussetzungen für das Abkommen, das schließlich am 13. September 1993 auf dem Rasen des Weißen Hauses unter den Augen von Präsident Bill Clinton mit dem Handschlag der beiden Protagonisten besiegelt werden sollte.

Das Abkommen hat die israelische Öffentlichkeit dramatisch polarisiert. Meinungsumfragen im Herbst 1993 zeigten zwar eine deutliche Mehrheit der Befürworter an. Rabin selbst aber hat es als »den schwersten Schritt, den Israel zu gehen hatte« bezeichnet. Der rechte Rand in der israelischen Gesellschaft zeigte sich sogar gewaltbereit. Am 25. Februar 1994 ermordete ein israelischer Siedler, Mitglied der militant-rassistischen *Kach*-Partei, in der Machpela-Höhle, dem Grab des Patriarchen Abraham, einem auch für Palästinenser heiligen Ort, 30 Palästinenser. Palästinensische Extremisten

Abb. 26: Der Handschlag, der zur Fata Morgana wurde: Rabin und Arafat 1993.

begingen ihrerseits terroristische Vergeltungsakte mit zahlreichen Toten. Bei einer Großdemonstration der Friedensbewegung am 4. November 1995 wurde Rabin ermordet. Der Täter, Student des Thora-Rechts an der Bar Ilan-Universität in Ramat Gan, hatte seine weltanschaulichen und politischen Wurzeln auch in der – mittlerweile verbotenen – *Kach*-Partei. Nachfolger Rabins als Ministerpräsident wurde Schimon Peres.

Jenseits der Entwicklungen im israelisch-palästinensischen Verhältnis vollzogen sich in Israel signifikante Veränderungen im Parteiensystem: Das überkommene ideologisch geprägte Rechts-Links-Kontinuum wurde von einer Vielzahl neuer Parteien abgelöst, die sich mit ihren Forderungen jeweils an eine spezifische Klientel wandten. Auch die etablierten Parteien wandelten sich in Programmatik und Mitgliedschaft. Das für die ersten Jahrzehnte gültige viergliedrige Raster der zionistischen Parteienlandschaft – ein sozialdemokratisches und ein konservativ-nationales Wahlbündnis neben einer militant-nationalistischen und einer religiösen Parteiengruppierung – ließ sich auf künftige Knesset-Wahlen nicht mehr anwenden. Die Kundgebung, die mit der Ermordung Rabins ein schreckliches Ende gefunden hatte, hatte noch einmal ein Signal für die Bereitschaft eines breiten Teils der israelischen Gesellschaft für eine Verständigung mit den Palästinensern aussenden sollen.

Sie hatte aber zugleich erkennen lassen, dass es eines starken Führers bedurfte, die gesamte israelische Gesellschaft dabei mitzunehmen. Rabins Ermordung leitete zugleich das Scheitern des von ihm initiierten Friedensprozesses ein; dieses wurde unübersehbar, als es dem amerikanischen Präsidenten Bill Clinton im Juli 2000 nicht gelang, in direkten Gesprächen in Camp David zwischen dem israelischen Ministerpräsidenten Ehud Barak und Palästinenserführer Yasir Arafat eine Übereinkunft zu erzielen.

Die definitive Wende wurde durch den Führer der Opposition, Ariel Scharon, eingeleitet: Am 28. September 2000 betrat dieser, Politiker und zugleich charismatischer Veteran aus den Kriegen Israels gegen die Araber, den Tempelberg, der als *Haram asch-Scharif* auch den Muslimen heilig ist. Mit dieser Provokation hatte er die Warnung verbinden wollen, in Sachen Ost-Jerusalem allzu weitgehende Zugeständnisse an die Palästinenser zu machen. Während der palästinensische Aufstand in vollem Gange war, wurde er am 6. Februar 2001 zum Ministerpräsidenten gewählt. In den Wahlen zur Knesset 2003 gelang es dem *Likud*, die Zahl seiner Parlamentssitze zu verdoppeln und eine Fraktionsstärke zu erreichen, die während des letzten Jahrzehnts unvorstellbar gewesen wäre. Nach der Weigerung der *Arbeitspartei*, in eine große Koalition einzutreten, kam im Februar ein Kabinett aus dem *Likud* und drei konservativen bzw. religiösen Parteien zustande. Der »linke« Block war auf dem Weg zu einem Schatten seiner selbst.

2003 begann die israelische Regierung mit dem Bau einer Sperranlage, die schließlich zur Abriegelung der von den Arabern bewohnten Gebiete auf der Westbank führte. Abgeriegelt wurde auch der Gazastreifen, aus dem sich Israel 2005 ohne Verhandlungen mit der palästinensischen Führung zurückgezogen hatte. Trotz anhaltender politischer Spannungen und einer Reihe von militärischen Eskalationen zwischen 2006 und 2014 verlor die Lösung der Palästinafrage zunehmend ihren Stellenwert im Bewusstsein der Mehrheit der israelischen Bevölkerung. Deren Dringlichkeit für die innere und äußere Entwicklung des Landes und seine Sicherheit nahm ab. Dies umso mehr, als sich die internationale Gemeinschaft mit dem fragilen Status abgefunden hatte und sich auf die Rolle einer – verbalen – Feuerwehr beschränkte, wenn es zu gelegentlichen bewaffneten Auseinandersetzungen, insbesondere zwischen militanten Palästinensern im Gazastreifen und der israelischen Armee kam. Die Prioritäten der Regierungen lagen zunehmend bei der Intensivierung der Siedlungstätigkeit und der Förderung der Wirtschaft. Die Friedensbewegung, die in den neunziger Jahren einen Ausgleich mit den Palästinensern zu einem Punkt weit oben auf der politischen Agenda israelischer Politik gemacht hatte, wurde zwischen palästinensischem gewalthaften Widerstand auf der einen und sich radikalisierendem zionistischen Nationalismus auf der anderen Seite weitgehend aufgerieben. Auch die sozialen Probleme des Landes konnten die nationalistischen Prioritäten der Regierung nicht erschüttern. 150 000 Menschen protestierten 2011 wochenlang für soziale Reformen und namentlich gegen hohe Lebenshaltungskosten und die Ausweitung der sozialen Kluft. Die Regierung machte Versprechungen, denen aber keine Taten folgten.

Seit 2009 wird Israel von Koalitionen unter *Likud*-Chef Benjamin Netanyahu (geb. 1949) regiert. Nach einer Reihe von – durch militärische Einsätze in Israel unterbrochenen – Aufenthalten in den USA, wo er 1976 am *Massachusetts Institute of Technology* in Boston seinen Masterabschluss in Architektur gemacht hatte, war er 1978 nach Israel zurückgekehrt. Mit seinem Eintritt in den *Likud* 1988 hatte seine politische Laufbahn begonnen. Bereits 1996 bis 1999 war er Ministerpräsident gewesen. Zehn Jahre später trat er wieder dieses Amt an, das er schließlich (2020) länger als Israels erster Ministerpräsident, David Ben-Gurion, ausüben sollte. Der Beginn von Netanyahus zweiter Amtszeit als Ministerpräsident und die anschließenden Jahre seiner Regierung stehen im Zeichen tiefgreifender Veränderungen der israelischen Gesellschaft, die ganz allgemein als gesellschaftlicher Rechtsruck charakterisiert werden können. Zum einen war dieser die Folge der erwähnten Einwanderung von Hunderttausenden von Juden aus den Gebieten der ehemaligen Sowjetunion und Osteuropa in den neunziger Jahren. Befreit vom Stigma als Bürger zweiter Klasse, das ihnen als Juden in ihren kommunistisch regierten Heimatländern angehaftet hatte, kehrten viele unter ihnen nunmehr ihrerseits eine starke jüdisch-nationalistische Identität heraus. Als politisches Programm wurde diese 1999 mit der Gründung der Partei *Unser Haus Israel* (*Yisrael beiteinu*) auf den Punkt gebracht. Ihr Gründer, Avigdor Liebermann (geb. 1958), war selbst 1978 aus Kischinau nach Israel eingewandert. Weltanschaulich säkular und politisch stark nationalistisch, stehen seine programmatischen Vorstellungen den Ideen des zionistischen Revisionismus nahe.

Die Bewegung nach rechts wurde auch aus dem religiösen Lager verstärkt. Einen beachtlichen Einfluss errang in den neunziger Jahren die bereits erwähnte Partei der *Sephardischen Thora-Wächter* (Schas). Als Partei der frommen sephardischen (d. h. Nordafrika und dem Vorderen Orient entstammenden) Juden hatte sie sich 1984 von der von aschkenasischen (europäischen) Juden dominierten *Agudat Yisrael* abgespalten und war nach 2000 in allen Koalitionsregierungen – so auch in den von Netanyahu geführten Kabinetten – vertreten. Aufseiten der *charedim*, der ultraorthodoxen aschkenasischen Juden (wörtlich: die vor Gottes Wort »zittern«), deutete sich bereits seit den achtziger Jahren ein zunehmendes Interesse am öffentlichen Leben an. Ursache dafür war nicht zuletzt ihr wachsender Anteil an der israelischen Gesamtbevölkerung. Im Juni 2003 wurde ein ultraorthodoxer Jude zum ersten Mal Bürgermeister Jerusalems: Der Vertreter des *Vereinigten Thora-Judentums* (*Yahadut ha-Torah ha-me'uchedet*) erhielt 51,3 % der abgegebenen Stimmen. In der Tendenz signalisierte die wachsende Präsenz der *charedim* eine sich verstärkende Symbiose von ultraorthodoxem Glaubensbekenntnis und Nationalismus. War es über Jahrzehnte das vorrangige Ziel der ultraorthodoxen Parteien, vom Staat ein Höchstmaß an materieller Zuwendung für ihre religiöse, vom öffentlichen Leben abgewandte Lebensweise (die auch die Befreiung vom Wehrdienst beinhaltet) und ihre Bildungseinrichtungen zu erhalten, so traten mit den Jahren die Siedlungspolitik und die Frage eines Kompromisses mit den Palästinensern in ihr Blickfeld. Auch wenn das Lager der Ultraorthodoxen in sich wieder religiöse, gesellschaftliche und politische Verwerfungen aufwies, so war ihre Wirkung doch in der Innen-, Gesellschafts- und Kulturpolitik konservativ im religiösen und ethischen Sinn und in der Palästinafrage wenig kompromissbereit. Mit Blick auf die Außenbeziehungen Israels war die Haltung der Frommen auf Abschottung gegenüber westlichen politischen und kulturellen Einflüssen ausgerichtet. (Das schloss eine enge politische und militärische Zusammenarbeit mit den USA nicht aus.)

In der Gegenwart stellt sich die parteipolitische Landschaft in hohem Maße fraktioniert dar. Die Wahlen zur Knesset 2015 haben ihre Grundstruktur exemplarisch erkennen lassen: 93 der 120 Sitze (78 %) entfielen auf die zionistischen Parteien, d. h. auf Parteien, für die Errichtung und Erhaltung eines jüdischen Staates den höchsten politischen Wert bedeuten. 13 Sitze (11 %) errangen orthodox-religiöse

Parteien, für die die strenge Befolgung des orthodoxen Lebensstils im Mittelpunkt steht. Die restlichen 14 Sitze entfielen auf die *Vereinte Liste*, eine Fraktionsgemeinschaft palästinensisch-arabischer Parteien.

Die Zersplitterung der politischen Landschaft und die damit verbundenen Schwierigkeiten, stabile Regierungen zu bilden, wurden 2019/20 in einem Marathon von Wahlen zur Knesset sichtbar, der im Mai 2020 mit der Bildung einer neuen Regierung seinen – nur vorläufigen – Abschluss fand. Kurz vor den Wahlen im April 2019 hatten sich drei Parteien der rechten Mitte zu einer gemeinsamen Liste – *Kachol Lavan* (»Blau Weiß«) – zusammengeschlossen. Unter Führung von Ex-Generalstabschef Benjamin Gantz (geb. 1959) war es ihr Ziel, Benjamin Netanyahu als Ministerpräsidenten zu verhindern. Zwei Urnengänge im April und September 2019 erbrachten keine Ergebnisse, auf deren Grundlage eine Regierung hätte gebildet werden können; so wurde ein weiterer Wahlgang im März 2020 nötig. Nachdem der Generalstaatsanwalt definitiv erklärt hatte, er werde Netanyahu wegen Bestechung und Vorteilsnahme anklagen, war die Entschlossenheit bei *Blau Weiß* gestiegen, einer neuerlichen Regierungsbildung unter Netanyahu entgegenzuwirken. Er werde auf keinen Fall mit ihm koalieren, erklärte Gantz. Mit 36 Sitzen für den *Likud* und 33 für *Blau Weiß* fiel das Ergebnis überraschend wieder zugunsten Netanyahus aus. Nach Wochen vergeblicher Bemühungen, eine Koalition zustande zu bringen, vollzog Gantz eine Wende: Die Notlage der *Corona*-Pandemie mache eine handlungsfähige Regierung notwendig; unter den gegebenen Bedingungen sei ein vierter Urnengang nicht zu rechtfertigen. Der Koalitionsvertrag vom 20. April reflektierte das nachfolgende Geschacher um Posten: Netanyahu werde das Amt des Ministerpräsidenten anderthalb Jahre ausüben, dann werde Gantz es übernehmen. Auch unter Anklage werde Netanyahu das Amt ausüben – es sei denn, das Verfassungsgericht entscheide anders. Mit 36 Ministern wurde es das zahlenmäßig stärkste Kabinett in der Geschichte Israels. Es wurde am 17. Mai 2020 vereidigt. Von Anfang an freilich war die Arbeit von gegenseitiger Abneigung und Misstrauen zwischen den führenden Akteuren überschattet. Ende Dezember zerbrach die Koalition; sie hatte sich nicht über den Haushalt verständigen können. Auch die aus den Neuwahlen im März 2021 hervorgegangene fragile Regierungskoalition vermochte keine großen Erwartungen mit Blick auf die Lösung der inneren und äußeren Probleme des Landes zu wecken.

Nach mehr als siebzig Jahren seiner Existenz bietet der Staat Israel ein vielfältiges, zugleich auch widerspruchsvolles Bild. Das zionistische Projekt, das im 19. Jahrhundert praktisch aus dem Nichts erwuchs, hat sich – begünstigt von einer Vielfalt von Umständen – zu einem Staat von einer staunenswerten Kraft ausgewachsen. Zum Zeitpunkt der Staatsgründung (1948) lebten ca. 800 000 Einwohner auf seinem Territorium; in der Gegenwart sind es etwa 1,5 Mio. Im Inneren erweist sich das Staatswesen stabil. Die politischen Parteien und demokratische Prozesse bilden eine große gesellschaftliche und kulturelle Vielfalt ab. Die vorstehend dargestellten innenpolitischen Probleme erwachsen aus eben dieser Vielfalt und können als Preis für diese gewertet werden. Die Wirtschaft des Landes hat sich in atemberaubender Weise entwickelt. Das einstige Agrarland ist seit 2010 Mitglied der *Organisation für wirtschaftliche Zusammenarbeit und Entwicklung* (OECD), was ihm offiziell den Status einer führenden Industrienation verleiht. An die Stelle einer einst sozialistisch geprägten Planwirtschaft ist eine Marktwirtschaft getreten. Gemessen am Bruttoinlandsprodukt, nahm die israelische Wirtschaft 2014 den 36. Rang weltweit ein. Der Anteil der Gesamtbevölkerung, der im wissenschaftlichen und technologischen Sektor beschäftigt ist, gehört mit zu den weltweit höchsten überhaupt. Israel zählt auch die weltweit meisten Firmengründungen pro Kopf und die dritthöchste Anzahl von Patenten. Israelische Firmen exportieren global technologisch hochstehende zivile und militärische Produkte.

Ohne die über Jahrzehnte anhaltende wirtschaftliche Unterstützung von außen und die enge Anbindung an die Volkswirtschaften Europas und der USA wäre die Wirtschaftsentwicklung Israels nach 1967 nicht so rasant verlaufen. Diese aber ist nicht zu trennen von der festen politischen und sicherheitspolitischen Einbindung des Landes in »das Lager« des Westens. Seit den fünfziger Jahren festigte sich die militärische Zusammenarbeit mit westeuropäischen Staaten. Seit der zweiten Hälfte der sechziger Jahre traten die USA mit wachsendem Engagement für die Sicherheit Israels und dessen militärische Superiorität über sein regionales Umfeld ein. In der Zeit des Ost-West-Konflikts und bis in die Gegenwart wurde der jüdische Staat als enger Verbündeter westlicher Mächte gesehen, dessen auch militärische Überlegenheit die Durchsetzung der politischen und wirtschaftlichen Interessen Europas und der USA in der Region unterstützte. Umgekehrt garantierte die USA die Sicherheit Israels. Der militärische Beistand wurde um das Eintreten für israelische politische Interessen nicht zuletzt im Rahmen des Sicherheitsrates der Uno ergänzt. Namentlich die internationale Kritik an der seit 1967 anhaltenden Besetzung Ostjerusalems und der Westbank, die sich in Resolutionsentwürfen im Sicherheitsrat artikulierte, wurde durch zahlreiche amerikanische Vetos abgewehrt.

Die Tatsache des intensiven und engmaschigen Geflechts von Beziehungen zwischen Israel und »dem Westen« hat ihren Ursprung aber in mehr als nur gemeinsamen politischen, sicherheitspolitischen und wirtschaftlichen Interessen. Sie ist vielmehr Ausdruck des Bewusstseins tiefer kultureller Gemeinsamkeiten namentlich Europas und Israels. Mehr noch: Sie ist Ausdruck einer über Jahrhunderte bestehenden kulturellen Symbiose von Juden und Europäern in den europäischen Gesellschaften. So jedenfalls wird es immer wieder in politischen, akademischen und publizistischen Verlautbarungen beschworen. Während die These, der Islam gehöre zu Deutschland, in höchstem Maße umstritten ist, werden die »jüdisch-christlichen Grundlagen« Europas weithin als selbstverständlicher Tatbestand akzeptiert. Auch ist der Zionismus als Ideologie im geistigen Klima Europas entstanden und europäischstämmige Juden haben jahrzehntelang auf die Gründung des Staates hingewirkt und diese schließlich vollendet. Der Tatbestand, dass mit der Einwanderung orientalischer Juden in den Jahren nach der Staatsgründung Menschen ganz anderer kultureller Prägung nach Israel gelangten und dort zunächst einen Kulturschock sowohl selbst erlitten als auch unter ihrem europäisch geprägten Umfeld bewirkten, war ein innerisraelisches Problem, mit dem sich die Politiker, Künstler und Intellektuellen auseinanderzusetzen hatten. Mit dem Wahlsieg des *Likud*, der sich als politische Alternative zu der »Arroganz« der europäischen Juden ausgegeben hatte, und der Bildung der Regierung unter Menachem Begin (selbst Jude europäischer Herkunft) 1977 war die Verschmelzung der beiden großen Kulturkreise, denen die Juden in Israel entstammten, in einer »israelischen« Gesellschaft manifest geworden. Die israelische Kultur stellt sich heute in eigenständiger Vielheit dar; sie trägt europäische

Züge (dazu gehören auch die kulturellen Elemente, die vonseiten der russischen Juden im Zuge der Einwanderung nach 1991 eingebracht worden sind) und weist zugleich orientalische Prägungen auf.

Insofern stellt sich die Frage nach dem Stellenwert der europäischen Kultur im Prozess der Modernisierung in der israelischen Gesellschaft nicht oder jedenfalls nicht in der essentiellen Art, wie dies im Falle der muslimischen Gesellschaften im Nahen Osten und in Nordafrika der Fall ist. Seit der mehr oder minder auf äußeren Druck hin erfolgten Öffnung für diese war die Auseinandersetzung mit der europäisch-westlichen Kultur als ein unvermeidlicher Schritt empfunden worden. Und wie man dieser Herausforderung zu begegnen habe, ist bis in die Gegenwart ein zentrales Thema intellektueller Auseinandersetzungen in den islamisch geprägten Gesellschaften. Demgegenüber haben sich die israelischen Eliten ohne Komplexe dieser Moderne verschrieben: in den politischen Institutionen, der Kultur, der Wissenschaft und der Technologie. Der Globalisierung begegnen sie ohne Vorbehalte. Dies macht das Verhältnis zwischen Europa und seiner muslimischen Nachbarschaft nicht leichter, nährt doch die Überlegenheit des jüdischen Staates, dessen Existenz in den Augen zahlreicher Muslime ohnehin europäischen Machenschaften zu verdanken sei, die Zweifel, ob der europäische Weg der Entwicklung für muslimische Gesellschaften überhaupt gangbar ist. Und mit jeder jüdischen Siedlung in Palästina und jeder Annexion palästinensischen Territoriums, die von den (westlich dominierten) internationalen Organisationen nicht verhindert oder sanktioniert wird, wächst der Verdacht, dass der Westen seine imperialistische Attitüde noch immer nicht abgelegt habe und seine »Kultur« ein Instrument sei, seinen Einfluss – gegebenenfalls über seinen »Vorposten« Israel – auf Dauer zu stellen. Das westliche Mantra, das Israel immer wieder und unreflektiert zur »einzigen Demokratie im Nahen Osten« erklärt, erscheint einer breiten Öffentlichkeit in Nordafrika und im Vorderen Orient als eine selbstverständliche und nicht zu hinterfragende Erklärung tiefsitzender Solidarität des europäisch-westlichen Kulturkreises mit dem jüdischen Staat, der selbst in Europa seine Wurzeln hat. Mit dieser Erklärung werde die nahöstlich-islamische Welt außerhalb des europäischen geschichtlichen, politischen und kulturellen Orbits verortet.

Über dem so gefestigt erscheinenden politischen, kulturellen, sicherheitspolitischen und wirtschaftlichen Gesamtbild des Landes sind Wolken aufgezogen. Israel steht vor vier Herausforderungen:

- den sozialen Spannungen und dem starken wirtschaftlichen Gefälle innerhalb der Gesellschaft;
- der wachsenden Entfremdung zwischen der jüdischen Mehrheit und der arabischen Minderheit;
- dem ungelösten Palästinaproblem, das sich durch die anhaltende Siedlungstätigkeit und den Anspruch der Nationalreligiösen und Orthodoxen, auf dem Tempelberg zu beten, verschärft; und
- dem Anwachsen der Kluft zwischen den – im ultraorthodoxen Sinn – Religiösen, die zunehmend einen Staat im Staate bilden, und dem laizistischen Charakter des Staates, der in wachsendem Maße verwässert wird.

Die Regierungen, die seit 2009 von Benjamin Netanyahu geführt wurden, haben keine Strategien für langfristige politische Lösungen erkennen lassen. Eine Zwei-Staaten-Lösung des Konflikts mit den Palästinensern ist durch eine systematische Besiedlung von Teilen der Westbank eine zunehmend unrealistische Option geworden. Der wachsende Einfluss der Religiösen bedroht nicht nur den säkularen und demokratischen Charakter des Staates, sondern belastet zunehmend die Beziehungen zu westlichen, insbesondere europäischen Demokratien. Ein militanter Nationalismus treibt nach außen die Siedlerbewegung an und vertieft die Verwerfungen im Inneren, namentlich zu der palästinensischen Minderheit. Er hat in der Verabschiedung eines »Nationalstaatsgesetzes« im Juli 2018 eine ideologische Grundierung erfahren. Das 14. Grundgesetz mit dem Titel »Israel: Der Nationalstaat des jüdischen Volkes«, erklärt Israel zu einem jüdischen Staat. In der Aussprache, die seiner Verabschiedung voranging, erklärte Ministerpräsident Netanyahu, das Gesetz führe Israel überhaupt erst seiner historischen Bestimmung zu; darin habe der Zionismus seine Erfüllung gefunden.

Damit aber werden zum einen die palästinensischen Araber in Israel – eine ethnoreligiöse Minderheit von etwa 20 % der Bevölkerung – provoziert. Unter ihnen ist eine neue Generation herangewachsen: In der Nähe zum Westen, in dem besten Bildungssystem im Nahen Osten und in Israels demokratischen Prinzipien sozialisiert, sind sie nicht mehr bereit, Bürger zweiter Klasse zu sein. Gerade in den letzten Jahren hat sich innerhalb der arabischen Bevölkerung viel verändert. Ihre Führung »palästinisierte« sich zunehmend und forderte die Öffnung des jüdischen Staates als eines Staats aller seiner Bürger. Es sind dieselben Führungspersönlichkeiten, die sowohl Gleichberechtigung als auch kulturelle Autonomie fordern. Das Gesetz aber hat gerade die Funktion, die eigentlich überlebten Verhältnisse der Ausschließung wiederherzustellen.

Zum anderen fürchten viele jüdische Israelis – das Gesetz wurde nur mit der knappen Mehrheit von 62 Befürwortern bei 55 Gegenstimmen angenommen – eine Aushöhlung der pluralistischen israelischen Demokratie. Ayelet Schaked (geb. 1976), die 2012 den *Likud* verließ, um sich (als säkulare Politikerin) der weiter rechts stehenden national-religiösen Siedlerpartei anzuschließen, und die von 2015 bis 2019 Justizministerin war, hat solchen Befürchtungen Nahrung gegeben. »Der Zionismus wird nicht weiter seinen Kopf beugen vor einem universalen System der individuellen Rechte«,[53] sagte sie im August 2017 auf einer Versammlung der israelischen Anwaltskammer in Tel Aviv. Damit griff sie zugleich das israelische Verfassungsgericht an, das im gegebenen Fall für die Wahrung von Rechten von Asylbewerbern entschieden, aber auch in anderen Fällen Gesetze der Regierung für verfassungswidrig erklärt hatte und mehrheitlich liberale Ansätze vertritt (die wiederum dem Willen einer Mehrheit der israelischen Wähler nicht entsprechen). Schaked warf den obersten Richtern vor, die jüdische Mehrheit in Israel und die israelische Demographie nicht ausreichend zu berücksichtigen und »als Wert an sich zu begreifen«. Unverhohlen trieb sie den Umbau der israelischen Gesetzgebung hin zu einer nationalistischen und kollektivistischen Selbstvergewisserung des jüdischen Volkes voran. Ihren Gegnern, den Kritikern des »Nationalstaatsgesetzes«, erwiderte sie, diese glaubten, »dass ein Grundgesetz, das unsere nationalen und zionistischen Werte hervorhebt, uns weniger demokratisch machen würde – ich hingegen sehe die von der Knesset anerkannten Individualrechte als absolute Wahrheit an, und ich sehe außerdem unsere nationalen und zionistischen Werte als absolute Wahrheit an.« Der Zionismus beuge sich nicht den Menschenrechten – eine Äußerung, die der linksliberale Jossi Beilin (geb. 1948; selbst Justizminister von 1999 bis 2001) zu der Äußerung veranlasste: »Im Endeffekt sagte sie: ›Wenn auf der einen Seite Zionismus ist und auf der anderen die Menschenrechte, dann vergiss die Menschenrechte.‹«[54]

Auch ein anderer gesellschaftlicher Konflikt lässt erkennen, wie stark sich das Wertegefüge, auf dem der zionistische Staat bei seiner Gründung beruhte, zu verschieben begonnen hat. Im September 2017 erklärte das Oberste Gericht ein Gesetz für ungültig, das Ultraorthodoxe von der Wehrpflicht befreit, solange diese sich dem Thorastudium widmen; es verletze den Gleichheitsgrundsatz. Der Streitfall an sich war nicht neu, das Urteil aber wurde brisant, da zum Zeitpunkt der Entscheidung beide ultraorthodoxe Parteien Teile der von Netanyahu geführten Regierungskoalition waren. Sowohl das *Vereinigte Thora-Judentum* als auch *Schas* – in der Person des Innenministers – wiesen das Urteil, das sich »schlimm vom jüdischen Volk entfernt«[55] habe, zurück. Auch die nationalreligiöse Siedlerpartei, die mit der Ultraorthodoxie wenig verbindet, befand, es sei an der Zeit, die Samthandschuhe abzustreifen und die »Tyrannei« der Richter zu beenden.

Der Vorfall lässt den Einfluss erkennen, den die *charedim* über die Jahrzehnte in dem säkularen Staatswesen erlangt haben. Zwar hatte schon Staatsgründer Ben-Gurion die Nähe zur Ultraorthodoxie gesucht. Unter anderem gestand er ihnen zu, eigene Schulen zu unterhalten und von der Wehrpflicht befreit zu werden. Damals aber waren sie eine kleine Minderheit, von der Ben-Gurion erwartete, sie würde bald in der neuen, modernen israelischen Bevölkerung aufgehen – die Wehrdienstbefreiung betraf wenige hundert Männer. Heute aber zählen mehr als 800 000 Israelis zu den Ultraorthodoxen und ihre Geburtenrate ist doppelt so hoch wie im Landesdurchschnitt. Mittlerweile ist jeder vierte israelische Erstklässler ultraorthodox. Nur 46 % der ultraorthodoxen Männer gehen einer Arbeit nach und 2016 meldeten sich nur etwa 2 800 freiwillig zur Armee. Im Falle der Gerichtsentscheidung musste Netanyahu hinhaltend taktieren; ein Ausscheiden der beiden ultraorthodoxen Parteien hätte das Ende der Regierung bedeutet. Damit aber entfremdete er sich säkularen Kräften: Avigdor Liebermann, Chef der Partei *Yisrael beiteinu* weigerte sich in den Koalitionsverhandlungen 2019/20, in eine Koalition einzutreten, solange der Ministerpräsident den Religiösen Konzessionen mache.

Die Tendenz, eine kollektiv jüdische Identität individuellen Freiheitsrechten im Sinne der Menschen- und Bürgerrechte überzuordnen, hat zu einer spürbaren Einschränkung zivilgesellschaftlichen Engagements geführt. Ein solches war in Israel auf der Grundlage sozialer und moralisch-ethischer Werte namentlich seit dem militärischen Sieg von 1967, der die Existenz des Staates dauerhaft festigte, Bestandteil des Handelns eines breiten Spektrums sehr unterschiedlicher politischer und gesellschaftlicher Gruppen. Auch im Verhältnis zu den Palästinensern wirkt dieser Wandel politischer Wertvorstellungen nach. Die Entwicklung der außenpolitischen Rahmenbedingungen der letzten Jahre hat diesen begünstigt. Die internationale Gemeinschaft hat Israel in Sachen eines »Friedensprozesses«, der bereits seit den zweitausender Jahren zum Erliegen gekommen war, gewähren lassen. Die Bemühungen Präsident Barack Obamas gegen Ende seiner zweiten Amtszeit, doch noch einen

Ausgleich zwischen Israel und den Palästinensern zu stiften, ließ die Regierung Netanyahu mit kaum verhohlener Geringschätzung gegenüber dem amerikanischen Präsidenten ins Leere laufen. Obamas Nachfolger Donald Trump machte sich dann maximalistische Positionen der Regierung Netanyahu in Sachen Palästina zu eigen. Europa hielt sich an der Seitenlinie. Nach Ägypten und Jordanien, die sich in Friedensverträgen mit Israel verständigt hatten, näherten sich auch die Staaten auf der Arabischen Halbinsel und am Golf Israel an.

Im Kontext der konservativ-nationalistischen Selbstvergewisserung vieler Israelis und der Bemühungen des *Likud*, eine jüdische Identität, in der nationales und religiöses Selbstverständnis ineinander übergehen, an die Stelle einer säkularen, israelischen Identität treten zu lassen, ist der Stellenwert der *Schoah*, der Vernichtung des europäischen Judentums durch das nationalsozialistische Regime in Deutschland, gewachsen. Diese Urkatastrophe wurde zu einem Bezugspunkt, der weite Teile der Innen- und Außenpolitik des Landes überschattet. Sie dient als Rechtfertigung für die Existenz eines starken jüdischen Staates: Israel sei der Garant dafür, dass sich die *Schoah* nicht wiederhole. Über die Angst vor einer neuen *Schoah* – so Kritiker – kette die Regierung die Bevölkerung an sich; zugleich diene der Verweis auf die *Schoah* als Argument, Kritik an ihrer Politik in das schiefe Licht des Antisemitismus zu rücken. Tatsächlich haben Politiker der Regierungskoalitionen der letzten Jahre, einschließlich Regierungschef Netanyahu, auf unterschiedlichen Foren internationale Unterstützung für die Politik der israelischen Regierung mit dem Vorwurf zu generieren gesucht, die Gegner Israels – wie etwa die palästinensische *Hamas*, die Islamische Republik Iran und der »Islamische Staat« – beschwörten eine neue *Schoah* herauf.

Jenseits aber der konkreten politischen Interessen der Regierung durchdringt die *Schoah* die gesamte israelische Gesellschaft. Der Tag des Gedenkens an den Holocaust (*Yom ha-schoah*), festgesetzt auf den 21. Tag des Monats *Nisan* des jüdischen Jahres, ist ein nationaler Feiertag, der mit hohen Emotionen und signifikanter Symbolik des schrecklichen Geschehens begangen wird. Dabei sieht jedes religiöse, gesellschaftliche und politische Segment der jüdischen Bevölkerung Israels die *Schoah* in ihrer je eigenen Perspektive. Die Ultraorthodoxen verstehen sie als ein Gottesurteil, das nur durch strikte Beachtung der religiösen Vorschriften gesühnt werden kann. Dem auserwählten Volk komme die Aufgabe zu, die Welt zu retten; alle Nicht-Juden seien potentielle Feinde und beten falsche Götter an. Sie unterstützen zu einem großen Teil eine radikal nationalistische Politik, obwohl sie antizionistisch eingestellt sind, ist doch Zionismus für sie gleichbedeutend mit Säkularismus. Im Weltbild der religiösen Zionisten, die in der 2008 gegründeten Partei *Ha-bayit ha-Yehudi* (»Das jüdische Haus«) gleichsam eine Partei der Siedler und der Siedlerbewegung *Gusch emonim* darstellen, ist die *Schoah* allgegenwärtig. Was damals geschah, bedroht uns heute – so die Ideologie. Juden müssten aus der Katastrophe lernen und sich mit allen Mitteln gegen Existenzbedrohungen verteidigen. Auch die antipalästinensische Einstellung von *Yisrael beiteinu*, der nationalistischen Partei der Einwanderer aus der ehemaligen Sowjetunion, wird von einem Verständnis der *Schoah* unterfüttert, das mit demjenigen von *Ha-bayit ha-Yehudi* praktisch identisch ist. Für die Parteien der Mitte und die weiter links stehende *Avoda* stellt die *Schoah* eine Tragödie dar, mit der man sich auseinandersetzen und die kontinuierlich erinnert werden muss.

Hinter der scheinbaren Stärke des Landes im achten Jahrzehnt seiner Existenz sind ideologische, politische und gesellschaftliche Strömungen und Tendenzen erkennbar, die es von seiner Gründungsidee zunehmend entfernen. Damit aber rückt nicht nur ein Ausgleich mit den Palästinensern in eine immer weitere Ferne; auch der Staat selbst und die Gesellschaft sind von Friktionen durchzogen, die das Zusammenleben zunehmend erschweren. In seinen Außenbeziehungen schließlich ist – hinter der Fassade guter und stabiler Beziehungen zu den USA und der EU sowie der Annäherung einiger arabischer Staaten – die Gefahr der Isolierung und Entfremdung gegenüber weiten Teilen der Staatengemeinschaft erkennbar. Hinzu kommen im Inneren die sozialen Spannungen, die hohen Kosten für Wohnen und Lebenshaltung; 1,7 Mio. Israelis leben unterhalb der Armutsgrenze. In der Konsequenz ziehen es deswegen nicht wenige, namentlich jüngere Israelis vor, das Land zu verlassen. Eine Umfrage vom Februar 2019 ergab, dass 75 % junger, säkularer Israelis sich vorstellen können, dauerhaft oder zumindest langfristig ins Ausland zu ziehen.[56]

Während des Fastenmonats Ramadan kam es im Mai 2021 zu schweren Zusammenstößen zwischen radikal-nationalistischen jüdischen Israelis und Teilen der palästinensischen Bevölkerung im von Israel annektierten Ost-Jerusalem sowie in einigen Städten in Israel. Über die Jahrzehnte hatten viele jüdische Israelis den Konflikt mit den Palästinensern verdrängt. Durch die Mauer glaubte man sich gegen einen äußeren Feind geschützt. Nunmehr tut sich die beunruhigende Perspektive auf, dass der Konflikt zwischen Juden und Palästinensern Israel im Inneren destabilisieren könnte.

9.6 Palästina – ein gordischer Knoten

Die Geschichte des 20. Jahrhunderts hat die Geschicke der Juden, seit 1948 des Staates Israel, und der arabischen Bevölkerung in Palästina untrennbar miteinander verbunden. Die Geschichte Israels kann nicht ohne die der Palästinenser und die Geschichte der Palästinenser nicht ohne die Israels geschrieben werden. Die Juden, die bereits vor der ersten *Aliyah* nach Palästina ausgewandert waren, waren in ein arabisch geprägtes Land gekommen. Und seit dem 1. Zionistenkongress in Basel 1897 hatte die Bewegung das Ziel, auf palästinensischem Boden ein öffentlich-rechtliches jüdisches Gemeinwesen zu errichten; bald schon sprachen zionistische Führer von der Errichtung eines jüdischen Staates. Spätestens seit den dreißiger Jahren des 20. Jahrhunderts war das Land zwischen dem Mittelmeer und dem Jordan Gegenstand politischer Ansprüche zweier Nationalbewegungen: der – freilich schwachen – palästinensisch-arabischen und der – entschlossenen – jüdisch-zionistischen. Beide lehnten ein Zusammenleben miteinander auf dem Gebiet eines gemeinsamen Staates ab; so kam es zur Teilung Palästinas und zur Errichtung eines jüdischen Staates. Über die Hintergründe wurde oben berichtet; nachfolgend wird das Ringen um den palästinensischen Staat nachgezeichnet. Sein Ergebnis ist – aus der Warte der Gegenwart – der umfassende Triumph der Sache Israels und die bittere Niederlage der Palästinenser.

Mit den Waffenstillstandsverträgen zwischen Israel und seinen Nachbarn im Frühjahr 1949 hatte der erste Nahostkrieg seinen Abschluss gefunden. Der jüdische Staat hatte weit über die im Teilungsplan von 1947 gezogenen Grenzen hinaus expandiert; West-Jerusalem war seine Hauptstadt geworden. Der Rest Palästinas (die »Westbank«) und Ost-Jerusalem waren unter die Herrschaft des Emirs Abdallah geraten. Der Sohn des haschemitischen Scherifen Husain ibn Ali, des Herrschers über den Hedschaz und die heiligen Stätten von Mekka und Medina, war im Herbst 1920 von Mekka nach Norden aufgebrochen und hatte sich im März 1921 in Amman niedergelassen. Sein Ziel war, von den Briten einzufordern, was sie während des Ersten Weltkriegs seinem Vater versprochen hatten, zumindest aber die Herrschaft seines Bruders Faisal, der im Juli 1920 von den Franzosen aus Damaskus vertrieben worden war, wiederherzustellen. Mittlerweile waren die Würfel ganz anders gefallen: Damaskus war für die Haschemiten verloren und England wollte sich über Syrien nicht mit Frankreich anlegen. Im britischen Mandatsgebiet Palästina übte London die Herrschaft aus und suchte die Ansprüche der palästinensischen Araber und der zionistischen Bewegung zu versöhnen. Es galt also, einen Kompromiss zwischen den Ansprüchen der Haschemiten und den entstandenen Realitäten zu finden. Bei einem Treffen im März 1921 in Jerusalem teilte Winston Churchill, der seit Anfang 1921 als Minister für koloniale Fragen zuständig war, Abdallah die britischen Pläne mit: Er selbst würde Transjordanien, das aus dem Mandatsgebiet Palästina herausgelöst würde, als Emirat regieren können; sein Bruder Faisal würde mit einem Thron in Bagdad abgefunden (das war 1921 tatsächlich der Fall). Abdallahs Spielräume waren gering; er akzeptierte. Vier Jahre später vertrieb (unter Duldung Großbritanniens) der Emir Abd al-Aziz ibn Sa'ud die haschemitische Dynastie aus dem Hedschaz und nannte sich künftig *Sultan des Nadschd und König des Hedschaz*. Nach weiteren Eroberungen auf der Arabischen Halbinsel rief er 1932 das Königreich Saudi-Arabien aus. Während die Haschemiten in Amman bis in die Gegenwart an der Macht sind, machte 1958 ein Militärputsch ihrem Ableger in Bagdad ein Ende.

Abdallah blieb dem haschemitischen Traum von der Herrschaft über Groß-Syrien (*Bilad asch-Scham*) treu. Seine Hände aber waren ihm durch London gebunden; nirgendwo in seiner unruhigen Nachbarschaft – ob in Syrien, im Irak oder in Palästina – durfte er wirksam Partei ergreifen. Dafür erhielt er von den Briten finanzielle Unterstützung und in Gestalt der von John Bagot Glubb (Glubb Pascha) ausgebildeten und geführten *Arabischen Legion* verfügte er über die beste Armee unter seinen arabischen Nachbarn. Das sollte sich in dem Kriegsgeschehen im Gefolge der Gründung Israels erweisen. Bereits zuvor, im März 1946, war Transjordanien in einem Vertrag mit Großbritannien in die Unabhängigkeit entlassen worden; der Emir war zum König von Jordanien geworden.

Der doppelte Hintergrund seiner (groß-)syrisch-nationalistischen Ambitionen einer- und der engen Interaktion mit Großbritannien andererseits führte Abdallah zu einer Annäherung an die Zionisten, die seit dem Ende des Zweiten Weltkriegs die Staatsgründung auf palästinensischem Boden betrieben. Nach seinen Vorstellungen sollten die dem palästinensischen Staat zugedachten Teile des Westjordanlandes Teil Jordaniens werden. Dieser Staat würde Seite an Seite mit Israel existieren – ein Plan, der in Washington und London auf Zustimmung stieß. Bereits vor dem offenen Ausbruch des Krieges kam es zu Kontakten zwischen Abdallah und zionistischen

Vertretern. Golda Meir (1898–1978, damals noch Golda Meyerson), die spätere israelische Ministerpräsidentin, berichtete von zwei Gesprächen mit ihm: im November 1947 und am 10. Mai 1948. Die Kontakte wurden auch nach Ausbruch der Kampfhandlungen aufrechterhalten. Der Kriegsverlauf bestätigte die getroffenen Vereinbarungen. Tatsächlich ist es, von kleineren Ausnahmen abgesehen, zu keinem jordanischen Angriff auf jüdisches Territorium gekommen. Die *Arabische Legion* beschränkte ihre Operationen auf die Landesteile (westlich des Jordan), die im Teilungsplan dem palästinensisch-arabischen Staat zugedacht worden waren, und auf die Verteidigung Ost-Jerusalems, nachdem die israelischen Truppen den Westen der Stadt erobert hatten.

Anhänger des Muftis Amin al-Husaini, des selbsternannten Wortführers der palästinensischen Sache und nunmehr offenen Gegenspielers König Abdallahs, riefen im September 1948 in Gaza – die Stadt und ein südlich angrenzender Streifen waren von ägyptischen Truppen erobert und gehalten worden – eine »arabische Regierung für ganz Palästina« aus. Sie wurde von sechs unabhängigen arabischen Staaten anerkannt. Als Reaktion darauf versammelte Abdallah im Dezember in Jericho religiöse Führer, Stammesscheichs und Abordnungen aus Flüchtlingslagern. Die Mehrheit von ihnen stimmte für einen Anschluss Rest-Palästinas, d. h. der Westbank und Ost-Jerusalems, an Jordanien. Damit war die Richtung der weiteren Entwicklung vorgezeichnet: An deren Ende stand der Beschluss des im April 1950 neu gewählten gemeinsamen transjordanisch-palästinensischen Parlaments, die beiden Landesteile zum *Haschemitischen Königreich Transjordanien* zu vereinen. Abdallah freilich hatte sich unter den arabischen Staaten isoliert und unter den Palästinensern selbst zahlreiche Feinde gemacht. Am 20. Juli 1951 wurde er beim Betreten der *al-Aksa* Moschee in Jerusalem vor den Augen seines Enkels Husain ibn Talal niedergeschossen. Die Fäden des Komplotts sollen vom Mufti Amin al-Husaini gesponnen worden sein. Nach einem kurzen Zwischenspiel der Herrschaft seines Vaters trat Husain (1935–1999) am 2. Mai 1953 die Nachfolge an; über Jahrzehnte sollte die palästinensische Frage ganz oben auf seiner politischen Agenda stehen.

Flüchtlinge aus jenen Gebieten Palästinas, auf denen der Staat Israel – nunmehr in den Grenzen der Waffenstillstandsvereinbarungen von 1949 – entstanden war, hatten in allen angrenzenden Ländern Zuflucht gefunden. Die meisten waren in Lagern untergebracht. Außer im Jordanien des haschemitischen Königs Husain erhielten sie nirgendwo volle bürgerliche Rechte, denn die arabischen Führungen hofften, dass sie irgendwann würden zurückkehren können. Mit dieser Hoffnung war die Erwartung verbunden, dass deren Rückkehr zugleich das Ende des israelischen Staates bedeuten würde. Die Lagerexistenz aber sollte sich bis in die Gegenwart verstetigen. Auch wenn aus vielen dieser Lager über die Jahrzehnte regelrechte feste Siedlungen geworden sind und längst nachfolgende Generationen in ihnen leben, ist das im Dezember 1949 geschaffene Hilfswerk der Uno für die Palästinaflüchtlinge (Unrwa, ► S. 317) noch immer eine unentbehrliche Einrichtung, den palästinensischen Flüchtlingen eine Lebensgrundlage in Form von Ernährung und Unterkunft, medizinischer Versorgung und sozialen Diensten sowie schulischer Bildung zu gewährleisten. Die Zahl der 1950 registrierten und betreuten Flüchtlinge betrug etwa 750 000 Personen; 2017 waren es etwas mehr als 5 Mio.

Bemühungen, im Rahmen einer multilateralen Konferenz in Lausanne, an der neben Israel und den benachbarten arabischen Staaten auch Vertreter der Flüchtlinge teilnahmen (April bis September 1949), Fragen nach der Zukunft der Flüchtlinge und der Grenzziehungen zu regeln, brachten keine Ergebnisse. Der bewaffnete Kampf für die Rückkehr trat an die Stelle der Diplomatie. Ausgangspunkte der Operationen der – wie sie sich selbst nannten – *fida'iyyun* (»die sich [für ihre Sache] opfern«) – waren die Territorien der Nachbarstaaten Israels, vor allem Jordanien, aber auch Ägypten, Syrien und Libanon. Ziele des Kleinkrieges waren vornehmlich zivile (gelegentlich auch militärische) israelische Einrichtungen und Siedlungen. Die israelischen Sicherheitskräfte schlugen mit großer Härte zurück. Damit suchten sie zugleich Druck auf die Regierungen der Nachbarstaaten auszuüben, ihrerseits gegen die Kämpfer vorzugehen und ihre Grenzen für deren Operationen zu schließen.

Mit dem bewaffneten Kampf ging die Führung der palästinensischen Sache in die Hände der jungen Generation über. Die *fida'iyyun* entstammten den mittleren und unteren Schichten der Gesellschaft; sie teilten die zündenden Ideen ihrer Generation, die sich den Wandel in den Gesellschaften der arabischen Welt und die Befreiung aus kolonialer und imperialer Abhängigkeit auf ihre Fahnen geschrieben hatten. Die Notabeln, in deren Händen die Sache Palästinas seit dem Ende des Ersten Weltkriegs gelegen hatte, verloren weitestgehend an Einfluss. Als Teil der jordanischen Gesellschaft wurden sie den politischen Interessen des haschemitischen Königshauses untergeordnet.

Mit den Jahren entstanden politische Dachorganisationen, deren Vielfalt die politische und ideologisch-weltanschauliche Ausrichtung der arabischen Welt insgesamt spiegelte. Ihre Vordenker und Drahtzieher saßen in Kairo, Damaskus und Bagdad, aber auch in Kuwait, dessen expandierende (Öl-)Wirtschaft vielen Palästinensern Arbeitsplätze bot. Die bewaffneten Arme der jeweiligen Organisationen rekrutierten ihre Kämpfer aus den Flüchtlingslagern. Um die Operationen der verschiedenen Gruppen wirkungsvoller koordinieren und das Gewicht der palästinensischen Sache im panarabischen Kontext stärker zum Tragen bringen zu können, gründeten palästinensische Aktivisten 1959 in Kuwait eine neue politische Bewegung: *Fat(a)h* (»Eroberung«, »Sieg«, zugleich als Akronym von hinten nach vorn gelesen: *Bewegung zur Befreiung Palästinas – Harakat at-tahrir al-Filastini*). Nach dem Vorbild der *Nationalen Befreiungsfront* (FLN) in Algerien verfolgte sie das strategische Ziel, Palästina auf dem Weg des bewaffneten Kampfs zu befreien und einen palästinensischen Staat zu errichten. Unter den Gründern und prägenden Persönlichkeiten war Yasir Arafat (1929–2004). Er gehörte dem in Kairo aktiven Zweig der palästinensischen Studentenbewegung an, hatte 1956 als Freiwilliger in der ägyptischen Armee am zweiten Nahostkrieg teilgenommen und war noch im selben Jahr als Elektroingenieur und Bauunternehmer nach Kuwait gegangen. Bis zu seinem Tode sollte er das Gesicht der nationalen Bewegung der Palästinenser sein, die für ihre Rechte erst militärisch kämpfte und später politisch agierte.

Weitere signifikante – linksnationalistische bis marxistische – Organisationen waren u. a. die 1967/68 gegründete *Volksfront zur Befreiung Palästinas* (*Popular Front for the Liberation of Palestine*, PFLP) unter dem palästinensischen Christen George Habasch (1926–2008) sowie die 1969 abgespaltene *Demokratische Volksfront zur Befreiung Palästinas* (*Popular Democratic Front for the Liberation of Palestine*, PDFLP).

Palästinensische Mitglieder bzw. Sympathisanten der syrischen *Ba'th*-Partei gründeten die *Avantgarden des Volksbefreiungskriegs* (*Vanguards of the Popular Liberation War*, VPLW), bekannt geworden als *as-Sa'iqa* (»Der Blitzstrahl«); einen entsprechenden Beschluss hatte im September 1966 der 9. *Ba'th*-Regionalkongress gefasst. Die bewaffneten Kämpfer von *as-Sa'iqa* wurden der syrischen Arme eingegliedert. Als ein auf die irakischen Ba'thisten orientiertes »Gegenstück« konstituierte sich im April 1969 die *Arabische Befreiungsfront* (*Arab Liberation Front*, ALF).

In der Tat befanden sich die arabischen »progressiven« Regierungen in einem Dilemma: Auf der einen Seite konnten sie sich der Unterstützung der Befreiung Palästinas von der »zionistischen Besetzung« – sie vermieden die Bezeichnung »Israel« – nicht entziehen, wurde diese doch zugleich als Produkt des amerikanischen Imperialismus wahrgenommen. Auch unterstrich diese Unterstützung wesentlich ihre panarabische Rhetorik und stärkte ihre Legitimation vor der eigenen Öffentlichkeit. Auf der anderen Seite hinterließen die israelischen Schläge gegen die Infrastruktur der »Terroristen« – so die israelische Wahrnehmung – auf dem Boden der jeweiligen Unterstützerstaaten ihre Spuren. Das galt auch für das Ägypten Nassers. So hatte auf seine Initiative hin die Konferenz der arabischen Staatsoberhäupter im Januar 1964 in Kairo die Gründung einer palästinensischen Organisation beschlossen, die das »palästinensische Dasein« verkörpern sollte: Ende Mai konstituierte sich in Ost-Jerusalem das Exil-Parlament der Palästinenser, der *Palästinensische Nationalrat* (*Palestine National Council*, PNC), der am 1. Juni die Gründung der *Palästinensischen Befreiungsorganisation* (*Palestine Liberation Organisation*, PLO) beschloss und die *Palästinensische Nationalcharta* verabschiedete. Über die Gründung einer von ihm kontrollierten Organisation hoffte Nasser, die palästinensische Frage seinen panarabischen Plänen dienstbar machen zu können.

Die Geschichte ist anders verlaufen. Die Niederlage der arabischen Armeen im Sechs-Tage-Krieg im Juni 1967 veränderte die Ausgangslage tiefgreifend. Die israelische Eroberung der Westbank, Ost-Jerusalems und des Gazastreifens hat eine weitere Flüchtlingswelle losgetreten: nach unterschiedlichen Angaben flohen zwischen 175 000 und 250 000 Menschen. In der Resolution 242, die der Sicherheitsrat der Uno nach langwierigen Verhandlungen am 22. November 1967 verabschiedete, werden der Rückzug Israels aus (den)[57] besetzten Gebieten sowie die »Achtung und Anerkennung der Souveränität, territorialen Unversehrtheit und politischen Unabhängigkeit eines jeden Staates in der Region« gefordert. Mit Blick auf die Palästinenser wurde lediglich von einer »gerechten Lösung des Flüchtlingsproblems« gesprochen.

Noch während die internationale Diplomatie im Rahmen der Uno bemüht war, einen Ausweg aus der Tragödie des Krieges zu suchen, ließen die Konfliktparteien erkennen, dass sie nicht die Weitsicht haben würden, politisch auf einander zuzugehen. Kaum war der letzte Schuss geschossen, verlauteten israelische Politiker, dass man nicht zu den Vereinbarungen und zu den Grenzen von 1948 zurückkehren würde. Am 27. Juni 1967, also 17 Tage nach Beendigung der Kriegshandlungen, fasste die Knesset einen Beschluss, wonach durch einschlägige Verfügungen »Recht, Gesetzgebung und Verwaltung des Staates Israel auf alle Teile von Erez Israel (Palästina)« ausgedehnt werden konnten. Erste konkrete Maßnahmen konzentrierten sich auf die politische, verwaltungsmäßige und wirtschaftliche Vereinigung der beiden Teile Jerusalems. Die Stadtgrenze wurde neu festgelegt und ausgedehnt. Die Regierung löste den gewählten

Stadtrat in Ost-Jerusalem auf und wies die meisten seiner Mitglieder nach Jordanien aus. In das Verwaltungsgebäude zogen israelische Behörden. Am 30. Oktober legte Ministerpräsident Levi Eschkol seinem Kabinett einen Plan vor, der umfangreiche bauliche Veränderungen in der arabischen Altstadt vorsah. Im Mittelpunkt stand dabei zunächst die Rekonstruktion des von den Jordaniern zerstörten jüdischen Viertels. Zahlreiche Institutionen – einschließlich der meisten Ministerien – wurden von Tel Aviv nach Jerusalem verlegt. Für die Westbank, für welche ab Dezember die Bezeichnung »Judäa und Samaria« verordnet wurde, legte der stellvertretende Ministerpräsident Yigal Allon einen detaillierten Plan vor, der 1968 von der Knesset als Siedlungskonzept gebilligt wurde. Auch auf den Golanhöhen wurden unmittelbar nach der Eroberung Maßnahmen der Eingliederung getroffen: Bereits 1967 entstanden erste militärische Siedlungen; im Oktober 1969 wurde das bislang geltende syrische Recht durch israelische Gesetze ersetzt.

Wie die israelische traf auch die arabische Seite frühzeitig Festlegungen, die wenig Raum für politische Verhandlungen nach dem Desaster der Niederlage ließen. Bereits am 1. September 1967 signalisierten acht arabische Staatsoberhäupter auf einer Konferenz in Khartum mit einem dreifachen »nein« ihre Entschlossenheit, den Weg der Diplomatie unter den gegebenen Bedingungen – namentlich der anhaltenden Besetzung des im Juni von Israel eroberten Territoriums – nicht zu beschreiten: Es werde keinen Frieden mit Israel, keine Anerkennung und keine Verhandlungen geben. Die so entstandene politische Blockade führte in den folgenden Jahren zu einer militärischen Konfrontation, die – insbesondere zwischen Ägypten und Israel – als »Abnützungskrieg« bezeichnet worden ist. Im Prinzip aber hatten sich neue Koordinaten für eine politische und diplomatische Lösung des Konflikts um Palästina ergeben: Künftig würde es nicht mehr um die Existenz Israels gehen. Für die Anerkennung seiner Existenz würde Israel 1967 eroberte Gebiete herausgeben. Würden die Regierungen in West-Jerusalem und den arabischen Hauptstädten diese Chance eines Friedens zwischen Israel und seinen Nachbarn wahrnehmen? Wer würde für die Palästinenser auf der Westbank und in Ost-Jerusalem sprechen? Wieviel von den eroberten Territorien wäre Israel bereit herauszugeben?

Die Frage nach der künftigen Vertretung der palästinensischen Sache richtete sich unmittelbar an König Husain von Jordanien; aber der hatte die Westbank und Ost-Jerusalem verloren. Mit der vor Kriegsausbruch entstandenen PLO sollte nunmehr eine neue politische Kraft entstehen, die als Gegengewicht zu dem von Husain und bereits seinem Großvater Abdallah erhobenen Anspruch auftrat, das Palästinaproblem im Rahmen des haschemitischen Königreichs zu lösen.

Bereits 1964 hatte die *Fatah* begonnen, militärische Operationen wieder aufzunehmen; ihre Führung wollte sich nicht ins Schlepptau Nassers begeben. Nach der arabischen Niederlage eskalierte sie die Angriffe auf israelisches Gebiet. Die »Schlacht um Karameh«, einen Flecken im Jordantal, an dem sich im März 1968 Kämpfer der *Fatah* gegen eine israelische Übermacht behaupteten, wurde zum Gründungsmythos einer neuen, weil selbstbewussten und eigenständigen PLO. Die alte Garde musste zurücktreten; mit Yasir Arafat, seit 1969 Vorsitzender des Exekutivkomitees, übernahm eine jüngere Generation die Führung. Etwa zehn weitere – durchweg säkulare – Organisationen traten an die Seite der *Fatah*, der stärksten Gruppe unter den Mitgliedern der PLO. Die Ziele der PLO waren in der *Nationalcharta* niedergelegt.

In Jordanien verlor der König Boden an die PLO. Die heftigen israelischen Gegenschläge schwächten seine Stellung; in immer weiteren Teilen des Landes übernahm die PLO die Kontrolle und radikale Gruppen traten offen für eine Machtübernahme in Amman ein. Mit spektakulären terroristischen Maßnahmen – zuletzt der Entführung und Sprengung von vier Passagiermaschinen Anfang September – suchten sie die Aufmerksamkeit der internationalen Gemeinschaft zu gewinnen. Die jordanische Armee drängte auf ein Eingreifen; am 17. September 1970 gab der König den Befehl zum Angriff auf die Kämpfer der PLO in Amman und auf die Flüchtlingslager. Der »Schwarze September« nahm seinen Lauf; er sollte mit der vollständigen Vertreibung der PLO aus Jordanien erst im Juni des folgenden Jahres ein Ende finden. Die PLO nahm in Beirut ihr neues Hauptquartier; dort baute sie eine Infrastruktur auf, den bewaffneten Kampf gegen Israel fortzusetzen.

Abb. 27: Gipfeltreffen der Arabischen Liga im September, 1970. Nasser und König Faisal suchen in letzter Minute – vergeblich – zu vermitteln. Arafat zwischen den Mühlsteinen der Interessen arabischer Führer.

Mit dem Verlust der palästinensischen Gebiete Jordaniens an Israel und der Vertreibung der PLO aus dem Königreich zeichnete sich ab, dass die Karten im konfliktvollen Spiel um Palästina neu gemischt werden würden. Diese Entwicklung wurde durch das Ergebnis des vierten Nahostkrieges im Oktober 1973, der als militärisches Patt ausgegangen war, verstärkt. Nunmehr würden die Weichen eher in Richtung auf Verhandlungen gestellt sein. Wenn Kairo dabei für die Sinai-Halbinsel und Damaskus für die Golan Höhen zuständig sein würden – wer würde für Palästina sprechen? Auf einem arabischen Gipfel in Rabat im Oktober 1974 entschieden die Staatsoberhäupter, dass künftig die PLO als »einzig rechtmäßige Repräsentantin des palästinensischen Volkes« anerkannt würde. Mit Blick auf künftige Lösungen der palästinensischen Frage war der jordanische König damit an die Seitenlinie verbannt. Die internationalen Auswirkungen waren sofort sichtbar: Von Rabat reiste Arafat im November zur Vollversammlung der Uno nach New York. Die Resolution 3237 verlieh der PLO schließlich den Beobachterstatus bei der Weltorganisation.

In seiner Rede an die in New York versammelte Weltgemeinschaft hatte Arafat die Feststellung getroffen, er trage einen Ölzweig und die Waffe eines Freiheitskämpfers. Der Ölzweig sollte bald von einem anderen in die Hand genommen werden. Unter Vermittlung des amerikanischen Präsidenten Jimmy Carter kamen im September 1978 in Camp David direkte Verhandlungen zwischen dem ägyptischen Präsidenten Anwar as-Sadat und dem israelischen Ministerpräsident Menachem Begin zustande. Am 17. September unterzeichneten die Verhandlungspartner zwei »Rahmen«-Vereinbarungen: eine »für den Frieden im Nahen Osten« und eine andere »für den Abschluss eines Friedensvertrages zwischen Ägypten und Israel«. Erstere bezog sich wesentlich auf die palästinensische Frage: Vage war von einer palästinensischen Selbstverwaltung in der Westbank und dem Gazastreifen die Rede; Ost-Jerusalem war ausgeklammert. Die arabischen Führer liefen Sturm und übten Druck auf Ägypten aus, die Verhandlungen mit Israel insgesamt abzubrechen. Letztere »Vereinbarungen« liefen deshalb schließlich auf ein ägyptisch-israelisches Separatabkommen hinaus, das im März 1979 geschlossen wurde. Zum ersten Mal hatte der Mechanismus »Land für Frieden« gegriffen: Ägypten hatte den Staat Israel in den Grenzen vor dem Ausbruch des Krieges im Juni 1967 anerkannt; dafür hatte es die schrittweise Rückgabe der Sinai-Halbinsel und die am Ende vollständige Souveränität darüber erhalten. Gaza (das 1948 von ägyptischen Truppen erobert worden war) war wieder Teil Palästinas.

Der Preis war hoch. Die meisten arabischen Staaten brachen die diplomatischen Beziehungen zu Ägypten ab; auch wurde die Arabische Liga von Kairo nach Tunis verlegt. In dem Klima des Hasses auf den ägyptischen Präsidenten wurde as-Sadat am 6. Oktober 1981 von einem islamistischen Fanatiker ermordet. Zuvor bereits hatte Israel deutlich gemacht, dass der Weg von Camp David singulär bleiben würde: Am 30. Juli 1980 verabschiedete die Knesset das »Jerusalemgesetz«: Darin wurde das »vollständige und vereinigte Jerusalem« zur Hauptstadt Israels erklärt. Und im Dezember 1981 wurde die Annexion der Golanhöhen beschlossen. Die internationale Gemeinschaft hat diese Schritte – auch über einschlägige Resolutionen des Uno Sicherheitsrats – nicht anerkannt und für »null und nichtig« erklärt. Zugleich nahm die Siedlungstätigkeit in den Gebieten der Westbank, die bereits unmittelbar nach deren Eroberung eingeleitet worden war, an Fahrt auf.

Über nahezu ein Jahrzehnt sollte danach die Palästinafrage hinter der Aktualität anderer Krisen und Konflikte im Nahen Osten zurücktreten. Die Revolution in Iran 1978/79 fesselte die Aufmerksamkeit der internationalen Gemeinschaft, die ein

Überspringen des militant (schiitisch-)religiösen Funkens in die Nachbarschaft, vornehmlich die sowjetisch-zentralasiatische Länder und die Golfregion fürchtete. Die beiden im Herbst 1980 gleichzeitig ausbrechenden Kriege, die sowjetische Invasion in Afghanistan und der irakische Überfall auf Iran, forderten die Staatengemeinschaft in höherem Maße heraus als der Konflikt über Palästina, der alles in allem beherrschbar schien. Im Libanon hatte das Einrücken der PLO seit der Vertreibung aus Jordanien 1971 den Prozess der innenpolitischen Polarisierung, der bereits 1958 zu einer amerikanischen Invasion geführt hatte, beschleunigt und verschärft. In einem Umfeld gesellschaftspolitischer und religiöser Spannungen gebärdete sich die PLO mit Hauptquartier in Beirut zunehmend als Staat im Staate. Gemeinsam mit ihr verbundenen – vornehmlich linken – libanesischen Gruppen hatte sie den Süden des Landes praktisch zu einem Aufmarschgebiet eines permanenten Kampfes gegen Israel gemacht. Die Regierungen in Beirut waren zu schwach, das Gebiet wirksam zu kontrollieren. Die »bewährte« israelische Taktik, die Regierungen der Nachbarstaaten durch harte Gegenschläge zum Handeln zu veranlassen, stieß im Libanon ins Leere. Am Ausbruch des Bürgerkriegs im Libanon im April 1975 (er sollte bis 1990 dauern) hat die PLO unmittelbaren Anteil und erhebliche Mitschuld.

Bereits im März 1978 war es als Vergeltung für einen Terrorakt der PLO auf einen israelischen Bus zu einer massiven Invasion Israels im südlichen Libanon gekommen. Die Ermordung des israelischen Botschafters in London durch die Terrorgruppe *Abu Nidal* nahmen Ministerpräsident Menachem Begin und Verteidigungsminister Ariel Scharon zum Vorwand, die PLO und die syrischen Truppen, die zu Beginn des Bürgerkriegs in den Libanon eingedrungen waren, aus dem Land zu vertreiben. Sie hielten die Christen für die natürlichen Verbündeten des jüdischen Staates; zwischen Israel und der *Phalange*-Partei (*Kata'ib*), einer paramilitärischen Organisation der Maroniten, hatte sich eine enge – auch militärische – Zusammenarbeit entwickelt. Am 4. Juni 1982 begann die israelische Luftwaffe mit dem Bombardement des Süd-Libanon und West-Beiruts, wo die PLO ihr Hauptquartier hatte. Am 6. Juni überschritten israelische Truppen die libanesische Grenze. Zehn Wochen lang belagerten sie Beirut. Nach Angaben der Vereinten Nationen wurden dabei mehr als 17 000 Libanesen und Palästinenser getötet sowie 30 000 verwundet – zur überwältigenden Mehrheit Zivilisten. Nachdem auf amerikanischen Druck zwischen Israelis und Palästinensern ein Waffenstillstand ausgehandelt worden war, begann, gesichert insbesondere durch amerikanische und französische Truppen, am 22. August der Abzug der PLO aus Beirut. Er war Mitte September abgeschlossen.

Auch nach dem Abzug der PLO kam es im Libanon zu spektakulären Gewaltakten: So drangen am 16. September maronitische Milizen in die Flüchtlingslager von Sabra und Schatila ein und begannen ein Massaker. In dem 36-stündigen Morden, dem insbesondere Alte, Frauen und Kinder zum Opfer fielen, die nicht mit der PLO abgezogen waren, kamen zwischen 800 und 2 000 Menschen ums Leben. Die israelische Armee leistete buchstäblich Schützenhilfe (u. a. indem sie durch Leuchtmunition den Mördern die Orientierung in dem labyrinthischen Lager ermöglichte). Es folgten Gewaltakte gegen ausländische Truppen: Im November starben 75 israelische Soldaten; die US-Botschaft in Beirut war im April, amerikanische und französische Kasernen im Oktober und einmal mehr das israelische Hauptquartier im November 1983 Ziel von Attentaten, bei denen Hunderte von

Soldaten ums Leben kamen. Die westlichen Truppen wurden im Frühjahr 1985 aus dem Libanon evakuiert; bald darauf folgten ihnen die Israelis. Bemühungen vonseiten Israels und der USA, dem libanesischen Präsidenten Amin Gemayel ein Friedensabkommen nach dem Vorbild des ägyptisch-israelischen aufzudrängen, scheiterten 1983/84 am Widerstand der Libanesen und Syriens, das zu einem zentralen Akteur in dem Bürgerkriegsland geworden war.

Nach ihrem Abzug aus Beirut hatte die PLO in Tunis ein neues Domizil gefunden. Dort allerdings waren die einzelnen Gruppierungen innerhalb der Organisation mehr mit ihren Streitigkeiten untereinander als mit der Konfrontation mit Israel beschäftigt. Während Arafat einen *modus vivendi* mit Ägypten und Jordanien suchte und erkennen ließ, dass er um eine politische Lösung bemüht sei, bestanden die radikaleren linken Organisationen auf der Fortführung des bewaffneten Kampfes. Auch für die arabischen Staaten hatte der Kampf um und für Palästina keine Priorität mehr. Wie wenig dies der Fall war, ließ die Abschlussresolution der Gipfelkonferenz der Arabischen Liga vom November 1987 erkennen: Sie räumte dem Krieg zwischen dem Irak und Iran einen höheren Stellenwert in der Politik der arabischen Regierungen ein als dem Konflikt mit Israel.

Vor diesem Hintergrund ist der Aufstand zu verstehen, der als *Intifada* (eigentlich: »Abschütteln«) in den Sprachgebrauch der Politik um Palästina eingegangen ist. Zwanzig Jahre der Besatzung hatten die Lebensbedingungen der Palästinenser in den besetzten Gebieten schwer erträglich gemacht. Die Okkupation war ein Dauerzustand geworden; sie war zu einem System geworden. Die Besiedlung der Westbank, Ost-Jerusalems und des Gazastreifens hatte eine nicht mehr zu bremsende Dynamik angenommen. Weniger als 20 % des Wasserpotentials der Westbank durfte (und darf auch heute) von Palästinensern verbraucht werden, über 80 % gingen nach Israel oder wurden von israelischen Siedlern genutzt. Um eine palästinensische Konkurrenz auszuschalten, wurde eine autonome Wirtschaftsentwicklung blockiert. Die Landwirtschaft stagnierte. Der Beitrag der Industrie zum Bruttosozialprodukt war im Vergleich zu 1967 sogar zurückgegangen. Die besetzten Gebiete waren zu einem Reservoir billiger Arbeitskräfte für Israel und zu einem Absatzmarkt israelischer Waren reduziert worden.

Auch das tägliche Leben war durch die Besatzung bestimmt. Die Armee übte die absolute Herrschaft aus. Der Militärgouverneur kontrollierte gleichermaßen Legislative, Exekutive und Judikative. Auch nach der Einführung der Zivilverwaltung im Oktober 1981 blieb der jeweilige Militärkommandeur dieser übergeordnet und bestimmte deren Machtbefugnisse. Grundlegende Bürger- und Menschenrechte waren nicht geschützt; ihre Verletzung war Alltag. Schikanen aller Art, ungesetzliche Bestrafungen, Ausgangssperren, willkürliche Verhaftungen und Hausdurchsuchungen, Stadt- und Hausarrest, Misshandlungen und sogar immer wiederkehrende Fälle von Folter, Versiegeln oder Sprengungen von Häusern, Einschränkungen der Gedanken- und Redefreiheit sowie des Rechts auf Erziehung und Bildung waren gängige Praxis. Hinzu kamen Konflikte mit Siedlern, denen das Tragen von Waffen erlaubt war. Politische Versammlungen waren untersagt, die Zensur allgegenwärtig. Im Juli 1987 wurde innerhalb des israelischen Establishments erstmals die Möglichkeit eines »Transfers«, d. h. einer Massendeportation von Palästinensern aus den besetzten Gebieten und sogar aus Israel selbst, offen in Betracht gezogen. Bis dahin war dies nur bei schmalen politischen Kräften am äußersten rechten Rand der Gesellschaft der Fall gewesen.

Nach dem Tod von zwei aus dem Gazastreifen stammenden Studenten, die bei einer Demonstration in der Universität Birzeit im Dezember 1986 erschossen worden waren, brachen dort Unruhen aus, die sich sofort über die gesamten besetzten Gebiete ausbreiteten; sie sollten über das ganze Jahr 1987 anhalten. In dieser aufgeheizten Atmosphäre wurde ein Autounfall am 8. Dezember, bei dem vier palästinensische Arbeiter getötet wurden, zum Fanal für den offenen und umfassenden Aufstand. Die Bilder von Steine werfenden jungen Männern, die auf der ganzen Welt durch die Medien gingen und die Wahrnehmung der *Intifada* weitesthin prägten, sind nur das äußere und dramatische Bild des Aufbegehrens, das von zahlreichen Kräften der Zivilgesellschaft getragen wurde, die sich unter der Decke der Besatzung formiert hatten. Besonders aktiv war schon in den achtziger Jahren die *Schabiba* gewesen, die Jugendorganisation der *Fatah*. Daneben traten jetzt Gewerkschaften, Berufsverbände, medizinische Hilfskomitees, Frauenkomitees, Studentenvereinigungen etc. ins Bild, die zu Massenaktionen wie Demonstrationen und Streiks aufriefen. Der Aufstand stützte sich auf alle Schichten der Gesellschaft. Eine Kampagne zivilen Ungehorsams, die der israelischen Besatzung eigene soziale, politische und wirtschaftliche Strukturen entgegensetzte, sollte Druck erzeugen, die Gründung eines unabhängigen palästinensischen Staates vorzubereiten. Als die israelische Armee Schulen und Universitäten schloss, entstand als Antwort darauf innerhalb weniger Wochen ein alternatives Erziehungssystem. Überall im Lande bildeten sich *Intifada*-Komitees, die den Staatsaufbau aus der Rebellion heraus organisieren sollten.

Israel reagierte mit harten Maßnahmen. Dazu gehörten die Ablösung der im Aufstand aktiven Bürgermeister der größten palästinensischen Städte durch israelische Offiziere, die Verhaftung und Deportation palästinensischer Führungspersönlichkeiten und Aktivisten, Ausgangssperren, Sprengungen von Häusern, vereinzelt auch Schusswaffengebrauch gegen Demonstranten. Um den zivilen Ungehorsam zu brechen, verbot Israel die Komitees der *Intifada* und stellte jede Mitarbeit in ihnen unter Strafe. Die Maßnahmen zeigten Wirkung. Als der Widerstand – bis 1993 – erlosch, wies die Bilanz der Opfer – nach Statistiken der israelischen Menschenrechtsorganisation *B'Tselem* – auf palästinensischer 124 und auf israelischer Seite 90 Tote auf.

Die Botschaft aber des Aufstands, welche zukunftweisend wurde, war die Bestätigung der Persönlichkeit und des politischen Konzepts Yasir Arafats: Er war der Führer der palästinensischen Nation geworden, seine Gefolgschaft umfasste breiteste Schichten der Bevölkerung. Sein beharrlich verfolgtes Ziel eines palästinensischen Staates in den 1967 besetzten Gebieten war – beinahe – Konsens geworden. Die Einschränkung bezieht sich auf die Entstehung einer islamistischen Bewegung seit 1988. Zunächst eine Randerscheinung, sollte sie in dem Maße an Stärke gewinnen, in dem sich das politische Projekt Yasir Arafats in den Fallstricken der israelischen Interessen und der Schwäche der Unterstützung vonseiten der internationalen Gemeinschaft verfangen sollte. *Hamas* (»Eifer«, zugleich Akronym aus *Harakat al-muqawama al-islamiyya*: »Bewegung des islamischen Widerstandes«) war ein Ableger der ägyptischen *Muslimbruderschaft* (► S. 446). In der Hoffnung, sie gegen die PLO instrumentalisieren zu können, haben die israelischen Behörden zu Beginn des palästinensischen Aufstandes ihr einen gewissen Freiraum für Propaganda und politische Aktivitäten eingeräumt. Nach ihrer Gründungscharta vom August 1988 ist die Gesamtheit Palästinas »islamisches Heimatland«, das niemals einer nicht-islamischen Macht überlassen werden kann. Während die PLO unter der Führung Arafats an den Punkt gekommen war, das Existenzrecht Israels einzuräumen und von da aus eine Politik des Kompromisses zu verfolgen, war in der islamischen Charta der *Hamas* die Leugnung desselben impliziert.

Für den Augenblick standen die Vorzeichen für Yasir Arafat günstig, seinen Weg weiter zu verfolgen. Als ersten Schritt zog König Husain von Jordanien die Konsequenz aus den neueren Entwicklungen: Am 31. Juli 1988 verkündete er in einer Fernsehansprache die Aufgabe des jordanischen Anspruchs auf die Souveränität über die besetzten Gebiete. Am 4. August übernahm der Zentralrat der PLO die politische Verantwortung für die Westbank und Ost-Jerusalem – 22% des ehemaligen Mandatsgebiets Palästina. Am 15. November erfolgte die Proklamation eines palästinensischen Staates durch den in Algier tagenden *Palästinensischen Nationalrat.* Am 13. Dezember schließlich gab Arafat in einer Rede vor der Uno-Vollversammlung in Genf eine Erklärung ab, in der er versicherte, er nehme die Uno-Resolution 242 an; auch distanziere er sich von allen Formen des Terrors. Damit hatte faktisch auch die *Palästinensische Nationalcharta* ihre Gültigkeit verloren. Sie hatte den Teilungsplan der Uno für illegal erklärt und die »Befreiung« des gesamten ehemals britischen Mandatsgebiets Palästina durch den bewaffneten Kampf sowie die Errichtung eines säkularen palästinensischen Staates auf diesem Boden gefordert. Die jüdische Bevölkerung, die seit dem Beginn des Mandats eingewandert war, sollte vertrieben werden. Auch 1988 aber blieb die Charta noch auf dem Tisch; sie sollte erst im Laufe des Friedensprozesses nach den Wahlen zum *Palästinensischen Nationalrat* 1996 geändert werden. Die Passagen, die zur Vernichtung des Staates Israel aufriefen, wurden gestrichen.

Gleichwohl schienen die Voraussetzungen für die Aufnahme von Verhandlungen zwischen den Konfliktparteien günstig. Dies umso mehr, als sich auf internationaler Ebene mit der von Michail Gorbatschow eingeleiteten Politik der *Perestroika* (»Umgestaltung«) die Rahmenbedingungen für die regionalen Konfliktparteien geändert hatten. Jahrzehntelang war die Parteinahme für die palästinensische Sache Teil der antiimperialistischen Agenda der Sowjetunion und ihrer Satelliten gewesen. Insbesondere in den 1970er und 1980er Jahren war die PLO – als Teil des »linken« arabischen Lagers – propagandistisch, politisch, finanziell und militärisch unterstützt worden.

Noch immer freilich galt es, zahlreiche politische Hindernisse aus dem Weg zu räumen. Erst im Oktober 1991 konnten unter amerikanischer Ägide in Madrid die Verhandlungen aufgenommen werden. Am Tisch saßen neben den USA und dem – noch – Ko-Vorsitzenden Sowjetunion Israel, Syrien, der Libanon und eine gemeinsame palästinensisch-jordanische Delegation. Die palästinensische Seite war nicht durch die PLO, sondern durch Abgeordnete aus der Westbank und aus Gaza vertreten. Neben Palästina ging es auch um die von Syrien geforderte Rückgabe der Golan Höhen. Nach zehn ergebnislosen Runden wurden die Verhandlungen in dem Format von Madrid am 1. Juli 1993 abgebrochen.

In Israel war im Juni 1992 – unter dem Druck aus Washington – die vom *Likud* angeführte Regierung abgewählt worden; sie hatte sich als kompromissunwillig erwiesen. Neuer Regierungschef war seither Yitzchak Rabin (1922–1995), der an der Spitze der Liste der linken *Avoda* gestanden hatte. Unabhängig von der offiziellen Politik hatten Israelis und Palästinenser – Akademiker, Wirtschaftsfachleute und Juristen –, vermittelt durch norwegische Wissenschaftler und Diplomaten, zu Beginn 1993 in Oslo Gespräche zu führen begonnen. Erst ab Mai schalteten sich die offiziellen Vertreter auf beiden Seiten ein. Am 23. August lag eine gemeinsame »Prinzipienerklärung« vor: Nachdem Yasir Arafat in einem Brief an den israelischen Ministerpräsidenten die Artikel der palästinensischen Charta widerrufen hatte, die »Israels Existenzrecht bestreiten [...] sowie die im Widerspruch zu den mit diesem Abkommen eingegangenen Verpflichtungen stehen«, konnten am 13. September 1993 die historischen Bilder um die Welt gehen: In Gegenwart von Präsident Bill Clinton reichten sich Yasir Arafat und Yitzchak Rabin auf dem Rasen vor dem Weißen Haus die Hände. Israel erkannte die PLO als Vertretung des palästinensischen Volkes an; im Gegenzug sprach Arafat im Namen der PLO und des palästinensischen Volkes die Anerkennung des Staates Israel aus. Den zweiten Teil des Vertrages bildete die Prinzipienerklärung; darin verständigten sich Israel und die PLO auf einen in seinem Ablauf festgelegten Verhandlungsplan. Am Beginn des Friedensprozesses würde der Rückzug Israels aus Gaza und Jericho innerhalb von zwei Monaten stehen. Nach zwei Jahren würden Verhandlungen über die Ausgestaltung einer endgültigen Lösung aufgenommen werden. Vier Fragen sollten dann im Mittelpunkt stehen: die Flüchtlinge von 1948, die Grenzen der palästinensischen Entität (von einem Staat war nicht die Rede), die jüdischen Siedlungen im Westjordanland und im Gazastreifen sowie der Status von Jerusalem.

Das Abkommen fand international gemischte Aufnahme. Während die einen darin einen historischen Durchbruch und den Friedensschluss im Nahostkonflikt in greifbarer Nähe sahen, verwiesen Skeptiker auf die Unbestimmtheit der Abmachungen und die Ungleichheit der Partner in den anstehenden Verhandlungen. Letztere sollten Recht behalten: Über nahezu ein Vierteljahrhundert nach der Geste vor dem Weißen Haus haben sich die Rahmenbedingungen für und die Perspektiven auf eine Lösung kontinuierlich verschlechtert. Zwar regelte ein weiterer Vertrag vom 28. September 1995 (Oslo II) den Abzug der israelischen Armee aus den Städten des Westjordanlandes mit Ausnahme von Hebron. Er teilte das Westjordanland in die Zonen A, B und C. Nur die palästinensischen Städte, aus denen sich die israelische Armee zurückgezogen hatte, erhielten den Status von A-Gebieten, in denen die *Palästinensische Autorität* uneingeschränkt interne Machtbefugnisse ausüben sollte. Zu einem dauerhaften Frieden haben diese Ansätze nicht geführt. Die Gegner auf beiden Seiten machten mobil. Im Oktober 1994 erhielten Arafat und Rabin den Friedensnobelpreis; zum gleichen Zeitpunkt schlossen Jordanien und Israel einen Friedensvertrag. Den ersten traurigen Höhepunkt der Kette von – auch blutigen – Blockaden bildete die Ermordung von Yitzchak Rabin am 4. November 1995. Die internationale Gemeinschaft weigerte sich, der Wirklichkeit ins Auge zu sehen. Aufwendige internationale Wirtschaftskonferenzen sollten den Nahen Osten auf einen künftigen Boom vorbereiten. In der Erwartung einer Konfliktlösung verpflichteten sich die USA und die Europäische Union (EU) zu einer erheblichen finanziellen Unterstützung der palästinensischen Autonomiebehörde, die in Ramallah ihren Sitz nahm. Der Versuch Bill Clintons im Juli 2000, wie einst Jimmy Carter in der Klausur von Camp David einen Durchbruch zu erzielen, scheiterte. Israelis und Palästinenser schoben sich gegenseitig die Schuld zu.

Damit hatte wiederum die Stunde der Extremisten auf beiden Seiten geschlagen. Die Siedlungsaktivitäten wurden in hohem Tempo fortgesetzt, gefördert von Ariel Scharon, der im Februar 2001 mit großer Mehrheit zum Ministerpräsidenten gewählt wurde. Auf palästinensischer Seite brach sich eine zweite *Intifada* Bahn – diesmal freilich mit einem höheren Gewaltpotential, das bis zur Konfrontation bewaffneter Palästinenser mit der israelischen Armee eskalierte. Israel regierte mit Härte: Im Dezember 2001 wurde Arafat in Ramallah unter Hausarrest gestellt. Er starb 11. November 2004 in Paris, wohin ihn die israelische Regierung zur Behandlung hatte ausreisen lassen. Hartnäckig hielt sich das Gerücht, er sei vergiftet worden.

Abb. 28: Mit der Sperranlage gerät die Palästinafrage aus dem politischen Blickfeld Israels und der internationalen Gemeinschaft.

Bereits 1994 hatte Israel mit dem Bau einer Sperranlage begonnen, die den Gazastreifen vollständig gegenüber israelischem Territorium abriegelte. Angesichts der gewalttätigen Angriffe von Palästinensern gegen israelische Bürger beschloss die israelische Regierung 2002 die Errichtung einer Sperranlage auch zwischen Israel und der Westbank sowie in Jerusalem. Das in den folgenden Jahren fertiggestellte Projekt sollte zum Symbol für den Stand des »Friedensprozesses« werden, der 1993 mit so hohen Emotionen und weitreichenden Hoffnungen begonnen worden hatte. Über 700 km trennen wechselweise eine hohe Mauer aus Stahlbeton und eine mit Stacheldraht bewehrte Sicherheitsanlage die Gebiete der Palästinenser von Israel. Zu 80 % verläuft die Anlage auf palästinensischem Gebiet, namentlich auch auf dem Boden Groß-Jerusalems. Nicht nur wurde dadurch das soziale und wirtschaftliche Leben der Palästinenser auf der Westbank und in Ost-Jerusalem nachhaltig beeinträchtigt. Vielmehr wurde ohne Verhandlungen ein Teil palästinensischen Gebietes in das Staatsgebiet Israels vereinnahmt. Zugleich machte die Sperranlage die arabischen Palästinenser gleichsam unsichtbar. Der Konflikt geriet mithin buchstäblich aus dem Blickfeld einer Mehrheit der Israelis; seine Lösung sollte künftig an Dringlichkeit verlieren. Die internationale Gemeinschaft, die sich in den neunziger Jahren der Illusion hingegeben hatte, die Konfliktparteien seien auf dem Weg des Friedens, verharrte angesichts dieser Wende der Entwicklungen an der Seitenlinie. An der Spitze ihrer politischen Agenda stand seit dem 11. September 2001 der Kampf gegen den Terrorismus. Mit Bezug auf Palästina folgte der amerikanische Präsident George W. Bush (reg. 2001–2009) dem Diktum Ariel Scharons: Was dem einen sein Bin Laden, sei dem anderen sein Arafat. Eine *roadmap* des »Nahost-Quartetts« (bestehend aus Uno, EU, USA und Russland) brachte keinerlei Fortschritte.

Die Halbherzigkeit der internationalen Gemeinschaft, ja Parteinahme für israelische Standpunkte und Wahrnehmungen im Konflikt sollte sich einmal mehr im Januar 2006 erweisen. Am 15. Januar 2005 war Mahmud Abbas (geb. 1935), wie Arafat ein PLO-Funktionär der ersten Stunde, zu dessen Nachfolger als Präsident der *Palästinensischen Autonomiebehörde* gewählt worden. Gegen den Widerstand radikaler Gruppen suchte er dem Friedensprozess neue Impulse zu geben. Um der palästinensischen Führung größere Legitimität zu verleihen, fanden im Januar 2006 Neuwahlen zum *Palästinensischen Nationalrat* statt. Aus ihnen ging – überraschend – die *Hamas* mit 74 von 132 Sitzen (*Fatah:* 45) als Siegerin hervor. Für die israelische Seite und weiteste Teile der westlichen Regierungen war dieses Ergebnis unannehmbar, galt doch *Hamas* als terroristische Organisation, die das Existenzrecht Israels nicht anerkenne. Zwar ließen tatsächlich einzelne Paragraphen der Charta der Organisation aus dem Jahr 1988 diese Einschätzung als nicht völlig verfehlt erscheinen, doch mahnten Experten, das Wahlergebnis zu respektieren und den Versuch zu machen, *Hamas* politisch einzubinden. So sah es auch Mahmud Abbas, der Verhandlungen zur Bildung einer Regierung der nationalen Einheit aufnahm. Nach monatelangen Gesprächen scheiterte er am Widerstand der USA, der EU und Israels, die die Autonomiebehörde wirtschaftlich und finanziell boykottierten. Diese Einmischung der internationalen Gemeinschaft war nicht hilfreich, die ohnehin tiefgreifenden Differenzen zwischen den palästinensischen Organisationen zu überbrücken. Nach dem Scheitern eines potentiell demokratischen Neubeginns übernahm die *Hamas* im Juni 2007 die Macht im Gazastreifen. Dieser war im August 2005 von Israel – einseitig und ohne Beteiligung der palästinensischen Autonomiebehörde – geräumt worden. Ein Makel grundsätzlicher Natur aber sollte an der internationalen Gemeinschaft hängen bleiben: Wie ernst war es ihr mit einer demokratischen Ordnung, wenn sie das Ergebnis von Wahlen für den Fall nicht anerkannte, dass es ihrer Einschätzung der politischen Akteure und ihren Interessen nicht entsprach? Eine Frage, die sich bereits für die demokratischen Prozesse in den von England und Frankreich dominierten Staaten der Mandatszeit gestellt hatte. Sie hat die Glaubwürdigkeit westlicher Politik in der gesamten Region bis in die Gegenwart belastet.

Die Westbank und der Gazastreifen gingen fortan getrennte Wege. Während sich die Lage in der von der *Fatah* regierten Westbank hinter der Sperranlage wirtschaftlich und politisch – wenn auch anhaltend fragil – stabilisierte, blieben die Zustände im Gazastreifen in jeder Weise prekär. Mehrere Kriege führten zu massiven Zerstörungen durch die israelische Armee. Bereits im Juli 2006 hatten Extremisten einen Militärschlag provoziert, als sie einen israelischen Soldaten entführten und in

Gaza in einem Versteck gefangen hielten. Die libanesische *Hizbollah* intervenierte aufseiten der Palästinenser; daraus entwickelt sich ein regelrechter Krieg, in dem diese über dreißig Tage hartnäckig militärischen Widerstand gegen die israelische Armee leistete. Von der Regierung in Gaza geduldet oder gar gefördert, rüsteten extremistische Gruppen weiter auf. Im Dezember 2008/Januar 2009 kam es zu einer neuerlichen militärischen Konfrontation. Während auf palästinensischer Seite Raketen kleinen Kalibers abgefeuert wurden, kam es auf israelischer Seite zum vollen Einsatz des militärischen Potentials. Etwa 1 300 Palästinenser wurden getötet. Nach einem kurzen Krieg im November 2012 brachen Anfang 2014 wieder Spannungen auf, die ab Juli in einen neuen Krieg eskalierten, der erst Ende August mit einem Waffenstillstand beendet wurde. Auf palästinensischer Seite kamen etwa 2 000 Menschen ums Leben, darunter 700 Zivilisten. Auf israelischer Seite lag die Zahl der Toten bei etwa 70.

Den Kriegen ging die alltägliche Not der Bevölkerung einher. Israel kontrollierte die Landgrenzen zu Gaza (seit 2007 mit Ausnahme der Grenze zwischen dem Gazastreifen und Ägypten), die maritimen Grenzen, die Küstengewässer, den Luftraum und die elektromagnetische Sphäre (und damit u. a. das Mobilfunknetz). Hinzu kam die von Israel praktizierte Abriegelung des Gazastreifens, die im Sinne einer völkerrechtswidrigen Kollektivstrafe die Bewegungsfreiheit von rund 1,9 Mio. Menschen massiv einschränkte. Auch nach Ägypten hin blieb die Grenze seit der Machtübernahme von General Abd al-Fattah as-Sisi 2013 fast durchgängig geschlossen. Umfangreiche Einfuhrbeschränkungen verhinderten eine umfassende Beseitigung der Kriegsschäden. Die Zahl der Binnenflüchtlinge, deren Häuser 2014 zerstört oder stark beschädigt wurden, ging in die Zehntausende. Nach Berichten der Vereinten Nationen schritten »*de-development*« und Umweltdegradierung immer schneller voran. Die humanitäre Lage spitzte sich weiter zu: 2020 lag die Arbeitslosigkeit bei 40 %, bei den 20–24-Jährigen sogar bei 60 %. Der Mangel an Elektrizität hat gravierende Rückwirkungen auf die Trinkwasser- und Gesundheitsversorgung. Vor diesem deprimierenden Hintergrund haben die Vereinten Nationen wiederholt öffentlich prognostiziert, dass der Gazastreifen schon in wenigen Jahren unbewohnbar sein werde.

Verzweiflung und Hoffnungslosigkeit verdichteten sich im März 2018 zu einer zivilgesellschaftlich organisierten Protestbewegung: Unter dem Motto: »Der große Marsch der Rückkehr«, versammelten sich an jedem Freitag Tausende Bewohner des Gazastreifens am Grenzzaun, um gegen die Abschließung zu protestieren. Gleich beim ersten Mal erschossen israelische Soldaten, die jenseits des Zaunes postiert waren, 17 Protestierende. Im Laufe der folgenden Monate erhöhte sich die Zahl auf über 200. Die Botschaft auf palästinensischer Seite war klar: Lieber im Protest das Leben riskieren als weiter unter den armseligen, perspektivlosen und entwürdigenden Bedingungen zu vegetieren. Die internationale Gemeinschaft nahm weder von den Protesten noch von der israelischen Reaktion darauf Notiz.

Trotz der Fortsetzung der Siedlungsaktivitäten und der damit verbundenen Gewalt gegen die palästinensische Bevölkerung sowie der Blockade einer politischen Lösung hielt die internationale Gemeinschaft an der formelhaften Wiederholung des Prinzips der Zwei-Staaten-Lösung fest. Die Chancen dafür aber verschlechterten sich kontinuierlich. Dass die Palästina-Frage siebzig Jahre nach Gründung des Staates

Israel auf palästinensischem Boden nur noch eine Fußnote der internationalen Politik war, sollte schließlich der amerikanische Präsident Donald Trump dokumentieren, der Anfang 2017 in das Weiße Haus eingezogen war. Von Beginn seiner Amtszeit an verhieß er einen *deal* in der Palästina-Frage. Den Beginn seiner Kette diesbezüglicher Entscheidungen machte er im Dezember 2017, indem er ganz Jerusalem als Hauptstadt Israels anerkannte und die Verlegung der amerikanischen Botschaft dorthin vollzog. Im Januar 2020 folgte der Kern des *deals*: Er bestand in einem einseitig verkündeten definitiven »Friedensplan«: Danach sollten weitere Gebiete der Westbank, namentlich die Siedlungen dort, von Israel annektiert werden; nur ein kleiner Teil davon würde noch für die Errichtung eines palästinensischen »Staates« – dem aber zahlreiche Einschränkungen seiner Souveränität auferlegt sein würden – verbleiben. Ein umfangreiches Paket wirtschaftlicher Hilfe sollte dessen Lebensfähigkeit sicherstellen. In dem Programm der im Mai 2020 gebildeten Regierung unter Ministerpräsident Netanyahu wurden die anstehenden Annexionen bereits festgeschrieben.

Dieser – international kritisierte – »Friedensplan« brachte auf arabischer Seite seit langem bestehende Prinzipien und Festlegungen in der Palästina-Frage ins Wanken. 2002 hatte die Arabische Liga einen Plan des damaligen saudischen Kronprinzen Abdallah abgesegnet, in dem dieser die arabische Anerkennung Israels für den Zeitpunkt in Aussicht stellte, da der jüdische Staat mit der palästinensischen Seite zu einem beiderseitig akzeptierten Vertragsabschluss kommen werde. Davon war nicht mehr die Rede, als am 15. September 2020 die Außenminister der Vereinigten Arabischen Emirate und Bahrains in Gegenwart Donald Trumps und des israelischen Ministerpräsidenten Benjamin Netanyahu auf dem Rasen vor dem Weißen Haus den Abschluss eines Friedensvertrages verkündeten. In ihm waren umfangreiche Regelungen politischer, wirtschaftlicher und militärischer Beziehungen getroffen. Palästina kam darin nicht mehr vor; die israelische Seite hatte im Vorfeld nur eine Konzession gemacht: Die im »Friedensplan« des amerikanischen Präsidenten vorgesehene Annektierung weiterer palästinensischer Gebiete aufzuschieben.

In ihrem *deal* reflektierten die Beteiligten die Großwetterlage im Nahen Osten und der internationalen Politik: Neue Freund-Feind-Konstellationen waren entstanden, in denen die Frontstellung insbesondere gegen Iran den gemeinsamen Nenner bildete. Zugleich trat die arabische Solidarität hinter dem Anliegen zurück, in der Zusammenarbeit mit Israel zu globalen wirtschaftlichen Spielern aufzusteigen. Dabei ließen sich die Herren auf dem Rasen vor dem Weißen Haus von Illusionen und vagen Erwartungen tragen: der amerikanische Präsident von einer weltpolitischen Rolle der USA, der israelische Ministerpräsident von seiner Rettung vor der Welle sozialer Proteste und einer Anklage wegen Korruption und die beiden arabischen Außenminister von dem Kalkül, dass der amerikanische Schirm den besten Schutz ihrer Staaten und Gesellschaften gegen Bedrohungen im Inneren und von außen darstellen würde.

In dieser Situation tat die palästinensische Führung freilich wenig, sich in der internationalen Gemeinschaft Gehör, Glaubwürdigkeit und politisches Gewicht zu verschaffen. Nach 15 Jahren präsidialer Herrschaft waren für den Mai 2021 wieder Wahlen zum palästinensischen Parlament geplant. Die Vorbereitungen liefen sowohl in Gaza als auch auf der Westbank auf Hochtouren. Für viele Palästinenser wäre es die erste Wahl in ihrem Leben und eine Chance gewesen, einer verknöcherten Führung eine demokratische Willensbildung entgegenzusetzen. Mit fadenscheinigen Begründungen wurden die Wahlen in der letzten Minute von Präsident Mahmud Abbas abgesagt. In einer Situation der Frustration und Perspektivlosigkeit auf palästinensischer Seite und wachsender Spannungen zwischen jüdischen Israelis und Arabern kam es zu neuerlichen Gewaltausbrüchen. Palästinenser aus dem Gazastreifen beschossen Israel mit Raketen; die israelische Armee reagierte mit großer Härte. Dass sich die Feindseligkeiten auch auf Juden und Araber in Israel selbst ausweiteten, ist oben erwähnt worden.

9.7 Konfliktregion südlicher Kaukasus

Der Zerfall der Sowjetunion im Jahr 1991 hat neue geopolitische Konstellationen entstehen lassen: Auf dem Boden Europas erklärten die drei baltischen Staaten Litauen, Lettland und Estland sowie die Ukraine, Weißrussland (Belarus) und Moldova, in Zentralasien Kasachstan, Usbekistan, Turkmenistan, Kirgistan und Tadschikistan sowie im Vorderen Orient Armenien, Aserbaidschan und Georgien ihre Unabhängigkeit. Die hinter diesen Prozessen stehenden geschichtlichen, kulturellen und politischen Triebkräfte waren von Land zu Land sehr unterschiedlich.

Wie nach dem Ende des Zarenreichs rechtfertigen es auch nach dem Ende des Sowjetreichs die Entwicklungen im Südkaukasus, die Region als eine geopolitische Größe eigener Art zu betrachten. Sie definiert sich durch die Interaktion zwischen den drei Staaten; zugleich ist der Raum eng mit den Geschicken seiner Nachbarschaft verbunden: der Russischen Föderation, des Nahen Ostens, namentlich der Türkei und Irans, sowie der EU. Mit dieser Wahrnehmung verändert sich freilich die Perspektive im Rahmen unseres Buches: War diese im Kontext der Geschichte des Entstehens der südkaukasischen Staatenwelt am Ende des Ersten Weltkriegs durch die Frage nach der Rolle der aserbaidschanischen Muslime im Kontext der Modernisierung Russlands, des Osmanischen Reichs und Irans geprägt, so geht es seit 1991 wesentlich um die dauerhafte Festigung der wiedererstandenen Staaten Georgien, Armenien und Aserbaidschan und deren Stellung im regionalen und internationalen System.

Ihr Einstieg in die neuerliche Unabhängigkeit verlief nicht weniger turbulent als ihre kurze Existenz sieben Jahrzehnte zuvor. Die Geschichte der Jahre nach dem Zerfall der Sowjetunion war gekennzeichnet durch innere Konflikte, lokale Kriege und Spannungen mit den Staaten der unmittelbaren Nachbarschaft. Tatsächlich überlagerten sich verschiedene Konfliktebenen und -typen: Das Ringen um größere Souveränität bzw. Unabhängigkeit der Republiken gegenüber der Moskauer Zentralgewalt ging einher mit örtlichen Konflikten zwischen Republikgewalten und nationalen Gebietskörperschaften (Autonomen Republiken oder Gebieten). Auseinandersetzungen zwischen verschiedenen Ethnien begleiteten politische Kämpfe innerhalb der nationalen Eliten.

Abb. 29: Nord- und Südkaukasus.

Im Klima der inneren Liberalisierung der Sowjetunion, die als *Perestroika* ab 1986 von Michail Gorbatschow (geb. 1931) in die Wege geleitet wurde, begannen nationalistische Kräfte, die künftige Stellung ihrer Republiken innerhalb des sowjetischen Staatsverbandes neu zu definieren. Zunächst forderten sie ein höheres Maß an Autonomie. In Armenien verbanden sich die Forderungen von Anfang an mit dem politischen Status der mehrheitlich von Armeniern bewohnten Enklave »Berg-Karabach« (Nagorny Karabach). Vom Februar 1988 an demonstrierten Armenier in Stepanakert, der Hauptstadt des zur Republik Aserbaidschan gehörenden »Autonomen Gebietes« für den Anschluss an Armenien; auch dort kam es zu Demonstrationen. Ihre Forderung wurde in Moskau abgelehnt. Der Konflikt eskalierte; es kam zu Vertreibungen von Aserbaidschanern aus Armenien und Karabach. Dies wiederum war Wind in die Segel der nationalistischen Kräfte in Aserbaidschan. Auch dort entlud sich der Volkszorn in Vertreibungen – nunmehr von Armeniern. Noch vor der Erlangung ihrer Unabhängigkeit befanden sich die beiden Sowjetrepubliken am Rande eines militärischen Konflikts.

Auch in Georgien wirkten Nationalitätenfragen als Katalysator, schließlich den Weg der Unabhängigkeit zu beschreiten. Dort hatten sich bereits vor der *Perestroika* Gorbatschows kleine Gruppen von Dissidenten gebildet, welche die Auseinandersetzung um die georgische Sprache und das kulturelle Erbe des Landes in den Mittelpunkt der Bürger- und Menschenrechtsdiskussion stellten. In der Reformperiode Gorbatschows entwickelte sich daraus eine Bewegung für die staatliche Unabhängigkeit. Sie war von Anfang an insofern mit der Nationalitätenfrage verbunden, als die zu Georgien gehörende Autonome Republik Abchasien ihre Loslösung aus der Georgischen Sozialistischen Sowjetrepublik forderte. Die Führung in Moskau verlor zunehmend die Kontrolle über die Konflikte im südlichen Kaukasus. Blutige Interventionen sowjetischer Truppen in Tiflis am 12. April 1989 und in Baku am 19./ 20. Januar 1990 radikalisierten die nationalistischen Kräfte. Bereits am 9. April 1990 erklärte Georgien seine Unabhängigkeit; Armenien und Aserbaidschan folgten am 21. September und 18. Oktober 1991. In der Terminierung ihrer Nationalfeiertage nahmen Georgien (26. Mai) und Aserbaidschan (28. Mai) auf die erste Gründung ihrer Republiken 1918 Bezug.

Der Beginn der neuerlichen Unabhängigkeit der südkaukasischen Staaten stand unter dem bösen Stern der Konflikte, die sich am Horizont abgezeichnet hatten. In einem Klima nationaler Euphorie wurde in Georgien am 9. April 1991 der Schriftsteller und langjährige Dissident Swiad Gamsachurdia (1939–1993) zum Präsidenten gewählt. Aber bereits nach wenigen Monaten im Amt war die Bevölkerung in ihrer Haltung zu ihm so tief gespalten, dass es zum Bürgerkrieg und zu seiner Vertreibung kam; er wurde im Januar 1992 durch einen Militärputsch gestürzt. Abchasen – und mit ihnen die Osseten, Bewohner des autonomen Gebiets Südossetien – erklärten ihre sowjetischen Gebietsautonomien zu »souveränen« Republiken – mit Russland als Garantiemacht. Ein Konglomerat aus ehemaliger Nomenklatura, Warlords und liberal gesinnter Intelligenzija regierte Georgien in den folgenden Jahren. Im Mai 1994 vermittelte Russland (dessen in Abchasien stationierten Truppen die Aufständischen unterstützt hatten) einen Waffenstillstand und erkannte nach Kriegsende die Unabhängigkeit Abchasiens an. Etwa 8 000 Menschen starben im Krieg; 250 000, überwiegend Georgier, flohen aus Abchasien. Mit Südossetien war am 24. Juni 1992 ein Waffenstillstandsabkommen geschlossen worden. Zuvor hatte die »Republik Südossetien« ihre Unabhängigkeit erklärt. Auch in diesem Fall kam es zu Flüchtlingsströmen: Etwa 25 000 Georgier flohen aus Südossetien ins Kernland Georgien sowie 40 000 bis 100 000 Osseten aus Südossetien und Georgien mehrheitlich ins russische Nordossetien. Erst 1995 fand Georgien zu relativer innerer Ruhe und Konsolidierung. Zu diesem Zeitpunkt wurde Eduard Schewardnadse, der ehemalige Außenminister der Sowjetunion (im Amt 1985–1990) zum Präsidenten gewählt; zugleich setzte sich in den Parlamentswahlen die von ihm geführte *Bürgerunion* durch und bildete die Grundlage seiner Herrschaft. Gestützt auf die alte Nomenklatura blieb das Land relativ ruhig; grundlegende politische, gesellschaftliche und wirtschaftliche Reformen kamen in dieser Konstellation aber nicht zustande.

Auch in Aserbaidschan führte die durch die Nationalitätenkämpfe ausgelöste innere Krise zur Rückkehr der alten Kräfte und ihrer politischen Netzwerke. Zunächst freilich war der Weg in die Unabhängigkeit in Baku weniger entschlossen beschritten worden als in Tbilisi. Erst nachdem in Moskau am 5. September 1991 der Kongress der Volksdeputierten die Umwandlung der UdSSR in eine föderalistische *Gemeinschaft Unabhängiger Staaten* (GUS) beschlossen hatte, wurde am 18. Oktober der Verfassungsakt über die staatliche Unabhängigkeit der Republik Aserbaidschan verabschiedet. Noch immer freilich blieb Ayaz Mütällibov, ein langjähriger Gefolgsmann Moskaus, als Präsident im Amt. Vom Beginn der Unabhängigkeit an aber sah sich seine Führung der mit Herausforderung des Konflikts um Nagorny Karabach konfrontiert: In einem Referendum votierten am 18. Dezember 99 % der Karabach-Armenier (die dort lebenden Aserbaidschaner hatten daran nicht teilgenommen) für die Unabhängigkeit des im Armenischen Arzach genannten Gebiets. Zwei Monate später, in der Nacht vom 25. auf den 26. Februar 1992, starteten die Streitkräfte Armeniens eine Offensive zur Besetzung Karabachs; dabei kam es dort zu einem Massaker an Hunderten von Aserbaidschanern.

Am 6. März musste Mütällibov zurücktreten. Eine demokratische Wende schien angesagt, als am 7. Juni der Vorsitzende der *Aserbaidschanischen Volksfront*, Äbülfäz Elçibäy, zum Staatspräsidenten gewählt wurde. Bereits nach einem Jahr aber wurde er gestürzt. Seine türkisch-nationalistisch inspirierte Politik (unter anderem wurde die Schrift der aserbaidschanischen Sprache vom kyrillischen auf das lateinische Alphabet umgestellt) spaltete die Gesellschaft und führte zu Spannungen mit Moskau. In der Konfrontation mit Armenien erlitten aserbaidschanische Truppen empfindliche Niederlagen. In der Folge verschärften sich die Spannungen zwischen der Armee und Elçibäy. In dieser vom Präsidenten geschürten innenpolitischen Polarisierung, die in einen Bürgerkrieg überzugehen drohte, trat ein Mann auf den Plan, der auf seine Machtübernahme hingearbeitet hatte, seit sich das Ende der Sowjetunion abzeichnete: Heydär Äliyev (geb. 1923). Seit den sechziger Jahren hatte er höchste Ämter im sowjetischen Staatsapparat in Moskau und Baku bekleidet. Da er die Politik der *Perestroika* nicht unterstützte, musste er 1987 seine politischen Ämter aufgeben. Im Juli 1991 trat er aus der *Kommunistischen Partei* aus und zog sich in seine Geburtsregion Nachitschewan zurück; von dort betrieb er über die Jahre seine Rückkehr an die Macht in Baku. Eingeladen von Elçibäy, in der Staatskrise zu vermitteln, kam er am 9. Juni 1993 nach Baku. Es gelang ihm nicht nur, die Situation zu entspannen; Zug um Zug entmachtete er zugleich seine Konkurrenten. Am 3. Oktober wurde er nach einem Referendum über den faktisch entmachteten Elçibäy zum Präsidenten gewählt. Zu seinen ersten Schritten gehörte der Abschluss eines Waffenstillstands mit Armenien, der nach einer Vielzahl von Verhandlungen und Vermittlungsversuchen im Mai 1994 zustande kam. Zu diesem Zeitpunkt hatte die armenische Armee mit russischer Unterstützung über Karabach hinaus eine Pufferzone von sieben angrenzenden aserbaidschanischen Provinzen erobert. Insgesamt musste eine Million Menschen fliehen oder wurde vertrieben. Mit der Machtübernahme Äliyevs begann sich ein autokratisches System zu festigen, das sich – beruhend auf hohen Staatseinnahmen aus dem Verkauf von Öl und Gas – auf familiäre, lokale und Netzwerke der ehemaligen sowjetischen Nomenklatura stützt.

Abb. 30: Einnahmen aus Öl und Gas verwandeln Baku: das Heydär Äliyev Center.

Im Unterschied zu Georgien und Aserbaidschan kam es in Armenien mit dem Eintritt in die Unabhängigkeit zu einer dauerhaften Ablösung der kommunistischen Eliten durch nationalistische Akteure. Auch diese hatten naturgemäß eine Karriere in sowjetischen Institutionen gemacht, aber sowohl in den Präsidentschafts- als auch in den Parlamentswahlen zeigten sich die armenischen Wähler gegenüber den ehemaligen Führern der *Kommunistischen Partei* resistent. Die Verfassung vom Juli 1995 verankerte ein Regierungssystem, in dem neben der parlamentarisch verantwortlichen Regierung der vom Volk gewählte Präsident eine starke Stellung einnahm. Erster Staatspräsident wurde der 1945 in Aleppo geborene Orientalist Lewon Ter-Petrosjan. Als dieser Signale einer auf Kompromissen mit Aserbaidschan beruhenden politischen Lösung des Karabach-Konflikts auszusenden begann, wurde er im Februar 1998 durch eine Welle nationalistischen Widerstands gestürzt. Ihr Führer war Robert Kotscharjan; er war nicht nur (1954) in Karabach geboren, sondern hatte auch seit 1994 als Präsident der selbsternannten, aber international nicht anerkannten »Republik Karabach« amtiert. Mit ihm setzte eine regelrechte »Karabachisierung« Armeniens ein: Gebürtige Karabacher nahmen lokale und regionale Schlüsselpositionen in Politik und Wirtschaft ein. Ämterkauf, Begünstigung im Amt, Vetternwirtschaft sowie die »Immunisierung« von Oligarchen durch ihre Wahl ins Parlament gingen einher mit einem zunehmenden Ausverkauf der begrenzten Ressourcen des Landes an die mächtige russische Wirtschaft im Rahmen einer engen »strategischen Partnerschaft« mit der Russischen Föderation.

2008 folgte auf Kotscharjan der Karabacher Sersch Sargsjan, der dem Herrschaftsstil seines Vorgängers folgte. Die wirtschaftliche Situation war miserabel; die Quote der Auswanderung junger Leute hoch. Gelegentliche Proteste, die sich auch an dem Vorwurf der Wahlfälschung festmachten, wurden zum Teil blutig unterdrückt. Erst eine Manipulation der Verfassung im Frühjahr 2018 brachte das Fass der Unzufriedenheit zum Überlaufen. Nach zwei Amtszeiten als Präsident war Sargsjan eine weitere Kandidatur für das Amt verwehrt, weshalb er sich am 17. April mit der

Mehrheit seiner Partei im Parlament zum Ministerpräsidenten wählen ließ. Dieses Amt aber war 2015 in einer Verfassungsänderung gestärkt worden. Sargsjan wäre also weiterhin der starke Mann im Lande geblieben. Wochenlang demonstrierten Zehntausende Menschen in Jerewan; am 23. April trat Sargsjan zurück. Am 8. Mai wurde der Journalist und oppositionelle Politiker Nikol Paschinjan (geb. 1975), der zum Anführer der Protestbewegung geworden war, zum Ministerpräsidenten gewählt. In den Neuwahlen im Dezember 2018 erhielt sein Wahlbündnis eine Mehrheit von 70 %; die »samtene Revolution« war abgeschlossen.

Vierzehn Jahre zuvor hatte die »Rosenrevolution« in Georgien einen Macht- und Systemwechsel herbeigeführt. Auch sie hatte in Massenprotesten ihren Ursprung; mit ihr war das Ende der postsowjetischen Nomenklatura in dem Land besiegelt. Während der ersten Jahre der Präsidentschaft Eduard Schewardnadses hatte sich die politische Lage in Georgien stabilisiert; eine neue demokratische Verfassung wurde verabschiedet. Weder aber verbesserten sich die wirtschaftlichen Verhältnisse der Bevölkerung nachhaltig noch fühlten sich insbesondere jüngere Politiker angemessen an der Macht beteiligt. Die Netzwerke der Sowjetzeit bestanden fort und monopolisierten den Herrschaftsapparat. Gerade aber im Umfeld des Präsidenten formierte sich eine Riege »junger Reformer«. Fühlten sich diese bereits in den Wahlen im Jahr 2000 nicht angemessen zum Zuge gekommen, so gingen sie nach offensichtlich manipulierten Wahlen 2003 auf die Straße. Micheil Saakaschwilis *Nationale Bewegung* sowie Zurab Schwanias und Nino Burdschanadses *Vereinigte Demokraten* bündelten im November 2003 den Unmut der Bevölkerung zu einer Massenbewegung. Die »Rosenrevolution« (Rosen als Abschiedsgeschenk der Demonstranten für Schewardnadse und sein Regime) leitete in die postsowjetische Entwicklung des Landes über. Im Januar 2004 wählten die Georgier Micheil Saakaschwili (geb. 1967) mit 96 % der Stimmen zum Präsidenten. Im Februar verlieh eine Änderung der Verfassung dem Präsidenten eine überwältigende Machtfülle.

Im Mittelpunkt seines Programms standen der Kampf gegen die Korruption und die Rückführung Abchasiens und Südossetiens in das georgische Staatsgebiet. Während ersterer mit großer Konsequenz und erfolgreich geführt wurde, erlitt der Präsident in Sachen Südossetien einen Rückschlag. Auf den im August 2008 unternommenen Versuch, die abtrünnige Provinz militärisch zurückzugewinnen, reagierte Moskau mit dem Einsatz russischer Truppen. Nach fünf Tagen hatte Georgien eine militärische Niederlage erlitten. Indem Russland nunmehr die Selbstständigkeit der sezessionistischen Gebiete anerkannte, rückte eine georgische Lösung der territorialen Frage in noch weitere Entfernung. In den Präsidentschaftswahlen 2013 konnte Saakaschwili nicht mehr antreten. Mittlerweile war ihm freilich in dem aus Russland nach Georgien zurückgekehrten Milliardär Bidsina Iwanischwili (geb. 1956) ein ernsthafter und schließlich siegreicher Konkurrent erwachsen. Gestützt auf seine Finanzkraft, hatte er bereits 2011 Teile der Opposition zum Wahlblock *Georgischer Traum* vereinigen können; dieser wurde nunmehr zur stärksten politischen Kraft in Georgien. Über ein Wahlsystem, welches die herrschende Partei begünstigte, erreichte der *Georgische Traum* in den Parlamentswahlen 2016 mit einem Stimmenanteil von ca. 40 % und der Erringung fast aller Direktmandate eine verfassungsgebende Mehrheit. Deren erstes großes Projekt war eine Verfassungsänderung, die den Übergang zu einem vollständig parlamentarischen System abschließen sollte. Dass dies nicht wirklich gelang, erwiesen die Parlamentswahlen vom Oktober 2020. Wieder gewann der *Georgische Traum* die absolute Mehrheit der Sitze und wieder weigerte sich die Opposition unter dem Vorwurf der Wahlfälschung, das Ergebnis anzuerkennen.

Auf dem Weg der Ablösung sowjetischer Machtstrukturen und der Demokratisierung sind in Aserbaidschan nur kleine Schritte getan worden. Im Oktober 1993 wurde Heydär Äliyev mit 98 % der Stimmen gewählt. Bemühungen um die Entschärfung des Konflikts um Karabach gingen Maßnahmen der Konsolidierung seiner innenpolitischen Stellung einher. Dabei bediente sich der Präsident autokratischer Maßnahmen: Der Staatsapparat wurde von politischen Gegnern gesäubert und mit loyalen Gefolgsleuten besetzt. Separatistische Bestrebungen wurden niedergeschlagen; Mitglieder der *Volksfront* mit politischen Prozessen überzogen. Die Freiheit der Meinungsäußerung und kritischer Journalismus wurden eingeschüchtert; die Arbeit politischer Parteien (neben Äliyevs *Neues Aserbaidschan*) behindert. Im Ergebnis konnte er bei den Präsidentschaftswahlen im Oktober 1998 nach offiziellen Angaben 76 % der Wählerstimmen auf sich vereinigen.

Nach diesem Wahlsieg begann er, seinen Sohn Ilham systematisch zu seinem Nachfolger aufzubauen. Im Dezember 2003 verstarb Heydär Äliyev während eines medizinisch bedingten Aufenthalts in den USA. Bereits im Oktober war Ilham mit 80 % der abgegebenen Stimmen zum Nachfolger seines Vaters gewählt worden. Am Stil der Machtausübung änderte sich nichts. In den Präsidentschaftswahlen im Oktober 2008 konnte er knapp 89 % der Stimmen für sich reklamieren. Die starken Einschränkungen von Medien- und Versammlungsfreiheit sowie der Boykott der Oppositionsparteien hatten die demokratische Chancengleichheit von Anfang an beeinträchtigt. Mit einem Referendum im März des folgenden Jahres wurde dem Präsidenten die Option eröffnet, über zwei Amtszeiten hinaus zu regieren. Weitere Schritte festigten 2016 die Macht Äliyevs, als das Parlament die Amtszeit des Präsidenten von fünf auf sieben Jahre verlängerte. Wenig später, im Februar 2017, ernannte dieser seine Frau Mehriban zur ersten Vize-Präsidentin und erhärtete so den Machtanspruch seiner Familie.

Die Machtausübung Ilham Äliyevs und seines Clans beruht ganz wesentlich auf den Einnahmen aus den Erdöl- und Erdgasvorkommen unter dem Kaspischen Meer: Nach Schätzungen lagern dort 14 Mrd. Barrel (über 1 Mrd. Tonnen) Erdöl und 1,1 Mrd. m^3 Erdgas. Damit ähnelt das System in seiner autokratischen Struktur und Machtausübung anderen »Rentier«-Staaten im Vorderen Orient und Nordafrika. Tatsächlich ist Aserbaidschan der wirtschaftlich stärkste, Armenien der wirtschaftlich schwächste unter den Staaten im südlichen Kaukasus. Das Land verfügt über keinerlei Rohstoffe; auch ist es durch den Konflikt mit Aserbaidschan weitgehend isoliert: Alle grenzüberschreitenden Straßen, Schienen und Pipelines im Südkaukasus umgehen armenisches Staatsgebiet. In vielen Bereichen sind Versorgung und Industrie von Russland abhängig. In Georgien konnte die Regierung nach der »Rosenrevolution« wieder wirtschaftliche Erfolge verzeichnen. Eine liberale Wirtschaftspolitik brachte ausländische Investitionen in das Land. Allmählich entwickelt sich ein produzierendes Gewerbe.

Die ungelösten ethnischen und nationalen Konflikte stellen für alle drei südkaukasischen Staaten eine schwerwiegende wirtschaftliche und politische Belastung dar. Jeder von ihnen hatte seit der Unabhängigkeit Hunderttausende von Flüchtlingen zu versorgen. Auch die Ausgaben für Militär und Rüstung sind eine der Ursachen für namentlich in den ländlichen Bereichen anhaltende Armut (in Verbindung mit Abwanderung in die Hauptstädte oder ins Ausland). Unter den als *frozen conflicts* bezeichneten Konflikten sind die Auseinandersetzungen um Abchasien und Südossetien wohl tatsächlich dauerhaft eingefroren. Demgegenüber ist es im Konflikt um Nagorny Karabach (Berg-Karabach) immer wieder zu bewaffneten Zusammenstößen gekommen; sie eskalierten im Herbst 2020 zu einem neuerlichen Krieg. Die Wurzeln des Konflikts reichen weit in die Geschichte beider Völker zurück. Mit der russischen Siedlungs- und Verwaltungspolitik nach der Eroberung des Südkaukasus, die unter anderem zu einer erheblichen Verschiebung der Bevölkerungsanteile zugunsten der Armenier führte, nahmen die Spannungen zu. Zu den ethnischen Spannungen traten soziale Verwerfungen hinzu: Die Mischung ethnischer und sozialer Elemente entlud sich dramatisch in den Massakern 1905/06 (▸ S. 135). Nach der Erklärung der Unabhängigkeit der südkaukasischen Staaten im Mai 1918 wurde das Gebiet von Berg-Karabach sowohl von Aserbaidschan als auch von Armenien beansprucht; zum ersten Mal kam es darüber 1919 – begleitet von Massakern in den Städten und Dörfern auf beiden Seiten – zu einem bewaffneten Konflikt. Nach der Einverleibung des Südkaukasus entschied die sowjetische Führung 1923 den Verbleib Karabachs in der Aserbaidschanischen Sozialistischen Sowjetrepublik; dabei wurde dem Gebiet zugleich eine weitreichende Autonomie zugesprochen.

So prallten seit der neuerlichen Unabhängigkeit im Streit um den Status Karabachs zwei völkerrechtliche Prinzipien aufeinander:

- das Prinzip der territorialen Integrität, auf das sich Baku mit Bezug auf das Territorium der einstigen sowjetischen Unionsrepublik Aserbaidschan beruft und das von der internationalen Gemeinschaft insofern bestätigt wird, als kein Staat bislang die Unabhängigkeit Berg-Karabachs anerkannt hat; und
- das Recht auf nationale Selbstbestimmung, mit dem Armenien die Lostrennung des mehrheitlich von Armeniern bewohnten ehemaligen Autonomen Gebiets von der Republik Aserbaidschan begründet.

Zum Zeitpunkt des Waffenstillstandsabkommens 1994 hatte sich nicht nur das Gebiet Berg-Karabach aus dem aserbaidschanischen Staatsverband gelöst – im September 1991 hatte die armenische Bevölkerung in einem Referendum für die Unabhängigkeit gestimmt. Vielmehr standen seither – bis zum Herbst 2020 – im Grenzgebiet zu Berg-Karabach fünf aserbaidschanische Provinzen ganz, zwei weitere teilweise unter der Kontrolle armenischer Truppen. Sie waren zuvor überwiegend von Aserbaidschanern bewohnt, die aus diesen Gebieten vertrieben wurden. Aus ihnen kamen weit mehr aserbaidschanische Flüchtlinge und Vertriebene als aus Berg-Karabach selbst (ca. 750 000). Besonders in jenen Territorien, die zwischen der Republik Armenien und Berg-Karabach liegen, förderten die Regierungen Armeniens und Berg-Karabachs den Ausbau von Verkehrsverbindungen und neuen Siedlungen.

Angesichts der nationalistischen Verhärtung der Fronten zwischen den Konfliktparteien hatte die internationale Gemeinschaft wiederholt Anstrengungen unternommen zu vermitteln. Sie lagen in den Händen eines als »Minsker Gruppe« bezeichneten Formats; bereits 1992 gegründet, gehören ihr unter dem Vorsitz Russlands, der USA und Frankreichs 13 Staaten an. Die Vorschläge einer Lösung bewegten sich entlang von vier Achsen: (1) Armenien solle sich aus den besetzten Gebieten außerhalb Berg-Karabachs zurückziehen und (2) die Rückkehr von Aserbaidschanern erlauben. Des Weiteren sollten (3) Friedenstruppen stationiert und Wiederaufbauhilfe geleistet sowie (4) ein Referendum über den Status Berg-Karabachs durchgeführt werden. Mit den Jahren, in denen keinerlei diplomatische Fortschritte erzielt wurden, trat die militärische Variante immer bedrohlicher hervor: Beide Seiten rüsteten auf; immer wieder kam es zu bewaffneten Zusammenstößen. Dabei zeichnete sich ab, dass sich vor dem Hintergrund des starken Gefälles der Staatseinnahmen zwischen den beiden Konfliktparteien die Waage zugunsten Aserbaidschans senken würde.

Die politische Stagnation zwischen den Konfliktparteien, die Ohnmacht der internationalen Diplomatie sowie die Zurückhaltung externer Mächte, sich nachdrücklich für die Lösung des Konflikts einzusetzen, ließen erkennen, dass es bei dem Konflikt im Südkaukasus um mehr geht als um die Antwort auf die Frage, welchem von zwei kleinen Staaten ein legitimer Anspruch auf ein winziges Gebiet zukommt. Zu Recht wird auf die Tatsache verwiesen, dass der Kaukasus durch die Geschichte hindurch immer wieder ein von großen Mächten umkämpftes Gebiet gewesen ist. Mit Blick auf den Südkaukasus galt dies für die Jahrhunderte bis zum Ende des Ersten Weltkriegs für Russland, das Osmanische Reich und – wenn auch mit geringerem Gewicht – Iran (▶ Kap. 1.4 und 5.4). Dabei ging es nicht nur um das Territorium. Vielmehr ging es wesentlich auch um die Vorherrschaft über das Schwarze Meer und die Kontrolle der Schifffahrt durch die Meerengen von Bosporus und Dardanellen ins Mittelmeer. Darum ist zwischen dem Zarenreich und dem Osmanischen Reich in zahlreichen Kriegen gerungen worden. Und hätte Russland 1918/19 in Paris mit am Tisch der Siegermächte gesessen, wäre die politische Landkarte Vorderasiens anders gezeichnet worden, als dies ohne Russland der Fall gewesen ist. Die Forderung Stalins am Ende des Zweiten Weltkriegs, an den Meerengen eine sowjetische Militärbasis einzurichten, war ein später Widerhall dieses Ringens.

Seit dem Zerfall der Sowjetunion werden am Kaukasus die Karten neu gemischt; ihre Verteilung erfolgt nach einer wirtschaftspolitischen und einer machtpolitischen Logik. Erstere wird durch Energieinteressen bestimmt. Die Öl- und Gasvorräte Aserbaidschans sind seit der Unabhängigkeit des Landes Schritt um Schritt durch Pipelines an den Weltmarkt angeschlossen worden. Vom südtürkischen Hafen Ceyhan wird aserbaidschanisches Öl verschifft; von der türkisch-georgischen Grenze strömt Gas aus Aserbaidschan nach Europa. Der *Southern Gas Corridor* beginnt am Kaspischen Meer, setzt sich vom Eintritt in türkisches Staatsgebiet in Gestalt der *Transanatolischen Pipeline* (Tanap) an die türkisch-griechische Grenze fort, von wo das Gas nach Südosteuropa weitergeleitet wird. Zugleich befördert die *Transadriatische Pipeline* (Tap) Gas nach Brindisi weiter; von dort kann es zentraleuropäische und Staaten auf dem Balkan versorgen. Russland möchte bei diesem Handel nicht an der Seitenlinie stehen. Dass ein Teil des aserbaidschanischen Öls und Gases auch nach

Russland abgezweigt wird, ist eher ein geringeres Interesse. Das zentrale Interesse Moskaus liegt im Transport russischen Gases durch das Schwarze Meer in die Türkei sowie über die Türkei hinaus in die EU. Bereits 2003 wurde die Gaspipeline *Bluestream* in Betrieb genommen, die über Samsun die Türkei beliefert. Die Gaspipeline *Turkish Stream* verläuft zwischen dem russischen Anapa und dem türkischen Kıyıköy. Auch sie soll insbesondere die südosteuropäischen Staaten versorgen. Russland sieht sich also in diesem Falle in einer Konkurrenzsituation mit anderen Anbietern gegenüber. Die auf diese Weise geschaffenen wirtschaftspolitischen Tatbestände werden durch weiterreichende Visionen ergänzt: Sie erstrecken sich auf die Öl- und Gasbestände zentralasiatischer Staaten, vornehmlich Kasachstans und Turkmenistans. Die Pläne, diese über Pipelines unter dem Kaspischen Meer auf den europäischen Markt zu bringen, liegen bei den Strategen der Öl- und Gaswirtschaft auf dem Tisch. Ob sie verwirklicht werden, wird von den Entwicklungen auf dem globalen Energiemarkt abhängen. Auch die Beteiligung Irans an diesem Energie-Netzwerk wird in langfristiger Perspektive nicht völlig ausgeschlossen.

Die machtpolitische Logik macht sich an diesen wirtschaftspolitischen Perspektiven fest. Beobachter erinnern an Konstellationen in der Geschichte Asiens, wenn sie von einer »Seidenstraße der Energie« oder von einem neuen *great game* sprechen. Russland ist einer der historischen Spieler, an die Stelle Englands tritt die EU. Die Türkei hat den Ehrgeiz, der dritte in diesem Machtspiel zu sein. (Die Volksrepublik China könnte ein weiterer Spieler werden; und die USA haben ein vorwiegend sicherheitspolitisches, auf die Einhegung Russlands gerichtetes Interesse, das aber zugleich durch das Bestreben Washingtons beflügelt wird, auch amerikanisches Gas auf dem europäischen Energiemarkt zu verkaufen.) Der Kaukasus ist eine der Bühnen und Schauplätze, auf denen das Spiel ausgetragen wird.

Mit der Niederschlagung des Unabhängigkeitsstrebens der nordkaukasischen Tschetschenen meldete sich Moskau Ende der neunziger Jahre des vorigen Jahrhunderts zurück. In den Wirren des Zusammenbruchs der Sowjetunion hatten die Tschetschenen – in der Tradition des Widerstands der nordkaukasischen Völker seit dem Beginn des 19. Jahrhunderts – versucht, ihre Unabhängigkeit zu erringen. Dies war zwischen 1994 und 2009 in zwei Kriege übergegangen, die mit äußerster Härte geführt wurden. Dabei waren nicht nur die tschetschenischen Städte und Dörfer teilweise vollständig zerstört worden, auch die tschetschenische Gesellschaft hatte durch Flucht, Vertreibung und islamistische Radikalisierung schwersten Schaden genommen. Im Südkaukasus konnte Moskau auf der Tastatur der *frozen conflicts* spielen.

Seinen in der Geschichte wurzelnden politischen und kulturellen Traditionen gemäß suchte Georgien eine rasche Annäherung an westliche Organisationen, namentlich die EU und die Nato. Während Washington letztere Bestrebungen unterstützte, suchte Moskau ihnen mit politischen und wirtschaftlichen Maßnahmen entgegen zu wirken. Den Tiefpunkt erreichten die georgisch-russischen Beziehungen im August 2008, als sich russische Truppen dem Versuch Georgiens entgegenstellten, die abtrünnige Provinz Südossetien wieder an Georgien anzuschließen. Mit der Anerkennung der Unabhängigkeit Südossetiens und Abchasiens durch die russische Regierung hat Moskau ein Druckmittel in der Hand, auf politische Entscheidungen in Tbilisi, welche die russischen Interessen im Kaukasus und am Schwarzen Meer berühren, Einfluss zu nehmen. Auch die EU suchte ihre Position am Kaukasus unterhalb der Schwelle militärischer Zusammenarbeit zu stärken. Im Gefolge des Fünf-Tage-Krieges im August 2008 initiierte Brüssel im Mai 2009 ein Programm der *Östlichen Partnerschaft* (*Eastern Partnership*, EaP). Es ist Teil der *Europäischen Nachbarschaftspolitik* (*European Neighbourhood Policy*, ENP), in welche die drei südkaukasischen Staaten bereits 2004 aufgenommen worden waren. Diese soll enge Beziehungen zu Nachbarstaaten entwickeln, für die die EU-Mitgliedschaft keine unmittelbare Perspektive darstellt.

Im Konflikt um Karabach sollte sich wiederholt erweisen, dass die EU weit davon entfernt ist, ein wirkungsvoller Spieler auf dem kaukasischen Schachbrett zu sein. In den über die Jahrzehnte nahezu regelmäßig aufflammenden militärischen Zusammenstößen zwischen armenischen und aserbaidschanischen Truppen kam Moskau die Rolle des Vermittlers zu. Russland belieferte beide Seiten mit Waffen. Russische Soldaten befanden sich auf armenischem Boden und die armenische Wirtschaft ist eng an Russland gebunden. Aserbaidschan ist zwar eigenständiger im Umgang mit Moskau, doch unternahm die Regierung in Baku nichts, was dort nicht gebilligt oder gar als Provokation aufgefasst worden wäre.

Der Ausbruch von Kampfhandlungen im Oktober 2020, die bald das Ausmaß eines unerklärten Krieges annahmen, bestätigte Befürchtungen, dass hinter der Fassade eines *frozen conflict* die Gefahr einer militärischen »Lösung« nisten könnte. Der Druck auf Aserbaidschans Präsident Aliyev war gewachsen, das militärische Potential, das über die Jahre aufgebaut war, zum Tragen zu bringen. Dies umso mehr, als sich die Türkei an seine Seite stellte. Die Führung in Moskau war nicht nur mit anderen Herausforderungen und Engagements in der Nachbarschaft Russlands beschäftigt; sie hatte auch den demokratischen Sprung, den Armenien im Frühjahr 2018 vollzogen hat, eher mit Besorgnis registriert – der Volksaufstand in Belarus 2020 könnte am Ende einen ähnlichen Verlauf nehmen. In dieser veränderten Lage sah Baku eine günstige Konstellation, den Verlauf der Geschichte der letzten drei Jahrzehnte im Sinne seiner Ansprüche zu korrigieren. Sehr schnell zeigte sich, dass die armenische Führung die militärischen Kräfteverhältnisse und die politische Gesamtlage falsch eingeschätzt hatte. Im dem Krieg 1992–1994 hatte sich die armenische Armee insbesondere in der strategischen Führung und der Einsatzbereitschaft der Soldaten der aserbaidschanischen Armee überlegen erwiesen. In dem langen Zeitraum des Waffenstillstands und der diplomatischen Stagnation hatte sich Baku systematisch auf die militärische Option vorbereitet. Der Militärhaushalt des Landes hatte etwa dem Gesamthaushalt Armeniens entsprochen. Zugleich intensivierte Aserbaidschan die militärische Zusammenarbeit mit Israel und der Türkei. Dadurch erreichte seine Armee eine Schlagkraft, der sich die armenische Armee hoffnungslos unterlegen zeigte. Auch politisch hatten sich die Verhältnisse zuungunsten Armeniens verändert. 1992 hatte sich Moskau politisch auf die Seite Jerewans geschlagen. Dem war eine wirkungsvolle militärische Unterstützung einhergegangen. Für das 2018 in Armenien etablierte demokratische System unter Ministerpräsident Nikol Paschinjan hat sich Präsident Putin nicht erwärmen können. So griff er erst vermittelnd ein, als die Eroberung von Stepanakert, der Hauptstadt Nagorny Karabachs, kurz bevorstand. Nach dem Waffenstillstand vom 10. November entzieht sich nur noch ein kleiner Teil der Provinz der vollständigen militärischen und politischen

Kontrolle durch die Regierung in Baku. Aber auch der Zugang zu ihm hängt von deren Zustimmung und den Entscheidungen der russischen Armee ab, die den Waffenstillstand überwacht.

In der engen Welt des südlichen Kaukasus kreuzen sich auch in der Gegenwart wieder machtpolitische Linien. Während es in der Geschichte um Herrschaft, Vormachtpositionen und Territorien ging, stehen heute energiewirtschaftliche Interessen im Vordergrund. Die Zukunft der Region, ein Ergebnis der Interaktion der lokalen, regionalen und internationalen Akteure, bleibt mit der Zukunft des Vorderen Orients verbunden.

10 Der sozio-kulturelle Aufbruch – Ringen um die Moderne

10.1 Befruchtung und Brückenschlag

Für die islamisch geprägten Welten war das 20. Jahrhundert nicht nur politisch eine Ära gewaltiger Umbrüche und Aufbrüche. Dies gilt auch in geistig- und sozio-kultureller Dimension und berührt den gesamten Raum zwischen Nordafrika und Südostasien sowie Zentralasien und das subsaharische Afrika. Die Phänomene und Dynamiken dieses Aufbruchs lassen sich überall innerhalb dieses Großraums erkennen; sie berühren und überschneiden sich.

Im Raum des Vorderen Orients und Nordafrikas hat sich die geistig- und sozio-kulturelle Auseinandersetzung im Spannungsfeld von Tradition und Moderne mit besonderer Heftigkeit entladen. Die Ursachen dafür waren mannigfach: So war der Mittelpunkt der »alten Ordnung«, das Kalifat, eben in Konstantinopel/Istanbul angesiedelt. Seine Abschaffung 1924 musste die Eliten im Nahen Osten in besonderer Weise berühren bzw. herausfordern. Damit erhielten die Stätten der Ursprünge des Islams, Mekka und Medina, wieder eine erhöhte Aufmerksamkeit. Der Blick der Muslime richtete sich umso mehr auf sie, als diese Mitte der zwanziger Jahre unter die Herrschaft der Wahhabiten gerieten und somit für viele Muslime zum Referenzpunkt auf der Suche nach einer neuen Ordnung wurden. Nach dem Zweiten Weltkrieg gelangte der vom Wahhabismus geprägte Staat Saudi-Arabien aufgrund der Gewinne aus der Erdölproduktion zu Reichtum, so dass der Wahhabismus in die Lage versetzt wurde, auf die geistige, kulturelle, politische und gesellschaftliche Entwicklung in weiten Teilen der islamischen Welt massiven Einfluss auszuüben. Nicht zuletzt führten aber auch die geographische Nachbarschaft, die politische Verflechtung, die anhaltende kulturelle, künstlerische und wissenschaftliche Interaktion zu einem besonders nachhaltigen Druck Europas auf die geistige Entwicklung Nordafrikas und des Vorderen Orients.

Dabei bedeutete das Ende des Ersten Weltkriegs kulturell und ideengeschichtlich keineswegs eine Stunde Null. Oben war bereits berichtet worden, auf wie vielfältige Weise der Vordere Orient in Aufbruch geraten war (▸ Kap. 7). Aber was zunächst als Ideen und Konzepte von »Modernisierung« Gegenstand theoretischer und programmatischer Erörterung gewesen war (zu einem erheblichen Teil in Europa publiziert), konnte nun unter den tiefgreifend veränderten Rahmenbedingungen seine praktische Bewährung erfahren. Noch vor dem Krieg waren in Iran und im Osmanischen Reich Verfassungen und parlamentarische Regierungsformen eingeführt worden. Das setzte sich nach dem Krieg in Teilen des arabischen Raums (und auf eigene Weise auch in Afghanistan) fort. Die Idee einer nationalstaatlichen Ordnung im gesamten Vorderen Orient, die als politische Alternative unter Intellektuellen und Politikern türkisch-osmanischer, arabischer, iranischer, kurdischer, paschtunischer etc. Provenienz diskutiert worden war, konnte nun weithin in die politische Praxis umgesetzt werden. Die Schritte zu einer Modernisierung (Europäisierung) des Bildungssystems, die in der zweiten Hälfte des 19. Jahrhunderts gemacht worden waren, wurden unter den veränderten Bedingungen der Nachkriegszeit beschleunigt fortgesetzt. Damit waren einem kulturellen und geistigen Pluralismus Tür und Tor geöffnet. Kurzum: Eine Stunde Null bedeutete das Kriegsende nicht. Wohl aber wurden das Tempo, die Breite und der Tiefgang des Ringens um neue geistig-kulturelle Grundlagen der politischen und gesellschaftlichen Ordnungen und somit auch um neue künstlerische Ausdrucksformen dramatisch ausgeweitet.

Im Jahr 2004, drei Jahre also nach dem Terrorakt von *9/11* und ein Jahr nach der von den USA angeführten Invasion im Irak – zwei Ereignissen, die die Entwicklungen im Nahen Osten und das Verhältnis zwischen der »islamischen Welt« und »dem Westen« nachhaltig geprägt haben –, ist im Palmyra Verlag in Heidelberg eine Sammlung von Wortmeldungen arabischer Intellektueller erschienen.[58] Dem Buch ist kaum eine breitere öffentliche Aufmerksamkeit zuteil geworden – wahrscheinlich, weil man hierzulande von arabischen Intellektuellen ohnehin wenig weiß und die unmittelbare Dramatik der Ereignisse selbst den Blick auf einen sogenannten »politischen Islam« verengt hat. Aber die Stellungnahmen der zu Wort kommenden Autoren reflektieren – jenseits der aktuellen Aufregung – die Räume des Denkens und die Probleme, mit denen sich die geistigen Eliten im Nahen Osten im Verlauf des 20. Jahrhunderts insgesamt auseinandergesetzt haben. Behandelt werden unter anderem die arabische Welt und die Moderne, die Frage der Vereinbarkeit von Islam, Demokratie und Menschenrechten, die Rolle der Medien und der Reformkräfte, die Bildungssituation, die Stellung der Frau, der Stellenwert der Kultur und die Bedeutung der Literatur, das Phänomen der vom »Islamismus« ausgehenden Gewalt, die ungelöste Palästinafrage, die Auseinandersetzung mit der Kolonialgeschichte und der Dialog zwischen der westlichen Welt und dem Islam. Insbesondere das Verhältnis zwischen letzteren beiden ist gleichsam wie eine Folie hinter den zahlreichen Fragen und Themen aufgespannt. Zu Wort kommen zwar ausschließlich arabische Intellektuelle (unter ihnen auch Nicht-Muslime), doch werden die erörterten Themen auch im persisch- oder im türkischsprachigen Raum (sowie darüber hinaus) diskutiert.

Der Beitrag Sadik Dschalal al-Azms (1934–2016), eines der bekanntesten arabischen Philosophen seit den siebziger Jahren, schlägt Töne an, die im Schaffen der Denker, Literaten, Dichter und Künstler durch das Jahrhundert immer wieder hörbar wurden: »Der Islam und der säkulare Humanismus«. Zu einer säkularen und demokratischen Ordnung sieht er keine Alternative für die islamische Welt. Die Antwort auf die Frage, ob der Islam mit dem säkularen Humanismus und seinen Komponenten vereinbar sei, lautet: dogmatisch gesehen, nein – historisch gesehen, ja. »Wann immer das ›dogmatische Nein‹ in der Geschichte des Islams mit dem ›historischen Ja‹ in Konflikt geriet, setzte sich Letzteres durch, obwohl es im Gegensatz zum Ersteren vielleicht falsch und unorthodox erschien.«[59] Und er verweist auf das Reformprogramm der ägyptischen Muslimbruderschaft, der »Mutter aller fundamentalistischen Bewegungen«, von 2004, in dem »Volkssouveränität, eine repräsentative Demokratie, die Rotation der Macht, freie und transparente Wahlen, Gewaltenteilung, eine unabhängige Rechtsprechung, eine Stärkung der Zivilgesellschaft, die Stärkung der Frauen, die Achtung der Menschen- und Bürgerrechte, die Freiheit von Religionsbekenntnis und Religionsausübung sowie Rede- und Meinungsfreiheit für alle« gefordert worden seien.[60] Sadik al-Azm hat sich naturgemäß in den Jahrzehnten seines Wirkens zahlreiche Feinde gemacht. Dies auch deswegen, da er (insbesondere nach der militärischen Niederlage gegen Israel vom Juni 1967) die Araber aufgefordert hat, die Ursachen ihrer Niederlagen bei sich selbst und ihren politischen Führern zu suchen. Nicht zuletzt diese Kritik hat ihm zeitweise eine beträchtliche Ausstrahlung verliehen. Dass er im Dezember 2016 im selbstgewählten Exil in Berlin gestorben ist, kann als tragische Pointe der Zeitläufte verstanden werden: Am Ende seines Lebens ist im Nahen Osten der Raum für freies Denken sehr klein geworden. Intoleranz, religiös begründete Verbohrtheit, begleitet von staatlichen Zerfallsprozessen und machtpolitischen Überlebenskämpfen beschränken die Räume des freien Denkens, zwingen seine Träger ins europäische oder amerikanische Exil. Unter der schwarzen Decke des Fanatismus sind auch Morde an Andersdenkenden begangen worden. Die Ermordung des Ägypters Farag Fouda (geb. 1946) im Juni 1992 in Kairo – zwei Jahrzehnte bevor der »Islamische Staat« seine Verbrechen beging – ist nur eine der Untaten, die sich in den folgenden Jahrzehnten wiederholen sollten. Fouda hatte »islamistische« Extremisten kritisiert, karikiert und die Trennung von Religion und Staat gefordert.

Abb. 31: Vorkämpfer des kritischen Denkens – Sadik Dschalal al-Azm (Mitte), Fatima Mernissi und Abd ol-Karim Sorusch wird der Erasmuspreis verliehen (2004).

Der Ansatz des Denkens al-Azms steht hier nur beispielhaft für einen breiten Strom des philosophischen, staatstheoretischen und theologischen Aufbruchs im Vorderen Orient insgesamt. Seine Ursprünge liegen im letzten Viertel des 19. Jahrhunderts. Starke Impulse gingen von den Muslimen im zaristischen Imperium aus: den *Dschadidisten* unter den Turkvölkern der Tataren und Baschkiren sowie den aserbaidschanischen Muslimen im südlichen Kaukasus (► S. 136). Das osmanische Istanbul war – trotz heftiger Zensur – eine Brutstätte und ein Schmelztiegel der neuen Ideen, wo auch arabische und persische Modernisten mit diesen in Berührung kamen (auch der Afghane Mahmud Tarzi hat hier frühe Anregungen erfahren). Von Tiflis (georgisch: Tbilisi) aus, dem geistigen und kulturellen Mittelpunkt der südkaukasischen Länder des Zarenreichs, sprangen Impulse neuen Denkens ins iranische Aserbaidschan und von dort auf die persische Elite über, die an den herrschenden Verhältnissen im Inneren wie an der Willfährigkeit des Schahs gegenüber Russland und England Kritik übte.

Die beiden ersten Revolutionen im Nahen Osten zu Beginn des 20. Jahrhunderts, die iranische von 1906 und die jungtürkische von 1908 (► Kap. 5.1 und 5.2), kamen also nicht aus dem Nichts; sie waren auch nicht rein politische bzw. gesellschaftliche Phänomene. Sie waren vielmehr zugleich Ausdruck einer geistigen Unruhe, die die Völker erfasst hatte. Im arabischsprachigen Raum waren Kairo und Beirut – Städte, über die der britische bzw. französische Schirm gespannt waren – Zentren der Diskussion über die Zukunft der Gesellschaften im Raum zwischen dem Mittelmeer und dem Indischen Ozean. So facettenreich die Diskussionen waren und so viele Bereiche des politischen, gesellschaftlichen und kulturellen Lebens sie berührten, so war doch vor allem die Frage nach dem Islam gestellt, genauer: nach dem Bezug der islamischen Religion zu jener europäischen Moderne, mit der man sich auseinanderzusetzen hatte. Die Extreme waren mit dem Wahhabismus auf der einen und dem Kemalismus auf der anderen Seite markiert: Das 1932 ins Leben getretene Königreich Saudi-Arabien gründete auf dem Koran als Verfassung, die 1922 proklamierte Türkische Republik auf der bedingungslosen (*şartsız*) Souveränität der Nation. Zwischen diesen Eckpunkten gab es unzählige Varianten der Ideen zum Verhältnis von Religion und Gesellschaft.

Auf das Werk von Ali Abd ar-Raziq, der als Gelehrter der islamischen *al-Azhar* Universität in Kairo 1925 feststellte, dass der Koran keinerlei Hinweise auf eine spezifisch »islamische« politische Ordnung enthalte, ist oben hingewiesen worden. Revolutionsführer Ayatollah Ruhollah Khomeini hat das von ihm gegründete Staatswesen eine »Islamische Republik« genannt. Anlässlich der Einweihung des Goethe-Hafiz-Denkmals im Rahmen des »Internationalen Jahrs des Dialogs der Kultur« im Juli 2000 in Weimar in Anwesenheit der Präsidenten Deutschlands (Johannes Rau) und Irans (Muhammad Khatami) hat letzterer das Konzept der »Islamischen Republik« aus seiner Sicht als eine Versöhnung von Tradition und Moderne begründet. »Reformen im Iran sind Bestrebungen nach Verwirklichung von Freiheit, Gerechtigkeit und Volksherrschaft im Einklang mit der Religion«.[61] Manche der Denker und Staatstheoretiker haben unter dem Eindruck der politischen Entwicklungen ihre Auffassungen geändert. Einer von ihnen ist der Philosoph Husain Hadsch Faradsch Dabbagh (geb. 1945), bekannter unter seinem Pseudonym Abd ol-Karim (Abd al-Karim) Sorusch. Nach Studien in England kehrte er nach der Revolution nach Iran zurück. Ayatollah Khomeini selbst machte ihn Anfang der achtziger Jahre zum Mitglied des »Hohen Rates für die Kulturrevolution«, der u. a. für die Schließung der Universitäten und die Islamisierung der Lehrinhalte verantwortlich war. D. h., dass Sorusch das khomeinistische Konzept einer »islamischen« Staatsführung zunächst mitgetragen hat. 1984 bat er Khomeini um die Entlassung aus dem Gremium; seither hat er kein öffentliches Amt mehr ausgeübt, sondern sich auf seine Lehre konzentriert. Darin hat er sich von der real existierenden Islamischen Republik abgekehrt. Zwar hätten religiöse Werte im moralischen Sinne weiterhin einen normativen Charakter, sie dürften allerdings nicht vom Staat diktiert und mit Gewalt durchgesetzt werden. Der Bürger selbst müsse sie in den politischen und gesellschaftlichen Diskurs einbringen, in welchem sie mithin stets verhandelbar bleiben müssten. Damit hat er sich einem liberalen, demokratischen und säkularen Konzept von Staat und Gesellschaft angenähert.[62]

Die philosophische Entwicklung Soruschs – wie auch die des bereits genannten Sadik al-Azm – ist signifikant für das Wiedererstehen des philosophischen Denkens im Vorderen Orient – jenseits der Koordinaten der Religion und der Theologie. Die Vernunft emanzipiert sich und sucht einen aus ihr selbst bestimmten Standpunkt gegenüber der Moderne. Dabei richtet sie den Blick sowohl auf die philosophische Tradition der eigenen Geistesgeschichte wie auch auf die Philosophiegeschichte Europas vom 17. bis zum 20. Jahrhundert. Neben den beiden Genannten haben zwei nordafrikanische Denker Beachtung gefunden: Der Marokkaner Muhammad Abid al-Dschabri (1936–2010) fordert in seiner zwischen 1984 und 2001 erschienenen »Kritik der arabischen Vernunft« (*Naqd al-aql al-arabi*) die Rückkehr zum Denken des Averroes (1126–1198). Dass sich die Philosophie mit der Religion, ja mit mystischen und esoterischen Elementen vermischt habe, habe zu Stillstand und wissenschaftlicher Stagnation sowie am Ende zur Unterlegenheit unter die Europäer geführt. Der Algerier Mohammed Arkoun (1928–2010) unternimmt eine Kritik sowohl des islamischen wie des westlichen Denkens. Er fordert, eine neue Rationalität zu entwickeln, die in der Lage ist, die religiöse wieder mit der philosophischen Vernunft zu verbinden.

Über den Wandel des öffentlichen und privaten Lebens sowie in Kunst, Kultur, Bildung und Architektur im 19. Jahrhundert wurde oben berichtet – ein Wandel im Spannungsfeld zwischen Europäisierung und Tradition. Nach dem Ende des Ersten Weltkriegs hat dieser Prozess eine bisweilen dramatische Beschleunigung erfahren. Wie radikal einzelne Reformer in der Veränderung auch des äußeren Erscheinungsbildes ihrer Gesellschaften zu gehen entschlossen waren, zeigen ihre – teils robusten – Eingriffe in die Bekleidung von Männern und Frauen. 1925 verordnete Mustafa Kemal die Einführung europäischer Kleidung; der Fes wurde verboten und das Tragen des Hutes als Kopfbedeckung vorgeschrieben. Dieser Maßnahme folgte die Abschaffung »klerikaler« Gewänder – gemeint war die Tracht mit weiten Pluderhosen, Mantel und Turban. Alle Beamten mussten europäische Kleidung tragen. Die Verschleierung der Frauen wurde als nicht mit der Moderne vereinbar propagiert. Anders als im Falle des Fes aber wurde das Tragen des Kopftuchs nicht strafbewehrt verboten. Naturgemäß wurde in den nahöstlichen Ländern im Einzelnen unterschiedlich verfahren: In Iran setzte Reza Schah ein Verbot der Verschleierung rabiat um (was in der Bevölkerung auf besonderen Unmut stieß); in Afghanistan wurde das Verschleierungsgebot nach dem Sturz König Amanullahs wieder rigoros eingeführt (und erst 1959 aufgehoben). In Ägypten sprachen sich die *Azhar*-Universität und der oberste Mufti in einem islamischen Rechtsgutachten (*fatwa*) gegen das Verbot des Fes aus.

In noch einem Punkt erweist die von der neuen türkischen Elite vorgenommene Gleichsetzung von Modernisierung mit Europäisierung eine besondere Radikalität: in der Einführung des lateinischen Alphabets (1928) und der »Reinigung« der türkischen Sprache. Zwar trifft es zu, dass die arabische Konsonantenschrift, in welcher die osmanisch-türkische Sprache geschrieben wurde, deren so differenziert vokalreichen Lautstand nur unzureichend wiederzugeben vermochte. Auch ist richtig, dass eben diese Sprache bis zu 70 % aus arabischen und persischen Wörtern und Idiomen bestand. Ein entscheidender Impuls aber zu diesem radikalen Einschnitt in das sprachliche, geistige und kulturelle Leben der Türken war die Entschlossenheit der schmalen »kemalistischen« Elite, aus dem Erbe einer Kultur auszusteigen, die als überholt, mittelalterlich, fortschrittsfeindlich, weil religiös eingefärbt, sowie als antiwissenschaftlich gering geschätzt wurde. Kein anderer Reformer im Nahen Osten ist der Türkei darin gefolgt. Erst nach dem Ende der Sowjetunion haben Aserbaidschan (dessen Sprache eng mit dem Türkeitürkischen verwandt ist) sowie einige der zentralasiatischen turksprachigen Staaten das kyrillische durch das lateinische Alphabet ersetzt. Sie sind darin in gewisser Weise der Türkei gefolgt, hätten sie doch die Option gehabt, das arabische Alphabet wieder einzuführen, in dem zeitweilig noch unter der Sowjetherrschaft einige der Turksprachen geschrieben wurden.

Einen tieferen Einschnitt noch als die Maßnahmen, die das äußere Erscheinungsbild der nahöstlichen Gesellschaften veränderten, bedeuteten Reformen in Bereichen der Gesellschaft, die an deren religiöse Grundlagen rührten. Sie betrafen die Stellung der Frau. Auch auf diesem Gebiet waren erste Impulse bereits im letzten Viertel des 19. und zu Beginn des 20. Jahrhunderts, insbesondere in den Metropolen der Region, wirksam geworden. Das Thema der »Befreiung der Frau« (*Tahrir al-mar'a*) bzw. der »neuen Frau« (*An-nisa al-dschadida*) – Titel zweier einflussreicher Bücher von Qasim Amin (1863–1908) – war unter intellektuellen Reformer diskutiert worden. Umfassende konkrete Maßnahmen, die Stellung der Frau in der Gesellschaft neu zu bestimmen, wurden erst im Gefolge des Ersten Weltkriegs unternommen. Wieder machte die kemalistische Türkische Republik (nach Anfängen unter den Jungtürken) die ersten und radikalsten Schritte. Ab 1924 wurden die Rechte der Frauen Schritt für Schritt erweitert und ihre Gleichstellung hinsichtlich Erziehung, Rechtsstatus, Berufschancen sowie der politischen wie bürgerlichen Rechte betrieben. Die Einführung des Schweizer Zivilgesetzbuches (1926) und die Verleihung des aktiven und passiven Wahlrechts (1934) haben schließlich die völlige Gleichstellung festgeschrieben. In Iran fand Mustafa Kemal in Reza Schah einen Nachahmer. In Afghanistan suchte Königin Soraya, die Gattin Amanullahs und Tochter des Reformers Mahmud Tarzi, in den zwanziger Jahren die Stellung der Frau zu verbessern – Bemühungen, die mit dem Sturz des Königs für Jahrzehnte zum Erliegen kamen, aber in den fünfziger Jahren eine Fortsetzung fanden. Das Erscheinungsbild der afghanischen Frauen in der Öffentlichkeit hatte vor der Revolution von 1978 zumindest in Kabul europäisches Gepräge.

Im arabischen Raum ist die Entwicklung je nach den politischen und gesellschaftlichen Rahmenbedingungen unterschiedlich verlaufen: im Kontext einer in Teilen säkularen Modernisierung in Nordafrika und im Fruchtbaren Halbmond schneller und weiter reichend als in den von konservativen, nicht zuletzt religiösen Traditionen geprägten Gesellschaften der Arabischen Halbinsel. Beginnend in Ägypten in den zwanziger Jahren haben Frauen an den nationalen Befreiungsbewegungen Anteil genommen. Die Universitäten öffneten für Frauen ihre Tore. Waren es zunächst nur wenige, vornehmlich aus den mittleren und oberen Schichten der Gesellschaft, so ist die universitäre Erziehung in den letzten Jahrzehnten auch für den weiblichen Teil der Gesellschaft selbstverständlich geworden. In einigen Ländern übersteigt der Anteil der Studentinnen den ihrer männlichen Kommilitonen. Mit der Verbreitung von Bildung und Ausbildung traten Frauen in beruflicher Tätigkeit zunehmend in die Öffentlichkeit. Mit den Jahrzehnten hat die Emanzipation den Charakter einer starken gesellschaftlichen Bewegung angenommen.

In zahlreichen Ländern entstanden Vereinigungen und Verbände von Frauen, die sich z. T. um Zeitschriften und andere Foren gruppierten. Sie gehören noch in der Gegenwart zu den aktivsten und wirkungsmächtigsten zivilgesellschaftlichen Organisationen. Gleichwohl müssen Frauen – namentlich im Bereich des Familien- und Personenstandsrechts – in vielen Ländern noch Einschränkungen hinnehmen. Wie groß an diesem Punkt die Differenzen sind, lässt ein Vergleich der Situation der Frauen in Tunesien und Saudi-Arabien erkennen: In dem nordafrikanischen Land bestimmte bereits 1956 ein Gesetz die vollständige Gleichheit von Mann und Frau. Suchten islamistische Kräfte nach der Revolution dort (2011) zunächst, davon Abstriche zu machen, so bekräftigt gleichwohl die Verfassung vom Januar 2014 – auf nachhaltige Proteste von Frauen hin – die vollständige Gleichheit. In Saudi-Arabien haben sich Frauen erst in den letzten Jahren Rechte erkämpft, die Schritte in Richtung auf Gleichstellung bedeuten. So wurde die Bestimmung, dass Frauen der Einwilligung ihrer Ehemänner bedürfen, wenn sie verreisen wollen, 2019 abgeschafft. Internationale Beachtung fand die 2018 verfügte Abschaffung des Verbots für Frauen, selbstständig Auto zu fahren. Im Zusammenhang mit Eheschließung und Scheidung herrschen weithin in arabischen Ländern, Iran und Afghanistan überlieferte Regelungen vor, die Frauen gegenüber den Männern diskriminieren. Nur in wenigen Ländern ist die Mehrehe ausdrücklich verboten.

Selbst in der Türkei, in der der Prozess der Gleichstellung fast mit der Gründung der Republik vollzogen wurde, sind überkommene Rollenvorstellungen und Leitbilder noch immer nicht überwunden. Das gilt nicht nur für das Leben in Ehe und Familie. In dem seit 2002 von der konservativen *Partei für Gerechtigkeit und Entwicklung* (AKP) geschaffenen gesellschaftspolitischen Klima werden in parlamentarischen Debatten Themen wie außereheliche Beziehungen, Abtreibung oder Vergewaltigung von moralischen Standpunkten aus diskutiert, die eine männliche Perspektive reflektieren.

In Afghanistan hatte die Herrschaft der *Taliban* die Frau in zutiefst traditionelle Formen der Unterordnung zurückgeworfen. Der seit 2001 von der internationalen Gemeinschaft in Gang gesetzte Wiederaufbau von Staat und Gesellschaft war deshalb nicht zuletzt darauf gerichtet, Frauenrechte abzusichern. Das ist – zumindest für das Leben der Frauen in einigen Städten – auch gelungen. Angesichts der allgemein instabilen politischen Lage aber herrscht die Besorgnis, dass diese Fortschritte zunichte gemacht werden könnten, sollten die Fanatiker der *Taliban* wieder die Macht ergreifen.

Das Land, in dem sich Frauen in einem Zustand permanenter Selbstbehauptung gegenüber dem Staat sehen, ist die Islamische Republik Iran. Die Entwicklung des Familien- und Personenstandsrechts unter Muhammad Reza Schah hatte bis zur Revolution 1979 Frauen zahlreiche Rechte beschieden. Unter dem Regime der Islamischen Republik wurden viele davon rückgängig gemacht und überkommene islamische Rechtsvorschriften wieder in Kraft gesetzt. Ab 1980 wurde eine aus dem Islam abgeleitete Pflicht der Bedeckung des Haupthaars durch Kopftuch, Tschador etc. sowie des Tragens einer »islamischen Bekleidung« für alle Frauen in der Öffentlichkeit angeordnet. Zugleich wurden Einschränkungen des Besuchs von öffentlichen Veranstaltungen, etwa Kultur- oder Sportveranstaltungen, die als »unislamisch« einer »islamischen Moral« widersprächen, verhängt. Von vielen Frauen wurde dies als Eingriff in ihre Rechte betrachtet; dies umso mehr, als das Selbstbewusstsein der Frauen durch den Zugang zu den Bildungseinrichtungen gestärkt wurde. Ihren Widerstand haben zahlreiche Frauen auf unterschiedliche Weise, nicht zuletzt durch die Teilnahme an öffentlichen Protesten, bewusste Verstöße gegen die Bekleidungsvorschriften und die Gründung von Frauenorganisationen artikuliert. Zahlreiche Frauen haben sich als Anwältinnen für Menschen- und Bürgerrechte engagiert. Nicht wenige sind dafür mit Gefängnis bestraft worden.

Von Beginn der Bewegung an haben sich prominente Frauen auch am aufbrechenden künstlerischen und literarischen Leben beteiligt. In der Türkei hat Halide Edip (1884–1964) nicht nur aktiv am Unabhängigkeitskrieg (1919–1922) teilgenommen und durch ihr öffentliches Auftreten zur Mobilisierung des Widerstands beigetragen; in einer großen Zahl von Romanen und Essays hat sie den nationalen Aufbruch der Türken thematisiert. Huda Scha'rawi (1879–1947), die Gründerin der Frauenbewegung in Ägypten, hat Gedichte verfasst und in ihren Memoiren[63] ihrer Zeit in Sachen konservatives Frauenbild den Spiegel vorgehalten. Ihr ist ihre Landsfrau Nawal El Saadawi (1931-2021), Ärztin, Schriftstellerin und feministische Aktivistin in ihren wissenschaftlichen Veröffentlichungen sowie Romanen und Erzählungen gefolgt. Auch die marokkanische Soziologin Fatima Mernissi (1940–2015) hat wissenschaftliche Arbeit über die gesellschaftliche Stellung der Frau mit weitläufiger publizistischer und literarischer Tätigkeit verbunden, die weltweit auf Resonanz gestoßen ist. Diese Hinweise lenken den Blick auf die Tatsache, wie weit Frauen aus dem Schatten ihrer tradierten Stellung herausgetreten sind. Als gefeierte Sängerinnen, Schauspielerinnen, Regisseurinnen, insbesondere im Film, füllen Frauen aus allen Teilen des Vorderen Orients die Feuilletons der Zeitungen. Ohne den Beitrag von Frauen kann die Geschichte der modernen arabischen, persischen, türkischen, kurdischen, paschtunischen etc. Literaturen nicht geschrieben werden. Mit ihren männlichen Kollegen teilen sie die Darstellung der großen gesellschaftlichen und politischen Probleme und Herausforderungen, aber aus einer spezifisch weiblichen Sicht. Als Frauen sind sie Spannungen in besonderer Weise ausgesetzt, die aus dem Verlust der Bindekraft der Tradition herrühren. Unüberhörbar ist das emanzipatorische Aufstehen gegen die Dominanz eines männlichen Herrschaftsanspruchs, der durch nichts gerechtfertigt ist als eben die brüchig und hohl gewordene Tradition. Dabei gehen sie nicht selten sprachlich an die Grenzen: Unverblümte erotische Darstellungen etwa sind Tabubrüche künstlerischer und stilistischer Natur, die zugleich den Bruch der herkömmlichen Gesellschaftsordnungen reflektieren.

Tatsächlich sind der Roman und die Erzählung – neben dem Film – in allen Ländern im Nahen Osten zum Träger des umfassendsten Ausdrucks der Befindlichkeit der Gesellschaften geworden. Auch auf dem Gebiet des Romans kamen erste Anstöße aus Europa. Die mit der einsetzenden Modernisierung zunehmenden Kontakte ließen auch das Interesse an der literarischen Produktion wachsen. Dabei unterschieden sich die in den Kulturen des Vorderen Orients überkommenen Formen literarischer Darstellung deutlich von der Gattung des Romans und der Erzählung, wie sie in Europa seit dem 18. Jahrhundert zunehmend an Popularität gewann. Werke bekannter europäischer, namentlich französischer und englischer Autoren wurden in der zweiten Hälfte des 19. Jahrhunderts ins Osmanisch-Türkische, Arabische und Persische übersetzt; historische Romane erfreuten sich einer besonderen Beliebtheit. Sie wurden bald von einheimischen Autoren nachgeahmt, führten sie doch die Größe der eigenen Geschichte vor Augen. Daneben sollten Familienromane in einer Zeit des bedrohlichen Wandels sozialer Beziehungen Ideale menschlichen Zusammenlebens propagieren.

Mit dem Ende des Ersten Weltkriegs begann sich der Roman von seinen europäischen Vorbildern zu emanzipieren. Mit »Zainab« veröffentlichte der Ägypter Muhammad Husain Haikal (1888–1956), Sohn eines Großgrundbesitzers, 1914 den ersten Gesellschaftsroman der modernen arabischen Literatur noch während seines Studiums in Frankreich. Er lässt den Einfluss der französischen Aufklärung erkennen. Dass er auf dem Lande spielt – in der klassischen und nachklassischen arabischen Literatur war der Bauer allenfalls Gegenstand des Spotts gewesen –, sollte für die weitere Entwicklung der modernen Literatur ebenso richtungsweisend werden wie die Tatsache, dass der Autor den Leidensdruck einer jungen Frau in einer repressiven Gesellschaft in den Mittelpunkt stellte. Mit den dreißiger Jahren nahm der realistische Gesellschaftsroman in Ägypten und dann auch in anderen arabischen Ländern seine eigentliche und eigenständige Entwicklung. Hatte bis dahin die jahrhundertelang hochentwickelte Sprachkultur der Poesie mehr gegolten als die Prosa, so nahmen sich jetzt führende Schriftsteller ihrer an. An der Schwelle dieser neuen Dynamik steht die eindrucksvolle Persönlichkeit des Ägypters Taha Husain (1889–1973). In früher Kindheit erblindet, nahm er nach frühen Jahren der Erziehung an einer religiösen Schule das Studium der Literaturwissenschaft auf. Prägend wurde sein Studienaufenthalt in Montpellier. 1919 wurde er Professor für arabische Literatur an der Universität Kairo. Neben seinem umfangreichen literarischen Schaffen in Gestalt zahlreicher Erzählungen und Essays machte er sich als Literaturwissenschaftler einen Namen. Das Erscheinen seines Buches über die vorislamische Dichtung (1926; *Fi sch-schi'r al-dschahili*) löste einen Skandal aus. Nicht nur behauptete er darin, dass Teile der vorislamischen »heidnischen« (*dschahili*) Poesie nicht authentisch, sondern in frühislamischer Zeit im Interesse einzelner Persönlichkeiten oder der jungen islamischen Gemeinde gefälscht worden seien. Auch machte er vor koranischen Überlieferungen nicht halt: so etwa derjenigen von der Erbauung der Kaaba durch Abraham. Diese Erfindung habe den Interessen des Stammes der Quraisch (welchem der Prophet Muhammad entstammte) dienen sollen. Vielmehr stellte Taha Husain auch die Arabität Ägyptens in Frage: Das Land sei dem mittelmeerischen Kulturkreis zuzuordnen und solle sich wieder auf seine vorislamischen – pharaonischen – Wurzeln besinnen. Er wurde der Blasphemie bezichtigt. Anders aber als spätere kritische Geister wurde er nicht vor Gericht gestellt; vielmehr bekleidete er weiterhin zahlreiche Ämter. 1950 wurde er im letzten Kabinett der *Wafd*-Partei vor der Revolution von 1952 als Erziehungsminister berufen.

Abb. 32: Taha Husain bei der Verleihung des ägyptischen Literaturpreises durch Nasser, 15.11.1959.

Nach dem Zweiten Weltkrieg nahm die Loslösung von europäischen Vorbildern weiter zu. Der Ägypter Nagib Mahfuz (1911–2006) wurde der bekannteste arabische Autor. In seiner 1956/57 erschienenen Trilogie, deren einzelne Bände den Namen von Gassen des alten Kairo tragen, fing er literarisch originell in dem Schicksal von drei Generationen einer Kairoer Kaufmannsfamilie zwischen 1917 und 1944 auch den sozialgeschichtlichen Wandel während dieser Zeit ein. In den sechziger und siebziger Jahren hat er, stärker psychologisierend als in früheren Werken, immer wieder Figuren gezeichnet, die an den politischen und gesellschaftlichen Umständen, namentlich in der nasseristischen Ära litten und zerbrachen. 1959 erschien sein

Roman »Die Kinder unseres Viertels« (*Aulad haratna*). Darin gestaltete er Mythen und Allegorien, die den Einfluss humanistischer Elemente der islamischen Mystik verraten. In einer breiteren Öffentlichkeit und unter den Frommen wurde der Roman zum Stein des Anstoßes.

Abb. 33: Berühmt und umstritten: Nagib Mahfuz, Pionier des arabischen Romans.

Für sein Werk wurde Mahfuz 1988 als erster Araber mit dem Literaturnobelpreis ausgezeichnet. Seither hat sich die arabische Literaturgeschichte weiterentwickelt. Weitere ägyptische Autoren haben sich international einen Namen gemacht. Mit seinem 2002 erschienenen Roman »Der Jakubijan-Bau« (*Imarat Yaqubian*) ist Alaa al-Aswani (geb. 1957) hervorgetreten. Der Roman ist als Zeitbild der ägyptischen Gegenwart angelegt. Am Beispiel eines Vielparteienhauses in der Kairoer Innenstadt wird eine Gesellschaft porträtiert, die sich als vielschichtig und komplex erweist. Aber die ägyptischen Autoren vertreten nicht mehr die »arabische Literatur« insgesamt. Seit langem kann durchaus von einer nordafrikanischen, libanesischen, syrischen, palästinensischen, irakischen etc. Literatur gesprochen werden. Bei allen Gemeinsamkeiten insbesondere gesellschaftspolitischer Themen hat jedes arabische Land seine spezifischen Probleme, die literarisch verarbeitet werden: Ägypten etwa die Überbevölkerung, die viele zur Emigration, zur Arbeit in den reicheren, aber industriell und kulturell weniger entwickelten Ölländern zwingt. Die Anrainerstaaten an Israel, vor allem die aus ihrer Heimat vertriebenen oder in ihrer Heimat als Bürger zweiter Klasse verbliebenen Palästinenser, leben in ständiger existenzieller Auseinandersetzung mit Israel. Im Libanon hat auch der Bürgerkrieg (1975–1990) tiefe literarische Spuren hinterlassen. In der syrischen wie in der irakischen Literatur spielen Themen wie staatliche Repression und die Allmacht einer nicht durchschaubaren Bürokratie, die zerstörerischen Wirkungen verordneter Zwänge auf menschliche Verhaltensweisen, eine stärkere Rolle als anderswo. Abd ar-Rahman

Munif (1933–2004) zeichnet in seiner zwischen 1984 und 1989 erschienenen fünfbändigen Romanfolge »Salzstädte« (*Mudun al-milh*) am Beispiel eines fiktiven Reichs in der Golfregion die schwierige Entwicklung von der Beduinen- zur Erdölgesellschaft und legt zugleich menschliche Macht- und Unterwerfungsstrategien bloß. Unter den (zum Teil französisch schreibenden) nordafrikanischen Autoren und Autorinnen hat sich der Algerier Boualem Sansal (geb. 1949) nicht nur als schonungsloser Kritiker der politischen und sozialen Verhältnisse seines Landes, sondern auch als vehementer Gegenpol der islamistischen Strömung (auch in Deutschland, wo er 2011 den Friedenspreis des deutschen Buchhandels erhielt) einen Namen gemacht. Sein Landsmann Kamel Daoud (geb. 1970) hat mit dem Roman: »Der Fall Meursault – eine Gegendarstellung« (*Meursault, contre-enqête*, 2014), eine aufsehenerregende Antwort auf Albert Camus' (1913–1960) Roman »Der Fremde« (*L'Étranger*, 1942) aus der Sicht eines Arabers verfasst. Besonders apart, weil zugleich witzig und kritisch, ist die als Comic verfasste »Selbstbiographie« des französisch-syrischen Karikaturisten und Filmemachers Riad Sattouf (geb. 1978): »L'Arabe du futur. Une jeunesse au Moyen-Orient« (2014 ff.; seit 2015 auch übersetzt als »Der Araber von morgen. Eine Kindheit im Nahen Osten«). In ihr werden die kindlichen Erlebnisse in Libyen und Syrien zu einer Satire auf die großsprecherischen Potentaten der Zeit nach 1978, al-Qadhafi und Hafiz al-Asad, sowie deren zugleich verlogenen und hohlen Verheißungen an die Araber verarbeitet.

Mit Orhan Pamuk (geb. 1952) hat 2006 auch ein Vertreter der zeitgenössischen türkischen Romanliteratur den Literaturnobelpreis erhalten. Auch ihre Anfänge liegen im letzten Viertel des 19. Jahrhunderts. Der Zensur durch die Behörden von Sultan Abdülhamit II. ausgesetzt, spiegeln sie gleichwohl anschaulich den gesellschaftlichen Wandel wider. Aus den politischen und weltanschaulichen Diskussionen der jüngtürkischen Ära kristallisiert sich nur langsam der türkische Nationalismus heraus, der zunehmend auch literarisch thematisiert wird. Halide Edip (1884–1964) wird zu einer Protagonistin dieser Bewegung. Ihr 1922 erschienener Roman »Das Flammenhemd« (*Ateşten gömlek*) ist ein Hohelied auf den heldenmütigen Patriotismus der einfachen Anatolier. Neben ihr profilierte sich Yakup Kadri Karaosmanoğlu (1889–1974) als einer der angesehensten Romanciers der klassischen Moderne. Mit seinen Romanen, Memoiren und Essays wurde er zum Chronisten des Untergangs der alten osmanischen Istanbuler und zum Geburtshelfer und Kritiker der neuen Ankaraner Gesellschaft. Daneben blieb die Suche des Einzelnen nach einer türkischen Identität, die das orientalische Erbe mit der westlichen Zivilisation in Einklang bringen sollte, ein brennendes Thema.

Mit dem Einbruch des tiefgreifenden politischen und gesellschaftlichen Wandels zu Beginn der fünfziger Jahre setzten auch die türkischen Schriftsteller – in Romanen und Erzählungen – neue, gesellschaftskritische Akzente. Der Tatsachenbericht des Dorflehrers Mahmut Makal (1930–2018), »Unser Dorf« (*Bizim köy*, 1950), macht den Anfang des Siegeszugs der Dorfliteratur. Darin schilderte der Autor die katastrophalen Zustände in den anatolischen Dörfern als Augenzeuge. Unter dem Verdacht, »linke« Literatur zu produzieren, wurde er verhaftet; auch andere Autoren dieser realistischen Literatur wurden drangsaliert. Dem größten kurdischstämmigen Romancier türkischer Sprache, Yaşar Kemal (1923–2015), gelang schon mit seinem ersten Roman: »Memed, mein Falke« (*Ince Memed*, 1955), der internationale Durchbruch (1997 erhielt er den Friedenspreis des deutschen Buchhandels). Kemal freilich übersteigt die Dorfliteratur, indem er die alten Mythen und Sagen seiner Heimatprovinz, der Çukurova, wiederbelebt. Humorvoll und ironisch beschreibt Aziz Nesin (1915–1995) das Leben der kleinen Leute. Seine sozialkritischen Geschichten stießen sowohl bei den Vertretern des Staates als auch bei den verbohrten Frommen auf Feindseligkeit. An den politischen Entwicklungen der siebziger Jahre, die schließlich zum Militärputsch von 1980 führten, entzündete sich eine engagierte Literatur, an der insbesondere auch Autorinnen erheblichen Anteil hatten.

Bezeichnend für die Epoche nach dem Militärputsch vom 12. September 1980 (► S. 280) ist die – neue – Aufmerksamkeit, die im politischen und gesellschaftlichen Raum dem Islam und der osmanisch-islamischen Tradition zuteil geworden ist. In der Literatur wird der historische Roman gleichsam in ein zeitgenössisches Gewand gekleidet. Die Autoren und Autorinnen beschreiben keine auf Quellenstudium basierende rekonstruierte Wirklichkeit. Vielmehr gehen sie gleichsam spielerisch mit dem historischen Material um, so dass die Grenze zwischen Faktum und Fiktion verschwimmt. Unter den frühen Romanen Orhan Pamuks (geb. 1952) hat insbesondere »Das Schwarze Buch« (*Kara kitap*, 1990) zu unterschiedlichen Deutungen geführt. Es gibt nicht die eine als verbindlich vorgestellte Wirklichkeit, in der Handlungen und Geschehnisse in linearer logischer Abfolge nacherzählt werden könnten. Eine fiktionale, multiperspektivische Welt verlangt nach einer kaleidoskopisch heterogenen Schreibweise. In seinem 2002 erschienenen Roman »Schnee« (*Kar*) gibt er eine beängstigend realistische Analyse elementarer Konflikte und Verwerfungen in der türkischen Gesellschaft. Eine Autorin, die in ähnlicher Weise und mit großem Erfolg beim Publikum aktuelle Themen (u. a. die Armenierfrage, den Kurdenkonflikt, Ehrenmorde) im Spiegel der Geschichte verortet, ist Elif Şafak (geb. 1971). Ihr Roman »Liebe« (*Aşk*), wurde in der Türkei zum absoluten Bestseller. Ein historischer Roman, der im 13. Jahrhundert in Konya angesiedelt ist, über die Liebe des Mystikers Mevlana Celalettin Rumi (1207–1273) zu dem Wanderderwisch Şams-e Tabrizi wird eingebettet in eine Rahmenhandlung, die zwischen einer amerikanischen Verlagslektorin und dem schottischen, zum mystischen Islam konvertierten Romanautor per E-Mail-Kontakt verläuft und zur großen Liebe wird.

Auch in Iran ist die erzählende Literatur des 20. Jahrhunderts in Gestalt des europäischen Romans bzw. der Novelle oder Kurzgeschichte durch Übersetzungen europäischer Literatur in der zweiten Hälfte des 19. Jahrhunderts inspiriert worden. Wie auch im benachbarten Osmanischen Reich bedeutete der politische Aufbruch zu Beginn des 20. Jahrhunderts zugleich einen literarischen Aufbruch. Die frühesten modernen persischen Prosawerke waren historische und sozialkritische Romane gewesen; sie entstanden in der zweiten Hälfte des 19. Jahrhunderts. Volkstümliche Geschichten dagegen entstanden erst zu Beginn des neuen Jahrhunderts. Ali-Akbar Dehkhoda (1880–1956) begann seine literarische Arbeit in den frühen Jahren der Verfassungsrevolution. Seine satirischen Skizzen behandeln vor allem die Korruption des staatlichen Apparats, die soziale Ungerechtigkeit und die Einmischung auswärtiger Mächte. Nicht weniger aufsehenerregend als die neuen Themen war die neue Sprache, die er in die Literatur einführte. An die Stelle des schwülstigen, aufgeblähten und gekünstelten Stils, der in der Literatur und in offiziellen Kanzleien über Jahrhunderte in Gebrauch gewesen war, trat der schlichte sprachliche Ausdruck des einfachen Volkes. Der eigentliche Begründer der modernen persischen Erzählliteratur wurde Muhammad Ali Dschamalzadeh (1892–1997). Unter dem Titel: »Es war einmal; es war einmal nicht« (*Yeki bud yeki nabud*, 1921), behandeln die sechs Erzählungen vor allem die Missstände im Staat und die Rückständigkeit des Volkes. Waren die Epoche des politischen Aufbruchs und die Jahre danach von Vielfalt und Optimismus getragen, so änderte sich das mit der Diktatur Reza Schahs nach 1926. Weder duldete er Kritik an seiner Regierungsführung noch tolerierte er freiheitliche Äußerungen kritischer Schriftsteller, deren Wirken er von einer funktionierenden Zensur überwachen ließ. In zwei wesentlichen Punkten konnte er dennoch der Unterstützung vor allem der älteren Garde der Intelligenz sicher sein: in der nachhaltigen Hinneigung zur Zivilisation des Westens und in dem Streben nach der Souveränität des Landes. Westliche Aufklärung und Ideen ja – aber nicht als Zwang von innen oder von außen. So bringt die Thematik der Romane und Erzählungen die Entschlossenheit zum Ausdruck, neue innere und äußere Lebensbereiche zu erfassen und realistisch zu zeichnen. Bestrebt, das Volk mit einem so gearteten Realismus aufzuklären, gelangt die Belletristik zu zunehmender Individualisierung der Ausdrucksweise und der Erzählgestalten.

Unter den Schriftstellern dieser Jahre ragt Sadegh Hedayat (1903–1951) heraus. Haben Dehkhoda und Dschamalzadeh den Grundstein zu einer neuen persischen Prosa gelegt, so hat Hedayat einen entscheidenden Beitrag zur Entwicklung der modernen Erzähltechnik in der Prosa geleistet. Der Autor, der selbst aus einer angesehenen, begüterten Familie stammte, schildert in seinen Erzählungen das Leben und Schicksal einfacher Menschen seiner Heimat. Auch wendet er sich städtischen Schichten der Gesellschaft zu: Er schildert Künstler und ihre Probleme, heuchlerische Staatsmänner und raffgierige Geschäftsleute. Sein Hauptwerk ist der 1937 (in Bombay) veröffentlichte Roman »Die blinde Eule« (*Buf-e kur*). Sein Thema ist – ähnlich wie in den Romanen Kafkas oder Becketts – das zwangsläufige, unerklärliche Scheitern der menschlichen Existenz. Enttäuscht über die Entwicklung, die Iran Ende der vierziger Jahre nahm, ging er zurück nach Paris (wo er studiert und einen Teil seines Lebens verbracht hatte). Wohl auch unter Depressionen leidend, ist er dort 1951 freiwillig aus dem Leben geschieden.

Zunächst aber waren die Jahre, die der Absetzung Reza Schahs im August 1941 folgten, neben einem regen politischen Leben auch für die iranischen Künstler eine fruchtbare Periode. Nach jahrelangem Schweigen meldeten sich Schriftsteller und Dichter wieder zu Wort. Unter den Stimmen befanden sich namentlich auch linke Autoren, die unter Reza Schah mundtot gemacht worden waren. Einer der bekanntesten unter ihnen war Bozorg Alawi (1904–1997). Unter Reza Schah verhaftet, hat er in den Jahren zwischen dessen Sturz und der Niederschlagung der Bewegung von Muhammad Mosaddegh 1953 zahlreiche sozialkritische Erzählungen veröffentlicht. Später ging er ins Exil in die Deutsche Demokratische Republik, wo er zum Mitbegründer des Lehrstuhls für Iranistik an der Humboldt-Universität zu Berlin wurde. Den Stimmen der Linken gegenüber positionierten sich aber auch die Traditionalisten. Ihr markantester Kopf sollte Dschalal Al-e Ahmad (1923–1969) werden. Nach dem Krieg zunächst Mitglied der kommunistischen *Tudeh*-Partei, schloss er sich zu Beginn der fünfziger Jahre der Bewegung Muhammad Mosaddeghs an. Die inneren und äußeren Entwicklungen Irans in der Folgezeit ließen in ihm das

Trauma eines »Geschlagenseins« durch den Westen aufkommen. Neben seinen Erzählungen fand dies in seinem 1962 veröffentlichten Essay *Gharbzadegi* Niederschlag, der einen enormen Einfluss auf den intellektuellen Diskurs in Iran ausgeübt hat. Dessen Bedeutung im Vorfeld der Revolution ist oben angedeutet worden.

Mit der Gründung der Islamischen Republik hat für alle Künstler Irans eine bleierne Zeit begonnen. Das gilt auch für die Literatur. Nach einem kurzen Frühling 1979/80 war Schikane an der Tagesordnung; Intellektuelle und Kulturschaffende wurden verhaftet, einige ermordet. Schreibverbote und Zensur waren eine alltägliche Erfahrung. Gleichwohl hat sich das geistige Leben in seinen vielen Facetten immer wieder Bahn gebrochen. Allen Repressalien zum Trotz hat der Verband der Schriftsteller seine Stimme für die Freiheit der Rede und der Kunst erhoben und gegen die repressiven Maßnahmen des Staates protestiert. Neben dem Film (über den unten noch zu sprechen sein wird) sind auch im Bereich der Erzählkunst Meisterwerke entstanden. Sie verbinden sich u. a. mit den Namen Huschang Golschiri (1937–2000), Mahmud Daulatabadi (geb. 1940) und Amir Hassan Cheheltan (geb. 1956). Wieder einmal weichen Erzähler auf die Vergangenheit aus, um eine die Gegenwart betreffende Botschaft zu übermitteln. Einige aber sprechen diese unmittelbar an – was zugleich die Gefahr birgt, dass sie nicht in Iran erscheinen können. Ihre Romane und Erzählungen beschreiben die physische und geistige Unterdrückung sowie die Doppelbödigkeit eines Regimes, das sich religiös legitimiert, dessen Parteigänger sich aber zugleich auf Kosten der Gesellschaft bereichern. Im Überblick über ein Jahrhundert literarischen Schaffens durchzieht die persische Literatur ein auffallend starker Zug von Pessimismus, Ironie und schwarzem Humor.

Der Einfluss Europas auf dem Gebiet von Literatur und Geistesleben ist auch in Afghanistan spürbar geworden. Allerdings hat die Entwicklung auf diesem Gebiet außerhalb der Landesgrenzen, namentlich in Europa, kaum Beachtung gefunden. Kräftige Impulse wurden bereits zu Beginn des Jahrhunderts durch das vielfältige Wirken Mahmud Tarzis vermittelt, der nicht nur aus europäischen Sprachen übersetzte, sondern auch selbst – nicht zuletzt in der von ihm herausgegebenen Zeitschrift *Seradsch al-akhbar* – als Erzähler hervortrat. In der Folge pflegen Literaten und Journalisten – organisiert in Zirkeln und Foren in Kabul – eingängiges Erzählgut. Ab den dreißiger Jahren gewinnen diese Tendenzen an künstlerischem Gewicht. Wie auch andernorts im Nahen Osten bilden die Geschichte und eine realistisch-kritische Erfassung der Gegenwart thematische Schwerpunkte der erzählenden Dichtung. Die Gestaltung geschichtlicher Ereignisse ist eng verbunden mit dem entstehenden afghanischen Nationalgefühl, das sich in der Darstellung der großen Ereignisse der Geschichte der Afghanen bestätigt und festigt. Andererseits finden die bereits von Tarzi beklagte Unwissenheit und Rückständigkeit sowie seine Forderung nach Modernisierung und Übernahme neuzeitlicher Erkenntnisse literarische Resonanz.

Nach dem Zweiten Weltkrieg bringt die »Erwachte Jugend« (*Wesh zalmayan*, ► S. 237) neue und radikalere Impulse in die afghanische Literatur. Sie wendet sich gegen die klassizistisch-romantische Tradition und fordert eine kritische Auseinandersetzung mit der sozialen Lage der Bevölkerung. Thematisiert werden die Gegensätze von arm und reich, die Skrupellosigkeit reicher Großgrundbesitzer, Kaufleute und Wucherer sowie die beklemmende Lage der Frauen. Wie anderswo in der Literatur im Nahen Osten nach dem Zweiten Weltkrieg finden die ärmlichen Verhältnisse auf dem Lande die Aufmerksamkeit der Erzähler. Jetzt beginnen sich auch Religion und Wirklichkeit zu trennen. Einige der kritischen Literaten, die aus der Bewegung der *Wachen Jugend* hervorgegangen sind, haben in der afghanischen Linken – auch als Mitglieder der kommunistischen *Demokratischen Partei Afghanistans* – eine Rolle gespielt. Nur Muhammad Taraki (1917–1979) war der prominenteste unter ihnen: Neben seiner journalistischen Tätigkeit verfasste er eine Reihe von Romanen und Erzählungen; 1965 war er Mitbegründer der Partei und wurde in der Revolution vom April 1978 Vorsitzender des Revolutions- und des Ministerrates. In den internen Machtkämpfen unter den Revolutionären fand er im Oktober 1979 den Tod.

Der rasante gesellschaftliche und kulturelle Umbruch, insbesondere in Kabul, eröffnete auch den Frauen Freiräume, sich an dem literarischen Leben zu beteiligen. Die markanteste unter ihnen wurde Spojmai Zariab (geb. 1949). Sie besuchte die französische Oberschule, was ihre enge Beziehung zur französischen Kultur erklärt. Sie überlebte die Revolution und die sowjetische Invasion; 1991 aber floh sie ins französische Exil. Ihr literarisches Werk reflektiert ihre Lebenserfahrungen und die ihrer Generation: Es erzählt von Menschen, denen der Bezugspunkt ihres Lebens durch die sie beherrschenden Lebensumstände abhandengekommen ist. In ganz unterschiedlichen Facetten, die sich aber immer an konkreten Gewalterfahrungen festmachen, ist die Angst der rote Faden ihres Schreibens.

Tatsächlich hat die Revolution das geistige Leben Afghanistans für Jahrzehnte ausgelöscht. Intellektuelle und Künstler aller *couleur* wurden entweder umgebracht oder haben das Land verlassen müssen. Zu den Glücklichen, die dem Malstrom der Revolution entkamen, gehört Khaled Hosseini (Khalid Husaini). Er wurde 1965 als Sohn eines Diplomaten in Kabul geboren und verbrachte dort Teile seiner Kindheit. Als die Revolution ausbrach, befand sich sein Vater in Teheran auf Posten. 1980 emigrierte die Familie in die USA; Khaled studierte Medizin und wurde Arzt. Früh schon hatte er eine Neigung zur Schriftstellerei; jetzt konnte er ihr nachgehen. Unter seinen Romanen wurde insbesondere der 2003 erschienene »Drachenläufer« (*The Kite Runner*) ein Welterfolg. Im Mittelpunkt steht der Ich-Erzähler Amir, der in seiner Jugend die Freundschaft zum gleichaltrigen Hasan verraten hat. Als Erwachsener erhält Amir die Chance, das Unrecht wiedergutzumachen. Der Zeitraum der größtenteils in Rückblenden erzählten Handlung umfasst knapp vierzig Jahre: von den 1960er Jahren in Kabul bis März 2002 in Kalifornien. Weitere Schauplätze sind der Hazarajat im Norden Afghanistans sowie Peschawar und Islamabad in Pakistan. Hosseini lässt Afghanistan als ein Land mit einer eigenen Kultur und Vergangenheit wiederaufleben. Er gibt einem Volk und einem Land wieder sein eigentliches Gesicht, das jahrzehntelang hinter der dunklen Wolke von Gewalt, Terror und religiösem Fanatismus nur verzerrt und entstellt sichtbar geworden war.

Der Reichtum und die Vielfalt des Schaffens der Schriftsteller arabischer, türkischer und persischer Sprache (aber auch in Sprachen kleinerer Völker wie der Kurden) auf dem Gebiet der Prosaerzählung – das Ergebnis einer fruchtbaren Begegnung von »Orient« und »Okzident« (um es in der Sprache von Goethes »West-Östlichem Diwan« zu sagen) – durch das 20. Jahrhundert hindurch sollte nicht übersehen lassen, dass auch auf dem Gebiet der Poesie ein nachhaltiger Einfluss Europas erkennbar ist. Herkömmlich stand diese für »Literatur« schlechthin; allenfalls dem Helden- oder romantischen Epos an die Seite gestellt. Trotz der »Konkurrenz« durch die erzählende Literatur ist die Lyrik bis in die Gegenwart in allen orientalischen Sprachen eine lebendige Form der Literatur geblieben. Unter dem Einfluss europäischer Dichtung hat das Genre aber nach Form und Inhalten neues Leben erfahren. Zwar lebt auch die Poesie traditioneller Art weiterhin fort. Die bedeutendsten poetischen Kunstwerke der Zeit nach dem Zweiten Weltkrieg aber haben die überkommenen Metren und Reime weitgehend überwunden und sind in freien Formen und Strukturen abgefasst. Der gehobene, ja exaltierte sprachliche Ton ist auf die Ebene spontaner Verständlichkeit herabgestimmt. Die klassischen Inhalte der Liebe und Natur sind um neue Themen erweitert worden. Dazu gehört die Kritik an den politischen und gesellschaftlichen Zuständen: Der – marxistisch inspirierte – türkische Dichter Nâzım Hikmet (1901–1963) ist dafür ein eindrucksvolles Beispiel.

Hohes dichterisches Niveau und eine starke politische Aussagekraft verbinden sich bei dem palästinensischen Dichter Mahmud Darwisch (1941–2008). Einen anderen neuartigen Weg ist der syrisch-libanesische Lyriker Ali Ahmad Sa'id Esber (geb. 1930) gegangen, der unter dem *nom de plume* Adonis seit Jahrzehnten in Paris lebt. Er schafft neue, in der arabischen Lyrik bis dahin nicht gekannte poetische Konstrukte, in denen auch radikal – im Sinn der europäischen Lyrik – moderne dichterische und philosophische Aussagen ihren Platz finden. In Anlehnung an Friedrich Nietzsches »toten Gott« feiert er in den Gesängen Mihyârs des Damaszeners das schöpferische, alles Herkommen radikal infrage stellende Individuum. Auch zahlreiche iranische Lyriker der neueren Zeit habe die Konventionen über Bord geworfen. Unter den Bedingungen diktatorischer Herrschaft schufen sich viele von ihnen Räume der Innerlichkeit, in denen sie die bedrückenden Umstände der Zeitläufte in Chiffren und Assoziationen verarbeiten. Wie auch in den türkischen und arabischen Literaturen haben Frauen einen starken Anteil an der Lyrik. In der Offenbarung ihrer Gefühle, einschließlich erotischer Sinnlichkeit, ist die Dichterin Forugh Farrochsad (1934–1967) hervorgetreten. Welch nachhaltige öffentliche und politische Wirkung von Poesie ausgehen kann, ließ sich an den Ereignissen im Oktober 1977 im Garten der Deutsch-Iranischen Gesellschaft in Teheran ablesen: Dort veranstaltete das Goethe-Institut »Zehn Nächte der Poesie«, an denen zahlreiche bis dahin verbotene oder seit langem im Verborgenen schaffende Künstler ihre Gedichte und Texte vor einem von Abend zu Abend wachsenden Publikum vortrugen. Viele Iraner sehen in diesen Abenden zeitgenössischer Literatur einen starken Anstoß für den Beginn der Revolution (► S. 309).

Auch auf dem Gebiet des Theaters sind aus Europa wichtige thematische und künstlerische Anstöße vermittelt worden – genannt sei hier nur der Einfluss Bertold Brechts. Sie haben durchaus Breitenwirkung entfaltet, insgesamt aber nicht eine Tragweite und Nachhaltigkeit von der Dimension der erzählenden Prosa und eben auch des Films gezeitigt. Tatsächlich hat der Film auf das kulturelle, politische und soziale Bewusstsein breiter Teile der Gesellschaften zwischen Marokko und Afghanistan starke Wirkung ausgeübt. Zentrum der arabischen Filmproduktion mit all ihren Varianten kineastischer Unterhaltung – Melodramen, Komödien, Musicals – war jahrzehntelang Ägypten. Von hier aus wurde das arabische (und auch das daran angrenzende nahöstliche) Publikum versorgt – mit dem Nebeneffekt, dass der ägyptische Dialekt des Arabischen weithin auch außerhalb des Landes verstanden

Abb. 34: Früh verstorben, hinterließ Forugh Farrochsad ein schmales Werk ausdrucksstarker Gedichte.

wird. Auch sozialkritische Filme wurden in Kairo produziert. Mit seinen realistischen Darstellungen vom Leben der Bauern (Fellachen) und den ungeschönten Bildern der Städte, insbesondere Kairos und Alexandrias, wurde Youssef Chahin (Yusuf Schahin, 1926–2008) eine Ikone des ägyptischen Films (die freilich bei den Herrschenden und in konservativen muslimischen Kreisen immer wieder auch Anstoß erregte). Jenseits der Dominanz des ägyptischen Films aber haben sich in einzelnen arabischen Ländern durchaus unterschiedliche Ausdrucksformen entwickelt: So reflektieren die mit Frankreich verbundenen nordafrikanischen Länder zwar ihre jeweils spezifischen gesellschaftlichen Probleme, sind aber in der Darstellungsweise dem französischen Film verbunden. Auch Syrien und der Irak haben zeitweise eine eigene Filmsprache gefunden. Das jüngste Beispiel für die gesellschaftliche Relevanz des Films im arabischen Raum liefert Saudi-Arabien. Hier stand die Produktion von Filmen auf Grund des im Islam verbreiteten Bilderverbots bei den konservativen Wahhabiten grundsätzlich im Verdacht der Häresie; nur langsam und nicht ohne Widerstände hatte sich auch das Fernsehen durchsetzen können. Seit Ende der siebziger Jahre waren Kinos offiziell verboten. (Im privaten Raum war das Anschauen von Filmen durchaus verbreitet.) Mit dem Film *Wajda* (*Wadschda*), dessen Titelheldin sich ein Fahrrad wünscht (das Radfahren gilt in Saudi-Arabien für Frauen als unschicklich), schuf die Regisseurin Haifa al-Mansur (geb. 1974) 2013 nicht nur den ersten vollständig in dem Land produzierten Spielfilm. Mit der Thematik der Befreiung der Frau aus herkömmlichen Herrschaftsmustern zielte sie zugleich ins Herz der saudischen Gesellschaft. Seither wurden Kinos wieder geöffnet und Schritte einer weiteren Emanzipation der Frau eingeleitet Der 2019 entstandene Film Haifa al-Mansurs: »Die perfekte Kandidatin« (*The Perfect Candidate*), lässt erkennen, welche Veränderungen sich etwa auf den Gebieten der Bekleidungsvorschriften, beruflicher Tätigkeit sowie des öffentlichen Auftretens der Frauen seither ergeben haben.

Das Kino ist nicht weniger als die Literatur ein Markenzeichen der Kunst und Unterhaltung auch der modernen Türkei. Erste Höhepunkte erlebte das türkische Kino bereits in den sechziger Jahren, als Metin Erksan (1929–2012) mit seinem Film »Trockner Sommer« (*Susuz yaz*) bei der Berlinale 1964 den Hauptpreis erhielt. Die Einführung des Fernsehens 1978 entzog dem Kino zunächst einen Teil des Publikums und der Militärputsch von 1980 und seine Folgen brachten einen Absturz, von dem sich der türkische Film erst Ende der neunziger Jahre erholte. Historienspektakel, Komödien und rührselige Melodramen finden ein breites Publikum. International bekannt und wettbewerbsfähig ist das türkische Kino aber mit seinem Autorenfilm. Die Verlorenheit des Einzelnen im anonymen Trubel der Großstädte, der Abschied von gewohnten Verhaltensweisen (insbesondere auch auf männlicher Seite) sind wiederkehrende Themen. Andere entdecken den seit jeher von den Eliten der Westtürkei vernachlässigten Osten und folgen damit dem oben erwähnten Trend der Dorfliteratur. Damit tritt zugleich der Konflikt zwischen Stadt und Land sowie zwischen Moderne und Tradition ins Bild.

Zu den tiefen Umbrüchen der Gegenwart gehören die offenkundige Erschütterung des Patriarchats und die prekären Männerbilder. Die Brüder sind die schlimmsten, schlimmer noch als die Väter: junge Männer, die ihre Rollen noch nicht gefunden haben, unter der Fuchtel der Patriarchen stehen und ihre unterdrückten Aggressionen an ihren Schwestern oder deren Liebhabern auslassen. Über das unter Umständen vergossene Blut und die dann oft jahrelangen Haftstrafen holen sie sich die entbehrte Anerkennung. Nicht weniger auffallend sind die jungen urbanen Frauenfiguren: Selbstbewusst, auch wo sie Opfer werden, lassen sie sich nicht in die Passivität drängen. Mit den Mitteln des Films wird so die Tatsache einer starken Frauenbewegung in der Türkei bestätigt.

Mit der Lage der Frauen verbundene Themen bewegen auch die Filmemacher und Filmemacherinnen in Iran. Geradezu ein Paradox ist deren Stellung in der Islamischen Republik. In einem Land, in dem eine eng ausgelegte »islamische Moral« in Verbindung mit staatlicher Zensur und politischen, juristischen und persönlichen Schikanen das künstlerische Schaffen extrem einengt, in einem Land, in dem auch Literatur, die Schwester des Films, teilweise gar nicht oder nur im Ausland erscheinen kann, hat der Film ein Eigenleben, eine Bedeutung und eine Wirkung entfaltet, die weltweite Aufmerksamkeit erfahren haben. Die Ursprünge des Films in Iran reichen in die Anfänge des Films überhaupt zurück. Und einige der älteren Filmemacher haben schon in den sechziger Jahren erste erfolgreiche Filme produziert; unter ihnen ist Abbas Kiarostami (1940–2016) an vorderster Stelle zu nennen. Aber eine ganze Generation von Filmemachern sind Kinder – männliche wie weibliche – des »islamischen« Staates. Dieser selbst scheint im tiefsten unentschieden, wie mit diesem künstlerischen Medium umzugehen sei. Als Kiarostami, dessen Filme zeitweilig nicht öffentlich gezeigt werden durften, im Juli 2016 verstarb, suchten die Konservativen seinen Tod zu verschweigen; demgegenüber twitterte Staatspräsident Ruhani, Kiarostami habe in seinem Werk zu Frieden und Freundschaft aufgerufen. »Seine tiefsinnige und unkonventionelle Einstellung […] wird uns immer in Erinnerung bleiben.« Und Kulturminister Ali Dschannati bezeichnete den Filmemacher als »einen Avantgardisten mit dem Anspruch eines Humanisten und Moralisten«. Viele Filmemacher haben Berufsverbot, ja landen von Zeit zu Zeit im Gefängnis. Andere werden daran gehindert, ihre Auszeichnungen im Ausland persönlich in Empfang zu nehmen. Auf der anderen Seite produzieren die meisten weiterhin im Lande; das kann den Behörden nicht verborgen bleiben. Sympathisieren, ja kollaborieren Vertreter der Obrigkeit mit ihnen? Dscha'far Panahi (geb. 1960) wurde 2010 mit einem Berufsverbot belegt, gleichwohl hat er seither mehrere Filme gedreht, darunter »Taxi«, der auf der Berlinale 2015 mit dem »Goldenen Bären« ausgezeichnet wurde. Muhammad Rasulof (geb. 1972) gewann diese Auszeichnung 2020 für seinen Film »Es gibt kein Böses« (*Schaitan wudschud nadarad*). Unter der Anklage der Propaganda gegen das System war bereits zuvor gegen ihn eine Strafe von einem Jahr Gefängnis verhängt worden.

Der iranische Film ist in der Regel nur auf eine symbolisch-subtile Weise politisch und gesellschaftskritisch. Nicht die große Politik wird thematisiert. Im Mittelpunkt stehen Menschen mit ihren Kümmernissen und Hoffnungen, aber auch mit ihrer List, mit der sie in ihrem täglichen Leben den Begrenzungen zu entkommen suchen, die ihnen durch enge Tradition oder politische Schikanen gesetzt sind. Die Filme sind keine radikalen Proteste, sondern Äußerungen eines Unbehagens, Fingerzeige in die Richtung auf Veränderung.

In zahlreichen Fällen entwirft das iranische Kino seine Gesellschaftsbilder aus der Perspektive der Frauen, die dem Betrachter den Alltag einer patriarchalen Gesellschaft vor Augen führen. Die Botschaft kommt sanft daher und es werden keine weitreichenden Forderungen nach einem fundamentalen Wandel des Regimes oder des politischen Systems gestellt. Die Probleme der Passagiere des »Taxis« haben auch eine heitere Pointe. Panahis Film »Offside« ist zum Umfallen komisch und beinhaltet gleichwohl ein starkes und nicht zu überhörendes Argument für die Gleichheit an Würde und Rechten von Frau und Mann. Dahinter steht die Überzeugung, dass nach Lage der Dinge umstürzlerische Forderungen zwecklos sind, ja dass sie in die Hände der Hardliner spielen und das System eher noch verfestigen würden. Der Wandel kommt eben auf Taubenfüßen. Panahi lässt eine bekannte Frauenrechtlerin, Nasrin Sotudeh, auf dem Weg zu einer Mandantin in sein »Taxi« einsteigen. Diese hatte mit Freundinnen ein Volleyballspiel ansehen wollen und sitzt deswegen in Untersuchungshaft. Tatsächlich engagieren sich in Iran viele Frauen für die Verwirklichung der Menschenrechte und tragen Kämpfe aus, die sie selbst gefährden. Aber die bestehende Ordnung wird nicht grundsätzlich verworfen; sie trägt auch akzeptable Züge. Auch die Proteste der »Grünen Bewegung« in Iran von 2009, die Panahi unterstützt hat, forderten Reformen und nicht den radikalen Regimewandel. Asghar Ferhadi (geb. 1972; Goldener Bär 2011 und Oscar 2012) holt das iranische Kino von der Straße (so in »Taxi« und anderen Filmen) in den sozialen Innenraum. Er erzählt nicht über die Wirklichkeit, sondern entwickelt die Handlung und die Geschichte seiner Filme aus dem Kern seiner Gestalten heraus. Dabei ist sein Blick von einem starken Humanismus getragen. Er zeigt die aus ärmeren Schichten stammenden, der Tradition und dem Glauben verhafteten Figuren mit der gleichen Empathie wie die Angehörigen der sich liberal gebenden aufgeklärten Schichten. Er führt vor, wie Klassenunterschiede Geisteshaltungen bestimmen und welcher soziale und kulturelle Riss durch sein Land verläuft. Es sei eine Art stiller Bürgerkrieg, der in Iran herrsche. »Letztlich kommt mir Iran wie ein krankes Kind vor, um das wir Filmemacher uns kümmern müssen«.[64]

Die Literatur und der Film sind nur zwei Foren, über die die geistige Auseinandersetzung mit dem Westen und die Suche nach der Identität der Völker des Vorderen Orients und Nordafrikas geführt wurden. Aber sie sind die verbreitetsten; sie haben in unterschiedlichen Formaten und auf unterschiedlichen Wegen fast alle Schichten der Gesellschaft erreicht. Aber auch eher elitäre Formen der Kunst wie die darstellende Kunst und die Malerei haben sich unter dem Einfluss Europas, der USA und – zeitweilig – auch der Sowjetunion entwickelt. Zwar waren Bildhauerei und Malerei durch das sogenannte »Bilderverbot« im Islam behindert. Ein solches aber findet sich nirgendwo im Koran und hat nie flächendeckend gegolten. Im Einzugsgebiet der persischen Kultur hat die Miniatur über Jahrhunderte eindrucksvolle Blüten entfaltet und die iranischen und osmanischen Herrscher haben stets eine repräsentative staatliche Kunst unterhalten. So waren türkische, persische und arabische Künstler bereits im 19. Jahrhundert für europäische Einflüsse offen. Bereits 1882 wurde in Konstantinopel eine Akademie der Schönen Künste gegründet, an der in den folgenden Jahrzehnten – selbstverständlich – auch Araber und andere nichttürkische Untertanen aus den Gebieten des Reichs ausgebildet wurden. Viele von Ihnen reisten zur Fortbildung nach Europa. Vergleichbare Einrichtungen entstanden in den Jahrzehnten nach dem Ende des Osmanischen Reichs in den Hauptstädten der neuen arabischen Staaten, in Teheran und Kabul.

Die künstlerische Entwicklung der Maler vollzog sich zwischen zwei Polen: auf der einen Seite die Kalligraphie. Diese – man möchte sagen – urislamische Kunst wird bis in die Gegenwart sorgfältig gepflegt. Große Kalligraphen genießen weithin hohes Ansehen. Auf der anderen Seite steht die »Staatskunst« in Gestalt von Plastik und Malerei. In ihrer krudesten Form wird sie in den zahllosen Statuen und Portraits sichtbar, mit denen die öffentlichen Plätze und offiziellen Zeremonien ausgestattet wurden. Über die Jahrzehnte haben sie die Herrschaftsverhältnisse im Inneren und die Ansprüche nach außen (Kriege) widergespiegelt. Zwischen den beiden Polen haben sich die Künstler an allen Stilrichtungen und Moden der plastischen Kunst und Malerei inspiriert, die von den künstlerischen Metropolen in Europa und den USA ausgestrahlt haben. In zahlreichen Hauptstädten entstanden Museen der »Schönen Künste«. Dramatische Momente in der Entwicklung eines Volkes wie die Revolution in Iran 1978/79 oder die Revolten in arabischen Ländern, namentlich in Tunesien und Ägypten seit 2011, haben in Gestalt öffentlicher Graffiti zugleich spontan emotionale wie künstlerisch eindrucksvolle Ausdrucksformen gefunden. Seit den neunziger Jahren sind die wohlhabenden Golfstaaten in den nahöstlichen Kunstbetrieb eingetreten. Insbesondere in den Hauptstädten der Emirate und des Sultanats Oman sind Kunstmuseen entstanden, in denen – neben internationalen Künstlern – auch eindrucksvolle Werke einheimischer Künstler ausgestellt sind. Beflügelt durch den Reichtum der herrschenden Klassen, haben sich insbesondere in Dubai und Schardscha weltweit operierende Kunstmärkte etabliert. In Doha, der Hauptstadt des Emirats Katar, wurde 2010 mit dem *Arabischen Museum für moderne Kunst* ein Museum eröffnet, das sich ausschließlich zeitgenössischer arabischer Kunst widmet.

Noch vor den »Schönen Künsten« hat das »Nationale Erbe« in der Museumskultur seinen zentralen Platz gefunden. Bereits bevor der Nationalismus das wirkungsmächtigste Strukturelement mit Blick auf die Staatlichkeit als ganze und die Identität des Einzelnen wurde, hatte man – unter der Führung europäischer Archäologen und Kunsthistoriker – begonnen, die Schätze der Vergangenheit, die so unübersehbar waren, sich gleichwohl aber keiner besonderen Aufmerksamkeit und eines Schutzes gegen Missbrauch und Zerstörung erfreuten, zu erhalten und zu sammeln. (Bis zum Beginn der »Renaissance« hatten auch die Bewohner von Rom die Ruinen der Antike nicht zuletzt als Baumaterial genutzt.) Über die Entdeckung der altägyptischen Kultur im Zuge der napoleonischen »Expedition« war oben berichtet worden (► S. 42). Nach der Unabhängigkeit Griechenlands vom Osmanischen Reich (1829) hatte man bald mit den Planungen eines Museums in Athen für die Sammlung und Ausstellung klassischer Antiken begonnen, dessen erster Teil 1874 für das Publikum geöffnet wurde. Nachdem Tunesien 1880 französisches Protektorat geworden war, wurden ab 1888 die Antiken auf tunesischem Boden im Bardo-Palast als »Musée Alaoui« ausgestellt. Es folgten 1891 das *Müze-ye humayun* (»Kaiserliches Museum«; Archäologisches Museum Istanbul) und 1902 das Ägyptische Museum in Kairo unter französischer Leitung. (Ihr archäologisches Engagement an den Fundorten freilich hinderte die Ausgräber nicht, Teile der Funde in ihre Heimat zu verfrachten.)

Im Rahmen der neuen Ordnung, die mit dem Ende des Ersten Weltkriegs Konturen erhielt, wurde auch den Antiken auf und unter dem Boden der jungen staatlichen Gebilde ein veränderter Stellenwert beigemessen. Zunächst setzten die Kolonialmächte die Gründung von archäologischen Museen in den von ihnen verwalteten Mandaten fort. Gertrude Bell setzte sich persönlich für die Gründung eines Museums der mesopotamischen Altertümer ein; es wurde 1926 in Bagdad eröffnet. Unter französischer Regie entstand 1936 ein Museum in Damaskus und 1942 in Beirut. Die Leitung der Museen lag in der Regel in der Hand von Ausländern (Engländern, Franzosen, Deutschen, Österreichern). In den Staaten, die sich unabhängig von europäischen Mächten entwickelten, kam es zur eigenständigen Gründung von Museen, die mit ihren Sammlungen den neuen nationalen Geist reflektierten. Die archäologischen Funde sollten die Unabhängigkeit und kulturelle Originalität bestätigen, deren Zeugnisse sie waren. Sie rechtfertigten den Stolz auf eine eigene »Nation«. Bereits 1920 wurde in Kabul das Nationalmuseum Afghanistans eingerichtet. 1937 öffnete in Teheran das archäologische Museum seine Tore, das die Geschichte »Irans« (des »Arier-Landes«, seit 1935 der verbindliche offizielle Name »Persiens«) in den vorislamischen und islamischen Epochen umfassend dokumentiert. Es wurde »das Nationalmuseum« des Landes. In Ankara wurde 1943 das Museum der Anatolischen Zivilisationen (*Anadolu medeniyetleri müzesi*) gegründet. Es zeigt Funde von der prähistorischen Zeit über die Kulturen und Zivilisationen in Anatolien bis in die byzantinische Epoche. Damit sollte es die offizielle Doktrin der kemalistischen Staatsführung widerspiegeln, nach der alle Kulturen und Zivilisationen auf anatolischem Boden ihren Ursprung gehabt haben sollen.

Mit der Unabhängigkeit mutierten auch die archäologischen Museen im arabischen Raum zu »Nationalmuseen«. 1956 wurde das Bardo Museum offiziell zum *Musée National du Bardo;* 1966 das Antikenmuseum in Bagdad zum Irakischen Nationalmuseum. Nicht immer war die Botschaft der »Nationalmuseen« unumstritten. Als das libanesische Nationalmuseum in Beirut, das für seine Sammlung phönizischer Altertümer berühmt ist, 1942 offiziell seine Pforten öffnete, hatten vor allem die christlichen Maroniten als die einflussreichste Konfession unter den libanesischen Christen das Mittelmeer, seine phönizische Geschichte und darüber hinaus Europa als die »nationale« Perspektive im Blick. Diese stieß insbesondere bei den Libanesen sunnitisch-islamischen Glaubens auf Widerspruch. Ihre Identität war im Osten gegründet: im Blick auf die arabisch-muslimische Welt und die Arabische Halbinsel mit Mekka und Medina, von wo der Islam seinen Ausgang genommen hatte und wo sie sich fünf Mal am Tag im Gebet hinwandten. 1943 schlossen Vertreter der maronitisch-christlichen und sunnitisch-islamischen Konfession einen »Nationalpakt«, der einen Ausgleich zwischen den beiden Perspektiven und Identitäten bedeutete.

Erst 1999 schließlich wurde auch in Riyadh ein Nationalmuseum eröffnet. Bemerkenswert ist die Aufnahme von Zeugnissen der frühgeschichtlichen Zivilisationen auf der Arabischen Halbinsel (von etwa 6000 v. Chr. bis 400 n. Chr.) und der *dschahilitischen* – heidnischen oder protoislamischen – Zeit (400–650 n. Chr.). Für einen überzeugten Wahhabiten, der in den Epochen vor der Offenbarung durch den Propheten Muhammad eher ein schamvolles Kapitel der Menschheitsgeschichte sieht, das keiner Beachtung wert ist, kam dies geradezu einer Gotteslästerung nahe. So wundert es nicht, dass der Eröffnung Jahrzehnte der religiösen und intellektuellen Auseinandersetzung vorangegangen waren und man sich der Idee, für die das Museum steht, nur in kleinen und behutsamen Schritten annäherte. Mit den Wandlungen in der saudischen Gesellschaft aber vollzieht sich auch ein Wandel des »nationalen« Selbstverständnisses in einer neuen saudischen Elite, das über die rein religiöse Dimension einer »saudischen« Identität hinausreicht. Das bislang letzte »Nationalmuseum« wurde 2019 in Doha eröffnet. Der spektakuläre Bau, der eine Wüstenrose visualisiert, soll in den Bürgern einen Stolz auf die Geschichte des Emirats erzeugen. Wer aber sind die Bürger in einem Staat, in dem die katarischen Araber nur ein Fünftel der Gesamtheit der Einwohner ausmachen? Und was ist der Inhalt des »National«-Stolzes in einer Gesellschaft, in der sich die Menschen noch vor zwei Generationen zuvorderst nach ihrer Stammeszugehörigkeit identifizierten? Und so verraten die Exponate nicht in jedem Falle ihren Bezug zu einer katarischen Nation. Das gilt nicht zuletzt für das prachtvollste Exponat, den berühmten Perlenteppich von Baroda, der erst 2009 im Zuge einer Auktion bei Sotheby's nach Doha gelangte. Für die arabische Elite und die Staatsführung Katars sind das eher nebensächliche Fragen. Der avantgardistische Bau an sich »beweist« aller Welt, dass die junge Nation auf gleicher Augenhöhe mit der internationalen Gemeinschaft zu sehen ist.

Auch Israel hat in Gestalt des »Israel-Museums« sein Nationalmuseum. Bereits 1965 fertiggestellt, beherbergt es umfassende Sammlungen der Archäologie des Landes, jüdischer Kunst und jüdischen Lebens. Die Idee, von der es getragen wird, ist nicht wesentlich verschieden von der in anderen Staaten des Vorderen Orients. Der »jüdische Staat«, das Ergebnis der zionistischen Bewegung, leitet seine Rechtmäßigkeit nicht zuletzt von der Tatsache ab, dass jüdische Staatlichkeit in Palästina seit mehr als einem Jahrtausend Bestand hatte, ehe ihr im Jahr 70 n. Chr. von dem Römer Titus ein – in zionistischer Sicht: vorläufiges – Ende gemacht wurde. Nicht in Südamerika, in Afrika oder auf der Arabischen Halbinsel galt es den »Judenstaat« zu errichten, sondern auf dem Boden Palästinas, auf dem (und unter dem) archäologische Zeugnisse vormalige Staatlichkeit bezeugen. Archäologie und jüdische Kunstgeschichte waren also mehr als *l'art pour l'art*; sie hatten – und haben – eine politische Dimension.

Der Wandel des »Erscheinungsbildes« Nordafrikas und des Vorderen Orients im Zusammenhang der Begegnung des Vorderen Orients und Europas im 20. Jahrhundert, von dem hier – im breitesten Sinn des Wortes – die Rede ist, ist nicht zuletzt auch auf dem Gebiet der Architektur augenfällig. Die sich mit unterschiedlicher Geschwindigkeit und Radikalität vollziehende Emanzipation der nahöstlichen Völker zwischen Marokko und Afghanistan nach dem Ersten Weltkrieg, in welcher Nationalismus und Rückbesinnung auf Geschichte und Tradition treibende Kräfte waren, wurde einmal mehr im Stadtbild augenfällig. Man griff auf Elemente der eigenen »nationalen« Architektur zurück. In Iran bezeugten Versatzstücke der vorislamischen Architektur, die in Persepolis so sichtbar war, den Bezug des »Pahlawi«-Herrschers zu der großen vorislamischen iranischen Vergangenheit. Unter den arabischen Architekten suchte Hassan Fathi (1900–1989) nach einer autochthonen Architektur als Antwort auf die europäische Mode der Jahrhundertwende. Ihr stellte er überkommene Bauelemente nicht zuletzt der ländlichen Architektur sowie die Verwendung einheimischer Baustoffe gegenüber. Seine Berufung in das Auswahlkomitee des *Aga Khan Award for Architecture* war Ausdruck der Tatsache, dass er über die Grenzen Ägyptens hinaus Anerkennung gefunden hatte.

Der spektakulärste Wandel der Architektur aber sollte sich am Persischen Golf vollziehen. Dort waren mit den Golfstaaten jahrhundertelang im Verborgenen lebende armselige, von England kontrollierte Emirate zu weltweit operierenden Spielern der Energie- und Finanzwirtschaft aufgestiegen. Damit verband sich ein Druck, die seit den siebziger Jahren rasant anwachsenden Einnahmen im Zuge eines Recyclings wieder in den globalen Finanz- und Wirtschaftskreislauf zu überführen. Diese Herausforderung zeitigte politische und wirtschaftliche Folgen, deren Komplexität an dieser Stelle nicht einmal angedeutet werden kann. Das Streben nach puren quantitativen Superlativen (höchstes Bauwerk der Welt, Sportereignisse von globaler Anziehungskraft etc.) als Antwort darauf gehört gewiss zu deren befremdlichen Auswüchsen. Bemerkenswert aber im Zusammenhang der kulturellen Begegnung zwischen dem Westen und dem Nahen Osten – im gegebenen Fall einem ausgeprägt konservativen Teil desselben – ist die dramatische Veränderung des äußeren Erscheinungsbildes der Architektur. In Ortschaften, deren Bauten in der unscheinbaren und wenig dauerhaften Lehmbauweise errichtet waren, sind aufregende städtische Skylines in die Höhe gewachsen, die den Vergleich zu amerikanischen und asiatischen Metropolen nicht zu scheuen brauchen. Gewiss, auch unter ihnen befinden sich Zweckbauten, die lediglich den materiellen Erfolg einer Bank, eines Unternehmens etc. zur Schau stellen. Aber neben der Nachahmung westlicher Bauformen gibt es auch attraktive Synthesen mit traditionellen Stilelementen; dies gilt gerade für öffentliche Gebäude. Insbesondere Museen, Universitäten und Bibliotheken, Kunstakademien und andere Baulichkeiten auf dem kulturellen Sektor lassen in ihrer Architektur ein Selbstbewusstsein erkennen, sich auch auf diesem Gebiet dem Westen ebenbürtig darzustellen. Moderne westliche Technologie des Architektur- und Ingenieurwesens wird mit dem Geist der traditionellen Bauformen verschmolzen. Das 2008 eröffnete *Museum für islamische Kunst* in Doha und das erwähnte *Nationalmuseum Katar* sind in diesem Sinne ebenso signifikante wie eindrucksvolle Bauwerke. Geistig in seinem kulturellen und künstlerischen Ehrgeiz noch weiter gespannt ist das Museum *Louvre Abu Dhabi*, das im November 2017 von den Staatsoberhäuptern der Vereinigten Arabischen Emirate und Frankreichs eingeweiht wurde. Wie im Pariser Original verkörpern die Exponate die globale Dimension künstlerischen Schaffens über die Zeiten und die Kontinente hinweg. Das architektonische Ambiente aber ist »arabisch«: Die neben- und übereinander angeordneten Quaderbauten mit ihren Flachdächern und dazwischenliegenden Wegen erinnern an eine arabische Altstadt; sie werden von einer imposanten flachen Kuppel überspannt, deren durchlässiges Gewebe sich für Sonnenlicht und Regen sowie bei Nacht für das Licht der Sterne öffnet – die physische Erfahrungswelt der Menschen auf der Arabischen Halbinsel.

Abb. 35: Im Louvre Abu Dhabi verschmilzt Weltkultur mit arabisch-beduinischer Naturerfahrung. Hier zu sehen: Guiseppe Penones Skulptur *Leaves of Light.*

10.2 Verwerfungen, Gräben und Konflikte

Vorstehende Ausführungen haben die Intensität sowie die positive, optimistische und fruchtbare Dynamik erkennen lassen, in der sich Europa und seine islamische Nachbarschaft im 20. Jahrhundert geistig-kulturell begegnet sind. Vom Standort der Gegenwart aus betrachtet aber ist dies nur ein Teil der Wirklichkeit. Der andere Teil lässt sich in die Frage fassen, was geschehen ist, dass gegen Ende des Jahrhunderts das Paradigma vom »Kampf der Kulturen« eine so breite Resonanz finden konnte, ja dass die Qualität der Beziehungen in einer (pseudo-)historischen Dimension der »blutigen Grenze mit dem Islam« verortet werden konnte.[65]

»Zwischen Tradition und Moderne« ist der Untertitel der oben zitierten Anthologie arabischer Intellektueller, die im Gefolge der amerikanischen Invasion im Irak 2003 entstand. Die zu Wort kommenden Stimmen belassen es zumeist nicht bei theoretischen Erörterungen philosophischer, historischer oder kulturwissenschaftlicher Natur; es geht um durchaus konkrete Themenstellungen und Einlassungen. In ihnen bildet die Interaktion zwischen einer real existierenden arabischen Welt und Europa als einer politischen und geistigen Potenz im 20. Jahrhundert den starken roten Faden. Die USA erscheinen eher beiläufig; sie sind eine politische (und militärische) Realität – wer könnte das übersehen! Aber sie sind eben präsent, um wieder zu verschwinden. Woran sich die Autorinnen und Autoren wirklich abarbeiten, ist Europa. An Europa richten sich die Beschwerden der Vergangenheit und mit Europa haben auch die eigentlichen Fragen mit Blick auf die Zukunft zu tun. »Was die Welt also braucht, was besonders die Araber brauchen, ist eine zweite Geburt Europas außerhalb faschistischer Ideologien und technischer Wissenschaftlichkeit. Eine zweite Geburt, die sich in einem universellen kulturellen Konzept verkörpert, das über die verschiedenen wissenschaftlichen, politischen und konfessionellen Barbareien hinausgeht und aufnahmefähig und offen ist für alle Kulturen und deren Besonderheiten; ein Konzept, das darauf abzielt, eine Zukunft zu schaffen, in der der Mensch souverän, frei und Herr seines Schicksals ist«, schreibt der syrisch-libanesische Dichter Adonis.[66]

Adonis lebt und schafft seit 1985 in Paris. Er ist nur einer unter den unzähligen Persönlichkeiten aus dem Nahen Osten und Nordafrika, die in Europa Zuflucht gesucht und gefunden haben; für die Europa eine Hoffnung bedeutete, deren Hoffnungen aber auch immer wieder enttäuscht wurden. Der Strom setzte im letzten Viertel des 19. Jahrhunderts ein. Osmanisch-türkische, osmanisch-arabische, persische, persisch-aserbaidschanische Intellektuelle, Journalisten, politische Oppositionelle, Künstler und Literaten lebten und wirkten zeitweilig oder für immer in England, Frankreich, der Schweiz, Österreich und Deutschland. Von hier aus wirkten sie publizistisch oder organisierten sich politisch. Das war umso bemerkenswerter, als europäische Mächte zugleich dabei waren, ihre imperialistischen und kolonialistischen Interessen zu bedienen. Aber das kulturell offene und politisch relativ pluralistische Klima galt ihnen offenbar mehr als die geistige und politische Enge und Unterdrückung in ihrer autokratisch regierten Heimat. Es blieb die Hoffnung, von hier aus der Verwirklichung ihrer Ziele näher zu kommen. Diese reichten von der Befreiung von äußeren Mächten über die freiheitliche nationale

Wiedergeburt ihrer Gesellschaften bis zur Einführung von Verfassungen und der Gewährung bürgerlicher Rechte. Als in Iran z. B. die Verfassungsrevolution von 1906 schließlich durch Russland und England unterdrückt wurde, beide Mächte das Land imperialistisch aufteilten (► S. 104) und zu Beginn des Ersten Weltkriegs besetzten, wurde Berlin ein Mittelpunkt des geistig und publizistisch aktiven Widerstands. Sein Forum war die Zeitschrift *Kaveh*, die zwischen 1916 und 1922 in Berlin erschien. Der Titel erinnerte an Kaweh den Schmied, eine Gestalt der iranischen Mythologie, die den Kampf gegen Tyrannei und Unterdrückung durch fremde Invasoren aufnimmt. Von führenden persischen Intellektuellen herausgegeben, war sie eine der wirkungsmächtigsten persischen Exilzeitschriften.

Mit Blick auf das Verhältnis von Europa zum Nahen Osten sind die Jahrzehnte nach dem Ersten Weltkrieg eine Ära voller widersprüchlicher Kräfte und Strömungen innerhalb der vorderorientalischen Gesellschaften. Zwei Gräben beginnen sich aufzutun: In der Türkei, in Iran sowie in den arabischen Ländern Nordafrikas und des Fruchtbaren Halbmonds betreiben schmale Eliten das Projekt der Modernisierung. Darunter verstehen sie die vorbehaltlose Durchsetzung europäischer Werte und Prinzipien im politischen, gesellschaftlichen und kulturellen Raum. Was sie nicht vermögen, ist, diese Werte im Kontext der kulturellen und religiösen Traditionen ihrer eigenen Gesellschaften zu verankern, d. h. zu vermitteln und eine Brücke zur breiten Masse der Bevölkerung zu schlagen, die tief in diesen Traditionen verwurzelt ist. Zum anderen überhebt sich Europa selbst über die Anliegen, Bedarfe, wirtschaftlichen Erfordernisse und kulturellen Sensibilitäten der Gesellschaften in Nordafrika und im Nahen Osten. Die Politik Englands, Frankreichs und Italiens ist wesentlich durch eigene wirtschaftliche, politische und sicherheitspolitische Interessen bestimmt. Selbst demokratische Institutionen und Prozesse in den sich ausbildenden neuen Staatswesen werden mit Blick auf diese instrumentalisiert. Der inneren Entfremdung geht also eine äußere Entfremdung, ja ein Verlust an Glaubwürdigkeit einher. Die Chance, mit dem politischen Neubeginn im Gefolge des Ersten Weltkriegs eine neue, zukunftweisende Form von Partnerschaft zwischen Europa und der islamischen Nachbarschaft zu begründen, die auf sensibler Vermittlung von Werten, dem Respekt vor Traditionen und einem Ausgleich politischer und wirtschaftlicher Interessen beruht hätte, wurde nicht wahrgenommen. Mit dem Ende des Zweiten Weltkriegs hatte Europa gegenüber der islamischen Welt ein tiefsitzendes Defizit an Vertrauen und Glaubwürdigkeit.

In den folgenden Jahrzehnten trat Europa in den Schatten der USA und der Sowjetunion und des machtpolitischen Ringens zwischen ihnen. Als Israel gegen den heftigen Widerstand der Palästinenser selbst sowie gegen den erklärten Willen der arabischen Regierungen 1948 gegründet wurde, war dies mehr als nur die Gründung eines neuen Staates im Nahen Osten. Es war eine Zäsur für die Araber (die Türkei und Iran sollten erst zeitversetzt darauf reagieren) und für Europa als Nachbar Nordafrikas und des Nahen Ostens. Europa wurde ein Teil »des Westens«, der – unter der Führung der USA – seine Werte und Kultur als »universale Werte« propagierte und auch den islamisch geprägten Ländern seiner Nachbarschaft mit der Vorspiegelung von Fortschrittlichkeit und Moderne aufdrängte. Israel, ständig öffentlich ausgezeichnet als »die einzige Demokratie im Nahen Osten«, wurde der privilegierte

Partner und gleichsam die Messlatte der Moderne für die nahöstlichen Gesellschaften. Zwei militärische Ereignisse sollten »beweisen«, dass arabisch-islamische Staaten tatsächlich nicht in der Lage waren, diese Messlatte einer europäisch-amerikanischen Moderne zu überspringen: Der Sechs-Tage-Krieg vom Juni 1967 und der Zweite Golfkrieg im Januar/Februar 1991. Im ersten Fall vernichtete Israel die Armeen dreier »moderner« arabischer Regimes in wenigen Tagen. Im zweiten wurde die Armee des »modernen« Regimes in Bagdad, das im August zuvor Kuwait militärisch besetzt und annektiert hatte, wie in einem Tontaubenschießen gedemütigt.

Die beiden Desaster waren »nur« militärischer Natur, aber sie hatten tiefgreifende Auswirkungen auf die Frage nach der Moderne im Kontext der Tradition islamisch geprägter Gesellschaften und nach dem Selbstverständnis eines Muslims angesichts der Herausforderung vonseiten eben dieser Moderne. Der syrisch-tunesische Intellektuelle Fawzi Mellah (geb. 1946) hat diesem Dilemma unter dem Eindruck des zweiten Golfkriegs Ausdruck verliehen:

> »Wenn Kriege manchmal Revolutionen hervorbringen, dann weil sie Illusionen zerstören. Auch unter den Trümmern des letzten Golfkrieges kann ein aufmerksamer Beobachter die Reste einer Illusion erkennen, jener technophilen, etatistischen Illusion nämlich, die den Arabern seit hundert Jahren die westliche Moderne als Zeichen der Macht (und die Macht als Symbol für Erneuerung) vorgaukelte. Über die anvisierten Kasernen und Flughäfen hinaus hatten also die ersten Bomben, die auf Bagdad fielen, diese extrovertierte Vorstellung von Moderne getroffen.«[67]

Saddam Husain habe das Paradigma von Modernisierung verfolgt, das den meisten arabischen Modernisierungsversuchen als Bezugsrahmen diente: »Jakobinische Machtkonzeption, Militarisierung des Staates, autoritäre Mobilisierung und Führung der Bevölkerung, brutale Ersetzung der traditionellen Identitäts- und Solidaritätsgesetze durch ein vertikales Treue- und Gehorsamssystem, klientelistische und bürokratische Kontrolle des einzelnen ...«.[68] Man müsse wieder auf das 19. Jahrhundert zurückgehen, um herauszufinden, wie sich diese Modernismus-Ideologie in die intellektuelle und kulturelle Strömung der arabisch-islamischen *nahda* (»Renaissance«, ▶ S. 94) eingeschlichen habe und wie es gelungen sei, diese Strömung in die falsche Bahn zu leiten.

> »Die arabisch-islamische *nahda* des 19. Jahrhunderts nämlich hatte trotz ihrer Schwächen und Widersprüchlichkeiten, trotz ihres politischen und sozialen Scheiterns sehr wohl eine kohärente endogene Strategie für Wandel und Reformen vorgegeben. Schonungslos analysierten die Autoren der *nahda* die Gründe des Zurückbleibens der islamischen Welt, sie befassten sich mit dem Problem der staatlichen Legitimität, sahen Religion, Politik und Kultur in neuen Zusammenhängen, ließen sich nicht von den falschen Gegensätzen einengen, die ihre Nachfolger zwischen ›Tradition‹ und ›Neuerung‹ erblickten, studierten das Bild vom Westen ohne Komplexe und schafften es so, zum Ausgangspunkt für die Frage nach der arabisch-islamischen Zukunft die arabisch-islamische Kultur zu machen.«[69]

Eine der Fragen, die am Schluss des Essays das Gesagte zusammenfassen, lautet: »Wie ist eine arabisch-islamische kulturelle Dynamik zu schaffen, die nicht ein verängstigter Rückzug in die Träume der Vorfahren und auch keine sinnlose Flucht in eine Ersatzidentität ist?«[70] Die Antwort auf Fawzi Mellahs Frage ist bis in die Gegenwart nicht gefunden. Die nachfolgenden Kapitel werden über politische Wege und Irrwege berichten, die bisher beschritten worden sind.

Als Folgen dieser dramatischen kriegerischen Ereignisse haben sich das gesellschaftliche und geistig-kulturelle Klima und damit einhergehend das äußere Erscheinungsbild der Region verändert. Den gesamten Raum zwischen Nordafrika und Afghanistan überblickend, kann konstatiert werden, dass die positive Dynamik der Begegnung, von der oben gesprochen wurde, erlahmt ist bzw. ihr starke Widerstände erwachsen sind. Europa und seine muslimische Nachbarschaft begannen sich zu entfremden. Mit der Schwächung der arabisch-nationalistischen Kräfte, die mit der arabischen Niederlage vom Juni 1967 offenbar zu werden begann, öffnete sich ein geistiges und politisches Vakuum. Damit schlug die Stunde Saudi-Arabiens und des konservativen Islams wahhabitischer Einfärbung. Seit Jahren hatte das Königreich den aggressiven arabischen Nationalismus, der von Kairo aus propagiert wurde, als Bedrohung wahrgenommen. Im August 1968 legte ein aus Australien stammender evangelikaler Christ Feuer an die al-Aksa-Moschee in Jerusalem, eines der bedeutendsten Heiligtümer der Muslime. Unter dem Eindruck dieses Anschlags versammelten sich einen Monat später 24 Außenminister islamischer Staaten in Rabat, wo sie sich verpflichteten, sich in islamischen Angelegenheiten zu beraten und die Interessen der islamischen Welt gemeinsam zu vertreten. Auf Betreiben König Faisals (reg. 1964–1975) wurde im März 1970 die erste offizielle Konferenz der islamischen Außenminister in Dschedda abgehalten, aus der zwei Jahre später die *Organisation der Islamischen Konferenz* hervorging. Damit war Saudi-Arabien in eine auch politisch prägende Rolle in der islamischen Welt hineingewachsen, nachdem bereits 1962 die *Islamische Weltliga* in Mekka gegründet worden war, die sich als kulturelle und religiöse Vertretung der islamischen Völker verstand. Nach dem Scheitern des Konzepts von Modernisierung, das auf einer umfassenden oberflächlichen materiellen Verwestlichung beruhte, kehrte man wieder in den Dunstkreis des vermeintlichen Eigenen einer autochthonen Religiosität zurück. Diese Wende sollte freilich nicht als »verängstigter Rückzug« oder als »sinnlose Flucht in eine Ersatzideologie« erscheinen; sie sollte als Konzept einer neuen Weltordnung aktiv, ggf. auch mit Gewalt betrieben werden.

Die zu Beginn der siebziger Jahre sprunghaft gestiegenen Einnahmen aus dem Ölgeschäft setzten die saudische Führung in Stand, konservativen Kreisen in weitesten Teilen der sunnitisch-islamischen Welt den Rücken zu stärken. Das gesellschaftliche Klima wurde – gefördert von der *Islamischen Weltliga* – zunehmend durch religiöse Gebote und Regeln bestimmt. Das Erscheinungsbild der Gesellschaften veränderte sich: Symptomatisch wurden das Kopftuch und der Schleier und die Beachtung der Fastenregeln im Ramadan. Urteile nach islamischem Recht (*schari'a*) begannen, säkulare Sachverhalte zu überlagern und zu verdrängen, ohne dass die Regierungen oder Institutionen des Staates Einhalt geboten hätten. Auf diese Weise suchten die Regierungen extremistischen Kräften, die ebenfalls seit den siebziger Jahren aktiv wurden und an Zulauf gewannen, entgegen zu kommen und Wind aus deren Segeln zu nehmen. Der Sudanese Mahmud Muhammad Taha (1909–1985) war bereits im März 1975 in einem islamischen Rechtsgutachten (*fatwa*) der *Islamischen Weltliga* zum Apostaten (vom Islam Abgefallenen) erklärt worden. Er hatte eine Lesart des Korans gelehrt, in der eine Unterscheidung zwischen der religiösen Relevanz der frühen, in Mekka offenbarten und der späteren, in Medina offenbarten Suren gefordert wurde. Auf dieser theologischen Grundlage hatte er die Bewegung der *Republikanischen Brüder* ins Leben gerufen. In Khartum hatte sich 1969 General Dscha'far an-Numairi mit den *Freien Offizieren* an die Macht geputscht; 1971 hatte er die *Sudanesische Sozialistische Partei* gegründet. Zum Zeitpunkt der *fatwa* gegen Taha war er noch ein strammer arabischer Nationalist, Nasserist und Sozialist. Zwölf Jahre später machte er mit den »Septembergesetzen« den Versuch, die *schari'a* einzuführen; nicht zuletzt eine schlechte Wirtschaftsentwicklung hatte seine Legitimität unterminiert. Im Januar 1985 wurde Taha, der sich weigerte zu widerrufen, als »Apostat« hingerichtet. Trotz dieses islamistischen Wendemanövers wurde Numairi im April – wiederum durch einen Militärputsch – abgesetzt. Inspiriert durch die *Muslimbruderschaft* wurde freilich in den kommenden Jahrzehnten die Islamisierung von Staat und Gesellschaft im Sudan vertieft.

In Ägypten wurde am 8. Juni 1992 Farag Fouda, Professor für Agrarwirtschaft, Menschenrechtsaktivist und Vorkämpfer für die Säkularisierung von Staat und Gesellschaft, durch Angehörige der dschihadistischen Terrororganisation *al-Dschama'a al-islamiyya* ermordet. Vor der Tat war er in einer *fatwa* von Gelehrten der islamischen *Azhar*-Universität als »Feind des Islams« der Apostasie beschuldigt worden. Zur Erklärung der Hintergründe des Mordes führte der Muslimbruder Yusuf al-Qaradawi (geb. 1926), über viele Jahre prominenter Kommentator in religiösen Fragen im Sender *al-Dschazira*, den Umstand an, dass dem Islam in Regierung, Volksvertretung und Justiz nicht der Platz eingeräumt werde, der ihm gebühre. Noch einmal mit dem Leben davon kam Nagib Mahfuz. Auf den Literaturnobelpreisträger von 1988 wurde 1994 eine Messerattacke verübt; der Täter hatte einen islamistisch-radikalen Hintergrund. Tatsächlich kann der 1959 als Fortsetzungsgeschichte in der Tageszeitung al-Ahram erschienene Roman »Die Kinder unseres Viertels« (*Aulad haratna*) als allegorisch religionskritisch verstanden werden. Er kann als Heilsgeschichte von der Erschaffung der Welt und der Vertreibung Adams und Evas aus dem Paradies bis zu den Problemen der Gegenwart gelesen werden. Dabei transponiert er das Geschehen auf die Ebene eines Kairoer Stadtviertels und rückt es so aus mythologischer Ferne in die unmittelbare Nähe seiner Leserschaft. Die Botschaft ist verständlich: Gegenstand der Heilsgeschichte kann nicht ausschließlich das Seelenheil des Individuums sein; sie muss sich auch auf eine befriedigende Ordnung der Gesellschaft beziehen. Die symbolischen Bezüge der Charaktere und der Handlung sind vieldeutig, aber die Gründer der drei monotheistischen Weltreligionen sind unverkennbar. Die metaphysische und religiöse Dimension tritt zurück; wissenschaftlicher Fortschritt tritt an ihre Stelle. Wenn auch nicht ausgesprochen, ist der Schluss, dass »Gott tot ist«, nicht abwegig. Nach seinem Abschluss als Fortsetzungsroman war sein Erscheinen als Buch in Ägypten auch nach der Verleihung des Literaturnobelpreises zunächst nicht erlaubt. Die Debatte um den Roman nach der Preisverleihung führte Anfang 1989 zu fundamentalistischen Attacken in Zeitschriften, die sich auch gegen Werke anderer säkularer Intellektueller und Humanisten, unter ihnen Taha Husain, richteten.

Das Zurückweichen des Staates gegenüber islamischen Aktivisten, die im Strom der allgemeinen gesellschaftlichen Islamisierung mitschwammen, wurde auch am Fall von Nasr Hamid Abu Zaid (1943–2010) deutlich, der in Europa besondere Aufmerksamkeit fand. Nach einem theologischen Studium begann er 1982 am Institut für arabische Sprache eine wissenschaftliche Laufbahn. In seinem 1990 veröffentlichten Werk: »Der Begriff der Sprache« (*Mafhum an-nass*), plädierte er für eine Analyse des Korans mit modernen literaturwissenschaftlichen Methoden. Mahmud Muhammad Taha vergleichbar, suchte er also neue Wege, die Moderne mit dem koranischen Text zu versöhnen. Wie er in seinem nächsten Buch: »Kritik des religiösen Diskurses« (*Naqd al-khitab ad-dini*, 1992), feststellte, stützten sich beide Seiten, die Regierung und die islamistische Opposition, in ihrer religiösen Argumentation auf ein vernunftfeindliches und rückwärtsgewandtes Koranverständnis. Die Theologen hätten sich ein Auslegungsmonopol der religiösen Texte angemaßt, das eine freie pluralistische Entwicklung des Islams behinderte. Als er 1992 an der Universität Kairo seine Beförderung zum ordentlichen Professor beantragte, stellte sich eine Reihe von Theologen, die sich angegriffen fühlten, dem entgegen: Die Schriften Abu Zaids stellten eine Beleidigung der Religion dar. Sie gingen zum juristischen Angriff auf seine Person über, und zwar auf dem Umweg über seine Ehe. In Ägypten werden Ehe- und Scheidungsangelegenheiten vor religiösen Gerichten verhandelt. Mit dem Argument, eine Muslimin dürfe nach der *schari'a* nur mit einem Muslim verheiratet sein, beantragten sie die Scheidung von seiner Frau – denn Abu Zaid sei als Apostat zu betrachten. Nachdem sie in erster Instanz mit der Klage gescheitert waren, erklärte ein Berufungsgericht 1995 seine Ehe mit Ibtihal Yunis für ungültig. Nicht zuletzt die Morddrohungen, die dem Prozess folgten, bewogen beide, ins niederländische Exil zu gehen; an der Universität Leiden lehrte er Islamwissenschaft.

Damit folgte Abu Zaid zahllosen Persönlichkeiten aus Nordafrika und dem Nahen Osten, die auch nach dem Zweiten Weltkrieg wieder vor Diktatoren oder Fanatikern in Europa Zuflucht suchten. Wenn Europa sie auch – seinen immer wieder vorgetragenen Werten folgend – aufnahm, hat es sich insgesamt aber mit der politischen Großwetterlage im Nahen Osten arrangiert. Nach der Revolution in Iran erschienen die autokratischen Herrscher als Anker der Stabilität. (Saudi-Arabien pflegte weiterhin seine besonderen Beziehungen zu den USA.) Das europäische Versagen, sich im Nahen Osten aktiv im Namen seiner Werte politisch einzubringen, trat 1989, dem Jahr der großen Wende in Osteuropa, zutage (▶ Kap. 9.4.5). Was damals ein Schock für die Herrschenden war, war für viele Menschen in Nordafrika und im Nahen Osten eine Hoffnung. In der hier bereits mehrfach zitierten Anthologie arabischer Intellektueller findet der Erzähler, Dichter und Essayist Rafik Schami (geb. 1946), der 1971 nach Deutschland kam, bittere Worte für das europäische Versagen. Fünfzig Jahre habe Europa vergeudet: Statt durch kritische Annäherung einen Wandel zu vollziehen, um in demokratischen Ländern im gesamten Mittelmeerraum mit höchst produktiven multinationalen Projekten einen freiheitlichen Geist entstehen zu lassen, habe Europa das Feld anderen überlassen. Die Europäer hätten sich auf rein wirtschaftliche, nicht selten bedenklich einseitige Lieferungen Richtung Mittelmeer und arabische Welt gestürzt. »Jeder, der zahlte, bekam, was er bestellt hatte, ohne auch nur gefragt zu werden, wofür. Damit disqualifizierte sich Europa als Partner der Völker«. 1989 hätten die Völker Osteuropas erkannt, dass ihre Stunde gekommen sei, und sie hätten die Initiative ergriffen. »Damals hat Westeuropa durch eine kritische Annäherung große Hilfe geleistet. Mit Bezug auf die arabische Welt heuchelte Europa. Es stellte sich den berechtigten Forderungen der Palästinenser, der Kurden und der Frauen blind. Es verhandelte lieber mit Diktatoren als mit deren Opposition«.[71]

Die Hoffnung auf gesellschaftlichen und politischen Wandel, der sich zwischen den Extremen des materialistischen Marxismus/Kommunismus auf der einen und des konservativen Islams im Umfeld des Wahhabismus und der Muslimbruderschaft der anderen Seite vollziehen würde, haben Intellektuelle einen Mittelweg gesucht und sich in einer »islamischen Linken« (*Al-yasar al-islami*) positioniert. Hauptanliegen der Bewegung ist die Aufhebung der in ihrer Analyse die islamische *umma* spaltenden Kluft zwischen Herrschern und Beherrschten, Armen und Reichen. Ihr prominentester Vertreter ist der ägyptische Philosoph Hasan Hanafi (geb. 1935). In Paris promoviert, unterrichtete er 1971–1975 an der Temple University in Philadelphia und nach seiner Rückkehr in Kairo. Sein Denken sucht philosophische und religiöse Impulse mit einem Engagement für politischen und sozialen Wandel, das islamische Erbe mit globaler humanistischer Solidarität zu verbinden: »eine umfassende islamische Konzeption der Welt, die sich auf den Menschen, das Gesellschaftssystem und das Staatswesen konzentriert.«[72] Unter den Vorbildern und wirkungsvollen Akteuren im Kampf für soziale Gerechtigkeit, eine freie demokratische Gesellschaft, die Befreiung vom Imperialismus, für islamische Einheit und die Revolution der Unterdrückten sowie gegen die Dominanz der Supermächte trifft er auf sehr unterschiedliche Aktivisten, Persönlichkeiten und Strömungen: Ein großes Vorbild ist al-Afghani, der panislamische Aktivist gegen die Unterwerfung unter den Imperialismus (► S. 91). Hasan al-Banna fasziniert ihn; später verlässt er die Muslimbruderschaft, deren Programm sich geistig und politisch auf das Konzept der *hakimiyya* (► S. 469) verengte. Seyyid Qutb aber bleibt er verbunden, auch wenn er bei ihm ein Konzept für die Entwicklung von Gesellschaft und Wirtschaft vermisst. Er wendet sich Nasser zu, teilt dessen sozialistisches Programm und seinen antiimperialistischen, antizionistischen, panarabischen und der blockfreien Bewegung zugewandten Kurs. Die Revolution Khomeinis begeistert ihn zunächst; in ihm sieht er den Testamentsvollstrecker Nassers, den revolutionären Avantgardisten des Volkes, dem es gelungen sei, eine Massenbewegung von unten gegen das autokratische System und die Interessen des Auslands zu mobilisieren. Bereits Ende 1979 aber wendet er sich wieder von ihm ab, als der schiitisch-konfessionalistische und unduldsame Zug in seiner Herrschaft hervortritt und deutlich wird, dass es auch im Konstrukt der »Islamischen Republik« mehr um die moralisch-ethische als um die sozial-politische Dimension von Herrschaft geht. Das aus der Revolution hervorgegangene neue System erwies sich als von einer humanistischen, auf der Vernunft gründenden modernen demokratischen Ordnung weit entfernt. An diesem Punkt gibt sich Hanafi als Anhänger der rationalistischen theologischen Bewegung der *Mu'tazila* im Islam des 9. bis 11. Jahrhunderts zu erkennen.

Von Ausnahmen abgesehen war das intellektuelle Leben in Nordafrika und im Vorderen Orient seit den siebziger Jahren von Stagnation gekennzeichnet. In der Türkei war der Kemalismus zunehmend zur leeren Hülle einer Staatsideologie und zur Rechtfertigung der Herrschaft einer erstarrten zivilen und militärischen Führungsschicht verengt. Iran war seit dem Ende der fünfziger Jahre dem platten Materialismus amerikanischer Provenienz ausgeliefert, der bei vielen Kulturschaffenden und Intellektuellen ein Gefühl des »Geschlagenseins« (Dschalal Al-e Ahmad) auslöste. Die arabischen Gesellschaften litten unter korrupten Potentaten, die sich mit effizienten Sicherheitsapparaten an der Macht hielten. »Es gibt in der arabischen Welt keine Erneuerung außer in der Poesie und in den Sicherheitsapparaten«,[73] fasst der palästinensische Dichter und Intellektuelle Mahmud Darwisch zusammen. Was Wunder, wenn Khalid al-Maaly summiert, »dass die arabischen Intellektuellen ihr Publikum weitgehend verloren haben, die Zahl ihrer Leser abgenommen hat und ihre Rolle in der Gesellschaft unbedeutend geworden ist.«[74] In seinem Buch: »La crise des intellectuels arabes: traditionalisme ou historicisme?« (1978), hat der auf Arabisch und Französisch schreibende marokkanische Philosoph, Historiker und Autor Abdallah Laroui (Abd Allah al-Aroui, geb. 1933) die Feststellung getroffen, die arabischen Intellektuellen seien noch immer Gefangene ihres »Zögerns«. Diese Unschlüssigkeit hindere sie daran, Kultur, Sprache, Tradition und Religion radikal zu kritisieren, und verdamme sie »zu einem unglücklichen, marginalen Leben«.[75] Noch düsterer beschreibt der marokkanische Schriftsteller Tahar Ben Jelloun (geb. 1944) in al-Maalys Anthologie die geistige Verfassung der Araber:

> »Heute stecken wir tief im Morast dieser neuen Tragödie [gemeint ist die amerikanische Invasion des Irak 2003], deren Verlierer in jedem Fall die demokratische Entwicklung der arabischen Welt sein wird. Ein Grund für dieses Debakel ist die Geschundenheit, Zerrissenheit und Zersplitterung der arabischen Welt, die dabei ist, sich als Einheit aufzulösen. Ihre Seele wird von so vielen Lügen und Illusionen zerrissen, von vielfachem Verrat, mannigfaltiger Demütigung und von tiefer untröstlicher Verzweiflung gepeinigt. Daher flüchtet sich die arabische Welt in den religiösen Glauben und vertraut Scharlatanen, die mit ihren populistischen Reden angebliche Gewissheiten und Vorurteile verstärken.«[76]

Nasr Hamid Abu Zaid, von dessen persönlichem Schicksal vorstehend bereits die Rede war, hat die Ambiguität zwischen dem Westen und der islamischen Welt schmerzlich erfahren: sich im europäischen Exil zu befinden, das ihm gleichermaßen Freiheit und Berufsausübung bot, zugleich aber selbst mit der weltanschaulichen, ideologischen und politischen Kluft, ja dem Konflikt zwischen den Gesellschaften im Raum »des Westens« und »der islamischen Welt« konfrontiert zu werden, der sich seit dem Ende der sechziger Jahre aufgebaut hat.[77] Der Beitrag von Samuel Huntington zum *clash of civilizations* sollte diese Kluft scharf markieren.[78] Der Autor war nicht irgendein Universitätsprofessor, der sich im Elfenbeinturm seines Faches eine neue Theorie ausgedacht hatte. Vielmehr gehörte er zu den bekanntesten Politologen der USA, nicht zuletzt, weil er während seiner gesamten beruflichen Laufbahn mit dem außenpolitischen Establishment seines Landes zusammenarbeitete. So hatte er die amerikanische Politik im Vietnamkrieg gerechtfertigt, in der Ära des Schahs Militärberater seines Landes in Iran angeleitet und für das State Department gearbeitet. In seinem Beitrag äußerte er die Auffassung, dass – nach dem Ende des Ost-West-Konflikts – die globale Entwicklung künftig auf einen »Zusammenstoß der Zivilisationen« hinauslaufen werde. Den beherrschenden Gegensatz machte er zwischen der nordamerikanisch/westeuropäischen Zivilisation mit ihrer demokratischen, auf dem jüdisch-christlichen Erbe beruhenden Tradition auf der einen und der »antidemokratischen« islamischen Zivilisation auf der anderen Seite aus. Die Geschichte sei nicht an ihr Ende gekommen (wie sein Kollege Francis Fukuyama behauptet hatte[79]). Vielmehr rückten unter den Bedingungen der Globalisierung ältere und konsistentere Identifikationsmuster von Individuen und Gesellschaften wieder in das Bewusstsein, während jüngere Konzepte wie das des Nationalstaats an Bedeutung verlören. »Zivilisation« sei eindeutig ein dauerhafteres Identifikationsmuster als

»Staat« und die Globalisierung führe somit nicht zum »globalen Dorf«, sondern zum Ausleben zivilisatorischer Widersprüche. Während Fukuyama den Westen also am Ziel seines Weges angekommen sah, ein Triumph, der Verlierer zwar ausschloss aber nicht bekämpfte, behauptete Huntington die Unausweichlichkeit des Zusammenstoßes zwischen Siegern und Besiegten.

Abb. 36: Samuel P. Huntington auf dem World Economic Forum 2004.

Das Huntington'sche Paradigma setzte eine weltweite Debatte in Gang. Auf seine außenpolitische Verortung wird im Kontext der internationalen Politik eingegangen (▸ S. 537). Seine Wirkung nach innen, d. h. innerhalb der westlichen und islamisch geprägten Gesellschaften, ließ sich vor allem an einer weiteren Verdunklung der Wahrnehmung »des Islams« in breiten Teilen westlicher und »des Westens« in islamischen Gesellschaften festmachen. In westlichen Gesellschaften hatte bereits die Islamische Republik, die aus der Revolution des Jahres 1978/79 hervorgegangen war, eine breite kritische bis negative Reaktion erfahren. Die Verbindung von Religion, politischem System und gesellschaftspolitischen Regelungen (nicht zuletzt mit Bezug auf die Zurücksetzung der Frauen) war mit »dem Islam« in Verbindung gebracht worden. Eine Profession von »Islamkritikern« machte sich auf, »den Islam« als grundsätzlich gewalttätig, modernisierungsfeindlich und unvereinbar mit Menschenrechten und Pluralismus, mit einem Wort: als »mittelalterlich« zu beschreiben. Dramatische Ereignisse schienen diese Einschätzung zu bestätigen: darunter die Geiselnahmen westlicher Bürger im libanesischen Bürgerkrieg in den achtziger Jahren, die Gewaltexzesse in Algerien und die terroristischen Anschläge in Ägypten in den neunziger Jahren, bei denen zahlreiche Europäer ums Leben kamen. Die zunehmend negative Wahrnehmung »des Islams« wurde durch die Terrorschläge des 11. September 2001 sozusagen auf den Punkt gebracht. Das Gefühl einer von »dem Islam« ausgehenden Bedrohung fand in den europäischen Gesellschaften umso nachhaltigere Nahrung, als etwa ab 2005 der *dschihadistische* Terror nach Europa getragen wurde. So gewann das Huntington'sche Paradigma breite Anerkennung; in den folgenden Jahren konnten populistische ausländerfeindliche und antiislamische Strömungen und Parteien in Europa aus einem wachsenden Reservoir schöpfen. In diesem Klima fand der niederländische Rechtspopulist Geert Wilders mit seiner Gleichsetzung des Korans mit Adolf Hitlers »Mein Kampf« und der Forderung nach einem Verbot desselben auch über die Landesgrenzen hinweg Zustimmung.

Diese Entwicklung blieb nicht ohne Auswirkungen auf die Muslime in europäischen Gesellschaften. Die öffentlich geäußerten Zweifel an ihrer Bereitschaft, ja Fähigkeit, sich zu integrieren, waren noch die geringeren Vorwürfe. Dass sie unter den Generalverdacht gestellt wurden, mit der Gewalt gegen die westlichen Gesellschaften und ihre Grundlagen zu sympathisieren, machte sie zur Zielscheibe der Sicherheitsorgane und ihrer Maßnahmen der Terrorabwehr. Dies in Verbindung mit der Diskriminierung auf der Ebene des täglichen und beruflichen Lebens, der namentlich den Frauen selbstverständlichen Bekleidungsvorschriften und ihres religiösen Lebens ließ einen Graben gegenüber der nicht-muslimischen Mehrheitsgesellschaft entstehen. Daran hatten die Medien einen entscheidenden Anteil. Selbst Nasr Hamid Abu Zaid, ein Mann, den die Verhältnisse in seinem eigenen Land nach Europa verschlagen hatten und der frei war vom Verdacht einer antiwestlichen Grundstimmung, klagt:

> »Wir sollten uns nicht wundern, wenn die westlichen Medien das Bild des Terrors aufblähen und ihn als offiziellen Repräsentanten des Islams darstellen. Dies war zu erwarten, insbesondere wenn wir uns vergegenwärtigen, dass die Medien nicht über das Normale, Gewöhnliche und Alltägliche berichten, sondern über das Besondere. Es gilt die Binsenweisheit, dass die Medien sich für den Menschen interessieren, der den Hund gebissen hat, und nicht für den Hund, der den Menschen gebissen hat«.[80]

Die Entwicklungen nach *9/11* haben auch auf muslimischer Seite die Kluft zu »dem Westen« weiter vertieft. Bestürzt konstatiert Abu Zaid:

> »Nach dem Krieg in Afghanistan, der Besetzung des Irak und Scharons Eskalation der kriegerischen Gewalt gegen die Palästinenser meldete sich Bin Laden zu Wort und erklärte dem Volk, dass er ›Palästina‹, die ›Reinheit‹ des Heiligen Landes und die Muslime auf der Welt verteidigen werde. In meinen pessimistischsten Träumen hätte ich mir nicht vorzustellen vermocht, dass ich jemals junge Männer sehen würde, die das Bild Bin Ladens vor sich hertragen und erklären, dass sie für dessen Sache den Opfertod riskieren würden«.[81]

Wut und Empörung machten sich Luft, wenn Muslime ihre Religion und ihren Propheten beleidigt sahen. Am 30. September 2005 erschienen in der dänischen Zeitung *Jyllands-Posten* zwölf Karikaturen, die den Propheten Muhammad zum Gegenstand hatten. Auf einer von ihnen wurde Muhammad mit einem Turban in Gestalt einer Bombe mit brennender Lunte dargestellt, auf welcher das islamische Glaubensbekenntnis (*schahada*) geschrieben war. Als Reaktion darauf gingen in der islamischen Welt Millionen auf die Straße, um gegen die »Blasphemie« zu demonstrieren. Antiwestliche Kreise gossen Öl in dieses Feuer, so dass es vielerorts zu

Gewalttätigkeit kam. An diesen Vorgang knüpfte sechs Jahre später die französische Zeitschrift *Charlie Hebdo* an: Unter dem Titel »Charia Hebdo« (eine Anspielung auf das islamische Gesetz) veröffentlichte sie am 3. November 2011 noch einmal islamkritische Karikaturen. Als Rache dafür überfielen am 7. Januar 2015 zwei maskierte Männer während einer Redaktionssitzung die Räume der Zeitschrift und erschossen zwölf Menschen. Die Frustration und der Zorn junger Muslime und Musliminnen sind *eine* Erklärung dafür, dass Tausende unter ihnen sich auch von Europa aus aufgemacht und dem *Islamischen Staat* angeschlossen haben. Der Kreislauf von Provokation, gewalttätiger Reaktion und Massenprotesten in westlichen und islamischen Gesellschaften sollte sich auch in den folgenden Jahren wiederholen.

Vor diesem Hintergrund ist der Dialog der Kulturen in die Sackgasse geraten. Mit diesem Etikett waren Bemühungen überschrieben, Europa und seine islamische Nachbarschaft auf Augenhöhe in einen geistig-kulturellen Austausch zu bringen. Jenseits des religiösen Raumes und der Dispute der Theologen sollten Räume kultureller, gesellschaftlicher und politischer Natur ausgeleuchtet werden, um Gemeinsamkeiten und Unterschiede zu ermitteln. Nach dem definitiven Ende – das war die Hoffnung – der Ära des politischen Kolonialismus und Imperialismus und angesichts der Perspektiven engerer wirtschaftlicher, nicht zuletzt energiewirtschaftlicher Verflechtung sowie vor dem Hintergrund der sich abzeichnenden Globalisierung sollten neue Fundamente für die Ausgestaltung der Beziehungen zwischen Europa und seinen muslimischen Nachbarn jenseits des Mittelmeers und im Nahen Osten geschaffen werden. Stellvertretend für unzählige Veranstaltungen in kleineren oder größeren, privaten oder öffentlichen Kreisen sei mit Bezug auf die Araber an den *Euro-Arabischen Dialog* erinnert, der im Rahmen der EU und der Arabischen Liga zwischen 1976 und 1983 geführt wurde. Auf Initiative der Führung der Islamischen Republik fand zwischen 1988 und 1994 ein intensiver Austausch zum Thema der Menschenrechte statt, der von iranischer und deutscher Seite von Philosophen, Juristen und Diplomaten getragen wurde. Anlässlich seines Staatsbesuchs in Deutschland im Juli 2000 weihten der iranische Präsident Muhammad Khatami und der deutsche Präsident Johannes Rau in Weimar das bereits erwähnte Denkmal des Dialogs der Kulturen ein. Und mit der Türkei, in der mit Turgut Özal 1982 eine Persönlichkeit an die Macht gekommen war, die starke islamische Frömmigkeit mit einer europäischen Perspektive verband (1987 stellte er einen Antrag auf Mitgliedschaft in der Europäischen Gemeinschaft), befanden sich Intellektuelle, Künstler und Politiker ohnehin permanent in einem Austausch, der Fragen der Religion, Kultur und Politik, namentlich auch unter Bezug auf demokratische Ordnungsvorstellungen berührte.

Der *war on terrorism*, der mit den Kriegen in Afghanistan und im Irak traumatische Auswirkungen auf die geistige Verfasstheit vieler Araber hatte, hat den Teufelskreis von Gewalt – Hass – Radikalisierung – neuer Gewalt in Gang gesetzt, dem der Dialog mit der islamischen Welt zum Opfer gefallen ist. Nachdem Iran 2002 von Präsident George W. Bush (jr.) auf die »Achse des Bösen« gesetzt worden war (was den antiwestlichen Hardlinern in Teheran in die Hände gespielt hatte), war dem Geist von Weimar der Todesstoß versetzt worden. Auch das Engagement des türkischen Ministerpräsidenten Recep Tayyip Erdoğan, mit der EU um die Mitgliedschaft zu verhandeln, das dieser in den ersten Jahren seiner Regierung (seit 2003) an den Tag legte und das von der überwältigenden Mehrheit der türkischen Bevölkerung mitgetragen wurde, erlosch angesichts der Halbherzigkeit seiner europäischen Verhandlungspartner. Lange vor der Aufnahme der Beitrittsverhandlungen (2005) waren Politiker in Europa (nicht zuletzt auch in Deutschland) kulturalistisch argumentierend nicht müde geworden, öffentlich festzustellen, dass »der Islam« mit europäischen Werten nicht vereinbar sei und dass mithin die Türkei in einem Europa, das auf »jüdisch-christlichen Wurzeln« beruhe, keinen Platz habe. Als die Verhandlungen begannen, wiederholten viele unter ihnen, dass, selbst wenn diese erfolgreich abgeschlossen sein würden, die Türkei nicht automatisch Mitglied werden würde. Die Spitze des Eisbergs türkeikritischer (islamkritischer) Vorbehalte markierte die deutsche Bundeskanzlerin Angela Merkel mit ihrer Perspektive einer »privilegierten Partnerschaft« der Türkei mit der EU. Wie ernsthaft immer der türkische Ministerpräsident den Weg nach Europa verfolgt haben mag (und es gibt Stimmen, die Zweifel an dieser Ernsthaftigkeit haben und von Anfang an eher politische Hintergedanken vermuten), so hat doch die abwehrende Haltung der Europäer zu Ernüchterung der türkischen Öffentlichkeit geführt. So war der Boden bereitet, in der innenpolitischen Krise in der Türkei nach 2013 die EU als Ursache allen Übels auszumachen.

Naturgemäß hat die Globalisierung die Staaten und Gesellschaften Nordafrikas und des Nahen Ostens voll erfasst. Die Volkswirtschaften der ölproduzierenden Staaten sind auf das engste in die globale Wirtschaftsordnung, namentlich auch in die transnationalen Finanzströme eingebunden. Die Türkei, die den Status eines wirtschaftlichen Schwellenlandes erreicht hat, erhebt zunehmend den Anspruch, ein *global player* zu sein. Gleichwohl gehört die Region – auch verglichen mit dem nicht-islamischen asiatischen Raum – keineswegs zur Avantgarde der Globalisierung. Das hat zum einen politische Gründe: Die autoritären Führungen, die sich im Zuge der seit der Erdölrevolution (► S. 525) sprunghaft gestiegenen staatlichen Einnahmen konsolidiert haben, kein genuines Interesse an der Globalisierung nehmen, weil soziale Denationalisierung politische Denationalisierung nach sich ziehen und somit tendenziell das Herrschaftsmonopol der politischen Eliten gefährden kann. Zum anderen berührt die Debatte um die Globalisierung (*al-aulama*) das kulturell und intellektuell ungeklärte Verhältnis der Muslime zum Westen und der durch ihn angestoßenen Modernisierung. Namentlich arabische Intellektuelle haben die Globalisierung seit der zweiten Hälfte der neunziger Jahre thematisiert. Nahezu selbstredend aber fiel die Diskussion wieder in die »klassischen« Paradigmen von »Erbe« und Tradition« auf der einen und »Modernisierung« und »Verwestlichung« auf der anderen Seite. Fast reflexartig erschien die Globalisierung bei vielen Intellektuellen als eine neue Variante des Westens, seine wirtschaftliche, zivilisatorische, technologische und politische Vormachtstellung zu manifestieren und zu festigen. Abwehrreflexe wurden wirksam und die Frage, wie viel Elemente der Globalisierung in islamisch geprägten Gesellschaften ohne Verlust ihrer Identität würden aufgenommen werden können, war im Grunde eine Fortführung der traditionellen Diskussion über das Verhältnis zu einer westlichen Moderne. Konservative Stimmen sahen in der islamischen Religion selbst den eigentlich berufenen Träger der Globalisierung, würde diese nur richtig verstanden. Am Horizont dieser Diskussionen erschien dann nicht selten Israel sowohl als Speerspitze der Globalisierung als auch als trojanisches Pferd westlich-amerikanischen Einflusses und Dominanz.

In ähnlicher Weise wie beim Thema der Globalisierung stellte sich die Thematik der Zivilgesellschaft (*Al-mudschtama al-madani*) als Dilemma zwischen realen Tatbeständen und einer abgehobenen intellektuellen Diskussion dar. Seit dem Ende der achtziger Jahre – etwa zeitgleich mit den Auf- und Umbrüchen in Osteuropa und den verbreiteten Hoffnungen auf solche in arabischen Gesellschaften – war der Begriff der Zivilgesellschaft in einigen arabischen Ländern zu einem zentralen Bestandteil des politischen und intellektuellen Diskurses unterschiedlicher gesellschaftlicher Gruppierungen geworden. Religiös motivierte Kräfte, säkulare Strömungen und liberal orientierte Bürgerrechtsorganisationen stellten die Formierung und den Ausbau der Zivilgesellschaft als wünschenswertes Ziel im Rahmen der Transformation in den Vordergrund. Während Intellektuelle, obgleich unterschiedlich akzentuiert, den Begriff der Zivilgesellschaft zunehmend reflektierten, überhöhten Menschenrechtler und lokale Mitarbeiter nicht-staatlicher Organisationen ihn zur magischen Antwort auf alle Probleme und negativen Erscheinungsformen arabischer politischer Systeme. Tatsächlich machten sich mit Beginn der neunziger Jahre Bürgervereinigungen, Menschenrechts- und Frauenorganisationen sowie Berufsverbände vernehmbar. Bald aber – namentlich mit dem Kampf gegen islamistische und dschihadistische Kräfte nach *9/11* – verengten sich die Räume für zivilgesellschaftliches Engagement wieder.

In der Islamischen Republik Iran forderten unter anderem der Schriftstellerverband und nicht zuletzt auch Frauenorganisationen größere Freiheiten und Rechte. Umweltorganisationen machten auf die wachsenden ökologischen Probleme aufmerksam. Trotz anderslautender Versprechungen aber von Präsident Muhammad Khatami (1997–2005) änderte sich in der politischen und gesellschaftlichen Wirklichkeit wenig an dem marginalen Gewicht der Zivilgesellschaft. In der Türkei öffneten sich nach der Rückkehr zur Demokratie 1982 unter Turgut Özal und in den frühen 2000ern unter Ministerpräsident Recep Tayyip Erdoğan Freiräume für die Aktivitäten von Nichtregierungsorganisationen. Mit dem Ausbrechen des Machtkampfs zwischen – nunmehr – Staatspräsident Erdoğan und seinen politischen Rivalen in der Gülen-Bewegung seit 2013 hat zivilgesellschaftliches Handeln einen harten Rückschlag erlitten. Dem Fazit, das Amr Hamzawy für die Qualität der Debatte um Phänomene wie »Globalisierung« und »Zivilgesellschaft« mit Blick auf den arabischen Raum zieht, ist wohl zuzustimmen:

> »Die Limitierungen der vorherrschenden Denkstrukturen sind allgegenwärtig. Der Zwang der Zugehörigkeit zu einer der anerkannten Denkströmungen hemmt unvermindert den möglichen Wirkungskreis neuerer Denkanstöße. Die Intellektuellen gleichen zuweilen den Hauptfiguren zahlreicher arabischer Heldensagen, die stets geläutert zum Ausgangspunkt zurückkehren.«[82]

Mit Blick auf den Zustand von Politik, Gesellschaft und Bildung des arabischen Raumes haben zwischen 2002 und 2005 Berichte des Entwicklungsprogramms der Vereinten Nationen (*United Nations Development Programme*, UNDP) schonungslose Analysen geliefert. Diese *Arab Human Development Reports* (AHDR) wurden von etwa einhundert Expertinnen und Experten aus unterschiedlichen arabischen Ländern verfasst. Der erste dieser Berichte (»Creating Opportunities for Future Generations«, 2002) befasst sich in einem umfassenden Ansatz mit tief verwurzelten institutionellen Defiziten, die sich der »menschlichen Entwicklung« der Araber hinderlich entgegenstellen, und benennt drei Felder, die den Autorinnen und Autoren diesbezüglich grundsätzlich relevant erscheinen. Diesen widmen sich die Berichte der folgenden Jahre: unzureichende Bildungssysteme (»Building a Knowledge Society«, 2003), fehlende Freiheiten (»Towards Freedom in the Arab World«, 2004) und die nachgeordnete Stellung der Frauen (»Towards the Rise of Women in the Arab World«, 2005). Trotz der positiven Perspektive, die in den Titeln suggeriert wird, ist die Analyse deprimierend. Der Vergleich der Lage im Bereich von Bildung und Kultur mit anderen Weltgegenden verdeutlicht das Entwicklungsdefizit und den Reformstau in zahlreichen arabischen Staaten. Der Bericht weist zugleich auf das wenig stimulierende politische und gesellschaftliche Umfeld hin, in dem Wissen, Forschung und Informationsaustausch sowohl innerhalb der arabischen Gesellschaften als auch in der Interaktion mit der Weltgesellschaft gedeihen sollten. Wie wenig sich in den anderthalb Jahrzehnten seit dem Erscheinen der Berichte verändert hat, lässt auch der AHDR 2019 erkennen: Die Kluft zwischen Bürger und Staat bleibt tief; die Bürger haben nur geringes Vertrauen in seine Fähigkeit, ihre Probleme zu lösen. Die Gruppe der Armen hat sich verbreitert; die Korruption grassiert nach wie vor. Die zivilgesellschaftlichen Organisationen, die zwischen den Anliegen der Bürger und dem Staat vermitteln könnten, haben sich nicht weiterentwickelt.

In einem Zitat zu Beginn des Kapitels hat Sadik al-Azm die Beziehungen zwischen dem Islam und dem Westen zwischen einem »dogmatischen Nein« und einem »historischen Ja« verortet und mit Blick auf die Zukunft für letzteres optiert. Wie realistisch ist diese Option? Mit dem Ende des Zweiten Weltkriegs war der Niedergang Europas als politische und kulturelle Vormacht über den Nahen Osten (wie auch anderswo) eingeleitet. Nordafrika und der Vordere Orient traten in den machtpolitischen Schatten der USA und der Sowjetunion. Mit dem Ende der Sowjetunion und dem erkennbaren Rückzug der USA bleibt die Entscheidung mit Blick auf die von al-Azm formulierte Dichotomie offen: Wie werden sich Europa und seine islamische Nachbarschaft in ihren Bezügen zueinander künftig aufstellen? Mit der Revolution in Iran, die von Ayatollah Khomeini in eine »islamische« umgemünzt wurde, und dem bewaffneten – im Folgenden als *dschihadistisch* bezeichneten – Kampf für die Errichtung eines Gottesstaates, der auf der »Souveränität Gottes« (*hakimiyyat Allah*) beruht, hat die Auseinandersetzung um die Dichotomie al-Azms eine noch nicht gekannte Schärfe angenommen.

Der Leser wird längst bemerkt haben, dass Israel im Kontext des Kapitels allenfalls am Rande vorkommt. Tatsächlich steht der jüdische Staat in ganz anderen geschichtlichen, kulturellen und politischen Bezügen, als sie vorstehend thematisiert worden sind. Darüber ist oben bereits gesprochen worden (► S. 360). Im Sinne der Thematik unseres Kapitels, das von den Komplexen und Irritationen, aber auch den positiven Impulsen handelt, die aus dem Zusammenstoß des Vorderen Orients und Europas, d. h. zweier verschiedener geschichtlicher, religiöser und kultureller Großräume resultieren, steht Israel außen vor. Es ist Teil des Westens – und mithin ein Teil der Probleme, die sich zwischen Europa (und dem Westen als Ganzem) und den muslimischen Gesellschaften im Nahen Osten (und darüber hinaus) aufgetan haben.

Die israelische Kultur hat eigene tiefe Wurzeln; das kulturelle Leben in Israel aber in der Gegenwart ist ohne Abstriche europäisch. Die Frage nach dem Verhältnis von eigenem Erbe (*turath*) und einer europäischen Moderne, die die muslimischen Eliten seit al-Dschabarti (▸ S. 43) umgetrieben hat, ist der Mehrheit der Juden Israels fremd. Selbst wenn ihre Vorfahren jahrhundertelang unter Muslimen im Vorderen Orient gelebt haben, begreift die absolute Mehrheit unter ihnen den jüdischen Staat als dem europäischen Kulturkreis (einschließlich der USA) zugehörig. Selbst diejenigen, die den Staat im Prinzip ablehnen, da sie noch immer auf das Erscheinen des Messias warten, haben sich mit seiner Existenz abgefunden und suchen einen ihrem Glauben gemäßen Platz in ihm. Ein Aufstand radikaler Gläubiger, die – auch mit Strategien der Gewalt – für eine grundlegende Alternative staatlicher Existenz auf der Grundlage des religiösen Gesetzes und einen neuen Platz eines wahrhaft »jüdischen« Staates in der internationalen Ordnung kämpfen, ist nicht in Sicht. Die Auseinandersetzung mit religiös motivierten Verweigerern wird im Rahmen demokratischer Institutionen geführt. Sie bleibt ein innenpolitisches Problem und wird nicht zur Bedrohung der regionalen und internationalen Ordnung. Deshalb konnte Israel an dieser Stelle weitgehend ausgeblendet werden.

11 Zwischen Revolutionen und Terror

Der revolutionäre Doppelschlag von 1978/79 war ein Ereignis von dramatischer Wucht. Innerhalb von zwölf Monaten stürzte die Revolution einer marxistisch-leninistischen Kaderpartei die überkommene Ordnung in Afghanistan. Und in Iran jagte ein Aufstand der Massen einen Herrscher vom Thron, der noch 1971 das 2 500-jährige Jubiläum der iranischen Monarchie gefeiert hatte. (Bereits 1974 war am afrikanischen Rand des Mittleren Ostens in Äthiopien der kaiserlichen Herrschaft durch eine ebenfalls leninistisch inspirierte Militärjunta ein Ende gesetzt worden.)

Im Gang der Ereignisse erscheinen beide Revolutionen freilich in einem unterschiedlichen Licht. In Kabul riss eine Junta die Macht an sich, über deren politische und gesellschaftliche Ordnungsvorstellungen die Zeit bereits hinweggegangen war; es war die Tat einer kleinen Minderheit, die im Volk nicht verwurzelt war. In der Folge wurde Afghanistan das Ziel einer militärischen Invasion der Sowjetunion, die – am Ende vergeblich – darauf gerichtet war, die Revolution zu retten. Nicht lange nach ihrem militärischen Scheitern am Hindukusch sollte die Sowjetunion selbst untergehen und zerfallen. Mit dem sowjetischen Rückzug versank Afghanistan in einen blutigen und zerstörerischen Bürgerkrieg. Ab 2001 versuchte eine Intervention der internationalen Gemeinschaft das Land wieder zu stabilisieren.

Demgegenüber war der Sturz der Monarchie in Iran von breiten Teilen der Gesellschaft getragen. Wie immer sich der postrevolutionäre Staat entwickelte, so war doch ein Akteur von einer neuen Qualität sowohl hinsichtlich seiner inneren Verfasstheit (und damit der Legitimation des Regimes) als auch mit Blick auf seinen Stellenwert im Kontext der politischen Konstellation des gesamten Nahen und Mittleren Ostens, ja der internationalen Ordnung, ins Leben getreten. Auch die postrevolutionären Entwicklungen in Iran waren von Chaos und Machtkämpfen im Inneren und einer Intervention von außen gekennzeichnet. Der militärische Überfall des Irak (1980), der von einer Reihe von arabischen und nicht-arabischen Mächten unterstützt wurde, verwickelte das Land in einen achtjährigen Krieg. In seinem Verlauf aber vermochte sich das neue System zu konsolidieren; nach seinem Ende (1988) begann die »Islamische Republik Iran« ihren Ort als politischer Akteur in ihrem regionalen Umfeld, ja auch in weltpolitischer Dimension neu zu bestimmen. Obgleich von sehr unterschiedlichen Kräften ins Werk gesetzt, haben beide Revolutionen tiefgreifende Erschütterungen ausgelöst, deren Auswirkungen weit über den Nahen und Mittleren Osten hinaus spürbar geworden sind.

11.1 Die Zerstörung Afghanistans

Mit der Revolution in Kabul übernahm zum zweiten Mal eine kommunistische Partei die Herrschaft in einem Land des Nahen Ostens, die *Demokratische Volkspartei Afghanistans* (DVPA). Die erste Machtübernahme hatte sich nach dem Rückzug der Briten aus Aden im Südosten der Arabischen Halbinsel vollzogen. Dort war im November 1967 die *Demokratische Volksrepublik Südjemen* proklamiert worden. Aber während sich das kommunistische Experiment im Südjemen als regional- wie auch weltpolitisch relativ folgenlos erwies, sollten von der Revolution in Kabul Schockwellen ausgehen. Das hatte naturgemäß mit der geopolitischen Lage des Landes an der Südgrenze der Sowjetunion zu tun. In der Dimension des globalen Ost-West-Konflikts bildete das Land gleichsam das Scharnier zwischen der Sowjetunion und dem »Westen«. Das war den Zeiten des *great game* im 19. und frühen 20. Jahrhundert nicht unähnlich.

Es wundert nicht, dass das neue Regime der DVPA, das im April 1978 in Kabul die Macht übernahm, umgehend von Moskau anerkannt wurde. Nach kurzem Machtkampf wurde Muhammad Taraki, Führer des *Khalq*-Flügels der Partei, Präsident der *Demokratischen Republik Afghanistan*; Babrak Karmal, Hafizullah und Muhammad Watanyar wurden seine Stellvertreter. Anfangs war die Aufteilung der Ämter zwischen den beiden Flügeln ausgewogen. Bereits nach sechs Wochen jedoch drängte *Khalq* den *Parcham*-Flügel aus der Regierung und übte allein die Macht aus. Babrak Karmal wurde als Botschafter nach Prag abgeschoben. Damit aber setzte sich zugleich das Konzept eines kompromisslosen und radikalen Umbruchs durch, für welches die Protagonisten des *Khalq*-Flügels standen.

Als eigentlich starker Mann und bestimmende Persönlichkeit trat bald Hafizullah Amin hervor. Die revolutionären Maßnahmen fußten auf zwei Eckpfeilern: einer Landreform und einer Alphabetisierungskampagne. Nicht nur die Inhalte und das Tempo, mit der die Regierung an die Umsetzung ging, entzündeten heftigen Widerstand. Auch das herablassende und städtische Auftreten der Kommissionen, die nach kommunistischem Vorbild die Landreform verordneten, provozierten eine Bevölkerung, die in uralten Traditionen wurzelte. Einmal mehr, diesmal aber mit dramatischen Konsequenzen, wurde offenbar, wie schlecht die abgehobene urbane Intelligenzija über die Verhältnisse auf dem Lande informiert war. Der Kampf gegen den Analphabetismus ging mit einer politischen Indoktrination einher und sollte den Mullas das »Herrschaftswissen« entreißen. Tatsächlich waren bereits in der Vergangenheit Fortschritte in der Ausbreitung des Bildungswesens erzielt worden – nicht zuletzt unter den Mädchen. So war es auch in diesem Fall nicht so sehr das Anliegen selbst, das auf Widerstand stieß, als die ideologische Besessenheit, mit der es verfolgt wurde. Die erzwungene Durchsetzung koedukativer Erziehung z. B. verletzte in der afghanischen Gesellschaft unumstößliche moralische Gesetze.

Der sich bald bewaffnende Widerstand sollte mit rücksichtsloser Gewalt gebrochen werden. Schon nach wenigen Monaten mutierte die kommunistische Regierung zu einer Schreckensherrschaft, der Zehntausende zum Opfer fielen. Sie begann, die Kontrolle über Teile des Landes zu verlieren. Sieben Tage benötigten die Regierungstruppen im Frühjahr 1979, das zeitweise abgefallene westafghanische Herat zurückzuerobern. Die sich abzeichnende Gefahr des Scheiterns der Revolution beunruhigte die sowjetische Führung in Moskau. Um das Regime zu konsolidieren, war bereits im Dezember 1978 ein Kooperationsvertrag geschlossen worden, auf dessen Grundlage 5 000 zivile und militärische sowjetische Berater nach Kabul entsandt wurden. Amin galt nun nicht mehr als zuverlässiger Partner und Moskau forderte Taraki auf, ihn auszuschalten. Der Machtkampf gipfelte in einer Schießerei zwischen den beiden Widersachern und ihren Anhängern, bei der Taraki getötet wurde und Amin den Präsidentenpalast eroberte. Jetzt entschloss sich Moskau zu direkter Intervention: In den letzten Tagen des Jahres 1979 besetzten sowjetische Truppen Kabul und töteten Amin nach einer Belagerung des Palastes. Das war der Beginn einer unverhohlenen sowjetischen militärischen Invasion. Über sie wird unten im Zusammenhang der internationalen Politik berichtet (▸ Kap. 13.5).

Zu Beginn der sowjetischen Invasion war Afghanistan ein Land von etwa 15 Mio. Einwohnern gewesen. Als die sowjetischen Truppen 1988 das Land verließen, hatte der Krieg eine Million Tote und Tausende zerstörte Dörfer gekostet. Fast die Hälfte der Bevölkerung war in die Nachbarländer oder in die Städte geflohen. Nach dem heroischen Widerstand gegen einen äußeren Feind sollte im folgenden Jahrzehnt der Kampf um die Macht in Kabul das Land an den Rand des Zerfalls bringen.

Dort war zunächst noch Nadschib an der Macht; er war 1986 von den Sowjets anstelle Babrak Karmals eingesetzt worden, der nach Beginn der Invasion von seinem Posten als Botschafter in Prag zurückgeholt worden war. Mit ihm, dem Chef des afghanischen Geheimdienstes, setzte Gorbatschow (geb. 1931, seit 1985 Generalsekretär des Zentralkomitees der KPdSU) einen Mann an die Spitze der afghanischen Regierung, der als moskautreu galt und von dem zugleich eine Einigung unter den nach wie vor zerstrittenen Flügeln der DVPA erwartet wurde. Unterdessen freilich hatte das Regime viel von seinem radikalen revolutionären Elan verloren und begonnen, sich wieder stärker mit den überkommenen gesellschaftlichen und kulturellen Gegebenheiten sowie den religiösen und politischen Vertretern der Stämme zu arrangieren. Nadschib (der sich in Nadschibullah umbenannte) spielte die Karte der nationalen Versöhnung; die DVPA mutierte zur *Vaterlandspartei* (*Hizb-e watan*).

Gleichwohl gelang es nach dem Rückzug der sowjetischen Truppen nicht, das Regime in Kabul auf eine breitere politische Basis zu stellen. Immerhin vermochte Nadschibullah bis 1992 zu überleben. Erst als sich nach dem politischen Ende Gorbatschows und der Machtübernahme Boris Jelzins (1931–2007) im September 1991 die Regierungen in Moskau und Washington darauf verständigten, die Waffenlieferungen an ihre jeweiligen Verbündeten einzustellen, war das Ende des Regimes der DVPA angesagt. Die Milizen, die das Regime bislang – aus durchaus materiellen Motiven – unterstützt hatten, liefen zu der Opposition über. Der Konflikt eskalierte am 25. April 1992 in erbitterten Kämpfen um das Innenministerium und den Präsidentenpalast. Nadschibullah flüchtete sich in die Uno-Mission in Kabul.

Mit dem Beginn der sowjetischen Invasion hatte der pakistanische Geheimdienst ISI (*Inter-Services Intelligence*) aus über achtzig Widerstandsgruppen sieben Parteien, die sogenannten Peschawar-Parteien, aufgestellt. Diese sieben Parteien haben das Schicksal Afghanistans nach dem Zusammenbruch des DVPA-Regimes wesentlich bestimmt. Ideologisch wurzelten sie in den bereits erwähnten Strömungen der

Dscham'iyat-e Islami und *Hizb-e islami* (▸ S. 313). Deren Führer, der Paschtune Gulbuddin Hikmatyar, sowie der Tadschike Burhan ad-Din Rabbani wurden zu den Persönlichkeiten, die das politische und militärische Geschehen prägen sollten. Daneben traten der dem Wahhabismus nahestehende Abd ar-Rasul Sayyaf und Sibghatullah Modschaddidi, der einer traditionsreichen Familie angesehener Religionsgelehrten entstammte und für die Rückkehr von Zahir Schah eintrat, in Erscheinung. Wichtige Akteure wurden zudem lokale Milizen und Warlords, unter denen der Usbeke Raschid Dostum und der Tadschike Ahmad Schah Mas'ud zu nennen sind, der im nordafghanischen Pandschschir-Tal einen Kleinstaat errichtete. Unter den zentralafghanischen Hazara entstand eine schiitisch geprägte Herrschaft, während in der nordwestlichen Provinz Herat Isma'il Khan staatsähnliche Strukturen ins Leben rief. Die Desintegration des Landes setzte auch auf der ökonomischen Ebene fort: So waren die verschiedenen Regionen stärker mit den Wirtschaftsstrukturen der Nachbarstaaten als mit dem Rest des Landes verflochten: Nordafghanistan mit der mittelasiatischen GUS (Gemeinschaft Unabhängiger Staaten) und Westafghanistan mit Iran. Die Stämme und Warlords im paschtunischen Stammesgürtel waren nach Pakistan ausgerichtet und finanzierten sich mit illegalen Geschäften wie Opiumhandel und Schmuggel.

Nach der Devise: »Wer Kabul beherrscht, beherrscht Afghanistan«, konzentrierte sich der Kampf auf die Hauptstadt. Nach wechselnden Allianzen hatte Ende 1994 die *Dscham'iyat-e Islami* die meisten Stadtteile Kabuls in ihrer Gewalt. Die Hauptstadt freilich zeigte schreckliche Spuren der Verwüstung, eine Folge der anhaltenden Bombardements. Zehntausende Menschen verloren ihr Leben, eine erneute Massenflucht setzte ein. Von außen kommende Unterstützung für einzelne Gruppen heizte das Kampfgeschehen weiter an. Für den Westen, namentlich die USA, hatte das Land mit dem Zusammenbruch der Sowjetunion seine geostrategische Bedeutung verloren; Washington kehrte dem Kriegsgeschehen vorerst den Rücken. Wichtige Spieler wurden Iran und insbesondere Pakistan; sie waren von machtpolitischen Interessen geleitet, die sie hinter ethnischen bzw. religiösen Motiven kaschierten. Die ab 1991 auf dem Boden der ehemaligen Sowjetunion entstandenen zentralasiatischen Staaten mit Grenzen zu Afghanistan waren bemüht zu verhindern, dass die Konflikte auf ihre Territorien hinübersprängen. Auch Saudi-Arabien suchte nach Verbündeten in diesem wechselvollen Kaleidoskop von Akteuren. Keine der auswärtigen Mächte vermochte indessen, einem unter ihnen zu dauerhafter Überlegenheit zu verhelfen.

Inmitten von Zerstörung und Chaos hatte kaum jemand eine Bewegung im Blick, die im Herbst 1994 den afghanischen Kriegsschauplatz betrat und diesen in kurzer Zeit nachhaltig verändern sollte: die *Taliban*. Dieser – dem Arabischen entlehnte – Begriff (Sg. *talib*; pers. Pl. *taliban*) scheint auf den ersten Blick völlig unpolitisch; denn er bezeichnet lediglich Studierende an religiösen Schulen (»Medresen«, arab. *madrasa*; Pl. *madaris*) im afghanisch-pakistanischen Raum. Im Zusammenhang aber mit dem Konflikt in Afghanistan sollte er eine eminent politische Dimension erhalten. Eine besondere Rolle war den *Taliban* in den Flüchtlingslagern zugefallen, die mit der sowjetischen Invasion Afghanistans in den paschtunischen Gebieten auf pakistanischem Boden entstanden waren. Unter den Bedingungen des Lagerlebens hatte eine besonders konservative Lesart des Islams Konjunktur, die vom wahhabitischen Islam Saudi-Arabiens inspiriert war. Das geistliche Zentrum der *Taliban* befand (und befindet) sich an der theologischen Schule in Deoband im indischen Bundestaat Uttar Pradesch. Wie im Wahhabismus auch ist das Islamverständnis der »Deobandis« durch eine ablehnende Haltung gegenüber allem, was als »westlich« und »nicht-islamisch« verurteilt wird, gekennzeichnet.

Bereits 1983 bestanden über 300 Flüchtlingscamps, in denen unterschiedliche Widerstandsparteien das Sagen hatten. Unter ihnen hatten die islamistischen Gruppierungen mit ihrem militanten Verständnis des Islams an Einfluss gewonnen. Dem war eine Machtverschiebung von den Stammesführern zu den religiösen Würdenträgern einhergegangen. Auch der Prophet Muhammad – so das Narrativ – war Flüchtling gewesen; nach seiner Flucht (*hidschra*) aus Mekka hatte er von Medina aus den Kampf gegen die Ungläubigen (*dschihad*) aufgenommen. Neben dem *dschihad* wurde die Zurücksetzung der Frau ein zweites signifikantes Charakteristikum »talibanischer« Weltanschauung. Die Enge der Flüchtlingslager rechtfertigte ihre »Wegschließung«. Islamische und der paschtunischen Tradition entnommene Versatzstücke flossen zu einem »Islam paschtunischer Prägung« zusammen. Die religiösen Schulen wurden zu Zentren der Indoktrination und zur Kaderschmiede für den Heiligen Krieg. Aus den frommen »Studenten« wurden beinharte und fanatische Krieger.

Zum Zeitpunkt des Erscheinens der *Taliban* auf der politischen Bühne Afghanistans hatte sich international der Wind zu drehen und in die Segel der neuen Bewegung zu blasen begonnen. So unterschiedlich die politischen und sicherheitspolitischen, weltanschaulich-religiösen sowie wirtschaftlichen Interessen waren, so sah man gleichwohl in Washington, Islamabad und Riyadh in den *Taliban* einen Akteur, der zur Durchsetzung ihrer Interessen zu instrumentalisieren sein würde. Vor diesem Hintergrund unternahm es der ISI, aus den potentiellen Gotteskriegern einen veritablen militärischen Verband zu schmieden. Die Finanzierung dafür sollte überwiegend aus Saudi-Arabien stammen; zudem wurde die Unterstützung der Taliban von Ölinteressen befeuert: Ein Konsortium aus dem US-Konzern *Unocal* und der saudi-arabischen *Delta Oil Company* konkurrierte mit dem argentinischen Konzern Bridas um den Zuschlag für das 2,5 Mrd. US-Dollar teure Projekt einer Pipeline von Turkmenistan durch West- und Südafghanistan zum pakistanischen Hafen Gwadar. Für dessen Umsetzung zeigte Washington Interesse an einer Befriedung Afghanistans.

Seit dem Spätsommer 1994 breiteten sich die *Taliban* in Südafghanistan aus; Kandahar wurde ihre Hochburg. Gelegentliche militärische Fehlschläge konnten sie nicht an weiteren Fortschritten hindern. Nach Herat im Oktober 1995 nahmen sie im September 1996 Kabul ein. Am Tag des Einmarsches wurde der ehemalige Präsident Nadschibullah, der seit 1992 in einem Gebäude der Uno untergebracht gewesen war, hingerichtet und seine Leiche öffentlich zur Schau gestellt. Pakistan und Saudi-Arabien erkannten die *Taliban* umgehend als neue Regierung an. Die USA dagegen, beunruhigt durch deren schlechtes Image in der Bevölkerung, reagierte zurückhaltend; die afghanische Botschaft in Washington wurde geschlossen. Gegen die *Taliban* gerichtet, entstand ein Bündnis von vier nordafghanischen Organisationen, die in Mazar-e Scharif ihren Hauptsitz hatten. Diese »Nordallianz«, wurde von Iran und den angrenzenden zentralasiatischen Staaten unterstützt.

Gleichwohl waren die Taliban weiter auf dem Vormarsch, der nicht zuletzt auch durch Streitigkeiten unter den Führern der Nordallianz erleichtert wurde. Im August 1998 zogen sie endgültig in Mazar-e Scharif ein. Das Blutbad an den schiitischen Hazara brachte sie an den Rand eines Krieges mit Iran. Abgesehen von einigen Widerstandsnestern war allein der Tadschike Mas'ud, der mit Badachschan und dem Pandschschir-Tal zehn Prozent der Landesfläche kontrollierte, als ernstzunehmender Gegner übriggeblieben. Zwei Tage vor dem 11. September 2001, dem Datum der Terrorakte in den USA, wurde Mas'ud bei einem Attentat ermordet. Täter waren algerischstämmige Islamisten, die wohl im Auftrag Usama bin Ladens gehandelt haben.

Nach der *Islamischen Republik Iran* entstand mit dem *Islamischen Emirat* der *Taliban* ein zweiter Gottesstaat im Nahen Osten. Allerdings waren ihre religiös-ideologischen Grundlagen, politischen Institutionen, gesellschaftspolitischen Vorstellungen und außenpolitischen Grundsätze so fundamental unterschiedlich, wie es der schiitische Hintergrund Ayatollah Khomeinis und das sunnitisch-deobandisch-wahhabitische Bekenntnis des Mulla Omar (1960–2013), des Anführers der *Taliban*, nur erwarten ließen. Grundlage des letzteren war ein rigoroses Verständnis der *schari'a*, deren eng interpretierte Strafbestimmungen rigoros angewandt wurden (z. B. Steinigung der Frau bei Ehebruch). Auch Verbote von Rasieren, Tanzen, Musik, Fotoportraits und Fernsehen – um nur einige zu nennen – entsprachen eigenwilligen Interpretationen des religiösen Rechts. Leidtragende dieser Politik waren vor allem die Frauen als schwächstes Glied der Gesellschaft: Nicht zuletzt durch den Zwang, den Ganzkörperschleier (*burqa*) zu tragen, verbannten die *Taliban* sie völlig aus dem öffentlichen Leben. Das Verbot von Tätigkeiten außer Haus und die Schließung von Mädchenschulen verschärften die Diskriminierung und Marginalisierung der Frauen.

Aus diesem Umfeld heraus erfolgte am 11. September 2001 eine koordinierte Sequenz von Terrorschlägen in den USA, am spektakulärsten gegen die beiden Türme des *World Trade Center* in New York. Die Verantwortung dafür übernahm eine Organisation namens *al-Qa'ida* (»die Basis«) unter ihrem Führer Usama bin Laden (1957–2011). Einer wohlhabenden saudischen Unternehmerfamilie entstammend, hatte er sich bereits als Student in der zweiten Hälfte der siebziger Jahre dem radikalen Flügel der Muslimbruderschaft und einer Auslegung der Lehren Seyyid Qutbs zugewandt, die auch die Anwendung von Gewalt zur Durchsetzung ideologisch-religiöser Ziele bejahte. 1984 war er nach Ostafghanistan gereist; von diesem Zeitpunkt an standen die materielle Ausrüstung und Ausbildung arabischer Kämpfer unter den *Mudschahidin* im Mittelpunkt seiner Aktivitäten. Sein geistiger Gefährte wurde der Palästinenser Abdallah Yusuf Azzam, der den Widerstand in Afghanistan zur Pflicht aller dazu fähigen Muslime (*fard ain*) erklärt hatte. Als sich der sowjetische Rückzug abzuzeichnen begann, beschloss er, die »arabischen Afghanen« für den Kampf an anderen »Kriegsschauplätzen« vorzubereiten. Zu diesem Zweck gründete er ein Sammel- und Ausbildungslager, an dem zugleich als Grundlage (*al-qa'ida*) für deren Einsatz eine Liste über die ankommenden Kämpfer für den *dschihad* geführt wurde.

Die Tatsache, dass 1990/91 Hunderttausende nicht-islamische westliche Soldaten auf dem – »heiligen« – Boden Saudi-Arabiens aufmarschierten, um gegen den

»Muslim« Saddam Husain zu kämpfen (mit dem Ziel der Befreiung Kuwaits), trug zur weiteren Radikalisierung Usama bin Ladens bei. Der bewaffnete Kampf würde nun sowohl gegen den Westen als auch gegen die »Ungläubigen« in der islamischen Welt selbst auszutragen sein. Mit diesem Ziel begab er sich zunächst in den Sudan. Dort hatte 1989 das Militär unter dem islamistischen General Omar Hasan al-Baschir die Macht übernommen; Chefideologe des neuen Regimes war Dr. Hasan at-Turabi, der Führer der *Nationalen Islamischen Front*, einer Organisation, die der Muslimbruderschaft nahestand. In der Folge wurde eine Reihe von Terrorakten geplant, unter anderen ein Anschlag auf das World Trade Center 1993, bei dem sechs Menschen getötet wurden. Die Weltöffentlichkeit wurde auf *al-Qa'ida* aufmerksam. Um weiterer Isolierung in der internationalen Gemeinschaft – nicht zuletzt auch seitens der USA – zuvor zu kommen, legte ihm die sudanesische Regierung die Ausreise nahe. Nach einigem Zögern kehrte er 1996 nach Afghanistan zurück. Nach Terrorattacken auf die US-Botschaften in Nairobi und Daressalam am 7. August 1998, bei denen 224 Menschen getötet wurden, wurde Bin Laden auf die FBI-Liste der meistgesuchten Flüchtigen gesetzt. Der Terrorakt vom 11. September 2001 leitete nicht nur das Ende der Herrschaft der *Taliban* in Afghanistan ein; er wurde auch der Auftakt des »war on terrorism«; über ihn wird unten berichtet (▸ Kap. 13.7). Usama bin Laden konnte entkommen; er wurde erst am 2. Mai 2011 im pakistanischen Abbottabad von einem amerikanischen Spezialkommando erschossen.

Dem koordinierten Angriff der *coalition against terrorism* – neben den Nato-Mitgliedern gehörten ihr auch Saudi-Arabien und Pakistan an (die in den neunziger Jahren zeitweilig die *Taliban* unterstützt hatten) sowie die Nordallianz (die von Iran unterstützt wurde) – konnten die *Taliban* nicht standhalten. Bereits am 8. November 2001 nahm die Nordallianz Mazar-e Scharif ein; in der Nacht vom 12. auf den 13. November gaben die *Taliban* Kabul auf. Am 8. Dezember verloren sie mit Kandahar ihre letzte Bastion und zogen sich in die paschtunischen Stammesgebiete in der unzugänglichen Grenzregion zu Pakistan und im südlichen Zentralafghanistan zurück. Das Staatsgebilde der *Taliban* erwies sich als politisch kurzlebig; auch wirtschaftlich hatte es keine feste Grundlage. Ende der neunziger Jahre war Afghanistan zum Drehkreuz eines intensiven Schmuggels zwischen der Freihandelszone Dubai, Iran, den GUS-Staaten und Pakistan aufgestiegen. Der Drogenanbau hatte sich ausgeweitet: Das Land war zum weltweit größten Heroinproduzenten geworden.

Vor dem Hintergrund der Geschichte Afghanistans in den zurückliegenden zwei Jahrzehnten konnte der Wiederaufbau des Landes kein linearer Prozess sein. Zunächst galt es, das Machtvakuum in Kabul möglichst zügig zu füllen. So trafen sich, einberufen durch Lakhdar Brahimi, den Uno-Sonderbeauftragten für Afghanistan, über den Jahreswechsel 2001/02 auf dem Petersberg bei Bonn die Vertreter der wichtigsten Widerstandsgruppen. Ein Zeitplan für den Wiederaufbau kam zustande; als Übergangspräsident wurde Hamid Karzai bestimmt. 1957 in eine angesehene Familie der paschtunischen Popalzai hineingeboren, hatte er während der sowjetischen Invasion um internationale finanzielle Unterstützung für die *Mudschahidin* geworben. Die diplomatische Eile konnte freilich die Rückkehr der Führer und Lokalfürsten von ehedem sowie das Schalten und Walten lokaler Warlords nicht verhindern. Willkür und Gewalt herrschten überall im Lande; die Macht der Regierung reichte kaum über die Grenzen von Kabul hinaus. Auf einer Geberkonferenz in Tokio im Januar 2002 waren 4,2 Mrd. US-Dollar für den Wiederaufbau Afghanistans zugesagt worden. Weit über eintausend Hilfs- und Entwicklungsorganisationen strömten in das Land. Die Verbände der *International Security Assistance Force* (Isaf), die den Wiederaufbau hätten absichern sollen, zogen sich zunehmend auf ihre Stützpunkte zurück. Aufgrund der fehlenden Sicherheit konzentrierte sich die Hilfe auf die Hauptstadt. Eine wachsende Kluft zum Rest des Landes tat sich auf. Eine *loya jirga*, die im Juni 2002 zusammentrat, bestand zur großen Mehrheit aus einem Sammelsurium von Gefolgsleuten der mächtigen Männer im Land, die zum Teil im Streit miteinander lagen. Es war nur dem überwältigenden Einfluss der USA zu danken, dass Karzai als Übergangspräsident bestätigt wurde. Auch der Kampf gegen den Terrorismus in Afghanistan zeitigte zunächst nur langsam Erfolge. Die Jagd nach Bin Laden und den führenden Leuten der *al-Qa'ida* und *Taliban* blieb ergebnislos. Aus ihren Rückzugsräumen in den Bergen schlugen diese immer wieder gegen ausländische Soldaten und – in der Folgezeit – gegen die nach und nach aufgebaute afghanische Armee (sowie immer wieder gegen unbeteiligte Bürger) zurück.

Einer weiteren *loya jirga*, die am 14. Dezember 2003 und 4. Januar 2004 zusammentrat, war es vorbehalten, eine neue Verfassung zu beschließen. Traditionelle Formen des Regierens, vor allem eben die *loya jirga*, sollten mit modernen demokratischen Institutionen verbunden und zugleich eine Balance zwischen den wichtigsten Akteursgruppen hergestellt werden. Die schließlich beschlossene Verfassung macht Afghanistan zu einer »Islamischen Republik«, die auf demokratischen Prinzipien beruht; sie sieht die Gleichstellung von Mann und Frau vor. Aus der Präsidentschaftswahl, die bei einer hohen Wahlbeteiligung am 9. Oktober 2004 stattfand, ging Hamid Karzai als Sieger hervor. Die Parlamentswahlen vom September 2005, aus denen sich das erste frei gewählte afghanische Parlament seit 1973 konstituierte, schlossen den Fahrplan ab, der auf dem Petersberg vereinbart worden war.

Tatsächlich gestaltete sich die Konsolidierung der Staatsgewalt auch nach 2005 schwierig. Auf dem Gebiet der inneren Sicherheit machte zwar die »Afghanisierung« der Sicherheitskräfte nach 2010 Fortschritte; angesichts der ständigen Guerillaoperationen der *Taliban* aber, die nicht selten bis ins Herz der Hauptstadt getragen wurden, blieb letztlich doch die internationale Schutztruppe der Garant des Überlebens und das Rückgrat des noch fragilen Systems. Auf einer Afghanistan-Konferenz in London im Januar 2010 wurden die Übergabe der militärischen Verwaltung an die afghanische Armee sowie ein Zeitplan für den Abzug der internationalen Streitkräfte beschlossen; dieser war Ende 2014 weitgehend abgeschlossen. Die neuerliche Besetzung von Kunduz durch ein Kommando der *Taliban* Ende September 2015 aber ließ die Schwäche der afghanischen Sicherheitskräfte erkennen, die vier Tage – mit amerikanischer Luftunterstützung – brauchten, um die Stadt zurückzuerobern. Der Beschluss einiger Regierungen, eine angemessene militärische Präsenz weiterhin im Lande zu belassen, war deshalb nur folgerichtig.

Bis in die Gegenwart ist Afghanistan ein prekäres Staatswesen geblieben. Das Funktionieren der demokratischen Institutionen ist immer wieder von Querelen, Eifersüchteleien und Machtkämpfen unter den führenden Persönlichkeiten – häufig mit tribalem und ethnischem Hintergrund – gefährdet. So war es im Zusammenhang der Präsidentschaftswahlen im August 2009 zu einem Showdown zwischen Karzai, der wieder kandidiert hatte, und seinem Herausforderer, dem weltgewandten

Tadschiken Abdallah Abdallah gekommen, der ihm Wahlbetrug vorgeworfen hatte. Wenige Tage vor der Stichwahl hatte Abdallah seinen Rückzug erklärt und Karzai wurde zum Staatspräsidenten ernannt. Ähnliches geschah in den Präsidentschaftswahlen im Juni 2014, in denen Karzai nicht mehr kandidieren durfte. Wieder trat Abdallah an; sein Gegenkandidat war Aschraf Ghani (geb. 1949), ein Paschtune, der eine wissenschaftliche und politische Karriere in den USA gemacht hatte, bevor er 2001 nach Afghanistan zurückgehrt war. Im Vorfeld schien alles auf Abdallah hinauszulaufen. Umso größer war die Überraschung, als die Stimmenzählung 56 % der Stimmen für Ghani ergab. Wieder stand der Vorwurf der Wahlfälschung im Raum. Erst nach einer nachhaltigen Vermittlung durch US-Außenminister John Kerry konnte ein politischer Deal zwischen den beiden Kontrahenten und ihren Lagern erreicht werden.

Am 31. Dezember 2014 war die Kampfmission von Isaf beendet. Auf ihrem Höhepunkt waren etwa 130 000 Soldaten und Soldatinnen aus 47 Ländern daran beteiligt gewesen. Die Folgemission *Resolute Support* zur Ausbildung, Beratung und zum Training der Sicherheitskräfte begann. Nach Lage der Dinge konnte sich niemand der Illusion hingeben, diese in einem überschaubaren Zeitraum zu beenden, ohne das Land wieder in die Hände der *Taliban* fallen zu lassen. Was aber erreicht wurde, blieb Gegenstand kontroverser Diskussionen. Fundamentalgegner des Isaf-Einsatzes argumentierten, dass die für die militärische Präsenz aufgewendeten Mittel besser in eine umfassende Entwicklung des Landes als Ganzen hätten gesteckt werden müssen. Auch hatte die Art der Kriegführung, namentlich der Einsatz von Kampfdrohnen, zu hohen Verlusten unter der unbeteiligten Zivilbevölkerung geführt; dies wiederum hatte Hass auf die »Besatzer« geschürt und radikalen Gruppen Kämpfer zugeführt. Tatsächlich war das Stadt-Land-Gefälle nicht überwunden und die Bevölkerung in weiten Teilen des Landes spürte wenig Verbesserung ihrer Lebensbedingungen. Andere sahen das Glas halb voll und verwiesen u. a. auf die Demokratisierung und namentlich auf den Fortschritt in der Stellung der Frau (zumindest in den Städten) sowie auf die gewachsenen Bildungschancen der Mädchen. Fehlende Sicherheit aber ließ ausländische Investitionen ausbleiben. Damit stagnierte der Arbeitsmarkt bei einer sich vermehrenden Bevölkerung. So suchten viele Afghanen ihr Glück im Ausland.

Umstritten blieb die Frage nach dem künftigen Ausmaß der Unterstützung der afghanischen Regierung durch die internationale Gemeinschaft. Zunächst dominierten die Stimmen derer, die die Befürchtung äußerten, dass eine Neuauflage eines *Taliban*-Staates wohl die schlimmere Alternative mit Blick auf die Zukunft des Landes wäre. So schien es keine wirkliche Alternative zu einem bis auf Weiteres anhaltenden politischen, entwicklungspolitischen, wirtschaftlichen und eben auch militärischen Engagement der internationalen Gemeinschaft zu geben. Diese Einsicht wurde von Bemühungen ergänzt, den Konflikt schließlich durch Verhandlungen zwischen der Regierung und den *Taliban* zu beenden; 2020 wurden diesbezüglich erste konkrete Schritte unternommen. Darüber aber, dass der Weg zu einem stabilen Staat und einer pluralistischen, friedlichen und toleranten Gesellschaft sehr lang sein würde, machte sich niemand Illusionen. Zu weit lagen die ordnungspolitischen sowie die sozial- und kulturpolitischen Vorstellungen der Akteure auseinander. Ermutigend war, dass sich die *Taliban* überhaupt auf die Verhandlungen einließen, obwohl sie die Regierung in Kabul nicht anerkannten.

Mit der Übernahme der amerikanischen Präsidentschaft durch Joe Biden im Januar 2021 drehte sich der Wind definitiv: Die USA würden ihre militärische Präsenz in Afghanistan bis Mitte des Jahres beenden. Während radikale Kräfte – neben den *Taliban* waren das Gruppen, die *al-Qa'ida* oder dem *Islamischen Staat* nahestanden – ihre Angriffe auf Ziele der Regierung und signifikante Gruppen der afghanischen Gesellschaft (Frauen und Schulmädchen) verstärkten, folgte die internationale Gemeinschaft dem amerikanischen Vorbild und zog ihre Soldaten aus dem Land zurück. Mitte August rückten die *Taliban* in Kabul ein, nachdem sich Teile der Armee aufgelöst und der Präsident das Land fluchtartig verlassen hatte.

Der Weg der Modernisierung Afghanistans seit dem Beginn des 20. Jahrhunderts ist immer wieder von Rückschlägen unterbrochen worden. Die Geschicke des Landes aber in den mehr als vier Jahrzehnten seit 1978 waren schlimmer als ein Rückschlag; sie waren eine anhaltende Katastrophe. Um das Land auf den Entwicklungstand zu bringen, auf dem es sich – zumindest in einigen Teilen – bei Ausbruch der »Revolution« befunden hat, wird die internationale Gemeinschaft weiterhin ihren – zivilen – Beitrag zu leisten haben. Die Aussichten aber, dass Afghanistan in einem absehbaren Zeitraum einen Weg aus der Katastrophe findet, bleiben getrübt.

11.2 Die iranische Revolution und die Folgen

Am 1. Februar 1979 war Khomeini aus Frankreich nach Iran zurückgekehrt. In den daraufhin ausbrechenden Straßenkämpfen hatte die Armee die Seiten gewechselt; sie verweigerte Schapur Bakhtiyar, dem letzten von Schah Muhammad Reza eingesetzten Ministerpräsidenten, die Gefolgschaft. Er tauchte unter und verließ heimlich das Land. Am 11. Februar war der Weg für eine von Khomeini eingesetzte Regierung frei. Damit war nicht nur nach etwa einem halben Jahrhundert der Herrschaft die Dynastie der Pahlawi an ihr Ende gekommen, vielmehr endete auch die jahrtausendealte Tradition monarchischer Herrschaft in Persien (Iran). Eine neue Ära war eingeleitet. Die »zehn Tage der Morgenröte« (*dahe-ye fadschr*), d. h. die Zeit von der Rückkehr Khomeinis aus seinem 15-jährigen Exil nach Iran bis zu der Übernahme einer von ihm eingesetzten Regierung, sind seither Gegenstand nationalen Gedenkens.

Bereits in den Monaten vor dem Februar 1979 war Ayatollah Ruhollah Khomeini als die buchstäblich treibende Kraft hinter dem dramatischen Geschehen in Erscheinung getreten. Neauphle-le-Château, sein Wohnsitz im französischen Exil, war zu einer Art Hauptquartier geworden, von wo aus die revolutionären Konvulsionen gesteuert wurden. Dort gaben sich nicht nur die iranischen Persönlichkeiten, die häufig wie Khomeini im Ausland lebten und jede auf ihre Weise ein politisches Interesse am Gang der Dinge in ihrer Heimat hatten, die Klinke in die Hand. Auch Vertreter von Regierungen aus zahlreichen Ländern, darunter den USA und Europa entsandten Emissäre, mit dem Ayatollah Kontakt aufzunehmen und zu eruieren, was seine künftige Rolle in Iran sein würde. Diesbezüglich schwieg sich Khomeini aus; seine einzige unmissverständliche Forderung war, der Schah müsse weg. Als er am

Abb. 37: Khomeinis Ankunft in Teheran – die »zehn Tage der Morgenröte« beginnen.

1. Februar zurückkehrte, war er am Flughafen Mehrabad von einer Millionenmenge mit frenetischem Jubel begrüßt worden. Dann hatte er sich nach Qum, eine der heiligen Städte des schiitischen Islams südlich von Teheran, zurückgezogen. Eine Aura der Wiederkehr des Imam Mahdi, der die Welt in (die schiitische) Ordnung bringen würde, haftete dem Geschehen an. »Der Imam« wurde der Beiname, mit dem man ihn auszeichnete. Die »zehn Tage der Morgenröte« im Februar 1979 wurden zu den *dahe-ye fadschr* in Beziehung gesetzt, jenen zehn Tagen des islamischen Monats *Muharram*, während derer die Schiiten den Tod Imam Husains und seiner Gefährten beklagen.

Die Erwartungen unter den Iranern, die sich mehr oder minder unvorbereitet vor eine fundamental veränderte Situation gestellt sahen, waren hoch. Khomeini selbst hatte kein konkretes Programm verlauten lassen, aber seine Ansprache hatte sich an die – wie er sagte – *mustaz'afan*, die »Unterdrückten« gerichtet. Von den Millionen von Demonstranten, die aus dem Süden Teherans ins Zentrum zogen, war der Druck ausgegangen, der schließlich zum Sturz des Herrschers geführt hatte. Das Charisma Khomeinis und die Wucht des Geschehens auf den Straßen hatten andere politische Strömungen und ihre führenden Persönlichkeiten in den Hintergrund treten lassen. Das Spektrum der Weltanschauungen und Programme für eine künftige Ordnung, das sich nun offenbarte, reichte von islamisch geprägten über liberal nationalistische und sozialdemokratische bis zu kommunistischen Inhalten. Aufseiten der gemäßigten und radikalen Linken waren die Erwartungen an das künftige System besonders hoch. Viele hatten Jahre im Ausland verbracht; sie kehrten jetzt zurück.

Sie sollten die Rechnung ohne den Wirt gemacht haben. Denn auch Khomeini hatte programmatische Vorstellungen von einer neuen Ordnung, die er zu verwirklichen bestrebt war. In den langen Jahren des Exils in der schiitischen Hochburg Nadschaf hatte er vor seinen Studenten ein System entworfen, das er schließlich 1970 in einer Schrift mit dem Titel »Die islamische Regierung« (*Hukumat-e islami*) öffentlich gemacht hatte. Außerhalb der theologischen Kreise war diese freilich kaum auf Beachtung gestoßen. Als Revolutionsführer sah er sich jetzt in vorderster Position, über die Zukunft Irans zu entscheiden. Bereits am 30. März ließ er das Volk in einem Referendum über die Einführung einer »Islamischen Republik« entscheiden. Während offen blieb, was darunter zu verstehen sei, fand der Vorschlag die Zustimmung von 98 % der Bevölkerung.

Noch vor dem Ende der Regierung Bakhtiyar hatte Khomeini am 5. Februar Mehdi Bazargan (1907–1995) als Ministerpräsidenten eingesetzt. Aus dem religiösen Flügel der *Nationalen Front* hervorgegangen (als Gründer der *Befreiungsbewegung Irans*, *Nahzat-e azadi-ye Iran*), hatte er in Opposition zum Schah gestanden, ohne freilich die Abschaffung der Monarchie ausdrücklich zu fordern. Der in der Öffentlichkeit hoch angesehene Mann war für eine liberale und demokratische Ordnung auf der Grundlage der Verfassung eingetreten. Bald stellte sich heraus, dass der Einfluss seiner Regierung auf den Gang der Dinge minimal sein würde. Die eigentliche Macht lag in den Händen revolutionärer Institutionen, die in rascher Folge gegründet wurden: dem Revolutionsrat, den Revolutionsgerichten und den Revolutionsgarden (*pasdaran*). Deren erste Maßnahmen galten der Abrechnung mit prominenten Vertretern des alten Regimes, derer man habhaft werden konnte. Viele wurden in Schnellverfahren zum Tode verurteilt. Dem Machtkampf wurde die Ausarbeitung einer neuen Verfassung zunächst nachgeordnet. Im Sommer 1979 wurden erste Schritte in diese Richtung unternommen. Nachdem Versuche, europäische Verfassungen zu kopieren, gescheitert waren, übernahm eine im Herbst tagende verfassungsgebende Versammlung, in der die Geistlichkeit über die Mehrheit verfügte, die Ausarbeitung eines neuen Dokuments. In ihm sollte das khomeinistische Konzept einer »Islamischen Republik« (*Dschumhuriyyat-e Islami*) Konturen gewinnen.

Im Mittelpunkt des politischen Systems steht der Rechtsgelehrte (*faqih*), der aufgrund seiner Gelehrsamkeit und allgemeinen Anerkennung unter den (schiitischen) Gläubigen zur Herrschaft berufen ist, solange der erwartete Heilsbringer, der Mahdi (der 12. Imam) noch in der Verborgenheit weilt. Als gleichsam dessen Sachwalter (*vali*) ist er der Garant einer gerechten Ordnung, soweit eine solche während der Abwesenheit des Mahdi eben möglich ist. Khomeini sollte auf Lebenszeit diese Funktion wahrnehmen. Seine Nachfolger (oder ein Gremium dreier Rechtsgelehrter) würden von einem – ebenfalls aus Wahlen hervorgegangenen – »Expertenrat« (*Madschlis-e khubregan-e rahbari*) gewählt. Die Bürger sollten in einem Parlament (*Madschlis-e schura-ye islami*, wörtl.: »islamische Ratsversammlung«) durch Abgeordnete vertreten sein, deren religiöse Qualifikation vor ihrer Nominierung durch einen »Wächterrat« (*Schura-ye nigahban-e qanun-e asasi*, wörtl.: »Rat der Wächter des Grundgesetzes«) bestätigt werden muss. An der Seite des religiösen *vali* führt ein direkt vom Volk gewählter Präsident die Geschäfte der Regierung, die von ihm berufen wird.

Als die Verfassung Anfang Dezember 1979 in einem Referendum angenommen wurde, hatte der revolutionäre Prozess bereits weitere neue Fakten geschaffen. In der Tat stellt sich der Zeitraum bis zum Verfassungsreferendum ambivalent dar. Auf der einen Seite sollte er vielen Bürgern als eine Epoche intensiver politischer Diskussionen und freier Meinungsäußerung in Erinnerung bleiben. Auf der anderen Seite hatten die – teilweise selbsternannten – revolutionären Organe begonnen, die zahlreichen Gruppen, die ihre eigenen, von Khomeinis Kurs abweichenden Vorstellungen von der Zukunft Irans hatten, zu unterdrücken. Sich auf die »Linie des Imam« (*Hatt-e Imam*) berufend, beanspruchten sie, als die einzig wahren Revolutionäre zu handeln. Khomeini ließ sie gewähren, ja spielte sie zeitweise gegeneinander aus. Die Regierung Bazargan hatte darauf keinen Einfluss. Die Entwicklungen spitzten sich zu, als am 4. November revolutionäre Studenten die amerikanische Botschaft in Teheran stürmten, besetzten und Dutzende amerikanischer Diplomaten als Geiseln nahmen. Wenige Tage zuvor war der gestürzte Schah zu einer Krebsoperation in die USA eingereist: Jetzt forderten die Botschaftsbesetzer, ihn festzusetzen und an Iran auszuliefern. Die Regierung hatte jeden Einfluss verloren; folgerichtig trat Bazargan zurück. Der »Imam« brauchte ihn nicht mehr. Bis zu seinem Tod hat er die Repression und die Einschränkung der bürgerlichen Freiheiten kritisiert.

Während die Diplomaten über 444 Tage in Geiselhaft blieben, veröffentlichten die revolutionären Studenten zahlreiche Dokumente, die die Aktivitäten der USA in Iran und im Nahen Osten nicht zuletzt auf dem Feld der Spionage und geheimdienstlicher Umtriebe offenlegten. Ein dilettantischer Versuch Präsident Jimmy Carters, die Geiseln zu befreien, scheiterte im April 1980. Dass gleichwohl die Radikalen um Ayatollah Khomeini die Öffentlichkeit noch immer nicht vollständig unter ihre Kontrolle gebracht hatten, zeigte sich, als im Januar 1980 Abu l-Hasan Bani Sadr (geb. 1933) zum ersten Präsidenten der Islamischen Republik gewählt wurde. Er hatte in Frankreich studiert und während Khomeinis französischem Exil zu dessen engem Umfeld gehört. Religiös, aber in seinem politischen Programm relativ liberal (auch wenn er sich Khomeinis islamischer »Kulturrevolution« anschloss), war er die Hoffnung derer, die noch immer eine Alternative zu Khomeinis zunehmend drakonischem islamischen Verständnis von Staat und Gesellschaft suchten. Ein halbes Jahr vor den Wahlen hatten die Khomeinisten ihre Kräfte in der *Islamisch-Republikanischen Partei* (IRP) zu bündeln gesucht; in den Wahlen erzielten sie nur ein bescheidenes Ergebnis. Bani Sadrs Stern aber begann zu erlöschen, als der irakische Diktator Saddam Husain im September 1980 Iran überfiel. Khomeini nutzte die Chance, mit Bani Sadr abzurechnen. Als Oberbefehlshaber der Streitkräfte gab er ihm die Schuld an dem zunächst glücklosen Verlauf des Krieges. Als Bani Sadr seinerseits Khomeini kritisierte, fiel er in Ungnade und floh im Juli 1981 aus dem Land.

Mit seinem Einfall in die iranische Provinz Khuzistan verband Saddam Husain auch die Erwartung, dieser werde das Gebäude des von inneren Verwerfungen und

Richtungskämpfen erschütterten religiösen Regimes zum Einsturz bringen. Tatsächlich waren die Auseinandersetzungen um Bani Sadr nur die Spitze des Eisbergs. Die neu geschaffenen Institutionen des religiösen Regimes verfolgten nicht nur ehemalige Parteigänger des Schahs, sondern auch dessen Gegner, die u. a. in Gestalt der *Fida'iyan* und *Mudschahidin-e Khalq* nunmehr als Rivalen um die Macht auftraten, ja die Repräsentanten des neuen Regimes aktiv bekämpften. Eine oppositionelle Gruppe nach der anderen wurde ausgeschaltet, ihre Anhänger liquidiert. Als letzte unter ihnen fiel Mitte 1983 die kommunistische *Tudeh*-Partei der Repression zum Opfer. Sie hatte – bei aller Gegensätzlichkeit der ideologischen Ausgangsposition – in Khomeinis Eintreten für die *mustaz'afan* (die sie mit dem »Proletariat« gleichsetzte) eine Gemeinsamkeit gesehen und auf die Stunde gewartet, da die Khomeinisten scheitern und sie das Vakuum füllen und den geschwächten Staat übernehmen würde. Zwischen 1981 und 1985 wurden mehr als 8 000 Mitlieder vornehmlich linker Gruppen hingerichtet.

In dem angespannten politischen Klima wurden auch hochrangige Gefolgsleute Khomeinis Opfer von Gewalt. Die IRP erwies sich keineswegs als ein homogenes Sammelbecken der revolutionären »khomeinistischen« Kräfte. Auch die Geistlichkeit (soweit sie politisch aktiv war) war ideologisch in unterschiedliche Lager gespalten. Die Divergenzen bezogen sich auf ihre Rolle im politischen System, die Wirtschaftsordnung – also die Frage des Privateigentums bzw. des Besitzes von Grund und Boden –, den Stellenwert der »Massen« im sozialen Engagement der Geistlichkeit sowie die Außenpolitik unter dem Aspekt des »Exports« der Revolution und des Platzes der Islamischen Republik im internationalen System. Angesichts der fortbestehenden Differenzen wurde die IRP 1987 aufgelöst.

Zum Zeitpunkt des Überfalls seitens des irakischen Diktators hatte das politische und gesellschaftliche System bereits seine nahezu endgültige Form erhalten. Die politischen Institutionen reflektierten eine Synthese von republikanischer Modernität und – die Legitimität der Herrschaft betreffend – schiitischer Tradition. Die absolute Macht lag bei dem »Erfinder« des Konzepts der *vilayat-e faqih* (d. h. der »Herrschaft des [weithin anerkannten] Gottesgelehrten«); Ayatollah Khomeini war der »Führer« (*rahbar*). Unter der hohen Geistlichkeit insgesamt, insbesondere an den heiligen Stätten der Schiiten im Irak, Nadschaf und Kerbela, war das Konzept durchaus umstritten. Angesichts des Charismas Khomeinis als Revolutionsführer aber blieb die Kritik verhalten; in Iran wurden die theologischen Kritiker zum Schweigen gebracht. Der Gesellschaft wurde eine »islamische« Prägung verordnet; das Freitagsgebet und die damit verbundene Ansprache wurden zu einem zentralen Ritual. Sittenwächter wachten über die Einhaltung des Verbots des Konsums von Alkohol und des moralischen Verhaltens von Männern und Frauen in der Öffentlichkeit (und zuhause). Insbesondere die Frauen wurden gleichsam als kollektive Manifestation der Prinzipien der Islamischen Republik vereinnahmt: Auf der einen Seite war ihnen das aktive und passive Wahlrecht gewährt und mit den Jahren haben sie in zunehmendem Maße davon Gebrauch gemacht. Insbesondere wurden ihnen auch Bildungschancen bis in die höchsten Bildungseinrichtungen eingeräumt. Auf der anderen Seite wurden traditionelle »weibliche« Verhaltens- und Rollenmuster, die unter dem Schah (und seiner Frau Farah Diba) einem emanzipatorischen Frauenbild hatten Platz machen müssen, wiederbelebt. Frauen wurden auf den Bereich von Haus und Familie zurückgedrängt. Beginnend bei öffentlichen Einrichtungen, im Verlauf des Jahres 1980 aber als staatliches Gebot für alle Frauen, wurde das Tragen des Tschador in der Öffentlichkeit das Symbol für die Islamische Republik als eine moralische »islamische« Anstalt. Im Familien- und Personenstandsrecht sowie im Strafrecht wurden die Bestimmungen der *Schari'a* wieder umfänglich eingeführt. Auch in Teilen des Wirtschafts- und Finanzwesens kam islamisches Recht zur Anwendung; 1983 wurden alle Banken dem »islamischen Zinsverbot« unterworfen.

Der politischen, gesellschaftlichen, rechtlichen und wirtschaftlichen ging eine kulturelle Islamisierung einher. Im Rahmen einer Freitagspredigt am 18. April 1980 übte Khomeini Kritik an den Universitäten, die dem westlichen Einfluss folgten und die islamische Revolution gefährdeten. Die Rede wurde zum Fanal einer »Säuberung« des geistigen und kulturellen Lebens von »westlichen verdorbenen« Elementen. Im Wesentlichen ging es um die Islamisierung des Bildungssystems. Während die Universitäten für ein Jahr geschlossen blieben, wurden Hunderte von Professoren entlassen, Tausende von Studenten zwangsexmatrikuliert, die Curricula einzelner Fächer durch islamische Komponenten ergänzt. Zeitweise richtete sich der Furor auch gegen die vorislamisch-persische Kultur. Kulturschaffende wurden drangsaliert, einige unter ihnen ermordet. Dabei spielten die Milizen des Regimes (*basidschi* und *hizbollah*) sowie die Revolutionsgarden (*pasdaran*) eine besonders unrühmliche Rolle. Nach etwa einem Jahr flaute die aggressive Phase der Revolution ab. Aber mit dem *Hohen Rat der Kulturrevolution* wurde im Dezember 1984 ein Gremium geschaffen, das dauerhaft eine umfangreiche Kontrolle über alle Bereiche des kulturellen Lebens ausüben sollte. Die Zensur von Literatur, Theater und Film wurde ein Damoklesschwert, das permanent über dem kulturellen Leben schwebte; der öffentliche Auftritt von Frauen wurde besonders erschwert. Vor diesem Hintergrund verließen zahlreiche Künstler und Wissenschaftler das Land.

Der Angriff Saddam Husains im Herbst 1980, der, verdeckt oder offen unterstützt von einer breiten internationalen Allianz, zum Sturz des Regimes in Teheran hätte führen sollen, hatte am Ende den gegenteiligen Effekt. Militärisch dilettantisch geführt und ohne klare politische und militärische Zielsetzung, erlahmte der irakische Vorstoß in kurzer Zeit und ging in einen Stellungskrieg über. Nicht nur kam es nicht zu der erwarteten Solidarisierung der – z. T. arabischen – Bevölkerung Khuzistans mit den irakischen Truppen. Vielmehr brach der Angriff eine seit den Tagen der Revolution nicht mehr dagewesene Welle der Solidarisierung und der Opferbereitschaft breitester Teile der iranischen Bevölkerung los. Da die Islamische Republik – nicht zuletzt auch im Zusammenhang mit der völkerrechtswidrigen Geiselnahme an der amerikanischen Botschaft – wirtschaftlichen und rüstungspolitischen Sanktionen unterlag, war sie materiell dem irakischen Angreifer unterlegen. Hunderttausende junger Männer, zur Masse aus den unteren Schichten (den *mustaz'afan* in der Terminologie Khomeinis), meldeten sich freiwillig und gingen schlecht bewaffnet an die Front. Dort starben sie den Opfertod, der sie nach ihrem Glauben als Märtyrer (*schahid*) unmittelbar in das Paradies würde eintreten lassen. Auf dem Friedhof von *Bihischt-e zahra* (»Paradies der Zahra«) sind sie begraben. (In unmittelbarer Nähe wurde auch das Mausoleum Khomeinis errichtet.) An der heimischen Front entfachte der tief verinnerlichte schiitische Märtyrerkult um die Imame Ali und Husain eine ungeheure Woge der Solidarisierung mit der Islamischen Republik und ihrem

Führer Ayatollah Khomeini. Eine professionelle Kriegspropaganda, die den Märtyrermythos verherrlichte, sollte die Kampfmoral und die Opferbereitschaft der Massen anheizen. Hinter dem emotionalen Schleier des Kampfes gegen den Aggressor konsolidierte sich das bis dahin noch fragile System. Die Säuberungen namentlich gegen »linke« Gruppierungen gingen mit großer Härte weiter.

An der Seite der regulären Armee (*artesch*) traten die Revolutionsgarden (*pasdaran*) immer stärker in Erscheinung. Sie waren 1979 zur Verteidigung des Systems gegründet worden; gegen die Kurden, die auf größere Autonomie drängten, kamen sie auf Befehl Khomeinis in demselben Jahr zu ihren ersten Einsätzen. Mit dem Kriegsausbruch nahmen sie zunehmend die Struktur einer regulären Armee an – einschließlich einer eigenen militärischen Führung. Sie organisierten die Einfuhr der auf dem Schwarzmarkt erworbenen Waffen und bauten selbst – zunächst primitive – Waffen. Im Zusammenspiel mit den Volksmilizen (*basidsch*) wurden sie zur Speerspitze der iranischen Truppen auf irakischem Territorium seit 1983, nachdem bereits Mitte 1982 die Vertreibung des irakischen Gegners von iranischem Boden gelungen war.

Gleichwohl zog sich der Krieg – im Schatten der zeitgleichen Invasion der Sowjetunion in Afghanistan streckenweise als »vergessener Krieg« – weiter hin. Als er die Tankerroute der Meerenge von Hormus zu bedrohen begann, traten die USA ins Bild und gaben den von Kuwait auslaufenden Tankern militärischen Geleitschutz. Erst ab 1987 setzte ein zäher, von der Uno vermittelter Verhandlungsprozess ein. Nachdem am 3. Juli 1988 ein ziviler iranischer Airbus mit 250 Passagieren an Bord von einem amerikanischen Kriegsschiff im Golf »versehentlich« abgeschlossen worden war, konnte Khomeini überredet werden, einem Waffenstillstand am 18. Juli zuzustimmen. Ihn anzunehmen, bedeutete für ihn nach eigenen Worten, einen Giftbecher zu trinken. Der Krieg hatte auf iranischer Seite zwischen 350 000 bis 500 000 Tote gekostet.

Das Ende des Krieges stellte die iranische Führung vor eine neue Situation. Das Land, und das bedeutete in erster Linie die Wirtschaft, musste sich erholen. Ganze Städte (wie Khorramschahr am Schatt al-Arab) und zahlreiche Ölanlagen waren zerstört und mussten wieder aufgebaut werden. Die Märkte für iranisches Öl, die mit der Revolution weggebrochen waren, mussten zurückgewonnen werden. Das war umso schwieriger, als Washington im Zuge der Geiselnahme an seiner Botschaft iranisches Vermögen eingefroren und Sanktionen verhängt hatte. Außenpolitischer Pragmatismus war also angesagt. Wie würde das revolutionäre System auf diese Herausforderung reagieren?

Tatsächlich hatte sich mit der Revolution die grundsätzliche Frage gestellt, wie sich die Islamische Republik Iran in ihrem vorderorientalischen Umfeld verorten würde. Zwar hatte die Revolution als Protest breiter Schichten der iranischen Gesellschaft gegen ihren Herrscher begonnen; sie war dann aber gleichsam von Khomeini in eine islamische Revolution umgewertet worden. War sie also eine Angelegenheit der Iraner oder würde sie gleichsam zu exportieren sein? Die Antwort auf diese Frage war ebenso umstritten wie die Antworten auf andere grundsätzliche Fragestellungen, die sich mit der Revolution verbanden. Khomeinis Antwort war zunächst supranationalistisch: Die Revolution würde ein erster Schritt zur Revolutionierung und Befreiung der islamischen Welt sein, die von Tyrannen beherrscht wurde und auswärtigen Mächten unterworfen war. »*Marg bar Amrika*« und »*marg bar Israel*« (»Tod über Amerika«, »Tod über Israel«) riefen Hunderttausende von Stimmen beim zentralen Freitagsgebet auf dem Gelände der Universität Teheran und in der an sie angrenzenden Nachbarschaft. Der Überfall durch den Irak und dessen breite Unterstützung durch Teile der internationalen Gemeinschaft schienen zu bestätigen, dass auch andere Führungen islamischer Staaten gegen die Islamische Republik konspirierten. »Der Weg nach Jerusalem führt über Kerbela« (*rah-e Quds az Karbala miguzarad*), war Khomeinis Motto. Erst würde die den Schiiten heilige Stadt Karbala (Kerbela) im Irak von dem ungläubigen Saddam (und die islamische Welt von all ihren inneren Feinden, d. h. ihren Herrschern), befreit, dann würde sich der Weg zur Befreiung von al-Quds (Jerusalem), d. h. zur Befreiung von den äußeren Feinden öffnen: Israel und den USA.

Dass es mit der Projektion der revolutionären Dynamik in den Nahen Osten ernst gemeint sei, ließ die neue Führung in Teheran erkennen, als sie ab 1982 daranging, unter den Schiiten im Libanon, die durch die Jahrzehnte zur zahlenmäßig stärksten Glaubensgemeinschaft im Lande geworden waren, eine Miliz aufzustellen: die *Hizbollah* (*hizb Allah*, »Partei Gottes«). Ihr Ziel würde es sein, auch den Libanon in ein islamisch geprägtes Staatswesen zu transformieren und von dort den Kampf gegen Israel zu führen. Das aber bedeutete zugleich, sich mit Syrien zu verbünden, was in Damaskus auf positive Resonanz stieß. Mit Hafiz al-Asad herrschte dort seit 1970 ein Führer, der nicht nur in einer persönlichen Todfeindschaft mit Saddam Husain befangen war (und deshalb dessen Krieg nicht unterstützte), sondern dessen Zugehörigkeit zur alevitischen Religionsgemeinschaft auch eine gewisse Nähe zum schiitischen Islam bedeutete. In den kommenden Jahrzehnten sollte die Achse Teheran–Damaskus das Rückgrat iranischer Sicherheitspolitik im Nahen Osten werden.

Der Waffenstillstand mit dem Irak im August 1988 bedeutete faktisch das Ende aller Träume, die islamische Revolution jenseits der Landesgrenzen zu verbreiten. Auf das Selbstverständnis der Iraner aber sollte der Kriegsverlauf einen nachhaltigen Einfluss ausüben. Sie hatten erfolgreich widerstanden; Iran war stark aus sich selbst heraus. Der Westen und mit ihm seine nahöstliche Gefolgschaft hatten sich auf die Seite des Aggressors geschlagen. Sie hatten ihn auch nicht fallen lassen, als dieser im März 1988 den Einsatz von Giftgas gegen den kurdischen Widerstand in der irakisch-kurdischen Stadt Halabdscha befahl. Die Islamische Republik Iran würde also ihre Sicherheit aus den eigenen Ressourcen heraus organisieren müssen. Namentlich von den USA würde man nichts als Feindseligkeit erwarten dürfen; offen wurde in Washington von einem *regime change* gesprochen. Noch vor dem Ende des Krieges fasste die Regierung den Beschluss, das Programm der Entwicklung der Kernenergie, das der Schah begonnen hatte, wieder aufzunehmen.

Khomeini hatte zur Beendigung des Krieges durch seine Umgebung – namentlich Parlamentspräsident Haschimi Rafsandschani – gedrängt werden müssen. Wenn er schon außenpolitisch sein Kriegsziel nicht hatte erreichen können, so war er entschlossen, das System zumindest im Inneren zu festigen. Noch vor dem Inkrafttreten des Waffenstillstands Mitte August 1988 begann in den Gefängnissen die Hinrichtung politischer Gefangener. Über die Zahl der Opfer gibt es unterschiedliche Angaben; es dürften aber mindestens 2700, überwiegend Angehörige der *Mudschahidin-e*

Khalq und Aktivisten linker Organisationen, gewesen sein. Das stieß auf Kritik von Ayatollah Muntaziri (1922–2009), einem langjährigen Gefolgsmann und seit 1985 designiertem Nachfolger Khomeinis. Daraufhin musste Muntaziri zurücktreten. Um sein politisches Vermächtnis gesichert zu wissen, verfügte Khomeini, alle religiösen Grundsätze dem Prinzip des »Interesses des Systems« (*maslahat-e nizam*), also dem Wohl des Staates, unterzuordnen. Gleichzeitig schuf er eine neue Institution, die als Schiedsrichter zwischen Parlament und Wächterrat fungieren und eine Vermittlerrolle einnehmen sollte, wenn je eine Pattsituation entstehen würde: den »Rat zur Feststellung, was das Beste für die Regierung sein würde« (*Schura-ye taschkhis-e maslahat-e nizam*). Außenpolitisch vertiefte er noch einmal die Kluft zum Westen und zu all jenen Muslimen, die zu westlichen Werten verführt sein sollten: Am 14. Februar 1989, wenige Tage vor seinem Tod, verkündete er eine *fatwa*, d. h. ein islamisches Rechtsgutachten, in dem er zur Tötung des britisch-indischen Schriftstellers Salman Rushdie aufrief. Khomeini (und mit ihm viele Muslime namentlich auf dem indischen Subkontinent und im Vorderen Orient) bezichtigten Rushdie der Blasphemie: In seinem Roman »Die satanischen Verse« hatte er eine Überlieferung literarisch gestaltet, nach welcher der Prophet Muhammad drei Verse des Korans widerrufen habe, die ihm vom Teufel eingegeben worden sein sollen. Weiterreichend hatte Rushdie damit die göttliche Eingebung des Korans insgesamt in Zweifel gezogen. Inmitten der weltweiten muslimischen Proteste darüber starb Khomeini am 3. Juni 1989; drei Tage später wurde er unter millionenfacher Anteilnahme der Bevölkerung nahe dem Friedhof *Bihischt-e zahra* begraben. Dort ist ihm nach Art der großen schiitischen Heiligtümer eine Grabmoschee mit einer vergoldeten Kuppel errichtet worden.

Ohne Zweifel hat Khomeini Geschichte geschrieben, die über Iran hinausreicht. Naturgemäß war und ist sein Werk, die Islamische Republik Iran, umstritten. Am Anfang steht eine Idee: eine politische Ordnung zu errichten, die dem Anspruch der großen Mehrheit der Bürger auf Teilhabe an der Regierung im Inneren und auf selbstbestimmtes Handeln nach außen entspricht (das waren bereits die zentralen Anliegen der Revolution von 1906 gewesen), die zugleich aber in den Wurzeln eigener Traditionen gründet. Das ist – wie im Falle jeder Revolution – nicht ohne Gewalt abgegangen (die Zahl der Opfer ist freilich im Vergleich zu anderen Revolutionen, etwa der französischen von 1789, relativ gering). Die Frage nach der islamischen Religion als einer Legitimität stiftenden Kraft, auf die Khomeini (s)eine (schiitische) Antwort gegeben hat, sollte sich auch für sunnitisch geprägte Gesellschaften im Nahen Osten stellen (► S. 340).

Bei allen inneren Spannungen und Konflikten hat sich die von Khomeini hinterlassene Ordnung als stabil erwiesen. Ein Grund dafür war der politische Pragmatismus, mit dem er innenpolitischem Widerstand begegnete. Dieser offenbarte sich nicht nur in den vorstehend beschriebenen Maßnahmen. Sie waren von einer Verfassungsänderung begleitet. In ihr war der neu geschaffene »Schlichtungsrat« festgeschrieben. Zugleich wurde das Amt des Ministerpräsidenten abgeschafft und stattdessen der Präsident mit mehr Kompetenzen ausgestattet; die Macht des obersten Führers wurde erweitert und genauer definiert. Der Schwerpunkt lag nun mehr auf dessen politischen als religiösen Qualitäten. Denn nach der Entmachtung von Ayatollah Muntaziri war kein anderer bedeutender Geistlicher als Nachfolger

Khomeinis in Sicht. So fiel seine Entscheidung auf einen Mulla mittleren Ranges (*hudschdschat al-islam*, »Zeuge des Islams«), der aber nach der Revolution gelernt hatte, mit der Macht umzugehen. Seyyid Ali Khamene'i war 1939 in eine geistliche Familie in Maschhad hineingeboren worden. Früh geriet er in den politischen Dunstkreis Khomeinis in Qum; in den Jahren von dessen Verbannung war er politisch aktiv und wurde mehrmals verhaftet. Nach der Vertreibung Bani Sadrs wurde er im Oktober 1981 zum zweiten Präsidenten der Islamischen Republik Iran gewählt. Eine theologische Leistung, die ihn zu den höchsten Weihen der schiitischen Geistlichkeit getragen hätte, hat er nie vollbracht.

Mit der Designation Khamene'is als Nachfolger Khomeinis war der Aufstieg zu dem Rang eines Ayatollah verbunden. Einen Tag nach dem Tod Khomeinis wurde Khamene'i durch den Expertenrat als »Führer« bestätigt. Eine abermalige Änderung der Verfassung trug der entstandenen Tatsache Rechnung, dass der geistliche Führer nicht mehr notwendig über herausragende theologische, sondern auch über politische, administrative und soziale Fähigkeiten verfügen muss. Nach der Wahl des Führers wurde der langjährige Präsident des Parlaments, Ali Akbar Haschimi Rafsandschani (1934–2017) zum Staatspräsidenten gewählt.

Der Tod Khomeinis bedeutete eine Zäsur; nunmehr trat die Islamische Republik in eine neue Phase ihrer Existenz ein. Zwar war der Staatsgründer allgegenwärtig – und ist es bis in die Gegenwart geblieben, aber die innenpolitischen, wirtschaftlichen und außenpolitischen Zwänge machten es notwendig, Handlungsspielräume für eine pragmatische Politik zu schaffen. Der achtjährige Krieg hatte Iran wirtschaftlich ruiniert. Um den Wiederaufbau voranzutreiben, bedurfte es der Normalisierung der Beziehungen vor allem zu den westlichen Industriestaaten. Um den Verkauf von Öl und Gas zu optimieren, musste sich das Land den benachbarten Ölstaaten annähern, die z. T. im Lager des Aggressors Irak gestanden hatten. Einer Normalisierung der Außenbeziehungen stand die *fatwa* Khomeinis gegen Salman Rushdie im Wege; es galt also, ihre akute Bedeutung herunterspielen. Auch die Aktivitäten des Geheimdienstes, der noch immer politische Gegner des Regimes im Ausland verfolgte, machte es schwierig, die Kluft zum Rest der Welt zu überwinden. In der Innenpolitik musste das Vertrauen insbesondere der modernen Mittelschicht, der Intellektuellen, Ingenieure, Anwälte, Ärzte, Journalisten, Schriftsteller, leitenden Beamten und Manager gewonnen werden. Das beinhaltete die Öffnung des Landes für Reisen und geistigen Austausch.

Auf ihrem Weg an die Macht hatten die Khomeinisten gegen soziale Ungerechtigkeit und »kapitalistische Blutsauger« gewettert, um die Unterschichten zu mobilisieren. Um die Islamische Republik nach der Revolution zu konsolidieren und zu legitimieren, versuchten sie, diese Gruppen mit einer populistischen Ökonomie an sich zu binden. Eine der erste Maßnahmen Khomeinis war die Gründung der *Stiftung der Unterdrückten* (*Bunyad-e mustaz'afan*), die einen Teil der konfiszierten Besitzungen des Schahs übernahm, um damit den Armen zu helfen. Auch gliederte man ihr eine große Zahl verstaatlichter Betriebe an. Neben der *Stiftung der Unterdrückten* wurden weitere *bunyadha* gegründet; sie funktionierten wie Staaten im Staate, verwalteten sich selbst und entrichteten keine Steuern. Ende der achtziger Jahre empfingen 12,4 Mio. Menschen auf die eine oder andere Weise Hilfe von diesen Stiftungen. Viele junge Leute, vor allem aus ländlichen Gegenden und den städtischen Armenvierteln, fanden ihren Weg nach oben in die Ränge der Revolutionsgarden (*pasdaran*). Die Unterschichten profitierten auch von den Subventionen für Grundbedürfnisse wie Brot, Reis, Zucker, Öl, Elektrizität und Wasser; diese machten ein Viertel der öffentlichen Ausgaben aus. Das Ergebnis war eine reale Umverteilung des Wohlstandes, die in dem Jahrzehnt des Krieges und der wirtschaftlichen Misere Millionen Menschen das Leben erträglicher machte.

Das Ende des Krieges ließ neue wirtschaftliche Herausforderungen entstehen. Viel war nach der Revolution von einem »dritten Weg« zwischen Kapitalismus und Sozialismus die Rede gewesen. Doch mit dem Beginn der neunziger Jahre veränderten sich die Schwerpunkte der Wirtschaftspolitik. Die Bedeutung der Umverteilung trat zurück; angesagt war Kapitalbildung durch private und staatliche Unternehmen. Zunehmend verflochten sich politische und wirtschaftliche Macht. Die Bürokratie an der Spitze der Staatsbetriebe und *bunyadha* entwickelten eigene wirtschaftliche Interessen und ein Teil der traditionellen Händler des Bazars fand über sie Möglichkeiten, Investitionen zu tätigen. Rafsandschanis Plan zum Aufbau der Wirtschaft basierte auf Prinzipien des Neoliberalismus, wie sie von den mächtigen internationalen Finanzorganisationen vertreten wurden. An die Stelle des Prinzips der Autarkie (*chud kafa'i*) trat das der wirtschaftlichen Entwicklung (*touse'e*). Damit nahm er Abschied vom Ethos der achtziger Jahre und plädierte für einen Islam, in dem Konsumieren keine Schande war. Dies aber war nur ein Mäntelchen, das verdecken sollte, dass wirkliche Liberalisierung der Wirtschaft auf der Strecke blieb. Denn tatsächlich floss das Geld zunehmend in die Taschen der Topmanager und deren Freunde. Rafsandschani selbst verkörperte den Aufstieg einer neuen Gruppe von Millionären: Er war nicht nur ein Mulla und Staatspräsident, sondern wurde auch einer der reichsten Männer des Landes mit Beziehungen im gesamten Wirtschaftsleben, ein Repräsentant der neu entstehenden Gruppe von Mulla-Millionären. Diese, hohe Beamte, Bazaris und Industrielle, verflochten und bereicherten sich gegenseitig. So wurden die neunziger Jahre das neoliberale Jahrzehnt der Selbstbereicherung in den oberen Etagen der Gesellschaft. Die Kehrseite der Medaille waren Verarmung und Zunahme sozialer Unsicherheiten an der Basis.

Außenpolitisch blieben die Handlungsspielräume für Rafsandschani eng. Seit dem Ende des »zweiten Golfkriegs«, der im Januar/Februar 1991 zur Befreiung Kuwaits von der Besetzung durch den Irak geführt hatte, beruhte die amerikanische Politik auf dem Konzept des *double containment*: Sowohl der Irak als auch Iran sollten durch Wirtschaftssanktionen geschwächt werden. Ab 1996 wurden die Sanktionen durch den *Iran-Libya Sanctions Act* noch ausgeweitet.

Unter den politischen und wirtschaftlichen Rahmenbedingungen der Ära Rafsandschani vollzog sich auch eine Differenzierung der weltanschaulichen und gesellschaftlich-programmatischen Strömungen. Sie drängten die Islamische Republik in unterschiedliche Richtungen: traditioneller vs. reformorientierter Islam, Theokratie vs. Demokratie, Kapitalismus vs. wirtschaftlicher Populismus, Antiimperialismus vs. Normalisierung der Beziehungen mit dem Westen. Im politischen Tagesgeschäft begannen, Gegensätze zwischen Pragmatikern und Konservativen sichtbar zu werden. Während letztere sich noch immer mit dem Basar verbündeten und auf einer strikten Befolgung der islamischen Regeln bestanden, standen erstere für eine wirtschaftliche Öffnung, die Reform des Steuerwesens und die Stärkung der

Banken. Die Verwerfungen wurden in dem Duo an der Spitze des Staates personalisiert: Ayatollah Khamene'i stand nicht zuletzt auch für die »khomeinistische« konservative Linie – auch das »islamische« Erscheinungsbild der Gesellschaft betreffend, zu dessen Durchsetzung die *Pasdaran* und die *Basidsch* auf die Straße geschickt wurden. Demgegenüber stellte Rafsandschani die Weichen in Richtung auf eine »liberale« Ordnung und trat für eine – in Grenzen – freiere gesellschaftliche und kulturelle Praxis ein.

Jenseits der politischen Bühne vollzogen sich kulturelle und intellektuelle Entwicklungen, die bald die beachtliche Dynamik erkennen lassen sollten, welche in der post-revolutionären iranischen Gesellschaft insgesamt wirksam war. Im Erscheinungsbild Teherans traten die Spuren der Revolution in den Hintergrund. Die Anlage von öffentlichen Parks erweiterte die Räume menschlicher Begegnung und kultureller Ausdrucksformen. Die Satellitenschüsseln (gegen die die Behörden einen erfolglosen Kampf führten) waren ein Hinweis, dass die staatlichen Medien nicht mehr die einzige Quelle der Information sein würden. Aber auch diese begannen, der Unterhaltung breiteren Raum zu geben. Das Wiederaufleben der Kultur, vor allem des Films, wurde ein Indiz für die soziokulturellen und intellektuellen Unterströmungen in der Gesellschaft. Das iranische Kino kämpfte sich frei von der Obsession für Islam und Krieg und schlug neue Wege ein.

Das dramatische Anwachsen der Geburtenrate im konservativen Klima der post-revolutionären Ära hatte die Islamische Republik zu einer dezidiert jungen Gesellschaft werden lassen. Diese Entwicklung bestimmte nicht nur das öffentliche Erscheinungsbild, sondern auch das gesellschaftliche Leben. Namentlich die Frauen hatten daran Anteil. Mit gezielten Gesten, die Kleidung (namentlich den *Tschador*) und das äußere Auftreten betreffend, gaben sie der Gesellschaft ein lockereres Gepräge. Diese – kleinen – Freiheiten waren zugleich symptomatisch für eine tiefergehende Wandlung der Stellung der Frau in der iranischen Gesellschaft insgesamt. Während des Krieges hatten Frauen Tätigkeiten verrichten müssen, die sonst Männern vorbehalten waren; diese aber waren an der Front. Nach dessen Ende ließen sie sich nicht mehr an den Herd verbannen. Dies umso weniger, als die jungen Frauen die Möglichkeiten und Chancen nutzten, die sich ihnen durch die Ausweitung der Bildungseinrichtungen boten. Mit dem Ende der Kulturrevolution war der Bildungsaufstieg der Frauen eine der positiven Errungenschaften der Islamischen Republik geworden.

Nach den Jahren von Revolution, Post-Revolution mit Repression und dem Krieg gegen den Irak war die iranische Gesellschaft also in Bewegung geraten. Damit waren weiterreichende Erwartungen und Hoffnungen auf innenpolitische Liberalisierung verbunden. Im Oktober 1994 unterzeichneten 124 Schriftsteller, Journalisten und Künstler einen Brief, in dem sie die Verletzung der Menschenrechte verurteilten. Zwar zog der Staat sofort wieder die Zügel an. Aber besagtes Dokument gibt eine Antwort auf die Frage, warum die Wahl Muhammad Khatamis (geb. 1943) im Mai 1997 geradezu eine Euphorie auslöste. 70 % der Wahlberechtigten, namentlich weibliche und jugendliche Wähler, gaben einem Mann die Stimme, der in seinem Wahlkampf versprochen hatte, sich für mehr Demokratie, Bürgerrechte und Gleichberechtigung einzusetzen. Von 1978 bis 1980 war er Imam der schiitischen Moschee in Hamburg und von 1981 bis 1992 Minister für Islamische Kultur gewesen. Im Konflikt mit dem konservativen Flügel des Regimes war er zurückgetreten und hatte bis zu seiner Wahl die Nationalbibliothek geleitet. Wenige Monate vor der Präsidentschaftswahl hatten sich die »demokratisch geläuterten« Linksislamisten und technokratische Rechtsmodernisten auf eine Koalition und auf Muhammad Khatami als Kandidaten geeinigt.

Die Hoffnung auf einen Frühling durchzog breite Teile der Gesellschaft. In der Ära Rafsandschani hatten sich die Spannungen zwischen der Staatsklasse, welche die wirtschaftlichen und politischen Potentiale monopolisierte, und breiten Teilen einer – nunmehr sehr jungen – Gesellschaft, die ökonomisch nicht partizipierte und zugleich einer rigiden Staatsideologie untergeordnet wurde, verschärft. Jetzt schienen sich neue Freiräume persönlicher Selbstbestimmung zu öffnen: Politische Debatten, Kunst und Kultur blühten auf. Filme und Musik, die vorher verboten waren, wurden erlaubt; zum ersten Mal fanden Popkonzerte statt. Journalisten gründeten einen eigenen Verband und die Zensur wurde gelockert. Investigative Journalisten schrieben Reportagen über Korruption und Repression im Staatsapparat. Sie berichteten über die undurchsichtigen *bunyadha*, die mächtigen Stiftungen mit ihrer Verflechtung wirtschaftlicher und politischer Interessen. Mit Masumeh Ibtikar (geb. 1960), 1979 Wortführerin der Studenten, die die amerikanische Botschaft besetzt hatten, wurde – zum ersten Mal in der iranischen Geschichte – eine Frau Vizepräsidentin des Staates.

Signifikante Veränderungen fanden auch auf der Ebene der Zivilgesellschaft statt. Die Zahl der nichtstaatlichen Organisationen wuchs erheblich. Allein die Zahl der Frauenorganisationen lag im Jahr 2000 bei 230. Die Studentenbewegung gründete eine eigene Nachrichtenorganisation; es entstand ein Netzwerk von über 1 400 kulturellen, wissenschaftlichen und gesellschaftlichen Vereinigungen. Die Universitäten wurden zur Inkubationsstätte für politische Organisationen.

In seiner Antrittsrede hatte Khatami die Hoffnung geweckt, der Staat werde diesem Aufbruch einen geschützten Raum schaffen. Er hatte von der Freiheit des Individuums und den Rechten der Bürger gesprochen, die zu schützen eine grundlegende Pflicht des Präsidenten sei. Diesen Ankündigungen aber folgte kein wirklicher Durchbruch in der Politik des Staates. Das hatte zahlreiche Gründe: einer lag in der Wirtschaftspolitik. Auch der 2000 vorgelegte dritte Fünfjahresplan, brachte keine Abkehr von der wirtschaftspolitischen Orientierung seines Vorgängers. Die Dynamik, die den oberen Mittelstand und die Neureichen begünstigte, zugleich aber die Kluft zu der breiten Bevölkerung vertiefte, hielt ungebrochen an. Sich ausbreitende Armut und verschärfende soziale Ungleichheit waren die Folge; es kam zu Demonstrationen und Streiks. Unmittelbar brisanter aber als das wirtschaftliche war das politische Strukturproblem. Es bestand in der Tatsache, dass Khatami zwar von einer Bevölkerung gewählt worden war, die – durchaus im institutionellen Rahmen der Verfassung – größere individuelle Freiheiten und Bürgerrechte erwartete, dass sich aber eben die zentralen Institutionen der Islamischen Republik in der Hand des konservativen Flügels des post-revolutionären Establishments befanden. Daraus erwuchs ein natürlicher Konflikt zwischen einer Jugend, die sich Spaß, Jobs und Demokratie auf die Fahnen geschrieben hatte, sowie einer starken und lebendigen Frauenbewegung, die nach mehr Gleichberechtigung und Gleichbehandlung strebte, auf der einen und einer konservativen Machtelite auf der anderen Seite, die eben darin Einfallstore des Westens und seiner Moral, mithin eine Bedrohung jener Werte sah, auf denen die Islamische Republik beruhen sollte. Khatami betrachteten sie als »verwestlicht« und jeden, der die Souveränität des Volkes betonte, als Verräter. Sie dominierten den Wächterrat und die Justiz; zudem hatten sie den Obersten Führer und die Generäle der Revolutionsgarden sowie die paramilitärischen *Basidsch* auf ihrer Seite.

Der Konflikt begann bereits, als im April 1998 der Bürgermeister von Teheran, ein pragmatischer Politiker und zugleich ein enger Weggefährte Khatamis, unter Korruptionsverdacht verhaftet und zu fünf Jahren Gefängnis verurteilt wurde. Weitere Persönlichkeiten aus seinem Umfeld wurden auf ähnliche Weise kaltgestellt. Dann ging der Angriff auf die Reformbewegung in eine gewaltsame Phase über. Es kam zur Ermordung einer Reihe politisch liberal Gesinnter, Intellektueller und Künstler. Mit dem Verbot der Zeitschrift *Salam* (»Frieden«), dem Flaggschiff der Reformbewegung, die unter der Leitung eines prominenten Geistlichen über die Komplotte und Korruptionsfälle in der Regierung berichtet hatte, provozierten die Konservativen den Protest der Studenten. Bei Zusammenstößen mit Schlägern der *Ansar-e hizbollah* (»Helfer der Partei Gottes«) am 8. Juli 1999 gab es zahlreiche Verletzte; ein Student starb. Daraufhin kam es zu den größten Tumulten, die das Land seit der Revolution erlebt hatte. In den Städten gingen Tausende Studenten auf die Straße. Präsident Khatami stand am Scheideweg: Sollte er sich im Namen von Bürgerrechten und politischen Freiheiten auf die Seite der Protestierenden schlagen? Am Ende blieb er ein Mann der Hardliner des Regimes: Als er die Studenten zur Beendigung der Proteste aufrief und ihre Slogans »demagogisch, provokativ und eine Gefahr für die nationale Sicherheit«[83] nannte, verloren der Präsident und seine Versprechungen mehr und mehr das Vertrauen. Zwar erhielten seine Bewegung und er selbst in den Parlaments- (2000) und Präsidentschaftswahlen (2001) noch einmal eine Mehrheit. Aber die Konservativen setzten die Hebel der Propaganda und Repression in Bewegung, die ihnen zur Verfügung standen. Die Kommunalwahlen von 2003 ließen die breite Enttäuschung erkennen: nur 48 % (in Teheran 24 %) der Wahlberechtigten gingen noch zu den Urnen. Dass aber Mahmud Ahmadinezhad zum Bürgermeister von Teheran gewählt wurde, war ein Indiz für den gleichzeitigen Aufstieg neokonservativer Kräfte. Khatami hatte sich – am Ende vergeblich – auf den Mittelstand zu stützen bemüht; die unteren Schichten hatte er nie erreicht.

An dem Verlust an Macht und Einfluss Khatamis hatte auch die Außenpolitik Anteil. Im benachbarten Afghanistan war das islamistisch-rigide Regime der *Taliban* in der zweiten Hälfte der siebziger Jahre auch zu einer Bedrohung der Sicherheit Irans geworden. Zeitweise lag die Gefahr eines Krieges in der Luft. Nach dem Terrorakt vom 11. September 2001 stellte sich Teheran – unerklärt – auf die Seite der internationalen Gemeinschaft, indem es die »Nordallianz« afghanischer Widerstandskräfte gegen die *Taliban* unterstützte. Umso überraschender war dann die Feststellung von Präsident George W. Bush, der in seiner Botschaft zum *state of the union* vom Januar 2002 Iran als Teil der »Achse des Bösen« bezeichnete. Für die konservativen Gegner Khatamis war dies ein Geschenk des Himmels: Von nun an konnten sie sich auf das Argument der »nationalen Sicherheit« berufen, um die Repression der Regimegegner zu verstärken. Die Kriegsdrohung gab ihnen die Möglichkeit, ihre Anhänger durch das Anstacheln nationalistischer Gefühle zu mobilisieren. Umgekehrt würde sich jeder, der »westliche« Werte in die Gesellschaft einführen wollte, dem Vorwurf ausgesetzt sehen, die Sicherheit der Islamischen Republik zu unterminieren. In den Präsidentschaftswahlen von 2005 durfte Khatami der Verfassung entsprechend nicht mehr kandidieren.

Bisher hatte sich jede Präsidentschaftswahl in Iran als dezidierter Einschnitt erwiesen. Im Falle Rafsandschanis markierte sie das Ende der Periode revolutionärer Politik und des Krieges sowie den Beginn des wirtschaftlichen Wiederaufbaus. Khatamis Wahl war ein Symptom für das Wiedererstarken der Vitalität der Gesellschaft. Ahmadinezhads Wahlsieg bedeutete den Aufstieg der Neokonservativen. Kaum einer hatte ihn vorhergesehen; immerhin hatte er sich nicht nur gegen die reformistischen Kandidaten, sondern in der Stichwahl auch mit 62 % gegen den mächtigen Ex-Präsidenten Rafsandschani durchgesetzt.

Mahmud Ahmadinezhad (geb. 1956) stammt aus ganz kleinen Verhältnissen. Während eines Studiums als Bauingenieur hatte er in islamistischen Kreisen verkehrt und war nach der Revolution in unterschiedlichen Funktionen, nicht zuletzt im Milieu der *Pasdaran*, aufgestiegen. 1993 wurde er zum Gouverneur der nordwestlichen Provinz Ardabil bestimmt, 2003 zum Bürgermeister von Teheran gewählt.

In seinem öffentlichen Auftreten war er seiner bescheidenen Herkunft treu geblieben. Sie sollte sein Markenzeichen werden. Dazu gehörten seine Kleidung und seine Wohnverhältnisse, die auch nach seiner Wahl zum Bürgermeister eher kleinbürgerlich blieben. Damit kam er in breiten Kreisen der Ärmeren an, die sich von Korruption und aufdringlich protzigem Vorzeigen des neu erworbenen Reichtums abgestoßen fühlten. In gewisser Weise also schloss er an Khomeini an, in dessen gesellschaftspolitischem Konzept die *mustaz'afan*, die Armen und Unterprivilegierten, einen hohen Platz eingenommen hatten. Ahmadinezhads politisches Programm bedeutete also eine Wiederbelebung des Populismus der achtziger Jahre, um die – schwindende – Unterstützung der Islamischen Republik durch die unteren Schichten des Volkes zurückzugewinnen.

Staat und Regierung traten verstärkt wieder als sozialpolitische Akteure hervor. Eine massive Umverteilung der Staatseinnahmen setzte ein – Wohltaten, die sich verkraften ließen, solange der Ölpreis bei 150 Dollar lag. Als dieser 2009 auf etwa ein Drittel einbrach, musste die Regierung den Offenbarungseid leisten. Jetzt wurde unübersehbar, dass die Geschenke an die *mustaz'afan* zu Lasten der Ausgaben für Bildung, Gesundheit und Wohnungswesen gegangen waren. Gegen Ende der ersten Amtszeit Ahmadinezhads mehrten sich Proteste und Streiks. Die Wahl des Präsidenten 2009 stand im Zeichen von hoher Mobilisierung einer- und programmatischer Vielfalt der Kandidaten andererseits. So wurde der Wahlkampf einer der lebendigsten seit der Revolution. Zur Wahl standen neben Ahmadinezhad die reformorientierten Kandidaten Mir Husain Musawi (geb. 1942), der Geistliche Mahdi Karrubi (geb. 1937) und Muhsin Reza'i (geb. 1954), der Ex-Kommandant der Revolutionsgarden. Sie waren die einzigen unter fast 500 registrierten Kandidaten, die positiv aus der Durchleuchtung seitens des Wächterrats hervorgegangen waren. Musawi war bereits in den achtziger Jahren Ministerpräsident gewesen; mit den Jahren hatte er sich in Richtung auf das Konzept einer freien Marktwirtschaft bewegt. Die Fernsehdiskussionen im Vorfeld ließen Ahmadinezhad angesichts der sozialen und wirtschaftlichen Probleme nicht gut aussehen. Gleichwohl hatte er unter den *mustaz'afan*, den von ihm begünstigten Unterschichten, eine breite Gefolgschaft. Musawi sprach eher die Mittelschichten an, doch sein Versprechen einer »Zukunft ohne Armut« fand auch bei Wählern der Arbeiterschaft Anklang. Jenseits der sozialen Differenzierung standen sich zwei machtpolitische Konstellationen rivalisierend gegenüber: das Lager des amtierenden Präsidenten, des Obersten Führers und der Revolutionsgarden auf der einen und das Lager Musawis mit den beiden Ex-Präsidenten Rafsandschani und Khatami auf der anderen Seite.

Am 12. Juni 2009 gingen mit fast 40 Mio. Iranern 85 % der Wahlberechtigten zu den Urnen; nach Umfragen war das Ergebnis offen. Aber bereits gegen 23 Uhr verkündete die staatliche Nachrichtenagentur IRNA den »erdrutschartigen« Sieg von Ahmadinezhad. Drei Stunden später meldete das Innenministerium, 20 Mio. seien bereits gezählt und Ahmadinezhad liege mit 69 % weit vorn. Tatsächlich wurde dies durch das offizielle Endergebnis bestätigt, nach dem 63,1 % auf diesen und 34,2 % auf den Herausforderer Musawi entfielen.

Bereits nach Bekanntgabe des vorläufigen Endergebnisses hatte dieser den Verdacht der Manipulation und des Wahlbetrugs geäußert. Damit war der Auftakt zu Protesten gemacht, die in den folgenden Wochen von der *Grünen Bewegung* (grün war die Farbe Musawis) getragen werden sollten. Beginnend am 13. Juni kam es in zahlreichen Städten, namentlich in Teheran, über Monate zu nahezu täglichen Protestveranstaltungen, an deren Höhepunkten Zehntausende von Demonstranten teilnahmen. Sie forderten die Wiederholung der Wahlen; nur vereinzelt aber wurde das System infrage gestellt. Das Regime zeigte sich unerbittlich: Die Gesamtbilanz der Opfer, die naturgemäß je nach politischem Standort unterschiedlich ausfiel, lag bei Dutzenden Toten und Tausenden Verhafteten. Nach Abflauen der Proteste wurden viele von ihnen freigelassen; andere verbüßten Haftstrafen im Gefängnis. In einigen Fällen sprachen Gerichte die Todesstrafe aus. Musawi und Karrubi wurden unter Hausarrest gestellt.

Nicht nur in der breiten Öffentlichkeit zeigten sich tiefe Risse. Auch die Geistlichkeit reagierte kontrovers. Die machthabenden Mullas, an der Spitze der Oberste Führer, verurteilten die Proteste der »Feinde der Islamischen Republik« und traten für harte Strafen ein. Andere verurteilten die Gewalt des Staates und forderten den Dialog mit den Protestierenden, den Respekt der Bürgerrechte, namentlich auch die Freiheit der Medien. Zu ihnen gehörten die Ex-Präsidenten Rafsandschani und Khatami (gegen ihn wurde ein Verbot öffentlichen Auftretens verhängt). Besonderes Gewicht hatte das Urteil Ayatollah Muntaziris, der dem herrschenden islamischen System wegen Wahlbetrugs seine Legitimation absprach. Am 19. Dezember 2009 starb er. Noch anlässlich seiner Trauerfeier in Qom, an der Zehntausende Reformanhänger teilnahmen, kam es zu Zusammenstößen mit den Sicherheitskräften.

Der Konflikt über die Präsidentschaftswahlen hat die zweite Amtszeit Ahmadinezhads anhaltend überschattet. Hinzu kamen bald weitere Probleme. Bestand noch zu Beginn Einvernehmen mit dem Obersten Führer, trübte sich die Beziehung zu diesem bald ein. Ursache dafür war ein ganzes Bündel von Differenzen. Es reichte von einer eigenwilligen, nur von wenigen Theologen unterstützten Auffassung bezüglich des endzeitlichen Erscheinens des Imam Mahdi über Fälle von Korruption im nächsten persönlichen Umfeld Ahmadinezhads und Konflikte mit dem Parlament bis zu Differenzen über die Qualifikation von Ministern und engen Mitarbeitern des Präsidenten. Am Ende seiner Amtszeit war das Verhältnis der beiden führenden Politiker der Islamischen Republik zerrüttet.

In der Wirtschaftspolitik gab es keine Kursänderung. Ahmadinezhads populistische Verteilungspolitik, die vor allem der Landbevölkerung zugutekommen sollte, stand einer rationalen und auf eine ausgewogene wirtschaftliche Entwicklung Irans insgesamt ausgerichteten Planung im Wege. Angesichts einer anhaltenden Schwäche der Staatseinnahmen aus dem Export von Öl und Gas mussten die Ausgaben für öffentliche Dienstleistungen gekürzt oder gestrichen werden. Das steigerte die allgemeine Unzufriedenheit mit dem Präsidenten und führte zu Streiks in den betroffenen Berufsgruppen, namentlich in den Städten.

Die innenpolitischen Entwicklungen, die Lage der Wirtschaft und die außenpolitischen Handlungsspielräume wurden während der gesamten Regierungszeit Ahmadinezhads von den Verhandlungen über das iranische Atomprogramm überschattet. Bereits Schah Muhammad Reza hatte in den sechziger Jahren mit amerikanischer und deutscher Unterstützung ein Atomprogramm aufgelegt; es hatte zunächst Forschungszwecken gedient. Ende der 1960er Jahre hatte Iran den Atomwaffensperrvertrag unterzeichnet und in den siebziger Jahren war mit deutscher Unterstützung mit dem Bau eines Atomkraftwerks zum Zwecke der Energieerzeugung begonnen worden. Im Vorfeld der Revolution und während des irakisch-iranischen Krieges war der Bau unterbrochen worden. Unmittelbar mit dem Ende des Krieges aber hatte die iranische Führung heimlich die Fortführung des Atomprogramms beschlossen. 2002 war dies international bekannt geworden, aber erst nach hinhaltendem Taktieren hatte Teheran die Existenz eines solchen Programms eingeräumt.

Damit begann ein diplomatisches Ringen, das erst im Juli 2015 durch ein Abkommen beendet werden sollte. Die internationale Gemeinschaft in Gestalt der fünf ständigen Mitglieder des Uno-Sicherheitsrats und Deutschlands war von dem Verdacht geleitet, Iran strebe die militärische Nutzung der Kernenergie an. Diese zu verhindern, wurde das Ziel der Verhandlungen, die mit dem Antritt der Präsidentschaft Ahmadinezhads streckenweise einen konfrontativen Charakter annahmen. Die Auseinandersetzung erhielt auch dadurch an Schärfe, dass Ahmadinezhad – seinem weltanschaulichen Idol, Ayatollah Khomeini, folgend – starke antiisraelische Töne anschlug. Auch wenn er diese wiederholt zu entschärfen versuchte, konnten aus ihnen die Leugnung des Holocaust sowie das Streben nach der Vernichtung des jüdischen Staates herausgehört werden. Damit aber verengte er nicht nur die Spielräume für Kompromisse, sondern legte auch den Grundstein für einen Konflikt mit Israel, der namentlich im Verlauf der Krise um Syrien nach 2011 eskalieren sollte.

Auf die einseitige Entscheidung des Präsidenten, Maßnahmen zur Anreicherung von Uran ggf. bis zu dessen Waffenfähigkeit vorzunehmen, reagierten die USA, die EU und die Vereinten Nationen Zug um Zug mit der Verhängung eines Regimes von Wirtschaftssanktionen. Zwar verschärften diese die ohnehin schwierige wirtschaftliche Lage Teherans; sie erzeugten aber keinen hinreichenden Druck, der Ahmadinezhad zu einem signifikanten Einlenken bestimmt hätte. Grund dafür war nicht zuletzt die Tatsache, dass das Atomprogram als solches in Teilen der Bevölkerung bis hin zu Kritikern des Regimes positiv bewertet wurde. Es sei – unabhängig von der Frage nach dessen militärischer Nutzung – ein Ausweis des Entwicklungsstandes

Irans. Wenn die Beherrschung der Atomenergie als ein Kriterium für den technologischen Entwicklungsstand eines Landes gelten könne, dann trete Iran damit auf die Augenhöhe der modernen und entwickelten Staaten der Erde. Folgerichtig war die Propaganda des Regimes um Präsident Ahmadinezhad darauf gerichtet, der Öffentlichkeit zu suggerieren, dass es die internationale Gemeinschaft, allen voran die USA und Israel, darauf abgesehen hätten, diesen Schritt Irans in Richtung auf weltweite Anerkennung zu verhindern.

Namentlich die drei europäischen Verhandlungsführer, Deutschland, England und Frankreich, haben dies verstanden und in ihrer Verhandlungsführung zwischen dem prinzipiellen Recht Irans (als Unterzeichner des Nichtverbreitungsabkommens) auf die friedliche Nutzung der Atomenergie und der Verweigerung der militärischen Nutzung unterschieden. Sie haben sich damit einem starken Druck aus Israel, gegen das Nuklearprogramm Irans ggf. militärisch vorzugehen, entgegengestellt. So konnten die Verhandlungen unter neuen Vorzeichen fortgesetzt werden, als im Sommer 2013 mit Präsident Hassan Ruhani ein Politiker gewählte wurde, der den Ausgleich mit der internationalen Gemeinschaft suchte – nicht zuletzt, um die Hand für eine wirtschaftliche Erneuerung Irans und die Verbesserung der wirtschaftlichen Lage der Bürger freizubekommen. Bereits im November 2013 kam eine Einigung auf eine Übergangslösung zustande; Teheran willigte ein, sein Atomprogramm einzufrieren. Im Gegenzug wurden erste Sanktionen gelockert. Im Februar des folgenden Jahres folgten überprüfbare Maßnahmen, das Atomprogramm in wichtigen Teilen zurückzufahren. Im März 2015 schließlich erfolgte der finale Durchbruch: Iran erklärte sich bereit, seine Urananreicherung um zwei Drittel zu reduzieren und strenge Kontrollen seines Atomprogramms vonseiten der *Internationalen Atomenergie-Organisation* (IAEO) zuzulassen. Im Gegenzug würden die USA, die EU und die Uno Zug um Zug jene Sanktionen aufheben, die im Blick auf das Atomprogramm verhängt worden waren. Am 14. Juli 2015 wurde das Abkommen unterzeichnet.

Naturgemäß wurde das Atomabkommen unterschiedlich aufgenommen. Die Verhandlungsführer nannten es eine historische Vereinbarung, die israelische Regierung einen historischen Fehler. Auf den Straßen Teherans bejubelten die Menschen die Einigung. Sie verbanden sie nicht nur mit der Erwartung einer Verbesserung ihres Lebensstandards nach der Aufhebung der Sanktionen; sie erwarteten vielmehr auch die Ausweitung persönlicher Freiheiten und den Respekt bürgerlicher Rechte. Die Hardliner des Regimes machten aus ihrer Ablehnung kein Hehl und sahen in ihm einen Kniefall vor den USA. Der Oberste Führer schließlich, Ayatollah Khamene'i, hielt sich bedeckt: Auf der einen Seite wollte er nicht der Regierung in den Arm fallen, auf der anderen Seite äußerte er Kritik, dass die Regierung in den Zugeständnissen, namentlich bezüglich der Kontrolle des Atomprogramms, zu weit gegangen sei.

Tatsächlich war der Abschluss des Atomabkommens (*Joint Comprehensive Plan of Action*, JCPOA) aus der Sicht der iranischen Regierung ein Wechsel auf die Zukunft gewesen. Am Ende der zweiten Amtszeit Ahmadinezhads (2013) hatte sich Iran innen- und außenpolitisch in einer schweren Krise befunden. Die Folgen der »grünen« Proteste von 2009 waren nicht überwunden; die fundamentalen Verwerfungen, die darin zutage getretenen waren, bestanden fort. Das Fehlen bürgerlicher Freiheiten wurde durch die für die Masse der Bevölkerung schwierige wirtschaftliche Lage akzentuiert. Diese wiederum hatte ihre Wurzeln nicht zuletzt in den Sanktionen, die mit dem Atomverhandlungen verbunden waren. Außenpolitisch war Iran weitgehend isoliert. Der israelische Ministerpräsident Netanyahu ging so weit, einen militärischen Schlag auf Einrichtungen des iranischen Atomprogramms zu fordern.

Hassan Ruhani (geb. 1948) war einer von sechs Kandidaten gewesen, die im Juni 2013 zur Wahl des siebten Präsidenten der Islamischen Republik angetreten waren. Als Jugendlicher bereits ein Gefolgsmann Khomeinis noch in dessen Zeit im irakischen Exil, hatte er sowohl eine theologische wie auch säkular juristische Ausbildung (an der Caledonian University in Glasgow) erhalten. Nach der Revolution hatte er hochrangige Ämter in der Innen- und Sicherheitspolitik sowie im Militär bekleidet. Bis 2005 hatte er die iranische Delegation bei den Atomverhandlungen angeführt. In seinem Wahlkampf hatte er nicht zuletzt mit dem Versprechen, den Atomstreit mit der internationalen Gemeinschaft auf dem Verhandlungsweg zu beenden und damit die internationale Isolierung zu durchbrechen, zu punkten gesucht. Besonders attraktiv machte ihn zudem, dass er eine Stärkung der bürgerlichen Rechte in Aussicht stellte.

Die Bilanz seiner ersten Amtszeit war gemischt. Einerseits war ihm in der Atomfrage ein Kompromiss mit der internationalen Gemeinschaft gelungen. Bei der Verbesserung der Bürgerrechte war Ruhani allerdings über kleine Schritte nicht hinausgegangen. Einem Durchbruch hatte der konservative Flügel des Regimes entgegengestanden. Die Widersprüche, die das Atomabkommen im Inneren Irans hatte zu Tage treten lassen, wurden in der zweiten Amtszeit Ruhanis nach seiner Wiederwahl im Mai 2017 noch deutlicher sichtbar. Der Kulturkampf zwischen Liberalen und Konservativen verschärfte sich. Dies umso mehr, als er auch auf dem Gebiet der Wirtschaft ausgetragen wurde. Von Verbesserungen der wirtschaftlichen Situation war in breitesten Kreisen wenig zu spüren; bei dem Bürger kamen die Auswirkungen des Abkommens nicht an. Wo anfangs Euphorie geherrscht hatte, sollte bald Ernüchterung einkehren. Selbst der Präsident musste öffentlich einräumen, dass die Ursachen dafür im System selbst zu suchen seien. Die machtvollen Einrichtungen der Revolutionsgarden, der Stiftungen und Milizen stemmten sich gegen jede Veränderung des Systems und die Schwächung ihrer wirtschaftspolitischen Machtstellung. In der bis hin zu wechselseitigen Drohungen ausgetragenen Auseinandersetzung fiel auch der Vorwurf der Korruption. Die sozialen Proteste begannen sich zu häufen. Sie beschränkten sich nicht auf die Städte und die abhängig Beschäftigten, sondern weiteten sich auf die Bevölkerung auf dem Lande aus. Dort hatte das ungezügelte Wirtschaften schwerwiegende ökologische Veränderungen zur Folge. Im Austrocknen des Urmia Sees im Nordwesten des Landes sowie des in der persischen Dichtung besungenen Zayandeh Rud – des »lebenspendenden Flusses«, an welchem Isfahan liegt – nahm diese Katastrophe ihren dramatischsten und sinnenfälligsten Ausdruck an.

Die Perspektiven verdüsterten sich weiter, als im Januar 2017 Donald Trump Präsident der USA wurde. Er hatte bereits im Wahlkampf das Atomabkommen als den »schlechtesten Deal aller Zeiten« bezeichnet. 2018 kündigte er das Abkommen einseitig auf. Damit verband er, was er als die schwersten Sanktionen aller Zeiten bezeichnete. Iran sollte durch eine vollständige wirtschaftliche und finanzielle Blockade in die Knie und zur Aufnahme neuer Verhandlungen gezwungen werden. Auch Drohungen eines *regime change* wurden wieder laut.

Neben dem Atomabkommen selbst ging es dem amerikanischen Präsidenten um die Schwächung der Position Irans im nahöstlichen Machtgefüge. Seit dem irakisch-iranischen Krieg und der regionalen und internationalen Isolierung Irans, die seinerzeit sichtbar geworden war, war Teheran bestrebt gewesen, ein regionales Vorfeld seiner Sicherheit zu schaffen. Die Allianz mit Damaskus und die Instrumentalisierung der *Hizbollah* im Libanon waren seit den achtziger Jahren zwei Säulen dieser Politik. Mit dem Sturz des arabisch-sunnitisch dominierten Regimes der *Ba'th*-Partei in Bagdad durch die Invasion der USA im Frühjahr 2003 und mit der Machtübernahme der Schiiten dort ergaben sich für Teheran neue Perspektiven der Einflussnahme – sowohl über die Regierung selbst als auch über die schiitischen Milizen. Diese erwiesen sich als wirkungsmächtiges Instrument Teherans erst bei der Bekämpfung der Terroristen aus dem Umfeld der *al-Qa'ida* und ab 2014 des »Islamischen Kalifats«. Bereits zuvor, nämlich mit dem Ausbruch der Revolte in Syrien im März 2011, hatte Iran seine militärische Präsenz in Syrien nachhaltig ausgebaut. Sowohl die *Pasdaran* als auch schiitische Milizen – nicht zuletzt die libanesische *Hizbollah* – hatten einen erheblichen Anteil am politischen Überleben des Regimes von Baschar al-Asad. Das von (sunnitischen) arabischen Führern mit Schrecken beschworene Gespenst eines »schiitischen Halbmonds« zwischen dem Libanon und dem Persischen Golf hatte begonnen, Gestalt anzunehmen.

Zwei Staaten fühlten sich durch diese Entwicklungen besonders bedroht: Saudi-Arabien und Israel. Bereits vor dem Abschluss des Atomabkommens im Juli 2015 war es zu einer Annäherung der beiden Staaten gekommen. Israel war darauf bedacht gewesen, – falls erforderlich auch mit militärischen Schlägen gegen Ziele in Syrien – die Stärkung der militärischen Potentiale Irans und der mit ihm verbundenen *Hizbollah* zu verhindern. Saudi-Arabien seinerseits suchte dem iranischen Einfluss in seinem geopolitischen Umfeld entgegen zu wirken, indem es sich ab 2015 in den jemenitischen Bürgerkrieg einzumischen begann. Eine fast vorbehaltlose Unterstützung erhielt das Land seit dem Amtsantritt Donald Trumps. Der Druck auf Teheran, das Atomprogramm neu zu verhandeln, sollte auch die machtpolitischen Ambitionen Irans einhegen, wenn nicht sogar das Regime als solches verändern. Indem er 2018 Sanktionen verhängte, die einen auf dem Dollar basierten Wirtschaftsverkehr mit Iran unmöglich machten, ohne Sanktionen seitens der USA zu riskieren, setzte er das ohnehin fragile politische Gebäude der Islamischen Republik unter enormen Druck.

Es liegt in der Natur der Sache, dass ein politisches System wie die Islamische Republik Verfechter und Gegner gleichermaßen auf den Plan gerufen hat. Im Jahre 2019 ist diese in das fünfte Jahrzehnt ihrer Existenz getreten. Damit haben sich diejenigen definitiv getäuscht, die dem »Gottesstaat« immer wieder ein baldiges Ende vorausgesagt oder ein solches aktiv betrieben haben. Ein *regime change* ist weder von innen noch von außen herbeigeführt worden. Bereits unter Khomeini hatte das System begonnen, pragmatisch auf Herausforderungen zu reagieren. Zwar wurde das Erscheinungsbild des islamischen Staates unter dem Führungsduo Khamene'i–Ruhani noch immer von zwei Geistlichen geprägt; das aber sollte nicht darüber hinwegtäuschen, dass der Einfluss der Geistlichkeit als einer religiösen Gemeinschaft im politischen Alltag über die Jahrzehnte kontinuierlich abgenommen hat. Diskussionen über die zentralen Themen – etwa die Bedeutung der Religion in der

Politik und ihr Stellenwert im politischen System, die Grundlagen von Demokratie und Menschenrechten sowie die Erneuerung der schiitischen Theologie im Kontext der Moderne – können im religiösen wie im außerreligiösen Raum geführt werden. Freilich, Geistliche und Laien, die das Prinzip der *wilayat-e faqih* grundsätzlich infrage stellen, werden verfolgt, ja sind in ihrer persönlichen Sicherheit bedroht, weshalb sie es vorziehen, im Ausland zu leben. Unter ihnen sind Persönlichkeiten, die zeitweilig glühende Anhänger Khomeinis waren, ja, sich an der Besetzung der amerikanischen Botschaft im November 1979 beteiligt haben.

Der bekannteste unter den Fundamentalkritikern des heutigen Systems ist der Philosoph Abd al-Karim Sorusch (geb. 1945). Nachdem er eine führende Rolle in der Kulturrevolution zu Beginn der achtziger Jahre, die zur einer zeitweiligen Schließung der Universitäten führte, gespielt hatte, tritt er seit langem für eine liberal-pluralistische Demokratie ein, die auf einer Neuinterpretation schiitischer religiöser Traditionen fußt. Im Übrigen hat die permanente Erfahrung der Instrumentalisierung des Islams zu politischen Zwecken zu einem Wandel in der Einstellung vieler Iraner und Iranerinnen zur Religion überhaupt geführt: Viele schaffen sich eigene religiöse Räume, wobei sie sich den sufischen (mystischen) Traditionen des Islams zuwenden. Viele haben der Religion insgesamt den Rücken gekehrt. Im Bereich von Kunst und Kultur bestehen starke religiös begründete Grenzen fort. Aber nicht zuletzt der internationale Erfolg des iranischen Filmschaffens lässt erkennen, dass diese in der Wirklichkeit nahezu gegenstandslos werden. Große Teile der iranischen Gesellschaft leben auf einer ständigen Suche nach Wegen, die politische und ideologische Enge des Systems hinter sich zu lassen.

Zu den unaufgelösten Widersprüchen gehört auch die Stellung der religiösen und ethnischen Minderheiten. In einer breiten Öffentlichkeit der ethnischen Perser dominiert ein ausgeprägter iranischer Nationalismus, aus dem Diskriminierung resultiert. Sunnitische Muslime, die immerhin 20 % der Bevölkerung ausmachen, verfügen nicht über die gleichen Rechte der Religionsausübung wie die Schiiten. Benachteiligt sind auch nicht-muslimische religiöse Minderheiten wie Christen und Juden, auch wenn sie über je einen Sitz im Parlament verfügen. Die Baha'is sind geradezu von Staats wegen unterdrückt und verfolgt. Ethnische Minderheiten wie Aserbaidschaner, Kurden, Belutschen und andere (die Bevölkerung Irans besteht nur etwa zur Hälfte aus ethnischen Persern) erfahren harte Diskriminierung etwa im Bildungs- und Erziehungswesen.

Von der »grünen« Protestbewegung 2009 ging eine starke Herausforderung an das System aus, sich demokratisch zu öffnen. Aber nur wenige Stimmen wurden laut, die sich öffentlich gegen das System der Islamischen Republik richteten. Zwar reagierte der islamische Staat repressiv, aber zugleich mussten seine Führer bekennen, dass ohne die Wähler und ihre Stimmen die Islamische *Republik* ihre Legitimation verlieren würde. So kam es in den Präsidentschaftswahlen 2013 trotz der Enttäuschung von 2009 wieder zu einem echten Wahlkampf. Aus ihm ging mit Hassan Ruhani ein Sieger hervor, der die Gunst der Wähler insbesondere durch Versprechungen auf den Feldern der politischen und kulturellen Freiheiten sowie der Verbesserung der wirtschaftlichen Lage zu gewinnen suchte. Bis zur neuerlichen Verhängung der Sanktionen durch Präsident Trump hatte er diesbezüglich nicht viel vorzuweisen. Vielen Iranerinnen und Iranern ist das Beweis, dass das System als Ganzes nicht veränderbar sei. Gleichwohl gibt es vielfältige konkrete Gründe für die Stagnation: So sind die konservativen Kräfte an den zentralen Schaltstellen zu stark, um sie auszuhebeln. Präsident Ruhani hat offengelegt, wo sie zu suchen sind: in den *bunyadha*, einem der Relikte der Revolution, das sich zum Staat im Staate entwickelt hat, und den Revolutionsgarden. Diese haben sich aus kleinen Anfängen als Stoßtrupp der Revolution zu einer Krake im wirtschaftlichen Leben ausgewachsen, die zentrale Bereiche der Wirtschaft beherrscht. Nach dem Willen des Obersten Führers, Ayatollah Khamene'i, kommt ihnen gerade in Zeiten äußeren Drucks die Rolle zu, eine »Wirtschaft des Widerstands« zu organisieren. Die 2018 von Präsident Trump erneuerten Sanktionen haben die Stellung dieser Bastionen revolutionärer Macht, die in den ersten Amtsjahren von Präsident Ruhani unter Druck geraten waren, wieder gefestigt. Das Regime suchte der Herausforderung zweigleisig zu begegnen: durch behutsame Zugeständnisse und Freiheiten – nicht zuletzt etwa in den Bereichen der Kultur und des Sports – auf der einen und massive Repression auf der anderen Seite.

Das Ende der Präsidentschaften von Donald Trump und Hassan Ruhani im Jahr 2021 bedeutet für die Beziehungen zwischen beiden Staaten eine Zäsur. Im Gegensatz zu seinem Vorgänger hält Joe Biden einen Ölzweig in der Hand und stellt eine Rückkehr Washingtons zum Atomabkommen mit Iran in Aussicht. Die iranische Führung hat konstruktiv darauf geantwortet und ist an den Verhandlungstisch zurückgekehrt. Die diesbezügliche Entscheidung lag in den Händen von Ayatollah Khamene'i, dem geistlichen Führer der Islamischen Republik; daran wird auch der Wechsel im Präsidentenamt nichts ändern. Innenpolitisch aber bedeutet die Wahl von Ibrahim Ra'isi (geb. 1960) eine neuerliche Verschärfung des konservativ-islamischen Kurses. Nach seinem Studium des islamischen Rechts hat er in seiner Karriere Schlüsselpositionen der Justiz bekleidet. In ihnen hat er Entscheidungen getroffen, die auf die Durchsetzung eines kompromisslos konservativ-islamischen Staatverständnisses ausgerichtet waren. Berüchtigt ist seine aktive Beteiligung an Tausenden von Todesurteilen, mit denen Ayatollah Khomeini 1988 insbesondere linke und links-islamische Gegner ausgeschaltet hat. In den Präsidentschaftswahlen 2017 war er noch – bei hoher Wahlbeteiligung – dem als liberaler geltenden Ruhani unterlegen. Die Enttäuschung über die Ära Ruhani hat viele Iraner 2021 gar nicht erst zur Wahl gehen lassen.

Jenseits der persönlichen Enttäuschung der Wähler aber erscheint die Machtübernahme Ra'isis vielen als ein von langer Hand eingefädelter Putsch des »tiefen Staates« – d. h. einer Verflechtung von religiös-politischen Kräften, den Revolutionsgarden mit ihrer Dominanz über die Wirtschaft sowie religiösen Stiftungen – mit Billigung des religiösen Führers. Denn bereits im Vorfeld der Wahlen hatte der Wächterrat, der über die Zulassung von Kandidaten entscheidet, andere prominente Persönlichkeiten des öffentlichen Lebens abgewiesen. Damit war Ra'isi der Weg an die Macht geebnet. Seit dem Tod Ayatollah Khomeinis und der seinerzeit durchgeführten Änderung der Verfassung war das politische System durch die Doppelspitze von Präsident und religiösem Führer gekennzeichnet. Unterhalb des Schirms des Führers hatte die Regierung als politischer Akteur ein durchaus eigenständiges Profil. Mit dem »Putsch« verschwindet die Trennung von Regierung und religiös-politischem Establishment und seinen Institutionen. Ra'isi erscheint als Verwalter der

Interessen eines religiösen, politischen und wirtschaftlichen Machtapparats. Es verwundert nicht, dass ihm gute Aussichten auf die Nachfolge Ayatollah Khamene'is nachgesagt werden.

Im Ablauf des »Jahrhunderts der Revolutionen« im Nahen Osten ist Iran zwei Mal eine avantgardistische Rolle zugekommen: Zwischen 1905 und 1909 hatten die auf politische und gesellschaftliche Veränderungen drängenden Kräfte ihrer Zeit gegen inneren und äußeren Widerstand die Einführung einer Verfassung durchgesetzt. Bei allen Umschwüngen in der Geschichte Irans in den Jahrzehnten danach blieben die Verfassungsrevolution und der *Madschlis*, d. h. das Parlament bzw. die Wahlperioden seit 1906, Referenzpunkte des Geschichtsverlaufs und der Legitimation von Herrschaft – dies auch in Zeiten, in denen die kaiserliche Autokratie dem Parlament wenig Bedeutung beimaß. Die Revolution von 1978/79 ist einen Schritt weiter gegangen als ihre Vorgängerin sieben Jahrzehnte zuvor: Sie hat die Monarchie abgeschafft und die Republik eingeführt, eine Republik freilich, die nach dem Willen ihres Gründers nicht ein Aufguss westlicher Modelle sein, sondern auf der Grundlage eigenständiger, insbesondere iranischer schiitisch-islamischer Traditionen beruhen sollte. Bei allen inneren Kontroversen um die konkrete Ausgestaltung des politischen und gesellschaftlichen Lebens zwischen den Eckpunkten von Republik und Tradition seither kann die Islamische Republik als *eine* wichtige Antwort auf eine elementare Herausforderung gesehen werden, der sich auch andere Gesellschaften im Nahen Osten gegenübersehen.

11.3 Das Kalifat von Raqqa – oder: Die dschihadistische Revolution

Die Gründung der Islamischen Republik Iran kann als eine Zäsur in der Geschichte des Vorderen Orients gelesen werden: Dem nationalistisch-säkularen Paradigma, das die Staatsgründungen und die Ausübung von Herrschaft nach dem Ende des Osmanischen Reichs geleitet hatte, war ein alternatives Modell erwachsen, in dem Religion und Tradition gestaltende Kräfte waren. Als eine Art unmittelbares Echo darauf im Raum des sunnitischen Islams erschien die Besetzung der Großen Moschee in Mekka am 20. November 1979 durch eine Gruppe radikaler Muslime verbunden mit einer Geiselnahme von mehreren 100 Pilgern. Ihr Anführer forderte den Sturz des saudischen Herrscherhauses. Darüber ist in anderem Zusammenhang bereits berichtet worden (► S. 336).

Der Blick auf die Geschichte des späten 18. und des 19. Jahrhunderts hatte gezeigt, eine wie starke Rolle der Islam als politische Kraft im Kontext des antiimperialistischen und antikolonialistischen Widerstands gespielt hatte (► S. 78). Zwischen dem indischen Subkontinent, Nordafrika, dem Sudan und dem Nordkaukasus war ein »politischer Islam« in unterschiedlichen religiösen Facetten in Erscheinung getreten. Dschamal ad-Din al-Afghani hatte die Unterlegenheit der islamischen Welt unter die

Dominanz europäischer Mächte durch einen panislamischen Aktivismus zu kompensieren gesucht. Und die Sultane in Konstantinopel begannen gegen Ende des 18. Jahrhunderts, die religiös konnotierte Würde des Kalifen verstärkt sichtbar zu machen. Insbesondere Abdülhamit II. (1876–1909) hatte zeitweilig mit panislamischen Ideen sympathisiert, um auf diese Weise die Loyalität seiner muslimischen Untertanen für das Reich zu festigen. Noch die Kalifatsbewegung in Indien, die gegen die Abschaffung des Kalifats durch das türkische Parlament (1924) protestierte, war ein spätes Aufleuchten der auch im politischen Raum identitätsstiftenden Kraft der islamischen Religion.

Mit der Abschaffung des Kalifats war symbolisch ein neues Zeitalter eingeläutet. Ein »politischer Islam« konnte allenfalls jenseits der offiziell verordneten gesellschaftlichen Fassade gepflegt werden. Das Bestreben aber, den politischen und gesellschaftlichen Raum und eine islamische Identität wieder zu verschmelzen, war nicht erloschen. Nur sollte der Schritt nicht von oben getan, er sollte als Bewegung aus der Mittel- und unteren Mittelschicht unternommen werden. Die heraufziehende Weltwirtschaftskrise hatte diese besonders hart getroffen. Sie hatte eine Wanderungsbewegung in die Städte ausgelöst; dort aber lebte die koloniale Gesellschaft einen Lebensstil, zu dem die Neuankömmlinge keinen Zugang fanden. So standen sie im Spannungsfeld der doppelten Ablehnung: der traditionellen Lebensweise, nicht zuletzt ihres religiösen Lebens, die nicht länger galt, und der europäischen Lebensformen und gesellschaftlichen Institutionen, die ihnen verschlossen blieben. Der »soziale Code«[84] musste sich sowohl von dem der Tradition als auch dem des Westens, also von der kolonialen Gesellschaft, unterscheiden. Der Rückzug aus der angestammten Ordnung und aus der kolonialen Gesellschaft wurden zu Leitmotiven politischer Deutungen, die sich durchweg in einem »islamischen« Diskurs bewegten.

Hasan al-Banna (1906–1949) stammte aus kleinen Verhältnissen. In Mahmudiyya bei Alexandria geboren, wuchs er in traditionsverbundenen Verhältnissen auf. Nach der Beendigung seiner Lehrerausbildung wurde er Volksschullehrer in Isma'iliyya. Hier gründete er 1928 zusammen mit sechs Arbeitern der Suezkanalgesellschaft eine neue Organisation: Anders als die religiösen Clubs und Vereine, an deren Leben er bis dahin teilgenommen hatte, sollte sie einen breiteren, nachhaltig in der Gesellschaft verankerten Anspruch haben und zu deren umfassender Reinigung im Sinne des Islams und einer islamischen Moral führen. Dabei stand ihm die städtische Gesellschaft Ägyptens der zwanziger Jahre und deren westliche Lebensweise vor Augen, die er tief verabscheute. Die neue Gesellschaft sollte eine »Bruderschaft« der wahren Muslime, eine *Muslimbruderschaft* (*Al-ikhwan al-muslimun*) sein. Ihr Anspruch, die Gesellschaften zu verändern, sollte sich nicht nur auf Ägypten, sondern auf alle Teile der arabischen Welt erstrecken. So war mit der Gründung auch eine starke antikolonialistische Dynamik verbunden. In dem Maße, in dem die zionistische Besiedlung Palästinas unübersehbar wurde, erhielt sie auch eine antizionistische Dimension. Nach dem Zweiten Weltkrieg nahm die Muslimbruderschaft am Widerstand gegen die Entstehung des jüdischen Staates und ab 1948 gegen Israel teil. Der Protest gegen die bestehende Gesellschaft und die Forderung nach deren Überwindung unter dem Vorzeichen des Islams, antiimperialistischer Widerstand und die Verteidigung des »islamischen Palästina« gegen die Zionisten bildeten in der Muslimbruderschaft eine politische und emotionale Trias.

Zunächst freilich stand eine die sozialen Werte des Islams betonende Erziehung im Mittelpunkt der Aktivitäten. Besonderen Nachdruck legte al-Banna auf den ethischen Gehalt der gesellschaftlichen Pflichten und war bemüht, diesen Pflichten durch philosophische Interpretation und gelebte Praxis einen zeitgemäßen Sinn zu verleihen. Dabei sollte die moderne Wissenschaft keineswegs ausgeschlossen werden; doch der Muslim, wie er ihn verstand, sollte von den Werten des Islams geprägt sein. In den dreißiger Jahren trat die politische Dimension stärker in den Vordergrund. Al-Banna erhob die Forderung der inneren Mission (*da'wa*), über die jene Muslime für den Islam zurückgewonnen werden sollten, die ihn verloren hatten. Zunehmend radikalisierte sich die Bruderschaft. Auf ihrer fünften Allgemeinen Konferenz in Kairo 1939 nahm ihre grundlegende Doktrin Konturen an: Der Islam sei – erstens – ein vollständiges auf sich selbst beruhendes, umfassendes System; es basiere – zweitens – auf Koran und Prophetenüberlieferung (*sunna*) und sei – drittens – zu jeder Zeit und an jedem Ort anwendbar. Zur Herstellung einer »Ordnung des Islams« (*Nizam al-islam*) wird unter bestimmten Bedingungen auch der *dschihad* gerechtfertigt. Auch wenn al-Banna zu diesem Zeitpunkt noch kein konkretes Aktionsprogramm entwickelt hat – das sollte späteren Ideologen vorbehalten sein –, sollte diese Dimension für die Entwicklungen seit den späten sechziger Jahren von großer Bedeutung werden. Ihren umfassenden gesellschaftlichen Anspruch demonstrierte die Bruderschaft nicht zuletzt durch die Gründung von Vereinen und Organisationen, die unterschiedliche Gruppen der Gesellschaft erfassten – so unter anderem die Jugend, die Frauen und die ländliche Bevölkerung. Ein Netzwerk von Schulen und humanitären Einrichtungen suggerierten die Existenz eines Gemeinwesens, das unabhängig vom Staat und seinen Institutionen existierte. In seinem 1936 verfassten Sendschreiben »Hin zum Licht« (*Nahw an-nur*) hatte al-Banna, der als der »Oberste Führer« (*Al-murschid al-amm*) der Bruderschaft vorstand, vom König die Auflösung des Parlaments und der Parteien gefordert. Alle politischen Kräfte der Nation seien geschlossen zu einer einzigen Front zu bündeln. Zugleich forderte er eine Reform des Rechtswesens, damit es mit dem islamischen Gesetz auf allen Gebieten in Einklang stehe.

Die vierziger Jahre sahen den Höhepunkt in der Geschichte der Muslimbruderschaft in Ägypten – ihm folgte aber auch bereits die erste gravierende Niederlage. Um 1946 zählte sie etwa 500 000 Mitglieder. Sie kamen aus allen Schichten der Gesellschaft, wenngleich Angehörige der aufsteigenden städtischen Mittelschicht und Bauern eine Mehrheit bildeten. An den innenpolitischen Wirren in Ägypten gegen Ende der vierziger Jahre hatten sie einen erheblichen Anteil. 1948 wurde Ministerpräsident Nuqraschi Pascha von einem Muslimbruder erschossen. Dies führte zur Auflösung der Organisation und zur Ermordung Hasan al-Bannas durch die politische Polizei am 12. Februar 1949. Nach der Revolution durch die Freien Offiziere im Juli 1952 suchte die Muslimbruderschaft trotz des Verbots noch einmal auf die innenpolitische Bühne zurückzukehren. Nach dem gescheiterten Attentat auf Nasser am 26. Oktober 1954 wurde sie in Ägypten unterdrückt.

Ihrer panislamischen Ideologie entsprechend, entfaltete sie ihre Aktivitäten auch in anderen arabischen Ländern, nicht zuletzt in Syrien. Dort forderte sie Ende der siebziger Jahre das ba'thistische System auch bewaffnet heraus. 1982 wurde sie von der Armee des Diktators Hafiz al-Asad zerschlagen. Bereits zuvor war mit der *Hamas-*

Organisation in Palästina ein Ableger der Bruderschaft ins Leben gerufen worden. Seit ihrer Gründung hatten die Entwicklungen in Palästina einen vorderen Platz auf der Agenda der Bruderschaft eingenommen. 1948 hatte sie an den erfolglosen Kämpfen gegen den jungen jüdischen Staat teilgenommen. Wie andere politische Kräfte in Ägypten auch hatte sie der unfähigen Regierung die Schuld an dem Desaster der arabischen Truppen zugeschrieben. Die Befreiung Palästinas blieb ein besonderes Anliegen der Muslimbruderschaft. Die Gründung der *Hamas* ein Jahr nach der neuerlichen verheerenden Niederlage von 1967 war also ein folgerichtiger Schritt.

Den bislang letzten politischen Erfolg konnte sie in den Wahlen zum ägyptischen Parlament nach dem Sturz des Regimes von Husni Mubarak (Februar 2011) erringen. Aus den Präsidentschaftswahlen ging im Mai 2012 der Kandidat der Muslimbruderschaft Muhammad Mursi (1951–2019) als Sieger hervor. Als es diesem nicht gelang, die tief gespaltene ägyptische Gesellschaft im Rahmen einer demokratischen Ordnung zu versöhnen, wurde er ein Jahr später vom Militär gestürzt. Die Muslimbruderschaft wurde als »terroristische Organisation« geächtet und verfolgt.

Der Muslimbruderschaft ist es nicht gelungen, auf die politischen Entwicklungen im arabischen – nicht zu sprechen vom islamischen – Raum nachhaltigen Einfluss auszuüben. Wiederholt wurde ihr politischer Ehrgeiz durch andere Kräfte, deren weltanschauliches Programm europäischen Ursprungs war, in die Schranken gewiesen. Gleichwohl hatte Hasan al-Banna Stichworte geliefert, die zu einer systematischen Agenda politischen und revolutionären Handelns weiter zu entwickeln, anderen vorbehalten sein sollte. Einer von ihnen war Abu l-A'laa Maududi (1903–1979). In der Nähe von Hyderabad in eine Familie lokaler muslimischer Notabeln hineingeboren, genoss er eine umfassende Erziehung, die nicht zuletzt orientalische Sprachen, Geschichte, Philosophie und ein theologisches Curriculum umfasste. Wie in Ägypten hatte das Ende des Ersten Weltkriegs auch in Britisch-Indien unter der Bevölkerung hohe Erwartungen bezüglich der Zukunft des Landes geweckt. Die Debatten kreisten um die Unabhängigkeit, die künftige Form der Regierung und um den Platz der indischen Muslime in der Welt nach der Abschaffung des Kalifats in Istanbul. Bereits im Alter von siebzehn Jahren wandte Maududi sich dem Journalismus zu; in den folgenden Jahren war er Herausgeber mehrerer Zeitschriften. Anders als al-Banna, der sich auf Grund seiner Herkunft eher am Rande der Gesellschaft sah, fand sich Maududi im Zentrum der geistigen und politischen Strömungen seiner Zeit. In den zwanziger Jahren engagierte er sich in der Kalifatsbewegung, die für den Erhalt des osmanischen Kalifats eintrat. Bis zu dessen Abschaffung hatten die religiös-politischen Positionen Maududis in der Tradition der indischen Reformbewegung gestanden. Der muslimisch-indische Reformer Sir Sayyid Ahmad Khan (1817–1898) war ein entfernter Vorfahre.

Zu dem Zeitpunkt, da al-Banna die Muslimbruderschaft gründete, hatten auch die Ideen Maududis eine religiöse Zuspitzung erfahren. Den beiden großen politischen Organisationen, welche die Zukunft Indiens zu gestalten beanspruchten, der Hindu-dominierten *Kongresspartei* und der *Muslimliga*, hatte er sich ebenso entfremdet wie der islamischen Gruppierung der *Dscham'iyat-e ulama-ye Hind*. Ersterer warf er vor, den künftigen indischen Staat unter die Vorherrschaft der Hindus stellen zu wollen; an der *Muslimliga* kritisierte er die Verwestlichung des Lebensstils ihrer führenden Vertreter und an der *Dscham'iyat* ihre Zustimmung zu einem säkularen, pluralistisch verfassten, föderalistisch organisierten gesamtindischen Staat. Seine Ideen zur Zukunft Indiens kreisten nunmehr um die Schaffung eines Staatswesens, das auf einer umfassenden Geltung des islamischen Rechts beruhen würde. Aus dem Journalisten war der Vordenker einer aus dem Islam abgeleiteten Ideologie geworden. 1941 gründete er mit der *Dschama'at-e Islami* (JI) eine politische Bewegung. Nach der Teilung Britisch-Indiens und dem Eintritt beider Staaten des Subkontinents in die Unabhängigkeit (1947) sollte sie in Pakistan eine politische Kraft werden, die zeitweise einen erheblichen Einfluss auf die Entwicklung des Landes genommen hat.

Ausgangspunkt des religiös-politischen Programms ist die Feststellung eines tiefen Konflikts zwischen dem (wahren) Islam und dem Unglauben; zu diesem zählt auch die traditionelle volkstümliche Ausübung der Religion durch die Muslime. Die Grundlage des neu zu errichtenden Gebäudes des Islams soll der Koran sein, nicht im Sinne einer Schrift, die der Gläubige rezitiert, auslegt oder interpretiert, sondern als umfassendes System. Damit verbunden ist der Aufruf, im wortwörtlichen Sinne der Schrift politisch zu handeln. Der Muslim findet seine Bestimmung und Identität, wenn er sich dem islamischen Gesetz vorbehaltlos unterwirft. Das bedeutet zugleich, die Welt im Sinne dieses göttlichen Auftrags zu verändern. Die Geltung des Gesetzes aber erstreckt sich auf die Gesamtheit der menschlichen Existenz: von seiner physischen Beschaffenheit über das tägliche Leben des Einzelnen bis zu den Institutionen des politischen, gesellschaftlichen und wirtschaftlichen Zusammenlebens. Das Ideal der wahren islamischen Gesellschaft steht dem Menschen vor Augen: Es liegt in dem Gemeinwesen des Propheten und der ihm folgenden vier »rechtgeleiteten Kalifen«. Neben dem Koran erhalten die Überlieferungen des Propheten (*sunna*, *hadith*) für das Leben der Gemeinschaft eine herausragende Bedeutung.

Lange vor Khomeini hat Maududi zur »islamischen Revolution« aufgerufen. Aber im Unterschied zu diesem würde die Revolution nicht in einer einmaligen und überwältigenden Erhebung der Massen liegen. Eine kleine Gruppe, ein Kader von frommen und der Sache ergebenen Männern, würde eine neue Elite bilden, welche die Umgestaltung in einem langen Prozess der Erziehung der Gemeinschaft vornehmen würde. Das Ergebnis wäre eine »islamische Demokratie« oder »Theodemokratie«; unter der Souveränität Gottes (*hakimiyyat Allah*) würde sie von einem Kalifen repräsentiert, dem Sachwalter Gottes auf Erden und zugleich führenden Vertreter der Bürger. Eine Ratsversammlung (*schura*) würde ihm, geleitet durch den »Konsens« (*idschma*) der »wahrhaften« Muslime, zur Seite stehen. Nicht die Geistlichen (*ulama*), sondern eben diese durch das göttliche Gesetz im politischen Leben geleitete Versammlung würde auch das Recht haben, den *dschihad* zu erklären. In seinem Buch »The Islamic Law and Constitution«[85] entwirft er die verfassungsmäßige Ordnung dieses Staates sowie ihre Institutionen und Gewalten. Der zu errichtende »islamische Staat« ist nicht als nationales oder regionales Konstrukt gedacht; sein Anspruch ist am Ende global. Maududi überwindet geradezu den Nationalismus zugunsten eines universalen Staatswesens, das auf einem als Ideologie verstandenen Islam beruht. In diesem Zusammenhang spielt der *dschihad* eine zentrale Rolle. Zwar wird auch gewalthaftes Vorgehen nicht ausgeschlossen, die Einzelheiten aber des ihm vorschwebenden Gangs der Geschichte bleiben offen, ja widersprüchlich.

Wiederum denkt er in langen Zeiträumen der Umgestaltung und so scheint er der Anwendung von Gewalt zur Verwirklichung kurzfristiger Ziele und Interessen eher abgeneigt.

Über die JI hat Maududi durch die Jahrzehnte einen beträchtlichen politischen Einfluss ausgeübt. Den Bestrebungen, Britisch-Indien, d. h. den gesamten indischen Kontinent zu einer Hindu dominierten Republik zu machen, stand er ebenso ablehnend gegenüber wie der Teilung des Subkontinents in einen hinduistisch und einen islamisch geprägten Staat. Deswegen verweigerte er zunächst auch nach der Teilung dem jungen pakistanischen Staat die Anerkennung. Sein politisches Konzept einer »islamischen Republik« beinhaltete einen räumlich viel ausgedehnteren und *schari'a*-rechtlich gegründeten Staat. Erst in diesem würde der Bürger seine Identität als Muslim bestätigt sehen können. Pakistan war von seinen Gründern als säkularer Staat konzipiert worden und die diversen innenpolitischen Krisen nach der Staatsgründung, in denen das Militär wiederholt die Macht übernahm, hatten nach Maududis Auffassung darin eine ihrer Ursachen. Er selbst und seine JI waren also darin ein Fremdkörper. Wiederholt ist er deshalb seit Ende der vierziger Jahre im Gefängnis gelandet.

Die Schar der Anhänger Maududis blieb zwar klein, in konservativen Kreisen aber war die JI gut vernetzt. Dies kam in der Verfassung von 1956 zum Ausdruck, welche Pakistan als »Islamische Republik« proklamierte. Maududi hat die Verfassung als einen Sieg für den Islam reklamiert. Er verstärkte nun seine Anstrengungen, das politische System zu islamisieren. In der Ära des säkularen Militärherrschers Ayub Khan (reg. 1958–1969) mehrfach verhaftet, schlug seine Stunde unter der Militärdiktatur von General Zia ul-Haq (Ziau'l-Haq, reg. 1977–1988). Mitglieder der JI erhielten hohe Posten in der Regierung; Maududi selbst hatte das Ohr des Diktators. Seit 1980 war Pakistan in den Krieg in Afghanistan verwickelt, der durch die sowjetische Invasion in dem Land ausgelöst worden war. Ziel der Politik Zias war es, Pakistan zu einem islamischen Widerlager gegen die Gefahr des Kommunismus zu machen. Dafür hatte er die Unterstützung der USA. Kernpunkt der Maßnahmen war die Islamisierung des Rechts: Islamische Gerichtshöfe wurden eingerichtet; als neue Straftatbestände wurden u. a. Ehebruch, Unzucht und Blasphemie eingeführt. Sie konnten durch »islamische« Strafen wie Schläge, Amputation und Steinigung geahndet werden. Neben dem Rechtswesen wurden die Regeln der »islamischen Wirtschaft« wiederbelebt: Ein Zinsverbot wurde erlassen und die Entrichtung der Almosensteuer (*zakat*) verordnet. Das Parlament wurde als *Madschlis asch-schura* zu einer »beratenden Versammlung«.

Als politische Partei haben die Maßnahmen die JI freilich nicht gestärkt. Außerhalb der Kanäle, die ihr die Regierung öffnete, konnte sie ihre Popularität nicht steigern. Ihre soziale Basis und ihre Akzeptanz in der Wählerschaft blieben schwach, ihr Stimmenanteil bei Wahlen marginal. Ihr Wählerpotential waren das Kleinbürgertum, der Mittelstand und die *muhadschirs* (d. h. die urdusprachigen Migranten, die im Zusammenhang mit der Teilung des Subkontinents von Indien in die städtischen Zentren der Sind-Provinz übergesiedelt waren). Auch auf Teile der Intelligenzija und der Studentenschaft wirkte ihre Ideologie anziehend. Eine Massengefolgschaft bedeutete all das freilich nicht; Maududi und die ihm nachfolgenden *amir'e* der JI haben eine solche auch nicht angestrebt. Dem staatsorientierten Charakter ihrer Ideologie folgend, lag der Schwerpunkt der Strategie auf der Islamisierung von oben: auf der Allianz mit machtvollen Interessengruppen und staatlichen Institutionen, d. h. auf der Revolution durch Erziehung.

Weder al-Banna noch Maududi waren berufsmäßige Theologen. Sie hatten zwar – das gilt insbesondere für letzteren – auch eine theologische Komponente in ihrer Bildung. Aber sie waren keine Kleriker und übten zivile Berufe aus. Dies gilt auch für den dritten Denker, der dem Prozess der Politisierung des Islams – oder besser: der Ideologisierung des Islams – seinen Stempel aufgedrückt hat. Seyyid Qutb sollte der wirkungsmächtigste unter ihnen werden. (Im Gegensatz zu diesen sunnitischen Theoretikern sollte im schiitischen Islam mit Ayatollah Khomeini ein Theologe die revolutionäre Variante des politischen Islams verkörpern.)

Seyyid Qutb wurde 1906 nahe der oberägyptischen Stadt Minya geboren. Seine Erziehung erhielt er an einer staatlichen Schule; eine religiöse Bildung genoss er eher am Rande. Nach seiner Ausbildung zum Grund- und Hauptschullehrer war er – wie al-Banna – zunächst als Lehrer tätig. 1940 schlug er eine Beamtenlaufbahn im Bildungsministerium ein. Nebenher betätigte er sich – wie Maududi – publizistisch. Politisch bewegte er sich im Mainstream seiner Zeit, was auch in seiner Mitgliedschaft in der *Wafd*-Partei (► S. 256) zum Ausdruck kam. Die wirtschaftlichen Nöte breiter Teile der ägyptischen Bevölkerung im Zweiten Weltkrieg schärften seine Sensibilität für die soziale Frage. Sie verband sich mit einem wachsenden Protest gegen die Präsenz der Briten im Land und gegen die probritische Haltung ägyptischer Politiker. 1942 gab er seine Mitgliedschaft in der *Wafd*-Partei auf. In dieser Zeit entwickelte sich die antibritische Haltung zu einer scharfen Ablehnung des Westens insgesamt, dem er Materialismus und moralische Prinzipienlosigkeit vorwarf. Gleichzeitig begann er, den Islam als einzig mögliche Orientierung im Kampf gegen Macht- und Mutlosigkeit, Sittenverfall und soziale Missstände zu propagieren. Der Titel des ersten Buches, das diese islamistische Orientierung erkennen lässt, lautete: »Die soziale Gerechtigkeit im Islam« (*Al-adalah al-idschtima'iyya fil-islam*); es erschien 1949 und stieß nicht zuletzt unter der Muslimbruderschaft auf Interesse.

1948 war Seyyid Qutb vom Bildungsministerium auf eine Studienreise an verschiedene Bildungsinstitutionen in den USA geschickt worden. Seine Wahrnehmungen dort, namentlich die sexuelle Freizügigkeit, egoistischer Individualismus, Materialismus und Rassismus, müssen in ihm einen Schock ausgelöst haben. Zu seinem antiimperialistischen Hass trat Verachtung. Fortan sah er die islamische Welt als einen »Dritten Block« (neben dem kapitalistischen und kommunistischen), dem die hehre Aufgabe der Befreiung der ganzen Menschheit gestellt sei. Seine antiwestliche Haltung wurde radikal. 1953 trat er der Muslimbruderschaft bei, die Ende 1951 wieder legalisiert worden war. Fortan teilte er deren Schicksal: Nach dem gescheiterten Attentat auf Nasser (1954) verbrachte er – wie Tausende anderer – Jahre im Gefängnis (wegen seines schwachen Gesundheitszustands zumeist im Gefängniskrankenhaus). 1964 wurde er freigelassen, aber 1965 im Rahmen einer weiteren Verhaftungswelle unter Muslimbrüdern erneut inhaftiert. Hintergrund war eine angebliche Verschwörung zu einem Umsturz, bei der Qutb eine tragende ideologische Rolle zugeschrieben wurde. Sein letztes Buch: »Die Zeichen auf dem Weg« (*Ma'alim fit-tariq*), wurde als Beweis subversiver Agitation gewertet. Im August 1966 wurde er zusammen mit zwei weiteren Angeklagten durch den Strang hingerichtet.

Abb. 38: Seyyid Qutb im ägyptischen Gefängnis. Physisch hinter Gittern, geistig von weitreichender Wirkung.

Seine Erfahrungen in der Haft sowie die selbst erlittene und die erlebte Brutalität gegen seine Mithäftlinge mögen die Radikalisierung seines Denkens erklären. Buchstäblich unter den Augen der Zensur verfasste er sein Hauptwerk, einen Korankommentar unter dem Titel »Im Schatten des Korans« (*Fi zilal al-qur'an*). Ergebnisse daraus werden in »Die Zeichen auf dem Weg« im Sinne einer politisch-programmatischen Streitschrift auf den Punkt gebracht. In ähnlicher Weise wie das »Kommunistische Manifest« von Karl Marx oder W. I. Lenins Schrift »Was tun?« sollte *Ma'alim fit-tariq* zum wirkungsmächtigen Leitfaden des Handelns revolutionärer Kräfte werden, die eine radikale Alternative zu den bestehenden politischen und gesellschaftlichen Ordnungen anstrebten. In der Analyse der Ausgangssituation finden sich Gemeinsamkeiten mit Maududi. Während dieser aber den Wandel in langfristiger zeitlicher Perspektive und als Ergebnis eines von oben in Gang gesetzten Prozesses der Erziehung sieht, macht Seyyid Qutbs Streitschrift unmittelbares Handeln zwingend. Dies auch in gewalthafter Form.

Wie bei Maududi stehen sich der Westen und die islamische Welt unversöhnlich gegenüber: Die ethischen, moralischen und philosophischen Grundlagen, auf denen die politischen und gesellschaftlichen Ordnungen des Westens beruhen, sind für einen wahren Muslim inakzeptabel; das gilt insbesondere für das Prinzip der Säkularität. Die reale Ausgangslage in der Gegenwart ist durch ein doppeltes Problem gekennzeichnet: Die Ausübung von politischer und wirtschaftlicher Macht und Herrschaft vonseiten des Westens und die Verwestlichung von Teilen der islamischen

Gesellschaften. Die Herrschaft des Westens und der Abfall muslimischer Gesellschaften vom wahren Islam hängen miteinander zusammen. Daraus ergeben sich zwei Forderungen: die Rückführung der islamischen Gesellschaften zum wahren Islam und die Befreiung von der Dominanz des Westens.

Diesen Prozess stellt Qutb in ideologische Koordinaten, die er aus der Geschichte des Islams selbst ableitet. Die islamische Welt befindet sich im Stadium des »Heidentums«, der *dschahiliyya* – also in jenem Zustand, in dem sich die arabische Welt vor dem Auftreten des Propheten Muhammad in Mekka befand. Mit dessen Auftreten und namentlich mit der Auswanderung (*hidschra*) von Mekka nach Medina (622) wird die Zeitenwende eingeleitet. Es beginnt die Ära der Geltung des islamischen Gesetzes (*schari'a*); der Mensch wird der »Souveränität Gottes« (*hakimiyyat Allah*) unterstellt. Im Vollzug des göttlichen Gesetzes beginnen – ausgehend von der Unterwerfung Mekkas unter die *schari'a* und damit dem Ende der Ära der *dschahiliyya* – der Siegeszug des Islams und die Unterwerfung der Ungläubigen.

Die Überwindung der *dschahiliyya* und die Wiederherstellung der Souveränität Gottes (mithin die Beendigung des – heidnischen, weil säkularen – Prinzips der Souveränität des Menschen bzw. der Nation) ist die Aufgabe des wahren Muslims. Ihr Vorkämpfer ist eine Avantgarde, jenen »Helfern« (*ansar*) vergleichbar, die Muhammad beistanden, in Medina den Gottesstaat zu errichten, und die an seiner Seite kämpften, diesen Staat zu verteidigen bzw. zu expandieren. Nahm diese Avantgarde bei Maududi die Gestalt einer politischen Partei, der JI an, ist es bei Qutb eine Gruppe von Männern, die die »richtige« Lesart des Korans teilen – eine Lesart, die die Welt verändert, indem sie den Muslim zur Aktion aufruft. (Das berühmte Wort von Karl Marx aus den *Thesen über Feuerbach*: »Die Philosophen haben die Welt nur verschieden interpretiert, es kommt aber darauf an, sie zu verändern«, steht unausgesprochen im Raum.) Der *dschihad* wird zum Kern der Strategie einer Gruppe von »Rechtgläubigen«, um ihr Ziel, die (Wieder-)Errichtung der Souveränität Gottes, zu erreichen. Damit war ein radikales Aktionsprogramm formuliert: Die Avantgarde bricht mit dem real existierenden »gottlosen« Staat; sie lässt sich nicht auf ein politisches System ein, das nicht über die göttliche Legitimation verfügt. Qutb schuf die Grundlagen für eine Rechtfertigung der Machtergreifung aus der Religion.

In dieser Interpretation des Korans liegt keine theologische Erneuerung des Islams. Vielmehr wird aus einer selektiven und subjektiven Lesart der Offenbarung ein ideologisches Konstrukt geschaffen, auf dessen Grundlage der Kampf gegen den Imperialismus bei gleichzeitiger Revolutionierung islamischer Gesellschaften geführt werden kann. Die leninistische Inspiration darin ist unübersehbar: Die zu überwindende Gesellschaft ist bei Lenin die »bourgeoise«, bei Qutb die »heidnische« (*dschahili*). Ziel ist bei jenem die Schaffung der klassenlosen Gesellschaft, bei Qutb die Herstellung der »Souveränität Gottes«. Kern der Strategie ist die Selbstermächtigung einer Avantgarde, die sich bei Lenin durch das »richtige Bewusstsein« (die *Kommunistische Partei*), bei Qutb durch die »richtige Lesart des Korans« (die *Partei Gottes, Hizb Allah*) legitimiert. Wer diese nicht teilt, gilt als Feind und ist zu bekämpfen.

Die Geschichte des Leninismus, d. h. der Durchsetzung der klassenlosen Gesellschaft ist bekannt. Nach der Machtergreifung in der bolschewistischen Revolution im November 1917 hat sich die von ihm geführte Avantgarde darangemacht, Russland mit Gewalt zu revolutionieren, d. h. in die »klassenlose Gesellschaft« zu zwingen. Inwieweit Qutb aktiver Gewaltanwendung auf dem Weg zum Gottesstaat das Wort geredet hat, ist umstritten; der breite Strom der Muslimbruderschaft hat sich in den folgenden Jahrzehnten von dieser Interpretation distanziert. Tatsache ist aber, dass Qutb Nachfolger gefunden hat, die dessen ideologischen Ansatz auf die systematische Ermächtigung zu gewalttätigem Handeln zugespitzt haben. Aus einem ideologischen Konstrukt wurde eine Agenda handfester Gewaltanwendung auf dem Weg der »islamischen Revolution«. Spätestens seit den brutalen Terrorschlägen vom 11. September in den USA hat die »islamistische Gewalt« die Agenda der Politik in regionaler und internationaler Dimension bestimmt.

Unter den vielen Epigonen Qutbs als Propagandisten *dschihadistischer* Gewalt seien nur zwei Namen genannt: Muhammad Abd as-Salam Faradsch (1952–1982) schärfte den *dschihad* zu einer Speerspitze im Kampf gegen die *dschahilitische* Gesellschaft und ihre Protagonisten. Die Frage, unter welchen Umständen der *dschihad*, d. h. der religiös motivierte Kampf für die islamische Gemeinschaft, zu einer Verpflichtung für den Muslim würde, hatte bereits die Rechtsgelehrten der Frühzeit des Islams beschäftigt. Die meisten hatten der Auffassung zugeneigt, dass eine solche Verpflichtung nur im Falle der Verteidigung der islamischen Gemeinschaft gegeben sei. In seiner 1981 erschienenen Schrift: »Die vernachlässigte Pflicht« (*Al-farida al-gha'iba*), propagierte Faradsch den *dschihad* als wichtigste Pflicht des Muslims unmittelbar nach den fünf »Säulen« des Islams. Sie sei eine individuelle Verpflichtung (*fard al-ayn*), die jedem Muslim obliege; die nicht-militärische Auslegung des Begriffs sei eine Verfälschung der islamischen Tradition. Vorrangige Ziele des Angriffs seien die jeweiligen lokalen Regierungen. Unter den in den siebziger Jahren entstehenden militanten Gruppen entfalteten seine Gedanken eine beträchtliche Wirkung; so auch in der Gruppe *Al-dschihad*, die hinter der Ermordung des ägyptischen Staatspräsidenten Anwar as-Sadat am 6. Oktober 1981 stand. Unter der Anklage der Beteiligung an diesem Mord wurde Faradsch im April 1982 hingerichtet.

Der Palästinenser Abdallah Yusuf Azzam (1941–1989) gehörte zu jener zahlreichen arabischen Gemeinschaft, die am Kampf gegen die sowjetischen Truppen in Afghanistan teilgenommen hatte. Auch nach dem Rückzug der sowjetischen Truppen bildete sie im nordwest-pakistanischen Peschawar eine große Exilgruppe. Dort hatte er während des Krieges ein Verbindungsbüro (*Maktab al-khidamat*) gegründet, das mit saudischer Unterstützung die Aktivitäten von arabischen Sponsoren und Freiwilligen im Kampf gegen die Rote Armee koordinierte. In seiner Schrift: »Die Verteidigung der Länder der Muslime ist die wichtigste der individuellen Glaubenspflichten (*Ad-difa an aradi l-muslimin ahamm furud al-a'yan*), schuf er die ideologische Grundlage für den bewaffneten *dschihad* gegen die sowjetischen Besatzungstruppen. Wenn Feinde in das Gebiet des Islams eindrängen, werde dieser zur Pflicht eines jeden Muslims. Er müsse so lange geführt werden, bis alle Gebiete der Welt, die historisch einmal zum Gebiet des Islams gehört hätten, zurückerobert worden seien. Dazu zählt Azzam u. a. die zentralasiatischen Regionen ebenso wie Teile der Philippinen oder Andalusien, vor allem aber auch seine Heimatregion Palästina. Zunächst unter seiner Führung – nach seiner Ermordung 1989 unter der Führung Usama bin Ladens – formierten sich in Afghanistan die ersten internationalen Netzwerke von Islamisten, welche die Grundlage für die spätere Entstehung von *al-Qa'ida* bildeten. Für diese »islamistische Internationale« nahmen zunehmend aktuelle Konflikte wie in Palästina, Kaschmir, Afghanistan, Bosnien, Tschetschenien und seit 2003 auch im Irak die Stelle handlungsleitender transnationaler Symbole ein.

Usama bin Laden (1957–2011) entstammte einer saudischen Großfamilie; sein Vater war als einer der führenden Bauunternehmer des Landes zu Wohlstand gelangt. Um 1984 trafen Usama und Abdallah Azzam in Peschawar aufeinander; fortan betrieben sie beide das Verbindungsbüro dort. In Erwartung des Rückzugs der Roten Armee erstellte Bin Laden eine Datenbank, in der die Namen der in Afghanistan aktiven arabischen Dschihadisten verzeichnet waren. Sie wurde die »Grundlage« (*al-qa'ida*) für deren militärischen Einsatz. Eingesetzt wurden sie in den neunziger Jahren – gleichsam eine muslimische Söldnertruppe – an Fronten in Bosnien, Algerien oder Tschetschenien. Nach der Machtübernahme der *Taliban* in Afghanistan 1996 bot sich dort Usama bin Laden ein politisches Umfeld, in welchem er *al-Qa'ida* zu einer eigenständigen Terrororganisation aufbauen konnte. Tatsächlich war der Staat der Taliban ein politisches Gebilde, das den Vorstellungen seiner Theoretiker in wesentlichen Zügen entsprach. Anders freilich als spätere *dschihadistische* Ordnungsvorstellungen beschränkte sich seine Ausbreitung auf das Staatsgebiet Afghanistans.

Mit dem Terrorangriff vom 11. September 2001 in den USA hatte sich Usama bin Laden vorerst in einem ideologischen Dissens durchgesetzt, der über Jahre die *dschihadistische* Bewegung gespalten hatte. Abdallah Azzam war der Wortführer jener gewesen, die forderten, den *dschihad* gleichsam in globaler Reichweite – gegen den »fernen Feind« – zu führen. Angesichts der Übermacht der USA und »der Juden« werde kein Sieg gegen die »Ungläubigen« in der islamischen Welt errungen werden können. Dem hatten insbesondere Ägypter, die das Regime von Präsident Mubarak bekämpften, das Konzept des »nahen Feindes« entgegengestellt. Der Kampf gelte zuvorderst den Ungläubigen in der islamischen Welt. Mit dem »11. September« war ein globaler Kriegsschauplatz angesagt. Die Rhetorik führender westlicher Politiker ließ keinen Zweifel daran, dass diese Botschaft angekommen war. Und die Invasionen westlicher Truppen in Afghanistan seit dem Herbst 2001 und im Irak seit dem Frühjahr 2003 sollten manifestieren, dass es sich bei dem *war on terrorism* auch um einen Krieg um Weltordnungen handelte: Dem *dschihad* im Namen der »Souveränität Gottes« stellte der amerikanische Präsident den Krieg im Namen der Demokratie (westlichen Zuschnitts) gegenüber. In der Wahrnehmung Bin Ladens handelte es sich dabei um eine Neuauflage der Kreuzzüge. Mit *9/11* war die internationale Politik in die Dichotomie von *dschihad* auf der einen und dem *global war on terrorism* auf der anderen Seite gestellt.

Für die Kriegführung aufseiten *al-Qa'idas* war ein hohes Maß an Professionalität kennzeichnend – ein Ergebnis der Erfahrungen in den zurückliegenden Jahren des Krieges gegen die Sowjetunion und des afghanischen Bürgerkrieges. Zur medialen Vermittlung ihrer Kriegsziele und Propaganda nutzten Usama bin Laden und andere führende Dschihadisten den von Qatar ausstrahlenden Sender *al-Dschazira*. Die Finanzierung des Terrornetzwerks erfolgte vonseiten zahlreicher Quellen, zumeist private Mittel vor allem aus Kreisen ölreicher Araber in den konservativen Staaten auf der Arabischen Halbinsel. Erst nach *9/11* übten die USA Druck auf die Regierungen aus, gegen die Quellen und Kanäle der Terrorfinanzierung systematisch vorzugehen. Besondere Wirkung sollte – vor allem auch mit Blick auf den künftigen Terror – der Strategie der Selbstmordanschläge zukommen. Über deren Rechtmäßigkeit gibt es eine Debatte unter den Klerikern, die bis 1996 zurückreicht – jenem Jahr, in dem Usama bin Laden seine *dschihad*-Erklärung veröffentlichte und *al-Dschazira* seinen Sendebetrieb aufnahm. Unter dem Strich ist das Ergebnis widersprüchlich: Radikale Stimmen bejahen deren Vereinbarkeit mit der *schari'a*, denn im Widerstand gegen den Westen stellten sie eine Waffe dar, die strukturelle Ungleichheit der Arsenale auszugleichen. Andere verweisen auf das grundsätzliche Verbot des Selbstmords im Islam – Gott allein könne dem Menschen das Leben geben und es wieder nehmen. Einen Sonderfall stellt der Kampf um die Befreiung Palästinas dar: Palästina erscheint als das im Westen mitleidlos angesehene Opfer der zionistischen Unterdrückung; hier müsse ein totaler Widerstand – mit allen Mitteln – geleistet werden.

Eine persönliche, religiöse, ideengeschichtliche und politische Einordnung des dschihadistischen Terrorismus findet sich in der »geistlichen Anleitung«, die Muhammad Atta, der führende Kopf der 19 Attentäter der Terrorakte vom 11. September 2001, vor der Ausführung des Gewaltakts niedergelegt hat. Diese Schrift ist nicht nur insofern von besonderem Interesse, als darin auf die wesentlichen Eckpunkte des dschihadistischen Welt- und Feindbilds Seyyid Qutbs und seiner Epigonen – von der *dschahiliyya* über die »Souveränität Gottes« bis hin zur Avantgarde und der Notwendigkeit des *dschihad* – Bezug genommen wird. Vielmehr fokussieren die Ausführungen auch auf eine konkrete Tat und die persönliche und psychologische Befindlichkeit des Autors als Mensch und Täter.[86] Der Terror wird als Gottesdienst regelrecht zelebriert.

Seyyid Qutb hatte das ideologische Referenzwerk geliefert. Seine Epigonen (oder Vollstrecker), namentlich jene, die sich seit den achtziger Jahren in Afghanistan erst zum Widerstand gegen die sowjetischen Invasoren, dann im Kampf um Kabul zusammengefunden haben – Abdallah Azzam, Usama bin Laden und sein Nachfolger als Anführer von *al-Qa'ida*, Ayman az-Zawahiri (geb. 1951) –, haben eine konkrete Agenda des Krieges umgesetzt. Die Diagnose stellt auf die Herausforderung durch den Westen ab; diese sei an zahlreichen Schauplätzen in der islamischen Welt militärischer Natur. Die Lösung sei der *dschihad*, der als *fard ayn* (zwingende religiöse Pflicht für jeden einzelnen Muslim) verstanden wird, »bis ihre Streitkräfte alle islamischen Gebiete verlassen; besiegt und unfähig, irgendeinen Muslim zu bedrohen« – so Usama bin Laden in seiner Video-Ansprache vom 7. Oktober 2001.[87] Die Methode sei der Guerillakrieg, in dem auch Kollateralschäden hingenommen werden müssten und dessen Schauplatz die gesamte Erde ist. Als verfügbare Hilfsquellen schließlich nennt Bin Laden »Geld und Seelen«. Damit meint er die Bereitschaft, das Leben im Märtyrertod zu opfern und so der Seele das Tor zum Paradies zu öffnen. Finanzielle Quellen sind ihm über seine Vernetzung in der saudischen Gesellschaft zeitweise reichlich geflossen. Wenn ein Gläubiger schon nicht persönlich am Kampf teilnehmen konnte, so sollte er diesen wenigstens materiell unterstützen.

Bassam Tibi charakterisierte 2004 die islamistische Weltanschauung als »neueste Spielart des Totalitarismus«. »Anders als der NS-Faschismus und der Stalin-Kommunismus ist der Islamismus als eine neue Form des Totalitarismus momentan nur eine Bewegung mit einer Weltanschauung, die, bis auf wenige Ausnahmen, noch keine reale Umsetzung in staatliche Praktiken gefunden hat.« Die Einschätzung der islamistischen Ideologie als eine Variante des Totalitarismus ist ohne Zweifel zutreffend.[88] Dass sie keine Umsetzung erfahren habe, war mit Blick auf den arabischen Raum bei Erscheinen des Buches im Großen und Ganzen zutreffend. Jenseits desselben aber kann die 1979 entstandene Islamische Republik Iran durchaus als eine (iranisch-schiitische) Variante des islamistischen Totalitarismus gesehen werden. An der politischen Wirkung gemessen, war Ayatollah Khomeini näher an Lenin als Seyyid Qutb. Er hatte nicht nur Elemente des schiitischen (*Mahdi-*)Glaubens und der Tradition der Stellung der hohen Geistlichkeit (*mardscha'iyya*) in der Gesellschaft zu einer mobilisierenden revolutionären Ideologie umgemünzt. Indem er an der Spitze einer Volksbewegung schließlich die Macht ergriff, die er dann nicht mehr aus der Hand gab, ähnelt er zudem Lenin, der an der Spitze der bolschewistischen Avantgarde mit der Gewissheit des richtigen Bewusstseins im November 1918 die Macht an sich riss und ein neues Regime gründete. Mit Lenin ist auch vergleichbar, dass er von der Überzeugung beseelt war, die Revolution exportieren zu können. Die Tatsache aber, dass der schiitische Theologe als Revolutionär einen tiefgreifenden und nachhaltigen Erfolg hatte, musste von radikalen sunnitischen Aktivisten als Herausforderung empfunden werden, ihrerseits – auch außerhalb der spezifischen Bedingungen in Afghanistan – den Umsturz zu betreiben.

So verübten die islamistischen Gruppen des *Dschihad* und der *Dschama'at islamiyya* in Ägypten in den neunziger Jahren eine Reihe von terroristischen Anschlägen gegen das Regime von Husni Mubarak. In Algerien sollte eine islamistische Partei einer Machtübernahme am nächsten kommen. Dort hatten sich in den achtziger Jahren politische, gesellschaftliche, ethnische und kulturelle Spannungen aufgeladen, die eine Legitimitätskrise des Regimes des seit der Unabhängigkeit (1962) herrschenden *Front de Libération Nationale* (FLN) zur Folge hatten. Davon hatten islamische Kräfte profitiert. 1989 wurde die *Islamische Heilsfront* (*Front Islamique du Salut*, FIS) als dezidiert islamistische Partei gegründet. In den Worten ihrer Führer würde sie das »westliche« System des FLN ablösen und – ganz im Sinne des ideologischen Überbaus – die Speerspitze bei der Errichtung eines islamischen Staates sein, einer auf der *Schari'a* beruhenden Ordnung – auf demokratischem Wege oder über die bewaffnete Aktion. Einmal an die Macht gelangt, würde sie diese nicht mehr abgeben oder teilen. Über den Machtkampf zwischen den Machthabern in Algier und dem FIS und seinen radikalen Ablegern ist oben berichtet worden. Erst Mitte 1997 konnte von einer Rückkehr zur Normalität gesprochen und ein Weg zu nationaler Versöhnung beschritten werden. Die islamische Revolution hatte nicht stattgefunden. Insbesondere aber das Ausmaß der Gewaltbereitschaft und -ausübung aufseiten der Dschihadisten warfen ein düsteres Licht voraus auf jenes Staatsgebilde, das im Sommer 2014 als das »Islamische Kalifat« proklamiert werden sollte. Ende der neunziger Jahre sollte die schiitisch geprägte Islamische Republik Iran – neben dem kurzlebigen Gebilde der Taliban – der einzige Gottesstaat im islamischen Raum sein.

Die Terrorschläge von *9/11* haben die Ausgangslage im Kampf zwischen den Kriegern des Gottesstaates (*hakimiyyat Allah*) und der internationalen Gemeinschaft dramatisch und nachhaltig verändert. Zwar konnte der Herrschaft der Taliban im Herbst 2001 militärisch ein rasches Ende bereitet werden. Es gelang aber nicht, in

Afghanistan ein dauerhaft stabiles politisches Regime zu errichten. Bald wurde der *war on terrorism* über die Grenzen Afghanistans hinaus in den ganzen Nahen Osten, in weite Teile der islamischen Welt sowie schließlich über diese hinaus u. a. auch nach Europa getragen. Der »ferne Feind« würde auch auf seinem eigenen Territorium selbst zu treffen sein. Mit der Invasion im Irak nahm der amerikanische Präsident den Fehdehandschuh auf. Das Regime in Bagdad zu stürzen, sollte sich als folgenreiche – und verhängnisvolle – Fehlentscheidung des amerikanischen Präsidenten als oberster Kriegsherr erweisen. Ihr lag die Rechtfertigung zugrunde, das irakische Regime stelle durch den Besitz chemischer und nuklearer Waffen eine Bedrohung Amerikas und der Welt dar. Auch unterstütze es den internationalen Terrorismus. Und überhaupt lägen despotische Macht und Gewalt gegen die Bürger an der Wurzel des Terrorismus.[89] Ihm, George W. Bush, sei gleichsam die messianische Aufgabe übertragen, durch die Schaffung demokratischer Ordnungen dem Terrorismus den Nährboden zu entziehen und die Grundlage für dauerhaften Frieden zu legen.

Mit dem Überfall auf den Irak, der als dritter Golfkrieg (20.3.–1.5.2003) in die Geschichte eingegangen ist, wurde das Tor für die Entstehung eines politischen Gebildes aufgestoßen, das seit 2014 für wenige Jahre weltweit für Angst und Schrecken sorgen sollte. Mit dem offiziellen Ende der Kriegshandlungen hatte es eine von Washington eingesetzte *Coalition Provisional Authority* (CPA) übernommen, den irakischen Staat von Grund auf neu zu organisieren. An ihre Spitze trat – bis Juni 2004 – der Diplomat Paul Bremer. Das Land befand sich in einer chaotischen Situation. Zahlreiche irakische Spitzenpolitiker, unter ihnen auch Ex-Staatschef Saddam Husain, waren untergetaucht; es begann ein Prozess gewalttätiger Abrechnungen und politischer Positionierungen. Trotz der Einsetzung einer vorläufigen Regierung lag die Macht bei Bremer. Mit zwei Federstrichen löste dieser bei Übernahme des Amtes zwei staatstragende Institutionen auf: die *Ba'th*-Partei – und das hieß zugleich auch einen großen Teil der Verwaltung und Sicherheitsorgane – und die Armee. Damit klaffte im Bereich der inneren Ordnung und Sicherheit ein gefährliches Vakuum. Für einen langen Zeitraum sollten staatliche Organe nicht mehr in der Lage sein, den Absturz des Staates und der Gesellschaft ins Chaos aufzuhalten.

Nicht weniger verhängnisvoll als der Schlag gegen die staatlichen Institutionen der Verwaltung und inneren Sicherheit sollte sich die Tatsache auswirken, dass die amerikanischen Besatzer wesentlich dazu beitrugen, dass nunmehr die schiitische arabische Mehrheit im Lande Zug um Zug die neu entstehenden politischen Institutionen (außerhalb der kurdischen Region) übernahm. Während der osmanischen (bis 1917) und britisch gestützten Verwaltung (bis 1958) hatte die sunnitische arabische Minderheit die staatstragende Schicht gebildet. Die Schiiten waren nicht ohne Einfluss gewesen: Die Geistlichkeit in Kerbela und Nadschaf hatte sich intensiv im Widerstand gegen die britische Herrschaft hervorgetan; die Schiiten hatten einen signifikanten Anteil an der *Kommunistischen Partei* und auch in den Anfängen der *Ba'th*-Partei waren sie zahlreich und in führenden Positionen vertreten. In der diktatorischen Phase der Machtausübung insbesondere unter Saddam Husain hatten führende schiitische Geistliche Widerstand geleistet und waren verfolgt worden. Eine Veränderung der Gewichte der Konfessionen in Politik und Gesellschaft war im Prinzip zwangsläufig. Aber die systematische Übertragung der Spitzenpositionen im Staate an schiitische Politiker – von denen viele jahrzehntelang im Ausland verbracht hatten – musste zu Verwerfungen mit der sunnitisch-arabischen Gemeinschaft führen. Die bürgerkriegsähnliche Gewalt, die dem Sturz des ba'thistischen Regimes folgte, nahm eine konfessionalistische Dimension an. Und auch die nunmehr von außen ins Land kommenden – sunnitischen – Dschihadisten bekämpften nicht nur die USA. Nicht minder brutal – und mit vielen Opfern aufseiten der Bevölkerung – bekämpften sie die Schiiten.

Die Errichtung einer schiitisch geprägten »Islamischen Republik« in Iran auf den Trümmern einer von einer Massenrevolution zerschlagenen säkularen kaiserlichen Herrschaft stellte den Dschihadismus sunnitischer Prägung vor ein Dilemma: Alle Anläufe, auf dem Wege des *dschihad* einen islamischen Staat auf der Grundlage der *hakimiyyat Allah* zu gründen, waren gescheitert, auf halbem Wege stecken geblieben bzw. – wie das Emirat der *Taliban* – wieder zerschlagen worden. So bedeutete das im Irak mit dem Sturz der Diktatur entstandene Machtvakuum eine neuerliche Chance, endlich zum Zug zu kommen. Tatsächlich sollten hartgesottene dschihadistische Kämpfer, die 2001 von den Alliierten aus Afghanistan vertrieben worden waren, einen hohen Anteil an dem Absturz des Landes in Gewalt und Chaos haben. Unter den zahllosen Namen spielte zunächst der jordanisch-stämmige Abu Mus'ab az-Zarqawi eine besondere Rolle: Im Oktober 2004 gründete er mit der Organisation »Basis des Dschihad im Zweistromland« (*Qa'idat al-dschihad fi bilad ar-Rafidain*) einen Ableger von *al-Qa'ida* im Irak. Als er im Oktober 2006 getötet wurde, machte sein Nachfolger daraus den *Islamischen Staat im Irak* (*ad-daula al-islamiyya fi l-Iraq*, ISI). Unterstützung fand dieser vonseiten des ba'thistischen syrischen Regimes in Damaskus, in der Erwartung, dass ihm das Schicksal des »Schwester«-Regimes in Bagdad – nämlich eine amerikanische Intervention – erspart bleiben würde, solange die USA im Irak gebunden sein würden. Erstaunlich waren der Pragmatismus und der Mangel an Berührungsängsten sowohl aufseiten der – säkularen – Ba'thisten als auch der – religiös fanatischen – Dschihadisten. Mit Blick auf ihre politischen Ziele des Erhalts bzw. der Erringung der Macht hatten sie wenig Scheu, gelegentliche Zweckbündnisse einzugehen und sich gegenseitig zu instrumentalisieren. Gleichwohl begann sich die Lage im Irak nach 2006 langsam zu stabilisieren; dies nicht zuletzt als Ergebnis der Bemühungen der USA, namentlich die frustrierten sunnitischen Stammesführer zu einer gemeinsamen Bewegung (*sahwa*) im Kampf gegen die Extremisten zu koordinieren. Anreiz dazu war eine attraktive Bezahlung der Stammesführer und ihrer Kämpfer. Als die Pläne Washingtons, sich bis Ende 2011 aus dem Land zurückzuziehen, 2010 Gestalt annahmen, konnte der »Islamische Staat im Irak« als nahezu besiegt gelten.

Dem Puzzle der Geschichte des Aufstiegs dschihadistischer Extremisten zum Schrecken verbreitenden *Islamischen Staat* werden Historiker noch mancherlei Steinchen hinzufügen. Die großen Linien, angereichert durch Jahre der Erfahrung vor Ort, hat Christoph Reuter 2016 gezeichnet.[90] Am Beginn seiner Darstellung der Entstehung des »Kalifats« steht Samir Abid al-Muhammad al-Khleifawi – *nom de guerre*: Hadschi Bakr. Ein ehemaliger Oberst im Geheimdienst der Luftabwehr in Saddam Husains Armee, war er wie viele andere Ba'thisten mit dessen Sturz in den Untergrund abgetaucht. Als irakischer Nationalist beteiligte er sich in den folgenden Jahren am Kampf gegen die amerikanische Besatzung und die Vorherrschaft der Schiiten. Während die Handlungsräume für militante Aktionen im Irak nach 2006 enger wurden, eröffneten sich mit dem Zerfall der Staatsmacht in Syrien im Verlauf des Jahres 2011 neue Chancen. Dort wurde im Januar 2012 mit der »Beistandsfront« (*Dschabhat an-nusra*) eine dschihadistische Gruppe gegründet, die sich *al-Qa'ida* anschloss.

Vom Norden Syriens aus betrieb Hadschi Bakr seinerseits den Aufbau einer dschihadistischen Truppe. Er fing die Männer auf, die nach einem neuen Betätigungsfeld suchten. Sie kamen aus Saudi-Arabien, Tunesien, der Türkei, dem Kaukasus, aus Algerien und Europa. Zugleich plante er die Verwaltung eines neuen Staates. Darin hatten Bereiche wie Finanzen, Schulen, Kindergärten, Medien und Transportwesen ihren Platz. Listen für Zuständigkeiten und Hierarchien wurden akribisch angelegt: Überwachung, Spionage, Morde, Entführungen. Alle Maßnahmen waren nur Mittel zum Zweck, unterworfen einem einzigen Ziel: umfassender Kontrolle. Eine systematische Propaganda in den Hauptorten Nordsyriens warb um weitere Gefolgschaft. Dabei wurden die eigentlichen Ziele verschwiegen.

Schließlich sollte der Punkt kommen, an dem das neue Netzwerk an die Öffentlichkeit ging. Am 9. April 2013 wurde eine Audio-Botschaft von Abu Bakr al-Baghdadi bekannt. Dies war der *nom de guerre* von Ibrahim Awad Ibrahim al-Badri (geb. 1971), zu diesem Zeitpunkt Chef des *Islamischen Staates im Irak*. Darin forderte er, dass sich die *Nusra*-Front ab sofort mit Männern und Geld ISI zu unterstellen habe. Überdies werde man den Namen ändern in »Islamischer Staat im Irak und Syrien« (ISIS, *ad-daula al-islamiyya fi l-Iraq wasch-Scham – asch-Scham* ist der historische Name von Groß-Syrien; auch »Islamischer Staat im Irak und in der Levante« – ISIL, arab. Akronym: *Da'esch*). Die Führung der *Nusra*-Front weigerte sich und betonte ihre Unterstellung unter *al-Qa'ida* und seinen in Afghanistan versteckten Führer Ayman az-Zawahiri. Damit operierten auf syrischem Boden zwei starke dschihadistische Organisationen. Die eine bekämpfte in der Tradition Usama bin Ladens den »fernen« (*Nusra*), die andere den »nahen Feind« (ISIL). Der Machtkampf war angesagt.

Mittelpunkt der Operationen des ISIL wurde die Stadt Raqqa. Aus einer zunächst schleichenden Unterwanderung wurde bald eine brutale Unterdrückung der Bevölkerung. Eine islamische Gesetzgebung wurde durchgesetzt und eine straffe Kontrolle ihrer Befolgung verhängt. Rigide Regeln für das Alltagsleben wurden erlassen; jeder Dissens wurde als Verstoß gegen Gott und Glauben betrachtet und im Zweifelsfall mit Mord geahndet. Die Oberhäupter der größten Stämme, die die schweigende Mehrheit der Stadt vertraten, wurden im Oktober 2013 bei einer Zeremonie gefilmt, in der sie die *bai'a*, den Treueid auf den Emir Abu Bakr al-Baghdadi (al-Quraischi), ablegten. Darin verpflichteten sie sich mit Leib und Seele zum Gehorsam gegenüber ihrem neuen Oberhaupt. Das besondere Interesse der Führung galt den Ölquellen in den eroberten Gebieten. Die Erlöse aus dem Verkauf wurden eine wesentliche Grundlage bei der Konsolidierung und Ausweitung ihrer Herrschaft. Später sollten andere Geschäfte und Einnahmen hinzukommen. Hier also lag der Unterschied zu den dschihadistischen Vorläuferorganisationen: Von Beginn an hatte ISIL/ISIS eine Staatsgründung im Blick. Während er nach außen von einer geistlichen Gallionsfigur vertreten wurde, zog der säkulare Stratege, Hadschi Bakr, aus dem Hintergrund die Fäden.

Als die lokalen Scheichs in Raqqa al-Baghdadi huldigten, betrug die militärische Stärke des ISIS etwa 7 000 Kämpfer. Den vermummt und mit fliegenden schwarzen

Fahnen in Pick-ups mit aufmontierten Maschinengewehren daherkommenden Kämpfern (▸ Abb. 39) wagte sich niemand entgegen zu stellen. Unter ihnen befanden sich Tunesier, Türken und Ägypter, Tschetschenen und Dagestaner, Iraker, Europäer und Indonesier. Mit einem durchschnittlichen Gehalt von 500 US-Dollar konnten sie bei der Fahne gehalten werden. Nach militärischen Rückschlägen zu Beginn des Jahres setzten die Kämpfer des ISIS im Frühjahr 2014 ihren Eroberungszug im Norden und Osten Syriens sowie verstärkt auch im Irak fort. Mit der Eroberung von Mossul, einer Stadt von zwei Millionen Einwohnern, Anfang Juni sollte der ISIS seinen größten militärischen Erfolg erzielen. Auf die Umstände, unter denen die Eroberung geschehen konnte, kann an dieser Stelle nicht eingegangen werden. Zusammenfassend sei bilanziert, dass zwei vollständige Divisionen plus Verbände aus zwei anderen Divisionen der regulären irakischen Armee, insgesamt 25 000 Polizisten und Soldaten in und um Mossul vor 1 000, am letzten Tag der dreitägigen Kämpfe maximal 2 000 ISIS-Kämpfern davonliefen. Dabei ließen sie ihr gesamtes Arsenal an Panzern, Kampfhubschraubern, gepanzerten Geländewagen, Artilleriegeschützen und Raketenwerfern zurück.

Abb. 39: Angst und Schrecken verbreiten – ein Propagandafoto des »Islamischen Staates«.

Damit war die Bühne für den letzten Akt im Drama des Aufstiegs des ISIS geschaffen. Ein Bagger brach eine Lücke in einen Sandwall, der die Grenze zwischen Syrien und dem Irak markierte. Ein simpler Akt der Zerstörung, doch von starker symbolischer Kraft: Die ein Jahrhundert zuvor von den Kolonialmächten Frankreich und Großbritannien vereinbarte »Sykes-Picot-Linie«, ein Symbol imperialistischer Herrschaft über muslimische Länder war ausradiert. Die Stammländer der islamischen Kalifate in Damaskus (bis 750) und Bagdad (bis 1258) waren wieder vereinigt. Unter dem Hashtag #SykesPicotOver verbreitete die IS-Medienabteilung den Sieg über die »koloniale Arroganz«. Den Schluss des Dramas schließlich markierte ein Schritt, von dem Usama bin Laden geträumt haben mag, den umzusetzen er aber nicht geschafft, ja nicht einmal gewagt hatte: Am 29. Juni 2014, dem Beginn des Fastenmonats Ramadan, erging ein Manifest an die anderthalb Milliarden Muslime der Welt: Hiermit werde das »Kalifat« ausgerufen. »Hier weht die Flagge des Islamischen Staates, die Flagge des Monotheismus.« Fortan sei Abu Bakr al-Baghdadi al-Quraischi »Kalif Ibrahim«, der »Führer der Gläubigen«, dem qua Gottes Befehl alle Muslime Gefolgschaft zu schwören hätten. »Die Legalität aller Emirate, Staaten, Gruppen und Organisationen wird null und nichtig durch die Ausdehnung der Autorität des Emirats und die Ankunft seiner Truppen in ihren Gebieten«, hieß es in der Erklärung. Zugleich wurde eine Namensänderung verkündet: Künftig würden Verlautbarungen der Kommandoebene nur noch im Namen des »Staates des Islamischen Kalifats« erscheinen.[91] Wenige Tage später, am 4. Juli, bestätigte der »Kalif« in einer Freitagspredigt (*khutba*) die Rückkehr zu Glanz und Größe des Islams in Form des Gottesstaates.

Mit der Ausrufung des Kalifats erfuhr die Umdeutung des Islams zu einer Ideologie, die den politischen und gesellschaftlichen Raum grundlegend verändern soll, ihre umfassend sunnitisch-islamische Verwirklichung. Bedeutende Theoretiker, namentlich Maududi und Qutb, hatten den konzeptuellen Rahmen abgesteckt. Radikale Vereinfacher vom Schlage des Abd as-Salam Faradsch und Abdullah Yusuf Azzam hatten daraus eine konkrete Strategie der Machtergreifung abgeleitet. Und die brutalen Dschihadisten, aus dem Holz eines Zarqawi geschnitzt, hatten sich berufen gefühlt, die Schmutzarbeit zu leisten. Dabei hatten sie sich von säkularen »Beratern« anleiten lassen, die ihrerseits die Macht im Namen einer weltlichen Ideologie bereits 1968 in Bagdad brutal erobert und dann jahrzehntelang verteidigt hatten. In der weltanschaulichen Grundeinstellung diametral entgegengesetzt, hatten sie sich in der Überzeugung berührt, dass die Massen unter der Führung einer kleinen, allmächtigen Elite zurückgeführt werden sollten zur Größe der arabischen Nation (*Ba'th*) bzw. zur Renaissance der wahren Religion (*Islamisches Kalifat*). In den Kalifaten von Damaskus (bis 750) und Bagdad (bis 1258) waren die Kraft des Arabertums und der Glanz und die Größe des islamischen Reichs über Jahrhunderte eine Synthese eingegangen.

Auch die von Mulla Omar geführten *Taliban* hatten ihren Staat zu »islamisieren«, d. h. dem islamischen Gesetz zu unterwerfen gesucht. Sie hatten aber nicht über die Grenzen Afghanistans hinausgedacht; letztlich handelten sie als afghanische (paschtunische) Nationalisten. Hinter dem Kalifat aber stand eine panislamische, wenn nicht gar globale Vision. Zum Zeitpunkt seiner Ausrufung herrschte die Führungsriege in Raqqa über ein Gebiet etwa von der Größe Großbritanniens. Jenseits der Ideologie stützte sie sich auf eine Verwaltung, ein relativ effizient operierendes Militärwesen und auf Einnahmen aus unterschiedlichen Quellen. Eine professionelle Propaganda verbreitete die »Erfolge« des Staates und mobilisierte eine Anhängerschaft, die sich ab 2014 auch auf Tausende von Jugendlichen – Männern wie Frauen – jenseits des islamischen Raumes, namentlich in Europa ausweitete. Bei der Eroberung des »Staatsgebiets« und dessen Konsolidierung wurden die Kämpfer von regionalen Mächten unterstützt, die – jede auf ihre Weise – die Bewegung für ihre politischen Ziele in Syrien oder im Irak zu instrumentalisieren suchten. Besonders zu nennen ist die Türkei. Als sich abzeichnete, dass die internationale Gemeinschaft das Ziel von – seinerzeit – Ministerpräsident Erdoğan, das Regime von Baschar al-Asad zu stürzen, nicht unterstützen würde, ließ er sich mit dessen radikalen Gegnern ein. Die türkische Staatsführung verschloss nicht nur die Augen vor den (Öl-)Geschäften, die türkische Geschäftspartner mit dem IS machten. Über türkisches Staatsgebiet reisten zahlreiche junge Männer und Frauen – nicht zuletzt aus Europa – ein, die sich der Sache des *Islamischen Staates* anschlossen. Auch die Versorgung mit Rüstungsgütern geschah u. a. über türkisches Gebiet.

Die »Erfolge« des IS waren militärischer und zerstörerischer Natur. Theologisch war das Geschehen ohne Bedeutung. Die führenden sunnitischen Theologen, die sich öffentlich äußerten, verurteilten in unterschiedlichen Nuancen die Praktiken des IS als mit dem Islam nicht vereinbar. Das galt auch für radikale Salafisten (hier: den Wahhabiten nahestehende Theologen), die sonst in der Verurteilung Andersgläubiger nicht zimperlich waren. Bezeichnenderweise schwieg die Führung von *al-Qa'ida*; sie war durch den IS ideologisch und politisch an Radikalität (und Erfolg) überholt worden. Die schiitischen Theologen im Irak, in Iran und im Libanon ließen schon deshalb kein gutes Haar am IS, da dieser für die schiitische Gemeinschaft im Irak und die Islamische Republik Iran eine unverhohlene Bedrohung darstellte.

Die »Islamität« der Gesellschaft in den IS-Gebieten erwies sich in Maßnahmen, die tiefe Einschnitte in das private und öffentliche Leben bedeuteten. Die »Emire« erließen ein Dekret nach dem anderen. Frauen mussten von den Finger- bis zu den Fußspitzen schwarz gekleidet sein und das Gesicht verschleiern; sie durften das Haus nur in Begleitung eines männlichen Verwandten verlassen. Zu den Gebetszeiten waren alle Geschäfte zu schließen. Die Verbote wurden mit der Zeit zunehmend absurd. Nach dem Rauchen und der Musik (auch bei Hochzeiten) wurden Fotos und Bilder von Frauen verboten, desgleichen Comicfiguren und T-Shirts, Ersatzreifen im Auto (fehlendes Gottvertrauen), Jeans und Jogginghosen, gefrorene Hühnchen, Trillerpfeifen beim Fußball (der Schiedsrichter sollte *allahu akbar* rufen) und Zahnbürsten (der Prophet hatte sich mit *miswak*, kleinen Hölzchen, die Zähne geputzt).

Die Strafen waren drakonisch; im Extrem wurden Verstöße mit dem Tode geahndet. Das Abschneiden der Köpfe, häufig in Videoaufnahmen festgehalten und verbreitet, war Strafe und Einschüchterung der Öffentlichkeit zugleich. Besonders brutal war der Umgang mit Christen und Jesiden. Im August 2014 eroberten die Horden des Kalifats die von Christen und Jesiden bewohnten Gebiete des Irak. Sie zerstörten das zentrale Heiligtum der »Teufelsanbeter« im Sindschargebirge. Die Bevölkerung floh; wem die Flucht nicht gelang, wurde aufgefordert, sich zum Islam zu bekehren. Viele wurden getötet, zahlreiche Frauen versklavt und den Kämpfern »geschenkt«.

Mit der Ausrufung des »Kalifats« nahm auch der Kampf gegen den »fernen Feind« einen systematischen Charakter an. Zu Ende gedacht, beinhaltete die dschihadistische Ideologie die Unterwerfung der ganzen Welt. Die Terrorschläge von *9/11* waren ein starkes Votum für den Kampf gegen den »fernen Feind« gewesen. Die diversen Ableger von *al-Qa'ida* im arabischen Raum, namentlich im Gefolge der amerikanischen Invasion im Irak, hatten in beide Richtungen gekämpft. Etwa ab 2005 war es zu Terrorschlägen an verschiedenen Plätzen in Europa gekommen. Dabei war das Selbstmordattentat eine »bevorzugte« Variante der Kriegführung. Die Ausrufung des

Kalifats nun beinhaltete gleichsam *per definitionem* eine globale Dimension. Außerhalb desselben würde es keine legitime Ordnung geben; der Krieg würde an allen Fronten zu führen sein. Bei der anstehenden Umsetzung dieses globalen Auftrags sollte z. T. die Zentrale in Raqqa die Hand im Spiel haben; z. T. sollten in Europa lebende Aktivisten von sich aus die Initiative zu mörderischen Anschlägen ergreifen. Tatsächlich übte das »Kalifat« in seiner Hochzeit zwischen 2014 und 2017 eine bemerkenswerte Attraktivität insbesondere auf muslimische Randgruppen in europäischen Gesellschaften aus. Wer nicht zuhause für die Sache des Kalifats »kämpfen« wollte, ging als *muhadschir* in die Ausbildungslager in Syrien. Die *muhadschirun* waren, wie erwähnt, jene Gruppe von Muslimen der ersten Stunde gewesen, die im Jahr 622 mit dem Propheten Muhammad, die Auswanderung (*hidschra*) von Mekka nach Medina vollzogen hatten. Dort hatten sie die Grundlage für einen islamischen Staat gelegt und von dort waren sie ausgezogen, das heidnische Mekka zu erobern und schließlich die Welt dem Islam zu unterwerfen.

Wie der Prozess der Entstehung des *Islamischen Staates* aus seinen Anfängen im Irak lässt auch die Ausrufung des »Kalifats« als einer neuen Ordnung in globaler Dimension ein hohes Maß an Kalkül aufseiten der Drahtzieher erkennen. Wo immer die Kämpfer zuschlugen – ob im Nahen Osten und Nordafrika, in Europa, im subsaharischen Afrika oder in Asien –, konnten sie sich als die Avantgarde auf dem Weg einer Neuordnung der Welt wahrnehmen. Jeder Schlag würde deren Verwirklichung näherbringen. Ist der »Dschihadismus« eine aus dem Islam erwachsene Variante des »Leninismus«, so kann das »Kalifat« als eine islamistische Spielart des »Tausendjährigen Reichs« gesehen werden. In einer Vision, die in der Geschichte gründet, zugleich aber die Zukunft der Welt neu zu ordnen beansprucht, wird der Einzelne in die Pflicht genommen, sich für ein ihm übergeordnetes Ziel zu opfern. Der Weg der Verwirklichung der Vision ist der bewaffnete Kampf. Der Feind ist als Gruppe definiert: der Untermensch oder der Jude hier, der Ungläubige oder der Schiit dort. Der Kampf aber wird nicht nur auf dem Schlachtfeld ausgetragen, er hat auch eine kulturelle Dimension: Neben der siegreichen gewalthaften Aktion ist die eigene, urwüchsige Kultur das Gütesiegel der Überlegenheit. Dem bewaffneten Kampf muss die Vernichtung der »entarteten« bzw. »heidnischen« Kultur einhergehen. Die Zerstörung von Kulturgütern im Irak und in Syrien durch die Horden des *Islamischen Staats* erhält hier ihre Logik. In der perversen Realität des IS wurden viele der geraubten Kulturgüter unter der Hand auf dem schwarzen Markt angeboten. Die Einnahmen flossen in die »Staats«-Kasse.

Das »Dritte Reich« hat zwölf Jahre, das »Kalifat« fünf Jahre Bestand gehabt. Ihrer beider Untergang ist durch Kriege erfolgt. Der Aufstieg des *Islamischen Staates* war von Bemühungen regionaler Mächte begünstigt, ihn zu instrumentalisieren. In europäischen Hauptstädten und in Washington wurde er lange als ein eher regionales Problem unterschätzt. Die Wende trat mit dem Massaker an den Jesiden und Christen im August 2014 ein. Jetzt konnten auch die Politiker im Westen nicht länger die Augen verschließen. Die Reaktion war nicht ein geballter militärischer Gegenangriff. Vielmehr kam es zu einer Sequenz disparater militärischer Aktionen, die fallweise von westlichen Staaten unterstützt wurden. Den Anfang vom langen Ende des IS bereitete eine Miliz syrischer Kurden. Im Herbst 2014 organisierte der militärische Arm der konsequent säkularen und marxistisch orientierten *Partei der*

Demokratischen Union (*Partiya Yekîtia Demokrat*, PYD), die *Volksverteidigungseinheiten* (*Yekîneyên Parastina Gel*, YPG), den Widerstand gegen den Angriff auf die kurdische Stadt Kobanê. Die Schlacht um Kobanê, Hauptort eines der drei kurdischen Kantone auf dem Boden Syriens, vom September 2014 bis Januar 2015 gilt als Wendepunkt in der Geschichte des IS. Bereits im November 2013 hatten die drei kurdischen Kantone Efrîn, Kobanê und Cizîrê ihre Selbstverwaltung erklärt. Im März 2016 schlossen sie sich zur autonomen *Föderation Nordsyrien Rojava* (»Sonnenuntergang«) zusammen. Im Irak waren neben den kurdischen *Peschmerga* (den Truppen der autonomen Provinz Kurdistan) die von den iranischen Revolutionsgarden (*pasdaran*) unterstützten arabisch-schiitischen »Volksmobilisierungseinheiten« (*al-Haschd asch-scha'bi*) Speerspitze des Kampfes, solange sich die irakische Armee nach dem Debakel von Mossul im Wiederaufbau befand. 2017 rückte sie – unterstützt durch Schläge der amerikanischen Luftwaffe – auf breiter Front gegen den IS vor; im Juli wurde Mossul in einer schweren Schlacht zurückerobert. In Syrien hatte die Armee mit russischer Unterstützung 2015/16 wieder an Schlagkraft gewonnen. Den entscheidenden Anteil aber am Zurückdrängen des IS hatten die kurdischen Milizen, die YPG und die eigentlich in der Türkei operierende PKK. Auch sie wurden von der amerikanischen Luftwaffe unterstützt. Im Oktober 2017 nahmen sie Raqqa ein. Bis Anfang 2019 konnten auch die letzten Stützpunkte der Kämpfer des IS auf syrischem und irakischem Boden erobert werden.

Damit ist das gespenstische Projekt, auf der Grundlage einer dschihadistischen Ideologie einen Staat zu errichten, gescheitert. Noch 2014 hatte die Führung des IS außerhalb des syrisch-irakischen Kernlands auch Libyen, Ägypten, Jemen und Afghanistan zu dem Kalifat unterstehenden Emiraten erklärt. In keinem dieser Staaten ist erkennbar, dass diese Vereinnahmung eine Entsprechung in der Wirklichkeit gehabt hätte. Der »Kalif« Abu Bakr al-Baghdadi al-Quraischi wurde im Oktober 2019 getötet; die Nominierung eines Nachfolgers blieb bedeutungslos. Der Strom von Sympathisanten aus Europa in das Kalifat versiegte nahezu. Viele der europäischstämmigen Krieger wurden gefangen gesetzt.

Das Projekt, auf dem Wege des gewalthaften *dschihad* die Welt der *hakimiyyat Allah* zu unterwerfen, ist nur eine unter mehreren Varianten, die Welt islamistisch zu verändern. Maududis Idee, die Gesellschaft auf einem langen Weg durch eine Avantgarde in Gestalt einer politischen Partei umzuwandeln, ist ein anderer Ansatz. Die Verpflichtung des Gläubigen auf einen dschihadistischen Kampf mit langem Atem, wie sie Abdullah Azzam propagierte und wie sie über Usama bin Laden zum Programm der *Qa'ida* wurde, wieder eine andere. Die Stärke der *Qa'ida* waren ihre Flexibilität und ihr Pragmatismus bei der Netzwerkbildung und der Suche nach Verbündeten. Die Allianz, die sie 1996 mit den *Taliban* eingegangen ist, war symptomatisch. Aufgrund der Schwäche der Zentrale haben nach 2010 die *al-Qa'ida*-Regionalorganisationen die terroristische Initiative übernommen: im Jemen, im Maghreb, im subsaharischen Afrika und in Syrien. Die inneren und äußeren Faktoren, die den dschihadistischen Bewegungen Zulauf verschafft haben, bestehen fort. Deshalb kann nicht davon ausgegangen werden, dass das Ende des IS auch das Ende dschihadistischer Gewalt bedeutet. Deren Attraktivität lag und liegt in ihrer Ideologie. Sie vermochte in der Vergangenheit, durch »die Verhältnisse« desorientierten jungen Menschen eine Orientierung zu vermitteln und sie als Dschihadisten für sich zu gewinnen.

Drei revolutionäre Konzepte sind seit dem Ende der siebziger Jahre auf ihre Tauglichkeit »getestet« worden, die Gesellschaften im Vorderen Orient in die Zukunft zu führen. Diese Zukunft ist durch politische, wirtschaftliche, wissenschaftliche und technologische Koordinaten bestimmt, die in Europa, den USA und im fernöstlichen Asien markiert werden. Die Resultate der Testläufe sind nicht positiv und in langfristiger Perspektive nicht überzeugend. Das kommunistische Projekt in Afghanistan war ein totgeborenes Kind und wurde mit dem Ende der Sowjetunion definitiv zu den Akten gelegt. Die Revolution in Iran mündete in die Entstehung einer »Islamischen Republik«. Nach dem Willen ihres Gründers – und nach der Verfassung – beruht sie auf einer Synthese von schiitisch-religiös begründeten Institutionen einer- und »republikanischer« demokratischer Teilhabe andererseits. Diese Synthese sollte bald Geburtsfehler erkennen lassen; denn sehr bald begannen die religiösen Institutionen, die Räume der politischen und persönlichen Freiheiten der Bürger – insbesondere der weiblichen – einzuschränken. Aus der Republik wurde ein Gottesstaat; die Religion wurde zur Machtausübung einer neuen Elite instrumentalisiert. Diese rekrutierte sich aus der Geistlichkeit und den aus der Unterschicht aufgestiegenen Nutznießern korrupter Netzwerke. Sie festigten ihre Machtausübung nicht zuletzt durch einen militärischen und paramilitärischen Apparat, der die immer wieder aufkommenden Protestwellen der Bürger niederschlug. Vor diesem Hintergrund kann die Islamische Republik Iran kaum als Zukunftsmodell gelten, die Herausforderungen von politischer Legitimität auf der einen und wirtschaftlichem und gesellschaftlichem Fortschritt auf der anderen Seite zu bewältigen.

Auch das dritte revolutionäre Konzept, eine staatliche Alternative auf der Grundlage der »Souveränität Gottes«, war nur kurzlebig. Zwar vermochte es einen stärkeren Anhang zu mobilisieren als der kommunistische Staats- und Gesellschaftsentwurf; schließlich suggerierte es, in der islamischen Religion zu wurzeln. Im Unterschied aber zu seinem schiitischen Pendant sollte die neue Ordnung nicht aus einer gesellschaftlichen Bewegung heraus (angeführt von einem populären und charismatischen Geistlichen) entstehen. Vielmehr war sie die von oben betriebene gewalthafte Umsetzung einer Ideologie, die in der religiösen Tradition der sunnitisch-muslimischen Gesellschaften nicht nur nicht verankert war, sondern weitesthin auf Ablehnung und Widerstand stieß. Die selbsternannte »Avantgarde«, die der Gesellschaft ihr Konzept mit terroristischen Methoden aufzuzwingen suchte, hatte weder eine religiöse (als Geistliche) noch eine politische (etwa als nationale Führer) Legitimation. Nach nur knapp fünfjährigem Bestehen wurde das »Kalifat« von muslimischen bewaffneten Kräften besiegt. Und während die iranische Gesellschaft in der Ära der Islamischen Republik – trotz der widrigen politischen Rahmenbedingungen – in Sachen Bildung und Kultur, Wissenschaft und Technologie beachtliche Leistungen aufzuweisen hatte, verbarrikadierten sich die Ideologen und Praktiker des *Islamischen Staates* hinter einer fanatischen Steinzeitreligion, die jeden Kontakt mit der modernen Welt bekämpfte und Bildung mit einem Abfall vom Glauben gleichsetzte.

Wenn sich die Zeitläufte auch diffus, kontraproduktiv, gewalthaft, pervers und kurzlebig darstellten, so war in ihnen seit dem Ende der siebziger Jahre eine gesellschaftliche und politische Gärung spürbar. In sehr unterschiedlicher Weise erschienen die Machthaber vom Atlantik bis zum Indischen Ozean als Deckel auf Töpfen, in denen Unzufriedenheit und Frustration politischen Druck erzeugten. Die Potentaten hatten keine Konzepte für die Lösung der wirtschaftlichen Probleme; die sozialen Spannungen zwischen deren Klientel und breiten Teilen der Bevölkerung verschärften sich. Die internationale Gemeinschaft, mental und politisch im *war on terrorism* befindlich, hatte sich im Status quo eingerichtet und betrachtete die Regimes als Garanten der Stabilität in der Region und somit ihrer eigenen Sicherheit. An einem trostlosen Ort in der Mitte Tunesiens nahm die Kettenreaktion einer neuerlichen Revolte ihren Anfang. Sie hat den ganzen Vorderen Orient einmal mehr erschüttert und bestehende Ordnungen an den Rand des Zusammenbruchs gebracht.

12 Der Weg in die Sackgasse – die große Revolte

Als sich am 17. Dezember 2010 ein junger Mann in Sidi Bouzid, einem kleinen Ort im trostlosen und sozial prekären Zentraltunesien in Brand setzte, war das nur für einen Augenblick ein lokales Ereignis. In wenigen Tagen wurde es ein tunesisches, dann ein ägyptisches und in den ersten Monaten des Jahres 2011 ein arabisches. Unübersehbar solidarisierten, ja identifizierten sich breite Teile der Gesellschaften in den arabischen Ländern – unbeschadet der Unterschiede der politischen Systeme und gesellschaftlichen Ordnungen – mit dem Geschehen in Tunesien. Der 1984 geborene Muhammad Buazizi war ein Tropfen aus dem Meer der »arabischen Massen« gewesen: Schulabbruch vor dem Abitur, Ernährer einer Familie mit fünf jüngeren Geschwistern. Von seinem Gemüsekarren kann er sich und die Seinen nur mühsam über Wasser halten; an eine Heirat kann er mangels Vermögen nicht denken. Zwei Versuche, nach Europa zu gelangen, scheitern. Nach Sidi Bouzid zurückgekehrt, drangsalieren ihn die staatlichen Ordnungskräfte; eine Polizistin ohrfeigt ihn, als er sich weigert, ihr seine Waage herauszugeben. Man nimmt ihm den Karren. Daraufhin kauft er Brennspiritus und zündet sich vor dem Gebäude der Stadtverwaltung an.

Als er am 4. Januar 2011 seinen Verletzungen erliegt, hat die Protestwelle bereits die Hauptstadt Tunis erreicht. Am 12. Januar verlässt Laila Trabelsil, die Ehefrau des Staatspräsidenten, das Land in Richtung Saudi-Arabien. Nach Medienberichten soll sie zuvor persönlich den Abtransport von 1,5 Tonnen Gold von der Zentralbank zum Flughafen beaufsichtigt haben. Darüber hinaus habe sie deren Vorstand befohlen, 400 Mio. Euro nach Dubai zu überweisen. Am 14. Januar folgt ihr ihr Mann, Präsident Ben Ali. Das private Vermögen des Paares soll sich auf fünf Milliarden Euro belaufen haben.

Mit dem Sturz des tunesischen Diktators war eine dramatische Sequenz von Unruhen, Protesten und Machtwechseln eingeleitet, die die gesamte arabische Welt erfassten. Sie wurde insbesondere in den westlichen Medien als »arabischer Frühling« bezeichnet. Zutreffend an dieser Bezeichnung war, dass das Beben tatsächlich die gesamte arabische Welt erschütterte. Es hat von Staat zu Staat und Gesellschaft zu Gesellschaft unterschiedliche Verläufe genommen und im ersten Jahrzehnt nach seinem Ausbruch unterschiedliche Resultate gezeitigt. Aber seine Dynamik hat keine arabische Gesellschaft zwischen dem Atlantik und dem Persischen Golf/Indischen Ozean unberührt gelassen. Unzutreffend ist die Charakterisierung des Geschehens als eines »Frühlings«. Das Geschehen hatte zu keiner Zeit etwas Heiteres oder grundsätzlich optimistisch Stimmendes; es artikulierte sich vielmehr von Beginn an als gewaltige Eruption, aufsteigend aus einer über Jahrzehnte angestauten Frustration über Arroganz und Misswirtschaft der Herrschenden. Und da es keine Führung, keine Struktur und kein Programm hatte, war es mit der Aura des Ungewissen und Gefährdeten behaftet. Unzutreffend war die Einschätzung als »Frühling« auch deswegen, da einem solchen ja in einem berechenbaren und überschaubaren Zeitraum der Sommer folgt, also eine Saison der Reife, da die Frucht dessen geerntet wird, was im Frühling gesät wurde. Am Umbruch war jedoch von Beginn an nur eines überschaubar: seine Unüberschaubarkeit und Unvorhersehbarkeit, was den weiteren Verlauf und das Ergebnis betreffen würde. Gewiss war, dass der arabische Raum in eine Epoche tiefgreifenden Umbruchs eingetreten war und dass sich erst in einem langen, in seiner Dauer nicht zu prognostizierenden Zeitraum abzeichnen würde, wie dieser neue arabische Raum, ja letzten Endes der gesamte neue Nahe Osten aussehen würde.

Tatsächlich war die arabische Revolte, die in Tunesien ihren Ausgang nahm und sich in Ägypten fortsetzte, eine Reaktion auf die Fehlentwicklungen, die der Kette von Revolutionen in den fünfziger und sechziger Jahren gefolgt waren. Diese Kette hatte 1952 mit dem Sturz der Monarchie in Ägypten begonnen; ihr letztes Glied war der Sturz der Sanusi-Monarchie in Libyen durch das Militär unter Führung des jungen Mu'ammar al-Qadhafi gewesen. In den fast zwei Jahrzehnten zwischen diesen Ereignissen waren auch die Herrscher im Irak und im Nordjemen gestürzt worden; Algerien und Südjemen hatten ihre Unabhängigkeit erreicht. Wir betrachten diese zwei ereignisreichen Jahrzehnte als die »zweite arabische Revolte« (► S. 324). Die Gründe dafür, dass sie scheiterte, sind oben dargestellt worden. Sie liegen in einer Verbindung von personalisiertem Streben nach Macht und Bereicherung, dem Mangel an Weitsicht der bestimmenden Akteure, ihrer Unfähigkeit zu Kompromissen und der Öffnung für auswärtige Einflussnahme. Die »zweite arabische Revolte« hat den arabischen Gesellschaften nicht dauerhafte Stabilität, Prosperität, Freiheit und Selbstbestimmung gebracht.

Selbstbestimmung und Unabhängigkeit waren die Triebkräfte der »ersten arabischen Revolte« gewesen (► S. 243). Sie hatte damit begonnen, dass sich der Scharif Husain von Mekka – geleitet vom Streben nach der Errichtung eines eigenständigen arabischen Staates – seit 1916 im Krieg gegen die Osmanen an die Seite Englands stellte. Das war kein flächendeckender Aufstand der Araber gegen die osmanische Herrschaft gewesen, aber doch ein Symptom für das Entstehen einer arabischen Identität, die letztendlich aus der überkommenen Ordnung des Osmanischen Reichs hinausführen würde. An die Revolte gegen den Sultan/Kalifen schloss sich die Revolte der enttäuschten und sich betrogen fühlenden Araber gegen die Umsetzung der europäischen Pläne für eine Nachkriegsordnung an; ihre Schauplätze wurden Marokko, Libyen, Ägypten, Palästina, Syrien und der Irak. Die »erste arabische Revolte« ist von den Kolonialmächten England, Frankreich, Italien und Spanien niedergeschlagen worden. Neue Strukturen von Unterwerfung und Abhängigkeit sind entstanden.

Von Tunesien ausgehend, erfasste die »dritte arabische Revolte« mit voller Wucht Ägypten, Libyen, Syrien, Bahrain und Jemen. In anderen arabischen Staaten, so in Marokko, Algerien, Jordanien, Kuwait, Saudi-Arabien und Oman, kam es zu Protesten, die von den Regierungen durch marginale politische Zugeständnisse bzw. materielle Zuwendungen vorerst ruhiggestellt wurden. Im Irak hatten die USA bereits im Jahr 2003 die ba'thistische Diktatur Saddam Husains zu Fall gebracht. Seither standen die neuen Machthaber in Bagdad bei der Neugestaltung der politischen und wirtschaftlichen Ordnung vor ähnlichen Herausforderungen wie die politischen Kräfte, die 2011 und danach in Tunis, Kairo, Tripolis und San'a auf den Trümmern der alten Ordnungen die Führung übernahmen.

Bei allen länderspezifischen Unterschieden hat der Ausbruch der Revolte eine die arabischen Gesellschaften kennzeichnende Gemeinsamkeit in Erscheinung treten lassen: eine in höchstem Maße politisierte Öffentlichkeit, insbesondere unter den Jugendlichen. Hinter der Mauer scheinbar stabiler Regimes war eine Proteststimmung herangewachsen, die sich schließlich entlud und die Regimes auf der Straße herausforderte. Der Prozess der Politisierung hat einen Namen: *al-Dschazira* (*al-Jazeera*, »die Insel«). Die Gründung dieses Fernsehsenders im Jahr 1996 bedeutete eine Etappe auf dem Weg des flächenmäßig winzigen Emirats Katar zu einer politischen Macht am Golf und in der ganzen arabischen Welt. Als die Regierung Saudi-Arabiens nach dem zweiten Golfkrieg (1991, zur Befreiung Kuwaits) die USA ersuchte, ihre militärische Präsenz im Königreich zu beenden, hatte der Emir von Katar die Insel als neue Basis für die amerikanische Militärpräsenz angeboten. (Heute umfasst das US-Militärgelände fast ein Viertel des Inselstaates.) Um in der arabischen Öffentlichkeit nicht als Lakai Washingtons in Verruf zu geraten, musste dieser eine Kompensation angeboten werden. In den folgenden Jahren sollte der Nachrichtensender *al-Dschazira* zeitweise der wohl druckvollste Modernisierungsagent der arabischen Welt werden. Tatsächlich hat er die Medienlandschaft von Grund auf erneuert. Vor ihm gab es im Wesentlichen nur staatlich gelenkte Fernsehsender, die in der Regel einer »Informationsministerium« genannten Propagandabehörde unterstanden. *Al-Dschazira* orientierte sich am professionellen Standard von CNN und BBC (der er die arabische Nachrichtenredaktion abwarb) und setzte auf Satellitenfernsehen.

Von Anfang an gehörten kontroverse Diskussionsrunden zum Programm. In ihnen trafen u. a. Islamisten auf säkular eingestellte Muslime oder man stritt über Fragen von Religion und Moral. Korruption und Vetternwirtschaft, die Stellung der Frau, die Unterentwicklung der arabischen Welt waren weitere Themen. Über die Politik der arabischen Regierungen wurde kritisch berichtet. Arabische Zuschauer, die zuvor auf westliche Medien angewiesen waren, um Informationen und Hintergrundberichte aus ihren Ländern zu erhalten, hatten nunmehr ein eigenes Medium, das nicht im Verdacht stand, Werkzeug westlicher Interessen zu sein. Einige Regierungen suchten den Empfang des Senders zu stören, ja wurden in Doha vorstellig, ihn ganz zu verbieten. Im Westen wurde *al-Dschazira* nach dem 11. September 2001 bekannt, weil der Sender, der schon vor den Terroranschlägen in den USA ein Büro in Kabul eröffnet hatte, Videobotschaften Usama bin Ladens ausstrahlte. In Washington stieß die Berichterstattung des Senders über die amerikanische Kriegführung in Afghanistan und im Irak auf Kritik. Im April 2003, während des Irak-Krieges, wurde dessen Büro in Bagdad bombardiert; der Korrespondent kam dabei ums Leben.

Über Jahre hat *al-Dschazira* dazu beigetragen, in den arabischen Gesellschaften eine kritische Öffentlichkeit heranwachsen zu lassen. An der unmittelbaren Mobilisierung zu den Demonstrationen auf den Straßen hatten dann die neuen sozialen Netzwerke und Mobiltelefone ausschlaggebenden Anteil. Keiner der wirkungsmächtigen Proteste hatte eine zentrale Führung oder eine charismatische Führungspersönlichkeit (wie einst Ayatollah Khomeini in Iran). Auch hatten die Demonstranten keine leitende Ideologie, die die Grundlage einer neuen Ordnung hätte werden können. Was sie verband, war der Ruf nach »Würde« (arab. *karama*). Nach dem Sturz der Regimes konzentrierten sich die neu auftauchenden politischen Anführer auf die Erarbeitung einer neuen Verfassung und die Durchführung von Wahlen. Dies aber war leichter gesagt, als getan. Denn nach dem Sturz der Regimes in Tunis, Kairo, Tripolis und San'a zerfiel die erfolgreiche Volksmasse rasch in widerstreitende Strömungen. Ganz grundsätzlich tat sich die Kluft zwischen säkularen und islamischen Kräften auf. Die alten Garden waren zwar von der Macht verdrängt, aber nicht ein für alle Mal ausgeschaltet; sie suchten den Weg zurück an die Macht. Und in den Spaltungen und Richtungskämpfen waren die radikalen Islamisten ihrerseits bestrebt, ihre Position auszubauen. Auf eine Formel gebracht, stand zwar eine demokratische Verfasstheit der künftigen Ordnungen an der Spitze der Agenden der Mehrheit unter den postrevolutionären Kräften, aber es fehlten Demokraten und demokratische Erfahrung, sie zu verwirklichen.

So begann der Weg in die politische Sackgasse. Nur in Tunesien gelang es am Ende, eine demokratische Verfassung zu schreiben, die den Wünschen der Mehrheit der Bevölkerung entsprach. Aber auch dort suchten islamistische Kräfte zunächst, den Gang der Entwicklungen zu bestimmen. Bei der Wahl zur Verfassunggebenden Versammlung im Oktober 2011 hatte die der Muslimbruderschaft nahestehende *an-Nahda* (»Die Erweckung«) 89 von 217 Sitzen gewonnen. Diese und noch radikalere Gruppen wurden von Katar, Saudi-Arabien und anderen konservativen Golfstaaten unterstützt. Sie forderten den Bezug auf die *Schari'a* als wichtigste Rechtsquelle in der Verfassung, die Einrichtung eines Hohen Islamischen Rates zur Überprüfung der *Schari'a*-Konformität von Gesetzen, Einschränkungen der Gleichheit von Mann und Frau sowie die Bindung von Menschenrechten an den Islam bzw. die islamische Kultur. Politisch motivierte Morde (für die islamistische Kreise verantwortlich gemacht wurden), eine unverhohlene Islamisierung des öffentlichen Lebens, die bei vielen Tunesiern – namentlich aber Tunesierinnen – auf Widerstand stieß, und die Verschlechterung der Wirtschaft schwächten die von *an-Nahda* geführten Regierungen und die Stellung der Partei in der Öffentlichkeit insgesamt. In wachsendem Maße brachten sich nunmehr zivilgesellschaftliche Organisationen in die Diskussionen innerhalb der Verfassunggebenden Versammlung ein. Im Februar 2014 wurde die neue Verfassung mit breiter Zustimmung der Bevölkerung angenommen. Der Islam blieb Staatsreligion, die *Schari'a* wird aber nicht als Quelle der Gesetzgebung genannt. Die Verfassung garantiert Glaubens- und Gewissensfreiheit (inklusive der atheistischen Weltanschauung) und die Gleichberechtigung der Geschlechter wird festgeschrieben. Erstmalig in einem arabischen Land müssen in beiden Parlamentskammern genauso viele Frauen wie Männer sitzen. Im Oktober und November folgten Parlaments- und Präsidentschaftswahlen. Für ihren Beitrag bei der Entstehung der Verfassung erhielten der Gewerkschaftsbund, der Arbeitgeberverband, die Menschenrechtsliga und die Anwaltskammer 2015 den Friedensnobelpreis. Eine Gefährdung dieser Errungenschaften sollte in den kommenden Jahren von zwei Seiten erfolgen: zum einen durch Terrorakte radikaler, aus dem benachbarten Ausland eindringender Dschihadisten. Sie sollten die Bevölkerung verunsichern, die Regierung schwächen und insbesondere auch nach außen das Signal der Instabilität des Landes senden und somit den Tourismus, eine wesentliche Komponente des tunesischen Wirtschaftslebens treffen. Zum anderen wurden die Errungenschaften eben durch die anhaltende Schwäche der Wirtschaft gefährdet, welche bis in die Gegenwart nicht vermag, die rasch wachsende jugendliche Bevölkerung in den Arbeitsmarkt zu integrieren. Es war kein Zufall, dass der Anteil der aus Tunesien stammenden Kämpfer des *Islamischen Staates* gemessen an der Gesamtbevölkerung besonders hoch war.

Abb. 40: Der Tahrir-Platz in Kairo wurde zum Symbol des »arabischen Frühlings«, der »Arabellion« oder der »dritten arabischen Revolte«.

In Ägypten erklärte Präsident Husni Mubarak am 11. Februar 2011 seinen Rücktritt. Sein Sturz war das Ergebnis der gewaltigen Demonstrationen, die am 25. Januar begonnen hatten. Ein Oberster Militärrat übernahm die Regierungsgeschäfte. Wie in Tunesien waren auch in Ägypten die religiösen Kräfte, namentlich die *Muslimbruderschaft* und die *Salafisten*, bemüht, den Prozess der Neuordnung zu dominieren. Anders als dort aber vertieften sich rasch die politischen Verwerfungen zwischen diesen und den säkularen Kräften bis zum Punkt der Unversöhnlichkeit. Aus den Parlamentswahlen im Januar 2012 gingen die Parteien der Muslimbruderschaft und der Salafisten mit großer Mehrheit hervor. Dies wog umso schwerer, als die Vertreter des säkularen Lagers heillos zerstritten waren. Als diese sich aus der im März 2012 konstituierten Verfassunggebenden Versammlung zurückzogen und so den Religiösen das Feld überließen, traten das Verfassungsgericht und der Oberste Militärrat auf den Plan; ein Machtkampf war angesagt. Das Gericht erklärte die Bildung der

Verfassunggebenden Versammlung für ungültig und der Oberste Militärrat gab die Bedingungen vor, nach denen die Versammlung zusammengesetzt sein sollte. Die Präsidentschaftswahlen im Mai/Juni fanden unter turbulenten Bedingungen statt. Wenige Tage vor dem zweiten Wahlgang löste das Verfassungsgericht das Unterhaus im Parlament auf; ein Drittel der Abgeordneten seien verfassungswidrig gewählt worden. Aus dem zweiten Wahlgang ging der Kandidat der Muslimbruderschaft, Muhammad Mursi (1951–2019), mit 51,7 % der Stimmen als Sieger hervor.

Das Jahr seiner Regierung war nicht nur durch einen anhaltenden Konflikt zwischen dem Präsidenten auf der einen sowie dem Verfassungsgericht und dem Militärrat auf der anderen Seite gekennzeichnet; im August 2012 entließ Mursi den Chef des Obersten Militärrats und setzte General Abd al-Fattah as-Sisi als seinen Nachfolger ein. In wachsendem Maße wurden die Auseinandersetzungen zwischen den widerstreitenden Flügeln der Gesellschaft auch gewalttätig auf der Straße ausgetragen. Die Opposition lehnte die im Dezember vorgelegte und von einer Mehrheit angenommene Verfassung ab (an dem Referendum nahmen freilich nur etwa ein Drittel der Abstimmungsberechtigten teil). In ihrem Widerstand gegen den Präsidenten näherte sie sich zunehmend dem Militär an. Außenpolitisch versuchte Mursi eine Gratwanderung: Ende August 2012 reiste er als erster ägyptischer Staatspräsident seit der iranischen Revolution nach Teheran, um an der Gipfelkonferenz der Blockfreien Staaten teilzunehmen. In seiner Eröffnungsrede bezeichnete er die Regierung in Damaskus als Unterdrückerregime, das jede Legitimität verloren habe. Die Unterstützung der Revolution in Syrien sei eine moralische Pflicht sowie eine politische und strategische Notwendigkeit. Das Missfallen darüber aufseiten der Gastgeber machte er wett, als er am nächsten Tag seinem »lieben Bruder«, dem iranischen Präsidenten Mahmud Ahmadinezhad, den Vorsitz über die Bewegung der Blockfreien übergab. Und während er als Muslimbruder aus seiner Sympathie für die palästinensische *Hamas* kein Hehl machte, war er gleichwohl bemüht, Israel, mit dem Ägypten der Friedensvertrag von 1979 verbindet, nicht zu provozieren.

Von Beginn seiner Regierung an mischten sich auswärtige Mächte ein. Während die USA und die Europäische Gemeinschaft zurückhaltend an der Seitenlinie standen, machten arabische Regimes aus ihrer Unterstützung (Katar) bzw. Ablehnung (Saudi-Arabien und andere Staaten am Golf) der Politik des Präsidenten kein Hehl und ergriffen offen – auch mit materiellen Zuwendungen – Partei. In einem Klima extremer innenpolitischer Polarisierung – die Furcht vor einem Bürgerkrieg ging um – übernahm das Militär am 3. Juli 2013 die Macht. Anführer des äußerst blutigen Putsches war General Abd al-Fattah as-Sisi (geb. 1954). Während eine Hexenjagd auf die Muslimbruderschaft einsetzte, sahen viele Ägypter die Machtübernahme mit Erleichterung. Mursi selbst wurde verhaftet und in mehreren Verfahren des Hochverrats angeklagt. (Er starb während einer Gerichtsverhandlung am 17. Juni 2019.) Der zum Feldmarschall beförderte as-Sisi wurde im Mai 2014 bei nur einem Gegenkandidaten mit 96,9 % der Stimmen zum neuen Staatspräsidenten gewählt. Saudi-Arabien hat den neuen Machthaber mit einem erheblichen finanziellen Zuschuss an die Staatskasse stabilisiert.

Abb. 41: Graffiti in Kairo 2012. Ausdruck einer trügerischen Hoffnung – obere Zeile: »die Revolution geht weiter«.

Der erste frei gewählte Staatspräsident in der Geschichte Ägyptens ist nicht nur an sich selbst gescheitert: Seinem bei seiner Wahl abgegebenen Versprechen, er sei der Präsident aller Ägypter, handelte er zuwider, indem er eine Agenda verfolgte, die stark vom Programm der Muslimbruderschaft inspiriert war. Auch die Opposition war unfähig, sich auf ein demokratisches Verfahren einzulassen. Am Ende hat sie sich mit den Kräften verbündet, die mit dem Fall des alten Regimes eigentlich hätten überwunden werden sollen – das Dilemma einer »Demokratie ohne Demokraten« sollte sich auch in Ägypten als fatal erweisen. Darüber hinaus haben sich sowohl der Präsident als auch die Opposition von auswärtigen Mächten unterstützen lassen, denen es nicht um eine demokratische Zukunft Ägyptens – ja, überhaupt nicht um Demokratie –, sondern um die Wahrung eigener Interessen im Kontext der innerarabischen Mächtekonstellation ging.

Am 15. Februar 2011, einen Monat nach Ben Alis Flucht und vier Tage nach der Absetzung Mubaraks, begannen, ausgelöst durch die Verhaftung eines Menschenrechtsaktivisten, Unruhen in Bengasi, dem Zentrum der im östlichen Libyen gelegenen Cyrenaika. Rasch wuchsen sie sich zu Massendemonstrationen aus. Hatte es zunächst den Anschein, den Aufständischen könne der Durchmarsch bis nach Tripolis gelingen, schlug das Regime nach kurzer Phase der Verwirrung mit äußerster Entschlossenheit zurück. Qadhafi drohte, die »Ratten« auszurotten. In dieser Situation beschloss die internationale Gemeinschaft, eine militärische Einmischung zum Schutz der Zivilbevölkerung. Zunächst wurden Sanktionen gegen das Regime sowie ein Waffenembargo verhängt. Die am 17. März verabschiedete Resolution 1973 des Uno-Sicherheitsrats ermächtigte die Mitgliedstaaten, »alle notwendigen Maßnahmen« zum Schutz der Zivilbevölkerung zu ergreifen. Noch in der Nacht zum 18. März bombardierten französische und britische Flugzeuge Stellungen von Qadhafis Truppen und verhinderten den Einmarsch in Bengasi. Drei Tage später gingen die Operationen in die militärische Verantwortung der Nato über. In den folgenden Monaten erreichten diese – insbesondere in Gestalt der Luftangriffe – ein Ausmaß, das weit über die ursprünglich intendierte Flugverbotszone hinausging. Am 20. Oktober wurde Qadhafi unter nicht eindeutig geklärten Umständen getötet. Drei Tage später erklärte der *Nationale Übergangsrat*, der sich am 27. Februar konstituiert hatte, die Befreiung Libyens von dem alten System.

Aus den Wahlen zum Allgemeinen Nationalkongress im Juli 2012 gingen die säkularen Kräfte in Gestalt der *Allianz der Nationalen Kräfte* als klare Sieger hervor, ein Ergebnis, das von der islamistischen Opposition nicht akzeptiert wurde. Die Muslimbruderschaft und radikalere islamistische Gruppierungen, die zum Teil bereits in der Vergangenheit in Afghanistan Kampferfahrungen gesammelt hatten, hatten bereits unter Qadhafi zum harten Kern der Opposition gehört. In dem politischen Vakuum nach dessen Sturz wurden sie bald zum stärksten Widerlager gegen die säkularen Kräfte. Eine robuste Stabilisierungsmission der internationalen Gemeinschaft kam aufgrund der Weigerung des *Übergangsrats* nicht zustande – eine Entsendung bewaffneter Truppen wertete dieser als »Besetzung Libyens«. Die zivile Uno-Unterstützungsmission *United Nations Support Mission for Libya* (Unsmil) sollte sich als zu schwach erweisen, in einer von tribalen und religiösen Verwerfungen gekennzeichneten Gesellschaft, die zudem in den Jahrzehnten der »Volksdschamahiriyya« unter der Diktatur Qadhafis (▶ S. 332) keine aus der Gesellschaft legitimierten politischen Strukturen gekannt hatte, Demokratisierung, Rechtstaatlichkeit, Menschenrechte, Reformen der inneren Sicherheit und die Koordinierung internationaler Hilfen durchzusetzen. 2014 scheiterte ein weiterer Anlauf, über Parlamentswahlen die Voraussetzung für die Stabilisierung des Landes zu schaffen. Wieder dominierten liberale Kräfte, wieder verweigerte ein islamistisches Bündnis die Anerkennung des Wahlergebnisses. Seine Anhänger besetzten die Hauptstadt und vertrieben Parlament und Regierung in den Osten des Landes; das Parlament tagte fortan in Tobruk. In der Folgezeit scheiterten die Bemühungen der Vereinten Nationen, eine Einheitsregierung zu bilden.

Das nachrevolutionäre Libyen stellte sich also zunächst als ein Land mit extrem schwacher, ja offen herausgeforderter Zentralregierung dar. Die östliche Cyrenaika forderte weitgehende Autonomie ein. Dort übte auch General Haftar (geb. 1943) die militärische Kontrolle aus. Ein ehemaliger Gefolgsmann al-Qadhafis, hatte er sich 1987 auf die Seite der Opposition im Ausland geschlagen, von wo er 2011 zurückgekehrt war. Im Westen des Landes verweigerten sich kampfkräftige Milizen der Eingliederung in die Armee, beherrschten einzelne Orte und Regionen und bedrohten immer wieder Parlamentarier, Minister und den Ministerpräsidenten. 2014 waren Teile des Landes von dschihadistischen Milizen unterworfen worden, die sich dem *Islamischen Staat* anschlossen; am 13. November nahm ihnen der »Kalif« Abu Bakr al-Baghdadi den Treueid ab und teilte Libyen in drei *vilayat* (Provinzen) des *Islamischen Staates* auf. Erst 2016 konnte Haftar sie unter seine Kontrolle bringen. Auf diesen militärischen Erfolgen aufbauend, war er nunmehr bestrebt, von Bengasi aus die Kontrolle auch über die Hauptstadt Tripolis im Westen des Landes zu erringen.

Dort hatte sich seit 2015 eine Regierung etabliert, welche internationale Anerkennung gefunden hatte. Chef des *Government of National Accord* wurde Fayiz as-Sarradsch. In den Wahlen zum *Allgemeinen Nationalkongress* 2012 war er als Abgeordneter von Tripolis, 2014 in den *Abgeordnetenrat* gewählt worden. Unter Vermittlung der Uno wurde er im Oktober 2015 als Ministerpräsident einer Einheitsregierung eingesetzt, ein Schritt freilich, der von dem in Tobruk tagenden Parlament nicht anerkannt wurde. Geduldig setzte die Unterstützungsmission der Uno ihre Vermittlungsbemühungen fort. Am 17. Dezember 2015 brachte sie im marokkanischen Skhirat einen Kompromiss zwischen den beiden rivalisierenden »Regierungen« in Tripolis und Bengasi zustande: Seine wesentlichen Punkte enthielten die Schaffung einer gemeinsamen Armee, die Bekämpfung der Milizen und Neuwahlen bis Ende 2018. Der Erfolg aber war nicht von Dauer; jede Seite blieb überzeugt, dass sie ihre Ziele aus eigener Kraft eher denn durch einen Kompromiss würde erreichen können. Zwei Jahre nach der Unterzeichnung kündigte General Haftar im Dezember 2017 den Kompromiss auf; er werde nunmehr Maßnahmen ergreifen, um zum militärischen Führer ganz Libyens zu werden. Damit leitete er eine neue Runde militärischen Ringens um den Besitz der Hauptstadt Tripolis ein. Nach dem Scheitern dieser Offensive gelang es unter der Vermittlung der Uno, aus Vertretern der wichtigsten politischen und militärischen Kräfte ein »Libysches politisches Dialogforum« zustande zu bringen. Anfang Februar 2021 wählte es aus seiner Mitte ein dreiköpfiges Gremium, welches das Land bis zur Abhaltung von Wahlen regieren sollte. Die Reaktion war gemischt: Während die einen darin einen Durchbruch sahen, äußerten Skeptiker die Befürchtung, dass auch dieser Weg durch auswärtige Einmischung blockiert werden könnte. Zu diesem Zeitpunkt befanden sich etwa 20 000 ausländische Soldaten und Söldner auf libyschem Boden.

Stärker als im Falle Ägyptens (und Tunesiens), wo ein starkes Militär die Funktion eines Moderators hatte wahrnehmen können, war der Konflikt in Libyen tatsächlich durch äußere Einmischung geprägt. Bereits beim Sturz al-Qadhafis hatte die Nato eine entscheidende Rolle gespielt. Danach versuchte sich die Uno in der Rolle eines Vermittlers, konnte sich aber gegen die Kriegsparteien nicht durchsetzen. Diese wurden von auswärtigen Mächten unterstützt, die ihrerseits von eigenen politischen und (öl-)wirtschaftlichen Interessen geleitet waren. Ägypten und die Vereinigten Arabischen Emirate (mit Saudi-Arabien und Jordanien) stellten sich hinter General Haftar, nicht zuletzt, weil dieser gegen die Muslimbrüder antrat und einen säkularen Staat verhieß. Katar und die Türkei traten an die Seite der Regierung in Tripolis – die Türkei insbesondere aus wirtschaftlichen Gründen. Ankara erhoffte sich die Rückkehr in jene starke wirtschaftliche Stellung, die die Türkei bis zum Sturz al-Qadhafis innegehabt hatte. Unverblümt trat das Interesse Ankaras zutage, als sich die beiden Staatsoberhäupter Erdoğan und as-Sarradsch im November 2019 auf ein Memorandum verständigten, in dem sie ihre Seegrenzen im Mittelmeer definierten. Danach sollte nahezu der ganze Osten (unter Ausschluss der Interessen anderer Mittelmeeranrainer) unter die Kontrolle der Türkei geraten.

Divergierende Interessen an dem Land hatten auch europäische Staaten und sie reagierten entsprechend: Italien ging es vor allem um den Fortbestand des mit der libyschen Regierung ausgehandelten Abkommens über die Bekämpfung der Schleusung und damit um die Rückhaltung von Flüchtlingen auf der südlichen Seite des Mittelmeers. Frankreich sah in Haftar einen wirksamen Partner bei der Bekämpfung dschihadistischer Gruppen sowohl in dem nordafrikanischen Land als auch in der subsaharischen Sahil-Zone. Die Regierungen in Rom und Paris erhofften sich zudem beide die Förderung ihrer jeweiligen Interessen an libyschem Erdöl. Auch die USA und Israel schließlich standen nicht am Rande des Geschehens. Namentlich Israel ergriff Partei für Haftar – nicht zuletzt wohl, um der Ausdehnung des türkischen Einflusses im Mittelmeerraum entgegen zu wirken.

Für alle europäischen Akteure stand die Frage nach der Zukunft Libyens nicht zuletzt im Licht des Flüchtlingsstroms aus Afrika. Dabei tat sich auch ein moralisches Dilemma auf, das im Falle Italiens bereits offenkundig zu werden begann: Der permanente Strom ankommender Flüchtlinge war ein innenpolitisches Problem geworden; rechtspopulistische Kräfte spielten auf der Tastatur der immer breitere Teile der Gesellschaft erreichenden Phobie vor Überfremdung, religiösem Fanatismus und importierter Kriminalität. Eine xenophobe Grundierung griff auch nach Deutschland über und wurde ein bestimmendes Thema des innenpolitischen Diskurses. Bemühungen, die Verteilung der Flüchtlinge zu einem europäischen Thema zu machen, kamen nicht nur kaum voran, sondern hatten auch einen zunehmend zersetzenden Einfluss auf den Zusammenhalt der EU insgesamt. Stimmen, die ein abgestimmtes politisches, wirtschaftliches und gegebenenfalls auch militärisches Handeln der EU forderten, um zur Stabilisierung ihrer südlichen und östlichen Nachbarschaft beizutragen, blieben ohne nachhaltige Resonanz. Wie bereits in der Krise in Syrien, von der unten zu sprechen sein wird, fand sich Europa auch in Libyen am Rande des Geschehens wieder. Andere Akteure, die nicht zögerten, ihre bewaffneten Potentiale zum Tragen zu bringen, besetzten das Vakuum. Dass die EU in einer Krise, die ihre ureigene Zukunft berührte, das Heft des Handelns aus der Hand geben musste, erwies sich als fatal.

Mit Studentendemonstrationen in San'a am 21. Februar 2011 war die Revolte definitiv im Jemen – am südöstlichen Rand der arabischen Welt – angekommen. Sie sollte – ähnlich wie in Libyen und in Syrien – zu einer tiefgreifenden Erschütterung der Stabilität, ja der Einheit des Landes führen. Der Rücktritt des seit 1978 regierenden Präsidenten Ali Abdallah Salih ein Jahr danach (im Februar 2012) kam zwar durch die Intervention der benachbarten monarchischen Golfstaaten zustande. Im Wesentlichen aber war er ein Erfolg der mit eindrucksvoller Dynamik und Hartnäckigkeit fortgesetzten Demonstrationen. Angesichts des konservativen und männerbetonten Charakters der jemenitischen Gesellschaft war der Anteil der Frauen an den Protesten überraschend. Für ihr friedliches Engagement erhielt Tawakkol Karman (geb. 1979), eine Anführerin der Proteste, 2011 den Friedensnobelpreis.

Ein langsamer Transformationsprozess kam in Gang, der im März 2013 in einen *Nationalen Dialog* überging. 565 Delegierte sollten über die Zukunft des Landes beraten. Freilich, sowohl die *Hirak* (»Bewegung«), eine (separatistische) Bewegung aus dem südlichen Jemen, als auch die *Huthi*, eine Miliz unter dem zaiditischen (schiitischen) Teil der Bevölkerung aus dem nördlichen Saada, die seit 2004 gegen das Regime Ali Abdallah Salihs gekämpft hatte, waren von der durch den Golfkooperationsrat moderierten Beratung über den Machtwechsel sowie der daran anschließenden Regierungsbildung zunächst ausgeschlossen geblieben. Jetzt saßen die beiden Gruppierungen zwar mit am Tisch, aber unter den Augen Saudi-Arabiens und

Abb. 42: Tawakkol Karman – das weibliche Gesicht der jemenitischen Revolte und Friedensnobelpreisträgerin 2011.

der USA fand der Verhandlungsprozess unter großem nationalen und internationalen Druck statt. Bis Januar 2014 erarbeitete der Nationale Dialog zahlreiche Empfehlungen und Beschlüsse: Sie betrafen u. a. gerechte Lösungen für das Problem des Südens und der Huthi-Region, die Entwaffnung aller unter Waffen stehenden Gruppen, einschließlich der Huthis, den Aufbau einer föderalen Struktur im ganzen Land mit selbstverwalteten Regionen unter einer zentralen Regierung in San'a sowie den Wiederaufbau und die Neuordnung des Parlaments und der Armee entsprechend der föderalen Gliederung.

Als die Ergebnisse am 25. Januar in einem Festakt vorgestellt wurden, hatten sich die politischen Rahmenbedingungen im Lande bereits verschlechtert. Dazu, sie gegen den Willen von Eliten des alten Regimes, gegen lokale Stammesführer und terroristische Zellen durchzusetzen, die sich mittlerweile im Lande ausgebreitet hatten, sollten die Reformkräfte am Ende nicht mehr in der Lage sein. Denn während ein neuer Jemen am Verhandlungstisch Gestalt annahm, hatten sich überkommene Konflikte wieder verschärft. Friktionen mit dem Südjemen, der im Bürgerkrieg 1990 in das von Nordjemeniten dominierte Staatsgebiet gewaltsam eingegliedert worden war, waren wieder aufgebrochen. Noch nachhaltiger wirkte sich das Vorrücken der zaiditischen Miliz der Huthi aus dem Norden aus. Sie fühlten sich auch nach dem Sturz Salihs marginalisiert und drangen auf San'a vor. Im September 2014 nahmen sie die Hauptstadt ein. Das Parlament wurde aufgelöst und Interimspräsident Abed Rabbo Mansur Hadi flüchtete sich ins südjemenitische Aden.

Der Schlüssel des militärischen Erfolgs der Huthi lag freilich nicht in erster Linie in ihrer eigenen militärischen Überlegenheit. Vielmehr hatte Ali Abdallah Saleh, der Mann, der über Jahrzehnte seine Macht der Fähigkeit verdankte, in dem komplexen politischen und gesellschaftlichen Geflecht des Jemen, in dem Strukturen der Stämme und Stammesverbände die entscheidenden Machtfaktoren darstellen, den einen gegen den anderen auszuspielen, wieder einmal die Seiten gewechselt – als »Schlangentänzer« hatte er sich selbst bezeichnet. Wichtige Teile der Armee, darunter die Republikanische Garde, waren ihm nach seiner Abdankung treu geblieben. Nach dem Motto: »Der Feind meines Feindes ist mein Freund« – dieser Feind war die von den Huthi bekämpfte Nachfolgeregierung in San'a unter Hadi –, ließ er die ihm ergebenen Soldaten nun an die Seite der Huthi treten. Die Verhandlungen zeitigten keine Ergebnisse. Vielmehr setzten die Huthi trotz der laufenden Gespräche mit der Regierung ihren Kampf um die Macht in der Hauptstadt fort und brachten unter heftigen Feuergefechten mit der Präsidentengarde den Präsidentenpalast unter ihre Kontrolle.

Am 22. Januar 2015 gab Hadi seinen Rücktritt bekannt. Eine Entscheidung, die er am 22. Februar zurücknahm, nachdem er seinem Hausarrest in San'a in einer Nacht-und-Nebel-Aktion entkommen und nach Aden geflohen war, das er kurzerhand zur neuen provisorischen Hauptstadt des Jemen erklärte. Als die Huthi-Saleh-Truppen in der Folge weiter nach Süden vorstießen, zog sich Hadi nach Saudi-Arabien zurück. Jetzt aber stießen die Huthi auf starken Widerstand. Denn bei vielen Südjemeniten weckten die Ereignisse von 2015 Erinnerungen an den Krieg im Sommer 1994, als die nord-jemenitische Armee den Süden innerhalb weniger Wochen zu Fall gebracht und vereinnahmt hatte. Damals waren die Kampfhandlungen der Auftakt zu dem, was die Südjemeniten seither als anhaltende Demütigung, Benachteiligung und Ausbeutung ihres Landesteils empfunden hatten. Nichtsdestoweniger drohte schließlich auch Aden unter die Kontrolle der Huthi-Saleh-Koalition zu fallen.

Am 26. März 2015 aber änderte sich die Lage schlagartig: An diesem Tage begann die Intervention einer von Saudi-Arabien geführten militärischen Allianz, der auch die Vereinigten Arabischen Emirate, Ägypten, Jordanien, Marokko, Sudan, Katar, Bahrain, Kuwait, Pakistan und später Senegal angehörten. Unter dem Slogan *decisive storm* sollte sie dem Vormarsch der Huthi ein Ende setzen. Die Szene veränderte sich radikal: Der Jemen wurde zum Kampfplatz einiger Möchtegern-Regionalmächte, die, getrieben von wirtschaftlichen Interessen, geopolitischem Kalkül oder gefährlichen Ideologien, bereit waren, modernste Waffen zum Schaden der unbeteiligten Bevölkerung einzusetzen. Spätestens jetzt wurde zugleich deutlich, in welch hohem Maß eine religiös eingefärbte Polarisierung unter Teilen der Bevölkerung Platz gegriffen hatte. Jahrelang hatten die Saudis eine wahhabitische Propaganda unterstützt, was unter den Zaiditen zu einer schiitischen Radikalisierung geführt hatte. Ihr Krieg gegen die Zentralregierung in San'a seit 2004 war auch durch die Furcht vor einem wachsenden Einfluss Saudi-Arabiens im Lande beflügelt gewesen. Dem war ein Zuwachs des Einflusses Irans unter den Huthi einhergegangen. In andere Teile des Landes waren militante Dschihadisten eingedrungen und hatten dort eine selbstständige Herrschaft errichtet. Zwei Monate nach der Eroberung San'as durch die Huthi im September 2014 wurden in einer Vergeltungsaktion 140 Huthi bei einem Anschlag getötet, für den der fanatisch antischiitische »Islamische Staat« die Verantwortung übernahm. Bei dieser Gelegenheit nahm der selbsternannte »Kalif« von Mossul, Abu Bakr al-Baghdadi, den Treueid des jemenitischen Ablegers der Organisation ab.

Der kurze Überblick über die Entwicklungen in vier von der Revolte besonders nachhaltig betroffenen Ländern lässt die doppelte Dynamik in den politischen Prozessen erkennen: die innere, welche den politischen, gesellschaftlichen, wirtschaftlichen, ja auch kulturellen Gegebenheiten in jedem einzelnen arabischen Land entsprang, und die äußere, welche aus den regionalen und internationalen Macht- und Interessenkonstellationen erwuchs. Letztere ist unter den genannten Fallbeispielen unschwer nachvollziehbar: Im Falle Libyens hatte die internationale Gemeinschaft eine entscheidende Rolle beim Sturz der alten Ordnung gespielt. Im Falle des Jemen wäre der Sturz Ali Abdullah Salihs ohne die Einmischung Saudi-Arabiens wahrscheinlich nicht erfolgt. Mit der bewaffneten Intervention der von Riyadh angeführten Allianz gegen die Huthi erfuhr die Intervention ab 2015 eine weitere Eskalation. Zugleich ließ diese eine Dimension schärfer hervortreten, die zuvor bereits in Bahrain und in Syrien erkennbar geworden war: die Instrumentalisierung konfessioneller – hier: sunnitischer und schiitischer – Differenzen bei der Austragung machtpolitischer Rivalitäten, im gegebenen Zusammenhang namentlich zwischen Saudi-Arabien und Iran.

Auch in Bahrain haben die Nachbarn über eine bewaffnete Intervention den Gang der Dinge entscheidend bestimmt – in diesem Fall aufseiten der Machthaber. Seit langem war der Inselstaat ein Herd politischer Unruhe. Bereits in den dreißiger Jahren war dort Erdöl gefördert worden und auf der Grundlage einer bescheidenen Industrialisierung waren Gewerkschaften entstanden. Die wiederholte soziale Mobilisierung war durch konfessionelle Spannungen befeuert worden. Denn die Mehrheit der Bürger gehört der schiitischen Richtung des Islams an, das Herrscherhaus der Al Khalifa sowie die politische Elite des Landes der sunnitischen Minderheit. Nach jahrelangen Protesten, in denen sich soziale und konfessionelle Widerstände verbanden, war 1999 eine *National Action Charta* eingeführt worden, die allen Bürgern größere politische Rechte einräumte. Am 14. Februar 2011, dem 10. Jahrestag des Referendums über die *Charta*, versammelten sich die Menschen auf dem zentralen »Perlen«-Platz Manamas. Die Demonstranten forderten die Fortsetzung des Liberalisierungsprozesses in Gestalt der Einführung einer neuen Verfassung, in der die Grundrechte aller Bahrainis verankert werden sollten, und eines gewählten Parlaments. Ausdrücklich verwahrten sie sich gegen jeden Versuch der Konfessionalisierung und Ethnisierung. Als der König die Kontrolle zu verlieren drohte, erteilte er einen Monat nach dem Ausbruch der Unruhen etwa 1 500 Soldaten und Polizisten aus Saudi-Arabien und den Vereinigten Arabischen Emiraten das Mandat, auf die Insel einzurücken, um die bahrainischen Sicherheitskräfte bei der Niederschlagung des Aufstands zu unterstützen. Namentlich in Riyadh war die Sorge groß, dramatische Veränderungen in dem kleinen Nachbarstaat könnten die Opposition auch in Saudi-Arabien ermutigen, ihre Proteste zu eskalieren. Denn auch in das Königreich war die arabische Revolte hinübergeschwappt. Der Aufstand in Bahrain wurde niedergeschlagen; unter den Bedingungen des Ausnahmezustands wurden zahlreiche Oppositionelle verhaftet.

Im Irak war der *regime change* bereits im Frühjahr 2003 durch eine von den USA geführte militärische Intervention erfolgt; dazu wurde in anderem Zusammenhang bereits einiges ausgeführt (▶ S. 335). Zwar hatte das Ereignis bereits acht Jahre vor dem Beginn der Revolte in Tunesien stattgefunden. Aber die Art der Herausforderung – nämlich nach dem Sturz der alten Ordnung ein neues politisches System zu errichten – fiel durchaus in den Zusammenhang der »arabischen Revolte«. Dies umso mehr, als bereits die Aufstände im Gefolge des zweiten Golfkriegs (1991) in den nördlichen und südlichen Teilen des Landes die Breite des Widerstandes gegen das diktatorische Regime in Bagdad hatten deutlich werden lassen. Die von völliger Unkenntnis der politischen und religiösen Gegebenheiten in dem Land gekennzeichneten Maßnahmen der amerikanischen Verwaltung nach dessen Sturz hatten den Weg zu einem Bürgerkrieg bereitet. Der Gegensatz zwischen arabischen Schiiten und Sunniten brach in einer Schärfe auf, die das Land in der Vergangenheit nicht gekannt hatte. Der terroristische Ableger von *al-Qa'ida* tat das Seine, um das Land in die Spirale von Gewalt und Gegengewalt zu treiben. Die Kurden im Norden des Landes hatten seit dem gescheiterten Aufstand im Frühjahr 1991, geschützt durch ein gegen die Zentralregierung verhängtes Flugverbot, ein hohes Maß an politischer Autonomie erlangt und sich politisch wie wirtschaftlich selbst verwaltet.

Die per Referendum im Oktober 2005 erfolgte Annahme der neuen Verfassung hätte der Ausgangspunkt eines Prozesses der Versöhnung und Stabilisierung werden können. Die Verfassung basierte auf den Grundsätzen eines demokratischen und föderalen Systems. Gleichwohl zeigte sich bereits hier, was sich in den späteren Umbrüchen wiederholen sollte: Der Demokratie fehlten die Demokraten, die sie hätten mit Leben erfüllen sollen. Das galt für die Führung der Kurden, die die Föderation als Quasi-Eigenstaatlichkeit verstanden. Und das galt auch für die politischen Führer der arabischen Iraker, die in der Demokratie in erster Linie eine Chance sahen, ihrer Klientel und Wählerschaft politische und wirtschaftliche Vorteile zu verschaffen. Auch handelte man in der Überzeugung, der in Wahlen einmal errungene Sieg bedeute die Legitimation, Regierung und Macht ein für alle Mal in den Händen zu behalten. In diesem Sinn wurde die achtjährige Amtszeit von Nuri al-Maliki (geb. 1950) zu einer schweren Belastung für den Neustart des politischen Systems im Irak. Als Aktivist der schiitischen *Hizb ad-Da'wa al-Islamiyya* (»Partei der islamischen Mission«), die zu dem säkularen Regime der *Ba'th*-Partei im Irak in Opposition stand, war er 1980 zum Tode verurteilt worden und hatte das Land verlassen müssen. Nach dem Sturz Saddam Husains war er zurückgekehrt. Im April 2006 hatte er den Auftrag zur Regierungsbildung erhalten; nach den Wahlen 2010, aus denen seine *Rechtsstaat-Koalition* als zweitstärkste Kraft hervorgegangen war, hatte er im November 2011 eine zweite Amtszeit erhalten. Nicht nur unternahm er nichts gegen die grassierende Korruption, vielmehr vertiefte sich in seiner Amtszeit auch der Graben zwischen der sunnitisch-arabischen Minderheit und der schiitisch-arabischen Mehrheit. Insbesondere deckte er die Übergriffe, die radikale schiitische Milizen im Rahmen der Bekämpfung der terroristischen *al-Qa'ida* gegen sunnitische Bürger begingen. Der Hass der Sunniten auf al-Maliki war einer der Gründe dafür, dass Teile der Sunniten dem IS so wenig Widerstand leisteten, als dieser 2014 begann, von Syrien aus im Irak militärisch vorzurücken (► S. 481).

Abb. 43: Wahlkampf in Bagdad 2010.

Im März 2011 erreichte die arabische Revolte auch Syrien. Wie auf den anderen Schauplätzen waren ihr auch in Syrien soziale Proteste vorausgegangen. Noch im Januar 2011 aber hatte Präsident Baschar al-Asad mit Blick auf die Entwicklungen in Ägypten beschworen, das könne sich in Syrien nicht wiederholen. Er irrte; Syrien sollte bald ein weiteres Glied in der Kette der arabischen Revolten werden. Auf dem syrischen Schauplatz sollten zugleich die Verwerfungen und Konflikte zwischen den Staaten des Nahen Ostens insgesamt wie in einem Brennspiegel zusammenkommen.

Wie in Tunesien entzündeten sich die Proteste an einem eher marginalen Vorgang. Im südlichen Dar'a hatten Kinder regimefeindliche Sprüche an Wände gepinselt, worauf sie verhaftet worden waren. Als die Eltern die Freilassung verlangten, kam es zu Zusammenstößen mit den Sicherheitskräften; unter den Demonstranten gab es Opfer. Der 17. März kann als Beginn des syrischen Aufstands verstanden werden. Zug um Zug breiteten sich die Proteste über das Land aus und erfassten auch die großen Städte (noch nicht freilich die Hauptstadt Damaskus). Als das Regime keine Bereitschaft erkennen ließ einzulenken, begannen Soldaten aller Ränge zu desertieren. Im Juli organisierten sie sich als *Freie Syrische Armee* (FSA). Jetzt nahmen die Proteste den Charakter eines bewaffneten Aufstands an. Kern der Strategie des Regimes wurde die Behauptung, der Aufstand werde von Kriminellen und Terroristen angezettelt, die von außen ins Land kämen und von auswärtigen Mächten finanziert würden. Erst müssten diese besiegt sein, bevor es zu Verhandlungen über die Zukunft Syriens kommen könne. Um diese »Terroristen« öffentlich sichtbar zu machen, öffnete es die Gefängnisse – insbesondere für Insassen, die wegen islamistischer Umtriebe verhaftet worden waren. Damit war der Geist eines langen Krieges aus der Flasche.

Die Protestbewegung war im ländlichen Raum entstanden; hier leben überwiegend fromme konservative sunnitische Muslime. Ihre Forderungen zielten auf Freiheit und Rechtsstaatlichkeit. Sie sollten für alle Syrer gelten und tatsächlich fanden sich Unterstützer unter den Angehörigen aller Konfessionen im Lande. Andererseits hatten die Proteste gegen das Regime von Beginn an eine konfessionalistische Komponente. Denn wenn auch andere Religionsgemeinschaften am Herrschaftssystem Baschar al-Asads teilhatten, so war es in seinem Kern doch von der alawitischen Minderheit dominiert. Diese aber war durch die Geschichte hindurch von der sunnitischen Mehrheit marginalisiert gewesen. Erst in der »Levante-Armee« (*armée du Levant*), die in den zwanziger Jahren unter französischem Mandat aufgestellt worden war, und nach der Unabhängigkeit im Rahmen der syrischen Armee und der *Ba'th*-Partei hatten sie einen sozialen Aufstieg erlebt. Mit Hafiz al-Asad, der sich 1970 an die Spitze des Staates geputscht hatte, hatte die alawitische Gemeinschaft ihre politische Macht konsolidiert. Von Beginn der Widerstandsbewegung an war mithin unzweifelhaft, dass sie alles daransetzen würde, diese nicht aus der Hand zu geben. Die Forderungen der Opposition berührten also Kerninteressen des Regimes und Überlebensinstinkte der dieses tragenden konfessionellen Gruppe.

Mangels wirkungsvoller auswärtiger Unterstützung hat die *Freie Syrische Armee* nicht die militärische Schlagkraft gewinnen können, die ihr zu Beginn zugeschrieben wurde. So geriet sie in den Schatten anderer Milizen, die sich nach und nach bildeten. Diese waren zum Teil lokaler Natur, zum Teil kämpften sie für weiterreichende territoriale Zielsetzungen. Über die kurdische Miliz der *Volksverteidigungskräfte* ist oben bereits berichtet worden (▶ S. 485); desgleichen über die *al-Qa'ida* nahestehende *Dschabhat al-nusra* (vollständiger Name: *Dschabhat an-nusra li-ahl asch-Scham*, »Unterstützungsfront für das Volk in der Levante«). Der Siegeszug des *Islamischen Staates*, der im Juni 2014 in der Proklamation des *Islamischen Kalifats* kulminierte, bedeutete eine weitere Entlastung des Regimes. Zwar waren große Teile des syrischen Territoriums erst einmal verloren gegangen, aber im Schatten der Bekämpfung des Kalifats durch die internationale Gemeinschaft – erst jetzt begann diese, sich wirksam einzumischen – konnte sich das Regime daranmachen, die verlorenen Gebiete militärisch zurückzuerobern.

Bemühungen, einen politischen Prozess in Gang zu bringen, der zur Ablösung des Regimes führen und den Weg für eine politische Neuordnung hätte freimachen können, entpuppten sich bald als Sackgasse. Im Juni 2012 trafen sich in Genf die Außenminister von zehn Staaten und erörterten die Einsetzung eines Übergangsrates. Insbesondere die Vertreter aus westlichen Ländern waren nicht bereit, eine – wenn auch nur vorübergehende – Rolle Baschar al-Asads zu akzeptieren. Den im Ausland ins Leben gerufenen Vertretungen der syrischen Opposition fehlte eine die Parteien übergreifende Legitimation. Das Scheitern des im August 2011 in Istanbul gegründeten *Syrischen Nationalrats* steht für viele andere Anläufe dieser Art. Die euro-amerikanische internationale Gemeinschaft hatte dem Regime in Damaskus die Rechtmäßigkeit abgesprochen; sie vermochte es aber nicht, über den Sicherheitsrat der Uno Zwangsmaßnahmen in Gang zu setzen. Dem stand das Veto Russlands (und Chinas) entgegen. Zuerst hatten sich die Russen nach dem Nato-Einsatz in Libyen vom Westen über den Tisch gezogen gefühlt. Später erkannte Präsident Putin, dass Syrien ein Tor war, durch das die alte Nahostmacht Russland nach dem Ende der

Sowjetunion wieder würde in den Nahen Osten einziehen können. Im September 2015 begann Moskau, die Truppen des Regimes direkt militärisch zu unterstützen. Während die Aufmerksamkeit des Westens von der Bekämpfung des *Islamischen Staates* absorbiert war, gelang diesen in den nächsten drei Jahren die Rückeroberung weitester Teile des syrischen Staatsgebiets. Dabei kam es in zahlreichen Städten und Ortschaften Syriens zu umfassenden Zerstörungen. Etwa die Hälfte der Bevölkerung befand sich auf der Flucht – im Lande selbst, im Nahen Osten und nach Europa.

Länger noch als Russland hatte Iran an der Seite des Regimes gestanden. Teile der Revolutionsgarden, unterstützt von der libanesischen schiitischen *Hizbollah*, operierten auf syrischem Boden. Die Rivalität zwischen Iran und Saudi-Arabien wurde zum Brandbeschleuniger des Konflikts. Im Herbst 2013 schloss das Königreich 13 dschihadistische Milizen zur *Islamischen Front* zusammen. Der ehemalige saudische Geheimdienstchef Turki al-Faisal Al Sa'ud verglich die saudische Syrienpolitik mit der Unterstützung des *dschihad* in Afghanistan, die seinerzeit erfolgreich gewesen war. Alles in allem aber sollte sich Russland als stärkster Spieler erweisen – militärisch und politisch. Schließlich wechselte auch die Türkei die Seite. Präsident Erdoğan begann von seinem über Jahre gehegten Ziel abzurücken, den Sturz des Regimes in Damaskus herbeizuführen. Auch Saudi-Arabien und andere Regierungen auf der Arabischen Halbinsel sendeten Signale, sich mit dem Regime von Baschar al-Asad wieder zu arrangieren. Dabei waren sie von der Sorge geleitet, dieses könne nach den Jahren einer ohnehin engen Allianz nach dem Ende der Kriegshandlungen noch weiter unter die Kontrolle Teherans geraten.

Am 22. Januar 2014 war ein zweiter Versuch gescheitert, den Konflikt in Syrien doch noch auf diplomatischem Wege zu lösen. Zwar hatte Washington zwei Bedingungen akzeptiert, die Russland auf der ersten Genfer Konferenz gestellt hatte: Zum einen sollte Asads Abgang nicht länger Vorbedingung für die Einleitung des Übergangsprozesses sein und zum anderen sollten beide Konfliktparteien gleichbehandelt werden. Doch es war zu spät. Auf dem Schlachtfeld war das Regime im Vorteil und verfolgte sein Ziel, die Gesamtheit des syrischen Territoriums militärisch zurückzugewinnen. Russland saß am längeren Hebel und war nicht zu Konzessionen bereit. 2019 kehrte das politische Geschehen wieder nach Genf zurück: Nach langen Vorbereitungen begannen im Oktober Gespräche über eine neue Verfassung. Das Verfassungskomitee umfasste 150 Personen; es setzte sich zu je einem Drittel aus Vertretern des Regimes, der Opposition und der Zivilgesellschaft zusammen.

Acht Jahre nach ihrem Ausbruch und einem blutigen Krieg, der schließlich auch Züge eines Bürgerkriegs angenommen hatte, teilte die Revolte in Syrien das Geschick der Revolten in anderen Teilen des arabischen Raums: Sie endete vorerst in einer politischen Sackgasse. Mit der Ausnahme Tunesiens, wo aus der Gesellschaft heraus eine neue Verfassung erwachsen war, zeichnete sich ab, dass sich die Hoffnungen auf friedliche Übergänge zu neuen politischen Ordnungen nicht auf geradem Weg erfüllen würden. Vielmehr entstanden vielfältige chaotische Konfliktkonfigurationen, die zu einem für den Nahen Osten präzedenzlosen Ausmaß an Gewalt und zu nach Millionen zu zählenden Flüchtlingsströmen im Raum zwischen Afghanistan und Libyen geführt haben.

Diese Entwicklungen haben dem Begriff des »arabischen Frühlings« geradezu einen absurden Beigeschmack gegeben. Nun waren Politik, Medien und Öffentlichkeit schnell bei der Hand, den »Winter« im Nahen Osten und in Nordafrika zu konstatieren. Was das Bild vom »Frühling« von vornherein verstellt hatte, war die Tatsache, dass es sich bei den Umbrüchen um einen politischen Prozess handelte, der sich nur in der Dimension eines langen Zeitraums entfalten würde. Rückschläge und politische Sackgassen würden als Etappen in diesem Prozess, nicht aber als definitiv letzte Stadien gesehen werden müssen. Diese Einschätzung wurde von der neuerlichen Welle von Protesten bestätigt, die gegen Ende des zweiten Jahrzehnts des 21. Jahrhunderts in Ägypten, dem Libanon, dem Sudan, in Algerien, im Irak und in Iran ausgebrochen sind.

13 Im Schatten der Weltmächte

Bevor auf diesen letzten Akt des Dramas des Nahen Ostens im Jahrhundert seiner Revolutionen eingegangen wird, muss das Geschehen in der Region in die Koordinaten der internationalen Politik seit dem Ende des Zweiten Weltkriegs gestellt werden. Nach dessen Ende waren alle Staaten (mit der Ausnahme der südkaukasischen) zwischen Marokko und Afghanistan unabhängig geworden oder hatten sich definitiv auf den Weg dahin begeben. In ihren politischen Handlungsspielräumen aber sahen sich die nunmehr eigenständigen politischen Akteure durch weltpolitische Mächte bestimmt, deren vitale wirtschaftliche und politische Interessen sich im Nahen Osten berührten. Dort trugen sie über Jahrzehnte ein Nullsummenspiel aus: Ein Punktgewinn der einen würde einen Verlust auf dem Punktekonto der anderen Macht bedeuten. Mit dem Ende der Sowjetunion 1991 änderte sich nur der Name eines Spielers; in dem chaotischen Zustand der Region spielen die USA und Russland noch immer machtvolle Rollen.

Seit sich die »orientalische Frage« – d. h. die Frage nach der Zukunft des im Niedergang befindlichen Osmanischen Reichs und dessen Auswirkungen auf das politische Kräfteverhältnis zwischen den europäischen Mächten – im 18. Jahrhundert zu stellen begonnen hatte, sind der Vordere Orient und Nordafrika (sowie der Balkan) von auswärtigen Mächten nachhaltig geprägt und gestaltet worden. Davon ist in vorangegangenen Kapiteln berichtet worden. Nach dem Ende des Ersten Weltkriegs waren vor allem England und Frankreich (sowie – geopolitisch weniger umfassend – Italien und Spanien) die entscheidenden Akteure gewesen. Mit dem Ende des Zweiten Weltkriegs ging die Vorherrschaft europäischer Mächte dort ihrem Ende entgegen; erst in den siebziger Jahren sollte Europa – nunmehr als »Europäische Gemeinschaft« und unter völlig veränderten Rahmenbedingungen – wieder zu einer auf seine nahöstliche und nordafrikanische Nachbarschaft gerichteten Politik finden.

Auch die politischen Umbrüche und Revolutionen im Nahen Osten nach dem Zweiten Weltkrieg haben nicht in einem weltpolitischen Vakuum stattgefunden. Nicht, dass die Staaten und ihre Führungen nur Marionetten der Weltmächte gewesen wären, wie es die Verschwörungstheorie suggeriert, die unter den politischen Eliten wie in breitesten Teilen der Öffentlichkeit zwischen Kairo und Kabul kolportiert wird. In deren Mittelpunkt steht namentlich England, das »perfide Albion«, das unablässig seine Fäden und Netzwerke gesponnen haben soll. Regierungen und nicht-staatliche Akteure haben in hohem Maße nach einer eigenen Agenda gehandelt. Nie aber konnten sie sich dem Schirm entziehen, den die »Supermächte«, wie die USA und die Sowjetunion über Jahrzehnte bezeichnet wurden, im Rahmen ihres globalen Ringens um Einflusszonen aufgespannt hatten. Während des »Kalten

Krieges« ist es nur in wenigen Fällen zu direkter militärischer Intervention gekommen. Zu groß war die Gefahr einer unmittelbaren Konfrontation zwischen beiden.

Diese Ausgangslage hatte eine in gewisser Weise widersprüchliche Wirkung auf das politische Geschehen in der Region: Auf der einen Seite fühlten sich sowohl Regierungen als auch oppositionelle Kräfte geneigt, ihre Interessen oder politischen Programme gegebenenfalls auch mit gewalthaften Strategien durchzusetzen oder zu verfolgen – dies in der Erwartung, im Einklang mit den Interessen der einen oder anderen Supermacht zu handeln und mithin Unterstützung zu finden. Die Sequenz an Kriegen und Putschen nach 1948 ist kaum überschaubar. Auf der anderen Seite durften diese Kriege die Interessen bzw. Einflusssphären der beiden Mächte nicht nachhaltig gefährden und vor allem mussten sie unterhalb einer Schwelle geführt werden, die sicherstellte, dass die »Supermächte« nicht Gefahr liefen, in eine globale Konfrontation gegeneinander zu geraten. Deswegen waren die Kriege kurz und die Auswirkungen von Revolutionen überschaubar. Der achtjährige irakisch-iranische Krieg (1980–1988) entsprach den jeweiligen Interessenlagen in Moskau und Washington gegenüber den kriegführenden Parteien und wurde bald zu einem »vergessenen Krieg«. Im Falle des langen Krieges der Sowjetunion in Afghanistan (1980–1989) bedurfte es keiner direkten amerikanischen militärischen Antwort; es genügte, den lokalen Widerstand wirkungsvoll zu unterstützen. Die militärische Niederlage der Sowjetunion in Afghanistan war zugleich auch das Fanal für ihren Zusammenbruch.

Damit war eine neue Großwetterlage entstanden. Die Wege schienen nun offen für die Lösung der politischen Konflikte, namentlich in Palästina, und für die Unterstützung von Kräften, die für den Übergang zu neuen, freiheitlichen Ordnungen eintraten. Sie waren von den revolutionären Umstürzen in Osteuropa nach dem Fall der Berliner Mauer und dem Ende der Sowjetunion inspiriert. Unermüdlich hatte »der Westen« über Jahrzehnte sein freiheitliches Menschenbild der »sozialistischen« Ordnung gegenübergestellt. Nunmehr ließ dieser den historischen Moment verstreichen. In Palästina verschlossen westliche Politiker, die von Gerechtigkeit, Freiheit und den Menschenrechten sprachen, die Augen vor der anhaltenden Besatzung und der von der israelischen Regierung geförderten Landnahme. In Nordafrika und im Nahen Osten stellten sie sich hinter die autokratisch regierenden Regimes und machten sie zu Garanten westlicher Sicherheit. Afghanistan geriet in Vergessenheit. Während in den neunziger Jahren ein Sturm der Demokratie durch Europa wehte, formierten sich in der östlichen und südlichen Nachbarschaft Europas radikale Kräfte, die im Namen eines militanten Dschihadismus den Westen und seine Statthalter herausforderten – eine Herausforderung, auf die dieser wiederum vornehmlich militärisch reagierte. So wird man um die Feststellung eines umfassenden politischen Versagens des Westens nicht herumkommen. In einem überwältigenden Maße ist seine Politik mitursächlich dafür, dass die Region schließlich in ein in ihrer Geschichte kaum jemals gekanntes Ausmaß an Gewalt abgeglitten ist.

13.1 Eine neue Weltmacht betritt die nahöstliche Bühne

Die globale geopolitische Konstellation, die bald als »Ost-West-Konflikt« oder als »Kalter Krieg« bezeichnet werden sollte, hat im Nahen Osten ihren Ausgangspunkt. Noch vor dem Ende des Zweiten Weltkriegs ließ der sowjetische Diktator Josef Stalin (1878–1953) im März 1945 wissen, dass Moskau den türkisch-sowjetischen Freundschaftsvertrag von 1925 nicht verlängern werde. Auf der Konferenz von Potsdam (Juli 1945) präzisierte die sowjetische Führung ihre Forderungen: Der Status der Meerengen von Bosporus und Dardanellen sollte neu verhandelt werden. Stalin forderte die Kontrolle sowie die gemeinsame Verteidigung der Meerengen durch die Türkei und die Sowjetunion – unter Einschluss der Errichtung einer sowjetischen Militärbasis. Darüber hinaus sollten auch die Gebiete von Kars und Ardahan, die zwischen 1878 und 1918 zu Russland gehört hatten und 1921 im türkisch-sowjetischen Vertrag der Türkei überlassen worden waren, an die Sowjetunion, genauer gesagt an die Armenische Sozialistische Sowjetrepublik, zurückgegeben werden. In Ankara stießen beide Forderungen auf entschiedenen Widerstand. Washington zeigte sich zwar zunächst prinzipiell bereit, in der Frage der Meerengen Moskau politisch entgegenzukommen, lehnte aber auch seinerseits die Forderung nach deren gemeinsamer Verteidigung durch die Türkei und die Sowjetunion ab. Die Entwicklungen der internationalen Politik nach dem Ende des Krieges, namentlich die Ausdehnung der sowjetischen Dominanz über Mittel- und Osteuropa, bestärkten in der Folge die Entschlossenheit Washingtons, sich in der Meerengenfrage hinter Ankara zu stellen.

Neben der Türkei und dem Balkan war Iran ein anderer nahöstlicher Schauplatz, auf dem der ost-westliche Gegensatz unmittelbar nach Kriegsende ausgetragen wurde. Über die Lage in Iran während des Krieges ist oben bereits berichtet worden (► S. 295). Nach dem trilateralen Abkommen zwischen Iran, England und der Sowjetunion vom Januar 1942 sollten sich ausländische Truppen innerhalb von sechs Monaten nach Beendigung des Krieges von iranischem Boden zurückziehen. Die Sowjetunion aber verzögerte ihren Rückzug. Offen unterstützten die Rote Armee und sowjetische Agenten die nationalistischen Bewegungen, die in den aserbaidschanischen und kurdischen Teilen des Landes 1945/46 die *Autonome Republik Aserbaidschan* bzw. die *Kurdische Republik Mahabad* ausriefen. Angesichts der Ohnmacht des Uno-Sicherheitsrats in der Angelegenheit sah sich die iranische Regierung unter Druck, erhebliche Zugeständnisse an Moskau zu machen, um Stalin zu einem Rückzug von iranischem Territorium zu bewegen. Dazu gehörte auch die Gründung eines gemeinsamen iranisch-sowjetischen Konsortiums zur Ausbeutung der Ölvorkommen im Norden des Landes. Zugleich aber erhöhten die USA den Druck auf Moskau, seine Truppen vertragsgemäß zurückzuziehen. Wohl in der Einschätzung, auf indirektem Weg sowjetischen Einfluss langfristig nachhaltiger geltend machen zu können als durch direkte militärische Intervention, zog Moskau seine Truppen im Mai 1946 ab. Mitte Dezember besetzten Truppen der Zentralregierung Täbris und Mahabad und bereiteten den Bestrebungen aserbaidschanischer und kurdischer Nationalisten ein blutiges Ende.

Die Konfrontation der beiden Supermächte im Nahen Osten war ein historisches Novum. Das zaristische Russland war eine Macht gewesen, die seit dem 18. Jahrhundert auf die Entwicklungen in seiner südlichen Nachbarschaft bestimmenden Einfluss ausgeübt hatte. Vom Bosporus bis zum Khaiber Pass hatte sich Moskau nicht nur in die Geschicke des Osmanischen Reichs und Persiens eingemischt. Seit Russland im Vertrag von Küçük Kainarca (1774) zur Schutzmacht der orthodoxen Christen im Osmanischen Reich geworden war, hatte sich der Einfluss St. Petersburgs auch in den arabischen Raum bis nach Palästina ausgedehnt. Seine Gegenspieler waren in unterschiedlichen Konstellationen die europäischen Mächte, namentlich England, Frankreich und Habsburg, gewesen.

Demgegenüber betrat mit den USA eine neue Macht den nah- und mittelöstlichen Schauplatz. In den Pariser Friedensverhandlungen nach dem Ersten Weltkrieg hatten die europäischen Siegermächte die USA abblitzen lassen. Präsident Woodrow Wilson, der eigens nach Paris gereist war, um – neben der Gründung des Völkerbundes – dem von ihm verkündeten Selbstbestimmungsrecht der Völker Nachdruck zu verschaffen, musste diesbezüglich mit fast leeren Händen nach Washington zurückkehren. Nach Jahrzehnten des Desinteresses hatten die USA erst in den Jahren 1937 bis 1939 wieder begonnen, sich näher für Nahost zu interessieren. Entscheidend dafür war die Entdeckung der Erdölvorräte in Saudi-Arabien. War deren Ausbeutung zunächst Sache der amerikanischen Ölfirmen, so gewannen die strategische Lage und die Verkehrswege der Region mit dem Zweiten Weltkrieg an Bedeutung. Präsident Franklin D. Roosevelt nannte Anfang Dezember 1941, wenige Tage vor dem japanischen Überfall auf Pearl Harbour, die Verteidigung des Nahen Ostens »lebenswichtig für die Verteidigung der USA«, eine Feststellung, die er im März 1944 wiederholte.[92] Das nun schon mehrmals erwähnte Treffen Roosevelts bei dessen Rückkehr von der Konferenz in Jalta mit dem saudischen König Abd al-Aziz ibn Sa'ud am 14. Februar 1945 an Bord des amerikanischen Kriegsschiffs USS Quincy im Großen Bittersee des Suezkanals bestätigte die gewachsene Bedeutung des Nahen Ostens für die amerikanische Politik.

13.2 Das Erdöl – eine politische Ressource

Die Entschlossenheit der amerikanische Regierung, einen gesicherten Zugang zu den Ölressourcen am Golf zu erhalten und somit die Ölvorräte in der eigenen Hemisphäre nach dem Krieg zu schonen, resultierte aus dem enormen Verbrauch einheimischer Ressourcen als Folge der Kriegsanstrengungen der Alliierten. Denn aufgrund der Schließung des Mittelmeers durch die Achsenmächte 1942 und der Operationen deutscher U-Boote in der Nähe der Ölquellen in der Karibik, dem Hinterhof der USA, hatte Washington entschieden, die amerikanische Kriegsmaschinerie über den Transport großer Mengen einheimischen, amerikanischen Öls über den Atlantik zu den Kriegsschauplätzen zu versorgen. 1943 deckte die amerikanische Ölproduktion mehr als 70 % des Ölenergiebedarfs der alliierten Kriegführung.[93] So herrschte in Washington die Befürchtung, dass die Ölreserven der USA innerhalb der nächsten vierzehn Jahre erschöpft sein würden. Vor diesem Hintergrund waren vitale Interessen der USA auf die Golfregion gerichtet.

Dort aber saßen die Briten politisch, energiepolitisch und wirtschaftlich fest im Sattel. Deshalb zeichnete sich noch vor dem Ende des Krieges eine Konfliktkonstellation ab, die es mit Blick auf die Zukunft des ostarabischen Raums und der Region des Persischen Golfes zu klären gelten würde: zwischen der heraufziehenden Großmacht USA einer- und der traditionsreichen, aber durch den Krieg geschwächten Vormacht Englands andererseits. Dass die Frage nach dem Zugang zu den Ölressourcen der Region für die internationale Politik der nächsten Jahrzehnte einen zentralen Stellenwert haben würde, hatte sich bereits nach dem Ende des Ersten Weltkriegs abgezeichnet. Da die Antwort darauf bis in die Gegenwart einen zeitweise bestimmenden Einfluss auf das politische Geschehen in der Region gehabt hat, d. h. aber zugleich auf den wirtschaftlichen und politischen Stellenwert der Region im internationalen System, muss dem »Faktor Erdöl« an dieser Stelle ein Exkurs gewidmet werden.

Die Anfänge der Ölindustrie im Vorderen Orient liegen im Kaukasus. In der Nähe von Baku hatten vor allem europäische und amerikanische Ölgesellschaften und Ölbarone bereits in der zweiten Hälfte des 19. Jahrhunderts mit der Förderung und dem Verkauf von Erdöl begonnen. Um 1900 wurde der weltweite Bedarf fast zu gleichen Teilen aus amerikanischen und »russischen« (sprich kaukasischen) Ölquellen gedeckt. Im Nahen Osten schlug die Stunde des Öls im Jahr 1908, als der australische Investor und Glücksritter William Knox d'Arcy im südlichen Iran ein ergiebiges Ölfeld entdeckte. Für das Geschäft war der Augenblick umso glücklicher, als nahezu zeitgleich – nachdrücklich betrieben von der Admiralität unter Winston Churchill – die Befeuerung der britischen Flotte auf den Treibstoff Öl umgestellt wurde. Damit hatte das Öl neben der wirtschaftlichen eine für England politisch-strategische Dimension erhalten. Deshalb lag es in der Natur der Sache, dass sich die britische Admiralität mit einem Mehrheitsanteil der Aktien in die neu gegründete *Anglo-Persian Oil Company* (APOC) einkaufte. Daneben wurde 1912 die *Turkish Petroleum Company* (TPC) gegründet, die über Förderrechte in Mesopotamien verfügte.

Nach dem Krieg begannen auch amerikanische Erdölunternehmen in das irakische Ölgeschäft vorzudringen. Aber erst im Zusammenhang mit der Frage nach der Zukunft der Provinz Mossul, die gleichermaßen von der Regierung in Ankara, den Kurden und Großbritannien beansprucht wurde, kam es zu einer Übereinkunft: London verkaufte die Hälfte des Anteils der APOC und der TPC an ein amerikanisches Konsortium aus sieben Ölfirmen. Damit war der Weg zur Lösung der Mossul-Frage frei. Die Provinz würde Teil des irakischen Staates bleiben. Zuvor hatte sich Bagdad dem Druck der britischen Mandatsverwaltung beugen müssen und die Konzession für die jetzt (aus der TPC) neu konstituierte *Iraq Petroleum Company* (IPC) unterschrieben. Diese Konzession umfasste das gesamte irakische Staatsgebiet; die Regierung in Bagdad hatte keinerlei Mitsprache- oder Nutzungsrechte. Sie wurde mit einem Gewinnanteil von vier Schilling pro Tonne abgefunden. Im Juli 1928 verständigten sich die in der IPC zusammengeschlossenen europäischen und amerikanischen Gesellschaften im sogenannten *Red Line Agreement*, das mit Ausnahme Kuwaits den gesamten arabischen Osten mit der Türkei und Teilen der Ägäis umfasste, dass bei Konzessionsausschreibungen innerhalb dieses Gebiets die IPC meistbegünstigt würde und es ihren Mitgliedsgesellschaften untersagt sei, miteinander in Konkurrenz zu treten. Einen Monat später vereinbarten die sieben größten Konzerne im schottischen Achnacarry ein internationales Erdöl-Kartell, das über Fördermengen und Ölpreise unter sich entscheiden würde.

Die Abwehrversuche des Kartells konnten das Vordringen weiterer amerikanischer Konzerne auf die Dauer nicht verhindern. In Kuwait musste sich die APOC das Feld mit der amerikanischen *Gulf Oil Company* teilen. Namentlich in Saudi-Arabien aber kamen amerikanische Neuankömmlinge zum Zuge. 1933 vergab Ibn Sa'ud das Recht zur Ausbeutung neuer Ölfelder in seinem Staat an eine Reihe amerikanischer Unternehmen; im März 1938 stießen die Ölsucher auf ölführende Schichten. Am 1. Mai 1939 öffnete der König persönlich das Ventil der ersten Rohrleitung für den Öltransport. 1944 wurden die im Königreich operierenden Gesellschaften zur *Arabian American Oil Company* (Aramco) zusammengefasst.

Die Bewertung des Öls als einer strategischen Ressource in Washington hat die amerikanische Politik im Nahen Osten nach dem Ende des Zweiten Weltkriegs in hohem Maße bestimmt. Neben dem Streben nach einem freien Zugang zu den Märkten der Region und – gegen Ende der sechziger Jahre – der Sicherung der Existenz Israels ist das Öl die stärkste Triebkraft amerikanischer Politik im Nahen Osten geworden. Wenn auch Saudi-Arabien vor dem geschilderten Hintergrund ein besonderer Stellenwert zukam, so hat der Faktor Erdöl (zu dem später das Erdgas hinzukam) auch die Beziehungen zu anderen Ölstaaten im Nahen Osten mitgeprägt. Dazu gehörte bis zur Revolution 1979 Iran, aber auch die Emirate am Persischen Golf. Dies insbesondere, nachdem England gegen Ende der sechziger Jahre seine Herrschaft »East of Suez« zu liquidieren begann.

Das Interesse am Erdöl hatte neben dem Zugang zu den Quellen noch eine andere strategische Dimension: den Transport zu den Verbrauchern. Nach Lage der Dinge musste dies über Häfen geschehen, die mit den Ölfeldern verbunden waren. Deshalb lag es im strategischen Interesse der USA, politische Konstellationen zu schaffen, in denen die Pipelinesysteme von den Ölfeldern zu den Häfen ungefährdet funktionierten. Hinzu kam die Sicherung von Meerengen und Wasserstraßen. Unter ihnen hat über die Jahrzehnte der Meerenge von Hormus, der Zufahrt ins Rote Meer durch das Bab al-Mandab zwischen Jemen und dem Horn von Afrika sowie dem Suezkanal das besondere Augenmerk der Strategen in Washington gegolten. Wie anfällig die Pipelinesysteme für wechselnde politische Konstellationen gewesen sind, sollte man bereits im Fall der ersten transregionalen Pipeline erfahren, die die Briten ab 1932 bauten, um das Öl von Kirkuk im Irak nach Haifa an das Mittelmeer zu transportieren. Mit der Entstehung Israels und dem Ausbruch des Nahostkonflikts musste sie geschlossen werden, da die irakische Regierung den Transport von Öl in den jüdischen Staat verweigerte, mit dem sie sich im Kriegszustand befand. Die amerikanische militärische Intervention im Libanon 1958 galt – nicht zuletzt auch mit Blick auf die »Transarabische Pipeline« – dem Ziel, in Beirut ein proamerikanisches Regime an der Macht zu halten. Im irakisch-iranischen Krieg (1980–1988) eskortierten zeitweilig amerikanische Kriegsschiffe von Kuwait ablegende Tanker, um sie gegen iranische Angriffe in der Meerenge von Hormus zu schützen. Ähnliches wurde in der Krise in Erwägung gezogen, die im Gefolge der Aufkündigung des Atomabkommens mit Iran durch den amerikanischen Präsidenten Donald Trump Mitte 2018 zwischen Iran auf der einen und einer amerikanisch-saudischen Allianz auf der anderen Seite ausgebrochen war.

Mit dem Eintritt der USA in den Zweiten Weltkrieg hatte sich in Washington die Einsicht verbunden, dass nicht nur der Krieg, sondern auch der Frieden nach dessen Ende zu gewinnen sein würde. Frieden aber beinhaltete in der Erdölstrategie der Amerikaner auch die dauernde und gesicherte Verfügbarkeit genügend großer Erdölreserven. Die langfristige Behauptung einer ausreichenden Rohstoffbasis und möglichst hegemonialen Kontrolle über den größtmöglichen Anteil der Welterdölreserven wurde zu einem Kriterium der amerikanischen nationalen Sicherheit und Weltmachtstellung. Dass damit ein Konflikt mit England impliziert sein würde, war den Planern von Anfang an klar. Gegen Ende des Krieges tauchte auch die Sowjetunion als potentielle Gefährdung der amerikanischen Interessen in den Ölplanungen auf. Einer der Prüfsteine des amerikanischen-britischen Kräfteverhältnisses in dieser Sache wurde Saudi-Arabien. Die britische Regierung begann, den König zu umwerben. Dieser war tatsächlich in finanziellen Nöten, denn mit der Weltwirtschaftskrise waren die Mekkapilger ausgeblieben, deren Ausgaben während der Pilgerfahrt die Grundlagen der saudischen Staatseinnahmen ausmachten. So waren die britischen Zuwendungen willkommen, die freilich London mit Maßnahmen zu koppeln suchte, die das Königreich über kurz oder lang der Sterling-Zone einverleiben sollten. Ein Stab von britischen Finanzbeamten wurde am saudischen Königshof tätig. Washington musste darauf reagieren.

Die starke Stellung der britischen Erdölunternehmen APOC und IPC beruhte nicht zuletzt auf ihrer engen operationalen Verflechtung mit der Regierung. Demgegenüber waren die amerikanischen Unternehmen privatwirtschaftlich organisiert. Das würde sich ändern müssen, wenn die USA nach dem Krieg ihren Anspruch untermauern wollten, eine auf dem Erdöl gegründete globale Rolle zu spielen – vor allem auch mit Blick auf den anstehenden Wiederaufbau des zerstörten Nachkriegseuropas. Um 1943 wuchs in den USA die Befürchtung einer Einmischung der staatlich gesteuerten britischen Interessen in Saudi-Arabien. Jetzt wandten sich am Geschäft mit dem Königreich beteiligte Unternehmen an die Regierung in Washington mit der Bitte um staatliche Unterstützung und Stärkung der amerikanischen Position auf der Halbinsel durch Finanzhilfen an das saudische Königshaus. Präsident Roosevelt entschied daraufhin, Saudi-Arabien im Rahmen des Leih- und Pachtgesetzes (*Lend-Lease Act*, ► S. 273), das eigentlich nur für unmittelbar kriegsbeteiligte Staaten vorgesehen war, Kriegshilfe zu gewährleisten. Auch wenn die zwischenzeitlich geplante Teilverstaatlichung der *California Arabian Standard Oil Company* (Casoc), der stärksten unter den in Saudi-Arabien operierenden amerikanischen Ölgesellschaften, nach dem britischen Vorbild der APOC nicht zustande kam, verstärkten die USA fortan ihr Engagement in Saudi-Arabien. 1944 wurden die sieben in Saudi-Arabien tätigen amerikanischen Erdölunternehmen zur *Arabian-American Oil Company* (Aramco) zusammengeschlossen. In wachsendem Maße wurde das Land Dreh- und Angelpunkt für das langsame, aber von den Briten nicht mehr aufzuhaltende Vordringen der USA im Nahen Osten. Wie deutlich diese vor den Briten in Saudi-Arabien die Nase vorn hatten, zeigt ein Vergleich der Treffen Roosevelts bzw. Winston Churchills mit dem saudischen König. Während ersteres im Großen Bittersee trotz Meinungsverschiedenheiten namentlich über Palästina von Respekt und Sympathie geprägt war, verlief letzteres drei Tage später, am 17. Februar 1945, am Qarun See bei Fayyum südwestlich von Kairo, in eher kühler, ja unfreundlicher Atmosphäre. In der Folge machte die amerikanische Präsenz im Königreich rasche Fortschritte: Die USA erhielten Zugang zu den saudischen Häfen; es wurde ihnen gegen entsprechende Gebühren die Errichtung einer Militärbasis in Dhahran am Persischen Golf eingeräumt. Die US-Gesellschaften behielten ihren exklusiven Konzessionsvertrag von 1933 und schließlich wurde den an der Aramco beteiligten US-Firmen die Erlaubnis erteilt, eine Pipeline vom Osten Saudi-Arabiens an das Mittelmeer zu verlegen. Mit dem Bau der »Transarabischen Pipeline« (Tap) wurde ab 1947 begonnen; sie ging 1950 in Betrieb und verband die saudischen Erdölfelder in der Provinz al-Hasa mit dem libanesischen Hafen Sidon.

Neben dem Erdöl war die Handelspolitik der USA ein weiterer Gegenstand britischer Besorgnis. Gegen Ende des Krieges unternahm Washington unverhohlen Anstrengungen, die hohen Kosten, die den USA im Rahmen des *Leih- und Pachtgesetzes* entstanden waren, wieder hereinzubekommen. Über das entschlossene amerikanische Vorgehen ist oben berichtet worden. In der Palästinafrage taten sich Differenzen auf, da die Regierung in London der Gründung eines jüdischen Staates, die von Roosevelt und insbesondere seinem Nachfolger, Harry S. Truman, vorangetrieben wurde, skeptisch bis ablehnend gegenüberstand. Sie fürchtete eine Belastung ihrer Beziehungen zu den Arabern und den Verlust an Einfluss im Nahen Osten insgesamt sowie den Widerstand unter den Muslimen in Indien. Auch was schließlich die politische Zukunft des Nahen Ostens insgesamt betraf, bestanden erhebliche Differenzen zwischen London und Washington. Bei einem Treffen mit dem marokkanischen Sultan Mohammed V. am Rande der Konferenz von Casablanca im Januar 1943 hatte Roosevelt seine Unterstützung für die Unabhängigkeitsbestrebungen des Landes, denen der Sultan nahestand, zum Ausdruck gebracht. Diese Haltung sollte bis in die zweite Hälfte der fünfziger Jahre im Großen und Ganzen die Linie Washingtons bleiben. So stand Washington auch aufseiten der arabischen Nationalisten, die nach der arabischen Niederlage im ersten israelisch-arabischen Krieg 1948 an die Macht drängten. In Libyen und in Syrien, wohin die Briten ihren Einfluss von ihrer Bastion in Bagdad aus auszudehnen suchten, standen Washington und London in unterschiedlichen Lagern. Im Zweiten Nahostkrieg 1956, der mit dem Ziel geführt wurde, den Sturz Nassers herbeizuführen (► S. 324), übte Washington Druck auf die kriegführenden Parteien England, Frankreich und Israel aus, die Kampfhandlungen zu beenden und die besetzten Gebiete zu räumen. In London (und Paris) musste man erkennen, dass Großbritannien (und Frankreich) im Nahen Osten (und Nordafrika) zahnlose Tiger geworden waren und die Geschicke dieser Regionen nun wesentlich von Washington aus bestimmt wurden. Im Rückblick ist es ein Versäumnis, dass die USA – wie auch später noch einmal nach 1990 – keinen konstruktiven, konsequent antiimperialistischen Beitrag zu einer neuen Ordnung geleistet haben, die zu errichten die neuen Eliten angetreten waren. Einer der Gründe dafür war wohl, dass Washington es – allen Rivalitäten zum Trotz – nie zu einem offenen Konflikt mit London über den Nahen Osten wollte kommen lassen. In Washington schätzte man die Erfahrung der Briten im Umgang mit den nahöstlichen Völkern und ihre Vernetzung unter den Regimes und herrschenden Eliten.

Der schwerer wiegende Grund aber lag in dem Erscheinen der Sowjetunion auf der nahöstlichen Bühne. Mit ihm verband sich die Befürchtung, diese werde die Hand auf das Erdöl legen und damit den USA die Grundlage für eine globale Projektion ihrer Macht entziehen. In dieser Befürchtung wurden die USA von England nachhaltig unterstützt. Bis in die Gegenwart ist in London ein Phantomschmerz darüber zu spüren, die Macht im Nahen Osten verloren zu haben. Dieser wird ansatzweise dadurch konterkariert, dass London fast zwanghaft mit von der Partie ist, wenn eine US-Regierung beschließt, ihrerseits im Nahen Osten – auch mit militärischen Mitteln – einzugreifen. So wahrt London die Illusion, dass Großbritannien im Nahen Osten noch immer eine »Macht« ist.

13.3 Wenn Elefanten kämpfen, leidet das Gras

Tatsächlich hatte der amerikanische Präsident Harry S. Truman bereits wenige Monate nach dem Rückzug der Sowjetunion aus Iran, am 12. März 1947, die nach ihm benannte Doktrin verkündet, welche die Ost-West-Teilung akzentuierte: Die USA würden »freien Völkern«, deren Existenz durch äußeren Druck oder durch militante Minderheiten im Inneren gefährdet wären, zur Seite stehen. Für die Türkei war damit der Weg zu massiver Militär- und Wirtschaftshilfe seitens des Westens geebnet. Der Beitritt zum westlichen Verteidigungssystem stand nun im Vordergrund des nationalen Interesses des Landes. Am 18. Februar 1952 stimmte das türkische Parlament mit 440 Ja-Stimmen bei einer Gegenstimme und einer Enthaltung dem Beitritt des Landes in die Nato zu.

Für Iran sollte es sich als schwieriger erweisen, seinen Platz im bipolaren System zu finden. Herkömmlich war der Einfluss Russlands namentlich im Norden des Landes stark gewesen. Mit der Oktoberrevolution von 1917 hatten kommunistische Ideen und Organisationen auch in Iran Eingang gefunden und waren teilweise eine Symbiose mit nationalistischen Aspirationen ethnischer Minderheiten, namentlich der Aserbaidschaner und Kurden, eingegangen. Die Grenze zwischen Sowjetisch- und Iranisch-Aserbaidschan war durchlässig für Ideen und ihre Agenten. 1920 war die *Kommunistische Partei Iran* gegründet worden. 1931 verboten, war sie 1941 als *Tudeh*-Partei (*Volkspartei Irans*, *Hizb-e tudeh-ye Iran*) mit sowjetischer Unterstützung neu gegründet worden. Teheran musste also den Einflüssen Moskaus gegenüber behutsamer agieren als Ankara, wollte Iran seine Unabhängigkeit wahren. Die Weigerung des iranischen Parlaments im Oktober 1947, ein zuvor mit Moskau ausgehandeltes Abkommen zu ratifizieren, wurde dort als Provokation empfunden. Damit setzte sich das Land nicht nur dem Vorwurf Moskaus aus, ein Lakai des »westlichen Imperialismus« zu sein; unverhohlen unterstützte die sowjetische Regierung auch kommunistisch inspirierte Oppositionsgruppen. Am 4. Februar 1949 unternahm ein Anhänger der *Tudeh* einen Attentatsversuch auf den Schah. Und der Artikel 6 des Iranisch-Russischen Freundschaftsvertrags vom Februar 1921, der Russland das Recht einräumte, »in Persien einzumarschieren«, falls von einem auf persischem Boden operierenden Drittstaat eine Bedrohung für Russland ausgehe, hing noch immer als Damoklesschwert über den Beziehungen.

Vor dem Hintergrund der instabilen Lage im Lande zögerte Washington, sich umfänglich in Iran zu engagieren. Der Zusammenbruch der von den USA massiv unterstützten *Guomindang* (*Nationale Volkspartei*) in China 1949 schien Befürchtungen zu bestätigen, dass die Unterstützung von politischen »Partnern« in Asien hinausgeworfenes Geld bedeute. Aufseiten der iranischen Regierung – auch Schah Muhammad Rezas – und einer prowestlichen Öffentlichkeit breitete sich Enttäuschung über die zögerliche amerikanische Haltung aus. In diesem Klima und vor dem Hintergrund einer schlechten Lage der iranischen Finanzen suchte Ministerpräsident Muhammad Mosaddegh die Nation durch die vollständige Verstaatlichung der AIOC zu mobilisieren. In dem 1951 ausbrechenden Konflikt mit Großbritannien (▶ S. 298) erklärte sich Washington neutral und forderte beide Seiten zu Verhandlungen auf. Zu einer finanziellen Überbrückung der Zahlungsschwierigkeiten, in die Teheran aufgrund des britischen Embargos geriet, fand sich die Regierung in Washington nicht bereit. Im Januar 1953 wurde Dwight D. Eisenhower Nachfolger Trumans als Präsident der USA. Mit Blick auf Iran stand dieser zu Beginn seiner Amtszeit unter dem Eindruck eines potentiellen Schulterschlusses Mosaddeghs mit der – offiziell verbotenen – kommunistischen *Tudeh*-Partei. Am 21. Juli brachte diese mit der Forderung nach dem Abbruch der Beziehungen zu den USA 40 000 Menschen auf die Straße. Wenige Tage später bot Moskau Verhandlungen über die Rückgabe von elf Tonnen Gold an, welche die Sowjetunion nach dem Abzug ihrer Truppen nach dem Ende des Zweiten Weltkriegs mitgenommen hatte. An diesem Punkt siegte die Logik des »Kalten Krieges« über die liberalen Ansätze, die die amerikanische Politik im Nahen Osten seit Kriegsende geleitet hatten. Sie wurde durch den britischen Premierminister Winston Churchill bestärkt, der Eisenhower suggerierte, Iran sei auf dem Weg, sich in den sowjetischen Orbit zu begeben. So gab Eisenhower der CIA grünes Licht, gemeinsam mit dem britischen Geheimdienst Maßnahmen zu treffen, Mosaddegh zu stürzen.

In einer der ersten Amtshandlungen wandte sich General Fazlollah Zahedi, der nunmehr starke Mann in Teheran, an Washington mit der Bitte um Finanzhilfe. Präsident Eisenhower, der zwei Monate zuvor ein ähnliches Ansinnen Mosaddeghs abgelehnt hatte, reagierte umgehend: Teheran erhielt 45 Mio. Dollar außerordentliche und 23,4 Mio. planmäßig vorgesehene Unterstützung. Auch wenn sich Washington drei Jahre später im Falle des britisch-französisch-israelischen Überfalls auf die Seite Nassers und damit eines jungen arabisch-nationalistischen Regimes schlug, kann der amerikanisch-britisch ins Werk gesetzte Sturz Mosaddeghs mit Blick auf die kommenden Jahrzehnte als Sündenfall der amerikanischen Politik gesehen werden. Das gilt definitiv für das iranisch-amerikanische Verhältnis: In breiten Schichten der Bevölkerung wurde der Schah, der seine Stellung Zug um Zug ausbaute, als Marionette der USA wahrgenommen, dazu bestimmt, im machtpolitischen Spiel der USA im Nahen Osten eine Rolle zu spielen. Langfristig waren so die Weichen in Richtung auf einen Wandel gestellt, der nicht mehr demokratisch evolutionär, sondern revolutionär verlaufen würde. Auf der Wellenlänge eines virulenten Antiamerikanismus haben auch die Machthaber der Islamischen Republik bis in die Gegenwart immer wieder Massen mobilisieren können.

Mit Blick auf die Politik der USA im Nahen Osten insgesamt sollte die Parteinahme für Nasser 1956 bald zu einer historischen Episode werden. In dem Maße, in dem sich die Entfremdung zwischen Washington und den antiimperialistischen Kräfte in den arabischen Gesellschaften vertiefte, wurden die Weichen in Richtung auf eine immer weiterreichende Unterstützung der USA für die Politik Israels gestellt. Jenseits des militärischen Beistands sollte diese über Jahrzehnte nicht zuletzt in den zahllosen Vetos gegen Resolutionsentwürfe im Sicherheitsrat der Uno bestehen, die sich kritisch vor allem auf die israelische Besetzung der Westbank, Ost-Jerusalems und Gazas bezogen. In einem Klima zunehmender Distanz zu Washington, ja eines offenen Antiamerikanismus aufseiten breiter Teile der arabischen Gesellschaften, erschien die Beihilfe zum Sturz Mosaddeghs als der Beginn einer Politik der westlichen Supermacht, die sich auf die konservativen Kräfte in der Region stützte. Die *pax Americana* wurde weithin als ein Konstrukt wahrgenommen, macht- und wirtschaftspolitische Interessen der USA durchzusetzen.

Die Gründung des Staates Israel im Mai 1948 war ein Ereignis, das bis in die Gegenwart die politische Großwettlage im Nahen Osten in hohem Maße mitbestimmen sollte. Dass die Zukunft Palästinas im Vorfeld des Beschlusses der Vollversammlung der Uno kontrovers diskutiert worden war, ist berichtet worden (► S. 268). Jetzt, da der Staat Israel proklamiert war, zögerte Präsident Truman nicht: Nur wenige Stunden nach der Verlesung der Unabhängigkeitserklärung erkannten die USA den jungen Staat *de facto* an (die *de iure* Anerkennung erfolgte erst am 25. Januar 1949 nach der ersten demokratischen Wahl zur Knesset). Moskau nahm sich für die Anerkennung drei Tage Zeit; dann erfolge die Anerkennung freilich *de iure* und war zeitgleich mit der Aufnahme diplomatischer Beziehungen verbunden. Zu diesem Zeitpunkt hegte die sowjetische Führung noch die Hoffnung, die israelische Staatsführung würde sich dem sozialistischen Lager annähern – dies vor dem Hintergrund der Tatsache, dass zahlreiche führende Persönlichkeiten der zionistischen Bewegung in Russland und Osteuropa in linken Bewegungen politisch aktiv gewesen waren. Leo Trotzki, enger Weggefährte Lenins seit der Revolution, war – wie andere bolschewistische Akteure – Jude. Vor diesem Hintergrund ist auch die Entscheidung Moskaus zu sehen, Israel in dem ausbrechenden Waffengang mit den Arabern militärisch zu unterstützen. Schwerpunkt der Maßnahmen wurden Rüstungslieferungen, die über die Tschechoslowakei abgewickelt wurden.

Angesichts der auch nach Abschluss der Waffenstillstandsverträge zwischen Israel und seinen arabischen Nachbarn 1949 anhaltenden gewaltsamen Zusammenstöße zwischen der israelischen Armee und militanten arabischen, namentlich palästinensischen Gruppen, der Weigerung der arabischen Staaten, Israel anzuerkennen, sowie der fortgesetzten Drohungen aus arabischen Hauptstädten gegen die Existenz des jüdischen Staates stellte die Regierung in Jerusalem bald die Weichen in Richtung auf die USA als künftiger Schutzmacht. Dort freilich blieb die Reaktion bis auf Weiteres eher verhalten. Washington blieb darauf bedacht, sich Optionen für eine Allianz mit den im Wandel befindlichen arabischen Staaten offen zu halten. Wiederholt forderten Vertreter der amerikanischen Administration Israel auf, mehr zu tun, um einen Ausgleich mit den Arabern herbeizuführen. Außenminister John Foster Dulles (im Amt 1953–1959) unterbreitete Vorschläge, sowohl die Grenzfrage als auch das Problem der palästinensischen Flüchtlinge zu lösen. Wichtigster westlicher Partner Israels bei der militärischen Zusammenarbeit war in den fünfziger Jahren Frankreich; auch die heimliche Errichtung eines Atomreaktors in Dimona war das Ergebnis französisch-israelischer Kooperation.

Das wachsende Gewicht Washingtons im Nahen und Mittleren Osten sowie in Nordafrika musste auf ambivalente Reaktionen seitens jener europäischen Kolonialmächte stoßen, die noch bis zum Ende des Zweiten Weltkriegs die Geschicke des Nahen Ostens und Nordafrikas bestimmt hatten. Während man in London, Paris und Rom nach Kompromissen zwischen dem Unabhängigkeitsstreben der arabischen Nationalisten und der Wahrung herkömmlichen Einflusses suchte, stand Washington im Prinzip dem Streben der arabischen Völker nach Unabhängigkeit positiv gegenüber. Damit sollte auch der Propaganda Moskaus, die auf die Unterstützung des antikolonialen Befreiungskampfes der Völker abhob, Wind aus den Segeln genommen werden. Auch war man in Washington der Überzeugung, auf den Einfluss eben dieser neuen arabisch nationalistischen Kräfte bei der Errichtung des »freiheitlichen Lagers« kaum verzichten zu können, das die US-Regierung in Abgrenzung zu dem von der Sowjetunion angeführten »sozialistischen Lager« organisierte. In den Differenzen zwischen Washington und London trat diese durchaus deutlich unterschiedliche Ausgangslage zutage: Großbritanniens Wahrnehmung war noch immer die eines Empire, d. h. einer historisch verankerten Größe, die über Jahrhunderte gewachsen war und Bestand gehabt hatte. Seine Mitglieder waren Teile eines politischen Organismus mit dem britischen Mutterland als schlagendem Herz gewesen. Diesen um einer Neuordnung willen, die keine geschichtlichen Wurzeln hatte, radikal aufzulösen, musste dem Langzeitgedächtnis einer Kolonialmacht unangemessen erscheinen. Die USA demgegenüber waren kriegsbedingt mit der bestehenden Ordnung, die freilich unübersehbare Zerfallserscheinungen erkennen ließ, in Berührung gekommen. In diesem Prozess entwickelten sie eigenständige langfristige politische und wirtschaftliche Interessen. Jetzt kam es darauf an, eine diesen gemäße politische internationale Ordnung zu schaffen. Dabei konnten die Stimmen der regionalen Akteure selbst nicht überhört werden.

Bereits 1956 freilich sollte sich erweisen, wie sehr sich die amerikanische Politik zwischen alle Stühle gesetzt hatte. Mit ihrer Machtübernahme im Juli 1952 hatten in Ägypten die »Freien Offiziere« eine neue Ära in der ganzen arabischen Welt eingeleitet. Unter ihnen hatte Oberst Gamal Abd an-Nasir (Nasser) bald die politische Führung übernommen. In seinen panarabischen Visionen sah er sich als Vorkämpfer für eine umfassende Befreiung »der Araber« und als Führer auf dem Weg zu ihrer Befreiung von imperialistischer Herrschaft. 1955 hatte im indonesischen Bandung die erste Konferenz von Staaten stattgefunden, die sich als »blockfrei« verstanden. Nasser war zu einem ihrer Wortführer geworden und von nun an stand die Außenpolitik Ägyptens unter dem Vorzeichen des »positiven Neutralismus«.

Der Widerspruch zu der Politik der USA wurde zunehmend unübersehbar. Im Kontext einer Politik des *containment,* d. h. der Verhinderung des sich Ausbreitens kommunistischer Kräfte, begannen Washington und London, ein Sicherheitssystem aufzubauen, das als *Middle East Defense Organization* die Nato an der Südflanke der Sowjetunion fortsetzen sollte. Im Februar 1955 wurden in Bagdad (deshalb auch »Bagdad-Pakt«, später *Central Treaty Organization*, Cento) durch ein Bündnis zwischen dem Irak und der Türkei die Grundlagen dafür gelegt; noch in demselben Jahr traten Großbritannien, Pakistan und Iran bei. Die USA hatten einen Beobachterstatus. Washington hoffte, Nasser ins Boot holen zu können, würde man einer der zentralen Forderungen des jungen Regimes, der militärischen Räumung der Suezkanalzone durch Großbritannien, entsprechen. Folgerichtig drängten die USA London zu diesem Schritt. Tatsächlich kam es am 19. Oktober 1954 in Kairo zu einer entsprechenden britisch-ägyptischen Übereinkunft und am 18. Juni 1956 verließ das letzte britische Militärkontingent die Suezkanalzone. Gleichwohl verweigerte sich Nasser dem amerikanischen Ansinnen; sein Sicherheitskonzept für Ägypten beruhte auf einer Politik der Äquidistanz zu den beiden von den Supermächten geführten Blöcken. Und unterstützt – zum Teil auch eingeschüchtert – von Kairo lehnten auch andere arabische Staaten den Beitritt ab. Daraufhin zogen die USA und Großbritannien ihre Anteile an der Finanzierung des Assuan-Staudamms, eines prestigeträchtigen Großprojekts des jungen Regimes, die sie im November 1955 gegeben hatten, im Juni 1956 zurück. Nasser war erzürnt und begann, seine Fühler nach Moskau auszustrecken. Ein Waffengeschäft, das über die Tschechoslowakei abgewickelt wurde, war ein erstes handfestes Ergebnis dieser Annäherung. Die neben der politischen für Ägypten besondere wirtschaftliche Pointe dieser Abmachung war, dass Ägypten die Waffen nicht in Dollar, sondern im Austausch für landwirtschaftliche Produkte, vornehmlich Baumwolle und Reis erwerben konnte.

Als Reaktion auf den Rückzug Washingtons und Londons aus dem Assuan-Projekt verkündete Nasser am 26. Juli 1956 in einer dramatischen Geste die Verstaatlichung der Suezkanal-Gesellschaft. Der diesem Schritt folgende militärische und politische Gang der Ereignisse wurde bereits oben kurz dargestellt. An dieser Stelle geht es um die Reaktion in Washington. Dort war Nassers Schritt zwar verurteilt, die politische Antwort darauf aber offen gehalten worden. Nicht zuletzt vor dem Hintergrund der Gefahr eines aktiven Eingreifens durch Moskau erklärte Präsident Eisenhower in einer Rundfunkbotschaft, dass seine Regierung die Anwendung von Gewalt nicht für klug und geeignet halte, internationale Konflikte zu lösen. Es sei die Politik der USA, die Freundschaft sowohl zu Israel als auch zu den arabischen Staaten zu suchen. So waren die Aggressoren isoliert; Großbritannien und Frankreich zogen ihre Truppen bis zum 22. Dezember von ägyptischem Boden zurück. Die Räumung der Sinai-Halbinsel durch die israelischen Truppen war im März 1957 abgeschlossen. Die gescheiterte Invasion war mehr als nur ein peinlicher Rückschlag: Indem sich England und Frankreich amerikanischem Druck beugen mussten, räumten sie ein, dass sich die Machtverhältnisse im Nahen Osten definitiv verändert hatten. Europa hatte ausgespielt; an die Stelle europäischer Mächte, die die Geschicke Nordafrikas sowie des Nahen und Mittleren Ostens anderthalb Jahrhunderte bestimmt hatten, waren die USA getreten. Daran sollte sich für das nächste halbe Jahrhundert nichts ändern.

Die amerikanische Intervention zugunsten Ägyptens konnte die weitere Annäherung des Landes an die Sowjetunion nicht aufhalten. In der am 5. Januar 1957 verkündeten und seither nach ihm benannten Doktrin festigte Präsident Eisenhower die östlich-westliche Verwerfung: Im Nahen Osten sei ein Machtvakuum entstanden; die Staaten dort würden vom internationalen Kommunismus bedroht. Daraus leitete er für die USA das Recht ab, sich in die inneren Angelegenheiten der nahöstlichen Staaten einzumischen. Das könne durch drei Arten von Maßnahmen geschehen: die

Förderung der ökonomischen Entwicklung, um die nationale Unabhängigkeit zu gewährleisten, die Unterstützung und Zusammenarbeit auf militärischem Gebiet sowie den unmittelbaren Einsatz amerikanischer Streitkräfte, um die territoriale Integrität und politische Unabhängigkeit von Staaten zu schützen, die einer bewaffneten Aggression vonseiten »irgendeiner durch den internationalen Kommunismus beherrschten Nation« ausgesetzt seien.

Bereits im Februar lehnte Nasser die Eisenhower-Doktrin ab. Dies wurde in Washington als Option für eine weitere Annäherung Kairos an Moskau verstanden. Damit aber waren auch die Weichen in Richtung auf eine nachhaltige Stärkung der amerikanisch-israelischen Beziehungen gestellt. Die Aufforderung Präsident Eisenhowers an die israelische Regierung, die Sinai-Halbinsel zu räumen, sollte für Jahrzehnte das letzte Mal sein, dass aus Washington kraftvolle politische Signale kamen, die israelischen Interessen und der von ihnen geleiteten Politik Jerusalems zuwiderliefen. Die Sicherheit Israels wurde zu einer der drei leitenden Interessen Washingtons im Nahen und Mittleren Osten. Wie diese Sicherheit definiert würde, sollte einseitig in Jerusalem entschieden werden. Israelische Standpunkte, namentlich im Konflikt mit den Palästinensern, leiteten die USA nicht zuletzt bei Abstimmungen im Sicherheitsrat der Uno. Hier hat das amerikanische Veto unzählige Resolutionen blockiert, deren Implementierung nach dem Urteil der Mehrheit der Mitglieder geeignet gewesen wären, den Konflikt aus der Sackgasse zu manövrieren, in der er sich insbesondere seit dem Ende des dritten Nahostkriegs im Juni 1967 befand. Über Jahrzehnte blieben neben der Sicherheit Israels die Einhegung des Einflusses der Sowjetunion (*containment policy*) und der Zugang zu den Ressourcen, namentlich den Öl- und Gasreserven, des Nahen Ostens und Nordafrikas sowie der freie Handel mit den Wirtschaftspartnern der Region bestimmende Interessen amerikanischer Nahostpolitik.

Im Ergebnis hatten die Entwicklungen von 1956/57 Israel zum politischen Eckstein im Gebäude amerikanischer Politik im Nahen Osten in regionaler wie internationaler Perspektive werden lassen. Das gilt auch noch für die Zeit nach dem Ende der Sowjetunion zu Beginn der neunziger Jahre. Washington – nunmehr die einzige globale Supermacht – hat seinen für die Sicherheit des jüdischen Staates überwältigenden Stellenwert nicht wirksam werden lassen, um einen Frieden zwischen Israel und seinen Nachbarn zu stiften. Dies ist eine – wenn auch bei weitem nicht die einzige – der Ursachen nicht nur für das Fortbestehen und die Explosivität des israelisch-palästinensischen (arabischen) Konflikts, sondern auch für das Abgleiten der ganzen Region in die chaotischen und von Extremismus und Gewalt gekennzeichneten Verhältnisse am Ende des 20. und dem Beginn des 21. Jahrhunderts.

Die Ereignisse im Kontext des zweiten Nahostkrieges bedeuteten einen tiefen Einschnitt in der Geschichte des Nahen Ostens und Nordafrikas. Dies in mehrfacher Hinsicht: Zum einen markierten sie – wie oben bemerkt – definitiv das Ende der Vorherrschaft der beiden europäischen Mächte, die seit dem Ende des 18. Jahrhunderts die Geschicke im Raum zwischen dem Atlantik und dem Indischen Ozean wesentlich bestimmt hatten. Europa, dessen Staaten aus dem Zweiten Weltkrieg geschwächt hervorgegangen und seit den fünfziger Jahren bemüht waren, sich in einem europäischen Kontext als Gemeinschaft langfristig neu zu positionieren, war keine gestaltende Kraft mehr. Erst in den frühen siebziger Jahren sollte die – zu diesem Zeitpunkt – Europäische Gemeinschaft (EG) zaghafte Bemühungen unternehmen, im Raum des Mittelmeers, Nordafrikas und des Nahen Ostens neue Formen der politischen, wirtschaftlichen und kulturellen Interaktion zu finden.

Zum anderen geriet – wie der Rest der Welt – auch der Nahe und Mittlere Osten in das Koordinatensystem, dessen Achsen von den USA und der Sowjetunion gebildet wurden. Dabei ging es – nach dem unablässig in Washington und Moskau bekräftigten Selbstverständnis – um grundlegende politische Werte und Weichenstellungen in der Entwicklung von Gesellschaften sowie um nichts weniger als die Glückseligkeit der Menschheit. Dem kommunistisch-kollektivistischen stand das liberal-freiheitliche Paradigma gegenüber. Das war die Fassade. Die Wirklichkeit war, dass sich die Auseinandersetzung auf der Ebene von politischer und militärischer Macht vollzog. Dieser Tatbestand hatte tiefstgreifende Auswirkungen auf die Gesellschaften des Nahen und Mittleren Ostens; dies zu einem Zeitpunkt, da sie sich aufmachten, nach dem Ende kolonialistischer Fremdbestimmung und Deformation in eine Ära der Selbstbestimmung einzutreten. Indem beide Supermächte bemüht waren, die lokalen Eliten für die Durchsetzung ihrer politischen Interessen zu instrumentalisieren, waren diese nicht in der Lage, den Prozess der politischen und gesellschaftlichen Erneuerung, der nach dem Ende des Zweiten Weltkriegs unabweisbar geworden war, selbstbestimmt zu gestalten. Der »Kalte Krieg« bedeutete in ähnlicher Weise eine Blockade in der Entfaltung der meisten Völker und Staaten der Region wie die politische Vergewaltigung, die nach dem Ersten Weltkrieg durch die Unterwerfung namentlich des arabischen Raums seitens der europäischen Mächte und die Eingliederung in ein scheinheiliges System von »Mandaten« ausgeübt wurde.

Das »westliche« und das »östliche« Lager waren freilich keine ein für alle Mal festgeschriebenen und unverrückbaren Größen. Auch suchten – insbesondere im Zuge des in den siebziger Jahren einsetzenden Entspannungsprozesses – einzelne Staaten die sich öffnenden Spielräume für Kontakte und Kooperationen nach beiden Seiten zu nutzen. Zunächst aber waren die Umstürze in den fünfziger und sechziger Jahren im arabischen Raum in der Regel vom Wechsel in das sowjetische Lager begleitet; Verträge über »Freundschaft und Zusammenarbeit« wurden geschlossen. Mit großer Vereinfachung kann die folgende Landkarte gezeichnet werden: Die Türkei und der kaiserliche Iran waren im Rahmen der Bündnissysteme von Nato und Cento Bausteine des Gebäudes des amerikanischen *containment*. Dieser »Nördliche Gürtel« (*Northern Tier*) erstreckte sich bis zum Cento-Mitglied Pakistan. Das dazwischen gelegene Afghanistan wahrte als »blockfreier« Staat seine Eigenständigkeit (und profitierte von der Entwicklungshilfe von Ost und West). Die arabischen Monarchien in Saudi-Arabien (die Emirate waren Großbritannien eng verbunden), Jordanien und Marokko waren mit Washington alliiert. Das gilt auch – trotz der offiziell verkündeten »Blockfreiheit« – für Tunesien.

Nach dem Ende des Konflikts um den Suezkanal 1956 begann sich rasch das »sowjetische Lager« zu organisieren. Von Ägypten war bereits die Rede; Nassers Besuch in Moskau Anfang Mai 1958 markierte die Annäherung. Zu diesem Zeitpunkt war er bereits Oberhaupt der Vereinigten Arabischen Republik (VAR), eines Zusammenschlusses von Ägypten und Syrien (▶ S. 325). Schon vor der Vereinigung waren in Syrien linke Kräfte erstarkt und nach dem Zerfall der VAR (1961) begann bald die *Ba'th*-Partei das politische Leben in Syrien zu bestimmen. In den drei programmatischen Leitbegriffen »Einheit« (*wahda*), »Freiheit« (*hurriyya*) und »Sozialismus« (*ischtirakiyya*) war ein panarabisch nationalistischer und sozialistischer Kurs angesagt. Diesen schlug sie ein, nachdem sie ab 1963 Zug um Zug die Alleinherrschaft in Damaskus übernommen hatte. Nach etlichen Anläufen gelang ihr das 1968 auch im Irak. Mit der Machtübernahme arabisch-nationalistischer und sozialistischer Kräfte nach nasseristischem Vorbild in Tripolis (1969) und Khartum (1969) näherten sich auch Libyen und der Sudan der Sowjetunion an. Auch der Entwicklungsweg, den Algerien nach der Erringung der Unabhängigkeit (1963) einschlug, wies zunächst auf das sozialistische Lager. Nur in einem einzigen Fall freilich, dem der Sozialistischen Volksrepublik Jemen (Südjemen), beruhte die Nähe zur Sowjetunion auf ideologischer Gemeinsamkeit: auf der Herrschaft der Arbeiterklasse, organisiert in der *Nationalen Front*, die sich marxistisch verstand. »Befreiungsbewegungen«, die zumeist ethnisch-nationalistischer Natur waren, hatten zumeist auch eine linke Orientierung. Sie wurden zeitweise von der Sowjetunion bzw. von einigen ihrer Satelliten – u. a. der Deutschen Demokratischen Republik – unterstützt. Die Palästina-Frage, die seit 1967 von der *Palästinensischen Befreiungsorganisation* (PLO), und die Kurden-Frage, die – spätestens – seit 1984 von der *Kurdischen Arbeiterpartei* (PKK) am radikalsten und international wirkungsvollsten vertreten wurden, hatten weitestreichende Auswirkungen auf den Nahen Osten und die internationale Politik. Innerhalb der PLO hatten auch radikal linke Gruppen eine Heimat und die PKK hatte sich unter Abdullah Öcalan ein dogmatisch-marxistisches Programm gegeben.

Die beiden Jahrzehnte zwischen der Revolution in Ägypten (1952) und dem Tode Nassers (1970) haben die Hochzeit arabisch-nationalistischer Emotionen und Konvulsionen – in Verbindung mit entwicklungspolitisch »linken« Tendenzen – gesehen. Sie stellten auch die Hochzeit ideologischer und politischer Lagerbildung unter den Hegemonen Washington und Moskau dar. Das bedeutete freilich nicht, dass die »Lager« dauerhafte und unwandelbar feste Konturen gezeigt hätten. Nahezu alle arabischen Staaten sahen sich anhaltend dem Dilemma gegenüber, eigentlich eine unabhängige, am »nationalen Interesse« ausgerichtete Politik verfolgen zu wollen, sich aber andererseits, der Notwendigkeit bzw. Opportunität folgend, einem »Lager« anschließen zu müssen. Die Gründe und Hintergründe dafür waren mehrfacher Natur: sei es, auswärtige Unterstützung für den inneren Machterhalt zu gewinnen oder in der machtpolitischen Auseinandersetzung mit regionalen Gegnern und Rivalen auf die Unterstützung bzw. den Schutz einer Supermacht zu setzen. Namentlich die Frontstaaten Israels und die PLO waren auch von der Erwartung geleitet, aus dem »sowjetischen Lager« Unterstützung in ihrer Auseinandersetzung mit dem jüdischen Staat zu erhalten.

Die Fundamente der Allianzen zwischen den regionalen Akteuren und den beiden Supermächten waren nur in wenigen Fällen wirklich gefestigt. Über die Jahrzehnte relativ stabile Plätze nahmen das Nato-Mitglied Türkei und die Monarchien in Marokko, Jordanien und auf der Arabischen Halbinsel – allen voran Saudi-Arabien – ein. Ansonsten aber waren Änderungen der Allianzen an der Tagesordnung. Über das Schwanken der Orientierung Nassers in seinen frühen Jahren wurde berichtet; sein Nachfolger Anwar as-Sadat, vollzog eine abrupte Abkehr von der Sowjetunion, indem er 1972 die sowjetischen Militärberater des Landes verwies und 1976 den erst 1971 geschlossenen »Vertrag über Freundschaft und Zusammenarbeit«

kündigte. Mit der Revolution unter General Abd al-Karim Qasim 1958 kündigte der Irak die Mitgliedschaft im »Bagdad-Pakt«. Das seit 1968 an der Macht befindliche *Ba'th*-Regime schloss 1972 einen Freundschaftspakt mit der Sowjetunion, wandte sich aber im Verlauf des Krieges mit Iran (1980–1988) wieder den USA zu. Iran verließ mit dem Ende der Monarchie und der Gründung der Islamischen Republik 1979 das Cento-Bündnis und verfolgte von diesem Zeitpunkt an eine Politik der Neutralität zwischen den beiden Blöcken. Am Horn von Afrika hatte sich der Militärdiktator Somalias Siyad Barre (reg. 1969–1991) bei seiner Machtübernahme dem »wissenschaftlichen Sozialismus« verschrieben; nach der Niederlage aber im Krieg gegen das sozialistische Äthiopien (seit 1974), das sich Moskau anzunähern begonnen hatte, wechselte er 1980 die Seite.

Auch die führenden Mächte beider Lager verfuhren bei der Gestaltung ihrer Allianzen in hohem Maße pragmatisch. Dies freilich fiel Moskau schwerer als Washington. Denn der Außenpolitik des kommunistischen Imperiums lag ja die ideologische Annahme zugrunde, dass sich die gesellschaftliche Entwicklung in den Ländern der »Dritten Welt« früher oder später gemäß dem marxistisch-leninistischen Weg der Herausbildung der klassenlosen Gesellschaft vollziehen würde. Im Idealfalle würde dieser Weg unter Führung der jeweiligen *Kommunistischen Parteien* beschritten werden. Dies freilich erwies sich von einer kurzen Episode im Südjemen abgesehen als Illusion. In allen arabischen Staaten wurden die *Kommunistischen Parteien* – zum Teil mit großer Brutalität – unterdrückt, unabhängig davon, ob es sich um konservativ-feudalistische Systeme oder um Regime »progressiver« Staatsparteien – allen voran die *Ba'th*-Partei – handelte. Das Einschwenken schließlich der kommunistischen Ideologen in Moskau (aber auch in Ost-Berlin) auf den »nicht-kapitalistischen Weg der Entwicklung« (beschritten von »nationalen Demokraten«) bedeutete eine ideologische Anpassung, die es ermöglichen sollte, den Weg in die Zukunft bei allen unübersehbaren Unterschieden gemeinsam zu beschreiten. Dennoch ließ sich nicht verheimlichen, auf wie schwankendem Boden sich die Allianz des sozialistischen Lagers mit den »progressiven« Kräften im Nahen Osten (wie auch anderswo in der »Dritten Welt«) bewegte. Am Ende war in vielen Fällen ausschlaggebend, dass die Zusammenarbeit mit den USA wirtschaftlich und entwicklungspolitisch ertragreicher sein würde als die mit der Sowjetunion, die sich zunehmend schwerer tat, mit ihren eigenen wirtschaftlichen Problemen fertig zu werden. Das Fehlen eines ideologisch verlässlichen Partners in Gestalt von *Kommunistischen Parteien* wurde zwar durch Verträge über »Freundschaft und Zusammenarbeit« mit den »progressiven« arabischen Ländern kompensiert. Freilich sollte sich wiederholt erweisen, dass diese Verträge das Papier nicht wert waren, auf dem sie geschrieben waren, da sich die Vertragspartner von der Sowjetunion abwandten, sobald das Interesse des Regimes dieses geraten erscheinen ließ.

Nur selten haben sich die beiden Supermächte unmittelbar militärisch eingemischt. Umso intensiver waren die geheimdienstlichen Aktivitäten. Diese sind naturgemäß kaum zu beschreiben oder konkret zu bewerten. Ihren Beitrag beim Sturz des iranischen Ministerpräsidenten Mosaddegh im August 1953 haben der britische und amerikanische Geheimdienst mittlerweile eingeräumt. Und nach der Besetzung der amerikanischen Botschaft in Teheran im November 1979 haben die Besetzer umfangreiches Material publiziert, das die Aktivitäten des amerikanischen Geheimdienstes weit jenseits der Grenzen Irans belegt. Nicht zuletzt die Tatsache, dass

»dunkle Mächte« aus Europa und den USA an vielen Punkten der Geschichte des Nahen Ostens im 20. Jahrhundert hinter den Kulissen die Fäden gezogen haben, hat dem verbreiteten Verschwörungsdenken (*mu'amara*) Tür und Tor geöffnet. Auf dem Höhepunkt nasseristischer Propaganda nach 1956, die die Stabilität von »prowestlichen« Regimes zu unterminieren und mithin zu einer machtpolitischen Verschiebung zugunsten der Sowjetunion zu führen drohte, intervenierten Großbritannien und die USA (auf der Grundlage der Eisenhower-Doktrin) in Jordanien und im Libanon, um die dortigen Machthaber zu stabilisieren (1958). Linksgerichtete lokale Befreiungsbewegungen wie die *Volksfront für die Befreiung Omans und des Arabischen Golfs* (*Popular Front for the Liberation of Oman and the Arabian Gulf*, Pfloag) erfuhren die Unterstützung seitens des sozialistischen Lagers; die bedrohten Regimes wurden von Washington gestärkt. In den beiden großen und folgenreichen arabisch-israelischen Kriegen 1967 und 1973 ergriffen beide Supermächte auch militärisch (durch Waffenlieferungen) Partei. Gleichzeitig aber waren sie bemüht, die Kämpfe bald zu beenden und nicht in eine unmittelbare Konfrontation hineingezogen zu werden. Die sowjetische Invasion in Afghanistan, die Ende 1980 begann, leitete das Ende der Sowjetmacht ein. Der zweite Golfkrieg zur Befreiung Kuwaits von der irakischen Besetzung (1991) und die von den USA geführte Invasion des Irak zum Sturz des Diktators Saddam Husain (2003) fielen bereits in einen jenseits der Supermachtkonfrontation liegenden Zeitraum. Im ersten Fall kamen die Kriegshandlungen auf der Grundlage einer Resolution des Sicherheitsrates der Uno zustande; die Sowjetunion unter der Führung von Michail Gorbatschow hatte kein Veto eingelegt. Die Invasion des Irak stand im Zeichen des *war on terrorism*. Nicht nur war Russland selbst in der Vergangenheit von Terrorakten heimgesucht worden. Vielmehr war die russische Führung (2001 war Wladimir Putin zum ersten Mal zum Präsidenten gewählt worden) vor allem mit dem Krieg in Tschetschenien beschäftigt. Erst mit der aktiven militärischen Teilnahme an den Konflikten in Syrien seit 2015 intervenierte Russland nach der Niederlage in Afghanistan wieder unmittelbar militärisch im Nahen Osten. Zu diesem Zeitpunkt war in Washington bereits die Entscheidung gefallen, die militärischen Verwicklungen der USA im Nahen Osten schrittweise zu beenden.

Einen besonderen Stellenwert im Rahmen der Großmachtkonstellation mit Blick auf den Nahen Osten nahm der Konflikt um Palästina ein. Nach der Suezkrise von 1956 und der anhaltenden Weigerung Nassers, sich amerikanischen Bündnisplänen anzuschließen, hatte sich die *special relationship* mit Israel herausgebildet, die für die nächsten Jahrzehnte ein Eckpfeiler amerikanischer Politik im Nahen und Mittleren Osten werden sollte. Mit der Gründung der PLO im Jahr 1964 hatte Moskau eine politische Organisation im Nahen Osten, die als »Befreiungsbewegung« wenigstens halbwegs in das globale Schema passte, gemäß dessen sich Teile der »Dritten Welt« im Kampf gegen Imperialismus und Kapitalismus befanden, deren Vormacht eben die USA waren. Hatte die Sowjetunion 1947 noch für die Teilung Palästinas gestimmt und nach 1948 auf engere Beziehungen mit dem jüdischen Staat gesetzt, so galt Israel nach der Besetzung der Westbank und Ost-Jerusalems seit 1967 in der Einschätzung Moskaus als Speerspitze des imperialistischen und kapitalistischen Designs, das die USA im Nahen Osten verfolgten.

Propagandistisch lieferte die PLO somit Moskau gewichtige Argumente für die sowjetische Rolle im globalen Kampf gegen den internationalen Imperialismus –

wenn auch Moskau und seine Gefolgschaft nicht so weit gegangen sind, das Ziel radikaler Palästinenser, die Vernichtung des Staates Israel, zu unterstützen. Aber das Dilemma war unübersehbar: Ideologisch wünschenswert wäre der gemeinsame Kampf der Arbeiterklasse Israels und eines palästinensischen Proletariats gewesen. Das aber war nach Lage der Dinge eine Illusion. In der Wirklichkeit wurde der Kampf um die nationale Befreiung Palästinas von gesellschaftlichen Gruppen getragen, die in der marxistisch-leninistischen Terminologie eher als »bourgeois« oder »kleinbürgerlich« einzustufen waren. Innerhalb der PLO folgten u. a. die *Front für die Befreiung Palästinas* (*Popular Front for the Liberation of Palestine*, PFLP) und die *Demokratische Front für die Befreiung Palästinas* (*Democratic Front for the Liberation of Palestine*, DFLP) den Agenden des Marxismus und »wissenschaftlichen Sozialismus«. Diese Organisationen waren gegen Ende der 60er und Anfang der 70er Jahre für eine Reihe von Terroranschlägen, namentlich gegen Flugzeuge, verantwortlich, mit deren Rechtfertigung sich die marxistischen Ideologen des Befreiungskampfes schwertaten (auch wenn einige unter ihnen hart an den Rand einer solchen zu gehen bereit waren).

Seit den fünfziger Jahren war der Konflikt um Palästina der Brennpunkt regionaler und internationaler Politik im Vorderen Orient geworden. Am Persischen Golf spielte dieser Konflikt jedoch nur eine geringe Rolle. Die Herrscher Irans und Saudi-Arabiens standen fest an der Seite der USA; Großbritannien war noch immer die Schutzmacht der Emirate und des Sultanats Oman. Das sollte sich Anfang der siebziger Jahre ändern. 1967 hatte die Regierung in London den Rückzug Großbritanniens von seinen Positionen »East of Suez« angekündigt, was zwangsläufig die Suche nach einer neuen Ordnung der politischen Landschaft in Gang setzte. Dabei würde Washington eine besondere Rolle zukommen. Tatsächlich erschien dies nicht nur aus politischen, sondern auch aus wirtschaftlichen, genauer gesagt: energiewirtschaftlichen Gründen erforderlich.

13.4 Gründung der Opec – die Erdölproduzenten emanzipieren sich

Seit dem Beginn der fünfziger Jahre hatte sich die Position der Förderländer gegenüber den Ölgesellschaften gefestigt. 1950 war auch für die Ölstaaten am Persischen Golf – nach dem Vorbild Venezuelas – eine 50-50-Teilung der Gewinne zwischen Konzernen und Förderländern eingeführt worden. Mit der vollständigen Verstaatlichung der Erdölkonzerne freilich war der iranische Ministerpräsident Mosaddegh zunächst noch gescheitert. 1960 erfuhr die Stellung der Förderländer eine weitere Stärkung. Auf eine einseitige Absenkung des *posted price* (auf dessen Grundlage die Abgaben an die Förderländer berechnet wurden) trafen sich – aus Protest – am 10. September 1960 auf Einladung der irakischen Regierung hin die ölexportierenden Länder Saudi-Arabien, Venezuela, Kuwait und Iran in Bagdad. Die Opec (*Organization of Petroleum Exporting Countries*) war geschaffen. Im Mittelpunkt der Forderungen der Mitglieder standen ein Mitspracherecht bei der künftigen Preisgestaltung der Konzerne, die Einführung eines gemeinsamen Systems der Produktionsregulierung sowie eines solidarischen Verhaltens im Falle von Sanktionen gegen ein Mitgliedsland. Künftig sollten die Interessen der Förderländer Vorrang vor den Geschäftsinteressen der Ölgesellschaften haben. Das Kartell der Produzenten, dessen Vertreter sich zwei Mal im Jahr treffen würden, würde über festgelegte Förderquoten festgelegte Preise zu erzielen bemüht sein. In den folgenden Jahren traten noch weitere wichtige Förderländer dem Kartell bei: Katar bereits 1961, ein Jahr später folgten Libyen und Indonesien, 1967 die Emirate der späteren VAE, 1969 Algerien, 1971 Nigeria, 1975 Gabun.

In der Gründung der Opec hatte sich auch ein gesteigertes Selbstbewusstsein der Förderländer Bahn gebrochen. Zunehmend wurden die Ölgesellschaften als Fremdkörper und Relikte einer Epoche wahrgenommen, in der sich westliche Mächte an den Ressourcen im Lande schadlos gehalten hatten. Nationalistisch gesinnten Kräften erschien auch die amerikanische Unterstützung für Israel als innen- wie außenpolitische Provokation. Als Saudi-Arabien und andere Mitglieder der Opec nach dem vierten arabisch-israelischen Krieg im Oktober 1973 die »Ölwaffe« gegen den Westen schmiedeten, war dies zugleich das Fanal, die Verstaatlichung der Ölfirmen voranzutreiben. Schon 1973 erwarb die saudische Regierung einen Anteil von 25 % an den Anlagen der Aramco; ein Jahr später waren es 60 % und 1976 100 %. Über eine Reihe von Jahren noch betrieb Aramco das Unternehmen im Namen des saudischen Staates; im November 1988 schließlich erfolgte die Umbenennung per königlichem Erlass: »Saudi Arabian Oil Company« (oder »Saudi Aramco«) machte die geänderten Besitzverhältnisse klar. In einzelnen Schritten unterschiedlich, im Ergebnis aber identisch verlief die Entwicklung in anderen nahöstlichen und nordafrikanischen Förderländern. Im Irak wurde 1966 die *Iraq National Oil Company* (INOC) gegründet, eine Konkurrenz zur »britischen« *Iraq Petroleum Company* (IPC). Mit der endgültigen Machtübernahme seitens der *Ba'th*-Partei in Bagdad (1968) beschleunigte sich die Entwicklung, die 1972 zur vollständigen Verstaatlichung der irakischen Ölindustrie führte.

Das Jahr 1971 brachte ein für die Opec-Mitglieder, Ölkonzerne wie auch die gesamte Weltwirtschaft und Finanzwelt einschneidendes Ereignis, als der amerikanische Präsident Richard Nixon (reg. 1969–1974) am 15. August die Bindung des US-Dollar an eine Golddeckung aufgab und damit gleichzeitig den Dollar abwertete. Die enge Verbindung von Ölpreis und Dollar wurde offenbar. Die Förderländer verlangten nun Kompensation in Gestalt einer Erhöhung des Preises für das Barrel Erdöl (ein *barrel* umfasst 159 Liter). Eine Erhöhung um 8,5 % war die Folge. Die Schraube der Ausweitung der Forderungen der Ölproduzenten hatte sich zu drehen begonnen: Auf der 35. Opec-Konferenz in Wien Ende Juni 1973 kam die Forderung hinzu, Zugang zu den Technologien der Industriestaaten zu erhalten, eigene Raffinerie- und chemische Produkte in diesen absetzen zu können und die Zusammenarbeit mit erdölimportierenden Entwicklungsländern zu verstärken. Am 16. Oktober schufen die Ölminister der Golfstaaten einen neuen Präzedenzfall, indem sie unter Geltendmachung souveränen Rechts den Preis für arabisches Leichtöl von 2,59 auf 5,12 US-Dollar anhoben; ein Preis, der bereits am 22. Dezember 1973 noch einmal verdoppelt wurde.

Mit den sprunghaft wachsenden Einnahmen aber wuchs nicht nur der Druck auf die Regierungen der Ölstaaten, Strategien des »recyclings«, d. h. der Rückführung der gigantischen Finanzmassen in die Kassen der Verbraucher, zu entwickeln. Vielmehr sahen sich die westlichen Regierungen, allen voran die USA, herausgefordert, die politische und sicherheitspolitische Kontrolle über die Region auszuüben – dies vor dem doppelten Hintergrund des anstehenden britischen Rückzugs und der sozialistisch-prosowjetischen Neigungen einer Reihe von Regimes, namentlich im Irak. Die Suche nach einer neuen politischen Ordnung in der Golfregion führte 1970/71 zum Entstehen jener (Klein-)Staatenlandschaft, die seither die geographischen Karten verzeichnen. Iran (das seinen Anspruch auf Bahrain aufgegeben hatte) und Saudi-Arabien, das in Washington als natürliches Widerlager zum linksnationalistischen Irak wahrgenommen wurde, würden als regionale *proxies* westliche Sicherheitsinteressen wahrnehmen.

Die radikal antiamerikanische Revolution in Iran 1978/79 ließ eine tragende Säule dieses Gebäudes zusammenbrechen. Die Ölpolitik des revolutionären Regimes löschte auch die letzten Spuren ausländischer Teilhabe an der iranischen Erdölwirtschaft und spätestens mit der Geiselnahme an der amerikanischen Botschaft in Teheran im November 1979 (▸ S. 446) verfolgte das Regime von Ayatollah Khomeini außenpolitisch einen vehement antiamerikanischen Kurs. Neben der Revolution in Iran veränderten zwei weitere Entwicklungen an den Rändern der Golfregion Ende der siebziger Jahre die sicherheitspolitische Konstellation grundlegend: In Kabul hatte sich im April 1978 mit der *Demokratischen Volkspartei* eine kommunistische Partei an die Macht geputscht und die »Demokratische Republik Afghanistan« ausgerufen. Jenseits der Arabischen Halbinsel war bereits 1974 in Äthiopien der kaiserlichen Herrschaft von Haile Selassie (1892–1975) ein Ende bereitet worden. Putschende Offiziere hatten die Macht übernommen. Nach dem sich anschließenden Bürgerkrieg wandte sich der regierende Revolutionsrat (amharisch *derg*) dem Marxismus zu und begann Ende der siebziger Jahre eine enge Zusammenarbeit mit der Sowjetunion.

Aus der Perspektive Washingtons erschien die Stellung der USA durch diese Entwicklungen geschwächt. Die Antwort war eine Doktrin, die Präsident Jimmy Carter in seiner Ansprache zum *state of the union* am 23. Januar 1980 formulierte: Die USA würden, falls notwendig, militärische Gewalt einsetzen, um ihre nationalen Interessen zu verteidigen. Die *Carter-Doktrin* wurde die programmatische Grundlage des Ausbaus der militärischen Präsenz der USA am Golf, in die neben Saudi-Arabien auch die Emirate einbezogen wurden.

13.5 Die Invasion in Afghanistan – der Anfang vom Ende der Sowjetunion

Zu einer umfassenden Invasion kam es nicht im Bereich des amerikanischen, sondern des sowjetischen Einflussbereichs. Ende Dezember 1979 marschierten sowjetische Truppen in Afghanistan ein. Die Kremlführung behauptete, damit einem Hilferuf der »legitimen Regierung« in Kabul nachzukommen (► S. 435). Bis zur Machtübernahme durch die kommunistische *Demokratische Volkspartei Afghanistans* (DVPA) in Kabul im April 1978 hatte das Land einen Platz zwischen der benachbarten Sowjetunion und dem Westen eingenommen. Beide Seiten leisteten großzügige Entwicklungshilfe. Die USA und Deutschland bauten Straßen, Kraftwerke und Berufsschulen und statteten Fabriken aus. Die Sowjetunion konzentrierte sich auf die materielle und personelle Modernisierung der Streitkräfte sowie auf Überlandstraßen und Erdgasvorkommen. Die Revolution in Kabul beendete die Stellung Afghanistans zwischen den Blöcken. Die Brutalität der leninistischen Modernisierung vonseiten der DVPA, die tiefverwurzelte Traditionen der afghanischen Völker zu brechen bemüht war, stieß umgehend in der Bevölkerung auf heftigen Widerstand. Die USA begannen, religiös motivierte Widerstandsgruppen (*mudschahidin*) zu unterstützen. Innerhalb der DVPA brachen die lange nistenden Spannungen zwischen dem gemäßigten und dem radikal leninistischen Flügel wieder auf. Im Herbst 1979 musste die Führung in Moskau fürchten, dass Präsident Hafizullah Amin, der sich im September an die Macht geputscht hatte, Washington um Unterstützung gegen seine Gegner ersuchen würde.

Im Januar zuvor hatte eine Revolution in Teheran die Monarchie der Pahlawi gestürzt; im März war die Islamische Republik Iran ausgerufen worden. Das nährte in Moskau die Befürchtung, dass sich in unmittelbarer Nachbarschaft der Sowjetunion ein Gürtel radikal-islamischer Kräfte bilden und eine »islamische« Revolution auch ihre zentralasiatischen Provinzen in Brand setzen könnte. Vor diesem Hintergrund sah sich die Führung im Kreml herausgefordert, in Kabul einzugreifen. Im Dezember 1979 wurde Präsident Amin von sowjetischen Spezialkräften ermordet. Das war zugleich der Beginn einer militärischen Invasion der Sowjetunion. Babrak Karmal kehrte aus dem Moskauer Exil zurück und übernahm die Regierung in Kabul. Grundlage der Invasion war die *Breschnew-Doktrin*. Kernaussage dieses Dokuments, das im November 1968 verkündet worden war, war die Feststellung der »beschränkten Souveränität« der sozialistischen Staaten. Daraus leitete die sowjetische Führung das Recht ab, einzugreifen, wenn in einem dieser Staaten die sozialistische Ordnung bedroht sein würde. Von Beginn an musste sich die Führung im Kreml eingestehen, dass die Intervention kein militärischer Spaziergang sein würde. Bereits im Februar 1980 umfasste das »begrenzte Kontingent«, wie die Truppe offiziell bezeichnet wurde, 85 000 Soldaten; bis 1988 sollte es auf 115 000 verstärkt werden. Kern des Widerstands wurde eine Allianz aus sieben islamistischen Parteien. Nur schwerlich wird man in ihnen einen homogenen Zusammenschluss sehen können, auch wenn sie in Pakistan einen »Generalstab« hatten. Die im Westen kursierende Bezeichnung der Anführer als *warlords* kommt der Sache näher.

Die Tatsache, dass sich die Sowjetunion bereits zwei Jahre nach ihrem Rückzug aus Afghanistan (1989) in voller Auflösung befand, lässt erkennen, dass die Entwicklungen in Afghanistan alles andere als ein lokales oder selbst auch nur regionales Geschehen waren. Die *Mudschahidin*, die nach außen als die Träger des Widerstandes gegen das kommunistische System und die sowjetischen Invasoren in Erscheinung traten, waren zugleich Marionetten eines Ringens um die internationale Ordnung. In Afghanistan trat der Ost-West-Konflikt in seine abschließende Phase.

Die Machtübernahme durch die DVPA und die Einleitung radikaler Reformen nach einer kommunistischen Agenda befeuerten einen islamisch-traditionalistisch eingefärbten Widerstand. Nach der Logik des Ost-West-Konflikts wurde dieser von den USA unterstützt. Mit der sowjetischen Intervention weitete er sich in einer Weise aus, die die USA faktisch zu einer – wenn auch indirekt agierenden – Kriegspartei werden ließ. Mitspieler in dieser »Partie« wurden zwei regionale Mächte: Pakistan und Saudi-Arabien. In gewisser Weise kann man in der Konfrontation der Protagonisten Moskau und Washington eine Art von Wiederaufnahme des *great game* der zweiten Hälfte des 19. Jahrhunderts (► S. 35) erkennen. Damals waren die Akteure Russland und Großbritannien; aber der Schauplatz war derselbe, nämlich Afghanistan. Im Vertrag von St. Petersburg hatten sich beide Mächte 1907 auf eine Abgrenzung der Einflusszonen verständigt. Die Grenzen, wie sie auch heute fortbestehen, waren gezogen; Afghanistan war zum Puffer zwischen dem russischen Reich und dem britischen *Raj* auf dem indischen Subkontinent geworden. Auch diesmal ging es um machtpolitischen Einfluss und um wirtschaftliche Interessen am Persischen Golf und nördlichen Indischen Ozean. Am Ende der Partie war mit der Auflösung der Sowjetunion einer der Spieler von der Bildfläche verschwunden: Washington schien der Sieger. Die Geister freilich, die dieser gerufen hatte, nämlich die islamistischen Gotteskrieger, sollten verhindern, dass Washington seinen Sieg würde auskosten können.

Abb. 44: *Mudschahidin* mit erbeuteter Sowjetartillerie.

Den sowjetischen und afghanischen Regierungstruppen gelang es trotz ihrer militärischen Überlegenheit am Boden und der Lufthoheit nicht, den Widerstand der *Mudschahidin* zu brechen. Zwar konnten sie schnell wichtige Städte und Straßen besetzen; über weite Gebiete außerhalb der großen Städte hatten sie jedoch keine Kontrolle. Auf beiden Seiten wurde der Krieg mit äußerster Brutalität geführt. Erst mit der Wahl von Michail Gorbatschow zum Generalsekretär der KPdSU (März 1985), der mit dem Versprechen angetreten war, den – auch in der Sowjetunion – höchst unpopulären Krieg zu beenden, trat eine Wende ein. Nachdem im Mai 1986 Muhammad Nadschibullah Babrak Karmal als Regierungschef abgelöst hatte, begannen Verhandlungen um eine politische und für Moskau gesichtswahrende Lösung. Im Genfer Abkommen vom April 1988 wurde die Normalisierung der Beziehungen zwischen Afghanistan und Pakistan sowie die Nichteinmischung in die inneren Angelegenheiten des jeweils anderen Staates vereinbart. Die Sowjetunion und die USA garantierten den Verzicht auf jegliche Einmischung in die inneren Angelegenheiten Afghanistans. Im Mai begann die Sowjetunion mit dem Rückzug ihrer zu diesem Zeitpunkt weit über 100 000 Soldaten. Mit dessen Abschluss am 15. Februar 1989 hinterließ sie ein zerstörtes Land. Die Zahl der Afghanen, die in dem zurückliegenden Jahrzehnt ums Leben gekommen waren, betrug zwischen einer und anderthalb Millionen. Fünf Millionen waren aus dem Land geflohen. Dies aber war nur der Anfang der Tragödie. Denn die Tatsache, dass die *Mudschahidin* das Genfer Abkommen nicht anerkannten und nicht bereit waren, sich an einer Koalitionsregierung mit Nadschibullah zu beteiligen, war der Ausgangspunkt neuer Kriegshandlungen und Zerstörungen. Über sie ist oben berichtet worden (► S. 436).

Zu den regionalen Kollateralschäden der Kriegführung in Afghanistan gehören die Entwicklungen in Pakistan. Dieser Verbündete der USA in dem Poker um Afghanistan ist eine Schöpfung Großbritanniens. Auf dem Boden der mehrheitlich muslimischen Teile Britisch-Indiens hatte das Land am 14. August 1947 seine Unabhängigkeit erhalten. Von Anfang an war es von zahlreichen inneren und äußeren Konflikten erschüttert; einer von ihnen war der Konflikt mit Afghanistan um die Siedlungsgebiete der Paschtunen, der größten ethnischen Gruppe in Afghanistan. Über die britische Politik gegenüber dem Emirat Afghanistan ist oben berichtet worden (► S. 73). 1893 hatten die Briten mit der Durand-Linie ihren indischen Besitz gegenüber Afghanistan abgegrenzt. Mit der Unabhängigkeit Pakistans wurde sie die Staatsgrenze zwischen beiden Ländern, eine Grenze, welche seither die von den Paschtunen bewohnten Gebiete durchschneidet. Die paschtunische Frage, d. h. die Forderungen der Staatsführungen beider Seiten nach Eingliederung der Gesamtheit der paschtunischen Gebiete in ihr jeweiliges Staatsgebiet, wurde zum Streitobjekt zwischen beiden Staaten. Sie war Teil jenes Bündels von Belastungen der pakistanischen Politik, das seit der Staatsgründung wiederholt zur Machtübernahme durch das Militär geführt hat.

Das war abermals am 5. Juli 1977 geschehen, als Generalstabschef Zia ul-Haq (1924–1988) Ministerpräsident Zulfikar Ali Bhutto (1928–1979) aus dem Amt geputscht und selbst die Macht übernommen hatte; ein Jahr später hatte er sich zum Staatspräsidenten gemacht. Gestützt auf das Kriegsrecht begann er, die politische und gesellschaftliche Ordnung Pakistans zu islamisieren. Im Bereich der Justiz wurden mit den *hadood ordinances* die islamischen Körperstrafen eingeführt. Von der umfassenden Islamisierung Pakistans freilich sollte künftig ein Signal ausgehen, das islamische Kräfte nicht zuletzt im Nahen Osten angetrieben hat, die Islamisierung auch ihrer Gesellschaften ins Werk zu setzen.

Die sowjetische Intervention in Afghanistan wurde in Islamabad als Bedrohung wahrgenommen – dies umso mehr, als Indien, der östliche Nachbar, Moskau eng verbunden war. Seit der Unabhängigkeit beider Staaten lagen Islamabad und Delhi im Konflikt um Kaschmir; darüber war es wiederholt auch zu militärischen Konflikten gekommen. Im Dezember 1971 hatte Indien Ostpakistan in seinem Kampf um Unabhängigkeit militärisch unterstützt und damit entscheidend zur Sezession des späteren Bangladesch aus dem pakistanischen Staatsverband beigetragen. Vor diesem Hintergrund war die Grundlage für das Zusammengehen der USA und der islamistischen Diktatur in Islamabad gegeben. Kernpunkt der pakistanischen Strategie war die geheime Unterstützung der *Mudschahidin*. Nach anfänglichem Zögern begann man in Washington, den Krieg in Afghanistan als Chance der Bekämpfung des Kommunismus im Allgemeinen zu begreifen. Auch bot sich die Gelegenheit, den verlorenen Vietnamkrieg vergessen zu machen. Die CIA unterstützte Pakistan durch Informationen wie Satellitenaufnahmen und abgehörte Funksprüche der Sowjets und lieferte Waffen, die der pakistanische Geheimdienst ISI (*Inter-Services-Intelligence*) an die Stützpunkte der *Mudschahidin* weiterleitete. Tatsächlich war der Geheimdienst von Zia zum zentralen Akteur im Rahmen der pakistanischen Kriegführung gemacht worden. Er übernahm die Organisation und Ausbildung der verschiedenen Gruppen, die Verteilung der Waffen und anderer Ressourcen sowie die strategische Planung des Krieges. Zehntausende von *Mudschahidin* erhielten in pakistanischen Lagern ihre Ausbildung.

Zia hatte richtig kalkuliert, dass er auch auf die Unterstützung arabischer Staaten würde rechnen können, ging es doch um die Verteidigung eines Teils der »islamischen Welt« gegen den »gottlosen Kommunismus«. Während die Islamische Republik Iran zur selben Zeit im Krieg gegen den Irak gebunden war (gleichwohl hatte das Land mehr als anderthalb Millionen afghanischer Flüchtlinge aufgenommen), trat Saudi-Arabien an die Spitze des Widerstands islamischer Länder gegen die sowjetische Invasion. Dabei war der saudische Beitrag vor allem finanzieller Natur: Riyadh verdoppelte die finanzielle Unterstützung der *Mudschahidin* aus den USA. Damit aber trug das Königreich zu einer nachhaltigen Stärkung eben jener Kräfte bei, die – ausgehend von dem wahhabitisch-konservativen Verständnis des Islams – »den Islam« zu einer ideologisch aufgeladenen Bewegung gemacht haben. Der bewaffnete *dschihad* würde sich sowohl gegen die »Ungläubigen« unter den Muslimen selbst als auch gegen die ungläubigen Nicht-Muslime jenseits der islamischen Welt richten. Solange sich sowjetische Soldaten auf afghanischem Boden befanden, war der Gegner eindeutig. Nach dem sowjetischen Rückzug aus dem Land begannen die Gruppen, gegeneinander um die Herrschaft in Kabul zu kämpfen. Nach *9/11* erhielt dieser Krieg eine globale Dimension.

13.6 Amerikas verpasste Chancen

Auch im arabischen Raum war der Stern der Sowjetunion im Sinken. Hatte Moskau nach dem Abschluss des ägyptisch-israelischen Friedensvertrages im März 1979 noch jene Staaten und Kräfte (namentlich die PLO) unterstützt, die diesen Schritt verurteilten und die sogenannte »Ablehnungsfront« bildeten, so musste es erleben, wie sich der amerikanische Einfluss kontinuierlich verstärkte. 1982 nahmen Bagdad und Washington die Beziehungen wieder auf, die 1967 abgebrochen worden waren. 1988 übten die USA erfolgreich Druck auf PLO-Chef Arafat aus, das Existenzrecht Israels anzuerkennen und dem Terror abzuschwören.

Als schließlich im Herbst 1990 in Madrid die Verhandlungen um einen Frieden im Nahostkonflikt begannen, saß auch der sowjetische Staatspräsident Michail Gorbatschow am Tisch – nur als Ko-Vorsitzender freilich und ohne jeden Einfluss auf den Gang der Dinge. Wie nachhaltig sich die Politik Moskaus und die Qualität der Beziehungen der Supermächte zueinander verändert hatten, hatte sich bereits zuvor im Herbst 1990 erwiesen. Dem Überfall irakischer Truppen auf Kuwait im August war der Aufmarsch einer internationalen Militärallianz unter Führung der USA gefolgt. Wenn der irakische Diktator auf die Unterstützung Moskaus, des langjährigen Verbündeten, gehofft hatte, dem sich abzeichnenden Militärschlag zu entgehen, so sollte sich das als Illusion erweisen. Gorbatschow suchte Saddam Husain zu bewegen, auf die Forderung der internationalen Gemeinschaft einzugehen, sich bedingungslos aus Kuwait zurückzuziehen. Als dieser sich dem verweigerte, erhob sich aus Moskau kein Protest, als die Kampfhandlungen auf der Grundlage einer Resolution des Uno-Sicherheitsrats am 16. Januar 1991 begannen.

Im folgenden Jahrzehnt war Russland unter Präsident Boris Jelzin mit seinen wirtschaftlichen und innenpolitischen Problemen beschäftigt. Nach dem Zerfall des Imperiums mit den Unabhängigkeitserklärungen der zentralasiatischen, südkaukasischen und baltischen Staaten und dem Zusammenbruch des sozialistischen Wirtschaftssystems mussten die Grundlagen einer neuen inneren Ordnung gelegt werden. Die Entwicklung verlief chaotisch. Die dramatischste Herausforderung ging vom nördlichen Kaukasus aus, wo die Tschetschenen in zwei Kriegen zwischen 1994 und 2009 für ihre Unabhängigkeit kämpften. Während Moskau, der jahrzehntelange Rivale Washingtons auch im Nahen Osten, mit sich selbst beschäftigt war, wurden die USA für die folgenden beiden Jahrzehnte zur allein dominierenden externen Großmacht im Vorderen Orient und am Hindukusch. Dass sie versagt haben, in dieser Rolle die Kräfte zu unterstützen, die – wie in Osteuropa – auf einen Wandel gehofft hatten, sollte eine der Ursachen dafür werden, dass es in den folgenden Jahrzehnten zu schweren Staatskrisen, ja Erscheinungen von Staatszerfall verbunden mit einem Ausmaß an terroristischer Gewalt kam, wie ihn die Region seit Jahrhunderten nicht erlebt hat. Die dramatische Krise der Region hat zugleich nachhaltig destabilisierend auf weiteste Teile der internationalen Gemeinschaft – einschließlich der USA und Europa – zurückgewirkt.

Zunächst freilich schien Hoffnung angesagt: Als sich am 13. September 1993 PLO-Chef Yasir Arafat und der israelische Ministerpräsident Yitzchak Rabin unter den Augen von Präsident Bill Clinton auf dem Rasen vor dem Weißen Haus die Hand reichten, schien ein Friedensschluss zwischen Palästinensern und Israel nicht länger eine Chimäre zu sein. Spätestens mit der Ermordung Rabins am 4. November 1995 aber war unübersehbar, dass sich der Friedensprozess in einer Sackgasse befand. Die Konferenz von Camp David (Juli 2000), wo Präsident Bill Clinton den Geist der Versöhnung, der 1978 die ägyptisch-israelischen Friedensgespräche inspiriert hatte, zu beschwören suchte, war schlecht vorbereitet und nicht zielführend. Die Frustration schlug in erneute Gewalt und in die »zweite Intifada« um. Unter Präsident George W. Bush (reg. 2001–2009) wurde offenkundig, dass – wie oft gesagt – der Schwanz mit dem Dackel zu wedeln begonnen hatte. Die israelischen Ministerpräsidenten Ariel Scharon und sein Nachfolger Benjamin Netanyahu hatten über die israelische Lobby in den USA die Politik Washingtons fest im Griff. Die »strategische Partnerschaft« wurde dort nunmehr in der Weise verstanden, jedwede Kritik an Israel, nicht zuletzt die israelische Siedlungspolitik und die Lage in Gaza betreffend, sowie alle Initiativen zur Konfliktbeilegung, die von der israelischen Regierung zurückgewiesen wurden, im Rahmen des Sicherheitsrats der Uno mit einem Veto zu blockieren. Bemühungen, den Verhandlungsfaden wieder aufzunehmen, die gegen Ende der zweiten Amtszeit Präsident Barak Obamas unternommen wurden, stießen in Jerusalem auf Zurückweisung, ja auf – auch persönlich gerichtete – verächtliche Bemerkungen. Unter dessen Nachfolger im Weißen Haus, Donald Trump, sollten sich die kühnsten Träume maximalistischer Zionisten nahezu erfüllen.

Die Lähmung in Washington hat den Wind auch aus den Segeln der EU genommen. Außer den Formeln einer *roadmap* ist nicht viel politisch Substantielles aus Brüssel gekommen. Dazu hätte es nicht zuletzt auch einer starken Unterstützung aus Berlin bedurft. Das Wort von Bundeskanzlerin Angela Merkel aber, die in einer Rede in der Knesset am 18. März 2008 festgestellt hatte, die Sicherheit Israels sei Teil der Staatsraison Deutschlands, setzte nicht gerade dynamische Vorzeichen für eine deutsche Politik, die nach Lage der Dinge von einer kritischen Haltung gegenüber der Regierung in Jerusalem hätte geprägt sein sollen. Im Gegenteil: Das Wort der Kanzlerin trug dazu bei, in Deutschland ein Klima entstehen zu lassen, in dem kritische Äußerungen die israelische Politik betreffend als Antisemitismus gebrandmarkt werden konnten.

Auch am Persischen Golf war Stagnation angesagt. Das Ende des irakisch-iranischen Krieges (1988) sah beide Kriegsparteien nachhaltig geschwächt. Washington hatte sich im Krieg hinter Saddam Husain gestellt; nun da der Krieg vorbei war, schien das Interesse Washingtons an der Region gesunken. In dem 1990 entbrannten Streit zwischen dem irakischen Diktator und dem Emirat Kuwait um dessen finanzielle Beteiligung am irakischen Wiederaufbau stand es an der Seitenlinie. Im August 1990 – nahezu zeitgleich mit dem Ende der Sowjetunion – überfielen irakische Truppen das benachbarte Emirat. Gestützt auf Resolutionen des Sicherheitsrats stellte sich Präsident George Bush (senior) an die Spitze einer multinationalen militärischen Macht, das Emirat zu befreien. Vollmundig rief der Präsident zur Errichtung einer Neuen Weltordnung auf, für die nunmehr – nach der Vertreibung des Irak aus Kuwait (Februar 1991) und dem Ende der Sowjetunion – der Boden bereitet sei. Damit freilich war Washingtons Energie, an einer solchen mitzuarbeiten, erschöpft. Als sich mit der Befreiung Kuwaits und der Niederlage der irakischen Truppen die Kurden im Norden und die schiitischen Araber im Süden gegen das diktatorische Regime erhoben, wurde zwar über dem kurdischen Landesteil eine Flugverbotszone gegen die irakische Luftwaffe verhängt, der Süden aber wurde schutzlos den Truppen Saddam Husains ausgeliefert, die ihn brutal zurückeroberten. In der Folge wurde ein *double containment* gegen die beiden »Schurkenstaaten« Irak und Iran verhängt, das den Status quo in der Golfregion fortschrieb. Gestützt auf Beschlüsse des Sicherheitsrats der Uno wurde der Irak mit harten Wirtschaftssanktionen belegt. Sie blieben bis zur Invasion der USA in dem Land im März 2003 in Kraft. Gegen Iran waren erste Sanktionsmaßnahmen seitens der USA bereits nach der Besetzung der amerikanischen Botschaft in Teheran im November 1979 getroffen worden. 1996 beschloss der Kongress in Washington im *Iran-Libya Sanctions Act* abermals weiterreichende Sanktionen; die Begründung war die angebliche Unterstützung »terroristischer« Organisationen, nicht zuletzt der libanesischen *Hizbollah*.

13.7 war on terrorism

Am 11. September 2001 schockierten eine Reihe terroristischer Anschläge in den USA die Weltöffentlichkeit. Bald sollte sich erweisen, dass sie einen politischen Wendepunkt in globaler Dimension darstellten. Der weltumspannende *war on terrorism* wurde in ähnlicher Weise ein Leitmotiv der internationalen Politik, wie es der Ost-West-Konflikt in den Jahrzehnten zwischen dem Ende des Zweiten Weltkriegs und dem Zerfall der Sowjetunion gewesen war. Seine unmittelbaren und mittelbaren Auswirkungen führten zu einer tiefgreifenden Destabilisierung des gesamten Raumes zwischen Nordafrika und dem Persischen Golf. Die damit verbundene Welle eines islamistischen Terrorismus ließ auch Europa und die USA zu Orten der Austragung dieses Krieges werden.

Die unheilige Allianz zwischen der Supermacht USA, die sich als Vorkämpfer für Demokratie und Menschenrechte anschickte, der Sowjetunion das Ende zu bereiten, mit Saudi-Arabien, wo ein konservativer Islam eine Herrschaft legitimierte, die zum Zeitpunkt des Geschehens allem widersprach, was als politisches Wertesystem in der internationalen Ordnung des ausgehenden 20. und beginnenden 21. Jahrhunderts Geltung haben sollte, und mit Pakistan, das von einem Putsch-General regiert wurde, der sich daranmachte, im Namen eben jenes konservativen Islams Demokratie und Rechtsstaatlichkeit abzuschaffen, ist ein Menetekel für das Chaos, in das die Welt, die Gegenstand dieses Buches ist, schließlich abdriften sollte. Die USA instrumentalisierten islamistische Parteien aufgrund ihrer radikal antikommunistischen Einstellung. Es war ein Kernbaustein der Strategie der CIA, den aufkeimenden Islamismus, an dessen Eingrenzung die USA in Iran gescheitert war, gegen die Sowjetunion in Stellung zu bringen.

Freilich, die Geschichte sollte sich wiederholen: Wie im arabischen Raum, wo Washington nach dem Ende der Sowjetunion in der Palästinafrage die Gunst der Stunde nicht wahrnahm, einen dauerhaften Frieden zu stiften, wandte es sich von Afghanistan ab, nachdem das Ziel, das Ende der Sowjetunion, erreicht war. Unter dem Eindruck der Geiselnahme von Diplomaten an der amerikanischen Botschaft in Teheran seit dem 4. November 1979, übernahm die politische Klasse in Washington nicht nur keinerlei Bemühungen, die Natur der neuen Kräfte in Iran nüchtern zu analysieren. Vielmehr setzte es auf regionale Despoten, um amerikanische Interessen zu wahren. Selbst der irakische Diktator wurde eine Zeitlang zum Verbündeten. Saudi-Arabien wurde zum strategischen Partner. Das konservative Königreich befriedigte nicht nur amerikanische Interessen was die Menge und den Preis des vermarkteten Erdöls betraf; es schien auch hilfreich, wo sich Gruppierungen und Kräfte artikulierten, die sich anschickten, die *pax Americana* herauszufordern.

Mit dem Ende der Sowjetunion war Afghanistan in einen toten Winkel amerikanischer Aufmerksamkeit und Politik gerückt. Das Land blieb sich selbst überlassen. Die innenpolitischen Folgen sind oben beschrieben worden. So konnten sich über die Jahre in Afghanistan die Wolken zusammenballen, aus denen am 11. September 2001 die terroristischen Blitze hervorgebrochen sind. Zwei Flugzeuge zerstörten die *twin towers* des World Trade Center in New York; ein weiteres traf einen Teil des Pentagon in Washington. Ein viertes stürzte auf dem Weg zu seinem Ziel – das Weiße Haus oder das Kapitol in Washington? – ab, vermutlich, weil es zwischen Passagieren und den Terroristen zum Kampf gekommen war. Über die Verantwortung Bin Ladens für den Terrorakt ist widersprüchlich diskutiert worden; dies umso mehr, als es keine eindeutigen Beweise bzw. Schuldzuweisungen gibt. Am 17. Dezember erklärte der amerikanische Präsident George W. Bush, Bin Laden sei für die Anschläge verantwortlich; er müsse tot oder lebendig ausgeschaltet werden.

Die Tatsache, dass 15 der 19 Attentäter saudi-arabische Pässe hatten, hat das Königreich zeitweise in den Ruch der Komplizenschaft gebracht. Offen wurde in Washington die Frage gestellt: Ist Saudi-Arabien noch ein Freund oder mittlerweile ein Feind der USA? Insbesondere war die amerikanische Regierung bemüht, die finanziellen Quellen zu verschütten, die aus Saudi-Arabien (und anderen ölreichen Emiraten) extremistischen und terroristischen Organisationen zuflossen. Nicht zuletzt auch weil das Königreich selbst Ziel terroristischer Angriffe geworden war, zeigte sich Riyadh zur Kooperation bereit. Diese aber ließ die Doppelgesichtigkeit des Landes nur umso schärfer hervortreten: Die offizielle Bereitschaft zur Zusammenarbeit im Kampf gegen *Dschihadismus* und islamistischen Extremismus war das eine Gesicht. Dass aber jenseits des Staates und seiner Institutionen Privatpersonen und Finanzierungsstrukturen der saudischen Gesellschaft weiterhin militante Gruppen unterstützten, war das andere.

Der globale »Krieg gegen den Terrorismus« (*war on terrorism*) hat die internationale Politik – in besonderer Weise mit Blick auf den Nahen und Mittleren Osten – in den Jahren seit 2001 geprägt. Unter diesem Schlagwort fasste namentlich die amerikanische Regierung unter Präsident George W. Bush die militärischen, politischen, wirtschaftlichen und völkerrechtlichen Schritte gegen terroristische Organisationen und jene Staaten und Personen zusammen, die den Terrorismus unterstützten bzw. der Unterstützung verdächtig waren. Da in vielen Fällen evidente Tatbestände für einen terroristischen Hintergrund – in Gestalt etwa einer *smoking gun* – fehlten, blieb die Kriegführung in hohem Maße den Einschätzungen und Entscheidungen der amerikanischen Administration und führender US-Militärs überlassen. Sie erhielt somit ein großes Maß an Willkür und vor allem im Nahen Osten den Beigeschmack amerikanischer Interessenpolitik. Darüber hinaus haben auch die Art der Kriegführung, insbesondere der Einsatz von ferngelenkten Waffen und Drohnen, die zahlreiche Opfer unter unbeteiligten Personen und große Schäden an zivilen Einrichtungen verursachten, sowie flagrante Verletzungen internationaler Konventionen der Kriegführung und der Menschenrechte dem Anspruch geschadet, auf der Seite des Rechts zu stehen. Die Art, in welcher der »Krieg gegen den Terrorismus«

geführt wurde, ist wesentlich mitverantwortlich für die Radikalisierung und die Ausbreitung islamisch-extremistischer Kräfte und die tiefgreifende Destabilisierung, die der Nahe und Mittlere Osten, ja die internationale Gemeinschaft insgesamt in seinem Verlauf erfahren hat.

Die internationale Gemeinschaft schloss sich der amerikanischen Auffassung an, nach der es sich bei dem Terrorakt vom 11. September um eine Form des Krieges handle, und erkannte den USA gemäß Artikel 51 der UN-Charta das Recht auf Selbstverteidigung zu. Am 20. September 2001 verkündete Präsident George W. Bush die Agenda des Krieges: »Unser Krieg gegen den Terror beginnt mit *al-Qa'ida*, aber er endet nicht dort. Er wird nicht enden, bis jede terroristische Gruppe von globaler Reichweite gefunden, gestoppt und geschlagen ist.«[94] Jedes Land in jeder Region müsse sich entscheiden, ob es an der Seite der USA oder an der Seite der Terroristen stehe. *Enduring Freedom* wurde der Name der Operation. Bereits am 12. September hatte die Nato erstmals in ihrer Geschichte den Bündnisfall gemäß Artikel 5 ihrer Charta ausgerufen.

Nachdem das Regime der *Taliban* in Kabul die Auslieferung Usama bin Ladens verweigert hatte, begannen am 7. Oktober mit amerikanischen und britischen Luftangriffen die militärischen Operationen. Des Weiteren wurde im Dezember 2000 die *International Security Assistance Force* (Isaf) ins Leben gerufen. Aufgabe dieses multinationalen Truppenverbandes sollte es sein, die Etablierung einer Übergangsregierung in Afghanistan zu begleiten und den Neuaufbau staatlicher Institutionen sowie die entwicklungspolitischen Maßnahmen militärisch abzusichern, welche dem politischen und wirtschaftlichen Wiederaufbau des Landes einhergehen sollten. Weitere Schauplätze des »Kampfes gegen den Terrorismus« wurden das Seegebiet am Horn von Afrika und – mit den Jahren – Nord- und subsaharisches Afrika sowie die Arabische Halbinsel, insbesondere der Jemen.

In keinem der Einsatzgebiete militärischer Operationen, die in engerem oder weiterem Zusammenhang mit dem *war on terrorism* standen, konnte kurzfristig dauerhafte Stabilität erreicht werden. Im Gegenteil: Der Prozess der Destabilisierung des Nahen und Mittleren Ostens beschleunigte und vertiefte sich. Daran hatten islamistisch-extremistische Kräfte einen erheblichen Anteil. Noch bevor mit dem Ausbruch der arabischen Revolte Ende 2010/Anfang 2011 eine neue Welle der Destabilisierung losbrach, war mit der amerikanischen Intervention im Irak im März 2003 ein weiterer – geradezu dramatischer – Schritt getan, die Region in ein politisches Chaos zu führen. In der Einschätzung der amerikanischen Administration war das Fehlen demokratischer Regierungsformen die zentrale Ursache für das Entstehen von Gewalt und Terrorismus. 2002 verkündete der Präsident eine *National Security Strategy* (NSS); in ihr sollte Sicherheit weltweit vornehmlich durch die Förderung von Demokratie und den Aufbau freier marktwirtschaftlicher Ordnungen hergestellt werden. Für den Nahen Osten wurde diese Strategie in den folgenden Jahren in der *Greater Middle East Initiative* festgeschrieben. Deutlich ging der Präsident zu Saudi-Arabien auf Distanz, war doch die Mehrheit der an *9/11* beteiligten Terroristen saudischen Ursprungs. Für den Irak – wie bereits zuvor für Afghanistan – beinhaltete die NSS eine militärische Intervention.

Ab 2002 verlagerte sich der militärische Kampf gegen den Terrorismus zunehmend auf den Irak und den Sturz des Regimes in Bagdad. In neo-konservativen

Kreisen Washingtons war das politische Überleben Saddam Husains nach dem Ende der Operation *Desert Storm* als »unfinished business« verstanden worden. Der Sohn des Befreiers Kuwaits sah nun den Zeitpunkt gekommen, im Rahmen des *war on terrorism* und unter dem Banner der Demokratisierung des Nahen Ostens den Regimewechsel (*regime change*) in Bagdad herbeizuführen. Im Sommer 2002 mehrten sich die Anzeichen dafür, dass die US-Regierung zu einem militärischen Vorgehen gegen Bagdad entschlossen war. Nach mehrwöchigen Verhandlungen kam im Sicherheitsrat am 8. November die Resolution 1441 zustande. In ihr wurde festgestellt, dass der Irak seinen Verpflichtungen zur Abrüstung nicht nachgekommen sei; eine Legitimation zur Anwendung von Waffengewalt war mit ihr aber nicht gegeben. In den folgenden Monaten waren insbesondere Washington und London bemüht, Beweise zu erbringen, dass der Irak Massenvernichtungswaffen besitze und den internationalen Terrorismus unterstütze. Fakten dafür konnten nicht beigebracht werden. Der Höhepunkt der Irreführung der internationalen Gemeinschaft war ein Auftritt von Außenminister Colin Powell vor der Vollversammlung der Uno am 5. Februar 2003: In ihr präsentierte er »Beweise«, dass der Irak über Massenvernichtungswaffen verfüge. Powell selbst hat diesen Auftritt später als »blot on my record« (»Makel auf meiner Vergangenheit«) bezeichnet.

Am 20. März begannen die Kampfhandlungen einer internationalen Militärallianz (der britische Premierminister Tony Blair hatte sich zuvor als besonderer Scharfmacher hervorgetan) mit der Bombardierung Bagdads. Am 1. Mai verkündete ein von Selbstbewusstsein strotzender amerikanischer Präsident auf dem Flugzeugträger USS Abraham Lincoln, dass die »Mission abgeschlossen« (*mission accomplished*) sei. Bereits zu diesem Zeitpunkt aber war abzusehen, dass die Pläne gescheitert waren, auf den Ruinen der ba'thistischen Diktatur eine neue Ordnung zu errichten, die den Vorstellungen des Präsidenten von einer Demokratisierung des Nahen Ostens auch nur entfernt entsprechen würde.

Besessen von neo-konservativem Fundamentalismus, hatte Präsident Bush (jr.) bereits zuvor eine Weichenstellung vorgenommen, die das politische Gesamtbild des Vorderen Orients weiter komplizieren sollte. Die Islamische Republik Iran war seit der Geiselnahme an der amerikanischen Botschaft in Teheran (▸ S. 446) gleichsam zum Inbegriff des politisch Bösen geworden. Neben Libyen, dem Sudan und dem Irak (seit 1990) wurde das Land als »Schurkenstaat« gebrandmarkt und namentlich unter dem Vorwurf der Unterstützung des internationalen Terrorismus mit Sanktionen belegt. Bereits nach dem Ende des Krieges zur Befreiung Kuwaits war in Washington die Politik des *double containment* (des Irak und Irans) zur Leitlinie amerikanischer Politik am Persischen Golf geworden. Der Terrorakt von *9/11* schien Washington und Teheran für einen Augenblick einander anzunähern, waren doch die Beziehungen zwischen dem *Taliban*-Regime in Afghanistan und Iran zeitweilig bis an den Rand eines Kriegsausbruchs gespannt gewesen. Tatsächlich unterstützte Teheran im Herbst 2001 die in der »Nordallianz« zusammengeschlossene Opposition gegen die *Taliban* und somit indirekt die militärischen Bemühungen der USA, diese aus Kabul zu vertreiben. Washington war jedoch nicht bereit, diesem Umstand Rechnung zu tragen. In seiner Rede zum *state of the union* am 29. Januar 2002 siedelte Präsident Bush Iran auf der »Achse des Bösen« an. Damit erhielten in Teheran definitiv diejenigen Kräfte Aufwind, die ideologisch wie politisch zu Washington in

Abb. 45: Die Falschmeldung: »mission accomplished« – George W. Bush auf USS Abraham Lincoln.

Konfrontation standen und denen der pragmatische außenpolitische Kurs Präsident Muhammad Khatamis (in Verbindung mit seinen Bemühungen, das System im Inneren zu liberalisieren) seit jeher ein Dorn im Auge gewesen war.

Das Klima politischer Spannungen, militärischer Operationen und offener Kriege im Kontext des *war on terrorism*, deren Schauplätze vor allem der Vordere Orient (und seit etwa 2004 auch einzelne Orte in Europa) wurden, wurde durch das Paradigma des *clash of civilizations* gleichsam ideologisch aufgeladen. Tatsächlich schien Samuel Huntingtons bereits 1993 veröffentlichte These wie eine *self-fulfilling prophecy* durch den Gang der Ereignisse bestätigt zu werden. Ihre Vorzeichen hatten schon in der Revolution in Iran (1979) und dem bewaffneten Widerstand der *Mudschahidin* gegen die sowjetischen Truppen (nach 1980) gesehen werden können. Die Kriegführung in Afghanistan im Gefolge von *9/11* und die Unabhangigkeitskriege der muslimischen Tschetschenen gegen Russland ab 1994 schienen eine Bestätigung dessen, was sich zuvor abgezeichnet hatte und von Huntington gleichsam festgeschrieben wurde. Es entbrannte eine weltweite extrem kontroverse Debatte über eine komplexe und differenzierte These, in die jenseits der Wissenschaft auch ein politischer Befund hineingelesen werden konnte. Dies tat das neo-konservative Lager in den USA, dem auch Präsident George W. Bush angehörte. Der Angriff auf den Irak im Frühjahr 2003 erschien weithin als Bestätigung, dass künftig ein tiefer Bruch zwischen »dem Westen« und der »islamischen Zivilisation« liege. Samuel Huntington selbst hat von einer solchen Intervention abgeraten; aber eine Formulierung wie die der »blutigen Grenze« der islamischen Zivilisation hat in westlichen Gesellschaften diejenigen bestärkt, die nach den schockierenden Anschlägen von *9/11* der Abgrenzung gegen

Muslime nach innen und der ggf. auch bewaffneten Abwehr nach außen gegen »den Islam« das Wort geredet haben.

13.8 Washington sucht den Ausgang

Im August 2002 machten Medienberichte die Existenz eines iranischen Atomprogramms öffentlich. Die internationale Gemeinschaft war beunruhigt und suchte über den Sicherheitsrat der Uno Druck auf Iran auszuüben, sein Atomprogramm offenzulegen. Dabei stand die Frage im Mittelpunkt, ob Teheran über die zivile Nutzung hinaus die militärische Nutzung anstrebe. Damit war ein diplomatischer Marathon eröffnet, bei dem sich Iran auf der einen sowie die ständigen Mitglieder des Sicherheitsrats plus Deutschland auf der anderen Seite (Formel 5+1) gegenüberstanden. Zwar erklärte sich Teheran 2003 bereit, die Anreicherung von Uran und die Wiederaufbereitung von Brennstäben auszusetzen; auch unterzeichnete Teheran das Zusatzprotokoll zum Atomwaffensperrvertrag, das den Inspekteuren uneingeschränkten Zugang zu allen Atomanlagen des Landes erlaubte. Aber bereits 2005 kamen die Gespräche ins Stocken, als Iran – nunmehr unter dem konservativen Staatspräsidenten Mahmud Ahmadinezhad – die Urananreicherung wieder aufnahm.

Im Januar 2009 räumte George W. Bush das Oval Office; im Nahen Osten hatte er einen Scherbenhaufen hinterlassen. Barack Hussein Obama (geb. 1961), sein Nachfolger, war bemüht, neue Signale zu senden. Bald ließ er erkennen, dass er einen vertraglichen Abschluss mit Teheran in der Atomfrage suchte. Dabei setzte er sich gegen den vehementen Widerstand der israelischen Regierung unter Ministerpräsident Netanyahu durch, der Washington drängte, das Atomprogramm Irans gegebenenfalls auch durch eine militärische Intervention auszulöschen. Zwar behielt sich Obama alle Optionen – auch die militärische – vor, hielt aber allen gelegentlichen Rückschlägen zum Trotz an den Verhandlungen fest. Sie wurden im Juli 2015 mit einem Kompromiss abgeschlossen. Weltweit wurde der *Joint Comprehensive Plan of Action* (JCPOA) als diplomatischer Durchbruch gefeiert: Iran würde gestattet sein, ein ziviles Atomprogram zu verfolgen; die internationale Gemeinschaft würde instandgesetzt zu kontrollieren, dass dieses nicht unversehens in eine militärische Nutzung umschlagen würde. Vor diesem Hintergrund wurden jene Sanktionen, die im Zusammenhang mit dem Atomprogramm vom Sicherheitsrat der Vereinten Nationen im Laufe der Jahre verhängt worden waren, aufgehoben.

Mit Blick auf den arabischen Raum galt als Dogma Obamas, nicht wieder im Nahen Osten unheilvoll verstrickt zu werden, wie das unter der Präsidentschaft seines Vorgängers insbesondere in Afghanistan und im Irak der Fall gewesen war. In einem Interview im Oktober 2015 mahnte er eine Kurskorrektur der amerikanischen Außenpolitik an: Nicht mehr Kriege sollten die Außenpolitik der USA prägen; denn alle Stellvertreterkriege der letzten Zeit seien gescheitert. Die Einmischung im Irak bezeichnete er unumwunden als Fehler; tatsächlich beendete er die amerikanische

Truppenpräsenz in dem Land im Dezember 2011. Überzeugt, dass das Ergebnis des Militäreinsatzes in Afghanistan in keinem Verhältnis zu den »enormen Kosten« stünde, hatte Obama bereits 2011 einen schrittweisen Truppenrückzug aus dem Land am Hindukusch angekündigt. Nur ein geringfügiges Kontingent würde angesichts der prekären Sicherheitslage nach 2015 zurückbleiben.

Neben dem iranischen Atomprogramm stand die zweite Amtszeit Präsident Obamas im Zeichen des Zusammenbruchs arabischer Regimes im Kontext der »Dritten Arabischen Revolte« (▶ Kap. 12). Mit keinem geringeren Anspruch als einen neuen Abschnitt in den Beziehungen zwischen den USA und der islamischen Welt einzuleiten, hatte er selbst in einer Rede am 4. Juni 2009 in Kairo für Freiheit, Pluralismus und Machtausübung durch Konsens, nicht durch Gewalt geworben. Der Ausbruch aber der arabischen Revolte im Dezember 2010/Januar 2011 konfrontierte ihn mit einem Dilemma, aus dem er bis zum Ende seiner Amtszeit (Januar 2017) keinen Ausweg finden sollte: Auf der einen Seite entsprachen die Ereignisse dem Geist seiner Rede in Kairo, auf der anderen ließen sie zahlreiche Unwägbarkeiten und Risiken für die Stellung der USA im Nahen Osten entstehen. Ihr Spektrum reichte vom Zerfall bestehender Ordnungen, auf die Washington über Jahrzehnte gesetzt hatte, über die Entfremdung befreundeter Regimes bis zum Vorstoß radikal islamistischer Kräfte in die gesamte Region.

Nur halbherzig beteiligten sich die USA am Militäreinsatz in Libyen 2011 zum Sturz des Diktators Mu'ammar al-Qadhafi. Der Rückzug der USA aus dem Irak Ende 2011 öffnete radikal-islamistischen Kräften weitere Räume der territorialen Expansion in dem Land; der Jemen wurde sich selbst überlassen und von restaurativen Kräften, der Rebellion der *Huthi*-Milizen, der Einmischung regionaler Mächte und von islamistischen Kräften aufgerieben. Nach den Erfahrungen mit dem der Muslimbruderschaft nahestehenden ägyptischen Präsidenten Muhammad Mursi 2012/13 begründete Washington mit General Abd al-Fattah as-Sisi (geb. 1954), der nach einem Putsch des Militärs Anfang 2013 in Kairo ein autokratisches Regime gründete, eine neue Partnerschaft. Auch nahm die US-Regierung hin, dass die Truppen des Golf-Kooperationsrats, angeführt von Saudi-Arabien, 2011 in Bahrain militärisch intervenierten, um die dortige Protestbewegung gegen das Regime niederzuschlagen. Die militärische Intervention Saudi-Arabiens im Jemen ab 2015, die mit der Unterstützung Irans für die *Huthi*-Bewegung gerechtfertigt wurde, fand in Washington Unterstützung.

Das Fehlen eines Konzepts aufseiten der Obama-Administration für eine langfristige Stabilisierung der Region bei gleichzeitigem weitgehenden Rückzug der USA aus ihr offenbarte sich insbesondere in der Krise in Syrien. Dort waren die Kämpfe zwischen dem Regime des Diktators Baschar al-Asad und der »Freien Syrischen Armee«, d. h. von zu den Rebellen übergelaufenen Angehörigen der Armee, seit dem Herbst 2011 eskaliert. Als »rote Linie« einer amerikanischen bewaffneten Intervention hatte Obama den Einsatz chemischer Kampfstoffe durch das Regime definiert. Im August 2013 kam es tatsächlich zu einem solchen Einsatz, bei dem Hunderte Menschen getötet wurden (im Einzelnen gehen die Zahlenangaben erheblich auseinander). Viele Indizien deuteten auf die Täterschaft des Regimes. Die Intervention aber unterblieb; Russland beschuldigte die Opposition. Im Ergebnis gab Präsident Obama nach. Was blieb, war die Verpflichtung des Regimes in Damaskus, sein Arsenal an chemischen Waffen zu vernichten. Die syrische Regierung trat am 14. September 2013 der Chemiewaffenkonvention bei. Über das akute Geschehen hinaus hatte der Vorfall eine weiterreichende Dimension: Zum ersten Mal seit dem Ende der Sowjetunion als eines Machtfaktors im Nahen Osten war Russland dezidiert als gestaltender Spieler auf dem nahöstlichen Schachbrett wieder hervorgetreten.

13.9 Moskau, Brüssel und Peking sondieren ihre Rollen

Bis dahin war Moskau in Sachen Nahost unauffällig geblieben. An den Verhandlungen um das iranische Atomprogramm war es beteiligt gewesen. Bei der Abstimmung über einen Militäreinsatz in Libyen im Uno Sicherheitsrat am 17. März 2011 hatte sich der russische Vertreter enthalten. Frustriert über die Überschreitung des Mandats durch die Nato in Libyen, hatte Russland im Sicherheitsrat alle Resolutionsentwürfe mit seinem Veto blockiert, die auf ein Eingreifen von außen gegen das Regime in Damaskus gerichtet waren. Mit der Kontroverse um den Chemiewaffeneinsatz im August 2013 und seine Konsequenzen hatte sich Moskau gegen einen zögerlichen amerikanischen Präsidenten durchgesetzt. Von nun an stand eine orientierungslose amerikanische einer planvollen Politik Moskaus gegenüber, die darauf gerichtet war, Russland im Nahen Osten wieder zu einem Akteur zu machen, dessen Interessen dort nicht länger würden ignoriert werden können. In der Folgezeit wurde Moskau in Sachen einer Lösung der syrischen Konflikte zu der Macht, die die Agenda setzte und überwachte. Zeitgleich verstärkte es seinen Einfluss in Iran und in dem eskalierenden Konflikt in Libyen. Bei dem Besuch Wladimir Putins in Kairo im Februar 2015 ging es um die Intensivierung der politischen Beziehungen und um eine breitgefächerte wirtschaftliche Zusammenarbeit. Syrien, Ägypten, Libyen – das waren zeitweise auch Eckpunkte der sowjetischen Nahostpolitik gewesen. Hinzu kamen aber auch neue Partner politischer, insbesondere auch wirtschaftlicher Beziehungen, die in sowjetischen Tagen tabu gewesen waren: Im Oktober 2017 machte der saudische König Salman Präsident Putin seine Aufwartung; ihm folgte im Mai 2018 der Emir von Katar, Tamim bin Hamad Al Thani. Im Oktober 2019 reiste Putin seinerseits zu den Herrschern in Saudi-Arabien und den Vereinigten Arabischen Emiraten. Bei den Besuchen wurden politische Differenzen etwa in Syrien und Libyen pragmatisch zugunsten gemeinsamer wirtschaftlicher Interessen überspielt: Schließlich spielten Öl und Gas in den Volkswirtschaften Russlands und der Golfstaaten eine große Rolle. Da konnten Absprachen über gemeinsame Positionen von Nutzen sein.

Die EU hat den Verlauf der Konflikte in ihrer Nachbarschaft seit dem Beginn des arabischen Umbruchs, denen mit dem 2015 ausgebrochenen Krieg im Jemen ein weiterer hinzugefügt worden ist, nur von der Seitenlinie aus verfolgt. Dabei hat spätestens das Hereinbrechen der Flüchtlingswelle im Spätsommer 2015 erkennen lassen, dass die EU von den Krisen und Konflikten in Nordafrika und im Nahen und Mittleren Osten unmittelbar betroffen ist, dass also ihre Sicherheit wesentlich mit den Fragen von Stabilität, Entwicklung und Wohlstand in ihrer Nachbarschaft verbunden ist. Es war tragisch, dass sich die EU in der konfliktgeladensten Epoche dieser Nachbarschaft, seit diese nach dem Ersten Weltkrieg und dem Zusammenbruch des Osmanischen Reichs Gestalt annahm, als wenig handlungsunfähig erwies und dass die Agenda des Geschehens von anderen Mächten nach deren Interessen gesetzt wurde.

Das Kapitel des europäischen Imperialismus war mit dem Scheitern des britisch-französisch-israelischen Überfalls auf Ägypten abgeschlossen (► S. 324). Auf der anderen Seite sollte sich bald erweisen, dass ein Europa, das sich nach innen neu erfand, auch seine Beziehungen nach außen, insbesondere zu seiner Nachbarschaft südlich und östlich des Mittelmeers, neu würde gestalten müssen. Dabei würde es nicht mehr um europäische Diktate gehen können; man würde vielmehr neue Formen der Interaktion mit den nunmehr unabhängig gewordenen Staaten auf der Grundlage gleichberechtigter Partnerschaft suchen müssen. Dafür schufen sich die damals noch sechs Mitgliedstaaten der *Europäischen Gemeinschaft* (EG) mit der *Europäischen Politischen Zusammenarbeit* (EPZ) ein geeignetes Instrument. Gemeinsame Grundpositionen im arabisch-israelischen Konflikt sowie eine »globale Mittelmeerpolitik« waren erste Ergebnisse der Beratungen. Unter letzterer verstand man ein Rahmenwerk, auf dessen Grundlage die EG mit allen Anrainerstaaten des Mittelmeers und Jordanien globale Abkommen schließen würde, die ein breites Instrumentarium wirtschaftlicher Zusammenarbeit – von der vollständigen Öffnung der Gemeinschaft für Industrieprodukte bis zu finanzieller und technischer Hilfe – beinhalteten. Mit dem vierten Nahostkrieg im Oktober 1973 wuchs der Handlungsbedarf der EG. Auf der einen Seite suchte Washington die Europäer aus dem sich anbahnenden Verhandlungsprozess zwischen Israel und seinen arabischen Nachbarn auszuschließen, auf der anderen aber drängten arabische Staaten die EG, im Nahostkonflikt die arabisch-palästinensische Position stärker zu unterstützen. Mit einem Ölembargo, das in den Mitgliedstaaten der EG eine Energiekrise hervorrief, machten die arabischen Ölproduzenten Druck.

Die EG reagierte zweifach: Zum einen trat sie mit den Staaten der Arabischen Liga in einen *Euro-Arabischen Dialog* (EAD) ein. Zwischen 1974 und 1983 wurden in sieben Arbeitsgruppen (Landwirtschaft, Industrialisierung, Infrastruktur, Handel, Finanzen, wissenschaftliche und technische Zusammenarbeit sowie Kultur, Arbeit und Soziales) gemeinsame Projekte geplant. Zeitgleich festigte die EG über die Jahre ihre Positionen im Nahostkonflikt. Der Höhepunkt dezidierter europäischer Positionierung war mit der Erklärung von Venedig im Juni 1980 erreicht. In ihr sprach sich die EG für das Selbstbestimmungsrecht des palästinensischen Volkes aus und forderte, die PLO – zu diesem Zeitpunkt international noch als terroristische Organisation eingestuft – solle in die Friedensverhandlungen für den Nahen Osten einbezogen werden. Dabei zog sie auch das Entstehen eines palästinensischen Staates in Betracht.

Für die Umsetzung dieser mutigen und weitreichenden Positionen freilich war die Zeit nicht reif. Die USA standen einer aktiven Rolle der EG im Mittelmeerraum grundsätzlich skeptisch bis ablehnend gegenüber. Präsident Richard Nixon (reg.

1969–1974) brachte dies in einer Rede am 15. März 1974 unverblümt zum Ausdruck, in der er der EG vorwarf, sie rotte sich gegen die USA zusammen. Deshalb war es nicht verwunderlich, dass die Erklärung von Venedig in Washington und – natürlich – in Jerusalem auf heftige Kritik stieß. Der israelische Ministerpräsident Menachem Begin nannte die PLO »die arabische SS« und verglich die Erklärung mit der Beschwichtigungspolitik gegenüber Hitler.

Tatsächlich markierte die Erklärung (in Verbindung mit dem Verstummen des EAD 1983) das Ende eines Jahrzehnts einer doch recht aktiven europäischen Nahostdiplomatie. Mehr und mehr trat der israelisch-palästinensische Konflikt in den Schatten anderer Ereignisse: der Revolution in Iran und des irakisch-iranischen Krieges, der Invasion der Sowjetunion in Afghanistan und des Bürgerkriegs im Libanon. Erst der palästinensische Aufstand (*intifada*) Ende der achtziger Jahre ließ »den Nahostkonflikt« wieder in den Vordergrund der internationalen Agenda treten. Aber als nach intensiven diplomatischen Bemühungen seitens Washingtons im Oktober 1991 in Madrid der palästinensisch-israelische Friedensprozess begann (▶ S. 376), fanden sich die Europäer an der Seitenlinie wieder.

Das Bewusstsein freilich, welches die Aufmerksamkeit der sechs EG-Mitglieder bereits zu Beginn der siebziger Jahre auf den Raum des Mittelmeers, des Nahen Ostens und Nordafrikas, gelenkt hatte, blieb auch unter den – seit 1995 – fünfzehn EU-Mitgliedern wirksam. Wichtigstes Forum der aktivierten Mittelmeerpolitik wurde die *Euro-Mediterrane Partnerschaft* (Euromed). Nach dem Ort der Gründung (1995) benannt, war es das Ziel des *Barcelona-Prozesses*, einen Raum des Friedens, der Stabilität und des gemeinsamen Wohlstands rund um das Mittelmeer sowie eine euro-mediterrane Freihandelszone zu schaffen. In Analogie zur *Konferenz über Sicherheit und Zusammenarbeit in Europa* (KSZE) basierte die Partnerschaft auf einer Struktur von drei »Körben«: erstens der politischen und Sicherheitspartnerschaft mit den Zielen u. a. der Beachtung der Menschenrechte, der demokratischen Normen und des politischen Pluralismus; zweitens der Wirtschafts- und Finanzpartnerschaft mit den Zielen u. a. der nachhaltigen Entwicklung, der Bekämpfung der Arbeitslosigkeit, der Reduzierung des Nord-Süd-Wohlstandsgefälles sowie der Förderung der regionalen Integration; und drittens schließlich der Partnerschaft der Zivilgesellschaften im kulturellen, sozialen und menschlichen Bereich. Bald endete der Barcelona-Prozess in der Sackgasse. Das Spektrum der Gründe dafür war breit: Es reichte von der Belastung durch den stagnierenden israelisch-palästinensischen Friedensprozess nach 2000 bis zu unterschiedlichen Erwartungen und Interessen auf beiden Seiten des Mittelmeers.

Mit dem Terrorakt vom 11. September 2001 trat die Sicherheit an die Spitze der europäischen Agenda. Die arabischen Staaten forderten demgegenüber nachhaltige Konzessionen der EU bei der wirtschaftlichen Zusammenarbeit, nicht zuletzt im Bereich der Landwirtschaft. Neben ausbleibenden signifikanten Fortschritten blieben auch Demokratisierung und Menschenrechte auf der Strecke. Die EU zeigte kein wirkliches Interesse an einer tiefgreifenden Veränderung der Herrschaftsstrukturen unter den südlichen Anrainern. Der Status quo schien ihre Sicherheitsinteressen am effizientesten zu gewährleisten. Auch die Ergänzung des Barcelona-Prozesses durch die *Europäische Nachbarschaftspolitik* (2004) und durch die von Frankreich betriebene *Union für das Mittelmeer* (2008) vermochte der Politik der EU im Mittelmeerraum keine neuen dynamischen Impulse zu verleihen.

Wie gering das Gewicht der EU als eines politischen Akteurs im Nahen Osten war, sollte sich bereits im Vorfeld des Ausbruchs des Irak-Krieges im März 2003 erweisen. Während England (wie gewohnt) als der getreueste militärische Vasall der USA in diesem Konflikt auftrat und Deutschland eine Beteiligung kategorisch ausschloss, konnte der amerikanische Verteidigungsminister Donald Rumsfeld auf einer Pressekonferenz am 22. Januar 2003 spöttisch, ja verächtlich Europa in ein »altes« und damit zugleich in ein »neues«, amerikafreundliches Europa teilen. Das Attribut »altes« wurde weithin als abwertende Bezeichnung für jene europäischen Staaten verstanden, die eine Teilnahme am Krieg ablehnten oder sich kritisch dazu äußerten.

Etwa ein Jahrzehnt bevor die Mittelmeerpolitik der Sechs konzeptuelle Konturen erhielt, war bereits im September 1963 ein Assoziierungsabkommen mit der Türkei geschlossen worden. Nach einer »Vorbereitungsphase« sollte am Ende einer sich anschließenden 22-jährigen »Übergangsphase« in der Endstufe die »Zollunion« verwirklicht sein. Damit aber schienen die Weichen für eine Vollmitgliedschaft der Türkei in der (seinerzeit) Europäischen Gemeinschaft gestellt zu sein. Mehr als ein halbes Jahrhundert danach sind die damaligen vertragschließenden Parteien von diesem Ziel weiter denn je entfernt. Dies ist umso bemerkenswerter, als nach 1989 zahlreiche Länder Osteuropas und des östlichen Mitteleuropas der (seit 1992) EU beigetreten sind – ein Umstand, der in Ankara mit dem Hinweis auf die lange treue Mitgliedschaft der Türkei im »westlichen« Bündnis und auf die vergleichsweise wirtschaftlich schwächere Verfassung einiger neuer Beitrittsländer immer heftig beklagt worden ist.

Tatsächlich ist die Geschichte des Verhältnisses der Türkei zu Europa extrem vielschichtig und schwierig. Auf beiden Seiten hat es immer Zustände und Veränderungen gegeben, die ursächlich dafür waren, dass sie nicht im Sinne der ursprünglichen Zielsetzung zueinander fanden. Diesbezüglich tragen die politischen Führungen auf beiden Seiten Verantwortung. Um den gordischen Knoten endlich aufzulösen, reichte die türkische Regierung im April 1987 offiziell einen Antrag auf Mitgliedschaft ein. Die Reaktionen in den Mitgliedstaaten der Gemeinschaft waren mehr als zurückhaltend. Im Dezember 1989 veröffentlichte die Kommission der EG in Brüssel ihre Reaktion. Zwar wurde darin die »grundsätzliche Beitrittsfähigkeit« der Türkei nicht infrage gestellt. Jenseits davon aber ließ die Brüsseler Behörde keinen Zweifel daran, dass die Türkei weder politisch noch wirtschaftlich für eine Mitgliedschaft in der EG reif sei. Neben einer detaillierten Kritik an der wirtschaftlichen Entwicklung des Landes wurde auch mit politischer Kritik nicht hinter dem Berg gehalten. Die Politik der Regierung in Ankara müsse sich stärker den Menschenrechten öffnen. Außerdem seien beim Schutz der Minderheiten, insbesondere der Kurden, noch Wünsche offen. Und schließlich fördere der Streit zwischen der Türkei und Griechenland das Bestreben der türkischen Regierung nicht, als 13. Mitglied der EG beizutreten; auf die offene Zypernfrage wurde ausdrücklich verwiesen. Immerhin trat die Türkei im Januar 1996 einer Zollunion mit der EU bei und im Dezember 1999 räumten die Staats- und Regierungschefs der Mitgliedstaaten der EU in Helsinki der Türkei den Status eines Kandidaten für die Vollmitgliedschaft ein. Nach umfassenden innenpolitischen Reformen seitens der Regierung der *Partei für Gerechtigkeit und Entwicklung* unter Ministerpräsident Recep Tayyip Erdoğan wurden 2005 Verhandlungen über den Beitritt der Türkei zur EU aufgenommen.

In gewisser Weise freilich reflektierten diese die Mängel und Unzulänglichkeiten, welche im Zusammenhang mit der europäischen Mittelmeerpolitik insgesamt über die Jahre zutage getreten sind. Wie diese wurden auch die Verhandlungen mit der Türkei halbherzig geführt. Im Falle der Mittelmeeranrainer war die Verhandlungsführung wesentlich von den wirtschaftlichen und sicherheitspolitischen Interessen der europäischen Seite geleitet. Die EU verhandelte aus der Position vermeintlicher Stärke. Im Falle der Türkei ließ sich die Aufnahme von Verhandlungen zwar nicht mehr vermeiden; zugleich aber wurden in der öffentlichen Diskussion Einwände politischer, wirtschaftlicher, demographischer, kultureller und religiöser Natur erhoben, welche die Verhandlungen von Anfang an belasteten. Die Schlussfolgerungen der deutschen Bundeskanzlerin Angela Merkel, die der Türkei lediglich eine »privilegierte Partnerschaft« zubilligten, wurden von nicht wenigen Regierungen der Mitgliedsländer geteilt. Ab 2009 nahm das Interesse der politischen Klasse sowie der Öffentlichkeit in der Türkei an einer Mitgliedschaft ab. Ankara begann nach alternativen Parametern seiner regionalen und internationalen Beziehungen zu suchen (► S. 290).

Nicht nur in ihren Beziehungen zur Türkei sah sich Brüssel einer veränderten Perspektive gegenüber. Ab 2011 begann ein tiefgreifender Umbruchprozess auch in der arabischen Welt. Mit dem Sturz einer Reihe von Diktatoren waren tragende Säulen zusammengebrochen, auf denen die Mittelmeerpolitik und das Sicherheitsgefüge der EU im Nahen Osten und in Nordafrika beruht hatte. In Libyen und in Syrien gingen die Aufstände in anhaltende Bürgerkriege über. Diese führten zu Flüchtlingsbewegungen, die 2015/16 sturzbachartig über weite Teile Europas hereinbrachen. Die Beziehungen der EU zur Türkei hatten sich seit 2013 kontinuierlich verschlechtert und nach dem gescheiterten Militärputsch vom Juli 2016 den Tiefpunkt erreicht. Ankara war umso weniger bereit, die Rolle eines stabilen Damms gegen die Flüchtlingsflut zu spielen, als die Türkei vom Beginn des Konflikts in Syrien an ihrerseits mehr als drei Millionen Flüchtlinge aufgenommen hatte. Die arabischen Anrainer am südlichen Mittelmeer waren zu sehr mit ihren eigenen Problemen befasst (Libyen befand sich im Zustand innerer Auflösung), um sich wirkungsvoll dem Flüchtlingsstrom aus dem subsaharischen Afrika entgegenzustellen. Eine europäische Mittelmeer- und Nahostpolitik gab es nicht mehr. 2015/16 lebte Europa von der Hand in den Mund; die Flüchtlingsfrage war das alles dominierende Thema in den Beziehungen der EU zu ihrer mittelmeerischen Nachbarschaft geworden. Wie würde es weitergehen?

Während die EU konzeptionslos dahindümpelte, war – fast unbemerkt – eine neue Großmacht auf der nahöstlichen Bühne erschienen: die Volksrepublik China. Bereits seit dem Beginn des neuen Jahrtausends war sie als ein weiterer Akteur von weltpolitischem Format zunehmend aktiv geworden. Über Jahrzehnte war ein kohärentes Design der Nahostpolitik Pekings nur schwer zu erkennen. Wie in Moskau lag auch in Peking der Schwerpunkt der Politik in der »Dritten Welt« zunächst in der Unterstützung antiimperialistischer Kräfte und Bewegungen. Zwar war Israel der erste Staat im Nahen Osten gewesen, der die junge Volksrepublik anerkannt hatte (bereits im Januar 1950); dann aber hatte sich Peking ausgewählten arabischen Staaten zugewandt. Zu einem politischen Flirt mit Nasser kam es im Gefolge der Konferenz der Blockfreien in Bandung 1955, auf der sich Nasser und der chinesische

Ministerpräsident Zhou Enlai (reg. 1949–1976) begegneten. Ein Jahr später wurden diplomatische Beziehungen aufgenommen und ein Handelsabkommen abgeschlossen. Der Höhepunkt in den ägyptisch-chinesischen Beziehungen war der Besuch Zhous in Kairo im Dezember 1963. Die Interessen Kairos und Pekings trafen sich auch in der Unterstützung des algerischen Befreiungskampfes (1954–1962). Sowohl in Kairo als auch in Algier hatte Peking bald hinter der Sowjetunion zurücktreten müssen, von der die materiell und politisch stärkere Anziehungskraft ausging. Ein nachhaltiges politisches Engagement galt der 1964 gegründeten PLO, die 1965 eine Delegation nach Peking schickte und dort ein Büro einrichtete. Marginal blieb die Unterstützung von lokalen Befreiungsbewegungen wie der *Popular Front for the Liberation of Oman und the Arab Gulf* (Pfloag). Alles in allem blieb die Rolle der VR China im Nahen und Mittleren Osten bis zum Ende Kulturrevolution in den frühen siebziger Jahren marginal.

Der Eintritt Pekings in den Nahen Osten in der Mitte der siebziger Jahre signalisierte eine Neuorientierung der Politik der Volksrepublik gegenüber dieser Region. Bereits auf dem IX. Parteitag der *Kommunistischen Partei Chinas* (KPCh) im April 1969 war es offizielle Lehrmeinung geworden, dass die Sowjetunion neben den USA gleichrangig als imperialistischer Hauptfeind rangiere. Damit trat das *containment* der Sowjetunion auch im Nahen Osten in den Vordergrund chinesischer Politik. Mit konservativen Regimes wie in Oman (1978) und in Jordanien (1977) wurden diplomatische Beziehungen aufgenommen. Noch wenige Jahre zuvor hatte Peking die Pfloag, die zum Sturz des Sultans von Oman aufrief, und die PLO in ihrem Kampf gegen König Hussain unterstützt und dessen Palästinaplan eines »Vereinigten Arabischen Königreichs« (1972) als »Komplott« abgelehnt. Besondere Aufmerksamkeit erfuhr der Anspruch des Schahs von Iran, eine Rolle als Ordnungsmacht in der Golfregion zu spielen. Instrumente chinesischer Politik waren neben Rüstungslieferungen spektakuläre Infrastrukturmaßnahmen und öffentliche Bauten, die für die Volksrepublik werben sollten.

Die revolutionären Umbrüche in Iran und Afghanistan sowie der Ausbruch des zweiten Golfkrieges zwischen dem Irak und Iran (1980) hatten einmal mehr Kursänderungen Pekings zur Folge. Mit dem Zusammenbruch des Schah-Regimes war auch ein Pfeiler chinesischer Golfpolitik eingestürzt. Bereits 1979 trat Peking mit den neuen Machthabern in Kontakt, indem sich Parteichef Hua Guofeng (reg. 1976–1981) für seinen Besuch beim Schah im August 1978 entschuldigte. Die Geiselnahme amerikanischer Botschaftsangehöriger aber, die das neue Regime zu einer Annäherung an die Sowjetunion zwang, musste in Peking Besorgnis auslösen. Im anschließenden ersten Golfkrieg hat es beide Seiten – Iran und den Irak – mit Waffen unterstützt. Der Einmarsch sowjetischer Truppen in Afghanistan (1980) wurde in Peking verurteilt (nachdem es 1978 zunächst das revolutionäre Regime anerkannt hatte). China hat den Widerstand mit erheblichen Mitteln, wenn auch jenseits der Öffentlichkeit, unterstützt.

Auch auf dem Feld des Nahostkonflikts schließlich war Peking bestrebt, sich von sowjetischen Positionen abzusetzen. Anders als Moskau, das die von Washington eingeleiteten ägyptisch-israelischen Verhandlungen in Camp David (September 1978) gemeinsam mit dem radikalen arabischen Lager ablehnte, hat die Volksrepublik den von Präsident Anwar as-Sadat eingeschlagenen Kurs direkter Verhandlungen mit Israel gebilligt. Zugleich hat es die Lösung auch der palästinensischen Frage gefordert. Damit sollten sich neue Perspektiven für die Gestaltung der chinesisch-israelischen Beziehungen ergeben.

Dass Israel das erste Land im Nahen Osten gewesen war, das die Volksrepublik anerkannt hatte, ist bereits erwähnt worden. Doch erst 1992 wurden diplomatische Beziehungen zwischen den beiden Staaten aufgenommen. Zu diesem Zeitpunkt aber hatten sich durch das Ende der Sowjetunion die globalen Rahmenbedingungen chinesischer Außenpolitik grundlegend verändert. Zeitgleich trat die Tatsache zutage, dass die VR China zum Nettoimporteur von Rohöl geworden war. Die Sicherung der Energieversorgung ist seither zum alles überragenden Interesse der Führung in Peking geworden. Diese wiederum hat zwei zentrale Aspekte: die quantitative Versorgung in Übereinstimmung mit dem Bedarf der rasanten Entwicklung der chinesischen Wirtschaft sowie die Sicherung der Transportwege mit politischen, ggf. auch militärischen Mitteln.

Die im Lande geförderten Rohölmengen haben nur noch einen marginalen Anteil an dem Gesamtbedarf. Auch geographisch benachbarte Regionen, insbesondere Zentralasien, können diesen nicht befriedigen. Deshalb ist der Nahe Osten in den vergangenen drei Jahrzehnten in den Mittelpunkt der energiepolitischen Interessen Pekings getreten. Mehr als 50 % der chinesischen Rohölimporte kommen heute aus dieser Region, insbesondere den Ländern des *Gulf Cooperation Council* (GCC). Zugleich ist das Interesse an der Energieversorgung in breitere Zusammenhänge der Zusammenarbeit gestellt worden: Dazu gehören insbesondere die Beteiligung Chinas an der Infrastrukturentwicklung sowie der Ausbau von Handel und Investitionen. Auch die Zusammenarbeit auf den Gebieten der Hochtechnologie, Kernenergie und erneuerbaren Energien tritt zunehmend in den Vordergrund.

In diesem Zusammenhang kommt dem Nahen Osten und den Erdölproduzenten Nordafrikas, ein nicht unbeträchtlicher Stellenwert im Rahmen des Projekts der »Neuen Seidenstraße« zu, das 2013 als *Belt and Road Initiative* (BRI) ins Leben gerufen worden ist. Der Hafen von Gwadar (Pakistan) fügt sich in das Netzwerk von Häfen ein, die China erworben hat oder betreibt. Die Kette reicht im Osten von Hongkong über Gwadar bis nach Dschibouti und Port Sudan am Roten Meer. Jeder Hafen markiert einen wichtigen strategischen Punkt. So liegt Gwadar nahe der Straße von Hormus, durch die jeden Tag ein Viertel des international gehandelten Erdöls transportiert wird, und Dschibouti wird von Schiffen passiert, die durch die Meerenge Bab al-Mandab ins Rote Meer mit Kurs auf den Suezkanal fahren. Dort sind unweit einer amerikanischen Marinebasis bereits chinesische Kriegsschiffe zur Bekämpfung der Piraterie am Horn von Afrika stationiert. Zunehmend präsentiert sich Peking deshalb auch als politischer Partner der Nahoststaaten, auch wenn die chinesische Führung darauf bedacht ist, insbesondere amerikanische Interessen und Allianzen nicht zu konterkarieren. Das gilt fast selbstverständlich für Iran. Vor dem Hintergrund der permanent offen oder verdeckt spannungsvollen Beziehungen der Islamischen Republik mit den USA und angesichts der geschichtlichen Erfahrungen Irans mit der imperialistischen Attitüde Russlands seit dem 19. Jahrhundert erscheint China als ein attraktiver Partner, der die Isolierung des Landes zu durchbrechen vermag – dies auch vor dem Hintergrund langer historischer Verbundenheit über die »Seidenstraße«. 2019 hielten iranische, russische und chinesische Kriegsschiffe im Golf von Oman erstmals ein gemeinsames Manöver ab.

Auch unter den Arabern sprechen sowohl die Tatsache, dass China nie eine imperiale bzw. koloniale Vergangenheit ihnen gegenüber hatte, als auch die pragmatische Akzeptanz der politischen Systeme in der Region vonseiten Pekings dafür, sich dieser Macht stärker zuzuwenden. (Im Gegensatz dazu sehen sich die Herrscher der Region vor allem von europäischer Seite mit Forderungen nach der Beachtung demokratischer Grundsätze und der Menschenrechte konfrontiert.) Bereits 1999 wurde im Rahmen eines Besuchs von Staatspräsident Jiang Zemin (reg. 1993–2003) mit Saudi-Arabien eine »Ölpartnerschaft« geschlossen. Ein noch stärkeres Signal sandte der saudische König Abdallah ibn Abd al-Aziz (reg. 2005–2015) aus, den seine erste Auslandsreise als saudischer König nach Peking führte; es war der erste Besuch eines saudischen Königs in der Volksrepublik seit der Aufnahme diplomatischer Beziehungen 1990. Eine Nahostreise im Januar 2016 führte Staatschef Xi Jinping (reg. seit 2012) sowohl nach Saudi-Arabien als auch nach Iran. Nicht zuletzt die Wahl dieser beiden Reiseziele ist – vor dem Hintergrund der Belastungen in den Beziehungen Irans zu den USA und Saudi-Arabien – ein Indiz für die Eigenständigkeit chinesischer Nahostpolitik. 2021 ist China der größte Handelspartner der Länder am Persischen Golf.

Eine besondere Pointe der chinesischen Nahostpolitik liegt in den Beziehungen mit Israel. Mit der konstruktiven Haltung der Führung in Peking zu dem ägyptisch-israelischen Friedensprozess war der Weg für eine chinesisch-israelische Annäherung frei. Lange vor der Aufnahme diplomatischer Beziehungen 1992 (zu diesem Zeitpunkt waren auch die Madrider Verhandlungen zur Lösung des Palästinakonflikts in Gang gekommen) war Israel ein wichtiger Wirtschaftspartner Pekings – nicht zuletzt mit Blick auf die Modernisierung der chinesischen Armee. Nach den Sanktionen der USA und EU gegen China wurde Israel zur »Hintertür« für den Kauf westlicher Militärtechnologie. Wiederholt hat Washington seine Besorgnis zum Ausdruck gebracht, dass Peking auf diese Weise auch an geheime amerikanische Waffentechnologie gelangen könne. 2003 verpflichtete sich Israel, keine zivile und militärische Technologie mehr an China zu liefern, die die Sicherheit der USA gefährden könnte. In den letzten Jahren hat die Zusammenarbeit eine Dynamik angenommen, die weit über die militärische Dimension hinausgeht. Auf vielen Gebieten wissenschaftlicher und technologischer Forschung arbeiten Chinesen und Israelis eng zusammen. Geradezu explosionsartig haben sich die Handelsbeziehungen entwickelt: zwischen 1992 und 2019 ist ihr Wert von 50 Mio. auf 13,5 Mrd. US-Dollar gestiegen. Die Volksrepublik ist der wichtigste Handelspartner Israels in Asien und der drittwichtigste weltweit.

Trotz der skizzierten Entwicklungen ist China im Nahen Osten noch keine Macht, von der politikbestimmende Impulse ausgegangen wären. Im Großen und Ganzen wird die Dominanz der USA insbesondere am Persischen Golf von Peking akzeptiert. Dass China in Sachen der Konflikte in Syrien im Sicherheitsrat der Uno wiederholt gegen eine Einmischung von außen gestimmt und die Aufkündigung des Atomabkommens mit Iran vonseiten Präsident Trumps verurteilt hat, bedeutete noch keinen offenen Affront gegen Washington – auch nicht die Tatsache, dass Iran und die Türkei sich politisch der 2002 gegründeten *Shanghai Cooperation Organization* angenähert haben, deren Agenda von den wirtschaftlichen und politischen Interessen Pekings geleitet ist. Gerade in den Beziehungen zu den Ländern des Nahen Ostens, unter denen sich einige, etwa Saudi-Arabien, die Türkei und Iran, bei unterschiedlichen Anlässen anheischig machen, für die Sache »des Islams« und »der Muslime« zu sprechen, muss Peking bemüht sein, jede Herausforderung zu vermeiden, die massive Unterdrückung der muslimischen Uiguren in der Volksrepublik zum Gegenstand einer öffentlichen Diskussion in der islamischen Welt zu machen. Von einer solchen dürften nicht geringe Erschütterungen für das Ansehen Pekings im Nahen und Mittleren Osten ausgehen. In der Propaganda arabischsprachiger Medien der Volksrepublik ist Peking um die wirtschaftliche Entwicklung seiner westlichen Provinz bemüht, mit der die Bekämpfung des Terrorismus einhergehe. Insgesamt lautet die subtile Botschaft, dass China geschichtlich, politisch und kulturell dem Vorderen Orient näher stehe als »der Westen«.

In den Umbrüchen im Vorderen Orient nach 2011 erscheint die Rolle der externen großen Mächte in einem vagen Zwielicht: Die USA suchen den Rückzug ohne Konzept, auf welche Weise und wie weit dieser geschehen sollte. Die EU sucht einen Weg, die Zukunft seiner nahöstlichen Nachbarschaft mitzugestalten, ohne die – ggf. auch militärischen – Kosten auf sich nehmen zu wollen. Die Volksrepublik China ist bemüht, ihre wirtschaftlichen Interessen zu bedienen, ohne sich allzu tief in den politischen Wirren der Region zu verstricken. Nur Russland hat insbesondere mit seinem Engagement in Syrien seine Entschlossenheit zu erkennen gegeben, eine Rolle bei der künftigen Entwicklung seines historischen Hinterlandes zu spielen. Dabei ist freilich fraglich, ob die politischen und wirtschaftlichen Potentiale, über die Moskau verfügt, langfristig dazu ausreichend sind.

14 Der Zusammenbruch der Ordnung: 2014–2020

Die Umbrüche in zahlreichen arabischen Staaten haben im gesamten Vorderen Orient Machtverschiebungen und Allianzen von atemberaubender Variationsbreite und staunenswerten Überraschungen gezeitigt. Dass viele Beobachter von einer chaotischen Situation gesprochen haben, ist nachvollziehbar. Die positive Variante dieses Urteils wäre: Alles ist im Fluss. Welche roten Fäden lassen sich erkennen?

Das Defizit an politischer Legitimation. Mit dem Ausbruch der arabischen Revolte 2011 sind die politischen Ordnungen der meisten Regimes im Nahen Osten und Nordafrika in eine Ära des Übergangs eingetreten. Wohin sich Ägypten, Saudi-Arabien, der Irak, Syrien, Jemen und Libyen – um nur einige arabische Staaten zu nennen – entwickeln werden, ist offen. Aber auch in Iran und der Türkei ringen widerstreitende Kräfte um die künftige politische Ordnung. Algerien und der Sudan sind – mit Verzögerung – in das Stadium der Revolte eingetreten und stehen in einem Prozess der Veränderung.

Die Außenpolitik wird zur Ersatzlegitimation. Die Regierenden in zahlreichen Staaten der Region sind entschlossen, durch außenpolitische Intervention die schwächelnde Zustimmung aus der Gesellschaft zu überspielen. Neben der direkten Intervention geschieht diese in vielen Fällen auf indirekte Weise in Gestalt der Unterstützung von Milizen. Die Tatsache, dass selbst kleine Staaten wie Katar und die Vereinigten Arabischen Emirate durch ihre Öl- und Gas-Milliarden zu politischer und militärischer Machtprojektion über ihre Grenzen hinaus befähigt sind, macht die Gesamtsituation noch komplexer. Iran und Saudi-Arabien stehen zum Zeitpunkt des Abschlusses dieser Arbeit einander in einer in der Geschichte des 20. Jahrhunderts nicht gekannten Militanz gegenüber. Dieser Konflikt wird in weiteste Teile des gesamten Nahen Ostens getragen. Katar und die VAE mischen in entfernten Regionen wie Libyen und Jemen mit. Katars selbstbewusstes und ambitioniertes Auftreten als zivile und militärische Macht provoziert sein geopolitisches Umfeld und hat zeitweise zu einem offenen Konflikt mit Saudi-Arabien geführt. Ägyptens Aufmerksamkeit richtet sich neben Äthiopien (dessen Staudammprojekt am oberen Blauen Nil [»Großer Äthiopischer Renaissance-Staudamm«] vor der Fertigstellung steht; ein Projekt, das sich nachteilig auf die Wasserzufuhr des Flusses in den Sudan und nach Ägypten auswirken könnte) auf Libyen, wo es im Bürgerkrieg Partei ergriffen hat.

Der (pan-)arabische Nationalismus hat seine Anziehungskraft eingebüßt. Aus einem Gefühl der Zusammengehörigkeit heraus war 1945 die Arabische Liga gegründet worden. Sie ist nur an wenigen Punkten ihrer Geschichte erfolgreich in Erscheinung getreten, aber jeder arabische Staat (und Palästina) ist ihr mit seiner Unabhängigkeit beigetreten. Im Nasserismus und dem Programm der *Ba'th*-Partei wurde der Panarabismus ideologisch überhöht; in der politischen Wirklichkeit aber haben sich die politischen Führer von ihren Eigeninteressen leiten lassen. Diese haben sich mit den Jahren zunehmend auseinanderentwickelt; das gilt auch für die wirtschaftlichen Potentiale. Die Palästinafrage aber blieb eine Fassade, die eine gemeinsam geteilte arabische Verantwortung suggerieren sollte. Die zwischen arabischen Staaten und Israel 2020 geschlossenen Verträge räumen auch diese letzte Fassade eines arabischen Zusammengehörigkeitsgefühls beiseite. Jeder arabische Staat sucht seinen eigenen Platz in der regionalen und internationalen Ordnung.

Religiöse Differenzen werden politisch instrumentalisiert. Zuvorderst gilt das für den sunnitisch-schiitischen Gegensatz, der hinter dem Konflikt zwischen Saudi-Arabien und Iran sichtbar wird. Der von sunnitischen Führern befürchtete »schiitische Gürtel« vom Persischen Golf durch den Irak und Syrien bis in den Libanon hat tatsächliche Gestalt angenommen. Schiitische Gemeinschaften, politische und gesellschaftliche Gruppierungen sowie Milizen sind zu Vehikeln politischer und militärischer Einflussnahme Teherans geworden. Auch unter den Sunniten wirken religiöse Differenzen allianzbildend: Stein des Anstoßes ist die *Muslimbruderschaft* geworden. Mit den Umbrüchen seit 2011 war sie bemüht, ihre Popularität in einigen Ländern in politische Machtausübung umzumünzen. Das wäre ihr in Tunesien und Ägypten 2011/12 fast gelungen. Nach dem militärischen Putsch in Ägypten im Juli 2013 setzte dort eine Hexenjagd auf die Muslimbruderschaft ein, die von der Führung Saudi-Arabiens unterstützt wird; Riyadh sieht in der Bewegung eine Gefahr für die Stabilität des Königreichs. Überdies wurde die Muslimbruderschaft ein weiterer Faktor im Zwist mit dem Nachbarland Katar, das sie seit langem gefördert hat. Auch in dem Krieg, der nach dem Sturz al-Qadhafis um Libyens Hauptstadt Tripolis ausbrach, ist diese konfessionalistische Dimension erkennbar. Die Türkei hat sich unter der Präsidentschaft Recep Tayyip Erdoğans, der nach Führerschaft unter der Gemeinschaft der Muslime im Nahen Osten strebt, auf die Seite der Muslimbruderschaft geschlagen. In der Mischung von Volksnähe und religiösem Konservativismus in Verbindung mit dem Anspruch, die »Ehre der Muslime« und den »Respekt vor der islamischen Religion« geltend zu machen, wo und wem gegenüber immer er das für opportun hält, wirbt er um breiten Zuspruch unter den islamischen Völkern. Naturgemäß stößt dies in Kairo und Riyadh auf Ablehnung.

»Der Nahostkonflikt« ist in den Hintergrund getreten. Jahrzehntelang hat er die regionale und internationale Konstellation mit Blick auf den Nahen und Mittleren Osten bestimmt. Vor dem Hintergrund des Veränderungsdrucks haben alle beteiligten Mächte politische Agenden, auf denen die Palästinafrage nicht mehr prioritär platziert ist. Die– umstrittene – Entscheidung des amerikanischen Präsidenten Donald Trump 2018, die amerikanische Botschaft von Tel Aviv nach Jerusalem zu verlegen, sowie der im Februar 2020 verkündete Plan einer Lösung des Palästinakonflikts beruhen nicht auf ausgewogenen, um Gerechtigkeit gegenüber beiden Konfliktparteien bemühten Erwägungen. Sie reflektieren vielmehr die Entschlossenheit, diese – aus innen- und außenpolitischen Erwägungen lästige – Angelegenheit vom Tisch zu bekommen. Die realpolitischen Interessen liegen woanders. Die im September 2020 geschlossenen Verträge zwischen Israel und den Vereinigten Arabischen Emiraten sowie Bahrain bestätigen diesen Trend. Die israelische Führung beobachtet mit Aufmerksamkeit die Umbrüche jenseits der Grenzen des Landes. Sie

konzentriert sich darauf zu verhindern, dass Iran dort zur regionalen Vormacht und damit zu einer Bedrohung Israels heranwächst. Dabei stößt sie auf ein gleichgerichtetes Interesse aufseiten einiger arabischer Staaten, namentlich Saudi-Arabiens. Neue Allianzen entstehen; ob sie tragfähig sind, wird die Zeit erweisen. Sie erwecken aber die Vermutung, dass die politischen Führungen im Nahen Osten in einer Ära der Umbrüche eher von der Hand in den Mund leben als auf langfristig stabile Ordnungen hinzuarbeiten.

Radikal islamistische Gruppen werden salonfähig. Wie wenig das politische Handeln der staatlichen Akteure von langfristig ausgerichteter Rationalität bestimmt ist, lässt ein Blick auf die radikal islamistischen Gruppierungen erkennen. Bei den Umbrüchen in den Ländern, die von der arabischen Revolte erfasst wurden, kamen diese zunächst nicht vor. Sie hatten keine Stimme in dem millionenfachen Ruf nach »Würde«, der zwischen Libyen und Jemen die politischen Ordnungen erschütterte. Erst als die Dynamik der Veränderungen – wie beschrieben – stagnierte, konnten im Vergleich zu den Gesamtbevölkerungen winzige, aber gewaltbereite Gruppen ihr fanatisches Handwerk in den jeweiligen Gesellschaften betreiben. Dass nahezu alle wichtigen staatlichen Akteure sich in der einen oder anderen Weise ihrer bedienten, um ihre Position im Inneren bzw. ihre machtpolitische Ausgangsposition gegenüber regionalen Rivalen zu stärken, ließ das Ausmaß ihrer Orientierungslosigkeit erkennen. Nicht die eigene Stärke und Schlagkraft dieser Gruppierungen, sondern die Schwäche der etablierten regionalen Akteure war die Ursache dafür, dass eine Radikalität, die aus einer perversen Interpretation der Religion schöpfte, überhaupt eine derartige Wirkung erzielen konnte.

Die vorstehend angedeuteten roten Fäden sollen helfen, die chaotischen Entwicklungen im Vorderen Orient seit etwa 2014 einzuordnen. Am 21. August 2013 wurde ein Giftgasangriff auf die Zivilbevölkerung der Region Ghuta östlich von Damaskus verübt. Die Zahl der Opfer ist umstritten; die Angaben schwanken zwischen etlichen hundert und ca. 1 500. Er wurde weithin den Truppen des syrischen Regimes zugeschrieben; damit schien eine »rote Linie« überschritten, die Präsident Obama mit Bezug auf die Kriegführung in *Syrien* gezogen hatte. Tatsächlich kündigte er am 31. August militärische Vergeltungsmaßnahmen an. Insbesondere die russische Führung aber schrieb den Einsatz der Opposition zu und schlug vor, das syrische Arsenal an Chemiewaffen internationaler Kontrolle zu unterstellen und vernichten zu lassen. Indem sich Obama darauf einließ, machte er den Weg frei für eine rasch zunehmende russische Einflussnahme auf das Geschehen in Syrien und in anderen Teilen des Nahen Ostens. Ab 2015 erhielt diese durch den Einsatz russischer Bodentruppen und der Luftwaffe eine starke militärische Komponente. Damit war eine Zäsur im Kampf um Damaskus eingeleitet. Hatte das Regime Baschar al-Asads bis dahin weiteste Teile des Landes verloren, so hatte sich der Trend nunmehr umgekehrt: Mit der Unterstützung russischer Truppen und iranischer bzw. von Iran unterstützter Milizen konnte er darangehen, die verlorenen Teile des Landes zurückzuerobern. Während sich die Aufmerksamkeit westlicher Regierungen (und der Öffentlichkeiten) auf die Bekämpfung des *Islamischen Staates* (seit Juli 2014 das »Kalifat«) konzentrierte, verfolgten Moskau und Teheran konsequent eine Strategie des Überlebens des Regimes von Baschar al-Asad. Neben diesen beiden war Israel der dritte rational kalkulierende externe Akteur: Jerusalem konnte gleichsam von der

Seitenlinie verfolgen, wie seine Gegner im Nachbarland untereinander politisch und militärisch rivalisierten. Dabei galt es nur zu verhindern, dass von Iran gelenkte militärische Kräfte in Syrien allzu nahe an Israel heranrücken würden.

Im Verlaufe des Kampfes um Syrien wurden weitere Kriegsschauplätze im Nahen Osten eröffnet: im Jemen, im syrisch-kurdisch-türkischen Grenzgebiet und in Libyen (von der anhaltenden Instabilität in Afghanistan nicht zu sprechen). Sie waren in jeweils unterschiedlichen regionalen Zusammenhängen zu sehen. Der Konflikt im Jemen wurde ein Nebenschauplatz des Konflikts zwischen Saudi-Arabien und Iran. Diese Tatsache ließ zugleich die machtpolitischen Verschiebungen im arabischen Raum erkennen, die sich in den Jahren seit dem Ausbruch der arabischen Revolte vollzogen hatten: Gerade den kleinen Staaten wie den Vereinigten Arabischen Emiraten (VAE) und Katar waren auf der Grundlage ihrer finanziellen Stärke machtpolitische Potentiale zugewachsen, die sie auch auszuspielen entschlossen waren. So intervenierten die VAE an der Seite Saudi-Arabiens im Jemen; dies in der Intention, am Eingang zum Roten Meer (wo vordem die Briten über mehr als ein Jahrhundert die Kontrolle ausgeübt hatten) einen Beitrag zur Sicherung der Handelsrouten zu leisten. Der Ehrgeiz des Emirats Katar reichte jenseits des Golfs über Palästina und Ägypten bis nach Libyen. Die Eifersucht auf das kleine Emirat war – neben anderem – ein Motiv für einige der Nachbarn im Golf-Kooperationsrat, dieses durch ein umfassendes Embargo zu schwächen. Im Juni 2017 schlossen sie ihre Grenzen und Lufträume für jedweden Verkehr mit Katar. Die Begründungen gipfelten in dem Vorwurf, Doha unterstützte terroristische Organisationen. Erst 2021 wurden sie wieder geöffnet.

Dass die Türkei sich umgehend zur Unterstützung Katars entschloss, lässt erkennen, dass auch Ankara in dem nahöstlichen Chaos-Spiel mitzuspielen entschlossen war. Die arabische Revolte seit 2011 hatte dem Ehrgeiz von Ministerpräsident (ab August 2014 Staatspräsident) Recep Tayyip Erdoğan ein Ende gesetzt, die Türkei den arabischen Völkern als eine Art islamisch-demokratisches Musterland zur Nachahmung zu empfehlen. Dies kam definitiv zum Ausdruck, als der syrische Präsident Baschar al-Asad der »Empfehlung« aus Ankara nicht nachkam, angesichts der Proteste aus dem Volk die Macht abzugeben. Für seine Pläne freilich, in Damaskus mit dem Ziel eines Machtwechsels zu intervenieren, fand Erdoğan in der internationalen Gemeinschaft keine Unterstützung. Er verurteilte den Putsch gegen den ägyptischen Präsidenten Muhammad Mursi, der der Muslimbruderschaft angehörte, im Juli 2013; seither ließ er keine Gelegenheit aus, seine Sympathie für diese öffentlich zu bekunden.

Hatte Erdoğan die Flüchtlinge, die bereits 2011 aus Syrien in die Türkei zu strömen begannen, zunächst als »Gäste« begrüßt, so stellte deren rasch dramatisch steigende Zahl bald ein politisches und gesellschaftliches Problem für den Präsidenten dar. Denn breite Teile der türkischen Öffentlichkeit sahen in ihnen weniger Gäste als Konkurrenten um Arbeitsplätze, Schulplätze und die Einrichtungen des Gesundheitswesens. Unter dem Druck, auch weiterhin in der Nachbarschaft der Türkei als bestimmender Akteur handeln zu müssen, ging Erdoğan zeitweise Allianzen mit extremistischen dschihadistischen Gruppen ein, die sich dem Kampf gegen das Regime in Damaskus verschworen hatten. Im September 2014 begann die Schlacht um Kobanê, eine an der Grenze zur Türkei gelegene Stadt im kurdischen Teil Syriens

(Selbstverwaltungsgebiet *Rojava*). Kämpfer des »Islamischen Kalifats« von Raqqa griffen die Stadt an, die wesentlich von den »Volksverteidigungseinheiten« (YPG) der *Partei der Demokratischen Einheit* (PYD) verteidigt wurde (▸ S. 292). Monatelang wurde gerungen; derweil standen türkische Truppen in Sichtweite Kobanês an der Grenze, ohne einzugreifen. Die erfolgreiche Rückeroberung der Stadt war mehr als ein militärischer Sieg der Kurden und der Beginn des Niedergangs des *Islamischen Staates:* Mit einem Schlag trat das von Kurden (sowie anderen ethnischen und diversen religiösen Gruppen) verwaltete Gebiet *Rojava* in das Licht der internationalen Aufmerksamkeit. Im Oktober wurden dort die *Syrian Democratic Forces* (SDF) gegründet, deren Rückgrat ebenfalls die Kämpfer der YPG bildeten. Militärisch unterstützt von den USA und einigen europäischen Staaten hatten die Kurden in der Folge einen entscheidenden Anteil an der Auslöschung des dschihadistischen Staates und der Eroberung von dessen »Hauptstadt« Raqqa im Oktober 2017.

Die internationale politische Aufwertung des kurdischen Selbstverwaltungsgebiets und der Respekt vor den militärischen Tugenden der Kurden bedeuteten eine Schwächung der Position der Türkei im Ringen um Syrien. Hinzu kam, dass Russland im Laufe des Jahres 2015 seine militärische Präsenz in dem Land und die Unterstützung für das Regime in Damaskus nachhaltig ausbaute. Moskau hielt an Asad fest, während Ankara noch immer dessen Sturz betrieb. Die Kurden konzentrierten sich auf ihr selbstverwaltetes Gebiet und ließen die Frage nach dem Regime in Damaskus und der Zukunft Syriens offen. Damit standen die Positionen der Kurden und die Ziele Moskaus einander nicht unvereinbar gegenüber; Rojava unterhielt ein Verbindungsbüro in Moskau.

Ankara hatte sich also weithin isoliert. Als die türkische Luftabwehr im November 2015 ein russisches Flugzeug abschoss, das – wahrscheinlich versehentlich – den türkischen Luftraum verletzt hatte, aber bereits dabei war, ihn wieder zu verlassen, eskalierten die Spannungen zwischen Moskau und Ankara. Moskau verlangte eine Entschuldigung; die von der russischen Regierung verhängten Sanktionen namentlich in den Bereichen Tourismus und Handel schmerzten. Erst mit einem Besuch Erdoğans in St. Petersburg bei Wladimir Putin im Oktober 2016 konnten die Beziehungen wieder entspannt werden. Nicht nur aus wirtschaftlichen Gründen war die Normalisierung dringlich geworden. In der Innenpolitik hatte der Präsident den Versöhnungskurs mit Vertretern der Kurden aus wahltaktischen Gründen 2015 abgebrochen; die »kurdische Frage« war einmal mehr innen- wie außenpolitisch gestellt. Der bewaffnete Konflikt zwischen dem türkischen Staat und der »terroristischen« PKK war wieder ausgebrochen. In der Außenpolitik hatten sich nach dem gescheiterten Militärputsch im Juli 2016 die Beziehungen zu den USA und der EU verschlechtert. Mit dem wachsenden internationalen Stellenwert der Kurden im Kontext des Kampfes gegen den *Islamischen Staat* begann der türkische Präsident das Gespenst einer »terroristischen Bedrohung« der Türkei vonseiten der syrischen Kurden an die Wand zu malen. Politisch und ideologisch seien die PKK und die PYD aus demselben Holz geschnitzt.

Nach der türkisch-russischen »Versöhnung« begann eine Kette militärischer Interventionen der Türkei in Nordsyrien. Offiziell begründet mit der Abwehr der »terroristischen Bedrohung«, waren dahinter auch innenpolitische Absichten Präsident Erdoğans unübersehbar; mit Blick auf eine anstehende Abfolge von Wahlen und Referenden sowie angesichts einer bröckelnden Macht und schwächelnden Wirtschaft suchte er eine breite nationalistische Mobilisierung. Eine erste türkische Militäroffensive 2016/17 sollte die Entstehung eines zusammenhängenden Gebiets unter der Kontrolle der SDF verhindern. Bei einer weiteren Invasion 2018 wurde Afrin erobert. Mit einer dritten sollte eine Sicherheitszone entlang der türkisch-syrischen Grenzen östlich des Euphrat geschaffen werden. Alle militärischen Schritte der Türkei mussten mit der russischen Führung abgestimmt werden. Denn Moskau war zwar darauf bedacht, die Türkei auf seiner Seite zu haben (konnte es doch auf diese Weise auch einen Keil zwischen die Türkei und die Nato treiben). Zugleich aber unterstützte es das Bemühen Präsident Asads, das Territorium Syriens vollständig zurückzuerobern und wollte auch die Kurden als politischen Akteur nicht gänzlich fallen lassen. Somit konnte sich Präsident Erdoğan zwar schmeicheln, mit Blick auf die Zukunft Syriens ein Mitspieler geworden zu sein, aber in Moskau wurden ihm die Grenzen seines Handelns gezogen.

Mit den militärischen Angriffen der Türkei auf die kurdische Selbstverwaltungszone Rojava haben sich nicht nur weitere Flüchtlingsströme auf den Weg gemacht. Auch die Perspektiven einer Beendigung der syrischen Tragödie haben sich weiter verdunkelt. Was hat Ankara in den besetzten Gebieten vor? Sollen dort tatsächlich syrische Flüchtlinge angesiedelt werden? Unterdessen fuhr Moskau fort, ohne Rücksicht auf die Interessen Ankaras Baschar al-Asad darin zu unterstützen, die Provinz Idlib zurückzuerobern. Das führte 2019/20 zu einer erneuten Flüchtlingswelle, die sich auf die türkische Grenze zubewegte. Ankara stemmte sich dagegen, indem es die Grenze schloss und über bewaffnete Posten auf syrischem Gebiet einen Damm zu errichten suchte.

Nur sehr langsam fand der *Irak* zu einer – gleichwohl anhaltend prekären – Normalität zurück. Nach der Eroberung Mossuls durch den *Islamischen Staat* im Juni 2014 hatte die Regierung in Bagdad mit den Vorbereitungen zur Rückeroberung der Stadt begonnen. Im März 2016 starteten die irakischen Verbände ihren Vormarsch; erst mehr als ein Jahr später, am 9. Juli 2017, konnte die vollständige Rückeroberung gemeldet werden. Mossul war weitgehend zerstört. Nicht nur aus militärischen Gründen hatten sich die Operationen so schwierig gestaltet. Vielmehr bestand die Truppe aus politisch und militärisch sehr heterogenen Teilen: Neben dem Kern der regulären Armee operierten arabisch-schiitische Milizen, die mehr oder minder spontan aufgestellt worden waren und in hohem Maße ein Eigenleben führten (*al-Haschd asch-scha'bi*). Unter der sunnitisch-arabischen Bevölkerung waren sie wegen ihrer Brutalität gefürchtet. An der Seite der arabischen Verbände hatten sich auch die kurdischen *Peschmerga* an den Operationen beteiligt. Aus den Parlamentswahlen im Mai 2018 gingen keine klaren Mehrheiten hervor; erst im Oktober konnte der designierte Ministerpräsident Adil Abd al-Mahdi mit der Regierungsbildung beginnen.

Stabile Fortschritte bei der Entwicklung des Landes konnte die neue Regierung nicht verzeichnen. Nur schleppend vollzog sich der Wiederaufbau der durch den Krieg gegen den *Islamischen Staat* zerstörten Dörfer und Städte; das galt insbesondere für Mossul. Damit verzögerte sich die Rückkehr der vor den Dschihadisten geflohenen Menschen, insbesondere der Christen und Jesiden. Zu tief saß das Misstrauen der jeweiligen Gemeinschaften gegeneinander und der Zweifel in die Handlungsfähigkeit der Regierung. Der Fortbestand großer Flüchtlingslager belastete auch

Wirtschaft und Gesellschaft der kurdischen Selbstverwaltungszone mit der Hauptstadt Erbil, also desjenigen Teils des Irak, der von den kriegerischen Zerstörungen am wenigsten betroffen war. Tatsächlich standen Fragezeichen über der Handlungsfähigkeit der Regierung in Bagdad überhaupt. Zum einen erwies es sich als nahezu unmöglich, die Milizen wieder in die zivilen und militärischen Institutionen des Staates zu integrieren. Sie führten nach wie vor ein Eigenleben, was sich als umso fataler erwies, als damit der Einmischung vonseiten Teherans Tür und Tor geöffnet war. Es war schwer zu erkennen, wer in Bagdad das Sagen hatte. Durch den starken iranischen Einfluss fühlten sich auch die USA provoziert, die sich seit der Aufkündigung des Atomabkommens durch Präsident Trump im Mai 2018 in offener Konfrontation mit Teheran befanden.

Als ein grundlegendes Problem erwies sich des Weiteren die Korruption. In Abwesenheit transparenter staatlicher Strukturen und Institutionen dominierten Klientelbeziehungen das politische, wirtschaftliche und gesellschaftliche Leben. Nach der Vertreibung des *Islamischen Staates* und den Wahlen waren die Erwartungen in weiten Teilen der Bevölkerung hoch, dass sich endlich die Lage der Menschen verbessern würde. Als dies nicht geschah, begannen landesweite Proteste, insbesondere in Bagdad und den größeren Städten im Süden. Sie richteten sich auch gegen die starke iranische Präsenz im Land, die für die Misere mitverantwortlich gemacht wurde. Mit Iran verbundene Milizen waren an der Niederschlagung der Proteste beteiligt, die sich so brutal gestaltete, dass sich Adil Abd al-Mahdi Ende November 2019 genötigt sah, zurückzutreten. Einen chaotischen Höhepunkt erreichte die Lage am 3. Januar 2020: An diesem Tage wurde Qasim Sulaimani, der Kommandeur der *al-Quds*-Brigade, des für Einsätze im Ausland zuständigen Verbandes der iranischen Revolutionsgarden, durch eine amerikanische Drohne auf dem Flugplatz von Bagdad getötet. Präsident Trump hatte den Einsatz autorisiert. Die Wellen der Emotion schlugen hoch; das irakische Parlament forderte den Abzug aller Amerikaner aus dem Land.

Tatsächlich hatten die USA mit Sulaimani eine Schlüsselfigur aus dem Spiel genommen. Wie kein anderer verkörperte er das strategische Konzept der Islamischen Republik, zwischen dem Persischen Golf und dem Mittelmeer eine ausgedehnte Sicherheitszone zu schaffen, die das Land sowohl gegen eine Bedrohung vonseiten regionaler Mächte als auch insbesondere seitens außerregionaler, sprich amerikanisch-israelischer Aggression schützen würde. In diesem Konzept waren der schiitischen *Hizbollah* im Libanon und dem Regime in Damaskus, das von Angehörigen der dem schiitischen Islam verbundenen Sekte der Alawiten getragen wird, seit den achtziger Jahren höchste Bedeutung beigemessen worden. Mit dem Sturz des Regimes von Saddam Husain durch die amerikanische Invasion von 2003 war ein weites Tor für einen überwältigenden politischen und militärischen Einfluss Teherans im mehrheitlich arabisch-schiitischen Irak aufgestoßen worden. Als das Regime in Syrien im Rahmen des sich seit 2011 ausbreitenden Aufstands zunehmend unter Druck geriet, begann die libanesische *Hizbollah* mit wachsender Schlagkraft an den Kämpfen aufseiten des Regimes in Damaskus teilzunehmen. Und als schließlich der »Islamische Staat« nach der Eroberung von Mossul Bagdad bedrohte, hatten die schiitischen Milizen des *Haschd asch-scha'bi* einen hohen Anteil an dem Widerstand und schließlich an der Gegenoffensive, die zur Rückeroberung Mossuls führte.

Die Verwicklung *Irans* in kostspielige Kriege und Konflikte außerhalb des Landes wurde von allen Faktionen der Staatselite mitgetragen. Mit der Wiederwahl von Staatspräsident Ruhani 2017 war noch einmal die Hoffnung auf eine Verbesserung der wirtschaftlichen Lage der Bürger verbunden. Als sich diese nicht einstellte, sondern sich mit der Erneuerung der Sanktionen durch Präsident Trump 2018 im Gegenteil die Not erneut zuspitzte, begannen die öffentlichen Proteste zu eskalieren. Vereinzelt wurde dabei auch die Beendigung der Einmischung Irans außerhalb der Grenzen des Landes gefordert. Einen nachhaltigen Widerhall in einer breiteren Öffentlichkeit fand sie nicht und schon gar nicht bei der Staatsführung. Das war nicht zuletzt den tiefsitzenden antiimperialistischen Reflexen geschuldet, die die Iraner seit der zweiten Hälfte des 19. Jahrhunderts – damals gegen England und Russland – entwickelt hatten und die eine Triebkraft bereits in der Verfassungsrevolution von 1905–1909 gewesen waren (▶ Kap. 5.1). Der neuerliche amerikanische Druck, der weithin als politische Ungerechtigkeit empfunden wurde und daran erinnerte, wie Mosaddegh ausgebremst worden war, legitimierte die politische Führung nunmehr, ihrerseits einen Gegendruck aufzubauen. Dazu aber bedurfte es einer erfahrenen und disziplinierten Truppe sowie einer klugen militärischen Führung.

Der amerikanischen Herausforderung begegnete die iranische Führung auf zwei Ebenen: Zum einen stieg sie Zug um Zug aus einer Reihe von Vereinbarungen des Atomabkommens aus – ohne freilich dieses in Gänze aufzukündigen. Auf diese Weise hielt sie auch die EU als potentiellen Vermittler zwischen den USA und Iran im Spiel. Zum anderen kam es zu einer Kette von wohlkalkulierten gewalthaften Aktionen, in denen die iranische Führung erkennen ließ, dass sie sehr wohl vorbereitet sein würde, auf einen Angriff von außen wirkungsvoll zu reagieren. Die spektakulärste bestand in einem Drohnenangriff auf saudische Ölinstallationen am 14. September 2019. Teheran bestritt die Täterschaft und schrieb diese den – mit Iran verbündeten – *Huthi*-Rebellen im Jemen zu, die sich mit Saudi-Arabien im Krieg befanden. Zu einer starken militärischen Vergeltung entschloss sich Präsident Trump, nachdem es Ende Dezember zu Übergriffen gegen die amerikanische Botschaft in Bagdad gekommen und ein amerikanischer Soldat bei einem Raketenangriff auf eine Militärbasis bei Kirkuk ums Leben gekommen war. Am 3. Januar 2020 tötete eine amerikanische Drohne Qasim Sulaimani bei seiner Ankunft auf dem Flughafen Bagdad. Das Ereignis führte zu einem Aufwallen von Emotionen in Teilen der iranischen Bevölkerung. Wie ein Strohfeuer brach die Empörung jedoch zusammen, als am 8. Januar ein ukrainisches Passagierflugzeug kurz nach dem Start in Teheran von Raketen abgeschossen wurde, die von einem Stützpunkt der Revolutionsgarden abgefeuert worden waren. Unter den 176 Opfern befanden sich zahlreiche Iranisch-Stämmige, die den Jahreswechsel bei ihren Familien in Iran verbracht hatten und sich auf dem Rückflug – u. a. nach Kanada – befanden. Drei Tage lang hatte die Staatsführung die Tat geleugnet und von einem Absturz der Maschine gesprochen. Als sie den Abschuss schließlich einräumte, wandte sich die Empörung wieder dem Regime zu. Die Reaktion ließ nicht auf sich warten. An den Wahlen zum iranischen Parlament am 21. Februar nahmen landesweit nur etwa 40 % der Wahlberechtigten teil, ein Ausdruck der Frustration mit den Herrschenden. Dies auch deshalb, weil im Vorfeld der Wahlen etwa die Hälfte der Kandidaten bei ihrer »Prüfung« durch den Wächterrat abgelehnt worden waren.

Der Drohnenangriff auf die Raffinerie in *Saudi-Arabien* hatte erkennen lassen, wie sehr das Königreich in das Netz von Konflikten und Spannungen im Nahen Osten eingebunden war; dies sowohl als Regionalmacht als auch als noch immer (nach Israel) engster Verbündeter der USA. Seit dem Tod von König Abdallah ibn Abd al-Aziz (Januar 2015) war nicht zu übersehen, dass sich auch das Königreich innenpolitisch in einer Krise befand, deren Ausgang offen war. Symptomatisch für die Widersprüche im saudischen Herrschaftsgefüge war der starke Mann selbst, der seither die Geschicke des Landes wesentlich bestimmte: Kronprinz Muhammad bin Salman (geb. 1985). Als sein Vater, Salman bin Abd al-Aziz (geb. 1935) im Januar 2015 die Thronfolge antrat, war noch dessen jüngerer Bruder, Muqrin ibn Abd al-Aziz (geb. 1945), Anwärter auf die Thronfolge gemäß der bisherigen Logik, nach der die Macht in den Händen der Söhne des Staatsgründers Abd al-Aziz ibn Sa'ud liegen würde. Mit Muhammad bin Nayef (geb. 1959) war im Januar 2015 immerhin ein erster Angehöriger der Enkelgeneration des Staatsgründers zum stellvertretenden Kronprinzen ernannt worden. Dann freilich drehte sich das Rad der Thronfolge schnell weiter: Bereits im April trat Bin Nayef an die Stelle von Muqrin, der von der Bildfläche verschwand. Damit war Bin Salman stellvertretender Kronprinz nach Bin Nayef. Die beiden Prinzen teilten sich die Macht und die Zuständigkeit in Politik, Wirtschaft, Militär und innerer Sicherheit. Zwei Jahre später, im Juni 2017, widerfuhr Bin Nayef das Schicksal seines Onkels Muqrin: Per königlichem Erlass wurde er abgesetzt; an seine Stelle trat nun, ausgestattet mit umfassender Machtfülle, Bin Salman. Berichten zufolge soll es dabei nicht einvernehmlich hergegangen sein.

Inwieweit die Thronfolge tatsächlich Anlass zu Verwerfungen innerhalb der Familie Sa'ud war, ist in Dunkel gehüllt. Mit weitreichenden Entscheidungen suchte der junge Kronprinz die Wahrnehmung des Landes in der internationalen Gemeinschaft zu verändern: Saudi-Arabien sollte als künftige Ordnungsmacht am Golf erscheinen. Bereits vor seiner Bestallung als Kronprinz hatte er als Verteidigungsminister im Frühjahr 2015 die militärische Einmischung des Landes in den Konflikt im Jemen angeordnet. Dort gelte es, den Einfluss Irans zurückzudrängen. Die Maßnahme wurde militärisch ein Fehlschlag und für das Ansehen Saudi-Arabiens ein Desaster, da die Intervention die größte humanitäre Katastrophe in der Geschichte des ohnehin bettelarmen Jemen zur Folge hatte. Auch der Boykott von Katar, der im Juni 2017 verhängt wurde, zeigte keinerlei Ergebnis. Die militärischen und politischen Fehlschläge wurden überspielt durch die medienwirksame Begründung einer Männerfreundschaft mit Präsident Donald Trump. Dieser unternahm im Mai 2017 die erste Auslandsreise seiner Präsidentschaft nach Riyadh, wobei umfangreiche Rüstungslieferungen vereinbart wurden. Im März 2018 besuchte der Kronprinz Washington; dabei wurde einmal mehr die Solidarität bei der Einhegung des Einflusses Irans im Vorderen Orient bekräftigt. Wie sehr die Beziehung auf persönlicher Grundlage beruhte und wie geneigt man in Washington war, missliebige Tatbestände unter den Teppich zu kehren, hat der Skandal der Ermordung des saudischen Journalisten Dschamal Khaschoggi im saudischen Konsulat in Istanbul am 2. Oktober 2018 deutlich gemacht. Alle Bemühungen, die Verstrickung des Kronprinzen in der Angelegenheit aufzudecken – was Sanktionen seitens der USA hätte zur Folge haben können –, wurden von Präsident Trump blockiert.

Mit grandiosen wirtschaftlichen Projekten und überraschenden gesellschaftspolitischen Maßnahmen suchte der Kronprinz eine positive Wahrnehmung seines Landes zu erzeugen. Die »Agenda 2030« sollte die Wirtschaft des Landes im Laufe des nächsten Jahrzehnts auf eine neue Grundlage stellen. Der Börsengang eines Teils von *Saudi Aramco* im Dezember 2019 wurde zur größten Neuemission aller Zeiten und das Phantasia-Stadtprojekt »Neom« – der Name beinhaltet das griechische *neos* (»neu«) und das arabische *mustaqbal* (»Zukunft«) –, an dem Ägypten und Jordanien beteiligt werden sollen, soll 26 500 km^2 umfassen und sich über 460 km an der Küste des Roten Meeres entlang hinziehen. Im Kampf gegen die Korruption führte Bin Salman einen spektakulären Schlag, als er Anfang November 2017 etwa 500 prominente Saudis – Angehörige der Herrscherfamilie, ehemalige Minister und Geschäftsleute – im Hotel Ritz Carlton in Riyadh einsperren ließ. Der Korruption bezichtigt, mussten sie hohe Zahlungen leisten, bevor sie den goldenen Käfig wieder verlassen durften. Hinter den Kulissen wurde gemunkelt, dass es bei dem Schlag nicht nur um »Nachzahlungen«, sondern auch um die Festigung der Macht von Bin Salman ging. Weitere gesellschaftspolitische Maßnahmen richteten sich auf die Jugendlichen und die Frauen. Kinos wurden wieder zugelassen und öffentliche Vergnügungen erlaubt. Frauen wurde gestattet, sich selbst an das Steuer ihres Autos zu setzen; ihre Räume für berufliche Tätigkeiten wurden ausgeweitet, die Trennung der Geschlechter gelockert. Die Religionspolizei, die seit eh und je für die Überwachung der »islamischen Moral« und die Einhaltung der Gebetszeiten zuständig war, wurde weitgehend entmachtet. Sogar des Themas »Islam«, traditionell von den Religionsgelehrten (*ulama*) der erzkonservativen Richtung der *Wahhabiyya* besetzt, nahmen sich der Kronprinz und seine Entourage an: Ohne weitere theologische Begründung (für die sie nicht qualifiziert sind) stellten sie fest, dass Saudi-Arabien künftig für einen »moderaten Islam« stehe. Im Januar 2020 besuchte der Generalsekretär der *Islamischen Weltliga* (*Rabitat al-alam al-Islami*), Scheich Muhammad bin Abd al-Karim al-Isa (geb. 1967), mit einer großen saudischen Delegation und in Begleitung des Präsidenten des *American Jewish Committee* das Vernichtungslager in Auschwitz. Dieser Schritt war umso sensationeller, als die in Mekka angesiedelte *Weltliga* seit ihrer Gründung 1962 ein Hort wahhabitisch inspirierter Politik und Propaganda von globaler Reichweite gewesen ist. Im Zusammenhang mit seinen Aktivitäten, die offensichtlich von Bin Salman inspiriert und unterstützt wurden, hat er auch den Antisemitismus verurteilt.

Neben der gesellschaftlichen und kulturpolitischen Öffnung gab es auch Schattenseiten; die dunkelste lag in der Unterdrückung von Opposition. Die Ritz-Carlton-Affäre ließ durchaus die Entschlossenheit des Kronprinzen erkennen, Widerstand gewalttätig zu begegnen. Vor Repression schreckte er auch auf anderen Feldern von Politik und Gesellschaft nicht zurück. Theologen und Intellektuelle, die seinen religionspolitischen Kurs kritisierten, Aktivistinnen, die weiterreichende Rechte für Frauen forderten, liberale Persönlichkeiten, die für eine demokratische Öffnung des Systems eintraten sowie Kritiker am außenpolitischen Kurs des Landes, namentlich dem Krieg im Jemen, fanden sich im Gefängnis wieder. Die erwähnte Ermordung des kritischen Journalisten Dschamal Khashoggi wurde für Bin Salman zum Problem, denn Indizien deuteten darauf hin, dass der Befehl dazu unmittelbar von ihm selbst oder von einer ihm nahestehenden Person ausgegangen sein könnte. So befindet sich das Land unübersehbar in einer Ära des Übergangs. Der Tod von König Salman wird zeigen, wie gefestigt die Position des Kronprinzen ist und ob es nicht doch zu Konflikten um die Nachfolge und zu Kursänderungen kommen wird. Die bedingungslose Unterstützung aus Washington hat er nicht mehr: Als eine der ersten außenpolitischen Entscheidungen nach seiner Amtseinführung im Januar 2021 ließ Präsident Joe Biden den Verdacht, Muhammad bin Salman sei für die Ermordung Khaschoggis verantwortlich, öffentlich machen und stoppte die Rüstungslieferungen an das Königreich. Zugleich forderte er die Einstellung des Krieges im Jemen.

Seit dem Beginn der fünfziger Jahre ist der *Libanon* geopolitischer Brennpunkt der Veränderungen im Nahen Osten gewesen. Auch die Umbrüche, Konflikte und Verwicklungen seit 2011 haben das Land nicht unberührt gelassen. Von der militärischen Rolle der schiitisch-libanesischen *Hizbollah* im Kontext des syrischen Bürgerkriegs ist oben bereits gesprochen worden. Dieses Engagement aber wirkte über Syrien hinaus insofern konfliktverschärfend, als Israel die *Hizbollah* zugleich als einen Bauern Irans auf dem nahöstlichen Schachbrett insgesamt betrachtet. Was würde geschehen, wenn Israel die Organisation im Libanon angreifen und diese in der Folge ihr beträchtliches militärisches Potential (insbesondere an Raketen) gegen Israel richten würde? Die Gefahr des beiläufig falschen Knopfdrucks seitens einer der Konfliktparteien war umso akuter, als militante Palästinenser von Gaza aus Israel von Zeit zu Zeit beschossen, Angriffe, welche die israelische Luftwaffe regelmäßig durch Vergeltungsmaßnahmen erwiderte.

Von noch unmittelbarer Belastung für den Libanon war die Flucht zahlreicher Syrer in das Land. Auf dem Höhepunkt der Tragödie befanden sich etwa eine Million registrierter und eine unbekannte Zahl nicht registrierter Flüchtlinge im Land (bei einer Gesamtbevölkerung von etwas über sechs Millionen). Angesichts der herkömmlichen Schwäche der Zentralregierung und der ohnehin desaströsen Finanzlage des Staates fanden sich diese am Rand der Gesellschaft wieder, wo sich außer meist ausländischen humanitären Organisationen kaum jemand um sie kümmerte. Seit 2018 wuchs der Druck seitens der Regierung auf die Flüchtlinge, das Land wieder zu verlassen. Derweil hatte sich die Lebensqualität der Libanesen weiter verschlechtert. Eine eigentlich banale Maßnahme, die Erhöhung der Telefongebühren, löste im Oktober 2019 Massendemonstrationen vorwiegend junger Libanesen aus. Gefordert wurde jetzt nicht mehr nur deren Rücknahme, sondern eine grundlegende Neuordnung des politischen Systems insgesamt. Angeprangert wurde vor allem die Korruption; diese aber wurzele endemisch in dem konfessionalistischen System, in dem jede Gruppe bemüht sei, für die eigene Klientel so viel wie möglich herauszuholen. Einhundert Jahre nach der Gründung des Staates (1920) durch die französische Mandatsmacht stand somit das politische System als Ganzes zur Disposition. Die Regierung trat zurück. Die Frage freilich, wer auf welchem Weg das System, das wesentlich ein Spiegel der konfessionalistischen Diversität der libanesischen Gesellschaft war und noch immer ist, verändern sollte, blieb unbeantwortet.

Auf der Bühne der dramatischen Veränderungen, Machtkämpfe und wechselnden Allianzen wirkte *Israel* wie ein Gewinner. Für die Regierung in Jerusalem war eine Nachbarschaft, in der sich ihre Gegner selbst blockierten, ja aufrieben, ein mit Blick auf die Sicherheit des Staates vorteilhafter Zustand. Auf zwei Komponenten der sich kaleidoskopisch verändernden Lage richtete sich ihre besondere Aufmerksamkeit: Zum einen würde sich der Einfluss Irans in Syrien nicht zu einer Bedrohung Israels auswachsen dürfen. Seit der Aufdeckung seines Atomprogramms war die Islamische Republik von den Regierungen unter Ministerpräsident Netanyahu zur ernstesten Herausforderung der Sicherheit Israels erklärt worden. Das Atomabkommen vom Juli 2015 hatte dieser von Grund auf abgelehnt. Jeder dauerhaften Präsenz iranischer Truppen auf syrischem Boden musste ebenso entgegengearbeitet werden wie Rüstungslieferungen Irans an die libanesische *Hizbollah*. Zum anderen galt es zu verhindern, dass von Gaza, das seit 2007 von der konservativ-islamischen *Hamas*-Bewegung regiert wurde, eine Mobilisierung radikaler Muslime ausgehen würde, die zu einem großen Konflikt im Nahen Osten eskalieren könnte. Durch gezielte Luftschläge wurde die militärische Überlegenheit Israels unterstrichen. Dass namentlich die Aufrechterhaltung der Blockade Gazas und die Unterdrückung jedweden Widerstands gegen diese unter den Palästinensern zahlreiche Opfer forderten, waren die israelische Regierung und die internationale Gemeinschaft unter den Teppich zu kehren bemüht.

Das gelang nicht nur deshalb, weil die Großkrise im Nahen Osten seit dem Ausbruch der arabischen Revolte die politische Aufmerksamkeit der internationalen Gemeinschaft weitgehend absorbierte. Vielmehr hatten sich mit dem wachsenden Einfluss Irans und seiner schiitischen Verbündeten sowie mit dem Wüten des *Islamischen Staates* für die Golfstaaten nachhaltige Veränderungen ihrer politischen und sicherheitspolitischen Prioritäten ergeben. Mehr und mehr näherten sich diese der Einschätzung und Interessenlage Israels an. Die Lösung des Konflikts um Palästina und die Auseinandersetzung mit dem jüdischen Staat traten hinter die Sicherung ihrer Herrschaft gegen einen als solchen wahrgenommenen Führungsanspruch des schiitischen Iran und gegen die Aktivitäten radikal islamischer Kräfte in der ganzen Region zurück. Ein Übriges lag in den Händen des amerikanischen Präsidenten Donald Trump: Von dessen enger Interessenverflechtung mit Saudi-Arabien war vorstehend bereits berichtet worden. Mit Bezug auf Israel erfüllte er mit der Anerkennung Ost-Jerusalems als Hauptstadt Israels und der Verlegung der amerikanischen Botschaft dorthin kühne zionistische Träume. Der Ende Januar 2020 in Washington vorgestellte Plan für einen Frieden zwischen Israel und den Palästinensern ging noch weiter, indem er grünes Licht für die Annektierung israelischer Siedlungen im Westjordanland gab. Immerhin würde den Palästinensern ein winziges Stück Land verbleiben, einen eigenen Staat zu errichten. Damit war anscheinend genügend Spielraum für weitere Verhandlungen geschaffen, der es auch den Monarchen am Golf gestattete, sich ohne Gesichtsverlust Israel weiter anzunähern. Im Übrigen rechtfertigte es die vehemente Frontstellung Präsident Trumps gegen das Atomabkommen und den Expansionismus Irans, sich gemeinsam unter den amerikanischen Schirm zu begeben.

Zum Symptom schlechthin für den Zusammenbruch überkommener Ordnungsstrukturen im Nahen Osten wurden die Flüchtlingsbewegungen und die Zerstörungen. Die Flüchtlinge im Libanon, von denen die Rede war, stellten nur die Spitze des Eisbergs dar. Wie in Europa waren auch im Nahen Osten die Zerfallsprozesse der alten Ordnungen seit dem 19. Jahrhundert von Flüchtlingsbewegungen begleitet. Im Kontext der Balkankriege 1912/13 und des Ersten Weltkriegs sowie der

Entstehung der Nachkriegsordnung waren Flucht und Vertreibung – oder wie im türkisch-griechischen Fall 1923/24: Bevölkerungsaustausch – an der Tagesordnung gewesen. Was sich aber seit dem Beginn der arabischen Revolte 2011/12 diesbezüglich ereignete, hatte in der jüngeren und in der Geschichte der zurückliegenden Jahrhunderte im Vorderen Orient nicht seinesgleichen. Als sich zu Beginn des Jahres 2020 in der syrischen Provinz Idlib, aufgerieben zwischen Hammer und Amboss der kriegführenden Parteien, abermals fast eine Million Flüchtlinge zur syrisch-türkische Grenze ergoss, war dies ein weiterer grausamer Höhepunkt in dem Flüchtlingsdrama, das dem Zerfall des syrischen Staates einherging. Etwa die Hälfte der Einwohner Syriens befand sich zu diesem Zeitpunkt auf der Flucht im Inland oder im Ausland. In der Nachbarschaft waren die Türkei, der Libanon und Jordanien die wichtigsten Aufnahmeländer. Weit mehr als eine Million Menschen flüchteten nach Europa (insbesondere nach Deutschland). Die Ausbreitung des *Islamischen Staates* löste weitere Fluchtbewegungen nicht zuletzt unter den Christen und Jesiden des Irak aus. Aus Nordafrika suchten Menschen aus den subsaharischen Gebieten, aber auch aus den nordafrikanischen Staaten selbst nach Europa überzusetzen.

Die Menschen flohen aus städtischen und ländlichen Gebieten, die im Zuge der Gewaltausbrüche seit 2003 (beginnend mit der amerikanischen Invasion im Irak) erheblichen Zerstörungen ausgesetzt waren. Insbesondere im Irak und in Syrien waren Großstädte ganz oder teilweise unbewohnbar geworden. Aus ländlichen Gebieten zwischen Idlib im Westen und dem Dschebel Sindschar, dem Siedlungsgebiet der Jesiden, im Osten waren Menschen geflohen. Nur langsam kehrten sie in ihre Wohnungen zurück; der Wiederaufbau vollzog sich schleppend. In zahlreichen Gebieten, beispielhaft sei das irakische Basra genannt, war die lebensnotwendige Infrastruktur, nicht zuletzt auch die Wasserversorgung, heruntergekommen, da jahrelang nicht mehr in sie investiert worden war. Anhaltende Proteste waren Ausdruck dieser Notlage.

Nicht nur in den Kernregionen des Vorderen Orients, dem sogenannten »Fruchtbaren Halbmond« zwischen dem östlichen Rand des Mittelmeers und dem Persischen Golf, waren Konflikte und Kriege verheerend für Politik und Gesellschaft. In Afghanistan stabilisierte sich die Lage nach der Beendigung des Isaf-Einsatzes Ende 2014 nur langsam. Die Mission der von der Nato geführten Nachfolgetruppe *Resolute Support Mission* (ca. 17 000 Soldaten) lag in der Beratung, Ausbildung und Unterstützung der afghanischen Sicherheitskräfte. Diese Maßnahmen konnten nicht verhindern, dass die *Taliban* weiterhin Teile des Landes beherrschten. Besonders wirkungsvoll aber waren die zahlreichen (Selbstmord-)Attentate, die immer wieder insbesondere Kabul erschütterten. Die Wirtschaft erholte sich kaum; die Arbeitslosigkeit blieb hoch. Immerhin fanden im Oktober 2018 Parlaments- und im September 2019 Präsidentschaftswahlen statt, aus welchen Amtsinhaber Aschraf Ghani (geb. 1949) als Sieger hervorging. Wie wenig dies bedeutete, ließ nicht nur die geringe Wahlbeteiligung erkennen. Vielmehr begannen die USA 2018 Verhandlungen mit den *Taliban*, an denen die Regierung nicht beteiligt war. Auch das Abkommen, das im Februar 2020 von den Vertretern beider Seiten unterzeichnet wurde, ließ offen, in welcher Weise sich die Beziehungen zwischen der Regierung und den *Taliban* entwickeln würden. Die Zukunft wird zeigen, ob es als ein Licht am Ende des Tunnels gelesen werden kann.

Die Konflikte im Jemen hatten mit der Einmischung Saudi-Arabiens und der Vereinigten Arabischen Emirate seit 2015 nicht nur eine regionale, ja internationale Dimension erhalten. Vielmehr brachen in dem Land selbst wieder die alten Spannungen zwischen dem Norden und dem Süden auf. In Aden waren separatistische Neigungen nie erloschen, seit die beiden Teile des Landes 1990 vereint worden waren; die Regierung in San'a hatte den Verdacht der Südjemeniten nicht ausräumen können, vom Norden marginalisiert und bevormundet zu werden. Angesichts der einander gegenüberstehenden lokalen und regionalen Akteure waren die Bemühungen der Uno, in den Konflikten zu vermitteln, zum Scheitern verurteilt. Nicht anders verhielt es sich mit Libyen. Angesichts unterschiedlicher Positionen unter den Mitgliedern der EU, namentlich Frankreichs und Italiens, unternahm es Deutschland, die Rolle des ehrlichen Maklers zu spielen. Am 19. Januar 2020 versammelten sich mehr als zehn Staats- und Regierungschefs (sowie Uno-Generalsekretär António Guterres) in Berlin, um über einen Waffenstillstand zu verhandeln. Hinter der eindrucksvollen Fassade aber bestanden widerstreitende Interessen fort. Zwar mochte am Ende keiner der Teilnehmer der Forderung nach einem Waffenstillstand mit internationaler Überwachung, einer Verpflichtung zur Einhaltung des Waffenembargos sowie der Forderung nach Entwaffnung der Milizen widersprechen. Doch bereits am Tag danach war erkennbar, dass einzelne Teilnehmer des Berliner Treffens nach Schlupflöchern suchten, ihre Präsenz in Libyen aufrecht zu halten.

15 Der Nahe Osten geht nicht unter – Ausblick auf die neue Ordnung

»Der Nahe Osten geht nicht unter« – das ist der herausfordernde – weil dezidiert optimistische – Titel eines 2019 erschienenen Buches.[95] Tatsächlich beinhaltet jede Krise die Chance eines Neubeginns. Europa hat diesen nach dem Ende des Zweiten Weltkriegs unternommen – mit beachtlichem Erfolg. Nur sind Neuanfänge eben nicht Frühlingen vergleichbar, die berechenbar in einen Sommer übergehen. Sie sind unberechenbar lange – eben epochale – Prozesse, welche auch Stagnation und Rückschläge beinhalten.

Der Raum zwischen Marokko und Afghanistan, dem Kaukasus (man könnte auch Zentralasien einbeziehen) und Sudan ist in weit höherem Maße einheitlich als das Europa zwischen dem Nordkap und der Peloponnes, Lissabon und Athen. Der nur schwer überschaubaren Vielfalt der Sprachen, Kulturen, Sitten und Gebräuche in Europa steht ein hohes Maß an Gemeinsamkeiten in dem hier behandelten Raum gegenüber. Jenseits der Religionen des Christentums und des Islams, die jeweils die Großregionen prägen, bestehen– im Unterschied zu den babylonischen Gegebenheiten in Europa – im Vorderen Orient sprachlich mit dem Arabischen, Türkischen und indoeuropäisch Persischen drei Sprachfamilien, denen sich auch kleinere Völker zuordnen lassen (ohne die sprachliche, kulturelle und politische Identität der »kleinen« Völker zu ignorieren oder gering zu achten). Damit sind die Voraussetzungen und Perspektiven für eine neue Organisation der Staaten unter- und ihr Zusammenleben miteinander eigentlich günstiger als in Europa.

Am Beginn des Gangs durch die Geschichte des 20. Jahrhunderts waren das Ende des Ersten Weltkriegs und das Ergebnis der Pariser Friedenskonferenz als Marksteine der künftigen Geschicke beider Großräume, Europas und des Vorderen Orients, benannt worden. Für Europa war die kurze Epoche der Zwischenkriegszeit und des Zweiten Weltkriegs der Übergang in eine Ära, für deren Entwicklung die Gründung des Europarats (1949) und die Römischen Verträge (1957) entscheidende Wegmarken darstellten. Mit Blick auf den Nahen Osten sind die epochalen Einschnitte weniger eindeutig zu bestimmen. Mit der Dekolonisierung nach dem Zweiten Weltkrieg und dem Eintritt nahezu aller Staaten in die Unabhängigkeit begann zwar eine neue Epoche; diese aber stand von Beginn an unter schwierigen inneren wie äußeren Voraussetzungen. Die Revolution in Iran 1979 bedeutete ein Signal tiefgreifender Veränderungen, das weithin im Nahen Osten Gehör fand; doch erschütterte es nicht nachhaltig die bestehenden Ordnungen. Erst mit der arabischen Revolte 2011 bis 2013 artikulierten sich politische und gesellschaftliche Kräfte, die auf einen weitreichenden Wandel hinwirkten. Man wird diesen Zeitraum als den Ausgangspunkt eines Aufbruchs in eine neue Ära bewerten können. Aus der ganz großen geopolitischen und historischen Perspektive also kann dem Vorderen Orient, wie er hier verstanden wurde, eine grundsätzlich positive Zukunftsperspektive nicht abgesprochen werden. Dies steht im Einklang mit dem Duktus dieses Buches, das den Versuch macht, gerade in den Brüchen und Verwerfungen, den politischen und gesellschaftlichen Konflikten aber auch den immer von neuem unternommenen geistig-kulturellen Aufbrüchen ein Indiz für die Dynamik zu erkennen, den Ort des Nahen und Mittleren Ostens in einer Welt, die sich in einem rasanten Umbruch befindet, neu zu bestimmen.

Zu dem Zeitpunkt, da dieses Buch abgeschlossen wird, geben dunkle Wolken und Lichtblicke pessimistischen wie optimistischen Prognosen gleichermaßen Nahrung. Erstere werden durch strukturelle Herausforderungen wie die anhaltend schlechte wirtschaftliche Lage in vielen Staaten der Region, die Verschlechterung der ökologischen Rahmenbedingungen durch den Klimawandel, den Wassermangel und das noch immer rasante Wachstum der Bevölkerung im gesamten Raum gestützt. Auch bleiben die Entwicklungen im israelisch-palästinensisch-arabischen Verhältnis ambivalent: Solange die Regierungen des aus europäischem Siedlungskolonialismus hervorgegangenen Staates Israel eine gerechte Lösung mit dem palästinensischen Volk verweigern, tickt – trotz der Annäherung zwischen Israel und einigen arabischen Staaten – die Bombe potentieller Gewalt weiter, in die die gesamte Region hineingezogen werden könnte.

Die Perspektive auf die Zukunft aber sollte sich an den Lichtblicken festmachen. Dazu gehört grundsätzlich und zukunftweisend die unerhörte positive Energie, die in der Protestbewegung aufscheint, welche die Welt seit Ende des Jahres 2010 mit Staunen (gemischt mit Erschütterung über die Opfer) wahrnimmt. In ihnen betreten Öffentlichkeiten den politischen Raum, die seit den Enttäuschungen über die zu Diktaturen mutierten Revolutionen der fünfziger und sechziger Jahre marginalisiert und politisch wie wirtschaftlich abgehängt worden sind. Mit der Forderung nach »Würde« ist im Vorderen Orient der Übergang in eine neue Ära eingeleitet worden. Ein Jahrzehnt nach ihrem Ausbruch erweist sich diese Energie zwar geschwächt und durch zahllose Widerstände ermattet; noch immer aber hat sie das Potential, bestehende Systeme unter Wandlungsdruck zu setzen. In medienwirksamer Weise hat sich diese in den Protesten in Algerien, dem Sudan, dem Irak, im Libanon und in Iran erwiesen. Aus den Bürgermeisterwahlen in Istanbul im März/Juni 2019 ging der Kandidat der Oppositionspartei trotz der Bemühungen der Regierung, ihn zu verhindern, aus dem zweiten Wahlgang als Sieger hervor. Bereits 2018 haben Massenproteste in Armenien zu einem Wechsel des Regimes von einer autokratischen und korrupten zu einer demokratischen Ordnung geführt.

Es ist nicht zu weitgehend, in dieser Bewegung und Veränderung ein neues politisches Paradigma im Vorderen Orient zu erkennen: das der Zivilgesellschaft. Das Konzept der Zivilgesellschaft wurde bereits in den achtziger Jahren akademisch-politikwissenschaftlich diskutiert (► S. 431). Im Zusammenhang mit den Hoffnungen und Erwartungen, die mit der Stärkung und Ausweitung bürgerlich-liberaler Kräfte im Nahen Osten in den achtziger Jahren verbunden waren, hatten sich Ansätze konkreter Strukturen zivilgesellschaftlicher Organisationen gebildet. Die Erwartungen politischen Wandels Ende der achtziger Jahre wurden aber enttäuscht: Die Prozesse der Transformation, die das politische Gesicht des Ostens und Südostens Europas veränderten, fanden im Vorderen Orient keine Entsprechung. Unter den politischen Rahmenbedingungen der folgenden Jahrzehnte gab es nur geringe Freiräume für zivilgesellschaftliches Handeln. Der Aufbruch der Gesellschaften in der Revolte des Jahres 2011 bedeutete auch ein Aufbrechen der verkrusteten Strukturen staatlicher Herrschaftsformen und -institutionen. Seither lässt sich nicht mehr übersehen, dass die politisch Verantwortlichen, sei es als Individuen oder in Gestalt von politischen Parteien, nicht länger selbstherrlich regieren können. Ihre Machtausübung wird mit ihrer Bereitschaft verbunden sein, die Stimmen in der Gesellschaft zu hören und die Anliegen der Bürger, die sich nicht zuletzt aus dem zivilgesellschaftlich organisierten Raum heraus artikulieren, ernstzunehmen.

Das freilich erscheint für den Augenblick nach Lage der Dinge als eine sehr weitreichende Hoffnung. Tatsächlich ist die Ausgangslage für zivilgesellschaftliches Handeln im Vorderen Orient eine andere als sie Alexis de Tocqueville (1805–1859, »Über die Demokratie in Amerika«) für das Amerika des 19. Jahrhundert dargestellt und wie sie sich Schritt für Schritt in Europa im 20. Jahrhundert herausgebildet hat. Die Allmacht des Staates, seiner Institutionen und regierenden Personen bzw. der ihn repräsentierenden Netzwerke über die Gesellschaft ist nach wie vor ein prägender Tatbestand. Da bleibt nur geringer Raum für eigenständiges zivilgesellschaftliches Planen und Handeln. Nicht-Regierungsorganisationen werden kontrolliert bzw. vom Staat vereinnahmt. Die starke Kraft der Religion in islamisch geprägten Gesellschaften, die »zivilgesellschaftliches« Handeln in die Dimension des islamischen Gesetzes zu rücken tendiert, ist eine weitere Hürde für deren Entfaltung. Angesichts der grundlegenden Einschränkungen und der noch immer geringen Erfahrungen auf dem Feld der Interaktion mit dem Staat fallen Zielsetzungen und Handeln zivilgesellschaftlicher Organisationen in vielen Fällen kleinteilig aus; der breitere Rahmen der gesamtgesellschaftlichen Bedeutung ihres Handelns etwa im Sinne der Demokratisierung des Staatswesens insgesamt tritt dann nicht ins Blickfeld.

Gleichwohl kann empirisch festgestellt werden, dass sich mit dem Ausbruch der Revolte die Zahl zivilgesellschaftlicher Organisationen explosionsartig vermehrt hat. Für Syrien bezeichnet Kristin Helberg diesen als Geburtsstunde der Zivilgesellschaft in dem Land. Der eiserne Deckel jahrzehntelanger totalitärer Machtausübung durch den Staat war gelüftet. Und eine 2016 veröffentlichte Studie der Konrad Adenauer Stiftung stellt eine Vervielfältigung der Zahl zivilgesellschaftlicher Organisationen im Raum zwischen Ägypten und Marokko fest.[96] In Tunesien haben Organisationen der Zivilgesellschaft die demokratische Verfassung erarbeitet, die 2014 angenommen wurde. In allen arabischen Staaten, in Iran, der Türkei, den kaukasischen Staaten und Afghanistan sind sie – auf den unterschiedlichsten Gebieten – unterwegs. Noch ist es zu früh zu sagen, zu welchen Formen politischer und gesellschaftlicher Ordnung dies führen wird; an dieser Stelle sollen zivilgesellschaftliche Organisationen nur als Indiz dafür verstanden werden, welches Potential der Veränderung sich in den Gesellschaften des Nahen Ostens befindet.

Auf vielen Gebieten des gesellschaftlichen Lebens haben zivilgesellschaftliche Kräfte staatliches Handeln zu mobilisieren begonnen. Ein Gebiet, auf dem der Handlungsbedarf besonders ausgeprägt ist, ist die Bevölkerungsentwicklung. Auf die Zahlen kann an dieser Stelle nicht im Einzelnen eingegangen werden. Kursorisch sei nur erinnert, dass die Türkei und Iran die Marke von 80 Mio. Menschen überschritten haben (Iran hatte am Ende der Monarchie 34 Mio. Einwohner). Wie stark das Bevölkerungswachstum die arabische Welt verändert, illustriert eine Zahl: 1950 lebten in den heute 22 Mitgliedern der Arabischen Liga 72,9 Mio. Menschen. In den hundert Jahren bis 2050 wird die Bevölkerung der arabischen Welt um mehr als das Neunfache auf 676 Mio. anwachsen. Gigantische Metropolen wie Istanbul, Teheran und Kairo haben das Gesicht der Gesellschaften verändert. Um 1900 zählte Kairo 600 000 Einwohner; 1950 waren es dann 2,5 Mio. In der Gegenwart ist die Marke von 20 Mio. überschritten.[97] Die Impulse aber, dieser Entwicklung Einhalt zu gebieten und zu einem ausgeglichenen Verhältnis von Bevölkerungswachstum und Humanpotential zu kommen, können nur aus der Mitte der jeweiligen Gesellschaften selbst kommen. In vielen Fällen stehen die politischen Führungen dem ebenso entgegen wie die konservative Geistlichkeit. Für erstere unterfüttern hohe Vermehrungsraten machtpolitische Ansprüche, für letztere sind sie der Garant der Stärke der *umma* (d. h. der islamischen Gemeinschaft) in ihrer Auseinandersetzung mit deren Gegnern (insbesondere dem Westen). So wird das Thema »Geburtenkontrolle« im Kontext islamischer Gesellschaften leicht in die Ecke von Verschwörungstheorien und abstrusen Feindbildern gerückt. Mithin liegt die Initiative, dieses für die Zukunft des Vorderen Orients essentielle Thema aufzugreifen, wesentlich im Hof zivilgesellschaftlicher Gruppen. Ganz besonders sind hier auch die Frauen involviert: Je höher deren Bildungsgrad, umso stärker ihre Position, wenn es um Mitbestimmung bei der Planung ihrer Familien geht.

Auf den vom UNDP (*United Nations Development Programme*) publizierten *Arab Development Report* wurde an anderer Stelle bereits hingewiesen (► S. 431). In der 2016 veröffentlichten sechsten Untersuchung befassen sich die Autorinnen und Autoren ausführlich mit der Lage der Jugend. Mit dem raschen Wachstum der Bevölkerung hält die wirtschaftliche Entwicklung nicht Schritt. Allein in Ägypten kommen jährlich 800 000 junge Menschen auf den Arbeitsmarkt; nur ein Teil von ihnen findet Arbeit. Die Folgen des Mangels an Arbeitsplätzen reichen von Hoffnungslosigkeit bis zu politischer Radikalisierung. Die Bildungssysteme müssen verbessert und den wirtschaftlichen Herausforderungen angepasst werden – nicht zuletzt auch für Frauen. Überhaupt muss Bildung und Kultur ein höherer Stellenwert beigemessen werden. Die meisten jungen Leute im Nahen Osten sind Produkte staatlich-autoritärer Massenerziehung, schlecht bis mäßig qualifiziert und mit geringen berufsrelevanten Kenntnissen ausgestattet. Jedes Jahr gehen von den Universitäten Zehntausende Akademiker ab, die bestenfalls Grundkenntnisse ihres Faches beherrschen und für die es keine Arbeit gibt.

Von der Jugend, d. h. Menschen im Alter zwischen 15 und 35 Jahren, geht der stärkste Druck des Wandels aus. Dies gilt für die arabischen Länder wie für Iran, Afghanistan und auch die Türkei (obwohl in der Türkei aufgrund des – wenngleich eingeschränkten – demokratischen Systems Mechanismen politischer Partizipation gegeben sind). Beklagt werden weitesthin die schwierige wirtschaftliche Lage, die Korruption, die Einschränkung politischer Rechte und die Willkür staatlicher Gewalt. Frustration und Hoffnungslosigkeit, eine diffuse Wut treibt die Jugendlichen – Männer wie Frauen – auf die Straße. Eine Generation ist herangewachsen, die sich selbst bestimmen will. Auch wenn nachhaltige Durchbrüche bislang ausgeblieben sind oder zeitweilige Erfolge vorerst wieder zurückgeschraubt wurden, so sind doch kleine Fortschritte zu verzeichnen: In Teheran, Algier, Khartum und Bagdad haben die Demonstranten erfahren, dass die Regierenden sie nicht einfach überhören, sondern dass sie etwas bewegen können. Das gilt im Besonderen auch für den Libanon, wo die Situation aufgrund des konfessionalistischen Systems besonders versteinert erscheint. Nicht zuletzt die Revolution der Kommunikationstechnologien hält die Jugendlichen in globaler Perspektive informiert; das trifft in hohem Maß auch auf die Frauen zu. Gerade aber dieser Tatbestand weist auf einen weiteren Trend unter der Jugend des Vorderen Orients hin: die abnehmende Bedeutung der Religion für das private Leben. Bei aller Behutsamkeit, die angesichts der diesbezüglichen Sensibilitäten bei der Bewertung auch empirischer Befunde walten muss, lässt sich doch eine Tendenz in diese Richtung erkennen.[98]

Die Reform der wirtschaftlichen Systeme wird eine zentrale Aufgabe der Regierungen zahlreicher Staaten im Vorderen Orient darstellen. Die Türkei (in den Jahren 2003–2013) könnte dabei ein Modell sein, wie der Umbau einer Wirtschaft in einem vom Islam geprägten Land gelingen kann. Die Wirtschaftsordnungen der arabischen Staaten aber (und Irans) gehören auf den Prüfstand. Noch steht der öffentliche Sektor in seinem Mittelpunkt: Er verspricht Arbeit und nimmt aus Misstrauen gegenüber der Privatwirtschaft alles selbst in die Hand. Das Ergebnis ist eine aufgeblähte Bürokratie; hinzu kommen schlechte Dienstleistungen in den Sektoren Gesundheit und Bildung. Die erdöl- und erdgasproduzierenden Staaten leben von den Erträgen der »Rente«. Diese Einnahmen versickern in den Netzwerken der Herrschenden und kommen nur zu einem geringen Teil in der breiten Bevölkerung an. Zwischen Algerien und Iran nehmen diese Netzwerke sehr unterschiedliche Formen an: Ihr Spektrum reicht von Militärs – wie etwa in Algerien, Ägypten und Iran (Revolutionsgarden) – über Stämme und Notabeln bis zu Großfamilien und traditionell herrschenden Kreisen. Nicht nur setzt das Schrumpfen der Gewinne aus der Ölwirtschaft dem Funktionieren dieser Systeme immer engere Grenzen; die Vergrößerung der gesellschaftlichen Kluft war einer der Auslöser der Proteste, die 2011 zur Rebellion und seither immer wieder zu Wellen von Protesten zwischen Algerien und Iran führten.

Indem die Herrschenden die Erwartungen ihrer Bevölkerungen nicht mehr zu erfüllen vermögen, ist dem bisherigen »Gesellschaftsvertrag« die Grundlage entzogen. Der Wandel der Wirtschaftsordnung und die Neuformulierung des Gesellschaftsvertrags sind mithin eng verbunden. Soll sich die arabische Welt entwickeln, müssen Eigenverantwortung und freies Unternehmertum an die Stelle einer Kultur der Abhängigkeit treten, das ist im Klartext: an die Stelle der strukturellen Korruption. Das bedeutet radikale Reformen. Eine Grundregel der politischen Ordnung, die Gewaltenteilung, muss auch auf das Verhältnis von politischer Macht und Wirtschaft angewendet werden. Das Ziel muss es sein, die Privatwirtschaft vor politischer Einflussnahme zu schützen und sie von den Fesseln der Bürokratie zu befreien. Dazu gehört auch, dass die staatlichen Ausgaben transparent gemacht werden und die politische Elite Rechenschaft abzulegen hat. Dass in den Gesellschaften des Vorderen Orients dynamische unternehmerische Potentiale vorhanden sind, hat die Entwicklung der türkischen Wirtschaft in den ersten anderthalb Jahrzehnten der Herrschaft der *Partei für Gerechtigkeit und Entwicklung* gezeigt. Auch in Iran und in arabischen Ländern sind diese in Einzelfällen erkennbar. Ein Indiz ist auch die

Tatsache, dass der Vordere Orient in Gestalt der jungen Generation zu den Regionen gehört, welche die Möglichkeiten der digitalen Welt am schnellsten ausschöpfen.

Eine wirtschaftliche Herkulesaufgabe wird im Wiederaufbau der Länder und Orte liegen, die im Zuge der Konflikte der vergangenen Jahre erhebliche Zerstörungen erlebt haben. Dies gilt vor allem für Syrien und den Irak. Zwar wird die internationale Gemeinschaft dabei eine Rolle spielen (müssen), wenn es die politischen Rahmenbedingungen gestatten. Aber ein substantieller Teil der Mittel wird aus den Ressourcen insbesondere der arabischen Staaten aufgebracht werden müssen. Dieses Postulat beinhaltet die Perspektive einer künftig engeren Zusammenarbeit unter ihnen und eines effizienteren Einsatzes der wirtschaftlichen, finanziellen und menschlichen Potentiale im regionalen Rahmen – eine Forderung, die seit Jahrzehnten im Raum steht, aber bislang weitgehend unerfüllt verhallte. Am 1. Januar 2005 trat das Arabische Freihandelsabkommen in Kraft; es sieht die schrittweise Senkung der Zölle unter den Mitgliedern vor. Seit 1981 hatte die Arabische Liga daran gearbeitet; heute gehören 18 Staaten der Freihandelszone an. Gleichwohl ist ein gemeinsamer Wirtschaftsraum unverändert in weiter Ferne. Auch neun Jahre nach dem Inkrafttreten des Freihandelsabkommens entfielen 2014 erst etwa 10 % aller arabischen Exporte auf den Export in arabische Länder. Die Verbesserung dieser Quote wird ein Indiz für die Entschlossenheit der arabischen Welt sein, aus eigenen Potentialen die wirtschaftlichen Grundlagen für eine neue und stabile innerarabische Ordnung zu legen.

Neben den innen-, gesellschafts- und wirtschaftspolitischen Perspektiven tritt die außenpolitische Neuordnung an die Seite der Herausforderungen der Zukunft des Vorderen Orients. Jahrzehntelang bildete der palästinensisch-israelische als arabisch-israelischer Konflikt einen Brennpunkt des regionalen Geschehens. Mit dem *war on terrorism* haben sich seit den Terroranschlägen des 11. September 2001 signifikante Veränderungen ergeben: Die Region des Persischen Golfs ist als Fokus regionaler und internationaler Politik an die Stelle des »Nahostkonflikts« getreten.

Mit Blick auf die langfristige und dauerhafte Stabilisierung des Vorderen Orients lassen sich eine Reihe von Zielmarken erkennen. Sie können im Folgenden nur angedeutet werden. Die Bewältigung des Weges wird Geduld, diplomatisches Geschick und die Fähigkeit beinhalten, auch zeitweilige politische Rückschläge zu überwinden.

- Die Kluft zwischen Iran und Saudi-Arabien, die sich mit dem Beginn der 2000er Jahre vertieft hat, wird überwunden. Die iranisch-saudische Rivalität liegt an der Wurzel zahlreicher Konflikte im Raum zwischen dem Jemen und dem Libanon. Die Führungen beider Staaten gelangen zu der Einsicht, dass ihre Zukunft nicht in einem Nullsummenspiel, sondern einer *win-win*-Situation liegt. Seit der Gründung des saudischen Königreichs (1932) haben die Herrschenden die bilateralen Beziehungen über weite Strecken an gemeinsamen politischen und wirtschaftlichen Interessen ausgerichtet.
- Diese Ausrichtung der Außenpolitik beinhaltet den Abbau konfessionalistischer Gegensätze und Spannungen zwischen Sunniten und Schiiten. Die Schärfe, mit der diese historische religiöse Differenz in der Gegenwart innen- wie außenpolitisch ausgetragen wird, ist das Resultat neuerer Entwicklungen. Mit der Forderung

nach einem moderaten Islam, der offen gegenüber der Welt und allen Religionen ist, hat der saudische Kronprinz Muhammad bin Salman einen ersten Schritt getan. Auf diese Linie scheint er auch die in Mekka ansässige *Islamische Weltliga* festgelegt zu haben (▶ S. 336).
- Die Türkei und die EU finden wieder zu einem gemeinsamen Weg zurück. Das Land hat sich über die letzten Jahrzehnte zu einer Macht von beträchtlichem Einfluss im Raum zwischen Europa und dem Vorderen Orient entwickelt. Von der Gemeinsamkeit werden positive politische und wirtschaftliche Impulse auf die Entwicklung der Türkei und auf die Verwirklichung des gemeinsamen Interesses an Stabilität im Vorderen Orient ausgehen.
- Syrien findet in einer Ordnung nach Asad zur Stabilität zurück. Eine solche ist mit dem Diktator nicht zu erreichen. Eine stabile Ordnung in Syrien liegt im Interesse aller Mächte in der Region. Bei allen Beteiligten greift ein Bewusstsein dafür Platz, dass ihr langfristiges Interesse in einer Lösung des Konflikts auf der Grundlage des Willens der Bürger Syriens liegt.
- Die Grenzen der Staaten im Nahen Osten werden nicht verändert; die Souveränität aller Staaten innerhalb der bestehenden Grenzziehungen bleibt erhalten. Kern der Neuordnung ist deren innere Verfasstheit. Wie diese im Einzelnen aussieht, bleibt der Entscheidung der Bürger und Bürgerinnen vorbehalten. Unverhandelbar sind deren politische und rechtliche Gleichstellung, welcher religiösen und ethnischen Zugehörigkeit auch immer, der Gebrauch der eigenen Sprache sowie die Freiheit, ihre religiösen und volkstümlichen Bräuche und Überlieferungen zu praktizieren.
- Den Kurden, dem nach den Arabern, Türken und Persern zahlenmäßig stärksten Volk im Vorderen Orient, dessen Rechte im Prozess der Staatenbildung nach dem Ersten Weltkrieg nicht berücksichtigt wurden, wird ein »osmotisches« Zusammenleben ermöglicht. Als Bürger der bestehenden Staaten, werden ihnen als Volks- und Kulturgemeinschaft Räume geschaffen, innerhalb derer sie über die Grenzen hinweg und auf der Grundlage eines kurdischen Gemeinschaftsgefühls und einer gemeinsamen Identität miteinander Beziehungen pflegen können.
- Die palästinensische Frage wird auf der Grundlage der anerkannten Prinzipien und der von der internationalen Gemeinschaft beschlossenen Rahmenbedingungen gelöst. In die Verhandlungen zwischen den nicht gleichstarken Parteien greift die internationale Gemeinschaft im Sinne der Umsetzung der von ihr gefassten Beschlüsse ein.
- Alle Staaten in der Region schließen einen Pakt der wirtschaftlichen, finanziellen, technologischen und wissenschaftlichen Zusammenarbeit. Dieser orientiert sich an dem Weg, den Europa seit dem Ende der fünfziger Jahre gegangen ist.

Eine Utopie? – Durchaus! Über einen neuen Nahen Osten nachzudenken und zu sprechen bedeutet, sich in die Dimension des Utopischen zu begeben. Aber gerade Europäern, dürfte es nicht schwerfallen, Utopien als Vision einer neuen Wirklichkeit zu begreifen. Diesen Mut haben die Gründungsväter und -mütter eines neuen Europa nach dem Desaster des Zweiten Weltkriegs besessen. Europa hat mit seiner mittelmeerisch-levantinisch-arabisch-osmanisch-persischen Nachbarschaft seit unvordenklichen Zeiten in Beziehung gestanden. Dies gilt auch gleichsam schicksalhaft für die Zukunft. Zu einer partnerschaftlichen Beziehung gibt es keine Alternative.

Der Rückzug der USA aus dem Nahen Osten sollte vor diesem Hintergrund als eine Chance begriffen werden. Tatsächlich sind die USA unter sehr spezifischen Bedingungen und Interessenlagen nach dem Ende des Zweiten Weltkriegs zu einer politischen Macht im Nahen Osten geworden. Ihr Rückzug daraus liegt mithin in der Logik der Geschichte. Präsident Joe Biden, der im Januar 2021 in das *oval office* eingezogen ist, hat erklärt, dass er diesbezüglich die Politik seiner beiden Vorgänger fortsetzen werde. Und tatsächlich hat er mit der Entscheidung, die amerikanischen Truppen aus Afghanistan zurückzuziehen, einen entschiedenen Schritt in diese Richtung getan. Dies auch vor dem Hintergrund, dass die USA künftig außen- und sicherheitspolitisch dem pazifischen Raum stärkere Aufmerksamkeit widmen werden, in dem sie sich von der Volksrepublik China herausgefordert sehen.

Eine geschichtliche Dimension ist auch in den Beziehungen Russlands zum Vorderen Orient zu erkennen. Spätestens seit Katharina II. ist Russland zu einer Macht im Nahen Osten geworden. Es hat die Geschicke des Osmanischen Reichs und Persiens in hohem Maße mitbestimmt. Auch verstand sich St. Petersburg seit dem 18. Jahrhundert als Anwalt der Angelegenheiten der Christen orthodoxer Prägung – dies auch gemäß seinem Selbstverständnis als »drittes Rom« nach dem Ende von Byzanz. Im 20. Jahrhundert war die Sowjetunion eine Nahostmacht. So war es ein Fehler der internationalen Diplomatie, Russland nach dem Zerfall des Sowjetimperiums zu marginalisieren. Die Politik des russischen Präsidenten Wladimir Putin in dem Konflikt um Syrien ist auch als Teil eines Bestrebens Moskaus zu verstehen, im Vorderen Orient wieder gestaltend mitzuspielen. Diese russische Offensive wird auch kulturpolitisch unterfüttert: Seit 2008 errichtete Moskau in einigen arabischen Hauptstädten russische Kulturinstitute. Verstärkt wird die russische Sprache in den Curricula von Schulen verankert – was nicht zuletzt von jenen gut aufgenommen wird, die in den Jahrzehnten des Ost-West-Konflikts in der Sowjetunion ihre Studien oder sonstigen Ausbildungen absolvierten. Europa – Russland – und der Vordere Orient: Diese Dreiheit muss als ein geopolitischer Großraum gedacht werden, in dem Stabilität, Sicherheit und Entwicklung aller Staaten und Gesellschaften auf einer gemeinsamen und interdependenten Agenda stehen.

Der Weg dahin mag lang erscheinen. Einige der Schritte auf ihm sind vorstehend bezeichnet worden. Diese übergreifend, steht seit Jahren ein Plan im Raum, für den Nahen Osten mit seinen Konflikten, wirtschaftlichen Ungleichgewichten und unterschiedlichen Werteordnungen ein multilaterales Verhandlungsgeschehen nach dem Vorbild der *Konferenz über Sicherheit und Zusammenarbeit in Europa* (KSZE) in Gang zu setzen. In den Schlussakten der KSZE, die am 1. August 1975 in Helsinki von den Teilnehmern aus West und Ost unterschrieben wurden, verpflichteten sich diese zur Unverletzlichkeit der Grenzen, zur friedlichen Regelung von Streitfällen, zur Nichteinmischung in die inneren Angelegenheiten anderer Staaten sowie zur Wahrung der Menschenrechte und Grundfreiheiten. Außerdem wurde die Zusammenarbeit in den Bereichen Wirtschaft, Wissenschaft und Umwelt vereinbart. Die Diskussion darüber ist mit Blick auf den Vorderen Orient niemals wirklich in Gang gekommen – zu viele Einwände und Vorbehalte wurden seitens der nahöstlichen Staatsführer und anderer – nichtstaatlicher – Akteure erhoben. Hinzukam, dass auswärtige Mächte einseitige Ansprüche ihrer lokalen Klientel unter dem Blickwinkel eigener politischer und wirtschaftlicher Interessen unterstützten. Unter veränderten Rahmenbedingungen in regionaler wie internationaler Dimension und getragen von einer dreidimensionalen Vision eines neuen Großraums gibt es heute eine Perspektive für eine langfristige multilateral organisierte Stabilität.

Die Flüchtlingskrise von 2015/16 und die sich nachfolgend offenbarenden Aporien europäischer Politik haben dramatisch vor Augen geführt, dass es zu einer Politik des aktiven Engagements keine Alternative gibt. Man kann es auf die Formel zuspitzen: Wenn der Nahe Osten »untergeht«, geht auch Europa unter – oder zumindest: hat Europa seine Rolle als global gestaltende politische Macht und als geistig-kulturelle Potenz ausgespielt. Tatsächlich hat Europa bereits viel verloren: Dass die politischen Führungen in Europa gegenüber Autokraten, Besatzern und Machtpolitikern, die sich über die Prinzipien der Humanität und des Rechts hinweggesetzt haben, ihre Augen verschlossen und »Realpolitik« betrieben haben, hat Europas Ansehen unter den Völkern in seiner Nachbarschaft erheblich geschadet. Die Mittelmeerpolitik, die seit 1995 den Namen *Barcelona-Prozess* trug, war diesbezüglich ein Symptom: Ein Euphemismus für eine Politik, die sich an europäischen Sicherheits- und Wirtschaftsinteressen orientierte und in der Unterstützung und Erhaltung der bestehenden Regimes dafür die besten Voraussetzungen sah. 2011 haben Millionen Menschen in der Revolte diese Politik herausgefordert, indem sie gegen die Statthalter westlicher Interessen aufbegehrten.

Die in Europa immer wieder – mit dünkelhaftem Unterton – erhobene Forderung, »der Islam« benötige eine Aufklärung, um in »der Moderne« bestehen zu können, trifft nicht den Kern des Problems. Nicht nur ignoriert sie, dass das »aufgeklärte« Europa im 20. Jahrhundert Katastrophen von in der Geschichte der Menschheit nie dagewesener Bestialität angerichtet hat – dass also der Stellenwert der Aufklärung auch mit Blick auf die europäische Geschichte sehr differenziert zu bewerten ist. Darüber hinaus haben neuere Forschungen der Islamwissenschaft eindrucksvoll gezeigt, wie zerstörerisch der europäische Kolonialismus auf den von der islamischen Religion geprägten Kulturkreis gewirkt und wie weitgehend er einen Islam pervertiert hat, der sich in der Geschichte durch ein hohes Maß an Flexibilität und Anpassungsfähigkeit an unterschiedliche gesellschaftliche und kulturelle Gegebenheiten ausgezeichnet hatte. Als eine »Kultur der Ambiguität« hat der Orientalist Thomas Bauer diese vorkoloniale Erscheinungsform des Islams charakterisiert.[99] Nicht also eine Aufklärung »des Islams« ist angesagt, vielmehr muss ein Weg gefunden werden, auf dem sich das Beste der europäischen Aufklärung und der islamischen Kultur und Geistestradition begegnen und gegenseitig befruchten kann. Das gilt gerade auch für die Gegenwart, in der sich Menschen verachtender Terror im Namen der Religion gegen die geistigen und kulturellen Grundlagen der Gesellschaften richtet, die von christlich-europäischen wie von islamisch-vorderorientalischen Traditionen geprägt sind.

Der Rückblick auf das 19. und 20. Jahrhundert hat erkennen lassen, von welcher Dynamik die kulturelle und geistige Begegnung der muslimischen Eliten mit Europa über weite Strecken gekennzeichnet war. Das vergangene halbe Jahrhundert war demgegenüber von Stagnation und Blockaden geprägt. Wie kann diese Stagnation überwunden werden? Die umfassende Neugestaltung der politischen und entwicklungspolitischen Beziehungen zwischen Europa und seiner islamischen Nachbarschaft ist ein Teil dieser historischen Herausforderung. An ihre Seite tritt die tiefgreifende Veränderung des Blicks auf das Ganze von Geschichte und Kultur der jeweils anderen Seite. Respekt und Offenheit auf beiden Seiten treten an die Stelle von Arroganz und Apologetik. Die geistigen Brückenbauer sind längst unter uns. Erinnert sei noch einmal an die Begegnung des iranischen Staatspräsidenten Muhammad Khatami und seines deutschen Kollegen Johannes Rau anlässlich der Einweihung des Goethe-Hafiz-Denkmals im Rahmen des »Dialogs der Kultur« im Jahr 2000 in Weimar (▶ S. 397). In Erinnerung an ihre besten Geister begegneten sich die Kulturen – auf Augenhöhe und ohne Überheblichkeit oder Minderwertigkeitsgefühl. Erinnert sei auch an Mohammed Arkoun, den Philosophen mit algerischen Wurzeln, und an sein Wirken an der Sorbonne: In der *pensée islamique* (dem »islamischen Denken«), in der Elemente des theologischen Denkens, des religiösen Deutens und Auslegens und des Mythos eingeschlossen sind, sah er eine Weise der philosophischen Begegnung und Öffnung beider Seiten füreinander. Erinnert sei auch an Sadik al-Azm, dessen Denken zugleich die Araber (Muslime) aufrütteln und die Europäer zum Gespräch einladen wollte, das er im Raum eines »säkularen Humanismus« anzusiedeln suchte. In diesem Sinne appelliert der algerische Schriftsteller Kamel Daoud (geb. 1970) an die Europäer, nicht stets das zu sehen, was ihnen Angst macht, sondern das, was zur Hoffnung Anlass gibt, und verweist auf die modernistische Zivilgesellschaft, u. a. die Interessenverbände von Richtern und Rechtsanwälten, die Frauenvereinigungen und die Gewerkschaften.[100]

Wie kann den Geistern guten Willens Gehör verschafft werden? An der Antwort auf diese Frage wird die Politik der kommenden Jahrzehnte gemessen werden und wird sich die Zukunft sowohl des Vorderen Orients als auch Europas entscheiden.

Anmerkungen

1 Zur systematischen Konzeptualisierung von Revolution im 20. Jahrhundert vgl. Weber 2005, S. 728 und Arendt 1965.
2 Zit. nach Reuter 2016, S. 206 ff.
3 Dazu: Steinbach 2016, S. 11.
4 »Kapitulationen« wurden in der Zeit Handelsverträge genannt, deren Texte in »Kapitel« gegliedert waren.
5 »Iran« ist seit jeher die Selbstbezeichnung für das Land. Die Europäer nannten es – ein Erbe der Griechen – »Persien«. 1935 hat Schah Reza Pahlawi alle auswärtigen Regierungen aufgefordert, den Namen »Iran« zu gebrauchen. Im Folgenden werden die beiden Namen (nicht immer ganz konsequent) bis zum Ende der Qadscharen (1925) nebeneinander gebraucht, der Name »Persien« vor allem dann, wenn das Land als Objekt auswärtiger – namentlich europäischer – Interessenpolitik und im Zusammenhang mit seiner langen kulturellen Geschichte ins Blickfeld tritt.
6 Benannt nach seinem Gründer, Scheich Safi ad-Din Ishaq; kurz Scheich Safi (1252–1334).
7 Grundlegend für die Zwölfer-Schi'a (*schi'at Ali*; »Partei Alis«) ist die Imamatslehre, die eine Kette von zwölf Imamen annimmt, angefangen mit Ali, zugleich Cousin und Schwiegersohn des Propheten Muhammad. Der zwölfte Imam lebt in der Verborgenheit fort und wird eines Tages als Messias, als »der Rechtgeleitete« (*mahdi*) erscheinen, um die Herrschaft der Tyrannen zu beenden und Gerechtigkeit walten zu lassen.
8 Osterhammel 1998; siehe auch Osterhammel 2020.
9 Baring 1908, die Zitate: Bd. II, S. 123 und 558.
10 Curzon 1966 [1. Aufl. 1892].
11 Dies und die folgenden Zitate nach Haridi 2005, S. 28–30.
12 Edward Said stammte aus einer bekannten christlichen Familie im Jerusalem unter britischer Mandatsverwaltung, die 1948 im Zuge der Gründung des Staates Israel ihren Besitz dort verlor. Er setzte seine schulische Ausbildung in Kairo und später in den USA fort. In Harvard erwarb er 1964 seinen PhD. Ab 1966 lehrte er als Professor an der Columbia Universität (New York) englische Literatur und vergleichende Literaturwissenschaft.
13 Al-Dschabarti 1989. Die folgenden Zitate: S. 117, 277 und 327.
14 Browne 1959, S. 156.
15 Zit. nach Schulze 2003, S. 28.
16 Vgl. Flores 2008.
17 Al-Tahtawi 1988.
18 Hier und im Folgenden zit. nach: Al-Afghani/Renan 2007; die Orthographie der Übersetzung wurde beibehalten.
19 Vgl. Ende 1969.
20 Vgl. Walter 2005.
21 Zit. nach Al-Maaly 2004, S. 14 f.
22 Vgl. Kieser 2018.
23 Die nachstehende Zusammenfassung folgt Gregorian 1967, S. 345–368.
24 Zit. nach Bräker 1984, S. 256 f.

25 Vgl. Auch 2004, S. 104 f.
26 Vgl. ebd., S. 481 f.
27 Vgl. Chiari 2009, S. 68.
28 Vgl. Schulze 2003, S. 105.
29 Vgl. McMeeking 2016.
30 Zit. nach Laqueur 1972, S. 217.
31 Zu den Zitaten vgl. James 2014, S. 11–13, 28 f. und 182 f.
32 Leonhard 2018.
33 Vgl. ebd., S. 746–750.
34 Zit. nach ebd., S. 714.
35 Vgl. Steinbach 1996, S. 68–71 und Steinbach/Robert 1988, S. 154–156.
36 Zit. nach Laqueur 1972, S. 123.
37 Zit. nach Richard 2016, S. 211.
38 Die hier behandelten Länder umfassen 18 der 22 Mitglieder der Arabischen Liga. Zu ihr gehören auch Mauretanien, Dschibouti, Somalia und die Inselgruppe der Komoren. Aus geographischen, kulturgeschichtlichen, ethnischen, sprachlichen und politischen Gründen können sie aber nur bedingt als Teile der »arabischen Welt« gesehen werden. Sie finden deshalb im Kontext des Buches allenfalls am Rande Berücksichtigung.
39 Steinbach 2016.
40 Zit. nach und vgl. Mejcher 1993, S. 97–100.
41 Zit. nach Schulze 2003, S. 83 f.
42 Vgl. Mejcher 1998, S. 95 ff. und 1987, S. 448 ff. Vgl. auch Fürtig 2003, S. 23 ff.
43 Zit. nach Steininger 2003, S. 21.
44 Zit. nach Robbe 1987, S. 100.
45 Zit. nach Steininger 2003, S. 26.
46 Zit. nach Robbe 1987, S. 136.
47 Vgl. Mejcher 1989 und 2017.
48 Ausführlich dazu Mejcher 1998.
49 So der deutsch-syrische Schriftsteller Rafik Schami in: Al-Maaly 2004, S. 238.
50 Zit. nach Glasneck/Timm 1994, S. 61 f.; vgl. Laqueur 1972, S. 608 f.
51 Zit. nach Glasneck/Timm 1994, S. 155.
52 Zit. nach ebd., S. 190.
53 Zit. nach Frankfurter Allgemeine Zeitung, 31.8.2017, S. 5.
54 Zit. nach ebd.
55 Zit. nach Frankfurter Allgemeine Zeitung, 14.9.2017, S. 3.
56 Fokus Jerusalem, Das TV-Magazin aus Israel, 22.2.2019.
57 Die englische Fassung der Resolution lautet ohne, die französische mit Artikel.
58 Al-Maaly 2004.
59 Ebd., S. 17.
60 Ebd., S. 19.
61 Khatami 2001, S. 21.
62 Vgl. Amirpur/Ammann 2005, S. 86 f.
63 Shaarawy 1986.
64 Zit. nach Leweke 2020, S. 104–107.
65 Huntington 1993.
66 Al-Maaly 2004, S. 70.
67 Mellah 1992, S. 235.
68 Ebd., S. 238 f.
69 Ebd., S. 240.
70 Ebd., S. 241.
71 Al-Maaly 2004, S. 237 f.

72 Zit. nach Buchta o. J., S. 59.
73 Al-Maaly 2004, S. 164.
74 Ebd., S. 10.
75 Zit. nach Mosbachi 1992, S. 246.
76 Al-Maaly 2004, S. 191.
77 Al-Maaly 2004, S. 31–53.
78 Huntington 1993.
79 Fukuyama 1989 und 1992.
80 Al-Maaly 2004, S. 35.
81 Ebd., S. 37.
82 Hamzawy 2005, S. 153.
83 Zit. nach Jafari 2010, S. 151 f.
84 Vgl. Schulze 2003, S. 123 ff.
85 Maududi 1980.
86 Vgl. Kippenberg/Seidensticker 2004.
87 Zit. nach ebd., S. 92.
88 Tibi 2004. Tibis Einschätzung wird von Ernst Nolte in seinem bemerkenswert hellsichtigen, zu Unrecht leider relativ unbekannt gebliebenen Buch: *Die dritte radikale Widerstandsbewegung* (2009), bestätigt und differenziert analysiert und eingeordnet.
89 Weiterführend vgl. Faath 2005.
90 Reuter 2016.
91 Zit. nach ebd., S. 207.
92 Zit. nach Robbe 1987, S. 123.
93 Vgl. Mejcher 1989, S. 154.
94 Zit. nach Wikipedia, s. v. »Krieg gegen den Terror« (https://de.wikipedia.org/wiki/Krieg_gegen_den_Terror; letzter Zugriff am 13.01.2021).
95 Gerlach 2019.
96 Faath 2016; vgl. auch Helberg 2018.
97 Vgl. Hermann 2018a; siehe auch Hermann 2018b.
98 Vgl. Razak 2020, S. 33–36.
99 Bauer 2011; siehe auch Griffel 2016, S. 17.
100 Vgl. Achleitner 2021, S. 29.

Literaturverzeichnis

Leser, die sich zu einzelnen der in diesem Buch diskutierten Themen näher informieren wollen, seien auf die umfangreiche Online-Bibliographie verwiesen (https://dl.kohlhammer.de/978-3-17-031338-5). Hier aufgeführt sind nur die im Vorigen angeführten Werke.

Achleitner, Wolfgang (2021): Politisches Patt. Ein Rückblick auf 10 Jahre Revolution in Tunesien, in: International – die Zeitschrift für internationale Politik I/2021, S. 29

Al-Afghani, Jamal al-Din/Renan, Ernest (2007): Der Islam und die Wissenschaft. Der Disput zwischen Ernest Renan und Jamal al-Din al-Afghani 1883, in: Themenportal Europäische Geschichte, www.europa.clio-online.de/quelle/id/q63-28343 [letzter Zugriff am: 19.04.2021]

Al-Dschabarti, Abd ar-Rahman (1989): Bonaparte in Ägypten. Aus der Chronik des al-Ǧabarti (1754–1829) übersetzt von Arnold Hottinger, München/Zürich

Al-Maaly, Khalid (Hrsg.) (2004): Die arabische Welt – zwischen Tradition und Moderne, Heidelberg

Al-Tahtawi, Rifa'a (1988): Ein Muslim entdeckt Europa. Die Reise eines Ägypters im 19. Jahrhundert nach Paris, München

Amirpur, Katajun/Ammann, Ludwig (Hrsg.) (2005): Der Islam am Wendepunkt. Liberale und konservative Reformer einer Weltreligion, Freiburg u. a.

Arendt, Hannah (1965): Über die Revolution, München

Auch, Eva-Maria (2004): Muslim – Untertan – Bürger. Identitätswandel in gesellschaftlichen Transformationsprozessen der muslimischen Ostprovinzen Südkaukasiens (Ende 18. – Anfang 20. Jh.), Wiesbaden

Baring, Evelyn (The Earl of Cromer) (1908): Modern Egypt, 2 Bde., London

Bauer, Thomas (2011): Die Kultur der Ambiguität: eine andere Geschichte des Islams, Berlin

Bräker, Hans (1984): Sowjetunion und Volksrepublik China, in: Ende, Werner/Steinbach, Udo (Hrsg.): Der Islam in der Gegenwart. Entwicklung und Ausbreitung, Kultur und Religion, Staat, Politik und Recht, München, S. 248–274

Browne, Edward G. (1959): A Literary History of Persia, Bd. IV, Cambridge

Buchta, Wilfried (o. J.): Die iranische Revolution im Urteil Hassan Hanafis, Diplomarbeit vorgelegt dem Seminar für Orientalische Sprachen der Universität Bonn

Chiari, Bernhard (Hrsg.) (2009): Wegweiser zur Geschichte: Kaukasus, Paderborn u. a. (3. Aufl.)

Ende, Werner (1969): Waren Ǧamaladdin al-Afghani und Muhammad Abduh Agnostiker?, in: Zeitschrift der Deutschen Morgenländischen Gesellschaft, Supplementa I, XVII. Deutscher Orientalistentag in Würzburg, Vorträge Teil 2, Wiesbaden, S. 650–659

Faath, Sigrid (Hrsg.) (2016): Nordafrikanische säkulare Zivilgesellschaften. Ihr Beitrag zur Stärkung von Demokratie und Menschenrechten, Sankt Augustin/Berlin

Faath, Sigrid (Hrsg.) (2005): Demokratisierung durch externen Druck. Perspektiven politischen Wandels in Nordafrika/Nahost, Hamburg

Flores, Alexander (2008): Offenbach in Arabien, in: Die Welt des Islams 48, S. 131–169

Fukuyama, Francis (1992): The End of History and the Last Man, New York

Fukuyama, Francis (1989): The End of History?, in: The National Interest 16, S. 3–18

Fürtig, Henner (2003): Kleine Geschichte des Irak, München

Gerlach, Daniel (2019): Der Nahe Osten geht nicht unter – die arabische Welt vor ihrer historischen Chance, Hamburg

Glasneck, Johannes/Timm, Angelika (1994): Israel. Die Geschichte des Staates seit seiner Gründung, Bonn
Gregorian, Vartan (1967): Mahmud Tarzi and Saraj-Ol-Akhbar. Ideology of Nationalism and Modernisation in Afghanistan, in: Middle East Journal 21/3, S. 345–368
Griffel, Frank (2016): Alles außer Aufruhr. Der Islam kannte keine Reformation und keine Aufklärung, so lautet ein gängiger Vorwurf. Dabei hatte der Islam beides gar nicht nötig. Sein Unglück war der Westen, in: Süddeutsche Zeitung, 28./29.5.2016, S. 17
Hamzawy, Amr (2005): Zeitgenössisches politisches Denken in der arabischen Welt. Kontinuität und Wandel, Hamburg
Haridi, Alexander (2005): Das Paradigma der »islamischen Zivilisation« – oder die Begründung der deutschen Islamwissenschaft durch Carl Heinrich Becker, Würzburg
Helberg, Kristin (2018): Der Syrien-Krieg. Lösung eines Weltkonflikts, Freiburg u. a.
Hermann, Rainer (2018a): Die Zeitbombe tickt, in: Frankfurter Allgemeine Zeitung, 9.4.2018
Hermann, Rainer (2018b): Arabisches Beben. Die wahren Gründe der Krise im Nahen Osten, Stuttgart (3. Aufl.)
Huntington, Samuel P. (1993): The Clash of Civilizations?, in: Foreign Affairs 72/3, S. 22–49
Jafari, Peyman (2010): Der andere Iran. Geschichte und Kultur von 1900 bis zur Gegenwart, München
James, Lawrence (2014): Churchill and Empire. Portrait of an Imperialist, London 2014
Khatami, Seyed Mohammad (2001): Religiosität und Modernität, Heidelberg
Kieser, Hans-Lukas (2018): Talaat Pascha. Father of Modern Turkey, Architect of Genocide, Princeton/Oxford
Kippenberg, Hans G./Seidensticker, Tilman (Hrsg.) (2004): Terror im Dienste Gottes. Die »geistliche Anleitung« der Attentäter des 11. September 2001, Frankfurt a. M./New York
Laqueur, Walter (1972): Der Weg zum Staat Israel. Geschichte des Zionismus, Wien
Leonhard, Jörn (2018): Der überforderte Frieden. Versailles und die Welt, 1918–1923, München
Leweke, Anke (2020): Kino auf vier Rädern. Filmedrehen in Iran, in: Edition Le Monde diplomatique 27, S. 104–107.
Maududi, Abu l-A'laa (1980): The Islamic Law and Constitution, Lahore (7. Aufl.)
McMeekin, Sean (2016): The Ottoman Endgame: War, Revolution and the Making of the Modern Middle East, 1908–1923, New York
Mejcher, Helmut (2017): Der Nahe Osten im Zweiten Weltkrieg, Paderborn
Mejcher, Helmuth (1998): Sinai, 5. Juni 1967. Krisenherd Naher und Mittlerer Osten, München
Mejcher, Helmut (Hrsg.) (1993): Die Palästina-Frage 1917–1948, Paderborn
Mejcher, Helmut (1989): Die amerikanische Einflussnahme in Saudi-Arabien und am Golf, Ölinteressen und Politik am Vorabend und während des Zweiten Weltkriegs, in: Schatkowski Schilcher, Linda/Scharf, Claus (Hrsg.): Der Nahe Osten in der Zwischenkriegszeit, 1919–1939, Die Interdependenz von Politik, Wirtschaft und Ideologie, Stuttgart 1989, S. 153–171
Mejcher, Helmut (1987): Der arabische Osten im zwanzigsten Jahrhundert, 1914–1985, in: Haarmann, Ulrich (Hrsg.): Geschichte der arabischien Welt, München, München (4. Aufl.), S. 432–501
Mellah, Fawzi (1992). Die Araber und die Moderne, in: Steinbach, Udo (Hrsg.): Mehr als Erdöl und Konflikte, Opladen, S. 235–241
Mosbachi, Hassouna (1992): Die lange Nacht der arabischen Intellektuellen, in: Steinbach, Udo (Hrsg.): Arabien. Mehr als Erdöl und Konflikte, Opladen, S. 243–247
Nolte, Ernst (2009): Die dritte radikale Widerstandsbewegung. Der Islamismus, Berlin
Osterhammel, Jürgen (2020): Die Verwandlung der Welt. Eine Geschichte des 19. Jahrhunderts, München (6. Aufl.)
Osterhammel, Jürgen (1998): Die Entzauberung Asiens. Europa und die asiatischen Reiche im 18. Jahrhundert, München
Razak, Hanan Abdul (2020): Geistige Neuausrichtung in der Arabischen Welt, in: International – Die Zeitschrift für Internationale Politik I/2020, S. 33–36
Reuter, Christoph (2016): Die Schwarze Macht. Der »Islamische Staat« und die Strategen des Terrors, Hamburg
Richard, Yann (2016): L'Iran – de 1800 à nos jours, Paris

Robbe, Martin (1987): Scheidewege in Nahost. Der Nahostkonflikt in Vergangenheit und Gegenwart, Berlin (2. Aufl.)
Schulze, Reinhard (2003): Geschichte der islamischen Welt im 20. Jahrhundert, München (2. Aufl.)
Shaarawy, Huda (1986): Harem Years. Memoirs of an Egyptian Feminist. Translated, edited and introduced by M. Badran, London
Steinbach, Udo (2016): Die arabische Welt im 20. Jahrhundert. Aufbruch – Umbruch – Perspektiven, Stuttgart (2. Aufl.)
Steinbach, Udo (1996): Die Türkei im 20. Jahrhundert. Schwieriger Partner Europas, Bergisch Gladbach
Steinbach, Udo/Robert, Rüdiger (Hrsg.) (1988): Der Nahe und Mittlere Osten, Bd. 1, Opladen
Steininger, Rolf (2003): Der Nahostkonflikt, Frankfurt a. M.
Tibi, Bassam (2004): Der neue Totalitarismus, Darmstadt
Walter, Wiebke (2005): Die Situation von Frauen in islamischen Ländern, in: Ende, Werner/Steinbach, Udo (Hrsg.): Der Islam in der Gegenwart. Entwicklung und Ausbreitung, Kultur und Religion, Staat, Politik und Recht, München (5. Aufl.), S. 635–680
Weber, Max (2005): Wirtschaft und Gesellschaft. Grundriss der verstehenden Soziologie, Neu Isenburg

Abbildungsverzeichnis

Vor-/Nachsatz:	Karte: Peter Palm.
Abb. 1:	Foto: unbekannt.
Abb. 2:	Karte: Peter Palm.
Abb. 3:	Zeichnung unbekannt, aus: A. Hugo, *France Militaire. Histoire des armées françaises de terre et de mer de 1792 à 1833. Tome 1*, Paris 1835.
Abb. 4:	Zeichnung: unbekannt, aus: R. R. Ṭahtawi, *Kitāb manāhij al-albāb al-Miṣrīyah fī mabāhij al-ādāb al-'aṣrīyah*, Miṣr ^{2}1912.
Abb. 5:	Postkarte um 1900. Elektronische Version: Rice University Houston, https://hdl.handle.net/1911/5722.
Abb. 6:	Foto: unbekannt, bearbeitet von Liberal Freemason (Wikimedia Commons).
Abb. 7:	Foto: unbekannt.
Abb. 8:	Karte: Peter Palm.
Abb. 9:	Foto: Aleksey Chalabyan; CC BY-SA 4.0.
Abb. 10:	Foto: unbekannt.
Abb. 11:	Foto: unbekannt.
Abb. 12:	Foto: unbekannt.
Abb. 13:	Foto: Nikola Perscheid.
Abb. 14:	Karte: Peter Palm.
Abb. 15:	Foto: unbekannt.
Abb. 16:	Foto: unbekannt.
Abb. 17:	Foto: Barzan-Fotograf.
Abb. 18:	Foto: Stevan Kragujević; CC BY-SA 3.0.
Abb. 19:	Foto: rapidacid; CC BY 2.0.
Abb. 20:	Foto: unbekannt.
Abb. 21:	Foto: unbekannt.
Abb. 22:	Foto: U.S. Army Signal Corps.
Abb. 23:	Foto: unbekannt.
Abb. 24:	Foto: U.S. Army Southern European Task Force, Africa; CC BY 2.0.
Abb. 25:	Foto: Pressefotograf der israelischen Regierung; CC BY-SA 3.0.
Abb. 26:	Foto: Vince Musi / The White House.
Abb. 27:	Foto: unbekannt.
Abb. 28:	Foto: Adam Nieman; CC BY-SA 2.0.
Abb. 29:	Karte: Peter Palm.
Abb. 30:	Foto: Dmitry Karyshev; CC BY 2.0 (beschnitten).
Abb. 31:	Foto: Praemium Erasmianum Foundation; CC BY-SA 4.0.
Abb. 32:	Foto: unbekannt.

Abb. 33: Foto: unbekannt.
Abb. 34: Foto: unbekannt.
Abb. 35: Foto: mzagerp; CC BY-ND 2.0.
Abb. 36: Foto: Peter Lauth / World Economic Forum; CC BY-SA 2.0.
Abb. 37: Foto: unbekannt; GNU Free Documentation License.
Abb. 38: Foto: unbekannt.
Abb. 39: Foto: unbekannt.
Abb. 40: Foto: Lilian Wagdy; CC BY 2.0.
Abb. 41: Foto: Gigi Ibrahim; CC BY 2.0.
Abb. 42: Foto: Jindřich Nosek; CC BY-SA 4.0.
Abb. 43: Foto: Omar Chatriwala; CC BY-SA 2.0 (beschnitten).
Abb. 44: Foto: Erwin Lux; CC BY-SA 3.0.
Abb. 45: Foto: Tyler J. Clements.

Register

Personenregister

A

N

O

P

Q

R

S

Sach- und Ortsregister

A

B

C

D

E

F

G

H

J

K

L

M

N

O

P

Q

R

S

T

U

V

W